Maria-Ecclesia

GISBERT GRESHAKE

Maria-Ecclesia

Perspektiven einer marianisch grundierten Theologie und Kirchenpraxis

Verlag Friedrich Pustet
Regensburg

Bibliografische Information der Deutschen Nationalbibliothek

Die Deutsche Nationalbibliothek verzeichnet diese Publikation in der Deutschen Nationalbibliografie; detaillierte bibliografische Daten sind im Internet über http://dnb.d-nb.de abrufbar.

ISBN 978-3-7917-2592-5

Umschlaggestaltung: Martin Veicht, Regensburg
Druck und Bindung: Friedrich Pustet, Regensburg
Printed in Germany 2014

Diese Publikation ist auch als eBook erhältlich:
eISBN 978-3-7917-7044-4 (pdf)

Weitere Publikationen aus unserem Programm finden Sie unter
www.verlag-pustet.de

„Ich bekenne mit der ganzen Kirche:
Maria ist ein bloßes Geschöpf,
hervorgegangen aus der Hand Gottes.
Verglichen mit seiner unendlichen Majestät
ist sie weniger als ein Staubkorn,
ist sie ein Nichts,
denn er allein ist der ‚Der-ist'."

LUDWIG-MARIA GRIGNION DE MONTFORT

„Wer anders ist denn Jesus Christus als:
‚Gott in Maria'."

WILHELM KLEIN SJ

Inhaltsverzeichnis

Vorwort in autobiographischer Perspektive

1. Maria in Kirche, Gesellschaft und eigener Biographie

Angesichts meines vorgerückten Alters wird dieses Buch mit Sicherheit mein letztes *größeres* theologisches Werk sein. Deshalb ist kurz zu begründen, warum es hierin – jedenfalls in weiten Teilen – ausgerechnet um das geht, was in der Theologie gemeinhin unter „Mariologie“ läuft, d.h. um das systematische Lehrkapitel über Maria, die Mutter des Herrn. Denn zu Recht bemerkt Markus Hofmann: „Wer sich als katholischer Theologe auf das Gebiet der Mariologie begibt, muss mit Vorbehalten rechnen“.[1] Und das dürfte noch sehr „zurückhaltend“ und „vornehm“ formuliert sein.

Denn was soll eine Studie über Maria?

- Gibt es gegenwärtig nicht viel, viel drängendere Probleme – kirchliche, theologische Probleme, vor allem aber auch Probleme des Friedens, der Gerechtigkeit, der Solidarität unter den Menschen, der Erhaltung der Schöpfung, …?
- Steht im religiösen Diskurs heute nicht buchstäblich das *Zentrum* des christlichen Glaubens auf dem Spiel, so dass man sich „Verzierungen“ zweiter oder gar dritter Ordnung ersparen sollte?
- Ist nicht bereits alles, ja schon viel zu viel zum Thema Maria und ihre Bedeutung im kirchlichen Leben gesagt?

Dafür, dass ich dennoch zu diesem Thema greife, sind zunächst einmal autobiographische Gründe namhaft zu machen. Ich wuchs in einer Zeit auf, die man wohl das „Marianische Jahrhundert“ nennt,[2] worin die Bedeutung Marias

1 M. M. Hofmann, Maria, die neue Eva. Geschichtlicher Ursprung einer Typologie mit theologischem Potential, Regensburg 2011, 17.

2 Man rechnet dazu die Zeit etwa zwischen der Verkündigung des Dogmas von der Unbefleckten Empfängnis (1854) und dem II. Vaticanum. Der Ausdruck stammt von einem ultramontanen Journalisten, der nach dem Dogma von 1854 ein „siècle de Marie“, das die glaubensfeindliche Epoche Frankreichs (seit Voltaire und den Enzyklopädisten) ablösen werde, erwartete. Siehe dazu A. Ziegenaus (Hrsg.), Das Marianische Zeitalter, Regensburg 2002; A. Heinz, Maria in Liturgie und Frömmigkeit des Marianischen Jahrhunderts, in: B. Schneider (Hrsg.), Maria und Lourdes, Münster 2008, 56–85, hier: 57f.

in kirchlicher Glaubensverkündigung und liturgischem bzw. paraliturgischem Kult, in persönlicher Frömmigkeit und Andachtspraxis sowie im theologischen Lehrbetrieb überbordete und schließlich während des Pontifikats Pius' XII. ihren Höhepunkt erreichte. Schon bis dahin waren in den letzten 100 Jahren über ein halbes tausend päpstliche Lehrschreiben und -äußerungen über Maria erschienen. Millionen und Abermillionen Katholiken waren nach Lourdes und Fatima gepilgert. Allein 1954, in dem von Pius XII. ausgerufenen „Marianischen Jahr", fanden zum Thema Maria 43, z. T. hochkarätig besetzte internationale Mariologische Kongresse statt, deren Arbeit in vielen dickleibigen, bis zu je 18 Bänden umfassenden Publikationen dokumentiert wurde.[3] Es gab (und gibt bis heute!) zahlreiche mariologische Fachzeitschriften, dagegen bezeichnenderweise keine einzige Spezialzeitschrift zur Christologie allein.[4] Ein umfassendes Literaturverzeichnis zu marianischen Themen würde ungefähr 100 000 Bände umfassen, meinte gegen Mitte des vorigen Jahrhunderts der international bekannte Mariologe René Laurentin,[5] die meisten freilich von äußerst fragwürdiger Qualität. „Wie in der Physik das Verhältnis von Pechblende und Radium wird in der marianischen Literatur das Verhältnis zwischen der Menge der Veröffentlichungen und dem gedanklichen Ertrag als umgekehrt proportional gewertet", bemerkt dazu Heinrich-Maria Köster.[6]

Gewichtiger noch als dieser quantitative Überschwang war jedoch das theologische und spirituelle Gewicht, das Maria im Ganzen des katholischen Glaubens einnahm: Pius XII. wies voll Stolz darauf hin, dass seit Beginn des 20. Jahrhunderts jährlich 1000 neue marianische Vereinigungen entstanden seien. Über 8 000 000 Petitionen aus aller Welt erbaten vom Papst die dogmatische Definition der „Aufnahme Marias in den Himmel". Aus einer meist auf den Affekt beschränkten Zuneigung zur Mutter des Herrn erwuchs der Wunsch, ihr auch in der offiziellen kirchlichen Lehrverkündigung und Theologie immer mehr an speziellen Gaben, Aufgaben und Privilegien zuzuerkennen bis hin zu den Titeln „Maria – Mittlerin aller Gnaden" und „Maria – Miterlöserin".

3 Weitere Einzelheiten über das Ausufern der Mariologie finden sich u. a. bei H. M. Köster, Die Mariologie im 20. Jahrhundert, in: H. Vorgrimler / R. Vander Gucht, Bilanz der Theologie im 20. Jahrhundert, Freiburg i. Br. 1970, 126–147, bes. 127f.

4 Das vermerkt vorwurfsvoll K. Rahner, Das marianische Jahr, in: GuL 26 (1953) 406–413, hier: 407.

5 R. Laurentin, Kurzer Traktat der marianischen Theologie, Regensburg 1959, 199. Die wichtigsten Publikationen finden sich zusammengefasst in der von G. M. Besutti zusammengestellten, mittlerweile neunbändigen Bibliografia Mariana, Rom 1950–1989. Für die deutschsprachige Lit. siehe M. Instinsky-Anrich, Deutschsprachige Marianische Literatur 1945–1987, Kevelaer 1987.

6 Köster, Mariologie 129.

Für diese mariologische Hypertrophie gibt es viele und sehr unterschiedliche Gründe. Einer der fundamentalsten war wohl das von jeher – vermutlich im weitgehenden Verschwinden des Judenchristentums begründete – monophysitisch gefärbte Christusbild, das dazu veranlasste, Maria an den Ort zu stellen, welcher an sich der Menschheit Christi zukommen sollte.[7] Diese Tendenz verstärkte sich im Spätmittelalter noch durch ein nicht nur verengtes Christus-, sondern auch Gottesbild: Danach war Gott der unheimliche Über-Vater, der sein strenges Gericht dem ebenso strengen Sohn übergeben hat. „Strenger Richter aller Sünder, der Du uns so schrecklich drohst …," hieß ein in meiner Kindheit oft und mit Inbrunst gesungenes Kirchenlied. Angesichts dieses drohenden Gottes fand man in der mütterlichen Liebe Marias Trost und Zuversicht. Ihr traute man zu, dem strafenden Zugriff ihres Sohnes in die Arme zu fallen und vor dem schrecklichen Gottesgericht zu retten. Man sah sie als die den Menschen bitter notwendige versöhnende, mütterliche Mittlerin zum strengen männlichen Vater- und Sohnesgott an, als „bittende Allmacht" und damit gewissermaßen als „vierte Person in der Dreifaltigkeit".[8] Für den persönlichen Glaubensvollzug vieler Christen war sie damit wichtiger als Gott selbst. Denn der Glaube im Sinne des credere = cor dare richtete sich in erster Linie auf sie: Man schenkte „sein Herz" der Mutter. „Gut, Blut und Leben will ich dir geben; alles, was immer ich hab', was ich bin, geb' ich mit Freuden, Maria, dir hin!", hieß es in einem Marienlied, das bis vor Kurzem im alten „Gotteslob" (im Anhang vieler Diözesen) stand und mit hingebungsvoller Andacht gesungen wurde.[9] Bei all dem konnte man sich kaum auf die Heilige Schrift beziehen und wenn, dann nur mittels allegorischer Auslegungen. Im Vordergrund stand nicht die „ratio fidei", sondern die Kanalisierung emotionaler Religiosität auf die Mutter Maria sowie eine von Wunder- und Erscheinungsgläubigkeit begleitete sentimentale Sehnsucht nach ermutigenden Glaubenserfahrungen, vor allem nach Hilfe und Trost im Glauben. Von solcher Religiosität sagte später Paul VI., dass es „falsche Formen der Frömmigkeit [gab]: eitle Leichtgläubigkeit, die sich mehr in äußerlichen Praktiken erschöpft als in einem ernsthaften reli-

---

7 Siehe dazu Y. Congar, Christus – Maria – Kirche, dt. Mainz 1959, 59–66.

8 Belege bei R. Laurentin, Die marianische Frage, Freiburg i. Br. 1965, 119. – Wie sehr die Pervertierung der Stellung Marias in einem einseitig-falschen „maskulinen" Gottesbild wurzelt sowie im weitgehenden Ausfall der Pneumatologie, zeigt H. Mühlen, Der Aufbruch einer neuen Verehrung Marias, in: Maria im Geheimnis der Kirche = Sonderheft Cath. 29 (1975) 145–163. Darüber hinaus wird man für das „Unheimliche" Gottes, vor dem Maria bewahren kann, den spätmittelalterlichen Nominalismus mit dessen Gottesbild eines absolut transzendenten „Willkürgottes" in Rechnung zu stellen haben.

9 Siehe z. B. GL_{alt} 960 (Diözesananhang Münster). Im GL_{neu} steht es im Österreich-Teil unter Nr. 948, jedoch ist bezeichnenderweise der oben inkriminierte Text hier jetzt in nichtssagende Banalitäten umgedichtet worden.

giösen Bemühen; oberflächliche Sentimentalität, die dem Geist des Evangeliums, das unablässiges und ernsthaftes Streben erfordert, widerspricht". Stattdessen – so der Papst weiter – soll Marienfrömmigkeit solid in ihrem Fundament sein, „sie soll auf historischer Wahrheit beruhen und alles Falsche und bloß Legendäre ausscheiden".[10] Doch mindestens von Leo XIII. an bis Pius XII. haben die Päpste solche aus der Fasson geratene Marienfrömmigkeit nicht nur geduldet, sondern auch kräftig unterstützt.

Ein weiterer Grund für den mariologischen Überschwang war eine Akzentverschiebung in der Ekklesiologie. Indem sich in der katholischen Theologie der Neuzeit die Aufmerksamkeit immer mehr dem Thema *Kirche* zuwandte, geschah dies mit zwei verschiedenen, aber einander ergänzenden Akzenten: Auf der einen Seite stellte man den Papst und dessen einheitsstiftende plena potestas über die Kirche und auf der andern Seite die soteriologische Bedeutung Marias mit Nachdruck heraus. Beide Pointierungen trieben sich gegenseitig hoch und intensivierten sich an- und miteinander. Sucht man dafür den Grund, so stößt man auf ein weiteres Kraftzentrum der neuzeitlichen marianischen Hypertrophie: Papolatrie und Mariolatrie sind die spezifisch katholischen Formen der „Wende zum Subjekt", wie sie für die Neuzeit typisch ist. An zwei Größen, die eng zusammenrückten, nämlich am Papst und an Maria, wird all das hervorgehoben und „angeschaut", was der Neuzeit heilig ist: Freiheit und Autonomie, Größe, Würde und Perfektion des Humanum.[11] Indem die religiösen Vollzüge eines katholischen Christen sich in besonderer Weise um diese zwei Faktoren bewegten und sich von beiden prägen ließen, wurde er selbst zum „Subjekt" (im Sinne der Neuzeit).

Dabei geschah ein weiteres, was für die Moderne ebenfalls typisch ist: Im gleichen Maß wie Maria „hyper-subjektiviert" wurde, geschah eine „Hyperinstitutionalisierung" der Kirche zur „Heilsanstalt". Diese „Entsprechung" war folgerichtig, denn gegenüber einer hochsubjektiven Beziehung der Frömmigkeit zu Maria und zum Papst blieb konsequenterweise für den „Rest" der Kirche nur noch übrig, die (in Wort, Sakrament und Amt) institutionalisierte objektive Garantie des Heils darzustellen und zu gewähren. Entsprechend brachen „personales" und „institutionelles" Moment des Glaubens und der Kirche immer mehr auseinander.[12]

---

10 Paul VI., Apost. Schreiben „Marialis cultus" (2.2.1974), Nr. 38, dt. in: Nachkonziliare Dokumentation 45, Trier 1975, 89.

11 Zur Parallelität beider Größen vgl. A. Dittrich, Mater Ecclesiae, Würzburg 2009, 374[423]: „Wie Maria unbefleckt und sündenlos ist, so erscheint in Entsprechung der Papst als oberste Autorität der Kirche als unfehlbar in seinen feierlichen Lehrverkündigungen". Auch das II. Vaticanum ging in Bezug auf Papst und Maria parallel vor: Man versuchte die Hypertrophie beider Größen durch Einbindung in die Communio der Kirche zurückzufahren.

12 Zu dieser Korrespondenz zwischen Subjektivierung und Institutionalisierung vgl.

Auf andere Weise vollzog die Reformation und die sich daran anschließende Tradition die neuzeitliche „Wende zum Subjekt". Sie konzentrierte den religiösen Vollzug auf das „sola fide" des glaubenden Subjekts. Zwar sollte diese emphatische Herausstellung des Glaubens dahin führen, Gott und nicht dem Menschen die Ehre zu geben. Doch – so Hans Urs v. Balthasar – „sein Schrei: ‚nicht Ich! Sondern Gott!' lenkt alle Blicke auf ihn, statt auf Gott."[13] Selbst wenn man dieser scharfsinnigen Analyse des Basler Theologen nicht zustimmt, bleibt bestehen, dass die reformatorische Tradition ihre Wende zum Subjekt dadurch vollzog, dass sie alles auf den Glauben des Glaubenden, auf die Heilsnot, Heilserfahrung und Heilsgewissheit des Einzelnen konzentrierte, während es im katholischen Bereich Maria und der Papst sind, die (auf je unterschiedliche Weise) den subjektiven Bedürfnissen und Idealen des Subjekts korrespondierten.

Weiter gab es für mariologische Übertreibungen auch einen formalen binnentheologischen Grund. So erklärte, studentischen Augen- und Ohrenzeugen zufolge, der frühere Wiener Dogmatiker Carl Johann Jellouschek (1887–1961) sinngemäß Folgendes: Die Dogmatik, also die katholische Glaubenslehre, sei ganz und gar durchforscht und zum Abschluss gekommen. Deshalb könne der Theologe dazu nur noch Scholia (Anmerkungen) machen. Allein in mariologischen Fragen gebe es noch „weiße Flecken" und damit Möglichkeiten, eigene Spekulationen anzustellen und weitere mögliche Lehrentfaltungen zu präsentieren. Mit dieser Auffassung ging Jellouschek (und nicht nur er) von einem Faktum aus, das man in der Tat in nicht wenigen neuscholastischen Dogmatik-Lehrbüchern des endenden 19. und beginnenden 20. Jahrhunderts ausdrücklich angeführt findet: Es wird erklärt, man habe nichts Eigenes der überlieferten Glaubensmaterie, dem „depositum fidei" (dem „Depot" von Glaubenswahrheiten) hinzugefügt, sondern gebe daraus nur das weiter, was immer schon gelehrt worden sei. Aber eben davon bildete die Mariologie die einzige Ausnahme. Darum stürzten sich nicht wenige Theologen förmlich auf diese Thematik, um – wie sie aufgrund der völlig ungeschichtlichen Sicht eines „Dogmas" (und der ganzen Dogmatik) meinten – der ansonsten abgeschlossenen, „fertiggestellten" Dogmatik eigene „Fündlein" hinzuzufügen. Das führte aber infolge der damals herrschenden marianischen Hypertrophie zur Konsequenz immer abstruserer „marianischer Blüten". So schrieben beispielsweise Theologen romanischer Länder Abhandlungen darüber, „ob Maria schon im Mutterschoß vom Geheimnis der heiligen Dreifaltigkeit wusste."[14]

D. Mieth/B. Müller-Schauenburg (Hrsg.), Mystik, Recht und Freiheit. Religiöse Erfahrung und kirchliche Institutionen im Spätmittelalter, Stuttgart 2012.

13 H. U. v. Balthasar, Karl Barth. Darstellung und Deutung seiner Theologie, Köln ^{2}1962, 92.

14 Siehe K. Rahner, Über die theoretische Ausbildung künftiger Priester heute, in: Schr. VI, 139–167, hier: 145.

Das Übermaß marianisch gefärbter Kirchlichkeit erlebte ich als Kind in einer Gemeinde, deren Pfarrer, ein im Übrigen sehr eifriger, frommer und glaubwürdiger Mann, „Schönstätter" war und damit einer geistlichen Gemeinschaft angehörte, in deren Spiritualität Maria eine hervorstechende Rolle spielt. So gab es kaum einen Gottesdienst ohne wenigstens *ein* Marienlied, keine Predigt ohne lange Passagen über Maria, keine außerordentlichen pfarrlichen Aktivitäten, die nicht mit ihr zu tun hatten (z. B. marianisch geprägte Fastenpredigten, Marienprozessionen, Marienweihe, Errichtung eines neuen Marienaltars, Segnung von Marienfiguren u. dgl.). Und auch in meiner Familie, die keineswegs einer übertriebenen Marienfrömmigkeit huldigte, war es üblich, bei allen wichtigen Familienereignissen (größere Reisen, Examina, Vorstellungsgespräche usw.) vor einer in der Wohnung zentral angebrachten Marienstatue eine Kerze anzuzünden.

Auf diesem Hintergrund ist mir heute im Rückblick plausibel und verständlich, dass ich in dem Maß, wie ich meinen eigenen Glaubensweg entdeckte und ging, mich nicht nur von jeder marianischen Übertreibung, sondern überhaupt von jeder Weise einer irgendwie gearteten Bedeutung Marias für mein Glaubensleben radikal abwandte. Ich hatte einfach „genug". Was, so dachte ich mir, geht mich die Mutter von Albert Einstein an, wenn ich mich für dessen Relativitätstheorie interessiere? Natürlich war mir klar, dass der Vergleich irgendwo hinkte und dass da ein Unterschied bestand zwischen Einstein und seiner Mutter auf der einen sowie Jesus und Maria auf der andern Seite, und ich war auch bereit, die Mutter Jesu, eben weil sie die Mutter eines haushoch über Einstein Erhabenen war, „irgendwie" zu beachten und zu ehren. Aber mehr vermochte ich damals nicht zu verstehen und zu praktizieren. Aussagen wie die von Karl Rahner: „Ihre [Marias] Gottesmutterschaft ist die Tat ihres Glaubens (Lk 1,45 und Lk 11,27f) und darum nicht bloß ein biologischer Vorgang; diese Tat ihres Glaubens aber ist nicht ein Ereignis bloß ihrer privaten Lebensgeschichte",[15] standen mir noch äußerst fern.

Dieser a-marianische Pendelschlag meines Glaubens wurde jedoch schon bald nach Beginn meines Theologiestudiums konterkariert durch einen machtvollen Gegenpendelschlag: Im Germanicum in Rom traf ich auf einen überaus eindrucksvollen Spiritual, auf P. Wilhelm Klein SJ (Näheres dazu S. 492–502). Ehemals u. a. Philosophieprofessor am Studium der Jesuiten in Valkenburg, war er stark von Hegel beeinflusst, dessen negative Dialektik er zu überwinden suchte, indem er Maria als Inbegriff der „reinen Schöpfung" verstand und als Ort des göttlichen Pneumas, das alle hegelsche Dialektik und jede Form seines Logomonismus (wie Klein ihn interpretierte) aufbricht. In dieser hier nur angedeuteten Perspektive war Maria in der spirituellen Unterweisung und geistlichen Begleitung Pater

15 K. Rahner, Maria, Mutter des Herrn, in: SW 9, 515–568, hier: 518.

Kleins allgegenwärtig, und zwar nicht nur in einer höchst originellen, sondern auch höchst reflektierten und stets die Mitte des Christlichen freilegenden Weise. So begann Maria wieder eine Rolle in meinem Glaubensleben zu spielen,[16] zumal ich über das Collegium Russicum in Rom engeren Kontakt mit ostkirchlicher Theologie und Frömmigkeit gewann und auf diese Weise auch mit der Stellung und Bedeutung, welche Maria hier einnimmt.

Doch noch einmal kehrte ein neuer Pendelschlag die Position um, die Maria in meinem Leben einzunehmen begann. Während der Konzilszeit und in den unmittelbar sich daran anschließenden Jahren war ich im seelsorglichen Dienst meiner Diözese tätig. Hier erlebte ich das Zweite Vatikanische Konzil und dessen Auswirkung auf die Praxis der Gemeinden. Zu den zahlreichen „handfesten" Konsequenzen des Konzils zählte auch die „Umpositionierung" Marias im konkreten kirchlichen Leben. Während die Vorbereitungskommission des Konzils ein eigenes Schema über die Bedeutung Marias vorbereitet hatte, das ganz in der Perspektive der vorausgehenden marianischen Hypertrophie stand, und 400 Bischöfe die Dogmatisierung der Aussage „Maria – Mittlerin aller Gnaden" forderten, ging die Konzilsmehrheit einen völlig anderen Weg. In einer Kampfabstimmung beschloss man mit äußerst knapper Mehrheit (17 Stimmen!) unter der Führung von Kardinal Franz König, Wien, das Thema Maria in das Lehrstück über die Kirche einzuarbeiten (LG 52–69). Hinter dieser Entscheidung stand mehr als nur die Frage nach der formalen Einordnung der marianischen Thematik. Letztlich ging es darum, ob Maria „über" der Kirche oder „in" ihr steht, ob sie eine selbständige Größe, losgelöst von den übrigen Gläubigen, ist oder „Schwester im Glauben", die mit ihnen den „Pilgerweg des Glaubens" geht (LG 58). Entsprechend wurde auch der Wunsch vieler Konzilsväter, die Titel „Mittlerin" oder gar „Miterlöserin" von Maria verbindlich auszusagen, abgelehnt. Zwar werden im konziliaren Text die heilsgeschichtliche Bedeutung Marias, ihr Anteil am Erlösungswerk sowie die bisherigen dogmatischen Aussagen über sie kurz und nüchtern entfaltet, zu den Titeln „Mittlerin" und „Fürsprecherin" aber vermerkt: „Das aber ist so zu verstehen, dass es der Würde und Wirksamkeit Christi, des einzigen Mittlers, nichts abträgt und nichts hinzufügt" (LG 62).

---

16 Dabei stand ich freilich in Rom nicht nur unter „marienfreundlichem" Einfluss. In dieser Zeit veröffentlichte einer meiner Professoren an der Gregoriana, P. Heinrich Lennerz SJ, seine Mariologie „De beata virgine". Tractatus dogmaticus, Rom 1957. Diese bekam zunächst keine kirchliche Druckerlaubnis, nicht weil sie etwas Falsches enthielt, sondern weil sie zu nüchtern und damit der marianischen Hypertrophie jener Jahre diametral entgegengesetzt war. Wir Studenten pflegten damals zu sagen: „Mit seinem Buch hat Pater Lennerz der Muttergottes Eisblumen gepflückt!"

Diese konziliare „Ablösung“ der bisherigen marianischen Übertreibungen durch die „Einordnung“ Marias in die Wirklichkeit „Kirche“ sowie das Faktum, dass die Mariologie aufhörte, „ein Katalog von Privilegien für eine in sich zentrierte Einzelperson zu sein“,[17] hatten *sofort* und *unmittelbar* eine ganz erstaunliche Reaktion an der kirchlichen Basis zur Folge: Es war, als ob man den meisten Katholiken durch die neue Nüchternheit in Sachen Maria einen Mantel abgestreift hätte, der ihnen ohnehin schon lange nicht mehr gepasst hatte und der zudem jetzt endgültig aus der Mode gekommen war. Fast von heute auf morgen gerieten Maria, marianische Glaubensverkündigung und Frömmigkeitsübungen ins totale Abseits.[18] Es begann so etwas wie ein „nachkonziliares Schweigen“ über Maria,[19] mehr noch: eine „tiefe Krise“, die „einen Kollaps in der Mariologie“ bewirkte.[20] Ein Abbruch ohnegleichen fand statt. Karl Barth, der in den letzten Jahren seines Lebens ein regelmäßiger Radio-Hörer katholischer Sonntagspredigten war, stellte dabei – berichtet Hans Urs v. Balthasar – „mit Befriedigung fest, er habe noch nie eine Predigt über Maria gehört. ‚Also geht es auch bei euch ohne sie‘“.[21] Anderes stand in den nun beginnenden unruhigen Sechzigerjahre im Vordergrund: Dritte-Welt-Problematik, gesellschaftliche Reformen, Herausforderungen seitens der zunehmend säkularisierten Welt. Als Seelsorger konnte man sich, zumal im Umgang mit jungen Leuten, all dem nicht entziehen, und so geriet wie von selbst Maria wieder ein Stück weit aus dem Blickfeld meines Glaubens.

---

17 So: Köster, Mariologie 130.

18 Siehe dazu auch A. Ziegenaus, Erwägungen zum Rückgang marianischer Frömmigkeit, in: ders. (Hrsg.), Marianisches Zeitalter 209ff. – Was die nachkonziliaren Konsequenzen anging, sollte also die Konzilsminderheit tatsächlich Recht bekommen. Diese hatte während der strittigen Konzilsverhandlungen über Maria ein *Flugblatt* verteilt, auf dem es hieß: „1. Die traditionelle Lehre über die Madonna läuft große Gefahr, wenn wir die Jungfrau als gleich mit uns betrachten; 2. die Konzeption jener, die in Maria den Typus der Kirche sehen, ist völlig neu [!!!], nicht der Tradition konform und vor wenigen Jahren erfunden; 3. je mehr man die Privilegien und die Aufgaben der Madonna minimalisiert, desto mehr verringert sich die Verehrung ihr gegenüber …“: zit. nach P. Hünermann, Kommentar zu Lumen Gentium = HthKVatII, Bd. II, 512.

19 So: St. Hartmann, Die Magd des Herrn. Zur heilsgeschichtlichen Mariologie Heinrich M. Kösters, Regensburg 2009, 12.

20 J. Ratzinger, Erwägungen zur Stellung der Mariologie und Marienfrömmigkeit im Ganzen von Glauben und Theologie, in: ders./H. U. v. Balthasar, Maria – Kirche im Ursprung, Einsiedeln-Freiburg [5]2005, 15–30, hier: 22.

21 H. U. v. Balthasar, Klarstellungen, Freiburg i.Br. 1971, 65. – v. Balthasar bemerkt kommentierend dazu: „Was [dieser Bemerkung Barths] entgegnen, ohne die eigenen Leute zu desavouieren: Ökumenische Taktik? (aber keine gute.) Rückgang auf die Schrift? (aber diese ist, für das Auge der Kirche, voller Hinweise auf die Rolle der Frau in Schöpfung und Erlösung.) Anschluss an das letzte Konzil? (aber dieses lässt ja seine Kirchenlehre in einer Mariologie gipfeln.) Oder doch die Menschenfurcht und der Drang, keinesfalls in den Ruf zu kommen, man stünde hinter dem neuesten Schrei der theologischen Progression zurück“.

Doch nahm dann umgekehrt seit dem Ende der siebziger Jahre das Interesse an Maria wieder ein wenig (!) zu. Man entdeckte in der südamerikanischen Befreiungstheologie, die bald auch in Europa lebhaftes Interesse fand, aufs Neue nicht nur ganz allgemein Wert und Bedeutung der sog. Volksfrömmigkeit, sondern stellte auch besonders die Maria des Magnificat als wichtige „Befreiungsfigur" für die Kleinen und Armen heraus.[22] In esoterischen Strömungen fanden Elemente des Lebens wie „Fruchtbarkeit, Sexualität, der Schoß, die Erde und der Mond"[23] neue Beachtung, alles Faktoren, die mindestens eine Entsprechung zu Maria haben. Vor allem aber zeigte die sich nun mit Macht zu Wort meldende Feministische Bewegung und darin die Feministische Theologie ein neues Interesse für Maria.[24] Für den Feminismus wird an Maria die von der Heiligen Schrift bezeugte „Mütterlichkeit Gottes"[25] bzw. das, was Andrew Greeley „die weibliche Dimension Gottes" nennt, anschaulich und konkret.[26] Ein Spitzensatz der feministischen Neuentdeckung Marias, formuliert von einer Protagonistin des Feminismus, Rosemary Radford Ruether, lautet so: „Wenn die Menschheit, die aus Männern und Frauen besteht, erlöst werden soll, dann muss der weibliche Teil irgendwie an diesem Erlösungswerk mitarbeitend beteiligt sein".[27] Und schon Jahre vorher (1955) hatte Pierre Teilhard de Chardin in einem Brief an Maryse Choisy die Entwicklung des Marienkultes in der Kirche damit verteidigt, dass dieser einem „unwiderstehlichen christlichen Bedürfnis entspricht" und einer „grässlich vermännlichten" Vorstellung des Göttlichen abhilft.[28]

---

22 Zur befreiungstheologischen Sicht Marias vgl. z. B. die Übersicht bei M. Heymel, Die jüdische Mutter Jesu und wir Heidenchristen. Ein dogmatischer Beitrag zur evangelischen Predigt und Lehre über Maria, Habil.-schrift Heidelberg 1987, 351–357. Ferner: I. Gebara/M. C. Lucchetti Bingener, Maria, Mutter Gottes und Mutter der Armen, dt. Düsseldorf 1988; E. A. Johnson, Wahrlich unsere Schwester. Ein feministisch-hermeneutischer Zugang, in: Conc. 44 (2008) 387–394.

23 H. Cox, Verführung des Geistes, dt. Stuttgart-Berlin 1974, 179.

24 Die wichtigste Lit. dazu findet sich zusammengestellt bei W. Beinert, Unsere Liebe Frau und die Frauen, Freiburg i. Br. 1989 und B. Forte, Maria – Mutter und Schwester des Glaubens, dt. Zürich 1990, 253[30]. Danach: M. Hauke, Gott oder Göttin? Feministische Theologie auf dem Prüfstand, Aachen 1993, 155f; Heymel, jüdische Mutter 373–411; Hartmann, Magd 24[31, 32]. Siehe ferner auch H. Harbecke, Maria und die Frau(en). Mariologische Linien bei Joseph Ratzinger/Benedikt XVI. im Gespräch mit differenzfeministischen Ideen, in: Conc. 44 (2008) 492–501.

25 Es ist jene „Weiblichkeit" Gottes, von der der frühverstorbene Papst Johannes Paul I. in seiner Angelus-Ansprache vom 10. September 1978 sagte: „Gott ist Vater und Mutter": L'Osservatore Romano v. 21. 9. 1978, 5. – Siehe dazu H. Dietschy, „Gott ist Vater und Mutter". War Johannes Paul I. ein Ketzer?, in: Ref. 30 (1981) 425–432.

26 Vgl. A. Greeley, Maria. Über die weibliche Dimension Gottes, dt. Graz 1979.

27 R. R. Ruether, Maria. Kirche in weiblicher Gestalt, München 1980, 69.

28 Zit. nach H. de Lubac, Kommentar zu: P. Teilhard de Chardin, Hymne an das Ewig-Weibliche, dt. Einsiedeln 1968, 17–160, hier: 156.

Wie seriös oder unseriös diese neue Wendung auf Maria hin in den genannten Bereichen im Einzelfall auch sein mag, Tatsache ist, dass Maria aus ihrer nachkonziliaren Randposition wieder neu ans Tageslicht zu kommen und größeres Interesse zu finden beginnt (!), selbst in den Kirchen der Reformation. So nimmt nach Meinung des evangelischen Theologen Michael Heymel Maria „in der allgemeinen theologischen und kirchlichen Situation der Gegenwart eine Schlüsselstellung ein“.[29] Das dürfte wohl ganz entschieden übertrieben sein. Aber tatsächlich wird gerade auch im ökumenischen Gespräch mehr und mehr deutlich, dass die Aussagen über Maria im Schnittfeld fast aller theologischen Probleme stehen. Dies hatte bereits vor Jahren Michael Schmaus so formuliert:

> „In der Mariologie laufen … fast alle theologischen Linien zusammen, die christologische, die ekklesiologische, die anthropologische und die eschatologische. … An der Mariologie gewinnt die Frage nach dem Verhältnis von göttlicher und menschlicher Aktivität, nach dem Wesen und dem Sinn der Rechtfertigung und Heiligung, nach dem Zustande des vollendeten Menschen anschaubare Gestalt. … In der Mariologie fallen daher Entscheidungen, die für das Ganze unseres Glaubens aufschlussreich sind. Umgekehrt enthüllen die theologischen Erkenntnisse in der Christologie, in der Ekklesiologie und in der Gnadenlehre ihre Tragweite in der Mariologie“.[30]

Die im Laufe meines Lebens erfahrenen Pendel- bzw. Wellenbewegungen in Sachen Mariologie hinterließen in mir eine Fülle von Fragezeichen und ungelösten Problemen, denen ich mich jetzt, gegen Ende meiner Pilgerzeit, noch einmal zuwenden möchte. Insofern hat diese Studie einen klar bestimmten autobiographischen Ort.

Ein zweiter Grund für die Arbeit an dieser Publikation war eher systematischer Art. In trinitätstheologischen Veröffentlichungen, die mich im letzten Dezennium beschäftigten,[31] ging es vor allem darum, die Relevanz des trinitarischen Glaubens in seiner Entsprechung zu den Phänomenen der erfahrbaren Welt herauszustellen und ihn damit als Verstehensschlüssel zum Umgang mit einer sich oft als aporetisch aufdrängenden Wirklichkeit zu präsentieren. Dabei trat aber ein

---

29 Heymel, jüdische Mutter 8.

30 M. Schmaus, Katholische Dogmatik, Bd. V, München 1955, 5. Ähnlich auch W. Beinert, Himmelskönigin – Urbild der Kirche – neue Frau. Die Wandlungen des katholischen Marienbildes von der Gegenreformation bis zum Ende des 20. Jh., in: W. Beinert u. a. (Hrsg.), Maria – eine ökumenische Herausforderung, Regensburg 1984, 75–116, hier: 102.

31 G. Greshake, Der dreieine Gott, Freiburg i. Br. 1997, (erweitert) ^{5}2007; ders., Hinführung zum Glauben an den drei-einen Gott, Freiburg i. Br. 1998, (erweitert) ^{5}2008.

Grundproblem in den Hintergrund, nämlich die Frage: Wie ist es überhaupt denkbar, dass zwischen unendlichem Gott und endlicher Schöpfung eine Entsprechung entstehen kann, mehr noch, dass der unendliche Gott in die endliche Wirklichkeit einzutreten und sie als eigene anzunehmen vermag? Welche Bedingungen müssen dafür auf Seiten der Schöpfung erfüllt sein? Mir wurde immer mehr klar, dass diese und ähnliche Fragen nicht ohne eine vertiefte mariologische Reflexion gelöst werden können, da Maria ja der Mensch ist, der in das Geschehen der Vermittlung von Schöpfer und Geschöpf in ganz besonderer Weise hineingenommen ist, nicht nur in „biologischer" Hinsicht, sondern als „Person", als jemand, der gefragt wird und in Freiheit Antwort zu geben hat. Somit stellt Maria den Prototyp des Menschen dar, dem sich der dreifaltige Gott erschließt. So gesehen ist diese Studie gewissermaßen ein Pendant, ein „complementum", zu meinen trinitätstheologischen Veröffentlichungen.

Es kommt hinzu, dass die mariologische Grundperspektive des Konzils, die Hugo Rahner von seinen patrologischen Studien her schon Jahre zuvor als Aufgabe formuliert hatte, seitens der kirchlichen Basis noch keineswegs aufgegriffen wurde und abgegolten ist: „Wir müssen es wieder lernen, Maria in der Kirche sehen und die Kirche in Maria".[32] Das Konzil hat zwar das Erste getan, aber kaum das Zweite. *Man hatte Maria in die Kirche integriert, aber nicht die Kirche in Maria.* Insofern ist auch die konziliare Aussage: „Maria vereinigt, da sie zuinnerst in die Heilsgeschichte eingegangen ist, gewissermaßen die größten Glaubensgeheimnisse in sich und strahlt sie wider" (LG 65), ohne kirchliche Konsequenzen geblieben. Auch die neueren deutschsprachigen ekklesiologischen Entwürfe (von Hans Küng [1967], Miguel M. Garijo-Guembe [1988], Siegfried Wiedenhofer [1992], Medard Kehl [1992], Josef Meyer zu Schlochtern [1992], Jürgen Werbick [1994], Peter Hünermann [1995], Gregor Maria Hoff [2011], Walter Kasper [2011], Michael Böhnke [2013]) erwähnen entweder Maria überhaupt nicht (so die allermeisten) oder allenfalls ganz am Rande (am ausführlichsten noch – auf sieben Seiten! – W. Kasper). Würde aber eine entschiedene Sicht der Kirche von Maria her (und eben nicht nur eine Sicht Marias von der Kirche her) nicht auch zu einem anderen, wirklich reformierten Bild der Kirche führen, nämlich einer Kirche des Glaubens, die zwar in der Welt, aber nicht von der Welt ist, einer Kirche, die gemäß dem Magnificat eine Kirche der Kleinen und Armen ist, in der die Hierarchien dieses Äons auf den Kopf gestellt werden? Würden sich von hier aus nicht auch praktisch-konkrete Konsequenzen für den Glauben und das Leben der Kirche ergeben?

---

32 H. Rahner, Maria und die Kirche. Zehn Kapitel über das geistliche Leben, Innsbruck u. a. [2]1962, 8.16.

Schließlich scheint mir auch das ökumenische Gespräch unbedingt eine mariologische Perspektive zu erfordern. Hier sind nicht nur die marianischen Aussagen der katholischen Kirche und die Stellung Marias in der Liturgie Steine des Anstoßes, auch nicht allein die unlösbare Verbundenheit der Mariologie mit der Christologie und Ekklesiologie, sondern vor allem das hier sich formulierende Grundverhältnis Gott – Schöpfung. Dies hat schon Karl Rahner angedeutet, wenn er schreibt, „dass sich vielleicht das Ganze der Lehrdifferenzen zwischen der evangelischen Christenheit und der katholischen Kirche in dem Gegensatz in der Mariologie wiederfinden lässt, weil dieser Gegensatz vielleicht letztlich doch nichts anderes ist als der radikalste Fall des Gegensatzes in der theologischen Lehre vom Menschen und seinem Verhältnis zu Gott überhaupt."[33]

Auch diesem Problem ist also nachzugehen. Ja, es zeigt sich überhaupt, dass das Thema „Maria" in der Glaubenslehre im Grunde nicht abgrenzbar ist. „Ihre Gestalt berührt auch die Themen: Würde und Freiheit des Menschen, Weisheit Gottes, Paradies, Erbsünde, Erwählung und Vorherbestimmung, Erlösung und Heilsgeschichte, Gottesvolk, heiliger Rest, Judentum und Kirche, Messias, Gottessohn, Zusammenwirken mit dem Heiligen Geist, Kirche und Gnadenvermittlung, Tauftheologie, Braut-Gottes-Sein, Vollendung der Kirche und Vollendung der Welt".[34] Diese Aufzählung ließe sich noch ein ganzes Stück ergänzen. Denn – um noch einmal Michael Schmaus zu wiederholen – „in der Mariologie laufen … fast alle theologischen Linien zusammen". Insofern bietet sich die Mariologie dazu an, die *ganze* Theologie noch einmal Revue passieren zu lassen.

2. Zu dieser Studie

Die Studie trägt den Untertitel: Perspektiven einer marianisch grundierten Theologie. Damit soll ein Zweifaches zum Ausdruck gebracht werden: Erstens geht es nur um einige Perspektiven, keineswegs um das Ganze und Geschlossene eines theologischen Gesamtentwurfs. Zweitens handelt es sich nicht um eine „marianische Theologie", die m. E. eine contradictio in adjecto wäre, weil Theologie nun einmal Logos – Rede *von Gott*, und nicht (isoliert) von Maria ist. Aber der Grund, auf den eine Theologie sich stellt, kann sehr unterschiedlich sein. Auch hierfür gilt zwar prinzipiell, dass *kein anderer Grund gelegt werden kann als der, der gelegt ist: Jesus Christus* (1 Kor 3,11), aber zu diesem Grund gehört eben auch Maria, wenn denn Jesus Christus kein anderer ist als „Gott in Maria" (Wilhelm Klein).

33 K. Rahner, Zur konziliaren Mariologie, in: StdZ 174 (1964) 87–101, hier: 88f.
34 G. Lohfink / L. Weimer, Maria – nicht ohne Israel, Freiburg i. Br. 2008, 398.

Deshalb habe ich mir das etwas „aparte“ Wort von einer „marianisch grundierten Theologie“ erlaubt: Es soll der „Faktor Maria“ an der Basis christlicher Theologie herausgestellt werden, ein Faktor, der, wenn er ernst genommen wird – wie sich zeigen wird – erhebliche Konsequenzen nach sich ziehen dürfte.

Was ist an dieser Studie neu? In gewisser Hinsicht zunächst einmal gar nichts! Angesichts der schon erwähnten – bis zum Jahr 1959 schätzungsweise in einer Zahl von 100 000 Büchern vorliegenden – mariologischen Studien, Traktate und Traktätchen, zu denen mittlerweile bis heute noch mindestens einige zehntausend hinzugekommen sind, dürfte es kaum ein mariologisches Fündlein geben, das nicht bereits vorgelegt und erörtert wurde, manches davon bis zum Überdruss. Jede mariologische Aussage der Theologiegeschichte, die nur halbwegs bedeutsam erschien, wurde wie ein kostbarer Stein schon unendlich oft, manchmal in mikroskopischer Weise, betrachtet, hin und her geschoben und mehrfach gewendet. In dieser Hinsicht also: Nil novi sub luna! Aber man kann Steine auch als Materialien für ein Mosaikbild verwenden. Und dann lassen sich aus den gleichen Steinen sehr unterschiedliche Bilder kreieren. In dieser bildhaft angedeuteten Richtung ist auch, wenn überhaupt, das Neue bzw. Originelle der vorliegenden Studie zu sehen: es ist nicht im Inhaltlichen zu suchen, sondern in der Perspektive, in der die verschiedenen Materialien geordnet und gesichtet, gewertet und integriert sind. Diese Perspektive lautet, wie es auch der Titel der Studie angibt, „Maria-Ecclesia“. Aber auch dafür gibt es schon viele Vorbilder!

Das eigentliche Spezifikum dieser Studie liegt in der Fokussierung auf zwei Fragestellungen: (1) Welche Konsequenzen hat das Programmwort „Maria-Ecclesia“ für die Grundthemen des Glaubens und der Theologie, vor allem aber für die Erneuerung einer – scheint’s – „alt“ gewordenen Kirche? (2) Wie weit ist es möglich, das Binom „Maria-Kirche“ auch auf das in der Patristik so wichtige Konzept einer „ecclesia primigenia“ – einer „Kirche von Anbeginn“ auszuziehen bzw. die zentrale Idee der alttestamentlichen Weisheit, die „am Anfang der Wege Gottes“ steht, – wie die Liturgie es tut – auf beide, auf Maria und die Kirche, anzuwenden, und zwar in einem ganz realen und nicht nur allegorischen Sinn? Mit welchen Konsequenzen?

Der erste Teil der Studie, ein Durchgang durch das Zeugnis der Heiligen Schrift und die wichtigsten theologischen und lehramtlichen Quellen zum Thema „Maria“, ist noch am allerwenigsten originell. Er liegt auf der Ebene eines „normalen“ dogmatischen Traktats „Mariologie“.[35] Ursprünglich wollte ich sogar das erste

35 Über die Geschichte eines eigenen dogmatischen Traktats „Mariologie“, der seinen eigentlichen Anfang im 19. Jh. nahm und im 20. Jh. seine Hochblüte erlebte, informieren

Kapitel, nämlich den exegetischen Durchblick, mir und dem Leser ersparen und stattdessen auf Studien verweisen, in denen dies bereits auf vorzügliche Weise geschieht. Aber eine solche exegetische *epoché* wurde schon in Bezug auf meine große trinitarische Studie von einer Reihe von Rezensenten und kritischen Lesern nicht goutiert. Obwohl dort mit guten Gründen auf eine exegetische Behandlung verzichtet und eine Reihe exegetischer Studien, denen ich mich voll anschließe, genannt wurde, bemängelte man den gegebenen Ausfall. Warum, ist mir bis heute nicht klar. Offenbar muss für manche Menschen das Rad immer neu erfunden werden. Wie auch immer: Im ersten Kapitel soll eine durchaus unoriginelle exegetische Darstellung der Bedeutung Marias in der Heiligen Schrift vorangestellt werden. Diesem Kapitel folgen fünf weitere, in denen in verschiedenen „Schnitten" die theologiegeschichtliche Entwicklung der Mariologie skizziert, analysiert und aus der Sicht der gegenwärtigen Theologie interpretiert wird.

Dabei liegt der Akzent auf einer äußerst „nüchternen" Sicht Marias, d. h. auf einer Sicht, die das „Nicht-Privilegienhafte", also das „Allgemein-Menschliche", was uns mit ihr, der „Schwester im Glauben", verbindet, unterstreicht. Ganz entsprechend den beiden Mottos, die dem ersten Teil vorangestellt sind. Das erste ist ein Wort der hl. Therese v. Lisieux: Wenn man bei Aussagen über Maria, etwa bei „einer Predigt über die Mutter Gottes von Anfang bis zum Ende gezwungen wird, vor Staunen nach Luft zu schnappen – vor lauter Ach! und Oh! –, hat man bald genug, und das führt weder zur Liebe noch zur Nachahmung".[36] Das zweite ist eine Bemerkung, die schon Bonaventura über Maria geschrieben hat: „Wir haben nicht neue Ehrentitel für sie zu erfinden; sie, die voller Wahrheit ist, bedarf nicht wahrheitswidriger Aussagen".[37] Das siebte Kapitel informiert schließlich über die Stellung Marias in nicht-katholischen Kirchen.

Dieser erste Teil ist mit „Prolegomena" überschrieben, weil er keine dezidiert-originellen Positionen vertritt, sondern eher als vorbereitende Grundlegung für den (kürzeren) zweiten Teil dient. Dieser steht ganz bewusst zum ersten insofern in einer gewissen Spannung, als hierin im Gegensatz zum ersten gerade das *„Besondere"* Marias herausgestellt wird, und zwar in drei Perspektiven: als Glaubende – als Kirche in Person – als ἀρχή (Anfang, Urform) und personale Gestalt der Schöpfung. Die dialektische Spannung, in der in den beiden Teilen der Studie Maria ansichtig wird, soll auch das doppelte Motto, das gleich zu Beginn der *ganzen*

H. M. Köster, Der geschichtliche Weg von marianischen Einzelaussagen zum geschlossenen Traktat einer systematischen Mariologie, in: ThGl 68 (1978) 368–384; Fr. Courth, Mariologie. Maria, die Mutter des Christus, in: W. Beinert (Hrsg.), Glaubenszugänge. Lehrbuch der Katholischen Dogmatik, Bd. II, Paderborn u. a. 1995, 307f.

36 Therese v. Lisieux, dt. in: I. F. Görres, Das verborgene Antlitz, Freiburg i. Br. [3]1949, 318.

37 Bonaventura, In III sent 3,1,2 ad 3 = Opera Omnia (Quaracchi), 68.

Studie vorangestellt ist, zum Ausdruck bringen. Das erste charakterisiert Maria mit Ludwig Maria Grignion de Montfort als „geschöpfliches Nichts“. Das zweite sagt dagegen das Höchste über Maria aus, was überhaupt von einem Wesen ausgesagt werden kann, dass es nämlich „die Fassung des unfassbaren Gottes“ ist (Hymnus Akathistos), der „Ort“, den Gott erwählt hat, um „ER selbst in Maria“ zu sein: „Gott in Maria“. Meines Erachtens kann nur in dieser dialektischen Sicht Maria integral verstanden werden. Das allerdings wird erst gegen Ende der Studie seine plausible Begründung finden (S. 534f).

Die drei Perspektiven des zweiten Teils wollen einige theologische Grundfragen und -themen neu „grundieren“. Die erste Perspektive (Kap. I) will zu einem marianisch gefärbten Traktat über den Glauben und zur theologischen Anthropologie beitragen. Denn – so H. Otmar Meuffels – Maria „ist anthropologisch bedeutsam, oder sie ist gar nichts“.[38] Die zweite Perspektive (Kap. II und III) arbeitet Basisthemen einer marianischen Ekklesiologie heraus; die dritte (Kap. IV) legt Brennpunkte einer marianisch grundierten Schöpfungslehre und Religionentheologie dar. Diese vier Kapitel schließen jeweils mit einem Abschnitt, der mit „Konsequenzen“ überschrieben ist. Hierin finden sich nicht nur Hinweise für eine stärker marianisch zu fundierende Theologie, sondern z. T. auch recht kritische Bemerkungen zur derzeitigen kirchlichen und theologischen Situation sowie Vorschläge zu einer grundsätzlichen Reform kirchlicher Doktrinen, Normen und Strukturen. Solche praktischen Folgerungen sind m. E. unausweichlich. Denn wenn Maria die Glaubende schlechthin ist, muss sich auch die *Weise* kirchlichen Glaubens an ihr messen lassen. Wenn sie die Kirche in Person ist, hat das kirchliche Leben in all seinen Facetten an ihr Orientierung zu nehmen. Und wenn sie die ἀρχή der Schöpfung ist, einer Schöpfung, die – im biblischen Bild gesagt – auf die „Vermählung“ Gottes mit seinem Geschöpf zielt, dann hat dies eine geradezu „intime“ Einstellung zur Schöpfungs- und Weltwirklichkeit und eine hohe Wertschätzung der nichtchristlichen Religionen zur Folge, weil jede *auf ihre Weise* ein Abbild des religiösen Ur-Verhältnisses: Gott und Maria oder besser „Gott in Maria“, ist.

Ich kann mir gut vorstellen, dass einige Leser, Theologen und Hierarchen, die den in dieser Studie anzutreffenden „frommen“ Äußerungen vielleicht Beifall zollen, die kritischen Beobachtungen zur Kirche sowie die reformerischen Perspektiven für zu radikal halten. Sie mögen versichert sein, dass ich im Grunde viel radikaler denke als das die in meinen Augen noch ziemlich moderaten Ausführun-

38 H. O. Meuffels, Mariologie und Anthropologie, in ThG(B) 43 (2000) 198–211, hier: 199. Ein – allerdings stark an binnentheologischen Fragestellungen orientierter – Überblicksartikel über die anthropologischen Implikationen der Mariologie ist der Beitrag von M. Hauke, Anthropologie und Mariologie in der zeitgenössischen theologischen Diskussion: gemeinsame Perspektiven und Probleme, in: FKTh 29 (2013) 1–21.

gen „ad usum Delphini“ zum Ausdruck bringen. Aber da ich fest davon überzeugt bin, dass die Kirche der Zukunft sich in die von mir gezeichnete Richtung auf den Weg wird machen (müssen), werden sich radikalere Konsequenzen ganz von selbst ergeben. Auf der andern Seite wird es auch solche Leser geben, die zwar den reformerischen Perspektiven prinzipiell zustimmen, deren Orientierung an Maria aber für einen durchaus entbehrlichen Umweg halten. Diese Kritik hat insofern Recht, als die angezeigten Reformen nicht allein Konsequenzen aus der Gestalt Marias und ihrer Bedeutung sind, sondern auch „aliunde“ begründet werden können. Dennoch scheint mir die marianische Fundierung nicht überflüssig zu sein, da sie ins Herz des Glaubens und der Kirche hineinführt und durch ihre hohe Anschaulichkeit alle abstrakten theologischen Begründungen weit übertrifft.

Im fünften Kapitel mit der zweideutigen Überschrift „Aus-Blick“ finden sich einige künstlerische Darstellungen Marias reproduziert und kommentiert. Es sind Darstellungen, welche einige wichtige Kristallisationspunkte dieser Studie auf bildhafte Weise einprägen, bevor dann am Schluss noch einmal ein sehr kurzes Resümee gezogen wird.

Auch der zweite Teil der Studie strotzt nicht von reiner Originalität, obwohl hierin m. E. auf einige nicht selten übersehene Wahrheiten aufmerksam gemacht wird. Dennoch gelten auch hier zwei wichtige Einsichten, die ich schon bei meinen trinitätstheologischen Studien angeführt habe:

(1) „Wenn man Erfinder sein will,
so verlangt man, der Erste zu sein;
will man nur Wahrheit,
so verlangt man Vorgänger“
(Immanuel Kant).[39]

Da diese Arbeit „Wahrheit will“, scheut sie sich nicht, sich auch ausdrücklich auf viele Vorgänger zu berufen. Dies wird rein äußerlich dadurch dokumentiert, dass nicht selten zitiert wird. Gerade da, wo „Vorgänger“ einen Gedanken kompakt und treffend formuliert haben, sehe ich keine Veranlassung, diesen aus seiner ursprünglichen Fassung herauszunehmen und in die eigene Sprachform umzugießen.

(2) „Wir sind wie Zwerge,
die auf Schultern von Riesen stehen;
aber vielleicht sehen wir darum auch
mehr und genauer als diese,

39 I. Kant, Reflexionen 2159, WW 16 (Ak.Ausgabe) 235.

nicht aufgrund eigener Sehkraft oder Größe,
sondern weil riesenhafte Größe uns emporhebt"
(Bernhard v. Chartres).[40]

Für die „Schultern von Riesen" sind die vielen Zitate und Literaturhinweise ein Zeichen. Ich war selbst am Ende meiner Arbeit erschrocken über die uferlose Menge von Literatur, die zusammengekommen ist. Dabei sind die Angaben keineswegs vollständig, sondern betreffen nur die Literatur, die ich tatsächlich verarbeitet habe. Diese wurde gelegentlich (aber keineswegs immer!), um allzu lange Fußnoten zu vermeiden, den jeweiligen Abschnitten vorangestellt. Dem kritischen Leser darf ich versichern, dass an die 90% aller angeführten Schriften wirklich durchgearbeitet wurden; der Rest wurde wenigstens in kursorischer Lektüre oder im Nachschlagen von Zitaten zur Kenntnis genommen. Dennoch: Obwohl diese Studie schon einen erheblichen Umfang hat, vermag sie keineswegs das Ganze der angeschnittenen Thematik auszuloten. Es sind und bleiben, wie der Untertitel sagt, „Perspektiven", einzelne Gesichtspunkte und Ausblicke auf ein größeres Ganzes, das alles partikulär und fragmentarisch Gesagte immer auch relativiert.

Lesehinweise:
Was bereits zu meiner größeren Trinitätsstudie gesagt wurde, gilt auch hier: Da die vorliegende Studie einen Beitrag zur Theologie leisten möchte, bedient sie sich theologischer Argumentationsformen, die dem Nicht-Fachtheologen gelegentlich als „Fachsimpeleien" erscheinen und nicht immer nachvollziehbar sein mögen. Um diesem Leserkreis den Zugang zur Studie zu erleichtern, seien folgende Lesevorschläge gegeben: Grundsätzlich ist es zum Verständnis der Gedankenfolge nicht notwendig, Exkurse und kleiner gedruckte Passagen im Haupttext sowie die zahlreichen Anmerkungen zu lesen, allerdings mit Ausnahme der ungefähr 30 Anmerkungen, deren Ziffern unterstrichen sind; hier finden sich einige wichtigere Ergänzungen, Erläuterungen und Modifikationen zum Haupttext. Ansonsten sorgen viele Verweise zwischen den Kapiteln und Teilen dafür, dass sich einzelne Abschnitte auch ohne den Zusammenhang des Ganzen je für sich verstehen lassen.

Für das Aufschlüsseln der Abkürzungen sowie für das Auffinden der Literaturangaben sei auf S. 587 verwiesen.

Worte der Heiligen Schrift werden grundsätzlich ohne Anführungszeichen nur in Kursivschrift angeführt.

---

40 Bernhard v. Chartres, zit. bei Johannes v. Salisbury, Metalogikon 3, 4,46, hrsg. v. J. B. Hall, Turnhout 1991, 116.

Ulrich Wickert, ein querdenkender und gelegentlich zu provokanten Formulierungen neigender evangelischer Patrologe und Mariologe (!) schreibt einmal: „Wer Maria nicht liebt, sollte gar nicht erst anfangen, von ihr zu reden".[41] So plausibel der Satz auch klingen mag, ich halte ihn dennoch für falsch und das Gegenteil für richtig. Wer Maria nicht liebt, sollte einmal anfangen, sich mit ihr zu beschäftigen und über sie in einen Diskurs eintreten, also „reden". Vielleicht erfährt er dann Ähnliches wie ich: Zwar würde ich nicht gleich von Liebe zu Maria sprechen, aber doch mindestens von vielen Entdeckungen, die sich in ihrer Perspektive machen und manches neu sehen lassen. Vielleicht gilt der schon 1955 von Michael Schmaus geschriebene Satz nach 60 Jahren wieder neu: „Es scheint heute geradezu die Stunde für die Mariologie gekommen zu sein, weil der seiner selbst nicht mehr sichere Mensch einer menschlichen Gestalt bedarf, an der er zuverlässig die Auswirkungen seines Glaubens an Christus anschauen und den letzten, durch Christus gestifteten Sinn des Lebens erkennen kann".[42]

Das vorletzte Wort dieses Vorworts soll Augustinus haben:

„Der Leser möge dort mit mir weitergehen,
wo er meine Überzeugung teilt,
mit mir suchen, wo er mit mir am Schwanken ist,
sich an mich halten, wo er einen Irrtum bei sich erkennt,
mich zurückrufen, wo er einen Irrtum meinerseits entdeckt.
So wollen wir miteinander den Weg der Liebe gehen und
uns ausstrecken nach Dem, von dem es heißt:
‚Suchet mein Antlitz immer!'"[43]

Den Abschluss soll ein Wort des Dankes bilden. Zwar ist dies die erste größere Veröffentlichung, die ich als Emeritus ohne Hilfe von Sekretärin, Assistenten und wissenschaftlichen Mitarbeitern völlig allein anzufertigen hatte. Darüber hinaus stand ich – auch dies ein Novum – aufgrund meiner derzeitigen Lebenssituation fast ohne jeden Austausch mit anderen Theologen, und damit fehlten kritische Nachfragen, Korrekturvorschläge, hilfreiche Anregungen. Erst gegen Ende, als das Manuskript nahezu fertig gestellt war, hatte Dr. Albert Rauch, Direktor des Ostkirchlichen Instituts, Regensburg, die Freundlichkeit, die beiden Kapitel über Maria-Sapientia (die in engem Bezug zur russisch-orthodoxen Spiritualität und Theologie steht) durchzusehen. Und Prof. Dr. Karl-Heinz Menke, Bonn, nahm

41 U. Wickert, Ein evangelischer Theologe schreibt über Maria, Berlin 1979, 9.
42 Schmaus, Dogmatik V, 9.
43 Augustinus, De trin. I, 3,5 (CC 50, 32).

sich die Zeit, die ganze Studie kritisch gegenzulesen und mir eine Fülle von corrigenda und gewichtigen Gegenargumenten (vor allem gegen die Konzeption einer realen primordialen Maria-Sapientia) vorzulegen. Dennoch ermutigte er – wie auch Albert Rauch – mich mit großem Nachdruck, das Manuskript zu veröffentlichen.

Zwei äußere Bedingungen waren bei der Erstellung der Studie besonders förderlich. (1) Ihr größter Teil wurde bei den Caritas-Socialis-Schwestern in Wien-Kalksburg, in deren Pflegeheim ich seelsorgerisch tätig bin, angefertigt. Diese Wohnsituation war und ist geprägt von Ruhe, geistlicher Atmosphäre und engster Nähe zum Wiener Wald, auf dessen Wegen viele Probleme der Arbeit buchstäblich „aus-gewandert" wurden. (2) Als Bibliothek stand mir vor allem die „Gemeinsame Bibliothek der Fachbereiche katholische und evangelische Theologie", Wien, zur Verfügung, die nach der Zusammenlegung der beiden ehemals separaten Fakultätsbibliotheken nicht nur über einen erfreulich hohen und breitgestreuten Bücherbestand verfügt, sondern die auch große, weite Räume hat, in denen man sich wohlfühlt und wo man vom äußerst hilfsbereiten Bibliotheksleiter Dr. Alfred Friedl und dessen Team immer freundliche Unterstützung findet.

Für all das, wie auch für die angenehme Zusammenarbeit mit Dr. Rudolf Zwank vom Verlag Friedrich Pustet, bin ich sehr dankbar. Und darum: *Πρῶτον μὲν εὐχαριστεῖν* (Röm 1,8).

Freiburg i. Br. – Wien, am 9.3.2014, *Gisbert Greshake*
dem orthodoxen Fest der Marien-Ikone
„Das Wort ist Fleisch geworden"

ERSTER TEIL

PROLEGOMENA

Die überkommenen biblischen, dogmatischen und theologiegeschichtlichen Aussagen über Maria

„Non oportet novos honores configere ad honorem Virginis
quae non indiget nostro mendacio,
quae tantum plena est veritate".
BONAVENTURA

„Wenn man bei einer Predigt über die Mutter Gottes
von Anfang bis zum Ende gezwungen wird,
vor Staunen nach Luft zu schnappen – vor lauter Ach! und Oh! –,
hat man bald genug, und das führt weder zur Liebe noch zur Nachahmung.
Wer weiß, ob nicht manche Seele zuletzt sogar bis zu einer Art Entfremdung
von einem derart überlegenen Geschöpf getrieben wird!"
THERESE V. LISIEUX

ERSTES KAPITEL

Maria in der Heiligen Schrift und die weitere Entwicklung des Schriftzeugnisses

Lit.:

Wichtige Studien zur exegetischen Basis der Mariologie: R. Mahoney, Die Mutter Jesu im Neuen Testament, in: G. Dautzenberg (Hrsg.), Die Frau im Urchristentum = QD 95, Freiburg i. Br. 1983, 92–116; H. Räisänen, Die Mutter Jesu im Neuen Testament, Helsinki ²1989; ders., Maria/Marienfrömmigkeit I, in: TRE 22, 115–199; J. McHugh, The Mother of Jesus in the New Testament, London 1975; I. de la Potterie, Marie dans le mystère de l'alliance, Paris 1988; J. Zmijewski, Die Mutter des Messias. Maria in der Verkündigung des Neuen Testaments, Kevelaer 1989; R. E. Brown (Hrsg.), Maria im Neuen Testament, dt. Stuttgart 1981; F. Mussner, Maria, die Mutter Jesu im Neuen Testament, St. Ottilien 1993; O. Knoch, Maria in der Heiligen Schrift, in: Hmar 15–92; D. Böhler, Maria – Tochter Zion. Die Bedeutung der Mutter Jesu nach der Hl. Schrift, in: GuL 78 (2005) 401–412; Th. Reiprich, Das Mariageheimnis. Maria von Nazareth und die Bedeutung familiärer Beziehungen im Markusevangelium, Göttingen 2008. – Zusammenfassend bzw. systematisierend: M. Thurian, Maria, dt. Mainz-Kassel 1965; K.-H. Menke, Fleisch geworden aus Maria, Regensburg 1999; G. Lohfink/L. Weimer, Maria – nicht ohne Israel, Freiburg i. Br. 2008.

Speziell zu den sog. „Kindheitsgeschichten":

Kommentare z.St. Ferner: J. M. Bover, ‚Quod nascetur (ex te) sanctum vocabitur Filius Dei' (Lc 1,35), in: Bib. 1(1920) 92–94; S. Lyonnet, Le récit de l'annonciation et la maternité divine de la Sainte Vierge, in: Amie du Clergé, Rom 1956, 33–48; R. Pesch, Eine alttestamentliche Ausführungsformel im Matthäus-Evangelium, in BZ NF 10 (1966) 220–245; ders., Der Gottessohn im matthäischen Evangelienprolog (Mt 1–2), in: Bib. 48 (1967) 395–420; R. Laurentin, Struktur und Theologie der lukanischen Kindheitsgeschichte, dt. Stuttgart 1967; J. Riedl, Die Vorgeschichte Jesu, Stuttgart 1968; R. Kilian, Die Verheißung Immanuels Jes 7,14 = SBS 35, Stuttgart 1968; E. Nellessen, Das Kind und seine Mutter = SBS 39, Stuttgart 1969; G. Lattke, Lukas 1 und die Jungfrauengeburt, in: K. S. Frank u. a. (Hrsg.), Zum Thema Jungfrauengeburt, Stuttgart 1970, 61–89; A. Vögtle, Offene Fragen zur lukanischen Geburts- und Kindheitsgeschichte, in: ders., Das Evangelium und die Evangelien, Düsseldorf 1971, 43–56; G. Schneider, Jesu geistgewirkte Empfängnis (Lk 1,34f). Zur Interpretation einer christologischen Aussage, in: ThPQ 199 (1971) 105–116; K. Schubert, Die Jungfrauengeburt im Lichte frühjüdischer Quellen, in: ThG(B) 16 (1973) 193–199; H. Schürmann, Die geistgewirkte Lebensentstehung Jesu, in: W. Ernst/K. Feiereis (Hrsg.), Einheit in Vielfalt, FS H. Aufderbeck, Leipzig 1974, 156–169; R. E. Brown, The Birth of the Messiah. A commentary in the infancy narrations in the Gospels of Matthew and Luke, New York u. a. ²1993; G. Lohfink, Gehört die Jungfrauengeburt zur biblischen Heilsbotschaft?, in: ThQ 159 (1979) 304–306; A. Stock, „Die Berufung Marias" (Lk 1,26–28), in:

Bib. 61 (1980) 457–491; Pesch, R. (Hrsg.), Zur Theologie der Kindheitsgeschichten. Der heutige Stand der Exegese, München-Zürich 1981; I. de la Potterie, Il parto verginale del Verbo incarnato: ‚Non ex sanguinibus …, sed ex Deo natus ist' (Gv 1,13), in: Mar. 45 (1983) 127–174; H. Gese, Natus ex virgine, in: ders., Vom Sinai zum Zion, München 1984, 130–146; J. Kremer, Das Erfassen der bildsprachlichen Dimension als Hilfe für das rechte Verstehen der biblischen „Kindheitsevangelien" und ihre Vermittlung als lebendiges Wort Gottes, in: K. Kertelge (Hrsg.), Metaphorik und Mythos im Neuen Testament = QD 126, Freiburg i. Br. 1990, 78–109 (Lit); E. Haag, Das Immanuelzeichen in Jesaja 7, in: TrThZ 100 (1991) 3–22; M. Rösel, Die Jungfrauengeburt des endzeitlichen Immanuel. Jesaja 7 in der Übersetzung der Septuaginta, in: JBTh 6 (1991) 135–151; M. Rösel, Die Jungfrauengeburt des endzeitlichen Immanuel. Jesaja 7 in der Übersetzung der Septuaginta, in: JBTh 6 (1991) 135–151; S. M. Perella, Il parto verginale di Maria nel dibatttito teologico contemporaneo (1962–1994), in: Mar. 56 (1994) 95–213; S. Munoz Iglesias, Lo historico en los Evangelios de la Infancia, in: EstMarianos 64 (1998) 35f; R. Pesch, Über das Wunder der Jungfrauengeburt. Ein Schlüssel zum Verstehen, Bad Tölz 2002; J. Ratzinger, Jesus von Nazareth. Prolog – Die Kindheitsgeschichten, Freiburg i. Br. 2012.[44]

Vorbemerkungen

Alles, was im christlichen Glauben von Belang ist, hat seine Basis in der Heiligen Schrift und muss sie dort haben. Über dieses Prinzip sind sich katholische und evangelische Theologie einig, auch wenn es hinsichtlich des geforderten Intensitätsgrades für einen *ausdrücklichen* Bezug zur Schrift Unterschiede gibt. Der Schriftbezug gewährleistet, dass Glaubensinhalte nicht aus dem frommen Bewusstsein, aus emotionalen Bedürfnissen oder aus Postulaten menschlicher Reflexion herausprojiziert werden, sondern gebunden bleiben an die in der Bibel niedergelegte Ur- und Primärbezeugung jenes geschichtlichen Handlungszusammenhangs, in dem sich Gott dem Menschen erschlossen hat – bis hin zu seiner endgültigen Mitteilung in der Menschwerdung seines Sohnes und in der Gabe des Heiligen Geistes.

Dabei ist die genaue „Positionierung" der Heiligen Schrift wohl zu beachten. Hinsichtlich der hier bezeugten Selbstmitteilung Gottes ist nämlich zu unterscheiden: (1) das Geschehen / der Geschehenszusammenhang selbst in seiner historischen Faktizität; (2) dessen Rezeption im Glauben, d. h. dessen vielgestaltige praktische Umsetzung, geistliche Meditation und nachdenkende Reflexion, wie

44 Dieses letztgenannte Werk ist zwar eine im guten Sinn „erbauliche", aber doch auch in mancher Hinsicht viel zu harmonisierende systematische Synopsis, die zu wenig ernst macht mit der selbst aufgestellten richtigen These: „Die Kindheitsgeschichten sind gedeutete und von der Deutung her geschriebene und konzentrierte Geschichte": ebd. 29.

sie vor allem in der gläubigen Gemeinde stattfand; (3) die unterschiedliche „Verdichtung“ dieses Glaubensvollzugs in einzelnen Schriften, in denen die kirchliche Gemeinschaft ihren Glauben niederlegte, wiedererkannte und infolgedessen von da ab als die vom Heiligen Geist erwirkte Richtschnur (Kanon) ihres Glaubens anerkannte und entgegennahm. Weil die heiligen Schriften aus dem kirchlichen Glaubensvollzug herauswachsen und dessen normativer Niederschlag sind, lässt sich die Bibel weder trennen von solchen Glaubenserfahrungen noch bedeutet sie deren Ende und Abschluss. Positiv gesagt: Der Prozess der praktischen Umsetzung des Glaubens, der geistlichen Meditation und nachdenkenden Reflexion geht weiter, weil die Selbstoffenbarung Gottes kein archäologisches Faktum ist, sondern stets neu lebendige Gegenwart werden will. In diesem Gefüge nimmt die Heilige Schrift eine Art Mittelposition zwischen ursprünglicher und weitergehender Glaubenserfahrung ein.

Da Glaube wesentlich Antwort auf den geschichtlichen Prozess der Selbstmitteilung Gottes ist, bleibt er konstitutiv auf historische Geschehnisse bezogen. Doch lässt sich das historische „An-sich“ nicht einfach aus dem Glaubensvollzug herausfiltern (der Versuch der historisch-kritischen Forschung!), da es mit der geistgewirkten Rezeption ein unteilbar Ganzes geworden ist. Ein ansatz- und versuchsweise und immer hypothetisch bleibendes entschlüsseltes historisches An-sich kann deshalb auch nicht Kriterium des Glaubens sein.

Wenn nun nach dem Zeugnis der Heiligen Schrift Maria, die Mutter Jesu, in der Geschichte des Heils eine spezifische Rolle spielt, so ist darin zwar das „Historische“ (Wer war Maria, was geschah damals mit ihr?) einbegriffen, doch ist dies umfangen vom Ganzen des Glaubensvollzugs der Kirche. Darum richten sich auch die jetzt folgenden exegetischen Ausführungen über Maria nicht *primär* auf die Frage: Welches historische Faktum steckt hinter dieser oder jener Perikope,[45] sondern welche Rolle spielt Maria im integralen Prozess der Glaubensgeschichte, die ihre Mitte im Glauben an die Menschwerdung des Gottessohns, an sein Kreuz und seine Auferstehung sowie an die Sammlung der Menschen durch den Heiligen Geist hat. In diesem Sinn hat Karl Rahner Recht, wenn er kurz und bündig schreibt: „Über Maria kann nur von Jesus Christus her etwas gewusst werden“.[46]

Diese Satz trifft umso eher zu, als gerade auch die für marianische Aussagen zentral geltenden neutestamentlichen Stellen, vor allem Mt 1,18ff; Lk 1,26ff, auf christologische Aussagen abzielen. Für beide gilt das, was Helmut Merklein von

---

45 Die Beantwortung dieser Frage nimmt hinsichtlich der sog. Kindheitsgeschichten (Mt 1,18–2.23; Lk 1,26–2,52) nochmals eine besondere Schwierigkeit an, weil diese nicht „apostolischem Zeugnis“ entstammen und auch wohl schwerlich auf Augenzeugenschaft seitens der Familie Jesu beruhen.

46 K. Rahner, Mariologie, in: LThK ^{2}6, 85.

Mt 1,18ff feststellt: „Der primäre Skopus … ist nicht die Jungfrauengeburt und auch nicht die Mariologie. … Der primäre Skopus ist die Christologie, die sich über den Namen Jesu entfaltet".[47]

Die Kapitel-Überschrift „Maria in der *Heiligen Schrift*" weist natürlich an sich über das Neue Testament hinaus und begreift auch das Alte Testament ein. Jedoch werden im *direkten* Fokus der folgenden Ausführungen nur die Schriften des Neuen Bundes stehen. Von ihnen aus fragen wir jeweils zurück nach ihrer *Wurzel*: nach der vorangehenden altbundlichen Geschichte Gottes mit den Menschen.

Im Neuen Testament ist an folgenden Stellen in sehr unterschiedlichen Kontexten von der Mutter Jesu die Rede:

Mt	*Mk*	*Lk*	*Joh*	*Apg*	*Paulus*	*Offb*
					Gal 4,4	
1,16; 1,18–25		1,26–38; 2,1–20	1,13f ?			
		1,39–56				
1,24; 2,11.13– 15. 19–23		2,1–4; 34–35; 2,41–51				
			2,1–12			
12,46–50; 13,54–59	3,20–35; 6,1–6	8,19–21				
		11,27–28				
	15,40.47		19,25–27			
				1,14		
						12

In den folgenden Paragraphen werden wir außer auf Lk 2,1–52, Mt 2 und Apg 1,14 auf alle marianisch bedeutsamen Stellen des Neuen Testaments eingehen. Vom übrigen Schriftbefund wird jeweils wenigstens in kurzen Anmerkungen die Rede sein.

47 H. Merklein, die Jesusgeschichte – synoptisch gelesen, Stuttgart 1994, 35.

§ 1 Älteste Zeugnisse

Als historisch älteste Stelle des Neuen Testaments, die von der Mutter Jesu spricht, könnte man an sich Gal 4,4 vorweisen. Danach *sandte Gott seinen Sohn, geboren von einer Frau und dem Gesetz unterstellt.* Doch nimmt Paulus hier nicht Maria als solche in den Blick, sondern unterstreicht mit diesen (formelhaften) Worten „nur" das wahre Menschsein (und Judesein!) Jesu. Somit hat diese Erwähnung keine unmittelbaren „mariologischen Konsequenzen". Sehr indirekt wird dadurch freilich die Rede von der Gottesmutterschaft Marias vorbereitet: Jedenfalls griff die frühe Vätertheologie in diesem Sinn auf Gal 4,4 zurück.[48]

Demgegenüber ist äußerst belangvoll die älteste direkte Erwähnung der Mutter Jesu im Neuen Testament und zwar in der Perikope Mk 3,31ff.

> 31 *Da kamen seine Mutter und seine Brüder; sie blieben vor dem Haus stehen und ließen ihn herausrufen.*
> 32 *Es saßen viele Leute um ihn herum und man sagte zu ihm: Deine Mutter und deine Brüder stehen draußen und fragen nach dir.*
> 33 *Er erwiderte: Wer ist meine Mutter und wer sind meine Brüder?*
> 34 *Und er blickte auf die Menschen, die im Kreis um ihn herumsaßen, und sagte: Das hier sind meine Mutter und meine Brüder.*
> 35 *Wer den Willen Gottes erfüllt, der ist für mich Bruder und Schwester und Mutter.*

In diesem Text stehen Maria und die übrige leibliche Verwandtschaft Jesu *draußen*, während seine „wahre" Verwandtschaft, seine „eigentliche" Familie, *drinnen* um ihn versammelt ist, bereit, auf sein Wort hin den Willen Gottes zu erfüllen. Zwar ist damit nicht ausgeschlossen, dass auch Maria zur „wahren" Familie Jesu gehört, wenn sie den Willen Gottes erfüllt, doch könnte zunächst einmal der Kontrast zwischen „leiblicher" und „geistlicher" Verwandtschaft schärfer nicht gezeichnet werden („draußen" – „drinnen"). Ja, dieser Kontrast nimmt noch radikalere Züge an, wenn man den Kontext dieser Perikope mit einbezieht. Ihr gehen nämlich folgende zwei Szenen voraus:

48 Zur Interpretation von Gal 4,4 siehe R. Schulte, Die Herkunft Jesu Christi. Verständnis und Missverständnis des biblischen Zeugnisses. Eine theologie-kritische Besinnung, Münster 2012, 218–232. Eine Zusammenstellung wichtiger Passagen aus heutigen Kommentaren zu Gal 4,4 findet sich ebd. 727–731.

Erste Szene:

> [20] *Jesus ging in ein Haus, und wieder kamen so viele Menschen zusammen, dass er und die Jünger nicht einmal mehr essen konnten.*
> [21] *Als seine Angehörigen davon hörten, machten sie sich auf den Weg, um ihn mit Gewalt zurückzuholen; denn sie sagten: Er ist von Sinnen (*ἐξέστη *= er ist außer sich).*

Zweite Szene:

> [22] *Die Schriftgelehrten, die von Jerusalem herabgekommen waren, sagten: Er ist von Beelzebul besessen; mit Hilfe des Anführers der Dämonen treibt er die Dämonen aus. ...*

Offensichtlich sind die „Angehörigen" der ersten Szene (V.1: οἱ παρ'αὐτοῦ) identisch mit der „Mutter Jesu und seinen Brüdern" von Mk 3,31. Sie stehen mithin nicht nur „draußen", sondern sie distanzieren sich auch dezidiert von ihm mit ihrem Vorwurf, er sei verrückt, und dem Versuch, sein Auftreten gewaltsam zu unterdrücken. Dies erhält vom Kontext der „zweiten Szene" her nochmals eine Verschärfung, insofern Markus offenbar die Polemik der Schriftgelehrten, Jesus sei von Beelzebul besessen, mit dem Vorwurf der Verwandten parallelisiert.

Aber es distanzieren sich nicht nur die nächsten Verwandten von Jesus, sondern ebenso distanziert sich Jesus nicht nur allgemein von seinen Verwandten, sondern auch von seiner Mutter, deren Erscheinen ihm ja – sogar als erstes – berichtet wird. Doch er kümmert sich nicht um sie. Und das ist für jüdisches Empfinden ein Eklat. Denn – so bemerkt Schalom Ben-Chorin zu dieser Schriftstelle – „es gibt ein im Judentum sehr ernst genommenes Gebot der Elternehrung. … Gesetz und Brauch forderten, dass Jesus sofort aufstand, um seiner Mutter entgegenzugehen".[49] Genau das tut er nicht!

Nicht ganz so radikal, aber doch in die gleiche Richtung zielend, formuliert Mk 6,2f:

> [2] *Am Sabbat lehrte er in der Synagoge [von Nazaret]. Und die vielen Menschen, die ihm zuhörten, staunten und sagten: Woher hat er das alles? Was ist das für eine Weisheit, die ihm gegeben ist! Und was sind das für Wunder, die durch ihn geschehen!*
> [3] *Ist das nicht der Zimmermann, der Sohn der Maria und der Bruder von Jakobus, Joses, Judas und Simon? Leben nicht seine Schwestern hier unter uns? Und sie nahmen Anstoß an ihm und lehnten ihn ab.*

49 Sch. Ben-Chorin, Mutter Mirjam. Maria in jüdischer Sicht, TB München 1971, 99.

[4] Da sagte Jesus zu ihnen: Nirgends hat ein Prophet so wenig Ansehen wie in seiner Heimat, bei seinen Verwandten und in seinem Haus.
[5] Und er konnte dort kein Wunder tun; nur einigen Kranken legte er die Hände auf und heilte sie.
[6] Und er wunderte sich über ihren Unglauben.

Offenbar sind mit den in V. 4 genannten „Verwandten" die schon in Mk 3 erwähnte Mutter Jesu und seine Brüder und Schwestern gemeint, ebenso bezieht sich „sein Haus" auf die eigene Familie, die ihm verständnislos gegenübersteht.

Mit all dem wird Maria also nicht gerade in einem günstigen Licht gezeichnet.[50] Dass dies offenbar auch die beiden anderen Synoptiker, die ja eine jungfräuliche Empfängnis Jesu bezeugen, so empfunden haben, wird daran deutlich, dass sie sowohl Mk 3,21 (wonach die Verwandten Jesus für verrückt halten) wie auch den Kontext des Beelzebul-Vorwurfs weglassen. Ebenso tilgen sie aus Mk 6,4 (wonach ein Prophet in seiner Heimatstadt keine Geltung hat) die ausdrückliche Erwähnung der „Verwandten Jesu". All diese Aussagen sehen sie offenbar in einer schwer auflösbaren Spannung zu *ihrem* „Marienbild". Ja, Lukas (8,19f) verkehrt den markinischen „Kontrast" zwischen den Verwandten (einschließlich Marias) „draußen" und den Jüngern „drinnen" geradezu ins Gegenteil:

[19] Eines Tages kamen seine Mutter und seine Brüder zu ihm; sie konnten aber wegen der vielen Leute nicht zu ihm gelangen.
[20] Da sagte man ihm: Deine Mutter und deine Brüder stehen draußen und möchten dich sehen.
[21] Er erwiderte: Meine Mutter und meine Brüder sind die, die das Wort Gottes hören und danach handeln.

Hier wird der ursprüngliche Kontrast zwischen „drinnen" und „draußen", wie ihn Markus gezeichnet hatte, aufgelöst und in eine funktionale „Schwierigkeit" verwandelt: Die Verwandten Jesu konnten *wegen der Menschenmenge* nicht zu ihm kommen. Aber sie erscheinen als solche, die zu ihm gehören und das Kriterium

---

50 Dies wird auch nicht schon dadurch beseitigt, dass einige Exegeten mit Verweis auf Mk 6,3, wonach Jesus von den Bewohnern Nazarets als *Zimmermann, der Sohn der Maria* bezeichnet wird (anders bei Mt 13,55 und Lk 4,22, wo es heißt: *Ist das nicht der Sohn des Zimmermanns / Josefs?*), dem Evangelisten ein Wissen und implizites Bekenntnis zur Jungfrauengeburt unterstellen. Siehe dazu die ausführliche, im Ergebnis ablehnende Diskussion bei Brown (Hrsg.), Maria 58ff. Anders J. Gnilka, Das Evangelium nach Markus I = EEK II/1, Zürich 1978, 231f: Es „kann vermutet werden, dass im Bericht vordergründig die Landsleute Jesus beschimpfen, hintergründig aber eine Glaubensaussage angedeutet ist, die auf die Jungfrauengeburt Bezug nimmt". Die Frage nach dem Wissensstand und der Aussageintention des Evangelisten lässt sich offenbar rein exegetisch nicht entscheiden.

wahrer Jüngerschaft und Zugehörigkeit zur wahren Familie Jesu erfüllen. Damit nimmt Lukas gewissermaßen Apg 1,14 vorweg, wonach die Jünger „mit Maria, der Mutter Jesu, und mit seinen Brüdern" die gläubige, auf das Kommen des Geistes wartende Gemeinde ausmachen.

Im Kontrast dazu steht – wie aufgezeigt – die andersgeartete Konzeption des Markus. Zum rechten Verständnis wird man zweierlei zu bedenken haben: (1) Es ist möglich, dass sich in den angeführten markinischen Texten nachösterliche Auseinandersetzungen über die Bedeutung der leiblichen Verwandtschaft Jesu und deren Nach- bzw. Vorordnung hinsichtlich der durch den Glauben konstituierten „geistlichen" Verwandtschaft niederschlagen. (2) Zu beachten ist der spezifisch markinische Horizont, in dem auch seine Aussagen über die Verwandten Jesu stehen: Das Markus-Evangelium insgesamt sieht in Jesus nicht den großartigen Messias und spektakulären Wundertäter, sondern den verborgenen, verkannten und schließlich gekreuzigten Sohn Gottes, der selbst von den Seinen nicht erkannt wird. Ähnlich wie der von Markus sonst so markant herausgestellte Petrus als „Satan" bezeichnet wird, werden auch die Verwandten Jesu in kein gutes Licht gestellt. In gewisser Weise nehmen also auch die „niedrigen" mariologischen Aussagen bei Markus am sog. Messias-Geheimnis Jesu teil, das erst nach Ostern den Glaubenden enthüllt wird.[51]

Beide Gesichtspunkte konkretisiert der evangelische Theologe Thorsten Reiprich. Für ihn gehört der „Kontrast" zwischen Maria (zusammen mit der übrigen Verwandtschaft) und Jesus zur Voraussetzung der markinischen Aussageintention: Der Evangelist will zeigen, dass das Ziel des Glaubensweges die Gliedschaft in der neuen *familia dei* ist, die nicht durch verwandtschaftliche Beziehungen, sondern durch die Nachfolge Jesu geprägt wird. Deshalb spielt für ihn der „Wechsel" von der Herkunftsfamilie in die *familia dei* eine entscheidende Rolle. Eben dies wird an Maria klar gemacht, die zunächst als „Distanzfigur", dann als „Jüngerin unter dem Kreuz" von Markus zur „paradigmatischen Ausgestaltung des Motivs Familienwechsel" herausgestellt wird und damit als Vorbild des Glaubens ekklesiologische Bedeutung gewinnt. Allerdings setzt Reiprich voraus, dass Maria gemäß Mk 15,40 – historisch gesehen – tatsächlich beim Kreuz stand, wie dies auch im Johannesevangelium thematisiert wird. Diese Auffassung wird von der Mehrheit der Exegeten heute nicht geteilt, da Maria in Mk 15,40.47 sowie dann auch in 16,1 nicht als „Mutter Jesu", sondern als Mutter des Jakobus bzw./und des Joses identifiziert wird. Aber gerade dies ist für Reiprich Ausweis einer „Chiffrierung",[52] die ihn dazu veranlasst, vom „Mariageheimnis" analog zum markinischen „Messiasgeheimnis" zu sprechen.

Wie auch immer: Eine Reihe anderer neutestamentlicher Texte reißen andere Verstehensperspektiven auf und lassen auch die angeführte Perikope Mk 3 in einem

51 Siehe dazu auch Knoch, Maria 24.
52 Reiprich, Mariengeheimnis 163.

neuen Licht erscheinen. Jedenfalls aber zeigen die bisher besprochenen frühen neutestamentlichen Texte, dass die bloße leibliche Mutterschaft Marias noch keine Sonderstellung unter den Jüngern Jesu begründet. Hier sind vielmehr ganz andere Dimensionen zu beachten, wie sie z. B. in der Proklamation Elisabets über Maria: *Selig ist die, die geglaubt hat, das sich erfüllt, was der Herr ihr sagen ließ* (Lk 1,45.48) zum Ausdruck gebracht sind. Darauf wird noch zurückzukommen sein. Aber schon beim ersten Zusehen zeigt dieser Text, dass hier mehr, viel mehr im Spiel ist als nur die ehrenhafte Erwähnung und achtungsvolle Anerkennung der Mutter des messianischen Heilbringers.

Beginnen wir mit einer genaueren Textinterpretation der wohl zentralsten biblischen Aussage über Maria, mit der sog. Verkündigungsperikope im Lk-Evangelium (1,26–38). Dabei geht es in dieser Perikope nicht primär um Maria, nicht sie steht im Mittelpunkt, sondern die Ankündigung Gottes, zum Heil der Menschen zu handeln. Dafür bedarf er allerdings menschlichen Mittuns, d. h. eines „Tuns“, das in einem willigen „Geschehen-*Lassen*“ dessen besteht, was Gott allein wirkt.

§ 2 Maria in den sog. synoptischen „Kindheitsgeschichten“

1. Die Verkündigungsperikope (Lk 1,26–38)

26 *Im sechsten Monat wurde der Engel Gabriel von Gott in eine Stadt in Galiläa namens Nazaret*
27 *zu einer Jungfrau gesandt. Sie war mit einem Mann namens Josef verlobt (besser wohl: verehelicht*[53]*), der aus dem Haus David stammte. Der Name der Jungfrau war Maria.*
28 *Der Engel trat bei ihr ein und sagte: Sei gegrüßt, du Begnadete, der Herr ist mit dir.*
29 *Sie erschrak über die Anrede und überlegte, was dieser Gruß zu bedeuten habe.*
30 *Da sagte der Engel zu ihr: Fürchte dich nicht, Maria; denn du hast bei Gott Gnade gefunden.*
31 *Du wirst ein Kind empfangen, einen Sohn wirst du gebären: dem sollst du den Namen Jesus geben.*
32 *Er wird groß sein und Sohn des Höchsten genannt werden. Gott, der Herr, wird ihm den Thron seines Vaters David geben.*
33 *Er wird über das Haus Jakob in Ewigkeit herrschen und seine Herrschaft wird kein Ende haben.*
34 *Maria sagte zu dem Engel: Wie soll das geschehen, da ich keinen Mann erkenne (besser: meinen Mann noch nicht erkenne)?*
35 *Der Engel antwortete ihr: Der Heilige Geist wird über dich kommen, und die Kraft des Höchsten wird dich überschatten. Deshalb wird auch das Kind heilig und Sohn Gottes genannt werden.*
36 *Auch Elisabet, deine Verwandte, hat noch in ihrem Alter einen Sohn empfangen; obwohl sie als unfruchtbar galt, ist sie jetzt schon im sechsten Monat.*
37 *Denn für Gott ist nichts unmöglich.*
38 *Da sagte Maria: Ich bin die Magd des Herrn; mir geschehe, wie du es gesagt hast. Danach verließ sie der Engel.*

53 Die Übersetzung „verlobt“ ist problematisch. Denn – so zu Recht Schulte, Herkunft 19f – „in Israel und auch noch im Judentum der ntl. Zeit (und bis heute!) gab es (und gibt es) keine Rechtsgewohnheit und keinen entsprechenden Rechtsakt, der mit ‚Verlobung‘ benannt und auch nur verglichen werden könnte. Eine Verlobung war nur im römischen und germanischen Raum bekannt und wurde entsprechend rechtsgültig vollzogen. Im israelitisch-jüdischen wie im hellenistischen Bereich … gab es die ‚Verehelichung‘“. Näheres bei Schulte ebd. 649–655 sowie in dieser unserer Studie S. 78f.

Dieser Text ist nicht nur weithin bekannt, sondern auch vieltausendfach interpretiert worden. Kein Wunder, dass es hinsichtlich einer streng wissenschaftlichen exegetischen Auslegung unterschiedliche, z. T. auch widersprüchliche Auffassungen gibt, nicht zuletzt hinsichtlich einer Reihe von hermeneutischen Grundfragen.

(a) Hermeneutische Grund- und Vorfragen

Einig ist man sich darin, dass, wie das Glaubensverständnis des frühen Christentums insgesamt, so auch diese Perikope ganz und gar geprägt ist von Verweisen auf das Alte Testament. Die von Raymond E. Brown u. a. 1978 herausgegebene und bis heute aktuelle und hochangesehene amerikanische ökumenische Studie über Maria (Mary in the NT, Philadelphia 1978) fasst dies kurz so zusammen: Unübersehbar ist, „wie einzigartig die Kindheitsgeschichten des Mt und Lk die alttestamentliche Atmosphäre widerspiegeln. ... Solche Ähnlichkeiten legen die Vermutung nahe, dass vieles aus der Geschichte über die Kindheit Jesu nicht auf Erinnerungen von Augenzeugen beruht, sondern nach alttestamentlichen Vorbildern gestaltet wurde."[54] Von dieser Position aus stellen sich eine Reihe weiterer umstrittener Fragen.

So wird z. B. problematisiert, ob der semitische (semitisierende?) Stil dieser Perikope darauf hindeutet, dass Lukas hebräische oder aramäische Quellen benutzt hat,[55] vielleicht gar „der griechische Text des Lukas ... die Übersetzung eines hebräischen Originals" ist,[56] oder ob er *selbst* das semitische Griechisch der LXX imitiert. Wie weit geht dann aber die „Imitation"? Klingt darin der LXX-Text nur als „Formulierungshilfe" an, oder wird mit den atl. Zitaten auch der Inhalt dieser Texte in Erinnerung gerufen und auf Maria hin aktualisiert? Noch weiter geht die These, wonach Lukas einen ursprünglich in hebräischer Sprache geschriebenen Text über den Vorläufer Johannes in einen Text über die Vorgänge um die Ankündigung der Geburt Jesu umgeformt hat.[57]

All diese Probleme radikalisieren sich zur Frage, woher denn überhaupt die lukanischen Aussagen über Maria stammen und wie weit sie der historischen Realität entsprechen (können). Heinz Schürmann meint dazu, dass das Faktum einer jungfräulichen Empfängnis überhaupt nur als „intime Familientradition" hätte überliefert werden können und „dass aus der Natur der Sache so ein Faktum zunächst nur mit äußerster Zurückhaltung

54 Brown (Hrsg.), Maria 25.

55 Auf dieser Linie bemerkt K. H. Schelkle, Geleitwort zu Laurentin, Struktur 6: Es kann „kaum eine Frage sein, dass Lukas für seine Kindheitsgeschichte eine ältere – wohl aramäische und judenchristliche – Darstellung benützte, in der bereits die Erzählung als Midrasch angelegt war. Der Heidenchrist Lukas verfügte kaum über eine so umfassende Kenntnis des Alten Testaments".

56 Laurentin, Struktur 15. Ebenso: Munoz Iglesias, Lo historico; H. Schürmann, Das Lukasevangelium, Bd. I, Freiburg i. Br. 1969, 59ff, 144ff.

57 Siehe dazu J. Schmid, Das Evangelium nach Lukas, Regensburg ^{3}1955, 85f; P. Winter, The Proto-source of Luke 2, in: NT 1 (1956) 184–199. Eine kurze Übersicht über die heute vertretenen Hypothesen findet sich bei Lattke, Lukas 61f.

erzählt und in kleinen Kreisen weitergegeben sein mochte. Es brauchte dann gewiss auch seine Zeit, bis es in den großen kirchlichen Zentren tradiert wurde".[58]

Dieser harmonisierenden Position gegenüber stehen die Aussagen der bereits angeführten amerikanischen „Ökumenischen Studie" über Maria:

> „Die Mehrheit der Exegeten würde heute ernste Bedenken anmelden, wollte man behaupten, die lukanische Kindheitsgeschichte sei in ihrer Gesamtheit historisch. Sie weisen auf Ungenauigkeiten in den Angaben über den Zensus des Quirinius hin, auf offensichtliche Unkenntnis der jüdischen Reinigungsbräuche und auf das Missverständnis der ‚Darstellung im Tempel'.[59] Maria ist in all diesen Szenen von Kapitel 2 ganz persönlich mitbeteiligt, und solche Ungenauigkeiten machen es unwahrscheinlich, dass sie einen Augenzeugenbericht für die vorliegenden Geschichten gegeben haben sollte. Und obwohl wir die Möglichkeit und sogar die Wahrscheinlichkeit nicht ausschließen, dass einige historische Informationen über die Geburt Jesu Lukas erreicht haben, folgen wir nicht der Hypothese, dass er uns im Grunde nur die Memoiren Marias wiedergibt. Wir halten es vielmehr eher für möglich, dass er seine Geschichte im Licht alttestamentlicher Themen und Erzählungen aufgebaut hat".[60]

Kurz gesagt vertritt die „Ökumenische Studie" die These, dass es sich bei den sog. Kindheitsgeschichten um *Midrasch*, handelt d. h. um eine Darstellungsart, nach welcher gegenwärtige Ereignisse im Licht vergangener heilsgeschichtlicher Überlieferungen thematisiert, illustriert und ausgedeutet werden. Spätere Ereignisse werden also in Worten, Bildern und Vorgängen vergangener Geschichte dargestellt. Hintergrund dieser „Methode" ist die Überzeugung, dass es in der ganzen Heilsgeschichte um das Handeln des einen Gottes geht, der seinen einen großen Heilsplan durchführt und deshalb in Vergangenheit, Gegenwart und Zukunft stets auf strukturell gleiche Weise handelt.

Paulus gibt dafür in 2 Kor 4,6 ein eindrucksvolles Beispiel: *Denn Gott, der sprach: Aus Finsternis soll Licht aufleuchten!, er ist in unseren Herzen aufgeleuchtet, damit wir erleuchtet werden zur Erkenntnis des göttlichen Glanzes auf dem Antlitz Christi.*

Eine solche Aussage setzt voraus, dass sich Gott *grundsätzlich* im Licht und durch das Licht offenbart: schon am Schöpfungsbeginn, dann überbietend in der Herrlichkeit Christi und schließlich in der Gabe des Glaubens. Eben deshalb kann die ganze Heilsgeschichte unter dem Gedanken der Licht-Offenbarung Gottes formuliert und ausgelegt werden. Solche Einsichten und Überzeugungen über die einheitliche „Logik" und kontinuierliche Ähnlichkeit des Handelns Gottes bilden die Grundlage des Midrasch, der sich – was die Kindheitsgeschichten angeht – vor allem auch in Haggadot, in mehr oder minder frei formulierten Geschichten äußert.[61]

Darüber hinaus dürfte für die Formulierung der Kindheitsgeschichten auch das frühe christologische Bekenntnis eine erhebliche Rolle gespielt haben, so wie – ganz allgemein formuliert – der eigentliche Skopus der hier und auch an anderen marianischen „loci" gegebenen Aussagen das Christus-Kerygma ist. Für unseren Text weist u. a. die

---

58 Schürmann, Lukasevangelium 61.

59 Näheres dazu Brown (Hrsg.), Maria 256[239]; Ben-Chorin, Mutter 69ff.

60 Brown (Hrsg.), Maria 95.

61 Ob und wie die ntl. Kindheitsgeschichten Haggadot sind, wird detailliert erörtert bei Ch. Perrot, Les récits d'enfance dans la Haggada antérieure au 2ème siècle de notre ère, in: RSL 55 (1967) 467–518.

„Ökumenische Studie" darauf hin, dass die Engelsworte eine sehr große Nähe zu Röm 1,3f aufzeigen. Daraus folgert die Studie,

> „dass die lukanische Verkündigungsbotschaft eine Reflexion der christologischen Sprache und der Formeln der nachösterlichen Kirche ist. Oder anders ausgedrückt: Die Worte des Engels schildern lebendig und eindrucksvoll, was die Kirche über Jesus nach der Auferstehung und was sie über Jesus während seines öffentlichen Wirkens von der Taufe an ausgesagt hat. … Wir leugnen nicht die Möglichkeit einer Offenbarung an Maria bei der Empfängnis ihres Sohnes, aber in der lukanischen Verkündigungsszene hören wir eine Offenbarung, die in Worte aus der nachösterlichen Sprache gekleidet ist".[62]

In jedem Fall wird hier (und an anderen Stellen) Maria ganz und gar auf dem Hintergrund des Alten Testaments betrachtet. Dies besonders herauszustellen ist das Anliegen der Studie von Gerhard Lohfink und Ludwig Weimer, *Maria – nicht ohne Israel.* Doch stehen sie der bei nicht wenigen Mariologen, z.B. bei René Laurentin, zu beobachtenden Tendenz kritisch gegenüber, *einzelne* auf Maria bezogene neutestamentliche Sätze, Worte und Begriffe in einer *direkten* (d.h. bewusst zitierenden) Relation zum Alten Testament zu sehen. Stattdessen weisen sie auf die „Gesamtkomposition" der betreffenden Texte hin, mit deren Hilfe vor allem Lukas die Vorgeschichte Jesu ganz von Israel her denkt. „Lukas will mit seinen Biblizismen sagen: Die Geschichte Gottes mit Israel … geht in den hier berichteten Ereignissen weiter. Gott handelt jetzt, so wie er damals gehandelt hat. Mehr noch: Jetzt findet alles seine Erfüllung".[63] Damit füge sich die Perikope in die lukanische Sicht einer auf Universalität hindrängenden Heilsgeschichte ein.

Der kritischen Haltung der beiden Autoren ist auf der einen Seite gewiss zuzustimmen, auf der andern Seite jedoch stellt sich die Frage, wie man die Rede von einer auf das Alte Testament verweisenden „Gesamtkomposition" (und nicht nur auf eine Reihe von alttestamentlichen Assoziationen) verantworten will, wenn sich diese nicht *an einzelnen Texten* belegen lässt. Deshalb werden wir im Folgenden einen Mittelweg gehen, auf dem wir den Vorbehalten von Lohfink/Weimer insofern Rechnung tragen, als wir die Gesichtspunkte und Erläuterungen, die nicht von einem großen Konsens der Exegeten vertreten werden, in die Anmerkungen oder in kleinere Drucktypen setzen werden.

Um den exegetischen Teil der Studie nicht ausufern zu lassen, gehen wir im Folgenden nicht darauf ein, dass bei Lukas die Ankündigung der Geburt Jesu in strikter Parallele zur Ankündigung der Geburt des Täufers steht. Von Lukas wird gewissermaßen ein „Diptychon" entworfen, bei dem das Geschehen um Jesus

62 Brown (Hrsg.), Maria 100f. Siehe auch ebd. 42f, ebenso: Knoch, Maria 47.
63 Lohfink/Weimer, Maria 253.

wohl bewusst als Überbietung des Geschehens um den Täufer konzipiert und dargestellt ist.[64]

(b) Alttestamentlicher Hintergrund

Im Alten Testament gibt es nicht wenige Texte, in denen ein Engel ein besonderes, wunderbares Eingreifen Gottes ankündigt, sei es, dass es um die Geburt eines Kindes durch eine betagte und bis dahin unfruchtbare Frau geht (vgl. Gen 19,9ff; Ri 13,2ff), sei es, dass es sich um die Berufung eines Menschen zu einer bedeutungsvollen Aufgabe handelt. Als Beispiel für Letzteres kann die Berufung Gideons gelten, die aufgrund der Analyse einiger Exegeten zur Verkündigung an Maria (Lk 1,18f) in strikter struktureller Parallele steht und mit ihr deutliche linguistische Ähnlichkeiten aufweist.

Die Einheitsübersetzung überträgt den Gruß des Engels Gabriel[65] mit: „Sei gegrüßt, Du Begnadete, der Herr ist mit Dir.“ Auf den ersten Blick lässt sich tatsächlich die Anrede χαῖρε – „Sei gegrüßt!“ als „ganz normale“ orientalische Begrüßung (ähnlich dem heutigen Salam – Shalom) verstehen. Doch weist vieles darauf hin, dass hier mehr gemeint ist. Die Argumente dafür werden zwar nicht von allen Exegeten geteilt, haben aber doch eine hohe Plausibilität, wenn man in Rechnung stellt, dass in der ganzen Septuaginta dieser Gruß nur viermal vorkommt (Klgl 4,21; Joël 2,21f; Zef 3,14; Sach 9,9) und zwar jeweils in einem ganz spezifischen Sinn.[66] Sieht man nämlich von der ironisch gemeinten Stelle in den Klgl ab, so ist mit χαῖρε immer die an Israel, an die „Tochter Sion“, gerichtete Aufforderung zur Freude über das bevorstehende messianische Heil gemeint, so dass richtiger zu übersetzen wäre: „Freue Dich!“ – „Frohlocke!“.

---

64 Näheres bei Laurentin, Struktur 27–49; Lyonnet, récit.

65 Der Name des Engels weist auf Dan 8,16 und 9,21 hin, den beiden einzigen biblischen Textstellen, wo der Name Gabriel vorkommt. Hier ist Gabriel der Engel, der die Weissagung von den 70 Jahrwochen bis zur messianischen Erfüllung verkündet. Laurentin, Struktur 353 kommentiert: „Wenn Lukas diesen Namen ausdrücklich nennt, so will er damit andeuten, dass die messianischen Zeit angebrochen ist“.

66 Vgl. Lyonnet, récit 9: „À parcourir l’A.T., et notamment la traduction des Septante, on note non sans quelque surpris que χαῖρε n’offre jamais ce sens, que d’ailleurs l’A.T., lorsqu’il est question de simple salutation, ne prend jamais la peine d’en exprimer le contenu par ce mot banal: ‘Je vous salue’“. Das gilt auch vom NT. „Hors du premier évangile, aucun personnage de langue sémitique ne salue en disant: χαῖρε, χαίρετε. … Combien il est peu vraisemblable que Luc ait mis sur les lèvres de l’ange s’adressant à Marie un ‚χαῖρε’ qui n’aurait eu d’autre but que de traduire le simple salut des Sémites“. Ähnlich auch Laurentin, Struktur 75f; Thurian, Maria 1965, 14ff; Stock, Berufung 468ff. – Zur Diskussion der Auslegung von Lyonnet und der wachsenden Zustimmung zu ihr siehe N. Lemmo, Maria „Figlia di Sion“, a partire da Lc 1,26–38. Bilancio esegetico dal 1939–1982, in: Mar. 45 (1983) 175–258; Hofmann, Maria 279f mit neuerer Lit.

Folgendermaßen stellt Max Thurian Zefanja und Lk einander gegenüber, um die „unbestreitbare Gemeinsamkeit“ beider Texte herauszustellen (im Folgenden erheblich gekürzt):

Zefanja 3	*Lukas 1*
V.14: Juble, Tochter Sion, jauchze Israel! Freue dich und frohlocke von ganzem Herzen, Tochter Jerusalem!	V.28: Freue dich, du Gnadenerfüllte!
V.15: ... König ist der Herr in deinem Schoß	V.28: Der Herr ist mit dir.
V.16: An jenem Tag wird man zu Jerusalem sagen: Fürchte dich nicht, Sion!	V.30: Fürchte dich nicht, Maria!
V.17: Der Herr, dein Gott, ist in deinem Schoß ...	V.31: Und siehe, du wirst in deinem Schoß empfangen und einen Sohn gebären. ...

Auf dem alttestamentlichen Hintergrund von Zef 3 zeigt sich der Vers Lk 1,28 gewissermaßen als „Kurzformel“ und „Chiffre“ für die alttestamentliche Bundesidee, die auf das enge und vertraute Mitsein Gottes mit dem/den angesprochenen Menschen und dessen/deren Gnade-gefunden-Haben abzielt.

Besonders auffällig ist in Zef 3,17 (ähnlich auch in Joël 2,27 und Sach 2,14.17) der Ausdruck „Der Herr, dein Gott, ist in deinem Schoß“, eine häufige Wendung im Alten Testament, welche – meist übersetzt mit: „Der Herr ist in deiner Mitte“ – die im Tempel bzw. in der Bundeslade gegebene Gegenwart Gottes in seinem Volk zum Ausdruck bringt. Wenn der Engel in Lk 1,31 (ebenso in 2,21) zu Maria sagt: „Du wirst *in deinem Schoß* empfangen und einen Sohn gebären“, so ist dies ein – in der Einheitsübersetzung leider unberücksichtigter – Pleonasmus, der gerade als Pleonasmus ganz offensichtlich deutlich machen will, dass „Lukas die Empfängnis des Messias im Schoß Marias und das Wohnen Gottes im Schoß der Tochter Sion, das heißt im Tempel oder der Bundeslade, einander angleicht“,[67] um damit zum Ausdruck zu bringen, dass das verheißene Kommen Jahwes zur „Tochter Sion“ und sein Wohnen in ihr sich nun in der jungfräulichen Empfängnis Marias verwirklicht. Maria *ist* nun die „Jungfrau Tochter Sion“.

Etwas ganz Ähnliches wie die Überzeugung von der Gegenwart Gottes im Schoß der „Tochter Sion“ bringt auch V. 35 zum Ausdruck: „Heiliger Geist wird über dich kommen, und die Kraft des Höchsten wird dich überschatten“. Denn dass der Geist Gottes sich auf Menschen herabsenkt, um sie zu bestimmten Auf-

67 Thurian, Maria 19. – Einzelheiten bei Laurentin, Struktur 78–82. Ablehnend Räisänen, Mutter Jesu 86–92; ders., Maria/Marienfrömmigkeit 117.

gaben zu berufen und zu befähigen, ist ein durchgehender Topos des Alten Testaments. Ebenso ist die Rede vom „Überschatten" (LXX: ἐπισκιάζειν) Gottes, ein alttestamentliches Bild, das meist verbunden ist mit dem Gedanken einer durch das Sich-Niedersenken einer Wolke vermittelten Gegenwart Gottes oder sogar seines Wohnens im Tempel (vgl. z. B. Ez 40,34f; Ex 25,20). Indem dieses geläufige biblische Bild nun auf Maria übertragen wird, wird dem Leser dieser Perikope zumindest nahegelegt, dass der Schoß Marias nun „in ein Heiligtum, in ein lebendiges ‚Allerheiligstes' verwandelt wird",[68] in jenen Ort, der bis dahin die Mitte des Tempels ausmachte und den allein der Hohepriester einmal im Jahr betreten durfte.

Von hier aus verstehen einige Theologen (Lyonnet, Laurentin) Maria auch als neue „Bundeslade": Wie sich im AT die Schekinah auf den Tempel mit der Bundeslade herabgelassen hat, so geschieht jetzt die „Überschattung" mit der Herrlichkeit Gottes an Maria. Manche weisen dafür auch auf die in der „Heimsuchungsgeschichte" angedeutete Parallele zwischen Maria und der atl. Bundeslade hin. So erinnere der dreimonatige Aufenthalt Marias bei Elisabet (Lk 1,56) an den gleichlangen Aufenthalt der Bundeslade im Hause des Obed-Edom (2 Sam 6,10f), wie auch der Ausruf Elisabets: *Wer bin ich, dass die Mutter meines Herrn zu mir kommt!,* fast identisch sei mit der Frage Davis: *Wie kann die Lade Jahwes zu mir [nach Jerusalem] kommen?* (2 Sam 6,9).

Andere Exegeten[69] halten diese Parallelen für nicht überzeugend und viel-zu weit hergeholt und heben demgegenüber auf 2 Sam 24,21 als einziger authentischer Entsprechung ab (so auch der Nestle-Apparat). Ebenso haben nach ihnen die „drei Monate" nichts mit der „Bundeslade" zu tun, sondern weisen darauf hin, dass Maria, da die Begegnung mit Elisabet nach dem 6. Monat ihrer Schwangerschaft stattfand, bis zur Geburt des Johannes bei ihrer Verwandten blieb und somit Augenzeugin des ihr vom Engel verkündeten „Zeichens" wurde.

Wie auch immer im Einzelnen die exegetischen Meinungen verlaufen: Sicher dürfte sein, dass Maria von Lk als „Tochter Sion" und als der von Gott erwählte Ort seiner besonderen Gegenwart gekennzeichnet wird.

Von diesem Bezug aus erklärt sich auch die Logik des folgenden Verses, der mit den Worten „διὸ καί – eben deshalb" beginnt: Eben weil Maria als das „Allerheiligste" vorgestellt wird, ist auch das aus ihr Geborene „heilig", ja, „*der* Heilige".[70] Deshalb bekommt auch die dann folgende Bezeichnung, er werde „Sohn des

---

68 Lyonnet, récit 15.

69 Siehe Brown, Birth 327ff.

70 Anders bezieht Brown (Hrsg.), Maria 259[275], das „heilig" auf das Wirken des Heiligen Geistes. Noch einmal anders interpretiert de la Potterie, parto 164ff, und zwar im Anschluss an Bover, ‚Quod nascetur'. De la Potterie übersetzt: „Deshalb wird auch das heilig Geborene (Kind) Sohn Gottes genannt werden" und versteht das „heilig Geborenwerden" im Sinne eines Freiseins von ritueller Unreinheit, wie sie nach damaliger Auffassung mit einer „normalen" Geburt verbunden gewesen sei; positiv gesagt: De la Potterie versteht es als Hinweis auf die *virginitas in partu*. Das scheint mir entschieden zu weit hergeholt zu sein.

Höchsten" bzw. „Sohn Gottes" genannt werden – Titel, die *in sich betrachtet* die Bedeutung von „Messias" kaum überschreiten – *vom Kontext her* einen gesteigerten Sinn. Im Grunde benutzt der Engel hier Grundworte der nachösterlichen Christus-Verkündigung, so dass Maria damit als erste Empfängerin des Evangeliums vom „Sohn Gottes" erscheint. Dass die christologischen Titel bei Lukas mehr als nur die Messianität des angekündigten Kindes besagen, wird auch im späteren fragenden Aufruf Elisabets bestätigt: *Wer bin ich, dass die Mutter* meines Herrn *zu mir kommt?* (Lk 1,43). Mit „Herr" ist hier mit ziemlicher Sicherheit nicht der Kyrios Jesus Christus gemeint, sondern der Herr und Gott Jahwe. Maria wird hier also implizit als Gottesmutter angesprochen.[71]

Von daher empfängt auch die Anrede des Engels „κεχαριτωμένη" ihren tiefsten Sinn: Lukas will – so die bereits angeführte amerikanische Ökumenische Studie –„einen Überschwang und eine Überfülle in dieser ‚Gnade', den Sohn Gottes zu empfangen, ausdrücken, denn diese Empfängnis ... ist ... eine Vorwegnahme des christologischen Evangeliums, das die nachösterliche Christenheit verkündet hat".[72]

Vermutlich darf man aber auch im Faktum, dass Maria nicht mit ihrem Eigennamen, sondern mit der aus dem Handeln Gottes resultierenden Eigenschaft „Begnadete" angeredet wird, eine erneute Bestätigung dafür finden, dass Maria hier nicht als „Einzelperson" gemeint ist, sondern als Verkörperung des Bundesvolkes, das nicht selten auf ähnliche Weise, nämlich durch Nennung dessen, was Gott an ihm getan hat, bezeichnet wird.[73] Damit ist mindestens angedeutet, dass es bei allem nicht so sehr um ein besonderes „persönliches Privileg" Marias geht, als vielmehr darum, dass sie *für Israel steht.* Denn unter dem Bild der Frau und gebärenden Mutter ist im Alten Testament nicht selten Israel gemeint, das den Messias hervorbringt (vgl. Jes 66,8; Mich 5,2; Jes 7,14) bzw. an dem sich die messianischen Verheißungen erfüllen. So wird in der Engelsanrede zum Ausdruck gebracht: Die Bundes- und Heilsgeschichte kommt jetzt in ihr für alle ans Ziel.

Dass das gerade an und in Maria geschieht, wird freilich von Lk besonders herausgestellt. Dies zeigt sich auch darin, dass *sie* es ist und nicht Josef (wie in Mt 1,31), die dem Kind den Namen geben wird. Vielleicht weist dabei die Formulierung „Du sollst ihm den Namen Jesus geben" (ebenso wie der gleichlautende

71 Siehe dazu auch Laurentin, Struktur 147f sowie Menke, Fleisch geworden 38, der in diesem Zusammenhang darauf verweist, dass es schon vor Lukas „höchst erstaunliche implizite Identifikationen Jesu mit dem alleinigen Herrn des Alten Testaments" gibt.

72 Brown (Hrsg.), Maria 106f.

73 Siehe dazu Stock, Berufung 474f.

Text von Mt 1) auf Jes 7,14 hin.[74] In jedem Fall aber dürfte der Name „Jesus" = „*Jahwe* errettet/erlöst" zusammen mit den übrigen Epitheta (Heilig, Sohn des Höchsten …) darauf hinweisen, dass im Sinne des Evangelisten das von Gott Maria geschenkte Kind im formalen Sinn „Sohn Gottes" ist.

(c) Der „Einwand"

Grundsätzlich gehört der „Einwand" seitens eines von Gott durch den Engel Angesprochenen zum „Schema" alttestamentlicher Berufungsgeschichten (siehe z.B. Gen 17,17; 13,17; Ri 6,15, 6,19ff). Schon von daher darf er nicht überbewertet werden. Er ist ein literarisches Mittel, einen begonnenen Dialog weiterzutreiben. Diese nüchterne Sicht ist umso notwendiger, als sich um den Einwand Marias *Wie soll das geschehen, da ich keinen Mann erkenne?*[75] in der Vergangenheit die abenteuerlichsten Theorien über ein mögliches oder tatsächliches Gelübde der Jungfräulichkeit seitens Marias gerankt hat. Das ist aber deshalb in höchstem Maße unwahrscheinlich, weil das Jungfrau-Sein im Kontext des Alten Testaments keinerlei positiven Wert darstellt. Freilich gibt es allererste Ansätze für ein religiös verstandenes und daher positiv besetztes Verständnis von Jungfräulichkeit, so etwa wenn Jeremia gewissermaßen als „eschatologisches Zeichen" (Jer 16,1–9) ehelos bleibt. Doch aufs Ganze gesehen steht Ehelosigkeit in einem schlechten Licht. Wer lebenslang Jungfrau blieb und das bedeutete: wer allein, unversorgt, schutzlos und ohne Zukunft (= Nachkommen) sein Leben führen musste, galt als von Gott verlassen, ja als von ihm entehrt, bestraft und verflucht. Die alttestamentliche Anrede an Israel (aber auch an andere Nationen, vgl. Jes 47,1f) als „Jungfrau" (im Falle Israels als „Jungfrau, Tochter Sion") erfolgt deshalb immer in Situationen der Schande, etwa eines verlorenen Krieges, einer Hungersnot oder eines anderen notvollen Ausgeliefertseins (da das Volk wie eine Jungfrau ihrem Vergewaltiger ausgeliefert war). Auf diesem Hintergrund ist der Einwand Marias als schlichter Hinweis darauf zu verstehen, dass sie noch keine sexuellen Beziehungen zu ihrem Mann unterhält. Nur so kann man künstliche Eintragungen in den Text vermeiden. Eine solche wäre etwa die Unterstellung eines Futurs im Sinne von „da ich Jungfrau bleiben werde". Denn warum vermählt sie sich dann mit Josef?[76]

74 Vgl. Fr. Sedlmeier, Jes 7,14. Überlegungen zu einem umstrittenen Vers und zu seiner Auslegungsgeschichte, in: A. Ziegenaus (Hrsg.), „Geboren aus der Jungfrau Maria", Regensburg 2007, 13–43, hier: 42.

75 Diese Formulierung bedeutet schlicht und einfach so viel wie „da ich Jungfrau bin". Siehe dazu etwa Ri 11,39.

76 Die ganze Breite des hier sich stellenden Problems und die verschiedenen Problemlösungen werden per longum et latum diskutiert von J. Gewieß, Die Marienfrage Lk 1,34, im Anhang der dt. Ausgabe von Laurentin, Struktur 184–217.

Für viele Exegeten ist der Einwand ein „literarisches Kunstmittel“[77]; es geht Lukas darum, den Dialog weiterzutreiben. Doch bedarf es dieser hermeneutischen Hypothese nicht, wenn man auf dem Hintergrund jüdischer Hochzeitsbräuche (siehe S. 46 und 78f) die „Zweiteilung“ des Verehelichungsprozesses in Rechnung stellt und daher den Einwand übersetzt mit ... *da ich meinen Mann noch nicht erkenne.*[78] In jedem Fall geht es darum, durch den Einwand Marias und die Antwort des Engels die Empfängnis (und dann auch die Geburt) des angekündigten Kindes als auf wunderbare Weise geschehend, nämlich als jungfräulich herauszustellen.

Absolut zwingend ist allerdings diese Aussageintention nicht. Denn man *könnte* die angekündigte Empfängnis und Geburt auch so verstehen, dass sie sich zwar auf ein mit besonderer göttlicher Huld ausgestattetes Kind bezieht, dass Empfängnis und Geburt selbst aber wie bei den anderen atl. „wunderbaren Geburten“ *auf natürliche Weise* vor sich geht. Eine solche Interpretation müsste der Aussage nicht widersprechen, dass die Empfängnis doch durch den Heiligen Geist geschieht. Denn nach Gal 4,29 wurde auch Isaak „kraft des Geistes“ geboren, was keineswegs ausschließt, dass er einen irdischen Vater hatte. Dennoch spricht alles dafür, dass Lukas selbst eine – auch im „physischen“ Sinn – wirkliche jungfräuliche Empfängnis gemeint hat. Denn wenn Lukas in 3,23 formuliert, dass man Jesus für den Sohn Josefs „hielt“, gibt er zu erkennen, dass er sich dieser Meinung gerade nicht anschließt, ganz abgesehen davon, dass das von Lukas verfasste Kindheitsevangelium die innere „Logik“ verlieren dürfte, wenn man daraus den Gedanken einer jungfräulichen Empfängnis Jesu streicht.

Die Antwort des Engels auf den Einwand Marias verweist auf den Geist Gottes, der das angekündigte Geschehen ins Werk setzen wird, der dabei aber nicht als „Ersatz“ für einen männlichen Partner figuriert, sondern der als Schöpfer und Neuschöpfer etwas ganz Neues hervorbringt.

Indem Maria als „Jungfrau“ gezeichnet wird, ordnet der Evangelist sie den „Armen“ und „Geringen“ im Land zu, die nur auf Gott als ihren Schutz und Reichtum, ihre Hoffnung und Zukunft setzen. Und eben dieses rettende Eingreifen Gottes wird Maria zugesagt, wenn sie glaubt. Sie wird, obwohl Jungfrau, ein Kind gebären. Denn *bei Gott ist nichts unmöglich* (οὐκ ἀδυνατήσει παρὰ τοῦ θεοῦ πᾶν ῥῆμα).[79] Mit dieser Formulierung wird für den alttestamentlichen Leser unübersehbar bis in engste sprachliche Entsprechungen hinein der Glaube Abrahams assoziiert: Entgegen der scheinbar endgültigen Unfruchtbarkeit Saras setzt Abraham im Glauben auf die Verheißung von Nachkommenschaft, die ihm von den

---

77 Gewieß, Marienfrage 206. Ähnlich auch (mit Hinweis auf H. Schürmann) Mahoney, Mutter 104.

78 So Schulte, Herkunft 128, 148. – Dass sich dies auch aus sprachlichen Gründen nahelegt (im grch. Text steht nicht οὐδείς, sondern οὐ) und dass es für das im Dt. eingefügte „noch“ (in der Wendung „noch nicht“) Parallelen gibt, zeigt Schulte ebd. (Lit.).

79 Wörtlich: „bei Gott wird kein Wort kraftlos, d. h. ohne Wirkung sein“.

Drei-Engel-Besuchern erneuert wird: *Ist denn beim Herrn etwas unmöglich?* (μὴ ἀδυνατεῖ παρὰ τῷ θεῷ ῥῆμα). *Übers Jahr werde ich wieder zu dir kommen; dann wird Sara einen Sohn haben* (Gen 18,14). Der Glaube, der also von Maria erwartet wird, ist der Glaube Abrahams, der Glaube an die Kraft und Wirksamkeit des Wortes Gottes auch in „unmöglicher" Situation.

(d) Gläubige Zustimmung

Auf diesem Hintergrund ist das Wort Marias: *Ich bin die Magd des Herrn; mir geschehe, wie du es gesagt hast,* zu verstehen. Es bringt zunächst einmal *Zustimmung* zum Ausdruck, aber eine Zustimmung besonderer Art. Raniero Cantalamessa vermutet, dass hinter dem grch. „γένοιτό μοι" das hebr. „Amen" steht,[80] also eine freudige, oft mit Gotteslob verbundene Zustimmung zu Gottes Wort, das einem zugesagt wird. Was Maria jetzt von Gott her geschieht, ist „Zusage" oder auch „Verkündigung Gottes", „nicht etwa ein Unterhandeln mit ihr, ob sie vielleicht Mutter des Messias werden wolle".[81] Doch bedeutet die „Zustimmung", die Maria hierzu gibt, auch wieder mehr als allein die Hinnahme einer von Gott verhängten und ihr „nur" mitgeteilten Entscheidung: *Du wirst ein Kind empfangen.*[82] Gewiss, auf der einen Seite steht hier die „Passivität" Marias, der ein unverfügbares Gotteswortes zugesprochen wird und die mit der Verheißung einer unendlich großen Gabe beschenkt wird. So kann sie alles nur „geschehen lassen". Doch auf der andern Seite darf Marias geforderte Bereitschaft zum Mitwirken am

80 R. Cantalamessa, Maria. Ein Spiegel für die Kirche, dt. Köln 1994, 56f. Seine Begründung: „Jedesmal, wenn man in der Vulgata am Ende bestimmter Psalmen ‚fiat, fiat' lesen kann und in der Version der Septuaginta ‚génoito, génoito', so steht an der entsprechenden Stelle im hebräischen Original, also der Fassung, die Maria kannte: *Amen, amen*!"

81 J. Michl, Kann im Lichte der Hl. Schrift Maria Stellvertreterin der Menschheit genannt werden?, in: C. Feckes (Hrsg.), Die heilsgeschichtliche Stellvertretung der Menschheit durch Maria, Paderborn 1954, 26–41, hier: 37.

82 Auf dieser Linie interpretiert E. Peterson, Lukasevangelium und Synoptica, Würzburg 2005, 38 doch wohl ein wenig zu einseitig, wenn er z. St. schreibt: „Hier ist weniger ein Akt der Zustimmung als vielmehr der Ergebung in den Willen Gottes ausgedrückt. Eine Ergebung, die aus jener Demut stammt, in der man sich als Sklaven Gottes weiß". In die gleiche Richtung geht A. Müller, Marias Stellung und Mitwirkung im Christusereignis, in: MySal III/2, 451: „Nichts rechtfertigt die Annahme, es habe sich lediglich um ein Angebot gehandelt. Der Engel verkündet ein Dekret Gottes, … so dass eine Ablehnung ihrerseits im Raum ihrer menschlichen Freiheit eine Unmöglichkeit war". Auch wenn diese Auslegungen zu Recht den Begriff der „Zustimmung" modifizieren, dürften sie in ihrer Schärfe („Dekret Gottes", „Ergebung in den Willen Gottes") nicht zutreffend sein, da sie den atl. Hintergrund übersehen, angesichts dessen das Verhältnis von Gott und Geschöpf grundsätzlich ein Freiheitsgeschehen ist. Zudem weist Fr. Bovon, Das Evangelium nach Lukas, 1. Teilband = EKK III/1, Neukirchen-Vluyn 1989, 78 zurecht darauf hin, dass sich in „keiner der atl. Parallelgeschichten … eine so ausformulierte Zustimmung wie hier" findet, eine Zustimmung, die nicht ohne Freiheit möglich ist. Dazu weitere Überlegungen im 2. Teil dieser Studie.

göttlichen Handeln nicht übersehen werden. Gerade dieses Ineinander bezeichnet Heinz Schürmann „als Höhepunkt alles religiösen Verhaltens vor Gott …, da es in höchster Weise passive Verfügbarkeit und aktive Bereitschaft in einem bezeugt, tiefste Leere und höchste Fülle zugleich".[83] Dieses Ineinander entspricht ganz dem Gefüge altbundlicher Vorstellungen. Hiernach ist es ein Spezifikum des biblischen Gottes, dass er *stets* nicht nur heilvoll *am* Menschen, sondern gleichzeitig auch *mit* dem Menschen handelt. Im Zentrum der alttestamentlichen Bundesidee steckt – mit den Worten von Karl-Heinz Menke – genau dies: „Gottes Gnade will des Adressaten bedürfen, den sie beschenkt. … [Sein] Geschenk behandelt den Beschenkten nicht wie ein willenloses Objekt. Im Gegenteil: Israel soll durch die Tora befähigt werden, Subjekt dessen zu sein, was ihm geschenkt wird. Das Bundesgesetz … ist ganz und gar Geschenk Jahwes an Israel und gerade so auch ganz und gar Auftrag, Befähigung und Sendung".[84]

Dass Gott mit, ja sogar durch Menschen handelt, wird ebenso daran deutlich, dass die Gemeinschaft, der „Bund", den Jahwe mit Menschen eingeht, immer durch Mittlergestalten initiiert und repräsentiert, ermöglicht und garantiert wird: Noach, Abraham, Mose, der Gottesknecht … Gerade dieser grundlegende Faktor „Vermittlung göttlichen Handelns durch Menschen" zeigt, eine welch entscheidende Rolle das menschliche Mitwirken in der Gott-Mensch-Beziehung spielt. Auch die Tatsache, dass die Zukunft, die Gott herbeiführt, zunächst im Wort angesagt wird, erweist: Das, was geschehen wird, ist nicht schon dekretorisch von Gott verfügt, sondern offen für die Reaktion des hörenden Adressaten.[85] Kurz: Geschichte ist für die Heilige Schrift stets „geschehende Geschichte",[86] d. h. nicht von Gott allein verfügt, sondern ein Ereigniszusammenhang, der vom Wechselspiel *zweier* Freiheiten, der Gottes und der des reagierenden Menschen, bewegt wird. Und eben diese (positive) Reaktion des Menschen auf die Initiative Gottes heißt im Alten Testament *Glauben*, für den exemplarisch bis ins Neue Testament hinein Abraham steht (vgl. Röm 4; Hebr 11,17f). Denn obwohl das Wort „Glauben" im Zusammenhang mit Abraham nur einmal fällt, kann – so Gerhard v. Rad

83 Schürmann, Lukasevangelium 58.

84 K.-H. Menke, Das Kriterium des Christseins, Regensburg 2003, 185. – Eben dies ist nach jüdischem Selbstverständnis bis heute das Spezifikum biblischen Glaubens: „Der Grieche hat keinen Gott, der ihn für sich in Anspruch nahm und ihn als seinen Boten aussandte. Nur der Jude war sich immer dessen bewusst, dass eine Offenbarung eine Sendung enthält, dass die sofortige Bereitschaft, auf den Weg zu gehen, das erste Zeugnis und Zeichen des Glaubens ist": L. Baeck, Paulus, die Pharisäer und das Neue Testament, Frankfurt 1961, 9f. Siehe dazu auch G. Greshake, Auferstehung der Toten, Essen 1969, 178–208.

85 Vgl. M. Buber, Schriften zur Bibel = WW II, Heidelberg-München 1963, 238f, 932ff.

86 Buber, WW II, 1031ff.

– „kein Zweifel sein, dass hinter den Abrahamserzählungen … das Problem des Glaubens steht".[87]

Auf diesem Hintergrund ist auch die *Ansage* des künftigen Geschehens an Maria zu verstehen. Auch sie geschieht, um die gläubige Reaktion des angesprochenen Menschen, in diesem Fall Marias, zu ermöglichen und geradezu zu erbitten. Und Maria reagiert mit ihrem *Siehe, ich bin die Magd des Herrn; mir geschehe, wie du es gesagt hast.* Auf diese Bereitschaft, auf dieses Ja des Glaubens zum Wort Gottes hin, tendiert im Grunde die ganze Perikope, die in den Worten, mit denen Maria ihre Bereitschaft erklärt, eine nicht geringe Ähnlichkeit zeigt „mit den Formulierungen, mit denen das Volk Israel seine positive Antwort zum Bund mit JHWH zu geben pflegte".[88]

(e) Maria: „Magd" und Israels „heiliger Rest"

Die Selbstbezeichnung „Magd" (die im „Magnificat", Lk 1,48, wiederholt wird), mit der Maria ihre Bereitschaft ansagt, hat drei verschieden nuancierte, aber ineinandergreifende Bedeutungen:

(1) Im Zusammenhang mit dem Nachsatz *Mir geschehe* ... weist die Selbstbezeichnung „Magd" auf den Gehorsam, die „Hörsamkeit" Marias hin. Sie will nicht selbst über ihr Leben Regie führen, sondern lässt sich vom Wort Gottes bestimmen, ganz offen und bereit für das, was Gott mit ihr vorhat. Somit gehört sie zur „wahren Familie" Jesu (Lk 8,19f), die vom Hören des Wortes und Tun des Willens Gottes bestimmt ist. Dieses Hören führt keineswegs zum sofortigen Verstehen und Einsehen. Zwar *bewahrte Maria all das, was geschehen ist, in ihrem Herzen* (Lk 2,19; 2,51), aber *sie dachte auch darüber nach*. Das hier verwendete griechische Verb συμβάλλειν meint ein Nachdenken über Dunkles, Schwieriges, nicht Verstehbares. Das bedeutet, dass auch Maria „nicht alles, was sie gehört hatte, sofort begriff, dass sie aber bereitwillig hinhörte, indem sie die Ereignisse sich ihrer Erinnerung einprägen ließ und ihre Bedeutung herauszufinden suchte".[89]

---

87 G. v. Rad, Theologie des Alten Testaments, Bd. I, München ^{4}1962, 185.

88 Hofmann, Maria 285 mit Beispielen. Hofmann verweist dazu auf A. Serra, Contributi dell'antica letteratura giudaica per l'esegesi di Giovanni 2,1–12 e 19, 25–27, Rom 1977; ders., L'Annunciazione a Maria (Luc 1,26–38). Un formulario di Alleanza?, in: PaVi 25 (1980) 4–11. Auf der gleichen Linie bemerkte auch Papst Johannes Paul II in seiner Angelus-Ansprache vom 3.7.1983: „In diesen Worten der Jungfrau vernehmen wir im wesentlichen das Echo der Worte, die vom ganzen Volk Israel gesprochen worden waren, als es das Geschenk des Bundes am Sinai annahm. Und das will heißen, dass der Glaube Israels auf den Lippen Mariens zur vollen Reife gelangt ist. Sie ist wahrhaftig ‚Tochter Sion'": www.vatican.va/holy_father/john_paul_II/angelus/1983/ documents/hf_jp_ ang_1983 0703 _ it.html (abgerufen 15. 10. 2012).

89 Brown (Hrsg.), Maria 122.

(2) Als „Magd“ (dem an anderen biblischen Stellen das Wort Knecht, Knecht Israel, entspricht [siehe DtJes, pass.; Lk 1,54]) wird Maria zu den „Armen Israels“ gerechnet, die auch Jesus in der Bergpredigt in seinem Ausruf *Selig, die Armen, euch gehört das Reich Gottes* (Lk 6,20) meint. Diese „Armen Jahwes“ sind das „wahre Israel gemäß dem Geist“. Sie wissen, dass das Reich Gottes reine Gnade, reines Geschenk ist und nicht Ergebnis eigenen Könnens und eigener Leistung. Ihre „Armut“ schreibt all das, was sie haben und sind, allein Gott, und das, was sie erwarten und erhoffen ausschließlich der kommenden göttlichen Herrlichkeit zu. So will auch Maria nichts aus sich heraus sein, sie weist mit allen, was ihr zu eigen ist, auf Gottes herrliche Gnade hin.

(3) Mit all dem greift die Selbstbezeichnung „Magd“ auch das Jungfrau-Sein Marias auf. Als solche ist sie „Symbol“ und reale Verwirklichung der „Jungfrau, Tochter Sion“, die, wie eine kinderlose Frau am Boden liegend, ganz auf das rettende Kommen Gottes setzt, so wie es in 4Esdr 9,45 heißt: „Gott hörte auf deine Magd, sah meine Schmach und achtete auf meine Not und gab mir einen Sohn“.[90] Die scheinbare Unfruchtbarkeit wird zur eigentlichen, bleibenden Fruchtbarkeit.

Hinter der Bezeichnung „Jungfrau, Tochter Sion“ steht die zentrale alttestamentliche Idee des *Bundes*, der bei den Propheten, angefangen von Hosea über Jeremia und Jesaja bis hin zu Maleachi in einer Art „root metapher“ (Katleen O’Connor) mit einem ehelichen Bund verglichen, ja, geradezu identifiziert wird. Israel, die „Jungfrau, Tochter Sion“, wird wie ein junges Mädchen von Gott, seinem Liebhaber, mit unzerstörbarer Liebe geliebt (vgl. z.B. Jes 54,6f), auch da, wo es als „ehebrecherische Frau“ und „Dirne“ angeklagt wird (siehe Hos 2,4–15.21f; Ez 16,15–34). Dennoch bleibt es dabei: *Dein Schöpfer ist dein Gemahl* (Jes 54,5). Besonders ist in diesem Zusammenhang Ps 45 zu nennen, worin nach der Katastrophe der Exilszeit im Horizont einer „messianischen Theologie“ dem Messiaskönig erneut die „Königstochter“ zugeführt wird: die Tochter Sion.[91] Die „Frau“ ist dabei nicht einfach eine individuelle Gestalt, sondern sie steht als Braut, Jungfrau oder Gattin (daneben gibt es auch die Bezeichnung „Tochter“ und „Mutter“[92]) jeweils repräsentativ für das Volk als Bundespartner Gottes. Wenn unter den vielen

90 Altjüdisches Schrifttum außerhalb der Bibel, ü. u. erläutert v. Paul Riessler, Darmstadt 1966, 290.

91 Vgl. F.-L. Hossfeld/E. Zenger, Die Psalmen 1–50 = NEB, Würzburg 1993, 279.

92 Lohfink/Weimer, Maria 236 weisen darauf hin, dass dieser schnelle Wechsel der Beziehungsbezeichnungen im AT häufig ist, nicht nur in Bezug auf Israel, sondern auch auf Babylon, das nicht selten zugleich als Jungfrau, Tochter und Witwe angesprochen wird. Die wichtigsten Texte dafür finden sich zusammengestellt bei M. Gerhards, Das Hohelied, Leipzig 2010, 489–507. – Was die Bezeichnung „Mutter“ angeht, so wird Sion als Mutter nicht nur als Mutter Israels, sondern auch als Mutter der Völker bezeichnet, „nicht

Metaphern das Vorstellungsbild von Israel als der „Braut" (oder „Frau") Jahwes die wohl wichtigste Rolle spielt, geht es darum, auf diese Weise Israel „seine wahre Identität vor Augen zu führen. Israel ist zuallererst Braut Gottes!"[93]

Dieses Verständnis findet sich durchgehend schon bei den frühen nachbiblischen Rabbinen, für die der Bundesschluss am Sinai die „Hochzeit Gottes mit Israel" ist.[94] Dem entsprechend wird auch das Hohelied ausgelegt, von dem Rabbi Aquiba (135 n. Chr.) sagt: „Alle Bücher (der Schrift) sind heilig, aber das Hohelied das allerheiligste" (Mischna Jadajim III,5).[95] Dadurch dass hier ursprünglich profane erotische Liebeslieder als Ausdruck des Verhältnisses Gott-Bundesvolk (bzw. Gott-Schöpfung) in den Kanon aufgenommen sind, artikuliert sich der Bund Gottes als Verhältnis radikaler Liebe zu seiner Braut / Frau, dem erwählten Gottesvolk.

Diese „Hochzeitlichkeit" des Verhältnisses Gottes zum seinem Volk hat es mindestens indirekt mit Maria zu tun. Denn wenn sie die wahre „Tochter Sion" ist, ist sie auch die wahre „Braut" Gottes, in welcher der hochzeitliche Bund Gottes mit den Menschen, d. h. die alttestamentliche Bundesgeschichte und darüber hinaus die Schöpfung als ganze ans Ziel kommt.[96] In der Beziehung zwischen Maria und dem zweiten Adam Christus erfüllt sich das, was in der Beziehung Evas zum ersten Adam vorgebildet ist.

Dass Maria die reale Verwirklichung der „Jungfrau, Tochter Sion" ist und sich in ihr die Vermählung Gottes mit seinem Volk vollzieht, lässt sich noch ein

---

durch ‚natürliche' Geburt, sondern durch Festsetzung und Erwählung JHWHs selbst": F.-L. Hossfeld / E. Zenger, Psalmen 51–100, Freiburg u. a. 2000, 557. Siehe auch Jes 66,7–13.

93 M. Maier, Jeremia. Die Geschichte eines Berufenen, Bad Tölz 2004, 39. – Eine komplette Auflistung aller diesbezüglichen atl. Texte und deren Interpretation findet sich bei G. Baumann, Liebe und Gewalt. Die Ehe als Metapher für das Verhältnis JHWH-Israel in den Prophetenbüchern = SBS 185, Stuttgart 2000, 51 und ab 91. Doch ist diese radikal-feministische Arbeit in bedauerlicher Einseitigkeit nicht eigentlich an der „Ehe Jahwes" unter dem Gesichtspunkt seiner Liebe zu Israel / Juda / Jerusalem interessiert. Vielmehr stellt sie heraus, dass und wie Jahwe als *enttäuschter* Eheherr gegenüber dem von ihm weg „hurenden", ehebrecherischen Volk Strafe, Gewalt, ja Vergewaltigung an ihm verwirklicht. Damit ist für die Autorin nicht nur ein perverses Gottesbild, sondern auch ein unerträgliches Bild für die (eheliche) Beziehung von Mann und Frau gezeichnet. Bei aller Anerkennung dieser Dimension ist jedoch darauf zu bestehen, dass die mit der Ehe Jahwes gemeinte Ur-Metapher die intensivste, intimste Liebe Gottes zum Menschen zum Ausdruck bringen will.

94 Siehe J. Schmid, Brautschaft, heilige, in: RAC 2, 544.

95 Zit. nach Gerhards, Hohelied 516, ebenso: H. de Lubac, Méditation sur l'Église, Paris [3]1954, 307. Dort auch weitere ähnliche Belege.

96 Vgl. dazu ausfürhlich de la Potterie, Marie; G. Mazzanti, Persone nuziali. Communio nuptialis. Saggio teologico di antropologia, Bologna 2005, 228–234.

Stück weiter konkretisieren im Blick auf den alttestamentlichen Gedanken des „*Restes*“.[97]

In diese Idee „läuft die gesamte Unheilsgeschichte, aber eben auch die Heilsgeschichte Israels zusammen“.[98] Um dies in die rechte Perspektive zu setzen, ist zu bedenken, dass der mit Abraham geschlossene Gottesbund eine universale Perspektive hat. Zwar greift Gott in Gen 12 mit Abraham einen bestimmten Menschen heraus, aber diesem wird gesagt: *Du sollst ein Segen sein. ... Durch dich sollen alle Geschlechter der Erde Segen erlangen* (V. 2–3). Die Absicht Gottes ist also von vornherein universal. Für diese Universalität ist Israel das „Sakrament“, d. h. erste Verwirklichung und Werkzeug.[99] Obwohl aber Israel diese seine Sendung nicht erfüllt, zieht Gott seinen Bund nicht etwa zurück, sondern macht ihn in und durch Israels „Rest“ (vgl. Röm 11,1–5) wahr.

Zwar erscheint das Wort „Rest“ im Alten Testament zunächst in negativen Zusammenhängen im Sinne von: Wegen seiner Untaten wird „kein Rest“ Israels der Strafe Gottes entgehen. Doch nach der Zerstörung des Nord- und Südreiches und der Exilierung Israels wendet sich die Vorstellung ins Positive im Sinne von: *Wenn ihr in alle Länder zerstreut seid, lasse ich einen Rest von euch übrig* (Ez 6,8). Ja, der Gedanke des Restes wird vor allem in der nachexilischen Gemeinde zum unbedingten Hoffnungsfanal, zum eschatologischen Zeichen: Aufgrund der Treue Gottes verdankt sich der Rest allein seiner unbedingten Gnade. Er ist die „Keimzelle des künftigen Heils. Er sichert die Kontinuität der Verheißung. Er ist der Träger der Heilsgeschichte“,[100] nicht nur für Israel selbst, sondern auch für „die Völker“. In nicht wenigen Texten ist dieser Gedanke ausdrücklich verknüpft mit dem Ausblick auf „Sion“; in Bezug darauf wird der „Rest Israels“ nicht selten als „heiliger Rest“ bezeichnet[101] und gezeichnet (vgl. Jes 4,2–8; 6,13; Zef 3,12–15) und kann so zum Gegenstand eschatologischer Erwartungen avancieren. Der „Rest“ rekrutiert sich vor allem aus den Armen, Kleinen und Demütigen, die nichts von sich selbst, aber alles von Gott her erwarten; an ihnen wird Gott seine endzeitlichen Verheißungen wahr machen und seine Herrschaft durchsetzen. Diesen Gedanken greift Paulus in Röm 11,6 auf und sieht ihn im zu Christus bekehrten Israel erfüllt.

---

97 Siehe dazu J. Hausmann, Israels Rest. Studien zum Selbstverständnis der exilischen Gemeinde, Stuttgart 1987, ein Werk, das in sorgfältigen Textanalysen zeigt, wie disparat damals die Vorstellungen über den Rest-Gedanken waren. Siehe ferner auch; J. Ratzinger, Tochter Zion, Einsiedeln 1977, 63ff; Lohfink / Weimer, Maria, 209–217.

98 Lohfink / Weimer, Maria 209.

99 Siehe dazu mit weiteren Textbelegen Böhler, Maria 405ff.

100 Lohfink / Weimer, Maria 214 (anknüpfend an Hausmann, Israels Rest 254f).

101 Vgl. z. B. Hausmann, Israels Rest 134, 144, 209 u. ö.

Dieser sich ganz und allein der Initiative Gottes verdankende „Rest“ ist, wie gerade erwähnt, in manchen alttestamentlichen Texten eng mit dem „Sion“ und den ihm geltenden messianischen Verheißungen verbunden (vgl. Jer 31,7ff), ja, in Zeph 3,13f und Mich 4,7f, – die ja in direkter Beziehung zu Lk 1,26ff stehen! – sogar mit Aussagen über die „Tochter Sion“, so dass im Gedanken der hörsamen und dienstbereiten Magd auch mindestens anklingt, dass in Maria der „heilige Rest“ Israels verkörpert ist. Auf sie läuft damit die ganze geschichtliche Sendung Israels hinaus. Sie „steht also nicht einfachhin für Israel, sondern für den heiligen Rest Israels. Man könnte auch sagen: Sie ist das Inbild jenes wahren Israel, das sich Gott gerettet hat und das er im Glauben bewahrt hat“.[102] Kurz – so Joseph Ratzinger –: „Maria ist in dem Augenblick ihres Ja Israel in Person, die Kirche in Person und als Person“.[103] Sie „vertritt hier in ihrer Person die Kirche … als endzeitliche Heilsgemeinde Gottes“,[104] sagt selbst Ulrich Wilckens, ehemaliger evangelischer Landesbischof. Wir werden darauf später zurückkommen.

Die alttestamentlichen Vernetzungen, die Lk in der Verkündigungsperikope vornimmt, um die Adressatin zu charakterisieren, zeigen alle auf ihre Weise, dass Maria keine „Privatperson“ ist, vielmehr verkörpert sie als „Tochter Sion“, in ihrem Magd-(Knecht-)Sein wie in ihrem Glauben Abraham, ja, sie *ist* Abraham; „sie *ist* das wahre Israel, in dem Alter und Neuer Bund, Israel und Kirche trennungslos eins sind“.[105] In Maria konzentriert sich die gesamte Geschichte Israels.

Die ganz enge Beziehung von Abraham und Maria, ergibt sich besonders, wenn man auf Ps 45,11 blickt. Hier werden Abraham und Tochter Sion dadurch in engsten Zusammenhang gebracht, dass darin mit der Aufforderung an die „Braut des Königs“ *(Vergiss dein Volk und dein Vaterhaus)* die Worte an Abraham in Gen

---

102 Lohfink/Weimer, Maria 330. – Siehe auch Böhler, Maria 410: „Lukas zeichnet in der Kindheitsgeschichte am Anfangs seines Evangeliums Maria und Josef als die Repräsentanten des wahren Israels, das arm und einfach, dabei aber strikt toraobservant ist. … Als heiliger Rest Israels wird sie [Maria] schon vom NT zum Inbegriff und Realsymbol Israels, zur Tochter Zion gemacht. Schon im NT wird sie zum Anfang und bleibenden israelitischen Kern der Kirche“.

103 J. Ratzinger, Erwägungen zur Stellung von Mariologie und Kirchenfrömmigkeit im Ganzen von Glaube und Theologie, in: ders./H. U. v. Balthasar (Hrsg.), Maria – Kirche im Ursprung, Freiburg i. Br. 1980, 15–40, hier: 24.

104 U. Wilckens, „Empfangen vom Heiligen Geist, geboren aus der Jungfrau Maria“ – in Lk 1,26–38, in: Pesch (Hrsg.), Theologie 49–73, hier: 69.

105 Ratzinger, Zion 41. – Obwohl Räisänen, Maria/Marienfrömmigkeit I, 117 vermerkt, „In ihrer (Marias) paradigmatischen Gestalt verbinden sich Israel und die künftige Kirche“; fügt er sogleich – für mich widersprüchlich – an: „Eine typologische Identifizierung mit der ‚Tochter Zion‘ … ist jedoch unhaltbar“. Was soll der Unterschied zwischen einer „paradigmatischen Gestalt“ und einer „typologischen“ sein, zumal im gleichen TRE-Artikel R. Frieling, Maria/Marienfrömmigkeit III/1, 142 zugibt: „Das typologische [!] Marienbild in Lk 1–2 und Mt 1 kann es rechtfertigen, von Maria als Typus der Kirche zu sprechen“.

12,1 wieder aufgegriffen werden. Abraham ist die Personifizierung Israels wie es auch die „Tochter Sion" ist, die ihrerseits ihre Personifikation in Maria findet. So ist es nicht verwunderlich, dass Maria in ihrem Glauben Abraham darstellt, mehr noch, sie überbietet ihn. Denn – so Hansjürgen Verweyen –: „Abraham glaubte an die Macht Gottes, Leben in dem schon erstorbenen Schoß Saras zu schaffen. Maria glaubt an die Macht Gottes, sich einen Sohn in ihrem eigenen, noch ungeöffneten Leibe zu zeugen. Sie empfängt jetzt den Segen für alle Völker, den einst Abraham für seine Nachkommen empfing".[106]

Glauben und universale Erstreckung des Heils: in diesen beiden „Stichworten" konzentriert sich die Bedeutung Abrahams. So schreibt Paulus in Röm 4,16f über die an Abraham ergangene Verheißung, dass hier die Devise gilt:

> 16 *‚Aus Glauben' und deshalb ‚aus Gnade'! Nur so bleibt die Verheißung für alle Nachkommen gültig, nicht nur für die, welche das Gesetz haben, sondern auch für die, welche wie Abraham den Glauben haben.*
> 17 *Nach dem Schriftwort: Ich habe dich zum Vater vieler Völker bestimmt, ist er unser aller Vater vor Gott, dem er geglaubt hat. ...*
> 18 *Gegen alle Hoffnung hat er voll Hoffnung geglaubt, dass er der Vater vieler Völker werde'. ...*
> 19 *Ohne im Glauben schwach zu werden, war er, der fast Hundertjährige, sich bewusst, dass sein Leib und auch Saras Mutterschoß erstorben waren.*
> 20 *Er zweifelte nicht im Unglauben an der Verheißung Gottes, sondern wurde stark im Glauben und er erwies Gott Ehre,*
> 21 *fest davon überzeugt, dass Gott die Macht besitzt zu tun, was er verheißen hat* (siehe auch Gal 3,6–29).

Bei all dem musste Abraham sich auf den Weg machen, d. h. sich in seinem ganzen Leben und Handeln der stets neuen Initiative Gottes zur Verfügung stellen. Das Gleiche tut jetzt Maria, indem sie sich als „Magd des Herrn" erklärt und alles an sich geschehen lässt, was Gott zu tun vorhat. So ist es der eine und gleiche Glaubensakt, der Abraham und Maria miteinander verbindet, aber ihm geht auch der eine und gleiche Akt reiner, gnadenhafter Berufung voraus. Denn für beide gilt: Deswegen aus Glauben, weil aus Gnade!

Das bedeutet nicht einfach, dass der Glaube Abrahams auf einer anderen heilsgeschichtlichen Stufe nur „wiederholt" wird. In Maria kommt vielmehr der Glaube buchstäblich zur Erfüllung und Vollendung. Denn der eigentliche „Same", der Abraham verheißen wird, ist Christus (siehe Gal 3,16), der nun in die Welt

106 H. Verweyen, Mariologie als Befreiung, Lk 1,16–45.46 im Kontext, in: ZkTh 105 (1983) 168–183, hier: 176.

tritt und die Verheißung Gottes erfüllt – und zwar durch den Glauben Marias. Denn das völlig ungeschuldete, bedingungslose Heilshandeln Gottes ist immer und grundsätzlich an den Glauben des Menschen, an dessen Offenheit für sein Geschenk gebunden. Sehr schön formuliert Franz Mußner:

> „Christus ist die Erfüllung der Verheißung und selbstverständlich ein freies Geschenk der freien Gnade Gottes, aber die Erfüllung geht über denselben Weg, den schon die Verheißung gegangen ist: über den Weg des Glaubens und nur über ihn! Das heißt aber konkret im Licht des lukanischen Zeugnisses: über den Glaubens Mariens, die sich durch ihren bedingungslosen Glauben als eine wahre Tochter Abrahams, des Stammvaters Israels, erwiesen hat".[107]

So ist Abraham die „anfängliche", Maria die „eschatologische" Verwirklichung des Glaubens und damit Typos des Gottesvolkes. Damit ist Maria in ihrem tiefsten Wesen „die Glaubende", die als solche vom Hören auf Gottes Wort bestimmt ist,[108] die ganz auf Gott und seine Verheißungen setzt und sich von ihm in Dienst nehmen lässt. Um ihres Glaubens willen wird sie, *die Mutter meines Herrn*, von Elisabet selig gepriesen, wobei dieses Wort durch den ausdrücklichen Zusatz, dass Elisabet *mit lauter Stimme* rief, als *prophetische* Rede gekennzeichnet ist.[109] Auch wenn ähnliche Seligpreisungen über andere erwählte Frauen ausgerufen wurden (z.B. Ri 5,24; Jdt 13,18), hat diese Seligpreisung nach Lukas doch eine andere „Qualität". Denn er wiederholt sie als einziger der Synoptiker im Lauf seines Evangeliums:

> 27 *Als er das sagte, rief eine Frau aus der Menge ihm zu: Selig die Frau, deren Leib dich getragen und deren Brust dich genährt hat.*
> 28 *Er aber erwiderte: Selig sind vielmehr die, die das Wort Gottes hören und es befolgen.*

Vordergründig gilt die von der Frau ausgerufene Seligpreisung über Maria ihr in ihrer Eigenschaft als leibliche Mutter Jesu (es geht um den *Leib, der dich getragen hat – die Brust, die dich genährt hat*). Das entspricht in etwa der Seligpreisung durch Elisabet (*Gesegnet bist du mehr als alle anderen Frauen ...*). Aber dort wie auch in Lk 11,27f wird die Dimension der „leiblichen Mutterschaft" überschrit-

107 Mußner, Maria 66. Ähnlich ders., Die Mutter Jesu im Neuen Testament, in: W. Beinert u. a., Maria – eine ökumenische Herausforderung, Regensburg 1984, 24f.

108 Das steckt auch hinter Lk 2,19 (und dann auch hinter 2,51), wonach Maria all diese Worte (bzw. Ereignisse) bewahrte und sie in ihrem Herzen bewegte. Das heißt: Am Schluss und damit geradezu als „Pointe" der Weihnachtsgeschichte wird der Glaube Marias herausgestellt.

109 Siehe J. Ernst, Das Evangelium nach Lukas, Regensburg 1977, 83.

ten. Dort: *Selig ist, die geglaubt hat...* Und hier: *Selig sind mehr noch*[[110]] *die, die das Wort Gottes hören und es befolgen.*

So lässt sich schon nach dem Durchgang durch Lk 1,26–38 sagen: Wie Abraham der „Vater des Glaubens“ ist, so wird Maria als die wahre Tochter Abrahams und „Mutter der Glaubenden“ gezeichnet[111] und damit als Typos, Symbol und exemplarische Verwirklichung Israels (und damit der späteren neutestamentlichen Kirche). Deshalb kann auch die Bezeichnung Marias als „Mutter der Glaubenden“ noch *vor* ihrem dogmatischen Ehrentitel „Mutter Gottes“ rangieren.[112] Auch wenn sich die schon wiederholt erwähnte „Ökumenische Studie“ sehr zurückhaltend gegenüber diesem Verständnis von Maria verhält, bemerkt sie doch verschiedene Male, dass das lukanische Interesse nicht der Person Marias gilt, „sondern Maria als Symbol der Jüngerschaft“.[113] Aber was ist Jüngerschaft konkret anderes als eben das gläubige Israel, die gläubige Kirche? Ja, man wird mit Joseph Ratzinger und anderen noch einen Schritt weitergehen müssen und die in Maria geschehende „Personifizierung“ (von Jüngerschaft, glaubendem Volk Gottes ...) mit der – auf andere Weise – in Jesus Christus verwirklichten Personifizierung (der Verheißungen Gottes) zu vergleichen haben:

> „In dem Augenblick, in dem im Neuen Testament die abstrakten Hoffnungsschemata auf Gottes Zuwendung zum Volk in der Gestalt Jesu Christi einen konkreten, personhaften Namen empfangen, tritt auch die Gestalt der Frau, bisher nur typologisch in Israel gesehen und freilich in den großen Frauen Israels vorläufig personalisiert, mit Namen und als personale Zusammenfassung des Prinzips Frau hervor, so dass das Prinzip nur in der Person wirklich ist, aber die Person gerade als Einzelne immer über sich auf das Umfassende hinausweist, das sie trägt und darstellt: Maria“.[114]

---

110 Das griechische μενοῦν kann sowohl „nein, vielmehr“, wie auch „ja, aber noch mehr“ bedeuten. Letzteres dürfte eher der lukanischen Aussageintention entsprechen. Siehe dazu die genaue Analyse bei Mußner, Maria, Mutter 30f, 51ff. Deshalb ist auch die EÜ mit ihrem „Er *aber* erwiderte...“ und „vielmehr“ mindestens fragwürdig.

111 Nach Heymel, jüdische Mutter 222f deutet sogar manches darauf hin, „dass die Geschichte von der Verkündigung an Maria möglicherweise als christliches Gegenstück zur Geschichte von der Verheißung an Abraham (Gen 15,4; 17,16–21; 18,1–16) konzipiert und zu lesen ist“.

112 Vgl. Fr. Mußner, Der Glaube Mariens im Lichte des Römerbriefs, in: ders., Praesentia Salutis. Ges. Studien zu Fragen und Themen des Neuen Testaments, Düsseldorf 1967, 284–292, hier: 288: Es kann „sogar der Titel für Maria ‚Mater credentium‘ vor ihrem dogmatischen Ehrentitel ‚Mater Dei‘ rangieren“.

113 Brown (Hrsg.), Maria 130 u. ö.

114 Ratzinger, Tochter Zion 26 mit Verweis auf H. U. v. Balthasar.

2. Grundsätzliches zum Thema: Was heißt „Typos"?

Da wir gerade Maria als Typos (Symbol und exemplarische Verwirklichung) von Kirche bezeichnet haben und diese Charakterisierung auch für die folgenden Darlegungen ein gewaltiges Gewicht hat, ist es notwendig, schon hier diesen Begriff (bzw. ähnliche Begriffe) *vorläufig* zu klären (wir kommen später darauf zurück) und plausibel zu machen. Solche Klärung ist deshalb nicht einfach, weil in der gerade benutzten Begriffspalette verschiedene Vorstellungen zusammenkommen. Zwei davon seien im Folgenden etwas eingehender entfaltet.[115]

(a) Die Bedeutung von „corporate personality"

Wenn die bisher erörterten Texte es nahe legen, Maria als Typos (Bild, Symbol und exemplarische Verwirklichung) von Kirche zu verstehen, so schlägt sich darin zunächst einmal die alttestamentliche (und altorientalische) Vorstellung einer sog. „corporate personality" – „Korporativpersönlichkeit" nieder. Darunter versteht man das Faktum, dass ganze Völker, Städte, Familien und Gruppen *„personifiziert"*, d.h. im Bild einer einzigen Person zusammengefasst werden können, wobei dieses Bild je nach den Umständen, in denen sich das zu bezeichnende „Kollektiv" befindet, wechseln kann. So wird in Jes 47 die Stadt Babylon einmal als „Tochter" und „Jungfrau", dann als „Frau" und „Witwe" und schließlich als „Zauberin" angesprochen. Ganz ähnlich wird Israel (bzw. Sion, Jerusalem, Juda …) personifiziert als „Tochter" oder „Frau" oder „Jungfrau".

Während aber im Alten Orient eine solche Personifizierung von Städten und Völkern im Bild einer Frau meist eher unspezifisch ist, werden im Alten Testament daraus nicht selten sehr realistische und konkrete Konsequenzen gezogen. So sehen die Propheten in der Beziehung Gottes zur „Frau Israel" die Liebe Jahwes zu seinem Volk *real* verkörpert. Siehe dazu vor allem etwa folgende Kapitel: Jes 54; 62; Hos 1–3; Jer 2; 3; 31; Ez 16; 23. So heißt es z.B. bei Jesaja (54,5f): *Dein Schöpfer ist dein Gemahl, ... der Heilige Israels ist dein Erlöser. ... Ja, der Herr hat dich gerufen als verlassene, bekümmerte Frau. ‚Kann man denn die Frau verstoßen, die man in der Jugend geliebt hat', spricht dein Gott.* Der Liebe Gottes soll die Gegenliebe der Frau entsprechen. Fällt diese aus oder wird sie durch die Sünde gar ins Gegenteil verkehrt, so wird die Frau zur Ehebrecherin, Hure, verlassenen Witwe.

115 Außer diesen beiden Vorstellungen ist als weiterer wichtiger Hintergrund für die Entsprechung von Israel-Maria wenigstens stichwortartig auf die platonische Urbild-Nachbild-Entsprechung zu verweisen, die später in der Väterzeit eine größere Rolle spielt. – Von der Bedeutung einer „corporate personality" wird S. 421ff noch ausführlich weiter die Rede sein, wenn es darum geht, das damit Gemeinte systematisch zu vertiefen.

Diese Weise der Personifizierung wird im Neuen Testament aufgegriffen: Christus ist der Bräutigam, der sich mit seiner Braut, dem Volk Gottes/der Kirche, vermählen will (vgl. Joh 3,28f; Mt 9,15par; Eph 5,22f; er ist das „Lamm", zu dessen Hochzeit sich die „Frau" bereit gemacht hat (vgl. Offb 19,6f), und die Gemeinde ist „die reine Jungfrau", die Paulus zur Vermählung mit Christus dem Herrn endgültig entgegenführt (2 Kor 11,2). Während auf diese Weise die Kirche in ihrem Gegenüber zum „Bräutigam" Christus gezeichnet wird, kann sie an anderen Stellen und anderen Zusammenhängen auch als „Leib Christi" (1 Kor 10,17; 12,12f; Röm 12,5), ja als „der Christus" (1 Kor 1,13) personifiziert werden. Da die „vielen" mit Christus so eng verbunden sind, dass sie mit ihm „ein Leib" werden, kann „der Leib Christi" bzw. „der Christus" selbst für die Gesamtheit der Glaubenden stehen.

Gerade Letzteres zeigt, dass die genannten biblischen Personifizierungen weit über das hinausgehen, was sich an Ähnlichkeiten im sozialen Bereich ausfindig machen lässt. Sie sind mehr als nur bildhafte Metaphern oder symbolische Bezeichnungen, wie sie bis heute bei uns gebräuchlich sind, wenn man etwa vom „deutschen Michel", von der „französischen Marianne", von „Uncle Sam" oder „Mütterchen Russland" u.dgl. spricht. Gewiss, der Begriff einer „korporativen Persönlichkeit" kann an gesellschaftlichen soziologischen Analogien verdeutlicht werden. Vor allem in archaischen Kulturen findet sich nicht selten die gelebte Überzeugung, dass eine „ganze Gruppe, einschließlich ihrer toten, lebenden und noch kommenden Mitglieder, wie ein einziges Einzelwesen handeln kann, und zwar durch eines ihrer Mitglieder, das sie zu vertreten berufen ist".[116] Was die Wirklichkeit einer sozialen Größe ausmacht, kann sich also zeichenhaft – anschaubar und handlungsmächtig – in einer realen Person verdichten, die infolgedessen zugleich Repräsentant, Verwirklichung und Norm der Gemeinschaft ist. In diesem Einen – in der Antike meist der Stammvater eines Volkes – ist das Ganze vollkommen enthalten. Hintergrund dieser Überzeugung „ist die ganz und gar solidarische Sicht vom Ganzen und vom Teil, vom Volk und seinem Einzelglied.

116 H. Wheeler Robinson, The Hebrew conception of corporate Personality, in: ZAW, Bh. 66 (1936) 49–62, hier: 49. Siehe auch ders., Corporate personality in ancient Israel, Edinburgh 1981. Zum Konzept dieses Autors, der den Begriff der corporate Personality in die biblische Anthropologie eingeführt hatte, vgl. auch die kritischen Bemerkungen von J. W. Rogerson, The Hebrew Conception of Corporate Personality, in: B. Lang (Hrsg.), Anthropological Approaches to the Old Testament, Philadelphia-London 1985, 43–59. – Vgl. zum Ganzen ferner J. Scharbert, Solidarität in Segen und Fluch im Alten Testament und in seiner Umwelt, Bonn 1958; J. de Fraine, Adam und seine Nachkommen, Köln 1962; H. Mühlen, Una mystica Persona. Die Kirche als Mysterium der Identität des Heiligen Geistes in Christus und den Christen: Eine Person in vielen Personen, München u.a. 2 1967, 74–172; K.-H. Menke, Stellvertretung, Einsiedeln-Freiburg 1991, ab 29 (Lit).

Das Ganze ist im Teil gegenwärtig, und der Teil steht im Ganzen; und ebenso besteht engste Solidarität zwischen dem Ganzen des Volkes und seinen einzelnen Gliedern.“[117]

Auf solchem Hintergrund kann die Idee einer „corporate personality“ verständlich werden, obwohl in der Heiligen Schrift noch eine viel weitere und tiefere Perspektive zum Tragen kommt, nämlich die des göttlichen Handelns, welches sich ein *Volk* beruft, das auf der einen Seite eine ganzheitliche Größe darstellt, auf der andern Seite aber in Einzelnen handelt und durch Einzelne vor Gott vertreten wird. Dabei verdrängen diese „Einzelnen“ nicht etwa die übrigen anderen, „sondern eröffnen jeweils einen Frei- und Spielraum für deren Dasein vor Gott“.[118] Deswegen können bestimmte Bilder und Figuren der Heiligen Schrift hin und her oszillieren zwischen einer eher universalen und einer eher partikularen Sicht.

Das gilt auch von der Figur Abrahams, in der sich die jahrhundertlangen Glaubenserfahrungen Israels verdichten. So versteht jedenfalls „die überwältigende Mehrheit der Exegeten ... Abraham als Kryptogramm für Israel als Mittler und Bringer von Heil an die Völker.“[119] Erich Zenger zeigt dabei im Einzelnen an Gen 12 auf, wie Abraham hier als eine Art „protologischer“ = ätiologischer Gestalt gezeichnet wird, „mit der Jahwe die Geschichte beginnt, die für ‚alle Geschlechter des Erdbodens‘ mit Segen enden soll, d. h. Abraham ist die partikulare Anfangsgestalt des von Jahwe gewollten universalen Segens“. Erst später (im 8. Jahrhundert) wird die Abrahamsgestalt von Israel „historisiert“ und „individualisiert“; man verstand sich selbst als dessen Nachkommen und glaubte, „dass Jahwe den einmal ergangenen Segen zumindest ‚um Abrahams willen‘ aufrechterhalten musste. [So ist] aus der protologischen universalen Abrahamsgestalt des Jahwisten ... nun der exklusive Stammvater Israels geworden,“[120] der aber auch jetzt noch immer „mehr“ ist als eine einzelne geschichtliche Gestalt. Denn das, was von ihm, dieser „kollektiven Persönlichkeit“ des Stammvaters gesagt wird, gilt auch von seinen Nachkommen, so dass *er* in einem wahren Sinn der „Vater“ jedes Einzelnen ist (vgl. Joh 8,30ff) und dass jeder wahrhaft Glaubende sich als dessen Sohn/Tochter (vgl. Lk 13,16; Röm 4) versteht und als solcher bezeichnet werden kann. Er, genauer: sein Glaubensgehorsam, ist das „Ur-Sakrament univer-

117 Mußner, Maria, Mutter 134.

118 St. Oster, Person und Transsubstantiation. Mensch-Sein, Kirche-Sein und Eucharistie – eine ontologische Zusammenschau, Freiburg i. Br. 2010, 506[327] mit Verweis auf TD II/2, 228.

119 E. Zenger, Jahweh, Abraham und das Heil der Völker, in: W. Kasper (Hrsg.), Absolutheit des Christentums = QD 79, Freiburg i. Br. 1977, 39–62, hier: 41.

120 Ebd. 50, 55f.

salen Heiles“, „das freilich auf verschiedene Weise in Israel und in den Völkern Wirklichkeit wird.“[121]

All das ist keine poetische „Fiktion“ oder ein allegorisches „Ungefähr“, sondern leibhaftige Realität: Im Symbol der Frau bzw. Abrahams tritt das hervor, was im ganzen Volk an Glaubenserfahrungen, aber auch an Orientierungsnormen und Hoffnungen steckt; an ihm / ihr wird das „Typische“ des Ganzen sichtbar; in ihm / ihr tritt dessen „Wesen“ in Erscheinung; in ihm / ihr als „Symbol“ „offenbart sich die eigentliche Wirklichkeit“.[122] Auf der andern Seite freilich darf nicht übersehen und vergessen werden, dass Abraham wie auch Maria als konkrete, individuelle Persönlichkeiten vorgestellt werden. Das Individuelle wird also nicht eliminiert. Die Idee einer „corporate personality“ ist gerade die Vermittlung von Einzelnem und Gemeinschaft. Beides hat vor Gott Geltung. „Israel ist gerade kein namenloses Kollektiv, sondern es sind reale Menschen, die in diese Geschichte verwickelt sind.“[123] Und besonders an entscheidenden Wendepunkten der Geschichte Israels hat das Tun von Einzelnen Bedeutung für alle.

Damit ist auch die Brücke zu Lk 1,26–38 geschlagen: Wie Abraham die reale personale Verdichtung und Verwirklichung Israels, ja, sogar der Heilsverheißung an die ganze Menschheit ist, so wird Maria im lukanischen Text zur „neuen“, Abraham überbietenden Verdichtung und eschatologischen Verwirklichung des Glaubens und damit zur „neuen“ Figur Israels, sie ist geradezu – so Max Thurian – dessen „Inkarnation“[124]. Konkreter noch: Im Lauf der alttestamentlichen Geschichte entwickelte sich – wie wir bereits sahen – mehr und mehr die Idee vom „heiligen Rest“ Israels heraus, an dem die Verheißungen Gottes wahr werden. So gilt z. B. die Verheißung von Zef 3,14–16, auf die sich Lk 1 bezieht, für den „Rest“ Israels (Zef 3,12f). Ebenso verhält es sich mit Mich 4,7: Es sind die Kleinen, Armen und Demütigen, die Gnade finden werden bei Gott. Und eben diese Verkörperung des „Restes“ *ist* Maria.[125] Weil aber der „Rest“ Israels die Urgestalt der Kirche ist und die Repräsentantin der für Gott offenen Menschheit, steht Maria auch für die Kirche und für die Gott suchende Menschheit. Sie ist sowohl deren Realsymbol wie auch deren konkrete Verwirklichung und Gestalt.

Damit kommen wir zur zweiten wichtigen Vorstellung, die den Hintergrund für die Bezeichnung Marias als Bild, Symbol und exemplarische Verwirklichung von Kirche bildet: zur Kennzeichnung als „Typos“.

---

121 Ebd. 59.
122 Lohfink / Weimer, Maria 248.
123 Ebd. 247.
124 Thurian, Maria 17.
125 Näheres bei Laurentin, Struktur 172f.

(b) Das biblische Verständnis von „Typos“

Typos (oder auch „Urbild“) bezeichnet eine Sach- oder Ereigniskonstellation oder eine personale Wirklichkeit (sei es singulärer oder kollektiver Art), die im Alten Testament von Gott erwirkt wurde und dann im Neuen eine eindeutige Ähnlichkeit bzw. strukturelle Entsprechung hat.[126] So gesehen hat der Begriff Typos eine deutliche biblische Basis. Siehe dazu etwa Röm 5,14; 1 Kor 10,6.11; 1 Petr 3,21. Dabei wird das, was alttestamentlicher „Typos“ genannt wird, im Neuen Testament nicht eigentlich „wiederholt“, sondern endgültig gesetzt, gesteigert und überhöht, so dass das, was früher nur erst vorläufig und ansatzhaft vorlag, nun ins volle Licht tritt und seine Erfüllung findet. Auf dieser Linie wird in Röm 5,14 Adam, der „erste“ Mensch (siehe 1 Kor 15,45), als Typos Christi, des „letzten“ und „vollendeten“ Menschen gezeichnet. Solche typologischen Entsprechungen gibt es nicht erst im Verhältnis von Altem und Neuem Bund, sondern auch schon im Alten Testament selbst. So wird z. B. in Jer 23,7–8 oder Jes 43,16–21 der Auszug aus Ägypten zum Typos der Rückkehr aus dem babylonischen Exil, oder in Jer 31,31ff zeigt sich der Alte Bund als Typos, als Vor-Bild des kommenden Neuen.

Das, was überall die typologische Entsprechung ermöglicht und sie weit über die Art und Weise einer – menschlicher Phantasie, poetischer Kreativität oder philosophischer Reflexion entspringenden – Allegorie erhebt, ist *die reale (!) Kontinuität und innere „Logik“ des heilvollen geschichtlichen Handelns Gottes*. Während allegorische Exegese in den Texten etwas Tieferes, Bleibendes und Unveränderliches aufzuspüren sucht, zielt die typologische Interpretation auf die Offenlegung des „Grundmusters“, das die verschiedenen Weisen des *geschichtlichen Handelns* Gottes verbindet: Weil Gott an (und mit) der Menschheit auf ein Ziel hin handelt und mit ihr auf einem zielgerichteten Weg unterwegs ist, geben die einzelnen Wegstationen vor dem Ziel und deren Konstellationen schon jetzt einen vorläufigen Blick auf das Kommende, ja auf das Ende hin frei, ähnlich wie man auf einer Bergtour von den einzelnen Etappen aus bereits einen undeutlichen Blick auf das Ziel und eine ungefähre Ahnung von der Logik des Weges dorthin gewinnt. Allerdings lässt sich jeweils erst vom zurückgelegten Weg und vollends nur vom Ziel her auch die „Logik“ des Weges voll verstehen. Das ist auch der

126 Eine ausführliche Begriffsgeschichte findet sich bei St. G. Hall, Typologie, in: TRE 34, 208–224 (Lit.). Siehe ferner L. Goppelt, Typos. Die typologische Deutung des Alten Testaments im Neuen, Darmstadt [2]1981; P. Lengsfeld, Adam und Christus. Die Adam-Christus-Typologie im Neuen Testament und ihre dogmatische Verwendung bei M. J. Scheeben und K. Barth, Essen 1965. – So wie es für Typos eine Reihe von äquivalenten Bezeichnungen gibt, kann umgekehrt auch der Begriff unspezifische Bedeutungen haben, etwa die Bedeutung von „Bild“. Siehe Chr. Dohmen/E. Dirscherl, Typologie, in: LThK [3]10, 322 (Lit.).

Grund dafür, dass es (1) sowohl im Alten Testament selbst wie im Verhältnis von Alten zum Neuen eine ständige „relecture“ der älteren Texte gibt (die jüngeren Wegstationen lassen die alten in einem neuen Licht sehen) und dass es (2) eine endgültige „Typologie“ erst vom Neuen Testament her gibt, da hier das Handeln Gottes an sein (freilich auch jetzt noch nicht völlig abgeschlossenes) Ziel gekommen ist.

Es gibt noch andere Bedeutungsebenen des Begriffs Typos. Otto Semmelroth hat in theologiegeschichtlicher und systematischer Perspektive drei davon zusammengestellt: (1) Typos ist die Repräsentation eines geistigen Gehaltes in einer greifbaren Gestalt, vor allem in einer Person. (Dies entspricht *in etwa* dem, was vorher unter „Korporativpersönlichkeit“ ausgeführt wurde[127]); (2) Typos ist das, was eine solche Repräsentation ermöglicht, nämlich die reale Beziehung zwischen zwei Größen, seien sie nun personaler oder sachhafter Art. Das entspricht dem biblischen Typos-Verständnis, das in der realen Beziehung gründet, die durch den einen großen Bogen des heilsgeschichtlichen Handelns Gottes entsteht; (3) Typos bezeichnet ethisches Vorbildsein.[128]

Alle drei Bedeutungsformen lassen sich auf Maria hin anwenden und konkretisieren.

Aber bleiben wir auf der biblischen Ebene. Die soeben skizzierte typologische Sicht, wie sie durchgehend in der Heiligen Schrift zu finden ist, wirft auch Licht auf die Grundaussagen neutestamentlicher Texte über Maria: Maria (und das, was mit ihr geschieht) ist gegenüber dem Alten Bund eine neue Stufe des Handelns Gottes, die letzte große, markante Wegstation angesichts des nahen Ziels. So wie Abraham der Typos Marias ist, so bildet Maria hinfort den Typos der Kirche und aller Glaubenden. Dabei wäre es freilich ein Missverständnis, wenn – so Joseph Ratzinger – Maria „zur bloßen und damit austauschbaren Exemplifikation theologischer Sachverhalte [in diesem Fall: für die Kirche] reduziert wird. Der Sinn des Typus bleibt vielmehr nur gewahrt, wenn die Kirche durch die unvertauschbare persönliche Gestalt Marias in ihrer persönlichen Form erkennbar wird. Nicht die Person ist in der Theologie auf die Sache zurückzuführen, sondern die Sache auf die Person“.[129] Maria selbst *ist* als Glaubende „Israel in Person, die Kirche in Person und als Person“.[130] Ihr Ja-Wort und die ihr geschenkte Mutterschaft des Sohnes Gottes ist die tiefste und äußerste Gestalt des Bundes Gottes mit Israel, ja mit der ganzen Menschheit.

---

127 Aber nur „in etwa“! Denn dieses Verständnis gründet eher noch in einer platonisch verstandenen Beziehung des Abbilds zum Urbild.

128 O. Semmelroth, Urbild der Kirche. Oganischer Aufbau des Mariengeheimnisses, Würzburg ²1954, 32–35. Hier findet sich (aaO 29ff) auch eine kurze Skizze der Geschichte des Typos-Begriffs. Weil Typos auch ethisches Vorbild bedeuten kann, empfiehlt es sich, für die erste und zweite Bedeutung im Deutschen den Ausdruck „Vorausbild“ zu verwenden oder Vor-Bild zu schreiben.

129 Ratzinger, Erwägungen 25.

130 Ebd. 24.

Diese Sicht Marias wird von einer Fülle bedeutender Theologen geteilt. Aus einer größeren Liste, die Lohfink/Weimer anführen,[131] sollen nur Folgende genannt werden. Nach Yves Congar ist Maria „die Vollendung der ganzen Geschichte Israels“.[132] Für Bruno Forte „kreuzen sich“ in Maria „die tragenden Linien des Alten und des Neuen Bundes“.[133] Ihr Jawort ist nach Hans Urs v. Balthasar „die überbietende Zusammenfassung des ganzen alttestamentlichen hoffenden Glaubens Abrahams…, also das Einbezogensein des Alten Bundes in den Neuen“.[134]

Im Blick auf diese „Wolke von Zeugen“ folgert Joseph Ratzinger zu Recht, dass die späteren marianischen Aussagen der Kirche „gar nicht aus Einzeltexten des Neuen Testaments hergeleitet werden *können*, sondern die große Perspektive der Einheit der Testamente ausdrücken“ so dass, wenn diese nicht mehr wahrgenommen wird, der „Raum“ einer „gesunden Mariologie“ verloren geht.[135]

Diese Grundeinsichten werden nochmals vom „Magnificat“, dem „Lied Marias“, bestätigt.

3. Das Magnificat (Lk 1,46–55)[136]

46 *Da sagte Maria: Meine Seele preist die Größe des Herrn, /*
47 *und mein Geist jubelt über Gott, meinen Retter.*
48 *Denn auf die Niedrigkeit seiner Magd hat er geschaut. / Siehe, von nun an preisen mich selig alle Geschlechter.*
49 *Denn der Mächtige hat Großes an mir getan / und sein Name ist heilig.*
50 *Er erbarmt sich von Geschlecht zu Geschlecht / über alle, die ihn fürchten.*
51 *Er vollbringt mit seinem Arm machtvolle Taten: / Er zerstreut, die im Herzen voll Hochmut sind;*

131 Lohfink/Weimer, Maria 293f.

132 Congar, Christus 16.

133 B. Forte, Maria – Mutter und Schwester des Glaubens, Zürich 1990, 97.

134 H. U. v. Balthasar, Vorwort zu J. Ratzinger/H. U. v. Balthasar (Hrsg.), Maria, Kirche im Ursprung, Freiburg i. Br. 1980, 6.

135 Ratzinger, Tochter Zion 30.

136 Die in ihrer Fülle unübersehbaren Forschungen zum Magnificat finden sich im wesentlichen zusammengestellt bei P. Bemile, The Magnificat within the Context and Framework of Lukan Theology, Frankfurt u. a. 1986 sowie bei Th. Kaut, Befreier und befreites Volk. Traditions- und redaktionsgeschichtliches Untersuchung zu Magnificat und Benediktus im Kontext der vorlukanischen Kindheitsgeschichte, Frankfurt 1990, bes. ab 266. Über die im Folgenden nicht behandelten historisch-exegetischen Einzelfragen (so z. B. über den Forschungsstand bzgl. der möglicherweise ursprünglich nicht auf Maria, sondern auf Elisabeth bezogenen Herkunft des Hymnus [so: Adolf v. Harnack] u. dgl.) siehe kurz bei Knoch, Maria 49–51.

[52] er stürzt die Mächtigen vom Thron / und erhöht die Niedrigen.
[53] Die Hungernden beschenkt er mit seinen Gaben / und lässt die Reichen leer ausgehen.
[54] Er nimmt sich seines Knechtes Israel an / und denkt an sein Erbarmen,
[55] das er unsern Vätern verheißen hat, / Abraham und seinen Nachkommen auf ewig.
[56] Und Maria blieb etwa drei Monate bei ihr; dann kehrte sie nach Hause zurück.

Wenn von Abraham hier auch erst ganz am Ende des Liedes die Rede ist, so figuriert er doch von Anfang an als geschichtliche Basis für alles Folgende. Denn Gott wird gepriesen, weil er jetzt die Abraham und den übrigen Vätern gegebene Verheißung wahr gemacht hat, jene Verheißung, welche das Fundament der Geschichte Israels („seines Knechtes Israel") bildet und die nun in Maria ihre Erfüllung findet, in ihr, der „Magd des Herrn". Maria steht damit wie Abraham für das ganze Volk. Dies wird auch bestätigt im Blick auf eine Parallele in 4Esd 9,45. Hier heißt es: „Gott hat seine Magd erhört und hat meine Niedrigkeit angesehen und mir einen Sohn geschenkt". Die Frau, die in 4Esd spricht, ist nun aber keine individuelle Person, sondern Sion (vgl. 4Esd 10,44). Im genau gleichen Sinn ist auch die Sängerin des Magnificat nicht die „Privatperson" Maria, sondern das glaubende und hoffende Gottesvolk, das in Maria personifiziert ist, besonders die „Armen Jahwes", die ihr Leben ganz auf die Erwartung des Messias gesetzt haben und setzen und die nun in Maria ihr „eschatologisches Jubellied" anstimmen. So wie das Gottesvolk bisher in Abraham personifiziert war, insofern er, besser: sein Glaube, der Empfänger der Verheißung für alle war, so findet es jetzt in Maria seine personale Gestalt, insofern sich in ihr, aufgrund ihres Glaubens, die Verheißungen zu erfüllen beginnen. So ist es kein Zufall, dass Maria nicht mit Sara, sondern mit Abraham parallelisiert wird.

Weil im Magnificat die Erfüllung der mit Abraham begonnenen alttestamentlichen Geschichte besungen wird, ist es voll mit Anklängen aus alttestamentlichen Texten, ja es ist geradezu ein Konglomerat solcher Vor-Gaben (siehe nur den – unvollständigen! – Apparat bei Nestle).

Besonders eng ist die Beziehung zum Loblied der Hanna (1 Sam 2,1–10).

Hanna	*Maria*
Meine Seele ist voll Freude über den Herrn	Mein Seele preist die Größe des Herrn
Große Kraft gibt mir der Herr	und mein Geist jubelt über Gott, meinen Retter
Niemand ist heilig, nur der Herr	Sein Name ist heilig
Hungrige können feiern für immer	Die Hungernden beschenkt er mit seinen Gaben
Der Herr macht arm und macht reich	Er lässt die Reichen leer ausgehen
Er erniedrigt (ταπεινοί), und er erhöht	Er erhöht die Niedrigen (ταπεινούς)

Auch das Loblied der Hanna ist ein „messianisches Lied“, das die Hoffnung der Armen, hier: einer unfruchtbaren Mutter, auf das Erbarmen des Retter-Gottes zu den Armen, Niedrigen und Hungernden und auf die alles „umwerfende“ Kraft seiner siegreichen Herrlichkeit zum Ausdruck bringt. All das findet nun seine Zusammenfassung und personale Vollgestalt in Maria.

Das wird bestätigt im Blick auf eine scheinbare Unstimmigkeit, die gerade als solche den „Schlüssel für die richtige Deutung des ganzen Hymnus“ abgeben kann.[137] Lohfink/Weimer fassen das Problem in die Frage: „Weshalb preist Maria Gott eigentlich für Dinge, die er gar nicht an ihr getan hat?“ Zwar trifft das in den Anfangsversen Genannte auf Maria zu (*Gott hat auf seine niedrige Magd geschaut* usw.), aber was dann folgt (*Er zerstreut, die im Herzen voll Hochmut sind; er stürzt die Mächtigen vom Thron* usw.), trifft auf Maria selbst so nicht zu. Um diese Unstimmigkeit zu beseitigen, überträgt die Einheitsübersetzung die griechische Temporalform (Aorist), die in den Anfangsversen vorliegt (Gott *hat* geschaut …), nun plötzlich anders, nämlich als Präsens (Gott zerstreut …). Dahinter steht wohl die Annahme: Erst habe Maria auf die großen Taten, die Gott an ihr selbst getan *hat*, geschaut, dann aber weite sich ihr Blick auf das ständig geschehende Handeln Gottes. Kann man aber so „beliebig“ mit der Übersetzung des Aorist verfahren?

Deshalb votieren Lohfink/Weimer (aber nicht nur sie!) für eine einheitliche Übersetzung der Aoristformen, die den Blick in die Vergangenheit öffnen: Das Magnificat spreche durchgehend von den *schon geschehenen* Taten Gottes,

137 Auf die „Unstimmigkeit“ machen vor allem Lohfink/Weimer, Maria 255ff im Anschluss an Norbert Lohfink aufmerksam. Siehe dabezu aber auch Mußner, Maria, Mutter 104ff.

von dem, was Gott an ihr, an Maria, und was er an Abraham = Israel getan hat. „Beides gehört aufs engste zusammen. Die von Gott gewirkte Empfängnis … ist eben keine Privatangelegenheit Marias. … Diese Empfängnis stellt Jesus vielmehr ganz in den Raum des Handelns Gottes seit Abraham. … Insofern gibt es keinerlei Bruch zwischen dem Handeln Gottes an Maria und seinem Handeln in der Vergangenheit.“[138] So fasst Maria im Magnificat die ganze Geschichte Israels zusammen. Was Gott an ihr gewirkt hat ist – betont Norbert Lohfink – „ist für sie also nichts anderes als der Endpunkt und die Aufgipfelung all der Wunder, die er vorher schon an seinem Knecht, dem Volk Israel, gewirkt hatte. In ihr versammelt sich gewissermaßen die ganze Geschichte Israels und bringt nun durch Gottes Erbarmen den Heiland der Welt hervor.“[139]

Das wird auch von der sorgfältig komponierten Struktur des Textes her bestätigt: Am Anfang steht das Lob dafür, dass Gott sich seiner „Magd“ angenommen, am Ende dafür, dass Gott sich seines „Knechtes Israel“ angenommen hat. Diese deutliche Parallele weist klar darauf hin, dass auch die hier genannte „Magd“ nicht die isolierte „Privatperson“ Maria, sondern Israel, das Gottesvolk, ist.

So finden wir nochmals bestätigt, was wir bereits gefunden haben: Wenn Gott sich in Maria und ihrem Kind seines Volkes endgültig angenommen hat, dann steht Maria für Israel, dann repräsentiert sie das Gottesvolk, dann fasst sie dessen ganze Geschichte in sich zusammen.

Im ganzen Lied Marias wird Gott um seines Erbarmens und seines erbarmungsvollen Handelns gepriesen, das allein die große Wende bei den Armen und Kleinen herbeiführt. So gibt es nichts, um dessentwillen der Mensch sich selbst rühmen könnte. Deshalb gibt Maria auch Gott allein die Ehre. Sie weist ganz von sich selbst weg und wird zur ersten Verkünderin des Evangeliums, das sie auch als erste vernehmen durfte und hinfort als „ideale Jüngerin“ *in ihrem Herzen bewahrt und bedenkt* (Lk 2,19; 2,51). So konnte Gott – fasst Max Thurian zusammen –

> „auf das ärmste und von allem entblößte seiner Geschöpfe blicken, um es zu seiner Magd zu machen. … Weil Maria [selbst] nichts hat, was sie geltend machen könnte, weil sie fast noch ein Kind ist, weil Jungfrau und arm ist, weil sie

138 Ebd. 257f. – Allerdings wird man m.E. über diese Auslegung von Lohfink/Weimer hinaus doch auch die prophetisch-proleptische Bedeutung der Aoriste in Rechnung zu stellen haben: Das, was Gott getan *hat*, *wird* er auch zur Vollendung bringen; er wird eine Welt herbeiführen, in der keine Arme und Hungernde und auch keine Reichen und Hochmütigen mehr geben wird. Siehe dazu Mußner, Maria, Mutter 110f mit Verweis auf Schürmann, Lukasevangelium 75.

139 N. Lohfink, Lobgesänge der Armen. Studien zum Magnifikat, den Hodajot von Qumran und einigen späteren Psalmen = SBS 143, Stuttgart 1990, 21. Gerade diese Studie ist ein wichtiger Referenzpunkt für Lohfink/Weimer, Maria 255ff. Denn schon hier, ebd. 17f, wird auf die Unstimmigkeit in der Ü. der Aoriste durch die EÜ verwiesen

> in einem völlig unbekannten Flecken wohnt, weil sie weder stolz noch mächtig noch reich ist – gerade deshalb liebt Gott sie und hat er sie erwählt, um Großes an ihr zu tun. … [Deshalb] wird Maria von allen Geschlechtern gepriesen werden." Und Maria selbst steht dazu, denn „sie weiß, dass dieser Lobpreis, der über sie gesprochen wird, sofern er ihre Armut als Magd, die sie sein will, anerkennt, nur zu Gott emporsteigen kann, ohne je bei ihr zu verweilen.[140]

Dieses Wort *Siehe, von nun an preisen mich selig alle Geschlechter* (V. 48), das sowohl „Rechtfertigung" wie Herausforderung zu aller Marienverehrung enthält, richtet sich gewissermaßen als „Gewissensfrage" an die Kirche und jeden glaubenden Christen, ob und inwieweit er/sie dieses Wort, das im Urtext im Futur steht, also prophetischen Charakter hat, verwirklicht.

So ist Maria nicht nur „harmonische Erfüllung" des Glaubens, sondern zugleich auch eines seiner Kriterien, an dem sich die Geister scheiden.

Auch Maria selbst wird gemäß der Weissagung Simeons (Lk 2,34f) „Scheidung" und „Unterscheidung" erfahren.[141] Denn sie wird als diejenige vorgestellt, die vom „Schwert der „Scheidung" betroffen ist. Bei *diesem* Schwert, das durch die Seele dringt, mag man an Marias Mitbetroffensein vom Widerspruch, den ihr Sohn in Israel erfährt, denken oder an den ständigen Lernprozess, den sie durchmachen musste (wie er etwa in Lk 2,19 angedeutet ist). Das Schwert kann sich aber auch darauf beziehen, dass laut Mich 4,9f das Leben der „Tochter Sion" geprägt ist von Kreißen und Stöhnen gewaltiger Geburtswehen. Eine vielfältige Deutung ist also möglich. Doch ist es in der Perspektive einer historisch-kritischen Exegese nicht zulässig, zwei völlig unterschiedliche Evangelientraditionen zu vermischen und die Rede vom „Schwert", das Maria treffen wird, auf ihr Mitleiden unter dem Kreuz zu beziehen. Natürlich sind in einer geistlich-meditativen Schriftlesung solche Bezüge möglich und naheliegend. Aber sie sagen nichts darüber aus, was Lukas selbst mit dem Schwert genau gemeint hat.

Maria ist aber nicht nur selbst vom „Schwert der Entscheidung" betroffen, sondern sie steht auch für Israel und die Kirche, „in denen sich durch das Schwert des Wortes Gottes die Glaubensprüfung, die Scheidung von Spreu und Weizen zum Fall oder zur Auferstehung, vollzieht."[142] Und zu diesem in die Entscheidung stellenden Wort Gottes zählt natürlich auch die prophetische Verheißung „Siehe, von nun an preisen mich selig alle Geschlechter".

---

140 Thurian, Maria 103f.

141 Dies können wir hier nicht weiter behandeln. Siehe außer den Kommentaren z. St. etwa Brown (Hrsg.), Maria 125ff. – Laurentin, Struktur 73 sieht in der „Darstellung Jesu im Tempel" sogar den eigentlichen Skopus, auf den die Kindheitsgeschichte hinausläuft: „Der Eintritt Jesu in den Tempel ist der feierliche Beginn des endzeitlichen Wohnens der ‚Herrlichkeit', d. h. Jahwes, unter seinem Volk".

142 Thurian, Maria 127. – Das Verständnis vom „Schwert" als zur Entscheidung herausforderndes „Schwert des Wortes Gottes" ist alt (vgl. Hebr 4,12). In Bezug auf Lk 2,24 findet es sich schon bei Ambrosius. Siehe G. Söll, Mariologie = HDG III/4, Freiburg i. br. 1978, 82.

Im Magnificat zeichnet Lukas das Bild einer Maria, das nicht so sehr ihre leibliche Mutterschaft hervorhebt, sondern sie in ihrer Eigenschaft als Typos des Gottesvolkes sieht. Maria steht für Israel. Sie hat damit eine einmalige heilsgeschichtliche Bedeutung, die sie von allen anderen abhebt.

Auch wenn die lukanische Überlieferung chronologisch der der matthäischen folgt, fügen wir diese erst jetzt an, weil erstere uns besser den Blick für die entscheidende biblische Perspektive, in der Maria steht, schärfen konnte.

4. Maria in der matthäischen „Kindheitsgeschichte“ (1,18–25)

Während Lukas in seiner sog. „Kindheitsgeschichte“ die Aufmerksamkeit besonders auf Maria richtet, steht bei Matthäus Josef als Nachkomme Davids und damit als Träger und Garant der sich in Jesus erfüllenden messianischen Verheißung im Vordergrund. Denn nach jüdischem Recht entscheidet allein die legale Vaterschaft darüber, welcher Familie jemand zuzurechnen ist. Deshalb spielt in diesem Zusammenhang Maria, über deren Familienzugehörigkeit wir rein gar nichts wissen oder ermitteln können, keine Rolle. Die davidische Abstammung Jesu verläuft nur über Josef.

Dies wird schon am sog. „Stammbaum Jesu“ (1,1–17) deutlich.[143] In ihm wiederholt sich in stereotypem Rhythmus die Struktur des Anfangssatzes *Abraham zeugte Isaak, Isaak zeugte Jakob ...,* bis dieser Rhythmus bei Josef ins totale Stolpern gerät. Denn über Josef selbst wird zwar noch ausgesagt *Jakob zeugte Josef,* dann aber geht es mit der Kette der Zeugungen nicht weiter, da es von ihm dann nur noch heißt, *der Mann Marias; aus ihr wurde Jesus gezeugt, der der Christus (Messias) genannt wird.*[144] Der Evangelist, der offensichtlich die Intention hat, die

143 Siehe dazu A. Vögtle, Die Genealogie Mt 1,2–16 und die matthäische Kindheitsgeschichte, in: ders., Das Evangelium und die Evangelien, Düsseldorf 1971, 57–136. Wichtige Passagen aus heutigen Kommentaren z. St. sind zusammengestellt bei Schulte, Herkunft 705–715.

144 Die EÜ übersetzt: „von ihr wurde Jesus geboren“. Doch wird im Urtext hier das gleiche Wort (ἐγεννήθη) verwendet, das vorher mit „zeugen“ übertragen wurde. Hier würde sich insgesamt wohl eine einheitliche Ü. empfehlen. Siehe dazu H. Riedlinger, Mariens Jungfräulichkeit und Gottesmutterschaft, in: M. Seybold (Hrsg.), Maria im Glauben der Kirche, Eichstätt-Wien 1985, 40. Er wie auch Pesch, Jungfrauengeburt 68 weisen auf die Passivform hin, die als theologisches Passiv zu verstehen sei, so dass man auch übersetzen könne: *aus der* Gott *zeugte*. Das ist für Pesch bereits ein erster „versteckter Hinweis“ darauf, dass Gott selbst der Vater des messianischen Gottessohns ist. Das heißt: Der Messias ist „nicht einfach aus der Geschichte Israels hervorgegangen, gleichsam ihre Errungenschaft…, sondern als so nicht erwartetes, reines Gnadengeschenk Gottes“: ebd. 73. Eben dies wird dann

Davidssohnschaft Jesu herauszustellen, unterbricht die direkte Linie und „macht sich hier scheinbar unnötige Schwierigkeiten."[145] Und dies offenbar aus nur *einem* Grund: Er vertritt ebenso wie Lukas (wenn auch offensichtlich aus einer anderen Traditionsquelle schöpfend) die jungfräuliche Mutterschaft Marias,[146] verbindet diese aber mit der über Josef von Abraham und David herrührenden messianischen Linie. Er will damit zum Ausdruck bringen: Obwohl Jesus nicht von Josef gezeugt wurde, steht er doch in der alttestamentlichen Verheißungsgeschichte, mehr noch: er ist deren Erfüllung, freilich auf einem „wunderbaren Weg", auf dem Gott selbst (durch die jungfräuliche Empfängnis) einen ganz neuen Anfang in der Geschlechterfolge gesetzt hat.

Die matthäische Überzeugung von der jungfräulichen Empfängnis Marias wird vor allem im Text Mt 1,18–23 expliziert:

> [18] *Mit der Geburt Jesu Christi war es so: Maria, seine Mutter, war mit Josef verlobt; noch bevor sie zusammengekommen waren, zeigte sich, dass sie ein Kind erwartete – durch das Wirken des Heiligen Geistes.*
>
> [19] *Josef, ihr Mann, der gerecht war und sie nicht bloßstellen wollte, beschloss, sich in aller Stille von ihr zu trennen.*
>
> [20] *Während er noch darüber nachdachte, erschien ihm ein Engel des Herrn im Traum und sagte: Josef, Sohn Davids, fürchte dich nicht, Maria als deine Frau zu dir zu nehmen; denn das Kind, das sie erwartet, ist vom Heiligen Geist.*

Zu einigen Übersetzungsproblemen

Statt „Mit der Geburt …", wie EÜ überträgt, wäre γένεσις wohl besser „Mit der Herkunft…" zu übersetzen. Denn von „Geburt" ist im Folgenden keinerlei Rede.

Statt „verlobt" ist „verehelicht" die zutreffendere Übersetzung. Denn sowohl in Lk 1,34 wie auch an dieser Stelle sind jüdische Hochzeitsbräuche vorausgesetzt. Danach unterschied man (a) die ´erûsîn (oder auch quiddušîn), d.i. die juridisch gültige und rechtskräftig vollzogene und öffentlich anerkannte Heirat, die dem Mann alle Rechte über die Frau gab, so dass jede Beeinträchtigung dieser Rechte als Ehebruch gewertet wurde und (b) die Aufnahme der nach der ´erûsîn noch 1–2 Jahre in ihrer Familie lebenden jungvermählten Frau in das eigene Haus (nîśû´wîn), ihre „Heimführung".[147] Unsere Perikope setzt voraus, dass Maria und Josef in dieser „Zwischenzeit" standen, also rechtskräftig verheiratet waren und die nicht von Josef verursachte Schwangerschaft demnach so viel wie

---

im Folgenden explizit entfaltet: Erzeuger Jesu ist „Gott in seiner schöpferischen Kraft, in seinem Heiligen Geist": ebd. 76.

145 So: A. Müller/D. Sattler, Mariologie, in: Th. Schneider (Hrsg.), Handbuch der Dogmatik, Bd. II, Düsseldorf 1992, 155–187, hier: 160.

146 Dies zeigt sich auch darin, dass Matthäus mehrmals pointiert vom „Kind und seiner Mutter", niemals jedoch vom „Kind und seinem Vater" spricht.

147 Siehe dazu H. L. Strack/P. Billerbeck, Das Evangelium nach Matthäus, erläutert aus Talmud und Midrasch, München 1922, 45f; H. L. Strack, Einleitung zu Talmud und Midrasch, München 61976, 45–49; Schulte, Herkunft 649–655.

Ehebruch bedeutete. – Die ausdrückliche Übersetzung „verehelicht“ hätte darüber hinaus eine tiefe Bedeutung, die R. Schulte so umreißt: „Weil das Leben der Ehe nicht nur und eben auch nicht wesentlich nur aus dem und im (hilflos so genannten) Sexualverkehr seine Wirklichkeit und seinen Bestand hat, deswegen sollte auch für Josef und Maria mit dem NT bedenkenlos bekundet werden, dass sie dieses von Gott in seinem Heilswirken beteiligte Ehepaar waren und als solches gelebt haben“. Denn damit wird deutlicher herausgestellt: „Gott vertraut seinen Sohn … ausdrücklich einem Ehepaar aus dem Hause David an“.[148]

Zu V. 19 legt Karl-Heinz Menke eine wohlbegründete, in der Tradition der französischsprachigen Exegese stehende Übersetzungsvariante vor, die in freier Form lautet: „Josef …, der ihr Geheimnis nicht verletzen (entweihen) wollte, beschloss, dem Handeln Gottes durch stilles Sich-vom-Zusammenleben-mit-Maria-Zurückziehen zu entsprechen“. Die „Furcht“ des Josef besteht also in der „Ehrfurcht“ vor dem Handeln Gottes, dem er nicht im Wege stehen möchte.[149] Deshalb müsste V. 20 besser folgendermaßen übersetzt werden: „Josef, fürchte (scheue) dich nicht, Maria deswegen zu dir zu nehmen, *weil* das in ihr Gezeugte aus Heiligem Geist ist!“

[21] Sie wird einen Sohn gebären; ihm sollst du den Namen Jesus geben;[150] denn er wird sein Volk von seinen Sünden erlösen.
[22] Dies alles ist geschehen, damit sich erfüllte, was der Herr durch den Propheten gesagt hat:
[23] Seht, die Jungfrau wird ein Kind empfangen, /
einen Sohn wird sie gebären, /
und man wird ihm den Namen Immanuel geben, /das heißt übersetzt: Gott ist mit uns.
[24] Als Josef erwachte, tat er, was der Engel des Herrn ihm befohlen hatte, und nahm seine Frau zu sich.
[25] Er erkannte sie aber nicht, bis sie ihren Sohn gebar. Und er gab ihm den Namen Jesus.

---

148 Schulte, Herkunft 683, 116.

149 Menke, Fleisch geworden 42. Zur Diskussion der verschiedenen Übersetzungsmöglichkeiten siehe auch Brown (Hrsg.), Maria 250; R. Schulte, Ökumenische Besinnung über die Stellung Mariens in der christlichen Theologie, in: Ordinariat der Erzdiözese Wien (Hrsg.), Ökumenische Besinnung, Wien 1981, 10f; ders., Herkunft 66f. 81ff.

150 Für die Bedeutung der Namensgebung durch Josef ist zu bedenken: Gemäß jüdischer Überlieferung wurde man „rechtliches Glied“ einer Familie dadurch, dass der Vater als Familienoberhaupt das Kind auf seine Knie nahm und es ausdrücklich als das Seine erklärte (auch wenn er nicht selbst gezeugt haben sollte). Erst dadurch wurde das Kind Glied der Familie mit allen Rechten und Pflichten. Fazit für unseren Text: „Damit das ‚aus Heiligem Geist Gezeugte‘ überhaupt Sohn Davids … werden konnte, musste nach bestehendem jüdischen Recht jener familiäre Akt gesetzt werden; es musste ein in der davidischen Generationenfolge stehenden Familienhaupt das betreffende Kind durch die Erklärung der … Sohnschaft und Namengebung zum ‚Sohn Davids‘ machen. … Josef wird ausdrücklich darauf angesprochen, diesen Akt zu vollziehen (‚du sollst ihm den Namen geben!‘)“: Schulte, Ökumenische Besinnung 11; ders., Herkunft 93f. Schulte verweist dabei auf Pesch, Ausführungsformel.

Zweimal wird im Text unterstrichen, dass die Empfängnis Jesu „durch den Heiligen Geist“, d.h. durch die schöpferische Kraft Gottes geschehen ist. Die damit gegebene jungfräuliche Mutterschaft Marias wird mit Hinweis auf Jes 7,14 (*Seht, die Jungfrau wird ein Kind empfangen, einen Sohn wird sie gebären*) als Erfüllung alttestamentlicher Verheißung thematisiert.

Dabei ist freilich zu beachten, dass im hebräischen Urtext nicht „Jungfrau“, sondern „’almah“ = „junge Frau“ steht. Die Aussage will in ihrem ursprünglichen alttestamentlichen Kontext vermutlich die Verheißung Gottes an Ahaz zum Ausdruck bringen, die davidische Dynastie trotz der damals prekären politischen Lage durch die Geburt eines Sohnes seitens der Königin weitergehen zu lassen. Dies ist m.E. jedenfalls die wahrscheinlichste und heute von vielen vertretene Auslegung,[151] wenn auch letztlich „die Frage nach der Identität dieser ‚jungen Frau‘ bzw. ‚Jungfrau‘ innerhalb von Jes 7,14 … wohl für immer offen bleiben“ muss.[152] Und dies, obwohl nach Martin Rösel Jes 7,14 „der meistkommentierte Vers des Alten Testamentes“ ist!

In der LXX dagegen – anders als in den griechischen Übersetzungen von Aquila, Theodotion und Symmachus, die alle ’almah mit νεᾶνις = junge Frau übertragen –, wird nun aber „’almah“ mit „πάρθενος“ = „Jungfrau“ übersetzt. Dies ist umso auffälliger, als dies in der ganzen LXX nur zweimal geschieht! Wenn man bedenkt, dass die gesamte LXX-Übersetzung zugleich eine Über-Setzung, d.h. eine Neuinterpretation (relecture) des Bibeltextes in eine neue Situation ist, zeigt der Wechsel von ’almah (junge Frau) zu πάρθενος (Jungfrau), dass die ursprüngliche Aussage über ihren damaligen, längst vergangenen historischen Kontext hinausgehoben wird und eine „entscheidende Umdeutung“ erfährt.[153] „Die Jungfrau“ dürfte *hier nun* verstanden sein als „der heilige Rest Israels“, als „die Jungfrau, Tochter Sion“, die den Messias hervorbringt.

---

151 Dass auch diese Auslegung erhebliche Schwierigkeiten mit sich bringt, zeigt Kilian, Verheißung 68ff; und Gese, Natus 142. Letzterer lehnt diese Interpretation strikt ab.

152 Fr. Sedlmeier, Jes 7,14 Ähnlich auch Kilian, Verheißung 93f; ders., Jesaja 1–12 = NEB 17, Würzburg 1986, 62. Sedlmeier sowie Kilian geben einen Überblick über die möglichen Deutungen. Für die mariologische Thematik ist dabei besonders die Deutung von Haag, Immanuelzeichen 19 interessant: „Die ’almah in Jes 7,14 ist … die Repräsentantin des Zion, nämlich jener ‚Ort‘ in der Welt, wo Jahweh den ‚Rest‘ des Hauses David als den ‚Anfang‘ des erlösten Gottesvolkes konstituiert“. Ebenso auch U. Berges, Das Buch Jesaja. Komposition und Endgestalt, Freiburg i.Br. 1998, 116.

153 So Sedlmeier, a.a.O. 27 mit Verweis auf P. Höffken, Das Buch Jesaja, Kapitel 1–39, Stuttgart 1993, 82. Zu dieser „Umdeutung“ gehört auch, dass die LXX das prophetische Gotteswort von Jes 7 in einen eindeutigen Heilszusammenhang stellt, der ursprünglich so nicht gegeben war.

Das also, was Ernst Haag, ähnlich auch Hermann Kruse,[154] bereits für die Interpretation der *ursprünglichen Fassung* von Jes 7 vorschlagen, nämlich die „'almah" auf „die Jungfrau, Tochter Sion" zu beziehen, dürfte erst für die LXX-Fassung wirklich zutreffen.[155] Indem Matthäus diese aufgreift und nun auf Maria bezieht, nimmt er nochmals eine „relecture" vor.[156] Liegt es da nicht nahe, dass er damit nicht nur die individuelle jungfräuliche Mutterschaft Marias, sondern auch ihre typologische Bedeutung hervorhebt? Sie ist in Person „die Jungfrau, Tochter Sion", die den verheißenen Messias gebiert.

Wenn dies zutrifft, liegen Lukas und Matthäus – trotz aller tiefgreifenden Verschiedenheit ihrer Quellen und ihres theologischen Interesses – in der Sache nicht so weit auseinander: Maria ist die jungfräuliche Gottesmutter *und zugleich mehr:* personale Verdichtung der Geschichte Israels und typologische Gestalt des Glaubens Israels.

---

154 Siehe H. Kruse, Alma Redemptoris Mater. Eine Auslegung der Immanuel-Weissagung in Is 7,14, in: TrThZ 74 (1965) 15–36.

155 Diese Auffassung vertritt A. v. d. Kooij, Die Septuaginta Jesajas als Dokument jüdischer Exegese. Einige Notizen zu LXX-Jes. 7, in: Übersetzung und Deutung, FS A. R. Hulst, Nijkerk 1977, 91–102, hier: 97ff. Anders dagegen Rösel, Jungfrauengeburt 141, für den die LXX-Fassung „auf der Basis hellenistischer Verstehensmuster im ägyptischen Alexandria die Geburt des Immanuel von Jes 7,14 als jungfräuliche Geburt des verheißenen Heilsbringers begreift". Doch ist außerordentlich fraglich, ob es überhaupt im hellenistischen Judentum die Idee einer jungfräulichen Hervorbringung eines Menschen, und sei es auch die des kommenden Messias, gab. Für das palästinensische Judentum war dieser Gedanke auf jeden Fall auszuschließen.

156 Dabei dürfte aber sicher sein, dass nicht erst der Evangelist diese „relecture" vornimmt, sondern die von ihm vorgelegte Erzählung „den Gedanken der jungfräulichen Empfängnis schon vor der matthäischen Redaktion enthalten hat. Matthäus ist für diesen Gedanken nicht verantwortlich. Er weist auf die Jungfrauenschaft Marias als eine wohlbekannte Tatsachen hin": Räisänen, Mutter Jesu 54. Ähnlich auch H. v. Campenhausen, Die Jungfrauengeburt in der Theologie der alten Kirche, Heidelberg 1962, 18.

§ 3 Maria im Johannesevangelium

Bevor wir uns den beiden einschlägigen Texten zuwenden, die im Johannesevangelium ausdrücklich von Maria handeln, sei kurz auf die kontrovers beantwortete Frage eingegangen, ob dieses Evangelium, ähnlich wie Mt und Lk, um die jungfräuliche Empfängnis Jesu weiß.

1. Allgemeines

Drei Fakten sind eindeutig und unumstritten: (1) Das Johannesevangelium kennt keine „Kindheitsgeschichte"; (2) das christologische Interesse richtet sich ganz auf die göttliche Herkunft Jesu;[157] (3) der Unglaube der Menschen besteht gerade darin, das „Von-oben-Kommen" Jesu zu übersehen oder abzulehnen, indem man ihn ganz „von unten" aus bestimmt.

Auf diesem Hintergrund ist die zweimalige Aussage des Evangeliums zu verstehen, wonach man Jesus als den „Sohn Josefs" bezeichnete (1,45; 6,42). Vor allem der Kontext von 6,42 zeigt, dass „der Evangelist Johannes selbst nicht der Ansicht ist, dass Jesus der Sohn Josefs sei. Die Bezeichnung Jesus als ‚Sohn Josefs' ist die Schutzbehauptung derer, die den Selbstanspruch Jesu nicht glauben wollen. ... Der, welcher den ungläubigen Augen als Sohn Josefs aus Nazaret erscheint, ist in Wahrheit der, der vom Himmel herabgestiegen ist, der Sohn Gottes."[158] Damit ist natürlich noch nichts darüber entschieden, ob das Evangelium den Gedanken des „Von-oben-Seins" Jesu mit dem einer jungfräulichen Empfängnis verbindet. Die Frage hat von hier aus noch offen zu sein.

Eine Reihe namhafter Exegeten[159] weisen auf eine sehr alte Lesart von Joh 1,12f hin. Danach steht die entscheidende Aussage über das „Aus-Gott-geboren-Sein" nicht im Plural

157 Dabei wird die Frage nach dem „Wie" der Sarxwerdung des Logos nicht gestellt und nicht beantwortet, wie es überhaupt in den ntl. Schriften und in der frühestchristlichen Theologie vermutlich keine Verbindung zwischen einer Präexistenzchristologie und der Überzeugung von einer jungfräulichen Empfängnis Jesu gibt. Vgl. Brown (Hrsg.), Maria 102f; 251[192]. Erst später deutete man die jungfräuliche Empfängnis als den „Modus" der Menschwerdung. Ursprünglich handelt es sich wohl um zwei verschiedene Auffassungen vom Kommen Gottes zu uns und von der wunderbaren Einheit von Gott und Jesus Christus.

158 Menke, Fleisch geworden 48.

159 Einige von ihnen sind genannt bei Menke, a. a. O. 50[61,62], andere auch bei Brown (Hrsg.), Maria 272[417]. Bemerkenswert ist, dass sich auch Papst Johannes Paul II in seiner Ansprache bei der Audienz vom 10.7.1996 der singularischen Lesart anschließt. Siehe: www.vatican.

und bezieht sich damit nicht auf die im Glauben neu Geborenen. Vielmehr thematisiert der Singular ein allein Jesus Christus betreffendes einzigartiges Geschehen.

Übliche Lesart (älteste grch. Codices)	*Älteste Textüberlieferung*
Allen aber, die ihn aufnahmen, gab er Macht, Kinder Gottes zu werden, allen, die an seinen Namen glauben, die nicht aus dem Blut, nicht aus dem Willen des Fleisches, nicht aus dem Willen des Mannes, sondern aus Gott geboren sind.	Allen aber, die ihn aufnahmen, gab er Macht, Kinder Gottes zu werden, allen, die an seinen Namen glauben – ER, der nicht aus dem Blut, nicht aus dem Willen des Fleisches, nicht aus dem Willen des Mannes, sondern aus Gott geboren ist.

Sollte die zweite Lesart zutreffen, könnte in Joh 1,13f („nicht aus dem Willen des Mannes") ein Hinweis auf die Jungfrauengeburt gegeben sein.

Was spricht für, was gegen die verschiedenen Textüberlieferungen? Die ältesten Papyri und griechischen Codices (von letzteren ist aber keiner vor dem Jahr 300 entstanden!) weisen alle die Pluralform auf. Demgegenüber enthalten die ältesten, aus dem 2. / 3. Jahrhundert stammenden Schriftzitate (bei Justin[?], Hippolyt, Irenäus, Tertullian sowie in der Epistula Apostolorum, später dann auch bei Ambrosius und Augustinus) sowie sehr viele geographisch weit gestreute Handschriften der Vetus Latina den Singular (nur in Alexandrien findet man seit dem Ende des 2. Jahrhunderts Zeugnisse für die Pluralform).[160] Ist es nun leichter, den Übergang vom Singular zum Plural oder den vom Plural zum Singular zu erklären? Tertullian ist von der ersten Möglichkeit überzeugt. Nach ihm haben die valentinianischen Gnostiker den Text in die Pluralform hinein verfälscht, um ihre Lehre vom „geheimen Samen" aller Auserwählten zu stützen.[161] Außerdem gibt es Ende des 2. Jahrhunderts Stimmen, welche die Aussage, dass Christus „nicht aus dem Blut" geboren sei, geradezu als doketisch einschätzten, da das Blut als Materie der Empfängnis betrachtet wurde und somit die Formulierung „nicht aus dem Blut" damals nahelegen konnte, Christus habe kein wirkliches Menschsein angenommen; deshalb der Wechsel von der singularischen zur pluralischen Lesart. Fazit: „Der christologische Singular war als doketisch und manichäisch zur Ausmerzung verurteilt und hatte spätestens nach dem Konzil von Ephesus, das die Erzeugung des Logos dem Fleische nach aus Maria definierte, keine Existenzberechtigung mehr".[162]

va/holy_father/john_paul_II/audiences/1996/documents/hf_jp-II_aud_19960710_it.html (abgerufen (7.12.2012).

160 Näheres findet sich kurz bei R. Schnackenburg, Das Johannesevangelium, Bd. I, Freiburg i. Br. 1965, 240f, ausführlicher bei J. Galot, Être né de Dieu. Jean 1,13, Rom 1969; P. Hofrichter, Nicht aus Blut, sondern monogen aus Gott geboren. Textkritische, dogmengeschichtliche und exegetische Untersuchung zu Joh 1,13–14, = FzB 31, Würzburg 1978; I. de la Potterie, La Mère de Jésus et la conception virginale du Fils de Dieu. Étude de théologie johannique, in: Mar. 40 (1978) 41–90. – M. Hauke, Die „virginitas in partu". Akzentsetzungen in der Dogmengeschichte, in: A. Ziegenaus (Hrsg.), „Geboren aus der Jungfrau Maria", Regensburg 2007, 92 meint: „Die geographische Verbreitung ist ein starkes Argument zugunsten der singularischen Fassung".

161 Vgl. Tertullian, De carne Christi 19 (CC 2, 907).

162 Hofrichter, Nicht aus dem Blut 165:

Umgekehrt ist der Übergang zur singularischen Aussageform schwieriger zu erklären. Deshalb sprechen sich eine Reihe von eher systematisch arbeitenden Exegeten und systematischen Theologen für den Singular in Joh 1,13 aus.[163] Skeptischer sind dagegen zahlreiche Exegeten. So heißt es in der amerikanischen „Ökumenischen Studie" über Maria: „Wir sind mit der überwältigenden Mehrheit der Textkritiker und Übersetzungen der Meinung, dass der Plural die ursprüngliche Lesart ist. Es ist nicht nur ein fragliches Vorgehen, einer Lesart, die in keiner einzigen der griechischen Handschriften bezeugt ist, den Vorrang zu geben, auch der Kontext spricht für die Erklärung, dass es hier um die Natur der Gläubigen im Gegensatz zu ‚den Seinen' geht, die ihn nicht aufnahmen".[164]

Bei dieser unsicheren Quellenlage und in dieser „Pattsituation" dürfte es angebrachter sein, Joh 1,13f für mariologische Aussagen nicht in Betracht zu ziehen, besser: diesen Vers nicht als historisches Argument für die Kenntnis der Jungfrauengeburt im Johannesevangelium ins Feld zu führen.

2. Maria auf der „Hochzeit zu Kana" (2,1–12)

Lit.:

Siehe die Kommentare z. St., ferner: M. E. Boismard, Du baptême à Cana, Paris 1956, 133–159; A. Smitmans, Das Weinwunder von Kana. Die Auslegung von Jo 2,1–11 bei den Vätern und heute, Tübingen 1966; A. Vanhoye, Interrogation johannique et exégèse de Cana (Jn 2,4), in: Bib. 55 (1974) 157–167; I. de la Potterie, Maternità di Maria e maternità della Chiesa secondo la tradizione giovannea, in: Atti del 3° Simposio Mariologocio Internat., Rom u. a. 1981, 289–294; Brown (Hrsg.), Maria 145–156; G. Lohfink, Das Weinwunder zu Kana. Eine Auslegung von Joh 1,1–12, in: GuL 57 (1984) 169–182; Lohfink/Weimer, Maria 260–264.

> [1] *Am dritten Tag fand in Kana in Galiläa eine Hochzeit statt und die Mutter Jesu war dabei.*
> [2] *Auch Jesus und seine Jünger waren zur Hochzeit eingeladen.*
> [3] *Als der Wein ausging, sagte die Mutter Jesu zu ihm: Sie haben keinen Wein mehr.*
> [4] *Jesus erwiderte ihr: Was willst du von mir, Frau? Meine Stunde ist noch nicht gekommen.*
> [5] *Seine Mutter sagte zu den Dienern: Was er euch sagt, das tut!*
> [6] *Es standen dort sechs steinerne Wasserkrüge, wie es der Reinigungsvorschrift der Juden entsprach; jeder fasste ungefähr hundert Liter.*
> [7] *Jesus sagte zu den Dienern: Füllt die Krüge mit Wasser! Und sie füllten sie bis zum Rand.*

163 Z. B. Potterie, Mère 59–86; J. Galot, Maria. La donna nell'opera della salvezza, Rom [3]2005, 127f; Hauke, virginitas 91f; Menke, Geboren 48ff.

164 Brown (Hrsg.), Maria 145.

[8] Er sagte zu ihnen: Schöpft jetzt und bringt es dem, der für das Festmahl verantwortlich ist. Sie brachten es ihm.
[9] Er kostete das Wasser, das zu Wein geworden war. Er wusste nicht, woher der Wein kam; die Diener aber, die das Wasser geschöpft hatten, wussten es. Da ließ er den Bräutigam rufen
[10] und sagte zu ihm: Jeder setzt zuerst den guten Wein vor und erst, wenn die Gäste zu viel getrunken haben, den weniger guten. Du jedoch hast den guten Wein bis jetzt zurückgehalten.
[11] So tat Jesus sein erstes Zeichen, in Kana in Galiläa, und offenbarte seine Herrlichkeit und seine Jünger glaubten an ihn.
[12] Danach zog er mit seiner Mutter, seinen Brüdern und seinen Jüngern nach Kafarnaum hinab. Dort blieben sie einige Zeit.

Die Perikope von der „Hochzeit zu Kana“, welche die vielfältigsten Auslegungen gefunden hat und weiterhin findet, ist nicht zu vergleichen mit den synoptischen Wunderberichten. Denn wenn sich auch schon bei den Synoptikern historisches Geschehen auf der einen sowie theologische Deutung und Botschaft auf der anderen Seite ununterscheidbar durchdringen, so nimmt im Johannesevangelium die theologische Aussage mit Abstand den ersten Rang ein, zumal das Weinwunder als „erstes Zeichen“ (ἀρχὴ τῶν σημείων) der „Herrlichkeit“ Jesu vorgestellt wird, was nicht nur das „erste“ in einer Zahlenreihe bedeutet, sondern mit hoher Wahrscheinlichkeit auch das grundlegendste, ur-ereignishafte, gewissermaßen archetypische Zeichen meint.

Schon „Schauplatz“, Personen und Umstände der Handlung sind von höchster Bedeutung:[165] Denn die Hochzeit ist – wie wir sahen – bereits im Alten Testament Ausdruck der ganz engen Beziehung des Bundesgottes zu seinem Volk; im Neuen Testament ist sie Sinnbild der innigsten Vereinigung des Gottessohnes mit seiner Kirche (vgl. Mt 22,2; Joh 3,29; Eph 5,25ff; Off 19,7f). So hat der Schauplatz der Zeichenhandlung „messianische Qualität“. Das Gleiche gilt auch vom Gegenstand des Wunders, vom Wein. Er ist nicht nur gute Schöpfungsgabe Gottes, Zeichen seines Segens, sondern weist auch auf den verheißenen kommenden Äon hin, in welchem der Messias die Überfülle von Wein und damit die Zeit ständiger Feste und Feiern bringen wird.[166] Davon zeugt z. B. Am 9,13: *Seht, es kommen die*

165 Eine Reihe von Exegeten sucht auch der Zeitangabe „am dritten Tag“ eine tiefere theologische Bedeutung abzugewinnen. Da die entsprechenden Versuche aber umstritten und nicht selten auch widersprüchlich sind, gehen wir darauf nicht ein.

166 Damit stimmt überein, dass im Hld die Liebe der beiden Protagonisten ständig vom Bild des Weins, Weinstocks oder Weinbergs begleitet wird und dass in Spr 9,1f der Wein als besondere Gabe der „Frau Weisheit“ Symbol der Wahrheit und Einsicht ist.

Tage – Spruch des Herrn – da triefen die Berge von Wein und alle Hügel fließen über. Deshalb steht der Wein auch für das eschatologische Gastmahl (z. B. Jes. 25,6), bei welchem Schöpfung und Geschichte ihre Vollendung finden.

Wenn nun in unserer Perikope gesagt wird, dass auf der Hochzeit zu Kana der Wein mangelt, so ist auf diesem Hintergrund damit zum Ausdruck gebracht, dass das alttestamentliche Bundesvolk zwar das Wasser zur Reinigung besitzt, ihm aber noch der Wein der messianischen Zeit fehlt. Die für diese Zeit erwartete „übervolle" Freude schlägt sich auch in den Maßangaben unseres Textes nieder: Entsprechend den zur Verfügung stehenden Krügen haben nach geschehenem Wunder die Hochzeitsgäste etwa 600 Liter Wein zur Verfügung, also mehr, als sie zu trinken vermögen. Schließlich steht auch derjenige, der das Weinwunder vollbringt, selbst unter dem Vorzeichen messianischer Würde. Denn schon bei Philo v. Alexandrien wird der Logos („zweiter Gott") Weinbringer, οἰνόφερος genannt. Wenn nun Jesus das Wasser in Wein verwandelt, zeigt er, dass jetzt mit ihm die messianische Heilszeit angebrochen ist: er stiftet den „neuen Bund", der im Zeichen des „besseren Weins" steht und den minderen des durch „Wasser" gekennzeichneten Anfangs ablöst.[167]

Bei diesem „archetypischen" Geschehen der Stiftung des Neuen Bundes ist Maria „dabei". Auch Jesus und seine Jünger sind eingeladen, aber sie erscheinen offenbar unabhängig von ihr, die zunächst allein „da" ist. Erst am Schluss des Geschehen gehen die Personen, die anfangs getrennt auftreten, gemeinsam fort: *Danach zog er (Jesus) mit seiner Mutter, seinen Brüdern und seinen Jüngern nach Kafarnaum hinab* (V. 12). Was ist dazwischen geschehen?

Maria sieht die Not des Hochzeitspaares aufgrund des zu Ende gegangenen Weins und erbittet von ihrem Sohn auf diskrete Weise offenbar ein Wunder. In dieser Rolle steht sie als Repräsentantin Israels da. Auf ihre „typologische Rolle" weist die Anrede in der Antwort Jesu hin: „Frau!", etwas im Judentum ganz und gar Ungewöhnliches, wenn es um die Anrede der eigenen Mutter geht. Es gibt dafür keine Parallele im ganzen damaligen jüdischen Sprachgebrauch und Umgangston.[168] Auch der Evangelist selbst spricht sonst (abgesehen von Joh 17,26) immer von der „Mutter Jesu". Aber durch die Anrede „Frau" und durch den bei Joh generellen Verzicht darauf, ihren persönlichen Namen zu nennen, wird Maria hier (wie auch später am Kreuz) aus ihrer nur-persönlichen „Rolle" als leibliche Mutter Jesu emporgehoben und auf etwas „Überpersönliches" hin stilisiert: Sie

167 Manche Exegeten gehen so weit, die Krüge des für den jüdischen Reinigungsritus vorgesehenen Wassers als Zeichen des unter dem Programmwort „Gesetz" stehenden atl. Bundes zu sehen, der durch die „Gnade und Wahrheit" des Neuen Bundes (vgl. Joh 1,17) abgelöst wird.

168 So: Ben-Chorin, Mutter 104.

verkörpert Israel, die „Tochter Sion“, das Volk des Bundes, das sich nach messianischer Befreiung sehnt.[169] Diese Sehnsucht schließt auch ein, dass der erwartete Messias sich durch Zeichen legitimieren wird und legitimieren muss (vgl. im Johannesevangelium z. B. 2,18; 4,48), dass also die messianische Befreiung in Zeichen „anschaubar“ wird. Dieser Erwartung, welche auch Maria in unserer Perikope teilt, setzt Jesus sein „Was ist (zwischen) mir und dir?“ entgegen, ein Semitismus, der in der Bibel recht oft vorkommt und verwendet wird, um eine als störend oder unangemessen empfundene Intervention zurückzuweisen. Im Blick auf den weiteren Verlauf unserer Perikope verweigert Jesus mit diesen Worten das Wunder letztlich nicht, er wird es ja wirken. Doch ist in der anfänglichen Abweisung wohl eine Aufforderung an die „Frau“, d. h. an das alttestamentliche Bundesvolk gegeben, den Glauben nicht auf Zeichen zu fixieren und damit an der Oberfläche des Geschehens stecken zu bleiben,[170] sondern die Aufmerksamkeit auf seine Person zu richten, deren „Stunde noch nicht gekommen ist“, eine Stunde, die erst dann eintrifft, wenn der Vater es will, nämlich wenn er am Kreuz erhöht sein wird. Nur ein solcher Glaube entspricht der neuen Heilsordnung. Nur von einem solchen Glauben wird es heißen: „Selig sind, die nicht sehen und doch glauben!“ (Joh 20,29). So wird nach Gerhard Lohfink an der Figur Marias klargestellt,

> „dass jenes wahre Israel, welches Jesus um sich sammelt, nicht dort entsteht, wo Fleisch und Blut die Menschen zusammenführt, sondern allein dort, wo sich Menschen in den Plan Gottes hineinbegeben.“ Maria steht also für die Glaubenden, „die den Schritt von Fleisch und Blut zum endzeitlichen Israel noch nicht getan haben. Das heißt aber: Sie steht im Johannesevangelium für das alttestamentliche Israel. Freilich … in seinem allerbesten Sinn: Sie ist ganz dabei; sie ist bereit zum Hören. … Sie allein ist diejenige, die erwartet, dass ihr Sohn handelt. … Sie repräsentiert also jenes Israel, das der messianischen Zeit entgegenhofft, das bereit ist, sich von Gott zum wahren Israel sammeln zu lassen“.[171]

---

169 Siehe dazu auch de la Potterie, Maternità 289–294; ebenso ders., Mére 43. – Eine Reihe von Exegeten sehen in der Anrede „Frau“ auch eine symbolhafte Anspielung auf die Rolle Evas in Gen 3. Siehe dazu kurz Brown (Hrsg.), Maria 150f.

170 Menke, Fleisch 52f weist in diesem Zusammenhang zu Recht auf eine Reihe anderer johanneischer Texte (z. B. 3,1ff; 4,31ff) hin, wo es gleichfalls darum geht, die vordergründige Ebene (leibliche Geburt, leiblich-materielle Speise) auf eine tiefere Bedeutung hin zu übersteigen. Ähnliches ist auch hier der Fall: Der wahrhaft Glaubende hat seinen Wunsch nach ausreichendem irdischen Wein auf die Sehnsucht nach dem Wein der messianischen Vollendung hin zu übersteigen.

171 Lohfink / Weimer 263f.

Anders versteht Marie-Émile Boismard die „Abweisung" Marias durch Jesus.[172] Er fasst den Beginn der Antwort Jesu auf die Bitte seiner Mutter als Fragesatz auf, nämlich: „Ist nicht meine Stunde jetzt gekommen?" Damit soll positiv gesagt sein: Jetzt ist die Stunde des Messias da. Deswegen haben natürliche, familiäre Bande keine Berechtigung mehr. Und damit auch nicht die Intervention der Mutter.

Wie immer auch hier die Interpretationslinien verlaufen, von höchster Bedeutung ist, dass die „Antwort" Marias auf ihre „Abweisung" durch Jesus *der Glaube* ist. Sie sagt den Dienern: „Was er euch sagt, das tut!" (V. 5) und verwirklicht damit das, was dem Ruf Gottes an Einzelne und an sein Volk als Ganzes, ja was überhaupt dem Verhältnis Schöpfer-Geschöpf zutiefst entspricht: Glauben. Es geht darum, das Wort Gottes zu hören, zu bewahren und *zu tun* (vgl. Lk 8,21; 11,28). Damit realisiert die „Frau" den Schritt von der alt- zur neutestamentlichen Heilsgemeinde; sie wird zur „Frau Kirche", zum Typos, Urbild, Symbol der Kirche, eine Rolle, die sie erst später, wenn tatsächlich auf Golgatha „seine Stunde gekommen ist" voll verstehen und einlösen wird. Aber jetzt schon wird das Kommende vorweggenommen, indem der messianische Wein in Überfülle geschenkt und „Hochzeit gefeiert" wird. Durch den Glauben Marias ist nach der „ruppigen" Zurückweisung durch Jesus „nunmehr ein Einverständnis" zwischen beiden hergestellt.[173] So wird auch das Ende der Perikope verständlich: Jetzt steht die „Frau", die in Vers 1 gewissermaßen „separat" von Jesus und seinen Jüngern eingeführt wurde, nicht mehr allein da, sondern geht *zusammen mit* Jesus und seiner Begleitung fort. Jetzt „bilden Maria und die Jünger die messianische Gemeinde, im Glauben an den Sohn Gottes geeint, der soeben seine Herrlichkeit geoffenbart hat. … Dies ist der Kern der Kirche um ihren Herrn, die sein Wort hört und den Willen des Vaters tut."[174] Und in diesem Kern spielt Maria eine entscheidende Rolle, so dass sogar Rudolf Bultmann zu dieser Perikope vermerkt, dass sie „aus Kreisen stammt, in denen eine besondere Geltung der Herrenmutter jetzt schon selbstverständlich war".[175]

172 Boismard, Du baptême 150–157. Ähnlich auch Vanhoye, Interrogation.

173 So: Wilckens, Maria 252. Und der Vf. fügt hinzu: Wenn Maria dann erst wieder unter dem Kreuz auftaucht, „geht es wieder um das Verhältnis des Einverständnisses zwischen Mutter und Sohn: Jetzt aber, wo Jesu Sendung ‚vollendet' ist (19,31), überträgt er dieses auf den Jünger, den er ‚liebt' (19,26f)": ebd. 273.

174 Thurian, Maria 172.

175 R. Bultmann, Das Evangelium des Johannes, Göttingen [16]1959, 81.

3. Maria unter dem Kreuz (19,25–30)

Lit.:

Kommentare z.St., ferner: Mußner, Maria, Mutter 35ff Lit.); F. Siegert, Die Mutter Jesu und der Lieblingsjünger, in: J. C. de Vos/F. Siegert (Hrsg.), Interesse am Judentum, Münster 2008, 411–417; I. de la Potterie, Das Wort Jesu „Siehe deine Mutter" und die Annahme der Mutter durch den Jünger, in: J. Gnilka (Hrsg.), Neues Testament und Kirche, FS R. Schnackenburg, Freiburg i.Br. 1974, 191–219; ders., Le symbolisme de sang et de l'eau en Jn 19,34, in: Did(L) 14 (1984) 201–230; U. Wilckens, Maria, Mutter der Kirche (Joh 19,26f), in: R. Kampling/Th. Söding (Hrsg.), Ekklesiologie des Neuen Testaments, FS K. Kertelge, Freiburg i.Br. 1996, 247–266. Systematisierend: Cantalamessa, Maria 131–197.

> 25 *Bei dem Kreuz Jesu standen seine Mutter und die Schwester seiner Mutter, Maria, die Frau des Klopas, und Maria von Magdala.*
> 26 *Als Jesus seine Mutter sah und bei ihr den Jünger, den er liebte, sagte er zu seiner Mutter: Frau, siehe, dein Sohn!*
> *27 Dann sagte er zu dem Jünger: Siehe, deine Mutter! Und von jener Stunde an nahm sie der Jünger zu sich.*
> 28 *Danach, als Jesus wusste, dass nun alles vollbracht war, sagte er, damit sich die Schrift erfüllte: Mich dürstet.*
> 29 *Ein Gefäß mit Essig stand da. Sie steckten einen Schwamm mit Essig auf einen Ysopzweig und hielten ihn an seinen Mund.*
> 30 *Als Jesus von dem Essig genommen hatte, sprach er: Es ist vollbracht! Und er neigte das Haupt und gab seinen Geist hin.*

Auch diese Perikope ist im Laufe der Theologie- und Glaubensgeschichte unendlich oft und auf sehr unterschiedliche Weise interpretiert worden. Doch dürfte wohl nur eine „mystische" bzw. „symbolische" Deutung dem Genus des Johannesevangeliums angemessen sein.

Es wäre ja auch geradezu absurd, diese Szene nur „historisch" (im Sinne von: Das geschah nun mal so!) oder „familiär-privat" (im Sinne von: Der sterbende Jesus sorgt sich um seine Mutter!) zu deuten. Zumal diese Szene wohl kaum historisch sein dürfte, weil keiner der Synoptiker von der Anwesenheit der Mutter Jesu unter dem Kreuz weiß. Johannes würde aber eine solche „Szene" nicht geschaffen haben, wenn ihr nicht ein besonderes theologisches Gewicht zukäme. Dem entspricht auch, dass alle fünf vom Evangelisten berichteten Umstände beim Geschehen der Kreuzigung einen tieferen, meist mit Hinweis auf die Erfüllung einer Schriftprophetie umrissenen Sinn haben: (1) Die Kreuzigung mit der Anbringung der Aufschrift „König der Juden"; (2) Die Teilung der Kleider mit Hinweis auf Ps 22,19; (3) Maria und der Jünger; (4) Der Tod Jesu mit Anspielung auf Ps 69,22; (5) Der Lanzenstich mit Verweis auf Ex 12,46; Ps 34,21 und Zach 12,10. In diesem

Zusammenhang, wo sich alles um das Werk der Erlösung und die Erfüllung der atl. Heilsverheißungen geht, muss auch die „Szene drei“ eine tiefere Bedeutung haben.

Dies wird bestätigt durch den offensichtlichen Bezug zur Perikope vom Weinwunder in Kana. „Damals“ war „seine Stunde“ noch nicht gekommen; jetzt aber ist sie da (Joh 13,1; 17,1); damals begann Jesus seine Herrlichkeit zu offenbaren, jetzt findet sie in der Paradoxie der Erniedrigung am Kreuz ihre Vollendung.[176] Jetzt also erfüllt sich das, was in Kana in gewisser Weise vorweggenommen war. Darauf verweist auch die außer in Kana nur hier, unter dem Kreuz, noch gebrauchte Anrede „Frau“. Maria steht hier nicht als „Privatperson“, sondern als diejenige, die jetzt das wird, als was sie in Kana bereits vorentworfen wurde. Kurz: „Wie in Kana steht Maria für Israel“.[177]

Maria wird auch unter dem Kreuz weit über ihr leibliches Mutter-Jesu-Sein hinaus in ihrer typologischen Rolle als Symbol des Gottesvolkes artikuliert, wenn man so will: als „Frau Kirche“. Denn am Kreuz, im Tod Jesu, geschieht zugleich seine Erhöhung zum Vater und die Aussendung des Geistes (παρέδωκεν τὸ πνεῦμα). Die „Neue Schöpfung“ entsteht, der „Neue Bund“ im Blut Jesu und in der Gabe seines Geistes wird geschlossen. Damit ist *alles vollbracht*. Und eben diese Vollendung des Werkes Jesu *ist* die Geburtsstunde der Kirche „aus Juden und Heiden“. Was also nach den anderen neutestamentlichen Schriften erst zu Ostern und zu Pfingsten geschieht: die Gründung der Kirche, das geschieht bei Johannes unter dem Kreuz, an dem sich für dieses Evangelium Auferstehung und Geistsendung zugleich ereignen. In dieses Werk der Kirchengründung sind die „Frau“ und der Lieblingsjünger hineingenommen.

Mit den Worten *Frau, siehe, dein Sohn!* vertraut Jesus der „Frau Kirche“ den Lieblingsjünger, der für alle treu Glaubenden steht, an. Ihr, der Mutter, die in Wehen ihre Kinder gebiert (vgl. Jes 66,7f), wird damit die Jüngerschaft übergeben.[178] Zugleich aber wird damit auch sie selbst in die durch die apostolische Gestalt des Lieblingsjüngers repräsentierte Jüngerschaft hineingestellt. Das heißt: Maria, die ähnlich wie auf der Hochzeit zu Kana das gläubige bzw. glauben wollende Israel

176 Vgl. Lohfink/Weimer, Maria 265.

177 X. Léon-Dufour, Un bibliste cherche Dieu, Paris 2002, 148.

178 Für Cantalamessa, Maria 172 erhält in dieser Szene die kinderlos gewordene „Tochter Sion“ die ihr verheißenen „neuen Kinder“. Ähnlich auch de la Potterie, symbolisme 217f. – Einige Exegeten weisen darüber hinaus mit Blick auf Jes 66,7f auf einen, freilich streng exegetisch nicht nachweisbarer Bezug zu den Geburtswehen der Frau (Joh 16,20f) hin, eine Stelle, in der Jesus vielleicht auf die schmerzhafte Geburt seines Todes und den Schmerz seiner Jünger hinweist. Ähnliche Bezüge machen manche Exegeten auch zur Simeonsweissagung Lk 2,34f und zu Offb 12,1ff aus. All diese verschiedenen Deutungen müssen sich nicht widersprechen. Denn nach B. Forte, Maria – Mutter und Schwester des Glaubens, Zürich 1990, 92 bewegt sich „das symbolische Spiel des Textes“ auf verschiedenen Ebenen. Ein strenger Nachweis, ob und inwieweit die verschiedenen Bezüge vom Evangelisten intendiert waren, lässt sich wohl schwerlich erbringen.

repräsentiert, wird „in die apostolische Kirche hineingegeben".[179] Umgekehrt wird mit den Worten *Siehe, deine Mutter!* der Lieblingsjünger, d.h. derjenige, der an Christus glaubt und glauben will, bleibend auf „Frau Kirche" verwiesen, auf jene, die „Tochter Abrahams", „Tochter Sion", „Israels heiliger Rest" ist. So vollzieht sich in Maria der Übergang vom Alten Bund zum Neuen: sie wird zur „Mutter Kirche", und der Lieblingsjünger zum wahren Sohn dieser Mutter.

Weder „Mutter" noch „der Jünger" werden unter dem Kreuz mit ihrem persönlichen Namen genannt, Zeichen dafür, dass auf ihre heilsgeschichtliche, „typologische" und „mystische" Bedeutung abgehoben wird. Sie sind Figuren, Symbole, Bilder der Mutter Kirche, die in Maria ihre erfüllte Gestalt findet. So heißt es in einem wichtigen anglikanisch/römisch-katholischen ökumenischen Konsenspapier: „Die letzten Worte Jesu schreiben Maria eine Mutterrolle in der Kirche zu und ermutigen die Gemeinschaft der Jünger, sie als eine geistliche Mutter anzunehmen. … Maria wird als Personifizierung Israels betrachtet, die nun der christlichen Gemeinschaft des Leben schenkt (vgl. Jes 54,1; 66,7–8), so wie sie zuvor dem Messias das Leben geschenkt hat".[180]

So sehen wir: Nicht nur im Lukas- und Matthäusevangelium, sondern auch bei Johannes wird die historische Gestalt der Maria ins Typologische gehoben: Da Jesus am Kreuz die endzeitliche Gemeinde Israel, die „neue Familie Gottes", konstituiert, wird diese „repräsentiert durch das Miteinander von Maria und dem ‚Jünger, den Jesus liebte'".[181] Ihre Realisierung findet diese als erstes im betenden Beisammensein der Jüngergemeinde (mit Maria!) vor dem pfingstlichen Kommen des Heiligen Geistes (Apg 1,14). So beginnen und enden die (ausdrücklichen) biblischen Aussagen über Maria mit Aussagen über das Wirken eben dieses Geistes.

---

179 Lohfink/Weimer, Maria 266. So auch H. U. v. Balthasar, Klarstellungen, Freiburg i.Br. 1971, 72: „Am Kreuz hat der Sohn seine Mutter in die Kirche der Apostel hineinverfügt". – Ähnlich versteht auch R. Schnackenburg, Das Johannesevangelium = HThKNT, Bd. III, Freiburg i.Br. 1975, 324 die hier zum Ausdruck kommende Symbolik. Für ihn liegt der Akzent der Szene auf dem Lieblingsjünger: Ihm, bei dem die Jesusoffenbarung am zuverlässigsten zu finden ist, wird die Mutter anvertraut, die unter dem Kreuz für Israel, d.h. für „den für das messianische Heil empfänglichen Teil Israels" steht. Und wenn dann auch umgekehrt der Lieblingsjünger der „Frau" anvertraut wird, so dürfte dahinter die Intention stehen, „die christliche Gemeinde an den Mutterschoß [nämlich Israel] zu erinnern, aus dem Jesus und sie selbst hervorgegangen sind". All das ist nicht weit entfernt von der Interpretation Bultmanns, Evangelium 521: „Die Mutter Jesu, die am Kreuz ausharrt, stellt das Juden-Christentum dar, das den Anstoß des Kreuzes überwindet". Demgegenüber steht der Lieblingsjünger für das Heidenchristentum, das angewiesen wird, „jenes als seine Mutter, aus der es hervorgegangen ist, zu ehren".

180 Anglikanisch/Römisch-Katholische Internationale Kommission (ARCIC), Maria: Gnade und Hoffnung in Christus, Nr. 26, dt. Paderborn-Frankfurt 2006, 33.

181 Lohfink/Weimer, Maria 266f.

Erst im Mittelalter (siehe dazu S. 170f) wird Maria unter dem Kreuz als „mater dolorosa" betrachtet, die mit ihrem Sohn mit-leidet. Nach dieser Deutung erfüllt sich unter dem Kreuz das prophetische Wort des Simeon vom „Schwert", das die Seele Marias durchdringen wird (Lk 2,34f). Dieses Leiden Marias geht sogar weit über die Schmerzen des Mit-Leidens mit dem Gekreuzigten hinaus, weil es – so Heinz Schürmann – auch von aller Ablehnung und allem Widerstand, den die nachösterliche Gemeinde erfährt, mitbetroffen ist.[182]

Natürlich ist es legitim, sich in persönlicher Meditation in die seelische Verfassung Marias unter dem Kreuz hineinzufühlen und dabei auf den unendlichen Schmerz zu stoßen, den jede Mutter, so auch Maria, beim Todeskampf ihres Kindes empfindet. Selbst Soeren Kierkegaard, der nicht in der katholischen Tradition steht, macht darauf aufmerksam: „Als Christus ruft: ‚Mein Gott, mein Gott, warum hast du mich verlassen', muss auch die Jungfrau Maria ein Schmerz durchfahren haben, der dem des Sohnes entsprach. ‚Ein Schwert soll deine Seele durchdringen – und des Herzens Gedanken offenbar machen', auch das deine, ob du noch glaubst, noch demütig genug bist zu glauben, dass du in Wahrheit die Erwählte unter den Weibern bist, die, welche Gnade gefunden hat vor Gott".[183]

Von diesen – wohlgemerkt erst im Mittelalter beginnenden – Erwägungen der Schmerzen Marias unter dem Kreuz kommt es dann auch zu kirchlichen Lehraussagen wie z. B. denen des II. Vaticanums: „Ihre (Marias) Vereinigung mit dem Sohn hielt sie in Treue bis zum Kreuz, wo sie nicht ohne göttliche Absicht stand, und heftig mit ihrem Eingeborenen litt" (LG 58). So weit, so gut. Aber was ist mit dem Folgenden? „Sie verband sich mit seinem Opfer in mütterlichem Geist, indem sie der Darbringung des Schlachtopfers, das sie selbst geboren hatte, liebevoll zustimmte"? Woher weiß man das? Ganz abgesehen davon, dass es *historisch gesehen* keineswegs sicher ist, dass Maria unter dem Kreuz stand.

Dennoch: Bei aller Typologie, die dem Text „Maria unter dem Kreuz" ursprünglich innewohnt, lässt sich an mindestens einem Punkt die individuelle Dimension Marias nicht übersehen: Über ihre Mutterschaft wird vom Gekreuzigten her *verfügt*. Ihr wird (Passiv!) der Jünger übergeben und sie dem Jünger. D. h.: Was bei Maria am Anfang stand: die Bereitschaft ihres Glaubens zur Mutterschaft, ihr „Geschehenlassen", das wird jetzt am Ende noch einmal eingefordert. Insofern sind die weiteren mittelalterlichen „Ausschmückungen" über das, was mit Maria persönlich unter dem Kreuz geschieht, nicht ohne jeden Schriftbezug.

Die Perikope Joh 19,25–27 mit der ausdrücklichen Erwähnung Mutter Jesu und ihrer „Aufgabe", den Lieblingsjünger als ihren Sohn anzunehmen, zeigt jedenfalls – darauf weist Otto H. Pesch, gestützt auf einen Artikel von Ulrich Wilckens hin –, „dass die Kirche schon früh Maria in ehrendem Andenken bewahrt hat. Und in was für einem Andenken! … Die Kirche soll Maria verehren wie die eigene Mutter. Und Maria soll die Kirche behüten wie den eigenen Sohn. Urchristliche Marienverehrung!"[184]

---

182 Vgl. Schürmann, Lukasevangelium 129f. – Cantalamessa, Maria 179f versucht sogar im Anschluss an S. Kierkegaard einen Bezug zur Opferung Isaaks durch Abraham herzustellen: Während Abraham Isaak zurückerhält, fällt bei Maria „das Schwert tatsächlich herab, um ihr Herz zu durchbohren", so Kierkegaard.

183 S. Kierkegaard, Die Tagebücher, 1834–1855, München 1949, 540 (Ü. modifiziert).

184 O. H. Pesch, Katholische Dogmatik. Aus ökumenische Erfahrung, Bd. II, Ostfildern 2010, 150f.

§ 4 Maria in der Offenbarung des Johannes?

Lit.:

M. Jugie, La mort et l'assomption de la Sainte Vierge. Etude historico-doctrinale, Città del Vaticano 1944, 12–46 (eine Übersicht über die ältere „marianische" Exegese von Offb 12); J. Sickenberger, Die Messiasmutter im 12. Kapitel der Apokalypse, in: ThQ 126 (1946) 357–427; R. Laurentin„ L'interpretation de la Genèse 3,15 dans la tradition jusqu'au début du XIIIe siècle, in: BuEtMar 12 (1954) 77–156; A. Kassing, Die Kirche und Maria. Ihr Verhältnis im 12. Kapitel der Apokalypse, Düsseldorf 1959; Kurzfassung: ders., Der heilsgeschichtliche Ort Mariens in der Kirche nach Apk 12, in: Maria et Ecclesia. Acta Congressus mariologici-mariani in civitate Lourdes anno 1958 celebrati, vol. III, Rom 1959, 39–60; A. Feuillet, Le Messie et sa mère d'après le chapître 12 de l'Apocalypse, in: RB 66 (1959) 55–85; Brown (Hrsg.), Maria 173–188; H. Gollinger, Das „große Zeichen" von Apk 12, Würzburg-Stuttgart 1971; H. Giesen, Die Offenbarung des Johannes = RNT, Regensburg 1997; F. Tavo, Woman, Mother and Bride. An exegetical Investigation into the „Ecclesial" Notions of the Apocalypse, Leuven u. a. 2007; St. Schreiber, Die Sternenfrau und ihre Kinder (Offb 12). Zur Wiederentdeckung eines Mythos, in: NTS 53 (2007) 436–457;Th. Schmeller u. a. (Hrsg.), Die Offenbarung des Johannes, Kommunikation im Konflikt = QD 253, Freiburg i. Br. 2013, darin vor allem folgende Beiträge: M. Karrer, Hellenistische und frühkaiserzeitliche Motive in der Johannesapokalypse, 32–73; K. Huber, Perspektiven auf das Gottesvolk in Offb 12–14, 165–185; S. Pellegrini, Babylon – Die Strategie der Verteufelung (Offb 17,1–19,10), 186–230; E. Haag, Ein großes Zeichen am Himmel. Tradition und Interpretation in Offenbarung 12, in: TThZ 121 (2012) 1–23.

Ungefähr ab dem 6. Jh. wird in Reflexionen und Meditationen über Maria auch Offb 12 herangezogen:

> 1 *Dann erschien ein großes Zeichen am Himmel: eine Frau, mit der Sonne bekleidet; der Mond war unter ihren Füßen und ein Kranz von zwölf Sternen auf ihrem Haupt.*
> 2 *Sie war schwanger und schrie vor Schmerz in ihren Geburtswehen.*
> 3 *Ein anderes Zeichen erschien am Himmel: ein Drache, groß und feuerrot, mit sieben Köpfen und zehn Hörnern und mit sieben Diademen auf seinen Köpfen.*
> 4 *Sein Schwanz fegte ein Drittel der Sterne vom Himmel und warf sie auf die Erde herab. Der Drache stand vor der Frau, die gebären sollte; er wollte ihr Kind verschlingen, sobald es geboren war.*
> 5 *Und sie gebar ein Kind, einen Sohn, der über alle Völker mit eisernem Zepter herrschen wird. Und ihr Kind wurde zu Gott und zu seinem Thron entrückt.*
> 6 *Die Frau aber floh in die Wüste, wo Gott ihr einen Zufluchtsort geschaffen hatte; dort wird man sie mit Nahrung versorgen, zwölfhundertsechzig Tage lang.*
> 7 *Da entbrannte im Himmel ein Kampf; Michael und seine Engel erhoben sich, um mit dem Drachen zu kämpfen. Der Drache und seine Engel kämpften,*
> 8 *aber sie konnten sich nicht halten und sie verloren ihren Platz im Himmel.*

[9] Er wurde gestürzt, der große Drache, die alte Schlange, die Teufel oder Satan heißt und die ganze Welt verführt; der Drache wurde auf die Erde gestürzt und mit ihm wurden seine Engel hinabgeworfen.
[10] Da hörte ich eine laute Stimme im Himmel rufen: Jetzt ist er da, der rettende Sieg, /die Macht und die Herrschaft unseres Gottes /und die Vollmacht seines Gesalbten; denn gestürzt wurde der Ankläger unserer Brüder, /der sie bei Tag und bei Nacht /vor unserem Gott verklagte. ...
[13] Als der Drache erkannte, dass er auf die Erde gestürzt war, verfolgte er die Frau, die den Sohn geboren hatte.
[14] Aber der Frau wurden die beiden Flügel des großen Adlers gegeben, damit sie in die Wüste an ihren Ort fliegen konnte. Dort ist sie vor der Schlange sicher und wird eine Zeit und zwei Zeiten und eine halbe Zeit lang ernährt.
[15] Die Schlange spie einen Strom von Wasser aus ihrem Rachen hinter der Frau her, damit sie von den Fluten fortgerissen werde.
[16] Aber die Erde kam der Frau zu Hilfe; sie öffnete sich und verschlang den Strom, den der Drache aus seinem Rachen gespien hatte.
[17] Da geriet der Drache in Zorn über die Frau und er ging fort, um Krieg zu führen mit ihren übrigen Nachkommen, die den Geboten Gottes gehorchen und an dem Zeugnis für Jesus festhalten.

Diese Perikope bildet das Zentrum der gesamten Apokalypse, sie ist gewissermaßen „the whole apocalypse in miniature“,[185] insofern sie deren verschiedenen Kampfmotive zusammenfasst und auf die Auseinandersetzung zwischen „Frau“ und „Drachen“ hin fokussiert. Dabei greift Offb 12 unterschiedlichste alttestamentliche, aber auch pagan-mythologische Motive auf. So führt uns z. B. die „Frau“, die in Geburtswehen liegt und vor Schmerz aufschreit, das Bild Israels bzw. Sions als einer sich in Wehen windenden Frau vor Augen (Jes 26,17; 54,1; 66,7–9; Mich 4,9–5,12) und spricht damit von den angekündigten Geburtswehen der messianischen Zeit. Sonne, Mond und 12 Sterne verweisen auf den Traum des Josef (Gen 37,9), aber auch auf die „unwandelbaren Elemente des Kosmos“, um so „die Dauerhaftigkeit und Beständigkeit des Jahwebundes mit Israel (Jer 31,35f.) und David (Ps 72,5.17; 89,37f.) eindrucksvoll zu illustrieren“.[186] All diese und noch viele andere Bilder und bildliche Assoziationen beschreiben und interpretieren also die „Frau“ als das (alttestamentliche) Gottesvolk. Demgegenüber erinnert der Drache mit den sieben Köpfen und zehn Hörnern an das Tier mit den zehn Hörnern bei Dan 7,8.20.24, an jenes Tier, das für das böseste der Weltreiche

185 Tavo, Woman 225. Ähnlich auch Giesen, Offenbarung 52.
186 Haag, Zeichen 9.

steht, weil es das Volk Gottes verfolgt. V. 5 zitiert die messianische Aussage von Ps 2,9 und identifiziert damit das Kind der „Frau“ als das „Messiaskind“. Das Wüstenmotiv (V. 6.und 14) greift die Exodusgeschichte auf, da Gott „wie auf Adlersflügeln“ (Ex 19,4) sein Volk beschützt und geleitet hat. V. 9 weist offenbar auf die Schlange von Gen 3 und die in Gen 3,15 gegen sie gerichtete Verheißung hin: *Feindschaft setze ich zwischen dich und die Frau, zwischen deinen Nachwuchs und ihren Nachwuchs. Er*[187] *trifft dich am Kopf und du triffst ihn an der Ferse.* Mit all diesen (und noch anderen) Bildmotiven und Assoziationen will der Verfasser seinen Lesern zusichern, dass dem Gottesvolk der Endsieg über das Böse gewiss ist.

Die entscheidende, uns hier interessierende Interpretationsfrage ist nun: Wer wird da *präzise* unter dem Bild der „Frau“, gegen die der „Drache“ zu Felde zieht, verstanden?

Die neueste, außerordentlich gründliche Arbeit zu dieser Frage[188] gibt einen Überblick über die verschiedenen Interpretationen und bemerkt, dass keine andere Figur der Offenbarung des Johannes so unterschiedliche, z. T. ausgefallene und konfliktträchtige Deutungen gefunden habe wie diese Frage. Ist mit der „Frau“ die (christliche) Kirche gemeint oder das alttestamentliche Gottesvolk oder Maria oder eine „Kombination“ von allen oder nur von einigen dieser Momente? Heutiger Forschungskonsens geht dahin, die „Frau“ als Kollektivperson zu verstehen, d. h. als alt- *und* neutestamentliches Gottesvolk, als das „wahre Israel Gottes“. Dies legt sich umso eher nahe, als die Frau von Offb 12 mit den 12 Sternen (Symbol für die Stämme Israels) in Kontrast zur Frau von Offb 17 steht, welche als „Hure Babylon“, also als die große Gegenspielerin des zwölfstämmigen Gottesvolkes Israel gekennzeichnet ist. Dennoch bleibt die Frage, ob nicht wenigstens sekundär auch ein Bezug zu Maria gegeben ist, insofern diese ja in wichtigen biblischen Stellen als Repräsentation des Gottesvolkes gezeichnet wird.

187 Im hebr. Text von Gen 3,15, das seit dem 17. Jh. als „Protoevangelium“ bezeichnet wird, steht eindeutig für „Er“ die Maskulinform, deren Konsonanten (hw') aber schon in der masoretischen Tradition gelegentlich als Femininform verstanden wurden (das Femininum als Bezeichnung des Kollektivs „Nachkommenschaft“, die als solche von Geschlecht zu Geschlecht in den Kampf mit der „Schlange“ verwickelt sein wird). Dieses Femininum bildete dann die Grundlage für die spätere Lesart der Vulgata „ipsa“. Danach ist es „die Frau“, welche der Schlange den Kopf zertreten wird. Diese Lesart bildete in der Westkirche die Basis für weitausgreifende mariologische Überlegungen und Spekulationen. Doch selbst seitdem in den letzten Jahrzehnten auch die katholische Exegese die Maskulin-Form als authentisch annahm, legte und legt man vielfach die „Frau“ in einem mariologischen Sinn aus, obwohl dies keineswegs die einzig mögliche Interpretation ist.

188 Tavo, Woman, besonders 226ff. Eine detaillierte, aber etwas ältere Übersicht bietet auch P. Prigent, Apocalypse 12. Histoire de l'exégèse, Tübingen 1959.

Felise Tavo, der die „Frau“ als Kirche und zwar sowohl des Alten wie des Neuen Bundes identifiziert,[189] lehnt einen mariologischen Bezug ab.[190] Denn abgesehen davon, dass die frühen Kirchenväter (vor dem 6. Jahrhundert) von einem solchen nichts wussten,[191] setze eine Beziehung zu Maria Kenntnis von Joh 19 voraus, und die sei vermutlich nicht gegeben. Deshalb sei die mariologische Deutung allenfalls sekundär und nur als „accommodated reading of the text“ möglich.[192]

Nun trifft gewiss zu, dass (1) die in Geburtswehen liegende Frau in erster Linie die „Tochter Sion“, also das Gottesvolk, meint, das in den „messianischen Wehen“, d.h. in den Mühsalen und Anfechtungen, die der messianischen Erlösung vorausgehen, den Messias gebiert, und dass (2) die Frau damit ebenso Symbol der neutestamentlichen Kirche ist, die einmal die Mächte des Bösen endgültig überwinden wird. Damit ist aber ein Bezug zu Maria nicht ausgeschlossen, selbst wenn – was im Übrigen ja keineswegs sicher ist – der Verfasser der Offenbarung Joh 19 nicht kannte. Denn gerade das biblische Verständnis der corporate personality vermittelt zwischen der sowohl universalen als auch partikularen Gestalt geschichtlicher Ereignisse. Auch in den lukanischen Texten über Maria wird – wie aufgezeigt – beides: ihre individuelle Gestalt wie ihre kirchentypologische Rolle herausgestellt. Gewiss, der Verfasser von Offb 12 dürfte kaum Maria direkt ins Auge gefasst haben. Aber: Ist es denkbar, dass ein christlicher Leser der Offenbarung beim Thema „Geburt des Messias durch eine ‚Frau‘“ von allen Assoziationen zu Maria absehen

189 Der Einbezug der „Kirche“ des Alten Bundes ist deshalb gefordert, weil nicht das ntl., wohl aber das atl. Gottesvolk den Messias „geboren“, d.h. hervorgebracht hat. Für Lohfink/Weimer, Maria 239ff ist darum die Frau sogar vorrangig als das atl. Gottesvolk zu verstehen. So auch M. Karrer, Ein alter Text neu gelesen. Die Johannesapokalypse, in: Zur Debatte 5 (2010) 4, der die Frau „mit aller Wahrscheinlichkeit“ als Israel deutet. So wird Offb 12 „statt zur mariologischen zur israeltheologischen Summe des Werks“.

190 Neuere Autoren, die eine marianische Bedeutung annehmen, finden sich angeführt bei Brown (Hrsg.), Maria 282[519], Menke, Fleisch geworden 58[79].

191 Vgl. Campenhausen, Jungfrauengeburt 33: „Eine ‚mariologische‘ Auslegung des apokalyptischen, mit der Sonne bekleideten ‚Weibes‘ sucht man in der alten Kirche vergebens, und ebenso wird die Weissagung vom Weibessamen, das der Schlange den Kopf zertreten soll, … immer nur auf Christus und niemals auf Maria bezogen“. Im Osten beginnt indirekt vielleicht (!) bei Hippolyt sowie dann erstmals direkt bei Epiphanius v. Salamis und im Westen seit der Karolingerzeit vorsichtig eine Deutungslinie auf Maria hin, die sich dann im Mittelalter (einer der ersten dürfte Alkuin v. York sein) immer mehr ausweitet. Dennoch bleibt bis Anfang des 12. Jh. eine mariologische Interpretation eher selten, bis eine solche dann ab Bernhard v. Clairvaux das Übergewicht erhält. Durch die Bulle Pius' IX. zur Definition der Unbefleckten Empfängnis wird das mariologische Verständnis dieser Stelle erstmals in einem kirchenamtlichen Dokument vorgelegt und seitens der folgenden Päpste weitergetragen bis in die exegetische Begründung des Dogmas von der Aufnahme Marias in den Himmel hinein.

192 Tavo, Woman 288.

konnte?[193] Deshalb dürfte die Deutung der sowohl schmerzensreichen wie sieghaften apokalyptischen Frau auf das Gottesvolk des Alten wie des Neuen Bundes hin *dessen personale Gestalt Maria* nicht einfach a limine ausschließen. So gesehen ist der Zusammenfassung von Dieter Böhler zuzustimmen:

> „Die ‚Sternenfrau' der Offenbarung ist ein hochkomplexes Symbol: Sie ist das Zwölfstämmevolk Israel, das den Messias hervorbringt. Sie ist jene Israelitin, die den Messias gebiert, Maria, aber Maria nicht als Privatperson, sondern als Repräsentantin des Zwölfstämmevolkes, das in Wehen liegt. Sie ist schließlich die Kirche, die noch immer in Bedrängnis lebt. Der Seher Johannes hat hier in wenigen Sätzen eine Geschichte Israels, Jesu und der Kirche nachgezeichnet. In dem ganz vielschichtigen Symbol der Sternenfrau haben wir eine Zusammenfassung des ganzen Alten und Neuen Testaments".[194]

193 So auch Brown (Hrsg.), Maria 186: „Man muss sich fragen, ob irgendein Christ des ausgehenden ersten Jahrhunderts von der Mutter des Messias reden konnte, ohne zugleich an Jesu Mutter Maria zu denken." Dagegen spricht keineswegs – was Pellegrini, Babylon 218 insinuiert –, dass in Offb 21 Jerusalem, offenbar identisch mit der „Frau" von Offb 12, als „Braut-Stadt" auftritt und die Mutter Jesu nicht zugleich seine Braut sein könne. Genau das aber ist – wie sich später noch zeigen wird – überhaupt kein Widerspruch. Im Gegenteil! Die Bilder Mutter – Frau / Braut – Tochter greifen ineinander und überlappen sich bis weit in die Väterzeit hinein, ja bis hin zu Dante, der Maria als „Jungfrau, Mutter, Tochter (!) deines Sohnes" anruft (siehe S. 442).

194 Böhler, Maria 404.

§ 5 Zusammenschau des Schriftbefunds und dessen Weiterentwicklung

1. „Sitz im Leben" und zentrale Gehalte der marianischen Schrifttexte

(a) Grundsätzliches

Auch wenn die Heilige Schrift geschichtliche Passagen enthält und über Vergangenes historische Aussagen trifft, ist sie doch nicht in erster Linie ein historischer Quellentext, der in mehr oder minder objektiver Weise sagt, wie sich geschichtliche Vorgänge einem Beobachter „ab extra" gezeigt haben. Sie *bezeugt* vielmehr – wie schon anfangs vermerkt – das Heilshandeln Gottes, wie es von gläubigen Menschen entgegengenommen und verstanden wurde und ihr Leben prägte. In diesem Rahmen steht auch die Rede von Maria. Alles, was die Schrift über Maria sagt, hat nicht die Intention, biographische Auskünfte über die Mutter des Herrn zu geben, sondern den Glauben an das Heil Gottes in Jesus Christus zu bezeugen und darin auch die Stellung und Bedeutung des Menschen als Empfänger dieses Heils und als „Mitarbeiter Gottes" (vgl. 2 Kor 6,1) an dessen Weitergabe herauszustellen. Darum weitet auch das Neue Testament die Perspektive über das persönliche Geschick Marias ganz erheblich aus. Es geht hier nicht nur um ihr individuelles Muttersein für den Gottessohn, sie steht vielmehr für das Gottesvolk, für „Israels heiligen Rest", dem in ihr und durch sie von Gott her ein neuer Anfang geschenkt wird.

Gelegentlich hat man von einer zweifachen, „janusgesichtigen" Mariologie des Neuen Testaments gesprochen: *die eine*, die sich entweder überhaupt nicht für Maria interessiert (Paulus und die übrige neutestamentliche Briefliteratur) oder die Maria schlicht als Mutter Jesu vorstellt und sie (zusammen mit den übrigen Verwandten Jesu) in einer gewissen Distanz zum Glauben an ihren Sohn sieht (Mk), *die andere*, vor allem die des Lukasevangeliums, die Maria als Prototyp des Glaubens und als Zusammenfassung und Symbol des Gottesvolkes thematisiert. Eine gewisse Spannung lässt sich hier kaum leugnen. Doch darf sie nicht übertrieben werden. Denn auch die Evangelien, die Maria eine besondere Stellung zusprechen, wissen gleichzeitig davon zu berichten, dass sie den dunklen Weg des Glaubens zu gehen hatte. Und das heißt konkret: Auch Maria verstand nicht sogleich den Plan Gottes; sie „wusste nicht", welchen „Ort" ihr Sohn zu wählen hatte und suchte ihn deshalb „unter Tränen" (vgl. Lk 2,48); sie musste es hinnehmen, dass er die Beziehung zu „seinem" Vater über alle Familienbande stellte. Sie hatte zu lernen, „seiner Stunde" nicht vorzugreifen (Joh 2), und musste den schwierigen Weg der Jüngerschaft, auf dem ein „Schwert ihre Seele durchdrang“ (Lk 2,34f), gehen. Deshalb stehen die Aussagen des Markusevangeliums nicht einfach „gegen“ die übrigen marianischen Schrifttexte, sondern unterstreichen die Dimension des *Weges*, den Maria im Glauben zu gehen hatte. Dies entspricht auch der Gesamtintention des Mk, der in seinem Evangelium zeigen will, „dass Jesus in seinem eigentlichen Person- und Sendungsgeheimnis vor seinem Tod von keinem Menschen verstanden wurde.“[195]

Mt und Lk schöpfen dagegen aus judenchristlichen Traditionen, welche bereits „das Bild Marias als Erwählte und als gehorsame Dienerin Gottes eigens herausstellen. ... Sie ist nicht so sehr die leibliche Mutter Jesu, als vielmehr seine Mutter im geistigen Sinne des Hörens auf Gottes und Jesu Wort. ... Im Evangelium des Lukas lässt sich bereits eine theologisch begründete Verehrung Marias durch die Urkirche fassen.“[196] Das ist nicht etwa frommes Wunschdenken! Denn gerade wenn man konsequent „formgeschichtlich“ denkt, kommt man um die Frage nicht herum, was denn in der Urkirche überhaupt dazu geführt hat, den Gedanken einer Seligpreisung Marias durch alle kommenden Geschlechtern (Lk 1,48) zu bilden und weiterzutradieren. Die einzig mögliche Antwort kann nur sein, dass – so Franz Mußner – diese Aussage bereits ihren Sitz im Leben der Urkirche in einer schon beginnenden Marienverehrung hatte. „Und wenn auch jemand den V. 48b als das ausschließliche Produkt des Evangelisten betrachten würde, wird er zugeben müssen, dass dann jedenfalls schon Lk der ‚Begründer‘ einer Marienverehrung ist und die Kirche durch die Aufnahme seines Evangeliums in ihren ntl. Schriftkanon diese Entscheidung des Lk übernommen hat“.[197]

Dem stimmt der lutherische Exeget Heikki Räisänen zu, wenn er generell zu den Aussagen des Lukasevangeliums schreibt: Da die „Mariologie“ nur an wenigen Stellen direkt mit der Christologie verbunden wird, hat Lukas aus Maria „eine Art *Prototyp des Christen* gemacht. ... Maria muss zur Zeit des Lukas eine besondere Verehrung genossen haben“.[198] Ähnliches dürfte auch von der johanneischen Gemeinde gelten. Wie immer auch die Worte Jesu am Kreuz in *typologischer* Hinsicht im Einzelnen zu verstehen sind, als *direkte* Aussage bleibt jedenfalls *auch* festzuhalten, dass der Jünger die Mutter Jesu als eigene Mutter annehmen soll, und die Mutter den Jünger als ihren Sohn. „Urchristliche Marienverehrung!“, bemerkt dazu Otto Hermann Pesch.[199]

195 Knoch, Maria 27.

196 Ebd. 54.

197 Mußner, Maria 49f. Siehe auch ders., Lk 1,48f; 11,27f und die Anfänge der Marienverehrung in der Urkirche, in: Cath 21 (1967) 287–294.

198 Räisänen, Mutter 154.

199 Pesch, Dogmatik II, 151.

Dennoch: Nicht Maria ist primärer Gegenstand des neutestamentlichen Interesses, sondern das schon im Alten Bund verheißene messianische Heil, das sich in Jesus Christus ereignet und zwar (auch!) unter Einbeziehung Marias und im Wirksamwerden dieses Heils in und an ihr, da sie zur Mutter des eschatologischen Heilbringers erwählt wurde. Allerdings übersteigt dieses Muttersein bei weitem die „biographische" bzw. „physiologische" Dimension. Ihr Platz ist nicht vergleichbar mit dem anderer Mütter bedeutender Menschen in der Geschichte, denen gleichfalls Aufmerksamkeit, Respekt und Ehrerbietung gebührte und weiterhin gebührt. Wo Maria im Neuen Testament ansichtig wird (so unterschiedlich dabei auch die jeweiligen Perspektiven sind), ist sie mehr als nur die „biologische" Mutter Jesu, mehr als nur eine „Privatperson". Sie wird vorgestellt als solche, die für das Gottesvolk steht, das seinerseits durch sie repräsentiert wird. Kurz: Maria erscheint in der Heiligen Schrift wesentlich als die „Glaubende". Im Folgenden werden wir dieses Thema nur kurz anschneiden, da es uns in Teil II noch ausführlich beschäftigen wird.

(b) Der Glaube Marias – ein erster Zugang

Der Glaube ist sowohl die große Gabe Gottes an den Menschen wie auch das menschliche Korrelat zu dem, was Gott heilvoll an ihm tut. Glaube ist die notwendige geschöpfliche „Hohlform" dafür, dass Gott in der Welt handeln kann. Aber ist Gott denn nicht allmächtig? Wie kann da sein Tun geschöpflichen Vorbedingungen („*notwendige* Hohlform") unterworfen sein? Antwort: Gottes Allmacht ist nicht ein abstraktes, dinghaftes „Alles-Können" und nicht ein „Keinen-Bedingungen-Unterworfensein", sondern die *Macht seiner Liebe.*[200] Das hat zur Folge, dass Gottes Handeln am Menschen dessen freies Mittun voraussetzt. Denn Liebe kann nicht in einem Verhältnis von Übermacht und Ohnmacht bestehen; sie kann sich nur im Wechselspiel von Freiheiten ereignen.

Die Evidenz dieses Sachverhalts ist tief in Erfahrungen zwischenmenschlicher Beziehungen eingeschrieben: Nur da, wo Menschen sich *in Freiheit* bejahen, gutheißen, anerkennen, kann von Liebe die Rede sein. Wo dagegen der eine sich über den andern hinwegsetzt, ihn manipuliert, erdrückt oder wo der eine nur der Reflex des andern ist, gleichsam aufgesogen von dessen erdrückender Macht, da ist Liebe unmöglich. Die Kategorien von Liebe sind nicht Zwang, Übermacht, manipulative Erpressung, sondern Werben und Locken um Einvernehmen, Zuneigung und Antwort der Liebe. In diesem Sinn ist auch das Tun Gottes in der Welt mit einem Werben um Zustimmung und Mittun des Menschen verbunden. Hier kann man nur mit Sören Kierkegaard in abgrundtiefes Erstaunen ausbrechen:

200 Näheres dazu vgl. S. 379f sowie bei Greshake, Gott 277–283.

„Es ist unbegreiflich, das Wunder der allmächtigen Liebe, das wirklich einem Menschen so viel einräumen kann, dass er, was ihn selbst betrifft, nahezu wie ein Freier sagen kann …: willst du mich haben oder nicht? – und so eine einzige Sekunde auf die Antwort zu warten“.[201]

Eben diese Antwort, auf die Gott wartet, ist der Glaube. Wenn Gott zur Welt kommen will (und ein solches Kommen vollzieht sich faktisch seit Schöpfungsbeginn, findet freilich in der Menschwerdung des Gottessohns seine unüberbietbare Verwirklichung) und wenn dieses Kommen ein Handeln der Liebe ist, so bedarf Gott als Ort seines Ankommens des Glaubens, des freien „Ja“ des Menschen, mit dem dieser dem Werben Gottes entspricht. Im Bild des Brückenbaus gesprochen: Wenn Gott eine Brücke zur Welt baut (die endgültige Form der Brücke ist Jesus Christus, der Mittler, selbst), so ist ein Brückenkopf vonnöten, mittels dessen das Bauwerk auf Seiten der Welt platziert ist. Dieses Platzmachen für Gott und sein Kommen oder – in einem andern Bild – dieses Schaffen einer „offenen Stelle“, an der und durch die Gott in dic Welt Eingang nehmen kann, ist das Höchste, dessen der Mensch fähig ist.

In dieser Perspektive ist der Glaube Marias zu sehen. Er gehört zu den Voraussetzungen der Menschwerdung.[202] Das ist der Grund, warum Maria in der Verkündigungsszene das Kommen Gottes angekündigt wird: Es geht nicht darum, dass sie aufgrund der Engelsbotschaft über das künftige Handeln Gottes an ihr „informiert“ wird, sondern dass sie im Glauben dazu ihr „Fiat“, ihr Ja, sagen kann. Um dieses ihres Glaubens willen wird sie in der prophetischen Rede Elisabets selig gepriesen. Diesen Glauben in den Ereignissen ihres Lebens zu verwirklichen, durchzuhalten und zu bewähren, ist das entscheidende Lebensprojekt Marias. Denn ihr Glaube ist – wie jeder andere Glaube auch – nicht in einer einmaligen Tat abgeschlossen. Wer zu Gott „Ja“ sagt, übergibt sich ins Unübersehbare, da er sich willig, wenn auch unter Anfechtungen, ein Leben lang dorthin führen lässt, *wohin man nicht will* (vgl. Joh 21,18).

Maria ist nicht die erste und einzige Glaubende. Das Alte Testament stellt uns eine Fülle von Gestalten vor, deren Leben vom Glauben geprägt war (vgl. Hebr 11). Unter ihnen ragt Abraham hervor, welchen Paulus den *Vater unseres Glaubens* nennt (Röm 4,11.17), ja, der gewissermaßen die „transzendentale Chiffre“ des Glaubens ist (siehe S. 68f). Aber in Maria kommt dieser Glaube zur Vollendung und zwar deshalb, weil er als Antwort auf das definitive Kommen Gottes

201 S. Kierkegaard, Die Tagebücher, dt. München 1949, 405.

202 Darum reicht es wohl kaum aus, den besonderen Glauben Marias damit zu begründen, dass sie als Jesu Mutter „noch vor den ersten Jüngern“ an seine Sendung geglaubt hat und sich von ihm und seinem Weg „hat überzeugen lassen“: So Pesch, Dogmatik II, 149.

zur Welt selbst definitiven Charakter hat. In ihrem Glauben findet Gott „jenes Minimum an Israel ..., das er brauchte, um die Völkerwallfahrt auszulösen. Indem wenigstens diese eine Tochter Israels bereit war, zum Messias ja zu sagen, hatte Gott jenes Minimum an Zion, an heiligem Rest Israels, das er brauchte, um die Heiden zu sich zu ziehen und um den israelitischen Kern herum anzugliedern".[203] So steht ihr Glaube als Scharnier zwischen alt- und neutestamentlichem Gottesvolk am entscheidenden Ort der Geschichte des Heils, da die Begegnung von Gott und Mensch ihren Höhepunkt findet.

Weil das definitive Heil Gottes vom Glauben Marias nicht ablösbar ist, nimmt es kein Wunder, dass in der nach-neutestamentlichen Zeit Maria den Gegenstand weiterer Reflexionen bildet. Weil ihr Glaube und damit sie selbst in Person für immer in das endgültig-eschatologische Heilsgeschehen hineingehört, ist sie nicht nur ein vergangener Faktor, an den man zurückdenkt (wie an Maria Magdalena o.dgl.), sondern sie ist und bleibt als gegenwärtige Größe dort lebendig, wo sich das Heil Christi ereignet.

Um kein Missverständnis aufkommen zu lassen, sei schon hier wenigstens kurz, aber mit Nachdruck darauf hingewiesen, dass der Glaube Marias wie der jedes anderen Menschen nicht autonome menschliche Tat, sondern wesentlich Gabe Gottes ist, auf die der Mensch zu antworten hat. Ausführliches dazu S. 374ff. Gott kommt so auf den Menschen zu, dass er seine Freiheit befähigt, ihm durch die Antwort des Glaubens einen „Ort" in der Welt zu geben. Das Mittun der menschlichen Freiheit ist somit keine Art von „Synergismus", wonach Gott und Mensch sich das Werk des Heils „teilen", sondern das „Tun" des Glaubens ist wesenhaft ein Empfangen und Annehmen und damit wesenhaft Gnade, aber eine Gnade, die der Menschen auch ablehnen kann, und insofern ist im passiven Empfangen auch ein aktives Moment impliziert. Nur so kann sich das Verhältnis von Gott und Mensch als ein Wechselspiel der Freiheiten und damit der Liebe vollziehen.

(c) Gottesmutterschaft

Der Glaube Marias als Antwort auf das Werben Gottes hat einen konkreten Gegenstand, nämlich ihre Berufung, sich Gott zur Verfügung zu stellen, um Mutter seines Sohnes zu werden. Durch ihren Glauben räumt sie seinem Kommen einen Platz in der Menschheit ein und verändert damit „die ganze Heilssituation aller Menschen, und zwar zu unserem Heil." Insofern kann man zu Recht „von einer unmittelbaren Mitwirkung Marias zu der Erlösung durch ihr Ja zur Menschwerdung ... sprechen".[204] Ihre Mutterschaft ist also kein „privates" Verhältnis zu ihrem Sohn, etwas, das nur sie und ihren Sohn angeht (so wenig wie überhaupt das Verhältnis eines Menschen zu Gott seine „Privatsache" ist). Zu Recht bemerkt

---

203 Böhler, Maria 410.

204 K. Rahner, Rezension zu H. M. Köster, Unus Mediator, in: SW 9, 733–745, hier: 739. 741.

Joseph Ratzinger: „Die Einzigkeit Christi löscht das Füreinander und Miteinander der Menschen vor Gott nicht aus, die alle auf vielfältige Weise einer dem anderen Mittler zu Gott sein können in der Gemeinschaft mit Jesus Christus".[205] Gilt dies schon ganz allgemein, dann umso mehr für Maria, die für den Eintritt Gottes in die Welt eine einmalige, unaufgebbare und nicht steigerbare Rolle spielt. Deswegen ist es nicht verwunderlich, dass sich mit der Idee der Gottesmutterschaft Marias schon bald (spätestens ab Irenäus v. Lyon) der Gedanke einer „Mitwirkung" am Heil, ja einer „Mittlerschaft" des Heils verbindet.

Dieser Zusammenhang ruft noch eine andere Assoziationen wach, die das Verhältnis der heilsvermittelnden Mutterschaft Marias zur Mittlerschaft der „Mutter Kirche" betreffen. Wenn nämlich Maria in Person „Israels heiliger Rest" ist, so bedeutet Kirche-aus-den-Heiden-Sein, sich diesem „Rest", also Maria, in ihrer Grundhaltung des Glaubens anzuschließen, um durch sie in den „Segen Abrahams" einzutreten (Gal 3,14) und so am Ziel Gottes mit seiner Schöpfung, am Abraham verheißenen Heil, teilzunehmen. Deshalb ist es nur schlüssig, dass nach Lukas (Apg 1,14) Maria nach der Erhöhung Jesu (mit) zur Keimzelle des ab Pfingsten sich weltweit ausbreitenden Gottesvolkes gehört. Dabei steht neben Maria noch ein anderes Symbol „für diesen absolut unverzichtbaren israelitischen Kern der künftigen, alle Völker umspannenden christlichen Kirche". Es ist das „Symbol" der zwölf Apostel. „Sie repräsentieren das Zwölfstämmevolk in der Mitte der Kirche. Sie sollten der Anfang der Sammlung ganz Israels sein, dem sich dann die Heiden anschließen könnten. Israel sammelte sich nicht, aber die zwölf Apostel sind das unverzichtbare israelitische Fundament der Kirche. Sie sind das Zwölfstämmevolk im Zentrum der Kirche. Die Kirche ist apostolisch, d. h. in ihrem Kern bleibend israelitisch. Die Gläubigen aus allen anderen Völkern sind um diesen israelitischen Kern herumgelagert". Dieses zweite „apostolische Symbol" ist aber sowohl bei Lukas wie in Offb 12 (Frau mit den *zwölf* Sternen!) mit dem „Symbol Maria" zusammengewachsen. So bildet Maria „das bleibende israelitische Herz der Kirche".[206] Diese Beziehung von Maria, Israel und Kirche drängt sich umso mehr auf, als Maria schon im Neuen Testament als Repräsentation, Zusammenfassung und „corporative personality" des alt- und neutestamentlichen Gottesvolkes erscheint.

Haben diese Zusammenhänge primär die heilsgeschichtliche „Funktion" Marias im Auge, so konnte es nur eine Frage der Zeit sein, auch weiter darüber nachzudenken, was all das für Maria selbst, für ihre Person und ihre persönliche Stellung vor Gott und den Menschen bedeutet. Damit ist eine Reihe von Themen

---

205 Ratzinger, Maria. Gottes Ja 471.
206 Böhler, Maria 410.

genannt, die in den neutestamentlichen marianischen Aussagen gründen, zugleich aber ein Potential für die weitere Entwicklung der theologischen Mariologie und marianischen Frömmigkeit darstellen.

2. Zur geschichtlichen Entwicklung marianischer Aussagen

(a) Geschichtliche Hermeneutik

Biblische Aussagen, auch die über Maria, sind kein Endpunkt. Wie sie dem Leben der Kirche entstammen, so gehen sie auch als ständiger „Kanon" (Richtschnur) in das Leben der Kirche ein. Das heißt: sie prägen nicht nur das Bewusstsein (und fordern damit zur Reflexion über sich und ihre Vernetzung mit anderen Glaubensinhalten heraus), sie setzen sich auch in praktische Vollzüge wie Liturgie, Spiritualität und Frömmigkeitstun um. Deshalb sind die neutestamentlichen marianischen Aussagen – wie alle anderen Schrifttexte auch – keine abgeschlossenen erratischen Größen, welche in der weiteren Geschichte im Bekenntnis des Glaubens je nur „wiederholt" und im Glaubensakt „für wahr gehalten" werden, es sind lebendige und Leben spendende Größen. Darüber hinaus ist die in der Schrift bezeugte Offenbarung Gottes nicht deshalb „abgeschlossen", weil es „nichts mehr zu sagen gibt", sondern weil von Gott in Jesus Christus „alles gesagt ist", dieses Gesagte aber durch den Heiligen Geist je aufs Neue in die Geschichte der Menschheit „implementiert" wird und dabei auch neue Formen und Gestalten annimmt, ganz so wie der Geist in die Wahrheit einführen will (vgl. Joh 16,13).

Zu dieser „Weiter"-Entwicklung des Glaubens werden im Folgenden eine Reihe von Überlegungen und Gesichtspunkten aus der philosophischen und theologischen Erkenntnislehre und Hermeneutik angeführt. Auch wenn es vielleicht zunächst so erscheinen könnte, sind diese kein Umweg, sondern eine notwendige Voraussetzung, um die weitere Entwicklung der mariologischen Aussagen in einen größeren Zusammenhang zu stellen und von da aus zu verstehen.

(1) *Jedes* Erkennen setzt „die Idee des widerspruchsfreien und kohärenten Systems alles Wissbaren" bzw. die Idee des „Sinnganzen" voraus (Wolfhard Pannenberg). Damit ist zum Ausdruck gebracht, dass es Isoliert-Einzelnes gar nicht gibt, sondern dass jedes Einzelne im strikten Zusammenhang mit allem anderen steht. Diesen Zusammenhang kann man als das „Sinn- und/oder Bedeutungsganze" bezeichnen, insofern erst von diesem her das Einzelne in der Totalität seiner Bedeutungsaspekte verstanden werden kann. Dieser Gesamtzusammenhang wird von den Einzelwissenschaften meist nicht oder nur sehr ansatzweise thematisiert. Und wo er thematisiert wird, geschieht das auf hypothetische Weise. Denn es zeigt

sich im neuzeitlichen Erkenntnisprozess der empirischen (Natur-)Wissenschaften, dass es keine abgeschlossenen, „fertigen" Wahrheiten (Naturgesetze, Weltformeln …) gibt, wie man früher vielleicht einmal glaubte. An deren Stelle stehen vielmehr im Forschungsprozess durch Analyse und Deskription gewonnene und zu gewinnende Generalisierungen, die keine absolute Geltung beanspruchen, sondern als Hypothesen betrachtet werden. Diese werden immer wieder neu durch Anwendung und Erprobung an Sachverhalten und durch Vergleich mit anderen Theorien der Verifikation und Falsifikation, d. h. einem Verfahren ausgesetzt, das zur Bestätigung, Verbesserung oder Verwerfung der bisherigen hypothetischen Erkenntnisse führt. Der grundsätzliche Hypothesencharakter wissenschaftlicher Erkenntnis wird also niemals überschritten. „Gerade ein Denken in Hypothesen und Mutmaßungen [ist] das Denken der modernen Wissenschaft und charakterisiert ihre spezifische Rationalität",[207] fasst Pannenberg kurz und bündig zusammen.

So zeigt sich bereits in der Dimension der empirischen Wissenschaften, dass es keine abgeschlossenen, „fertigen" Erkenntnisse gibt, die gewissermaßen von Generation zu Generation weitergereicht werden können, sondern dass menschliches Erkennen ein Prozess ist, der auf je Neues hin unterwegs ist.

Der eben erwähnte, in jeder Erkenntnis implizierte, uneinholbare universale Sinn- und Bedeutungszusammenhang, in dem das Einzelne steht, kommt deutlicher in den sog. Geisteswissenschaften zu Wort, deren Gegenstand die Phänomene sinnhaften Handelns, das Erleben sinnbedeutsamer Gehalte, die Fragen nach Norm und Wert, Sinn und Ziel sind. Diese und ähnliche Phänomene können nicht Gegenstand wissenschaftlicher Forschung und Reflexion werden, ohne dass die Frage nach Sinntotalität und Bedeutungsganzem aufgeworfen und thematisiert, jedoch niemals endgültig beantwortet werden kann, eben weil das Sinnganze sich menschlichem Zugriff entzieht. Deshalb muss sich jede diesbezügliche Aussage als vorläufig, unabgeschlossen und fragmentarisch verstehen.

(2) Was von jeder Erkenntnis gilt, gilt auch von Glaubensaussagen. Auch wenn sich diese nach dem Selbstverständnis des Glaubens göttlicher Offenbarung verdanken, sind und bleiben sie doch menschliche und damit geschichtliche und endliche Aussagen, die als solche auf die Wirklichkeit Gottes und damit auf etwas Unendliches, vom Menschen Unfassbares zielen. Deswegen kann keine einzige Glaubensaussage mit der gemeinten Sache identisch sein. „Articulus [fidei] est

207 W. Pannenberg, Wie wahr ist das Reden von Gott?, in: , in: W. Pannenberg / G. Sauter u. a. (Hrsg.), Grundlagen der Theologie, Stuttgart u. a. 1974, 29–41, hier: 31.

perceptio divinae veritatis *tendens* in ipsam“, formuliert Thomas v. Aquin.[208] Die Formulierungen des Glaubens sind „in Tendenz“, man könnte auch sagen: „auf dem Weg“ zu jener Wirklichkeit, die sie auszudrücken versuchen. Unterwegs sind sie auch deshalb, weil all unsere Worte und Sätze ihren Ort in einer sich ständig wandelnden Geschichte haben, in welcher sich die Wirklichkeit unter je sich verändernden Horizonten zeigt und erfasst wird.[209] Damit aber wandelt sich ebenso immer neu die Perspektive, in der der Glaube sich ausdrückt und auszudrücken hat. Deshalb muss die im Glauben angezielte Wirklichkeit Gottes auch je neu und anders ausgesagt werden. Ja, in gewisser Weise hat Emmanuel Levinas Recht, wenn er sagt: „Die Offenbarung geschieht durch denjenigen, der sie empfängt, durch das inspirierte Subjekt“.[210] Denn erst im untrennbaren Zusammen vom „ab extra“ eines Offenbarungsereignisses und dessen geistgewirkter Rezeption „ab intra“ kann sich die Manifestation Gottes ereignen. Und weil diese Rezeption durch und durch geschichtlich ist, geschieht Offenbarung auch nur in geschichtlich sich wandelnder Weise.

Dies gilt umso mehr, als „Offenbarung“ sich nicht primär als Kundmachung sachhafter inhaltlicher Aussagen über Gott darstellt, sondern – wie es vor allem die Offenbarungskonstitution des II. Vaticanums entfaltet hat – als eine Beziehungsgeschichte zwischen Gott und Mensch, in der Gott sich dem Menschen persönlich mitteilt. Die inhaltlichen Offenbarungsaussagen bezeugen darin gewissermaßen nur sekundär dieses persönliche Begegnungsgeschehen. Insofern aber ist Offenbarung eine unabgeschlossene, geschichtliche Wirklichkeit, die sich je neu der menschlichen Erfahrung erschließt und damit auch eine je neue Auslegung erfordert.

(3) Dieser dynamische Charakter der Glaubensaussagen zeigt sich auch an folgendem: Der Glaube richtet sich nach seinem eigenen Selbstverständnis auf eine Wirklichkeit, die mit den übrigen Faktoren des Lebens, wie z. B. mit Philosophie,

---

208 Thomas v. Aquin, STh II, 1,6.

209 Wir berühren im Folgenden ein wichtiges Kapitel der Theologie, das meist unter der Überschrift „Dogmenentwicklung“ abgehandelt wird. Obwohl gerade für die Mariologie dieses Thema eine überragende Rolle spielt, ja, dieses Thema sogar durch die beiden letzten marianischen Dogmen erst recht ins theologische Bewusstsein geriet, kann es hier nicht per longum et latum behandelt werden. Vgl. dazu K. Rahner, Assumptio Beatae Mariae Virginis, in: SW 9, 18–50, überarbeitet unter dem Titel „Zur Frage der Dogmenentwicklung“ aufgenommen in Schr. I, 49–90. Ferner: K. Rahner / K. Lehmann, Geschichtlichkeit der Vermittlung, in: MySal I, 727–787; W. Löser u. a. . (Hrsg.), Dogmengeschichte und katholische Theologie, Würzburg 1995.

210 E. Levinas, Jenseits des Seins oder anders als Sein geschieht, dt. Freiburg-München [2]1998, 341.

Kunst und Wissenschaft sowie mit der kulturellen und sozioökonomischen Lebenswelt in ein oft hochkomplexes Kräftespiel tritt und dabei selbst nicht unverändert bleibt. Konkret für unser Thema: In der nach-neutestamentlichen Zeit werden die uns in verschiedenen biblischen Kontexten und Einzelüberlieferungen tradierten Aussagen über Maria nicht nur neu reflektiert und systematisch entfaltet – in den ersten Jahrhunderten oft in Parallele zur geschichtlichen Entwicklung der Christologie und motiviert von Auseinandersetzungen mit heterodoxen Glaubenssystemen –, es werden im Laufe der weiteren Geschichte auch neue Fragen an Stellung und Bedeutung Marias in der Kirche gestellt, so dass marianische Aussagen – wie ein dunkler Weg unter dem Licht eines grellen Scheinwerfers – in bestimmten Ausschnitten und Teilmomenten neu beleuchtet, ja ausgeleuchtet, bisweilen aber auch überleuchtet und verfremdet werden.

(b) Symbolisches/ästhetisches Erkennen

Begriffliche Erkenntnis ist nicht der einzige Zugang zum Erfassen der Wirklichkeit. Denn der Mensch ist nicht nur ein denkendes, sondern auch ein „symbolisches Wesen", ein Wesen, das sich und seine Welt in Bildern verstehen lernt und in Bildern auslegt. Diese Dimension des Zugangs zur Welt findet in den letzten Jahrzehnten ein zunehmend größeres Interesse, auch in der Theologie.[211] Den Menschen als „symbolisches Wesen" verstehen, besagt nicht allein, dass er das, was er in seiner Wesenstiefe ist, mittels seines Leibes und – gewissermaßen als dessen Verlängerung – mittels sinnenhafter Gegebenheiten dieser Welt ausdrückt, sondern dass sich ihm auch umgekehrt in Symbolen etwas vom tiefsten Wesen der Wirklichkeit zu erkennen „gibt", so dass er durch Symbole Kontakt mit dieser sich ihm „gebenden" Wirklichkeit aufzunehmen vermag. Denn – so Karl Rahner – „das Seiende ist von sich selbst her notwendigerweise symbolisch, weil es sich notwendig ‚ausdrückt', um sein eigenes Wesen zu finden".[212]

Auch abgesehen von solchen ontologischen Aussagen ist die Fähigkeit des Menschen, sich in Symbolen auszudrücken und Symbole zu verstehen, als gegeben vorauszusetzen. Ein Beispiel: Man sieht zwei Menschen: Der eine umgreift ganz eng den andern, legt

211 Vgl. z. B. die gesammelten Studien bei E. Gräb-Schmidt/R. Preul, Ästhetik = MJTh XXII, Leipzig 2010 und bei C. Mayer u. a. (Hrsg.), Das Schöne in Theologie, Philosophie und Musik, Würzburg 2013, ferner W. Fürst, Was veranlasst die Praktische Theologie heute, Pastoralästhetik zu betreiben?, in: ders. (Hrsg.), Pastoralästhetik = QD 199, Freiburg i. Br. 2002, 31–54. Zu Recht vermerkt R. Hoeps, Jenseits der Nostalgie. Was ist Bildtheologie, in: HK Spezial 2012, 29–33, hier: 33: „Eine Theologie, die im Interesse an ihrem Gegenstand bei ihrer Auseinandersetzung mit der Vernunft immer auch die Grenzen dieser Vernunft im Blick hat, wird Struktur und Entwicklung des Bildlichen aufmerksam verfolgen". In diesem Artikel auch weitere neuere Lit.

212 K. Rahner, Zur Theologie des Symbols, in: Schr. IV, 278.

seine Wange an die des andern und küsst ihn auf den Mund. Das ist der beobachtbare „empirische Befund". Dieser wird aber sogleich und unmittelbar – also ohne das Medium von Reflexion und Diskurs – als symbolische Darstellung der Liebe zweier Menschen verstanden. Solche symbolische (oder auch ästhetische) Erkenntnis bedarf nicht der Begriffe, auch wenn sie für eine nachträgliche Konzeptualisierung offen ist und mit ihr einhergehen kann (im Sinne des Ricoeurschen Wortes: Ein Symbol gibt zu *denken*!). Auf jeden Fall kann der Gestus der Umarmung und des Sich-Küssens, also das damit und darin gegebene Symbol, einen viel eindringlicheren Zugang zur Wirklichkeit der Liebe eröffnen als jede begriffliche Analyse dessen, was Liebe ist.

Im Symbol weist also etwas sinnenhaft Gegebenes über sich hinaus auf etwas „Über-Sinnliches", Nichtsichtbares und Verborgenes hin und erschließt es so menschlicher Erfahrung,[213] ja, macht es ihr gegenwärtig („repräsentatives Symbol", „Realsymbol"). Dabei liegt – so Pierangelo Sequeri – „die authentische Originalität des Symbolischen … im performativen Charakter seiner Evidenz".[214] Das heißt: Die Wahrheit eines Symbols drängt sich auf, setzt sich durch, erweist sich aus sich selbst, indem sie den Menschen zum Staunen bringt (Hans Urs v. Balthasar). Paul Tillich spricht von einer „inneren Mächtigkeit" oder auch „Selbstmächtigkeit" des Symbols, aufgrund derer es Wirklichkeit erschließt.[215] Allerdings gelingt trotz solcher machtvollen „Evidenz" ein symbolischer Ausdruck des Nichtsichtbaren immer nur in gebrochener Weise, perspektivisch und fragmentarisch. „Daher – führt Thomas Pröpper aus – die Vorläufigkeit aller Symbole. … Und daher auch ihre Bezweifelbarkeit: weil allein auf die Kraft ihrer situativen Evidenz angewiesen, zwingen sie nicht und wollen es auch nicht, da sie Freiheit gewinnen und einladen möchten".[216] Sie „geben sich", um in Freiheit empfangen werden zu können.

Dieser in bestimmten (und im Einzelnen zu beschreibenden) Konstellationen und Konfigurationen sich aufdrängende symbolische Charakter von Phänomenen ist sehr unterschiedlicher Art. Es gibt Natursymbole und anthropologische Symbole, Geschichtssymbole und Kunstsymbole u. dgl., je nach Art der gegebenen und sich gebenden Phänomene. In jedem Fall aber besitzen Symbole eine gewisse

---

213 Wir nehmen hier und im Folgenden Symbol im ontologischen und damit „emphatischen Sinn". Daneben gibt es auch andere Bedeutungsvarianten, die den Begriff Symbol auf jedwedes Zeichen hin erweitern. Zur Bedeutungsweite des Symbolbegriffs siehe insgesamt: H. Looff, Der Symbolbegriff in der neueren Religionsphilosophie und Theologie, Köln 1955, bes. 13–44.

214 P. Sequeri, Nur einer ist der „Gute". Theologie der Affektion als Umkehr der Ontologie, in: E. Arens (Hrsg.), Gegenwart. Ästhetik trifft Theologie = QD 246, Freiburg i. Br. 2012, 46–72, hier: 69.

215 P. Tillich, Gesammelte Werke, Bd. V, Stuttgart 1964, 196. – Zum Symbolverständnis des (frühen) Tillich siehe Looff, Symbolbegriff 52–64.

216 Th. Pröpper, Erlösungsglaube und Freiheitsgeschichte. Eine Skizze zur Soteriologie, München ^{3}1991, 188.

Ähnlichkeit mit dem, worauf sie hinweisen und für was sie stehen. Das lässt sich in einer komplexen Interpretationsgeschichte der Analyse von Symbolen detailliert zeigen und weiter vertiefen.[217]

Spätestens seit Kant „beginnt die Karriere" des Symbol-Begriffs innerhalb der Ästhetik und „avanciert ... zu einem – wenn nicht sogar dem – Leitbegriff der Ästhetik."[218] In der ästhetischen Erfahrung wird der „schöne Gegenstand" bzw. „das Schöne" als Symbol einer tieferen, ja der „eigentlichen" Wirklichkeit erfahren,[219] die „viel zu denken veranlasst, ohne dass ihr doch irgendein bestimmter ... *Begriff* adäquat sein kann".[220] Im als Symbol verstandenen Kunstwerk tritt das „Sinnganze" des Lebens und darin zugleich das unfassbare Unendliche in Erscheinung. „Das Unendliche, endlich dargestellt, ist Schönheit", formuliert Friedrich W. J. Schelling.[221]

Von der Schönheit sagt die mittelalterliche Ontologie (im Kontext einer Betrachtung der transzendentalen Eigenschaften des Seins), dass sie sich sowohl in der perfekten Einheit und Einigung ihrer (komplexen) Gestalt wie auch als die einende Mitte von Wahrem und Gutem verwirklicht: das Schöne ist das, worin sich die Wahrheit als „gut" und das Gute als „wahr" zeigt,[222] damit gleichzeitig über sich hinweg auf „Transzendenz" verweist und auf diese Weise so etwas wie „Sinnevidenz" bzw. „symbolische Prägnanz" (Heinrich Rombach) erzeugt. Und eben hierin besteht ein Spezifikum des Symbols in der variationsreichen Welt verschiedenartigster Zeichen: Als Schönes sticht es hervor durch eine den Menschen erfassende plausible Evidenz,[223] die in der Einheit seiner Gestalt sowie in der

---

217 Vgl. dazu z. B. S. Meier-Oeser/O. R. Scholz /M. Seils, Symbol, in: HWP 10, 710–739; J. Simon u. a. , Symbol, in: TRE 32, 479–496; K.-H. Menke, Symbol V, in: LThK 9, 1158–1160. In allen angeführten Artikeln auch weitere Lit.

218 Scholz, Symbol, in: TRE 32, 723.

219 Der entscheidende „Lehrsatz" Kants lautet in diesem Zusammenhang: „Das Schöne ist das Symbol des Sittlichguten": Kritik der ästhetischen Urteilskraft B 258; A 255 = WW (Weischedel) 8, 461. Doch müsste diese Zuspitzung Kants auf das Sittlichgute erweitert werden auf jede Art von „größerer" Wirklichkeit, die sich im Symbol „zeigt" und „gibt".

220 Kant, ebd. B 194; A 190 = WW 8, 413f.

221 F. W. J. Schelling, System des transzendentalen Idealismus (1800) = WW IX/1 (Hist.-krit. Ausgabe), Stuttgart 2005, 321.

222 Vgl. dazu etwa G. Pöltner, Schönheit. Eine Untersuchung zum Ursprung des Denkens bei Thomas v. Aquin, Wien-Freiburg-Basel 1978.

223 Auf dieser Linie formuliert H. U. v. Balthasar, Herrlichkeit, Bd. I, Einsiedeln 1961, 34: „Das Schöne führt eine Evidenz mit sich, die unmittelbar einleuchtet", eine Evidenz, die nicht im „Erfasst-haben, sondern im Erfasst-worden-sein" (ebd. 126) begründet ist. Diese Eigenschaft des Schönen, den Menschen zu „packen" und ihn „von hier nach dorthin zu ziehen" (Platon, Phaidros 250e), wird schon von Platon als das Spezifikum des Schönen herausgestellt. Siehe dazu H.-G. Gadamer, Wahrheit und Methode. Grundzüge einer philosophischen Hermeneutik, Tübingen ^{2}1965, 453ff.

Integration von sowohl Wirklichkeitsoffenlegung wie Wirklichkeitszuwendung ihren Grund hat.[224]

Nebenbei: Man wird gewiss angesichts der Entwicklung der modernen Kunst mit der Identifizierung von Kunst und Schönem zurückhaltend sein, da moderne Kunst z. T. gar nicht mehr das Schöne darstellen *will*, sondern geradezu das Hässliche, Schreckliche, Böse. Doch kann auch der bewusste Entzug des Schönen bzw. der Widerspruch gegen das Schöne noch einmal in zugespitzter Weise höchst „dialektisch" auf das entzogene bzw. sich entziehende Schöne verweisen.

Ist somit die Kunst ein bevorzugter Ort des Symbols, so gilt dies wohl noch mehr von der Welt der Religionen.[225] Der bekannte Religionswissenschaftler Mircea Eliade steht für viele andere seiner Zunft, wenn er darauf hinweist, dass „alle religiösen Fakten einen symbolischen Charakter" haben, eben weil sie in endlicher Weise „auf eine metaempirische Wirklichkeit hinzielen."[226] Oder besser umgekehrt: Gott/das Göttliche selbst geht in einer Vielzahl von Symbolen auf den Menschen zu und stellt sich ihm dar. Deshalb steht das Symbol nicht etwa unter dem Verdikt des Negativen (im Sinne von: „Also ist dies oder jenes ‚nur' ein Symbol!"), sondern unter der positiven Einsicht: „Das oder jenes ist nichts Geringeres als ein Symbol!", eben weil es sich als ein von Gott selbst gesetztes und deshalb adäquates Medium zur Offenbarung, ja zur Vergegenwärtigung der göttlichen Welt zeigt.[227] In dieser Hinsicht trifft das Wort von Ernst Cassirer zu:

> „Das Symbolische gehört niemals dem ‚Diesseits' *oder* ‚Jenseits', dem Gebiet der ‚Immanenz' *oder* der ‚Transzendenz', sondern sein Wert besteht eben darin, dass es diese Gegensätze ... überwindet. Es ist nicht das Eine *oder* das Andere, sondern es stellt das ‚Eine *im* Anderen' und das ‚Andere *im* Einen' dar. ... [Der] Gehalt wird ihnen [den Symbolen] dadurch zuteil, dass sie je nach einem eigenen ihnen innewohnenden Bildungsgesetz eine eigentümliche und selbständige in sich geschlossene Welt des Sinnes aufbauen".[228]

---

224 Diese Integration zeigt auch unser Sprachgebrauch, wonach wir schöne Gegenstände der Natur oder Kunst mit Namen belegen, die nicht allein dem Bereich der Wahrheit, sondern auch dem des Guten entnommen sind. Darauf weist bereits Kant hin: „Farben werden unschuldig, bescheiden, zärtlich genannt, weil sie Empfindungen erregen, die etwas mit dem Bewusstsein eines durch moralische Urteile bewirkten Gemütszustandes Analogisches enthalten": Kant, Kritik der ästhetischen Urteilskraft B 260; A 257 = WW 8, 462.

225 Siehe dazu die Übersicht bei P. Gerlitz, Symbol II, in: TRE 32, 481–487 (Lit).

226 M. Eliade, Methodologische Anmerkung zur Erforschung der Symbole in den Religionen, in: ders./J. M. Kitagawa (Hrsg.), Grundfragen der Religionswissenschaft, Salzburg 1959, 106–135, hier: 119.

227 Siehe dazu P. Tillich, Systematische Theologie, Bd. I, dt. Stuttgart [3]1967, 277ff; ders., Wesen und Wandel des Glaubens, Frankfurt 1961, 57.

228 E. Cassirer, Philosophie der symbolischen Formen, Bd. III, Darmstadt [2]1954 (=1929) 447.

Diese wenigen Hinweise auf die Stellung und Bedeutung von Symbolen für die Erschließung der Wirklichkeit mögen genügen, um daraus einige Folgerungen für die Entwicklung marianischer Aussagen zu ziehen.

Maria ist im Rückblick auf eine über zweitausendjährige abendländische Geschichte nach dem Kreuz Jesu Christi das wohl verbreitetste Symbol der Christenheit und speziell „das vielleicht mächtigste Symbol der westlichen Kultur".[229] Das beginnt schon – wie aufgezeigt – in der Heiligen Schrift, wo Maria mehr ist als nur eine „Privatperson"; sie ist bereits hier wesentlich Symbol: sie steht einerseits für den Glauben und für den glaubenden Menschen, für Israel, für die Kirche und andererseits für das Handeln Gottes. Damit ist sie in ihrer leibhaftigen Gestalt, sozusagen in ihrer sinnenhaften Phänomenalität, wesentlich *Erscheinung* von etwas Verborgenem, Größeren, Tieferen, das umso geheimnisvoller scheint, als das Symbol Maria eine komplexe Symbiose von ganz unterschiedlichen Eigenschaften und Rollen darstellt (Mutter-Jungfrau; Armut-Reichtum; Individuum-Kollektivperson; Schwester im Glauben-Mutter der Kirche ...), Attribute, die sonst bei keiner anderen Frau zusammenkommen. „Diese nur in Maria erblickte und daher einzigartige und einmalige innige Symbiose des Verschiedenen oder Ungleichzeitigen beflügelte [nicht nur] alle weitere Marienverehrung und Marienlehre",[230] sondern hatte auch Konsequenzen für die weitere Entfaltung ihrer Symbolizität. Zum Symbol gehört nämlich (wie es sich vor allem in der Dimension des Ästhetischen – aber nicht nur dort! – zeigt) die Einheit der Gestalt, die Integration und Ganzheitlichkeit ihrer verschiedenen Aspekte, eine Idealität, die fähig ist, das viele Partikulare auf das Allgemeine, das viele Verschiedene auf die eine Mitte hin zu vertreten; dazu gehört ferner die Einheit von „verum" und „bonum": von Wirklichkeitserschließung und -zuwendung, die im Menschen das „Staunen" hervorruft.

Es liegt nun in der „Logik" von Symbolen, dass sie sich im Lauf der Geschichte, wenn sie nicht in einer bestimmten Gesellschaft verblassen oder vergessen werden, auf die genannten Attribute (Einheit der Gestalt usw.) hin steigern, dass sie sich – um mit Ernst Cassirer zu sprechen – „nach einem eigenen ihnen innewohnenden Bildungsgesetz" auf die Einheit der Gestalt und die Ganzheitlichkeit ihrer Aspekte, auf Idealität und integrative Kraft hin verdeutlichen, überhöhen und gegebenenfalls ergänzen. Denn das Symbol – so João M. Duque – „verweist immer auf das Ganze, unser Leben ergänzend. ... [Es] ist die Beschwörung einer

229 A. Greeley, Maria. Über die weibliche Dimension Gottes, dt. Graz 1979, 108.
230 H. Grote, Maria/Marienfrömmigkeit II, in: TRE 22, 119–137, hier: 123.

möglichen heilen Ordnung'."[231] Darum gibt es die Tendenz auf ein „je mehr" und „je größer", darum die ständige Steigerung von Symbolen.

Beispiele

Aus der alttestamentlichen Geschichte: Das Meereswunder als historisches Symbol der Befreiung Israels aus Ägypten wird von einem ursprünglich vermutlich nur „wunderbaren" Ereignis (durch starken Wind wird eine Furt freigelegt [vgl. Ex 14,21]) zu einem veritablen Mirakel-Symbol, in dem sich das Meer spaltet und die Wasser wie ein Damm stehen (Ex 14,22; Ps 78,13). – Aus der an David ergehenden Natan-Verheißung nicht abreißender Nachkommenschaft auf dem davidischen Thron, dem messianischen „Ursymbol", entfaltet sich das Symbol eines vom Himmel her sich herabsenkenden universalen messianischen Friedensreiches (vgl. z. B. Dan 7,14). Ganz etwas Ähnliches lässt sich am Symbol „Jerusalem" aufzeigen.

Aus der Religionsgeschichte (konkret: aus dem Buddhismus): „Der Baum der Erleuchtung", ursprünglich nur Symbol für das Bekehrungserlebnis Buddhas, wird zum umfassenden Symbol des „Lebensbaums", zur „Axis mundi" weiterentwickelt. Ferner: Der Stûpa, in dem die Reliquien Buddhas aufbewahrt werden, anfangs nur Symbol der Vergänglichkeit, wird zum „Weltenberg" gesteigert, und das „Rad der Lehre", das am Beginn die Predigt des Buddha symbolisiert, wird zum Lebensrad oder „Rad des Werdens" überhöht.[232]

Gleiches gilt ebenso von *anthropologischen Symbolen* (die nicht selten auch die Basis für religionsgeschichtliche Symbole bilden). So steht etwa die Beschneidung[233] in einem Prozess der symbolischer Überhöhung: Ursprünglich wohl nur eine hygienische Maßnahme, wird sie bei den meisten Völkern zum Symbol der Geschlechtsreife und dann im Judentum zum Symbol der Erwählung Gottes gesteigert, während die Ablehnung einer notwendigen Beschneidung im Neuen Testament zum Symbol der neuen, durch Christus verwirklichten Heilsökonomie wird.

Gemäß dieser „Logik", wonach die Symbolizität von Symbolen sich intensiv und extensiv steigert, verläuft auch die Entwicklung der Mariologie. Ihre Ausdrucksform und „Sprache" ist die Symbolizität, „die Sprache der Ästhetik, der Anschauung und Vorstellung, nicht die Sprache begrifflicher Definition."[234] Gerade weil Maria nicht einfach „Privatperson", sondern Symbol ist, und zwar (bei aller auch historischen Gegebenheit) zunächst ein *in Worten* überliefertes und dann auch künstlerisch dargestelltes Symbol, können das Reden über sie sowie die sie darstellenden Kunstwerke superlativistische Formen annehmen: Man kennt keine Grenzen, an ihr die Fülle göttlicher Gnadenerweise aufzuzeigen, sie wird als „die Glaubende" zum schlechthin idealen Menschen hochstilisiert und mit allen nur

---

231 J. M. Duque, Die Kunst als Ort immanenter Transzendenz. Zu einer fundamentaltheologischen Rezeption der Kunstphilosophie H.-G. Gadamers, Frankfurt 1997,93 mit Hinweis auf Gadamer. Siehe auch das ganze Kapitel: 91–99.

232 Die Beispiele finden sich bei Gerlitz, Symbol 483; G. Lanczkowski, Symbol I, in: RGG ^{3}6, 542.

233 Siehe dazu K. Galling, Beschneidung I, in: RGG ^{3}1, 1090–1091.

234 P. Hünermann, Kommentar zu Lumen Gentium, in: HThKzVatII, 526.

denkbar positiven Eigenschaften bedacht. Als Beispiel dafür sei nur ein Text von Gregor Palamas angeführt:

> „Da Gott ein Bild der absoluten Schönheit schaffen und Engeln und Menschen seine künstlerische Meisterschaft aufs klarste offenbaren wollte, machte Er Maria in Wahrheit zu der Ganz-Schönen. In ihr vereinigte er alles, was Er an Schönheit auf die übrigen Geschöpfe verteilt hatte und machte sie so zur Zierde aller sichtbaren und unsichtbaren Wesen zusammen, oder besser: Er machte aus ihr gleichsam eine Mischung aller Vollkommenheiten Gottes, der Engel und der Menschen, eine erhabene Schönheit, die die beiden Welten verschönert“.[235]

Auf diese Weise wird Maria – so Hans Urs v. Balthasar – zum „Prototyp dessen, … was die Ars Dei aus einem menschlichen Stoff zu gestalten vermag, der sich ihm nicht widersetzt“.[236] Insofern Maria darüber hinaus aber auch Personifizierung der Kirche ist, nimmt in ihr auch das „reine Gestalt“ an, was Kirche im Tiefsten ist und was jeder einzelne Glaubende zutiefst von sich selbst und von der Kirche ersehnt.[237]

All das hat grundsätzlich auch außerhalb des christlichen Glaubens Geltung: „Marias Bild ist unanfechtbar und gilt auch den Nichtglaubenden als Hort unberührbarer Schönheit, selbst wo es nicht als Glaubensbild, sondern nur als hehres Symbol verstanden und zum Allgemeinmenschlichen hin ausgelegt wird“.[238] Dabei speisen sich viele Züge dieser sich steigernden Symbolizität aus menschlichen Sehnsüchten und Träumen (Archetypen) sowie aus anderen kulturellen Symbolwelten (vgl. dazu S. 129f).[239] Bernhard Welte macht darauf aufmerksam, dass Maria gerade *als Frau* auf Tiefenkräfte der Seele wirkt, die dann ihrerseits auch die Ausgestaltung des christlichen Glaubens weitertreiben, so dass die Glaubensgestalt Marias faktisch auf die Ebene des Urbildlichen erhoben ist.[240] Auf dieser

---

235 Zit. nach Vl. Lossky, Die mystische Theologie der morgenländischen Kirche, dt. Graz 1961, 247f.

236 Balthasar, Herrlichkeit 542.

237 Auf dieser Linie liegt auch die Aussage von Ben-Chorin, Mutter 28: „Maria wurde eine Chiffre für ein ewiges Wunschbild der Anima“.

238 Balthasar, Herrlichkeit 543f.

239 Hierbei werden durchaus auch Spannungen und Widersprüche „verarbeitet“. So scheint z. B. *sowohl* die „Frau als Jungfrau“ *wie auch* die „Frau als Mutter“ menschlichen Sehnsüchten zu entsprechen. Beides, die „natürliche“, „unversehrte“ Jungfräulichkeit *und* die hingebungsvolle Mütterlichkeit, verweisen auf „Heiliges“ und kommen im „Symbol“ Marias zusammen (wobei über die „historische Faktizität“ beider Symbole an dieser Stelle noch überhaupt nichts ausgesagt werden soll).

240 Vgl. B. Welte, Vom Sinn der Marienverehrung, in: EuA 55 (1979) 407–413; stark überarbeitet: ders., Zur Theorie der Marienverehrung, in: Zwischen Zeit und Ewigkeit. Abhand-

Linie hat schon die frühe Vätertheologie die ihnen vorgegebenen heidnischen Symbole und Symbolwelten (=Mythologien) nicht einfach als trügerisch-irrige und radikal zu übersteigende, also als abzulehnende Größen verstanden, sondern als im Seelengrund des Menschen und in der Menschheitsgeschichte schlummernde „verhüllte Voraussage des Mysteriums Jesu Christi“. Als Symbole sind sie „Sichtbarwerdung der Urbilder des Seins oder Weltsinns, keineswegs willkürlich erfindbar“, sondern Vorentwürfe dessen, was Gott in der Heilsgeschichte wirken wird.[241]

Aus diesem „Reservoir“ biblischer Traditionen, menschlicher Urbilder und kultureller Analogien entsteht so jenes Marienbild eines vollkommenen Menschen, vollkommen an natürlichen Begabungen und Eigenschaften, vollkommen vor allem an übernatürlichen göttlichen Gaben und Privilegien, wie es sich in der Kirche allmählich herausgebildet hat: „Die Schönste von allen…“.[242] In dieser Weise steht Maria zugleich als Symbol für die unbegrenzte Zuwendung Gottes zum Menschen, in die man sich voll Vertrauen fallen lassen darf. Das ist auch letztlich der Grund, warum sie als „Mittlerin“ angerufen werden. Von diesem – umstrittenen! – Wort sagt Joseph Ratzinger:

> „Es ist ein Wort des Herzens, der verehrenden Liebe, das, wie so oft die Worte der Liebe, falsch werden kann, wenn man es in eine theoretische Absolutheit versetzt, wo ihm doch das rufende Vertrauen seinen Sinn gibt und den Überschwang rechtfertigt (oder mindestens entschuldigt), den es vom strengen Maßstab der Schrift her ohne Zweifel enthält. … Eine Formulierung, die im inneren Gesamtgefüge der Frömmigkeit legitim und sachgemäß sein kann, muss noch lange nicht ein angemessener Ausdruck theologischer Begrifflichkeit sein, … so ähnlich wie Aussagen, die der Lyrik anstehen, deshalb noch nicht in ein Lehrbuch der Philosophie passen müssen“.[243]

Diese in der „Logik“ der Symbolwelt gründenden „Superlativismen“ sind solange in Ordnung, als man die ästhetische und religiöse Symbolizität der Aussagen (mit

---

lungen und Versuche, Freiburg i. Br. 1982, 272–279, hier: 274f.. Angesichts dessen fragt allerdings Courth, Zur Situation 173 kritisch völlig zu Recht: „Was ist hier die Grenze und der Rahmen für die archetypische Ausformung Mariens als Symbolgestalt?“

241 A. Rosenberg, Geleit- und Schlüsselwort zu: H. Rahner, Griechische Mythen in christlicher Deutung, Basel ^{4}1984, X.

242 Söll, Mariologie 177 spricht geradezu von einer „marianischen Bildtheologie, in deren Mittelpunkt [seit dem Mittelalter] immer mehr die Idee und Gestalt der makellosen und heilsmittlerischen ‚Mutter der Lebendigen‘ und ‚Königin des Himmels‘ rückte, die man nur noch als Mitsiegerin über das Böse und als Leitbild christlicher Vollkommenheit verstehen wollte“.

243 J. Ratzinger, Einleitung zu: Konstitution über die Kirche, Münster 1965, 16.

der ihnen eigenen Gesetzlichkeit) nicht aus den Augen verliert: Es geht nicht in erster Linie um das objektive „An sich" Marias, sondern um ihre Symbolizität „für etwas", nämlich für die sich dem Menschen zuwendende göttliche Wirklichkeit, die sich in ihr über alle Maßen darbietet.[244] Dadurch hat sich ihre Gestalt „aufgeladen mit neuen Sinnbezügen". Maria wurde als Bild „in eine neue Sphäre emporgehoben. Als Sphäre neuen Sinns darf man dieses Bild ein Sinn-Bild nennen. ... Aus ihr spricht den Betrachter das lebendige und unsichtbare Heil Gottes an".[245]

Dass hier auch Fehlentwicklungen möglich, ja sogar nahe liegen und wahrscheinlich sind, lässt sich nicht abstreiten. Dem kann nur dadurch entgegengewirkt werden, dass (1) die Heilige Schrift *norma normans* auch der Symbolgestalt Marias ist und bleibt, wenigstens in dem Sinn, dass alle Aussagen Marias an ihr einen Anhaltspunkt haben müssen und biblischen Maximen nicht widersprechen dürfen und (2) dass immer wieder mit Nachdruck auf der Symbolizität und nicht auf dem Idolcharakter ihrer Person bestanden wird.[246] Das bedeutet: Als Symbol („Ikone") ist Maria ein gegebenes und erscheinendes Verweiszeichen, das von sich weg auf das hinzeigt, wofür sie gerade als Symbol steht: für die Erwählung durch Gott und für das Heilswirken Gottes in ihr und durch sie. Als Idol dagegen wäre sie Ergebnis menschlicher Intentionalität, bloßer Entwurf, „Projektionsflä-

---

244 P. Hünermann, Kommentar 517f macht in diesem Zusammenhang auf L. Wittgenstein, Vorlesungen und Gespräche über Ästhetik, Psychoanalyse und religiösen Glauben, Frankfurt 2000, 11–60 aufmerksam, für den die ästhetische Sprache eher eine Sprache des „Passend-Findens", des Wohlgefallens und der lobenden Anerkennung ist als die eines objektiven Urteilens. Noch grundsätzlicher könnte man auf den Wittgenstein der „Philosophischen Untersuchungen" (Frankfurt 1967) verweisen, für den das gemeinsame menschliche Handeln das eigentliche Bezugssystem einer Sprache ist (vgl. z. B. 106f u. ö.). Die „gemeinsame Handlungsweise", welche die marianische Sprache generiert ist nun aber gerade Glaube, Frömmigkeit, Kult, Hingabe ...

245 Welte, Zur Theorie 276f.

246 Die Differenzierung von Idol und Bild stammt von J. L. Marion, Idol und Bild, in: B. Casper (Hrsg.), Phänomenologie des Idols, Freiburg-München 1981, 107–132. Er schreibt: „Während das Idol dem Blick, der es anzielt, entspringt, erstrebt das Bild [in unserem Zusammenhang: das Symbol] dem Sehen gegenüber einen Anspruch, indem es das Sichtbare ... sich nach und nach mit dem Unsichtbaren sättigen lässt. Das Unsichtbare scheint auf, es erscheint in einer Ähnlichkeit ..., die es dennoch niemals auf die unbestimmte Fläche des Sichtbaren zurückführt": ebd. 121. Ebenso ders., Die Öffnung des Sichtbaren, dt. Paderborn u. a. 2005, 54. Siehe zu dieser Unterscheidung Marions auch Th. Alferi, „Worüber hinaus Größeres nicht gegeben werden kann ...". Phänomenologie und Offenbarung nach J.-L. Marion, Freiburg – München 2007, 54–64. Sachlich geht die Unterscheidung von Idol und Symbol auf Balthasar, Herrlichkeit 446 zurück, wenn dieser von der „Evidenz" der christlichen Gestalt sagt, dass sie „vom Phänomen selbst her auf- und einleuchtet" und nicht eine solche ist, „die auf Grund von Bedürfnisbefriedigung des Subjekts festgestellt wird". Ähnlich und weiterführend auch Welte, Zur Theorie 272–279.

che für bewusste und unbewusste Sehnsüchte",[247] ohne Transparenz auf das Göttliche. Umgekehrt steht es mit dem Symbol. Indem es das „Maß der Erwartung" übersteigt und „das Begehren verwirrt", „hängen wir mehr von ihm ab, als es von uns".[248] Auf diesem Hintergrund hat Klaus Schreiner eine „Kultur- und Sozialgeschichte" der Marienverehrung geschrieben, die in die Sätze gipfelt:

> „Maria gehört zu den faszinierendsten geschichtlichen Gestalten und Symbolen der europäischen Kultur. In der Geschichte ihrer Verehrung spiegeln sich Träume und Sehnsüchte, Einsichten und Erfahrungen, Wege und Irrwege von Menschen, die der Überzeugung waren, dass ihnen Maria, die im Himmel thronende Frau aus Nazareth, bei der Suche nach gutem, sinnerfüllten Leben helfen könne".[249]

Dass in diesem Punkt erhebliche Meinungsverschiedenheiten zur evangelischen Christenheit bestehen, ist bekannt (siehe dazu auch S. 344ff). Während Luther noch an einer typologischen Auslegung der Heiligen Schrift und damit an einer über den unmittelbaren biblischen Wortsinn sich ergebenden Sicht Marias orientiert war, änderte sich dies in der Folgezeit. Michel Heymel, selbst evangelischer Theologe, bemerkt dazu: „Vermutlich ist die Verkümmerung der Marienlehre in den reformatorischen Kirchen und damit der Mangel an Mariensymbolik zu einem erheblichen Teil darauf zurückzuführen, dass die Vielfalt vormoderner Schriftauslegung durch die historisch-kritische Exegese allmählich verdrängt wurde".[250] Verdrängt wurde eben damit auch das ganze „Arsenal" an Methoden, die Symbolizität Marias zu erhellen. Deswegen die Forderung von Heymel, sich „auf die typologische Schriftauslegung zu besinnen, die es ermöglicht, von Maria als Typos und Symbol für andere Wirklichkeiten des Glaubens zu reden".[251]

(c) In Kontakt mit der „Sache"

Der symbolische Zugang zur Wirklichkeit ist nicht die einzige „Er-Gänzung" begrifflichen Erkennens. Wichtiger als dass der Glaube uns auf begriffliche oder symbolische Weise Wirklichkeit eröffnet, ist es, dass er *gelebt*, d. h. in eine Lebenspraxis umgesetzt wird. Der Glaube ist zutiefst und vorrangig weder ein intellektuelles „Glasperlenspiel", d. h. eine Sache des Intellekts und der Reflexion, durch die man sich eine Art von „Weltanschauung" erarbeitet, noch ist er ein

247 Chr. Eilrich, Gott zur Welt bringen: Maria. Von den Möglichkeiten und Grenzen einer protestantischen Verehrung der Mutter Gottes, Regensburg 2011, 17.
248 Marion, Öffnung 54.
249 Kl. Schreiner, Maria. Jungfrau, Mutter, Herrscherin, München-Wien 1994, 509.
250 Heymel, jüdische Mutter, 330.
251 Ebd. 430.

ästhetisches Zeichensystem, in welchem die Wirklichkeit für die Sehnsüchte der Seele ihre verborgenen Tiefen enthüllt. Die in der Heiligen Schrift bezeugte Offenbarung Gottes will vielmehr die Praxis unseres Lebens prägen.

Deshalb geschieht Glauben „in Kontakt mit der Sache selbst", in einem Kontakt, „der zwar – so Karl Rahner – eine Gegebenheit der Sachen und Sätzen und die Möglichkeit einer strengeren oder unbestimmteren logischen Bearbeitung dieser Sätze als inneres Moment in sich einschließt, sich aber darin allein nicht erschöpft".[252] Weil vielmehr die Wirklichkeit des Geglaubten als gegenwärtige und lebensbestimmende „Sache" gelebt wird, kommt alles reflexe und symbolische Wissen über das Geglaubte immer „zu spät" und holt es auch nie vollends ein. Denn der Glaube wurzelt in der erfahrenen Gegenwart der „Sache" selbst bzw. in der – mit Soeren Kierkegaard gesprochen – *Gleichzeitigkeit* mit dem Geglaubten, in die der Glaubende, so er wirklich glaubt, notwendig eintritt und hier das Geglaubte nicht als festzustellenden Sachverhalt, sondern als persönlichen Anruf zum Handeln erfährt. Deshalb kann auch die Weitergabe des Glaubens *insgesamt* nicht in der Weitergabe eines Bündels von Sätzen bestehen, sondern in der durch praktisches Tun sich realisierende Bezeugung der Gegenwart des Bezeugten.

Dieser „Kontakt mit der Sache" geschieht in je neuen geschichtlichen Situationen und unter wechselnden Problemkonstellationen. Deshalb führt er auch geradezu zwangsläufig zu neuen Entdeckungen, die nicht einfach und allein logische bzw. logisch zu begründende Schlussfolgerungen oder symbolische Weiterentwicklungen biblischer Aussagen sind. Deshalb vermerkt John Henry Newman zu Recht: „Die Schrift beginnt eine Reihe von Entwicklungen, beendet sie aber nicht; mit anderen Worten, es ist ein Irrtum, jeden einzelnen Satz der katholischen Lehre in der Schrift finden zu wollen".[253] Man kann es auch so formulieren: Die Kirche führt in jeder Zeit ein „Gespräch" mit der Heiligen Schrift, in dem sie je neu von Gott angesprochen wird und selbst je neu Antwort zu geben hat. Und in eben diesem Gespräch geht das Wort der Schrift neu auf, wird Neues entdeckt und Altes neu pointiert.

Das II. Vaticanum hat in DV 8 in diesem Zusammenhang von einer „Fortschritt" der apostolischen Überlieferung „unter dem Beistand des Heiligen Geistes" gesprochen und diesen mit einer marianischen „Assoziation" illustriert:

„Es wächst das Verständnis der überlieferten Dinge und Worte durch das Nachsinnen und Studium der Gläubigen, die sie in ihrem Herzen erwägen (vgl. Lk

252 Rahner, Assumptio 30.33.

253 J. H. Newmann, Zur Philosophie und Theologie des Glaubens = WW VI, Mainz 1964, 247. – Zu dieser Thematik ist immer noch aktuell und wichtig J. H. Newman, Über die Entwicklung der Glaubenslehre = WW VIII, Mainz 1969.

> 2,19.51), durch deren innere Einsicht, die aus geistlicher Erfahrung stammt, durch die Verkündigung derer, die mit der Nachfolge im Bischofsamt das sichere Charisma der Wahrheit empfangen haben; denn die Kirche strebt im Gang der Jahrhunderte ständig der Fülle der göttlichen Wahrheit entgegen".

Bei diesem Kontakt mit der „Sache des Glaubens" in Bezug auf Maria spielen generell der Marienkult und im einzelnen Liturgie und Wallfahrten, Gebet und Gebetserhörung, Kunst und Literatur eine entscheidende Rolle. Diese wurden seit dem Mittelalter geradezu zum „Vehikel", neue Einsichten in die Wirklichkeit Marias zu generieren, ja, sie wurden zur „motorischen Kraft" für die Wahrheitsfindung. Und damit – so Georg Söll –

> „brach die Zeit an, wo die Frömmigkeitspraxis und die in Festfeier und Gebeten sich manifestierende Glaubensüberzeugung des christlichen Volkes die Theologie überrundeten und im Vorgriff intuitiv erfassten, wofür die zünftigen Theologen dann die notwendige Begründung beizubringen hatten. Unter diesem Gesichtspunkt betrachtet, war der Fortschritt der Mariologie in Ost und West nie ausschließlich das Werk der Glaubenswissenschaft, sondern ebenso das des geistgelenkten sensus fidelium".[254]

Tatsächlich wurde gerade in Sachen Mariologie das konkret, was das II. Vaticanum über diesen „sensus fidelium", den „Glaubenssinn" des ganzen Volkes Gottes, gesagt hat:[255] Durch den vom Heiligen Geist erweckten und erhaltenen Glaubenssinn empfängt es „wirklich das Wort Gottes (vgl. 1 Thess 2,13), den einmal den Heiligen übergebenen Glauben (vgl. Jud 3)", in dem es nicht irren kann, wenn es als ganzes „‚von den Bischöfen bis zu den letzten gläubigen Laien' ihre allgemeine Übereinstimmung in Sachen des Glaubens und der Sitten äußert". Durch den Glaubenssinn dringt es „immer tiefer in den Glauben ein und wendet ihn im Leben voller an" (LG 12). In diesem Prozess des tieferen Eindringens und Realisierens des Glaubens entstehen dann aber auch neue Einsichten und „Entdeckungen". Diese sind – wie es ein ökumenisches Konsenspapier der Lutherisch/Römisch-katholische Kommission für die Einheit sagt – „Formen des Lebens und der Praxis, in denen Gottes Wort angewandt wird und die aus Treue zur Gemeinschaft des Glau-

254 Söll, Mariologie 150.

255 Siehe dazu D. Wiederkehr (Hrsg.), Der Glaubenssinn des Gottesvolkes – Konkurrent oder Partner des Lehramtes = QD 151, Freiburg i. Br. 1994; Cl. Dillenschneider, Le sens de foi et le progrès du mystère marial, Rom 1954. Siehe zum Folgenden auch D. Wiederkehr (Hrsg.), Wie geschieht Tradition = QD 133, Freiburg i. Br. 1991.

bens beachtet werden“. Es sind „nicht einfach menschliche Traditionen, denn sie drücken den biblischen Inhalt des Glaubens aus und machen ihn gewiss“.[256]

Freilich liegt hier noch einmal ein besonderes Problem: Wie lässt sich die „Sprache“ der persönlichen Glaubenserfahrung und des gemeinsamen liturgischen Lobpreises in die nüchterne Sprache der historisch-kritischen Exegese oder der rationalen dogmatischen Glaubensreflexion übersetzen oder damit in Einklang bringen, und umgekehrt? Es liegen hier unterschiedliche Sprachspiele vor, die nicht einfach auf einen Nenner zu bringen oder gar zu identifizieren sind und damit nicht selten theologische Probleme mit sich bringen. Eine glatte Lösung der damit gegebenen Spannungen gibt es nicht, so wenig sich auch sonst die das Leben bestimmenden Spannungen einfach eliminieren lassen.

Jedenfalls bringt das *experimentum vitae* Neuentdeckungen, neue Pointierungen, aber auch Verkürzungen und/oder Überzeichnungen mit sich, die gelegentlich weit über das ursprüngliche Zeugnis der Heiligen Schrift hinausgehen. Hermeneutisch gesehen nimmt also die Stellung Marias im christlichen Glauben, wie andere Wahrheiten und Einsichten auch, an einem geschichtlichen Traditionsprozess teil – man mag ihn mit Hans-Georg Gadamer „Wirkungsgeschichte“ nennen –, der allererst die inneren Potentialitäten der ursprünglich in einem bestimmten historischen Kontext gegebenen Aussagen heraustreibt und zu sich selbst bringt. Theologisch gesehen wird man hier vom Wirken des Heiligen Geistes sprechen, der je neu die Gegenwart des Geglaubten erwirkt und im je geschichtlich neuen Ineinander von „challenge and response“ das Ursprungsbekenntnis des Glaubens verflüssigt und verlebendigt und dadurch die Glaubensgemeinschaft „in alle Wahrheit einführt“ (Joh 16,13). Würde man dieses je Neuwerden des Glaubens leugnen, wäre das Christentum zu einer Buchreligion, die nur am Buchstaben klebt, degradiert.

Damit ist natürlich nicht jedem beliebigen Verständnis Tür und Tor geöffnet,[257] denn das Zeugnis der Heiligen Schrift bleibt in jedem Fall Basis und unbedingt geltendes Kriterium; es muss sich gerade auch im geschichtlichen Neuverstehen als kritischer und kritisch weitertreibender Stimulus durchhalten – bis in die Gegenwart. Denn der wirkungsgeschichtliche Prozess, in welchem die gläubige Beziehung zu Maria steht, bestimmt auch unsere heutige Verstehenssituation und bildet die unabdingbare Voraussetzung für jedes Neuverstehen, das wesentlich zum Glauben gehört. Denn so sagt zu Recht Karl Rahner: „Eine Kirche, deren Glaubensbewusstsein nicht mehr wachsen könnte mehr und mehr hinein in die

256 Lutherisch/Römisch-katholische Kommission für die Einheit, Die Apostolizität der Kirche. Studiendokument Nr. 444, Paderborn-Frankfurt 2009, 207f.

257 Genau das ist der Grundeinwand der evangelischen Theologie. Siehe z.B. St. Benkö, Mariologie in protestantischer und römisch-katholischer Sicht, in: ThZ 24 (1968) 29–39, bes. 29–32.

unendlichen Weiten und Tiefen der Wahrheit Gottes, eine Kirche, die nicht mehr den Mut hätte, von ihren Kindern neuen, vertieften und erleuchteteren Glauben zu fordern, die ihre Kinder nicht mehr weiter reifen ließe in ihrem Glauben, wäre eine tote Kirche, wäre nicht mehr die Kirche des lebendigen Gottes".[258]

Das soll im Folgenden in fünf Perspektiven, in welchen die Gestalt Marias steht, im Einzelnen aufgezeigt werden Das heißt: Wir werden in den folgenden fünf Kapiteln gewissermaßen „Längsschnitte" oder – wenn man so will – „rote Fäden" durch die Mariologie ziehen. Diese entsprechen einmal den vier marianischen Grunddogmen (Gottesmutterschaft, immerwährende Jungfräulichkeit, „Erbsünden"-Freiheit, Aufnahme in den Himmel[259]) und sodann schließlich dem (vor allem) liturgischen Bekenntnis zu Maria als „Geschaffener Weisheit". In jedem dieser fünf „Schnitte" wird ein geschichtlicher Problemabriss geboten, in dem, ausgehend von der historischen Genese und Situiertheit, die theologische und frömmigkeitsgeschichtliche Entwicklung der Mariologie aufgezeigt und verständlich gemacht werden soll. Die Systematisierung in „Längsschnitten" hat zwar den Nachteil, dass die fünf genannten Glaubenseinsichten, die sich in der Geschichte im strikten Ineinander und Miteinander entwickelt haben, in dieser Form der Behandlung voneinander getrennt werden, doch steht dem die Chance gegenüber, die fünf fundamentalen marianischen Aussagen je in ihrem „An sich", d.h. in ihrer je eigenen erschließenden Funktion, Logik und Problematik deutlicher und klarer zu behandeln. Im Übrigen sollte bei all dem nicht der Eindruck entstehen, hier werde eine integrale Geschichte der Mariologie und marianischen Frömmigkeit geboten. Es geht vielmehr darum, an einigen Kristallisationspunkten geschichtliche Entwicklungen und neue Weichenstellungen in der Positionierung Marias aufzuzeigen, die sich dabei herausbildenden theologischen Einsichten und Probleme zu erörtern und in der Sicht der neueren Theologie zu interpretieren. Ein letztes Kapitel über „Maria in den nichtkatholischen Kirchen" wird dann den ersten Teil beschließen.

258 K. Rahner, Das neue Dogma und wir, in: SW 9, 496–501, hier: 498f.

259 Diese vier Grunddogmen stehen keineswegs auf gleicher Ebene: Die ersten zwei haben eine direkte biblische Grundlage und sind eng mit dem Christusglauben verbunden; die beiden letzteren dagegen sind eher anthropologische Konsequenzen und frömmigkeitsgeschichtlich begründete Ausfaltungen der beiden ersten.

ZWEITES KAPITEL

Maria Mater Ecclesia

§ 1 Die Gottesmutterschaft Marias

1. Kleine historische Skizze

„In den ältesten und feierlichsten [kirchlichen] Dokumenten ist sehr viel weniger von Maria die Rede als in den Evangelien; sie kommt weder in der Verkündigung der Apostel, ... noch in den frühesten Glaubensbekenntnissen vor, und sie steht auch nicht im Mittelpunkt der ersten ökumenischen Konzilien".[260] So beginnt die Gruppe von Dombes in ihrem ökumenischen Dokument über Maria den geschichtlichen Abriss der Mariologie. Das Gesagte trifft in gewisser Weise tatsächlich zu: Frühe Zeugnisse über Maria sind, gemessen an der Vielzahl altkirchlicher Dokumente, eher gering. Doch da, wo in frühchristlicher Zeit von Maria die Rede ist, wird sie mit großer Selbstverständlichkeit als „Mutter des Herrn" bzw. „Mutter des Gottessohns" gekennzeichnet. Freilich ist das zunächst ein Satz über Jesus Christus, dessen wahres Menschsein dadurch garantieren sein soll.

So stellt z. B. von Ignatius v. Antiochien (um 110) im Brief an die Gemeinde von Smyrna gegen alle jüdische Bestreitung und doketisch-gnostische Sublimierung der Menschwerdung Gottes fünfmal hintereinander das „ἀληθῶς" – das „Wirklichsein" dieses Geschehens heraus, und dazu zählt auch das „wirklich Geborensein" (IgnSm 1). Immer aufs Neue betont er in seinen Briefen die Realität dieser Geburt: „Unser Gott, Jesus, der Christus, wurde nach Gottes Heilsplan von Maria in ihrem Leib getragen, aus Davids Samen und doch aus dem Heiligen

260 Gruppe von Dombes, Maria in Gottes Heilsplan und in der Gemeinschaft der Heiligen, dt. Frankfurt-Paderborn 1999, 20. In die gleiche Richtung wie die Gruppe von Dombes geht die Aussage von v. Campenhausen, Jungfrauengeburt 5: Es „kann von niemand bestritten werden, dass die alte Kirche – jedenfalls während der ersten Jahrhunderte – eine eigentliche Marienlehre gar nicht gekannt hat, d. h. keine thematische theologische Beschäftigung mit Mariens Person und Heilsbedeutung". Und auch wenn es bei einer Reihe von frühchristlichen Theologen gewichtige Aussagen über Maria gibt, stellen diese doch, gemessen an deren Gesamtwerk, eine verschwindend kleine Zahl dar.

Geist“ (IgnEph 18,2). Deshalb gehört für Ignatius die Geburt des Gottessohnes von einer wahren Mutter ins Zentrum seiner Verkündigung; sie ist „recht eigentlich das Heilszeichen des Christus-Glaubens.“[261] Ähnliches lässt sich von Irenäus v. Lyon sagen. So gehört am Ende des 2. Jahrhunderts das Bekenntnis zu Jesus Christus als dem aus Maria Geborenen „sicher zu den unbestrittenen Grundformeln“ des Glaubens.[262] Seit dem 3. Jahrhundert ist diese Überzeugung auch fester Bestandteil der Glaubensbekenntnisse (vgl. DS 10ff). Darin ist Maria (neben Pilatus) der einzig auftauchende Name, der das geschichtliche Handeln des Gottes in einen geschichtlichen Rahmen stellt.

Die schlichte Wahrheit, dass Maria die „Mutter des Herrn“ ist, wurde zu frühchristlicher Zeit in zweifacher Hinsicht problematisiert:

(1) von gnostischen und doketischen Gruppen;

(2) von radikal-nestorianischen Strömungen.

Zum Ersten:

Zur Charakterisierung der Gnosis lässt sich sehr verallgemeinernd – und das mag für unseren Zusammenhang genügen – sagen, dass den insgesamt sehr unterschiedlichen gnostischen Systemen die Radikalisierung dualistischer Tendenzen platonisierenden Denkens gemeinsam ist. Während im ursprünglichen Platonismus die Spannungspole von göttlicher und irdischer Welt, Geist und Materie, Seele und Leib in der Einheit des alles umfassenden Kosmos miteinander verfugt blieben, zerbricht diese Einheit in der Gnosis.[263] Sie sieht den Kosmos zerspalten in eine göttliche und eine widergöttliche Region; und der Mensch befindet sich in der Gewalt der widergöttlichen, die sich in Leib, Materie und sichtbarer Welt manifestiert und realisiert. Κόσμος – σκότος (Welt – Finsternis)!, heißt die neue, gegenüber dem ursprünglich platonischen Denken verschärfte gnostische Formel. Im Leib eingeschlossen und von sich selbst entfremdet, empfindet der Gnostiker den Widerhall der kosmischen Urdissonanz von πνεῦμα und σάρξ. Deshalb hofft er, von seinem In-der-Welt-Sein und seiner leibverfassten menschlichen Natur befreit zu werden, auf dass das pneumatische Selbst zu seiner ursprünglichen göttlichen Bestimmung „rück“-erlöst wird. Verliert die Geistseele im Tod den letzten Kontakt zur versklavenden Materie, kann sie die „Himmelsreise“ beginnen, zurück in das Reich des Geistes, aus dem sie präexistierend gefallen war. Erlösung

261 v. Campenhausen, Jungfrauengeburt 22.

262 K. S. Frank, Geboren aus der Jungfrau Maria, in: R. Kilian u. a. (Hrsg.), Zum Thema Jungfrauengeburt, Stuttgart 1970, 97.

263 Siehe dazu und zum Folgenden: E. Leist, Biblische und gnostische Seinserfahrung, in: H. Rombach (Hrsg.), Die Frage nach dem Menschen, FS M. Müller, Freiburg-München 1966, 326–351.

bedeutet mithin Befreiung *vom* Im-Leib-Sein sowie von den Bedingungen der materiellen Welt und nicht Befreiung *des* Leibes und der Welt von Sünde und Tod. Denn von der σάρξ – dem „Fleisch" weiß der Gnostiker nur eines: μὴ δεκτκὴ σωτηρίας – „es ist heilsunfähig". Deswegen kann der Erlöser auch keinen wahren Leib, sondern nur einen Scheinleib besitzen. Für Maria folgt daraus, dass ihre Mutterschaft nur eine scheinbare gewesen sein konnte. Auf diesem gnostisch-doketischen Hintergrund konnte gerade ihre *jungfräuliche* Mutterschaft *als* (!) jungfräuliche, d. h. als nicht den normalen Bedingungen des Leibes unterworfene, verstanden und gepriesen werden. Der pneumatische Sohn Gottes ging durch die Jungfrau Maria hindurch wie Wasser, das durch ein Rohr fließt, ohne dabei Spuren im Rohr zu hinterlassen.[264] Kurz: Jesus ging aus Maria hervor – so fasst Tertullian diese Position zusammen – „*durch* sie nicht *von* ihr, indem die Jungfrau ihm nicht Mutter, sondern Weg war".[265]

Demgegenüber war für die orthodox-kirchliche Lehre Maria die wahre, leibhaftige Mutter des leibhaftigen Erlösers. Dies gegenüber allem Doketismus herauszustellen, konnte bis hin zur Leugnung ihrer Jungfräulichkeit führen, zumindest was den Geburtsvorgang („virginitas in partu") anging,[266] wogegen sich die wichtigsten Belege für die Überzeugung von einer virginitas in partu gerade in gnostischen oder gnostisch beeinflussten Quellen finden.

Fazit: Die wahre Mutterschaft Marias ist schon ab den frühen Ignatiusbriefen Zeugnis und Beleg für die wahre Leiblichkeit (und damit für die wahre Menschwerdung) des Erlösers,[267] so wie umgekehrt dessen wahre Fleischwerdung für die wahre Mutterschaft Marias stand. Beides interpretierte sich gegenseitig und war füreinander wechselseitiger Garant.

Zum Zweiten:
Die um das wahre Wesen Jesu Christi sich rankenden christologischen Auseinandersetzungen des 3. bis 5. Jahrhunderts hatten zur Überzeugung geführt, dass

---

264 Vgl. Irenäus, Adv.haer. III, 11,3 (FC 8/3, 101): Einige Häretiker (Gnostiker, gemeint sind die Valentinianer) vertreten die Auffassung, dass „Jesus durch Maria hindurchgegangen sein soll wie Wasser durch eine Röhre," d. h. dass er „nichts von ihr angenommen hat": 22,3 (ebd. 277).

265 Tertullian, Contra Valentinianos 27, 1 (CC 2, 772). Siehe auch ders., De carne Christi 21, 4 (CC 2, 911).

266 Vgl. Tertullian, De carne Christi 23, 2 (CC 2, 914): „Maria ist Jungfrau in Bezug auf den (fehlenden) Mann; sie ist keine Jungfrau in Bezug auf die Geburt (virgo quantum viro, non virgo quantum a partu). Eine Frau, die geboren hat, hat geboren, und wenn sie jungfräulich empfing, dann ist sie durch die Geburt zur Frau geworden".

267 Siehe J. N. D. Kelly, Early Christian Doctrines, London ^{5}1977, 492. – Am deutlichsten im sog. Athanasianischen Glaubensbekenntnis: Christus ist Mensch „aus der Substanz der Mutter": DH 76.

Jesus Christus wahrer Gott und zugleich wahrer Mensch ist. Darin war *im Prinzip* bereits mitgegeben, dass Maria die Mutter des Gottessohnes ist. Doch die christologische Grundüberzeugung vom wirklichen Gott- und Menschsein Jesu brachte ein fundamentales Problem mit sich: Wie verhält sich beides, das Gottsein und Menschsein, zueinander? Denn wenn Jesus Christus seiner Gottheit nach leidensunfähig, seiner menschlichen Natur nach aber leidensfähig ist, so scheint daraus zu folgen, dass der (göttliche) Logos nicht alleiniges Subjekt von zwei *widersprüchlichen* Eigenschaften ist, sein kann. Wenn es aber zwei Subjekte sind, wie findet dann Jesus Christus seine innere Einheit? Auf diese Frage geben die beiden damals herrschenden Theologenschulen, die von Antiochien (Betonung der „Zweiheit“ und „Unterschiedlichkeit“ in Christus) und die von Alexandrien (Betonung der Einheit) eine je verschiedene Antwort.

Diese Problemstellung und die jeweiligen unterschiedlichen Antworttendenzen hatten eine unmittelbare Auswirkung auf die Sicht Marias, konkret auf die Frage nach der „Reichweite“ der Mutterschaft Marias. Hat Maria nur das „menschliche Subjekt“ Jesus geboren, oder kann sie zu Recht auch als Mutter des „göttlichen Subjekts“, also des Logos, des Sohnes Gottes bezeichnet werden? War sie wirklich θεοτόκος – Gottesgebärerin? Während im antidoketischen Kontext Maria gerade als Mutter des (leibhaftigen) Menschen Jesus herausgestellt worden war, verschob sich also jetzt der Fokus. Jetzt ging es um die Frage, ob sie (auch) Mutter der *Person* des menschgewordenen ewigen Gottessohnes genannt werden darf. Dies bejahte *der Sache nach* bereits Ignatius v. Antiochien, wenn er schrieb: „Unser Gott (!) Jesus Christus wurde von Maria empfangen“ (IgnEph 18). Dies bejaht vor allem auch die alexandrinische Schule, indem sie Maria als θεοτόκος bezeichnet, ein Titel, der wohl zu Anfang des 3. Jahrhunderts in Ägypten entstand ist und vermutlich erstmals,[268] und zwar um 325, bei Alexander v. Alexandrien, in einem dezidiert antidoketischen Zusammenhang greifbar wird: „Unser Herr Jesus Christus hat wirklich (ἀληθῶς) und nicht zum Schein einen Leib aus der Gottesgebärerin (θεοτόκος) Maria“.[269] Auch bei Athanasios ist das θεοτόκος zwölfmal überliefert, während die antiochenische Schule sowie der lateinische Westen es zwar *der Sache nach* vertreten, aber nicht mit dem genannten terminus technicus.

268 Erstmals vermutlich deshalb, weil ältere Vorkommen sich späteren Interpolationen verdanken oder aus anderen Gründen fraglich sind. Siehe dazu M. Starowieyski, Le titre θεοτόκος avant le concile d'Ephèse, in: StudPatr 19 (1989) 236–242. – Zum Begriff und zur Begriffsgeschichte θεοτόκος vgl. Th. Klauser, Gottesgebärerin, in: RAC 11, 1071–1103; W. Delius, Geschichte der Marienverehrung, München-Basel 1963, 81–89, 104–111; L. Scheffczyk, Theotokos, in: MarLex 6, 390–391.

269 Alexander v. Alexandrien, ep. ad Alex.Const., bei Theodoret v. Cyrus, Hist. eccl. I, 4 (GCS 82, 23,54).

Als der Mönch Nestorius († 451) Patriarch von Konstantinopel wurde,[270] gab es im Klerus seiner Stadt bezüglich der genannten *christologischen* Probleme (das Verhältnis von Gottsein und Menschsein Christi betreffend) erhebliche Auseinandersetzungen. Die einen stellten den offenbar von der Volksfrömmigkeit gestützten Titel „Gottesmutter" in Frage, weil Maria nur den Menschen Jesus geboren haben könne, die andern verteidigten den Titel vehementer. Bei denen, die die Bezeichnung θεοτόκος ablehnten, mag auch wohl die Zurückweisung paganer Mythen über Göttergeburten aus einer Gottmutter mitgespielt haben, zumal dies in Ephesus am Artemis-Kult hautnah erfahren wurde. Jedenfalls schreibt Nestorius im Jahr 429 an Papst Cölestin, dass es Leute gibt, die es wagen, „die Jungfrau und Christusgebärerin in gewissem Sinn mit Gott als göttlich zu behandeln."[271] Als Patriarch wollte Nestorius zwischen den beiden Parteien vermitteln und schlug vor, Maria nicht θεοτόκος, aber auch nicht ἀνθρωποτόκος (Menschengebärerin), sondern χριστοτόκος (Christusgebärerin) zu nennen, weil „Christus" jene Bezeichnung sei, die sich sowohl auf seine menschliche wie auf seine göttliche Natur beziehe. Dabei hielt Nestorius selbst (anders als einige seiner extremistischen Anhänger) an der Einheit von beiden „in einer einzigen Person" (ἐν μοναδικῷ προσώπῳ) fest (DH 251b). Für ihn gab es in Jesus Christus nicht „zwei Söhne", von denen Maria nur den einen, den menschlichen, geboren hat.[272]

Auf dem Hintergrund dieses Streites fand das Konzil von Ephesus 431 statt. Hier wird Nestorius auf Betreiben Cyrills hin, das nicht anders als unfair und intrigant zu charakterisieren ist, als Häretiker verurteilt.[273] Bei dieser Auseinandersetzung spielte auch wohl die Kritik eine Rolle, die Nestorius im gleichen Brief an seinem Widerpart Cyrill zu äußern „gewagt" hatte, dass dieser zu weitgehend auf der Einheit Jesu Christi insistiere. Er treffe – so Nestorius – vom göttlichen Logos dieselben Aussagen wie von dessen menschlicher Natur; diese könne zwar wie ein vom göttlichen Logos unabtrennbarer Tempel verstanden werde, aber der sei doch gerade – wie die Schrift sagt – im Kreuzestod Jesu niedergerissen und dann in drei Tagen wiederaufgebaut worden. Wie sich also die Schriftaussagen über Leiden, Tod und Auferstehung Jesu allein auf den „Tempel" des Logos bezö-

270 Zur Person des Nestorius sowie zur Vorgeschichte und zu den Vorgängen des Konzils von Ephesus vgl. L. I. Scipioni, Nestorio e il concilio di Efeso: storia, dogma, critica, Mailand 1974; H. E. W. Turner, Nestorius reconsidered, in: StudPatr 13 (1975) 306–321 (Lit.); L. R. Wickham, Nestorius / Nestorianischer Streit, in: TRE 24, 276–286 (Lit.).

271 Nestoriana, hrsg. v. Fr. Loofs, Heidelberg 1905, 165f, zit. nach Söll, Mariologie 90.

272 Vgl. den Brief des Nestorius an Cyrill v. Alexandrien, der auf dem Konzil von Ephesus (451) verlesen wurde: DH 251b.

273 Heute wird Nestorius sehr viel verständnisvoller und positiver beurteilt. Vgl. dazu A. Grillmeier, Jesus der Christus im Glauben der Kirche, Bd. I, Freiburg i. Br. 1979, 652–660.

gen, so auch die Aussagen über seine Geburt. Geboren wurde von Maria nicht der Logos, sondern der „Tempel“ des Logos.

Gegenüber diesen Ausführungen des Patriarchs von Konstantinopel machte sich das Konzil in Ephesus den zweiten Brief Cyrills an Nestorius zu eigen, den es dann auch zum konziliaren Beschluss erhob. Hierin heißt es:

> „Wir behaupten, dass die Naturen, die sich zu einer wahrhaftigen Einheit verbunden haben, zwar verschieden sind, Christus und der Sohn aber einer aus beiden ist, nicht etwa weil der Unterschied der Naturen wegen der Einung aufgehoben wäre, sondern vielmehr weil die Gottheit und Menschheit durch die unaussprechliche Verbindung zu einer Einheit uns den einen Herrn und Christus und Sohn gebildet haben. … Und so haben die heiligen Väter getrost die heilige Jungfrau Gottesgebärerin genannt, nicht etwa weil die Natur des Wortes bzw. seine Gottheit den Anfang des Seins aus der heiligen Jungfrau genommen hätte, sondern weil der mit einer Geistseele beseelte heilige Leib aus ihr geboren wurde“ (DH 250f).[274]

Mit dieser Erklärung ist zum Ausdruck gebracht: Maria ist *nicht* deshalb Gottesgebärerin, weil sie – auf der Linie mythologischer Vorstellungen – einen Gott geboren hat. Sie hat einen Menschen geboren. Dieser ist aber vom ersten Augenblick seiner irdischen Existenz an von Gottes Sohn als ihm ganz und gar zu eigen angenommen. Anders gesagt: Maria ist nicht Gottesgebärerin, weil sie Jesus Christus geboren hat, *insofern dieser Gottes ewiger Sohn ist*, sondern *insofern in ihm Gottes Sohn* Mensch *geworden ist* und seither in der strikten Einheit von göttlicher und menschlicher Natur existiert. Und eben weil er in unzertrennbarer Einheit beides ist: Gott und Mensch, kann und muss von ihm gesagt werden, dass Maria ihn als seine Mutter geboren hat. Oder anders herum formuliert: Der, den Maria geboren hat ist Gott, Gott der Sohn, Gottes Sohn.[275]

Auch wenn also das Konzil von Ephesus lehrt, dass Maria wahrhaft Gottesgebärerin genannt wird, lässt sich doch kaum sagen, dass diese Aussage feierlich

274 Dem Brief sind noch eine Reihe von Anathematismen angefügt, von denen der erste lautet: „Wer nicht bekennt, dass der Emmanuel in Wahrheit Gott und die heilige Jungfrau deshalb θεοτόκος ist (sie gebar nämlich dem Fleische nach das Fleisch gewordene göttliche Wort): Anathema“: DH 252.

275 Wir stehen hier vor einem Spezialfall der sog. Idiomenkommunikation: Wenn man in Aussagen über Jesus Christus den einen Gottmenschen meint, können von ihm sowohl menschliche als auch göttliche Eigenschaften und Wirkweisen ausgesagt werden, da beides in Bezug auf den einen und ganzen Gottmenschen zutreffend ist. Ist jedoch entweder die göttliche *oder* die menschliche Natur (deren Eigenschaften, Wirkweisen usw.) im Blick, können davon jeweils nur die der einen *oder* anderen Natur zukommenden Merkmale prädiziert werden.

definiert ist. Denn die eigentliche Aussageintention des Konzils war eine christologische: Jesus Christus ist ein einziges Subjekt, er ist „ein und derselbe" (εἷς καὶ αὐτός), sowohl Gott wie Mensch, und kein Dritter, der aus der Vereinigung zweier Subjekte, des Gottessohnes und des Mariensohnes, hervorgegangen ist (ἄλλος καὶ ἄλλος). Denn nur wenn der ewige Gottessohn *als er selbst* in unser Fleisch eingegangen ist, sind wir erlöst. Dieser Sachverhalt der unbedingten Einheit des Gott- und Menschseins in Jesus Christus wird im Blick auf die Funktion Marias sozusagen konkretisiert. Sie ist Mutter *dieses einen* und kann und darf deshalb auch Mutter des Gottessohnes, Mutter Gottes genannt werden.

Auf dieser Linie formulierte man auf dem 1. Konzil in Konstantinopel (381) – im Anschluss an das nizänische Glaubensbekenntnis – „Er ist Fleisch geworden aus dem Heiligen Geist und Maria, der Jungfrau" (DH 150). Während im griechischen Text vor beiden „Ursprungsprinzipien" Jesu Christi die gleiche Präposition („ἐκ" – „von") steht und damit der Heilige Geist und Maria gewissermaßen als gleichgewichtige „Koprinzipien" der Menschwerdung vorgestellt werden, unterscheidet die lateinische Übersetzung „de Spiritu Sancto ex Maria virgine" – „*vom* Heiligen Geist *aus* Maria der Jungfrau" die Unterschiedlichkeit der „Herkunftsprinzipien" und ihre ungleichgewichtige „Funktion". Wie auch immer: Maria ist als Mutter des Mensch gewordenen Gottessohnes hineingenommen in das Mysterium der Erlösung und des endgültigen Heils.

2. Paganisierung des Christentums?

Die durch das Konzil authentisierte Bezeichnung Marias als θεοτόκος wurde von der Bevölkerung von Ephesus, der Stadt der Großen Mutter Artemis, ein Ort, der mit dem Artimision das vielleicht hervorragendste aller „sieben Weltwunder" vorweisen konnte, mit Begeisterung aufgenommen. Denn in gewisser Weise trat das Bekenntnis zu Maria – θεοτόκος in die Spuren der bisherigen Verehrung der Artemis und löste diese (und in weiterer Folge darüber hinaus die übrigen weiblichen Muttergottheiten des Mittelmeerraums, von denen Artemis eine wichtige „Erscheinungsform" war) ab. Georg Söll spricht geradezu von einer

> „Umwandlung der Stadt Ephesus aus einer zentralen Kultstätte der Göttin Artemis … zu einem Mittelpunkt des christlichen Marienkults. Die christliche Archäologie wird wohl kaum erfassen können, wie viele Bilder oder Statuen von Muttergöttinnen über Nacht zu gefälligen und beliebten Darstellungen der Gottesmutter Maria geworden sind. Bei Denkmälern der Kunst war es oft nur die Änderung der Inschrift oder die Zugabe eines Heiligenscheins …, bei Gebeten und Gesängen handelte es sich nur um die Wandlung des Namens,

um ohne psychologische Vergewaltigung den zeitlosen Gefühlen und Sehnsüchten der gläubigen Verehrer eine neue Zielrichtung zu geben".[276]

Damit war und ist nicht notwendig eine Fortsetzung des Paganismus nur in neuen Kleidern gegeben. Hier fand vielmehr Inkulturation des Christentums statt, und zwar nach jenem Formalprinzip, das auch heute noch gilt und aktuell ist, wenn und wo der Offenbarungsglauben auf neue soziokulturelle Vorgegebenheiten trifft: Der Glaube knüpft dann sowohl an solche kulturelle Vorgegebenheiten an und greift sie auf, widerspricht aber auch gleichzeitig dem, was nicht assimilierbar ist, und verwirft es. Eben dies geschah auch mit der Inkulturation Marias in den Kult der Artemis.

Dass damit Maria in manchen Punkten an Artemis „assimiliert" wurde, ist nur *ein*, allerdings sehr bezeichnendes Beispiel für einen die Mariologie insgesamt bestimmenden Faktor,[277] den wir bereits in einem anderen Zusammenhang, dem der Symbolizität Marias (S. 111ff), gestreift haben. Dort wurde bereits ausgeführt, dass es in der „Logik" des Symbols liegt, seine Zeichenhaftigkeit zu steigern und zwar auf einen höheren Grad von Einheit der Gestalt, Integration der Aspekte und idealer Überhöhung hin. Wenn in diesem Prozess die Urgestalt des Symbols Maria durch Übernahme von anderen kulturellen Symbolwelten sowie von archetypischen Sehnsüchten und Träumen her in den Glanz höchster Schönheit (und damit auch „Evidenz") gestellt wurde, geschah dies nicht unkritisch und nicht ohne theologische Rechtfertigung, insofern für viele frühe Theologen die (an der Heiligen Schrift überprüften und von ihr her interpretierten) paganen Mythen unter das Interpretationsvorzeichen der „Vorbereitung auf Christus hin" gestellt wurden sowie in die Klammer des Paulus-Wortes: *Alles [Vorangehende] ist geschehen uns zum Vorbild, ... uns, auf die das Ende der Zeiten gekommen ist* (1 Kor 10,6.11).[278] Man mag nun *im Einzelnen* darüber streiten, wie weit genau

276 Söll, Mariologie 68.

277 Andere Beispiele für die Inkulturation Marias in die hellenistische Welt der „Gottesmutter-Gestalten" sind angeführt bei Klauser, Gottesgebärerin 1071–1103. Er weist allerdings darauf hin, „dass die heidnische Welt des Mittelmeerraums nur in Isis eine Gottesmutter hervorgebracht hat, die ... ein ähnliches Erscheinungsbild mit verwandter Gefühlsbetonung und eine so überragende Popularität besaß, wie später Maria, die freilich alle ihre Konkurrentinnen durch eine Eigenschaft in den Schatten stellte: sie war Mutter und doch Jungfrau": ebd. 1098. Da der Theotokos-Titel Marias erstmals (also noch vor dem Konzil in Ephesus) in Alexandrien, der „Stadt der Isis" greifbar ist, lässt sich die Beziehung Isis-Maria kaum leugnen. Vgl. auch M. Görg, Mythos, Glaube und Geschichte. Die Bilder des christlichen Credo und ihre Wurzeln im alten Ägypten, Düsseldorf 1992; ders., Die Göttin Isis und die Heilige Maria – Gottesmütter im Vergleich, in: US 59 (2004) 371–380; Schreiner, Maria 196–201; 226–229.

278 Vgl. Rahner, Griechische Mythen 93: „Gerade weil sich das Christentum ... als die le-

die Entwicklung des Symbols Maria „aliunde“, d. h. von außerhalb der biblischen Offenbarungsquelle her erfolgte oder ob es doch seine eigentlichen Antriebskräfte vom Innern des christlichen Glaubens her erhielt. Doch scheinen mir insgesamt die folgenden Passagen von Eberhard Wölfel einsichtig und bedenkenswert zu sein:

> „Der Ort der Mariologie ist nicht (oder nur am Anfang) die Historie. … Primär geht es in der Mariologie nicht einmal um die historische Persönlichkeit der Maria (so sehr diese in die Geschichte der Inkarnation hineingehört) …, sondern um das Wesensbild des Weiblichen, gesetzt durch die Schöpfung Gottes (Gen 1,26–28), erschlossen durch die Christusoffenbarung (die Rahmen, Horizont und Klammer aller materialen anthropologischen Aussagen bildet). … Für die Entstehung des christlichen Menschenbildes und die theologische Bewertung der Assimilation von außerchristlichem Traditionsgut geschieht hier Maßgebliches: Integration des Außerchristlichen bedeutet Selektion: *Assimilation kann es nur unter gleichzeitiger Abstoßung wesensfremder Züge geben. So gerade wird Synkretismus vermieden*“.[279]

Eine solche differenzierend-kritische Inkulturation zeigt sich z. B. im Faktum, dass bestimmte Regionalkirchen, wie etwa die römische, welche im Umfeld eines noch sehr lebendigen Kybele-Kultes lebte, lange Jahrhunderte hindurch den Titel Theotokos – Dei genitrix (oder auch Mater Dei) für Maria vermied,[280] eben um synkretistische Missverständnissen zu vermeiden.

Jedenfalls können Parallelen zwischen Maria und den zahlreichen, weit verbreiteten Muttergottheiten der Religionsgeschichte keinen grundsätzlichen Einwand gegen die Verehrung Marias und ihre theologische Positionierung bieten.

---

bendige, jegliches Menschentum (in den Dimensionen der Geschichte und in den Tiefen der Seele) umfassende Gestaltwerdung der göttlichen Offenbarung in Christus [verstand], gerade darum konnte die Kirche mit selbstsicherer Geste alles heimholen als ihr heimlich schon von Uranfang zugehöriges Eigentum, was je Wahres und Gutes vom griechischen Geist umfasst worden war“. Vgl. zum Ganzen auch E. Drewermann, der seine positive Sicht der antiken Mythologie erstmals vor allem in seiner großen Arbeit: Strukturen des Bösen, Bd. III, Paderborn u. a. [5]1986, 514–562, bes. 524ff entwickelt.

279 E. Wölfel, Erwägungen zu Struktur und Anliegen der Mariologie, in: W. Schöpsdau (Hrsg.), Mariologie und Feminismus = Bensheimer Hefte 64, Göttingen 1985, 71–102, hier: 85.91. Von daher lässt sich ein Begriff von Synkretismus entwickeln, der „die Synkretismusanfälligkeit des Christentums als Normalfall seiner religiösen Inkulturation“ verdeutlicht. So: V. Drehsen, Synkretismus ist nicht gleich Synkretismus. Zum Kriterienproblem bei der Anverwandlung des Fremden, in: A. Lienkamp/Chr. Lienkamp (Hrsg.), Die „Identität“ des Glaubens in den Kulturen. Das Inkulturationsparadigma auf dem Prüfstand, Würzburg, 1997, 39– 53, hier: 37.

280 Vgl. Fr. Courth, Mariologie, in W. Beinert (Hrsg.), Glaubenszugänge II, Paderborn u. a. 1995, 299–398, hier: 341.

Im Gegenteil! „Spricht sich – fragt Heinrich Maria Köster – in einer so allgemeinen Erwartung und Überzeugung etwas anderes als die Sehnsucht der Natur aus?,“[281] nämlich die Sehnsucht nach einer bedingungslos liebenden, verlässlichen Mutter, welche Geborgenheit und Heimat verspricht und Beistand und Hilfe in den Einsamkeiten und Gefahren des Lebens zukommen lässt.[282] Und ist solche Sehnsucht der Natur nicht letztlich gottgewirkt? Zudem: Gibt es in der Mythologie der Religionen nicht so etwas wie „Vorentscheidungen“ der Wahrheit, die in Jesus Christus ihre Erfüllung findet? Von solchen „Vorentscheidungen“ sagt Reinhold Schneider, dass „ohne deren Fortwirken in der Seele des Menschen die Wahrheit vielleicht nicht aufgenommen wäre, wie sie wurde. Das Wesen des Menschen, der Welt war in der Richtung der Antwort gebildet, geführt, die sich in der Erscheinung des Engels vor der Jungfrau ereignet hat“.[283] Überdies dürfte Carl Gustav Jung recht in seiner Annahme haben: „Das Christentum selber hätte sich in der antiken Welt nicht mit dieser Schnelligkeit ausgebreitet, wenn seiner Vorstellungswelt nicht eine analoge psychische Bereitschaft entgegengekommen wäre“.[284] Wir werden auf dieses Problem im 3. Kap. des Zweiten Teils nochmals zurückkommen.

3. Weitere Entwicklungen

Kommen wir zurück zum theologischen Ursprung des Theotokos-Titels. Wir sahen: Der Sachverhalt der unbedingten Einheit des Gott- und Menschseins Jesu Christi wird im θεοτόκος-Titel Marias anschaulich und konkretisiert. So hat er primär eine christologische Funktion. Erst sekundär nimmt er Bedeutung für Maria selbst an: Weil sie die Mutter dieses Einen ist, der im Glauben als Gott *und* Mensch bekannt wird, kann und darf sie „Gottesgebärerin“ genannt werden. Seit dem Konzil von Ephesus gehört dieses Bekenntnis zur θεοτόκος (lt. „Deipara“ oder „Dei Genetrix“) zu den unbestrittenen Überzeugungen aller christlichen Kirchen, die sie in ihren Glaubensbekenntnissen öffentlich bezeugen, auch wenn die *Rezeption des ausdrücklichen Titels (qua Titels)* anfangs noch recht schwach war. So benutzen ihn weder im Osten die antiochenische Schule, z. B. Johan-

281 H. M. Köster, Die Magd des Herrn. Theologische Versuche und Überlegungen, Limburg ²1954, 358.

282 Vgl. dazu auch G. Baudler, Einführung in symbolisch-erzählende Theologie. Der Messias Jesus als Zentrum der christlichen Glaubenssymbole, Paderborn 1982, 246.

283 R. Schneider, Die heilige Frau, in: O. Karrer (Hrsg.), Maria in Dichtung und Deutung. Eine Auswahl, Zürich 1962, 270.

284 C. G. Jung, Antwort auf Hiob, Zürich 1952, 126.

nes Chrysostomus, noch im Westen Hieronymus und Augustinus, obwohl sie *der Sache nach* die zugrunde liegende Überzeugung vertreten. Denn etwa bis zum 8. Jahrhundert wurde die Bezeichnung θεοτόκος – „Dei Genetrix" noch allzu sehr mit mythischen Vorstellungen verbunden. Auch lag dieser Bezeichnung ein monophysitisches „Gerüchlein" nicht ganz fern, insofern in diesem Titel gerade das nicht ausdrücklich thematisiert wird, was Maria ist: nämlich die Mutter des *Mensch* gewordenen Gottessohns.[285] Doch ernsthaft in Frage gestellt wurde die Bezeichnung θεοτόκος nach dem Konzil von Chalzedon und vollends nach dem 2. Konzil v. Konstantinopel (553) von niemandem mehr. Insofern gibt es hinsichtlich der Glaubensaussage von Maria als Theotokos im Grunde keine *wesentlichen* Entwicklungen. Doch wird das Mutter-Sein Marias in der Folgezeit in jeweils neue Perspektiven gestellt und mit neuen Akzenten versehen.

(a) Ganzheitliche Mutterschaft

Dieser Vorgang begann schon gegen Ende der patristischen Zeit. Nachdem die nestorianischen Auseinandersetzungen ihre aktuelle Bedeutung verloren hatten, gewann gegenüber dem Titel θεοτόκος – Gottesgebärerin die Bezeichnung μήτηρ τοῦ θεοῦ – Gottesmutter bzw. Mutter Gottes allmählich die Oberhand. Der Ausdruck θεοτόκος akzentuiert nämlich eher den Vorgang des Gebärens und damit die „Funktion" Marias in der Hervorbringung der menschlichen Natur Jesu und lag deshalb den monophysitischen Theologen und Gruppierungen (welche den Ton auf das Gottsein Christi legten und sein Menschsein an die zweite Stelle rückten) besonders nahe. Demgegenüber hebt μήτηρ τοῦ θεοῦ mehr die tiefe und prägende persönlich-existentielle Beziehung zwischen Mutter und Sohn hervor. Muttersein bedeutet ja unendlich viel mehr als nur ein „physiologisches Gebären" des zuvor im eigenen Leib herangewachsenen neuen biologischen Lebens.

Diese Vertiefung von Muttersein wurde zu verschiedenen Zeiten in verschiedenen Dimensionen neu entdeckt und zur Sprache gebracht. Dabei gaben meist soziokulturelle epochale Umbrüche die Initialzündung oder förderten wenigstens die innerkirchlichen Entwicklungen. So kommt es etwa im Laufe des 12. Jahrhundert im Abendland zu einer (ersten) Entdeckung der emotional-„romantischen" Liebe,[286] welche auch enorme Folgen für die Theologie insgesamt und besonders

285 Zurückhaltung gegenüber dem Theotokos–Titel wurde auch deswegen geübt, weil er von den sog. Apollinaristischen Theologen, die die volle Menschwerdung des ewigen Gottessohnes nicht angemessen zum Ausdruck brachten, bevorzugt, ja sogar auch von Arianern gebraucht wurde.

286 Vgl. E. Cousins, A Theology of interpersonal Relations, in: Thought 45 (1970) 59: At this time „that the Troubadors were giving expression to romantic love, the religious writers of the times were exploring Christian charity and mystical love". Kurz: „Twelfth-century France was in love for love": J. Casey, Atheist for God. Spiritual desire in Bernard of

für die Mariologie hatte. Es treten jetzt – ablesbar an künstlerischen Darstellungen – zwei Dimensionen in den Vordergrund des Interesses: einmal die Zärtlichkeit Marias zu ihrem Kind und zum anderen ihr Mitempfinden mit dem gemarterten Sohn und ihr Mit-Leiden unter dem Kreuz (vgl. das „Stabat Mater" Jacopone da Todis). In diesem Kontext wird Joh 19 neu gelesen und auf eine geistliche Mutterschaft Marias für die Kirche hin interpretiert,[287] eine Mutterschaft, die ihr gerade aufgrund ihres Mit-Leidens mit dem Sohn zuerkannt wurde und die schließlich bis hin zur Konzeption von Maria als „Miterlöserin" führte".

Eine Renaissance und einen nochmaligen Anstoß erfuhr diese stark emotional geprägte Sicht der mütterlichen Liebe Marias in der empfindsamen Barock- und Rokokozeit.

Eine wiederum andere neue Akzentuierung erfuhr (und erfährt) die Rede von der Mutterschaft Marias in der Neuzeit, und zwar im Gefolge sowohl des sog. Personalismus wie der Psychoanalyse. Hier wird entdeckt und herausgestellt, dass das Kleinkind durch die Mutter die erste und grundlegende, die ganze Lebensgeschichte prägende Öffnung zur Welt hin erfährt. Erst durch die Zuwendung der Mutter wird dem Kind Wirklichkeit eröffnet, erst an der Mutter erwacht es zu eigenem Bewusstsein und damit zu sich selbst. An ihr lernt es auch verstehen, „dass – so Hans Urs v. Balthasar – das Du der Mutter nicht das Ich des Kindes ist, aber beide Zentren in der gleichen Ellipse der Liebe schwingen, und … dass diese Liebe das höchste und schlechterdings genügende Gut ist", auf welches die Mutter mit ihrer Hinwendung zum Kind nur „verweist".[288] Genauer noch: Wo

Clairvaux's Sermons on the Song of Songs, Kalamazoo 1988, 34. Siehe zum Ganzen auch P. Dinzelbacher, Sexualität/Liebe. Mittelalter, in: ders. (Hrsg.), Europäische Mentalitätsgeschichte, Stuttgart 1993, 70–89, hier: 79f; P. Rousselot, Pour l'histoire du problème de l'amour au Moyen Age, Münster 1908.

287 Diese Interpretation von Joh 19findet sich in der Frühzeit der Kirche fast überhaupt nicht. Siehe dazu S. 92 und die Übersicht bei Th. Koehler, Les principales interprétations traditionelles de Jean 19,25–27 pendant les douze premiers siècles, in: EtMar 16 (1959) 5–22.

288 H. U. v. Balthasar, Spiritus Creator, Einsiedeln 1967, 13. Vgl. auch Vgl. W. Pannenberg, Anthropologie in theologischer Perspektive, Göttingen 1983, 224: „Die Mutter vertritt und repräsentiert für das Kind in seiner ersten Lebensphase die sie übersteigende und durch sie dem Kind zugewandte Liebe Gottes". Siehe dazu vor allem H. U. v. Balthasar, Herrlichkeit III/1: Im Raum der Metaphysik, Einsiedeln 1965, 945f; ders., Der Zugang zur Wirklichkeit Gottes, in: MySal II,15; F. Ulrich, Der Mensch als Anfang. Zur philosophischen Anthropologie der Kindheit, Einsiedeln 1970. Dazu als Kommentar R. Feiter, Zur Freiheit befreit. Apologie des Christlichen bei F. Ulrich, Würzburg 1994, 114–127. – Sowohl A. K. Wucherer-Huldenfeld, Geburtszustand und weltoffene Daseinsweise, in: S. Schindler (Hrsg.), Geburt. Eintritt in eine neue Welt, Göttingen u. a. 1986, 173–191 wie auch Mühlen, Im-Wir-Sein, 60–69 und ebenso St. Oster, Person und Transsubstantiation, Freiburg i. Br. 2010, 179–231 untermauern diese Ausführungen mit Hinweisen auf Ergebnisse empirischer Kinderpsychologie und -soziologie.

eine Mutter ihr Kind in Liebe anspricht, geschieht für dieses kleine Wesen ein Dreifaches: Ihm wird bewusst, (1) dass Selbstsein untrennbar ist von Sich Verdanken durch die Mutter, (2) dass es sich nur besitzt, indem es in seinem Wesen Raum freigibt für andere und (3) dass die eröffnete Gabe des Selbstseins zugleich zur Antwort, zur Auf-Gabe herausfordert.[289] An anderer Stelle führt der Basler Theologe dies noch näher aus und appliziert es auf die Mutterschaft Marias: Im Lächeln der Mutter geht dem werdenden Menschen auf, „dass es eine Welt gibt, in die er aufgenommen, in der er willkommen ist, und in dieser Urerfahrung weiß er erstmals um sich selbst. Dieses alles menschliche Dasein grundlegende Ereignis, dessen ganze Tragweite erst in unserer Zeit gebührend beachtet wird, begleitet die übrigen Funktionen des Wachstums und der Erziehung“.[290] Denn der Eintritt in die Welt ist nichts Punktuelles. Ein Kind wird durch die Mutter nicht nur „physiologisch“ (im Zeitpunkt der leiblichen Geburt) zur Welt gebracht, sondern auch geistig und geistlich, also ganzheitlich, und dies nicht nur in der allerersten Lebenszeit. Durch die Mutter erfolgt kontinuierlich die Einführung ihres Kindes in Sprache und Geschichte, Werte-„System“ und Brauchtum einer bestimmten Gesellschaft und damit in ein konkretes Welt- und Selbstbewusstsein.[291] Deshalb verdankt auch Jesus dieses seiner Mutter, „wenn wir nicht annehmen wollen, dass er als ein übernatürliches Wunderkind dieses Bewusstsein keinem Menschen verdanken sollte. Das aber würde sein echtes Menschsein gefährden“.[292]

Damit ist auch aufs engste die Einführung des Kindes Jesus durch seine Mutter in den Glauben Israels verbunden. Sie „muss so erfolgt sein, dass er dadurch in Stand gesetzt wurde, seine eigene Sendung aus dem Spiegel der Verheißung heraus zu erkennen. So sehr sein persönliches Gebet und der ihm einwohnende Heilige Geist ihm diese Sendung immer tiefer erschlossen haben mögen, der menschliche, vornehmlich von Maria geleistete Beitrag darf keinesfalls unterschätzt werden“. Dies tritt vor allem dann ins Licht, wenn man sich vergegenwärtigt, was es heißt, dass Maria Jesus gelehrt hat, zu Gott „du“ und „Vater“ zu sagen.

289 Eine nochmals andere Perspektive eröffnet H. U. v. Balthasar, Zu meinem Werk, Einsiedeln ²2000, 98, wenn er zeigt, dass sich dem Kind im Verhältnis zur Mutter auch die transzendentalen Eigenschaften des Seins erschließen.

290 H. U. v. Balthasar, Maria in der kirchlichen Lehre und Frömmigkeit, in: J. Ratzinger/H. U. v. Balthasar (Hrsg.), Kirche im Ursprung, Freiburg i. Br. 1980, 46f.

291 Vgl. Oster, Person 193: „Das Kind hat in dieser Phase keine ‚andere Welt‘ als die von den Eltern ge- und bedeutete. Sie ist ihm das Ganze, und insofern ist die Erfahrung einer personalen Bedeutsamkeit der Welt für das Kind zugleich universal und total: das Ganze“. Wobei freilich auch zu beachten ist, dass das Kind immer auch schon eine eigene Wesensart besitzt, so dass die elterliche Erziehung nur gelingt, „wenn das Kind auch in seiner je eigenen, schon vorweg gegebenen unverfügbaren Andersheit … wahrgenommen, bejaht und geliebt wird“: ebd. 195.

292 Balthasar, Maria 46f. Dort auch das nächste Zitat.

In der gegenwärtigen Christologie spielt es seit einigen Jahren eine beträchtliche Rolle, von der (besonderen) Gottes-anrede Jesu auszugehen, um von hier aus dessen tiefstes Wesen zu erschließen. Auch ohne Einzelheiten zu wissen oder solche herauszu-„spekulieren“, kann man mit Sicherheit davon ausgehen, dass Maria für das Zustandekommen der Gottesbeziehung Jesu den grundlegenden Faktor bildet. Angesichts dessen, dass heute zu Recht gegen die in der bisherigen Christologie immer wieder sich vordrängenden monophysitischen Tendenzen herausstellt wird, dass Jesus Christus „uns in allem gleich wurde, ausgenommen die Sünde“ (Hebr 4,15), erhält die Mutterschaft Marias für die Ausbildung seines „Uns-gleich-Seins“ eine unübertreffbare Bedeutung. Maria tritt mit kaum zu überschätzenden Gewicht in das gottmenschliche Leben ihres Sohnes ein. Ivan Salvadori sieht in seiner Studie über das Selbstbewusstsein Jesu sogar enge Beziehungen zwischen dem „Immaculatus-Sein“ Jesu und dem „Immaculata-Sein“ Marias (siehe zum Letzteren S. 236ff). Beides bedingt sich gegenseitig. [293] So umfassend und prägend ist Mutterschaft und damit auch die Mutterschaft Marias.

(b) Exkurs: Mutterschaft Marias – „Fundamentalprinzip“?

Noch in anderer Weise spielt die Mutterschaft Marias eine theologische Rolle, und zwar in hermeneutischer Hinsicht.

Seit etwa hundert Jahren wurde (und wird) von katholischen Theologen die Frage verhandelt, ob nicht aus der Tatsache der Gottesmutterschaft Marias letztlich *alle anderen* marianischen Aussagen herrühren und abgeleitet werden können bzw. – anders formuliert – ob die Gottesmutterschaft nicht das „Fundamentalprinzip“ bzw. die „mariologische Grundidee“ (Karl Rahner) bildet, worin alles andere wie in einem Keim angelegt ist.[294] Aber gibt

293 Siehe dazu I. Salvadori, L’autocoscienza di Gesù, Rom 2011, 354ff. Er sieht „nel dogma dell’Immacolata concezione non un privilegio ingiusta mente accordato a una creatura, ma una concezione teologicamente indispensabile in ordine al momento destante della scienza di Gesù“: ebd. – Fragwürdiger dürfte es allerdings sein, daneben auch „biologische Konsequenzen“ der Mutter Maria für ihr Kind zu vermuten. Aber wenn die Jungfrau Maria *wirklich* (und nicht nur in einem „geistlichen Sinn“) Mutter Jesu war, lässt sich die Folgerung nicht ganz zurückweisen, dass Jesu „DNA mit ihrer identisch war; dass er ihr aus dem Gesicht geschnitten … war“: A. Posener, Tochter Zion? Maria als jüdische Mutter, in: Th. A. Seidel/U. Schacht (Hrsg.), Maria. Evangelisch, Leipzig-Paderborn 2011, 137–144, hier: 138.

294 Siehe den historischen Durchblick bei J. Radkiewicz, Auf der Suche nach einem mariologischen Fundamentalprinzip. Eine historisch-systematische Untersuchung über die letzten hundert Jahre, Konstanz 1990 (Lit.). Siehe ferner: A. Müller, Marias Stellung und Mitwirkung im Christusereignis, in: MySal III/2, 407–421 (Lit.); H. Steinhauer, Maria als dramatische Person bei Hans Urs von Balthasar. Zum marianischen Prinzip seines Denkens, Innsbruck-Wien 2001, 26–30; M. Kerkloh, ‚…die in vollkommenster Weise Erlöste‘. Die Frage nach einem mariologischen Grundprinzip bei Rahner, München-Ravensburg 2005; Hartmann, Magd 91f (Lit.).

es überhaupt ein solches Prinzip? Dazu Wolfgang Beinert: „Wenn es ein solches Prinzip gibt, würde aus ihm die Einheit und Kohärenz der ganzen Mariologie sichtbar werden. Zugleich böte es einen guten Schutz und eine wirksame Kontrollinstanz gegenüber allen Wucherungen und Überschwenglichkeiten, zu denen die Marienfrömmigkeit neigt. Ein Satz über Maria wäre nur dann richtig, wenn er logisch aus jenem Grundprinzip hervorgeht. ... Ein solches Fundamentalprinzip scheint leicht zu finden sein. Letzten Endes beruht alles, was man über Maria sagen und ausmachen kann, auf der heilsgeschichtlichen Tatsache, dass sie die Mutter Gottes ist“.[295]

Doch gegen solche Überlegung erhebt Beinert selbst den Einwand, dass die Gottesmutterschaft allein nicht genügt, um hieraus alle übrigen mariologischen Aussagen herzuleiten. Auch Karl Rahner, der in einer kleinen Skizze die um die Fünfziger Jahre des vorigen Jahrhunderts vertretenen Meinungen zum mariologischen Fundamentalprinzipien kurz zusammenstellt,[296] kommt zu dem Ergebnis, dass die „Mutterschaft Marias“, allein und isoliert betrachtet, nicht ausreicht, um daraus alle anderen wichtigen Aussagen zu deduzieren und Marias heilsbedeutsame Stellung zu verstehen. Es sei vielmehr zu fragen, worin das innerste Wesen gerade *dieser* Mutterschaft beruht und inwiefern in dieser *Besonderheit* (dass sie z. B. auch „unsere Mutter“ ist, dass sie die Mutterschaft der ganzen Kirche zusammenfasst u.dgl.) alle übrigen Aussagen gründen. An dieser Frage aber scheiden sich die Geister. Denn außer der Mutterschaft und deren weitere „Spezifikationen“ wurden und werden auch noch andere „Fundamentalprinzipien“ namhaft gemacht.[297]

Was den derzeitigen Stand der Diskussion angeht, so ist man sich heute nicht einmal darin einig, ob die Frage nach einem Fundamentalprinzip richtig gestellt ist, ob es z. B. nicht angemessener ist, nach einer „zentrierenden Mitte“ Marias und damit der Mariologie zu fragen. Wir wollen hier die Frage nach einem möglichen Fundamentalprinzip der Mariologie nicht weiterverfolgen, sondern zunächst weiteren Grundaussagen über Maria nachgehen.

Die Auseinandersetzungen um den θεοτόκος-Titel standen ursprünglich in einer dezidiert christologischen Perspektive. Doch dadurch geriet auch Maria selbst in ein deutlicheres Visier: Es musste sich zwangsläufig die Frage stellen, was ihr „Mutter-Gottes-Sein“ in heilsgeschichtlicher Hinsicht bedeutete. Als „ein bloßes Stück der privaten Biographie“ eines Mädchens von Nazaret wäre es mit Sicherheit unterbestimmt. Schon die Verkündigungsszene bei Lukas zeigt, dass es sich – so Karl Rahner – um ein „Ereignis der öffentlichen Heilsgeschichte“ handelt, mehr noch als der Glaube Abrahams. Sie macht „das Tor der Welt für das endgültige Kommen des erlösenden Gottes in das Fleisch der Menschheit auf.“ Und dies tut sie in Freiheit, „weil Gott kommen will und ihr wegen dieses bedingungslosen Heilswillens zur Welt selber gibt, die Bedingung zu setzen, unter der Gottes Wort

295 Beinert, Heute 71f.

296 Rahner, Assumptio 274f, 528f.

297 Um nur eines zu nennen: Semmelroth, Urbild 38 schlägt vor, anstelle der Mutterschaft Marias ihre Urbildhaftigkeit für die Kirche als Prinzip zu nehmen.

kommen wollte: in der Freiheit derer, die ihn aufnehmen sollten, weil es frei kommen wollte".[298]

Was bedeutet es aber für Maria, ein maßgeblicher Faktor in der öffentlich-amtlichen Geschichte des Heils zu sein? Mit dieser Frage eröffnet sich nochmals eine neue Dimension der Mutterschaft Marias. Wurde sie anfangs als Zeichen und Garant des wahren Menschseins Jesu gegen alle gnostisch-doketische Bestreitung gesehen und wurde sie sodann unter dem Titel θεοτόκος als Kriterium des wahren Gottseins ihres Sohnes verstanden, so weitete man schon sehr früh ihre Mutterschaft auf die ganze Kirche aus. Der Schritt dazu setzte etwas anderes voraus, dass man nämlich Maria „vor" ihrem Muttersein als Glaubende in den Blick nahm und damit erst als Prototyp der Kirche verstehen konnte. Auf dieser Linie schreibt Augustinus – durchaus im Sinne vieler Väter vor ihm – im Anschluss an Mk 3,31ff bzw. Mt 12,46f: „Maria hat nun wirklich den Willen des Vaters getan, und darum ist es mehr für Maria, Jüngerin Christi als Mutter Christi gewesen zu sein. Seliger ist es, Jüngerin Christi als Mutter Christi gewesen zu sein".[299] Was hat diese Sicht für Folgen?

298 K. Rahner, Die Unbefleckte Empfängnis, in: Schr. I, 223–237, hier: 225f. 228.
299 Augustinus, serm. Denis 25, 7 (Morin 163).

§ 2 Mutterschaft Marias und Mutterschaft der Kirche in der Patristik

Schon in der Frühen Kirche wird die Mutterschaft Marias nicht nur in ihrem mütterlichen Verhältnis zu Jesus gesehen, sie wird vielmehr angenähert/parallel gesetzt/identifiziert – welche Bezeichnung hier am ehesten zutrifft, wird sich noch zeigen müssen – mit der Mütterlichkeit/Mutterschaft der Kirche.[300] Da die Kirche eine geistig-geistliche Wirklichkeit ist, kann Mütterlichkeit/Mutterschaft in diesem Zusammenhang natürlich nur einen weiteren, analogen Sinn haben, nämlich den einer geistig-geistlichen Herkunft, einer besonderen Fürsorglichkeit und Unterstützung. Konkret geht es darum, dass durch das Wort des Glaubens und durch die Taufe – beides vermittelt durch die Kirche – der Mensch im Sinne von Joh 3,2f neu geboren wird und als Neugeborener, d. h. als Bruder und Schwester Jesu Christi, in der und durch die Kirche begleitet wird. Wenn nun die Mütterlichkeit Marias zu der der Kirche in ein ganz enges, im Einzelnen noch zu klärendes Verhältnis gebracht wird, stellt sich die Frage, ob und in welche Dimensionen hinein sich dadurch die maternitas Mariae ausweitet.

Alois Müller hat in seiner vielzitierten, z. T. aber auch kritisch rezensierten Studie „Ecclesia – Maria. Die Einheit Marias und der Kirche“[301] die meisten jener patristischen Aussagen, welche Maria und Kirche als Urbild und Abbild bzw. als Typus und Antitypus präsentieren, ja als *Einheit* erscheinen lassen, zusammengestellt und interpretiert. Diese Einheit Marias und der Kirche, eine Einheit, die vor allem darin gründet, dass beide ein- und dieselbe mütterliche Funktion ausüben, stellt er sogar als die entscheidende Pointe der marianischen Aussagen der ganzen Vätertheologie heraus. Wie ist dieses Verhältnis von Maria und Kirche im Kontext der vorliegenden Texte genauer zu verstehen?

Wie fast alle marianischen Aussagen hat auch die These von der Identität der Mutter Maria und der Mutter Kirche, die, im 2./3. Jahrhundert beginnend, sich spätestens ab dem 4. Jahrhundert *durchgehend* bei den Vätern findet, eine längere Vorgeschichte. In ihr fügen sich zwei Aussagereihen zusammen: die eine geht

300 Die neuere Lit. dazu ist angeführt bei A. Dittrich, Mater Ecclesiae. Geschichte und Bedeutung eines umstrittenen Marientitels = BDS 44, Würzburg 2009.

301 Freiburg (Schweiz) ²1955. Müller will zeigen, dass zwischen Maria und Kirche „eine völlige communicatio idiomatum“ herrscht: ebd. 6. Zur gleichen Thematik siehe auch H. Rahner, Maria und die Kirche, Innsbruck u. a. ²1962. Die in die gleiche Richtung zielende Studie von H. Coathalem, Le parallelisme entre la sainte Vierge et l’Eglise dans la tradition latine jusqu’à la fin du XIIe siècle, Rom 1954 gibt dagegen einen eher systematischen Überblick ohne präzise Analyse der einschlägigen Texte.

eher von der Bedeutung Marias, die andere eher von der der Kirche aus. Wir skizzieren im Folgenden diese beiden Momente zunächst hintereinander.

1. Maria – die neue Eva, „Mutter aller Lebendigen" (Gen 3,20)

Dass Maria unter einem *sehr allgemeinen* Gesichtspunkt Heilsmittlerin ist, lässt sich schon vom Neuen Testament her kaum bestreiten: schließlich hat sie als Mutter der Welt Christus vermittelt, der das Heil in Person ist. Aber bedeutet diese indirekte „Heilsvermittlung" mehr als nur das Gebären des wahren und direkten Heilsmittlers? Gewiss, schon bei Lukas wird mindestens andeutungsweise klar, dass Marias Glaube (und nicht allein ihr physiologisches Muttersein) die eigentliche Zugangspforte des Gottessohnes in die Welt ist. Aber ist Maria Heilsmittlerin nur, insofern sie Zugangspforte ist, also am Anfang steht, und ist sie es danach nicht mehr? Die ganze mariologische Reflexion der neuzeitlichen Theologie stützt sich vor allem auf die schon früh dokumentierte, analog zur paulinischen Adam-Christus-Parallele formulierte Eva-Maria-Parallele und leitet von daher die universale (mütterliche) Heilsmittlerschaft Marias ab. Ob dies zu Recht geschieht, ist im Folgenden besonders zu überprüfen.

Schon bei Justin († um 165) wird der Ansatz einer theologischen Reflexion greifbar, welche – so lautet eine oft vertretene Interpretation – Maria eine universale heilsgeschichtliche Rolle zuspricht. Bei ihm werden erstmals Eva und Maria in eine strikte Parallele gesetzt. Leo Scheffczyk hält diese Eva-Maria-Parallele sogar für die eigentlich bestimmende marianische Grundidee der Patristik, der gegenüber die Mutterschaft Marias zurücktritt.[302] Das mag man bezweifeln. Dennoch war die besagte Parallelisierung das movens für die Entwicklung weiterer Einsichten in die Bedeutung Marias.

Das nach unserem Kenntnisstand erstmalige Auftauchen dieser Parallele bei Justin lautet so:

> „Wir wissen, dass er [Christus] aus der Jungfrau Mensch geworden ist, damit auf dem gleichen Wege, auf welchem die von der Schlange verursachte Sünde ihren Anfang nahm, die Sünde auch aufgehoben werde. Denn eine Jungfrau war Eva und unverdorben, doch gebar sie, nachdem sie das Wort der Schlange empfangen hatte, Ungehorsam (παρακοή) und Tod. Glauben und Freude dagegen empfing die Jungfrau Maria, als der Engel ihr die Frohe Botschaft brachte. …".[303]

302 Vgl. Scheffczyk, Mariengestalt 212f. Ähnlich auch Semmelroth, Urbild 21f.
303 Dial. 100, 4f (PTS 47, 242f). – Die dt. Ü. nach der durch K. Greschat und M. Tilly neu her-

Hier ist zunächst nur die Rede vom „Anfang" des Unheils und des Heils, für den Eva bzw. Maria stehen. Da aber – so eine verbreitete Schlussfolgerung – die „Wirkung" des von Eva verschuldeten Unheils sich auf die ganze Geschichte und damit auf die ganze Menschheit bezieht, muss auch der Glaube Marias mehr erwirken als nur den „Startpunkt", den Beginn des Heils. Dabei kann offen bleiben, ob Justin mit der Eva-Maria-Parallele ein Analogon zur paulinischen Adam-Christus-Parallele zu geben *beabsichtigte* und ob er dabei Gen 3,15, das sog. Protoevangelium, im Auge hatte.[304]

Dieser erste vorsichtige Hinweis auf die Eva-Maria-Parallele durch Justin wird im heilsgeschichtlichen Entwurf des Irenäus v. Lyon (2. Hälfte des 2. Jahrhunderts) weiter ausgearbeitet.[305] Sein Entwurf ist – kurz gesagt – geprägt von der Idee der ἀνακεφαλαίωσις, lat. recapitulatio, d. h. der Neuintegration der durch die Sünde gefallenen und damit desintegrierten Schöpfung unter das eine Haupt, das Jesus Christus ist. Dies geschieht dadurch, dass der Erlöser die durch die Sünde verdorbene Geschichte nochmals, in analoger Weise, durchschreitet, durchsteht und besteht, sie eben dadurch zur ursprünglichen, gottgewollten Vollendung bringt und die οἰκονομία Gottes, d. h. den göttlichen Heilsplan mit der Welt erfüllt. In diesem ersten großen „systematischen Entwurf" des christlichen Glaubens spielt die auf Paulus (Röm 5,14; 1 Kor 15,22.43) zurückgehende Adam-Christus-Parallele eine entscheidende Rolle: Christus „löst die Knoten"[306] der von Adam her misslungenen Geschichte und gibt ihr auf diese Weise eine neue, die von Gott ursprünglich vorgesehene Richtung.

Genau in diesem Zusammenhang wird Maria eingeführt. Die bei Justin nur ansatzweise zu findende Eva-Maria-Parallele wird in der und mit der Adam-Christus-Parallele zusammen weiterentfaltet[307]: So wie Christus die Untaten Adams durch sein Leben und Sterben wiederhergestellt hat, so hat Maria die Untaten Evas durch ihren Gehorsam re-integriert.

> „Wie durch eine ungehorsame Jungfrau der Mensch geschlagen wurde und des Todes starb, so hat er auch hier durch die Jungfrau, die dem Wort Gottes

---

ausgegebenen BKV-Ausgabe Justinus, Dialog mit dem Juden Tryphon, Wiesbaden 2005, 202 übersetzt hier παρακοή nicht sehr präzise mit „Sünde". Vgl. dagegen G. Kittel, ἀκούω ecc., in: ThWNT I, 216–225, hier: 224.

304 Eine ausführliche Exegese des justinischen Textes sowie eine Erörterung über dessen evtl. Quellen bzw. gedanklicher Herkunft findet sich bei Hofmann, Maria 24–61 (Lit.). Vgl. auch M. Durst, Justin der Martyrer, in: MarLex 3, 490f.

305 Siehe dazu Müller, Ecclesia 53–76; Hofmann, Maria 61–118 (Lit.).

306 Vgl. Irenäus, Adv.haer. III, 22,4 (FC 8/3, 278f), hier allerdings speziell auf Maria bezogen.

307 Müller, Ecclesia 52 sowie ders., Marias Stellung 400f sucht zu zeigen, dass beide Parallelen „eine gemeinsame Grundlage [haben]: das Protevangelium". Dies ist jedoch kontrovers. Siehe Hofmann, Maria 103f.

> gehorchte, das Leben erhalten. … Denn es war die Wiederherstellung (Rekapitulation) des Adam in Christus notwendig, damit das Sterbliche von der Unsterblichkeit verschlungen werde; dasselbe gilt für Eva und Maria, damit die Jungfrau, für die Jungfrau Fürsprache haltend, den jungfräulichen Ungehorsam durch den jungfräulichen Gehorsam auflöse und aufhebe“.[308]
> „Wie die eine [Eva] zum Ungehorsam gegen Gott verführt wurde, so beherzigte diese [Maria] den Rat, Gott zu gehorchen, damit die Jungfrau Maria Anwältin [advocata] der Jungfrau Eva würde. Und wie das Menschengeschlecht durch eine Jungfrau in den Tod verstrickt wurde, so wird es durch eine Jungfrau (daraus) befreit, indem der Ungehorsam der Jungfrau durch den Gehorsam der Jungfrau gleichmäßig aufgewogen wurde“.[309]

Mit dieser Überzeugung ist nach Georg Söll „eine Wende in der Marienlehre der alten Kirche“ initiiert.[310] Denn bei Irenäus ist es eindeutig, dass Maria nicht nur den „Anfang“ des Heils bildet, sie hat nicht nur eine „christologische“ Funktion, insofern sie die „Zugangspforte“ für IHN, der das Heil der Welt ist, darstellt, sondern sie besitzt auch selbst eine „soteriologische“ Bedeutung, indem sie durch ihren Glaubensgehorsam zur Durchführung des Heilsplans Gottes in der Welt beiträgt: Gegenüber Eva, die durch Ungehorsam und Unglaube den Tod in die Welt gebracht hat, ist sie zur „neuen Stammmutter“ eines Menschengeschlechts geworden, das – in der Nachfolge Christi – von Glauben und Gehorsam geprägt ist. Darüber hinaus wird sie „advocata“ – „Fürsprecherin“ genannt (im Text allerdings darauf beschränkt, dass sie „Fürsprecherin“ *Evas* ist). Kurz: „Maria obaudiens“ wird hier – wie Irenäus ausdrücklich sagt – als „causa salutis“ gesehen und bezeichnet,[311] ganz entsprechend dem Tun des „zweiten Adam“, von dem es heißt: „per obaudientiam unius hominis … iustificari multos et percipere salutem“.[312] Maria ist also, bei aller von Irenäus deutlich markierten Differenz zu Christus, jemand, der eng in den Heilsplan Gottes („dispositio“) eingebunden ist.[313] Wie

308 Irenäus, Dem.ev. 33 (FC 8/1, 55f). Ähnlich auch ders., Adv.haer. III, 22,4 (FC 8/3, 278f).

309 Irenäus, Adv.haer. V, 19,1 (FC 8/5, 153).

310 Söll, Mariologie 36. Siehe auch für das Folgende.

311 „Causa facta est salutis»: Irenäus, Adv.haer. III, 22,4 (FC 8/3, 278).

312 Irenäus, Adv.haer. III, 18,7 (FC 8/3, 236).

313 Vgl. Irenäus, ebd. III, 21,7 (FC 8/3, 266): „sola Maria cooperante dispositioni“. – Die Differenzen, die Irenäus zum Tun Christi markiert, arbeitet Hofmann, Maria 85, 89ff gut heraus: Das eigentlich erlösende Handeln liegt eindeutig im Gehorsam Christi. Doch ist auch hier eine Entsprechung zu beachten: „Adam konnte erst durch Eva das sein, was er für alle anderen Menschen wurde: Ursprung und Wurzel des Menschengeschlechts. So konnte Christus erst durch Maria das werden, was ihn als neuen Adam ausmachte: … Wahrer Mensch, in dessen menschlichem Ursprung zugleich die Gegenbewegung zur Sünde Evas gegeben ist. In diesem Sinne war das Fiat der Jungfrau von Nazareth eine ursächliche

Christus die „Rekapitulation" Adams und damit der gefallenen Menschheit ist, ist Maria die „Rekapitulation" Evas. Ist sie damit – implizit – gleichfalls Rekapitulation der ganzen Menschheit, da Eva ja „die Mutter aller Lebenden" ist?[314] Diese Konsequenz ist zwar „logisch", aber entspricht sie auch dem eher bildhaften und darum anders nuancierten Denken der Patristik? Jedenfalls ist seit dieser durch Justin und Irenäus grundgelegten Parallele von Eva und Maria in die Kirche die Überzeugung gelegt, dass „Marias Mutterschaft aus dem Glauben für die Gesamtmenschheit ebenso bedeutungsvoll war zum Heil wie Evas Sünde zum Unheil."[315] Dieser Sachverhalt wird von Hieronymus später in die Kurzformel gegossen: „Mors per Hevam, vita per Mariam",[316] eine Formel, die auch vom II. Vaticanum aufgegriffen wurde (LG 56).

Klingt mit den dargelegten marianischen Aussagen eine sachliche Beziehung zur soteriologischen Bedeutung der *Kirche* an? Eine positive Beantwortung dieser Frage liegt umso näher, als es einen, in seiner Interpretation allerdings umstrittenen irenäischen Text gibt, der diese Beziehung herausstellt. Im Kontext geht es um die prophetische Vorherverkündigung der Menschwerdung:

> Einige dieser Propheten „machten die Vereinigung des Wortes Gottes mit seinem Geschöpf deutlich; da ‚das Wort Fleisch wird' und der Sohn Gottes Sohn eines Menschen, der als Reiner und auf reinem Weg einen reinen Mutterschoß öffnete, und zwar den, der die Menschen zu Gott wiedergebiert und den er selbst rein gemacht hat".[317]

Was ist das für ein Mutterschoß, durch den die Menschen zu Gott wiedergeboren werden? Ist es der Schoß Marias, der ja am Anfang des Satzes wenigstens indirekt thematisiert wird, oder ist es der Schoß der Kirche, durch den wir zu neuem Leben „regeneriert" werden? *Gegen* den „Schoß Marias" als Instrument unser Wiedergeburt spricht, dass dieser Gedanke sonst nie bei Irenäus auftaucht und als erstmaliger und einmaliger wohl nur schwerlich in einer solch kurzen (Neben-) Bemerkung auftauchen würde.[318] *Für* den „Schoß der Kirche" spricht jedoch, dass

Voraussetzung für das Erlösungswerk Christi. Von daher stellte der protestantische Theologe W. Delius fest, dass die Ausführungen des Irenäus, ‚den Keim zur Lehre von der Maria als mediatrix in sich bergen'": ebd. 91.

314 Diesen *dezidierten* „Transfer" von „Eva – Mutter aller Lebendigen" auf Maria bringt allerdings erst Epiphanius v. Salamis († 403).

315 A. Müller, Marias Stellung 453.

316 Hieronymus, ep. 22,21 (CSEL 54, 173).

317 Irenäus, Adv.haer. IV, 33,11 (FC 8/4, 271). Vgl. zu diesem Text Hofmann, Maria 98ff sowie Müller, Ecclesia 69ff.

318 Allerdings gibt es noch einen anderen Text, den man auf die Wiedergeburt aus der Mutter Maria-Kirche verstehen könnte: „Wie wird der Mensch die Geburt des Todes verlassen,

Irenäus sehr oft den Gedanken der Wiedergeburt mit dem von Glaube und Taufe verbindet, also mit Größen, die wesentliche Prädikate der Kirche sind.

Wird man also den in unserem Text genannten „Mutterschoß" in erster Linie auf die Kirche zu beziehen haben, so bleibt doch das Faktum bestehen, dass Irenäus das Gebären Marias und das der Kirche in engem Zusammenhang sieht: Was durch die Geburt Christi aus dem Schoß Marias an ihm geschieht, das vollzieht sich durch den Glauben in der Wiedergeburt aus dem Schoß der Kirche (Taufe!) an uns. Alois Müller folgert aus diesem Text geradezu die Einheit und Identität Marias und der Kirche.[319] Das dürfte in dieser Schärfe überzogen sein. Zutreffender dürfte die von Markus Hofmann favorisierte Redeweise von der „Überblendung" der beiden Größen, Maria und Kirche, sein.[320] Nicht unerheblich für das Verständnis der „Überblendung" von individueller und kollektiver Bedeutung (Maria – Kirche) ist auch das Faktum, dass nach frühjüdischer Theologie Israel es ist, das durch sein Ja-Wort zum Bund mit Gott den Ungehorsam Evas ausgleicht. Damit ist eine typologische Parallele gegeben, die der zwischen Eva und Maria strukturell aufs Haar gleicht. Nimmt man hinzu, dass bereits im Neuen Testament Maria Typus der Kirche ist, so ist verständlich, dass individuelle und kollektive Bedeutung ineinander verfließen. Sicher ist jedenfalls, dass für Irenäus zwischen beiden eine ganz tiefe, geheimnisvolle Beziehung besteht, die sich im Stichwort „Glauben" ausdrückt und die letztlich zu einer Identifizierung beider Größen hin tendiert.

Noch ein weiterer Text legt eine überaus große Nähe zwischen Maria und der Kirche nahe: „Maria clamabat pro ecclesia prophetans" – „Maria rief, indem sie dabei stellvertretend für die Kirche prophezeite…". [321] Danach scheint in Maria, wie in einem Stellvertreter der Vertretene, die Kirche präsent zu sein. Das bedeutet also: Wie Maria am Heilswerk Christi mitwirkt, so auch die Kirche, und wie

---

wenn er nicht zur neuen Geburt kommt, die von Gott wunderbar und unverhofft zum Heile geschenkt wurde, zur Wiedergeburt aus der Jungfrau durch den Glauben": Adv.haer. IV, 33, 4 (FC 8/4, 288). Der Herausgeber der FC-Edition, N. Brox, legt den Text allein auf die Geburt Christi hin aus. „Es geht hier (gegen die Ebioniten) um deren Realität [= Realität der Geburt Jesu], nicht um die der Geburt [des Christen] in der Taufe". Doch ist auch eine Interpretation, die hier die Geburt aus Maria und aus der Kirche in eins sieht, nicht unmöglich.

319 Müller, Ecclesia 73, ders., Marias Stellung 401. – Vorsichtiger formuliert zu dieser Stelle M. Weyermann, Die Typologien von Adam-Christus und Eva-Maria und ihr Verhältnis zueinander, in: IkaZ 88 (1998) 213–218, hier: 218: Irenäus hat „den Gebärakt Marias und den Gebärakt der Kirche (durch den Glauben) bis hart an die Identifizierung herangeführt. Zwischen Maria und der Kirche besteht eine Identitätsbeziehung, die Irenäus unmittelbar in der Identität Christi als Haupt mit seinen Gliedern gründet".

320 Hofmann, Maria 100, 117. Und für das Folgende ebd. 229ff.

321 Irenäus, Adv.haer. III,10,2 (FC 8/3, 84).

die Kirche, so auch Maria. Auf dieser Linie wird später, auf Irenäus aufbauend, immer mehr die Idee der „Mitwirksamkeit“ Marias – Maria als „socia Christi“ im Heilswerk Gottes – entfaltet und ihre Rolle als Vermittlerin hervorgehoben; zugleich aber wird diese heilsmittlerische „Funktion“ Marias sofort in eins gesehen mit Wirken und heilsmittlerischer Bedeutung der Kirche.

Der erste, der Irenäus darin folgt, ist Tertullian (ca. 160–220). Gerade bei ihm aber wird ein Faktum deutlich, das in den zuvor behandelten Texten von Justin und Irenäus eher zurücktrat, dass nämlich ganz generell in der Frühen Kirche die Mutterschaft der Kirche von ungleich größerer Bedeutung ist als die Marias. So kennt Tertullian zwar Gebete zur Mutter Kirche, aber nicht zur Mutter Maria. Überdies schreibt er im Zusammenhang mit Erörterungen über die Vaterschaft Gottes und über das Gebet an Gott Vater:

> „Im Vater wird auch der Sohn angerufen, denn letzterer sagte: ‚Ich und der Vater sind eins‘. Auch die Mutter Kirche ist nicht ausgelassen; da du wahrlich, wenn du einen Vater und einen Sohn anerkennst, damit auch eine Mutter anerkennst, die im Namen Vater wie im Namen Sohn einbegriffen ist“.[322]

Hiernach sieht Tertullian also die *Kirche* – diese als geistliche Mutter verstanden – auch als Mutter Jesu an![323]

In jedem Fall besteht eine enge Verbindung: So wie der Mensch in und durch die Kirche Christus im Glauben empfängt, so hat Maria Christus durch den Glauben empfangen; wie die Kirche (und darin jeder Einzelne) Christus gebiert, so hat Maria ihn geboren; wie die Kirche sich als „Braut des Lammes“ versteht (Offb 21,2), so auch Maria; wie die Kirche sich als jungfräulich vorstellt und gerade so in Fülle fruchtbar ist, so auch Maria. Ebenso werden zahlreiche biblische Bilder sowohl auf die Kirche wie auf Maria bezogen. Kurz – so das Fazit, das Alois Müller als Resultat seiner Untersuchung über das Verhältnis von Kirche und Maria in der alexandrinischen Theologie zieht –: Man sprach „nie mehr von der Jungfrau Mutter Kirche, … ohne sie in Maria zu erkennen, so wie Irenäus und Hippolyt nie von Maria sprachen, ohne in ihr die Mutter des geheimnisvollen Leibes Christi

322 Tertullian, De oratione 2 (CC 1, 258). Dieser Text setzt wohl die Idee einer präexistenten Kirche (welche dann die „Mutter“ der Mutter Jesu ist) voraus. Siehe dazu die folgenden Seiten.

323 Siehe dazu C. Conybeare, Die jungfräuliche Kirche und die jungfräuliche Mutter, in: ARW 9 (1906) 73–86. Diese gegenüber der Mutterschaft der Kirche sekundäre Stellung Marias stimmt auch mit einigen Texten überein, in denen Tertullian Maria nicht als Typos der Glaubenden, sondern als Typus der ungläubigen Synagoge interpretiert!

mitzunennen."[324] Und in vielen Texten ist nicht einmal klar, ob von Maria oder von der Kirche die Rede ist.

Und doch: In jedem Fall ist die Kirche die primäre Größe, gewissermaßen das analogum princeps der heilsmittlerischen Mutterschaft. Sie und nicht Maria stehen im Zentrum aller Aufmerksamkeit der patristischen Theologie. So formuliert es mit großem Nachdruck und stichhaltigen Argumenten Yves Congar.[325] Wenden wir uns darum im nächsten Schritt der Mutterschaft bzw. der mütterlichen Heilsmittlerschaft der Kirche zu, um von hier das Verhältnis zu Maria in den Blick zu nehmen.

2. „Kirche von Anbeginn"

Dass die Kirche als Frau personifiziert wird, entspricht ganz der Heiligen Schrift, in der ja – wie schon aufgezeigt – das Gottesvolk Israel (und dessen Äquivalente wie Jerusalem, Sion, Juda …) im Bild der Frau gezeichnet werden. Wie sieht diese Redeweise von der „Frau Kirche" im Einzelnen aus?

(a) Gal 4,22–31

Paulus greift den modus loquendi von der Kirche als Frau auf, indem er die Geschichte der beiden Mütter der Abrahams-Söhne Ismael und Isaak (vgl. Gen 16,5; 21,2) folgendermaßen interpretiert:

> [22] *In der Schrift wird gesagt, dass Abraham zwei Söhne hatte, einen von der Sklavin, den andern von der Freien.*
> [23] *Der Sohn der Sklavin wurde auf natürliche Weise gezeugt, der Sohn der Freien aufgrund der Verheißung.*
> [24] *Darin liegt ein tieferer Sinn: Diese Frauen bedeuten die beiden Testamente. Das eine Testament stammt vom Berg Sinai und bringt Sklaven zur Welt; das ist Hagar. ...*
> [26] *Das himmlische Jerusalem aber ist frei, und dieses Jerusalem ist unsere Mutter.*

324 Ebd. 130. Siehe auch das Fazit ebd. 148. – Allerdings bleibt das Faktum bestehen, dass anfangs in der frühchristlichen Theologie gewissermaßen zwei „rekapitulierende Größen" der sündigen Eva gegenüberstehen: Maria und die Kirche: Beiden „überblenden" sich gegenseitig und werden *fast*, d. h. wenigstens indirekt, identifiziert, freilich unter vorrangiger Herausstellung der Kirche. Zur direkten Identifizierung kommt es erst im 4. Jh. Siehe Hofmann, Maria 357–463.

325 Y. Congar, Marie et l'Église dans la pensée patristique, in: RSPhTh 38 (1954) 1–38.

[27] *Denn es steht in der Schrift: Freu dich, du Unfruchtbare, die nie geboren hat, / brich in Jubel aus und jauchze, die du nie in Wehen lagst! / Denn viele Kinder hat die Einsame, / mehr als die Vermählte.*
[28] *Ihr aber, Brüder, seid Kinder der Verheißung wie Isaak. ...*
[31] *Daraus folgt also, meine Brüder, dass wir nicht Kinder der Sklavin sind, sondern Kinder der Freien.*

Mit der Idee eines „himmlischen Jerusalem" übernimmt Paulus jüdische Vorstellungen einer präexistenten Gottesstadt, die am Ende der Tage erscheint, die Zerstreuten Israels sammelt und ein Wohnen in Frieden gewährt.[326] Doch steht bei Paulus, anders als in einer Reihe jüdischer Texte, dieses „himmlische Jerusalem" in keinem positiven Zusammenhang mit dem „irdischen Jerusalem", sondern in Kontrast dazu. Auch ist es keine erst künftige Heilsgröße, sondern „als unsere Mutter", d.h. als Mutter der Christusgläubigen, jetzt schon gegenwärtig. Dieses himmlische Jerusalem hat – wie Franz Mußner ausführt – „‚irgendwie' mit der Kirche zu tun, dem irdischen Sammlungsort der Gläubigen, auch wenn ‚das obere Jerusalem' und die Kirche nicht einfach identisch ... sind".[327] Jedenfalls aktualisiert sich „die ‚Mutterschaft' des oberen Jerusalem ... in dem konkreten Heilshandeln des Erhöhten in der christlichen Gemeinde".[328] Wenn man den Kontext hinzunimmt, wonach das eine Testament vom Gesetz, das andere vom Glauben bestimmt ist, so ist es vor allem der Glaube an Jesus Christus, den Paulus hier als „unsere Mutter" im Blick hat. Ein Gedanke, den sowohl der frühe Philipperbrief von Polycarp († 167?)[329] wie auch das etwas spätere Martyrium Justini aufgreift.[330]

---

326 Vgl. Fr. Mußner, Der Galaterbrief = HThKNT, Freiburg i. Br. 1974, 325f. Ferner auch Chr. Markschies, Himmlisches und irdisches Jerusalem im antiken Christentum, in: M. Hengel u. a. (Hrsg.), La cité de Dieu, Tübingen 2000, 303–350, hier besonders: 306ff, 330.

327 Ebd. 326. – Deutlicher noch identifiziert M. Zerwick, Der Brief an die Galater, Düsseldorf 1964, 89 das „obere Jerusalem" mit der Kirche: Das himmlische Jerusalem ist „für Paulus, wenn auch verborgen und noch unvollendet, als Kirche Jesu Christi schon auf dieser Erde da." M. Hengel, Die „auserwählte Herrin", die „Braut", die „Mutter" und die „Gottesstadt", in: M. Hengel u. a. (Hrsg.), La cité de Dieu, Tübingen 2000, 245–285, hier: 280 weist auf Entsprechungen zu Offb 21,2 hin.

328 Mußner, Galaterbrief 327.

329 Der Glaube ist „unser aller Mutter": PolycPhil 3, 2–3 (KAV 5, 46).

330 Hier heißt es: „Unser wahrer Vater ist Christus, und unsere Mutter der Glaube an ihn": zit. nach J. B. Bauer, Die Polykarpbriefe = KAV 5, Göttingen 1995, 47. – O. Bardenhewer, Geschichte der altkirchlichen Literatur, Bd. I, Freiburg i. Br. 1902, 193 bezeichnet das *Martyrium Justini* als „authentischen Bericht", der „ohne Zweifel auf dem amtlichen Gerichtsprotokolle" fußt.

In anderen frühchristlichen Texten wird nicht so sehr der Glaube, sondern – gleich wie auf der Bildebene von Gal 4,22ff – die (obere) Kirche selbst als „Mutter" vorgestellt, so im „Hirten des Hermas" (um 130) und im 2. Klemensbrief (zwischen 130 und 150). Diese „obere" Kirche ist eine Wirklichkeit „von Anbeginn der Welt" an, sie ist vorzeitig bzw. präexistent. Diese Idee war dem Christentum nicht nur vom Judentum vorgegeben (und von der platonischen Ideenwelt bestätigt), sie verschärfte sich auch angesichts der Anfrage seitens der heidnischen Umwelt, warum Christus erst „so spät" in die Geschichte eingetreten sei und sein Heil „erst jetzt" wirksam werde. *Eine* Antwort darauf war das Selbstverständnis der Kirche als einer „überzeitlichen Wirklichkeit, deren Ursprünge, lange vor dem historischen Faktum der Menschwerdung, schon mit dem Beginn der Schöpfung oder wenigstens der Menschheit zusammenfallen"[331] und die deshalb – mit Christus verbunden – immer schon heilswirksam war. Gehen wir den ältesten Texten dazu nach.

(b) Der Hirte des Hermas

In der frühchristlichen Schrift „Hirte des Hermas"[332] berichtet der Verfasser, er habe die Vision einer „alten Frau" gehabt, die sich als „die Kirche" vorstellte: Sie ist Greisin,

> „weil sie das erste Geschöpf ist von allen, darin ist sie alt; und um ihretwillen wurde die Welt erschaffen".[333]

Der hier zum Ausdruck kommende Gedanke von der Präexistenz der Kirche dürfte in auch sonst dem Verfasser geläufigen jüdischen Traditionen gründen,[334] wonach um Israel (oder um der Tora) willen – oft ebenfalls als Frau und Mutter vorgestellt[335] – die Welt erschaffen wurde.[336] Damit wollten die jüdischen Theolo-

---

331 Y. Congar, Ecclesia ab Abel, in: M. Reding (Hrsg.), Abhandlungen über Theologie und Kirche, FS K. Adam, Düsseldorf 1952, 80.

332 Siehe dazu die Edition (Ü., Einleitung und Kommentar) von N. Brox, Der Hirt des Hermas = KAV 7, Göttingen 1991. Ferner die literarkritische Untersuchung von A. Frank, Studien zur Ekklesiologie des Hirten, II Klemens, der Didache und der Ignatiusbriefe unter besonderer Berücksichtigung der Idee einer präexistenten Kirche, München 1975, 7–185; A. Buckenmaier, Universale Kirche vor Ort, Regensburg 2009, 166–171.

333 Hirte des Hermas, Vis. 2, 4,1 (KVA 7, 104). Ein ähnlicher Gedanke in Vis. 1, 1,6 (KVA 7, 79).

334 Die wichtigsten Belegstellen bei Frank, Studien 97f. In concreto glaubt Frank, ebd. 67ff, hier eine jüdische Sibyllenapokalypse ausmachen zu können. Doch könnte daneben auch der platonische Denkhorizont mit seiner Konzeption von präexistenten „Urbildern" eine Rolle spielen.

335 z. B. 4 Esdra 10,7: 10,44 (Riessler 290, 293).

336 Vgl. 4 Esdra 6, 55.59 (Riessler 270f). Zu nennen sind hier auch die frühjüdischen Sophia-Spekulationen. Weitere Hinweise finden sich bei H. Schlier, Der Brief an die Epheser,

gen im Gespräch mit der griechischen Philosophie und deren Vorstellungen von der Präexistenz des Logos (als der den ganzen Kosmos ordnenden und durchdringenden Vernunft) offenbar zum Ausdruck bringen, dass es in Wirklichkeit die in Israel „beheimatete" Tora ist, die den Bauplan der Welt bildet und das Ziel der von Gott ins Werk gesetzten Schöpfung darstellt.[337] Dieser Grundgedanke wird auf breiter Front von der frühchristlichen Theologie, auch vom „Hirten", übernommen und auf die Kirche hin konkretisiert: „Es ist augenscheinlich, dass alle Schulen ... im 2. Jahrhundert übereinstimmten in der Auffassung der Kirche als der Hypostase eines himmlischen Wesens, gleichaltrig mit Christus und auf einer Stufe mit der Weisheit und mit dem Wort Gottes", so die Zusammenfassung von C. Conybeare.[338]

Diese Idee von einer präexistenten „Ecclesia primigenia" zieht sich dann weiter durch die ganze patristische Literatur hindurch.[339] Überall wird hier die Auffassung vertreten: Die Kirche greift weiter, als dass sie nur das neutestamentliche Gottesvolk umfasst. Sie begreift auch Israel, ja, die ganze Menschheit ein, insofern sich an ihr der Plan Gottes erfüllt, die Welt zum Heil zu führen. Deshalb gibt es für die Theologen der Frühen Kirche nicht nur die Kirche „ab Adamo" oder „ab Abel" u. dgl., sondern mit Verweis auf Eph 1,4 bereits „vor der Grundlegung der Welt". So heißt es bei Origenes:

> „Du sollst nicht glauben, dass sie erst seit der Ankunft des Erlösers im Fleische Braut oder Kirche genannt wird, sondern sie besteht seit Beginn des Menschengeschlechts und seit der Grundlegung der Welt, oder vielmehr, um unter Führung von Paulus den Ursprung dieses Mysteriums noch früher zu suchen, ‚vor Grundlegung der Welt'. ... Aber auch in den Psalmen steht geschrieben: ‚Gedenke deiner Versammlung, Herr, die du von Anfang an versammelt'. Denn die ersten Grundlagen der ‚Versammlung' der Kirche wurden gleich ‚am Anfang' gelegt".[340]

Düsseldorf 1957, 49–51. – Zur Frage der Präexistenz der Kirche, die uns später noch beschäftigen wird, siehe Schlier, ebd. 49f; Buckenmaier, Universale Kirche 146ff.

337 Einen etwas anderen Akzent zum Verständnis der jüdischen Päexistenzaussagen setzt Frank, Studien, 98f und 378–391, indem er als Urgrund den in der Apokalyptik radikalisierten Erwählungsgedanken Israels hervorhebt: „In der Zeit äußerster Machtlosigkeit und politischer Bedeutungslosigkeit, in der bedrängenden Gefahr der vollkommenen Vernichtung besinnt sich Israel auf seine theologische Realität und seine vom Schöpfungsglauben her notwendige Existenzunentbehrlichkeit für die Welt": ebd. 101.

338 Conybeare, jungfräuliche Kirche 75f. Ebenso Congar, Ecclesia 79–108.

339 Als frühes Beispiel siehe auch den Anfang des IgnEph, wo von der Kirche ausgesagt wird, dass sie „προωρισμένη πρὸ αἰώνων" ist.

340 Origenes, Hohelied Kommentar II, dt. zit nach H. U. v. Balthasar, Geist und Feuer, Salzburg [2] o. J., 210f. Weitere wichtige Väter-Texte zu diesem Thema werden angeführt bei de Lubac, Méditation 47–56; ders., Histoire et Esprit. L'intelligence de l'Ecriture d'après

Für die Westkirche kann Augustinus als Beispiel stehen: „Die Kirche findet man nicht allein bei denen, die nach dem Kommen und nach der Geburt des Herrn heilig zu sein begannen, sondern alle, die heilig gewesen sind, gehören zur Kirche selbst".[341] Denn in allen Phasen der Menschheitsgeschichte ereignen sich Verwirklichungen des ursprünglichen Planes Gottes, bis dieser „in illo tempore" endgültig in Erscheinung tritt und sich in der unauflöslichen Vermählung Christi mit seiner Kirche erfüllt. Deshalb gehören die Gerechten der Vorzeit zur Kirche und zu Christus, sie haben an *ihn* geglaubt und gehören zu *seinem* Volk.[342]

Zurück zum „Hirten des Hermas". Die „Greisin" sagt sodann in einer weiteren Vision von sich selbst: „Hört mich Kinder, ich habe euch aufgezogen in aller Schlichtheit, Lauterkeit und Redlichkeit durch das Erbarmen des Herrn".[343] Aufgezogen! Die Greisin stellt sich also als *„Mutter"*, eben als „Mutter Kirche" vor. Dem entspricht auch, dass sie die Christen „meine Kinder" nennt.[344] Diese Greisin verjüngt sich dann (infolge der Neuwerdung durch die Buße ihrer Kinder) in den folgenden Visionen, so dass der Seher sagt:

Origène, Paris 1950, 260ff, 340f. – J. Beumer, Die altchristliche Idee einer präexistierenden Kirche, in: WuW 9 (1942) 16 fasst den Sachverhalt kurz so zusammen: „Alle diese Aussagen stimmen mit mehr oder weniger großer Deutlichkeit darin überein, dass die Kirche irgendwie vor der Erschaffung der Welt begonnen habe, und dass ihr unter einer bestimmten Rücksicht der Vorrang vor der übrigen Schöpfung zukomme".

341 Augustinus, serm. 4, 11 (CC 41, 28). Siehe dazu W. Geerlings, Inkarnation und Kirche. Zur Corpus-Christi-Vorstellung des hl. Augustinus, in: G. Röwekamp (Hrsg.), Fußnoten zu Augustinus. Ges. Schriften Wilhelm Geerlings, Turnhout 2010, 47–70, bes. 65f. Augustinus war es auch, der in seiner Spätzeit als erster die „Präexistenz" der Kirche unter der „Chiffre" „Ecclesia ab Abel" behandelt. In einer früheren Phase hatte er den Anfang der Kirche auf den Beginn des Menschengeschlechtes (ab Adamo) gelegt, ja sogar in die „Ewigkeit Gottes" hineingestellt („Deus Pater et mater Ecclesiae … generant ad vitam aeternam, quia et ipsi aeterni sind": serm. 22, 12 [CC 41, 301]). Dieser Wechsel hängt wohl mit der Weiterentwicklung seiner Lehre von den zwei „civitates" zusammen. Für die „civitas Dei" steht Abel, so wie Kain für die „civitas diaboli" steht (während Adam vor der Sünde noch eine ambivalente Gestalt ist). Siehe zum Ganzen Congar, Ecclesia; J. Beumer, Die Idee einer vorchristlichen Kirche bei Augustinus, in: MThZ 3 (1952) 161–175; D. Sattler, Ökumenische Annäherungen an die *Ecclesia ab Abel* vor dem Hintergrund von *Dominus Jesus*, in: A. Franz (Hrsg.), Was ist heute noch katholisch? = QD 192, Freiburg i. Br. 2001, 87–113.

342 Wenn einige frühchristliche Quellen annehmen, dass die Glaubenden vor Christus nicht wie wir die Fülle des Heils empfangen haben, so machte sich doch ab dem 2./3. Jh. der Gedanke breit, dass sie ganz und gar „gleichberechtigt" zu uns gehören. Zeichen dafür ist der in alte Zeit zurückreichende Kult der atl. Gerechten. Siehe dazu Congar, Ecclesia 81, 100[17bis] (Lit).

343 Vis. 3, 9,1 (KVA 7, 148).

344 Ebd. sowie III, 9,4 (KVA 7, 152).

„Siehe, eine Jungfrau kommt mir entgegen, geschmückt wie aus dem Brautgemach, ganz in Weiß mit weißen Schuhen, bis zur Stirn verschleiert und mit einer Mitra als Kopfbedeckung. Ihr Haar war weiß. Ich erkannte aus den früheren Gesichten: es war die Kirche“.[345]

Die Gestalt tritt also den Christen samt ihren Vorstehern als „Braut“ gewandet entgegen und als eine Art „himmlische Person“, die in der „irdischen Kirche“ interveniert. „Man kann sagen, dass die präexistente Kirche ... sich ... in der Zeit verwirklicht, indem sie sich in die sichtbare Welt begibt“.[346] So wird die (von Uranfang bestehende) Kirche als beides gezeichnet: als Mutter („Greisin“) und Braut (Jungfrau im Brautgewand).

Albert Frank lehnt in seiner Studie über den „Hirten“ und andere frühchristliche ekklesiologische Präexistenztexte jede theologische Relevanz solcher Aussagen ab,[347] und zwar mit dem Argument, dass sie sich „in allen ihren Teilen als liturgische Formeln und theologische Anschauungen des späten Judentums erweisen. Nichts weist auf spezifisch christliches Gedankengut; alles aber findet seine Parallelen in der spätjüdischen Literatur. ... Aufnahme in die christliche Theologie der Kirche finden sie nicht“.[348] Eine solche Argumentation: Weil ekklesiologische Präexistenzaussagen (aus *damals* aktuellen apologetischen Gründen) *aliunde* übernommen sind, haben sie heute keine Bedeutung mehr, kann mit Fug und Recht als äußerst anfechtbar zurückgewiesen werden,[349] zumal andere wichtige Kommentatoren des „Hirten“, wie etwa Michael Mees, Gewicht und bleibende Bedeutung der hier anzutreffenden ekklesiologischen Präexistenzaussagen herausstellen: Diese machen die Kirche zu „Gottes liebster Idee, die von Ewigkeit her vor ihm stand und sich in der Zeit verwirklicht“.[350]

Zwar ist im „Hirten des Hermas“ von Maria keinerlei Rede. Aber die Charakterisierung der Kirche als „Mutter“ und „Braut“ ist dafür offen, ja tendiert geradezu dahin, in späterer Zeit (!) auf Maria hin interpretiert zu werden.

---

345 Vis. 4, 2,1 (KVA 7, 160).

346 Brox, Hirt 152.

347 Vgl. ebd. 183: Präexistenzaussagen besitzen „weder für den ‚Hirten‘ noch für die heutige Ekklesiologie eine theologische Relevanz. ... Sie dürfen nicht als Dokumente frühchristlichen Selbstbewusstseins gewertet werden, das seine Kirche als Erstling der Schöpfung versteht, sondern als ein theologiegeschichtliches und literarisches Beispiel, wie diese Ideen in die christliche Literatur und Theologie eindringen konnten“.

348 Ebd. 103. 178.

349 So auch Brox, Hirt 524[4]f.

350 M. Mees, Der Hirte des Hermas und seine Aussagen über den Heiligen Geist, in: Lat. 47 (1981) 343–355, hier: 335.

(c) Zweiter Klemensbrief

Ähnliche Gedanken wie im „Hirten“ finden sich im 2. Klemensbrief,[351] eine der ältesten uns erhaltenen christlichen Predigten, die sich mit großer Wahrscheinlichkeit an eine vorangehende Schriftlesung, nämlich an die in 2Kl 2,1 auch ausdrücklich genannte Perikope Jes 54,1f, anschloss. Ziel der Predigt ist dabei nicht eigentlich Glaubensunterweisung, sondern Aufforderung zu rechter sittlicher Praxis, es geht ihr darum, dass die Gemeinde „das Fleisch“ heilig hält. In diesem Zusammenhang heißt es:

> „Wenn wir daher, Brüder, den Willen unseres Vaters, Gottes, tun, werden wir zu der ersten Kirche gehören, der geistlichen, die vor Sonne und Mond geschaffen ist. Wenn wir aber nicht den Willen des Herrn tun, werden wir zu der Schrift gehören, die lautet: ‚Mein Haus ist eine Räuberhöhle geworden.‘ Daher wollen wir es uns erwählen, zu der Kirche des Lebens zu gehören, damit wir gerettet werden!
>
> Ich halte euch aber nicht für unwissend darüber, dass die lebendige Kirche der Leib Christi ist. Denn die Schrift sagt: Gott schuf den Menschen als Mann und Weib. Der Mann ist Christus, das Weib die Kirche. Und ferner sagen die Schriften der Propheten und dazu noch die Apostel, dass die Kirche nicht erst jetzt ist, sondern von Anfang an. Sie war nämlich geistlich, wie auch Jesus Christus, unser Herr; er wurde aber offenbar am Ende der Tage, damit er uns rette. Die Kirche aber, die geistlich ist, wurde im Fleisch Christi offenbar und tat uns dabei kund, dass – wenn einer von uns sie im Fleisch bewahrt und nicht zugrunde richtet – er sie im heiligen Geist empfangen wird. Denn dieses Fleisch ist das Abbild des Geistes. Keiner nun, der das Abbild zugrunde richtet, wird das Urbild empfangen.
>
> Daher meint er also folgendes, Brüder: Bewahrt das Fleisch, damit ihr am Geist Anteil bekommt! Wenn wir aber sagen, das Fleisch sei die Kirche und der Geist Christus, frevelt also folglich gegen die Kirche, wer gegen das Fleisch frevelt. Solch einer wird also nicht Anteil bekommen am Geist, d.h. an Christus“.[352]

Die Aussage von Gen 1,27, dass Gott den Menschen als Mann und Frau geschaffen hat, wird hier – wie auch sonst durchgehend in der patristischen Schriftauslegung – gemäß Eph 5,32 als jenes „Geheimnis“ verstanden, das auf Christus und die Kirche bezogen ist. Beide sind „präexistent“ und als solche „geistlich“; beide

---

351 Siehe dazu Ü. und Einleitung von Kl. Wengst, in: Schriften des Urchristentums, Darmstadt 1984, 203–280 (Lit.); R. Knopf, Der zweite Clemensbrief, in: Die Apostolischen Väter = HNT, Tübingen 1923, 151–184; Frank, Studien 186–252.

352 2Kl 14,1f (Wengst 257f).

offenbaren sich dann „im Fleisch", welches das Bild des Geistes ist, wobei die Kirche „der Leib Christi" ist. Aus dieser Überzeugung wird dann die ethische Folgerung gezogen, das Fleisch heilig zu halten.

Solcher Art Spekulationen über die Präexistenz der Kirche und die in Gen 1,27 festgemachte Syzygie von Christus und Kirche finden sich auch im gnostischen Bereich,[353] vor allem in der valentinianischen Gnosis, und sind offenbar von daher übernommen; sie werden aber in 2Kl „umfunktioniert" auf die radikal *anti*gnostische Paränese hin, das Fleisch heilig zu halten.

Wenn also auch die Intention dieses Textes nicht ekklesiologisch, sondern anthropologisch-paränetisch bestimmt ist, steht doch im Hintergrund das Bild von der Kirche als einer präexistierenden Mutter und Braut (bzw. Jungfrau). Sie ist *Mutter,* insofern sich der Gesamttext auf Jes 54,1 bezieht und auf die Kirche hin ausgelegt wird,[354] und sie ist *Braut (Jungfrau):* weil die Ecclesia hier mit Brautsymbolen gezeichnet und als mit dem präexistenten Christus syzygisch verbunden vorgestellt wird.[355]

Albert Frank wendet auch auf diesen Text sein schon S. 149 erwähntes „hermeneutisches Strickmuster" an: Weil die in 2Kl zum Ausdruck kommenden Vorstellungen von der Gnosis übernommen sind, haben sie keine selbständige Aussage, sondern sind nur „formale Konsequenzen" des übernommenen gnostischen Modells. Daher können sie nur „geistesgeschichtliches Interesse, aber keine theologische Relevanz beanspruchen".[356] Dass dies ein fehlgehender Schnellschuss ist, ergibt sich bereits aus dem über die Rezeption heidnischer Mythen generell Gesagten (S. 128f). Allerdings modifiziert Frank seine Aussagen später dahin, dass im „Hirten" und in 2Kl die Kirche „ihr Wesen von Israel her" bestimmt. Sie „steht auf den Schultern Israels".[357] Aber dies gilt gewissermaßen nur „grundsätzlich" und hat keinerlei Konsequenzen für die vom Judentum, also Israel, übernommenen ekklesialen Präexistenzausagen.

Lassen wir zunächst die ekklesialen Präexistenzaussagen beiseite (wir kommen auf sie zurück) und blicken wir auf die Bezeichnung der Kirche als Braut und Mutter. Beide Attribute der Kirche finden sich auch sonst schon in ältester Zeit eng miteinander verbunden. So etwa im Märtyrerbrief von Lyon (177/178). Hier wird von den ermordeten Märtyrern gesagt, dass sie nach ihrem irdischen wieder

353 Vgl. Wengst 276[116], ausführlich dazu Frank, Studien 230–251, 345–363.

354 „Mit den Worten: Freue dich, Unfruchtbare, die du nicht gebierst, meint er uns, denn unfruchtbar war unsere Kirche, bevor ihr Kinder geschenkt wurden": 2, 1.

355 Diese präexistente Syzygie von Christus und Kirche ist auch wohl der Hintergrund von Did 11,11. Siehe dazu den Kommentar von K. Niederwimmer, KAV 1, 221f. In all diesen Texten über die „ecclesia primigenia" ist ihr Brautsein von ihrem Muttersein nicht völlig unterschieden. Auch nach gnostischen Vorstellungen bringen die Syzygien jeweils Nachkommen hervor.

356 Frank, Studien 252.

357 Frank, Studien 469f.

ins Leben gerufen wurden; „und große Freude wurde der Jungfrau Mutter, dass sie jene lebend wieder in Empfang nahm".[358] So ist davon auszugehen, dass bereits am Ende des 2. Jahrhunderts das Bild von der „Mater Ecclesia", das vermutlich, wie wir anhand der Textbeispiele sahen, aus dem Osten stammt (Kleinasien, Syrien),[359] „Gemeingut der ganzen Kirche ist".[360] Cyprian wird mithilfe dieses Bildes den Grundsatz formulieren: „Wer die Kirche nicht zur Mutter hat, kann Gott nicht zum Vater haben".[361]

In all diesen angeführten Texten über die Mutterschaft der Kirche (ein Bild, das oft durch das von der Jungfrau und Braut in Balance gehalten wird) ist *nicht* ausdrücklich von Maria die Rede. Im Vordergrund steht vielmehr der Mutterschoß = Taufquell der Kirche als Vermittlerin des Glaubens, des Heiligen Geistes und damit des wahren neuen Lebens, ebenso wird damit die Vereinigung aller, die dem gleichen Schoß entsprungen sind, sowie die Fürsorglichkeit und Vorbildlichkeit der Kirche thematisiert.

Wie verhält sich aber dazu die Mutterschaft Marias?

3. Maria-Ecclesia: Identität und Differenz

(a) Der Interpretationsschlüssel Congars

Es ist gewiss richtig, das Verhältnis von Maria und Kirche als die Beziehung einer Personifizierung zum Personifizierten zu verstehen, so wie dies bereits die Heilige Schrift tut, wenn sie Abraham, Jerusalem, Sion … und eben auch Maria als Personifikationen des Gottesvolkes zeichnet und benennt. Was aber ist der letzte Grund dafür, dass Maria die Kirche in ihrer personalen Gestalt darstellt?

Yves Congar sieht beides, Personifikation und Personifiziertes, eins in einem „tertium quid". Und das ist der Plan Gottes, in die Menschheit einzutreten, sich aufs engste mit ihr zu verbinden („Vermählung"), ihr eine neue Geburt zu schenken und Anteil an seinem göttlichen Leben zu geben. Die Vollverwirklichung dieses Plans ist die Kirche. Da sie im Plan das Erste ist, ist sie „das erste Geschöpf …, obwohl sie sich erst nach einer Reihe von Vorankündigungen und vor allem

358 Überliefert bei Eusebius, Hist. Eccl. 5, 1,45 (SC 41, 18).

359 Siehe J. C. Plumpe, Mater Ecclesia. An Inquiry into the Conception of the Church as Mother in Early Christianity, Washington 1943, 124.

360 K. Delahaye, Erneuerung der Seelsorgsformen aus der Sicht der frühen Patristik, Freiburg i. Br. 1958, 42.

361 Cyprian, De eccl. unit. 6 (SC 500, 188). Es ist bezeichnend, dass L. M. Grignion von Montfort, Das Goldene Buch der Hingabe an Jesus durch Maria, dt. Maria Roggendorf [26]2007, 164 in dieser Aussage das Wort Kirche in Maria umwandelt.

nach dem Kommen des Wortes Gottes in unser Fleisch realisieren kann“[362] und erst am Ende der Tage voll verwirklicht ist. Von dieser „himmlischen Kirche“ = Kirche im Plan Gottes her wird Maria gesehen: Sie ist „das Zeichen, der Typos und die Ankündigung der geistlichen Mutterschaft der Kirche“.[363] So stellt sie eine, nicht die einzige, aber die entscheidende und hervorragende Verwirklichung bzw. Erscheinung der himmlischen Kirche in der Zeit dar. In ihr geschieht die endgültige Vermählung Gottes mit der Menschheit, da Gottes Sohn in ihr Fleisch wird. Insofern steht Maria exemplarisch für die aus der Menschwerdung des Sohnes und seines Heilswirkens entspringende Kirche. Doch ist das, was in Maria geschieht, „nur ein Moment der Heilsökonomie“, in der der Logos sich mit der Menschheit vereint. In der Kontinuität eines einzigen Mysteriums „repräsentiert Maria den Beginn dessen, was in der Kirche geschieht. … Es ist ein und dasselbe Geheimnis des Kommens und, so kann man sagen, der Geburt des Logos in der Menschheit“.[364] Umfassender also als Maria ist der Plan Gottes = die himmlische Kirche, die dabei ist, sich zu verwirklichen und die in Maria ihren ersten Zenit erreicht hat.

Von diesem Verstehensschlüssel her kritisiert Congar Interpretationsweisen patristischer Texte, die – unter Absehung von diesem „terium quid“ einer himmlischen Kirche – Maria und Kirche schlechthin identisch setzen oder Maria selbst bzw. ihren Glauben als Wurzel sehen, aus der die Kirche entspringt oder – in irenäischen Kategorien gesagt – Maria als universale Heilsmittlerin die Unheilsmittlerin Eva rekapitulieren lassen. Die Rekapitulation Evas ist nicht Maria, sondern die Kirche. Deswegen werden in Väter-Texten nahezu alle biblisch bedeutsamen Frauen als Typos der Kirche benannt und deswegen als recapitulatio Hevae. Auch das schon angeführte Wort des Hieronymus „Mors per Hevam, vita per Mariam“, darf nicht überinterpretiert werden. Denn eine Variation dieser Aussage findet sich bei Augustinus „Per ferminam mors, per feminam vita“,[365] doch so, dass der Bischof von Hippo dieses Wort nicht auf Maria bezieht, sondern auf die Frauen, welche die Auferstehung Jesu kund machen!

Diese Interpretationslinie von Yves Congar trifft mit Sicherheit den nervus rerum, steht aber vielleicht doch ein wenig in Gefahr, das Wesen biblischer Personifizierungen zu übersehen (hier ist der Typos mehr als nur „erste Verwirklichung“!) und den Textbefund zu sehr von den lateinischen Vätern (Augustinus) her zu lesen. Gerade in der östlichen Theologie finden wir Aussagen, welche die Identität von Maria und Kirche mit solchem Nachdruck betonen, dass die Congarsche Interpretation: Maria = erste exemplarische Verwirklichung der Kirche dahinter zurückbleibt.

---

362 Congar, Marie 10.
363 Congar, Marie 9[14].
364 Congar, Marie 36.
365 Augustinus, sermo 232, 2.2 (PL 38,1108).

(b) Östliche Identifizierungen

Eine strikte Identifizierung von Maria und Kirche zeigt sich zunächst einmal in der völligen Gleichheit, mit der vor allem in der östlichen Theologie biblische Bilder auf beide, Maria und die Kirche, unterschiedslos und in gleicher Weise angewandt werden. Henri de Lubac fasst diese Gleichheit geradezu „litaneimäßig" folgendermaßen zusammen:

> „Die eine wie die andere ist die neue Eva. Die eine wie die andere ist in gleicher Weise das Paradies und der Paradiesesbaum, dessen Frucht Jesus ist, ebenso der große Baum inmitten der Erde, den Nebukadnezzar im Traum sah. Die eine wie die andere ist die Bundeslade, die Jakobsleiter, die Himmelspforte und jenes östliche Tor (des Tempels), durch das unser Herr eintrat, jenes offene Tor, das dem Gott Israels den Weg freigab. Die eine wie die andere ist die Burg auf dem Gipfel der Berge, das Vlies des Gideon, das Allerheiligste des Tempels, der Thron Salomos. ... Die eine wie die andere ist die Stadt Gottes, die Stadt des Großen Königs, jene geheimnisvolle vom Psalmisten besungene Stadt, von der Großes gesagt ist. Die eine wie die andere ist die Starke Frau aus dem Buch der Sprüche, die Braut, geschmückt für ihren Bräutigam, die Frau, die in der Feindschaft zur Schlange steht, das große Zeichen am Himmel, das die Offenbarung beschreibt: Die Frau bekleidet mit der Sonne und Siegerin über den Drachen. Die eine wie die andere ist – nach Christus – die Wohnung oder auch der Tisch der Weisheit oder sogar – nach Christus – die Weisheit selbst. Die eine wie die andere ist ‚die neue Welt', die ‚wunderbare Schöpfung' ...".[366]

Eine oft angeführte strikte Identifizierung von Maria und Kirche finden wir in einer Cyrill v. Alexandrien zugeschriebenen Predigt. Er hielt sie im Zusammenhang mit dem in Ephesus tagenden Konzil; sie gilt als die „berühmteste Marienpredigt des Altertums",[367] „gehalten in Ephesus gegen Nestorius, als die sieben nach Sta. Maria hinunterkamen", so die überlieferte Einleitung.[368] Zwar ist höchst unsicher, ob die Predigt tatsächlich von Cyrill stammt oder einer späteren Zeit zugehört,[369] doch spielt dies für uns keine Rolle, da sich hier Ideen aussprechen, die damals in Glaube und Theologie weit verbreitet waren.

Die Predigt beginnt mit einer sich überhäufenden Zuschreibung von Ehrentiteln und Großtaten Marias. Darunter sind auch solche, die unmöglich von der

366 de Lubac, Méditation 275ff (dort mit Angabe der Schriftstellen; Ü.: GG).
367 So die Meinung von G. Münch-Labacher, Cyrill, in: LacL 149.
368 Cyrill, Hom. div. 4 (=PG 77, 992).
369 Siehe dazu J. Mahé, Cyrille d'Alexandrie, in: DThC III, 2497f; Münch-Labacher, Cyrill 149.

historischen Mariengestalt gelten können, etwa: „Durch dich haben die Propheten geweissagt. ... Durch Dich wurden die Toten erweckt. ... Durch dich wird allen Gläubigen die heilige Taufe zuteil. ...Durch dich sind Kirchen gegründet auf der ganzen Welt“ u.dgl. Die „Lösung“ dieser enigmatischen Ausdrücke bringt die Schlussformel:

> „Lobpreisen wollen wir die allzeit jungfräuliche *Maria, also* [δῆλον ὅτι!] *die heilige Kirche*, und deren Sohn und makellosen Bräutigam. Ihm sei der Ruhm in alle Ewigkeit. Amen“.

Hier wird in keiner Weise mehr unterschieden zwischen Maria und Kirche, Maris *ist* die heilige Kirche. Sogar die Beziehung des Gottessohnes zu ihr nimmt ununterschieden die zweifache Gestalt an: Sohn und Bräutigam. Maria ist die Kirche, die Kirche ist Maria.[370]

Auch in der ostsyrischen Kirche findet sich eine Reihe von frühen Texten, welche die Identifizierung der Mutterschaft Marias und der Kirche ausdrücklich vollziehen. So schreibt z. B. Ephräm der Syrer in seinem „Hymnus auf die Geburt des Herrn im Fleische“[371]:

> „Selig bist Du, o Kirche!
> Denn von Dir gilt des Jesaja prophetischer Jubelruf:
> Siehe, empfangen wird die Jungfrau und einen Sohn gebären.
> O enthülltes Geheimnis der Kirche“.

Will man angesichts dieser Identifikation von Maria und Kirche dennoch eine wesentliche Differenz zwischen beiden herausstellen, so könnte diese ihren Ausdruck in der Formulierung finden: Maria ist das Realsymbol der Kirche, das ekklesiale „universale concretum“.[372]

---

370 Natürlich ist damit nicht das Ganze der Kirche gekennzeichnet, sondern allein die Kirche in ihrem tiefsten Wesen. Daneben vollzog sich auch während der Väterzeit das Gemeinschaftsleben der Kirche mit seinen vielfältigen Vollzügen (Verkündigung, Liturgie, Diakonie, Leitung) natürlich ganz konkret in den einzelnen Ortskirchen und deren Gemeinschaft untereinander.

371 Zit. nach H. Rahner, Maria 23. Weitere Texte bei K. Krüger, Maria-Kirche in der älteren syrischen Väterliteratur, in: Maria et Ecclesia. Acta Congressus mariologici-mariani in civitate Lourdes anno 1958 celebrati, vol. III, Rom 1959, 109–136, hier: 116f.

372 Der Ausdruck stammt von H. U. v. Balthasar und bezieht sich hier auf Christus, der als „konkrete Person“ die universale Menschheit annimmt, repräsentiert und bezeichnet. Siehe dazu W. Löser, „Universale concretum“ als Grundgesetz der oeconomia revelationis, in: HFTh II, 108–121; E.-M. Faber, Universale concretum bei Hans Urs von Balthasar, in: IkaZ 29 (2000) 258–273. Auf Maria wird diese Formulierung angewandt von A. Müller, Ecclesia 76, dem H. U. v. Balthasar, Der antirömische Affekt, Freiburg i. Br. 1974, 165 ausdrücklich zustimmt.

(c) Der differenzierende Westen: Ambrosius und Augustinus

Auch im Westen wird eine ganz enge Beziehung zwischen der Mater Ecclesia und Mater Maria herausgearbeitet, wobei hier nicht selten der Gedanke im Vordergrund steht, dass die Kirche, indem sie den Glauben vermittelt, die Glieder jenes „Leibes" gebiert, den Maria geboren hat und welcher der „ganze Christus" ist.[373]

Hintergrund bzw. Kontext der Äußerungen des Ambrosius über Maria ist seine Hochschätzung des jungfräulichen Lebens in der Kirche als eines Lebens wahrer Fruchtbarkeit. In diesem Kontext knüpft er als erster im Westen eindeutig eine ganz enge Verbindung zwischen Kirche und neuer Eva = Maria. Maria ist für ihn der „typus Ecclesiae" oder auch die „figura Ecclesiae". Sie ist das „Urbild der Kirche, die unversehrt ist und dennoch vermählt. Als Jungfrau hat die Kirche uns vom Geiste empfangen, als Jungfrau gebiert sie uns ohne Schmerzensschrei".[374] Wenn man in Rechnung stellt, dass das Denken des Ambrosius deutlich in einem platonischen Horizont steht, meint „typus" bei ihm so viel wie übergeschichtliches vollkommenes „Urbild", „Vorbild" „Muster".[375] Mit dieser Kennzeichnung Marias ist infolgedessen auch schon angedeutet, dass in ihr, dem „Urbild", der ursprüngliche Plan Gottes mit der Menschheit bereits seine Verwirklichung gefunden hat, während er in der Kirche als dem „Abbild" erst noch *dabei* ist, seine Verwirklichung zu finden. Umgekehrt gilt für Ambrosius all das, was vom „Abbild" Kirche gesagt ist, auch von Maria. „Wie schön ist all das, was im Bild der Kirche [in figura Ecclesiae] prophetisch über Maria gesagt wurde".[376]

Nicht nur die Jungfräulichkeit beider, sondern auch ihre „Fruchtbarkeit" läuft in eins. Das macht der Bischof von Mailand in folgendem Bild deutlich: Im Schoß Marias wächst Christus als das eine „Weizenkorn" heran. Damit und darin aber keimt zugleich auch schon die Fülle des Weizens (acervus

---

373 Vgl. dazu H. Rahner, Maria 54–63.

374 Ambrosius, Exp. ev. sec. Luc 2,7 (CSEL 32/4, 45). – Die wichtigsten marianisch-ekklesialen Texte des Ambrosius sind zusammengestellt bei J. Huhn, Das Geheimnis der Jungfrau-Mutter Maria nach dem Kirchenvater, Ambrosius, Würzburg 1954; ders., Ambrosius v. Mailand, in: MarLex I, 26–129 (Lit.). Siehe ferner auch A. Müller, L'unité de l'église et de Marie chez les pères des IVe et Ve siècle, in: Marie et l'Eglise, vol. I. = BSFEM 16 (1951) 27–38, hier: 32–34; Hofmann, Maria 414–452. Die Unterschiedlichkeit der Stellung Marias im Denken des Ambrosius und Augustinus arbeitet heraus G. Madec, Marie, vierge et mère selon S. Ambroise et S. Augustin, in: ders., Lectures Augustin = EAug 168, Paris 2001, 281–293.

375 Huhn, Geheimnis 144–169 zeigt im Einzelnen, dass der Typus-Begriff bei Ambrosius sehr unterschiedliche Bedeutungsebenen hat. Er kann im eher defizitären Sinn verwendet werden (im Sinne von: Dies oder jenes atl. Ereignis ist „nur" Typus des Kommenden), aber eben auch im positiven platonischen Verständnis eines Urbilds. Congar, Marie 15 stellt heraus, dass, ganz allgemein gesagt, der patristische Begriff des Typos allein philologisch nicht zu klären ist, sondern sich aus dem Zusammenhang ergeben muss.

376 De inst. virg. 14 (PL 16, 341).

tritici), die aus dem einen Korn entstehen wird: nämlich die Fülle der Christen. Deshalb ist mit der Gottesmutterschaft Marias auch ihre geistige Mutterschaft für die künftigen Gläubigen gegeben, wie sie in der und durch die Kirche realisiert wird.[377] Auf der gleichen Linie liegt auch die identifizierende Parataxe:

> „Er (Christus) öffnete den stillen, unbefleckt befruchteten Schoß der geheiligten Jungfrau Kirche zur Wiedergeburt des Gottesvolkes. ... Er ist es auch, der den Schoß seiner Mutter öffnete, um unbefleckt daraus hervorzugehen".[378]

In den genannten und vielen anderen Texten sieht Ambrosius „die Jungfrau-Mutter Maria in so enger Beziehung zur Jungfrau-Mutter Kirche, dass es keinen Unterschied mehr macht".[379]

Wichtig ist, dass das, was von der Kirche als ganzer gilt, auch von jedem einzelnen Glied zu sagen ist. Es ist geradezu ein „Lieblingsgedanke" des Ambrosius (Hugo Rahner), im Anschluss an Vorgaben des Origenes[380] das Maria-Sein *jedes* Christen herauszustellen. Nur zwei Beispiele:

> „Wenn die Seele beginnt, sich Christus zuzuwenden, wird sie ‚Maria' genannt. Das heißt: Sie erhält den Namen jener, die Christus gebiert. Denn sie ist nun eine Seele, die auf geistliche Weise Christus gebiert".[381]
>
> „Jede Seele, die glaubt, empfängt und gebiert das Wort Gottes. ... Wenn dem Fleische nach nur eine die Mutter Christi ist, so wird Christus doch dem Glauben nach von allen Seelen geboren, die das Wort Gottes in sich aufnehmen".[382]

---

377 Vgl. Ambrosius, ep. 63, 33 (CSEL 72, 252): „Virgo genuit mundi salutem, virgo peperit vitam universorum".

378 Ambrosius, Exp. ev. sec. Luc 2,57 (CSEL 32/4, 73).

379 Huhn, Ambrosius 128. – Anmerkungsweise soll erwähnt sein, dass Ambrosius jede „Mithilfe" Marias an der Erlösungstat Christi ausdrücklich und entschieden ablehnt. Eine gewisse Mitwirkung besteht zwar in ihrer Vorbereitung („per quam salus omnibus parabatur": Exp. ev. sec. Luc 2, 17 [CSEL 32/4, 51]), aber zugleich gilt: „Jesus non egebat adjutore ad redemptionem omnium": ep. 14, 110 (CSEL 82, 294). Und das Gleiche auf sein Leiden hin konkretisiert: „Christi passio adjutorio non eguit": ders., De inst.virg. 49 (PL 16, 318).

380 Vgl. z. B. Origenes, In Cant. hom. 2 (SC 37) : „Et in te, si dignus fueris, nascitur sermo Dei".

381 Ambrosius, De inst. virg. 20 (PL 16, 271). Ähnlich auch ders., Exp. ev. sec. Luc. 10,24 (CSEL 32/4, 464f). Hier lautet die Pointe: „Erfülle den Willen des Vaters, auf dass du Mutter Christi sein kannst." All diese Gedanken übernimmt Ambrosius offenbar von Origenes. Bei diesem heißt es: „Es öffnet Gott den Mutterschoß zur Geburt der Heiligen. Das bedeutet aber nach dem geistlichen Verständnis: es öffnet der Herr den Mutterschoß der Seele, auf dass sie gebäre das Wort Gottes, dessen Mutter sie sein wird": Selecta in Genesim (PG 12, 124). Ebenso Origenes, Fragm. 281 zu Mt 12,46f (GCS 41/1), 126): „Jede unverdorbene Seele ... ist Mutter Jesu". Oder ders., Cant. Hom. 2: „Wenn du würdig bist, wird auch in dir das Wort Gottes geboren". Siehe weiter auch Origenes, in Luc. 22, 4 (SC 87, 302).

382 Ambrosius, Exp. ev. sec. Luc 2,26 (CSEL 32/4, 55).

Auch wenn Augustinus an Ambrosius anknüpft, ist der Hintergrund seiner Aussagen über Maria anders: Es ist nicht so sehr die Bedeutung Marias für das jungfräuliche Leben, sondern der christologische und ekklesiologische Zusammenhang, in dem Maria steht. Sodann setzt er auch in der Frage des Verhältnisses Maria – Kirche andere Akzente als sein großer Lehrer, wohl auch weil er nicht so konsequent wie dieser im platonischen Urbild-Abbild-Schema denkt.

Zunächst einmal ist die Kirche für Augustinus gut paulinisch vorrangig als jener „Leib" bestimmt, der mit Christus als dem „Haupt" zutiefst eins ist. „Ihr alle seid einer in Christus" (Gal 3,28) und „Wir, die vielen, sind *ein* Leib" (1 Kor 10,17) sind seine vornehmlichsten biblischen Bezugspunkte. Schon die östliche Theologie (besonders Origenes und Cyrill v. Alexandrien) hatte von dieser Grundlage aus ein Kirchenbild entworfen, das ganz vom Gedanken der Einheit geprägt war.[383] Diese Einheit, und zwar konkret in der Form der *Liebe*, wird bei Augustinus noch einmal mehr durch seine zahlreichen Ausführungen über die Kirche als „Leib Christi" unterstrichen.[384] Dieses biblische Bild, das eine Tendenz zur Identifizierung von Christus und Kirche hat, wird bei ihm jedoch ergänzt und in Balance gehalten durch das eher die Differenz betonende Bild von Bräutigam und Braut,[385] ein Bild, das in seiner Grundstruktur gleichfalls paulinisch ist (vgl. 2 Kor 11,2; Eph 5,25ff) und im gleichen Kontext ebenso schon von den frühen alexandrinischen Theologen (Origenes) aufgegriffen wurde. Als Braut Christi gebiert uns die „Mutter Kirche" zu Brüdern und Schwestern Christi. Diese beiden Zugänge zur Wirklichkeit der Kirche zieht Augustinus nun in einigen Texten auf Maria hin aus. So heißt es in den „Confessiones":

> „Er (Christus), der unser Leben ist, stieg zu uns herab, trug unsern Tod und erschlug ihn durch den Überschwang des Lebens. Und mit Donnerstimme rief er, wir sollten von dort zu ihm heimkehren, in jenes stille Geheimnis, von dem her er zu uns kam, zunächst in den jungfräulichen Schoß, wo er sich die Menschennatur anvermählte, das sterbliche Fleisch, auf dass es nicht immer sterblich bleibe".[386]

---

383 Wichtige Texte dazu finden sich z. B. angeführt bei St. Ackermann, Kirche als Person, Würzburg 2000, 15ff.

384 Zum Kirchenbild Augustins insgesamt siehe J. Ratzinger, Volk und Haus Gottes in Augustins Lehre von der Kirche, St. Ottilien ^{2}1992.

385 „Certe sacratissimas nuptias in scripturis novimus: sponsum et sponsam Christum et Ecclesiam": Augustinus, ep. ad Cath. 7,17 (BA 28,546). Weitere augustinische Texte dazu bei A. Müller, Ecclesia 188–193. Dabei steht das Bild von Bräutigam und Braut der Einheitsidee grundsätzlich keineswegs entgegen, da ja Mann und Frau sich aneinander binden, um nach Gen 2,24 „ein Fleisch" zu werden.

386 Augustinus, Conf. 4,12, 19 (v. Balthasar 99f). Ähnlich auch Augustinus, serm. Denis 25,8 (Morin 163); sermo 291, 6 (PL 38, 291,6).

Demnach müssen wir, die Glieder der Kirche, zurückkehren „in den jungfräulichen Schoß“, worin sich der Herr selbst mit seiner Schöpfung vermählt hat. Und das ist nun zweifellos der Schoß Marias. In ihm wurde folglich nicht nur der „Christus solus“, sondern der „Christus totus“, also auch wir alle mitgeboren.[387] Darum laufen der Schoß Marias und der Schoß der Kirche praktisch in eins. Daraus folgt jedoch nicht eine Totalidentifizierung von Maria und Kirche. Denn es ist zu beachten, dass in diesen und vielen (!) ähnlichen Texten nicht eigentlich Maria die „Braut“ Christi ist, wie es die Kirche ist. Denn das eigentliche „coniugium“ des göttlichen Wortes mit der Menschheit geschieht in dessen Verbindung mit dem „Fleisch“, indem der Gottessohn sich in der Menschwerdung mit einer (individuellen) menschlichen Natur vereinigte. Und bei dieser hochzeitlichen Vermählung ist Marias Schoß nur das „Hochzeitsgemach“, nicht aber das bräutliche Gegenüber.[388]

Ferner ist zu beobachten, dass Augustinus in zahlreichen Texten über den Gedanken einer – allerdings äußerst großen – „Ähnlichkeit“ zwischen Maria und Kirche, nicht hinauskommt.

> „Versteht, wie die Kirche ... Braut Christi ist; wie sie aber auch – das ist schwieriger einzusehen und dennoch wahr – Mutter Christi ist. Als ihr Urbild (in ipsius typo) ging Maria, die Jungfrau, der Kirche voraus. Weshalb, frage ich euch, ist Maria die Mutter Christi, wenn nicht deshalb, weil sie die Glieder Christi geboren hat? Ihr, zu denen ich spreche, seid die Glieder Christi. Wer hat euch geboren? Ich höre die Stimme eures Herzens: die Mutter Kirche. Diese heilige, geehrte Mutter, Maria ähnlich (Mariae similis), sie gebiert und ist doch Jungfrau. Dass sie gebiert, beweise ich durch euch: Aus ihr seid ihr geboren. Christus gebiert sie, denn ihr seid die Glieder Christi“.[389]
>
> „Wenn du es genau betrachtest, so gebiert sie Christus, weil die Getauften seine Glieder sind. ‚Ihr seid der Leib Christi und seine Glieder‘ sagt der Apostel. Wenn sie also Glieder Christi gebiert, so ist sie Maria aufs äußerste ähnlich (simillima)“.[390]

---

387 Dabei kann in einigen Texten Augustins der Schoß Marias, in anderen der Schoß der Kirche primär sein.

388 Vgl. z. B. Augustinus, serm. 291, 6 (PL 38, 1319); In Ps.90, 2.5 (CC 39) u. ö. Die damit gegebene Sachproblematik wird uns noch später beschäftigen. Vgl. S. 391f.

389 Augustinus, serm. Denis 25,8 (Morin 163).

390 Augustinus, serm. Guelferb I, 8 (Morin 448). Zur „similitudo“ vgl. auch serm. 192,2 (PL 38,1012f); serm. 213, 7 (PL 38, 1064).

„Maria hat leiblich das Haupt des Leibes geboren. Die Kirche gebiert geistig die Glieder jenes Hauptes. Bei beiden verhindert die Jungfräulichkeit nicht die Fruchtbarkeit“.[391]

In Kurzform:

„Was Maria dem Fleische nach verliehen ward, besitzt die Kirche dem Geiste nach: Maria gebar den Einen – die Kirche gebiert die vielen, die durch den Einen eins werden“.[392]

Leo d. Große greift als getreuer Schüler Augustins diese Ideen auf und findet dafür so prägnante Worte wie: „Dedit aquae quod dedit matri“,[393] d. h Gott gibt dem Wasser der Taufe, kraft derer die Kirche zum göttlichen Leben gebiert, das, was er Maria gab: die Befähigung zur Gottesgeburt.

Für die „Ähnlichkeit“ zwischen Maria und Kirche spielt bei Augustinus der Glaube Marias bzw. der Kirche die eigentlich entscheidende Rolle. Dies geht besonders aus folgendem Text (einem Kommentar zu Mt 12,46f) hervor:

„Maria hat nun wirklich den Willen des Vaters getan, und darum ist es mehr für Maria, Jüngerin Christi als Mutter Christi gewesen zu sein. Seliger ist es, Jüngerin Christi als Mutter Christi gewesen zu sein. … Eine Frau sagte dem Herrn: Selig der Leib, der dich getragen hat! Und der Herr darauf: … Ja, viel mehr selig, die das Wort Gottes hören und es behüten! Daher ist also auch Maria selig, weil sie das Wort Gottes gehört und behütet hat. Mehr hat sie im Geist (mente) das Wort Gottes behütet als im Schoß das Fleisch. … Mehr ist, was im Geiste ist, als was im Schoß getragen wird. Heilig ist Maria, selig ist Maria. Aber mehr noch als die Jungfrau Maria ist es die Kirche. Warum? Weil Maria ein Teil (portio) der Kirche ist, ein heiliges Glied, ein herausragendes Glied, ein über alles erhabenes Glied, aber eben doch ein Glied des ganzen Leibes“.[394]

---

391 De virgin. 2 (BA 3,112). Diese Gegenüberstellung von leiblich und geistig gebären wird allerdings dadurch relativiert, dass für Augustinus auch das Hervorgehen Jesu aus Maria sich ihrem *Glauben* verdankt, also „geistig“ ist. Vgl. Augustinus, Ench. 10,34 (BA 168): Christus „de virgine nasci oportebat, quem fides matris, non libido conceperat“.

392 Augustinus, serm. 195,2 (PL 38, 1018).

393 Leo d. Gr., serm. 25, 5 (CC 138, 123).

394 Augustinus, sermo Denis 25, 7 (Morin 163). – Fr. Hofmann, Mariens Stellung in der Erlösungsordnung nach dem hl. Augustinus, in: Alma Socia Christi. Acta Congressus mariologici-mariani Romae 1950, vol. V/1, Rom 1952, 87–100, hier: 96 stellt allerdings mit guten Gründen die Frage, ob der Text in seinem letzten Teil wirklich authentisch ist. Bezüglich des Vorrangs des Glaubens Marias vor ihrer leibhaftigen Mutterschaft siehe auch Augustinus, De s. virg. 3 (BA 3, 114): „Beatior ergo Maria percipiendo fidem Christi [!], quam concipiendo carnem Christi”.

Dieser Aussage über die Bedeutung ihres Glaubens fügen sich dann auch Aussagen über die ekklesiologische Funktion Marias an: Sie wirkt dabei mit, dass Menschen zum Glauben kommen:

> „Mutter Christi ist die ganze Kirche, weil sie ja seine Glieder, die Glaubenden, durch die Gnade Gottes gebiert. Seine Mutter ist ebenso jede fromme Seele, die den Willen des Vaters erfüllt. ... Da Maria den Willen Gottes erfüllt, ist sie nur dem Leibe nach Mutter Christi, dem Geiste nach aber sowohl Schwester wie Mutter. ... Dem Geiste nach ist Maria nicht Mutter unseres Hauptes, des Erlösers, denn aus ihm ist sie vielmehr selbst dem Geiste nach geboren. ... Aber sie ist ganz offenbar die Mutter der Glieder, die wir selber sind. Denn sie hat mitgewirkt in Liebe, dass Glaubende in der Kirche geboren werden, Glaubende, welche Glieder jenes Hauptes sind, dessen Mutter sie jedoch dem Leibe nach war".[395]

In dieser vom Glauben her bestimmten Ähnlichkeit oder auch Analogie zwischen Maria und Kirche ist für Augustinus Kirche die umfassendere Wirklichkeit (Maria ist „nur" portio und membrum ecclesiae), so dass er keine simple Gleichung: Maria = Ecclesia kennt.[396] Für Augustinus trifft tatsächlich die Interpretation Congars (siehe S. 152f) zu, wonach die (himmlische) Kirche das Umfassendere, Maria jedoch nur eine, und zwar die erste und hervorragendste Stufe ihrer Verwirklichung ist. Deshalb gibt es beim Bischof von Hippo, auch wenn er Maria heraushebt, keinerlei abgehobene, von der Gesamtkirche trennbare Stellung Marias. Entsprechend kennt er auch kein Gebet zu Maria und keine Fürbitte vonseiten Marias (wohl aber das Gebet zu den Märtyrern und Fürbitte vonseiten der Märtyrer!).

Ein weiterer Faktor kommt hinzu, den Augustinus von Ambrosius übernimmt: Das, was die Kirche – gleich Maria – tut: Christus (durch den Glauben in den Glaubenden) zu gebären, wiederholt sich noch einmal im Leben jedes Einzelnen: Auch er soll Christus „gebären",[397] d. h. sowohl in ihm Gestalt werden und von

---

395 De s. virg. 5f (BA 3, 116f). Dieser vielzitierte, auch vom II. Vaticanum in LG 53 angeführte Satz, dass Maria „mitgewirkt hat in Liebe, dass die Glaubenden in der Kirche geboren werden" – „cooperata est caritate, ut fideles in ecclesia nascerentur" darf nicht exklusiv marianisch, sondern muss *inklusiv* interpretiert werden: Denn im unmittelbaren Kontext heißt es bei Augustinus, dass *jede* gläubige Seele Christi Mutter ist, wenn und insofern sie in Liebe Christus, eben den *Christus totus,* gebiert.

396 Vgl. zum Ganzen I. M. Dietz, Maria und die Kirche nach dem hl. Augustinus, in: Maria et Ecclesia. Acta Congressus mariologici-mariani in civitate Lourdes anno 1958 celebrati, vol. III, Rom 1959, 201–239; Fr. Hofmann, Marias Stellung in der Erlösungsordnung nach dem hl. Augustinus, in: C. Feckes (Hrsg.), Die heilsgeschichtliche Stellvertretung der Menschheit durch Maria, Paderborn 1954, 131–143.

397 Siehe dazu H. Rahner, Die Gottesgeburt, in: ZkTh 59 (1939) 333–418; ders., Geburt aus dem Herzen, in: Gloria dei 4 (1949) 89–99; ders., Maria 91–102.

ihm sein Leben prägen lassen wie auch anderen zur „Mutter im Glauben" werden.[398]

In diesem Sinn muss auch bei Augustinus jeder Einzelne das Wort empfangen und gebären und so „Maria" werden, aber er hat es nicht nur für sich, sondern auch für andere zu tun, in dem er durch sein Glaubenszeugnis andere für Christus gewinnt und ihn in deren Herz einbettet. Er muss also in seinem persönlichen Leben genau das sein und tun, was die Kirche als ganze ist und tut: Mutter des Gottessohnes sein und Christus hervorbringen, ihm neue Gestalt geben. Dieses Bild der Mütterlichkeit kann an anderer Stelle auch durch das Bild der Braut oder Schwester ersetzt werden.[399]

So findet sich bei Augustinus die Grundlage für eine *maternitas spiritualis* sowohl der Kirche wie der Einzelnen und darin besonders auch Marias. Doch ist für ihn die umfassende *maternitas eccclesiae* wichtiger als die einer speziellen *maternitas Mariae.*

An diesen wenigen Beispielen aus der Väterzeit wird deutlich, dass und wie Kirche und Maria einander zugeordnet sind bis hin zu einer völligen Verschmelzung. Bei manchen Aussagen kann nicht einmal geklärt werden, ob sie für Maria, für die Kirche oder für beide gelten. „Es wird" – fasst Achim Dittrich zu Recht zusammen – „zwischen der Kirche als aktueller Heilsgröße und Maria als heilsgeschichtlicher Gestalt so wenig unterschieden, wie zwischen historischem und pneumatischem Christus. Maria wird nicht als eigenständige Größe der Theologie behandelt, wie es in der weiteren Geschichte der Fall sein wird."[400]

398 Vgl. Augustinus, Augustinus, sermo Denis 25, 7f (Morin 163f): „Gebt acht, dass ihr seid, was er sagt: ‚Seht, meine Mutter und meine Brüder!' Wie werdet ihr Mutter Christi sein? Wer immer hört und den Willen meines Vaters tut'. … Werden wir es wirklich wagen, uns Mütter Christi zu nennen? Gewiss doch! … Die Glieder Christi gebären mit dem Hl. Geist so wie die Jungfrau Maria Christus mit dem Leib gebar: auf diese Weise seid ihr Mütter Christi. Dies ist nichts, was weit entfernt von euch wäre, außerhalb, unvereinbar. Ihr seid Söhne geworden, seid nun auch Mütter". Siehe auch Augustinus, De virg. 6 (BA 3, 118f). Weitere Texte bei Congar, Marie 30[73].

399 Vgl. Augustinus, De virg. V, 6 (BA 3, 118), wo die Mutter-Bezeichnung übergangslos in das Attribut der Schwester übergeht. Diese Ideen gehen noch weiter bis Franz v. Assisi, wenn dieser von den Gläubigen sagt: „Sono sposi, fratelli e madri del Signore nostro Gesù Cristo. … Siamo madri sue, quando lo portiamo nel cuore e nel nostro corpo con l'amore … e lo generiamo attraverso sante opere": Lettera a tutti i fedeli, in: Fonti Francescane, Padua [4]1990, 155. Auch noch bei Luther findet sich Vergleichbares. Siehe WA 7,189f.

400 Dittrich, Mater 71. Und der Autor fährt, K. Delahaye, Maria Typus Ecclesiae (in: Alma Socia Christi V/1, Rom 1952, 25–45, hier: 43) zitierend fort: „‚Der im Pneuma erhöhte Herr und die im Pneuma mütterliche Kirche' sind das Zentrum des Glaubensbewusstseins der alten Kirche".

Wenn man von hier aus nochmals zurückblickt, bestätigt sich eine Einsicht, die Joseph Ratzinger kurz und bündig so formuliert hat: „Alles, was später Mariologie sein wird, ist zunächst als Ekklesiologie vorgedacht worden.“[401]

Festzuhalten ist auch, dass in vielen der angeführten Väter-Texte die aus menschlichen Beziehungen stammenden Bilder für die Ecclesia-Maria sehr schnell und fast übergangslos wechseln können: Maria-Ecclesia ist Mutter Jesu, Schwester, Braut, Tochter. Der jeweilige Zusammenhang entscheidet darüber, welches Bild gebraucht wird. Wichtig ist, dass alle diese Bilder eine äußerst enge personale Beziehung und Nähe zum Ausdruck bringen.

401 Ratzinger, Erwägungen 22. Diese Einsicht geht auf Alois Müller zurück. Siehe A. Müller, Fragen 301: „Maria war in den ersten Jahrhunderten nicht vergessen oder verloren, sondern verwahrt und aufgehoben in der Kirchentheologie“.

§ 3 Mutter – Mittlerin – Miterlöserin *„über"* der Kirche (nachpatristische Zeit)

1. Umschichtungen in der westkirchlichen Mariologie

Zu Beginn des Mittelalters treten erhebliche Umschichtungen hinsichtlich der Bedeutung und Stellung Marias in Glaube und Theologie ein. Zwar kann Maria noch in engster Beziehung zur Kirche gesehen werden. So etwa beim „Venerabilis Compilator" Beda († 735)[402] und Rupert v. Deutz († 1129).[403] Immer noch werden neutestamentliche Texte, die von Maria sprechen, auch auf die Kirche bezogen. Und zwar sowohl auf die Kirche als „Mutter" (die uns das Leben Christi vermittelt) wie auf die Kirche als „Braut" (die in reiner und engster Beziehung zum Herrn steht).[404] Doch wird ungefähr ab der Karolingerzeit die „geistliche Mutterschaft", die z. B. Augustinus von der Kirche *und* von jedem einzelnen Glaubenden ausgesagt werden kann, auf Maria enggeführt und ihr „geistliches Muttersein", das für den Bischof v. Hippo nur graduell höher steht als das der übrigen Kirche, von dem aller anderen völlig abgehoben.[405]

Das hing damit zusammen, dass die abendländische Philosophie und Theologie – ganz im Zuge einer umfassenden epochalen Wandlung des Erfahrungs- und Denkhorizonts – sich nicht mehr in erster Linie mit theologischen (christologischen) Fragestellungen befasste, sondern eher anthropologischen Themen zu-

402 Er kann z. B. die Kirche bezeichnen als „Dei Genitrix Ecclesia": Beda Ven., In Luc. evangel. I, 2,6 (CC 120, 48).

403 So heißt es etwa bei Rupert v. Deutz, De op. SpS. I, 8 (CCM 24, 1829): „Die selige Jungfrau, die der beste Teil der alten Kirche [prioris ecclesiae = der Kirche vor Christus] war, wurde gewürdigt, die Gemahlin Gottes des Vaters zu sein, um so dann auch zum Urbild der neuen Kirche und zur Gemahlin des Gottessohnes zu werden".

404 Dabei wird die Brautschaft der Kirche = Marias vor allem in den Hohelied-Kommentaren, die im Hochmittelalter ihren Höhepunkt finden, zur Geltung gebracht. Die Interpretation der „Braut" geht hier von Maria – Kirche – Einzelseele oft bruchlos ineinander über. Siehe dazu H. Riedlinger, Maria und die Kirche in den marianischen Hoheliedkommentaren des Mittelalters, in: Maria et Ecclesia. Acta Congressus mariologici-mariani in civitate Lourdes anno 1958 celebrati, vol. III, Rom 1959, 241–289.

405 Die gelegentlich anzutreffende Behauptung, die Idee einer maternitas spiritualis Mariae sei uralt, scheint mir völlig zu überzogen zu sein. Das meint auch R. Laurentin, Maria als Urbild und Vorbild der Kirche, in: MySal IV/2, 316–337, hier: 330: Der Begriff einer geistlichen Mutterschaft Marias hat in der Lehre und Frömmigkeit erst ab dem Mittelalter einen hervorragenden Platz erhalten, „obwohl die alten Quellen bis gegen das 10. Jh. sich darüber ausschweigen oder sehr zurückhaltend äußern." Etwas anderes ist es, wenn man in der maternitas Ecclesiae Maria immer schon geheimnisvoll verborgen sieht.

wandte. Es interessiert nunmehr vor allem der Mensch, und zwar gerade als Einzelner, in seiner Stellung vor Gott und im übrigen Universum. Und weil in diesem Horizont Maria eine besondere Rolle spielt, wird ab dieser Zeit im Blick auf sie ein Stück abendländischer Anthropologie entwickelt. Aus dem philosophischen Grundsatz, dass je näher ein Seiendes einem wirkenden Prinzip steht, es umso mehr auch an diesem Prinzip teilhat, folgert man, dass Maria als die ihrem Sohn, dem Prinzip aller Gnade, am nächsten Stehende auch die am meisten mit Gnade Erfüllte ist, die sie dann auch an die Menschen weiterzugeben vermag. Das Gleiche ergibt sich auch aus einem theologischen Grundsatz: Wen Gott erwählt, den bereitet er gemäß 2 Kor 3 auch entsprechend vor, dem schenkt er auch die dafür notwendigen Fähigkeiten. Fazit: Die Erwählung Marias zur Mutterschaft des Gottessohnes zieht auch die Ausstattung mit spezifischen Gaben und Charismen nach sich,[406] die er für andere einsetzen kann. Und in dieser besonderen Begnadung und Beauftragung Marias tritt uns das Ideal und Leitbild „des" Menschen vor Augen.

Dabei darf auch Folgendes nicht übersehen werden: Nachdem der in den ersten Jahrhunderten herrschende christologische Antrieb zur Entfaltung marianischer Aussagen zurückging, eben weil die Christologie zu einem gewissen doktrinalen Abschluss gekommen war, richtete sich das Interesse mehr und mehr auf die (individuelle) Person Marias. Auch aus diesem Grund bildete sich im Lauf der weiteren Entwicklung zunehmend eine sog. „Privilegien-Mariologie" heraus. Das heißt: Maria erhielt alle nur erdenklichen Ehrenbezeichnungen, wodurch sie mehr und mehr von der Kirche getrennt wurde.

Noch ein weiterer Faktor ist dafür namhaft zu machen, dass der Gedanke einer „geistlichen Mutterschaft" der (empirischen) Kirche gegenüber einer exklusiven maternitas Mariae immer mehr zurücktrat: Die Kirche wurde im Mittelalter vorrangig als öffentliche, gesellschaftliche Körperschaft (christianitas) und nicht so sehr als „geistliche Wirklichkeit" erfahren und reflektiert. Aussagen, die früher über die Kirche und damit über Maria als „Typus" der Kirche gemacht wurden, traten deshalb immer mehr in den Hintergrund. Durch die selbstverständliche, ja geradezu zwangsläufige Übernahme des im Abendland verbindlichen christlichen Glaubens durch jeden, der hier geboren wurde, erlosch die Erfahrung einer „neuen Geburt" durch die Mutter Kirche. Entsprechend verlagerten sich auch an der Person Marias die Schwerpunkte: Stand bei Augustinus noch im Vordergrund das „geistliche Empfangen" Marias im Glauben, aus dem dann gewissermaßen erst das „leibliche Empfangen" resultierte, so konzentrierte sich im Mittelalter alles auf die einzigartige leibliche Mutterschaft Marias und ihre damit gegebene Nähe

406 Vgl. Thomas v. Aquin, STh 27, 5c und 4c.

zu Christus, aus der dann ihre exklusive geistliche Mutterschaft, die vor allem in ihrer Gnadenmittlerschaft und Fürbitte bestand,[407] hervorging.

Auch die seit dem 7. Jh. nicht ohne östlichen Einfluss weiter fortschreitende Marienverehrung spielte für die neue Sicht Marias eine wichtige Rolle.[408]

Maria ist keineswegs die erste, die unseres Wissens nach von den christlichen Gemeinden verehrt, d. h. gepriesen und um Fürbitte angerufen wurde. Sieht man einmal von einer „unterschwelligen", schon in den ntl. Schriften sich andeutenden Marienverehrung ab (siehe dazu S. 92, 99), waren es zunächst die Märtyrer, die man im Gebet anrief. Die ausdrückliche Marienverehrung setzt erst viel später ein. Abgesehen vom alten Gebet „Sub tuum praesidium", dessen präzises zeitliches Entstehen aber umstritten ist,[409] findet sich die älteste ostkirchliche Erwähnung einer Anrufung Marias in einer Erzählung des Gregor v. Nazianz.[410] Das erste westkirchliche Beispiel liegt erst im 6. Jh. im Hymnus des Sedulius Caelius „Salve sancta parens" vor. Die ersten liturgischen Gebete haben dabei eher den Charakter des Lobpreises auf Maria als den einer Anrufung, Bitte oder Verehrung.[411] Auch gibt es bis

---

407 Die Konzentration aller Fürbitte auf Maria (und in abgeschwächtem Maß auch auf die der übrigen Heiligen) weist im Übrigen auf das im Abendland übliche pneumatologische Defizit hin. Was in Röm 8,26 dem Hl. Geist zugeschrieben ist, dass nämlich *ER* es ist, der „für uns eintritt", wird gewissermaßen auf Maria transferiert. Dies hat in der Spiritualitätsgeschichte nachhaltige Folgen bis hinein in das „Exerzitienbüchlein" des hl. Ignatius v. Loyola. Der am Ende vieler Betrachtungen vorgesehene Gebets*trialog* richtet sich an Gott Vater, Christus und Maria und nicht – wie eigentlich zu erwarten wäre – an den Heiligen Geist. Aber so hatte es Ignatius schon von seiner frühen Lektüre des Ludolf v. Sachsen, bei dem gleichfalls der Hl. Geist nicht vorkommt, „gelernt". Siehe zur ganzen Problematik auch S. 473ff.

408 Zur Geschichte der Marienverehrung siehe Delius, Geschichte; H. Grote, Maria/Marienfrömmigkeit II: Kirchengeschichtlich, in: TRE 22, 119–137 (Lit.); H. Graef, Maria. Eine Geschichte der Lehre und Verehrung, Freiburg i. Br. 1964; G. Söll, Maria in der Geschichte von Theologie und Frömmigkeit, in: Hmar 92–231. Reichhaltiges Material auch bei G. G. Meerseman, Der Hymnos Akathistos im Abendland, Bd.I-II, Freiburg (Schweiz) 1958, 1960. Zur mittelalterlichen „Umschichtung" siehe das Material in: C. M. Piastra (Hrsg.), Gli studi di Mariologia medievale. Bilancio storiografico. Atti del I Convegno Mariologico della Fondazione E. Franceschini (7–8 novembre 1997), Florenz 2001. Speziell zur protestantischen Marienverehrung vgl. Eilrich, Gott.

409 Lit. dazu: O. Stegmüller, Sub tuum praesidium. Bemerkungen zur ältesten Überlieferung, in: ZkTh 74 (1952) 76–82; R. Iacoangeli, „Sub tuum praesidium". La più antica preghiera mariana, in: S. Felici (ed.), La mariologia nella catechesi dei Padri, Roma 1989, 207–240. Gegen eine Frühdatierung (3. Jh. und früher) wendet sich mit guten Argumenten H. Förster, Früheste Zeugnisse der Marienfrömmigkeit in Ägypten, in: P. L. Hofrichter (Hrsg.), Auf der Suche nach der Seele Europas: Marienfrömmigkeit in Ost und West, Innsbruck-Wien 2007, 25–41, hier: 29f.

410 Vgl. Gregor v. Nazianz, De or. 24,10 (PG 35, 1180).

411 Vgl. H. Barré, Prières anciennes de l'Occident à la Mère du Sauveur, Paris 1962. – Nebenbei: Bis ins 17. Jh. hinein kann die Verehrung Marias mit dem Wort *adoratio* – προσκύνησις verbunden werden. Denn beides hatte bis dahin einen viel weiteren Sinn, als man ihn heute damit verbindet. Auch dem Kaiser z. B. erwies man *adoratio* – προσκύνησις. Erst später unterschied man zwischen der allein Gott zustehenden προσκύνησις und λαθρεία und einer den Heiligen gebührenden δουλεία (bzw. für Maria sogar: ὑπερδουλεία).

zum 4. Jh. inklusiv keine Marienfeste, Marienbilder, Marienkirchen. Dieses Defizit verschwindet ab der Karolinger-Zeit. Jetzt finden sich eine Fülle von Gebeten und Anrufungen und Bitten um Heilsvermittlung. Auch die ab jetzt sich vermehrenden Marienfeste, die (vor allem in der Neuzeit) Maria unter den verschiedensten „Mysterien" ihres Lebens sowie ihren unterschiedlichen Eigenschaften und Haltungen zum Inhalt haben, tragen dazu bei, die heils*geschichtliche* Perspektive, unter der Maria bis dahin gesehen wurde, in eine soteriologisch-*aktuelle* zu verwandeln und aus einer „objektiven christlichen Heilslehre" eine „subjektive Andachtsform" zu machen, die schließlich zu nicht wenigen „Auswüchsen" führte.

Noch ein weiterer wichtiger Gesichtspunkt ist zu beachten. Vor allem in und seit der Karolingerzeit, in der man sich gegen adoptianistische Tendenzen bei einigen neu missionierten Germanenvölkern zu wehren hatte, wurde die Christologie unter stark monophysitischen Akzenten entwickelt und – parallel bzw. „substitutiv" dazu – die sowohl hoheitliche wie heilsmittlerische Rolle Marias hervorgehoben. Denn in einem tendentiell monophysitismusnahen Verständnis von Jesus Christus wird dessen Göttlichkeit, Erhabenheit, transzendente Ferne und richterliche Souveränität so sehr hervorgehoben, dass demgegenüber seine gott-*menschliche* Mittlerschaft zurücktritt. Damit aber stellt sich wie von selbst die Frage nach einem neuen, ganz und gar menschlichen „Mittler", der zur erhabenen Göttlichkeit Christi hin vermittelt. Und genau an diese Stelle tritt Maria.[412] Sie wird als „Mittlerin zum Mittler" angerufen. Ihr werden immer mehr biblische Formulierungen und Bilder übertragen, die ursprünglich für Gott (bzw. für den Heiligen Geist oder auch den Messias) gelten, z. B. „Zuflucht", „Schutz", Schirm", „Hoffnung", „Weisheit" usw. So kann man etwa bei Bernhard v. Clairvaux lesen:

> „Gewiss ist Christus ein überaus mächtiger Mittler zwischen Gott und den Menschen, doch die Menschen fürchten in ihm die Majestät Gottes. Verschlungen (absorpta) erscheint die Menschheit von der Gottheit [!], nicht indem ihr Wesen verändert, doch indem ihre Gesinnung vergöttlicht ist. Bei ihm besingt man nicht nur sein Erbarmen, man besingt ebenfalls sein Gericht ... Sollte sich da ein Sünder nicht fürchten, ihm zu nahen? ... Wir brauchen darum eine Mittlerin bei diesem Mittler, und niemand anderer ist uns dabei nützlicher als Maria".[413]

---

412 Das gilt umso mehr da, wo im Zuge eines pervertierten Gottes- und Christusbildes, deren zornige, ja rachsüchtige Züge hervorgehoben und im Glauben aufgegriffen wurden. Gerade so kam Maria in die Rolle einer barmherzigen Mittlerin, welche die Kirche und jeden Einzelnen vor dem Zorngericht Gottes bewahrt. Auch durch diese Sonderrolle wurde Maria von der übrigen Kirche separiert. Eine bemerkenswerte Begründung der Mittlerschaft Marias finden wir bei einigen frühmittelalterlichen Theologen (Rupert v. Deutz und Gottfried v. Admont). Danach ist Maria die Repräsentantin, ja Personifikation der „menschlichen Natur", die Christus von ihr her gewonnen hat. Siehe dazu Dittrich, Mater 172, 174.

413 Bernhard v. Clairvaux, Sermo in Dom. infra Octavam Assumpt. B.M.V. 1 (WW 8, 594f). Weitere Texte bei Congar, Christus 61f. Paul VI. charakterisiert die Einstellung, wonach

Eben weil sie uns nahe steht und reinste Barmherzigkeit und Güte ist! Und darum wollte Gott – so Bernhard, welcher der „Chorista Mariae" genannt wurde und wird –, „dass wir nichts haben, was nicht durch die Hände Marias gegangen ist".[414] So wurde seit dem Mittelalter aus der ursprünglichen Urbildhaftigkeit Marias für die Kirche eine Mittlerschaft zwischen Christus und der Kirche, genauer: zwischen Christus und dem einzelnen Gläubigen. Maria nimmt damit ihren Platz zwischen Gott und den Menschen ein, denen sie ständig alle Gnade vermittelt[415] und sie dadurch in die Kirche einverleibt. Somit *hat* Maria nicht nur einmal den „Christus totus" geboren hat, sondern sie gebiert ihn fortlaufend in jedem Glaubenden neu. Kurz: sie ist nach einem vielzitierten Wort von Anselm v. Canterbury „Mater Dei et mater nostra". In dieser Perspektive wird Maria als Fürsprecherin und Heilsmittlerin „gegenüber", besser noch: „über" der Kirche, ja über der ganzen *communio Sanctorum* angerufen.[416]

Aufgrund ihrer „maternitas spiritualis" kann sie, erstmals greifbar in einem Apokalypse-Kommentar des Berengaudus v. Ferrières (um 850), als „Mater ecclesiae" bezeichnet werden,[417] ein Titel, der ursprünglich bei Beda auftaucht, hier aber vom Heiligen Geist (!) gebraucht wird: Der Geist ist die Mutter der Kirche. Die „Argumentationslogik" des Berengaudus für seine Aussage, dass *Maria* als Mutter der Kirche bezeichnet wird, ist zunächst noch traditionell-augustinisch: Da Maria die Mutter Christi ist, der „totus Christus" aber Haupt und Glieder umfasst, ist sie als „mater capitis"

Maria im fürchterlichen Gericht Gottes vermittelt, in einer Ansprache als „naive Mentalität" und „infantiles Verständnis": OR vom 17./18. August 1964.

414 Bernhard v. Clairvaux, Sermo 3 in vigilia nativ. Domini 10 (WW 7, 174).

415 In diesem Zusammenhang fällt oft das Bild von Maria als dem „collum" – dem „Hals" der Kirche, der zwischen Haupt und Gliedern vermittelt.

416 Maria wurde schon früh als „Mittlerin" (μεσιτεύουσα) angerufen. Der erste ausdrückliche Hinweis auf sie findet sich bei Basilius von Seleucia (um 468), Or. 39,5 (PG 85, 444), nachdem zuvor Gregor v. Nazianz, or. 9 ad Greg.Nyss. 5 (PG 35,837C) von den *Märtyrer* ausgesagt hatte, dass sie die Vergöttlichung vermitteln (μεσιτευούσι). Der lat. Begriff „mediatrix" für Maria ist erstmals in einer lat. Ü. des Theophilus überliefert. In der weiteren Entwicklung des Gedankens von der Mittlerschaft Marias spielt (allerdings erst ab dem Mittelalter!) immer mehr auch die Interpretation von Joh 2 (Maria als Fürsprecherin („Sie haben keinen Wein mehr!") sowie Joh 19 (Maria als „Mutter" des Lieblingsjüngers und damit der Jüngerschaft Jesu) eine Rolle. Im Hymnus Akathistos, der nach neueren Forschungen wohl schon vor dem Konzil von Ephesus entstand, wird sie „Brücke zwischen Erde und Himmel" genannt. Zu diesem Hymnus siehe Meerssemann, Hymnus sowie L. M. Peltomaa, The Image of the Virgin Mary in the Akathistos Hymn, Leiden u. a. 2001. In der Folge von Bernhard v. Clairvaux entstand das Axiom „Per Mariam ad Jesum". Siehe dazu G. L. Müller, Mittlerin der Gnade, in: MarLex 4, 487–491, hier: 488. Aber in welchem Sinn ist Maria Mittlerin? Ist sie es „nur", insofern sie der Welt den Heilsbringer Christus vermittelt? Oder gibt es eine eigene Teilhabe an der Heilsmittlerschaft Christi? Diese Frage blieb lange offen und ist es im Grunde bis heute.

417 Siehe dazu Dittrich, Mater 90f.

auch „mater corporis quod est ecclesia", also „mater Ecclesiae".[418] Zudem wird diese Bezeichnung bei Berengaudus (und zum Teil auch später noch) in Balance gehalten durch das – gleichfalls gut-augustinische Epitheton – „mater *et filia* ecclesiae".

Wenn somit auch die Bemerkung von Achim Dittrich zutrifft: „Wirkungsgeschichtlich muss Augustinus tatsächlich als Urvater des [Maria-] Mater-Ecclesiae-Gedankens angesehen werden",[419] so wird in diesem Titel doch die augustinische Parallelität von Maria und Kirche überschritten.

Auf diese Weise erscheint Maria immer mehr als eine singuläre, individuelle Größe, als „socia Christi", „Mutter der Barmherzigkeit" „Mutter der Gnade" usw., die mit ihrer *maternitas spiritualis* der Kirche als Gemeinschaft erlösungsbedürftiger Menschen gegenübersteht, ja, die *über* ihr steht, wobei sie freilich immer – mit unterschiedlichem Nachdruck – als dienend in das Christusmysterium eingebettet gesehen wird. Doch ist die patristische Konzeption von der „mater Ecclesia" abgelöst durch die der „mater Ecclesiae" (obwohl dieser Titel relativ selten bleibt, da Kirche vorrangig als Institution und nicht so sehr als „Leib Christi" gesehen wurde). Aus der Gleichordnung Maria = Kirche wird so eine Unterordnung der letzteren und eine eindeutige Vorordnung der ersteren, die zudem immer mehr als „Königin des Himmels und der Erde" vorgestellt und verehrt wird.[420] Pointiert gesagt, ist Maria nicht mehr primär die „instrumentelle Trägerin" Jesu, sondern die „in sich stehende" Himmelskönigin.

Bei all dem darf freilich nicht übersehen werden, dass man zwar einerseits Maria in überschwängliche Höhen erhob, dadurch aber andererseits *nicht in jedem Fall* Abstand und Distanz zwischen ihr und dem Volk Gottes aufgerissen wurde. Denn sie blieb auch Identifikationsgestalt unzählig vieler Frauen, die Maria „nicht als unerreichbaren Übermenschen [erfuhren], sondern als Frau, der Gefährdungen und Leiden des weiblichen Geschlechts widerfahren waren: Schwangerschaft, Entbindung, Armut, Ausgegrenztsein, Flüchtlingselend, der Verlust des eigenen Sohnes".[421] Daraus resultierte der „gebündelte Schrei" des angefochtenen und von Not bedrängten Menschen zu Maria.

Diese bisher gezeichnete Entwicklung der Marienfrömmigkeit steigerte sich ungefähr ab dem 12./13. Jahrhundert, da geistesgeschichtlich gesehen immer mehr

418 Der Sache nach findet sich dieser Argumentationsgang wohl erstmals bei Isidor v. Sevilla, der Maria *Mater nostri capitis et Mater fidelium* nennt. Siehe dazu Dittrich, Mater 78.

419 Dittrich, Mater 57.

420 Vgl. Eilrich, Gott 140ff. Ob – wie Eilrich mit Hinblick auf G. Signori vermutet – für die Thematisierung der „Himmelskönigin" auch die neue gesellschaftliche Positionierung der Frau, wie sie sich in Königinnen bzw. Kaiserinnen wie Mathilde, Theophanu und Adelheid verwirklichte, eine Rolle spielte, mag dahin gestellt sein.

421 Schreiner, Maria 500.

die Subjektivität des Menschen und darin besonders auch seine Emotionalität und Affektivität entdeckt und reflektiert wird („Bernhardinisches Zeitalter", „ritterlicher Minnedienst"[422]). „Die Person gewinnt das Übergewicht über den objektiven Zusammenhang, in den sie hineingehört", vermerkt kurz und bündig René Laurentin.[423] Während die *Kirche* mehr und mehr nur als eine Institution, analog zu anderen gesellschaftlichen Institutionen, verstanden wird, die als von Gott gesetzte Größe zur Weitergabe von Wort, Sakrament und göttlicher Ordnung unbedingt heilsrelevant ist, spielen *für den persönlichen Heilsweg* die existentiellen „affektiven" Beziehungen des Einzelnen zur himmlischen Welt, darunter vor allem die zu Maria, die eigentlich entscheidende Rolle Die Sonderstellung Marias wird zunehmend besonders auch im Blick auf ihre Gnadenfülle („Unbefleckte Empfängnis" und „Leibliche Aufnahme in den Himmel") unterstrichen. „Die Marienfrömmigkeit des Volkes löste sich mehr und mehr von der nüchtern bleibenden Theologie ab; marianische Volksliteratur zirkulierte, die kaum noch der theologischen Kritik unterworfen war. Teilweise maßlos fantasierende Marienlegenden konnten im Westen einige Popularität erringen".[424]

In diesem Prozess der Umschichtung geschah zudem Folgendes: Spielte ursprünglich das Ja-Wort Marias und damit ihre Bedeutung für die Menschwerdung des Gottessohnes die entscheidende Rolle und wurde ihre Mittlerschaft verstanden als (objektive) Vermittlung zum einzigen Erlösungsmittler Jesus Christus, so weitet sich (im Westen) seit dem 2. Jahrtausend die Perspektive auf ihr ganzes Leben, besonders aber auf ihre Rolle bei der Kreuzigung Jesu (gemäß Joh 19) aus; und entsprechend wird ihre Mitwirkung am Erlösungswerk Christi entdeckt und betont.

Schon bei Origenes finden sich allererste Ansätze – aber auch nicht *mehr*! – für eine marianische Pointierung von Joh 19. Bei ihm heißt es:

> Den Sinn der Heiligen Schrift kann niemand fassen, „der nicht an der Brust Jesu geruht und der nicht von Ihm Maria angenommen hat, so dass sie auch seine Mutter geworden ist. … Denn wenn Maria keinen anderen Sohn hat als Jesus, … Jesus aber zu seiner Mutter sprach: ‚Siehe da, deinen Sohn', so ist es, wie wenn Er gesagt hätte: Siehe, dieser hier ist Jesus, den du geboren hast. Und so ‚lebt' wirklich jeder [in der Taufe] Vollendete ‚nicht mehr' selbst, in

422 Während der Minnedienst eine Sache höfischer Eliten war, bedeutete die emotionale, von allen, gerade auch von den unteren Stände praktizierte Verehrung der „Himmelskönigin" gewissermaßen eine „Demokratisierung" des Minnedienstes.

423 R. Laurentin, Kurzer Traktat der marianischen Theologie, dt. Regensburg 1959, 95.

424 Dittrich, Mater 222.

ihm ‚lebt Christus'. Und weil in ihm Christus lebt, so wird zu Maria über ihn gesagt: ‚Siehe da, deinen Sohn, Christus".[425]

Hinter diesem Verständnis des Origenes steht als Sinnspitze die uns schon bekannte Identifikation von Maria = Kirche: Beide gebären Christus, so dass auch der in der Kirche Wiedergeborene Maria zur Mutter hat. Seit dem Mittelalter, greifbar etwa seit Bernhard v. Clairvaux, geht man jedoch erheblich über diese marianische Sinnspitze von Joh 19 hinaus. Man vertritt nicht nur die Ansicht, dass Jesus mit den an Johannes, Symbol der Jüngerschaft, gerichteten Worten: *Siehe da, deine Mutter!* Maria uns allen zur Mutter gegeben hat, sondern hebt vor allem hervor, dass Maria unter dem Kreuz mitleidend am Erlösungsleiden Christi mitgewirkt hat und eben deshalb unsere „Mutter" geworden ist.[426] So gibt man ihr ab dem 15. Jahrhundert neben dem schon länger geltenden Namen „Mittlerin" die problematische Bezeichnung „Miterlöserin",[427] problematisch deshalb, weil damit wohl endgültig die Grenze zwischen dem, was allein Christus zuzusprechen, und dem, woran Maria teilhat, überschritten ist. Zudem ergab sich zugleich eine Verschiebung der „Funktion" Marias: Hatte die Väterzeit Maria vor allem als Mutter des Christus totus und damit als „Mutter Kirche", d.h. als Mutter aller Gläubigen, gesehen, so wird nun ihre Bedeutung in Bezug auf das Erlösungsopfer Christi und damit für unsere Erlösung herausgestellt. Dadurch aber rückte nochmals mehr Maria als Einzelgestalt, diesmal als „Schmerzensmutter", in den Vordergrund, und der Titel „mater Ecclesiae" wird nicht mehr in organischem Zusammenhang mit der Kirche verstanden, sondern als eine „persönliche Abhängigkeit jedes ein-

425 Origenes, Das Evangelium nach Johannes, hrsg. v. R. Gögler, I,4, Einsiedeln u.a. 1959, 100. Ü. leicht modifiziert. Origenes ist es auch, der wohl als erster Lk 2,34f (das Wort vom Schwert des Leidens, das Maria erfassen wird) zu Joh 19 in Beziehung gesetzt hat. Siehe Origenes, In Luc. hom. 17 (FC 4/1, 201f).

426 Von diesem Mit-Leiden Marias weiß H. U. v. Balthasar, Der dreifache Kranz, Einsiedeln ^{3}1979, 52: Das Einverständnis Marias mit dem Leiden ihres Sohnes war für sie „schwerer, als selber zu leiden". Woher weiß er das? Oder woher weiß er, dass Maria unter dem Kreuz den geliebten Sohn „in seinen und des Vaters Willen entlassen" musste: TL II, 328? Natürlich gilt auch hier: Pie meditari licet! Aber lässt sich darauf eine seriöse Theologie gründen? Jedenfalls wird von der neuverstandenen Kreuzesszene her die Bezeichnung „Maria – Mater Ecclesiae" verstanden. Sie ist vorrangig deshalb mater Ecclesiae, weil sie mit-leidend unter dem Kreuz stand und dort in Geburtswehen die Kinder der Kirche geboren hat.

427 Siehe dazu den Exkurs bei Hartmann, Magd 290–304: Corredemptrix-Lehre bis zum II. Vaticanum. Dort auch reichliche Lit.-angaben. Die Idee der Miterlöserschaft geht so weit, dass man etwa ab dem 15. Jh. (Antonin v. Florenz) von einem „Priestertum Marias" sprach. Siehe dazu R. Laurentin, Die marianische Frage, dt. Freiburg 1965. Die Idee vom „sacerdotium Mariae" spielt in der neueren Diskussion über das Frauenpriestertum wiederum eine Rolle!

zelnen Jüngers Jesu von Maria und ihrer Mittlerschaft." Dazu noch wird diese Abhängigkeit aus ihrer individuell-überragenden Stellung abgeleitet, nicht aber aus dem „Gesetz der Mittlerschaft ... als konstitutive und universelle Struktur der Heilsgeschichte und des Bundes Gottes mit den Menschen".[428]

Es soll nicht unerwähnt bleiben, dass innerhalb dieser hier nur holzschnittartig skizzierten Entwicklung Thomas v. Aquin eine überaus nüchterne Position einnimmt. Er redet weder von der Teilnahme Marias an der Erlösung noch von ihrer heilsmittlerischen Funktion und Fürsprache. Ihre entscheidende Rolle besteht darin, dass sie durch ihr Ja-Wort stellvertretend für alle dem Erlösungsgeschehen, nämlich der „Vermählung" des Gottessohnes mit der Menschheit, zugestimmt hat.[429] Indem Maria Christus, die Fülle aller Gnade, geboren hat, hat sie diese Fülle auf alle weitergeleitet. Eine je aktuelle Heilsmittlerschaft Marias kennt Thomas demgegenüber nicht. An einigen Stellen stellt er sie nur als Vorbild der Christusliebe und des Glaubens vor.[430]

2. Gegenreformatorische Tendenzen

Nach der Krise der Reformationszeit – zur Stellung Marias bei den Reformatoren siehe S. 344ff – wird Maria zu einem der entscheidendsten theologischen und spirituellen Topoi der sog. Gegenreformation. Sie präsentiert sich gegenüber der reformatorischen Irrlehre geradezu als „Fanal des Katholischen". Die Marienverehrung blüht neu auf. Eine Fülle neuer Marienfeste und Frömmigkeitsformen entsteht oder erhält eine gesamtkirchliche Förderung.[431] Leitsatz des Marienkults wird das Axiom „De Maria numquam satis."[432] Die neuzeitliche „Wende zum

428 L. Scheffczyk, Die Mittlerschaft Marias, in: ders., Glaube in der Bewährung. Ges. Schriften zur Theologie III, St. Ottilien 1991, 300–320, hier: 309.

429 Vgl. STh III, 30,1: „... ut ostenderetur esse quoddam spirituale matrimonium inter Filium Dei et humanam naturam. Et ideo per annuntiationem expetebatur consensus Virginis loco totius humanae naturae".

430 Siehe zum Ganzen R. Schenk, Thomas v. Aquin, in: MarLex 399–405.

431 Näheres bei A. Heinz, Maria in Liturgie und Frömmigkeit des Marianischen Jahrhunderts, in: B. Schneider (Hrsg.), Maria und Lourdes, Münster 2008, 56–85, hier: 60ff.

432 In dieser Form findet sich das Axiom bei L. M. Grignon von Montfort, Über die wahre Hingabe an Maria, in: ders., Das goldene Buch 149–182, hier: 154. Bei ihm wird dieses Axiom sogar noch gesteigert zur Aussage: „Maria ist bisher noch nicht genug gelobt, herausgestrichen, geehrt, geliebt und gedient worden. Sie verdient Lob, Gehorsam Liebe und Dienst in noch größerem Maß". Doch finden sich inhaltliche und formale Variationen dieses Axioms über die ganze neuzeitliche Theologie- und Frömmigkeitsgeschichte verstreut. Ausführlicher wird dieser „Leitsatz" auf folgende Weise von R. Laurentin, marianische Frage 30 charakterisiert: „Maria ist einzigartig (Singularitätsprinzip), sie ragt in allem aus den übrigen Christen hervor (Eminenzprinzip), sie ist in allem Christus ähnlich (Analogie-

Subjekt" macht sich im katholischen Christentum an Maria fest. Ihre Sonderstellung, die nur ihr von Gott verliehenen Gaben und Aufgaben, werden auf jede nur denkbare Weise unterstrichen („Privilegienmariologie"!). Äußeres Zeichen dafür sind u. a. die Mariendarstellungen ohne Kind. Waren diese bis zum 19. Jahrhundert eher die Ausnahme, so nahmen sie ab jetzt rapid zu.[433] Jetzt hat Maria als von Gott privilegierte Person (und nicht nur und nicht in erster Linie als Mutter des Gottessohnes) ihre einzigartige Stellung. In der überaus einflussreichen École française wird die Einheit von Christus und Maria nachdrücklich herausgestellt. Und damit konnte Maria auch fast alles zugeschrieben werden, was eigentlich Christus an Eigenschaften und Attributen zukommt. Zwar wird der (ohnehin fragwürdige) Titel „Maria – Mater ecclesiae", noch weitergereicht, aber ohne jeden organischen Bezug zur Kirche.[434] So kann Louis M. Grignion von Montfort wohl davon sprechen, dass Maria mit dem „Haupt" auch die „Glieder" geboren hat, aber von der Kirche ist in diesem Zusammenhang keinerlei Rede mehr. Viel eher wird Maria als „Braut" (Gottes des Vaters oder auch Christi) thematisiert.

Diese mariologischen Tendenzen, die theologischerseits oft auf fantastischen, unkritischen Übertreibungen beruhen, werden besonders in der Barockzeit und in der Romantik – größtenteils an der Phase aufgeklärter Philosophie und Theologie vorbei – vom gläubigen Volk mit großer Gefühlsseligkeit und Inbrunst in Frömmigkeitspraxis umgesetzt, so dass man ab der Hälfte des 19. Jahrhunderts von einem „Marianischen Zeitalter" spricht.

Eine herausragende Stellung in der neueren Entwicklung der Mariologie nimmt Matthias Joseph Scheeben ein, von dem selbst Karl Barth sagt, dass er „auf deutschem Gebiet sicher der größte [Theologe ist], den die römisch-katholische Kirche in der Neuzeit hervorgebracht hat".[435] Bei Scheeben wird die Beziehung Maria – Kirche wieder zur Grundlage einer umfassenden Sicht Marias. In einer trinitarischen Perspektive wird Maria von ihm charakterisiert als „Tochter des Vaters", „Braut Christi" (oder auch „Mutter Christi" bzw. als „bräutliche Gottesmutter"[436]) und „Tempel des Heiligen

prinzip), was immer Gott in seiner Allmacht Herrliches in Maria bewirken konnte, hat er bewirkt (Konvenienzprinzip)".

433 Vgl. dazu W. Speyer, Der Verfall des Marienbildes in der westlichen Kunst der Neuzeit, in: P. L. Hofrichter (Hrsg.), Auf der Suche nach der Seele Europas. Marienfrömmigkeit in Ost und West, Innsbruck-Wien 2007, 219–237.

434 Hier spielt wohl auch eine Rolle, dass man in einer zunehmend rationalistischen Theologie, die sich darin dem neuzeitlichen Wissenschaftsideal anschloss, nicht mehr das Wesen von Typus und Symbol verstand. Damit war a priori die Tür zu einer angemessenen Verhältnisbestimmung von Maria und Kirche verschlossen.

435 K. Barth, Brief an J. Scheiwiller vom 22. 1. 1944, angeführt in: E. Busch, Karl Barths Lebenslauf, München 1975, 428.

436 Dieser Titel „bräutliche Gottesmutter" ist für M. J. Scheeben, Handbuch der katholischen Dogmatik, Bd. III, Freiburg i. Br. 1925 (= 1882), 489ff der wichtigste und das eigentliche Zentrum der Mariologie. Das Sich-Begeben des Gottessohns in den Schoß Marias kommt

Geistes". Als solche erscheint sie „auf Grund ihrer einzigen Mittelstellung zwischen den Menschen und Christus resp. ihres fundamentalen mittlerischen Aktes, des Consenses in die Empfängniß des Heilandes, neben und unter Christus als aktive und wirksame Mittlerin des Heiles, indem sie der Menschheit die Erlösungsgnade zueignet."[437]

So aber ist sie zugleich Ur- und Vorbild der Kirche: Sie ist „Vorbild der Kirche gerade darum, weil in ihrer Person die Idee der Kirche ursprünglich und in vollkommenster Weise verwirklicht ist; und ebendadurch, dass sie zugleich selbst zur Kirche gehört und als Wurzel und Herz das Hauptglied derselben bildet, erhält auch die Idee der Kirche als eines Christo zur Seite stehenden übernatürlichen Prinzips ihre volle konkrete und lebendige Gestalt."[438]

Kurz: Maria repräsentiert „in ihrer Person die Kirche als Mittlerin der Erlösungsgnade." Dennoch gibt es keine völlige Deckungsgleichheit von Maria und Kirche. Zwar fließt die Mutterschaft Marias und die der Kirche „in Eine zusammen. … Indeß bildet dann die Mutterschaft Mariens doch immer die Wurzel und Seele der Mutterschaft der Kirche, so dass letztere nur bestehen und wirken kann, inwiefern die Mutterschaft Mariens in ihr eingeschlossen und in ihr wirksam ist". Doch bilden beide eine „allseitige wechselseitige Beziehung oder vielmehr Perichorese, d. h. innere Verbindung und Ähnlichkeit, dass jede von beiden vollkommen nur in und mit der anderen erkannt werden kann".[439] Nimmt man den Begriff der Perichorese hier ernst, so bedeutet dies, dass Maria in der Kirche, und die Kirche in Maria ist und beide sich gegenseitig darstellen, repräsentieren.

Die Überlegungen Scheebens, die hier nur holzschnittartig skizziert wurden, erfuhren im 20. Jahrhundert eine hohe Beachtung, die erst nach dem II. Vaticanum mehr oder minder erlosch.

---

einer geistig-geistlichen Vermählung gleich, in welcher der Gottessohn dem Leibe nach deren Sohn, „der Seele nach deren geistiger Bräutigam ist": ebd. 492, Nr. 1590.

437 Scheeben, ebd. 624, Nr. 1834.

438 Scheeben, Handbuch 504, Nr. 1613. – Gegen diese Idee des „Christus-zur-Seite-Stehens" erhebt Köster, Magd 1947, 67, kritischen Einspruch, weil so die bräutliche Mitwirkung der Ekklesia-Maria bei Scheeben den „Charakter einer Ergänzung habe. Nichts aber enthält der Glaube der Kirche so deutlich als die Ausschließlichkeit und zureichende Selbstgenügsamkeit von Christi erlösender Kraft und Tat".

439 Ebd. 614, 618, Nr. 1811. 1818f. – Erwähnt soll auch werden, dass Scheeben die Bezeichnung „Miterlöserin" als problematisch empfindet. Sie habe zwar den Vorteil der Kürze, könne aber auch eine Gleichordnung mit Christus nahe legen. Deshalb bevorzugt er die Bezeichnung „adjutrix redemptoris in redemptione" – „Gehilfin des Erlösers im Werk der Erlösung". Siehe ebd. 594f, Nr. 1775f.

§ 4 Diskussionen und Wendepunkt im Umkreis des II. Vaticanums

1. Die theologische Situation vor dem II. Vaticanum

(a) Allgemeine Charakteristika

Wenn man in Sachen Mariologie auf die beiden letzten Jahrhunderte zurückblickt, zeigt sich, dass der Fokus sich vor allem auf die soteriologische Bedeutung Marias (Gnadenvermittlung, Miterlöserschaft) richtete, nicht nur in einer ziemlich „frei flottierenden", weil am subjektiven Gefühl orientierten Marienfrömmigkeit des gläubigen Volkes, sondern auch in einer am Prinzip des „De Maria numquam satis" orientierten, stark spekulierenden Theologie. Was darin spätestens seit der 1. Hälfte des 20. Jahrhunderts weithin fehlte, war eine seriöse Auseinandersetzung mit der historisch-kritischen Exegese der marianischen Schrifttexte sowie eine kritische Überprüfung der bisher vertretenen marianischen Lehraussagen und praktischen Frömmigkeit mittels dieser Methode. Erst seit dem II. Vaticanum setzte dann aber mit großer Vehemenz eine Gegenbewegung „der Vereinfachung und Reinigung" gegen alle marianische Hypertrophie ein.[440]

Schon im Zusammenhang mit der Dogmatisierung der „Assumptio Mariae" (siehe dazu S. 284ff) begann eine neue, intensive Beschäftigung mit der Gestalt Marias und diesmal wunderlicherweise – „wunderlicherweise", weil die Dogmatisierungsbulle auf Maria als Einzelgestalt zielt und somit im Rahmen einer „Privilegientheologie" steht – vor allem in ihrer Beziehung zur Kirche. Alois Müller bemerkt dazu im Jahre 1956: „Unterdessen ist, fast aus dem Nichts und allenthalben gleichzeitig, seit einigen Jahren wie ein Komet das Problem aufgestiegen von der Beziehung zwischen Maria und der Kirche."[441] Eines der damit gestellten Probleme bestand genauer gesehen darin, bei aller grundsätzlichen Zuordnung (bis hin zur Identifikation) von Maria und Kirche eine, wie auch immer geartete Priorität Marias samt ihren „Privilegien" zu wahren, ohne doch die ekklesiale Zuordnung aufzugeben und Maria wieder von der Kirche abzuheben. Über dieses Problem ging der letzte vorkonziliare theologische Streit, der den Marianischen

440 So J. Ratzinger, Das Problem der Mariologie, in: ThRv 61 (1965) 73–82, hier: 75.

441 A. Müller, Fragen und Aussichten der heutigen Mariologie, in: J. Feiner/J. Trütsch/Fr. Böckle (Hrsg.), Fragen der Theologie heute, Einsiedeln u. a. [3]1960, 301–318, hier: 308. Der Autor fährt dann fort: „Es zeigt die Schnelligkeit, ja Plötzlichkeit dieser Entwicklung, dass man vor zehn Jahren in der Marienliteratur des Tages noch sozusagen nichts darüber finden konnte".

Kongress in Lourdes (1958) intensiv beschäftigte,[442] aber zu keinem einhelligen Ergebnis führte: Eine sog. ekklesiotypische Auffassung Marias stand einer sog. christotypischen gegenüber (so die durch Heinrich Maria Köster eingeführte Nomenklatur[443]).

Noch ein zweites, damit zusammenhängendes und gleichfalls in Lourdes verhandeltes Problem führte zu keiner Einmütigkeit, nämlich die Frage, ob Maria an der Seite Christi bei der *objektiven* Erlösung mitgewirkt habe oder nur bei der *subjektiven*, d. h. bei der Vermittlung der durch Christus allein erwirkten Erlösung auf den einzelnen Menschen hin (woraus sich dann sogleich die neue Frage ergab, worin denn genau diese Vermittlung bestünde). Diese Frage spaltete den letzten *großen* Marianischen Kongress, sie läutete das Ende des sog. Marianischen Zeitalters ein und ging als *„Die marianische Frage"*[444] in das II. Vaticanum ein.

Bevor davon weiter die Rede sein soll, ist jedoch noch genauer auf das vor dem Konzil virulente Problem der Erlösungsmittlerschaft Marias einzugehen.

(b) Diskussionen um Maria-Corredemptrix

Dass Maria an der (objektiven) Heilsgabe Gottes beteiligt ist (wenigstens in dem Sinn, dass sie durch ihre Bereitschaft, Mutter des Gottessohnes zu werden, an den Voraussetzungen des Heils mitgewirkt und *in diesem Sinn* das Heil vermittelt hat), war schon spätestens seit Irenäus klar. Dass sie darüber hinaus auch eine Rolle für den (subjektiven) Heilsempfang spielt (wenigstens im Sinne einer förderlichen „Fürsprache"), ergibt sich aus ihrer besonderen Stellung in der untereinander verbundenen „Gemeinschaft der Heiligen". In dieser Hinsicht erbittet Maria (wie das auch jeder Heilige, die ganze Kirche und jeder Einzelne zu tun vermag) von Gott das Heil für die anderen.[445] Doch bleiben in diesen beiden, von allen Theologen geteilten Positionen noch entscheidende Fragen hinsichtlich der genauen „heilsgeschichtlichen Stellung" Marias offen.

Seit der Neuzeit lag der Akzent eher auf der Frage, ob Maria an der „objektiven Erlösung" *im strikten Sinn*, d. h. insofern diese sich im Kreuzesopfer Christi vollzieht, beteiligt war, ob sie also „corredemptrix" – „Miterlöserin" im strengen

442 Die Beiträge dieses Kongresses wurden in 16 (!) Bänden veröffentlicht unter: Maria et Ecclesia. Acta Congressus Mariologici Mariani in civitate Lourdes, 1958, 16 Bände, Rom 1959–1962.

443 Siehe dazu Fr. Courth, Der mariologische Beitrag von H. M. Köster, in: Mar. 48 (1986) 170–178, hier: 172f.

444 So das von R. Laurentin eingeführte Schlüsselwort. Siehe ders., marianische Frage.

445 Dabei kann zunächst einmal offen bleiben, ob diese Fürbitte Marias „punktuell und intermittierend", d. h. jeweils „aktual" zu denken ist, oder „seins-organisch", nämlich „aus der beständigen Lebensverbindung der Mutter mit dem Sohn erwachsend und das ganze Sein Marias beanspruchend": so Scheffczyk, Mittlerschaft 319.

Sinn ist. Ausgehend von einigen Hinweisen bei Albert d. Gr. und Bonaventura wurde dies von einer Reihe Theologen im 19. und 20. Jahrhundert (bis noch ins 21. Jahrhundert hinein![446]) bejaht: Maria ist corredemptrix im Sinne einer zwar untergeordneten und von Christus ganz und gar abhängigen, aber doch realen Mitwirkung an der Erlösung, da sie unter dem Kreuz am Opfer des Sohnes mitleidend und es bejahend teilnahm.[447] Außer Joh 19,26 spielt für diese Theologen auch Gen 3,15 (der Sieg der *Frau* über die Schlange) eine wichtige, sogar entscheidende Rolle. Einige dieser Theologen versuchen auch, die Lehräußerung der Päpste von Leo XIII. bis Pius XII. auf ihre Richtung hin zu interpretieren.[448]

Andere Theologen (z. B. Bernhard Poschmann, Heinrich J. W. Lennerz, Franz Diekamp, Maurice de la Taille) widersprachen dieser Position heftig, weil die theologischen Argumente dafür nicht ausreichend seien, die einzigartige Mittlerschaft Jesu Christi dadurch verunklärt werde und Maria, da sie ja selbst erlöst sei, nicht Ursache dieser Erlösung sein könne.[449]

---

446 Einige Vertreter dieser Überzeugung werden genannt bei K. Rahner, Probleme heutiger Mariologie, in: WW 9, 681–703, hier: 682. Zum neuesten Stand siehe A. Villafiorita Monteleone, Die Mitwirkung Marias an der Erlösung: status quaestionis der neueren Diskussion, in: FKTh 29 (2013) 22–36.

447 Konkretisierungen dieser Vorstellung über ihr Mitwirken konnten bis zum Exzess getrieben werden. So z. B. bei Giovanni Ventura († 1861), Berater von Pius IX., dessen Schriften weite Verbreitung fanden. Bei ihm findet sich der Gedanke von der Miterlöserschaft radikalisiert zur Idee einer Art „Mitkreuzigung" Jesu durch Maria. „Maria hat, indem sie auf Jesus verzichtete, ihn gekreuzigt und getötet; und wir Sünder, und nicht ihr Sohn, haben aus dieser edelmüthigen Haltung der Mutter den Vortheil gewonnen": zit nach Dittrich, Mater 380. Köster, Magd 135 fasst die damaligen Tendenzen so zusammen: „Die Wirkeinheit Mariens mit Christus dünkt [einer Reihe von Autoren] so innig, dass sich das Empfinden dagegen sträubt, Maria als Instrumentalursache von Christus als Hauptursache zu unterscheiden. … Christus und Maria sind ineinander tätig." Gegen diese Weise der Bestimmung führt er ebd. 137–147 zu Recht erhebliche Bedenken an und stellt ihr seine eigene Lösung (siehe weiter oben) gegenüber.

448 Vgl. dazu die bei H. Seiler, Corredemptrix. Theologische Studie zur Lehre der letzten Päpste über die Miterlöserschaft Mariens, Rom 1939, 51–98 sowie die bei Köster, Magd 131f angeführten Texte. Nur ein Beispiel: In seiner Enzyklika „Mystici corporis" nr. 108, dt. Luzern ^{6}1956, 45 spricht Pius XII. davon, dass Maria in ihrer Eigenschaft als „zweiter Stammmutter" ihren Sohn unter dem Kreuz Gott als Opfer darbringt. Trotz dieser Aussage hatte Pius XII. jedoch gewaltige Vorbehalte gegen den *Titel* (qua Titel) der corredemptrix. Siehe dazu Laurentin, Urbild 332f. Der Privatsekretär Pius' XII. Robert Leiber SJ sagte diesbezüglich später: Was die Fragen der Mediatrix und Corredemptrix angeht, „hat Pius XII. noch wenige Wochen vor seinem Tode, in den Tagen gleich nach Beendigung des mariologischen Kongresses in Lourdes geäußert, die beiden Fragen seien zu ungeklärt und unreif; er habe in seinem ganzen Pontifikat bewusst und absichtlich vermieden, Stellung zu ihnen zu nehmen. … Er denke nicht daran, diese Haltung zu ändern": zit. nach Mühlen, Una mystica 466f.

449 So auch mein langjähriger Lehrer an der Gregoriana Juan Alfaro, Significatio Mariae in Mysterio salutis, in: Greg 40 (1959) 9–37, hier: 35f.

In dieser kontroversen Situation legte Heinrich Maria Köster einen wichtigen Vermittlungsversuch vor[450], von dem René Laurentin sagt, dass es „das repräsentativste Werk ist, das die deutsche Theologie vertritt,“[451] das jedoch von Karl Rahner mit gravierenden Argumenten in Frage gestellt wurde. Da diese Kontroverse paradigmatischen Charakter hat, sei kurz auf sie eingegangen.[452]

Köster möchte einerseits am mütterlichen Mitwirken Marias als Mitwirken an der objektiven Erlösung festhalten, andererseits aber die einzige Mittlerschaft Christi in keiner Weise, etwa durch den Gedanken einer Teilhabe Marias an der Erlösungs*tat* Christi, „kontaminieren“. Darum „sucht“ er gewissermaßen für Maria eine „Stelle“, die einerseits nicht schon vom Wirken Christi „besetzt“ ist und andererseits doch *nicht nur* ein Mitwirken an der je subjektiven Erlösung (also an der Entgegennahme der Erlösung seitens des einzelnen Menschen) besagt. Diese „Stelle“ soll die „ganz verschiedene, ja geradezu *entgegengesetzte* heilsgeschichtliche Rolle“ Marias im Verhältnis zu Christus verdeutlichen. Die von Köster gesuchte „Stelle“ kommt *dann* in Sicht, wenn man bedenkt, dass Gott in seinem Erlösungshandeln nicht nur dem je Einzelnen entgegentritt, sondern der Menschheit als ganzer und darin dann auch dem Einzelnen. Von dieser (im Einzelnen weit ausgreifend begründeten) Voraussetzung her ist Maria die Repräsentantin der ganzen Menschheit in der Entgegennahme des Heils, das durch Christus allein erwirkt wurde. Weil diese Entgegennahme durch Maria aber der subjektiven Annahme des Einzelnen vorausgeht, gehört sie zum „objektiven“ Erlösungsgeschehen.

Rahner fasst die Position Kösters folgendermaßen zusammen (die Zitate entnimmt Rahner der 1. Auflage der „Magd des Herrn“) und formuliert darin zugleich seine Kritik:

> Maria „bewirkt [nach Köster] nicht die Erlösung, sondern eröffnet grundlegend, erstmalig und allumfassend die Menschheit für das Heil. Die nach der Menschheit greifende aktive Heilstat Gottes wird von Christus gesetzt, den wegen der Personalität und Polarität des Heilsgeschehens notwendig korrespondierenden personalen Akt der passiven Annahme des Heils von seiten der Menschheit setzt Maria. Christus steht auf der Seite Gottes. Maria als Spitze auf Seite der Menschheit. ‚Sie leistet auf der Ebene der objektiven Erlösung für die Gesamtmenschheit, was auf der Ebene der subjektiven im Empfang der Sakramente der einzelne für sich selbst leistet, wenn er dem opus opera-

450 Köster, Magd 1947, ^{2}1954; sodann, vertiefend und erweiternd, in: ders., Unus Mediator. Gedanken zur marianischen Frage, Limburg 1950.

451 Laurentin, Mutter Jesu 130.

452 Vgl. dazu D. Matuschek, Konkrete Dogmatik. Die Mariologie Karl Rahners, Innsbruck-Wien 2012, 252–258.

tum ein Subjekt und eine von ihm zum Zustandekommen der sakramentalen Wirkung erforderte Empfängniswilligkeit entgegensetzt' (321). Maria ... ist der Höhepunkt, in den das personale Gegenüber der Heilsbegegnung zwischen Gott und Mensch in der Bundesgeschichte kulminiert' (153). Aber [und damit setzt die Kritik Rahners ein] wie kann sie diese Spitze sein, d. h. warum ist der ‚Personalpol' der Menschheit nicht schon durch Christus besetzt?"[453]

Was Rahner in diesem entscheidenden Schlusssatz an der Position Kösters kritisiert, ist die sich hier nach seiner Meinung zeigende krypto-monophysitische Tendenz der Sicht Jesu Christi.[454] „Nimmt – fragt Rahner – die göttliche Personhaftigkeit ihm die Möglichkeit, selbst in seiner menschlichen Natur das erste und entscheidende Ja zur gnadenhaften Liebesbewegung Gottes auf die Menschheit hin *im Namen der Menschheit* zu sprechen?"[455] Meint „hypostatische Union" nicht gerade, dass Gott auch auf unserem „Ufer" steht? Ist nicht ER auch die „Spitze" der Menschheit und eben nicht Maria? Gegen diese Kritik wendet Köster ein, dass die Spitze der erlösungsbedürftigen Menschheit dem Erlöser gegenübersteht und in diesem Gegenüberstand die Erlösung anzunehmen oder abzulehnen hat.[456]

Ein zweiter Kritikpunkt Rahners: Köster setze voraus, dass es einen freien Akt der Gesamtmenschheit in ihrer „Stellvertreterin" Maria gebe, an der alle partizipieren, auch wenn jeder Einzelne für sich selbst diesen Akt nochmals wiederholen, gewissermaßen „ratifizieren" müsse. Das aber ist für Rahner „ein unvollziehbarer Gedanke".[457] Es gibt für ihn keine „Annahme" des Heils seitens des einen für den anderen.

Ist aber – Gegenfrage an Rahner – nicht schon im Alten Testament das Verhältnis Gottes zur Menschheit ein Bundesverhältnis, worin – gekennzeichnet durch

453 Rahner, Probleme 684f.

454 So kenne Köster kein eigenständiges menschliches „Ich" Jesu. Tatsächlich schreibt Köster, Magd 313: „Jesu Menschheit ist entgegen allen Versuchen, ihr wenigstens eine psychologische Selbständigkeit zuzueignen, nicht in Selbstverfügung, sondern in Verfügung einer göttlichen Person; wo sie handelt, handelt Gott". Siehe auch ebd. 112. – In der Kritik an Köster folgen Rahner u. a. B. Poschmann, Rez., in: ThR 44 [1948] 44–46); v. Balthasar, TD III, 329f (allerdings vorsichtiger als Rahner und dabei auch ihn selbst kritisierend). Weitere Autoren bei Hartmann, Magd 112ff. – In eigenartiger Weise greift Kardinal L.-J. Suenens die Debatte auf, indem er differenziert: „Bei der Verkündigung ist Maria wahrhaft die Vertreterin der Menschheit; sie ist es, die im Namen der Menschheit ja sagt. Hier steht sie wirklich zwischen Gott und den Menschen. Auf Golgotha hingegen ist es Christus, der die Menschheit vertritt und das Opfer darbringt. Seine Mittlerschaft umfasst die seiner Mutter; ihr Opfer geht auf in dem seinen": Maria im Plan Gottes, Fribourg 1963, 109f.

455 Rahner, Probleme 685f.

456 Vgl. Köster, Magd 115.

457 Rahner, Probleme 698.

die Bildworte von Bräutigam und Braut – das ganze Gottesvolk bzw. die Menschheit als ganze dem bundeswilligen Gott gegenüberseht, und zwar nicht selten in stellvertretenden oder besonders beauftragten „Agenten"?[458] Hat dies nicht auch für die Kirche zu gelten, so dass sie als eine solche „Kollektivperson" „gegenüber Christus durch ihr eminentestes Glied, durch Maria, repräsentiert wird"?[459]

Wird jedoch diese „Repräsentation" durch Maria als „Annahme der Erlösung" in unser aller Namen verstanden, so kann es für Rahner eine solche nicht geben, *es sei denn* – und damit deutet er (in seiner Rezension von „Unus Mediator") schon seine eigene Lösung an – diese Annahme wird so verstanden, dass sie nicht das freie Handeln des andern *ersetzt*, sondern eine Wirklichkeit *setzt*, durch die für die andern eine neue objektive Handlungsmöglichkeit eröffnet wird. Eben das tut Maria, indem sie dazu ja sagt, die Mutter des Gottessohns zu werden und damit das erlösende Kommen Gottes in die Welt für alle Menschen ermöglicht.[460] Rahner: „In ihr und durch ihre Freiheit hindurch geschieht die zentrale Tat Gottes in der Welt, die unaufhebbare Annahme der Welt in der Menschwerdung des Sohnes."[461] Wenn man nun davon ausgeht, dass – erstens – die Menschwerdung Gottes und das Erlösungsgeschehen am Kreuz zu ein und derselben Geschehenseinheit gehören und dass – zweitens – Maria in ihrer Annahme der Gottesmutterschaft sich bedingungslos ins Unübersehbare hineingegeben hat und diese ihre Hingabe auch am Kreuz nicht zurückzog, so besteht ihre Mitwirkung am Erlösungsgeschehen des Kreuzes nicht durch einen Annahmeakt „über" und „vor" den vielen Einzelnen, sondern eben dadurch, dass sie durch ihr glaubendes Ja-Wort an der *Voraussetzung* der Erlösung teilhatte. Ihr Ja erlöst nicht, aber es gehört zur Ermöglichung der faktischen Erlösung.[462] Weil diese Ermöglichung aber durch Gott geschieht und zwar so, dass Maria die Bereitschaft zur Entgegennahme des

---

458 Vgl. Köster, Magd 116ff.

459 Cl. Dillenschneider, Le Mystère de la corédemption mariale. Théories nouvelles, Paris 1951, 132.

460 Rahner, Probleme 737ff. Ähnlich auch Rahner, Mut 21f: Maria „ist nicht die Gnade, sie ist nicht der Mittler, sie ist aber die freie Annahme der Gnade und des Mittlers, die sich in der einen Heilsgeschichte für uns alle einmal [in der Szene der „Verkündigung"] ereignet hat." – Wenn man dagegen sagen würde, dass Gott den übrigen Menschen die Erlösung nur zukommen lässt, weil sie zuvor stellvertretend für die ganze Menschheit von Maria angenommen wurde, so wäre dies nach Rahner „die übliche Theorie der *corredemptrix*. Denn es würde besagen, dass der angebotene Heilswille Gottes (als angebotener) erst voll konstituiert wäre, insofern Gott auch auf den verdienstlichen Akt Marias unter dem Kreuz als verdienstlichen (wenn hier auch ‚Annahme' genannt) blickt. In der Ordnung der Wirkursächlichkeit wäre Christus nicht mehr der einzige und alleinige Mittler, sondern Maria wäre in der Konstitution des angebotenen Heiles selbst (wenn auch nur untergeordnete) Mitursache".

461 Rahner, Assumptio 256f.

462 Vgl. Rahner, Assumptio 264.

Heils geschenkt wird, ist sie zugleich „der absolute und radikale Fall der Erlösung des Menschen … und darum der Urtyp des Erlösten und der Kirche überhaupt."[463] Darüber hinaus ist Maria „höchste Ausdrucksform und Verwirklichung" dessen, was für die gesamte Heilsordnung gilt, dass nämlich das persönliche Heil des Einzelnen „immer schon mit dem [Heil] aller ontologisch verknüpft und für diese von Bedeutung ist."[464] Anders gesagt: Gerade insofern Maria die Vollerlöste und Ganzbegnadete ist, verwirklicht sie auch aufs Höchste die allgemein geltende Solidarität in der Heilsordnung: „Alle sind allen Mittler, weil eben der Einzelne von Gott geliebt ist, insofern er diese unübersehbare Schar der Brüder und Schwestern in der Erlösung neben sich hat und mit ihnen verbunden ist in einer Gemeinschaft der Heiligen".[465]

Gegen den ersten kritischen Einwand Rahners zur Position von Köster, dass nämlich Christus es ist, der als Mensch auf unserer Seite steht, und nicht Maria, die das Ja-Wort zur Erlösung gesprochen hat, kann nun freilich mit Leo Scheffczyk gehalten werden, dass Jesus nicht zur erlösungsbedürftigen Menschheit gehörte und die Erlösung also gar nicht anzunehmen brauchte und konnte.[466] Auch wenn dies ein schwaches Gegenargument ist, wirkt ein anderes, auf das Hans Urs v. Balthasar hinweist, umso gewichtiger: Das sündige Menschengeschlecht als solches lehnt gemäß Joh 1,11 die Menschwerdung ab: *Er kam in sein Eigentum, aber die, die ihm gehörten, nahmen ihn nicht auf.* Der zur Menschwerdung entschlossene Logos bedarf also gewissermaßen einer „Ausnahme", die sich im Ja-Wort Marias für alle realisiert. „Mit ihnen allen ist sie, gerade *weil* sie ‚unbefleckt empfangen' und deshalb liebend unendlich verwendbar und verteilbar ist, unbedingt solidarisch. Sagt sie dankbar Ja zum kommenden Retter, so in keiner Hinsicht für sich allein, sondern von vornherein für alle".[467] Christus steht nicht allein auf der Seite der Menschheit/Kirche. Er steht ihr auch gegenüber. Er ist nicht Bräutigam der Kirche und Braut zugleich! Allerdings gibt es schon bei den Vätern für die Beziehung von Christus und Menschheit nicht nur das Bild von Bräutigam und Braut, sondern – so Michael Schmaus – auch die Vorstellung, „dass in der menschlichen Natur Christi selbst die gesamte Menschheit zusammengefasst ist. Die beiden Auslegungen Christi stehen zueinander in Spannung,

---

463 Rahner, Maria 518. – Eben diese Äußerung kritisiert wiederum L. Scheffczyk, Mariologie und Anthropologie, in: D. Berger (Hrsg.), Karl Rahner: Kritische Annäherungen, Siegburg 2004, 299–313, da er der Mariologie Rahners „eine anthropologische Engführung, einen überanstrengten nivellierenden Bezug zum Menschen" vorwirft (313) und damit eine Einebnung der besonderen Stellung Marias.

464 Rahner, Assumptio 294. 320.

465 Rahner, Maria 564.

466 So: Scheffczyk, Mariologie 302.

467 TD III, 331.

vervollständigen sich aber in ihrer spannungsreichen Einheit zum Ganzen der Christusvorstellung".[468] Mit dieser Feststellung ist nun freilich nichts wirklich geklärt. Das Problem bleibt offen.

2. Zur Mariologie des II. Vaticanums

Lit. zum 8. Kap. von LG:

J. Galot, Maria, Typus und Urbild der Kirche, in: G. Baraúna (Hrsg.), De Ecclesia, Bd. II, Freiburg i. Br. – Frankfurt 1966, 477–492; Mühlen, Una mystica 468–478; J. Ratzinger, Einleitung zu: Konstitution über die Kirche, Münster 1966; O. Semmelroth, Kommentar zum 8. Kapitel von Lumen Gentium, in: LTh.Erg. I, 326–347; R. Laurentin, Mutter Jesu – Mutter der Menschen. Zum Verständnis der marianischen Lehre nach dem Konzil, dt. Limburg 1967; J. Ratzinger, Die Ekklesiologie des Zweiten Vatikanums, in: IkaZ 15 (1986) 40–52; I. Eggemann, Die ‚ekklesiologische Wende' in der Mariologie des II. Vatikanums und ‚Konziliare Perspektiven' als neue Horizonte für das Verständnis der Mittlerschaft Marias, Altenberge 1993; Hünermann, Kommentar 263–582; Söll, Mariologie 238–240; Lohfink / Weimer, Maria 288–298.

Theologisch gesehen bringt das Zweite Vatikanische Konzil, das ohnehin ausdrücklich keine vollständige Lehre über Maria entfalten wollte (vgl. LG 54), in Sachen Mariologie nichts eigentlich Neues,[469] doch gaben die diesbezüglichen Auseinandersetzungen, die schließlich zu einem Marienkapitel innerhalb der Kirchenkonstitution (LG) führten, den Weg frei zu einem neuen Aufbruch (oder in den Augen anderer: zu einem neuen Niedergang) in Theologie und Frömmigkeit, der – gegenüber früheren Jahrhunderten – von Nüchternheit und Konzentration gekennzeichnet ist sowie von einer kritischen Orientierung an der Heiligen Schrift und Vätertheologie.

Diese neue Grundeinstellung zeigt sich in folgenden Phänomenen:

(1) Das Konzil lehnt es ab, sich die von einer großen Zahl von Bischöfen (280–500) gewünschten neuen dogmatischen Definitionen (Maria – Mittlerin aller Gnade, – Miterlöserin, – Mutter der Kirche) zu eigen zu machen.

---

468 Schmaus, Dogmatik V, 363.

469 Die konziliare Mariologie soll im Folgenden nicht per longum et latum, sondern nur in Bezug auf einige Eckpunkte, besonders hinsichtlich der Thematik unseres Kapitels, behandelt werden. Im franco- und anglophonen Bereich gibt es zur Mariologie des II. Vaticanums eine immense Lit., während im deutschen Sprachraum immer noch eine neuere umfassende monographische Behandlung fehlt. Die wichtigsten Publikationen aus dem südeuropäischen Raum finden sich zusammengestellt bei Forte, Maria 256[10]. Einschlägige Veröffentlichungen aus dem deutschsprachigen Bereich wurden zuletzt zusammengestellt von Dittrich, Mater 573f. Über die mariologischen Kontroversen und Turbulenzen rund um das Konzil informiert kurz K.-H. Menke, Ein Spielball heftiger Kontroversen. Das mariologische Schlusskapitel der Kirchenkonstitution, in: IkaZ 41 (2012) 652–668.

(2) Vor zwei unterschiedliche Perspektiven gestellt, in denen die Bedeutung Marias ansichtig wird – Maria eher auf der Seite Christi stehend und in soteriologischer Funktion *(christotypische Perspektive)* oder eher auf der Seite der Kirche stehend und in anthropologischer Funktion *(ekklesiotypische Perspektive)* – entschied sich das Konzil in einer Art „Kampfabstimmung" für letztere. Sichtbarer Ausdruck dafür war die Ablehnung eines eigenen, separaten konziliaren Dokuments über Maria und stattdessen die Entscheidung (mit einer Mehrheit von nur 17 Stimmen!), die marianischen Aussagen in die Kirchenkonstitution einzufügen. Diese Entscheidung nennt Joseph Ratzinger „eine geistige Wasserscheide des Konzils".[470] Denn damit wurde „eine isolierte, zu Christus parallelisierte Marienbetrachtung … auf höchster kirchlicher Ebene diskreditiert"[471]. Eben damit ging auch das sog. „Marianische Zeitalter zu Ende".

Im Zuge der Ablehnung eines eigenen Dokuments über Maria wird auch der Titel „Maria – Mater Ecclesiae" abgelehnt, obwohl darüber keine formelle Abstimmung stattfand. Aber wichtige Persönlichkeiten (Konzilsväter und –konsultoren) sprachen sich dagegen aus (z. B. R. Laurentin, Y. Congar, K. Rahner, G. Philips), weil Maria auf diese Weise „über" die Kirche gestellt werde. Deshalb sei die Bezeichnung theologisch unsachgemäß[472] sowie überdies noch ökumenisch inopportun und schädlich (A. Bea). Darüber hinaus sei sie in den Ostkirchen völlig unbekannt (so der melchitische Patriarch Maximos IV. Saigh).

Eine ganz andere Auffassung vertrat Paul VI., der sich zwar diskret, aber unmissverständlich für die Aufnahme des „Maria-Mater Ecclesiae"-Titels in das Konzilsdokument einsetzte. Als dieses nicht gelang, proklamierte er aus eigener Initiative bei der feierlichen Promulgation der Kirchenkonstitution „Lumen Gentium" am 21. 11. 1964 Maria zur „Mutter der Kirche". Dies war zwar *auch* ein Versöhnungsakt gegenüber der Konzilsminderheit, aber ebenso (oder noch mehr) ein Ausdruck der persönlichen Überzeugung des Papstes.[473]

(3) Obwohl die beiden Perspektiven, die christotypische und die ekklesiotypische, an sich nur zwei verschiedene *theologische Zugänge* markieren, verbanden sich mit ihnen *in concreto* doch zugleich auch Auffassungen über das *Gewicht*

470 J. Ratzinger, Erwägungen zur Stellung von Mariologie und Kirchenfrömmigkeit im Ganzen von Glaube und Theologie, in: ders. / H. U. v. Balthasar, Maria – Kirche im Ursprung, Einsiedeln-Freiburg [5]2005, 14–30, hier: 16, 67f.

471 Dittrich, Mater 675.

472 Einige Theologen wiederholten in diesem Zusammenhang – vermutlich nicht ganz ernsthaft – einen Gedanken, der bereits sowohl bei Franz v. Sales als auch bei Cornelius de Lapide auftaucht, dass nämlich, wenn Maria die Mutter der Kirche ist und die Kirche unsere Mutter, daraus folge, dass Maria unsere „Großmutter" sei.

473 Es gibt in diesem Punkt bei Paul VI. (und zahlreichen anderen Konzilsvätern) eine bemerkenswerte Strukturähnlichkeit zwischen der Auffassung von der Kirchenverfassung und der Stellung Marias. Wie Paul VI. allerhöchsten Wert darauf legte, dass der Papst nicht nur „in" der Kirche, sondern auch „über" ihr steht, so wollte er auch Maria nicht nur auf ihre Rolle „in" der Kirche, sondern gleichfalls „über" der Kirche herausgestellt wissen. Siehe dazu Laurentin, Mutter Jesu 15f; Dittrich, Mater 861f.

der Stellung Marias in Kirche, Theologie und Frömmigkeit. Die christotypische Position war *faktisch* (!) mit einem Maximalismus, die ekklesiotypische mit einem Minimalismus in Sachen Mariologie verbunden. Nicht zuletzt deshalb sahen viele „Christotypiker" im Einbau der marianischen Aussagen in die Kirchenkonstitution eine Unterordnung Marias und eine Reduktion ihrer Bedeutung und „Ehre". Und dies wohl auch mit einem gewissen Recht, weil auf dem Konzil zwar Maria im Licht der Kirche, nicht aber die Kirche im Licht Marias gesehen, also die Wechselseitigkeit beider Beziehungen nicht oder kaum thematisiert wurde.[474] So war die Entscheidung für die ekklesiotypische Perspektive faktisch zugleich eine Ablehnung des Axioms „De Maria numquam satis".[475] Stattdessen galt – wie Achim Dittrich treffend bemerkt – jetzt „eher ‚De Maria ne quid nimis' als Ausdruck einer modernen Theologie, die Tradition als Ballast, Ökumenismus aber als Hauptkriterium betrachtete".[476]

Deshalb wird auch in LG 60 emphatisch die Mittlerschaft Christi betont, die durch die Rede von einer mütterlichen Aufgabe (munus maternum) Marias nicht verdunkelt oder vermindert werden dürfe. Zwar erscheint in LG 62 der Titel „Mittlerin", aber nur als konstatierende, quasi-zitierende Aussage über eine faktische Frömmigkeitspraxis. Es heißt dort: „Deshalb wird ... sie (Maria) in der Kirche [nicht: *von* der Kirche!] unter dem Titel der Fürsprecherin, der Helferin, des Beistandes und der Mittlerin angerufen" (LG 62).[477] Diese Mittlerschaft lässt sich auch nicht mit der Jesu Christi auf eine

---

474 Dies geschah in Ansätzen erst nach dem Konzil, so z. B. wenn Ratzinger, Ekklesiologie 52, die marianischen Konzilsaussagen als Ausrufzeichen versteht für die Überzeugung: „Die Kirche ist nicht Apparat, ist nicht bloß Institution, auch nicht eine der üblichen soziologischen Größen – sie ist Person. Sie ist eine Frau. Sie ist Mutter".

475 Dieses Axiom spielte hintergründig bei zahlreichen Konzilsvätern vor allem aus dem romanischen Kulturbereich eine wichtige Rolle. So schreibt Y. Congar in einem Gutachten über die damaligen mariologischen Tendenzen: „Sehr mächtige Gruppen sind ausdrücklich daran interessiert, immer höher zu ‚bieten', so dass nach und nach immer höher ‚geboten' wird." Weiter spricht er von „Akrobaten einer übertreibenden und maximalisierenden Mariologie ... und dass diese Akrobaten bestimmte Ausdrücke im [vorbereitenden] Text gebrauchen werden, um noch weiter zu übertreiben": zit. nach J. A. Komonchak, Der Kampf für das Konzil, in: G. Alberigo/Kl. Wittstadt (Hrsg.), Geschichte des Zweiten Vatikanischen Konzils, Bd. I, dt. Mainz-Leuven 1997, 189–401, hier: 294.

476 Dittrich, Mater 675.

477 Mühlen, una mystica 470 weist darauf hin, dass diese hier Maria zugeschriebenen „Funktionen" in der Hl. Schrift „eindeutig und zunächst dem Heiligen Geist zukommen". Darum wird für ihn in diesen unkritischen Kennzeichnungen Marias das pneumatologische Defizit der Mariologie deutlich. – Ratzinger, Einleitung 16 interpretiert den angeführten Konzilstext folgendermaßen: Indem das Konzil sagt, dass Maria als Mittlerin *angerufen* wird, ist sichtbar, dass dieses Wort nicht den Rang eines präzisen theologischen Begriffes hat; es ist ein Titel, der nicht aus der Relation des Gebetes herausgelöst werden und in eine unsachgemäße Sachlichkeit transponiert werden darf, ... und das heißt: Es ist ein Wort des Herzens, der verehrenden Liebe, das, wie so oft die Worte der Liebe, falsch werden kann, wenn man es in eine theoretische Absolutheit versetzt, wo ihm doch das rufende

Stufe stellen oder in der gleichen Kategorie erfassen („connumerari numquam potest“: LG 62). Sie besteht darin, dass Maria sich durch ihr „Fiat“ Gott und seinem Heilswerk zur Verfügung gestellt hat und so „nicht bloß passiv von Gott benutzt wurde, sondern in freiem Glauben und Gehorsam zum Heil der Menschen mitgewirkt hat“ (LG 56). Das Mitwirken Marias ist also ein empfangendes Sich-zur-Verfügung-Stellen für Gott und seinen Heilswillen, ein „Zustimmen“, wie es in LG 58 heißt. Indem diese empfangende Mitwirkung freilich universale Auswirkung für die ganze Menschheit hat, ist Maria auch die „Gebende“: Sie gibt das Empfangene weiter und wird damit zur (geistlichen) Mutter aller Glaubenden (vgl. LG 63), nicht etwa weil – wie es in der theologischen Tradition oft kurzschlüssig heißt – Maria als Mutter des „Hauptes“ auch Mutter der „Glieder“ des einen Leibes ist, denn Maria ist nicht die Mutter des „pneumatischen Christus“, der als solcher das Haupt des Leibes ist. Vielmehr ist Maria deswegen „Mutter der Glaubenden“, weil sie *im Glauben* Christus gebiert. Hier ist noch einmal an den schon zitierten wichtigen Augustinus-Text zu erinnern: „Mutter Christi ist die ganze Kirche, weil sie ja seine Glieder, die Glaubenden, durch die Gnade Gottes gebiert. … Dem Geiste nach ist Maria nicht Mutter unseres Hauptes, des Erlösers, denn aus ihm ist sie vielmehr selbst dem Geiste nach geboren. … Aber sie ist ganz offenbar die Mutter der Glieder, die wir selber sind. Denn sie hat mitgewirkt in Liebe, dass Glaubende in der Kirche geboren werden, Glaubende, welche Glieder jenes Hauptes sind, dessen Mutter sie jedoch dem Leibe nach war“.[478] Auf dieser Linie kann die „Mitwirkung“ Marias in rechter Weise nur von dem her verstanden werden, was der ganzen Kirche als priesterlichem Gottesvolk und jedem einzelnen ihrer Glieder zukommt und zugemutet wird, nämlich die Heilsgaben Gottes (vor allem Glaube, Hoffnung und Liebe) zu empfangen und heilsmittlerisch füreinander da zu sein: in fürbittendem Gebet und stellvertretendem Einsatz vor Gott, im Dienst des Wortes und Sakramentes, in der Praxis der Diakonia. Auf dem Hintergrund solchen umfassenden In-Dienst-genommen-Seins aller Getaufter füreinander, gewinnt die Mittlerschaft Marias und ihre Mutterschaft in Bezug auf die Kirche erst ihr eigentliches Profil.[479]

Vertrauen seinen Sinn gibt und den Überschwang rechtfertigt (oder mindestens entschuldigt), den es vom strengen Maßstab der Schrift her ohne Zweifel enthält“. – Eine kleine autobiographische Randbemerkung dazu: Als ich 1966 als kleiner Promovend Karl Barth besuchte, las er gerade diesen Text, der geöffnete Ratzinger-Kommentar lag noch offen auf seinem Schreibtisch. Barth las mir den Text vor und war davon … fasziniert! Er fragte mich nach meiner Meinung dazu und ob dies eine katholische Sondermeinung sei oder auch von anderen Theologen vertreten werde. Insgesamt fällte Barth über die Mariologie des II. Vaticanums freilich das Urteil, dass das Konzil „die ganze Marienkonstruktion zwar öfters pflichtschuldigst kommemoriert, sie aber in allen seinen wichtigen Aussagen sichtlich nicht oder nur zu dekorativen Zwecken nötig hat“: K. Barth, Ad Limina Apostolorum, Zürich 1967, 66.

478 De s. virg. 5f (BA 3, 116f). Der letzte Teil des Zitats ist in LG 53 angeführt.

479 So bemerkt Semmelroth, Kommentar 338: Marias Mitwirken und mittlerische Tun gehört „in die Ebene jener Heilssolidarität, die für alle Erlösten gilt, nicht aber auf die Seite des Mittlertums Christi“. Doch bleibt auf dem II. Vaticanum das Verhältnis der Mitwirkung Marias zur Mitwirkung der Kirche unklar. Überdies: Wenn am Ende des Abschnitts LG 61 Maria „Mutter in der Ordnung der Gnade“ genannt wird, so ist keineswegs klar, ob sich dies auf eine dauernde, jeweils „aktuelle“ Mutterschaft = Heilsvermittlung bezieht oder nur auf ihre heilsgeschichtlich-einmalige Funktion. In LG 62 heißt es dazu nur unbestimmt: „Die Mutterschaft Mariens in der Gnadenökonomie dauert unaufhörlich fort, von

Für eine Corredemptrix-Funktion Marias, wie sie in der vorangehenden Theologie eine so große Rolle spielte, fehlt jeder Ansatz. In LG 58 heißt es zwar: „Ihrer Vereinigung mit dem Sohn hielt sie [Maria] in Treue bis zum Kreuz, wo sie nicht ohne göttliche Absicht stand (vgl. 19,25), heftig mit dem Eingeborenen litt und sich mit seinem Opfer in mütterlichem Geist verband, indem sie der Darbringung des Schlachtopfers, das sie geboren hatte, liebevoll zustimmte". Doch ist der Text mit seinen entscheidenden Aussagen („Vereinigung", „mitleiden", „liebevolle Zustimmung") wohl ganz bewusst mehrdeutig, jedenfalls nicht gerade klar und präzise. Offenbar wollte man die verschiedensten mariologischen Entwürfe unter einen gemeinsamen Nenner stellen. So meint etwa die „liebevolle Zustimmung", von der der Text spricht, für einige Theologen (besonders aus dem spanischen Kulturbereich), dass Maria durch ihr Leiden an der Erlösungstat Christi aktiv mitwirkte, für andere dagegen (wohl für die Mehrheit, die sich an Scheeben anschließt) besteht die Zustimmung darin, dass Maria „in persona Ecclesiae" die Erlösung als „Erste der Erlösten" entgegennimmt bzw. dass ihre Präsenz unter dem Kreuz das Durchhalten ihres ursprünglichen „Fiat" besagt. In jedem Fall aber war für die Konzilsmehrheit hinsichtlich der Mitwirkung Marias klar: „Als Urbild der Kirche bleibt sie … von der gleichen Art wie die Kirche Christus gegenübergestellt und ihm dienend, nicht etwa wie Er, das Haupt, handelnd und herrschend".[480]

Unterbelichtet bleibt auch die Beziehung Marias zum Heiligen Geist[481] (trotz der Erwähnung, sie sei das „sacrarium" des Geistes).

So lässt sich tatsächlich sagen: „Uneindeutigkeit und Unschlüssigkeit – das sind die Merkmale der konziliaren Marienrede".[482] Kein Wunder also, dass nirgendwo ersichtlich wird, „dass die Ausführungen des Konzils über die Mariologie inspirierend und anregend gewirkt hätten".[483]

Mit einer einzigen Ausnahme! Das Konzil unterstreicht in LG 56 die alttestamentliche Verwurzelung Marias und bezeichnet sie u. a. als „Tochter Sion". Dieser Titel ist zwar uralt, er basiert – wie wir sahen – auf den neutestamentlichen marianischen Aussagen, an die sich wiederum die Ausführungen der Väterzeit anschließen. Noch Rupert v. Deutz, der in seiner Theologie insgesamt einen starken Wert auf die Kontinuität zwischen Altem und Neuem Bund legt (und dabei als erster das Hohelied *konsequent* mariologisch *und zugleich* ekklesiologisch deutet sowie von der Gegenwart Christi in der alttestamentlichen Zeit überzeugt ist), kann sogar – wie schon angeführt – formulieren: „Die selige Jungfrau, die der beste Teil der alten Kirche [prioris ecclesiae = der Kirche vor Christus] war, wurde gewürdigt, die Gemahlin Gottes des Vaters zu sein, um so dann auch zum Urbild der neuen Kirche und zur Gemahlin des Gottessohnes zu werden".[484] Wolfgang Beinert interpretiert

der Zustimmung an, die sie bei der Verkündigung gläubig gab und unter dem Kreuz ohne Zögern festhielt, bis zur ewigen Vollendung der Auserwählten".

480 So L. Scheffczyk, Maria im Glauben der Kirche, Bd. II, Wien 1980, 59.

481 Siehe dazu Mühlen, Una mystica 473–483.

482 Dittrich, Mater 679.

483 Hünermann, Kommentar 536.

484 Rupert v. Deutz, De op. SpS. I, 8 (CCM 24, 1829).

zurecht diese Stelle so, dass Maria hiernach „die Nahtstelle beider Kirchen [ist], in der die Synagoge ihre letzte Höhe erreicht und verbunden wird mit der Kirche Christi, so dass beide eine Kirche, die ecclesia universalis werden“.[485]

Diese bis ins Hochmittelalter hinein deutlich gesehene alttestamentliche Verwurzelung und Bedeutung Marias ging spätestens ab dem 14. Jahrhundert verloren, weil die Anwesenheit des Judentums in Europa zunehmend als problematisch empfunden wurde und die ablehnenden Emotionen sich in zahlreichen Progromen entluden. „Entsprechend wurde – so Achim Dittrich – die jüdische Abkunft Christi ignoriert; von einer Maria als *Tochter Zion* wollte man nichts mehr hören. Stattdessen wurde im Figurenprogramm der gotischen Kathedralen der Kontrast zwischen der ungläubigen Synagoge und der gläubigen Kirche herausgestellt“.[486] Erst das II. Vaticanum setzt hier einen neuen Akzent, der dann in der nachkonziliaren Zeit, gefördert durch die theologische Neuentdeckung der jüdischen Wurzeln des Christentums, nochmals unterstützt und weitergeführt wurde.[487]

Wenn man die Sinnspitze der konziliaren Aussagen über Maria kurz zusammenfassen will, lässt sich sagen: Das Konzil wollte Maria gegen alle Übersteigungen der Vergangenheit wieder in die Kirche einordnen bzw. der Kirche zuordnen. Faktisch führte dieses Unternehmen aber in eine „marianische Eiszeit“,[488] in einen „Kollaps der Mariologie überhaupt.“[489] Vielleicht liegt es u. a. darin begründet, dass das Konzil Maria zwar als Typus der Kirche sieht, diesen Gedanken aber nicht auf eine „urbildliche Identität“ von Maria und Kirche hin ergänzt und damit die *bräutliche Identität* von Maria und Kirche übersieht. In diese Richtung geht der Einspruch Hans Urs v. Balthasars, den Hilda Steinhauer so zusammenfasst:

> „Daraus, dass das Konzil die Beziehung Marias zu Christus von der Mutterschaft her bestimmt und ihre Brautschaft gegenüber dem Gekreuzigten nicht zur Sprache kommt, ergibt sich für Balthasar eine … Grenze der Marienlehre des Konzils, nämlich eine minimalistische Bestimmung des Verhältnisses Maria-Kirche, die im Ausfall der bräutlich-marianischen Identität ihren Ursprung hat“.[490]

485 W. Beinert, Die Kirche – Gottes Heil in der Welt. Die Lehre von der Kirche nach den Schriften des Rupert v. Deutz u. a., Münster 1973, 353.
486 Dittrich, Mater 847.
487 Auf dieser Linie bewegen sich eine Reihe von neueren mariologischen Entwürfen und Beiträgen, z. B. die von J. Ratzinger, R. Laurentin, Lohfink/Weimer, K.-H. Menke; I. de la Potterie, Maria nel mistero dell'alleanza, Genua [2]1992; Böhler, Maria.
488 G. Söll, Abschied von Maria?, Donauwörth 1974, 6. Der Ausdruck stammt vermutlich von Bischof Rudolf Graber, Regensburg.
489 Ratzinger, Erwägungen 22.
490 Steinhauer, Maria 498f.

Diese „minimalistische Sicht“ scheint erst in den letzten beiden Jahrzehnten ganz allmählich und in kleinen Schritten wieder überwunden zu werden. Doch darf man angesichts der Kritik des „Minimalismus“ nicht übersehen, welchen „Schutt“ aus der Geschichte das Zweite Vatikanum weggeräumt hat. So wären ohne das Konzil folgende Worte Pauls VI., die sich von einer langen Tradition distanzieren, wohl kaum möglich gewesen:

> „In einer naiven Mentalität hält man die Gottesmutter für barmherziger als den Herrn. In einem infantilen Verständnis kommt es dazu, den Herrn für strenger zu halten als Maria und deshalb zur Gottesmutter zu flüchten, aus Angst vor der Züchtigung des Herrn“.[491]

3. Kurze Zusammenfassung des Kapitels

Dass Maria die Mutter Jesu, des Sohne Gottes, ist, wird, angefangen vom Neuen Testament, als grundlegendste Aussage über sie getroffen. Weil sie aber darüber hinaus schon in der Heiligen Schrift als „Israels heiliger Rest“ und – analog zu Abraham, dem *Vater aller Glaubenden* (vgl. Röm 4,17) – als „Glaubende“, ja als „Mutter der Glaubenden“ gekennzeichnet wird, weitet sich ihre Mutterschaft schon in früher christlicher Zeit so aus, dass sie mit der der Kirche in eins läuft, wenn nicht gar identisch wird, und folgerichtig die Frage nach ihrer Mittlerschaft, nämlich nach einer durch sie sich verwirklichenden *Vermittlung der Einheit* mit Gott und seinem Heil hervorruft.

Schon der Theotokos-Titel Marias steht für die *Einheit*, nämlich für die Einheit der göttlichen und menschlichen Natur in Christus, ebenso steht die fast differenzlose Parallelität, die bis zur Identität von Maria und Kirche geht, für die Idee der *Einheit*, und zwar für die von Christus und seinem „Leib“, der die Kirche ist, und jedem seiner Glieder. In der Kirche und jedem Einzelnen in ihr will Gott, Gottes Wort in die Welt eingehen, „neu geboren werden“ und Gestalt annehmen; die Kirche und jedes ihrer Glieder soll und kann anderen „Mutter im Glauben“ werden (Origines, Ambrosius, Augustinus).

Dass beides, Marias „individuelles“ Mutter-Jesu-Sein auf der einen und ihre Gleichsetzung mit der Mütterlichkeit der Kirche, ja jedes Einzelnen auf der andern Seite später auseinanderfiel, so dass – bemerkt zu Recht Joseph Ratzinger – „Maria als eine mit Privilegien überschüttetes und uns dadurch unendlich fern gerücktes Individuum darstellt, die Kirche wiederum apersonal und rein institu-

491 Paul VI., Ansprache zum Fest der Aufnahme Marias in den Himmel, in: OR 17./18.8.1964.

tionell gesehen worden ist, hat der Mariologie wie der Ekklesiologie gleichermaßen geschadet".[492] Davon wird später noch ausführlich die Rede sein müssen. Ebenso werden wir das Problem zu erörtern haben, wie es denkbar ist, dass *eine* Person, Maria, die vielen in der Gemeinschaft der Kirche Versammelten zusammenfassen, darstellen und repräsentieren kann. Nicht zuletzt bleibt die Frage, was es mit der in der Patristik so häufig erwähnten Gestalt einer „ecclesia primigenia" auf sich hat und welche Beziehungen sich von ihr aus zu Maria ergeben.

Zunächst gilt es, eine weitere Glaubensaussage über Maria in den Blick zu nehmen: ihre Jungfräulichkeit.

---

492 J. Ratzinger, „Welchen Begriff hatte das Zweite Vatikanische Konzil von der Gesamtkirche?" Vortrag vom 27. 2. 2000 im Vatikan, in: Die Tagespost, Beilage März 2000, 8. – Ähnlich Balthasar, Klarstellungen 72.

DRITTES KAPITEL

Maria Virgo Ecclesia

§ 1 Entwicklungen in der Frühen Kirche

Wenn wir im Folgenden der Überzeugung von der Jungfräulichkeit Marias zunächst in ihrer geschichtlichen Entwicklung nachgehen, ist dabei stets zweierlei mitzubedenken, dass nämlich parallel dazu der Gedanke von der Mutterschaft der Maria-Ecclesia lebendig ist (siehe das vorangehende Kapitel) und dass gleichzeitig die Überzeugung von der Jungfräulichkeit der *Kirche* wach ist. Das heißt, dass, ebenso wie beim Glauben an die Gottesmutterschaft Marias, sich auch hier – bei der Rede von ihrer Jungfräulichkeit – der Blick nicht allein auf die individuelle Gestalt Marias richtet, sondern zugleich auf die Gestalt der Ecclesia Virgo hin ausweitet.

Nach zwei Seiten entwickelte sich die biblische Aussage von der *jungfräulichen* Mutterschaft Marias weiter (eine Überzeugung, die heute oft kurz und – von der gemeinten „Sache" her – *absolut unzutreffend* unter dem Stichwort „Jungfrauengeburt" behandelt wird, ein unsachgemäßer, aber weithin verbreiteter Ausdruck, den auch wir deshalb gelegentlich als „Abkürzung" und „Chiffre" für einen komplexen Sachverhalt verwenden werden). Jedenfalls sind zwei treibende Momente für die weitere Entwicklung festzustellen: (1) Man pointierte die biblische Aussage von der Jungfräulichkeit Marias nachdrücklich gegen deren Bestreitung. (2) Man suchte die von den biblischen Erzählungen offen gebliebenen „Lücken auszufüllen". Die Motive für diese doppelte Weiterentwicklung sind vielfältig: Man wollte gegen die Bestreitung der Gottessohnschaft Jesu Christi (auch) mit seiner wunderbaren Herkunft argumentieren. Ferner wurde Maria mehr und mehr zum Vorbild des frühchristlichen Asketismus hochstilisiert, zu dem wesentlich die Jungfräulichkeit gehörte, und schließlich wurde, zumal in der Liturgie der Kirchen des Ostens, Maria als die „Allreine" hoch verehrt, ein Titel, der sehr bald mit dem der Jungfräulichkeit assoziiert wurde.

1. Die Jungfräulichkeit Marias gegen deren Bestreiter

Die jungfräuliche Empfängnis Jesu, die nach Hans Frhr. v. Campenhausen bis zur Mitte des 2. Jahrhunderts keineswegs überall als selbstverständliche Glaubenslehre vertreten wurde,[493] sah sich schon in den ersten Jahrzehnten der Kirche von jüdischen Gegnern, aber auch von judenchristlichen Ebioniten (für die Jesus seine Gottessohnschaft erst bei der Taufe erhalten hat) in Frage gestellt. Gegen deren biblische Bezeugung behaupteten jüdische Kreise stattdessen die illegitime Herkunft Jesu aus einem Ehebruch Marias.[494] So lässt Kelsos im Dialog mit Origenes einen Juden auftreten, der Jesus vorwirft, „sich fälschlicherweise als Sohn einer Jungfrau ausgegeben zu haben"; seine Mutter sei vielmehr eine arme Handwerkersgattin gewesen, von ihrem Mann wegen Ehebruchs mit einem Soldaten namens Panthera verstoßen, und habe, unstet umherirrend, Jesus heimlich geboren.[495] Auf diese Weise konnte man sich leicht dem Anspruch der Messianität Jesu bzw. seiner besonderen Stellung und Bedeutung entziehen. Vermutlich über jüdische Mittelsmänner gelangte der Vorwurf der illegitimen Abstammung Jesu

---

493 Siehe Campenhausen, Jungfrauengeburt 17 u. ö. Für die theologiegeschichtliche Entwicklung vgl. diesen Artikel sowie Frank, „Geboren".

494 Das bezüglich der Herkunft Jesu nicht sehr aufschlussreiche talmudische Material ist kritisch gesichtet in J. Maier, Jesus von Nazareth in der talmudischen Überlieferung, Darmstadt 1978. Siehe im Register das Stichwort „Jungfrauengeburt". Vgl. zur Thematik neuestens auch D. Boyarin, Sehnsucht nach dem Christentum? oder: Zurück ins Mittelalter, in: A. Bedenbender (Hrsg.), Judaeo-Christentum. Die gemeinsame Wurzel von rabbinischem Judentum und früher Kirche, Paderborn – Leipzig 2012, 121–158, hier: 148–188. Die viel weiter gehenden *Toledot Jeschu* sind nicht talmudisch, sondern stammen aus einer späteren Zeit. Siehe dazu Schreiner, Maria 417–423.

495 Origenes, c. Celsum I, 28.32 (FC 50/1, 249.259). Vgl. dazu Brown, Birth 534–542. – Die Version des Kelsos hat offenbar eine ältere Vorgängerin. So heißt es in den wohl aus dem 2. Jh stammenden Pilatusakten II,4, in: W. Schneemelcher, (Hrsg.), Neutestamentliche Apokryphen in dt. Ü., Bd. I: Evangelien, Tübingen ³1959, 330 (F. Scheidweiler), dass sich einige gerechte Juden gegen die Meinung stellten, Jesus entstamme einem Ehebruch. Sie sagten: „Wir bestreiten, dass er aus einem vorehelichen Verhältnis stammt; wir wissen, dass Joseph Maria geheiratet und keinerlei Hurerei zu seiner Geburt geführt hat. ... Denn wir waren bei der Hochzeit von Joseph und Maria zugegen". Dazu bemerkt kommentierend Scheidweiler, ebd. I, 330: „Wenn dieser Hinweis überhaupt etwas besagen soll, dann muss der Gedanke dahinter stecken: Hätte Maria sich vor ihrer Ehe mit einem anderen eingelassen, so wäre, selbst wenn die Folgen an ihrer Leibesbeschaffenheit noch nicht sichtbar gewesen wären, doch zumindest ein Gerücht darüber im Umlauf gewesen, und Joseph hätte dann auf die Ehe verzichtet. Hiermit wird also die Mutter Jesu gegen den Vorwurf vorehelichen Verkehrs verteidigt". Daneben scheint es auch die Meinung gegeben zu haben, wonach Jesus einem vorehelichen Verkehr von Joseph und Maria entstammt. Gegen diese Auffassung dürfte sich eine Variante des matthäischen Stammbaums Jesu richtet haben, die im Codex Syro-Sinaiticus vorliegt: „Josef, dem Maria als Jungfrau angetraut wurde, zeugte Jesus" (Mt 1,16).

auch in heidnische Kreise, in denen dessen jungfräuliche Empfängnis zum Mythos von der jungfräulichen Geburt des Perseus durch Zeus in Beziehung gesetzt wurde und deshalb Gegenstand heftigen Spottes war. Deshalb sagt Tryphon, ein gebildeter Jude, im Dialog mit Justin:

> „Ihr [Christen] sollt euch schämen, so etwas zu erzählen wie die Griechen. Besser wäre es, ihr würdet von diesem Jesus behaupten, dass er als Mensch von Menschen geboren wurde. … Doch zu Wundergeschichten solltet ihr euch nicht versteigen, um nicht wie die Griechen der Torheit bezichtigt zu werden“.[496]

Angesichts derartiger Infragestellungen und Polemiken gegen die jungfräuliche Mutterschaft Marias wurde seitens der Christen nicht nur jede Parallelität mit griechisch-mythischen Vorstellungen bestritten, sondern auch die Eindeutigkeit des biblischen Berichts und dessen tiefer theologischer Sinn nachdrücklich hervorgehoben. Diesen Sinn formuliert Athanasius kurz und bündig so: „Die Geburt aus der Jungfrau ist der sichtbarste Beweis für die Gottheit des Sohnes“.[497] Wie die Mutterschaft Marias für das wahre Menschsein Jesu Christi steht, so ihre Jungfräulichkeit für seine göttliche Herkunft. Dabei heißt jungfräuliche Zeugung nicht, dass der in Lk 1,35 genannte Heilige Geist *an die Stelle* eines menschlichen Vaters tritt und dessen Funktion ausübt – dann könnte es so scheinen, als ob Jesus eine Art „Halbgott“ wäre – , sondern dass das im Schoß Marias empfangene Kind *ganz und gar Gabe Gottes*, sein großer Neuanfang mit der Menschheit ist. Beim Wirken des Geistes ist – so auch die Sicht neuerer Theologie – nicht „an ein väterlich-zeugendes, sondern an ein schöpferisch-wirkmächtiges [Wirken] zu denken.“ Es verweist „auf die neue Schöpfung, die mit der Menschwerdung des Sohnes beginnt. Wie der Geist über der Urflut schwebt bei der ersten Schöpfung, so überschattet er Maria, als in ihr und aus ihr der neue Adam entsteht.“[498]

Deshalb ist auch die Formulierung der 11. Synode von Toledo (675) mindestens problematisch, wenn es da heißt, dass „die unberührte Jungfräulichkeit keinen Verkehr mit einem Manne kannte und die *durch den Heiligen Geist befruchtete Materie* des Fleisches zur Verfügung stellte“ (DH 533). Denn der Geist „befruchtet“ nicht die Materie wie ein menschlicher Vater, sondern er schafft Neues. Auf dieser Linie dürfte wohl schon Irenäus gedacht haben, wenn er schreibt: Der Sohn

496 Justin, Dial. c. Tryphone 67 (PTS 47, 185). Modifizierte dt. Ü. nach der BKV-Neuherausgabe 147.

497 Athanasius, De incarn. 18 (SC 18, 241).

498 M. Kreuzer, „Empfangen durch den Heiligen Geist“. Die Wirkweise des Heiligen Geistes bei der Menschwerdung des Sohnes Gottes, in: A. Ziegenaus (Hrsg.), „Geboren aus der Jungfrau Maria“, Regensburg 2007, 74–87, hier: 85.

Gottes „öffnete als Reiner und auf reinem Weg einen reinen Mutterschoß, und zwar den, der die Menschen zu Gott wiedergebiert und den er selbst rein gemacht hat".[499] Auch wenn dieser Text in seiner Deutung nicht unumstritten ist (bezieht er sich auf die Kirche oder auf Maria?, siehe S. 141f), legt er doch nahe, dass die reine Öffnung eines reinen Mutterschoßes mindestens *auch* Maria und die jungfräuliche Weise der Empfängnis und Geburt im Auge hat und dann weiter – in Parallele dazu – ebenso den Mutterschoß der Kirche. Beide gebären neu, auf neue Weise. So formuliert es auch in aller Klarheit Tertullian, der in vierlei Hinsicht Irenäus folgt: „Auf neue Weise musste der Urheber einer neuen Geburt geboren werden."[500]

Diese Grundüberzeugung setzte sich durch, so dass das Bekenntnis zur jungfräulichen Empfängnis Jesu zu einem wesentlicher Bestandteil der kirchlichen Lehre wurde. Das, was Epiphanius v. Salamis († 403) den Antidikomarianiten (Bestreitern der Jungfräulichkeit Marias) zurief: „Wo und wann hat jemals einer es gewagt, den Namen ‚Maria' auszusprechen, ohne sofort, wenn er gefragt wurde, hinzuzufügen: ‚die Jungfrau'",[501] kann als zutreffende Beschreibung mindestens ab dem dritten christlichen Jahrhundert betrachtet werden. Deshalb war es damals (und dies blieb bis heute so) nicht notwendig, die Jungfräulichkeit Marias *ausdrücklich* zu „dogmatisieren", d.h. mit letzter Verbindlichkeit lehramtlich festzusetzen. Kein Wunder auch, dass die Überzeugung von der jungfräulichen Geburt Jesu und von der Jungfräulichkeit Marias zusammen mit den paulinischen Aussagen in 2 Kor 7,25ff zu einer wachsenden Hochschätzung jungfräulichen Lebens in der Kirche führte. Dies ging so weit (und damit viel zu weit!), dass Hieronymus gegen Jovinian und Helvidius[502] vortrug, dass alle, die nicht dem Vorbild der Jungfräulichkeit Marias und Jesu folgten, „befleckt" seien. Diese anthropologischen Konsequenzen schlugen natürlich auch wieder verstärkend zurück auf ihre mariologischen und christologischen Voraussetzungen: Maria „musste" als der Prototyp jungfräulichen Lebens selbst als Jungfrau angesehen werden,[503] und Jesus konnte nicht Frucht einer „befleckten" und damit „sündigen" sexuellen Beziehung sein.

---

499 Irenäus, Adv.haer. IV, 33,11 (FC 8/4, 271).
500 Tertullian, De carne Christi (SC 216, 280).
501 Epiphanius v. Salamis, Haer. 78,6 (GCS 37,456).
502 Helvidius hatte die These vertreten, dass Maria bis zur Geburt Jesu Jungfrau war, dann aber zur vorbildlichen Mutter einer ganzen Familie wurde, so dass Maria nicht nur für Ehelose, sondern auch für Verheiratete ein Vorbild sei. Ähnlich lautete das „Prinzip" Jovinians: „Virgo concepit, sed non virgo generavit": in: Ambrosius, ep. 15,4 (extra coll.) (CSEL 82/83, 305).
503 Vgl. z.B. Origenes, In Matth. X,17 (GCS 10,21).

Damit war ein Zweites aufs engste verbunden: In der Westkirche setzte sich immer mehr die augustinische Erbsündenlehre durch (siehe S. 246ff), wonach die Ursünde durch die den Akt der Zeugung prägende sexuelle Begierlichkeit und Lust übertragen wird. Von daher ergab sich aus dem Bekenntnis zur absoluten Sündlosigkeit Christi, wie Karl Suso Frank bemerkt, geradezu zwingend: „Christus musste jungfräulich empfangen und geboren werden. Christus wollte nämlich keinen Mann zum Vater haben, weil er nicht auf dem Weg der fleischlichen Begierlichkeit zu den Menschen kommen wollte. Das antisexuelle Motiv solcher Formulierungen liegt auf der Hand. Die [damaligen] asketischen Kreise nahmen daher Augustins Theorie dankbar auf".[504]

So setzte sich sowohl in der byzantinischen Reichskirche wie in der westlichen Christianitas die Lehre von der Jungfräulichkeit Marias voll und ganz durch und blieb über Jahrhunderte unbestritten. Da man im Glauben davon überzeugt war, dass der menschgewordene Gottessohn Jesus Christus die unüberbietbare Gabe Gottes an die Menschen war und allein der freien Initiative Gottes entsprang, lag seine, von der Schrift eindeutig bezeugte jungfräuliche Empfängnis auch geradezu „auf der Hand". In ihr wurde das absolut Wunderbare des Geschenks Gottes an die Menschen deutlich.

2. Virginitas in partu: „Ergänzung" der biblischen Berichte

Wilhelm Schneemelcher stellt in der „Einleitung" zu seiner Herausgabe der Neutestamentlichen Apokryphen verschiedene „Typen" von apokryphen Schriften heraus. Eine dieser Typen ist vor allem durch das Motiv der „Ergänzung" charakterisiert, d.h. „bestimmte Episoden des Lebens Jesu wurden aus den kanonischen Evangelien herausgenommen und weiter ausgesponnen".[505] Dazu zählen besonders die sog. „Kindheitsevangelien". Von ihnen gilt, was Oskar Cullmann in allgemeiner Form so formuliert: „Überall, wo historische Lebensbeschreibungen Lücken aufweisen, pflegt die Legende anzusetzen, … um sie auszufüllen".[506] So wendet sich das erzählerische Interesse der apokryphen Kindheitsevangelien diesen „Lücken" zu, sucht gleichzeitig aber auch die Jungfrauengeburt Jesu gegenüber der von Juden und Heiden behaupteten Abstammung aus Hurerei auf

504 Frank, „Geboren" 115.
505 Schneemelcher, Apokryphen 49ff.
506 O. Cullmann, Kindheitsevangelien (Einleitung) in: Schneemelcher, Apokryphen 272–279, hier: 272.

handgreifliche Weise abzusichern sowie die andauernde Jungfrauschaft Marias mit der biblischen Rede von Schwestern und Brüdern Jesu in Einklang zu bringen. Demgegenüber tritt das eigentliche, die biblischen Berichte dominierende *theologische* Interesse an Jesus Christus eher zurück. „Jetzt … werden Maria und Joseph zu Hauptpersonen, deren Geschichte *für sich* interessant ist".[507] Die apokryphen Schriften „nähern sich [also] der Gattung einer Biographie".[508] Das gilt besonders in Bezug auf Maria und ihre Jungfräulichkeit, deren apologetische Verteidigung eines ihrer wichtigsten Themen ist.[509]

Von den epochemachenden apokryphen Kindheitsevangelien ist vor allem das zwischen den Jahren 150 und 200 entstandene und in der Frühen Kirche hochgeschätzte Protoevangelium des Jakobus zu nennen, das einen gewaltigen Einfluss auf die weitere Entwicklung der Mariologie hatte. Hierin wird erstmals mit Nachdruck die jungfräuliche Weise des *Geburtsvorgangs* Jesu herausgestellt. Die Hebamme, die Maria bei der Geburt beistand, rief einer ihr unmittelbar danach begegnenden Frau (Salome) zu:

> „‚Salome, Salome, ich habe dir ein nie dagewesenes Schauspiel zu erzählen: Eine Jungfrau hat geboren, was doch ihre Natur nicht zulässt'. Und Salome sprach: ‚So wahr der Herr, mein Gott lebt: Wenn ich nicht meinen Finger [in den Schoß Marias] hineinlege und ihren Zustand untersuche, werde ich nicht glauben, dass eine Jungfrau geboren hat'. Und Salome trat hinzu und legte ihren Finger hinein zur Untersuchung ihres Zustandes …".[510]

In diesem Text drückt sich die Überzeugung aus, dass Maria nicht nur jungfräulich, d. h. ohne Zutun des Mannes empfangen hat, sondern dass sie auch jungfräulich, nämlich bei „verschlossenem Schoß" und schmerzlos geboren hat.[511] Damit ist ein neuer Schritt im Bereich marianischer Überzeugungen getan: Wurde die Jungfräulichkeit Marias schriftgemäß zunächst darauf bezogen, dass sie keine eheliche Beziehung zu Josef hatte und Jesus mithin nicht Frucht der ehelichen Beziehung beider war („virginitas ante partum"), so bildete sich nun aufgrund von apokryphen Aussagen die Überzeugung heraus, dass Maria auch in der Ge-

507 Schneemelcher, Apokryphen 274.

508 G. Schneider, Einleitung zu: Apokryphe Kindheitsevangelien, FC 18, 7–93, hier: 13.

509 Zur Mariologie der Apokryphen insgesamt vgl. Schneider, aaO.; E. Cothenet, Marie dans les apocryphes, in: Maria, vol.6 , hrsg. v. H. du Manoir, Paris 1961, 71–156.; ders., Le Protévangile de Jacques, in: ANRW II, 25,6 (1988) 4252–4269.

510 Protoevangelium des Jakobus 19,3–20,1, in: Apokryphe Kindheitsevangelien (FC 18, 131f); Schneemelcher, Apokryphen 288.

511 Eine schmerzlose Geburt nach schmerzloser Schwangerschaft vertrat auch die frühjüdische Theologie für Mose und für den kommenden Messias. Siehe dazu Hofmann, Maria 223ff. Insofern fielen die betreffenden Aussagen nicht einfach „vom Himmel"!

burt Jungfrau blieb („virginitas in partu"). Und da man das Protoevangelium des Jakobus vielerorts lange Zeit als kanonisch einstufte, hielt man die „virginitas in partu" für ein Element apostolischer Überlieferung.

In manchen, nicht in allen diesbezüglichen apokryphen Texte (z.B. in den „Oden Salomos" und in der „Himmelfahrt des Jesaja") geht die Tendenz sogar dahin, in der jungfräulichen Geburt „alle Reste einer natürlich-menschlichen Entstehung" Jesu auszuschalten.[512] Denn eine Reihe dieser Texte haben ihren „Sitz im Leben" in gnostischen oder doketischen Kreisen, in denen der Leib, leibliche Vorgängen und Vollzüge entweder keine Bedeutung hatten oder abgewertet und gar als schlecht verurteilt wurden. Demgegenüber stellte die großkirchliche Theologie auf der einen Seite die wahre Mutterschaft Marias heraus (vgl. S. 121ff), griff aber auf der anderen auch die apokryphen Traditionen einer jungfräulichen Geburt auf, so dass in diesem Punkt „die Orthodoxie zu einem ständigen Zweifrontenkrieg genötigt" war.[513] Das Dilemma, in dem man hier stand, formulierte Titus v. Bostra (um 360) folgendermaßen: „Wenn der Sohn wahrhaft Fleisch war, wie war es möglich, dass er bei der Geburt nicht die Jungfräulichkeit zerstörte? Wenn Maria aber die Jungfräulichkeit bewahrte, war dann nicht sein Fleisch bloßer Schein? Ein Leib kann doch nicht durch einen anderen hindurchgehen ohne Leiden".[514]

So hatte die Großkirche eine zweifache Aufgabe: sie musste einerseits die *wahre*, d.h. die nicht doketisch verstandene Mutterschaft Marias bezeugen und andererseits ihre bleibende, auch im Geburtsvorgang gewahrte „virginitas in partu" vertreten. Man ließ diese Spannung bestehen und löste sie nicht auf. Trotz dieses Dilemmas setzte sich bei allen großen Theologen des 3., 4. und 5. Jahrhunderts sowie im Glaubensbewusstsein der Kirche die Überzeugung auch von einer „virginitas in partu" durch.

In der Westkirche geschah dies endgültig als Folge der Auseinandersetzung mit Jovinian (Ende des 4. Jh.), der in einem anti-asketischen, d.h. in einem den Vorrang des jungfräulichen Lebens vor der Ehe leugnenden Kontext auch die Jungfräulichkeit Marias *in partu* ablehnte. Er wurde auf einer römischen Synode von 393 und im gleichen Jahr auf einer

512 Ebd. 300. – Das geschah etwa dadurch, dass – wie schon erwähnt – für viele Gnostiker Jesus nicht *aus*, sondern nur *durch* Maria geboren wurde, da er durch sie hindurchging wie Wasser durch einen Schlauch. Vgl. S. 123 – Deshalb hält v. Campenhausen, Jungfrauengeburt 37 die virginitas in partu für eine „gnostische Erfindung".

513 Söll, Mariologie 30. Das führte dazu, dass z.B. Tertullian zwar die virginitas ante partum bekannte, sich aber in seinem leidenschaftlichen Kampf gegen Doketismus und Gnosis gegen eine virginitas in partu et post partum wandte.

514 Titus von Bostra, In Lucam, zit. nach M. Hauke, Die „virginitas in partu". Akzentsetzungen in der Dogmengeschichte, in: A. Ziegenaus (Hrsg.), „Geboren aus der Jungfrau Maria", Regensburg 2007, 88–131, hier: 89[2].

Mailänder Synode unter dem Vorsitz des Ambrosius verurteilt. Dabei stützt sich Ambrosius auf das „generatus a Spiritu Sancto ex Maria Virgine" des Römischen Symbolums, indem er diesen Bekenntnissatz auf den „gesamten Vorgang der menschlichen Zeugung des Herrn durch Maria, angefangen mit der Empfängnis" auslegt.[515] Auf dieser Linie erklärt auch Augustinus: „Wenn bei der Geburt Jesu die körperliche Unversehrtheit (integritas) Marias verletzt worden wäre, wäre er nicht mehr von einer Jungfrau geboren worden; und so würde die Kirche – was ferne sei – fälschlicherweise bekennen, er sei aus der Jungfrau Maria geboren".[516] Leo d. Gr. greift diese Auslegung im Zusammenhang mit dem Konzil v. Chalzedon auf (vgl. DH 291, 299). Auf der römischen Lateransynode von 649 wird sie endgültig besiegelt (vgl. DH 503), so dass eine Reihe von Theologen die Lehre von der „virginitas in partu" geradezu für „definiert" hielten (und z.T. auch halten).[517]

Unterstrichen wird diese Lehre auch dadurch, dass eine Reihe von Synoden und Konzilien auf Maria die Bezeichnung „ἀειπαρθένος" – „immerwährende Jungfrau"[518] anwendet (z.B. Zweites Konzil v. Konstantinopel [DH 427]), ein Ehrentitel, der sowohl das ante partum wie auch das in partu et post partum impliziert. Was dabei speziell die virginitas in partu anging, so glaubte man ohne deren eindeutiges Bekenntnis diejenigen nicht hinlänglich widerlegen zu können, die von einem nachfolgenden Eheleben von Josef und Maria (aufgrund der biblischen Aussagen über die „Brüder Jesu") überzeugt waren,. Der Glaube an die „virginitas in partu" war gewissermaßen das „Bindeglied" zwischen der virginitas *ante* und der *post* partum. Kurz: Der „Begriff" Jungfrau musste für das damalige Verständnis auch die Tatsache ihres jungfräulichen *Gebärens* umfassen. Erst in der neueren Zeit wurde dies frag-würdig, zumal die Überzeugung von der virginitas in partu kaum eine Basis in den neutestamentlichen Aussagen aufweist.

515 E. M. Toniolo, Maternità divina e verginità di Maria nel magistero della Chiesa dal 392 al 649, in: G. Liccaro u. a. (Hrsg.), Atti del Convegno Internazionale di studi Mariologici, Neapel 1993, 75–103, hier: 80. – Für diese „weite" Auslegung des Symbolums beruft Ambrosius sich zum ersten Mal im lateinischen Westen u. a. auf die Vision Ezechiels, wonach die Herrlichkeit Gottes durch das verschlossene Tor in den Tempel einzieht (Ez 44,2), ein Bild, das danach von Hieronymus und Augustinus aufgegriffen und durch den Vergleich mit dem auferstandenen Christus, der durch verschlossene Türen eintritt, noch weiter ergänzt wurde. Näheres bei Hauke, virginitas 107ff.

516 Augustinus, Ench. 10,34 (BA 9,168).

517 Vgl. K. Rahner, Dogmatische Bemerkungen zur Jungfrauengeburt, in: K. S. Frank u. a. (Hrsg.), Zum Thema Jungfrauengeburt, Stuttgart 1970, 156: Die allgemeine Lehrverkündigung der Kirche ist in diesem Punkt „so deutlich und konstant ist, dass man … sagen muss: dieses ‚semper virgo' … gehört zum Glaubensinhalt der Kirche".

518 Dieser Titel wird zum ersten Mal greifbar bei Epiphanius v. Salamis in einer längeren Fassung des Symbolums von Salamis: DH 44. Formuliert wurde er vermutlich erstmals durch Petrus v. Alexandrien.

Dies schien sich ab 1978 mit Veröffentlichungen des belgischen Exegeten Ignace de la Potterie zu ändern.[519] Dieser Exeget greift Joh 1,13 in der Form des (von uns schon erörterten) Singulars auf: Es ist Christus, von dem es heißt, dass er „nicht aus dem Blut, nicht aus dem Willen des Fleisches, nicht aus dem Willen des Mannes, sondern aus Gott geboren ist“. Diese Ausdrücke weisen nach de la Potterie nicht nur auf den jungfräulichen Ursprung Jesu hin, sondern auch auf eine virginitas in partu Mariae. Denn die Formulierung „nicht aus dem Blut“ meine eine Geburt ohne Vergießen von Blut, das im AT der Grund für die rituelle Unreinheit der Frau nach der Geburt ist (Lev 12,5.7). Indem der Evangelist das Blutvergießen ausschließe, thematisiere er nicht nur die Jungfräulichkeit der *Empfängnis* (die im Folgenden mit dem *nicht aus dem Willen des Mannes* gemeint sei), sondern auch die jungfräuliche *Geburt* selbst, die für de la Potterie ein Zeichen für die jungfräuliche Empfängnis ist.

Diese Interpretation des belgischen Exegeten ist möglich. Sie hängt aber erstens von der Lesart von Joh 1,13 ab, und zweitens zeigt die Vielfalt der hier und anderwärts gegebenen Interpretationen die „Labilität“ solcher Schlussfolgerungen an.

Ähnlich wie Ignace de la Potterie suchte Aristide Serra die Überzeugung von der virginitas in partu schon mit frühen Texten zu begründen.[520] Er weist nicht nur auf die erstmals bei Hieronymus zu findende Beobachtung hin, dass nach Lk 2,27 von Maria gesagt wird: *Sie wickelte ihn in Windel und legte ihn in eine Krippe*, was zumindest keinerlei Anzeichen von Schmerzen oder Schwäche indiziere, er erinnert auch an zeitgenössische jüdische Quellen, die für die messianische Zeit eine Aufhebung der in Gen 3,16 verhängten Geburtsschmerzen erwarten. So schreibt z. B. die an der Wende zum 2. Jh. verfasste Baruchapokalypse 73,1.7: „Die Frauen werden nicht mehr während der Schwangerschaft leiden, und es wird alle Mühsal verschwinden, wenn sie die Frucht ihres Leibes dem Licht übergeben“. Für Serra spielen auch Texte wie Jes 66,5ff eine Rolle, da hier der plötzliche Anbruch der neuen Welt Gottes in das Bild gefasst ist: *Noch ehe die Frau ihre Wehen bekommt, hat sie schon geboren; ehe die Wehen über sie kamen, brachte sie einen Knaben zur Welt.*[521] Auch wenn es hier, wie die folgenden Verse zeigen, um Jerusalem gehe, die als gebärende Frau vorgestellt wird, so würde die enge Beziehung, die zwischen Maria als der Tochter Sion und Jerusalem herrscht, doch einen gewissen Verweischarakter auch auf ihre virginitas in partu indizieren, zumal nicht nur die Baruchapokalypse, sondern auch einige rabbinische Texten die schmerzlose Geburt der Frau in der messianischen Zeit als Zeichen der Erlösung Sions sehen.[522].

All diese Hinweise sind bemerkenswert. Dennoch dürften solche und andere Versuche, der virginitas in partu ein solides biblisches Fundament zu verschaffen, fragwürdig sein. Sie bleiben mindestens hinter dem systematisch-theologischen Argument, das auf die „Ganzheitlichkeit“ der Jungfräulichkeit Marias verweist, zurück.

---

519 I. de la Potterie, La Mère de Jésus et la conception virginale du Fils de Dieu, in: Mar. 40 (1978) 41–90. – Die wichtigsten Diskussionsbeiträge zu dieser Studie sind notiert bei Hauke, virginitas 91.

520 A. Serra, Vergine, in: S. de Fiores / S. Meo (Hrsg.), Nuovo dizionario di Mariologia, Cinisello Balsamo 1985, 1424–1454; ders., „… e lo avvolse in fasce …“ (Lc 2,7b), in: ders., C'era la madre di Gesù … (Gv. 2,1). Saggi di esegesi biblico-mariana (1978–1988), Milano-Roma 1989, 225–284.

521 Schon Irenäus, Dem. 54 (FC 8/1, 71) bezieht diesen Jesaja-Text auf die Geburt Jesu aus einer Jungfrau, ohne ihn jedoch auf eine virginitas in partu engzuführen.

522 Vgl. die Texte bei Serra, Vergine 1447.

Was aber nun virginitas in partu, also eine „jungfräuliche Geburt", *in concreto und im Einzelnen* bedeutete, blieb offen oder würde in oft wenig appetitlichen Reflexionen erörtert. Gewöhnlich weist man auf die Nichtöffnung der Geburtswege, die Unverletztheit des Hymens und die Freiheit von Schwangerschafts- und Geburtsschmerzen hin sowie auf die ausgebliebene „Nachgeburt" (sine sordibus).

Wie solche „Besonderheiten" sich aber zu einer *wahren* Mutterschaft verhalten, blieb bis zur Mitte des 20. Jahrhunderts ein ständiges Problem. Zurecht bemerkt Gerhard Ludwig Müller: „Nicht die gynäkologischen Details, die im Einzelnen unterschiedlich gewertet wurden, bestimmen den Inhalt dieses Glaubenssatzes, sondern vom Glaubensinhalt her ist das wahre Muttersein Marias so auszusagen, dass ihre Grundrelation zu dem sich offenbarenden Gott (‚Jungfräulichkeit') nicht aufgehoben, d. h. ‚verletzt' wird."[523] Deswegen wird Maria „mater inviolata" – „unverletzte Mutter" genannt.

Heißt das aber, dass jede andere Mutterschaft eine „Verletzung" bedeutet? Was für ein Bild von Mutterschaft und auch Ehe verbirgt sich hinter solchen Qualifikationen![524] Steckt nicht hinter dieser Ausdrucksweise eine doketische Grundhaltung, die Jesus (und damit auch seiner Herkunft aus Maria) eine *wahre* Leiblichkeit und damit das „In-allem-uns-gleich-Sein" abspricht? Und zeigt sich darin nicht auch, „in welchem Ausmaß Maria entmenschlicht, entfleischlicht wurde"?[525] Kann man bei bestimmten Vorstellungen über die Weise einer „jungfräulichen Geburt" überhaupt noch sagen, dass Maria (aktiv) geboren hat?

Als um die Mitte des 20. Jahrhunderts – besonders nach Erscheinen des Buches von Alois Mitterer, „Dogma und Biologie der Heiligen Familie"[526], das alle „Besonderheiten" beim Geburtsvorgang Jesu ausschließt – wieder einmal der Streit um „Details" der „virginitas in partu" wogte, formulierte Karl Rahner ein

523 G. L. Müller, Maria – die Frau im Heilsplan Gottes, Regensburg 2002, 211.

524 Ähnlich schlimm heißt es im Transitusbericht des Ps.-Melito v. Sardes B 1 (ed. M. Haibach-Reinisch): „Quae non sumpsisti corruptionem (!) per coitum (!), non patiaris resolutionem corporis in sepulcro". Der Text ist abrufbar in: www.tdx.cat/bitstream/ handle/10803/2028/03.LBR_Presencia.pdf.txt;jsessionid=55F95774F7E4139CECE089286D 5EE7BC (abgerufen 25.2.2013).

525 So: J. Duquesne, Maria. Die Mutter Jesu, dt. Darmstadt 2004, 91. – Demgegenüber vertreten Müller/Sattler, Mariologie 183 die Meinung: „Im Bild des schmerzfreien Gebärens Marias erkennen die Gläubigen ihre Hoffnung auf ihre Erlösung aus den leidvollen Folgen der Ursünde als erfüllt, wird doch Eva nach dem Sündenfall eröffnet, sie werde in Schmerzen ihre Kinder gebären. Versteht man die Virginitas in partu in diesem Sinn heilsgeschichtlich-typologisch und exemplarisch-anthropologisch, verliert sich das Misstrauen, hierin werde eine leibfeindliche Tendenz des christlichen Asketentums überdeutlich".

526 Wien 1952. – Siehe zu diesem Werk W. Dettloff, Virgo – Mater. Kirchenväter und die moderne Biologie zur jungfräulichen Mutterschaft Marias, in: WiWei 20 (1957) 221–226.

Prinzip, das die Folgezeit bis heute maßgeblich bestimmt und auch wohl weiterhin bestimmen dürfte:

> „Die Lehre der Kirche sagt mit dem eigentlichen Kern der Tradition: die (aktive) Geburt Marias ist (von dem Kind und seiner Mutter her), so wie ihr Empfangen, von der Gesamtwirklichkeit her (als ganzer menschlicher Akt dieser ‚Jungfrau') auch in sich (und nicht nur von der Empfängnis her ...) dieser Mutter entsprechend und darum einmalig, wunderbar, ‚jungfräulich', ohne dass wir aus diesem Satz (der in sich verständlich ist) die Möglichkeit haben, *sicher* und für *alle* verbindlich verpflichtend Aussagen über *konkrete* Einzelheiten dieses Vorgangs abzuleiten".[527]

3. Virginitas post partum

Lit.:

J. Blinzler, Die Brüder und Schwestern Jesu = SBS 21, Stuttgart 1967; A. Vögtle, Mt 1,25 und die Virginitas B.M.Virginis post partum, in: ThQ 147 (1967) 28–39; H. J. Brosch/J. Hasenfuss (Hrsg.), Jungfrauengeburt gestern und heute, Essen 1969; L. Oberlinner, Historische Überlieferung und christologische Aussage. Zur Frage der „Brüder Jesu" in der Synopse, Stuttgart 1975; Brown (Hrsg.), Maria 213–215; R. Pesch, Das Markusevangelium = HThKNT, Bd. I, Freiburg i. Br. 1976, 322–325; Fr. Refoulé, Les frères et soeurs de Jésus, Paris 1995; R. Pesch, Über das Wunder der Jungfrauengeburt. Ein Schlüssel zum Verstehen, Bad Tölz 2002; J. Kreiml, Die virginitas post partum. Zum Verständnis der „Brüder und Schwestern" Jesu, in: A. Ziegenaus (Hrsg.), „Geboren aus der Jungfrau Maria", Regensburg 2007,132–147.

Etwas später als die Lehre von der „virginitas in partu" setzte sich die Auffassung von der „virginitas post partum" durch, d. h. die Überzeugung, dass auch nach der Geburt Jesu Maria Jungfrau blieb. Damit begriff man – so Gerhard Ludwig Müller – „die Jungfräulichkeit Marias als eine Aussage über ihre ganzmenschliche, personal und heilsgeschichtlich bedeutsame Bezogenheit auf den Gott der Offenbarung."[528] Da ihr Ja-Wort und damit ihr „jungfräuliches Verhältnis" zu Gott ihre *ganze* Lebensgeschichte bestimmt, hat sie auch nach der Geburt Christi keine eheliche Beziehung gehabt.

---

527 K. Rahner, „Viriginitas in partu". Ein Beitrag zum Problem der Dogmenentwicklung und Überlieferung, in: Schr. IV, 205. Siehe dazu auch Matuschek, Konkrete Dogmatik 350–355. – Gegen diese Auffassung Rahners, die auch in den von der Deutschen Bischofskonferenz herausgegebenen Katholischen Erwachsenenkatechismus, Kevelaer u. a. 1985, 177 eingegangen ist, erhebt Hauke, virginitas 88ff heftigen Widerspruch.

528 G. L. Müller, Maria 220.

Gegen die Überzeugung von der Jungfräulichkeit Marias auch nach der Geburt Jesu stand, jedenfalls vordergründig, die biblische Rede von „Brüdern und Schwestern Jesu". In Mk 6,3 werden vier Brüder Jesu genannt und Schwestern erwähnt. Von Brüdern und Schwestern Jesu sprechen auch die anderen Evangelien sowie Apg und Paulusbriefe. Bedeutet dies, dass – selbst wenn Maria Jesus jungfräulich empfangen hat – sie danach noch andere Kinder hatte und also nicht Jungfrau blieb?

Der exegetische Kern dieses Problems ist die Frage, wie das Wort ἀδελφός – Bruder zu übersetzen ist, da sowohl das hebräische wie auch das aramäische Äquivalent für ἀδελφός ('āch bzw. 'ăchā) „Bruder" im engeren Sinn, aber auch „Verwandter" im weiteren Sinn bezeichnen kann. Hat also Mk das ἀδελφός von einer ihm vorgegebenen, im semitischen Kontext stehenden Tradition als Verwandter (Cousin, Halbbruder u.dgl.) verstanden oder nicht? Auf jeden Fall mussten die des Hebräischen unkundigen Leser des Mk die ἀδελφοί für wirkliche Geschwister halten. Und was ist mit Lukas und Paulus, die beide in der griechischen Welt lebten und vom Griechischen her dachten? Wieso haben diese beiden Autoren dann nicht die präzisen griechischen Verwandtschaftsbezeichnungen benutzt?[529]

Die kirchliche Tradition hat sich unabhängig von diesen Fragen – unabhängig auch von der genauen Bedeutung von Mt 1,25: *Er (Josef) erkannte sie nicht,* bis *sie ihren Sohn gebar*, wobei das „bis" („ἕως οὗ") *aus sich heraus* tatsächlich nicht unbedingt besagt, dass Maria und Josef nach der Geburt Jesu dann miteinander ehelich verkehrten – für die bleibende Jungfräulichkeit Marias entschieden und deswegen zum Verständnis der im NT genannte Brüder Jesu verschiedene Alternativlösungen vorgelegt. Da ist etwa diejenige, die in der Mitte des 2. Jahrhunderts aus dem Protoevangelium des Jakobus (9,2) stammt. Danach waren die „Brüder Jesu" Kinder Josefs aus einer vorausgehenden Ehe (seiner Lösung folgten z. B. Klemens v. Alexandrien und Origenes). Anders lautet die von Hieronymus vorgelegte Auffassung, wonach die Brüder Jesu in Wirklichkeit seine Vettern mütterlicherseits (consobrini) waren.[530]

Zur Lösung des Problems hilft auch wenig der Blick auf die von Mk 6,3 genannten Namen, die bei der Kennzeichnung der Frauen unter dem Kreuz (Mk 15,40.47) z.T. wiederkehren. Das Problem wird ausführlich u. a. auch in der amerikanischen „Ökumenischen Studie" über Maria verhandelt und dort mit der Bemerkung beschlossen:

> „Die Mitglieder der Arbeitsgruppe stimmten überein, dass man mit dem Zeugnis von Mk 15,40 (und 15,47 …) nicht feststellen kann, welcher Natur die Beziehung zwischen

---

529 Die sich hier stellenden Probleme sowie das exegetische Material ist knapp dargestellt bei Pesch, Markusevangelium. Pesch kommt zu dem Ergebnis: „Unvoreingenommene Exegese erlaubt nur die Feststellung, dass Mk 6,3 die Namen von 4 leiblichen Brüdern Jesu und die Existenz von leiblichen Schwestern historisch bezeugt": ebd. 324. Auf der gleichen Linie stellt Duquesne, a.a.O. 95–117 mit Hinweis auf Fr. Refoulé fest, dass nichts dafür spricht, dass, wenn Paulus Jakobus als einen Bruder Jesu bezeichnet, damit einen Cousin gemeint haben sollte, da er in anderen Fällen (etwa wenn er von einem Cousin des Barnabas spricht) das korrekte, differenzierende grch. ἀνέψιος gebraucht. Ganz abgesehen davon, dass das grch. ἀδελφός als *griechische Vokabel*, in seiner Bedeutungsweite nicht den Cousin mit einbegreift. Zu gegenteiligen Ergebnissen kommt Kreiml, a.a.O.

530 Diese Lösung vertritt mit vielen Argumenten bis heute auch J. Blinzler, a.a.O. 145f. Er führt u. a. aus: „Eine so freimütige, ja bevormundende Haltung, wie sie die Herrenbrüder in den Szenen Mk 3,21.31–35 par. und Joh 7,2–5 Jesus gegenüber bekunden, ist nun aber im Orient vonseiten jüngerer Brüder dem Erstgeborenen gegenüber undenkbar. … Die Herrenbrüder von Mk 3 und Joh 7 müssen also älter gewesen sein als Jesus, zum mindesten der Wortführer unter ihnen".

> Jesus und denen ist, die in Mk 6,3 seine Brüder und Schwestern genannt werden. Wir konnten nicht einmal Übereinstimmung erzielen, welche Lösung die wahrscheinlichste sein mag. ... Obwohl diese Frage [nach der genauen Bedeutung der Brüder und Schwestern Jesu] eine so starke Beachtung gefunden hat, lässt sich nicht behaupten, dass diese Brüder (und Schwestern) *zweifelsfrei* im Neuen Testament als leibliche Brüder und Schwestern Jesu und somit als Kinder Mariens identifiziert werden".[531]

In die gleiche Richtung geht die Auffassung der Gruppe von Dombes. In ihrem Ökumenischen Dokument „Maria in Gottes Heilsplan und in der Gemeinschaft der Heiligen" heißt es: „Wir müssen akzeptieren, dass die Texte des Neuen Testaments keine ausreichenden Argumente für eine Lösung dieses Problems geben. Die von den jeweiligen Verfechtern verwendeten Argumente sind Mutmaßungen, die sich leicht ins Gegenteil verkehren lassen".[532] Eigentümlich ist jedenfalls, dass die neutestamentliche Rede von Brüdern und Schwestern Jesu im frühen Glaubensbewusstsein der Kirche wenig Widerhall gefunden hat. Als Hypothese bietet sich – auch ganz abgesehen vom Glauben an eine „immerwährende Jungfräulichkeit" Marias – die Hypothese an, dass durch ein „Nichtbeachten" der entsprechenden ntl. Stellen vielleicht verhindert werden sollte, dass in der Frühen Kirche „Jesu Familie nach seinem Fortgang die Herrschaft über die entstehende Kirche beanspruchte, also gewissermaßen dynastische Ansprüche anmeldete. ... Das würde z.T. auch die Textstellen im Markusevangelium erklären, wo Jesus seine leibliche Familie zurückweist".[533]

Alles in allem muss *historisch gesehen* die Frage nach der genauen Bedeutung der Brüder und Schwestern Jesu wohl offen bleiben. Das bedeutet aber auch, dass *gegen* die virginitas post partum keine wirklich durchgreifenden historischen Argumente vorgebracht werden können. Es lässt sich geradezu mit Hieronymus lakonisch sagen: „Dass Gott aus einer Jungfrau geboren ist, glauben wir, weil wir es [in der Schrift] lesen. Dass Maria nach der Geburt ehelichen Verkehr gepflogen habe, glauben wir nicht, weil wir es nicht lesen".[534]

Auf jeden Fall setzte sich in der Alten Kirche die Überzeugung durch: „Virgo concipit, virgo parit, permanet virgo post partum".[535] M.a.W. Maria blieb auch nach der Empfängnis und Geburt Jesu Jungfrau, hatte also mit Josef keinen ehelichen Verkehr. Hintergrund und treibende Kraft für diese einhellige Meinung war wohl die immer mehr sich in der Kirche durchsetzende Hochschätzung der Jungfräulichkeit als Lebensform, für die Maria als Modell vorgestellt wurde. Jungfräulichkeit galt – nicht zuletzt mit Verweis auf Paulus (1 Kor 7,25ff) – als Inbegriff aller Tugenden, als Hochziel gläubigen Lebens. Der Verlust der Jungfräulichkeit bedeutete für das damalige Denken den Verlust der leiblichen Integrität. Und die-

531 Brown (Hrsg.), Maria 66f.
532 Gruppe von Dombes, Maria 102. Ähnlich auch Gnilka, Markus 234f.
533 Duquesne, Maria 115f. An dieser Meinung von Duquesne ist mindestens so viel richtig, dass sich tatsächlich dynastische Tendenzen in den ersten Generationen der Kirche nachweisen lassen.
534 Hieronymus, Adv. Helv. 19 (PL 23, 219).
535 So z.B. Leo d. Gr., serm. 22, 2 (CC 138, 91f).

se wurde mit dem griechischen Wort φθορά = Verderbnis bezeichnet, ein Begriff der zugleich auch für Sünde verwendet wurde. Damit rückten Verlust der Jungfräulichkeit und Sünde sehr eng aneinander, ein Grund mehr dafür, Maria nicht nur als die „Allreine", sondern auch als die „Allzeitjungfräuliche" (ἀειπαρθένος) zu verehren. Und auch wenn diese Jungfräulichkeit Marias als eine – wie es im Westen hieß – „non solum corpore, sed etiam mente"[536] verstanden wurde, galt doch das leibliche Moment als unbedingter, integraler Bestandteil der eigentlichen Keuschheit des Herzens, die sich im Leibhaftigen ausdrückt und sich hier „symbolisiert".

Die Auseinandersetzungen sowie die damit ausgelösten Reflexionen um die Jungfrauengeburt führten hinsichtlich der Stellung Marias zu einer allmählichen Umpolung der Akzente. Stand ursprünglich sowohl die Rede von der Gottesmutterschaft wie auch von der Jungfräulichkeit Marias ganz im Zusammenhang des Glaubens an die Gottessohnschaft Jesu Christi und die durch ihn geschehene messianische Heilserfüllung, so fokussiert in der weiteren geschichtlichen Entwicklung gerade die Jungfräulichkeit Marias alle Aufmerksamkeit auf ihre Person, ihre Auszeichnungen, ihre „Privilegien".

536 Vgl. z. B. Ambrosius, De virg. 2,7 (PL 16,220). Oder auch Augustinus, Serm. 215, 4 (PL 38, 1074): „Prius mente quam corpore concipiens". Siehe dazu J. Pintard, Le principe „Prius mente quam corpore" dans la Patristique et la Théologie latine, in: Etudes Mariales 27 (1970) 25–58.

§ 2 Die Jungfräulichkeit Marias in der neueren Diskussion

Lit.

E. Norden, Die Geburt des Kindes. Geschichte einer religiösen Idee, Darmstadt [3]1958; M. Dibelius, Jungfrauensohn und Krippenkind, Heidelberg 1933, 3–79; E. Brunner-Traut, Die Geburtsgeschichte der Evangelien im Lichte der ägyptologischen Forschungen, in: ZRGG 12 (1960) 97–111. M. Görg, Mythos, Glaube und Geschichte, Die Bilder des christlichen Credo und ihre Wurzeln im alten Ägypten, Düsseldorf 1992, 97–121; J. Hasenfuss, Die Jungfrauengeburt in der Religionsgeschichte, in: H. J. Brosch/J. Hasenfuss (Hrsg.), Jungfrauengeburt gestern und heute, Essen 1969, 11–23; E. Nellessen, Das Kind und seine Mutter = SBS 39, Stuttgart 1969, 79–109; H. M. Köster, Die Jungfrauengeburt als theologisches Problem seit D. Fr. Strauß, in: Brosch/Hasenfuss, Jungfrauengeburt, 35–87; J. A. Saliba, The Virginal-Birth Debate in Anthropological Literature. A Critical Assessment, in: ThSt 36 (1975) 428–454; H. U. v. Balthasar, Empfangen durch den Heiligen Geist, geboren von der Jungfrau Maria, in: W. Sandfuchs (Hrsg.), Ich glaube, Würzburg 1975, 39–49; Söll, Mariologie 241ff; A. Ziegenaus, Jungfräulichkeit II., in: MarL 3, 469–481; Perella, parto 95–213; E. Drewermann, Die Frage nach Maria im religionswissenschaftlichen Horizont. Die scheinbare „Grundlosigkeit" der Mariologie, in: ZM 66 (1982) 96–117; Th. Schneider, Was wir glauben. Eine Auslegung des Apostolischen Glaubensbekenntnisses, Düsseldorf 1985, 232–251; P. Planck, Gottesgebärerin und Immerjungfrau, in: H. Petri (Hrsg.), Christsein und marianische Spiritualität, Regensburg 1984, 69–76; W. Kasper, Brief zum Thema „Jungfrauengeburt", in: IKaZ 16 (1987) 531–535; P. Birkhofer, Natus ex Maria virgine. Darstellung der Aussagen von J. Ratzinger über die Jungfräulichkeit Mariens und seiner Auseinandersetzung mit möglichen Schwierigkeiten bei diesem Bekenntnis, Dipl.-Arbeit Freiburg 1989; G. L. Müller, Maria 124ff (Lit); A. Dittrich, Protestantische Mariologie-Kritik. Historische Entwicklung bis 1997 und dogmatische Analyse, Regensburg 1998, 49–59 (mit detaillierter Übersicht über die die Jungfrauengeburt in überwiegender Mehrheit ablehnenden Positionen der evangelischen Theologie); R. Pesch, Über das Wunder der Jungfrauengeburt. Ein Schlüssel zum Verstehen, Bad Tölz 2002; Kl. Berger, Die Bibelfälscher. Wie wir um die Wahrheit betrogen werden, München 2013, bes. 234–243.

Die Argumente, die schon in der Frühen Kirche für die jungfräuliche Mutterschaft Marias dargelegt wurden, hielten sich auch in der Folgezeit durch. Vor allem stellte man deren Zeichencharakter heraus: Gott setzt in der jungfräulichen Empfängnis Marias einen ganz neuen geschichtlichen Anfang, vergleichbar nur dem mit der Schöpfung aus dem Nichts und der Auferstehung Jesu. Erst in der Neuzeit geriet aus verschiedenen Gründen der Glaube an die jungfräuliche Empfängnis und Geburt Jesu wie auch an die immerwährende Jungfräulichkeit Marias in heftige Turbulenzen. Wie hätte es anders sein können, wo schon die 11. Synode von Toledo (675) über die Jungfrauengeburt sagt: „Diese Jungfrauengeburt kann mit der Vernunft nicht begriffen werden; sie steht ohne Beispiel da. Könnte man sie begreifen, wäre sie nicht wunderbar. Könnte man noch ein anderes Beispiel anführen, wäre sie nicht einzigartig" (DS 533). Angesichts dessen konnte im Zuge der europäischen Aufklärung die Jungfrauengeburt von den radikalen Aufklärern nur als irrationales Gespinst abgelehnt und entweder als naive Legende bzw. als

Betrug hingestellt oder, weniger radikal, als mythologische Veranschaulichung der besonderen Bedeutung Jesu verstanden werden. Diese Turbulenzen dauern bis heute an. Wenn Heinrich M. Köster 1969 schrieb: „In der zünftigen evangelischen Universitätstheologie ist … Skepsis hinsichtlich der Jungfrauengeburt die herrschende Mentalität",[537] so ist seither diese Skepsis nicht mehr nur im evangelischen Bereich zu Hause, sie ist auch mächtig in den katholischen übergeschwappt. „Die Mehrheit [der Exegeten] verhält sich ihr gegenüber zurückhaltend oder ablehnend", fasst Anton Ziegenaus im Jahre 2007 die Sachlage zusammen.[538]

Anders dagegen verhält sich aus verständlichen ideologischen Gründen die Feministische Theologie. Für die radikale Feministin Christa Mulack bedeutet die Jungfräulichkeit Marias ihre Unabhängigkeit von „einer vom Männlichkeitswahn besessenen Welt, in der Göttlichkeit, Männlichkeit und Allmacht als Synonyme angesehen werden".[539] Noch nachdrücklicher formuliert Catharina J. M. Halkes: „Jungfrau heißt … die Frau, die kein ‚abgeleitetes' Leben führt, als Mutter von, Tochter von, Gattin von …, sondern die zu einer Ganzheit in sich selbst heranreift, die als Person intakt ist, die sich selbst angehört und aus ihrer eigenen Mitte heraus offen für andere, für Gott ist. Durch diesen Reifungsprozeß wird sie fruchtbar, gibt sie Leben. Nicht nur ‚Jungfrau', sondern auch ‚Mutter' erhält eine neue Bildkraft. … Nur die beiden Komponenten Mutter und Jungfrau zusammen machen die Frau zu einem ganzen Menschen. … Es bedarf kaum weiterer Erklärungen, dass ‚jungfräulich' und ‚mütterlich', so wie sie hier gemeint sind, Haltungen, Attitüden wiedergeben, die nicht weiblich schlechthin sind, sondern menschliche Aufgaben darstellen und die in jeder Person, ob Mann oder Frau, eine eigene Färbung erhalten".[540]

So ist die Jungfrau ein „Symbol für die Autonomie der Frau". Damit aber zeigt sich, dass auch in der Feministischen Theologie, trotz und bei aller Hochschätzung der Jungfräulichkeit, nicht deren *leibhaftige* Wirklichkeit gemeint ist, sondern deren Symbolizität, deren „Attitüde". Insofern bleibt es auch hier dabei, dass die traditionell verstandene „Jungfrauengeburt" selbst der gleichen, schon erwähnten neuzeitlichen Infragestellung untersteht.

Was sind die Gründe für die Problematisierung der Jungfräulichkeit Marias?

---

537 Köster, Jungfrauengeburt 47. – Neuere Lit. dazu bei Berger, Bibelfälscher 235ff.

538 A. Ziegenaus, Der christologische Gehalt der jungfräulichen Mutterschaft, in: ders. (Hrsg.), „Geboren aus der Jungfrau Maria", Regensburg 2007, 44–57, hier: 54.

539 Chr. Mulack, Maria. Die geheime Göttin im Christentum, Stuttgart 1985, 91.

540 C. J. M. Halkes, Eine ‚andere' Maria, in: US 32 (1977) 323–337, hier: 332f. – Auf die äußerst „bunten" Reflexionen über Maria in der Feministischen Theologie soll nicht weiter eingegangen werden. Als eine der letzten Überblicksveröffentlichungen sei nur auf das Oktober-Heft von Concilium 44 (2008) hingewiesen: „Die vielen Gesichter Marias". Gegen eine Reihe von feministischen Interpretationen Marias wendet sich W. Schlichting, Maria. Die Mutter Jesu in Bibel, Tradition und Feminismus, Wuppertal u. a. 1989. Ebenso S. Heine, Maria, die Mutter Jesu in der feministischen Theologie, in: M. Kießing (Hrsg.), Maria, die Mutter unseres Herrn, Lahr 1991, 121–135, die ebd. 134 vermerkt: „Maria, die Mutter Jesu, hat in der feministischen Theologie vielerlei Gesichter, und es sind keine anderen als die widersprüchlichen Gesichter der feministischen Theologie selbst. Der Versuch weiblicher Identifikation bleibt allzu leicht in patriarchalen Rollenklischees stecken …".

Neben den noch zu erörternden *inhaltlichen* Argumentationsreihen dürften den allgemeinsten *formalen Hintergrund* für die Leugnung, Infragestellung oder Uminterpretation der jungfräulichen Mutterschaft Marias zwei Grundoptionen bilden:

(1) Die Ablehnung, Jesus als den menschgewordenen ewigen Gottessohn zu bekennen. Eine solche Ablehnung entzieht der Überzeugung einer jungfräulichen Empfängnis Jesu als leibhaftigem Zeichen für die Wahrheit der Menschwerdung a priori den Boden.

(2) Die Bestreitung der Möglichkeit eines wunderbaren, d. h. alle bekannten Kausalitäten dieser Welt sprengenden Handelns Gottes in der Welt.

Da wo die Ablehnung der Jungfrauengeburt auf eine dieser beiden Optionen beruht, lässt sich kaum noch über Argumente und Gegenargumente diskutieren. Denn so schreibt schon Johann Wolfgang von Goethe in einem Brief vom 2. Februar 1822 an Karl Friedrich Bachmann: „Alle Argumente sind nur Variationen eines ersten festgefassten Meinungs-Themas, deswegen unsere Vorfahren so weislich gesagt haben: mit einem, der deine Prinzipien leugnet, streite nicht". Dennoch sollen angesichts der zweiten Option zunächst mindestens einige wenige Präzisionen zum Begriff des (wunderbaren) Handelns Gottes in der Welt angeführt werden.

1. Handelt Gott in der Welt? Wie handelt er?

Den Hintergrund der oben genannten Option (Bestreitung der Möglichkeit eines wunderbaren Handelns Gottes in der Welt) bildet das Weltbild der modernen Naturwissenschaften, nach denen nur das wirklich ist, was einer kritischen, objektiv-empirischen Überprüfung standhält. Zwar ist die Anwendung dieses Prinzips in den Geschichtswissenschaften, die es vor allem mit kontingenten, unwiederholbaren Einzelfakten zu tun haben, nur sehr annäherungsweise durchführbar, doch ist für die Behauptung eines historischen Faktums mindestens eine kritische Prüfung der Quellenlage erforderlich sowie der Aufweis, dass das behauptete Faktum in Analogie und Korrelation zu anderen empirisch-nachweisbaren Fakten steht. Beide Bedingungen sind offenbar für das „Faktum" Jungfrauengeburt nicht zu erfüllen. Denn was die Quellenlage angeht, so herrscht große Übereinstimmung darin: „Die jungfräuliche Empfängnis Jesu ist *prinzipiell* nicht historisch nachweisbar"[541] (was freilich umgekehrt auch bedeutet „ist *prinzipiell* nicht histo-

541 E. Nellessen, Die Verkündigung der Menschwerdung, in: Brosch/Hasenfuss (Hrsg.), Jungfrauengeburt 185.

risch widerlegbar“). Und dass die Jungfrauengeburt aus dem Korrelationsgefüge uns geläufiger Vorgänge herausfällt, liegt auf der Hand.

Dieses vorausgesetzte Weltbild der neuzeitlichen Naturwissenschaften (das auch auf die Geisteswissenschaften übergreift) führt – so Joseph Ratzinger – leicht auch den Glaubenden zu einem Standpunkt,

> „der ein konkretes irdisches Wirken Gottes, bis in Bios und Materie hinein, für unpassend hält und sich davon lösen möchte. … In der Vorstellung, dass das weltlich ganz Unwahrscheinliche auch das für Gott Unmögliche sei, steckt die stille Voraussetzung, dass Gott die irdische Geschichte nicht erreichen kann und sie ihn nicht; sein Einflussfeld wird auf den geistigen Bereich beschränkt.“[542]

In der Tat: Kann da, wo man von einer möglichen und notwendigen objektiv-empirischen Überprüfung aller Sachverhalte ausgeht, göttliches Handeln in der Welt (wozu ja auch die Jungfrauengeburt, wenn sie denn Faktum sein sollte, gehört) überhaupt plausibel gedacht werden? Heißt die Alternative nicht tatsächlich: Entweder man glaubt in fundamentalistischer Manier an ein „objektives“ Eingreifen Gottes in das Ursachen-Netzwerk der Welt hinein, oder man hält am geschlossenen Netzwerk innerweltlicher Kausalitäten fest und beschränkt das Handeln Gottes auf die von naturwissenschaftlicher Kritik nicht erreichbaren „subjektiven“ Dimensionen (innerer Trost und Frieden, innere Kraft und Energie zum Bestehen von Schwierigkeiten, zum Durchhalten, zur Liebe …).[543]

Zu diesen Aporien kommt noch ein weiteres Phänomen hinzu, auf das schon vor etlichen Jahren Karl Rahner hingewiesen hat, nämlich auf eine radikale Änderung unserer Gottesvorstellung:

> „Wir, auch wir Christen, gewöhnen uns langsam daran, kein raumzeitlich punktförmiges Eingreifen Gottes innerhalb unserer Welt zu bemerken. … Wenn dem so ist, und man früher glaubte, dass Gott doch mindestens auch in *bestimmten* Fällen raumzeitlich punktförmig an einzelnen Stellen des Weltenlaufs eingriff, dann ist wirklich eine ungeheure Veränderung in der Mentalität zwischen früheren Zeiten und unseren eingetreten, eine Veränderung, die … uns heute noch erhebliche Schwierigkeiten macht“.[544]

---

542 Ratzinger, Tochter Zion 57f.

543 Siehe dazu Chr. Böttigheimer, Wie handelt Gott in der Welt? Reflexionen im Spannungsfeld von Theologie und Naturwissenschaft, Freiburg i. Br. 2013. – Im Übrigen ist die Meinung, dass durch die „Reduktion“ göttlichen Wirkens auf den „inneren Bereich“, der Glaube der Anfechtung durch wissenschaftliches Denken entzogen werden könnte, natürlich eine Illusion. Denn auch die „inneren“ = subjektiven Dimensionen werden vonseiten empirischer Psychologie ohne die „Hypothese Gott“ zu erklären versucht.

544 K. Rahner / K. Weger, Was sollen wir noch glauben, Freiburg i. Br. 1979, 75f.

Genau diese Änderung macht sich auch in der kritischen Einstellung zur jungfräulichen Empfängnis Marias bemerkbar.

Wir können nun im Rahmen unseres Themas nicht per longum et latum auf das umfangreiche Problem des „Wunders“ eingehen.[545] Nur seien die damit gestellten Fragen im Blick auf den seit den siebziger Jahren des vorigen Jahrhunderts neu geführten theologischen Diskurs ein wenig präzisiert.

Angesichts der neuzeitlichen Infragestellung von Wundern im Sinne eines von außen in die Welt einbrechenden und ihre „normale“ Gesetzmäßigkeit aufhebenden oder „störenden“ besonderen Wirkens Gottes entwickelte der Rahner-Schüler Béla Weissmahr (ausgehend von der damals virulenten Evolutionsproblematik) eine von vielen Theologen aufgegriffene neue Theorie.[546] Danach handelt Gott in der Welt immer nur vermittelt durch die „Eigenaktivität geschöpflicher Wirkursachen“.[547] Ein unvermitteltes, also ein von außen in die Welt hineinbrechendes Handeln Gottes muss „als ein glatter Widerspruch“ bezeichnet werden.[548] Denn ein solches unvermitteltes Handeln würde – erstens – die Eigenwirklichkeit und den Selbstand der Schöpfung nicht respektieren, es würde – zweitens – eine „Störung“ im Lauf der Welt bedeuten und durch eine wesenhafte „Ortlo-

---

545 Die Lit. zur Frage des Wunders ist Legion. Vgl. vor allem B. Weissmahr, Gottes Wirken in der Welt. Ein Diskussionsbeitrag zur Frage der Evolution und des Wunders, Frankfurt 1972; H. Kessler, Der Begriff des Handelns Gottes. Überlegungen zu einer unverzichtbaren theologischen Kategorie, in: H. U. v. Brachel/N. Mette (Hrsg.), Kommunikation und Solidarität, Freiburg (Schweiz) – Münster 1985, 117–130; ders., Was heißt: Gott handelt? Über Gottes Wirken in der Welt und an der Welt, in: ders., Den verborgenen Gott suchen, Paderborn 2006, 90–103; Th. Schneider/L. Ullrich (Hrsg.), Vorsehung und Handeln Gottes = QD 115, Freiburg i. Br. 1986; Kl. Berger, Darf man an Wunder glauben? Stuttgart 1996; Chr. Büchner, Wie kann Gott in der Welt wirken? Überlegungen zu einer theologischen Hermeneutik des Sich-Gebens, Freiburg i. Br. 2010 (Lit.).

546 Im Grunde stammt die Theorie von Rahner, der bereits 1961, freilich in einem etwas anderen Zusammenhang, schrieb, dass der Schöpfer „nicht etwas wirkt, was das Geschöpf nicht wirkt, weil er nicht *neben* dem Wirken des Geschöpfes wirkt, sondern das seine Möglichkeiten überbietende und überschreitende Wirken des Geschöpfes wirkt“: K. Rahner, Die Hominisation als theologische Frage, in: P. Overhage/K. Rahner, Das Problem der Hominisation = QD 12/13, Freiburg i. Br. 1961, 13–90, hier: 84. Dagegen wird in seinem (viel späteren) Grundkurs des Glaubens. Einführung in den Begriff des Christentums, Freiburg i. Br. [3]1976, 94 deutlich, dass er Überlegungen seines Schülers direkt aufgreift, wenn er etwa die Auffassung vertritt, „dass Gott *die* Welt wirkt und nicht eigentlich *in der* Welt wirkt. Dass Er die Kette der Ursächlichkeiten trägt, nicht aber sich als ein Glied durch sein Handeln in dieser Kette der Ursachen als eine unter ihnen hineinschiebt“. Ähnliche Überlegungen finden sich auch bei Ladislaus Boros, Piet Schoonenberg und Andrés Torres Queiruga, neuerdings: Böttigheimer, Wie handelt 1163ff..

547 Weissmahr, Gottes Wirken 71.

548 Ebd. – Davon nimmt Weissmahr ausdrücklich das ursprüngliche Schöpfungshandeln Gottes aus. „Denn die Erschaffung der Welt als ganzer ist zweifelsohne ein Wirken Gottes, wobei jede Zweitursache grundsätzlich ausgeschlossen ist“: ebd.

sigkeit“ im Netzwerk Welt charakterisiert sein, es würde – drittens und vor allem – die erstursächliche, transzendente Kausalität des Schöpfers mit der kategorialen Ursächlichkeit der geschöpflichen Welt verwechseln. Gott ist der Urgrund aller Wirklichkeit und als solcher steht er *über ihr*, er ist nicht eine, wenn auch überwältigende Ursache *in ihr*. Eben dies würde eine Verendlichung Gottes bedeuten. Will man diese Konsequenz vermeiden, ergibt sich die Konsequenz, dass Gott als transzendente Ursache aller geschöpflichen Ursächlichkeit nur durch die Vermittlung endlicher (Zweit-)Ursachen in der Welt anwesend und wirksam sein kann. Gottes Wirken besteht gerade darin, dass er die Geschöpfe wirken *macht*. Das bedeutet zugleich aber auch, dass alles Wirken des Geschöpfes *ganz* von dessen Ursächlichkeit *und ganz* von der ur-begründenden und ur-ermöglichenden Ursächlichkeit Gottes herrührt. Damit ist *nicht* gemeint, dass in der Welt nicht etwas Neues von Gott her entstehen kann. Denn auch von solchem Neuen gilt: „Alles, was das Wirken des Geschöpfes auch immer hervorbringt, jede Vollkommenheitszunahme, das Neue, das innerhalb der Welt entsteht, ist ganz von Gott und ganz vom Geschöpf selbst. Je mehr Gott etwas hervorbringt, desto mehr wird das Geschöpf selbst aktiv“.[549]

Gegen diese Position wendet sich Hans Christian Schmidbaur. Für ihn ist „die These, dass Gott nur vermittelt in der Welt handeln kann, scharf zu trennen von der Frage, ob Gott auch die direkte Ursache eines innerweltlichen Geschehens sein kann. Ersteres schließt Letzteres nämlich keineswegs aus“.[550] Vielmehr können – so der Autor mit Berufung auf Thomas v. Aquin – die natürlichen Ursachen von einem spezifischen, direkten Handeln Gottes aufgegriffen und über sich hinaus geführt werden, weil die Schöpfung von vornherein und ständig in

549 Weismahr, Gottes Wirken 131. In seinem Aufsatz: Gibt es von Gott gewirkte Wunder? Grundsätzliche Überlegungen zu einer verdrängten Problematik, in: StdZ 191 (1973) 47–61, hier: 56 schreibt der gleiche Autor: „Weil vom Geschöpf her Unvorhergesehenes möglich ist, kann Gott, obwohl sein Handeln in der Welt immer durch geschöpfliche Tätigkeit vermittelt ist, Unvorhergesehenes hervorbringen. … Oder m.a.W.: Gott vermag zwar in der Welt nur durch geschöpfliche Kräfte zu wirken, doch kann er unerwartete, vom Vorhandenen unableitbare Ereignisse in der Welt hervorbringen, weil von innerweltlichen Ursachen her stets mehr möglich ist, als was naturwissenschaftlich grundsätzlich erkennbar bzw. berechenbar ist“. Ähnlich auch A. Torres Queiruga, Die Wiederentdeckung der Schöpfung. dt. Darmstadt 2008, 84–122. Das Kapitel trägt die bezeichnende Überschrift „Gott erschafft Schöpfer“.

550 H. Chr. Schmidbaur, Gottes Handeln in Welt und Geschichte. Eine trinitarische Theologie der Vorsehung. St. Ottilien 2003, 372. Ähnliche kritische Stimmen finden sich zusammengestellt bei J. Negel, Weil die Welt nicht ganz dicht ist … Eine philosophisch-theologische Erörterung der Frage nach dem Wirken Gottes in der Welt, in: W. Eisele (Hrsg.), Gott bitten? Theologische Zugänge zum Bittgebet = QD 256, Freiburg i. Br. 2013, 102–185, hier: 120–127.

einer Transzendenzbewegung von Gott her und auf ihn hin steht.[551] In die gleiche Richtung gehen auch Positionen wie die von Christine Büchner, die im Anschluss an Jean-Luc Marion den unbedingten „Gabe-Charakter" der Wirklichkeit herausstellt. Weil Wirklichkeit sich grundsätzlich dem Menschen nur im „Sich-Geben" erschließt und dies noch einmal zugespitzt in Bezug auf Gott und sein Wirken gilt (welches überhaupt nur in der Weise des „Sich-Gebens" erscheint), kann nicht a priori zum factum dekretiert werden, wie solches faciendum zu sein hat.

Bei aller Unterschiedlichkeit dieser beiden Positionen ist der reale Unterschied nicht sehr beträchtlich. Beide gehen davon aus, dass Gott mittels endlicher, geschöpflicher Ursachen in der Welt handelt. Dabei kann es bei Weismahr so scheinen (!), als ob mit dem, was den geschöpflichen Ursachen möglich ist, auch das Maß und Kriterium dessen gegeben ist, was Gott in der Welt zu handeln möglich ist.[552] Eben dies hätte natürlich Folgen für das Problem der sog. Jungfrauengeburt. Denn da, wo es in der Welt der Natur parthenogenetische Phänomene gibt, kann es sich immer nur um gleichgeschlechtliche, also weibliche Nachkommenschaft handeln. Die jungfräuliche Empfängnis eines männlichen Wesens ist naturwissenschaftlich gesehen nicht möglich. Freilich: Wissen wir *endgültig*, was einer geschöpflichen Ursache *von sich her* zukommen oder nicht zukommen kann? Wie auch immer: Schmidbaur hebt demgegenüber die alles Endliche absolut sprengenden Möglichkeiten Gottes hervor, die sich allerdings immer auch geschöpflicher Ursachen (die über sich selbst hinausgeführt werden) bedienen.

Beide Positionen wollen zeigen, dass ein „wunderbares Handeln" Gottes (wie das der Jungfrauengeburt) nicht Eingriff oder Störung von außen ist, sondern im und durch das Ursachen-Netzwerk der Welt geschieht. Selbst da, wo Gott in radikaler Initiative Neues setzt, kann dies nicht geschehen ohne menschliches Mithandeln, nämlich ohne Annahme und Mittun seitens des Menschen. Damit ist für unsere Fragestellung noch nicht viel gewonnen, aber mindestens ein Stück weit der Eindruck des „Mirakulösen" zurückgedrängt und damit die apriorische These von der Jungfrauengeburt als purem „Mythologumenon" ein wenig modifiziert.

551 Vgl. ebd. 390ff. – Zur thomanischen Auffassung in diesem Punkt siehe auch Büchner, Wie kann Gott 233ff. Die Autorin weist zurecht darauf hin, dass bei Thomas Allwirksamkeit Gottes nicht als Alleinwirksamkeit verstanden werden kann, weil Gott „propter abundantiam suae bonitatis … dignitatem causalitatis etiam creaturis communic[a]t": STh I, 22,3.

552 Allerdings ist die Sachlage bei Weismahr nicht ganz so klar. Er schreibt immerhin: „Es muss … selbsterwirkten Seinszuwachs in der Welt geben, dessen Möglichkeitsbedingung jedoch nicht das Selbst des endlichen Seinenden allein ist, sondern das Selbst des Seienden in Einheit mit der erstursächlichen Aktivität Gottes": 131.

2. Jungfrauengeburt als „Mythologumenon"

Die These, wonach es sich bei der jungfräulichen Mutterschaft Marias um einen Mythos handle, erlebte nach ihrem „Vorläufer" David Friedrich Strauß ihren Höhepunkt zu Beginn des 20. Jahrhunderts in der sog. Religionsgeschichtlichen Schule (Eduard Norden, Martin Dibelius), die auf zahlreiche Parallelen zur Jungfrauengeburt in den Mythen der Völker, besonders in der kulturellen Umgebung des Frühen Christentums hinwies.[553] Hinter den vor allem aus dem hellenistischen und ägyptischen Bereich stammenden diesbezüglichen Quellen steht nicht selten die Idee der „Heiligen Hochzeit" (ἱερὸς γάμος), in welcher sich ein Gott mit einer Menschenfrau vereinigt und mit ihr ein (göttliches) Kind zeugt. Auch wenn die Zeit der Religionsgeschichtlichen Schule abgelaufen ist, vertreten bis heute Ägyptologen die Auffassung, dass „so gut wie alle Episoden des Wunders der Weihnacht … in Ägypten nachweisbar sind. … Wir können uns den Einfluss der hellenistisch-ägyptischen Mysterien auf die judaeo-christlichen ‚Legenden'-bildung kaum stark genug vorstellen."[554]

Diese Grundthese greift in jüngster Zeit Eugen Drewermann auf. Nach ihm lässt sich die Überzeugung von der jungfräulichen Empfängnis Jesu weder vor der historischen noch vor der philosophischen Vernunft rechtfertigen. Daraus folgt aber nicht, dass hier Trug, Naivität oder Unwahrheit gegeben ist. Im Gegenteil! Der christliche Glaube sollte gerade umgekehrt anerkennen, dass göttliche Wahrheit auch und vor allem in den Mythen der Religionen, in denen sich das tiefste Wesen des Menschen auslegt, zum Durchbruch kommt und sich in evidenter Weise zeigt: „Wenn die Menschen aller Zeiten und Zonen geglaubt haben und was unabhängig voneinander in der Religionsgeschichte immer wieder für wahr gehalten wird und wurde, besitzt in sich Anspruch auf göttliche Wahrheit. … Es ist nicht denkbar, dass Gott den Menschen so geschaffen hätte, dass bestimmte religiöse Inhalte sich dem menschlichen Bewusstsein immer wieder mit dem Charakter der Evidenz aufdrängen, ohne wahr zu sein."[555]

Auf dieser Linie ist die Mariologie „als Lehre von der göttlichen Mutter bzw. von der Mutter Gottes als Ursprung allen Lebens" zu verstehen und in ihrer Wahr-

---

553 Vgl. Norden, Geburt; Dibelius, Jungfrauensohn 3–79. Zur ägyptischen Herkunft der Jungfrauengeburt siehe bes. auch Brunner-Traut, Geburtsgeschichte; Görg, Mythos. Eine kritische Auseinandersetzung mit der Forschung der Religionsgeschichtlichen Schule findet sich bei Gnilka, Matthäusevangelium 22–33 sowie bei Hasenfuss, Jungfrauengeburt 11–23; Nellessen, Kind 79–109.

554 So: E. Brunner-Traut. Ihr Aufsatz „Pharao und Jesus als Söhne Gottes" wird zitiert in: H. Küng, Credo, München-Zürich 1992, 63.

555 Drewermann, Frage 99.

heit anzuerkennen. Sie „zählt in der Tat religionsgeschichtlich in allen Einzelheiten zu den ältesten religiösen Anschauungen der Menschheit".[556] Im Bilde der jungfräulichen Mutter „lebt all das, was innerhalb der geschlechterspezifischen Rollenvorschriften einer Kultur nicht gelebt und zum Bewusstsein zugelassen werden kann".[557] Indessen – so vermerkt Eugen Drewermann – statt „das Zeugnis der Religionsgeschichte und das ‚Zeugnis der Seele' für sich geltend [zu] machen, sucht [der Glaube] sich auf ‚Beweise' der Exegese und Historie zu stützen"[558] und merkt nicht, wie sehr er damit sich selbst entleert.

Was ist zu den hier angeführten religionsgeschichtlichen Parallelen zu sagen?

Im Prinzip brauchen diese keineswegs in Frage gestellt zu werden. Denn wenn Jesus Christus, wie der Glaube bekennt, die Erfüllung aller Wege der Menschheit ist, wenn in ihm das, was Gott auch in anderen Religionen gewirkt hat und wirkt, in aller Klarheit und Wahrheit offenbar wird, dann „muss" sich geradezu das, was sich an Ahnung und Sehnsucht, an Wünschen und Hoffnungsbildern in den Menschheitsreligionen finden lässt, analog ebenso im Christusgeschehen und dessen Wirkungsgeschichte antreffen lassen. Dies „muss" dann auch von dem in fast in allen Kulturen vorkommenden weiblich-mütterlichen Element und dessen besonderer Verbindung und Beziehung zum Göttlichen gelten.

Andererseits hat man sich im religionsgeschichtlichen Vergleich einen wichtigen Grundsatz vor Augen zu halten: „*Analogie ist nicht gleich Genealogie*. Die Ähnlichkeit der Erscheinungsformen lässt nicht den Schluss auf die Gleichheit des Ursprungs zu".[559] Tatsächlich zeigt eine gründliche Analyse der religionsgeschichtlichen Phänomene einer jungfräulichen Empfängnis tiefgreifende Unterschiede zwischen Bibel und antiken Religionen auf.[560] So geschieht in den letzteren die Empfängnis des göttlichen Kindes durch die sexuelle Vereinigung eines

556 Diesen Punkt greift auch H. Küng, Christsein, München-Zürich 1964, 554 auf. Nach ihm ist sicher, „dass der Mythos von der Jungfrauengeburt in der ganzen Antike verbreitet war und sich sogar … in Persien, Indien und Südamerika findet: er ist also keineswegs etwas spezifisch Christliches".

557 Drewermann, ebd. 98f. 108.

558 Ebd. 109.

559 Beinert, Heute 92, offenbar im Rückgriff auf Söll, Mariologie 8. Wichtiges dazu auch bei H. Rahner, Griechische Mythen 25f.

560 Zudem dürfte Rahner, Griechische Mythen 121 mit der Bemerkung Recht haben: „Die bunten Systeme der religionsgeschichtlichen Forschung, die den Glauben an die Jungfrauengeburt Jesu auf den Mythen und theosophischen Systemen der hellenistischen Umwelt zu erklären suchten, haben sich jeweils selbst wieder erledigt". Und außerdem – so A. Ziegenaus, Der christologische Gehalt 55 –: „Hat zur Zeit der Entstehung der Evangelien solche Mythen überhaupt jemand noch ernst genommen? Die Götterliebschaften waren unmoralisch und nur noch Gegenstand des Gelächters, d. h. der Komödien."

Gottes mit einem Menschen (hieros gamos). Und das Resultat dieser Verbindung ist ein „Mischwesen“, ein θειὸς ἀνήρ – ein göttlicher Mensch, halb göttlich und halb menschlich.

Eine solche Art der Vermischung liegt der Heiligen Schrift völlig fern; sie wird in Gen 6,1ff sogar als „Frevel“ eingeschätzt. Von einer Vermischung findet sich auch bei Lukas oder Matthäus nicht die allergeringste Spur. Denn jungfräuliche Empfängnis heißt nicht, dass ein menschlicher Vater durch ein göttliches Wesen ersetzt wird, sondern dass Gottes Schöpfergeist die Neuschöpfung eines Menschen bewirkt, in dem sich Gott ganz als er selbst mitteilen kann. Auch ist nach christlichem Glauben Jesus kein „Mischwesen“, sondern der menschgewordene Gottessohn, ganz Mensch und ganz Gott. Deshalb vermerkt Josef Hasenfuss, nachdem er alle wichtigen religionsgeschichtlichen Parallelen durchgegangen ist: „Die vergleichende Religionsgeschichte hat der Geburt des Herrn aus dem göttlichen Pneuma durch die jungfräuliche Mutter Maria nichts Ebenbürtiges an die Seite zu stellen, was den sittlich-religiösen Ernst und Gehalt angeht, trotz mancher äußeren Ähnlichkeit“. Dennoch hält er „die Übernahme des Theologumenons der Jungfrauengeburt aus der ägyptisch-hellenistischen Umwelt des Lukas … als möglich, freilich nicht als bewiesen“.[561]

Was speziell die Drewermannsche Fassung der religionsgeschichtlichen Parallelen angeht, so stellt sich für das *Gesamt* seiner theologischen Konzeption die Grundfrage nach Bedeutung und Relevanz des Geschichtlichen gegenüber dem des Archetypischen der Mythologie.[562] Zum Mythos gehört, dass er zum Ausdruck bringt, „was niemals war und doch immer ist“ (Sallust). Er gründet letztlich in den Wesensstrukturen des menschlichen Bewusstseins, des Fühlens und Empfindens und vor allem des Unterbewusstseins. Demgegenüber erhebt die Heiligen Schrift den Anspruch, dass Gott *in der Geschichte*, d.h. je einmalig, unableitbar, neu handelt. Muss demzufolge nicht auch das geschichtliche Faktum katexochen: die Sendung des Sohnes Gottes in die Welt, von Anfang an ein *solches* geschichtliches Faktum sein, so dass „die Wahrheit der jungfräulichen Empfängnis“ gerade „in ihrer aus der Seele des Menschen unableitbaren Faktizität (Singularität) zu suchen“ ist und nicht „in der Sehnsucht, die sich hinter diesem Mythos verbirgt?“[563]

561 Hasenfuss, Jungfrauengeburt 22f.

562 Siehe dazu A. Görres/W. Kasper (Hrsg.), Tiefenpsychologische Deutung des Glaubens? Anfragen an E. Drewermann = QD 113, Freiburg i. Br. 1988.

563 Menke, Fleisch geworden 90. – Das schließt natürlich nicht aus, dass auch in der Hl. Schrift Wahrheiten in der Gestalt des Mythos weitergegeben werden. Gehören dazu aber auch die zentralen Wahrheiten von Jesus Christus? Bejaht man dies: Würde das nicht zu einer Christologie führen, „die Jesus zu einem austauschbaren Katalysator der Selbster-

3. Jungfrauengeburt als „Theologumenon"

Einen anderen Weg als den des religionswissenschaftlichen Vergleichs schlug die historisch-kritische Forschung ein (wenngleich diese sich auch manche Ergebnisse der religionswissenschaftlichen Forschung zu eigen machte). Die kritischen Forscher wiesen (und weisen) vor allem auf die prekäre Quellenlage hin. In der Tat wiegen die Argumente, die gegen einen Augenzeugenbericht hinsichtlich der jungfräulichen Empfängnis und der Jungfräulichkeit Marias sprechen, schwer. Mit den Worten von Karl-Heinz Menke: „Niemand wird leugnen, dass ein Historiker zur Stützung einer solchen Behauptung [nämlich der einer jungfräulichen Empfängnis] mindestens die glaubwürdige und einhellige Bezeugung der nächsten Verwandten Marias benötigen würde. Damit kann Lukas nicht dienen".[564] Aber woher stammen dann die einschlägigen Aussagen? Und was ist ihre genaue Bedeutung gerade angesichts des erstaunlichen Faktums, dass die jungfräuliche Empfängnis bei Paulus und Johannes nicht erwähnt wird? Muss daraus gefolgert werden, dass man diese Erzählung entweder überhaupt nicht kannte oder sie für das Christusbekenntnis nicht für erwähnenswert erachtete?[565] Ja, selbst Lukas, der im Verkündigungsbericht klar und eindeutig von der Jungfrauengeburt spricht, nennt an verschiedenen Stellen (2,27.41.43.48) Josef und Maria ganz unbefangen die „Eltern Jesu". „Hat er das erste Kapitel seines Evangeliums vergessen?", fragt Wolfgang Beinert.[566] Die schon vielfach erwähnte amerikanische „Ökumenische Studie" zieht folgendes Fazit:

> „Anscheinend haben viele Christen in den Anfängen des Christentums von der jungfräulichen Empfängnis nichts gewusst, und das ist umso merkwürdiger, als Jesus auf Grund der Irregularität seiner Geburtschronologie oft böse verleumdet worden ist. Wie antworteten Christen, die von der jungfräulichen Empfängnis nichts wussten, auf diesen Vorwurf? Zweitens, hätte man dann nicht auch alle außergewöhnlichen Umstände, die Jesu Geburt umrankten, weiterverbreitet und nicht nur die schlichte Tatsache der jungfräulichen Empfängnis? … Alles in allem sehen wir keinen Weg, wie man durch wissenschaftlichen Zugang zu den Evangelien die Historizität der jungfräulichen Empfängnis begründen (oder … verneinen) kann."[567]

---

lösung (der Befreiung zur eigenen Eigentlichkeit) relativiert?" Und hätte dies nicht zur letzten Konsequenz, dass dem Menschen von Gott nichts mitgeteilt werden kann, „was er nicht in der Tiefe seiner Seele zumindest implizit schon wüsste?" (ebd.).

564 Menke, Fleisch geworden 37.

565 Vgl. G. L. Müller, Maria 165.

566 Beinert, Maria 89.

567 Brown (Hrsg.), Maria 84f. – Ähnlich kommt auch Pesch, Dogmatik I/1, 856 zur „zwingen-

Dennoch stellt sich die Frage: Woher rühren nach heutiger historisch-kritischer Exegese die biblischen Aussagen über die sog. Jungfrauengeburt?

Eine Reihe von Theologen weist auf die literarischen Gattungen der damaligen Zeit hin, in der sich im Judentum und dann auch im Frühen Christentum religiöse Wahrheiten in erzählerischer, aber legendärer Weise ausdrückten (Midrasch). Die neutestamentlichen Autoren hätten – so die These – die Kindheitsgeschichten aus alttestamentlichen Worten und Bildern gewissermaßen herausgesponnen, um die eigentlich entscheidenden theologischen Wahrheiten über Jesus Christus in narrativer Form vorzulegen. In dieser Perspektive bezeichnet Wolfhart Pannenberg die jungfräuliche Empfängnis Jesu als ein in eine Legende eingekleidetes Theologumenon. Zwar kann die Legende nicht als historischer Bericht verstanden werden, doch sind nach ihm zwei Aussagefunktionen unbedingt zu wahren: „Es handelt sich einmal um den antiadoptianischen Gedanken, dass Jesus von Anfang an ganz von Gott her gewesen ist, was er ist. Das spricht die Wendung ‚natus est de Spiritu Sancto' im apostolischen Bekenntnis aus. Ebenso unaufgebbar ist der antidoketische Gesichtspunkt der Wendung ‚ex Maria virgine', dass der Ursprung Jesu, seine Geburt, schon ein wahrhaft menschliches Geschehen war".[568]

Diese Auffassung von der antiadoptianischen Aussageintention der jungfräulichen Empfängnis ist sogar – allerdings in vorsichtiger Form – in einen „offiziösen" kirchenamtlichen Text, freilich nur regionaler Provenienz, eingegangen, nämlich in den zur Zeit seiner Herausgabe weitverbreiteten und vieldiskutierten „Holländischen Katechismus".[569] Hier heißt es:

> „Zugleich mit der menschlichen Abstammung Jesu zeigen die Evangelien auch seinen Ursprung aus Gott. ... Unter allen Kindern, die Gott in Israel verheißen hat, ist Jesus der Höhepunkt. ... Er war ... das tiefste Verlangen der ganzen Menschheit! ... Dies drücken die Evangelisten Matthäus und Lukas aus, wenn sie sagen, dass Jesus nicht durch den Willen eines Mannes geworden ist.".[570]

---

den Folgerung": „Am Ende des 1. Jahrhunderts, zu einem Zeitpunkt, da die Kindheitsevangelien bei Matthäus und Lukas schon geschrieben waren, konnte Jesus als Messias und Sohn Gottes bezeugt und verkündet werden, ohne dass dies mit einem Hinweis auf eine besondere Weise seines Eintretens in die Menschenwelt verbunden oder gar begründet werden musste". Auf dieser Linie bewegt sich auch die fast einhellige Auffassung der gegenwärtigen protestantischen Theologie. Siehe dazu Eilrich, Gott 182–206. Kurz zusammengefasst: „Weder dogmatisch noch im Kontext fundamentaltheologischer Darlegungen lässt sich ... die unbedingte Notwendigkeit einer Rede von der jungfräulichen Empfängnis Jesu plausibel machen": ebd. 196.

568 W. Pannenberg, Grundzüge der Christologie, Gütersloh [6]1982, 149.

569 Glaubensverkündigung für Erwachsene. Dt. Ausgabe des Holländischen Katechismus, Nijmegen-Utrecht 1968.

570 Ebd. 84f. – Gerade diese Passage, die der EEK 389f übernahm, wurde von der römischen Zensur beanstandet. Man verlangte, „dass der Katechismus offen bekenne, die Heilige

Andere Theologen versuchen, Lk 2 nicht nur – was allgemein akzeptiert ist – als „Steigerung" der Aussagen über Johannes den Täufer zu deuten, sondern in diesem Zug auch die jungfräuliche Empfängnis Jesu als literarisches „Steigerungsmittel" zu verstehen (im Sinne von: Wenn schon bei der Zeugung des Johannes Gott besonders eingegriffen hat, dann noch einmal viel mehr bei der Herkunft Jesu). Andere erklären Mt 1 und Lk 1 als kreative Projektionen aus alttestamentlichen Aussagen, etwa aus Jes 7 oder aus dem urchristlichen Christus-Bekenntnis. In ihnen würden sich also sekundäre christologische Reflexionen niederschlagen.[571]

Ein Beispiel für letztere Einstellung bietet Hans Küng. In seinem vielverbreiteten Werk „Christsein" zieht er als Fazit aus der historisch-kritischen Forschung:

> „In den Geburtserzählungen … werden von Jesus Geistschöpfung und Jungfrauengeburt in der Form geschichtlich-leiblicher Ereignisse berichtet. Aus der Formulierung des Lukas selbst geht hervor, dass mit dieser Erklärung ein Grund, eine ‚aitia', für die Anwendung des bereits schon vor Lukas weitverbreiteten Titels ‚Gottessohn' auf Jesus angegeben werden soll. Man nennt eine solche Erzählung eine ätiologische Legende oder Sage. Das Theologumenon vom Gottessohn wird somit als Geschichte anschaulich ausgemalt".[572]

Einen ganz anderen Weg der Interpretation schlägt in letzter Zeit Rudolf Pesch (im Rückgriff auf Martin Dibelius) ein. Er weist darauf hin, dass in den frühjüdischen Nacherzählungen wunderbarer Geburten (Isaak, Jakob …) das Handeln Gottes so nachdrücklich herausgestellt wird, dass dieses als ein „Zeugen Gottes" bezeichnet, damit aber *zugleich* das Zeugen durch einen menschlichen Vater keineswegs ausgeschlossen wird.[573] So heißt es etwa bei Philo v. Alexandrien: „Der Herr hat

---

Mutter … sei immerdar mit jungfräulicher Ehre geschmückt geblieben, und dass er mit klaren Worten die Tatsache der jungfräulichen Empfängnis Jesu lehre"; es gehe nicht an, nur noch „an einer gewissen symbolischen Bedeutung derselben" festzuhalten: Ergänzung zur Glaubensverkündigung für Erwachsene, Freiburg i. Br. 1969, 9. Die folgenden Auflagen des Katechismus kamen dieser römischen Forderung nach und brachten als neue „Argumente" für die Jungfrauengeburt: „Es war sehr konvenient, dass der Sohn Gottes bei seiner Ankunft in diese Welt durch das demütige ‚Fiat' einer Mutter empfangen wurde, deren Herz in Jungfräulichkeit Gott geschenkt war. Es war auch konvenient, dass er, der von Ewigkeit her der eingeborene Sohn des Vaters ist und der auch als Mensch mehr als irgendein anderer in seiner Sohnschaft mit seinem Vater verbunden gewesen sein muss, keinen anderen Vater im Vollsinne haben sollte als Gott": ebd. 47.

571 Eine solche Meinung vertritt etwa Vögtle, Offene Fragen 52, obwohl er dann selbst zugibt: „Das Prophetenwort Is 7,14 … konnte die Aussage [von der Jungfrauengeburt] nicht hervorbringen, … auch nicht einfach die παρθένος der LXX": ebd. 45.

572 Ebd. 446.

573 Pesch, Wunder 96ff. – Bereits Adolf v. Harnack, Beiträge zur Einleitung in das Neue Testament, Leipzig 1911, 101 vertrat die These, dass, wie das Empfangenwerden durch den

Isaak gezeugt“.[574] Diese Tradition wird offenbar von Paulus in Gal 4,28f übernommen, wenn für ihn Isaak der dem Geist nach Gezeugte ist. Beides, göttliches und menschliches Handeln, kann dabei also durchaus nebeneinanderstehen. So heißt es z. B. bei Philo einerseits: „Abraham erkannte Sara, seine Frau, und sie empfing und gebar Isaak“ und andererseits: „Gott öffnete den Mutterschoß der Sara und schenkte Abraham aus der Sara einen Sohn“.[575] Menschliches und göttliches Handeln schließen sich demnach nicht aus. Das bedeutet für unser Thema: Josef war wirklicher Vater Jesu, *und zugleich* ging Jesus als „Jungfrauenkind“ ganz und gar aus der Vaterschaft Gottes hervor. „Es blieb – so Pesch – späterer Frömmigkeit, die mit dem Offenbarungsrealismus Israels und der ersten Gemeinden nicht so vertraut war, vorbehalten, darin eine Konkurrenz zwischen Gott als dem Vater des Gottessohnes und Josef als seinem menschlichen Vater zu vermuten“.[576]

Es kommt hinzu, dass auch der Begriff „Jungfrau“ im frühjüdischen Schrifttum z.T. in einem anderen, als nur im biologischen Sinn verwendet wurde. So ist etwa für Philo Sara, die doch den Isaak gebar, „Jungfrau“. Joachim Gnilka, der von Pesch zustimmend angeführt wird, kommentiert: „Die Jungfräulichkeit der Patriarchenfrauen ist für Philo aus der Überzeugung abgeleitet, dass Gott nur mit der jungfräulichen Seele verkehrt. Anders gewendet bedeutet dies, dass der Mensch, den Gott beansprucht, sich ihm ganz zur Verfügung stellen muss“.[577]

Dass der Begriff der Jungfräulichkeit in der neutestamentlichen Zeit viel weiter war, als er heute durch seine Verwendung im fast ausschließlich sexuellen Bereich ist, zeigt auch Paulus: In 2 Kor 11,2 schreibt er: „Ich eifere um euch mit dem Eifer Gottes; ich habe euch nämlich einem einzigen Mann verlobt, um euch als reine Jungfrau Christus zuzuführen“. Jungfrau-Sein meint hier offenbar die reine, ungeteilte, ganze Hingabe der Gemeinde / Kirche an den Herrn. So wie eine Jungfrau noch „unberührt“ ist und damit den Glanz des Ursprünglichen ausstrahlt,

---

Hl. Geist keine menschliche Mutter ausschließt, auch die Geburt aus dem Gottesgeist für jüdisches Denken einen irdischen Vater nicht exkludiert.

574 zit. nach Pesch, Wunder 99. Diese frühjüdische Überlieferung über das göttliche Zeugen hat kaum eine Wirkungsgeschichte gehabt, denn – so zitiert Pesch zustimmend Ch. Perrot, Les récits d'enfance dans la Haggada, in: RechScRel 55 (1967) 467–518, hier: 489 – „La polémique juive anti-chrétienne chercha certainement à les éliminer“.

575 Zit. nach Pesch, Wunder 99. Allerdings handelt es sich um „Pseudo-Philo“, einem unbekannten jüdischen Autor, der zwischen 70 und 132 geschrieben haben dürfte, dessen Schrift aber nur lateinisch überliefert ist. Siehe SC 230.

576 Pesch, Wunder 101. – Pesch glaubt für seine These auch Anhaltspunkte in den Evangelien zu finden, so etwa, wenn das Matthäusevangelium, das ja von der göttlichen Herkunft Jesu überzeugt ist, diesen dennoch ganz unbefangen „Sohn des Zimmermanns“ nennt (Mt 13,55) oder wenn Maria zu Jesus sagt: „Dein Vater und ich haben dich mit Schmerzen gesucht“ (Lk 2,48).

577 Gnilka, Das Matthäusevangelium, I, 26.

so soll die Gemeinde im Leben des Glaubens etwas vom Glanz der mit Christus angebrochenen neuen Schöpfung ausstrahlen (vgl. 2 Kor 5,17).

Fazit: Diese mit Hinweis auf die frühjüdische Literatur gewonnene und in der frühen christlichen Theologie bestätigte Einsicht in ein Verständnis von jungfräulicher Empfängnis, die einen „natürlichen" Zeugungsvorgang nicht ausschließt, gibt Pesch die Freiheit, sowohl unbedingt an der göttlichen Zeugung und Herkunft Jesu Christi festzuhalten wie auch die ganz menschliche Vaterschaft des Josef zu betonen.

Diese Weise der Interpretation vermag für einige Theologen (z.B. Otto H. Pesch) auch auf eine neue Fragestellung Antwort zu geben, die sich aus dem Zusammenprall des antiken Verständnisses von Zeugung und Geburt mit neuen biologischen Einsichten her ergab und ergibt. Es ist die Frage: *Mussten* die Evangelisten nicht, wenn sie von der wahren Gottessohnschaft Jesu überzeugt waren und diese zum Ausdruck bringen wollten, gemäß ihrem *damaligen* Wissens- und Denkhorizont eine „biologische" Jungfräulichkeit vertreten? Denn in der Antike schrieb man ausschließlich dem Samen des Mannes die Zeugung neuen Lebens zu, während die Frau, gleich der Bedeutung eines Ackers für den Samen, nur das nährende (Um-)Feld für dieses beginnende Leben war. Sollte also zum Ausdruck gebracht werden, dass Gott selbst der Vater dieses Kindes ist, waren die Evangelisten „gezwungen", die Mitwirkung eines menschlichen Vaters auszuschließen und stattdessen die Kraft Gottes, den Heiligen Geist, eingreifen zu lassen, der die „Rolle" des menschlichen Samens übernimmt.[578] Nun habe sich aber diese weltbildliche Voraussetzung gewandelt: 1827 wurde die weibliche Eizelle entdeckt und im weiteren Gefolge der Vorgang der Zeugung neu verstanden. Man erkannte, dass die Frau nicht nur passiv die „materia" des für das Entstehen des Menschen entscheidenden männlichen Samens bereitstellt, sondern durch die Hälfte der Chromosomen auch an der genetischen Ausstattung des werdenden Menschen aktiv mitwirkt. Daraus folgert Otto H. Pesch: „Der Mensch Jesus ist damit zur einen Hälfte auch biologisch der Sohn Marias. Das ist nicht nur wissenschaftlich unbestreitbar, es fügt sich auch zu der dogmatisch immer betonten Tatsache, dass Jesus

---

578 Natürlich dürfe dies nicht so verstanden werden, als gehe es beim Wirken des Hl. Geistes um ein irgendwie geartetes sexuelles Geschehen oder um einen Vorgang, bei dem der Hl. Geist die sexuelle Rolle des Mannes übernimmt. Deshalb sind Formulierungen, die im Zusammenhang der Menschwerdung sagen: „Gezeugt vom Hl. Geist" oder „Gezeugt von Gott" falsch. Der Hl. Geist bzw. Gott ist nicht „Zeuger", sondern Schöpfer Die Menschwerdung ist ein durch und durch kreatorisches Geschehen, das freilich keine absolute Schöpfung ex nihilo, sondern die Schaffung des Menschen Jesus aus dem Fleisch der Jungfrau Maria ist.

‚Gottes *und Mariens* Sohn' ist, wie es im Liede heißt". Von daher ergibt sich für Pesch aber die Frage:

> „Ist der Mensch Jesus also nur zur einen Hälfte das unableitbare Wunder Gottes? Man darf hier nicht mit der Auskunft ausweichen, das ‚Wunder' bestehe in der Gottessohnschaft, und die liege auf einer ‚anderen Ebene'. Das ist richtig – aber das ‚Zeichen', das die jungfräuliche Empfängnis Jesu für die Gottessohnschaft geben soll, ist ja nur dann ein Zeichen für das alleinige Geschenk Gottes an die Menschheit, wenn es selbst ein ganzes und nicht nur ein halbes Wunder ist, will sagen: nicht zur einen Hälfte doch aus einem eigenen ‚Beitrag' des Menschen, der Mutter kommt. Die Verfechter eines biologischen Verständnisses der Kindheitsevangelien müssen sich also fragen (lassen), ob sie unter den Bedingungen unserer *heutigen* biologischen Erkenntnisse nicht das Gegenteil dessen sagen, was der alte Glaubenssatz sagen will".[579]

Solche und ähnliche Auffassungen übersehen freilich, dass es schon in der Antike und dann bis in die frühe Neuzeit hinein neben der, vor allem seitens Aristoteles' vertretenen Überzeugung von der Monokausalität des männlichen Spermas und der passiven Rolle der Frau bei der Erzeugung neuen Lebens (vor allem von den Medizinern wie Kl. G. Galenos) eine andere Position mindestens gleichgewichtig vertreten wurde, nämlich die Überzeugung von einem zweiten notwendigen „weiblichen Samen". Eine Reihe von Scholastikern übernahm diese Position und konkretisierte sie auch auf Maria hin.[580] Dennoch bleibt das Problem natürlich bestehen.

Was ist zu all diesen kritischen Einsprüchen zu sagen?

---

579 Pesch, Dogmatik I/1, 865f.

580 Siehe dazu D. M. Balme, Zeugungslehre, in: Lexikon der Alten Welt III, 3331–3333. Vgl. auch Delius, Geschichte 172, 182ff.

§ 3 Musterung der Einwände

1. Zur „Mythologumenon"- und „Theologumenon"-These

Analysieren wir zunächst die These, die Perikope von der jungfräulichen Mutterschaft Marias gründe nicht in vorgegebenen Traditionen und sei z. B. von Matthäus als „Theologumenon", konkret als „Midrasch", aus Jes 7,14 heraus „kreativ" entwickelt worden. Ist das plausibel?

Der hebr. Text Jes 7,14 spricht von einer „Frau" (vermutlich ist die Königin gemeint), die ein Kind bekommen werde. Hier gibt es tatsächlich nicht die Spur der Idee einer jungfräulichen Empfängnis. Anders ist die Textüberlieferung in der LXX, wo nun ausdrücklich die Frau als „Jungfrau" bezeichnet wird. Aber was ist damit gemeint? Wahrscheinlich – wie schon S. 80f aufgezeigt – die „Jungfrau, Tochter Zion", die den Messias hervorbringen wird. Aber dies gewiss nicht im Sinne einer auch im biologischen Sinn „wunderbaren Geburt" aus einer bestimmten Frau. Das bedeutet aber: Matthäus stand mit Jes 7,14 vor einem alttestamentlichen Text, den verständlicherweise „kein Jude vorher als Hinweis auf eine jungfräuliche Geburt des Messias gedeutet hat".[581] Wie aber ist dann Matthäus auf die Interpretation einer jungfräulichen Empfängnis gekommen?

Eine ähnliche Frage stellt sich auch an die u. a. von Hans Küng vertretene Meinung, nach welcher die jungfräuliche Empfängnis eine ätiologische Folgerung aus dem Bekenntnis zu Jesus als dem Sohn Gottes war. Jedem Juden war bekannt, dass in den Schriften des Alten Testaments der König den Namen „Sohn Gottes" trug (z. B. Ps 2,6), ohne dass damit eine menschliche Vaterschaft ausgeschlossen wurde: Natürlich wusste jedes Kind in Israel, dass der König einen „normalen" Vater hatte. Wieso also soll schon die ätiologische Rückfrage nach dem Sohn-Gottes-Sein Jesu zur Konzeption einer jungfräulichen Empfängnis geführt haben?

Was Wolfhart Pannenberg angeht, so ist gegen ihn (auch gegen den Holländischen Katechismus) einzuwenden, dass aus den Texten bei Mt und Lk, wie sie vorliegen, nichts, aber auch gar nichts darauf hinweist, dass sie den antiadoptianischen und antidoketischen Charakter der Gottessohnschaft Jesu *beweisen* wollen (und dafür zum Mittel der Legende greifen). Vieles weist umgekehrt darauf hin, dass der Glaube an das wahre Gott-Mensch-Sein Jesu Christi *erst später* zu einem größeren Interesse an den Kindheitsgeschichten führte. Weiter: Kann man so einfach sagen, wie es der ursprüngliche Holländische Katechismus tut, dass

581 Brown (Hrsg.), Maria 82.

Mt und Lk auf diese Weise „das tiefste Verlangen der ganzen Menschheit *ausdrücken*"? Darauf weist im Text rein gar nichts hin. Was also veranlasst dazu, das gottmenschliche Wesen des Erlösers in Geschichten von seiner jungfräulichen Empfängnis auszudrücken?

Gewiss, es gab, worauf Rudolf Pesch hinweist, im frühjüdischen Schrifttum, etwa bei Philo, die Überzeugung von einer jungfräulichen Empfängnis der Patriarchen in einem geistlichen Sinn.[582] Doch lassen sich die hier in Frage kommenden Texte so ohne weiteres auf die neutestamentlichen Kindheitsgeschichten „hochrechnen" angesichts dessen, dass bei Philo die Patriarchenfrauen *allegorisch*, nämlich als „Tugenden" interpretiert werden?[583] Dennoch: Hier liegt ein Argument vor, das Gewicht hat: Offenbar gibt es im Frühen Judentum (und bei Paulus) eine Konzeption, nach welcher *erstens* Jungfräulichkeit und jungfräuliche Empfängnis nicht auf eine „biologische" Wirklichkeit hin interpretiert werden und in der *zweitens* eine von Gott verursachte jungfräuliche Empfängnis und eine natürliche, also durch einen menschlichen Vater erfolgte Zeugung nicht als Alternativen angesehen werden.

Das hängt auch damit zusammen, dass nach biblischer Auffassung der leibliche Vater zwar als Erzeuger des Kindes galt, der eigentliche schöpferische Ursprung im Mutterschoß aber *durch Gott selbst* erfolgte. Siehe dazu Hiob 31,15, Ps 139,13 und 2 Makk 7,22f. „So wiederholt sich in jeder Schwangerschaft und Geburt die Schöpfung des Menschen, aus der Erde geformt wie schon Adam".[584] Auf dem Hintergrund dieser Auffassung sind jungfräuliche Empfängnis und natürliche Zeugung nicht solch radikale Alternativen, wie sie heute vielfach gezeichnet werden.

An die Auffassung von Rudolf Pesch ist jedoch die Frage zu richten: Waren die Evangelisten selbst nicht von der historischen und empirisch-biologischen Wahrheit ihrer Aussage überzeugt? Dafür spricht mindestens die Art und Weise, wie Mt seine Ausführungen beginnt: *Mit der Herkunft Jesu Christi war es so ...*; Matthäus – wie auch Lukas (vgl. z. B. Lk 1,2f) – wollen faktisches Geschehen berichten. Natürlich schließt das nicht aus, dass man damals eine andere Konzeption von „Fakten" und ihrer Weitergabe hatte als wir heute. Es gab keine strikte Trennung zwischen Fakten und deren Deutung, bzw. – positiv formuliert – die „Fakten" wurden so überliefert, dass in der Art und Weise ihrer Darstellung die theologische Deutung und damit deren für den Glauben entscheidende Sinnspitze

582 Siehe dazu auch Perrot, récits 467–518; Menke, Fleisch geworden 90f; K. Schubert, Die Jungfrauengeburt im Lichte frühjüdischer Quellen, in: ThG(B) 16 (1973) 193–199.

583 Die philonische Intention dieser Allegorese besteht wohl darin, den Erzvätern eine „erotische" Verbindung zu ihren Frauen abzusprechen und stattdessen ihr Leben aus den „Tugenden" herauszustellen.

584 Dittrich, Mater 914.

erschien. Nicht also der (manchmal fantasievoll erscheinende) Darstellungs*modus* hat für den Glauben die entscheidende Bedeutung, sondern die zu eruierende Sinnspitze.[585] Zählt nun die (biologische) jungfräuliche Empfängnis Jesu zu den „Fakten" oder zum Darstellungsmodus?

Für Ersteres spricht, dass es sich beim lukanischen und matthäischen Bericht um zwei offenbar *unabhängig voneinander* entstandene und dazu noch je völlig anders „komponierte" Texte handelt, die aber trotz ihrer Unterschiedlichkeit ein und dasselbe: die jungfräuliche Empfängnis Jesu zum Ausdruck bringen.[586] Ist das nicht wenigstens ein Hinweis dafür, dass sie diese als Faktum und nicht nur als Darstellungsmodus betrachten, und könnten diese nicht doch in Traditionen gründen, welche die Evangelisten über die jungfräuliche Empfängnis Jesu vorgefunden haben, vielleicht aus dem intimen Kreis der Verwandtschaft Jesu?[587]

Angesichts dieses Hin und Her der Argumente fragt sich, ob das Problem, mindestens in historisch-kritischer Perspektive, nicht offen bleiben muss. Aber *kann* und *darf* es offen bleiben in Anbetracht von zentralen Inhalten des christlichen Glaubens, die damit gleichfalls in Frage gestellt zu werden scheinen? Darf es in diesem Punkt zu einer Art von „doppelten Wahrheit" im christlichen Glauben kommen?[588]

---

585 Das gilt natürlich für die ganze Hl. Schrift: Glaubensverbindlich und -relevant sind nicht die Fakten „in sich", sondern der in ihrer Darstellungsweise greifbare „Skopus". Weil Verweyen, Mariologie 176 dies nicht beachtet, greift sein Argument zu kurz: „Der Glaube Marias … hat ihre biologische Unberührtheit als notwendiges Implikat. Wer sie bezweifelt, setzt damit die Säge nicht nur an einen schönen Zweig christlicher Tradition, sondern an den Stamm Israels selbst. Denn: warum sollte der ‚erstorbene Schoß' Saras, naturwissenschaftlich betrachtet, in Wirklichkeit nicht vielleicht doch noch fruchtbar gewesen, der Glaube Abrahams also letztlich eine Frucht seiner Unaufgeklärtheit gewesen sein?" Weil aber der Glaube Abrahams als ein reales Faktum vorauszusetzen sei, gelte dies auch für den Abraham überbietenden Glauben Marias, dessen notwendiges Implikat eben ihre „biologische Unberührtheit" sei.

586 Schulte, Herkunft, lehnt in einer Art Frontalangriff auf die gegenwärtige Exegese *durchgehend* für die Auslegung der biblischen Texte über die Herkunft Christi den Begriff der „jungfräulichen Empfängnis" vehement ab (ebd. 123; 211; 217; 275–373 u. ö.), ebenso wie auch den Begriff der der „Präexistenz" (ebd. 374–442) und den der „Inkarnation" (ebd. 467–470). Für ihn ist mit der schlichten Aussage der sog. Kindheitsgeschichten, dass Gott Jesus im Schoß einer Jungfrau Jesus entstehen ließ, „alles vollgültig und klar angegeben": ebd. 216). Ob er aber damit den sich tatsächlich stellenden Problemen entkommt?

587 Man darf bei all dem auch wohl nicht übersehen, dass es außer den „ausdrücklich" die Jungfrauengeburt bezeugenden biblischen Texten noch eine Fülle weiterer Hinweise gibt. So z. B. in Mk 6,3 die völlig ungewöhnliche Bezeichnung Jesu als „Sohn Marias" oder die auffällige Nichterwähnung eines „Vaters" in Mk 3,31f und Mt 12,46f.

588 Siehe zur Problematik einer „doppelten Wahrheit", einmal im Bereich historisch-kritischer Fragestellung und einmal im dogmatisch vertretenen Glauben der Kirche: R. Pesch, Gegen eine doppelte Wahrheit. Karl Rahner und die Bibelwissenschaft, in: K. Lehmann (Hrsg.),

Es sind vor allem zwei Glaubenswahrheiten, die hier berührt werden: (1) im christologischen Kontext: Kann Jesus Christus noch als ewiger Gottessohn, in dem Gott uns unendlich nahegekommen ist, geglaubt werden, wenn er auf „ganz menschliche“ Weise, also als natürlicher Sohn von Maria und Josef gezeugt wurde? (2) Im mariologischen und anthropologischen Kontext: Wird nicht die in der Kirche immer anerkannte Sonderstellung Marias massiv beschädigt und verliert nicht die Hochschätzung jungfräulichen Lebens, das sich immer an dessen exemplarischer Verwirklichung in Maria orientierte, ihre Grundlage?

2. Zur christologischen Relevanz der sog. „Jungfrauengeburt“

Zur Frage, ob die Gottessohnschaft Jesu mit seiner jungfräulichen Herkunft steht und fällt, gibt es gegenwärtig zwei gegensätzliche Antworten namhafter Theologen.

Die erste sei exemplarisch an einer Position illustriert, die Joseph Ratzinger vor vielen Jahren vertreten, mittlerweile aber völlig aufgegeben hat.[589] Er stellt in seiner „Einführung in das Christentum“ (Erstauflage München 1968) kurz und bündig fest:

> „Die Empfängnis Jesu ist Neuschöpfung, nicht Zeugung durch Gott. Gott wird dadurch nicht etwa zum biologischen Vater Jesu, und das Neue Testament wie die kirchliche Theologie haben grundsätzlich nie in diesem Bericht bzw. in dem darin mitgeteilten Ereignis den Grund für das wahre Gottsein Jesu, für seine ‚Gottessohnschaft‘, gesehen. … Die Gottessohnschaft beruht nach dem kirchlichen Glauben nicht darauf, dass Jesus keinen menschlichen Vater hatte; die Lehre vom Gottsein Jesu würde nicht angetastet, wenn Jesus aus einer normalen menschlichen Ehe hervorgegangen wäre. Denn die Gottessohnschaft, von der der Glaube spricht, ist kein biologisches, sondern ein ontologisches Faktum, kein Vorgang in der Zeit, sondern in Gottes Ewigkeit: … Die Empfängnis Jesu bedeutet nicht, dass ein neuer Gott-Sohn entsteht, sondern dass

Vor dem Geheimnis Gottes den Menschen verstehen, FS K. Rahner, München-Zürich 1984, 10–36.

589 Eine ähnliche Position findet sich auch bei Karl Rahner. Auch er hält – wie übrigens auch damals bereits Ratzinger – an der leiblichen Jungfräulichkeit schon deshalb fest, weil eine Trennung zwischen leiblicher und geistlicher Jungfräulichkeit dem konkreten biblischen Denken nicht entspreche. Überdies bemerkt er: „Wäre Josef genauso der menschliche Vater Jesu, wie Maria seine Mutter ist, dann müsste ihm, der bei Matthäus als gerechter Mann, der eine Rolle in der Heilsgeschichte besitzt, beschrieben wird, schlechterdings dieselbe Position einmaliger Art in der Heilsgeschichte zuerkannt werden, wie sie die Kirche Maria zuerkennt“: Dogmatische Bemerkungen 146.

> Gott als Sohn in dem Menschen Jesus das Geschöpf Mensch an sich zieht, so dass er selbst Mensch ‚ist'".[590]

Auch wenn Ratzinger selbst im Laufe der Zeit diese Position immer mehr aufgeweicht und schließlich ganz zurückgezogen hat,[591] wird sie von einer Reihe von Theologen (mit großem Nachdruck z.B. von Rudolf Pesch) nach wie vor vertreten. Pesch fügt als Schrift-Argument noch den Hinweis auf Hebr 4,15 hinzu, wonach Jesus „in allem uns gleich wurde außer der Sünde", und fragt: Gehört zu diesem „in allem" nicht auch die Weise seiner (natürlichen menschlichen) Genese? Mehr noch: Ein wichtiges Prinzip der Frühen Kirche lautete: „Quod non est assumptum, non est sanatum" – „Was [von Jesus Christus in seiner Menschwerdung und Menschengeschichte] nicht angenommen wurde, ist auch nicht erlöst". Das aber bedeutet nach Rudolf Pesch, auf die Art der menschlichen Zeugung angewandt: „Weil nicht geheilt und erlöst ist, was nicht in seinem [Jesu] Menschsein angenommen wurde, gäbe es keine erlöste menschliche Vater- und Sohnschaft, wenn Jesus keinen menschlichen Vater gehabt hätte".[592]

Gegen die in der „Einführung" ursprünglich von Ratzinger vertretene und heute noch von anderen Theologen weiter favorisierte Position wurden und werden heftige Bedenken angemeldet. So schrieb schon damals Hans Urs v. Balthasar gegen Ratzinger:

> „Konnte dieser Mann [Jesus], der in einem so einmaligen Verhältnis zum ‚Vater im Himmel' stand, dem er sich in jeder Hinsicht verdankte, anvertraute, zurückgab: konnte er sich gleichzeitig noch einem anderen Vater verdanken?

---

590 Ebd. 222. – Wegen dieser Passage wurde das Buch Ratzingers vom damaligen Primas von Polen, Kardinal S. Wyszynski, auf den Diözesanindex gesetzt!

591 So heißt es in Ratzinger, Tochter Zion 50: „Die jungfräuliche Geburt ist der notwendige Ursprung dessen, der der Sohn ist, und der darin auch erst der messianischen Hoffnung einen bleibenden und über Israel hinausweisenden Sinn gibt". Dazu die Anmerkung: „Ich möchte damit die Grenze meiner oft zitierten Äußerung … deutlich herausstellen, wonach Jesu Gottessohnschaft das Herkommen aus einer normalen Ehe an sich nicht ausschließen würde. Ich wollte damit nur ganz deutlich den Unterschied der biologischen und der ontologischen Ebene des Denkens herausstellen und klarmachen, dass die ontologischen Aussagen von Nikäa und Chalkedon als solche nicht mit den Aussagen über die jungfrauliche Empfängnis identisch sind. Dass zwischen beidem – der Personeinheit Jesu mit dem ewigen Sohn des ewigen Vaters und der irdischen Vaterlosigkeit des Menschen Jesus – bei aller Unterschiedenheit der Ebenen eine tiefe, ja unlösbare Entsprechung besteht, sollte damit nicht bestritten werden, wurde aber – wie ich einräume – von mir auch nicht deutlich genug erwähnt".

592 Pesch, Wunder 176.

Konnte er, grob gesagt, zwei Väter haben, was ihn menschlich gezwungen hätte, sich zwei Vätern zu verdanken?"[593]

Aber ist das ein schlagendes Gegenargument? Muss aus dem Faktum, einen menschlichen *und* einen göttlichen Vater zu haben, wirklich eine Konkurrenzsituation entstehen? Hat nicht *jeder* Glaubende (wenn auch nicht im gleichen Sinn wie Jesus) einen menschlichen und einen himmlischen Vater?

Auf andere Weise argumentieren Gerhard Ludwig Müller und Karl-Heinz Menke, die beide in ähnlichen spekulativen Überlegungen die wahre Gottmenschheit Jesu Christi und damit die Wahrheit der Inkarnation in Frage gestellt sehen, wenn eine reale jungfräuliche Empfängnis Jesu verneint wird.

Für Menke heißt Menschwerdung zu Recht gerade nicht, dass sich die Person des göttlichen Logos mit einer menschlichen Person, der Jesu v. Nazaret, verbindet oder dass eine menschliche Person zu einem späteren Zeitpunkt von Gott zum Zwecke seiner Selbstoffenbarung „adoptiert" wird (so kommt es nie zu einer wirklichen Einheit von Gott und Mensch), sondern dass Gott zum *Konstitutivum* eines Menschen wird. Deshalb gilt: „Gott schafft den Menschen Jesus in und aus Maria, indem er ihn durch den Heiligen Geist hineinnimmt in die innertrinitarische Beziehung des Sohnes zum Vater... [Dabei ist] die Singularität dieses Schöpfungsaktes ... durchaus vergleichbar mit dem Schöpfungsakt am Anfang (creatio ex nihilo), unterscheidet sich aber dadurch von diesem, dass Gott den Menschen Jesus in die bestehende Welt hinein – d.h. aus Maria – schafft".[594] Diesem Vorgang widerspricht nach Menke aber die Leugnung einer jungfräulichen Empfängnis und einer natürlichen Herkunft Jesu aus der ehelichen Verbindung von Maria und Josef. Denn wenn „der Mensch, dem Gott sich als er selbst ... mitteilt, vom ersten Moment seines Daseins an keine andere Person als die des innertrinitarischen Logos ist, dann kann er nicht zuerst [!] eine nur geschöpfliche Person sein. ... Würde Gott sich ... einer von Josef gezeugten und von Maria geborenen Person nachträglich mitteilen, dann wäre eine solche ‚Selbstoffenbarung' nicht Fleischwerdung Gottes".[595]

Ganz ähnlich argumentiert Gerhard Ludwig Müller:

„Eine menschliche Natur [konkret: der Mensch Jesus] kann nur dann die Vergegenwärtigung Gottes in der Geschichte sein, wenn sie unmittelbar durch den Akt existiert, durch den Gott Gott ist, in dem er sich auch selbst geschichtlich mitteilen will. Andernfalls gäbe es in Jesus zwei Subsistenzakte, indem er einmal unmittelbar durch Gott existiert und zum anderen indem er durch einen geschaffenen Subsistenzakt [vonseiten der Eltern Jesu] existiert, durch den er von Gott radikal getrennt wird, eben weil dieser Subsistenzakt rein geschöpflich ist. Es kann also „die absolute Differenz von Schöpfer und Geschöpf nur überwunden werden, wenn Gott selbst der Subsistenzakt

---

593 Balthasar, Empfangen 42f. Siehe auch Balthasar, Maria 50; ders., marianische Prägung 267; ders. Klarstellungen 69. Offenbar hat v. Balthasar diese These von der möglichen „Konkurrenz" zweier Väter von Karl Barth übernommen, siehe Anm. 603.

594 Ebd. 116. 116[203].

595 Ebd. 125ff. – Ähnlich auch ders., Jesus ist Gott der Herr, Regensburg 2008, 65.

Jesu ist."[596] „Darum muss jede ‚Christologie von unten' unfehlbar in die Sackgasse einer Adoptions- oder bloßen Bewährungschristologie geraten, wenn sie den Ereignischarakter des conceptus de spiritu sancto ex Maria virgine nicht festhält."[597]

Diese bei beiden Theologen sehr ähnliche Argumentation überzeugt jedoch nicht. Beide gehen nämlich davon aus, dass im Falle einer natürlichen ehelichen Zeugung Jesu das Handeln Gottes, nämlich die Vereinigung des Gottessohns mit dem Menschen Jesus, *nachträglich* zu seiner in der menschlichen Zeugung geschehenen Konstitution als Mensch zustande kommt. *Dann*, also im Falle einer solchen „Nachträglichkeit", hätten tatsächlich beide Theologen Recht. Aber warum kann das Geschehen nicht so verstanden werden, dass im selben Augenblick, da die Eltern Jesus zeugen, Gott von dem nun entstehenden Gebilde ganz und gar Besitz ergreift, es personalisiert und auf ihn hin öffnet, auf dass dieser entstehende Mensch Jesus zur Selbstoffenbarung und Selbstmitteilung Gottes wird. Dadurch würde auch die Aussageintention der These gewahrt, dass die „Einheit eines Geschöpfes mit Gott ... aus den Potentialitäten eines von der Schöpfung selbst hervorgebrachten (von Josef gezeugten und von Maria geborenen Menschen) nicht erklärlich" ist.[598]

Unklar bleibt m.E. auch der Satz Menkes: „Die Singularität dieses Schöpfungsaktes [nämlich der jungfräulichen Empfängnis], ist ... durchaus vergleichbar mit dem Schöpfungsakt am Anfang (creatio ex nihilo), unterscheidet sich aber dadurch von diesem, dass Gott den Menschen Jesus in die bestehende Welt hinein – d. h. aus Maria – schafft". Geht die menschliche Natur Jesu wirklich aus einer creatio ex nihilo hervor oder nicht doch aus einer „materia", die aus Maria stammt? Wenn ersteres, wieso kann dann Maria als *wirkliche* Mutter Jesu bezeichnet werden (war Jesus z. B. genetisch nicht etwa seiner Mutter ähnlich?)? Wenn letzteres, handelt es sich nicht um eine creatio ex nihilo. Und dann stellt sich neu die Frage, warum nicht auch Josef an der Bereitstellung dieser „materia" beteiligt gewesen sein sollte.

Dieser Vorgang wäre *ganz von weitem* (!) vergleichbar (keineswegs identisch!) mit der mittlerweile nur noch selten vertretenen theologischen Überzeugung, dass in jedem Akt menschlicher Zeugung die Eltern nur das materielle suppositum des Menschen bereitstellen und Gott diesem *im Augenblick der Zeugung* dieses suppositums eine unsterbliche Seele einschafft. Der Vergleichspunkt zum christologischen Problem besteht darin, dass auch hier *im selben Augenblick* Gott und Mensch handeln und dass beide auf ihre je spezifische Weise zum „Ergebnis" des Handelns, dem Hervorbringen eines neuen Menschen, beitragen.

Auch wenn heutige Theologie in ihrem mainstream diese Sicht der Konstituierung eines Menschen nicht mehr teilt (weil darin ein kräftiger Schuss Leib-Seele-Dualismus impliziert ist) und stattdessen davon ausgeht, dass die Eltern ermächtigt sind, Gottes Schöpfungsakt in der Hervorbringung eines (ganzen) Menschen fortzusetzen, so lässt sich doch diese „alte" Position strukturell mit der Konstituierung Jesu analogisieren (in Ähnlichkeit und *größerer* Unähnlichkeit). Warum sollen nicht Maria *und* Josef Jesus zeugen, so aber, dass *im Akt* der Zeugung Gott etwas Einmaliges vollbringt, was nur ER vollbringen kann, dass Er nämlich dem beginnenden Leben Subsistenz verleiht,

596 G. L. Müller, Maria 193f. Das Kapitel, aus dem die Zitate stammen wurde, ursprünglich veröffentlicht unter dem Titel: Was heißt: Geboren von der Jungfrau Maria? = QD 119, Freiburg i. Br. ^{2}1991 und dann überarbeitet.

597 Ebd. 186.

598 Menke, Fleisch geworden 134.

indem er selbst es personalisiert und sich so ganz und gar zu eigen macht? Warum nicht? Deshalb ist m.E. schwerlich die Schlussfolgerung von A. Müller/D. Sattler abzulehnen: „Da nicht das Fehlen eines menschlichen Vaters Jesus zum Sohn Gottes macht, ist die Annahme einer biologisch-physiologisch verstandenen jungfräulichen Empfängnis (im Sinne des Fehlens männlichen Samens) keineswegs die notwendige Voraussetzung für das gläubige Bekenntnis der wahren Gottessohnschaft Jesu“.[599]

Der eigentliche Skopus der Glaubensaussage von der jungfräulichen Empfängnis Jesu dürfte darin bestehen, dass mit Jesus etwas ganz Neues, Einmaliges beginnt, ein „neuer Adam“, der sich allein der Initiative Gottes und nicht eines Menschen verdankt. Auf dieser Linie argumentiert auch Karl Rahner: Die Menschwerdung Gottes ist kein Resultat der Geschichte „von unten“, sondern „bricht steil von oben herunter. ... Weil ER nicht aus der Welt, sondern von oben ist, darum ist Maria die Jungfrau“.[600]

Wenn also auch keine *notwendige* Beziehung zwischen der Gottesmutterschaft Marias und ihrer (leiblichen) Jungfräulichkeit besteht, so ist (wäre) eine solche Beziehung doch keine „Willkür“, insofern Marias Jungfräulichkeit ein angemessenes *Zeichen* für das absolute Novum, für das unfassbare Geheimnis der Menschwerdung des Gottessohns darstellt. Das ist auch der Grund, weshalb Karl Barth so nachdrücklich auf der Wahrheit der leiblichen Jungfräulichkeit Marias bestand: „Das Geheimnis beruht nicht auf dem Wunder. Aber auf dem Geheimnis beruht das Wunder, und das Wunder bezeugt das Geheimnis“,[601] jenes Geheimnis, das alle geschöpflichen Möglichkeiten übersteigt und sich deshalb, nur mit der Schöpfung der Welt *ex nihilo* vergleichbar, in einem Zeichen niederschlägt, das analog diesem *ex nihilo* ist, eben in der jungfräulichen Empfängnis.[602] Und vielleicht hat Barth nicht Unrecht, wenn er darauf verweist: „Eines darf mit Bestimmtheit gesagt werden: dass immer da, wo man sich vor diesem Wunder flüchten wollte, eine Theologie am Werke war, die faktisch auch das Geheimnis nicht

599 Müller/Sattler, Mariologie 181f. – Auch Rahner, Dogmatische Bemerkungen 140 schreibt: „Es ist deutlich zu sagen – vielleicht eine Binsenwahrheit, die aber sachlich und apologetisch von großer Bedeutung ist –, dass der formale und abstrakte *Begriff* der hypostatischen Union die Jungfrauengeburt *nicht* fordert“.

600 Rahner, Maria SW 9, 547.

601 K. Barth, KD I/2, 221.

602 An anderer Stelle weist Barth auch darauf hin, dass da, wo der Mann, also Josef, als (biologischer) Vater angenommen wird, die Alleinwirksamkeit Gottes im Geschehen der Menschwerdung verdunkelt wird: Gott will „als der ewige Vater seines ewigen Sohnes keinen menschlichen Vater neben sich haben“: KD I/2, 213. An wieder anderer Stelle (KD I/2, 199 u.ö.) vergleicht Barth die leibliche Jungfräulichkeit mit dem leeren Grab, das gleichfalls Zeichen ist, nämlich für den radikalen Neuanfang, der mit der wahrhaftigen Auferstehung Jesu gegeben ist.

mehr verstanden und gewürdigt hat",[603] die – anders formuliert – mit dem Zeichen auch die Sache ablehnt.

3. Zur mariologischen und anthropologischen Relevanz

Wird die herausragende Stellung Marias in der Kirche berührt, wenn sie Jesus nicht (im biologischen Sinn) jungfräulich empfangen hat und auf „natürliche Weise" seine Mutter war? Diese Frage stellt sich umso dringender, weil man schon in der Frühen Kirche davon überzeugt war, dass Maria die ἀπαρχή – der „Erstling" aller in der Kirche verwirklichten Jungfräulichkeit ist? Verliert also das jungfräuliche Leben ohne marianischen Haftpunkt seine letzte Basis?

Angesichts dieser Frage ist mit Nachdruck zu betonen, dass Jungfräulichkeit sowohl in der Heiligen Schrift wie auch bei den Kirchenvätern einen tieferen Sinn als den eines physiologischen Status hat. Gerhard Lohfink und Ludwig Weimer fassen diesen Sinn so zusammen:

> Eva war, „wie die Kirchenväter oft betonen, Jungfrau, weil sie vor ihrem Ungehorsam die ganze Schönheit und Integrität der Schöpfung Gottes ausstrahlte. Ihre Jungfräulichkeit wäre auch durch ihre Mutterschaft nicht zerstört worden. Denn mit der Jungfräulichkeit Evas war eben gemeint: unverdorbene, unzerstörte Schöpfung. Entsprechend war bei den Kirchenvätern mit der Jungfräulichkeit der Kirche *vor allem anderen* immer zuerst der Glanz der erlösten Schöpfung angesprochen und erst dann und davon ausgehend das sachgerechte, der neuen Schöpfung entsprechende Leben".[604]

Das ist gewiss zutreffend. Es kamen aber noch andere Aspekte hinzu. Die Jungfräulichkeit der Kirche wie die Marias wird assoziiert mit ihrem Magd-Sein. Und das wiederum besagt radikale Verfügbarkeit für Gott und seinen Heilswillen. So schreibt schon Origenes über die Selbstaussage Marias *Ich bin die Magd des Herrn*: Es ist, „wie wenn sie sagte: Ich bin ein Wachstäfelchen zum Schreiben, was immer Er will. Es schreibe der Schreiber, was er will; es soll geschehen, was der Herr über alles will".[605] Deshalb ist auch in der ganzen Zeit der Patristik die der Jungfräulichkeit zugeordnete Tugend nicht etwa – wie später – die Keuschheit, sondern der Gehorsam, die Verfügbarkeit.[606] Deshalb wird auch die Kirche

603 KD IV/1, 227.
604 Lohfink/Weimer, Maria 271 mit Verweis auf Delahaye, Maria 82–84; 88f.
605 Origenes, hom. in Luc., fragm 17 (FC 4/2, 408). Ü. modifiziert.
606 Vgl. Dettloff, Virgo 225f.

als jungfräulich bezeichnet, weil zu ihrem Magdsein die reine, ungeteilte, ganze Hingabe an Gott im Glauben gehört (siehe 2 Kor 11,2).[607] Insbesondere werden die Märtyrer (die Männer nicht ausgenommen!) als Jungfrauen bezeichnet, da sie ihren Glauben mit der Hingabe ihres Lebens besiegelt haben (Offb 14,4). Ja, die Defloration, also der „Verlust" der (physiologischen) Jungfräulichkeit, bei den Märtyrer-Jungfrauen, ein „Verlust" der im römischen Imperium zwangsläufig mit der der Hinrichtung vorangehenden Vergewaltigung verbunden war, änderte *überhaupt nichts* an der Einschätzung ihrer verbliebenen Jungfräulichkeit! Kurz: Jungfräulichkeit hat in der Frühen Kirche einen viel, viel weiteren Sinn. Und deshalb gilt: „‚Jungfräulich' muss der Glaube sein, auch der Glaube der Männer. Jungfräulich müssen die Glaubenden sein".[608]

In diesem Sinn war Maria Jungfrau, ja sogar die Spitze und Summe aller Jungfräulichkeit. Denn sie ist die Glaubende schlechthin, sie stellt „mit Leib und Seele" ihr Leben ganz Gott, seinem Ruf und der ihr zugedachten Sendung zur Verfügung. Von daher ergibt sich für Rudolf Pesch als Fazit:

> „Dass Maria keinen Mann erkennt, ist in der theologischen Sprache der Glaubens-Erzählung der Ausdruck dafür, dass sie allein den Verheißungen Gottes traut, der diejenige begnadet, mit der ER sein will. … [Sie] traut im Blick auf die Erfüllung der Verheißungen Gottes für Sein Volk und auf die Ankunft des Messias … nicht den Möglichkeiten einer Ehe, nicht ihrer Ehe, nicht ‚dem Wollen des Mannes', nicht ‚dem Blut'. … Maria traut einzig den Möglichkeiten Gottes, für den allein ‚nichts unmöglich' ist. … [Denn das Kommen des Sohnes Gottes zu uns ist das] absolute Wunder, er kann nicht aus dem Wollen des Mannes hervorgebracht, sondern nur im freien Ja der Jungfrau empfangen werden".[609]

So gesehen macht nicht die „Ent-Haltung" Maria zur immerwährenden Jungfrau, sondern ihre „Haltung".[610] Darum hat es auch einen tiefen Sinn, wenn schon eine

607 Diese ungeteilte Hingabe der Kirche wird nicht selten auf ihren *inhaltlich* integralen Glauben reduziert. Siehe etwa die Aussage von Hegesipp, die Eusebius in seiner Kirchengeschichte IV, 22,4 (SC 31, 200) anführt: „Damals nannte man die Kirche eine Jungfrau, denn sie war noch nicht durch falsche Lehren verdorben." Vgl. dazu auch H. Rahner, Maria 41ff sowie M. F. Berrouard, L'Église Vierge et la virginité de l'esprit, in: BA 71, 935–937 mit weiteren Textverweisen.

608 Pesch, Wunder 171.

609 Ebd. 172ff.

610 So: (mit Verweis auf C. J. M. Halkes) Müller/Sattler, Mariologie 183. – Auf dieser Linie bemerkt auch H.U. v. Balthasar, Wer ist die Kirche?, in: ders., Sponsa Christi, Einsiedeln [3]1971, 171: „Marias bleibende leibliche Jungfräulichkeit ist die fleischliche Seite der inneren, bleibenden Jungfräulichkeit, das heißt Ausschließlichkeit, ihres geistigen Glaubens, und der Lobpreis der Jungfräulichkeit bei den Kirchenvätern, der sowohl die Jungfräulich-

Reihe von Kirchenvätern, z. B. Ephräm der Syrer (vermutlich erstmalig), sodann Augustinus und Theodot v. Ankyra die Meinung vertreten, dass Maria „durch ihr Ohr“, d. h. im Hören und Antwortgeben auf das Wort den Sohn Gottes empfangen hat. Ja, darin dass Maria den Glauben und den Ruf zu Jüngerschaft Jesu empfing, sehen einige Theologen sogar die eigentliche Würde und Sonderstellung Marias.[611] So sagt z. B. Augustinus im Zusammenhang einer Auslegung von Lk 11,28:

> „Seliger also ist Maria durch das Annehmen des Glaubens Christi als durch das Empfangen des Fleisches Christi“.[612]
>
> „Mehr ist es für Maria, dass sie Jüngerin Christi war, als dass sie seine Mutter, war; mehr ist, dass sie glücklicher Jüngerin als Mutter Christi war, mehr ist, was im Geiste, als was im Schoße getragen wird“.[613]

Von daher unterscheidet schon Augustinus zwischen einer Jungfräulichkeit des Herzens und des Glaubens einerseits und einer Jungfräulichkeit des Leibes andererseits, wobei erstere sowohl der ganzen Kirche wie auch jedem einzelnen wahrhaft Glaubenden zukommt:

> „Jede Kirche wird Jungfrau genannt. ... Worin besteht diese Jungfräulichkeit? Nicht im Leibe. Denn nur von wenigen Frauen gilt sie, und wenn Jungfräulichkeit von Männern ausgesagt werden kann, dann gilt die heilige Integrität auch des Leibes nur wenigen Männern in der Kirche. ... Aber alle Glieder (der Kirche) bewahren die Jungfräulichkeit im Geiste (in mente). Was ist diese geistige Jungfräulichkeit? Der unversehrte Glaube, die feste Hoffnung, die aufrichtige Liebe“.[614]

---

keit der Kirche wie der gottgelobten Jungfrauen und jedes einzelnen, auch der verheirateten Gläubigen [!] umfasst, meint grundlegend die eine marianische Jungfräulichkeit, die primär [!] Ausdruck einer personalen Haltung dem bräutlich begegnenden Gott gegenüber ist“.

611 Bemerkenswert ist auch, dass J. Nebel, Der Preis der Jungfrau in der aktuellen römischen Liturgie, in: A. Ziegenaus (Hrsg.), „Geboren aus der Jungfrau Maria“, 191–251 in einer Durchsicht durch die liturgischen Marientexte ermittelt hat, „dass es in den liturgischen Texten nicht wenige marianische Betrachtungen gibt, die von der Jungfräulichkeit aus beleuchtet sein könnten [!], ohne dass dies de facto der Fall ist. ... Dass Maria Jüngerin ihres Sohnes ist, bedeutet noch ein reicheres Geschenk als die leibliche Jungfräulichkeit. Implizit ist damit ein Vorrang der geistlichen vor der leiblichen Jungfräulichkeit ausgesagt“: ebd. 213, 243.

612 Augustinus, De s. virg. 3 (BA 3, 114).

613 Augustinus, Sermo Denis 25, 7 (Morin 162).

614 Augustinus, In Joh 13, 12 (CC 36, 137). Ähnlich auch Augustinus, En. in Ps 147,10 (CC 40, 2146); Serm. Guelferb. I, 8 (Morin 447). Siehe dazu M. Agterberg, Ecclesia-Virgo. Étude sur la virginité de l'Église et des fidèles chez saint Augustin, Louvain 1960. Dieser „geistliche“ Begriff von Jungfrau und Jungfräulichkeit zieht sich bis in die Deutsche Mystik hinein. Vgl. besonders Meister Eckhart, Pr. 2: Intravit Jesus in quoddam Castellum, in: WW I, hrsg. v. N. Largier, Frankfurt 1993, 24–37.

Diese Kennzeichnung der Kirche als Jungfrau ist durchgehend bei den Vätern anzutreffen und wird schließlich auch in LG 64 nochmals aufgegriffen.

Wenn man so auf den tiefsten und zentralen Sinn von Jungfräulichkeit blickt und dieser im Leben der Kirche tatsächlich verwirklicht wird, dürfte dies auch einen positiven Einfluss auf die Hochschätzung ehelosen Lebens haben. Wo viele Glaubende als „reine Jungfrauen“ auf den Ruf Gottes hören und ihm zu folgen suchen, darf auch damit gerechnet werden, dass eine Reihe von ihnen, und vielleicht künftig noch viel mehr, ebenso „leibhaftige Jungfräulichkeit“ verwirklichen, d. h. den Ruf zur Ehelosigkeit „um des Reiches Gottes willen“ vernehmen, ihm zu entsprechen suchen und auch als öffentliches Zeichen leben. Nur wenn „geistliche“ Jungfräulichkeit tiefinnerlich gelebt wird, bekommt eine ihrer leibhaftigen Ausdrucksformen[615], nämlich die „Ehelosigkeit um des Reiches Gottes willen“, Gehalt und Sinn, Plausibilität und Überzeugungskraft. So gesehen „hängen“ an der leiblichen Jungfräulichkeit und ihrer leiblichen jungfräulichen Empfängnis *keineswegs* Sinn und Bedeutung jungfräulichen Lebens in der Kirche.

Zurück aber zur Jungfräulichkeit Marias. Gehört Maria nicht zu denen, die auch „leibliche“ Jungfräulichkeit verwirklichen? Ist es nicht „ziemlicher“ für den Sohn Gottes, „eine Menschennatur anzunehmen, die ihren Anfang nicht in geschlechtlicher Lust hatte, sondern im Schoß der allerreinsten Jungfrau“, und ist es nicht ziemlicher für Maria, dass ihre Mutterschaft „unbefleckt“ ist von männlichem Samen und beiderseitiger Lust? Mögen Christen jahrhundertelang aufgrund der Autorität des Augustinus auch so gedacht haben, solche Überlegungen widersprechen zutiefst dem Wesen der Ehe. Als ob „erfüllte Sexualität“ nicht auch „der Gottesmutterschaft würdig“ wäre![616]

Kann man also für Maria die virginitas im biologisch-leibhaftigen Sinn *aufgeben* und ihre Jungfräulichkeit als geistliche Verwirklichung ihrer totalen Hingabe an Gott verstehen? Spricht dagegen aber nicht, dass dies eine „Halbierung der Jungfräulichkeit Mariens“ bedeuten würde?[617] Impliziert nicht „die primär geistliche Dimension der virginitas ... eindeutig die leibliche Dimension“, jedenfalls dann, wenn erstere in vollendeter Form gelebt wird?[618] Entbehrt deshalb – so Leo Scheffczyk – eine nicht-leibhaftige Jungfräulichkeit nicht „des theolo-

---

615 Eheloses Leben „um des Reiches Gottes willen“ ist *eine* Ausdrucksform und *ein* Zeichen für innerlich gelebte Jungfräulichkeit. Das andere große Zeichen ist das der sakramentalen Ehe, d. h. jener treuen Ehe, die bewusst als Abbild der Verbindung Gott-Mensch (Eph 5,32) gelebt wird und sich so als „ecclesiola“, als Kirche im Kleinen, versteht.

616 Pesch, Wunder 98.

617 A. Ziegenaus, Maria in der Heilsgeschichte. Mariologie = Katholische Dogmatik 5, Aachen 1998, 232–287, hier: 243.

618 Hauke, virginitas, 136.

gischen Ernstes"? Denn – so seine Begründung – „insofern Leiblichkeit … auch als Medium der Heilsverwirklichung ernst zu nehmen ist, kann gerade bei dem an der Heilsverwirklichung am intensivsten und bleibend beteiligten Menschen die Medialität des Leiblichen nicht ausgeschlossen werden, die in der dauernden Jungfräulichkeit ihren angemessensten Ausdruck gewinnt".[619] Und schließlich bemerkt auf gleicher Linie auch Karl Rahner:

> In Maria muss „zur vollkommenen Erscheinung kommen ‚auch dem Leibe nach', was es heißt: gänzlich und in jeder Hinsicht von der Gnade und dem neuen Leben von Gott her gestaltet sein. Das aber kommt zur Erscheinung [in der dazu gehörenden Anmerkung heißt es: Was nicht einfach gleichbedeutend ist mit: kann nur gegeben sein] auch in der steten Jungfräulichkeit. … Sie ist Erscheinung und Ausdruck jenes Glaubens, der die Gnade als überweltliche … entgegennimmt und zum Vollzug dieser Haltung eine innerweltliche (an sich durchaus positive Sinnerfüllung) ‚vorbeigehen' lässt, sodass in ihr ‚besser' erscheint und ‚verleiblicht' wird, was die innere Haltung an sich jedes Christen sein muss: ἐλθέτω χάρις καὶ παρελθέτω ὁ κόσμος οὗτος Did 10,6), und dies darum, weil ‚das Reich Gottes' schon da ist. Ist dies aber der Sinn der Jungfräulichkeit, dann muss die in vollkommenster Weise Erlöste sie gehabt haben, wenigstens von dem Augenblick an, da das Himmelreich gerade in ihrem Leib endgültig gekommen war".[620]

Das Ganze noch einmal aus einer anderen Perspektive gefasst: Wenn Maria Christus allein gehört, kann sie dann auch noch einem Mann gehören? Muss nicht gelten, dass diejenige, – so Wolfgang Beinert –, die sich ganz „von der Liebe Gottes erfüllt weiß, … anderes nicht mehr *neben,* sondern nur noch *in ihm* lieben" kann?" Der Autor fährt dann fort: „Der Verzicht auf Sexualpartnerschaft liegt darin nicht notwendig beschlossen, ist aber verständliche Ausziehung einer Linie, deren Beginn bei Gott ist".[621] Aber wenn der Verzicht auf Ehe darin nicht „notwendig beschlossen" ist, sondern nur von daher „verständlich" wird, bleiben solche Überlegungen letztlich doch sehr hypothetisch.

619 L. Scheffczyk, Exegese und Dogmatik zur virginitas post partum, in: MthZ 28 (1977) 291–301, hier: 297f.

620 Rahner, Assumptio, SW 9, 283.

621 W. Beinert, Maria. Spiegel der Erwartungen Gottes und der Menschen, Regensburg 2001, 137.

4. Offener Ausgang?

Das Hin und Her der Antworten auf die Frage, wie die in der Heiligen Schrift berichtete Jungfräulichkeit Marias zu verstehen ist: nur geistlich oder geistlich *und zugleich leibhaftig* scheint nahe zu legen, das Problem der jungfräulichen Mutterschaft Marias (im „physiologischen" Sinn) für unentscheidbar offen zu halten, zumal sie – jedenfalls nach Karl Rahner – „einen relativ sekundären Platz in der Hierarchia veritatum einnimmt"[622], offen sowohl von der Exegese wie auch von ihrer christologischen und anthropologischen Bedeutung her. Die Frage ist aber, ob dem kirchlichen Glaubensbewusstsein über die historische Quellenlage und über die theologische Reflexion hinaus nicht eine eigenständige Kompetenz zur Klärung dieses Problems zukommt. Steht die entsprechende vielhundertjährige normative Glaubenstradition in Ost und West nicht dafür, dass Marias Jungfräulichkeit auch real-biologisch zu verstehen ist?[623] Einfacher gefragt: Kann die kirchliche Glaubensüberlieferung historisch-kritische Arbeit und/oder denkerische Plausibilität ergänzen, ersetzen oder auch – in offenen Fragen – vereindeutigen? „Ein geschichtliches Faktum, das historisch nicht erweisbar ist, würde so einfach durch Glaubensspruch erwiesen; der mangelnde historische Beweis würde ersetzt, die Lücke gefüllt durch ‚Offenbarung'", so formuliert Alois Müller ein im katholischen Raum beliebtes Prozedere und setzt dem zu Recht erhebliche Bedenken entgegen.[624] Doch sei diese Problematik hier nur aufgeworfen und nicht beantwortet, da sich damit ein uferloses Meer auftut …

622 Rahner, Dogmatische Bemerkungen 147.

623 Die wichtigsten Dokumente dieser normativen Glaubensüberlieferung sind angeführt bei G. L. Müller, Maria, 130[24], für die Zeit von 1960–1992 auch bei Perella, parto 106–152. In vielen lehramtlichen Äußerungen wird ein nur spirituelles Verständnis der Jungfräulichkeit Marias dadurch ausgeschlossen, dass ausdrücklich hervorgehoben wird, Maria habe ohne menschliches Zutun (sine virili semine) empfangen, so z. B. das I. Laterankonzil (DS 503). Aber ganz eindeutig ist diese Stelle auch wieder nicht. So weist z. B. Pesch, Wunder 187[100] mit einem Zitat von K. Forster, Idiomenkommunikation, in LThk ²5, 609 darauf hin, dass das Subjekt, von dem die jungfräuliche Empfängnis ohne männlichen Samen ausgesagt wird, gerade nicht der Mensch Jesus ist, sondern der Logos, der vom Vater vor aller Zeit geboren wurde. Das bedeutet aber: „Insofern die Aussagen über die Zeugung Jesu aus Heiligem Geist und seine Geburt aus der immerwährenden Jungfrau Maria ‚das Werden der Hypostatischen Union betreffen, können [sie] nicht auf Christus homo bezogen werden'".

624 A. Müller, Glaubensrede über die Mutter Jesu, Mainz 1980, 66. – In diesem Punkt setzt Rahner, Dogmatische Bemerkungen 156 die Akzente anders. Auch für ihn handelt es sich – mindestens bei der Lehre von der virginitas in partu – nicht um ein historisch erweisbares Faktum, aber auch nicht einfach um ein statuarisches Dogma, sondern „um eine Konsequenz, die aus viel fundamentaleren Tatsachen durch das Glaubensbewusstsein der Kirche … schon in sehr frühen Zeiten … gezogen ist".

Mir persönlich scheint: Der letztentscheidende Gesichtspunkt, der für die *leibhaftige* Jungfräulichkeit Marias spricht, ist dieser: Zum christlichen Glauben gehört das Bekenntnis, dass Gott in der Menschwerdung seines Sohnes einen radikalen Neuanfang in der Geschichte setzt, einen Anfang, der nicht aus menschlichen Möglichkeiten erwächst, sondern reinste Gabe ist. In der jungfräulichen Empfängnis Jesu wird über alle Maßen deutlich und tritt in leibhaftige Erscheinung, dass in ihm der „normale" Lauf der Welt unterbrochen wird und etwas ganz Neues beginnt. So sieht es auch Karl Rahner: „Es bricht steil von oben herunter das unberechenbare Erbarmen Gottes: das Werden des Sohnes, der, sosehr er aus unserem Fleische und Geschlecht nimmt, was er werden will, doch in seiner Menschheit die reine Wirkung der freien Tat des ewigen Gottes von oben ist". [625] Auf der gleichen Linie vermerkt auch Klaus Hemmerle: „Maria ist total angewiesen auf Gott, und so kann sie eben als Jungfrau nicht aus sich selbst empfangen und gebären; und darin bringt sie die ganze menschheitliche Wirklichkeit mit: Die Menschheit kann Gott nicht hervorbringen. Was allein vom Menschen her absolut nicht geschehen kann, geschieht in ihr von Gott her".[626] In genau diesem Sinn ist ihre leibliche Jungfrauschaft eines der „laut schreienden Geheimnisse", wie schon Ignatius v. Antiochien es formuliert (IgnEph 18,2–19,1).

Was also bleibt? Ob die jungfräuliche Gottesmutterschaft (auch im biologischen Sinn) ein empirisches Faktum ist oder nicht, kann offenbar nicht mit *letzter* Sicherheit ausgemacht werden. Auf jeden Fall aber geht es hier nicht um ein Mirakel oder abstruses Faktum. Die jungfräuliche Mutterschaft Marias kann nur ein *Zeichen* sein,[627] und zwar ein öffentliches Zeichen des Glaubens, ein „laut schreiendes Geheimnis" nach Ignatius v. Antiochien, ein Zeichen sowohl dafür, dass „dieser Mensch Jesus, in dem sich Gott vergegenwärtigt, nicht aus der Potentialität der Kreatur hervorgehen kann,"[628] als auch dafür, dass diejenige, die sich dem Kommen Gottes in diese Welt zur Verfügung stellt, in all ihren Dimensionen, auch den leiblichen, reine Offenheit, reine Hingabe, reiner Glaube ist. In diese Perspektive des Zeichens fügt sich sehr gut auch ein Gedanke von Michael Schneider ein. Er vermerkt, dass erst durch Glaube und deutende Verkündigung die jungfräuliche Mutterschaft Marias einen Sinn erhält: „Wenn eine Frau nachweislich keinen Mann erkennt und schwanger wird, so ist die reine Tatsächlichkeit einer jungfräulichen Schwangerschaft so ‚bedeutungslos', wie das leere Grab – für sich genommen – noch kein Beweis für die Auferstehung ist. Erst die deutende Ver-

625 K. Rahner, Maria SW 9, 547.

626 Kl. Hemmerle, Trinität und Maria, in: ders., Leben aus der Einheit, Freiburg i. Br. 1995, 156–176, hier: 160.

627 Darauf hebt auch besonders Pesch, Dogmatik I/1,858f ab.

628 G. L. Müller, Maria 128.

kündigung lässt es zum verständlichen Zeichen werden: Das Faktum ohne seinen Sinn bleibt blind und der Sinn ohne die Tatsache leer".[629] Aber dies gilt nicht nur von Maria selbst, sondern ebenso von der Kirche, die deswegen Jungfrau ist, weil sie sich erfüllt in reiner Offenheit, reiner Hingabe, reinem Glauben.

629 M. Schneider, Das Marienlob der Frühen Kirche, in: www.kath.de/zentrum/archiv_texte/vortrag_radio_2011/13_2011.pdf (abgerufen 31. 1. 2013).

VIERTES KAPITEL

Maria Immaculata Ecclesia

§ 1 Heiligkeit der Kirche – Heiligkeit Marias

1. Heilige und sündige Kirche

Der Weg von den schlichten biblischen Aussagen über die Mutter des Herrn bis hin zum Dogma von 1854, wonach Maria „ohne Makel der Erbsünde empfangen", d.h. vom ersten Augenblick ihres Daseins an ganz heilig und sündenlos war, scheint besonders groß, ja geradezu zusammenhanglos zu sein. Nirgendwo in der Schrift wird – so scheint es – etwas zu diesem Thema gesagt. Eher wird im Gegenteil bei Mk die Mutter Jesu zu den (noch) nicht Glaubenden gerechnet und bei Joh zu denen, die anfangs noch nicht die Wende zum Neuen mitvollzogen haben. Tatsächlich ist, *historisch gesehen*, für unser Thema nicht bei Maria, sondern an anderer Stelle anzusetzen. Das von Joseph Ratzinger formulierte Prinzip: „Alles, was später Mariologie sein wird, ist zunächst als Ekklesiologie vorgedacht worden",[630] trifft hier mit besonderer Deutlichkeit zu. Denn für Paulus bzw. für die Deuteropaulinen ist rein und makellos zunächst einmal *die Kirche* bzw. *die Glaubenden*. Sie sind schon vor Grundlegung der Welt dazu auserwählt, „heilig und makellos" (sancti et immaculati) vor Gott zu leben (Eph 1,4); durch Christi Tod ist uns von Gott Versöhnung geschenkt, um uns „heilig und makellos" (sanctos et immaculatos) zu machen (Kol 1,22). Ganz auf dieser Linie kann Paulus der Gemeinde in 2 Kor 11,2 zurufen: *Ich liebe euch mit der Eifersucht Gottes; ich habe euch einem einzigen Mann verlobt, um euch als reine Jungfrau zu Christus zu führen.*

Die Kirche – konkret die Gemeinde von Korinth – wird hier als „Braut" Christi vorgestellt, die Paulus wie eine antiker Brautführer am Tag der Hochzeit, d.h. bei der Wiederkunft Christi, dem Herrn als „reine" Braut entgegenführen möchte.

630 Ratzinger, Erwägungen 22.

Nicht dass erst dann die Kirche „rein“ sein wird! Sie ist für Paulus schon jetzt *von der Sünde befreit* (Röm 6,18) *rein gewaschen und geheiligt* (1 Kor 6,11), *geheiligt in Christus Jesus* (1 Kor 1,2) und dazu befähigt, *in einem neuen Leben zu wandeln* (Röm 6,4). Und diese von Gott geschenkte Reinheit soll sich durchhalten bis zum „Tag Christi“. Dieses Rein- und Heilig-Sein der Kirche wird in Eph 5,25f, wo das bräutliche, ja eheliche Verhältnis Christi zu seiner Kirche als Vorbildgestalt für die menschliche Ehe vorgestellt wird, nochmals unterstrichen:

> *Ihr Männer, liebt eure Frauen, wie Christus die Kirche geliebt und sich für sie hingegeben hat, um sie im Wasser und durch das Wort rein und heilig zu machen So will er die Kirche herrlich vor sich erscheinen lassen, ohne Flecken, Falten oder andere Fehler; heilig soll sie sein und makellos.*

Vor allem von diesen neutestamentlichen Texten her wurde schon seit frühester Zeit die Kirche als rein, heilig und sündenlos bezeichnet und gepriesen. Man sprach, entsprechend der lateinischen Fassung von Eph 5,27 (non habentem maculam), von der „ecclesia immaculata“. Diese Formulierung wurde noch durch die Anrede der „Geliebten“ des Hohenliedes, die schon früh als Kirche identifiziert wurde (so wie sich bereits vorher das alttestamentliche Gottesvolk damit identifizierte) als „immaculata mea“ gestützt. Es ist demnach die Kirche, die rein und heilig ist. So kam es auch zur Aufnahme des Artikels in das Glaubenssymbol: Ich glaube an die *heilige* Kirche. Damit bestätigt sich die Auffassung von Ratzinger, die er so formuliert: „Es gibt in der Schrift und erst recht bei den Vätern von Anfang eine Immaculata-Lehre, freilich als Lehre von der Ecclesia immaculata; die Immaculata-Lehre wird hier wie die ganze spätere Mariologie zuerst als Ekklesiologie vorweggenommen“[631].

Wie kam es aber dazu, die Aussagen über die Kirche auf Maria zu übertragen. Gerhard Lohfink / Ludwig Weimer meinen dazu:

> „Ein tiefes Bewusstsein von der Heiligkeit und Herrlichkeit der Kirche erfüllte die Christen der ersten Jahrhunderte. Sie sahen freilich auch ihr eigenes Versagen und die Glaubensnot der realen Kirche. Trotzdem hielten sie an der Erwählung und dem Glanz der reinen Jungfrau und Mutter Kirche fest. Wie konnten sie das? Sie konnten es offenbar, weil sie inmitten ihrer eigenen Not den Blick mehr und mehr auf Maria als das reine Bild der Kirche richteten. Wo war die *ecclesia immaculata* denn noch unmittelbar zu erfahren? In dem Maß,

631 Ratzinger, Tochter Zion 66f.

in dem das Bild der unversehrten Kirche zu entschwinden drohte, verdichtete es sich im Inbild ‚Maria'".[632]

Man könnte dagegen einwenden, dass diese Erklärung einer „Entlastungstheorie" doch sehr nahe kommt im Sinne von: Weil man selbst die eigene „Unheiligkeit" erfuhr, projizierte man das Heiligsein auf Maria. Auf der andern Seite ist jedoch tatsächlich zu fragen, ob ohne eine solche personale Verwirklichung von Heiligkeit die Aussage von der „heiligen Kirche" nicht ein unpersönliches Abstraktum oder ein nie zu erreichendes und damit gleichfalls abstraktes Ideal bleibt.

Bevor dieses Problem weiter verfolgt werden kann, ist zunächst grundsätzlich zu fragen: Warum und in welcher Hinsicht ist die Kirche überhaupt heilig? Diese Frage ist nicht zu beantworten, ohne sich vorher hinsichtlich des Begriffs „Heiligkeit" zu verständigen. Hier ist die Antwort vielfältig:

- Heilig ist zunächst und vor allem Gott selbst, wie es etwa das Dreimal-Heilig bei Jes 6,3 zum Ausdruck bringt; Gott ist *der Heilige Israels* (Jes 12,6 u. ö.). Heiligsein kennzeichnet das Wesen Gottes in seinem Erhabensein über die Schöpfung, in seinem „Ganz-anders-Sein".[633] Deshalb ist auch Jesus Christus, der als Sohn Gottes ganz dem Bereich Gottes angehört, *der Heilige Gottes* (Mk 1,24 u. ö.).
- Die neutestamentliche Kirche und schon vorher das altbundliche Gottesvolk sind – davon abgeleitet – heilig, weil als „besonderes Eigentum" (Ex 19,6; 1 Petr 2,9) des heiligen Gottes dazu berufen und erwählt, auch selbst zum Bereich des Heiligen zu gehören. Darum ist Heiligkeit ihrem tiefsten Wesen nach keine „moralische Eigenschaft" (auch wenn sie sich darin zeigt oder zeigen kann, vor allem aber: zeigen soll), und deshalb schließt der Glaube an die Heiligkeit der Kirche nicht ihr Sündersein aus. Ihr Heiligsein proklamieren, „heißt, die Unauflöslichkeit der Verbindung Christi mit der Kirche verkünden".[634]
- Heilig ist die Kirche insbesondere, weil sie durch die Erlösungstat Christi, an der die Gläubigen vor allem im Taufsakrament Anteil erhalten, gereinigt und geheiligt und deswegen für Gott „ausgesondert" ist. Aber dieses Ausgesondertsein ist nichts Abgeschlossenes, sondern sogleich auch Sendung für die anderen, denn:

---

632 Lohfink/Weimer, Maria 277. Ähnlich auch L. Scheffczyk, Maria. Mutter und Gefährtin Christi, Augsburg 2003, 144.

633 Dem entspricht auch, dass die in der Bibel zugrunde liegenden Begriffe für heilig (kados, ἅγιος, sanctus) sich von einer Wurzel herleiten, die so viel wie abgesondert und ausgegrenzt meinen.

634 Y. Congar, Die Wesenseigenschaften der Kirche ?, in: MySal IV/1, 357–502, hier: 463.

- mit dem „Heiligsein" ist zugleich auch und wesentlich ein Auftrag verbunden: Die neutestamentliche Kirche ist wie das Gottesvolk des Alten Bundes nicht nur dazu berufen, selbst heilig zu *werden*, so wie Gott heilig ist (Lev 11,44; 1 Petr 1,15), sondern sie hat ihr Heiligsein gewissermaßen „ansteckend" in die Welt hinauszutragen, damit auch diese „heilig", d. h. gottzugehörig werde.
- Dabei ist Heiligkeit nicht nur eine in der Zukunft zu verwirklichende Auf-Gabe, sondern auch schon gegenwärtige Gabe Gottes, insofern der Kirche die Liebe des Vaters geschenkt wurde, Christus ihr Haupt und sie der Leib Christi ist und die Gabe des Geistes ihr ganzes Leben durchdringt.

So ist die Gabe der Heiligkeit an die Kirche erwirkt sowohl durch das Handeln Christi, der sich ein heiliges Volk erworben hat und es ständig durch Wort und Sakrament und die Befähigung zum Tun der Liebe heiligt, wie auch durch das Handeln des Heiligen Geistes, der als „Geist der Heiligung" (vgl. 2 Thess 2,13) immer aufs Neue Glieder der Kirche in heilige Glieder umwandelt.[635] Doch erscheint diese Kraft des Heiligen Geistes in menschlicher Unheiligkeit, in Schwachheit und Sünde, insofern die Empfänger der heiligmachenden Gabe Gottes diese nicht nur nicht ausschöpfen, sondern sie auch nicht selten umfälschen und pervertieren. Deswegen ist die „heilige Kirche" immer zugleich auch „sündige Kirche".

Diese Wirklichkeit einer halbherzigen, sündigen und unheiligen Kirche stellt Eugene H. Peterson, kanadischer Theologieprofessor und dann Gemeindepfarrer, sich und andern sehr eindringlich vor Augen, wenn er darlegt,

> „was der Heilige Geist aus den Menschen meiner Gemeinde formt – einer Ansammlung von zerbrochenen, humpelnden, verkrüppelten, sexuell und geistlich missbrauchten, emotional unstabilen, passiven, aggressiven, neurotischen Männern und Frauen. Da gibt es Männer um die Fünfzig, die schon Dutzende Male auf die Nase gefallen sind und ahnen, dass sie es nie wirklich schaffen werden. Frauen, die in ihrer Ehe übergangen, verachtet, missbraucht wurden und dennoch versuchen, treu zu bleiben. Menschen, die mit süchtigen Kindern oder Ehepartnern leben. Aussätzige, Blinde, Taube und notorische Sünder. Gleichzeitig gibt es ein paar Neubekehrte voller Energie und Eifer und eine Handvoll gealterte Heilige, die wissen, wie man betet, zuhört und durchhält. Und eine große Zahl von auf Distanz bleibenden Leuten, die einfach hie und da mal auftauchen. …
>
> Da hab ich sie also vor mir: Die Heißen, die Kalten und die Lauwarmen. Christen, halbherzige Christen, Beinahe-Christen. Ich wäre nie auf die Idee gekommen, sie mir

---

635 Dabei tritt im Verständnis der Heiligkeit im Lauf der Zeit eine folgenschwere Verschiebung ein: Ursprünglich versteht sich die Kirche als personale, besser sogar interpersonale „Gemeinschaft der Heiligen" = der durch Gott in Wort und Sakrament Geheiligten, dann aber schiebt sich die ethische Komponente der (Selbst-)Heiligung in den Vordergrund, so dass das Heiligsein individualisiert wird und aus der ursprünglichen personalen „Gemeinschaft der Heiligen" die „heilige Kirche", d. h. die geheiligte „Institution" wird.

auszusuchen. Aber jede Gemeinde verdient es, dass man einen langen, liebevollen Blick auf sie wirft. Man braucht Zeit dafür – aber wenn wir es tun, merken wir auf einmal, dass dies tatsächlich die Kirche ist. Die vom Heiligen Geist geformte Gemeinschaft. …

In seinen Briefen nennt Paulus die Christen ‚Heilige'. Jeder weiß, dass dies im herkömmlichen Sinn nicht stimmt. Es gibt so gut wie keine wirklich ‚guten' Christen. Und dennoch bezeichnet uns Paulus als ‚Heilige'. Es ist also vergeblich, nach einer Gemeinde zu suchen, die ein besseres Bild abgibt. Das war nie anders. Und doch scheint Gott geradezu versessen darauf, seine Beziehung zu diesen Allerschlimmsten aufrecht erhalten zu wollen. … Ich kann mir immer weniger einen Gott vorstellen, der seine Zeit damit verbringt, die Besten aus dieser Welt auszusortieren, um aus ihnen keimfreie Heilige zu machen, mit denen er dann eine utopisch-ideale Glaubensgemeinschaft bildet."

Nach diesen Ausführungen zitiert Peterson zustimmend einen Freund, der ihm geschrieben hat: ‚Die Kirche ist voll Sünde und in vieler Hinsicht unzulänglich. Jahrhunderte lang hat sie sich ohne Skrupel mit Geschäftemachern ins Bettgelegt, mit Armeen verbündet und die Großen der Weltpolitik hofiert. Dennoch hat sich an einem nichts geändert: Noch immer wirkt Gott inmitten des Gedärms dieser Kirche; inmitten der Menschen, die ihn dort anbeten. Hier tut er sein Werk – und manchmal wird er erneut genau hier gekreuzigt. Es ist diese Kirche, von der Jesus gesagt hat, dass er sie bauen will und dass die Hölle sie niemals überwinden wird'."

Und Peterson bestätigt: Genau das ist die heilige Kirche; hier „liegt das Wunder: Aus diesem Gedärm heraus ertönt ein ungebrochenes Zeugnis; eine Melodie des Lobpreises, und mittendrin – völlig unerwartet – dieses eine Wort: ‚Auferstehung!'. Hier hören wir Worte von Heilung und Vergebung, hören Predigt und Gebet. Und all das aus diesem Gedärm fehlerhafter Menschen, die sich nicht schämen, einander ‚Heilige' zu nennen".[636]

Dieser längere, sehr realistische Text kann eindringlich klar machen, welche Paradoxie im Bekenntnis zur „heiligen Kirche" steckt. Deswegen hat man lange Zeit in kirchlicher Lehre und Theologie strikt unterschieden zwischen einer „Kirche der Sünder" und einer „sündigen Kirche". Letzte Aussage lehnte man ab, weil die Sünden der Einzelnen die objektive Heiligkeit der Sakramente, der Lehre und der hierarchischen Institution nicht zunichte machen. Demgegenüber haben jedoch bereits die Kirchenväter sehr entschieden auch von der Sündhaftigkeit der Kirche selbst gesprochen. Sie wussten, dass die Heiligkeit der Kirche nicht deren „fester Besitz" ist, sondern ihr immer neu „ab extra" zukommen muss und dabei auch ausgeschlagen und umgefälscht werden kann. Deshalb ist die Kirche sowohl „heilige Jungfrau" wie auch „unheilige Dirne" (casta meretrix[637]), die zu

636 E. H. Peterson, Jesus und seine Nieten. Von unmöglichen Christen und katastrophalen Gemeinden, publiziert durch das Ordinariat der Erzdiözese Wien, Juni 2012.

637 Siehe dazu H. U. v. Balthasar, Casta meretrix, in: Sponsa Verbi, Einsiedeln 1961, 203–305; Chr. Böttigheimer, Heiligkeit und Sündigkeit der Kirche, in: K. Hilpert (Hrsg.), Zukunftshorizonte katholischer Sexualethik = QD 241, Freiburg i. Br. 2011, 146–161, bes. 150ff (Lit.).

heiligen und sich zur „reinen Braut" zu machen Christus aber nie aufhört. Zumal im Zusammenhang der Auseinandersetzungen mit Montanisten, Novatianern und Donatisten sowie mit Johannes Hus und den Jansenisten (vgl. DS 1201–6; 1220–24; 2474–78) lehnte man immer das Konzept einer puren „ecclesia immaculata", d.h. einer Kirche, die nur makellos ist, ab. Das bedeutet freilich nicht, dass sich hier bereits das protestantische Prinzip des „simul justus et peccator" abzeichnet. Denn bei aller Rede von der „sündigen Kirche" hielt man an der nie versiegenden Kraft des Hl. Geistes, der in ihr immer auch Heiligkeit erwirkt, fest.

Erst im Zusammenhang mit dem II. Vaticanum[638] änderte sich bei einer Reihe von Theologen die bis dahin geltende Sprachregelung, den Begriff der „sündigen Kirche" abzulehnen oder zu vermeiden.[639] Weil die Kirche nicht nur von Gott geschenkte Gabe ist (Raum der Gegenwart Christi und des Geistes, Ort des Wortes und der Sakramente), sondern auch das von den Gläubigen formierte „Wir" des gemeinsamen Glaubens, prägt der „defiziente Glaube" der Sünder (die wir alle ohne Ausnahme sind!), auch das kirchliche „Wir" und verunstaltet seine sichtbare Erscheinungsgestalt. Und auch da, wo Gottes heiligender Geist den einzelnen Menschen ergreift und dieser sich ergreifen lässt, ist dieser nicht sogleich heilig. Das gilt z.B. auch vom Heiligungsgeschehen der Taufe, das man nicht zu verstehen hat „als ein punktualistisches Ereignis, sondern als einen dauerhaften Prozess mit vielen dynamischen Phasen. Die Taufe ist … kein Augenblicksgeschehen, in welchem man plötzlich die Dunkelheit der Sünde verlässt und die Helligkeit der Gnade Gottes genießt". Vielmehr ist „das in der Taufe geschenkte neue Leben … durch die Gegenwart und Wirkung des Geistes so durchdrungen, dass sich dem Menschen die Perspektive der Heilsfülle öffnet, die sich im ganzen Leben des Getauften bis zu seiner Vollendung in Tod und Auferstehung entwickeln wird".[640] Erst dann ist die Heiligkeit des Menschen zur Vollendung gekommen.

Heiligkeit ist, sowohl was die Kirche als ganze wie auch das Leben des Einzelnen betrifft, ein geistgewirkter *Prozess,*[641] in welchem sich die geschöpfliche Heiligkeit

---

638 Auch wenn das Konzil den Sachverhalt sehr „vorsichtig" formuliert und zunächst die traditionelle Formulierung („Die Kirche umfasst Sünder in ihrem eigenen Schoß": LG 8) wiederholt, heißt es in direktem Anschluss daran: „Sie [die Kirche!] ist zugleich heilig und stets der Reinigung bedürftig, sie [!] geht immerfort den Weg der Buße und Erneuerung".

639 Siehe bes. K. Rahner, Sündige Kirche nach den Dekreten des Zweiten Vatikanischen Konzils, in: Schr. VI, 321–347; ders., Kirche der Sünder, ebd. 301–320; M. Kehl, Mit der Kirche fühlen, Würzburg 2010, 15–25.

640 K. Gasecki, Das Profil des Geistes in den Sakramenten. Pneumatologische Grundlagen der Sakramentenlehre, Münster 2009, 186 in einer Exposition der Pneumatologie des bedeutenden polnischen Theologen Wacław Hryniewicz.

641 Siehe dazu auch Pesch, Dogmatik II, 111–121.

als eigentliche theologische „Identität“ der Kirche hindurchzieht und Bahn bricht, Gabe und Auf-Gabe zugleich. Als Gabe vor allem! Denn sie *ist* ihrem Wesen nach die von Christi Erlösungstat begründete und vom Heiligen Geist erwirkte Antwort auf die Selbstmitteilung Gottes in der Geschichte. Sie partizipiert deshalb „in all ihren Grundvollzügen auf empfangende, antwortende Weise an der alle rettenden Liebe Jesu Christi zum Vater und zu allen Menschen … und [wird] darum auch von ihm *unzerstörbar* in ihrer geschenkten Heiligkeit gehalten“.[642] Freilich – wie vermerkt – „im Prozess“! Sollte das bei Maria anders gewesen sein? Sollte sie als geschichtsenthobene Größe über dem geistgewirkten geschichtlichen Werden und Sich-Entwickeln stehen?

Wir kommen darauf zurück. Gehen wir zunächst der Geschichte der Überzeugung von einer radikalen Sündenlosigkeit Marias ein wenig genauer nach.

2. Heilige und sündenlose Maria

Am Anfang der theologischen Reflexion über die Heiligkeit Marias steht – ganz auf der Linie des synoptischen Marienbildes – die Betonung des Wegcharakters ihres Glaubens. So stellt etwa Tertullian heraus: „Auch seine [= Jesu] Mutter wird nicht als seine Anhängerin ausgewiesen“.[643] Auch sie nahm Anstoß an ihrem Sohn;[644] auch sie musste den Pilgerweg des Glaubens gehen. Darum nahm auch eine ganze Reihe von Kirchenvätern und älteren Theologen (unter ihnen so prominente wie Irenäus, Origenes, Tertullian, Chrysostomus, Basilius) an, dass Maria durchaus nicht in jeder Hinsicht „sündenlos“ war.[645] Auf der andern Seite stand der lukanische Hinweis von einem „irgendwie“ besonderen Gnadenwirken des Heiligen Geistes an ihr bei der Verkündigung („Du Begnadete, der Herr ist mit Dir“). Und je mehr sich in der Folgezeit (3./4. Jahrhundert) die Eva-Maria-Parallele durchsetzte, wurde eo ipso auch der Kontrast Marias zur sündigen und Sünde bringenden Eva hervorgehoben. Schließlich konnte diejenigen, die man als

642 Kehl, Mit der Kirche 21.

643 Tertullian, De carne Christi 7 (CC 2, 288).

644 So Origenes, In Luc. hom. 17, 6 (FC 4/1, 200): „Wenn sie [Maria] bei der Passion des Herrn keinen Anstoß nahm, dann ist Jesus nicht für ihre Sünden gestorben. … So war auch Maria in jener Zeit an ihm irre geworden“. In dieser Perspektive Linie deutet Origenes, ebd. auch das „Schwert“ von Lk 2,34: „Pertransibit infidelitatis [!] gladius“. Siehe ferner: Origines, In Luc. hom 20, 4 (226). Ebenso auch Basilius, ep. 260,7 (PG 32, 968). Selbst Cyrill v. Alexandrien, der ein glühender Verteidiger der θεοτόκος war, erkannte in ihrem Verhalten unter dem Kreuz, da sie sich am Leiden ihres Sohnes „skandalisierte“, Schwächen und Fehler. Vgl. Cyrill, In Joa XII, 19, 25 (PG 74, 662).

645 Genaueres dazu und Lit. bei Rahner, Assumptio 279f sowie in TD II/2, 294f.

„Schlangenzertreterin“ verstand, nicht selbst unter der Herrschaft der Schlange gestanden haben.[646] Als Mutter des Gottessohnes verstand man sie darüber hinaus so sehr in die durch Christus eröffnete Welt der Gnade hineingenommen, dass sie die Gnadenfülle besitzt (wobei „Fülle“ nicht im quantitativen, sondern im „intensiven“ Sinn zu verstehen ist).[647]

Andere Fakten kamen hinzu:

(1) Die alttestamentlichen Verheißungen, gemäß derer die ehebrecherische „Frau Israel“ (Hos 2) in Zukunft wieder zur „makellosen Braut“ des Hohenliedes werden wird, und die Idee vom „Rest Israels“, „der kein Unrecht mehr tut und keine Lügen reden wird“ (Zef 3,13), werden auf Maria, „Israels heiligem Rest“, als dessen Erfüllung bezogen.

(2) Die Bezeichnung „heilig“, die im Neuen Testament ohnehin auf alle Getauften (Röm 1,2; Eph 1,1.4; 1 Petr 2,5 u. ö.) und damit auch auf die „Erzjüngerin“ Maria angewendet wurde, hatte in frühchristlicher Zeit auch eine besondere Nähe zur Jungfräulichkeit überhaupt.[648] So spricht Paulus von der Jungfrau, die heilig sein soll „an Leib und Geist“ (1 Kor 7,34).[649] Deshalb steigerte der Glaube an die ἀειπαρθενία Marias auch die Überzeugung von ihrer besonderen Heiligkeit.

(3) Der allmählich beginnende Marien*kult* trug gleichfalls zur Herausstellung ihrer Heiligkeit bei.

Es kam hinzu, dass Maria vor allem in Liturgie und frommer Bibelmeditation typologisch mit heiligen Räumen und Geräten des jüdischen Kultes identifiziert wurde (z. B. mit Tempel, Bundeszelt und Bundeslade). Durch diese Parallelisierung des alttestamentlich Heiligen mit Maria fokussierte sich die Sicht auf ihre Heiligkeit. Allgemeiner noch: Je mehr sich überhaupt die Marienverehrung und -hochschätzung durchsetzte, umso mehr verstärkte sich die Überzeugung von der besonderen Heiligkeit Marias. Es kondensierte sich gewissermaßen in Maria die Gestalt des Heiligen, des Heilsmittlerischen und des

646 So schreibt später J. H. Newman: „Ich habe die Lehre von der Unbefleckten Empfängnis als unmittelbare Folgerung aus der uranfänglichen Lehre, dass Maria die zweite Eva war, dargestellt“: J. H. Newman, Maria im Heilsplan, hrsg. v. Brigitta zu Münster, Freiburg i. Br. 1953, 40. – Selbst als man im 18. Jh. unter dem Druck der historisch-kritischen Exegese zugeben musste, dass in Gen 3,15 „ipse“ und nicht „ipsa“ zu lesen sei und deshalb nicht die Frau (Maria), sondern der Mann (Christus) der „Schlangenzertreter“ ist (siehe S. 95[189]), zog man sich auf den Anfang des Verses zurück und deutete wenigstens die „Feindschaft zwischen dir und der Frau“ marianisch.

647 Vgl. dazu auch A. Riches, Deconstructing the Linearity of Grace. The Risk and Reflexive Paradox of Mary's Immaculate ‚Fiat‘, in: IJSTh 10 (2008) 179–194.

648 Schon rein sprachlich konnte φθορά sowohl den Verlust der körperlichen Integrität, also den Verlust der Jungfräulichkeit, wie auch die „Verderbnis der Sünde“ bezeichnen.

649 An dieses Wort knüpft Gregor v. Nazianz, Or. 38,13 (PG 36, 325f) an, wenn er von Christus sagt, dass dieser „aus einer Jungfrau geboren wurde, die an Seele und Fleisch im voraus durch den Geist gereinigt wurde“. Dass damit nicht schon die viel spätere Idee der praeredemptio gemeint ist, erläutert Söll, Mariologie 65.

Vorbildlichen. Dabei spielte ab dem Spätmittelalter auch die Bildende Kunst eine spezifische Rolle: Sie stellte in Maria das Ideal eines Menschen dar, das sich gelegentlich so weit von der Hl. Schrift entfernte, dass Maria ohne Kind, d. h. als „reines Ideal in sich" dargestellt wurde (vgl. S. 173) – eine zweifellos frag-würdige Entwicklung!

(4) Einer alten Tradition der Kirche zufolge gab es auch schon „vor" (im chronologischen Sinn) der Erlösungstat Christi „Heilige", sogar „heilige Heiden", und dies nicht nur als einsame Ausnahmen.[650] Pelagius (ca. 350–425), der große Gegner Augustins, griff diese Tradition auf, um damit gegen die Erbsündenlehre des Bischofs von Hippo mit ihrer Grundthese von der absoluten Verderbnis aller Menschen zu polemisieren. Ganz auf der Linie der griechischen Väter legte er Röm 5,12, wonach *alle* gesündigt haben, eingeschränkt aus: „*Viele*", aber eben: *nicht alle* „haben gesündigt",[651] und zu diesen „nicht allen" zählt Pelagius auch die Gottesmutter Maria.

Augustinus wandte sich gegen diese Auslegung des Pelagius: Für ihn haben *alle*, auch die von Pelagius angeführten alttestamentlichen und paganen Gerechten gesündigt, „abgesehen von der heiligen Jungfrau Maria, betreff derer ich wegen der Ehre des Herrn (propter honorem Domini) überhaupt keine Frage gestellt haben will, wenn von Sünden gesprochen wird, wissen wir doch, welcher Reichtum an Gnade ihr verliehen war, um über die Sünde in jeglicher Hinsicht zu siegen, da sie gewürdigt wurde, den zu empfangen und zu gebären, der sicherlich keine Sünde hatte".[652] Diese einzige Einschränkung nimmt Augustinus später in der Auseinandersetzung mit Julian v. Eclanum wieder zurück: Auch Maria zog sich die Erbsünde zu, auch sie musste von der Sünde „wiedergeboren werden".[653]

Der Unterschied zur pelagischen Position besteht für Augustinus nicht darin, dass es für jenen vor Christus „gerechte" und „glaubende Menschen" gab (diese Überzeugung vertritt auch Augustinus nachdrücklich), sondern dass auch diese einzig und allein durch den einen Mittler Jesus Christus ihr Heil erlangt haben.[654]

Eine andere theologische Auffassung vertraten die Kirchen des Ostens. Gerade weil diese die westkirchliche Erbsündenlehre zuerst nicht kannten und später

650 Siehe dazu G. Philips, La grâce des justes de l'Ancien Testament, in: EthL 23 (1947) 521–556; Congar, Ecclesia. Dies entspricht durchaus auch heutiger Exegese, insofern die drei, expressis verbis als „Gerechte" herausgestellte Gestalten: Abel, Henoch und Abraham jeweils „Stammväter" ganzer Völker waren. Siehe dazu Lohfink/Weimer, Maria 106.

651 Bereits Origenes/Rufinus bemerken zu dieser Römerbrief-Stelle, hier gälten „omnes homines et multos homines idem": Origenes, In Rom 5,1 (FC 2/3, 36). Siehe dazu auch K. H. Schelkle, Paulus, Lehrer der Väter. Die altkirchliche Auslegung von Röm 1–11, Düsseldorf ^{2}1959, 191, der herausstellt, dass dies die durchgängige Erklärung der griechischen patristischen Exegese war.

652 Augustinus, De nat. et grat. 36, 42 (ALG I, 496), Ü. modifiziert.

653 Vgl. Augustinus, Op. imperf. 4, 122; 6, 22 (PL 45, 1417f; 1553). Siehe die Diskussion über diese Texte bei Söll, Mariologie 85f sowie bei I. M. Dietz, Ist die Heilige Jungfrau nach Augustinus ‚Immaculata ab initio'?, in: Aug. 4 (1954) 362–411 (Lit.).

654 Siehe die zahlreichen Textangaben bei Congar, Ecclesia 82ff, 100.

nicht rezipierten, konnten sie vor allem in der Liturgie, aber auch in ihren theologischen Traktaten die Heiligkeit und Sündenlosigkeit Marias preisen und sie als die „Allreine" und „Allheilige" verehren. So kam es gerade in der syrischen und byzantinischen Theologie zu gewaltigen Worten über Maria. Ihr wohl größter Theologe Gregor Palamas sagte z. B. in einer Predigt: „Sie (Maria) allein steht zwischen Gott und dem ganzen Menschengeschlecht (στᾶσα μεταξύ), sie hat Gott zum Menschensohn gemacht und die Menschen zu Söhnen Gottes; sie hat die Erde zum Himmel erhoben und das Menschengeschlecht vergöttlicht".[655]

Allerdings findet sich bei manchen dieser byzantinischen Theologen die ursprünglich auf Gregor v. Nazianz zurückgehende Meinung, dass erst bei Verkündigung, also bei der Empfängnis des Gottessohnes, Maria unüberbietbare Heiligkeit geschenkt wurde.

Die weitere Lehrentwicklung, die schließlich zum Dogma der Unbefleckten Empfängnis von 1854 führte, setzt die westkirchliche, von Augustinus stammende Erbsündenlehre voraus, die wir wenigstens ansatzweise zu erörtern haben.

655 zit. nach Söll, Mariologie 141.

§ 2 Erbsündenfreiheit Marias

1. Voraussetzung des Immaculata-Dogmas: augustinische Erbsündenlehre

Es ist immer noch umstritten, ob Augustinus der eigentliche „Vater der Erbsündenlehre“ ist[656] oder ob er nur eine Reihe von bereits vor ihm entwickelten Lehrelementen zusammengefasst, vertieft und gewissermaßen „systematisiert“ hat. Für beide Positionen lassen sich gewichtige Gründe anführen, so dass sich eine gewisse Mittelposition anbietet. Diese kann so lauten: Bereits vor Augustinus gab es zwar eine *Erbübel-*, aber keine Erb*sünden*lehre. Das heißt: Man vertrat weithin die Auffassung, dass sich von Adam her und aufgrund der Adamsschuld eine Fülle von Übeln auf jeden Menschen, der in diese Welt eintritt, verbreitet hat: die Verdunkelung seiner geistigen Fähigkeiten und damit die Disposition zum Irrtum, eine nur schwer in den Griff zu bekommende Triebhaftigkeit und Geneigtheit zum Egoismus sowie – nicht zuletzt – die Unabwendbarkeit des Todes. Konsequenz dieser und anderer Übel ist, dass aufgrund der durch sie gegebenen „Belastungen“ der menschlichen Freiheit *faktisch* jeder Mensch persönlich sündigt und vor Gott schuldig wird. Aber nicht die ererbten Übel selbst sind Sünde und auch nicht eigentlich Ursache der Sünde, Ursache der Sünde ist in jedem Fall die Freiheit des Menschen, dem allerdings durch die ererbten „Schäden“ eine mächtige *Tendenz* zur Sünde innewohnt.

Das „Neue“ bei Augustinus dürfte darin bestehen, dass nach ihm als Folge der Adamssünde nicht nur die „Erblast“ der genannten „Übel“ auf den Menschen hereinbricht, sondern zusätzlich und vor allem der „status“ der Sünde selbst, das Sein in der Gottesfeindschaft und -ferne, so dass jeder, der durch die elterliche Zeugung in diese Welt kommt, a priori Sünder ist. Denn *in ihm* [und das heißt für Augustinus: in Adam] *haben alle gesündigt* (Röm 5,12), in ihm und durch ihn sind alle zu Sündern geworden und ohne Erlösung durch Christus verloren. Dieser von der heutigen Exegese (aber auch schon von der Exegese der griechischen Kirchenväter) völlig anders verstandene Vers aus dem Römerbrief war für den Bischof von Hippo der eklatanteste Beweis für die ererbte Sünde. Hinzu kam noch ein liturgisches Argument: Die Kirche tauft Säuglinge, also solche, die noch nicht zum Gebrauch ihrer Freiheit gelangt sind, „in remissionem peccatorum“ – „zur Vergebung der Sünden“, d. h. mit den gleichen Worten, wie sie bei den Erwachse-

656 So die These des umstrittenen Werkes von J. Gross, Die Entwicklungsgeschichte des Erbsündendogmas, Bd. I-IV, München-Basel 1963–1972.

nen, die tatsächlich kraft ihrer Freiheit Schuld auf sich geladen haben, gebraucht werden.[657] Das hat nach ihm nur Sinn, wenn es auch schon im Neugeborenen eine verdammungswürdige Schuld gibt, durch die jeder Mensch, a priori zu seiner persönlichen Entscheidung, zu jener „massa damnata" der Sünder gehört, aus der Gott durch seine aufgrund der Erlösungstat Christi erteilte Gnade einige (wenige!) rettet. Der Weg, auf dem die so verstandene Erbsünde auf jeden Menschen übertragen wird, ist die geschlechtliche Zeugung, bei der gerade die sexuelle Lust Indikator dafür ist, dass hier das der Sünde eigene „Begehren" weitergetragen wird und damit und darin die „caro peccati" – das „Fleisch der Sünde".

Die Konzeption einer *Erbsünde* war damals so neu und bestürzend, dass der Bischof von Hippo sogar in der eigenen Kirche Kritik erntete und sich zu verteidigen hatte. Auch wenn Augustinus für seine Auffassung sowohl aus der Heiligen Schrift als auch aus der vorangehenden Theologie (wie er sie verstand!) zahlreiche Argumente vorbrachte, war das eigentliche Motiv für die „neue" Erbsündenlehre etwas viel Grundlegenderes: Es war ein spezifisch neuer Denk- und Erfahrungshorizont, der sich bei Augustin äußert und der die folgenden Jahrhunderte bestimmen sollte.[658]

Dieser neue Horizont lässt sich so beschreiben: In einer bis dahin unerhörten Weise treten bei Augustinus die Dimensionen personalen Seins, das gekennzeichnet ist durch Einmaligkeit und Einzigartigkeit, durch den Primat des Willens und der Freiheit und – nicht zuletzt – durch die Erfahrung, Gott unmittelbar ausgesetzt zu sein, hervor. Während der Mensch der Antike (dessen Charakteristika sich in der Theologie des Ostens noch lange durchhalten) sich eher als Teil in das größere Ganze des Kosmos eingefügt verstand und sich – christlich gesehen – innerhalb eines umfassenden „kosmisch"-heilsgeschichtlichen Prozesses als begnadet und zum Heil geführt betrachtete, erfährt Augustin sich aus diesem kosmischen Eingeordnet- und Umgriffensein gelöst und als Einzelner vor den personalen Gott gestellt.

Doch wenn der Mensch sich auf diese Weise neu erfährt und vor Gott gestellt erlebt, entdeckt er faktisch – so erfuhr es Augustinus am eigenen Leib – seine radikale Unfreiheit, die Versklavung an sich selbst und seine Triebe, die radikale Unfähigkeit zur Gottes- und Nächstenliebe. Er erfährt sich innerlich in zwei wi-

657 Offensichtlich hat Augustin gar nicht beachtet, dass in der Formel „in remissionem peccatorum" Sünde im Plural steht, dass also gar nicht die Erbsünde gemeint sein kann. Der Plural steht deshalb, weil es um die persönlichen Sünden von erwachsenen Taufbewerbern geht. Aber Augustin identifiziert eben das Unwesen der Erbsünde mit persönlicher Schuld.

658 Näheres dazu bei G. Greshake, Gnade als konkrete Freiheit. Eine Untersuchung zur Gnadenlehre des Pelagius, Mainz 1972, 234–246.

derstrebende Willensbewegungen zerrissen und damit als zutiefst gebrochen und ohnmächtig. „Unser Herz ist nicht in unserer Gewalt", ruft der Bischof von Hippo aus.[659] Die von der Sünde radikal infizierte Natur des Menschen muss erst durch Gottes gnädiges Handeln von Grund auf erneuert werden.

Viel schärfer als die Theologie vorher entdeckt Augustin somit, was Sünde und Verfallenheit des Menschen an das Böse ist. Zugleich geht ihm aber auch ganz neu die absolute Notwendigkeit und Größe der Erlösung auf. Der von Gott und sich selbst entfremdete Mensch bedarf für den Bischof von Hippo einer erlösenden Gnade, die ihm gleich einer inneren unsichtbaren Kraft in der Tiefe seines Selbst wiederum die wahre Freiheit – und das heißt die wahre Liebe zu Gott und zum Nächsten – schenkt. Wie der Mensch, *jeder Mensch,* aufgrund der Erbsünde eine Schwerkraft zum Bösen hat, so muss ihm durch die Gnade eine neue Schwerkraft ins Herz gegeben werden, direkt, unmittelbar, geheimnisvoll, damit er Freiheit finden und heil werden kann. Darum formuliert Augustin in den Confessiones: „Du Herr, Du wandelst mich … zu mir selbst herum, Du holtest hinter meinem Rücken mich hervor, wo ich mich eingerichtet hatte".[660] In diesem Wort wird deutlich, wie nach Augustin das Wirken Gottes verstanden werden muss: direkt, unmittelbar, in die Subjektivität des Menschen eindringend („hinter seinem eigenen Rücken") und ihn durch und durch umwandelnd. Nur wenn so die Erlösungsgnade Christi den Menschen trifft und einen absoluten, d. h. von Gott geschenkten Neuanfang gewährt, wird sie nach Augustinus radikal genug verstanden.

Daraus folgt dann aber auch: Es gibt keine Freiheit des Menschen *angesichts* der Gnade, diese hat vielmehr die alleinige, totale und radikale Initiative. Sie muss allererst Freiheit schenken, bevor der Mensch mitwirken kann. So versteht Augustin den Menschen als reine Rezeptivität und radikale Angewiesenheit auf ein personales, in der Tiefe der Seele sich abspielendes Gnadenhandeln Gottes, das nur als reines Geschenk angenommen werden kann. Das Paulus-Wort in 1 Kor 4,7: *Was hast du, was du nicht empfangen hast?*, wird zu einem der von Augustin bevorzugtesten Schriftverse. In seinen Retractationes bemerkt er einmal, dass er sich lange herumgequält habe mit der Frage, was die Freiheit des Menschen auszurichten vermöchte und was die Gnade Gottes. Das Ergebnis dieser Bemühungen fasst er in einem wichtigen und berühmten Satz zusammen: „Zur Lösung dieser Frage habe ich mich zwar für die Freiheit des menschlichen Willens abgemüht, gesiegt aber hat Gottes Gnade".[661]

---

659 Augustinus, De dono persev. 13,33 (ALG VII, 380).
660 Augustinus, Conf. VIII,7, 16 (Bernhart 392).
661 Augustinus, retract. II,1 (BA 12, 450).

In dieser Formulierung tritt ein Faktor deutlich zutage, der ab jetzt die Gnadenlehre der Westkirche bis in die jüngste Zeit hinein prägen wird: Gottes Gnade und menschliche Freiheit werden als konkurrierende Ursachen bestimmt, von denen die eine (die Gnade) die andere (die menschliche Freiheit) „besiegt". Das heißt aber konsequenterweise: Je größer die Gnade Gottes, umso geringer die menschliche Freiheit, und umgekehrt. Die damit gegebenen (unlösbaren) Probleme bilden hinfort sozusagen das Schicksal der abendländischen Gnaden- und Freiheitslehre: Denn wenn Gottes Gnade und des Menschen Freiheit als Konkurrenzverhältnis bestimmt werden, dann zeigt sich Gottes Größe gerade in der Ohnmacht des Menschen, und dann verdunkelt derjenige Gottes Herrsein, der dem Menschen zu viel zuschreibt. Von Augustinus führt damit der Weg unmittelbar zu Martin Luther, der als ursprünglicher Augustinermönch seinen Ordensmeister „nicht nur gelesen, sondern verschlungen hat", wie er selbst sagt.

2. Der mühsame Weg zur Dogmatisierung

Von dieser ab dem 5. Jahrhundert in der Westkirche sich immer mehr durchsetzenden augustinischen Erbsündenlehre (dem Hintergrund seiner Gnadenlehre) her war der weiteren Entwicklung der Mariologie ein entscheidender Faktor vorgegeben: Weil jeder Mensch der Erlösung von der Erbsünde bedarf, die, wenn auch „ererbt", doch den status einer wirklichen Sünde hat (mit der Konsequenz von Gottesfeindschaft und Gottesferne), muss auch Maria davon erlöst worden sein.[662] Doch wie ging das zusammen mit ihrer von der Kirche gefeierten Allreinheit und Allheiligkeit? Kein Wunder, dass bis Augustinus und weit darüber hinaus die Auffassung von der Heiligkeit und Sündenlosigkeit Marias nur mit Einschränkungen vertreten wurde. Dabei war – wenigstens unter den westkirchlichen Voraussetzungen einer Erbsündenlehre – das Problem nicht so sehr die Freiheit Marias von persönlichen Sünden (diese wurde im Allgemeinen problemlos angenommen), sondern die Freiheit bzw. Befreiung von der Erbsünde. Entsprechend hielt sich noch lange die ursprünglich von Gregor v. Nazianz vertretene Meinung durch, Maria sei erst bei der Verkündigung des Engels von aller Sünde gereinigt worden.

---

662 Dies galt umso mehr, als Maria, anders als Jesus, ja auf dem Weg der sexuellen Zeugung entstanden war und somit das „Fleisch der Sünde" trug. So der Augustinus-Jünger Fulgentius v. Ruspe, ep. 17,13 ad Petrum diaconum (CC 91A, 571): Caro Mariae „fuit utique peccati".

Der erste Theologe des Westens, der ausdrücklich die Erbsündenfreiheit Marias vom ersten Augenblick ihres Daseins an vertrat, dürfte Paschasius Radbert gewesen sein. Im Blick auf das Faktum, dass in der Kirche gleich wie bei Christus auch bei Maria das Fest ihrer Geburt gefeiert wird, kommt er zur Schlussfolgerung:

> „So wäre auch für die selige Jungfrau, wenn sie nicht im Mutterschoß geheiligt worden wäre, keineswegs der Geburtstag zu feiern. Da er aber kraft der Autorität der ganzen Kirche begangen wird, steht fest, dass sie, durch welche nicht nur der Fluch der Eva gelöst, sondern auch allen der Segen geschenkt wird, von jeder Erbsünde frei gewesen ist (eam ab omni originali peccato immunem fuisse)“.[663]

Dennoch stellte sich von dieser Position aus mit Nachdruck die Frage, wie es sich dann mit der Erlösungsbedürftigkeit *jedes* Menschen und so auch mit der *Universalität* der Erlösung verhält. Ein erster leiser Hinweis auf eine Lösung dieses Problems findet sich bei Anselm v. Canterbury (und dessen Schüler Eadmer), der die von ihm nachdrücklich vertretene Notwendigkeit der Erlösungs- und Sühnetat Christi auch auf die Zeit vor Christus ausdehnte. Allerdings stellte sich dann die neue Frage, wann denn genau das Erlösungsgeschehen an Maria wirksam wurde: Schon im Schoße ihrer Mutter oder bei der Verkündigung oder wann? Bei all den genannten Möglichkeiten setzte man voraus, dass Maria eine bestimmte, wenn auch nur sehr kurze Zeit,[664] mit der Erbsünde behaftet war und erst später davon befreit wurde. Daneben gab es seit dem 13. Jahrhundert auch vereinzelte Stimmen, welche eine radikale Erbsündenfreiheit Marias vertraten. Während gegen diese Auffassung die meisten Theologen unter Hinweis auf die allgemeine Erlösungsbedürftigkeit große Vorbehalte anmeldeten – im Anschluss an die Sentenzen des Lombardus lehnten praktisch alle großen Theologen (einschließlich Bernhard v. Clairvaux und Thomas v. Aquin bis hin zu Duns Scotus) die Erbsündenfreiheit Marias ab –, wurde schon in zahlreichen Gegenden der Kirche (nicht in Rom!) das Fest der Empfängnis Marias gefeiert, allerdings mit einem nicht sehr präzisen Festgegenstand, der dann von den Theologen nochmals sehr unterschiedlich ver-

663 Paschasius Radbert, De partu virg. 1 (PL 120, 1372). Außer dem hier genannten Argument spielte bei den radikalen Augustinisten, welche Befürworter der Erbsündenfreiheit Marias waren, das Argument eine Rolle: Nur wenn Maria bei der Empfängnis jungfräulich blieb und selbst ohne Erbsünde war, werde diese auch auf Jesus nicht weitergegeben.

664 Das war die Lösung vieler großer Scholastiker seit dem Anfang des 13. Jh. (so bei z.B. Bonaventura, Thomas v. Aquin, Heinrich v. Gent): „cito post conceptionem“.

standen wurde.[665] Doch wurden im Lauf der Zeit immer mehr Konvenienzgründe dafür vorgetragen, dass Maria von Anfang an ohne Sünde war. Nur so werde die radikale Feindschaft zwischen ihr und der „Schlange" (Gen 3) plausibel.

Eine *theologische* Lösung des Dilemmas „universale Erlösungsbedürftigkeit oder Freiheit Marias von der Erbsünde" führte erst Johannes Duns Scotus (1308) herbei. Er hielt es zusammen mit anderen Theologen für mit der Heiligkeit Christi unvereinbar, wenn Maria auch nur einen Augenblick unter der Macht der Sünde gestanden wäre. Gegen den (auch von Thomas v. Aquin vorgelegten) Einwand, im Falle der Erbsündenfreiheit Marias werde die universale Erlöserschaft Christi beeinträchtigt, antwortete er, dass die Erlösung Marias „in der Gnade der *Verhinderung"* der ansonsten allen geltenden Erbsünde durch Christus bestand. Eine solche Erlösung, die vor aller Sünde *bewahrt*, sei sogar höher einzuschätzen, als diejenige, die von der Sünde *befreit*. Der entscheidende Text lautet bei ihm so:

> „Maria hätte sich aufgrund ihrer natürlichen Herkunft von Adam die Erbsünde zugezogen wegen der allen gemeinsamen Abstammung, wenn ihr nicht die Gnade des Mittlers zuvorgekommen wäre: Wie die anderen Christus notwendig hatten, auf dass ihnen durch sein Verdienst die schon zugezogene Sünde vergeben würde, so hatte auch sie wie wir den Mittler notwendig, damit er der Sünde zuvorkam, auf dass diese niemals von ihr zugezogen werden musste oder sie selbst sich diese zuzog".[666]

Diese theologische Lösung, die Duns Scotus selbst aus Angst vor der Pariser Inquisition äußerst vorsichtig vortrug, geriet sofort in den schon seit Jahrzehnten virulenten Streit verschiedener theologischer Schulen, Fakultäten und Ordensfamilien (samt den von ihnen nicht selten eingespannten politischen Institutionen), die sich in jahrhundertelangen Debatten und Polemiken gegenseitig als häretisch oder glaubensgefährdend beschimpften, da man der jeweils anderen Seite entweder eine Aufweichung der universalen Mittlerschaft Christi oder umgekehrt eine

---

665 Viele Theologen versuchten den Inhalt dieses Festes zu relativieren. So z. B. Thomas v. Aquin: „Licet Romana Ecclesia Conceptionem B. Virginis non celebret, tolerat (!) tamen consuetudinem aliquarum Ecclesiarum illud festum celebrantium. Unde talis celebritas non est totaliter reprobanda. Nec tamen per hoc quod festum Conceptionis celebratur, datur intelligi, quod in sua conceptione fuerit sancta; sed quia quo tempore sanctificata fuerit, ignoratur, celebratur festum sanctificationis eius potius, quam conceptionis in die conceptionis suae": Sth III, 27,2 ad 3.

666 Duns Scotus, Ordinatio III, 3,1, zit. nach Söll, Mariologie 175. Dennoch hielt Duns Scotus auch andere theologische Positionen, wie z. B. die thomanische, für möglich, entschied sich aber dann aufgrund des Prinzips „Videtur probabile, quod excellentius est attribuere Mariae" (III, 3,1, 10) für eine apriorische Erlösung Marias.

Missachtung der besonderen Stellung und Heiligkeit Marias vorhielt.[667] Doch setzte sich immer mehr, nicht zuletzt auch durch Impulse der Konzilien von Basel und Trient sowie – im Zuge der katholischen Gegenreformation – in Theologie und Glaube des Volkes die Überzeugung von der Unbefleckten Empfängnis Marias durch und veranlasste ihre Verteidiger zu einem teils leidenschaftlichen Engagement für eine entsprechende verbindliche Glaubensdefinition (Gründung von Gemeinschaften mit diesbezüglichen Zielen sowie eidliche Verpflichtungen, für die Immaculata Conceptio bis hin zur Verteidigung mit dem eigenen Blut dafür einzutreten [Blutgelübde]). Bei all dem spielten die Jesuiten, die sich auf ihrem 5. Generalkapitel von 1593 offiziell auf das Bekenntnis zur Unbefleckten Empfängnis verpflichtet hatten, eine besonders wichtige und führende Rolle.

In diesem recht emotionalen Einsatz waren offenbar auch manche unbewusste Motive am Werk: Der Wunsch, das Böse möge in dieser Welt nicht das letzte Wort haben, – die Sehnsucht nach einer makellosen, unberührten Gestalt, – die Hoffnung, gleich Maria am Triumph der in ihr aufscheinenden Gnade teilzuhaben. Auch übte die damalige kirchliche und gesellschaftliche Situation einen maßgeblichen Einfluss aus, wie Stefan Samerski zu Recht herausstellt:

> Gegen die Fundamentalkritik der Reformatoren „stellt Maria im Typus der Unbefleckten Empfängnis die neue Eigenidentität der Kirche dar“, wie sie nach Trient neu gefunden wurde: Maria wird „zum Bild der siegreichen Kirche, die das Übel und die Häresie zu Fall bringt. … Die Immaculata steht somit für die Reinheit der alten Lehre und der Kirche als Institution“. Sie wird „zum Superzeichen des siegreichen Katholizismus. Siegreich nicht nur in religiös-konfessioneller Hinsicht, sondern vor allem auch in militärischer: Die Immaculata tauchte auf Regimentsfahnen (Kath. Liga) auf und wurde als ‚Generalissima‘ und ‚Oberste Heerführerin‘ bezeichnet“. So kam es, dass Maria „nicht mehr primär im Dienste der einzelnen Gläubigen mit ihren persönlichen Anliegen stand, sondern hintergründig von Staat und Römischer Kurie instrumentalisiert und von den Reformorden popularisiert wurde“.[668]

Rom, das sich lange Zeit in der Frage der Immaculata conceptio sehr zurückhielt, privilegierte im Laufe der Zeit die Auffassung von der Erbsündenfreiheit Marias immer mehr, ohne sich jedoch zu einer klaren und endgültigen Entscheidung

667 Näheres zu diesen Auseinandersetzungen in allen Dogmengeschichten. Siehe ferner Müller, Marias Stellung 428ff (Lit.) und neuestens R. Gay-Canton, Entre dévotion et théologie scolastique. Réceptions de la controverse médiévale autour de l'Immaculée Conception en pays germaniques, Turnhout 2011.

668 St. Samerski, Neuer Wein in alten Schläuchen? – Marienverehrung und Josephskult in der Neuzeit, in: Zur Debatte, Heft 5 (2009) 31–33, hier: 31.

drängen zu lassen, obwohl aus allen Teilen der Kirche entsprechende Wünsche vorgetragen wurden. Erst Pius IX. beschloss, die Sache endgültig zu klären. Er gab zahlreiche theologische Gutachten in Auftrag und befragte weltweit die katholischen Bischöfe. Von 603 antwortenden sprachen sich 546 für eine Dogmatisierung aus, nur wenige enthielten sich der Stimme, andere, gleichfalls wenige, hatten Bedenken wegen der fehlenden Opportunität. Dennoch gab es auch an der römischen Kurie Stimmen, die nicht zuletzt wegen des Fehlens einer überzeugenden biblischen Begründung und wegen einer langen (und großen!) gegenteiligen Glaubenstradition Zurückhaltung vorschlugen.[669] Deshalb wurden nochmals neue theologische Gutachten eingeholt, die jedoch mehrheitlich auf die „alte Praxis" der Kirche und ihre „lebendige Tradition", die sich nicht zuletzt in der „lex orandi", welche die „lex credendi" bestimmt, hinwiesen. So wurde am 8. Dezember 1854 als Dogma verkündet:

> „Die Lehre, dass die allerseligste Jungfrau Maria im ersten Augenblick ihrer Empfängnis aufgrund einer einzigartigen Gnade und Auszeichnung [privilegio] von seiten des allmächtigen Gottes im Hinblick auf die Verdienste Jesu Christi, des Erlösers des menschlichen Geschlechtes, von jeder Makel der Urschuld bewahrt blieb, ist von Gott geoffenbart und muss deshalb von allen Gläubigen fest und beständig geglaubt werden" (DH 2803).

3. Probleme des Dogmas

Das Dogma von der Immaculata conceptio gibt (ähnlich wie das noch zu behandelnde Dogma von der leiblichen Aufnahme Marias in den Himmel) zahlreiche spezifische Probleme auf:

(1) In formaler Hinsicht: (a) Das Dogma scheint keine wirklich überzeugende Basis in der Heiligen Schrift zu haben. (b) Anders als alle vorangehenden definitiven kirchlichen Glaubensentscheidungen ist es keine Antwort auf eine vorangehende, die Substanz des Glaubens bedrohende Kontroverse, die dadurch zu entscheiden gewesen wäre. Allenfalls ist es der Abschluss von innerkirchlichen, die Mitte des Glaubens nicht berührenden Auseinandersetzungen. (c) Der definitive Abschluss einer theologischen Diskussion erfolgte hier nicht durch ein allgemeines Konzil, sondern – wenn auch nach Befragung des Episkopats – zum ersten Mal durch den Papst allein.

669 Was die defizitäre Schriftbegründung betrifft, so führte J. B. Perrone, einer der Gutachter aus, die Unbefleckte Empfängnis Marias sei „licet implexe, contracte ac subosbscure, proxime tamen et immediate" in der Schrift geoffenbart, zit. nach Söll, Mariologie 208.

(2) In inhaltlicher Hinsicht: Das Dogma ist ganz und gar fokussiert auf die individuelle Person Marias, für die es als „einzigartige Auszeichnung" die Freiheit von der Erbsünde proklamiert.[670] Damit erreicht die schon im Mittelalter sich immer mehr herausbildende „Privilegien-Mariologie" einen neuen Höhepunkt – mit der Konsequenz, dass Maria aufgrund eben dieser einzigartigen „Privilegien" von der übrigen Kirche isoliert, ja getrennt wird, und der Blick auf ihre Person sowie auf die sich darum rankende Frömmigkeitspraxis ein Übergewicht erhält, welches die Gefahr mit sich bringt, das Zentrum des Glaubens zu verstellen.

(3) In hermeneutischer Hinsicht: Das Dogma setzt die Grundgestalt der augustinischen Erbsündenlehre voraus. Auch wenn einige ihrer spezifischen Züge von den meisten mittelalterlichen theologischen Schulen längst aufgegeben waren – etwa die Meinung des Bischofs v. Hippo bezüglich der Weitergabe der Erbsünde durch die triebhafte sexuelle Lust oder auch die Identität von ererbter und persönlicher Schuld – so hielt sich doch mindestens die Überzeugung von einer unauflöslichen Verbindung beider Sünden-„arten" durch: Aufgrund der Erbsünde sündigt jeder unausweichlich. Was aber, so ist zu fragen, geschieht mit dieser Konzeption von Erbsünde, wenn – wie dies in der neueren Theologie tatsächlich geschieht – die augustinische Grundgestalt einer „Erbsünde" weithin zurückgewiesen und alternative Positionen vorgestellt werden? Welche Konsequenzen hat dies für Maria und das Dogma von 1854?

Diese drei Problemkreise sollen im Folgenden erörtert werden.

Zu (1) und (2):

Wiewohl in der Dogmatisierungsbulle so etwas wie ein Schriftbeweis versucht wird (etwa mit Hinweis auf Gen 3, dem sog. Protoevangelium, in der fragwürdigen Vulgata-Fassung), spielte tatsächlich bei der Dogmatisierung die Berufung auf den faktischen, tradierten Glauben der Kirche, also das, was das II. Vaticanum später den „sensus fidelium" nennt, eine herausragende Rolle. Argumentationskraft hat ein solcher Rekurs nur unter der Voraussetzung, dass der Heilige Geist selbst diesen „sensus" erwirkt und verhindert, dass die Kirche in die Irre geführt wird. Kann das aber *in jedem Fall* vorausgesetzt werden, oder bedarf es nicht eines Kriteriums, nämlich das der Heiligen Schrift, wodurch eine bestimmte Glaubens-

670 Vgl. auch aus der Dogmatisierungsbulle „Ineffabilis Deus" folgende Passagen: „Deswegen überhäufte Gott Maria noch weit vor allen Engelgeistern und allen Heiligen mit der aus dem Schatz der Göttlichkeit genommenen Fülle aller himmlischen Gnadengaben so wunderbar, dass sie, von gar allem Makel der Sünde für immer frei und ganz schön und vollkommen, eine solche Fülle an Unschuld und Heiligkeit zu erkennen gab, wie man sie sich unter Gott in keiner Weise größer vorstellen kann und wie sie außer Gott niemand in Gedanken erfassen kann": DH 2800.

äußerung der Kirche mindestens als schrift*entsprechend* erwiesen werden kann? Sonst wird aus der – seit alters in der Kirche geltenden – glaubens*bezeugenden* Funktion des „sensus fidelium" eine glaubens*begründende.* Dies aber wurde immer abgelehnt Das Gleiche gilt auch von anderen kirchlichen Traditionen: sie können glaubens*bezeugend,* aber nicht glaubens*begründend* sein.

Dies vorausgesetzt, ist aus heutiger Sicht neu zu fragen, ob es eine Schriftbegründung (nicht: Schrift*beweis*) für das im Dogma Gemeinte gibt, eine Begründung, die u. U. tiefere Schichten der Heiligen Schrift und des Glaubens aufdeckt und zum Sprechen bringt, als eine oberflächliche Betrachtung es vermag.

Eine solche neue Reflexion hat – wie dies in unserer Studie schon oft dargelegt wurde – davon auszugehen, dass Maria in der Bibel mehr ist als eine „privilegierte Privatperson", sie ist vielmehr zu verstehen als Verleiblichung, Repräsentation und Zusammenfassung des alt- und neutestamentlichen Gottesvolks, mehr noch: sie steht für die Verwirklichung des ursprünglichen Plans Gottes, die Schöpfung trotz aller Sünde und Schuld, aller Irrwege und Abwege dennoch zum Ziel zu führen. Davon wird noch die Rede sein. Doch sei hier schon die Vermutung geäußert, dass das Dogma von 1854 eine (noch zu erörternde) Wahrheit zum Ausdruck bringt, welche die damals Beteiligten in ihrer ganzen Konsequenz gar nicht bedacht hatten, deren tiefster Sinn sich also erst später enthüllt.

Zu (3):

Das theologische Verständnis der sog. Erbsünde hat sich in der neueren Zeit bei vielen Theologen grundsätzlich gewandelt.[671] Das hat gewaltige Konsequenzen für die Interpretation des Mariendogmas. Denn ganz generell gilt, dass in das kirchliche Glaubensverständnis und damit auch in *jede* definitive Glaubensentscheidung die jeweils herrschenden „selbstverständlichen" Voraussetzungen (weltbildlicher, soziokultureller und auch theologischer Art) miteingehen, die als solche aber nicht verbindlich sind oder sein müssen, da sie selbst in verbindlichen Glaubensdefinitionen nicht verbindlich mitentschieden werden. Ändern sich also

671 Eine ausführliche kritische Diskussion der traditionellen Erbsündenlehre sowie neuere Interpretationen finden sich bei Th. Pröpper, Theologische Anthropologie, Bd. II, Freiburg i. Br. 2011, 981–1091; G. Essen, „Da ist keiner, der nicht sündigt, nicht einer …", in: Pröpper, Anthropologie II, 1092–1156. In kurzer und dichter Form sind die Tendenzen neuerer Erbsündentheologie zusammengefasst bei P. H. Welte, Ins Böse verstrickt. Versuch einer Neuinterpretation der Erbsündenlehre, Münster 2009. Speziell zur Erbsündenkonzeption Rahners siehe J. Bolewski, Der reine Anfang. Dialektik der Erbsünde in marianischer Perspektive, Frankfurt 1991, 92–217. Aus dem „Geiste" Rahners auch K.-H. Weger, Theologie der Erbsünde = QD 44, Freiburg i. Br. 1970; P. Schoonenberg, Der Mensch in der Sünde, in: MySal II, 845–941. Siehe ferner auch Greshake, Gnade 295ff; ders., Erlöst in einer unerlösten Welt, Mainz 1987, 58–71.

solche Voraussetzungen und treten andere an deren Stelle, so nimmt auch das Verständnis des Dogmas eine andere Gestalt an.[672] Nicht dass sich damit der Glaube selbst ändert, es ist vielmehr die „Konzeptualisierung“ und „Verbalisierung“ des Glaubens, die in einem geschichtlichen Wandlungsprozess steht. Von der Glaubens*formulierung* gilt, dass sie „tendit ad rem“ (vgl. S. 105f), d. h. dass sie auf die „Sache des Glaubens“ zielt, auf eine „Wirklichkeit“, die wir nie in „Reingestalt“, sondern immer nur in bestimmten Denkformen, geschichtlichen Horizonten und vorgegebenen Konzeptualisierungen erfassen. Durch deren Wandel kommt dann im Laufe der Geschichte immer mehr heraus, was letztlich mit bestimmten Glaubensaussagen gemeint ist. Was bedeuten diese Hinweise angesichts des Wandels im Verständnis der Erbsünde?

Heutige Theologie stimmt weithin einer Definition von Karl Rahner zu, die das mit Erbsünde Gemeinte folgendermaßen bestimmt: Erbsünde ist „eine allgemeine, alle Menschen im voraus zu ihrer eigenen, personalen Freiheitsentscheidung umfassende Unheilssituation, die dennoch Geschichte und nicht Wesensbestand ist, durch den Menschen geschehen und nicht einfach mit der Kreatürlichkeit gegeben.“[673] Mit der Formulierung „Unheilssituation, die nicht Wesensbestand des Menschen“ ist, ist gegen Augustinus eine klare Trennungslinie zwischen persönlicher Sünde und sog. Erbsünde gesetzt. Zwischen beiden gibt es allenfalls eine gewisse Analogie, besser aber würde man sagen: beide Sündenbegriffe sind, was ihre *zentrale* Aussageintention betrifft, eher äquivok und verleiten darum fast zwangsläufig zu Missverständnissen. Denn in Wirklichkeit ist die angeblich von Adam „ererbte“ Sünde keine Sünde (wenn denn zur Sünde wesentlich gehört, dass sie ein Akt personaler Freiheit ist), sondern ein „Manko an Gnade“ (Hans Urs v. Balthasar), aus welchem die Unfähigkeit resultiert, das Leben auf Gott hin zu finalisieren; und dies ist wieder der Grund dafür, dass ein dynamischer, zu persönlicher Sünde drängender „Unheilszusammenhang“ entsteht, etwas, was Paulus in seinen Briefen „die Sünde“ (im Singular) nennt und von persönlichen Verfehlungen sehr präzise unterscheidet. Der Grund für dieses „Manko an Gnade“ und den daraus resultierenden „Unheilszusammenhang“ ist – so die theologische

672 Vgl. dazu K. Rahner, Dogmen- und Theologiegeschichte von gestern für morgen, in: Schr. XIII, 11–47, hier 19f: „Auch dogmatisch schlechthin verbindliche Wahrheiten können unter faktisch Mitgedachtem, unter Vorstellungsmodellen und wie selbstverständlich mittradierten Verstehensweisen ausgesagt und tradiert werden, die bei einer solchen Aussage ungeschieden und wie selbstverständlich mitüberliefert werden und sich später dann durchaus als nichtverbindlich oder sogar als falsch herausstellen. … Es gibt solche Amalgame; sie sind bei der Geschichtlichkeit der Wahrheit gar nicht vermeidbar“. Deshalb ist es nicht verwunderlich, „dass auch die Dogmengeschichte der Kirche Veränderungen mit sich bringen wird, die wir uns heute noch kaum vorstellen können“: ebd. 43.

673 Rahner, Theologisches zum Monogenismus, in: Schr. I, 306.

Tradition – eine persönliche, geschichtliche Sünde am Anfang (in theologischer Fachsprache: peccatum originale originans). Das ist noch weiter zu erläutern.

Zunächst: Worin besteht diese „geschichtliche" Sünde? Da es sich bei Gen 3 nicht um einen historischen Bericht, sondern um eine „ätiologische Erzählung" handelt, die das, was Sünde überhaupt ist, wie sie entsteht und was aus ihr folgt, beschreibt, können wir uns für diese Frage nicht auf konkrete Details der Heiligen Schrift beziehen, sondern sind auf mehr oder minder gut begründete Spekulationen angewiesen. Dafür können exemplarisch zwei neuere Interpretationsrichtungen der „Erbsünden"-Lehre herangezogen und erörtert werden.[674]

674 Gegen solche und ähnliche Neuinterpretationen der Erbsündenlehre wehrt sich M. Hauke, Die Unbefleckte Empfängnis Mariens und die Neuformulierung der Erbsündenlehre. Ein Beispiel für die kritische Funktion der Mariologie, in: M. Hauke u. a. (Hrsg.), Sedes Sapientiae = MarJ 9 (2005) Bd. 1, 5–37, um das einzigartige Privileg Marias nicht zu relativieren.

§ 3 Neuere Interpretationen

1. Sünde und Freiheit

(a) Zwei Ansätze

(1) Einige Theologen und Philosophen versuchen die Ursprungssünde im Rahmen eines evolutionären Weltbildes zu bestimmen. Das kann dann z. B. folgendermaßen aussehen: Zum Wesen der Evolution gehört es, dass alle Wirklichkeit in einem Werdeprozess steht, d. h. dass das in diesem Prozess jeweils Gegebene sich ständig auf neue, komplexere, „höhere" Formen hin transzendiert. Während dies im untermenschlichen Bereich unbewusst geschieht, ist beim Auftreten des Menschen (auch) dessen Freiheit (mit)eingefordert. Auf diesem Hintergrund denkt z. B. Robert Spaemann die Ursünde (hypothetisch!), „als die Verweigerung eines Schrittes, den zu tun [für den Urmenschen] in einem bestimmten Augenblick fällig war und der durch eine göttliche Herausforderung ermöglicht wurde". Doch statt diesen „Schritt" zu tun (etwa auf eine angebotene größere Gottesnähe und -freundschaft hin), bleibt der Mensch schuldhaft „in einer ‚Natürlichkeit', die gerade dadurch unnatürlich wird, dass sie sich nicht, wie es in ihrer Anlage liegt, transzendiert".[675] Durch diese schuldhafte Verweigerung, sich auf Gott hin zu übersteigen, entsteht ein „natürlich-unnatürlicher" Zustand, in den jeder künftige Mensch hineingeboren wird und der dazu führt, dass sich die Menschheit und jeder Einzelne in Schuld und Sünde verstrickt, bis in Jesus Christus wiederum ein „neuer Schritt" ermöglicht wird.

(2) Andere Autoren verzichten auf die „Inkulturation" in ein evolutionäres Weltverständnis und richten ihre Aufmerksamkeit eher auf das „Wesen" von Sünde und Freiheit.[676] Ausgangspunkt kann dabei der Blick auf die *Bestimmung des Menschen zur Gemeinschaft mit Gott* sein. Thomas Pröpper zeigt im Einzelnen, wie dies auch als die Sinnspitze der biblischen Aussage von der Gottebenbildlichkeit

---

675 R. Spaemann, Über einige Schwierigkeiten mit der Erbsündenlehre, in: Chr. Schönborn/A. Görres/R. Spaemann (Hrsg.), Zur kirchlichen Erbsündenlehre, Fribourg ^{2}1994, 37–66, hier: 64. – Schon vorher finden sich ähnliche Ideen bei A. Hulsbosch, Schöpfung, Sünde und Erlösung im evolutionistischen Weltbild, Wien 1965; M. Flick/Z. Alszeghy, Il peccato originale, Brescia 1972.

676 Im breiten Feld dieser Autoren, zu denen vor allem K. Rahner zu zählen ist, habe auch ich versucht, einen eigenen Entwurf, dessen Kurzfassung im obigen Text folgt, zu entwickeln. Siehe G. Greshake, Die Freiheit und das Böe, Gott und der Teufel. Ein Plakat, in: B. J. Claret (Hrsg.), Theodizee. Das Böse in der Welt, Darmstadt 2007, ^{2}2008, 15–35. Siehe schon vorher ders., Gnade 280ff; ders., Erlöst 55–79.

des Menschen verstanden werden kann.[677] Die Bestimmung zur Gemeinschaft mit Gott ist nach Pröpper gleichbedeutend mit seiner *Bestimmung zur Freiheit*, d.h. mit der Bestimmung, sich selbst als ein für Gott Bestimmter zu bestimmen. Beides: die Rede von der Gottesebenbildlichkeit wie auch die von der Bestimmung zur Freiheit, sagen je auf ihre Weise das Höchste vom Menschen aus; beide implizieren auch, dass der Mensch nur in Gott und mit ihm die faktische Begrenztheit seines Wesens überwinden und im Unendlichen Heimat finden kann.[678] Doch Bestimmung zur Freiheit heißt zunächst einmal nur, dass der Mensch frei ist, um frei zu *werden*.

Von dieser Voraussetzung geht ein neues – auch von mir favorisiertes – Verständnis von „Erbsünde" aus: Im Bestreben, frei zu werden, versucht der Mensch *entweder selbst*, seinen unendlichen Freiheitsdurst zu stillen, alle Einschränkungen aufzusprengen und auf diese Weise in der durch sein eigenes Tun geschaffenen Welt Heimat zu finden, *oder* er lässt sich die Freiheit als Teilhabe an der grenzenlosen Fülle unendlichen Lebens von Gott schenken, indem er sich selbst und die ganze Schöpfung als Gabe versteht und sich für größere Gaben bereithält und öffnet. Die Entscheidung zwischen diesen beiden Möglichkeiten der Freiheitsverwirklichung muss getroffen werden. Sie gehört zum Wesen endlicher Freiheit, auch wenn die Entscheidung vielleicht eine Zeit lang niedergehalten werden kann; spätestens bei wichtigen Entscheidungen wird sie, vielleicht nicht bewusstreflektiert, aber doch im Lebensvollzug unabdingbar gefällt. In einer Art Ur-Wahl entscheidet sich der Mensch dann zur Freiheit in einem ihrer beiden Modi. Dabei ist freilich „vor" der Entscheidung noch gar nicht „heraus", ob der Mensch wirklich in beiden Modi wahre Freiheit findet. Heilige Schrift und Glaubenstradition sind davon überzeugt, dass da, wo Freiheit ihren Charakter als Gabe negiert, sie einer radikalen Knechtschaft verfällt. Jedenfalls ist diese optio fundamentalis der Freiheit zugleich eine Wahl der konkreten Gestalt und Verwirklichung des eigenen Wesens. Denn in ihr wird das Vorzeichen vor die Klammer jeden nachfolgenden Freiheitsaktes gesetzt, so dass die Grundentscheidung (sofern sie nicht geändert wird) in allen folgenden gegenwärtig bleibt, sich gewissermaßen in den Einzelentscheidungen des weiteren Lebens verleiblicht.

Die Richtung der getroffenen Entscheidung bestimmt auch das Wesen der Freiheit selbst: Wird sie als Tat eigener Leistung gewählt, ist sie eine „monologische Freiheit", die sich in einem Konkurrenz- und Machtkampf gegen alle

677 Pröpper, Anthropologie, Bd. I, 177–185.

678 Vgl. die Definition von G. W. F. Hegel, Ästhetik, Bd. I (Glockner), Stuttgart 1927, 142: „Die Freiheit ist die höchste Bestimmung des Geistes. Zunächst ihrer ganz formellen Seite nach besteht sie darin, dass das Subjekt in dem, was demselben gegenüber steht, nichts Fremdes, keine Grenze und Schranke hat, sondern darin sich selber findet ...".

anderen Freiheiten, einschließlich der Gottes, durchzusetzen und zu behaupten sucht. Wird sie als Offenheit für das Geschenk Gottes gewählt, zeigt sich sie als eine „Beziehungs-Wirklichkeit", die in Teilgabe gründet und deshalb auch weitere Teilgabe gewähren kann, indem sie andere Freiheiten anerkennt und sich an sie hinzugeben vermag. Sie versteht sich damit – kurz gesagt – als „dialogische Freiheit"[679] und hat als solche – wie Hegel sagt – im anderen „keine Grenze und Schranke, sondern findet sich selber darin."

Beide Grundmöglichkeiten der Freiheitsverwirklichung haben ihre Risiken. Im ersten Fall scheint das angepeilte Ziel gar nicht erst erreicht werden zu können. Denn kann ich wirklich selbst alle Grenzen und Schranken, die der Freiheit entgegenstehen, beseitigen? Offensichtlich nicht! Doch bleibt dann von der Sehnsucht der Freiheit nicht nur das „Glück des Sisyphos" (Albert Camus), der den Stein vergeblich auf den Gipfel zu stemmen versucht, um diese Vergeblichkeit auch weiß, sich aber in der bewussten Annahme seines Geschicks als der „Stärkere" und als der „Freie" setzt? Doch ist er das wirklich? Und weiter: Führt das Streben nach Freiheit als Hinwegarbeitung aller Grenzen nicht in letzter Konsequenz zu einem gnadenlosen Kampf gegen alle noch erfahrbare Fremdbestimmung und damit auch zum Kampf aller gegen alle, da jeder seine Freiheit gegen die Schranken der ihm von den anderen entgegengesetzten Freiheit durchsetzen und behaupten will?

Auch die zweite Gestalt der Freiheit hat ihr Risiko: Ich muss die eigene Begrenztheit anerkennen sowie die Unfähigkeit, sie aus eigener Kraft zu übersteigen, muss mich selbst aus der Hand geben und Gott anheimstellen, so dass nicht mehr ich selbst bzw. ich allein die Regie über das eigene Leben habe. Und wer weiß: Vielleicht ist Gott doch nicht so gut gesonnen? Vielleicht finde ich bei ihm doch nicht die ganze Freiheit, vielleicht enthält er mir das Beste vor, ist er miese und kleinlich? Kann ich es wagen, auf das Geschenk seiner Freiheit zu „warten"? Oder anders gesagt: Kann ich es riskieren *zu glauben*, insofern dies genau Glauben ist: Sich Gott übereignen, ihm das Herz schenken (credere = cor dare), alles von ihm erwarten, aus der Beziehung zu ihm leben und wirken.

In jedem Fall macht die Entscheidung zur Freiheit Angst. Im ersten Fall ist es die Angst, das Ziel eines durch mich selbst besorgten ganz freien Lebens nicht zu erreichen, im zweiten Fall die Angst, in der vergeblichen Erwartung eines göttlichen Geschenkes als „Dummer" und so gerade als Unfreier da zu stehen.

De facto hat in einem uns entzogenen Ur-Geschehen der Mensch in seiner Entscheidung zur Freiheit versagt. Aus der Angst, im Glauben an Gott sein Verlangen

679 Das Wesen dieser Freiheit wird im Werk von Mühlen, Im-Wir-Sein 152–180 unter der Überschrift „Der wirgeschichtliche neue Vollzug der Freiheit" detailliert analysiert. Wir werden später nochmals ausführlich auf das Wesen der Freiheit zurückkommen und sie konkret als „hochzeitliche Freiheit" weiterbestimmen.

nach Freiheit aufgeben zu müssen und vielleicht für immer „ein unersetzliches Stück Selbstverwirklichung für immer ungenutzt zu lassen",[680] pflückt er lieber selbst den „Apfel", der ihm das Gottgleichsein verspricht; aus der Angst, in der Begrenzung durch den andern und in der Annahme des andern „draufzuzahlen", verweigert er sich nicht nur Gott, sondern auch dem andern als andern und benutzt ihn nur als „Material" für den eigenen Freiheitsvollzuges und nicht als Eröffnung eines gemeinsamen Freiheitsraumes.

Dabei stehen Entscheidung gegen Gott und Entscheidung gegen den Mitmenschen nicht parataktisch nebeneinander, sind aber auch nicht einfach identisch. Vielmehr gilt hier der allgemeine Grundsatz, dass (der unsichtbare) Gott sich dem Menschen durch Menschen vermittelt. Daraus dürfte folgen, dass auch das „Urgeschehen" der Freiheit sich nicht „coram Deo", sondern „coram hominibus" abspielte. Dies entspricht auch sehr viel eher der Situation des/der „ersten Menschen", wie sie uns von der Paläontologie erschlossen wird. Auch wenn diese Wissenschaft keineswegs als „Norm" des Glaubens figurieren kann, ist doch zu bedenken, dass nach unserem Wissensstand der frühe „homo sapiens" bezüglich seiner geistigen Fähigkeiten wohl eher unseren heutigen Kleinkindern vergleichbar war als einem hochbegabten und voll entwickelten Kulturmenschen. Aber wenn er wirklich *im theologischen Sinn* ein Mensch ist (und das muss nicht identisch sein mit den Bestimmungen, die andere Wissenschaften vom Menschen geben), so gehört dazu, dass ihm im Unterschied zum Tier „Transzendenz" aufgegangen ist, d. h. dass er – in vielleicht ganz schlichter Form – den Gedanken Gottes erfasst hat, dass in ihm eine unendliche Sehnsucht nach Grenzenlosigkeit und der Wille zum Freisein aufgebrochen ist. Dabei stand er zwangsläufig vor dem „Faktor" des/der anderen: Ist der andere nur Hindernis und Einschränkung des eigenen unbeschränkten Lebenswillens und muss er darum klein gehalten bzw. eliminiert werden, oder erfahre ich an ihm (und bestätige ich diese Erfahrung in praktischer Entscheidung), dass Leben wesentlich Gabe ist, die man empfängt, um sie weiterzugeben und mit dem anderen in einem gemeinsamen Freiheitsraum zu leben? Wo diese Frage negativ beschieden wird und sich das Ich als letzter Bezugspunkt aller Wirklichkeit bestimmt, geschieht so etwas wie „Ursünde".

Eben dies bestimmt Hegel als das Böse. Es ist „die Willkür, die eigene Besonderheit über das Allgemeine [= den gemeinsamen Freiheitsraum] zum Principe zu machen und sie durch Handeln zu realisiren".[681] Dieser „Willkürakt" ist nicht eine „zufällige", aus einem bis dahin neutralen Zustand generierte Entscheidung zwischen zwei gleichrangigen Möglichkeiten, sondern ein Sich-heraus-Begeben aus der ursprünglichen, nicht neutralen, sondern positiven Bestimmung des Menschen, Bild und Gleichnis Gottes zu sein und sich damit als auf „dialogische Freiheit", d. h. auf Anerkennung des andern, auf Glauben und Vertrauen hin angelegt zu verwirklichen.

---

680 A. Görres, in: A. Görres/K. Rahner, Das Böse, Freiburg i. Br. 1982, 100.

681 G. W. F. Hegel, Grundlinien der Philosophie des Rechts § 139 (Studienausgabe, Fischer-Bücherei) 151.

So also lässt sich das Ur-Geschehen der Freiheit und damit die Ur-Sünde denken. Sie ist im Kern Unglaube gegen Gott und Verweigerung der Anerkennung des andern. Von diesen Überlegungen her lässt sich ein neuer Zugang zur „Erbsünde" (in theologischer Fachsprache: zum peccatum originale originatum) finden.

(b) Unheilsraum Menschheit

Menschliche Freiheit ist wesentlich situierte Freiheit, d. h. sie steht in einem Netzwerk von miteinander agierenden Freiheiten und wird von diesem Netzwerk, das heißt konkret: von der gesellschaftlich-geschichtlichen Situation, mitgeprägt. Anders gesagt: Freiheit gibt es nicht als rein individuelle, isoliert in sich. Freiheit verwirklicht sich im Kräftespiel mit anderen Freiheiten. Mit den Worten von Karl Rahner (der darin das Fazit aus Thesen der Schulphilosophie und Positionen idealistischer und nachidealistischer Freiheitstheorien zieht):

> Freiheit kann sich nur verwirklichen „am und im Medium raumzeitlicher Wirklichkeiten; es muss ihr ein solches Material vorgegeben sein, und sie muss sich *in* ihm als ihrem Ausdruck vollziehen, sich in diesem Material verleiblichen. ... Indem sich das Subjekt vollzieht, setzt und ändert es das von ihm Verschiedene; indem das freie Subjekt zu sich zurückkehrt, geht es in die Region des anderen aus, entfremdet es sich, um sich zu finden. ... Daher kann es eine reine Innerlichkeit der Freiheit gar nicht geben. Die Äußerlichkeit, durch die Freiheit sich vollzieht, gehört mit Notwendigkeit zum Selbstvollzug der Freiheit. Dieser Bereich der fremden leibhaften Sachhaftigkeit ist nun gleichzeitig der *eine* offene Raum, in dem Subjekt und Subjekt kommunizieren. Freiheit vollzieht sich, unbeschadet ihrer ursprünglichen Subjektivität, in einem gemeinsamen Raum der Freiheit geschichtlicher Subjekte. Indem ich meine Freiheit vollziehe, bestimme ich den Freiheitsraum des anderen Menschen mit. Ich verändere zwar nicht seine Freiheit selbst, aber den Raum, in dem sich seine Freiheit verwirklicht, und dies betrifft somit die Möglichkeiten seiner subjektiven Freiheit. Freiheit vollzieht sich immer in einem konkreten Freiheitsraum".[682]

Deshalb ist die eigene Identität durch andere, eben durch den gemeinsamen gesellschaftlichen Raum, vermittelt. Als These des Soziologen Peter L. Berger formuliert: „Unser gesellschaftlicher Ort bestimmt nicht nur unser Verhalten, sondern auch unser Sein".[683] Dies gilt natürlich mit Ausnahme der ersten menschlichen Freiheitstat, die einen solchen Raum gemeinsamer Freiheit allererst schafft und nicht bereits vorfindet. Schon von hier aus zeigt sich der besondere Charakter der

682 K. Rahner, Gnade als Freiheit, Freiburg i. Br. 1968, 50.
683 P. L. Berger, Einladung zur Soziologie, dt. München 1971, 106.

Ur-Sünde. Er besteht nicht etwa darin, dass „Adam" aus dem status „besonderer Gnadengaben" heraus gesündigt hat, wie es die traditionelle Theologie vertrat. Danach habe „Adam" – anders als wir heute – in voller Klarheit über seine Situation, über sein Begrenztsein und seine Setzung durch Gott sowie mit einer von aller Konkupiszenz freien Lauterkeit des Willens seine Entscheidung getroffen. Mag es mit dieser besonderen Paradiesesgabe der Integrität bestellt sein, wie es wolle: Die (oben behandelte) Notwendigkeit, eine Fundamentaloption zu treffen, mit ihrem Risiko und der damit verbundenen Angst, gehören wesentlich zum geschöpflichen Selbstvollzug und sind nicht erst „postlapsarisch" Folgen einer geminderten Erkenntnis- und/bzw. Willenskraft.

Dennoch ist die „erste Entscheidung" eine einmalige. Ihre Besonderheit ist darin begründet, dass hier ein Anfang gesetzt wird, der nicht nur „chronologischer Beginn" ist, sondern „geschichtlicher Ursprung". Zum Ursprungsein aber gehört, dass er alles Entspringende mitsetzt und prägt. Das bedeutet, dass die postadamatische Menschheit in einem „Raum" lebt, der aufgrund der verfehlten ursprünglichen Freiheitsentscheidung durch Selbsttäuschung und Selbstwiderspruch geprägt ist und in dem deshalb keine Chance mehr besteht, sich zur „dialogischen Freiheit" zu entscheiden.[684] Indem „Adam" seine Freiheit *gegen* die des anderen wählte, wurde der gemeinsame Freiheitsraum deformiert (wie er auch durch jede folgende verfehlte Freiheitsentscheidung weiter deformiert wird) und entfaltet durch seine negativen Prägungen einen unaufhaltsamen Sog für folgende negative Freiheitsentscheidungen. Kurz: Der erste „monologische" Freiheitsvollzug, der sich „coram hominibus" realisiert, „konkretisiert" sich am und im „Material" der uns allen gemeinsamen Welt, und eben dadurch sind die Voraussetzungen für den Freiheitsvollzug aller künftigen Menschen mitbeschädigt.[685]

„Verleiblichung" der Freiheit geschieht dabei nicht nur in einzelnen privaten Taten, sondern im negativen Modus sozialen Verhaltens, in üblen Rede- und Handlungsweisen, in destruktiver Praxis gegen das, was gemeinsam ist: gegen

684 Lengsfeld, Adam 242–249 gibt dieser „neuen", durch Selbstwiderspruch geprägten Welt eine „ontologische" Note, indem er aufgrund der Sünde auch das Entstehen einer neuen Zeit- und Raumerfahrung annimmt, nämlich die einer „dissoziierten Geschichtlichkeit", aus der heraus dann notwendig persönliche Sünde geschieht.

685 H. Hoping, Freiheit im Widerspruch. Eine Untersuchung zur Erbsündenlehre im Ausgang von I. Kant, Innsbruck –Wien 1990, 286 wendet gegen diese Konzeption der Erbsünde, wie sie auch von Schoonenberg und Rahner vertreten wurde, ein: „Die Freiheitssituation menschlichen Daseins mag durch die Sünde auch noch so bestimmt sein; sie bleibt der Freiheit des menschlichen Daseins in dem Maße äußerlich, wie diese nicht von sich her durch die Sünde bestimmt ist". Doch dieser Einwurf geht ins Leere, wenn man die „äußere" Situiertheit der menschlichen Freiheit zugleich als ihr „inneres" Wesen erkennt und bestimmt.

den Lebensraum, Werte, Ordnungen. Man denke nur an Phänomene wie Untreue, Verleumdung, Verrat, Intrigen, Ausbeutung, Macht- und Konkurrenzkämpfe, Sich-selbst-Durchboxen auf Kosten anderer usw. Durch Häufung oder Zuspitzung solcher Verhaltensweisen entstehen ungerechte Strukturen, Verhältnisse und Institutionen, in denen Gottesbeziehung verunmöglicht und menschliches Zusammenleben vergiftet, ja tödlich verwundet wird. Damit wird gleichzeitig ein „Leitbild" pervertierten Freiheitsvollzugs aufgerichtet, das sich provozierend und ansteckend ausbreitet, so dass die Ursprünglichkeit des Freiheitsvollzugs des Einzelnen unausweichlich erdrückt und in den vorgegebenen gesellschaftlichen Unheilszusammenhang einbezogen wird. In sich selbst verkrümmt, fährt sich die Menschheitsgeschichte mithin in der Perspektivenlosigkeit von egologischen Freiheitskämpfen fest.

So wurde die Ursünde zur „Erbsünde", d. h. jeder, der geboren wird, tritt in einen „Unheilsraum" Menschheit ein, die ihn a priori auf eine verfehlte Entscheidung hin „programmiert" oder – ein anderes Bild – „in ihren Sog zieht". So ist die konkrete Sünde des Einzelnen immer zugleich Verhängnis („Erbsünde") und Schuld („persönliche Tat"). Der missverständliche Begriff Erbsünde ist damit auch – so Rahner – „die christliche Kurzformel für die grundlegende Einsicht einer Theologie der Geschichte, dass die von der Schuld mitbestimmte Situation des Todes, der Begierlichkeit, des Gesetzes, der Vergeblichkeit, einer durch die Konkupiszenz für uns gegebenen, empirischen Unentscheidbarkeit von Gut und Böse in der Geschichte unaufhebbar ist"[686] und damit eine unentrinnbare Situation bildet, die den Menschen unausweichlich in persönliche Schuld und Sünde drängt. Paul H. Welte vergleicht dieses Phänomen mit dem einer „Behinderung", etwa mit einer nicht selbst verschuldeten Beeinträchtigung der Sehkraft oder Hörfähigkeit:

> „In der von einem geradezu selbstverständlichen Atheismus beherrschten Welt ist der Mensch oft gleichsam blind für die Zeichen der Gegenwart Gottes. In einer den Menschen nur nach seiner Nützlichkeit bewertenden Gesellschaft wird der Mensch leicht blind für die Würde der alten und behinderten Mitmenschen. Und in einer Welt, die mit ohrenbetäubender Lautstärke von sich und von Leistung und Erfolg spricht, wird der Mensch gleichsam taub für den Anruf Gottes, die Stimme des Gewissens, den Notschrei der Mitmenschen. Diese Blindheit und Taubheit hat nicht den Charakter einer personalen Sünde, doch ähnelt sie dieser, insofern sie eine Störung im sittlich-religiösen Bereich, der Beziehung zu Gott, den Mitmenschen und zu sich bedeutet".[687]

686 K. Rahner, Erbsünde, in: HTTL 2, 155–164, hier: 163.
687 Welte, Ins Böse 77.

All diese dunklen Konsequenzen einer die Welt beherrschenden Unheilsmacht, die Paulus als *die* Sünde bezeichnet und sehr präzise von *den* (persönlichen) Sünden unterscheidet, führen dann aber auch unweigerlich zu persönlichen Sünden, wenn nicht von Gott her ein neuer Freiheitsraum eröffnet wird, der nicht zum Bösen determiniert, sondern zur „dialogischen Freiheit“ einlädt und befähigt: zur Communio mit Gott und dem Nächsten.

2. Was „Freiheit von der Erbsünde“ bedeuten kann

Auf dem Hintergrund eines solchen (oder ähnlichen) „Erbsünden“-Verständnisses stellt sich konsequenterweise das Dogma von der Erbsündenfreiheit Marias ganz anders als früher dar. Man kann danach nicht mehr sagen, dass Maria die Erbsünde nicht „hatte“ (während alle anderen sie „haben“), *weil die Erbsünde keine mit der persönlichen Sünde auch nur irgendwie vergleichbare Eigenschaft darstellt*, sondern eine qualifizierte gesellschaftliche Situation ist, in der jeder Mensch, also auch Maria und Jesus selbst, steht. Tilgung der sog. Erbsünde kann nicht „Vergebung“ heißen oder „Nachgelassenwerden“, sondern Befreitwerden von ihren Folgen, Gerettetwerden aus der Atmosphäre des Unheils, Loskommen vom Machtbereich des Bösen, der unweigerlich in persönliche Sünden treibt.

Was besagt das konkret für das Dogma von der „Unbefleckten Empfängnis“?

Für eine Antwort müssen wir nochmals auf die Voraussetzungen einiger neuerer Erbsündenlehren zurückgreifen. Danach ist der Mensch wesenhaft ein gesellschaftliches Wesen, das seine eigene (freie!) Identität nur in *gesellschaftlicher Interaktion* findet.[688] Wenn der Mensch aber *als solcher* von Gott gewollt ist, folgt, dass auch Gottes Gnade, d. h. seine Nähe und Liebe, seine Verheißungen und Beauftragungen nicht primär auf den isoliert Einzelnen in seiner Innerlichkeit abzielen, sondern den gemeinsamen Freiheitsraum betreffen, in dem die Einzelnen sich gegenseitig Gottes Nähe und Liebe, Verheißungen und Beauftragungen darstellen und vermitteln und so *konkret* Freiheit ermöglichen, aktualisieren, wecken, anspornen. Die Ur-Gnade Gottes verwirklicht sich also konkret in einem gemeinsamen Freiheitsraum. Aber was ist, wenn dieser durch die Sünde und ihre Folgen zu einem „Unheilsraum“ pervertiert wurde?

Neue Gnade und Freiheit ist unter solchen Bedingungen nur dann möglich, wenn Gott einen neuen Anfang schenkt und einen neuen gesellschaftlichen Raum

---

688 Vgl. zu diesem Begriff und seiner Geschichte K. Raiser, Identität und Sozialität. G. H. M. Meads Theorie der Interaktion und ihre Bedeutung für die theologische Anthropologie, München-Mainz 1971, bes. 24ff.

stiftet, in welchem neu Gnade erfahren und Freiheit verwirklicht werden kann. Die „Struktur“ solcher Gnaden- = Freiheitserfahrung ist dabei immer die gleiche: In seinem gesellschaftlichen Umfeld wird der Mensch durch „Faktoren“ qualifiziert, wie z. B. durch Erziehung und Orientierung schenkende Faktoren (Worte, Weisungen und Verheißungen religiöser Überlieferungen, kulturelle Institutionen und Ordnungen) sowie durch positive Erlebnisse und Begegnungen vielfältigster Art, die er nicht in der Hand hat, die ihm in ihrer Kontingenz als das ganz und gar nicht Selbstverständliche, sondern als das Zufällige und Überraschende begegnen, die ihm größeres Lebens vermitteln und Lebenserfüllung versprechen, kurz: die ihm das schenken, worauf er im tiefsten aus war, was er aber nicht aus sich selbst herstellen konnte, sondern was ihm als das befreiend Not-wendige zufiel.

Von solchen „Neuanfängen“ Gottes, von solchen neuen Räumen der Freiheit, die er initiiert, wird uns auf vielfache Weise schon im Alten Testament berichtet. Das „Neue“ ist beispielsweise markiert durch Phänomene wie Berufung (Noachs, Abrahams, Moses), Exodus, Bund und Bundeserneuerung, Gesetzgebung und Gesetzeserneuerung, Exilierung und Rückkehr. Neutestamentlich findet es seine endgültige Form in der Begegnung mit Christus, sodann in der Kirche, dem Machtbereich Jesu Christi, in den der Glaubende durch die Taufe aufgenommen wird. Inhaltlich sind die „Neuanfänge“ Gottes bestimmt durch ein glückendes Lebens aus seinem ermutigenden Wort sowie der Zusage seiner heilenden Nähe und liebevollen Führung, durch die Möglichkeit und Befähigung zu Vergebung und Versöhnung, durch die Freude an Gottes Gesetz, das zu einem heilen Miteinander der Menschen befähigt, durch die Heilserfahrung gottesdienstlicher Feiern, durch die Gabe nie versiegender Hoffnung, die *nicht zugrunde gehen lässt* (Röm 5,5).

Aber auch außerhalb des Bereichs dessen, den wir Offenbarungsgeschichte nennen, dürfen und müssen wir, nimmt man den universalen Heilswillen Gottes ernst, solche Neuanfänge annehmen. Ja, sie müssen geradezu postuliert werden als notwendige Konsequenz der patristischen Überzeugung von der „ecclesia primigenia“, die sich von Anfang auch außerhalb des alt- und neutestamentlichen „Raumes“ verwirklicht hat. Deshalb gibt es nicht nur einzelne „heilige Heiden“, wie sie auch von der Heiligen Schrift im Einzelnen namhaft gemacht werden (Abel, Henoch, Noach …), sondern die Stiftung von ganzen Religions- und Kulturräumen, welche den Menschen in Glaube, Hoffnung und Liebe wachsen lassen, welche wahre Freiheit initiieren und wach halten.[689]

689 Damit stellt sich allerdings die gewichtige Frage, wie sich dieses universale Heilshandeln Gottes zum Erlösungsgeschehen in und durch Jesus Christus verhält. Geschieht so die

Auf diesem Hintergrund lässt sich das Dogma von 1854 in einem geradezu universalen Kontext des immer neu Auf-die-Menschen-Zugehens Gottes verstehen. Denn ein solcher „neuer Anfang" Gottes, wie er in Maria gegeben ist, fällt nicht wie ein einsamer Meteorit vom Himmel (Lohfink/Weimar), er geschieht auch nicht einfach in einer unsichtbar-innerlichen individuellen Enklave. Maria steht vielmehr im Lebensstrom der Glaubenstraditionen Israels, in denen es solche Neuanfänge immer wieder gab. In diesem Lebensstrom hat sie – worauf besonders Bernhard Langemeyer hinweist – ihren Glauben „empfangen aus dem von aller Untreue geläuterten Glauben des Rests. Von diesem Rest her war ihr das reine, unbedingte Ja zum einbrechenden Gottesreich geschichtlich erschlossen, d.h. heilsgeschichtlich von Gott ermöglicht und erwirkt".[690] So gilt von Maria nicht als einziger, wohl aber katexochen, dass sie zwar im „Unheilszusammenhang" der Welt stand und insofern auch an ihrer „Sündigkeit" teilnahm und deren Verführungskraft ausgesetzt war,[691] aber von Gottes Gnade davor bewahrt wurde, dem „Druck" des Bösen nachzugeben und das unheilvolle „Werk Adams" nach- und mitzuspielen. Ihre besondere, hervorgehobene und sie von allen anderen unterscheidende Stellung resultierte daraus, dass Gott ihr deshalb „neue Freiheit" schenkte, damit sie inmitten einer vom Bösen geprägten Welt nicht nur selbst einen neuen Anfang habe, sondern ein neuer Anfang sei.[692] Um „anstelle des ganzen

---

Befreiung des Menschen nicht am Erlöser aller Menschen vorbei? Wir kommen auf diese Frage zurück.

690 B. Langemeyer, Konziliare Mariologie und biblische Typologie, in: Cath 21 (1967) 295–316, hier: 313.

691 Es war vor allem K. Rahner, der nachdrücklich gegen die Meinung Einspruch erhob, „Bewahrung Marias von der Erbsünde" bedeute, dass Maria im Unterschied zu allen anderen Menschen den paradiesischen „Urzustand" des Menschen verwirklicht habe. Ihre Erlösung setzt vielmehr die *auch ihr vorgegebene* Unheilssituation voraus. Auch sie stand unter dem „Debitum" des mit der Ursünde gegebenen Bösen und verdankt deshalb ihr Heil der Befreiung durch Gott. So auch Semmelroth, Kommentar 329. Dass Maria nicht das „paradiesische Menschsein" verwirklichte, zeigt sich schon darin, dass sie „ihr Heil findet *in carne passibili*": Rahner, Theologisches zum Monogenismus, in: Schr. I, 253–322, hier: 309. Deshalb scheint mir die als „sententia communis" zu charakterisierende Aussage, Maria sei auch von der Konkupiszenz bewahrt geblieben, mehr als fragwürdig zu sein. Auch die durchweg in Theologie und Frömmigkeit vertretene These, Maria sei von jeder Sünde frei geblieben, kann sich weder auf Schriftaussagen noch auf kirchliche Traditionen vor dem 5. Jh. berufen. Auch bei Maria geschah der Sieg der Gnade in der Schwachheit des Fleisches. Anders urteilt bezüglich der Freiheit Marias von aller Sünde allerdings K. Rahner, der diese Eigenschaft aus dem Faktum ihres Vollerlöstseins folgert. Davon wird später noch weiter die Rede sein.

692 Sehr eindrücklich formuliert Welte, Ins Böse 103f: „Die Bewahrung vor der Erbsünde ist dann nicht ein Werk Gottes an einem Fötus ohne Bewusstsein und ein im Augenblick der Empfängnis vollendetes Wunder. Marias Bewahrung von der Erbsünde bedeutet vielmehr das noch größere Wunder: Im Prozess ihres Heranwachsens und Hineinwachsens in ihre

Menschengeschlechtes“ (Thomas v. Aquin) zu Gott ein volles Ja-Wort zu sprechen, ein Ja-Wort, das nicht nur Geist und Seele betrifft, sondern auch ihren Leib, damit dieser die Pforte sei, durch die Gottes Sohn in die Welt eintreten konnte.

In der lebendigen Glaubenstradition Israels stehend, empfing Maria also einen radikalen Neuanfang Gottes, der, obgleich er sich „chronologisch“ vor dem Erlösungsgeschehen in Jesus Christus ereignet, dennoch im Hinblick auf ihn geschah und durch ihn und in ihm begründet ist. Maria ist von der Sünde erlöst wie wir („cum omnibus hominibus salvandis in stirpe Adam invenitur coniuncta“ – „in der Nachkommenschaft Adams verbunden mit allen erlösungsbedürftigen Menschen“, sagt LG 53). Ja, Maria ist von der Sünde sogar mehr als wir erlöst („sublimiore modo redempta“: LG 52): Denn es ist zwar vorauszusetzen, dass jedem Menschen jene Form der Erlösungsgnade geschenkt wird, die ihn befähigt in einer Welt des Bösen und des Todes an der für ihn vorgesehenen Realisierung des Heilsplanes Gottes teilzuhaben und mitzuwirken.[693] Aber Maria tut dies als diejenige, die sich bereit erklärt, die Mutter des Gottessohnes zu werden, „auf besondere Weise“. Darin ist sie Höhepunkt und Zusammenfassung aller „Neuanfänge“ Gottes und das Paradigma schlechthin für universale Erlösung und universales Heil. Dafür erhält sie auch die dementsprechende Gnade, die als „Bewahrung vor der Sünde“ nicht etwa eine geringere Weise der Erlösung ist, sondern Erlösung in ihrer reinsten Gestalt, so dass Maria „in vollkommenster Weise erlöst“ ist.[694] In diesem Sinn ist sie – so das Zweite Vatikanische Konzil (LG 56), dabei Germanus v. Konstantinopel zitierend – „ganz heilig und von jeder Sündenmakel frei zu nennen, gewissermaßen vom Heiligen Geist gebildet und zu einer neuen Kreatur gemacht“, damit sie fähig sei, mit Gott in Dialog zu treten und darin jenes „Fiat“ zu sprechen, das für die ganze Menschheitsgeschichte von entscheidender Bedeutung ist.

Welt mit ihren Vorurteilen gegenüber Aussätzigen und Samaritern, mit ihren Hass gegen die Römer und ihren Nützlingen, in diesem Prozess wurde sie *immer* von Gott behütet und beschützt, erleuchtet und gestärkt, so dass sie im Kern ihrer Person *nie* entfremdet war von dem (in ihrem Leben waltenden) unbegreiflichen Gott, vom oftmals gleichgültigen und feindseligen Menschen, von ihrem Selbst mit seinen gegebenen Grenzen und auferlegten Pflichten. Da auch sie in einer durch Sünde geprägten Welt und Gesellschaft lebte, war auch sie dem Druck und Sog der Sünde ausgesetzt, war auch sie Teil einer durch Misstrauen und Hass zerrissenen Welt“. Gegenüber einer solchen Konzeption scheint mir die Position v. Balthasars, nach welcher Maria der Erlösung durch Christus bedurfte nicht wegen begangener Sünden, sondern wegen der Sünden, „die sie hätte begehen können“, doch sehr kurios zu sein. Siehe dazu Steinhauer, Maria 281.

693 Vgl. dazu G. L. Müller/K. J. Wallner, Was bedeutet Maria uns Christen? Die Antwort des Konzils, Wien 1994, 15.

694 Rahner, Die Unbefleckte Empfängnis, in Schr. I, 223–237, hier: 229.

Auf dem Hintergrund einer solchen Sicht lässt sich mit Karl Rahner die Frage stellen, ob es bezüglich der Betroffenheit von der so verstandenen „Erbsünde“ – verstanden als vorgegebener „Unheilsbereich“ – und bezüglich der so verstandenen Erlösung – verstanden als „Neuanfang Gottes“ – einen wirklich „qualitativen“ Unterschied zwischen Maria und den übrigen Menschen gibt. Rahner antwortet: So wie Maria vor-erlöst, d. h. im Hinblick auf das Erlösungswerk Christi durch Gottes Gnade davor bewahrt wurde, dem Sog des Bösen nachzugeben, so ist auch für alle anderen Menschen davon auszugehen, dass es einen Erlösungswillen Gottes gibt, der immer schon vor-gegeben ist und als solcher das Sein des Menschen wirkmächtig prägt, so dass er mindestens *letztlich* nicht dem Sog des Bösen erliegt. Für Rahner ist darum davon auszugehen, dass *jeder* Mensch von einem doppelten „Existenzial“ bestimmt ist: Einerseits von der ihn zu verführen suchenden Macht des Bösen und andererseits von dem ihn bestimmenden Heilswillen Gottes. Anders gesagt: Jeder steht „im voraus zu seiner personalen Entscheidung in einer Realdialektik *zwischen* seiner Herkunft von Adam und seiner Hinkünftigkeit auf Christus hin“.[695] Daraus folgert Rahner: „Müssten wir nicht ‚dialektischer‘ von der Erbsünde reden, derart, dass sie das Gefährlichste und Ausweglose *‚wäre‘, wenn nicht* das Erbarmen Gottes in Christo wirklichste Wirklichkeit wäre?“[696] Dieses Erbarmen *ist* aber wirklichste Wirklichkeit. Und darum steht faktisch jeder Mensch *von vornherein* unter dem *wirkmächtigen* Erbarmen Gottes, der aus der Ausweglosigkeit des Unheils herausführen will. Das kann jedoch, *zeitlich gesehen,* bei den Einzelnen je verschieden sein, obwohl die gegebene Spannung der beiden „Existenziale“ in ein- und demselben Menschen mit einer zeitlichen Reihenfolge an sich nichts zu tun.[697] Entscheidend ist vielmehr, dass die den Einzelnen in je unterschiedlichen Lebensphasen geschenkte Gnade sich dem einen großen Umgriffensein vom Gnadenwillen Gottes verdankt.

Von daher ist tatsächlich fraglich, ob – mit Rahner gesprochen – „das Entscheidende der ‚Unbefleckten Empfängnis‘ das zeitliche ‚Immer-schon-von-Anfang-an‘ der Begnadigung im Gegensatz zu einem ‚Erst-später‘ bei den anderen Menschen“ ist.[698] In seinen frühen Schriften erwägt Rahner deshalb, ob nicht *alle*

695 Bolewski, Anfang 224 mit Verweis auf Rahner.

696 K. Rahner, Das Dogma von der Unbefleckten Empfängnis Mariens und unsere Frömmigkeit, in: Schr. III, 155–167, hier: 159. Siehe zum Ganzen auch Bolewski, Anfang 64ff.

697 Darum ist die protestantische Polemik obsolet, die die dem Dogma vorausgehenden Auseinandersetzungen zwischen Thomisten und Skotisten „als einen ‚Streit um ein paar Augenblicke‘ charakterisiert [hat], weil es doch gleichgültig sei, ob Maria im ersten Augenblick ihres Daseins schon von der Erbsünde bewahrt oder sehr bald darauf ‚geheiligt‘ worden sei“: Rahner, Assumptio 582.

698 K. Rahner, Das marianische Jahr, in SW 9, 571–579, hier: 576. – Nach Rahner könnte man sogar auf die Idee kommen, „dass die Aussagen der Tradition über die unübertreffbare

Menschen die Gnade Christi nicht etwa erst bei der Taufe erhalten, sondern wie Maria schon von Beginn ihres Daseins an. Er weist dies jedoch vorsichtig im Blick auf die anderslautende kirchliche Tradition zurück und erblickt in der zeitlichen Differenz zwischen Maria und uns ein Zeichen dafür, dass allein und ausschließlich Maria in einer Weise zum Heil vorherbestimmt ist, wie wir dies eben nicht sind. In späteren Jahren greift er jedoch diese frühen „Erwägungen" nochmals auf und verwandelt sie in die *These:* „Im Dogma von der Unbefleckten Empfängnis ist nicht notwendig impliziert, dass ihr Anfang als zeitliche Periode anders ist als bei uns, die wir die Gnade als bleibendes Existential unserer Freiheit zum Heil auch nicht erst in der Taufe empfangen."[699] Damit rücken die Gnadensituation Marias und die der übrigen Menschheit ganz, ganz eng zusammen.

Gibt es dann keinen Unterschied mehr? Bevor dies zu erörtern ist, sollen die Überlegungen Rahners noch von der Heiligen Schrift her näher erläutert werden.

3. Das Apriori der Gnade

Eine Reihe von neutestamentlichen Schriftstellen bezeugen ausdrücklich, dass in Christus *alles erschaffen wurde. ... Alles ist durch ihn und auf ihn hin erschaffen* (Kol 1,16). Schon *vor der Erschaffung der Welt sind wir in ihm erwählt* (Eph 1,4). *Alles ist durch das Wort geworden* (Joh 1,3) und deshalb *war das Wort schon in der Welt*, und bei der Menschwerdung *kam er in das Seine* (Joh 1,10), d.h. in die von ihm durchdrungene und geprägte Wirklichkeit. Diese heilvolle Gegenwart Gottes gilt in besonders ausdrücklicher Weise vom alttestamentlichen Äon. Nach Paulus zieht Christus als lebensspendender Fels schon mit Israel zusammen durch die Wüste (vgl. 1 Kor, 10,4); ER ist es, der sein Wort an Mose und die Propheten richtet (vgl. Joh 5,46). Das alttestamentliche Gesetz ist *vom Geist bestimmt* (Röm 7,14); es ist *Zuchtmeister auf Christus hin* (Gal 3,24) und hat damit eine „propädeutische Funktion" für ihn. Kurz: Die Schöpfung, die in und durch Christus erschaffen ist und auf ihn als *Fülle, die alles erfüllt* (Eph 1,23), hinzielt, ist faktisch apriori geprägt, getragen und umfangen von der Gnade Gottes in Jesus Christus.

Heiligkeit Marias nicht eigentlich einen Zustand der Gnade in Maria, sondern jenen Gnadenwillen Gottes von Anfang an meinten": Rahner, Unbefleckte Empfängnis 231. Im Blick auf diesen überzeitlichen Gnadenwillen ist auch unsere Begnadung in der Taufe „nur" dessen zeitliche Realisierung. So kann man dann aber fragen, ob es eigentlich „so wichtig [sei], wann genau sie sich realisiere – wer hat schon einmal ernsthaft bedauert, dass er erst nach vierzehn Tagen getauft wurde statt als zweitägiger Säugling": ebd.

699 K. Rahner, Münsteraner Mariologievorlesung = Tonbandnachschrift der von Rahner zur Veröffentlichung freigegebenen Mariologie-Vorlesungen in Münster im WS 1967–1968, 154. Siehe dazu Bolewski, reiner Anfang 222[497].

Dabei geht es nicht einfach um den „übergeschichtlichen Logos“, sondern um den Jesus Christus, der von Anfang aller Schöpfung an als Erlöser Gott vor Augen steht.

Denn Gott konnte es nur deshalb „wagen“, ein freies Geschöpf, das sich womöglich gegen ihn entscheiden würde, ins Werk zu setzen, weil er von vornherein dazu entschlossen war, durch sein eigenes „Engagement“ dessen Selbstzerstörung und selbstverschuldete Todesverfallenheit zu heilen. Auf dieser Linie dürfte 1 Petr 1,19 zu verstehen sein, wo es heißt, dass Christus, das Lamm, *schon vor Erschaffung der Welt dazu ausersehen war*, uns durch sein Blut zu erlösen.[700] Vielleicht ist in diesem Kontext auch ein Gedanke des Irenäus v. Lyon anzusiedeln: „Das Wort Gottes, … unser Herr, ist in den letzten Zeiten Mensch geworden und lebte in dieser Welt und hält unsichtbarerweise alles zusammen, was geschaffen worden ist. Und er ist in die ganze Schöpfung ‚hineingekreuzigt‘, weil Gottes Wort alles steuert und ordnet …“.[701] Das heißt: Der Logos, in dem und auf den hin alles geschaffen wurde, ist gewissermaßen schon a priori zu allem, was in der Schöpfung geschieht, in ihr anwesend und zwar in der kenotischen Gestalt des Kreuzes, also im Willen, seine äußerste Liebe zu zeigen und die Wunden der Schöpfung zu heilen. Deshalb nur konnte Gott die Schöpfung „riskieren“, weil er a priori „sich selber ins Wagnis mithineinwarf und von sich her einen Weg durch das Weglose öffnete“.[702] Und zwar durch das – das Böse „durch“-leidende – Leiden des eigenen Sohnes. In diesem Sinn ist, wie für Karl Rahner, auch für Hans Urs v. Balthasar vor-erlöst immer schon die ganze Schöpfung, „und zwar schon vor ihrer Erschaffung und damit auch vor ihrem möglichen und wirklichen Fall“.[703] Denn indem Gott das Risiko der Sünde durch die Bereitschaft des Sohnes, auch

---

700 Dazu schreibt Karl Barth: „Im Blick auf diesen seinen Sohn, der Mensch und Träger der menschlichen Sünde werden sollte, hat Gott den Menschen und mit dem Menschen seine ganze Welt von Ewigkeit her, noch ehe er sie schuf, geliebt, trotz und in ihrer Niedrigkeit, Nicht-Göttlichkeit, ja Wider-Göttlichkeit – und hat sie geschaffen: darum weil er sie liebte in seinem eigenen Sohn, welcher als der wegen ihrer Sünde Verworfenen und Getötete vor seinen ewigen Augen stand“. – Weitere diesbezügliche Schriftstellen werden angeführt und erörtert bei H. Küng, Rechtfertigung, Einsiedeln 1957, 130ff. Siehe auch im gleichen Werk den Exkurs „Der Erlöser in Gottes Ewigkeit“, ebd. 277–288.

701 Irenäus, Adv. Haereses V, 18, 3 (FC 8/5, 150). – Ähnlich auch Dem. apost. 34 (FC 8/1, 56). Der Text ist allerdings auch anders auslegbar, als dies oben geschieht. Siehe dazu Brox, FC 8/5, 150[79]. Für eine Reihe von Autoren greift nämlich die Aussage vom Kreuz auf die platonische Vorstellung einer Weltseele zurück, die in Form eines griechischen X, d.h. in allen Dimensionen, die ganze Welt durchdringt. Wir folgen hier aber H. Rahner, aaO. 59ff, der noch andere ähnliche Texte der Kirchenväter über die kosmische Dimension des Kreuzes anführt. Besonders wichtig ist Justin, apol. I, 60,1 (Girgenti 152).

702 Balthasar, Klarstellungen 44.

703 H. Steinhauer, Vorerlöst zu uneingeschränkter Solidarität. Vom Privileg der Mutter Jesu zur Bestimmtheit der ganzen Schöpfung, in: K. J. Wallner (Hrsg.), Auditorium Spiritus

im rebellierenden Nein das Ja durchzuhalten, noch einmal umgreift und so das Gelingen der Schöpfung garantiert, gibt es in einem ganz und gar realen Sin eine „ewige“ Vor-Erlösung der Schöpfung. Sie gründet im unbedingten Heilswillen Gottes und zeigt sich darin, dass zu jeder Zeit Menschen ihr Ja zu Gott sprechen und dieses in einem „erlösten“, d.h. wahrhaft freien Lebensvollzug realisieren konnten. Daraus „entspringt“ dann gewissermaßen die Gestalt Marias, in welcher sich dieses „lautere Licht“ Gottes in eindeutiger Weise realisiert, nicht in ihr allein, aber doch in ihr als der künftigen Gottesmutter in einzigartiger Weise. Denn „irgendwo auf Erden muss eine nicht halbe, sondern ganze, nicht ungefähre, sondern exakte Antwort auf sein Wort ertönen. Und zwar gerade dort, wo er selber kommt. Er muss von der Erde an- und aufgenommen werden, sonst käme er auf ihr gar nicht an“.[704]

Aber diesem ganz gelungenen Ja-Wort der Schöpfung gehen unzählige Ja-Worte voran (und folgen ihm unzählige andere). Deshalb ist es auch nicht verwunderlich, dass das ganze Alte Testament voll davon ist, dass hier immer aufs Neue Gnade, d.h. Befreiung, Nähe und Zuwendung Gottes, gegeben wird. „Die Geschichte des Gottesvolkes seit Abraham ist gefüllt mit den Heilstaten Gottes“.[705] Eben das hat die augustinische Erbsündenlehre nicht mit gebührendem Nachdruck herausgestellt, obwohl Augustinus in anderen Zusammenhängen durchaus die „Vorzeitigkeit“ des christlichen Glaubens vor Christus vertrat und von Menschen vor Christus wusste, die vom Geist Gottes erfüllt waren (siehe S. 148): Es gibt nicht nur die Unheils- und Sündengeschichte, von der Paulus schreibt: *Alle haben gesündigt* (Röm 3,23), sondern auch die von Gott grundsätzlich eröffnete und immer wieder neu begonnene und bestätigte Geschichte des Heils, in der er z.B. Israel wahres, gutes und glückendes Leben schenkt, das dann auch tatsächlich vom Empfänger angenommen und verwirklicht wird (siehe den Lobpreis auf den Glauben der Väter in Hebr 13), ein Heil, das nicht unabhängig von Jesus Christus ist, sondern „im Blick auf ihn“ geschenkt und ermöglicht wird. Alle Gnade ist somit „Gnade Jesu Christi“. Weil von ihr die ganze Schöpfung und Heilsgeschichte geprägt ist, geschieht „das Frühere“ (z.B. die alttestamentliche Erwählungen zum Heil) „in der Kraft des Späteren“ (der geschichtlichen Erlösung durch Jesus Christus). Dazu zusammenfassend Karl Rahner:

> „Wenn und weil die Gnade Christi schon vor Christus in der Welt anwesend und wirksam war, treiben die von solcher vorchristlichen Gnade Christi getra-

Sancti = FS zum 200-Jahr-Jubiläum der Phil.-Theol. Hochschule Heiligenkreuz, Langwaden 2004, 379–392; Steinhauer, Maria 120–127.

704 H. U. v. Balthasar, „Du krönst das Jahr mit deiner Huld“. Radiopredigten, Einsiedeln 1982, 237.

705 Lohfink/Weimer, Maria 353.

genen Ereignisse aus ihrer eigenen inneren (wenn auch verborgenen) Teleologie den ‚immanenten' Lauf der Geschichte auf das Christusereignis selbst hin, sodass man auch ebenso mit Recht sagen kann: dieses kommt, weil jene waren, wie man sagen muss: jene waren schon so, weil dieses in Zukunft kommen sollte".[706]

In diesem großen Zusammenhang steht auch Maria, aber nicht sie allein. Denn auch Noach und Abraham und Mose und … sind „Maria", besser: Maria fasst alle zusammen, die nicht im Unheilszusammenhang der „Erbsünde" ersticken, sondern denen Gott einen neuen Anfang geschenkt und das Heil eröffnet hat, auch schon vor dem „historischen" Erlösungsgeschehen in Jesus Christus. Solche „Erlösung vor der Erlösung", und zwar aufgrund des „Glaubens" der Menschen, kennt – wie bereits oben kurz vermerkt – auch Augustinus, wenn er etwa von den „Gerechten" in der Zeit vor Christus schreibt: „Sie sind durch den Glauben (fides!) an seine damals noch nicht geschehene, sondern erst künftige Menschwerdung Glieder Christi".[707] Die „fides" (ebenso wie die „ecclesia ab initio") gilt „inde ab initio mundi" durchgehend; was sich ändert sind die äußeren geschichtlichen Bedingungen, unter denen sich der Glaube formuliert, ob er nun „implizit" oder „explizit" von der Menschwerdung Gottes „weiß" oder noch auf sie „hofft". „Tempora variata sunt, non fides".[708] Das gilt z. B. ausdrücklich für Jeremia (1,5: *Noch ehe ich dich im Mutterleib formte, habe … ich dich geheiligt*) und für Jesaja (49,1.5: *Der Herr mich schon im Mutterleib zu seinem Knecht gemacht.*). Ein solches „Voraushandeln" Gottes gilt aber nicht nur einzelnen Menschen und es besteht auch nicht einfach nur in einem zeitlichen „Zuvor", sondern ist das (gewissermaßen „transzendentale") Vorzeichen, unter dem die *ganze* Schöpfung und – in besonderer Weise – die „offizielle" Heilsgeschichte und damit auch das Alte Testaments steht.[709]

---

706 Rahner, Assumptio 258.

707 Augustinus, De grat.Chr. II, 26, 31 (ALG II, 438) u. ö. Siehe dazu Dietz, Jungfrau 376ff.

708 Augustinus, En. in ps. 50, 17 (CC 38, 612). Deshalb kann Augustinus auch ganz allgemein formulieren: „Die Sache selbst, die heute ‚christliche Religion' genannt wird, hat es schon bei den Alten gegeben, ja von Anfang des Menschengeschlechtes an fehlte sie nicht, bis Christus selbst im Fleische erschien. Von da an begann die wahre Religion, die es schon vorher gab, die christliche genannt zu werden": retract. 1, 13,3 (BA 12, 342). Siehe auch Augustinus, Contra adv. leg et proph. I, 35 (PL 45, 623) sowie S. 148 dieser Studie. Die diesbezüglichen (frühen!) thomanischen Anschauungen sind kurz zusammengestellt bei P. Hünermann, Juden auf dem Weg des Heils. Eine theologische Reflexion auf die Frage von Offenbarung und Geschichte im Ausgang von *Dei Verbum*, in: H. Frankemölle/J. Wohlmuth (Hrsg.), Das Heil der Anderen = QD 238, Freiburg i. Br. 2010, 420–459, hier: 428ff.

709 Auf dieser Linie interpretieren auch Müller/Sattler, Mariologie 185 das Dogma: „Die theologisch vertretbare, gedanklich aber nur schwer nachvollziehbare Idee einer Vorauser-

Insofern sehen G. Lohfink und L. Weimer das Dogma von der Erbsündenfreiheit Marias als geradezu „providentiell“ an, um den Zusammenhang von Maria (und im weiteren Sinn vom ganzen Neuen Testament) zum alttestamentlichen Gottesvolk zum Ausdruck zu bringen. Doch ist wohl noch ein weiterer, vielleicht viel wichtigerer Schritt zu tun: Maria steht nicht nur für den Alten Bund, sondern für die ganze Geschichte der Menschheit, in der es überall Heil und Erlösung vom Unheilszusammenhang der Sünde „im Hinblick auf Jesus Christus“ gibt. Gewiss, dieses Apriori der Gnade zentralisiert sich dann, geschichtlich gesehen, im Christusereignis, weil hier „das Heil der Welt als Tat Gottes endgültig und unwiderruflich geschieht“.[710] Aber es beginnt nicht erst hier, sondern *es zeigt sich hier* in unüberbietbarer Gestalt, und zwar dadurch, dass es durch das Ja Marias in die Geschichte unrücknehmbar und unübersteigbar Eingang findet. Weil Maria somit in dieses Ereignis der „Zentralisierung“ der Gnade wesentlich hineingenommen ist, weil sie das Apriori der Gnade in seiner unüberbietbaren Gestalt in die Welt „über-setzt“, ist sie selbst „der absolute und radikale Fall der Erlösung des Menschen, die in vollkommenster Weise Erlöste und darum der Urtyp des Erlösten und der Kirche überhaupt“, wie Karl Rahner den Kernsatz seiner Mariologie formuliert.[711]

Nur kurz sei bereits an dieser Stelle (weitere Ausführungen dazu S. 530f) auf die Frage eingegangen: Welche Bedeutung hat angesichts des Apriori der Gnade „noch“ die geschichtliche Menschwerdung und die Erlösung durch Leiden und Kreuz Jesu Christi? Hier können in aller Kürze zwei Gesichtspunkte zur Klärung angeführt werden:

Erstens: Das „Immer-schon-Überholtsein“ durch die Gnade muss keineswegs die Bedeutung des Kreuzes Jesu leugnen oder verkürzen. Aber es weitet die Dimension dessen, was Erlösung bedeutet, aus. Schon für Irenäus v. Lyon ist Erlösung viel mehr als nur Befreiung von Sünde. Erlösung durch den Gottessohn heißt bei ihm *auch*, ja sogar in erster Linie, „Führung“ des Menschen zu Unvergänglichkeit und vollendeter Herrlichkeit sowie Offenbarung der Liebe und Güte Gottes.[712] In dieser Perspektive könnte im Übrigen auch

---

lösung Marias erscheint weniger sperrig, wenn in ihr zunächst nicht ein zeitliches ‚im voraus‘ zum Ausdruck gebracht ist, sondern primär eine (transzendental verstandene) Erinnerung an die Bedingung der Möglichkeit für die Glaubenstat Marias, die zu sehen wäre in dem in Ewigkeit bestehenden Heilswillen Gottes, die in Christus Jesu geschichtlich – und damit eingebunden in die kategoriale Zeitlichkeit – offenbar wurde“. So gesehen bekommen auch Worte wie die des Gregor Palamas einen Sinn, wenn er sagt: „Maria ist die Ursache derer, die vor ihr waren, sie ist die Vorsteherin derer, die ihr folgten …“: zit nach Söll, Mariologie 140. Diese ganze Problematik wird uns noch eingehend im Zweiten Teil beschäftigen.

710 Rahner, Unbefleckte Empfängnis, Schr. I, 229.

711 Rahner, Maria, SW 9, 518. Siehe auch ders., Mariologie, in: LThK ²7, 86.

712 Auf dieser Linie hat jüngst P. H. Welte (langjähriger Dogmatiker in Taiwan), seine schon erwähnte Studie „Erlösung – wie und wovon?“ publiziert, eine systematische Soteriologie, die auf diese Weise auch eher asiatischen Verstehensvoraussetzungen entspricht.

die Immaculata-conceptio mehr in ihrem positiven Aspekt, nämlich als die Grundlegung der reinen Schöpfung gesehen werden und nicht in erster Linie als ein „Von-vornherein-Befreitsein“ von Sünde und Schuld. Und das „Gnaden-Apriori“, das allen Menschen gilt, sollte vielleicht eher als Eröffnung eines faszinierenden Weges zur Gottesherrlichkeit verstanden werden, denn vornehmlich als „Vergangenheitsbewältigung“ im Sinne der Befreiung von der Sünde (ohne dass dieser Aspekt auch nur im geringsten geleugnet werden soll).

Zweitens: Man wird ganz allgemein sagen müssen, dass Gottes Handeln nicht wie ein Meteorit einschlägt. Es bereitet den angesprochenen Menschen dafür vor im Sinne des schon angeführten Rahner-Wortes: „Wenn und weil die Gnade Christi schon vor Christus in der Welt anwesend und wirksam war, treiben die von solcher vorchristlichen Gnade Christi getragenen Ereignisse aus ihrer eigenen inneren (wenn auch verborgenen) Teleologie den ‚immanenten‘ Lauf der Geschichte auf das Christusereignis selbst hin.“ Und auch wenn das Heilshandeln Gottes bereits „vor“ bzw. scheinbar „unabhängig“ von Christus gültig und wirkmächtig ist und als solches erfahren wird, kann der Mensch doch von sich aus nicht wissen, wie weit das Engagement Gottes für seine Schöpfung geht. Bleibt er ihr unter allen Umständen treu, zieht er wirklich niemals seinen Bund und seine Zusagen zurück? Was ist mit Menschen, die bewusst und frei die radikale Gottesferne gesucht haben und darin verbleiben wollen? Ist dann der Mensch sich selbst überlassen, erstickend in der sich selbst bereiteten Hölle? Und was sind Weg und Mittel, dass der Mensch der immer neu sich vordrängenden destruktiven Macht des Bösen Einhalt gebieten kann?

All diese und viele ähnliche Fragen bleiben bis zum Auftreten des Erlösers Jesus Christus offen, so wie die ganze Geschichte der Menschheit offen bleibt. Deshalb sagt das II. Vaticanum zu Recht: „Tatsächlich klärt sich nur im Geheimnis des fleischgewordenen Wortes das Geheimnis des Menschen wahrhaft auf“ (GS 22). All das wird erst im geschichtlichen Erlösungsgeschehen durch Jesus Christus wirklich, wirksam und geklärt. Erst in Christus – so Karl Rahner – ist die Geschichte der Selbstmitteilung Gottes „irreversibel geworden und so als eschatologisch siegreiche geschichtlich erschienen“.[713] Erst von Christus her wird klar, dass nicht nur der Graben zwischen Schöpfer und Geschöpf, sondern auch zwischen heiligem Gott und sündigem Menschen geschlossen ist, ja von Anfang an immer schon geschlossen war, da Gott sich ἐν ἀρχῇ καὶ ἀπ᾽ ἀρχῆς dem Menschen ganz und radikal und vorbehaltlos mitgeteilt hat. Erst von Christus her wissen wir: „Bei Gott hat seine Stelle das menschliche Geschlecht“.[714]

In diesem Sinn ist die endgültige Vollendung und Fülle aller Heilsgaben Gottes erst im Christusereignis erreicht, wo der ermöglichende Grund der Freiheit, die sich entgrenzende und radikal entäußernde Liebe Gottes als sie selbst in den konkreten geschöpflichen Freiheitsraum eingeht, durch radikale Liebe den Teufelskreis der sich verschließenden (Un-)Freiheit zerbricht, ein endgültiges, normatives Leitbild der Freiheit aufrichtet und so einen nicht mehr rücknehmbaren,

713 K. Rahner, Der eine Mittler und die Vielfalt der Vermittlungen, in: Schr. 218–235, hier: 231.

714 Ende des Weihnachtsoratoriums von J. S. Bach; der Text ist vermutlich, aber nicht sicher von Picander (= Chr. Fr. Henrici).

unter den Bedingungen der Geschichte unübertreffbaren, bleibenden gemeinsamen Freiheitsraum stiftet: *die Kirche.*

4. Unbedingte Prädestination – Differenz zwischen Maria und übriger Menschheit?

Nach diesen Überlegungen kehren wir zur Frage zurück, ob es hinsichtlich der Bewahrung von der „Erbsünde" zwischen Maria und uns eine *wesentliche* Differenz gibt. Selbst diejenigen Theologen (z. B. Karl Rahner), die in dieser Hinsicht Maria und die übrige Menschheit ganz eng aneinander rücken, bestehen in diesem Punkt auf *einem* essentiellen Unterschied: Indem die siegreiche Gnade Gottes als Apriori über jedem Menschenleben stehe, ergehe sie *bei uns* in eine noch jeweils offene Freiheitsgeschichte hinein. Das heißt: Wir stehen einerseits unter der „Erbsünde", nämlich unter dem unheilvollen, uns zur persönlichen Sünde verleitenden „Druck" einer fehlgelaufenen Geschichte, andererseits aber unter dem im Glauben anzunehmenden heilvollen Gnadenwillen Gottes. Wem wir uns jeweils zuwenden, ist Sache unserer Freiheit. Die Annahme und / oder Ablehnung der angebotenen Gnade macht die ganze Dramatik unserer Geschichte aus. Bleibt diese also *bei uns* „offen", weil durch unsere Freiheit bedingt, sei es bei Maria anders. Denn Gott habe – so viele Theologen – durch die Menschwerdung seines Sohnes *unbedingt* in unsere Welt und Geschichte eintreten wollen. Dafür habe er eines Menschen bedurft, den er so ausstattete, dass dieser sein gleichfalls *unbedingtes* „Ja" zum inkarnatorischen Handeln Gottes sagte. Und eben dieser Mensch sei Maria, um deren „Ja" willen sie deshalb anders als wir *unbedingt* erwählt wurde, d. h. sie war von Gott *sola gratia* und vorgängig zu jeder eigenen personalen Entscheidung so befähigt und getragen, dass ihr Glaube – der aber nicht ohne ihre persönliche Freiheit verwirklicht worden sei! – und damit ihr Ja-Wort zur „Hohlform" des Ankommens Gottes werden konnte. Die Unbedingtheit dieser Erwählung, ihre im strengen Sinn unbedingte Prädestination, vertreten z. B. die beiden Leitfiguren neuerer Theologie: Hans Urs v. Balthasar und Karl Rahner ganz eindeutig. So heißt es bei *v. Balthasar*: Das Ja-Wort Marias ist „als freies je schon … in Gottes zentralen Heilsbeschluss" miteingeborgen. Und bei *Rahner*: Wenn Maria „nicht als die Heilige und vollkommen Erlöste gewollt wäre, dann wäre selbst Christus, wie er tatsächlich vor uns steht, von Gott nicht gewollt".[715] Mit andern Worten: Die Prädestination Christi zur Menschwerdung und das Ja Marias laufen, da beides unbedingt von Gott gewollt ist, in eins. Die unbedingte

715 TD II/2, 276; Rahner, Unbefleckte 233.

Erwählung Marias gründet in der Unbedingtheit, mit der Gott Mensch werden wollte und dazu einer menschlichen Mutter bedurfte. Gott macht deshalb – so betont auch Heribert Mühlen – „die Durchsetzung seines Heilswillens gegen die Sünde der Menschen nicht abhängig von eben dieser Sünde oder der möglichen Weigerung derer, die er in besonderer Weise zur Durchsetzung seines Heilswillens beruft und auserwählt. Gott setzt seinen Heilswillen *unbedingt* durch auch und gerade gegen die mögliche oder tatsächliche Sündigkeit des Menschen".[716]

Kurz: Nach Meinung dieser und anderer Theologen ist, auf dass das zum „Mutter-Gottes-Werden" erforderliche „Ja" des Glaubens Marias auch wirklich gelingt, vonseiten Gottes die *unbedingte Prädestination* zu diesem Ja erforderlich und damit die apriorische Bewahrung vor allem Bösen, welches dieses Ja in Frage stellen könnte. Eben das ist für diese Theologen auch der eigentliche Kern des Dogmas von 1854: Marias „‚unbeflecktes Empfangenwordensein' sagt nichts anderes, als was zur Schrankenlosigkeit ihres Ja unerlässlich ist".[717] Deswegen erscheint in ihr eine ganz besondere, nämlich die *unfehlbare Wirksamkeit der Gnade Gottes*. Demnach liegt der Unterschied zwischen Maria und den übrigen Menschen darin, dass ihr Ja-Wort unbedingt prädestiniert ist, da es, anders als bei uns, ein notwendiger „Faktor" für die Menschwerdung des Sohnes Gottes war. Und dafür ist wiederum ihre „Unbefleckte Empfängnis", d. h. ihre von Gott gewollte und erwirkte Heiligkeit, die Bedingung der Möglichkeit.

Diese Argumentation scheint zwar auf den ersten Blick schlüssig zu sein. Doch was ist dann noch mit der Freiheit Marias und *auch* mit unserer Freiheit? Denn wenn Marias Antwort des Glaubens, die sie ja für uns alle gegeben hat, nicht ganz frei war, – warum sollte dann unser Ja frei sein? Entsprechend betonen auch

---

716 H. Mühlen, Der Aufbruch einer neuen Verehrung Maria, in: Maria im Geheimnis der Kirche = Sonderheft Cath. 29 (1975) 145–163, hier: 154. Ähnlich auch schon ders., Una persona 486f.

717 H. U. v. Balthasar, Maria in der kirchlichen Lehre und Frömmigkeit, in: J. Ratzinger / H.U. v. Balthasar, Maria, Kirche im Ursprung, Einsiedeln-Freiburg ⁵2005, 87–111, hier: 93. An anderer Stelle – ders., Klarstellungen 71 – formuliert er „Warum ist Maria ‚unbefleckt empfangen'? Weil eben jemand ‚anstelle des gesamten Menschengeschlechts' (wie Thomas von Aquin sagt) das volle, ungeschmälerte Jawort Israels zu Gott sprechen musste, damit sein Wort einen Ort fände, sich menschwerdend auf Erden niederzulassen". Von da aus stellt sich aber mit Nachdruck die Frage, ob das Ja Marias ein wirklich freies Ja war oder – anders gesagt – ob sie auch hätte Nein sagen können. Für H. U. v. Balthasar wäre dies ganz unmöglich gewesen. Denn – so in einer Zusammenfassung der diesbezüglichen Auffassung v. Balthasars Steinhauer, Maria 232 – „die marianische Freiheit ist … dadurch bestimmt, dass sie sich von der absoluten Freiheit das Freigesetztsein als Bedingung der Möglichkeit ihres eigenen Selbstvollzugs schenken lässt". Aber was heißt dann freie Zustimmung?

praktisch alle Theologen, dass Maria trotz ihrer unbedingten Prädestination ganz frei gehandelt hat. Aber wie soll das zusammengehen – unbedingte Prädestination und Freiheit? Die theologischen „Purzelbäume“, die in diesem Punkt geschlagen werden, sind bemerkenswert. Nehmen wir als Beispiel nur Heinrich M. Köster:

> „Zwar ist fraglos sicher, dass Gottes Macht über Herz und Wille des Menschen diesen für seinen Heilsplan entscheidendsten Augenblick durch die heimliche und doch starke Macht Seiner Gnade gegen die Katastrophe einer Weigerung zu sichern wusste. Dennoch wäre ein für Gott und für den Menschen … gültiges Gesetz der gottmenschlichen Heilsbegegnung vergewaltigt worden, wäre dies auf Kosten der Freiheit geschehen. … Er verfügt über göttlich-souveräne Mittel, dass eine in Unbefleckter Empfängnis von den zartesten Entstehungskeimen dieses Lebens herauf wirkende Führung und Bereitung, Seinem werbenden Willen nicht nur in unfehlbarer Sicherheit, sondern mit einer Freiheit und Freude Genüge geschah, die sich im Gewähren und im Gehorsam selbst beglückt und geehrt fand“.[718]

Im Hintergrund dieser arg „blumigen“ Ausführungen steht die spät-augustinische Freiheitslehre. Auch nach Augustinus handelt Gott mit uns nicht wie mit gefühllosen Steinen oder wie mit Geschöpfen, die keinen Verstand und Willen haben,[719] aber er kann am menschlichen Willen so handeln (bzw. er handelt faktisch so), dass dieser *unfehlbar* stets das Gute tatsächlich will und vollbringt, ohne dass dies für den Menschen Zwang bedeuten würde. Wie ist das vereinbar? Kein Zwang und doch unfehlbare Wirkung!

Nach Augustin kann der Wille, die menschliche Freiheit, ganz allgemein gesprochen, „bewegt“ werden durch „Beweg“-Gründe, indem ihm einleuchtende Handlungsmotive und faszinierende Sinnziele vorgelegt werden, so dass der Mensch an einer Sache Gefallen, Freude und Ergötzen findet (delectari) und *aus freiem Entschluss* das, zu dem er bewegt wird, bejaht.[720] Auf dieser Linie handelt auch Gott am Menschen. In seinem Gnadenwirken senkt Gott dem Menschen die Liebe so tief ins Herz hinein, dass der Wille daran nicht nur Gefallen finden und von seiner Selbstliebe umkehren *kann*, sondern dass er daran auch tatsächlich *unfehlbar* Gefallen findet, sich vom Geiste leiten lässt und unweigerlich das tut, was Gott mit ihm zu tun vorhat.[721] Es besteht also keinerlei Notwendigkeit von außen, aber auch keinerlei Zwang von innen: der Wille bewegt sich weder unter der

718 Köster, Magd 123.
719 Vgl. Augustinus, De pecc. mer. 11, 5,5 (ALG 1, 172).
720 Vgl. z. B. Augustinus, Simpl. I, 2,21 f (CC 44, 53 ff) u. ö.
721 Vgl. z. B. Augustinus, grat. Chr. I, 14,15 (ALG II, 342); ders., gest. III, 5 (ALG II, 206..

Sünde noch unter der Gnade gegen seinen Willen, sondern nur mit und aufgrund seines Willens. Weil Augustinus aber die Gnade Gottes als das innere Schwergewicht des Willens selbst versteht, gibt es keine Instanz, von der aus man sich *angesichts* des Gnadenwirkens selbst in Freiheit entscheiden könnte. Die Gnade *ist* die geschehene Entscheidung selbst. Es gibt keinen „Punkt“ im Menschen außerhalb des so oder so entschiedenen Willens, der sich erst noch in freier Wahl entscheiden könnte. Die Wahl ist immer schon getroffen: Als Kind Adams steht der Mensch notwendig unter der Sünde, als von Gott Erwählter wird er unfehlbar zur Antwort der Liebe bewegt.[722] Denn „es kann nicht die Wirkung des göttlichen Erbarmens in der Macht des Menschen liegen, so dass Gott sich vergebens erbarmte, wenn der Mensch nicht will“.[723] Zwar verursacht nicht Gott selbst den menschlichen Willensakt, aber er macht mit seiner Gnade den Willen so willig, dass der Mensch sich unweigerlich zu dem von Gott gewollten und erwirkten rechten Handeln *selbst* determiniert.[724] „So also wollen wir; aber Gott wirkt in uns auch das Wollen. So wirken wir, aber Gott wirkt in uns auch das Wirken nach seinem Wohlgefallen“.[725] Daraus folgt: Wenn Gott unsere Willensentscheidungen bewirkt, sei es, dass er uns das rechte Wollen schenkt, sei es, dass er uns im Nein belässt, so „ist in eben diesen Willensäußerungen seine Barmherzigkeit und sein Gericht vor sich gegangen“.[726]

In dieser „genialen“ Konzeption Augustins ist zwar *formal* die menschliche Freiheit unter dem Wirken Gottes „gerettet“ (es ist ja der Mensch selbst, der sich „determiniert“), ja seine Freiheit ist durch Gott überhaupt erst in den Stand zum rechten Handeln gesetzt, aber hinter der Selbstbestimmung menschlicher Freiheit steckt die göttliche Prädestination, die sich gemäß dem unerforschlichem Gericht Gottes *unfehlbar* durchsetzt, weil Gott in seiner Allmacht das, was er will, unbedingt will. Deshalb kann man die Sache drehen und wenden, wie man möchte: Der Mensch ist und bleibt damit letztlich doch eine Marionette in Gottes Hand, auch wenn er sich dessen nicht bewusst ist und meint, kraft eigener Selbstbestimmung zu handeln. Ist es so auch mit Maria? Steht hinter ihrem (nur scheinbar) freien Ja nicht doch das göttliche „Muss“ bzw. „Gar-nicht-anders-Können“? Und gilt das letztlich dann nicht für uns alle, da ja Maria für die Kirche steht?

---

722 Vgl. Augustinus, perf. iust. IV,9 (ALG II, 136): „Quia vero peccavit voluntas, secuta est peccantem peccatum habendi dura necessitas, donec tota sanetur infirmitas et accipiatur tanta libertas, in qua sicut necesse est permaneat beate vivendi et numquam peccandi voluntaria felixque *necessitas*“.

723 Augustinus, Simpl. I, 2,13 (CC 44, 38).

724 Siehe dazu G. de Broglie, Pour une meilleure intelligence du „Correptione et Gratia“, in: Augustinus Magister. Congrès international Augustinien, Bd. I, Paris 1954, 317–337.

725 Augustinus, don. pers. XIII, 33 (ALG VII, 378).

726 Augustinus, praed.sanct. IV, 11 (ALG VII, 262).

Wir können dieses Problem hier nicht im Einzelnen erörtern. Doch sei darauf hingewiesen, dass hinter der Idee der absoluten Prädestination ein Gottes- und Allmachtsbild steht, das nicht den biblischen Vorgaben entspricht. Nach der Schrift widerspricht es eben nicht Gottes Allmacht, dass er ein Geschöpf ganz frei-setzt, auf das es ganz eigenständig sei, um seiner Liebe in Freiheit begegnen zu können. Denn eine solche Frei-Gabe setzt Allmacht voraus (siehe S. 379f). Allmacht, Allwirksamkeit Gottes heißt eben nicht Alleinwirksamkeit. *In seiner Allmacht und Freiheit hat Gott sich gerade dazu selbst bestimmt, sich vom Geschöpf und dessen Freiheit bestimmen zu lassen.*[727] Bedeutet das dann aber – auf Maria angewandt –, dass sie gegebenenfalls auch hätte nein sagen können und damit der Heilsplan Gottes und so Gott selbst gescheitert wäre? Ist das überhaupt denkbar? M. E. durchaus, wenn man auf die unendlichen „kreativen Möglichkeiten", die in der absolut überfließenden Fülle göttlichen Seins stecken, blickt. Gott vermag immer wieder neue und unerwartbare Anfänge mit dem Menschen zu setzen, die erwarten lassen, dass sich „irgendwann einmal" menschliche Freiheit dem Werben Gottes öffnet. Dies ist keine Spekulation, sondern eben dies zeigt die ganze Heilsgeschichte, die von vielen solcher „Neuanfänge" geprägt ist und trotz oftmaligen Scheiterns dennoch zum Ziel kommt.[728]

Deshalb scheint mir, dass die (augustinische) Lösung von einer unbedingten Prädestination, die bis heute von vielen Theologen zwar nicht auf jeden Menschen, wohl aber auf Maria angewandt wird, unerträglich und dazu noch – wie Thomas Pröpper im Einzelnen zeigt – widersprüchlich ist.[729] Deshalb ist die Differenz zwischen Maria und uns nicht in Bezug auf die Unbedingtheit der Prädestination zu suchen. Aber warum überhaupt nach Differenzen suchen? Selbst für Karl Rahner, der die These von der unbedingten Prädestination vertritt, gilt, dass

> „die positive Parallele zwischen uns und der hl. Jungfrau größer ist als alle Unterschiede. … [Deshalb bedeutet die Unbefleckten Empfängnis] nicht nur so etwas wie ein emphatisch behauptetes Privileg der hl. Jungfrau, sondern ohne

727 Siehe dazu Pröpper, Anthropologie I, 634 u. ö.

728 Zudem darf man durchaus in Rechnung zu setzen, dass durch ihre besondere Erwählung Maria in eine unüberbietbare Nähe zu Gott gerückt ist, welche bewirkt, dass die Freiheit Marias sich (in Freiheit!) eher dem zuneigt, was Gott möchte. Dennoch bleibt sie, auch sie und gerade sie, frei. Dieser Gedanke findet sich bereits angedeutet bei Thomas v. Aquin, De ver. 22,4c: „Quanto enim aliqua natura ist Deo propinquior, tanto expressior in ea divinae dignitatis similitudo invenitur. Hoc autem ad divinam dignitatem pertinet ut omnis moveat et inclinet et dirigat, ipse a nullo alio motus vel inclinatus vel directus. Unde, quanto aliqua natura est Deo vicinior, tanto minus ab alio inclinatur et magis nata est seipsam inclinare". Thomas spricht hier von einem „inclinare", also nicht von einem zwingenden Muss. Dass es auch einer „natura Deo valde propinqua" möglich ist, sich Gott zu verweigern, bringt der Mythos vom Engelssturz zum Ausdruck.

729 Siehe dazu Pröpper, Anthropologie II, 981–1025.

> deswegen jedwede Differenz wegleugnen zu müssen, können und müssten wir eigentlich diese Lehre dahin lesen, dass die Welt überhaupt trotz der ernst zu nehmenden Sünde einfach immer in der überfließenden Gnade Gottes eingefangen geblieben ist und Gott von Anfang an einen ‚infralapsarischen' [=in der Zeit nach dem Sündenfall geltenden] Heilswillen auch gegenüber der sündigen Welt gehabt hat und so aufs Ganze gesehen, ohne gewisse Differenzen zwischen und Maria zu leugnen, immer schon überall die Sünde überholt ist durch die größere Gnade Gottes, und dieses Überholtsein sich im allerletzten gar nicht in einer zeitlichen Differenz [im Sinne von: Maria ist von Anfang an begnadet, wir erst im Laufe des Lebens] demonstrieren muss".[730]

Das heißt also: Das „Apriori" der Gnade Gottes setzt sich – wie wir hoffen dürfen – auch bei uns durch, allerdings bei uns „nur" in zeitlicher Differenz, und diese ist bei jedem Einzelnen verschieden. Deshalb ist auch nicht auszuschließen, dass es „heilige Menschen" gibt, bei denen sich dieses „Apriori" gleich von Anfang ihrer Existenz an – wie bei Maria – realisiert. Die schon genannten Heiligen des Alten Testaments (Jeremia, Jesaja ...) könnten dafür ein Zeichen sein. Aber wie auch immer: Von entscheidender Relevanz ist diese zeitliche Differenz letztlich nicht.

Es bleibt noch zu fragen, was es über die „Bewahrung von der Erbsünde" hinaus mit der bleibenden Sündenlosigkeit Marias auf sich hat.[731] Marias Freiheit von jeglicher Sünde wird vom Trienter Konzil als „Lehre der Kirche" („tenet Ecclesia") bezeichnet (DH 1573) und in der Bulle von 1854 (DH 2800) bestätigt. Erscheint angesichts dessen die Gnade Gottes in einer zweifachen Gestalt? Einmal als von aller Sünde bewahrende Gnade bei Maria und zum andern als sündenvergebende Gnade bei uns, deren Leben immer auch von der Sünde mitbestimmt ist? Eine solche Differenzierung kann einen tiefen Sinn haben: Sie macht nicht nur deutlich, dass wir allesamt zunächst „Kinder des Zornes" sind, die durch die vergebende Gnade erst „später" zu „Kindern der Liebe" werden, sondern – so Rahner – sie macht auch offenbar, dass „geschichtlich, in Zeitlichkeit *erscheinen* sollte, dass wir von uns aus nur dieses [Kinder des Zornes] wären und allein von Gottes Gnade aus Kinder der göttlichen Liebe sind, und bei uns nicht schon eindeutig um Christi willen allein greifbar darüber entschieden ist (wie bei Maria), was wir nun eigentlich sind".[732] Die Differenz zwischen unserer Sündigkeit (oder wenigstens der Sündigkeit der wohl meisten von uns) und Marias Heiligkeit würde also dazu

---

730 Rahner, Unbefleckte 154.
731 Siehe dazu A. Müller, Marias Stellung 436ff.
732 K. Rahner, Das Dogma von der Unbefleckten Empfängnis Mariens, in: GW 9, 586.

„dienen", das absolute Unverdientsein der Gnade angesichts menschlicher Schuld und Sünde herauszustellen. Man kann das so sehen.

Auf der andern Seite aber stellt sich die Frage, ob nicht auch in diesem Punkt Maria näher an uns „arme Sünder" heranzurücken ist. Und dies aus zwei Gründen:

(1) Wenn in Theologie und amtlicher kirchlicher Lehrverkündigung von Sünde und Sündlosigkeit gesprochen wird, ist zu bedenken, dass hier Sünde im streng formalen Sinn gemeint ist, und das ist die Todsünde, d. h. das radikale „Nein" des Menschen zu Gott, die Kündigung der Gemeinschaft mit ihm, der Verlust der Gotteskindschaft. Ein solches wird man auf jeden Fall Maria abzusprechen haben, weil es unvereinbar ist mit ihrer Erwählung, ihrem Glauben und ihrer Bereitschaft, „Magd des Herrn" zu sein. Aber muss man deswegen auch *alle* Fehler und Unvollkommenheiten von ihr fernhalten. Gehört zum wahren postlapsarischen Menschsein nicht auch die „Konkupiszenz", von der das Trienter Konzil sagt (DH 1515), dass sie zwar nicht Sünde ist, aber auch in den Erlösten, also ebenso in Maria, bleibt, was zugleich bedeutet, dass wir (und Maria) unser komplexes Wesen nicht immer und gänzlich integrieren können? Deshalb gehört zum Menschsein Unaufmerksamkeit gegen Gott und den Anruf des Nächsten, Unverständnis, aggressives Verhalten, Mutlosigkeit und Müdigkeit usw.[733] Solches Verhalten kann im Einzelfall das sein, was die christliche Tradition „lässliche Sünde" nennt, es kann aber auch ein „vorpersonaler" Akt sein, der mit persönlicher Verantwortung wenig oder gar nichts zu tun hat. M. E. ist von Maria (wie auch von Jesus selbst) solches der Konkupiszens entspringendes Verhalten nicht zu negieren. Wenn wir von da aus nochmals auf uns blicken, wird man doch wohl von nicht wenigen Menschen in aller Bescheidenheit sagen können, dass sie – unter dem Wirken der Gnade – von wirklicher Todsünde, also Abfall von Gott, bewahrt blieben. Von da aus zeigt sich, dass in dieser Perspektive die Differenz zwischen Maria und den übrigen Menschen nicht ein so gewaltiges Gewicht hat, wie dies in der Vergangenheit oft erschienen ist.

(2) Wenn man ganz ernst damit macht, dass Sünde wirklich vergeben wird und dann vor Gott nicht mehr existiert, so ist der Unterschied zwischen Sündenlosigkeit und vergebener Sünde gleichfalls nicht so groß, wie dies auf den ersten Blick erscheinen mag. Der ehemals „verlorene Sohn" trägt wieder den Ring und

733 K. Rahner, Maria 553 weist in diesem Zusammenhang auf folgendes wenig „Triumphales" im Leben Marias hin: „Sie hat gesucht, Angst gehabt, sie hat auch nicht alles gewusst, sie hat geweint, sie musste sich auf ihrem Lebensweg Station für Station durchfragen. … Sie musste zu ihrem göttlichen Sohn sagen: ‚Kind, warum hast du uns das angetan? … Von ihr steht zweimal geschrieben, dass sie nicht verstand, was ihr gesagt wurde. … Sie spielte keine auffallende Rolle in der Kirche der Apostel".

die Gewänder des Sohnes, und diese sind nicht weniger schön und kostbar als der Schmuck und die Gewänder der Königstochter von Psalm 45.

So steht hinter aller Wirklichkeit der Schöpfung, mag sie durch die Sünde auch noch so unheil und grauenhaft, gebrochen und düster sein, die Ecclesia immaculata in ihrer personalen Gestalt: Maria.

FÜNFTES KAPITEL

Maria Assumpta Ecclesia

§ 1 Zum Ursprung der Idee einer „Aufnahme Marias in den Himmel“

Wurzelt die Überzeugung von der besonderen Heiligkeit Marias – historisch gesehen – in der neutestamentlich bezeugten Heiligkeit der Kirche, so hat der Glaube an die leibliche Aufnahme Marias in den Himmel – wiederum historisch gesehen – zunächst einen ganz anderen Ursprung: Es sind die seit dem 5. Jahrhundert sich bildenden Legenden über Sterben, Tod und Heimgang Marias zu Gott (die sog. „Transitus-Berichte“ bzw. „-Legenden“).[734]

Was die Zeit davor, also bis zum Aufkommen dieser Legenden angeht, fasst Karl Rahner den Befund folgendermaßen kurz zusammen:

> „Die ersten Jahrhunderte der Kirche haben, soweit sie uns heute noch geschichtlich greifbar sind, über das irdische Ende der seligsten Jungfrau nichts gewusst und sich auch mit dieser Frage nicht ausdrücklich beschäftigt. … Man kannte weder ein Mariengrab, noch beschäftigt man sich theologisch explizit

734 Das historische Material dazu wie zur darauffolgenden Entwicklung bis zum Zeitpunkt der Dogmatisierung ist, vor allem gestützt auf die Werke von M. Jugie, La mort et l'assomption de la Sainte Vierge, Città del Vaticano 1944 und K. Balič, Testimonia de Assumptione B. V. Mariae ex omnibus saeculis, vol. I-II, Rom 1948–1950, zusammengestellt bei K. Rahner, Assumptio Beatae Mariae Virginis, in: K. Rahner, GW 9, Freiburg i. Br. 2004, 3–392, ein Werk, das ursprünglich bereits 1951 im Zusammenhang der Dogmatisierung von 1950 erarbeitet wurde, dann aber keine kirchliche Druckerlaubnis erhielt. Kurz zusammengefasst findet sich das nahezu gleiche Material in gleicher Interpretation, doch bis zum Jahr 1977 weitergeführt, bei Delius, Geschichte 148–156, 189f sowie bei Söll, Mariologie 69f, 112–134, 144ff, 195ff, 215ff, sodann – sehr kurz – bei Fr. Courth, Aufnahme Marias in den Himmel, in: LThK 1, 1216–1220. Kulturgeschichtliche Hinweise zum Thema finden sich bei Schreiner, Maria, 465–479. Weil die von uns angeführte Lit. eine mustergültige Darstellung der geschichtlichen Entwicklung bietet, werden hier nur die allerwichtigsten geschichtlichen Grundlinien wiederholt.

mit der Frage nach dem irdischen Lebensabschluss der heiligen Jungfrau. … Wir haben sogar positive Argumente dafür, dass man in diesen ersten fünf Jahrhunderten nichts Ausdrückliches über das Ende Marias sagte: Epiphanius († 403), der genaue Kenner palästinensischer Lokaltraditionen, erklärt ausdrücklich, dass er nichts über das Lebensende der Jungfrau (ob normaler Tod, Martyrium oder Fortsetzung des Lebens) wisse. … Es gab wohl schon vor der Mitte des 5. Jahrhunderts ein Fest bei Jerusalem, in dem man am 15. August der seligen Jungfrau gedachte. … Aber sein Festinhalt hat keine greifbare Beziehung zu unserer Frage".[735]

Mit dem 5. Jahrhundert beginnen dann die Transitus-Legenden über das postmortale Geschick Marias. Hinter der „wild wuchernden Phantasie" (K. Rahner) dieser Geschichten, die überdies in vielen Punkten keine Übereinstimmung aufweisen (z. B. in der Frage, ob Maria *sogleich* nach dem Tod in den Himmel aufgenommen wurde oder erst nach einer geraumen Zwischenzeit, ob mit ihrer Seele allein oder mit Leib *und* Seele u. dgl.), steckt jedoch ein ernsthaftes Anliegen bzw. eine seriöse Frage, ob nämlich für Maria aufgrund ihrer Gottesmutterschaft nicht ein besonderes Vollendungsgeschehen zu erwarten / zu „postulieren" / zu glauben sei, ob – wie Johannes von Saloniki (610–649) es formuliert – bei ihr nicht eine Verwesung des Leibes ausgeschlossen werden müsse, da sie mit Christus „σύσσωμος ἐν ἀφθαρσίᾳ" sei.[736] Die Frage hatte zudem eine „gewisse" historische Stütze darin, dass nirgendwo eine Bestattungsstelle oder / und leibliche Reliquien Marias vorlagen. Die in den Transitus-Berichten vorliegenden „Anstöße" verstärkten sich immer mehr zu einer verbreiteten „frommen Meinung", die nicht zuletzt dadurch unterstützt wurde, dass man das ursprünglich sehr „sinnoffene" Kirchweihfest der Gottesmutter in Jerusalem spätestens ab dem 7. Jahrhundert als Fest des „Heimgangs Mariens" feierte. Auch wenn man in der Theologie der späten Väterzeit und des Frühmittelalters noch lange sehr geteilter Meinung über das *genaue* eschatologische Geschick der Gottesmutter war (über die Weise ihres Sterbens und über die Art ihrer Vollendung), verlief die Entwicklung doch in Richtung einer sofort nach dem Tod stattfindenden leiblichen Aufnahme in den Himmel, eine Richtung, die nicht zuletzt durch den ps.-augustinischen Traktat *De Assumptione B. Mariae Virginis*[737] vorgegeben wurde und sich von dort aus weiter durchsetzte. So kam es,

735 Rahner, Assumptio, GW 9, 51f. 59.
736 Ps..-Modestus v. Jerusalem, Encomium 14 (PG 86, 3312).
737 in: PL 40, 1142–1148, aus der ersten Hälfte des 12. Jh.. Der Traktat dürfte von einem Theologen der Karolingerzeit stammen. Über ihn bemerkt Delius, Geschichte 153: „Der Verfasser des Ps.-Augustinus ist der erste im Abendland, der das Fundament der Theologie der Assumptio gelegt hat. Wichtig ist dabei, dass er bei seinen Überlegungen nicht von

dass ab Mitte des 12. Jahrhunderts in der Theologie die These von der leiblichen Aufnahme Marias in den Himmel immer mehr zur allgemein vertretenen Auffassung wurde.

Die Argumente dafür basierten letztlich auf drei Überzeugungen: (1) Der Leib, der den Gottessohn getragen und zur Welt gebracht hat und der von Maria in ungetrübter Jungfräulichkeit bewahrt wurde, kann nicht der Verwesung verfallen. (2) Zur Sündlosigkeit Marias und zur Tatsache, dass sie mit Christus im Erlösungswerk und das heißt ja: an der Überwindung der Sünde zutiefst verbunden ist, gehört, dass auch an ihr selbst Sünde und Tod wirklich überwunden sind. (3) Wenn schon gemäß Mt 27,52f mit Christus zusammen eine Reihe von alttestamentlichen Gerechten aus ihren Gräbern erstand,[738] dann muss das a fortiori von Maria gelten.

Dass die Auferstehung sich nicht auf die singuläre Person Jesu Christi beschränkt, ist im Grunde ein uralte Überzeugung. So betont auf dieser Linie u. a. Ignatius v. Antiochien, dass die Auferstehung je schon stattgefunden habe, dass z. B. die alttestamentlichen Propheten zusammen mit den Patriarchen (!) und Aposteln „durch Christus, die Tür zum Vater, hindurchgegangen *sind* [!]" (IgnPhld 9,1). Weil sie Jünger im Geiste waren und ihn erwarteten, „hat [!] er sie … von den Toten erweckt" (IgnMagn 9,2). In diesen und ähnlichen Texten wird eine Tradition greifbar, die in Weiterführung jüdischer Märtyrertheologie von einer leiblichen Auferstehung der Märtyrer wie auch der Patriarchen im Tod weiß.[739]

Von den genannten drei Argumenten sagt Rahner zurecht: „Sie sind von sehr verschiedenem Gewicht und machen oft den Eindruck, dass sie eher eine nachträgliche Reflexion und Begründung einer Tatsache sind, die man schon im voraus

---

dem legendären Transitus ausgeht, sondern theologische Reflexionen anstellt, die in Röm 11,33 gipfeln".

738 Zu dieser Schriftstelle und der sich daran anschließenden Tradition vgl. H. Zeller, Corpora Sanctorum, in: ZkTh 71 (1949) 385–465; Rahner, Assumptio 204–218; M. Riebl, Auferstehung Jesu in der Stunde seines Todes? Zur Botschaft von Mt 27,51b–53, Stuttgart 1978. – Die Schriftstelle Mt 27,51f ist wohl zu lesen im Licht der Bemerkung von Martin Buber, Zwei Glaubensweisen, in: WW I, München-Heidelberg 1962, 746f: Man muss sich „vergegenwärtigen, dass die Auferstehung eines einzelnen Menschen nicht zum Vorstellungskreis jüdischer Glaubenswelt gehört. Wenn ein Einzelner als Einzelner auferstanden ist, besteht eine Tatsache, die in dieser Glaubenswelt keinen Raum findet". Mit andern Worten: Wenn Auferstehung, so kann sie nicht auf einen Einzelnen beschränkt sein.

739 Näheres dazu siehe G. Greshake / J. Kremer, Resurrectio mortuorum. Zum theologischen Verständnis der leiblichen Auferstehung, Darmstadt ²1992, 180f. – Die Theologen (unter ihnen so bedeutende wie Albert d. Gr., Bonaventura, der jüngere Thomas v. Aquin, Bellarmin, Suárez), welche die Lehre vertreten, dass sich außer bei Jesus und Maria auch bei anderen Personen die eschatologische Auferstehung ereignet hat, werden genannt bei Rahner, Assumptio 99f und C. L. Rossetti di Valdalbero, Novissimus Adam, Città del Vaticano 2010, 229[130].

in einer Art globaler und unreflexer Einsicht weiß".[740] Diese „globale Einsicht" macht sich letztlich an der „Gesamtgestalt" Marias fest, wonach es unmöglich erschien, „dass Maria einfach schlechthin dem Todesschicksal des sündigen Menschen verfallen sein kann, dass sie, das erlöste Mitprinzip der Erlösung, [vielmehr] die Fülle und Vollendung der ‚neuen Schöpfung' in Christus in besonderer Weise an sich erfahren musste".[741] Gleichwohl beschäftigten sich die Theologen zunächst relativ wenig mit dieser Frage, wenn auch z. B. Albert d. Gr. die Lehraussage über die Assumptio für „erwiesen" hält (während Thomas v. Aquin sie nur als „pie creditur" qualifiziert). Doch spätestens ab dem 16. Jahrhundert gibt es praktisch keinen namhaften Theologen mehr, der die Lehre von der leiblichen Aufnahme Marias in den Himmel bestreitet, obwohl man schon damals weiß und betont, dass es nicht unbedingt die Kraft der Argumente ist, auf welchen dieser Glaube basiert, sondern der erleuchtende Beistand des Heiligen Geistes.

Da der Glaube an die Erbsündenfreiheit Marias eng mit der Frage der Verweslichkeit des Leibes (Folge der Sünde) verbunden ist, erlebte die Überzeugung von der leiblichen Aufnahme in den Himmel im Zusammenhang mit der Dogmatisierung von 1854 nochmals einen geistlichen „Schub", der sich in einer Reihe von Petitionen verschiedenster Instanzen niederschlug, auch diesen Glauben feierlich zum Dogma zu erklären.[742] Diese Bewegung griff Pius XII. auf, indem er – ähnlich wie vorher Pius IX. in Bezug auf das Dogma von 1854 – den katholischen Episkopat hinsichtlich der Definierbarkeit dieses Glaubens befragte und von einer großen Mehrheit positive Antwort erhielt. So kam es zur Dogmatisierung von 1950.

Ihr ging eine lebhafte und teils erregte theologische Debatte voraus. Sie bewegte sich vor allem um die Frage, wie es möglich sein könne, eine Wahrheit *als von Gott geoffenbart* zu lehren, die sich nicht auf eine seriöse apostolische Überlieferung stützt und sich erst recht nicht stringent aus Schrift und Tradition ergibt. Gegen den Hinweis der Befürworter auf den diesbezüglichen lebendigen Glauben der Kirche machte man auf den hier sich nicht selten einstellenden „Zirkelschluss" aufmerksam: Weil die leibliche Aufnahme Marias in den Himmel in der

740 Rahner, Assumptio 76.

741 Ebd. 112. – Diese Überzeugung konnte sich umso eher herausbilden, als man das Gleiche auch von anderen besonders heilsbedeutsamen Personen annahm, z. B. vom Täufer Johannes, vom Apostel Johannes, vom hl. Josef u. dgl. Siehe dazu auch die zuvor genannte Lit.

742 Näheres bei Rahner, Assumptio 82f. – Von diesen Bittschriften bemerkt M. Jugie, La mort et l'assomption de la sainte Vierge, Rom 1944, 598: „Sie strotzen von wertlosen Beweisen, die sich auf historische Irrtümer, auf apokryphe Dokumente und auf voreilige Verallgemeinerungen stützen".

Kirche verkündet und geglaubt wird, gehört diese Wahrheit zum *depositum fidei*; sie wird aber verkündet und geglaubt, weil sie zum *depositum* gehört. Überdies wurden gegen die Dogmatisierungsbefürworter ökumenische Rücksichtnahmen und mögliche Missverständnisse ins Spiel geführt. Ja, man befürchtete geradezu ein Ende der in dieser Zeit überall heranwachsenden ökumenischen Beziehungen.[743]

Von Seiten der Befürworter vertrat man hinsichtlich der Begründung des Dogmas die These, die sich dann auch in der Dogmatisierungsbulle „Munificentissimus Deus" findet, dass die Argumente für diese Wahrheit sich tatsächlich „auf die Heilige Schrift als letztem Fundament stützen" – „Sacris Litteris tamquam ultimo fundamento nituntur" (DH 3900). Worin dieses „Fundament" allerdings *konkret* bestehen sollte, blieb in der die Dogmatisierung begleitenden Debatte und ebenso in der Bulle offen, wenngleich hier pauschal auf die beiden ersten, oben schon genannten Argumente, zumal auf Gen 3,15, hingewiesen und damit die Väterauslegung (Maria in Parallele und zugleich in Kontrast zu Eva als „socia" Adams bzw. Christi) thematisiert wird.

Die in „Munificentissimus Deus" nur pauschal gestreiften biblischen Argumente lassen sich im Blick auf das exegetische Kapitel unserer Studie besser noch dahin konkretisieren und zentralisieren, dass Maria „die Glaubende" schlechthin ist und ihr deshalb auch die Verheißungen, die untrennbar mit dem Glauben verknüpft sind, in besonderer Weise zukommen. Maria fungiert eben nicht nur in der Rolle „Mutter eines bedeutenden Menschen", sondern ihr Glaube ist die für das Handeln Gottes notwendige „offene Stelle", an der Gott in die Welt eingehen kann. Sie ist gewissermaßen der notwendige Brückenkopf, damit die Brücke zwischen ihm und seiner Schöpfung zustande kommen kann. So gehört sie als „divino Filio suo coniunctissima eiusque semper participans sortem" (so die Dogmatisierungsbulle) an zentraler Stelle entscheidend in die Geschichte des Heils hinein. Wer im *Magnificat* – so Rahner –

> „für immer seliggepriesen wird, der kann nicht gleichzeitig zu den ewig Verlorenen gehören, denn dieses Seligpreisen meint nicht ein Geschehen, das über ‚die Mutter des Herrn' (Lk 1,43) gleichgültig hinweggeht, sondern diese selbst wegen dieses Geschehens, in dem alles Heil ursprünglich gegründet ist. Es kann aber so nur eine ‚Lebendige' preisen, die ‚jener Welt würdig befunden' wurde (Lk 20,27–38)".[744]

---

743 Demgegenüber vertrat C. G. Jung eine ganz „extravagante" Einstellung zu diesem Dogma. Es bildet für ihn „das wichtigste religiöse Ereignis seit der Reformation": Antwort auf Hiob, Zürich 1952, 160. Siehe dazu auch S. 580f dieser Studie sowie W. A. Schulze, Die Himmelfahrt Mariens bei C. G. Jung, in: ThZ 25 (1969) 215–218.

744 Rahner, Assumptio 131.

Bedeutsam ist schließlich, dass in der Bulle kein Hinweis auf die Transitus-Legenden erfolgt (diese mithin in keiner Weise als Fundament für das Dogma herangezogen werden).

Dennoch: Ähnlich wie bei der Glaubensentscheidung von 1854 wurde hier ein neues „Modell“ von Dogma verwirklicht. Erstens war es keine Reaktion gegen eine glaubensbedrohende häretische Meinung. Zweitens – damit zusammenhängend – steht es nicht in erster Linie in einem doktrinären, sondern in einem „latreutisch-doxologischen Rahmen“.[745] Drittens wurde es nicht konziliär beschlossen (auch wenn der Papst vorher den Episkopat befragte). Viertens war und ist es nicht möglich, dieses Dogma von einer *stringenten* Schriftaussage her zu begründen. Stattdessen spielte der faktische Glaube der Kirche (den man als Werk des Heiligen Geistes verstand) die entscheidende Rolle. Damit war aber die Gefahr verbunden, dass – so Georg Söll – der „sensus fidelium“ „aus seiner dogmenbezeugenden Rolle in eine dogmenbegründende Funktion gedrängt wurde…, ähnlich wie die Liturgie mit dem Axiom ‚Ut lex orandi statuat legem credendi‘, was einer Umkehrung von Wirkung und Ursache gleichkommen musste“.[746] Letztlich verdankt sich das Dogma – so noch einmal Söll – „einer intuitiven Erfassung von Zusammenhängen, die sich nur der vom Glauben erleuchteten Vernunft erschließen“.[747]

---

745 So Courth, Mariologie 380.

746 Söll, Mariologie 216. – Die Parallelität der beiden Dogmen von 1854 und 1959 in inhaltlicher und formaler Hinsicht wird analysiert bei Söll, ebd. 218.

747 Ebd. 232.

§ 2 Die verbindliche Glaubensaussage und ihre Interpretation

1. Zur Textinterpretation

Der eigentliche, im strengen Sinn verbindliche Inhalt des Dogmas greift nicht sehr weit, sondern beschränkt sich auf die zentrale Aussage:

> „Es ist eine von Gott geoffenbarte Glaubenswahrheit, dass die unbefleckte, immer jungfräuliche Gottesmutter Maria nach Vollendung ihres irdischen Lebenslaufes mit Leib und Seele zur himmlischen Herrlichkeit aufgenommen worden ist" (DH 3903).

Kurz: Maria ist vollendet in Gottes Leben, sie hat in besonderer Weise teil an der Herrlichkeit Christi. Es ist im Dogma also nichts über die näheren Umstände des Sterbens Marias gesagt, auch nicht darüber, ob Maria überhaupt gestorben ist,[748] auch nichts über einen „zurückgebliebenen" oder „hinweggenommenen" Leichnam Marias, auch nichts über ein „leeres Mariengrab". Das Letztere mag verwundern, da „Vollendung des Leibes", das, was gewöhnlich als „Auferstehung des Leibes/Fleisches" bezeichnet wird, meist die Vorstellung impliziert, der Leichnam bzw. was davon noch übrig geblieben ist, werde dem Grab entnommen und in eine verherrlichte Leiblichkeit umgewandelt. Aber diese Vorstellung ist fragwürdig, ja letztlich unsinnig, weil die Identität des menschlichen Leibes nicht in der Identität der Materie-Partikel besteht (die im Laufe des Lebens im Organismus ohnehin dauernd wechseln bzw. ausgeschieden werden und anderen Platz machen), sondern in der Identität des Geistes, der Seele.

Es war Thomas v. Aquin, der am konsequentesten diese anthropologische Konzeption entwickelt und vertreten hat. Für ihn gilt: „Anima – unica forma corporis". Das bedeutet: Seele und Leib sind nicht zwei separate oder separierbare Wirklichkeiten, die im Menschen verbunden sind, sondern Menschsein verwirklicht sich nur in der lebendigen Leib-Seele-Einheit, worin der Existenzakt der Seele (ihr „esse") auch der Existenzakt des Leibes ist, da erstere ihr „Sein sozusagen der Materie mitteilt".[749] Bei Thomas besteht also streng genommen der Mensch nicht aus Leib und Seele, er ist nicht zusammengesetzt, sondern „wirklich ist vielmehr immer nur der eine und ganze Mensch, ganz Seele und ganz Leib

748 Es gab und gibt Theologen („Immortalisten"), die aus der Erbsündenfreiheit Marias die Folgerung zogen und ziehen, sie sei nicht gestorben, weil ja der Tod „der Sold der Sünde ist". Zur Fragwürdigkeit dieses Arguments sowie weitere Überlegungen zum Sterben Marias siehe Rahner, Assumptio 133–182.

749 Thomas v. Aquin, ScG II,78.

zumal, so dass sowohl die Aussagen über die Seele wie über den Leib suppositiv für den ganzen Menschen stehen können".[750] Die Wirklichkeit des Leibes des Menschen ist somit „nichts anderes als seine wirkliche Seele, insofern diese nur dadurch wirklich sein kann, dass sie *sich selbst* ausdrückt und darstellt in einer vorgegebenen Raumzeitlichkeit. ... Von der einen und ständig ganzen Wirklichkeit des Menschen her gesehen, ist deshalb der Leib nicht einfach etwas anderes als die Seele, sondern diese selbst in ihrer ‚Außenerfahrung', in ihrer welthaften, raumzeitlichen Selbstgegebenheit".[751]

Diese „Doppelpoligkeit" des Menschen lässt sich folgendermaßen konkretisieren: Der eine und ganze Mensch ist *Seele*, insofern er Bild Gottes, Adressat Seines Wortes und Gegenüber Seiner Liebe ist, kurz: insofern er „vor Gott" steht, damit über alle endlichen Bedingungen hinausragt und seine Vollendung nur im Schöpfer findet. Der eine und ganze Mensch ist *Leib*, insofern er seine ihn wesenhaft bestimmende Beziehung zu Gott (sein „Seele-Sein") nicht in je individueller Innerlichkeit und unmittelbarer Direktheit vollzieht, sondern in einem Netzwerk von irdisch-welthaften Beziehungen. Eben dafür steht der „Leib", der mehr ist als nur „individuelle Körperlichkeit". Er ist vielmehr die Bedingung dafür, dass der Mensch sich in all seinen Lebensvollzügen in die Welt hinein „auslegt" und „ausdrückt" und in diesem Ausdruck seiner selbst immer ein Stück Welt prägt wie auch von der Welt geprägt wird. Der Leib ist also das, was den Menschen via „Großleib Welt" unaufgebbar mit den übrigen Menschenbrüdern und -schwestern verbindet. Er bewirkt, dass der Mensch nur so „vor Gott" stehen kann (Seele sein kann), dass er diese seine Beziehung zu Gott (positiv oder negativ) „verleiblicht", d. h. in die Welt = in das umfassende Beziehungsnetz der Menschheit hinein auslegt und eben dadurch sich und seine Beziehung zu Gott im Mitsein und Fürsein mit und für andere verwirklicht.

Wenn die Seele unica forma corporis ist und auch über den Tod hinaus das ganze Sein des Menschen und darin auch das des Leibes trägt, so hat dies für die eschatologische Vollendung des Menschen zwei Konsequenzen:

Erstens: In, mit und durch die Vollendung der Seele geschieht auch die des Leibes, d. h. in ihrer Vollendung wird zugleich auch der „Ertrag" der irdischen Geschichte eingebracht. Gemeint ist einmal die in der persönlichen Lebensgeschichte gereifte Frucht des Handelns und Erleidens, die für immer in uns eingeschrieben ist, gemeint sind zum andern auch die vielen „opera", in die hinein sich das eigene Wirken – immer ein Miteinander- und Füreinanderwirken – positiv oder negativ verleiblicht hat und gleichsam hinein-„geronnen" ist. Was also in der Geschichte geschah, lässt der Einzelne im Tod nicht hinter sich zurück, sondern bringt es, vermittelt durch die Seele, in das ewig-selige Leben mit Gott ein. So trägt jeder von uns im Tod ein „Stück Welt", eben jenes, das uns im eigenen Leib und dessen Beziehungswelt anheimgestellt war, zu Gott zurück. „Durch jedes unserer Werke

---

750 J. B. Metz, Seele, in: LThK ^{2}9, 570–573, hier: 570.
751 J. B. Metz, Caro cardo salutis, in: Hochland 55 (1962) 97–107, hier: 103f.

arbeiten wir mit, atomhaft, aber wirklich, das Pleroma aufzubauen".[752] Somit ist der „Himmel" nicht einfach schon „fertig"; er ist „im Entstehen", er wird in seiner Vollendungsgestalt (auch) durch den Ertrag der Zeit „aufgebaut".[753]

Zweitens: Die Selbigkeit des Auferstehungsleibes (der in sich den Ertrag des In-der-Welt-Seins und der eigenen Lebensgeschichte birgt) ist allein durch die Selbigkeit der Seele und nicht durch die der Materie garantiert. Auferstehung des Leibes hat demnach nichts zu tun mit dem zurückgebliebenen Leichnam, sondern bedeutet Ermächtigung der Seele, wiederum Materie zu „informieren", sich in Materie auszudrücken und zu verwirklichen, und das heißt wesentlich: auch *weiterhin* in Beziehung zur Welt und in Vernetzung mit den Mitmenschen zu stehen.

Diese (grundsätzlich thomanische) Konzeption hat gewaltige Konsequenzen für das Verständnis der leiblichen Aufnahme Marias in den Himmel:

(1) Auch wenn – wie Karl Rahner meint – die Dogmatisierungsbulle ein leeres Mariengrab zu „implizieren" *scheint* und mithin stillschweigend voraussetzt, dass es keinen verfallenden/verfallenen Marienleichnam gegeben habe, so ist dies doch nicht Gegenstand des verbindlichen Glaubensdogmas[754] und kann somit Gegenstand freier theologischer Erörterung sein. Wenn man also von thomanischen Prinzipien der Anthropologie ausgeht und sie auf die Eschatologie hin auszieht,[755] so bedeutet dies, dass die Überzeugung von der Aufnahme Marias in den Himmel keine mirakulösen Geschehnisse an Leichnam und Grab impliziert (implizieren muss).

(2) Wichtiger noch: *Leibliche* Aufnahme in den Himmel bedeutet nicht, dass Maria „etwas", nämlich ihr Leib hinzugegeben wurde, der den (meisten) übrigen

---

752 P. Teilhard de Chardin, Der göttliche Bereich, dt. Olten-Freiburg [5]1965, 42. – In der gleichen Richtung auch K. Rahner, Zur Theologie des Todes = QD 2, Freiburg i. Br. 1958, 28: „Die geschaffene Gesamtwirklichkeit, die Welt wächst in und durch die leibgeistigen Personen, deren ‚Leib' sie gewissermaßen ist, durch deren Tod langsam in ihre eigene Endgültigkeit hinein".

753 Vgl. dazu J. B. Metz, Zur Theologie der Welt, Mainz-München 1968, 86; M. Flick/Z. Alszeghy, Teologia della Storia, in: Greg. 35 (1964) 298. – Im obigen Text ist deshalb das Klammerwort „auch" eingefügt, weil der Himmel eben nicht nur der von Gott ermöglichte und geschenkte „Siegespreis" unseres eigenen Laufens ist (vgl. 1 Kor 9,24f), sondern vor allem „der *von Gott* bereitete Bau, das nicht von Menschenhänden hergestellte, ewige Haus im Himmel" (2 Kor 5,1).

754 So auch Rahner, Assumptio 101; A. Müller, Marias Stellung 494. 497

755 Rahner, Assumptio 172[407+408] nennt wichtige und berühmte Vertreter dieser Auffassung. – Die Konsequenz der thomanischen Anthropologie für die Eschatologie haben allerdings erst Petrus v. Auvergne, Johannes v. Paris und Jakob v. Metz ausgezogen, die diese Lehre an Durandus von St. Pourçain weitergegeben haben, der sie weiter verbreitet hat. Näheres dazu bei G. Greshake, „Seele" in der Geschichte der christlichen Eschatologie, in: W. Breuning (Hrsg.), Seele. Problembegriff christlicher Eschatologie = QD 106, Freiburg i. Br. 1986, 107–157.

Seligen jetzt noch bis zum sog. „Jüngsten Tag“ fehlt, sondern dass, wenn „Leib“ wie vorher ausgeführt, Kommunikation, Vernetzung, Beziehung thematisiert, in Maria ein hervorragendes „Stück“ vernetzter Welt bereits vollendet ist und sie deswegen in besonderer Weise auch weiterhin im Beziehungsnetz Welt, konkret: in der Menschheit und „in der Gemeinschaft der Heiligen“ steht. In diesem Sinn ist sie also als der eine und ganze Mensch vollendet.[756]

(3) Dabei ist allerdings „Vollendung“ als analoger Begriff zu verstehen. Denn wenn der Himmel selbst noch „im Werden“ ist, kann auch die Vollendung des Einzelnen als Einzelnen noch nicht restlos abgeschlossen sein. Dies kann erst dann geschehen, wenn am Ende der Geschichte die ganze Menschheit ihre Vollendung erreicht hat und Gott wirklich „alles in allem sein wird“.

2. Interpretationen nach dem 2. Vatikanischen Konzil

Von zwei Richtungen her wurde nach dem II. Vaticanum die Glaubensaussage von der leiblichen Aufnahme Marias in den Himmel neu interpretiert:

(a) Von der Mariologie her

Ganz im Zuge der konziliären Mariologie, die generell Maria aus einer isolierten Sonderstellung wieder in das Ganze der Kirche eingebunden hat, erhoben sich Stimmen, welche auch das Dogma von 1950 nicht als exklusive Aussage über Maria verstanden wissen wollten, sondern als Betonung der leiblichen, d. h. ganzheitlichen eschatologischen Vollendung, wie sie *jedem* Glaubenden zukommt. So schreibt Othmar Schilling über dieses Dogma im Rahmen einer Erörterung der biblischen Anthropologie: „Angesichts der üblichen Überbetonung der Seele hat die Kirche hier [im Dogma von 1950] biblischen Instinkt bewiesen und die heilseschatologische Ganzheit des Menschen gewahrt. … Könnte die Definition ihren vollen Sinn nicht darin haben, die individuelle Eschatologie für alle zu klären? Sie würde damit aus ihrer mariologischen Isolierung herausgehoben“.[757]

Gegenüber dieser zunächst noch sehr vorsichtigen Frage vertritt nur wenig später D. Flanagan in einem oft zitierten Beitrag „Eschatologie und Aufnahme

756 Präzise formuliert, ist also nicht die Seele + der Leib Marias vollendet, sondern sie selbst in der Gesamtheit ihrer Bestimmungen. Deshalb wäre – worauf Rahner, Assumptio 329 aufmerksam macht – auch die Formulierung des Dogmas besser so zu übersetzen: „Maria ist nach Vollendung ihres irdischen Lebenslaufes nach (gemäß) Leib und Seele zur himmlischen Herrlichkeit aufgenommen worden ist.“

757 O. Schilling, Geist und Materie in biblischer Sicht. Ein exegetischer Beitrag zur Diskussion um Teilhard de Chardin = SBS 25, Stuttgart 1967, 32.

Marias in den Himmel“ hinsichtlich des Dogmas die These: „Weder die Definition der Aufnahme Marias in den Himmel noch die christliche Tradition ... huldigen einer exklusiven Haltung. Von beiden kann man nicht behaupten, dass sie in der Gegenwart für jeden anderen Menschen als Maria den Endzustand der Herrlichkeit ausschließen“.[758]

In der Tat: Während das Dogma von 1854 hinsichtlich der Erbsündenfreiheit noch von einem besonderen „Privileg“ Marias spricht *(singulare prorsus privilegium)*, ist davon in der Bulle von 1959 nicht mehr die Rede (anders freilich in der die Dogmatisierung begleitenden Predigt Pius‘ XII.), und zwar wohl deshalb, weil in der vorangehenden Debatte die biblische Aussage von der leiblichen Auferstehung wenigstens einiger alttestamentlicher Gerechter mit Christus (Mt 27,52f) sowie theologische Traditionen von der Auferweckung der Propheten und Patriarchen ins Spiel gebracht worden waren. Da die Bulle es darum im Kontrast zum Dogma von 1854 vermeidet, vom „Privileg“ Marias zu sprechen, hält Flanagan es sogar für „nahe gelegt“, die marianische Aussage als für alle geltend zu interpretieren.[759]

Sogar christologisch gesehen legt sich eine solche Interpretation nahe. Denn Christus – so Adolf Darlap – ist als auferweckter *Mensch* in der Herrlichkeit Gottes nicht anders denkbar, „denn als Mensch in menschlicher Gemeinschaft. Daher kommt es auch, dass die Lehre von der Aufnahme eines anderen Menschen in die leibhaftige Herrlichkeit der Endvollendung mit Christus dem Auferstandenen hin-

758 in: Conc. 5 (1969) 60–65, hier: 62. Ähnlich auch J. M. Hernández Martínez, La saución de Maria como paradigma de escatologia cristiana, in: EphMar 50 (2000) 249–271.

759 Demgegenüber hatte Rahner in seiner Studie von 1951 noch herausgestellt, es sei „die Lehre der Bulle (die freilich in diesem Punkt keine unfehlbare Entscheidung ist) nicht [!] mit der Ansicht vereinbar ..., die in jüngster Zeit da und dort einmal vertreten oder als möglich insinuiert wurde, der zufolge überhaupt die ‚Auferstehung‘ aller Menschen ein Ereignis sei, das unmittelbar dem Tod des einzelnen Menschen folgt, sodass die Auferstehung am ‚jüngsten Tag‘ eigentlich nur der Schlusspunkt eines Vorganges wäre, der mit der Zeit seit Christus koexistent ist“: ebd. 100. Offenbar machte sich Rahner damit ursprünglich die eher ablehnende Haltung der Bulle zu eigen und vertrat als „normales“ Geschick des Menschen nach dem Tod ein Eingehen der *Seele* in die himmlische Seligkeit, was er selbst dann ergänzte durch die Idee eines „Allkosmischwerdens“ der Seele. Diese Einstellung korrigierte Rahner jedoch im Laufe der Zeit immer nachdrücklicher auf eine „Auferstehung im Tod“ hin, bis zu seiner zeitlich letzten Aussage zu diesem Thema in einem Vorwort zur Studie von S. Zucal, La teologia della morte in Karl Rahner, Bologna 1982, wo es heißt: „Ich erinnere mich...., dass ich später den Gedanken von der ‚allkosmisch‘ gewordenen Seele nach dem Tod habe fallen lassen können..., weil ich heute im Großen und Ganzen die Theorie vertrete, die über das Verhältnis von Leib und Seele nach dem Tod von G. Greshake ... dargelegt ... wird“.

ein eine metaphysische Selbstverständlichkeit ist".[760] Dabei darf die Formulierung „eines anderen Menschen" wohl kaum auf Maria allein hin reduziert werden.

Doch geht es bei der „Ausweitung" des Dogmas nicht nur um einzelne oder auch alle anderen Menschen, je als Individuen betrachtet. Wenn man bedenkt, dass Maria schriftgemäß mehr ist als nur eine Einzelperson, dass sie vielmehr für das Volk Gottes in seiner Gesamtheit, also für den ganzen „Leib Christi" steht, so bedeutet Aufnahme Marias in den Himmel, dass sie als „Kollektivperson" der Glaubenden und das heißt, dass *wir alle* schon *mit Christus von Gott auferweckt worden sind und mit ihm zusammen einen Platz im Himmel erhalten haben* (Eph 2,6). Die Hochzeit des Lammes mit seiner Braut, der Kirche, ist nicht einfach ausständig, sondern hat schon angehoben, die Vollendung der Heilsgeschichte ist bereits im Gange, prozesshaft, auch wenn ihr letztes Ziel, das Ankommen *aller* Glieder des Leibes Christi, noch nicht erreicht ist.

Wie könnte das letzte Ziel auch schon erreicht sein, da Christus selbst, das „Haupt" des Leibes, nicht bereits jetzt schon schlechthin vollendet ist, sondern mit den Seligen des Himmels auf die Vollendung all seiner Glieder „wartet". Es gibt dazu ein herrliches und eindringliches Wort des Origenes:

> „Noch haben selbst die Apostel ihre (volle) Freude nicht erhalten, sondern sie warten, dass ich ihrer Freude teilhaft werde. Denn auch die von hinnen scheidenden Heiligen (= Geheiligten) erhalten nicht sogleich den vollen Lohn ihrer Verdienste, sondern sie warten auf uns, … um mit uns zusammen die vollendete Glückseligkeit zu erlangen. … *Ein Leib* nämlich ist es, der … aufersteht. *Sind es auch viele Glieder, so doch ein Leib.* Es kann also das Auge nicht zur Hand sagen: ich brauche dich nicht. Selbst wenn das Auge heil und zum Sehen fähig ist, so fehlen ihm doch die übrigen Glieder. Wo bleibt da die Freude des Auges? … Gewiss, wirst du Freude haben, wenn du als Heiliger von der Erde scheidest; dann aber wird deine Freude erst vollkommen sein, wenn dir kein Glied mehr fehlt. Warten wirst nämlich auch du, wie du selbst schon erwartet wirst. Wenn aber für dich, der du Glied bist, die Freude offenbar solange noch nicht vollkommen ist, als noch ein Glied fehlt, um wie viel mehr muss unser Herr und Heiland, der das Haupt und der Urheber dieses Leibes ist, es für keine volle Freude ansehen, wenn ihm immer noch Glieder seines Leibes feh-

760 A. Darlap, Fundamentale Theologie der Heilsgeschichte, in: MySal I, 76. So auch schon vor Darlap: Rahner, Assumptio 505f: „Was sollte eigentlich seine [=Christi] verklärte Leiblichkeit (wenn wir sie ernst nehmen und sie nicht verspiritualisieren zu einem andern Ausdruck seiner ewigen ‚Gottesgemeinschaft') bis zum ‚Jüngsten Tag', wenn sie unterdessen in einer absoluten Einsamkeit wäre, die eben für die … Leiblichkeit undenkbar ist?"

len? … Er will nicht ohne dich seine volle Herrlichkeit empfangen, das heißt, nicht ohne sein Volk, das *sein Leib* ist und *seine Glieder*".[761]

Wenn also Christus selbst seine letzte Vollendung noch nicht erreicht hat, sondern „warten muss" (vgl. Hebr 10,13; ebenso 1 Kor 15,24f), so gilt dies auch für Maria, und zwar für Maria als Einzelne wie für sie als die Maria Ecclesia. Auch für sie steht die „allerletzte" Vollendung noch aus, bis einmal „Gott alles in allem ist".[762]

(b) Von der Konzeption einer „Auferstehung im Tod" her

Schon um die Mitte des 20. Jahrhunderts entwickelte sich (zunächst ganz unabhängig vom Dogma der leiblichen Aufnahme Marias in den Himmel) mehr und mehr die Konzeption einer „Auferstehung im Tod". Damit nahm die katholische Theologie *auf ihre Weise* die Herausforderung seitens evangelischer Theologen auf, wonach die Rede von einer unsterblichen Seele, die sich im Tod vom Leib trennt und in die Seligkeit des Himmels eingeht, un-, ja antibiblisch sei. Damit stellte man weithin im evangelischen Bereich die traditionelle Lehre von einer Diastase zwischen Vollendung der menschlichen Seele im Tod und Vollendung des menschlichen Leibes bei der endzeitlichen Auferstehung des Fleisches als obsolet hin. „Auferstehung und nicht Unsterblichkeit (der Seele)!" heiße die christliche Devise. Die Gründe für dieses Schibboleth neuerer evangelischer Eschatologie sind vielfältig und brauchen hier nicht wiederholt und erörtert zu werden.[763] Auch wenn katholische Theologen im allgemeinen weder die Wirklichkeit einer Geistseele ablehnten, noch die (korrespondierende) protestantische These vom „Ganztod" des Menschen und seiner endzeitlichen Auferweckung *ex nihilo* mitvollzogen, wurden sie doch aufgrund exegetischer, theologiegeschichtlicher und spekulativer Untersuchungen und Reflexionen zu ähnlichen Ergebnissen geführt.[764]

761 Origenes, Hom. in Lev 7,2 (SC 286, 308f).

762 So auch Rahner, Assumptio 241. Verwiesen sei in diesem Zusammenhang auch auf eine Reihe von altkirchlichen Hochgebeten, in denen für die Vollendung aller, auch *für* Maria gebetet wird. Vgl. z. B. Liturgia SS. Apostolorum Addei et Maris in F. E. Brigtman, Liturgies Eastern and Western, Oxford 1896, 275f; A. Hänggi / I. Pahl, Prex eucharistica, Fribourg 1968, 107ff.

763 Vgl. dazu M. Schmaus, Unsterblichkeit der Geistseele oder Auferstehung der Toten?, in: H. Schlink / H. Volk (Hrsg.), Pro Veritate = FS L. Jäger u. W. Stählin, Münster-Kassel 1963, 311–337; A. Ahlbrecht, Tod und Unsterblichkeit, Paderborn 1964; G. Greshake, Das Verhältnis von „Unsterblichkeit der Seele" und „Auferstehung des Leibes" in problemgeschichtlicher Sicht, in: G. Greshake / G. Lohfink, Naherwartung – Auferstehung – Unsterblichkeit = QD 71, Freiburg i. Br. [4]1982, 82–120 (die Urfassung dieses Kapitels wurde neu abgedruckt in: G. Brüntrup / M. Rugel / M. Schwartz (Hrsg.), Auferstehung des Leibes – Unsterblichkeit der Seele, Stuttgart 2010, 25–42).

764 Vertreter einer „Auferstehung im Tod" sind genannt bei M. Dumais, Resurrection au mo-

So schrieb Joseph Ratzinger, damals noch Protagonist einer erneuerten Eschatologie, im Jahre 1968: Auferstehung des Fleisches meint „das Heil des einen, ungeteilten Menschen" und nicht die „Idee der Rückgabe der Körper" nach einer langen Zwischenzeit.[765] Nimmt man diese Einsicht als Ausgangspunkt, so ist konsequenterweise die „Spannung" zwischen dem, was am Menschen je im Tod von Gott her geschieht, und dem, was für das Ende der Geschichte zu erhoffen ist, nicht mehr zu bestimmen als Polarität von zwei Phasen, deren erste: Vollendung einer leiblosen Seele (anima separata) heißt und deren zweite: Vollendung des individuellen Leibes meint. Dieses traditionelle Modell, die eschatologische Vollendung zu denken, nämlich die Diastase von Vollendung der Seele und Vollendung des (individuellen) Leibes, ist – wie man zeigen kann und wie vielfach gezeigt wurde – dem Glauben an die Auferstehung von außen her zugewachsen, ja aufgedrängt worden durch die Auseinandersetzung mit der griechischen Philosophie und besonders mit der leibfeindlichen Gnosis.[766]

Demgegenüber bestimmen eine Reihe von katholischen Theologen der Gegenwart (vermutlich die Mehrheit[767]) die zwei Phasen des einen großen Vollendungsgeschehens (1) als Vollendung des einen und ganzen Menschen (von Leib und Seele) qua *Individuum* im Tod und (2) als Vollendung der ganzen *Menschheit* (in die der Einzelne wesensmäßig eingefügt ist und ohne die er selbst folglich auch seine letzte Vollendung nicht erreichen kann) am Ende der Geschichte.[768] Von

---

ment de la mort? in: L. Audet u. a., Resurrection. Esperance humaine et don de Dieu, Paris u. a. 1971,68 f (Lit.); W. Breuning, Systematische Entfaltung der eschatologischen Aussagen, in: MySal. V, 838f; Greshake/Kremer, Resurrectio 254[270]. Die Reihe der hier genannten Autoren ließe sich mittlerweile noch beträchtlich verlängern.

765 Ratzinger, Einführung 289–300. Siehe auch ders., Auferstehung, in: SM 1, 390–402. Dazu H. Sonnemans, Seele. Unsterblichkeit – Auferstehung, Freiburg i. Br. 1984, 434–440.

766 Siehe dazu Greshake/Kremer, Resurrectio 168ff. Kurz: Zwischen- und Wartezustand einer anima separata, eine physizistische Sicht des Auferstehungsleibes sowie die reduktive Uminterpretation der biblisch ganzheitlich zu verstehenden sarx auf einen „Teil" des Menschen (den Leib) waren in der damaligen Situation völlig zu Recht eingesetzte Mittel, um gegen verkürzende und verfälschende Vollendungsvorstellungen den Glauben an die integrale, auch das Leibhaft-Materielle umfassende Güte der Schöpfung sowie an die Treue Gottes zur Welt zur Geltung zu bringen. Allerdings wurde so die ursprünglich mit dem Auferstehungsglauben gegebene Spannung zwischen postmortaler Vollendung des Individuums und endzeitlicher Vollendung des *Kosmos* umgeformt zur Spannung zwischen Vollendung der Seele und Vollendung des Leibes im Blick auf den *je einzelnen Menschen*. Im Übrigen ist eine „physizistische" Sicht des Leibes, der Leibes-„Materie", schon angesichts heutiger Naturwissenschaften obsolet. Siehe dazu z. B. H.-P. Dürr, Es gibt keine Materie!, Amerang [2]2012.

767 Die vermutliche Minderheit wird „angeführt" von J. Ratzinger. Siehe seine diesbezüglichen Einwände in J. Ratzinger, Eschatologie – Tod und ewiges Leben, Regensburg 1977, 91–160; erweiterte Ausgabe [6]1990, 211–226; nochmalige Neuausgabe 2007, 90–132, 207–220. Eine von mir als ultimativ angesehene Auseinandersetzung mit den Einsprüchen Ratzingers und anderer Theologen findet sich bei G. Greshake, Auferstehung im Tod. Ein „parteiischer" Rückblick, in: TheolPhil 73 (1998) 538–557.

768 Einige Theologen vertreten aufgrund der Zeitlosigkeit Gottes den realen „Zusammenfall" bzw. das „In-eins-Fallen" dieser beiden Phasen, andere – so z. B. G. Lohfink – bringen

daher ist es sinnvoll, ja notwendig, auch schon die ganzheitliche Vollendung des Einzelnen im Tod als Auferstehung zu verstehen und zu bezeichnen.

Diese Redeweise entspricht einer biblisch begründeten Glaubens- und Verkündigungssprache.[769] In der Heiligen Schrift hat der (ohnehin bildhafte) Begriff „Auferstehung“ eine große Bedeutungsvielfalt. Im Neuen Testament kann z. B. die Taufe (wie auch das christliche Leben und Sterben) als Sterben und Auferstehen mit Christus verstanden werden. Das in der Taufe uns geschenkte neue Leben heißt also Auferstehen/Auferstehung (z. B. Röm 6). So wird Auferstehung gewissermaßen zur durchgehenden Charakterisierung des ganzen Glaubensweges. Denn auch die Verwirklichung von Glaube und Liebe wird im johanneischen Schrifttum Auferstehung genannt (vgl. z. B. 1 Joh 3,14). Ebenso scheint das individuelle Mit-Christus-Sein nach dem Tod zumindest in 2 Kor 5,8 als Auferstehung verstanden zu sein. Nun dürfte es ausgesprochen fatal sein, wenn man der „Innenseite“ des Todesgeschehens, also jenem Augenblick, da der Mensch leibhaftig in das Mitsterben mit Christus gestellt wird und herausgefordert ist, seine Selbstbehauptungsversuche aufzugeben und sich gleich Jesus Christus glaubend, hoffend und liebend in die Hände des Vaters fallen zulassen, die Bezeichnung „Auferstehung“ abspricht. Da christliches Sterben die äußerste Ratifizierung der

---

einen differenzierten Zeitbegriff (*aevum*) ins Spiel. Siehe dagegen Greshake, Auferstehung im Tod 545f. Ärgerlich ist es, dass eine Reihe von Theologen (zuletzt noch Johanna Rahner, Einführung in die christliche Eschatologie, Freiburg i. Br. 2010, 195) auch der von mir vertretenen Position unterstellen, sie beinhalte das In-eins-Fallen der Eschata. Dagegen habe ich, angefangen von meiner ersten Publikation zum Thema, immer das „Werden“ des Himmels und damit die Differenz zwischen dem, was im Tod und dem, was am Ende der Zeit geschieht, herausgestellt. In verschiedenen Publikationen habe ich mich gegen Missverständnisse gewehrt, bislang ohne Erfolg. Immer noch werden meine Thesen mit denen von G. Lohfink gleichgestellt. Man kann auf den Gedanken kommen, dass die verehrten Kollegen und Kolleginnen nicht richtig lesen oder immer neu voneinander abschreiben.

769 Folgende Theologen bringen *exegetische* Argumente für eine „Auferstehung im Tod“: P. Benoit, „Résurrection à la fin des temps ou de la mort?“, in: Conc. 60 (1970) 91–100; F.-X. Durwell, Regard chrétiens sur l‘au-delá, Paris 1994; J. Kremer, Auferstehung der Toten in bibeltheologischer Sicht, in: Greshake/Kremer, Resurrectio 5–161. – Eine ganz eigenwillige exegetische Begründung bringt Rossetti, Novissimus 179–231. Er knüpft an die umstrittenen Begriffe der „ersten Auferstehung“ und des „Milleniums“ in Offb 20,1–6 an und legt diese so aus, dass alle Gerechten und Märtyrer unmittelbar nach dem Tod, noch vor dem Endgericht, in eine „vorläufige“ („Tausend Jahre“) Fülle des Lebens leiblich auferstehen. Doch diese „Fülle“ sei noch nicht identisch ist mit der Ewigkeit des definitiven Gottesreiches. Erst die „zweite Auferstehung“, bis zu welcher all diejenigen, die nicht den Status des Gerecht- und Heiligseins verwirklichen, im Zustand des „Gereinigtwerdens“ sind, realisiere die universale Auferstehung zum Leben oder zur Verdammnis. Der Autor bringt für diese Interpretation eine Fülle von biblischen und patristischen Argumenten, die mich jedoch, ohne jetzt in eine längere Auseinandersetzung mit ihm treten zu können, in dieser Form nicht überzeugen. Immerhin sieht aber auch er die „relativierenden Konsequenzen“ für das Dogma von der leiblichen Aufnahme Marias in den Himmel.

Taufe ist, geschieht hier auch auf zugespitzteste Weise Auferstehung und nicht nur Trennung und Weiterexistenz einer unvergänglichen Geistseele und ihre Einweisung in einen „Stand“, der zwar seliges Mit-Christus-Sein, nicht aber Auferstanden-Sein, Teilhabe an Seiner Auferstehung bedeutet.[770]

„Auferstehung im Tod“ soll gegenüber der Vorstellung einer Trennung der Seele vom Leib und ihrer leiblosen Weiterexistenz herausstellen, dass der Mensch auch in seiner postmortalen Seligkeit ein leibliches und welthaft verfasstes Wesen ist und bleibt und sich niemals nur als „Seele“ (anima separata) verwirklichen kann. Denn wenn der Leib jener „Ausdruck“ des Geistes ist, kraft dessen das Subjekt sich in und an der Welt auszeitigt, so bedeutet der Tod zwar ein Ende dieser sich unter Raum-Zeit-Bedingungen vollziehenden Auszeitigung, nicht aber (platonisch-gnostisch) ein Abstreifen des „Ertrages“ der sich welthaft verwirklicht habenden Existenz sowie der sich durch den Leib vermittelnden Beziehungswelt. Leib (und damit Geschichte und Welt) werden im Tod nicht einfach zurückgelassen, sondern kommen im Subjekt zur Endgültigkeit: Der Mensch ist im Tode und in der hier stattfindenden Gottesbegegnung genau das, was aus seiner „Leibhaftigkeit“, d.h. Welt- und Geschichtsverwobenheit geworden ist. So gesehen, trägt die Seele in ihrer Vollendung den erweckten verklärten Leib (und damit den vergangenen welthaften Ausdruck sowie dessen bleibendes Beziehungsnetzwerk) in sich. Damit zeigt sich: Die Seligkeit des Menschen „ist *eine.* Sie kann Grade haben; die eine Seligkeit und Vollendung kann noch im Werden sein; aber sie kann nicht in zwei Vollendungen, in die der Seele und die des Leibes so geteilt werden, dass diese beiden ...nach je verschiedenen Gesetzen sich verwirklichende Größen wären“.[771]

Dieses „Neuverständnis“ der eschatologischen Vollendung des Menschen, das aber tief in biblischen und patristischen Überzeugungen wurzelt,[772] macht (1) ernst mit dem biblischen Befund, wonach die Heilige Schrift die Idee der Unsterblich-

770 Dagegen dürfte wohl kaum der Einwand Ratzingers Bestand haben, den er in seinem Buch Jesus von Nazareth, Teil I, Freiburg i.Br. 2007, 256 so formuliert: „Eine ‚Auferstehung im Tod‘ kennt Jesus nicht“. Wenn dies ein Argument sein soll, müsste man eine Fülle von verbindlichen christlichen Glaubenswahrheiten eliminieren, da man samt und sonders von ihnen sagen muss: „Jesus kennt sie nicht“.

771 Rahner, Assumptio 247. Vgl. auch K. Rahner, Gespräch (1974), in: P. Imhof/H. Biallowons, Karl Rahner im Gespräch, Bd. I, München 1983, 252: „Deswegen ist es selbstverständlich, dass die Geretteten vor Jesus mit Leib und Seele im Himmel, in der Vollendung sind. Und ich finde es auch selbstverständlich, dass diese Vollendung bei uns mit dem Tod eintritt. Der Himmel ist doch nicht solch ein ‚Salat‘ von leibhaftig Auferstandenen auf der einen Seite und ‚flatternden Seelen‘ auf der andern“.

772 Siehe dazu Greshake/Kremer, Resurrectio 176–216. – Im Grunde zeigt sich dieses Verständnis auch im schlichten Umgang der Gläubigen mit den Heiligen: Niemand betet nur zur „Seele“ des hl. Petrus oder Paulus, sondern zu ihnen in ihrer Ganzheit!

keit einer leiblosen Seele nicht kennt, und steht (2) in Übereinstimmung mit alten theologischen Traditionen über die Auferstehung alttestamentlicher Gerechter; es ist (3) die Konsequenz der „anima-unica-forma-corporis-Lehre", wie sie Thomas v. Aquin vorgetragen hat und von uns kurz skizziert wurde.

Sowohl von dieser Konzeption einer „Auferstehung im Tod" her wie auch im Blick auf Maria als Maria-Ecclesia kann das Dogma von der leiblichen Aufnahme Marias in den Himmel eine neue integrale Interpretation erhalten: Es kann so verstanden werden, dass es nicht nur eine Aussage über die „Privatperson" Maria trifft, sondern über die Vollendung der ganzen Schöpfung, die in Maria zusammengefasst ist und deren Vollendung ihr – wegen ihres Glaubens – in besonderer Weise und „zuerst", d. h. in erster Linie zukommt.[773] So aber ist sie ein Zeichen, wie es der bekannte Schriftsteller Graham Greene im Zusammenhang der Debatte um die Dogmatisierung formuliert hat: „Der Menschenleib wird heute als ein Stoff betrachtet, etwas das en gros von der Atombombe weggewischt werden kann, eine einzige namenlose Leiche. Das Dogma von der Himmelfahrt [Marias] hilft von neuem den Glauben an die Auferstehung stärken. Die Auferstehung Christi mag für die Auferstehung Gottes stehen, die Auferstehung der Mutter Gottes jedoch ist das Symbol unser aller Auferstehung".[774]

Diese unsere Auferstehung ist aber nicht nur Zukunft und vorweggenommenes „Symbol". Das schärfen eindeutige biblische Aussagen ein. Eph 2,6: *Gott* hat *(!) uns mit Christus auferweckt und* hat *(!) uns zusammen mit ihm einen Platz im Himmel gegeben,* und 1 Joh 3,14: *Wir wissen, dass wir aus dem Tod in das Leben hinübergegangen* sind *(!), weil wir die Brüder lieben.* Das neue Leben der Auferstehung steht nicht einfach aus; das Entscheidende ist in Glaube und Liebe geschehen und wird stets aufs Neue Gegenwart, wo geglaubt und geliebt wird. Solches Glauben und Lieben verbindet aber nicht nur mit Christus, sondern auch mit Maria, „in der Christus Gott ist". Da alle ohne Ausnahme in der „ecclesia primigenia", in der „Maria-Ecclesia" stehen, ist ihre „Aufnahme in den Himmel" nicht nur die Zusammenfassung alles Großen, was Gott an ihr, sondern auch an uns gewirkt hat und wirkt. Assumpta ist nicht allein Maria, sondern die ganze Ecclesia.

---

773 Vgl. dazu J.A. Kanberg, Maria – Ersterbin des in Christus neu geschaffenen Lebens, St. Ottilien 2006.

774 Graham Greene, zit. nach Delius, Geschichte 275f.

SECHSTES KAPITEL

Maria Sapientia Ecclesia

Dieses Kapitel behandelt Maria in einer – im Vergleich zu den vorangehenden Kapiteln – ganz anderen Perspektive. Während dort Maria in ihrer *heilsgeschichtlichen* Bedeutung betrachtet und als Gegenstand biblischer Aussagen und verbindlicher kirchlicher Lehräußerungen reflektiert wurde, greifen wir im Folgenden eine in Theologie und Frömmigkeit bisher wenig thematisierte Sicht auf: Wir nehmen Maria in ihrer *Beziehung zur Schöpfung* in den Blick und werden dabei – analog zu den bisher behandelten Attributen der Maria-Ecclesia – auf ein Neues stoßen: auf die Maria-Sapientia-Ecclesia. Als solche wird sie (selten genug) in der Liturgie gefeiert, in einigen Regionen (Russland) als Sophia verehrt, in einer Reihe von Kunstwerken auf diese Weise dargestellt und bei einigen (wenigen) Theologen und Philosophen solchermaßen reflektiert. Aber aufs Ganze gesehen spielt dieser Gesichtspunkt keine allzu große Rolle, obwohl er – wie sich zeigen wird – von einer kaum zu übertreffenden Bedeutung ist.

Beginnen wir unsere Darlegungen mit einer dezidiert christologischen Erörterung.

§ 1 Maria im Plan Gottes

1. Jesus Christus als Sinnziel der Schöpfung

Zusammen mit der überwiegenden Mehrzahl der *heutigen* westkirchlichen Theologen und mit dem *seit jeher* einstimmigen Chor der ostkirchlichen Theologie gehen wir davon aus, dass die Schöpfung von vornherein, d. h. in Gottes ewigem Plan, auf den Gottmenschen Jesus Christus hin erschaffen wurde. Das bedeutet: Ihr Ziel ist die Berufung der Menschheit dazu, Söhne und Töchter Gottes im SOHN zu werden, auf diese Weise engste Gemeinschaft mit dem drei-einen Gott zu finden und an Gottes herrlichem Leben teilzuhaben. So formulieren es die sog. Deuteropaulinen:

In ihm hat er uns erwählt vor der Erschaffung der Welt, ...
er hat uns aus Liebe im Voraus dazu bestimmt,
seine Söhne zu werden durch Jesus Christus
und nach seinem gnädigen Willen zu ihm zu gelangen,
zum Lob seiner herrlichen Gnade. ...
Er hat uns das Geheimnis seines Willens kundgetan,
wie er es gnädig im Voraus bestimmt hat:
Er hat beschlossen, die Fülle der Zeiten heraufzuführen,
in Christus alles zu vereinen,
alles, was im Himmel und auf Erden ist.
Durch ihn sind wir auch als Erben vorherbestimmt und eingesetzt
nach dem Plan dessen, der alles so verwirklicht,
wie er es in seinem Willen beschließt;
wir sind zum Lob seiner Herrlichkeit bestimmt (Eph 1,4ff).

Ähnlich auch Kol 1,14ff:

Er (Christus) ist das Ebenbild des unsichtbaren Gottes,
der Erstgeborene der ganzen Schöpfung.
Denn in ihm wurde alles erschaffen
im Himmel und auf Erden, ...
alles ist durch ihn und auf ihn hin geschaffen.
Er ist vor aller Schöpfung
in ihm hat alles Bestand.

Der Grundgedanke findet sich auch bei Paulus selbst in 1 Kor 8,6: *Durch ihn* – Jesus Christus – *ist alles, und wir sind durch ihn*. Die Schöpfung ist mithin weder eine „neutrale Bühne", auf der sich im Laufe der Geschichte die Menschwerdung Gottes und das Heil der Welt, die Hineinnahme alles Geschaffenen in das Leben des drei-einen Gottes, ereignet, noch geschieht die Inkarnation „im zweiten Anlauf", um nach der Sünde die verlorene Menschheit zu erlösen, vielmehr ist der Gottmensch Jesus Christus, die Vereinigung von Gott und Geschöpf, von vornherein das Ziel und die innere Dynamik alles Geschaffenen, auf dass dieses seine von Gott geplante und gewollte Vollendung in Christus und mit ihm findet. Anders gesagt: Die von Gott intendierte Schöpfung ist a priori eine Welt, die, mit Christus und untereinander vereint, am Leben des drei-einen Gottes teilhaben darf.

Das bedeutet *für Jesus Christus* selbst: Er ist von vornherein dazu bestimmt, Bruder vieler Brüder und Schwestern zu sein. Weil es von daher eine „unbedingte

Prädestination" des Logos zum Gottmenschen, in dem die Schöpfung ihren Kulminationspunkt haben soll, gibt,[775] hat es faktisch (!) einen „logos a-sarkos" – ein Nicht-Fleisch-gewordenes Wort nie gegeben.[776] Da die Welt „propter Christum" erschaffen ist, ist Er auch *a priori* als Mittler für die dem Menschen zugedachte Vergöttlichung bestellt, d.h. für die Aufnahme des geistbegabten Geschöpfes in das Leben Gottes und für die Gabe des Vaters, durch den Heiligen Geist Söhne und Töchter „im Sohn" werden zu dürfen.

Das besagt *für den Menschen*: Er ist nicht nur geschaffen als Bild und Gleichnis Gottes (des Vaters), sondern auch als Bild und Gleichnis Jesu Christi, des Menschen also, wie er im menschgewordenen Gottessohn erscheint. Mehr noch: Er ist dazu bestimmt, nicht nur passiver Empfänger der Gaben Gottes zu sein, sondern mit Gott in gegenseitigen Austausch zu treten. Denn – so Hans Urs v. Balthasar –: Wenn „Gott eine Welt entwirft, [kann] er sie nur als Mitteilung seines innertrinitarischen Lebens der Liebe wollen ..., in einer Teilnahme daran, die einen Austausch mit ihm voraussetzt".[777]

Die Menschwerdung des Sohnes Gottes ist also nicht etwas „Okkasionelles", d.h. etwas, was geschehen ist, weil die Sünde „dazwischenkam", sondern sie gehört zum einen und einzigen großen Weltplan Gottes, Geschöpfe an seiner Herrlichkeit teilhaben zu lassen. Dieser Plan ist so unbedingt, dass darin – so noch einmal Hans Urs v. Balthasar – „immer auch schon die ‚Antwort' Gottes auf jedes mögliche Wort endlicher Freiheit miteingeschlossen" ist,[778] auch die „Antwort" auf ein *mögliches* Nein des Menschen (siehe S. 271). Das hat zur Konsequenz: Nachdem *de facto* das „Wort endlicher Freiheit" Nein zur Gabe Gottes hieß, die Schöpfung sich also gegen Gottes Heilsplan verschloss (und immer wieder verschließt) und die Sünde in ihr wirksam wurde und weiter wirksam ist, übernahm der menschgewordene Sohn Gottes *auch* (!) das Werk der Erlösung, um den einzigen und unbedingten Plan Gottes durchzusetzen. ER, in dem wir „vor Erschaffung der Welt erwählt" sind, ist deshalb der gleiche, in dem „wir die Erlösung durch sein Blut haben, die Vergebung der Sünden" (Eph 1,7), ohne dass es gewissermaßen einer „Änderung" des einzigen Planes Gottes, des unbedingten Apriori der Gnade, bedurfte.

---

775 Siehe dazu M. Mückshoff, Die mariologische Prädestination im Denken der franziskanischen Theologie, in: FS 39 (1957) 288–502, hier: 288–361. Der Begriff der Prädestination = Vorherbestimmung ist zwar biblisch (vgl. z.B. Röm 8,29, Eph 1,5*Vg*), wurde aber im weiteren Verlauf der Glaubens- und Theologiegeschichte zu einem systematischen Begriff, um den sich lange Zeit heftigsten Diskussionen rankten. Siehe die knappe, aber instruktive Übersicht bei G. Kraus, Prädestination II-III, in: LThK 8, 468–474.

776 Vgl. dazu H. U. v. Balthasar TL III, 386 im Anschluss an K. Barth.

777 TD IV, 87.

778 TD II/1, 252. Siehe auch für das Folgende.

Diese theologische Position wird meist die „skotistische“ im Gegensatz zur „thomanischen“ genannt. Doch handelt es sich bei ersterer nicht eigentlich um eine Sondermeinung, sondern um die durchgehende theologische Einstellung des ersten Jahrtausends, jedenfalls innerhalb der griechischen Theologie.[779] Das sei nur an den beiden großen Eckpunkten griechisch-patristischer Theologie exemplifiziert.

Irenäus v. Lyon kann *ohne jeden Blick auf Sünde und Erlösung* Stellung und Wirken des menschgewordenen Gottessohnes in den Blick nehmen, etwa wenn er schreibt, dass „der Logos Gottes, wie er in der überhimmlischen, pneumatischen und unsichtbaren Welt den Vorrang hat, diesen [eben aufgrund der Menschwerdung] ebenso in der sichtbaren und körperlosen besitzt“:[780] Auch angesichts der Schöpfung „verherrlichte das Wort seinen Vater und blieb in ihm und wurde seinerseits vom Vater verherrlicht. … [Und wir Menschen] nehmen an der Herrlichkeit Gottes teil, der uns geformt und dazu bereitet hat, dass wir an seiner Herrlichkeit teilnehmen, solange wir bei ihm sind“.[781] Selbst da, wo Irenäus die Funktion des Logos als Erlöser thematisiert, ist Erlösung bei ihm oft nicht im engen Sinn als „Befreiung von Sünde“ gemeint, sondern als „Führung“ zur Unvergänglichkeit und vollendeten Herrlichkeit, als das Bringen tieferer Erkenntnis bzw. als Offenbarung der Liebe und Güte Gottes, also als ein Wirken des inkarnierten Logos, das auch abgesehen vom „Sündenfall“ geschieht.[782]

Damit nimmt Irenäus das vorweg, was auch Maximus der Bekenner, der große, die Zeit der Patristik beschließende Theologe, vertritt und dessen diesbezügliche Auffassung H. U. v. Balthasar folgendermaßen zusammenfasst: „Nicht die Erlösung von der Sünde, sondern die Einigung der Welt in sich selbst und in Gott ist der letzte Beweggrund der Menschwerdung, und als solcher der erste, aller Schöpfung noch vorausgehende Urgedanke des Schöpfers“.[783]

Dieses Verständnis ist für zahlreiche Christen der Westkirche immer noch „neu“, ja „anstößig“. Zu tief sitzt die Meinung, dass Gottes Sohn allein deshalb Mensch wurde, um die Welt durch Leiden und Kreuz zu erlösen.[784] Ganz auf dieser Linie wird deshalb auch von nicht wenigen das „felix culpa“ des österlichen Exsultet und das „propter nostram salutem“

779 Siehe dazu Mückshoff, Prädestination. Auch wenn der hier gegebene dogmengeschichtliche Durchblick in manchen Einzelheiten unkritisch ist und Eisegese betreibt, dürfte doch die Gesamttendenz zutreffend sein.

780 Irenäus, Adv.haer. III, 16,6 (FC 8/3, 203).

781 Ebd. IV, 13,1 (FC 8/4, 105f).

782 Vgl. ebd. IV, 14,1f (FC 8/4, 105ff). Deshalb sagt zu Recht D. Unger, Christ's role in the universe according to St. Irenaeus, in: FS 5 (1945) 3–20, 114–137, hier: 117: „St. Irenäus views salvation as something primarily positive and not necessarily connected with sin. Salvation, incorruption, perfection of the body, was willed by God for man, before these was any sin; consequently, this salvation did not involve liberation from sin“.

783 H. U. v. Balthasar, Kosmische Liturgie. Maximus der Bekenner: Höhe und Krisis des griechischen Weltbildes, Freiburg i. Br. 1941, 267f.

784 Denn diese Auffassung wurde nachdrücklich auch von der neuscholastischen Theologie vertreten und katechetisch weitergegeben. Jedenfalls steht die Überzeugung von einem „christologischen Apriori“ der Schöpfung in diametralem Gegensatz zum neuscholastischen Natur-Gnade-Verständnis, das in folgender kurzen These von A. Spindeler, Cur Verbum caro factum? Das Motiv der Menschwerdung und das Verhältnis der Erlösung zur Menschwerdung in den christologischen Glaubenskämpfen des 4. und 5. Jh., Pader-

des Credo verstanden. Diese Konzentration und (mindestens tendenzielle) Reduktion der Menschwerdung auf die im strengen Sinn soteriologische Funktion Jesu Christi hin verdankt sich auf der einen Seite einigen hervorstechenden ntl. Aussagen (z.B. Joh 3,17; 1 Tim 1,15; Mt 18,11par.), auf der andern aber vor allem der überragenden Bedeutung des Thomas v. Aquin. In seinem Frühwerk (Sentenzenkommentar) vertrat er noch die Position einer apriorischen Bestimmung des Gottessohns zur Menschwerdung, also jene Position, die später die skotistische heißt, setzte sich dann aber in der Summa Theologica mit folgendem Argument davon ab: All das, was der Freiheit Gottes entstammt, können wir nur aus der Hl. Schrift wissen (und nicht aus eigenen Reflexionen und Spekulationen). In der Schrift wird uns aber als Grund der Menschwerdung (ratio incarnationis) die Sünde des Menschen genannt. Deshalb ist es „convenientius" zu sagen: „Das Werk der Menschwerdung ist auf die Heilung der Sünde ausgerichtet, so dass, wenn die Sünde nicht wäre, es auch keine Menschwerdung gäbe".[785] Mag dieses Argument auch einen kräftigen Akzent gegen alle Formen einer spekulativen Possibilientheologie setzen, so übersieht es doch z.B. die o.a. Schrifttexte, die von einem christologischen Apriori der Schöpfung sprechen.

Dieses thomanische Verständnis wurde durchbrochen von Duns Scotus (um 1265–1308) und seiner Schule mit der These von der „praedestinatio absoluta" Christi. Damit ist die Überzeugung gemeint, dass es zu Gottes ewigem Plan gehört, eine Schöpfung ins Werk zu setzen, die im menschgewordenen Gottessohn Jesus Christus Sinnziel und Vollendung findet.

Heißt das, dass die Menschwerdung im ewigen Plan Gottes zwar „vor" aller Schöpfung beschlossen ist, sich in Wirklichkeit aber erst „später einmal" in Zeit und Geschichte – in dem, was wir als das Heilsgeschehen „in illo tempore" bezeichnen – realisiert? Die Anführungszeichen wollen darauf hinweisen, dass wir uns das Verhältnis von Zeit und Ewigkeit oft als ein gewisses „Nacheinander" *vorstellen*. Solche und ähnliche unangemessene Vorstellungen sind wohl unaufhebbar. Wichtig ist jedoch, dass solche Vorstellungen nicht zu falschen Schlussfolgerungen führen. Wenn es, wie Dun Scotus formuliert, eine „absolute Prädestination" des Gottessohns zur Menschwerdung gibt, wenn diese, anders gesagt, das Apriori der Schöpfung ist, so folgt daraus, dass es *zu keiner Zeit* eine Schöpfung gab, die nicht schon vom Sohn Gottes als *seine* Welt angenommen war und, in engster personaler Gemeinschaft mit ihm verbunden, sich im Wechselspiel von Wort und Antwort vollzog. Dabei änderte und steigerte sich im Lauf der Geschichte die Intensität dieser Wort-Antwort-Beziehung. Das heißt, die Inkarnation des Gottessohnes verwirklicht sich selbst auf geschichtliche Weise: im Nacheinander der Zeiten. Das heißt: Obwohl die Menschwerdung erst in Jesus v. Nazareth – „in illo tempore" – ihren eigentlichen (geschichtlichen) Höhepunkt gefunden hat, kennt sie doch

---

born 1938, 161 zum Ausdruck kommt: „Die Welt sollte ursprünglich ihre Vollendung ohne Christus haben und hatte sie auch"!

785 STh III, 1,3c.

reale (!) Antizipationen. Augustinus illustriert den Gedanken solcher Antizipationen der Menschwerdung Christi selbst wie auch konsequenterweise des „Leibes Christi, der die Kirche ist" mit Verweis auf Gen 25,25 in folgendem Bild: „Bevor er (Christus) im Fleisch erschien, … sandte er in den heiligen Patriarchen und Propheten einen ‚Teil' seines Leibes voraus, so wie [bei einer Geburt] eine Hand die kommende Geburt ankündigt".[786] Für solche Antizipationen gibt es eine Reihe von alttestamentlichen Hinweisen[787] wie auch einige neutestamentliche Texte (so *ist* z.B. für Paulus Jesus Christus der wasserspendende Fels auf dem Wüstenzug Israels: 1 Kor 10,4; siehe auch S. 270f). Auch wenn in diesem Zusammenhang manche Aussageweisen und Interpretationen allegorischen Charakter haben, ist ihr Realitätsgehalt mindestens der, dass es auch in der Heilsgeschichte vor Jesus v. Nazaret bereits der Sohn Gottes ist, der in der Schöpfung wirkt und mit der Schöpfung in personalem Austausch steht, d.h. in einer Beziehung, die das in der Menschwerdung geschehende Ereignis der engsten Vereinigung von Gott und Mensch *real* vorwegnimmt. Mit den Worten von Joh 1,10f gesagt: Der Logos, der in Jesus Fleisch wird, *war immer schon in der Welt* und kam deshalb *in sein Eigentum*. Aber nicht nur ein reales „Vorspiel" hat die Menschwerdung, sondern auch ein immer präsentes (und noch nicht zur letzten Vollendung gekommenes) „Nachspiel". Sie ist erst an ihr Ziel gekommen, wenn Christus „alles in allem" ist und die „communio Sanctorum" ihr Ziel erreicht hat (siehe S. 295f).

Wenn somit die Schöpfung von Anfang an geprägt ist von der personalen Beziehung des Gottessohnes zu ihr und seiner Vereinigung mit ihr, hat das zur Konsequenz: Die Schöpfung ist immer schon „Kirche" – „κυριακή", „ecclesia ab initio", wie die Väter sagen. Damit wird die Kirche nicht etwa zu einem un- oder übergeschichtlichen Mythos (im Sinne der antiken Mythos-Definition, wonach dieser von dem erzählt „was niemals war und immer ist"), denn auch das Kirchesein verwirklicht sich jeweils in geschichtlich sich wandelnden Formen.

In diesem Zusammenhang ist nochmals an Passagen von bereits früher angeführten und dort auch belegten Texte zu erinnern: Es handelt sich um *die Idee einer präexistenten „Ecclesia primigenia"*. Diese zieht sich – wie wir sahen – durch die ganze frühe patristische

---

786 Augustinus, De cat.rud. 3,6 (BA 11/1, 60).

787 Vgl. dazu die wichtige Studie von U. Mauser, Gottesbild und Menschwerdung. Eine Untersuchung zur Einheit des Alten und Neuen Testaments, Tübingen 1971. Hierin zeigt der Autor, dass der atl. Prophet (z.B. Hosea) nicht nur ein „Bote" ist, „der Gehörtes weitersagt". Vielmehr schafft sich das Gotteswort „ein menschliches Leben, das in menschlicher Weise die Geschichte Gottes teilt": ebd. 76. Das heißt: Gott wird im Propheten „menschenförmig", er erscheint ἐν μορφῇ ἀνθρώπου. Es ist eine „Antizipation" der Menschwerdung in Jesus Christus. Siehe dazu auch Fr. Mußner, Ursprünge und Entfaltung der neutestamentlichen Sohneschristologie, in L. Scheffczyk (Hrsg.), Grundfragen der Christologie heute = QD 72, Freiburg i.Br. 1975, 77–113, bes. 91–97.

Literatur hindurch (vgl. S. 147ff). Sie umgreift mehr als nur das ntl. Gottesvolk, sie begreift auch Israel, ja, die ganze Menschheit ein, insofern sich an ihr der Plan Gottes, die Welt ins Heil zu führen, erfüllt. Deshalb gibt es für die Theologen der Frühen Kirche nicht nur die Kirche „ab Abrahamo", „ab Abel" und „ab Adamo",[788] sondern mit Verweis auf Eph 1,4 bereits „vor der Grundlegung der Welt". „Die Kirche ist – wie der Hirte des Hermas sagt – das erste Geschöpf von allen; ... und um ihretwillen wurde die Welt erschaffen". Was die ganz unterschiedlichen Aspekte und Kontexte, in denen die Idee der „ecclesia primigenia" steht, miteinander verbindet, ist die Überzeugung, dass sich in allen Phasen der Menschheitsgeschichte die Verwirklichung des ursprünglichen vorzeitlichen Planes Gottes ereignet. Seine Urabsicht ist es, „alles in Christus zur Einheit zu führen" oder anders: Seine Urabsicht ist „das Heil der Menschen, und dieses heißt Kirche".[789] Sie ist – wie es oft in der allegorischen Sprache der Väterzeit heißt – von vornherein als die „eigentliche" Eva dem „eigentlichen" Adam, Christus, zu-erschaffen worden. Insofern steht im Zentrum des ursprünglichen Heilsplans Gottes sowohl Jesus Christus als auch die Kirche. Henri de Lubac fasst mit Verweis auf zahlreiche biblische Belegstellen und viele Theologen der Frühen Kirche den Sachverhalt so zusammen: „Die Kirche besteht ‚ab exordio saeculi'. Immer schon hat ein Volk Gottes bestanden. ... Wenn auch Christus erst viel später in die Niedrigkeit des Fleisches erscheinen sollte, er ist trotzdem ... ‚der Erstgeborene aller Kreatur' (Kol 1,15). Was aber von ihm gilt, das gilt auch von der Kirche seiner Braut. Nicht nur hat sie, wie ihr Bräutigam, in der Geschichte des jüdischen Volkes ihre weitläufige Vorbereitung ...: Sie ist, wie ER in Wahrheit noch älter. Man muss sie, vor Weltbeginn, in Gott sehen".[790]

Damit haben wir bereits das Thema des folgenden Abschnitts anklingen lassen. Denn während die frühchristliche Theologie von so etwas wie einer Prädestination der Kirche spricht, wird die *ausdrückliche* Prädestination Marias erst Jahrhunderte später zum Thema (wenngleich sich diese wegen der engen Beziehung von Maria-Ecclesia immer schon unterschwellig ankündigt).

788 L. Bouyer, Die Kirche, Bd. II, dt. Einsiedeln 1977, 400 fügt dem noch eine „Ecclesia de Angelis" hinzu.
789 Klemens v. Alexandrien, päd. 1, 6,27 (GCS 12, 106).
790 H. de Lubac, Die Kirche. Eine Betrachtung, dt. Einsiedeln 1968, 52f.

2. Die „Prädestination“ Marias[791]

Tatsächlich lässt sich von dem aus, was „skotistische Position“ heißt, die Frage nach der Mutter Jesu gar nicht umgehen.[792] Kurz mit den Worten Rahners: „Unter Einberechnung der absoluten Christozentrik aller Wirklichkeit [erscheint] die Prädestination Marias als inneres Moment in der (konkreten) Prädestination Christi“.[793] Deswegen sagt auch LG 61 von Maria, dass sie „von Ewigkeit her zusammen mit der Menschwerdung des göttlichen Wortes als Mutter Gottes vorherbestimmt wurde“. Damit greift das Zweite Vaticanum einen Gedanken der Dogmatisierungsbulle der Unbefleckten Empfängnis, „Ineffabilis Deus“ (8. 12. 1854), sowie der Bulle zur Dogmatisierung der Aufnahme Marias in den Himmel, „Munificentissimus Deus“ (1. 11. 1950), auf, wonach „durch ein und dasselbe Dekret der Vorherbestimmung Gottes“ Christus und Maria im Heilsplan Gottes verbunden sind. In der Sprachform v. Balthasars lautet dieser Gedanke:

> In Jesus ist „verborgen der Schoß [Marias], dem er sich selber verdankt, der deshalb mit Recht als ‚Erstling des Waltens Jahwes, als frühestes seiner Werke von urher‘ (Spr 8,22) bezeichnet wird; denn wenn schon ‚das Lamm ohne Fehl und Makel‘ mit ‚seinem kostbaren Blut‘ ‚vor der Grundlegung der Welt

---

791 Von der Prädestination Marias war schon im Kapitel über Maria-Immaculata-Ecclesia die Rede, jedoch nur unter dem Gesichtspunkt ihrer „Prädestination“ zur Sündenfreiheit. Im Folgenden wird das Thema im Blick auf die Vollendung der Schöpfung behandelt.

792 Dabei ist es auffällig, dass Dun Scotus selbst eine praedestinatio absoluta Mariae mit keinem Wort erwähnt, wohl aber sofort nach ihm und dann auch ununterbrochen seine Schüler und die meisten franziskanischen Theologen. Vgl. dazu Mückshoff, Prädestination 435f. Ein Beispiel ist etwa Laurentius v. Brindisi (1559–1619): „Praedestinata Mater Christi, praedestinata una cum Christo unigenito omnis creaturae, ante omnem creaturam. Nam Christus praedestinatus fuit Filius Mariae, simulque Maria Mater Christi“: zit. nach Mückshoff, aaO. 466. Der gleiche Autor vermerkt, dass generell die Frage nach der Stellung Marias „im ewigen Ratschluss der göttlichen Vorherbestimmung … für die Franziskanertheologie Grund- und Ausgangsfrage ihrer Mariologie ist“: M. Mückshoff, Die heilsgeschichtliche Stellvertretung der Menschheit durch Maria nach dem hl. Laurentius von Brindisi, in: C. Feckes (Hrsg.), Die heilsgeschichtliche Stellvertretung der Menschheit durch Maria, Paderborn 1954, 198–259, hier: 208.

793 K. Rahner, Mariologie, in: LThK ^{2}7, 86. Ganz ähnlich auch (mit Verweis auf Scheeben) H. Mühlen, Christus als Urbild der Kirche und der methodische Ansatz für die Frage nach der Stellung Mariens in der Kirche, in: Maria et Ecclesia. Acta Congressus mariologici-mariani in civitate Lourdes anno 1958 celebrati, vol. III, Rom 1959, 569–610, hier: 599: „Die Prädestination Mariens zur Mutterschaft ist in diesem Sinne eine absolute und unwiderrufliche, d. h. die Mitteilung der Gnade der Mutterschaft und die Verwirklichung der Prädestination Mariens kann nicht im eigentlichen Sinne *abhängig* sein von dem aktuellen Vollzug der von seiten Mariens dazu erforderlichen Akte“. Letzteres ist freilich zu problematisieren. Denn hier ist ein Begriff von Prädestination zu Grunde gelegt, der mit der menschlichen Freiheit nicht kompatibel ist. Vgl. S. 276f.

ausersehen worden war‘ (1 Petr 1,19f)“, dann musste in dieser „Ausersehung“ [= im ewigen Plan Gottes] „der alles Weltliche und die Menschwerdung des Lammes selbst ermöglichende Schoß [Marias] mit-eingeschlossen sein“.[794]

Wenn nun aber die Menschwerdung Christi nicht nur das Ziel des ewigen Plans Gottes ist, das (erst!) zu einem bestimmten Zeitpunkt der Geschichte verwirklicht wird, sondern wenn von Anfang an die Schöpfung „Raum“ Jesu Christi, des Gott-*Menschen*, ist, von ihm und auf ihn hin erschaffen, in ihm ständig erhalten und in lebendigem personalen Austausch mit ihm stehend, so „muss“ Maria mit der apriorischen Verfasstheit der Schöpfung und dem weiteren Verlauf der sog. Heilsgeschichte „zu tun haben“.[795] Diese vage Formulierung ist bewusst gewählt, um nicht zu voreiligen Schlussfolgerungen zu kommen, zumal die Beziehung Schöpfung – Maria bisher wenig bedacht wurde.[796] Auf jeden Fall scheint die Konsequenz unumgänglich: Wenn Gott, Gottes Sohn, für seinen Eintritt in die Welt der glaubenden Bereitschaft und Offenheit eines oder vieler Menschen bedarf, die zu seinem Kommen Ja sagen und sich in dessen Dienst stellen, so kann das nicht erst und nur von seinem „endgültigen Kommen“ in Jesus v. Nazareth gelten und vom Glauben der (historischen) Maria v. Nazareth, sondern dann gilt das auch von den vielen „Vor- und Nachspielen“ der Inkarnation, die *alle* auf ihre Weise auch einer „Maria“ bedürfen, die von Gott gerufen und herausgefordert, ihr Ja-Wort spricht. So gibt es viele „Marias“, ein Gedanke, der schon der patristischen Theologie durchaus vertraut ist, nicht nur indem sie Maria und die Kirche identifiziert, sondern auch jeden einzelnen Glaubenden „Maria“ nennen kann (Origenes, Ambrosius, Augustinus u.v.a.).[797]

794 TD III, 335f. (Der Text steht im Zusammenhang von Leiden und Kreuz Jesu, darum die Zuspitzung auf 1 Petr 1,19f). Siehe zum Ganzen auch A. Müller, Marias Stellung 422–426.

795 Siehe Mühlen, Aufbruch 153f. – Die enge Verortung Marias in ein vorgeschichtliches Apriori bringt bereits ein unbekannter mittelalterlicher Autor, der Verfasser der Schrift: In Antiphonam Salve Regina, sermo 3 (PL 184, 1069), zit. nach Köster, Magd 472 zum Ausdruck, indem er Maria, aufgrund der Hinordnung der Welt auf die Menschwerdung Gottes als die erste Absicht der übrigen Schöpfung erklärt: „propter hanc totus mundus factus est“. Damit werden die gleichen Worte, die der Hirte des Hermas über die Kirche sagt, auf Maria übertragen.

796 W. Beinert, Die mariologischen Dogmen und ihre Entfaltung, in: Hmar I, 267–363, hier: 351. Ebenso Ratzinger, Erwägungen 31; Steinhauer, Maria 69. Eine der wenigen Ausnahmen bildet das Büchlein von R. Graber, Maria im Gottgeheimnis der Schöpfung, Regensburg 1949.

797 So wird in der Patristik nicht nur Maria als Gegenbild zu Eva angeführt, sondern ebenso die Kirche als Ganze und gelegentlich auch andere Einzelpersonen. Es ist eben keine Verwechslung (so interpretiert es Hofmann, Maria 394ff), wenn das Diatesseron Tatians als Beleg für die Ersterscheinung Jesu an seine Mutter Maria am Ostermorgen die Begegnung

Damit stoßen wir wieder auf ein Phänomen, das uns schon mehrfach begegnet ist, nämlich die ganz enge, bis zur Identität gehende Parallelität von Maria und Kirche. Während die Prädestination Marias eine (wie mir scheint: notwendige) Folgerung aus der in der Schrift belegten Prädestination Christi zum Haupt der Schöpfung und aus dem damit gegebenen Ur-Plan Gottes zur Menschwerdung ist, findet sich die Prädestination der Kirche im Neuen Testament auch mindestens indirekt belegt. Wenn es heißt, dass Gott in seinem ewigen Plan Christus „alles zu Füßen gelegt und ihn, der als Haupt alles überragt, über die Kirche gesetzt hat" und wenn es dann von Kirche heißt: „Sie ist sein Leib und wird von ihm erfüllt, der das All ganz und gar beherrscht" (Eph 1,22), so ergibt das nur einen Sinn, wenn die Kirche von Anbeginn der „kosmische Leib" Christi ist.

Hans Urs v. Balthasar spricht in diesem Zusammenhang vom „marianischen Prinzip" der ganzen Schöpfung und meint damit, dass alles Geschaffene von Anfang an dazu bestimmt ist und gerufen wird, Gott aufzunehmen und sich mit ihm zu vereinen. Dieses „marianische Prinzip" hat „zwar in Maria von Nazaret seine äußerste Konkretion erlangt, erschöpft sich aber als Prinzip nicht in ihr, sondern liegt ihr *als Bestimmtheit der Schöpfung von Anbeginn* voraus und erlangt in ihr als Maria-Kirche die Fülle der Konkretheit".[798] So ist Maria auch unter dieser Perspektive keine „Privatperson", sondern die höchste Form der personalen Konkretion dieses die ganze Schöpfung zutiefst bestimmenden „marianischen Prinzips", das im Laufe der Geschichte in Maria „als Person erscheint", das aber „als geistgewirktes nicht nur den Glauben Israels, sondern den aller Menschen in sich birgt und zudem immer schon auf alle Kirchenglieder hin geöffnet ist".[799] Wie sich also die Menschwerdung des Gottessohnes in vielfacher Weise schon im Voraus zu seiner geschichtlich-inkarnatorischen Erscheinung in Jesus v. Nazareth zuträgt, so hat auch das Ja-Wort Marias eine Vorweg-wirksamkeit (und eine seither präsente Dauer-wirksamkeit). Wie dies freilich im Einzelnen zu denken ist, muss an dieser Stelle noch offen bleiben, da eine Antwort von der vorangehenden Behandlung

---

des Auferstandenen mit Maria von Magdala anführt. Für Tatian und viele andere Väter *ist* Maria v. Magdala „Maria".

798 Steinhauer, Maria 224. In diesem Satz (Hervorhebungen von GG) fasst die Autorin die diesbezüglichen Äußerungen v. Balthasars zusammen. Vgl. auch ebd. 108ff, 220–256.

799 Steinhauer, Maria 230, v. Balthasar zusammenfassend. – v. Balthasar sieht dabei sehr deutlich, dass im Begriff „marianisches Prinzip" die Gefahr lauert, „aus etwas Personhaftem, zum Beispiel dem Heiligen Geist oder Maria, etwas Abstraktes, Begriffliches zu machen": H. U. v. Balthasar, Prüfet alles – das Gute behaltet, Ostfildern 1986, 54, er greift aber zu diesem Begriff, um „das Marianische" aus der Umklammerung einer „Privilegienmariologie" zu befreien und es als Schöpfungsbestimmung herauszustellen. Wir werden auf diesen Punkt noch ausführlich zurückkommen.

zahlreicher anderer Fragen abhängig ist und erst im II. Teil der Studie versucht werden soll.

Zuvor sei das Problem einer Prädestination Marias noch von einer anderen Richtung her behandelt. In dem soeben (auf S. 308f) zitierten Text von Hans Urs v. Balthasar identifiziert der Basler Theologe den „Schoß Marias“, dem sich Jesus verdankt, mit der in Spr 8 behandelten „uranfänglichen Schöpfung“, also mit der „Weisheit Gottes“, wie sie hier genannt wird. Eine solche Identifizierung von Maria und Weisheit nimmt auch die Definitionsbulle Pius‘ IX. zum Dogma von der Unbefleckten Empfängnis vor: „Die Kirche wendet die gleichen Worte, mit denen die Heilige Schrift von der ungeschaffenen Weisheit spricht und deren ewigen Ursprung sie schildert, im kirchlichen Stundengebet und bei der Feier des hochheiligen Opfers auf Maria an und überträgt sie auf ihren Ursprung; wurde doch ihre Erschaffung durch ein und dasselbe Dekret mit der Menschwerdung der göttlichen Weisheit von Gott beschlossen“.[800] Tatsächlich wurden die diesbezüglichen biblischen Texte schon mindestens seit dem 7. Jahrhundert in Liturgie und Theologie auf Maria bezogen.[801] Zwar sind diese Weisheitstexte, die an zahlreichen Marienfesten für die Lesung der Eucharistiefeier ausgewählt waren, nach dem II. Vaticanum durch andere Texte ersetzt worden (und nur noch als Eigenmessen einiger Regionen und Orte sowie im Commune der Marienfeste aktuell),[802] aber es gibt immerhin seit 1990 in einer von Johannes Paul II. approbierten und von der Kongregation für den Gottesdienst veröffentlichten Sammlung von Marienmessen ein eigenes Messformular mit dem Titel „Maria, Sitz der Weisheit“ (ein Titel, den auch Paul VI. in „Marialis cultus“ zweimal verwendet). In diesem Formular sind als Lesungen Spr 8,22ff und Sir 24 vorgesehen.

Wie kommt man darauf, Maria mit der in der biblischen Weisheitsliteratur auftretenden „Weisheit“ zu identifizieren?[803] Wir wollen im Folgenden, ohne eine solche Identifizierung als Fixpunkt vorauszusetzen oder vorwegzunehmen, die-

---

800 Pius IX., Bulle „Ineffabilis Deus“, dt. in: R. Graber, Die marianischen Weltrundschreiben der Päpste in den letzten hundert Jahren, Würzburg ²1954, 15. Dieser wichtige Text fehlt sowohl in DS wie in DH 2800f.

801 Siehe dazu P. Seethaler, Die Weisheitstexte in der Marienliturgie, in: BenM 34 (1958) 111–120; H. Schüngel-Straumann, Alttestamentliche Weisheitstexte als marianische Liturgie. Sprüche 8 und Jesus Sirach 24 in den Lesungen an den Marienfesten, in: E. Gössmann/D. R. Bauer (Hrsg.), Maria für alle Frauen oder über allen Frauen?, Freiburg i. Br. 1989, 12–35.

802 Eine Übersicht über alle *derzeit* auf Maria bezogenen alttestamentlichen liturgischen Lesungen findet sich auf einer Internet-Seite des Deutschen Liturgischen Instituts: www.liturgie.de/liturgie/index.php?datei=pub/op/Schriftstellen (abgerufen: 10. 11. 2012).

803 Zu neueren Versuchen der Identifizierung von Maria und „Weisheit“ siehe R. Willi, Die marianische Deutung der alttestamentlichen „Weisheit“ bei Joseph Ratzinger und Leo Scheffzcyk, in: FKTh 29 (2013) 110–125.

sem Problem weiter nachgehen. Dabei stellt sich wohl als erstes Frage: Mit welchem Recht bzw. auf welchem Hintergrund findet diese Identifizierung statt?

Einen allerersten Zugang zur Antwort kann folgende Überlegung bieten: In der Weisheitsliteratur, von der im nächsten Abschnitt die Rede sein wird, ist die Weisheit als eine Art „kosmischer Größe“ beschrieben, welche, von Gott ausgehend, die Weltordnung begründet und auslegt. Sie ist gewissermaßen die Ur-Matrix und das Ur-Design der Welt, der alles begründende „Schöpfungssinn“, die jeder geschichtlichen Verwirklichung vorgegebene Grundstruktur alles Wirklichen. So gesehen ist sie identisch mit dem Ur-Plan Gottes, die Welt in Jesus Christus zur Einheit mit sich und untereinander zu führen. Insofern aber, wie aufgezeigt, Maria notwendig in diesen Ur-Plan hinein gehört, nimmt sie (wie auch die Kirche) auf eine noch weiter zu klärende Weise, an dieser „Weisheit“ teil. Dies ist im Folgenden weiter zu entfalten, indem wir uns dem in der Heiligen Schrift bezeugten Phänomen der Weisheit näher zuwenden.

§ 2 Frau Weisheit

1. Zum Problem der biblischen Hypostase „Weisheit"

Mit biblischen Hypostasen sind – nach einer zunächst noch sehr allgemeinen Begriffsbestimmung – die in einer Reihe von Texten der Heiligen Schrift vorkommenden personalen („personifizierten"?) Manifestationen des überzeitlichen Wesens Gottes gemeint, durch die der Schöpfer in Welt und Geschichte wirkt (z. B. Wort, Weisheit, Gesetz, …). Ihre Charakterisierung als „überzeitliche Größen" führte dazu, sie nicht selten als „präexistent" zu kennzeichnen. Schon dieser Begriff (und vor allem die damit gemeinte Wirklichkeit) wirft eine Reihe von tiefgreifenden Fragen auf. Was will Präexistenz in diesem Zusammenhang besagen?

Gelegentlich unterscheidet man zwischen einem eher jüdisch(-apokalyptischen) und einem eher gnostischen Präexistenzverständnis. Das erstere stehe als Chiffre dafür, dass das mit den präexistenten Größen bezeichnete und hypostatisierte Heil oder Heilswirken Gottes „mit Sicherheit eintreffen sollte bzw. eintreffen wird".[804] Es gehe also darum, im Verweis auf eine präexistente „Übergeschichtlichkeit" alles Zeitliche und Geschichtliche, gerade auch das Künftige, im sich *mit Sicherheit* verwirklichenden Plan Gottes zu verankern. Der gnostische Präexistenzgedanke vertrete demgegenüber ein vorzeitliches *Gegeben-Sein,* also eine reale Existenz der Hypostasen, aus deren „himmlischer Welt" der Mensch in einem „Ur-Fall" verbannt wurde und in die er zurückzukehren hat. Doch sind beide Ideen von Präexistenz keineswegs so klar geschieden. So schreibt Joachim Gnilka, dass auch die jüdische Fassung des Präexistenzgedankens „erweitert werden [kann] zu einem wirklich ‚präexistenten' Erschaffensein".[805]

Wenden wir uns also der Hypostase der göttlichen Weisheit zu. Was hat es mit ihr, die in einer Reihe von Texten als „präexistente Hypostase", d. h. als selbständig handelnde, übergeschichtliche Größe gezeichnet wird, auf sich?

„Weisheit" ist ein im Alten Orient verbreitetes Programmwort, das dazu anleiten will, mithilfe von Weisheitslehrern, -schulen und -literatur die Welt, in die der Mensch hineingestellt ist, als ein von Gott garantiertes Ordnungsgefüge zu verstehen und zu bewältigen. An dieser altorientalischen „Bewegung" nahm auch Israel – vieles von seinen Nachbarkulturen aufgreifend – teil. In der mittlerweile

804 Vgl. J. Gnilka, Der Philipperbrief = HThKNT, Freiburg i. Br. 1968, 144 mit Verweis auf R. Schnackenburg, Johannesevangelium Bd. I, 290ff.
805 Gnilka, ebd. 144.

schier unübersehbaren Literatur ist immer noch umstritten, wie sich das *weisheitliche* Denken in Israel zu den *geschichtlichen* Traditionen des Jahwe-Glaubens verhält. Während z. B. Hartmut Gese die Weisheit als einen „Fremdkörper“ innerhalb der alttestamentlichen Welt betrachtet und ihr Gewicht relativiert, indem er formuliert: Die Geschichtslosigkeit der Weisheit „ließ keine Berührung mit den theologischen Konzeptionen in Israel aufkommen“,[806] spricht Gerhard von Rad der Weisheitsliteratur einen ungleich höheren Rang zu. Er hebt vor allem hervor, dass die Gestalt der Weisheit die „Eigengesetzlichkeit“ und „Eigenwertigkeit“ der Welt voraussetzt oder sogar erst herausstellt und strikt mit dem Glauben an Jahwes Allmacht, der in eben dieser Ordnung der Welt wirkt und offenbar wird, zusammenbindet. Daraus resultiert, dass „die Erfahrungen von der Welt … ihm [Israel] immer auch Gotteserfahrungen [waren], und die Erfahrungen von Gott … Welterfahrungen“[807], unter der Voraussetzung allerdings, dass die Grundhaltung des Menschen die „Gottesfurcht“ ist, die gehorsame Anerkennung des göttlichen Willens, der sich in aller Wirklichkeit zeigt.[808]

Das Problem, das uns besonders zu beschäftigen hat, besteht darin, dass in einer Reihe wichtiger Texte die Weisheit als eine „urzeitliche Person“ auftritt, als „Frau Weisheit“, die am Wesen Gottes teilhat und durch die Gott redend und handelnd in die Welt eingreift.[809] Wie ist diese „Person“ zu verstehen? Wer *ist* diese „Frau Weisheit“? Die feministische Alttestamentlerin Melanie Köhlmoos vermerkt dazu, dass „die personifizierte Weisheit in Prov 1–9 eine durchaus vielschichtige Figur [ist], die sich teils als Mittlerin, teils als Hypostase JHWHs, teils als Geschöpf auch feministisch nicht einlinig erfassen lässt. … Vorläufig ist jedoch festzuhalten, dass in der personifizierten Weisheit ein weibliches Wesen göttlicher Sphäre dargestellt wird, dessen Rede göttliche Autorität beanspruchen kann“.[810]

Betrachten wir in einem kurzen Durchblick einige Dimensionen dieses vielschichtigen Phänomens.

---

806 H. Gese, Lehre und Wirklichkeit in der alten Weisheit, Tübingen 1958, 2.

807 G. v. Rad, Weisheit in Israel, Neukirchen-Vluyn 1970, 87.

808 Vgl. ebd. 95: „Der Satz, dass die Furcht des Herrn der Weisheit Anfang sei, war Israel Eigenstes“.

809 G. Pfeifer, Ursprung und Wesen der Hypostasenvorstellungen im Judentum, Stuttgart 1967, 15 bezeichnet diese „Person“ mit vielen anderen Exegeten als eine „Hypostase“, d. h. als „eine Größe, die teilhat am Wesen einer Gottheit, die durch sie handelnd in die Welt eingreift, ohne dass sich ihr Wesen im Wirken dieser Hypostasen erschöpft“. Kritisch gegen diese Bestimmung v. Rad, Weisheit 193[3]. Alternativ zur Deutung der Weisheit als Hypostase wird heute nicht selten von ihr als einer „poetischen Personifikation“ vielfältiger Weisheitserfahrungen gesprochen. Siehe den Forschungsüberblick bei G. Baumann, Die Weisheitsgestalt in Proverbien 1–9. Traditionsgeschichtliche und theologische Studien, Tübingen 1996, 27–37.

810 Köhlmoos, Weisheit/Weisheitsliteratur II, 494.

2. Weisheitliche biblische Texte

Lit.:

Die exegetischen Kommentare z. St. Ferner: R. Stecher, Die persönliche Weisheit in den Proverbien, in: ZkTh 75 (1953) 411–451;H. Gese, Lehre und Wirklichkeit in der alten Weisheit, Tübingen 1958, 2; ders., Weisheit, in: RGG ^{3}6, 1576; G. Pfeifer, Ursprung und Wesen der Hypostasenvorstellungen im Judentum, Stuttgart 1967; C. Larcher, Études sur le livre de la Sagesse, Paris 1969; G. v. Rad, Weisheit in Israel, Neukirchen-Vluyn 1970; F. Christ, Jesus Sophia. Die Sophia-Christologie bei den Synoptikern, Zürich 1970; B.-L. Mack, Logos und Sophia, Göttingen 1973; B. Lang, Frau Weisheit. Deutung einer biblischen Gestalt, Düsseldorf 1975, 90ff; Baumann, Weisheitsgestalt; Köhlmoos, Weisheit/Weisheitsliteratur 486–497 (Lit.); G. Schimanowski, Weisheit und Messias. Die jüdischen Voraussetzungen der urchristlichen Präexistenzchristologie, Tübingen 1985; ders., Die frühjüdischen Voraussetzungen der urchristlichen Präexistenzchristologie, in: J. Laufen (Hrsg.), Gottes ewiger Sohn, Paderborn 1997, 31–55; S. Vollenweider, Christus als Weisheit, Gedanken zu einer bedeutsamen Weichenstellung in der frühchristlichen Theologiegeschichte, in: EvTheol 53 (1993) 290–210; Chr. Markschies, Jüdische Mittlergestalten und die christliche Trinitätstheologie, in: M. Welker / M. Volf (Hrsg.), Der lebendige Gott als Trinität, FS J. Moltmann, Gütersloh 2006, 199–214; M. Leuenberger, Die personifizierte Weisheit vorweltlichen Ursprungs von Hi 28 bis Joh 1. Ein traditionsgeschichtlicher Strang zwischen den Testamenten, in: ZAW 120 (2008) 366–386 (Lit.); J. Dochhorn, Zu den religionsgeschichtlichen Voraussetzungen trinitarischer Gottesvorstellungen im Frühen Christentum und in der Religion Israels, in: V. H. Drecoll (Hrsg.), Trinität, Tübingen 2011, 11–79.

(a) Texte und Interpretationen

Einer der wichtigsten diesbezüglichen Texte, Spr 8,22ff, lautet in der Einheitsübersetzung:

> 22 *Der Herr hat mich geschaffen im Anfang seiner Wege, / vor seinen Werken in der Urzeit;*
>
> 23 *in frühester Zeit wurde ich gebildet, / am Anfang, beim Ursprung der Erde.*
>
> 24 *Als die Urmeere noch nicht waren, / wurde ich geboren, / als es die Quellen noch nicht gab, die wasserreichen.*
>
> 25 *Ehe die Berge eingesenkt wurden, / vor den Hügeln wurde ich geboren.*
>
> 26 *Noch hatte er die Erde nicht gemacht und die Fluren / und alle Schollen des Festlands.*
>
> 27 *Als er den Himmel baute, war ich dabei, / als er den Erdkreis abmaß über den Wassern,*
>
> 28 *als er droben die Wolken befestigte / und Quellen strömen ließ aus dem Urmeer,*
>
> 29 *als er dem Meer seine Satzung gab / und die Wasser nicht seinen Befehl übertreten durften,*

30 als er die Fundamente der Erde abmaß, / da war ich als seine Geliebte ihm zur Seite. Ich war seine Freude Tag für Tag / und tanzte vor ihm allezeit.[811]
31 Ich tanzte auf seinem Erdenrund / und hatte mein Entzücken an den Menschen.

Die in diesem Text präsentierten Vorstellungen sind – meint Gerhard v. Rad – „erratische Blöcke"[812] in der israelitischen Glaubenstradition, sie „sind so seltsam und fügen sich in all das, was wir sonst von dem älteren Jahweglauben zu wissen meinen, so wenig ein, dass die Frage schon lange erörtert wurde, ob sich Israel hier nicht von irgendwelchen außerisraelitischen mythologischen Vorstellungen hat anregen lassen." Aber er fügt sogleich hinzu: „Um die ehedem zuversichtlich akzeptierte Annahme, dass hier ein orientalischer ‚Weisheitsmythus' herangezogen sei, ist es wieder recht still geworden. Tragfähiges außerisraelitisches Material ließ sich nicht beibringen".[813] Deshalb hat auch Bernhard Lang wohl Recht, wenn er schreibt: „Der gelehrten Forschung ist Frau Weisheit ein Rätsel. Trotz vieler Untersuchungen, die über Frau Weisheit geschrieben wurden, herrscht keine einhellige Ansicht über ihre Identität und Herkunft".[814] Am ehesten werden noch Parallelen zu ägyptischen Vorstellungen namhaft gemacht, von denen her Gerhard Pfeifer folgert, dass die Weisheit ursprünglich eine von Gott unabhängige weibliche Gestalt war, eine Art Göttin, die er sich zur Geliebten genommen hat, die also „erst von ihm aufgefunden und als Schöpfungsmodell verwendet wurde".[815] Erst später sei der originäre mythologische Kontext beseitigt und die Weisheit als „geschaffen" bezeichnet worden.[816] Wie auch immer: In jedem Fall spricht hier ein „geheimnisvolles Ich" von sich selbst, ein Ich, das sich „in persön-

811 EÜ übersetzt hier statt „Geliebte" mit „geliebtes Kind". Doch dürfte der Hinweis von Pfeiffer, Ursprung 27 zutreffen, die Weisheit werde hier nicht als Kind, sondern als (erwachsene) Jungfrau, eben als Geliebte vorgestellt. Dabei hat das „Spielen" der Weisheit (so auch EÜ) vermutlich die Konnotation des Tanzes. Siehe dazu Stecher, Weisheit 430f. Auch die oben vorgenommene Abweichung von der EÜ in V.31 folgt den Anregungen von Pfeiffer und Stecher. Einige Exegeten übersetzen in V. 30 Geliebte oder Kind mit „Werkmeister", indem sie der LXX folgen. – Zu den Überlieferungs- und Übersetzungsproblemen des ganzen Textes siehe auch Lang, Frau 90ff; Dochhorn, Voraussetzungen 49.

812 v. Rad, Weisheit 189.

813 v. Rad, Weisheit 198f.

814 Lang, Frau 147. Siehe auch ebd. 11.

815 Pfeifer, aaO. 24. Siehe auch ebd. 26, 80f. – Die radikale Differenz zwischen ägyptischen und israelitischen Vorstellungen hebt dagegen v. Rad, Weisheit 225f hervor. Siehe auch Lang, Frau 148ff.

816 So auch Christ, Jesus 25. „Das Judentum musste die ‚Gattin Gottes' irgendwie Jahwe unterordnen. So wurde aus der Genossin Gottes eine Tochter, ein Geschöpf oder eine Eigenschaft Jahwes".

lichster Anrede dem Menschen als Geberin empfiehlt. Es ist das geheimnisvolle Ich, das zuvor gesagt hatte, ‚die mich lieben, liebe ich'".[817]

Auf der gleichen Linie wie Spr 8 liegt auch Sir 24. Hier wird in V. 9 die Weisheit als eine von Gott vor der Welt geschaffene „kosmische Größe" vorgestellt, welche die Schöpfung vom Himmel oben bis zu den untersten Abgründen durchschreitet und im Auftrag Gottes durchwaltet und sich wie eine Liebende zum Menschen auf den Weg macht, um bei ihm zu wohnen (Sir 15,2), nachdem sie laut Weish 6,13f an seiner Tür auf Einlass gewartet hatte. Sie sucht bei allen Völkern und Nationen nach einem Wohnsitz, der ihr dann in Israel, genauer: auf dem Sion angewiesen wird (V. 7f). Dieses Wohnung-Finden in Israel wird sodann in hymnischen, der Vegetationswelt Palästinas entstammenden traditionellen Bildern beschrieben. Schließlich wird in V. 23f in der Art eines „interpretierenden Epilogs" die hier agierende Weisheit mit dem „Gesetz" identifiziert, eine folgenschwere Interpretation, die für das weitere jüdische Denken maßgebend geworden ist. „In der späteren Entwicklung hat das Gesetz ganz die Rolle übernommen, die hier noch der Weisheit zugeschrieben ist: präexistentes Wesen, das dem Menschen Zugang zu Gott, Heil und Leben erschließt".[818]

In all dem handelt es sich für v. Rad nicht so sehr um die Personifizierung einer göttlichen Eigenschaft, eben der Weisheit *Gottes*, sondern um eine Eigenschaft der *Schöpfung*: Es ist die *Weltordnung*, die sich

> „wie eine Person in einer direkten Anrede werbend und fördernd an den Menschen wendet. Verobjektiviert ist hier also nicht eine Eigenschaft Gottes, sondern eine Eigenschaft der Welt, nämlich jenes geheimnisvolle Akzidens, kraft dessen sie sich ordnend dem Leben der Menschen zuwendet. … Dieses weltimmanente Etwas, das die Texte ‚Weisheit' nennen, können wir nur umschreiben. Ob wir es nun als ‚Urordnung', als ‚Ordnungsgeheimnis' oder ‚Weltvernunft' oder als den der Welt von Gott eingeschaffenen ‚Sinn' oder als die zurückreflektierte ‚Herrlichkeit' der Welt wiedergeben, so wird von ihm in jedem Fall in der Form einer bildlichen Personifizierung gesprochen".[819]

---

817 Rad, Weisheit 224.

818 Rad, Weisheit 31 mit Hinweis auf Pirque Aboth 3,14. – Eine ähnliche Interpretation findet sich auch in Bar 3,37 – 4,1.

819 v. Rad, Weisheit 204. An anderer Stelle, ebd. 312, heißt es kürzer: „Wie kann man nur die Weisheit … ontologisch bestimmen? Jedenfalls als eine heilsame Ordnungsmacht im Bereich der Schöpfung, der der Mensch in seiner Welt ausgesetzt ist, die um ihn wirbt und ihn zu Erkenntnissen führt". Gegen dieses Verständnis v. Rads wendet Lang, Weisheit 105 ein, dass nach den Weisheitstexten „Frau Weisheit nicht die Ordnungsstruktur der Wirklichkeit verkörpert, sondern *über* der Schöpfung steht". So auch Stecher, Weisheit 427.

Ist aber diese Charakterisierung der „*Person*“ Weisheit nicht doch zu schwach angesichts der biblischen Aussagen? Gottfried Schimanowski fasst das Problem so zusammen: Die Weisheit „bleibt auf Gott bezogen und auf die Beziehung des Schöpfers zu seinen Geschöpfen. … So ist sie auf der einen Seite eine himmlische Gestalt – deutlich unterscheidbar von allen Geschöpfen: auf der andern Seite aber Gottes erkennbare und sichtbare Gabe an die Menschen – deutlich unterscheidbar von ihm selbst und der menschlichen Verfügbarkeit entzogen. … Diese unterschiedlichen Funktionen berechtigen es, von ihr als ‚Mittlerin‘ oder ‚Mittlergestalt‘ zu sprechen“.[820] Offenbar kommt man, so gesehen, kaum ohne eine Art von „Personbegriff“ aus.

Bevor dies weiterzuverhandeln ist, sei kurz auf die Weiterentwicklung des Weisheitsverständnisses im deuterokanonischen Buch der Weisheit geschaut. Hier geht die Weisheit nicht nur von Gott aus (7,25f), sondern lebt auch in enger „Symbiose“ mit ihm und wird von ihm geliebt (8,3: συμβίωσιν θεοῦ ἔχουσα καὶ ὁ δεσπότης ἠγάπησεν αὐτήν); sie ist seine „Throngenossin“ (9,4) und kennt seine Werke und seinen Willen, dem sie durch ihr (Mit-)Wirken Geltung verschafft.[821] Ihr Wesen wird mit Attributen beschrieben, die aus der stoischen Philosophie bekannt sind:

In ihr ist ein Geist, / gedankenvoll, heilig, einzigartig, mannigfaltig, zart, beweglich, / durchdringend, unbefleckt, klar, / unverletzlich, das Gute liebend, scharf,
nicht zu hemmen, wohltätig, menschenfreundlich, /
fest, sicher, ohne Sorge, alles vermögend, alles überwachend /
und alle Geister durchdringend, / die denkenden, reinen und zartesten.
Denn die Weisheit ist beweglicher als alle Bewegung; / in ihrer Reinheit durchdringt und erfüllt sie alles.
Sie ist ein Hauch der Kraft Gottes / und reiner Ausfluss der Herrlichkeit des Allherrschers; / darum fällt kein Schatten auf sie.
Sie ist der Widerschein des ewigen Lichts, / der ungetrübte Spiegel von Gottes Kraft, / das Bild seiner Vollkommenheit.

---

820 Schimanowski, Voraussetzungen 37. Ähnlich schon vorher H. Gese, Die Weisheit, der Menschensohn und die Ursprünge der Christologie als konsequente Entfaltung der biblischen Theologie, in: SEÅ 44 (1979) 77–114, hier: 79.87.

821 Erst von der „Weisheit“ im Buch der Weisheit kann man im Vollsinn sagen, dass sie eine „Hypostase“ ist. Denn sie ist „eingefügt in das ‚Ich‘ der göttlichen Person und spiegelt verschiedene Aspekte des Reichtums in Gott“: Larcher, Études 409. Zustimmend: Lang, Frau 157.

Sie ist nur eine und vermag doch alles; / ohne sich zu ändern, erneuert sie alles. Von Geschlecht zu Geschlecht tritt sie in heilige Seelen ein / und schafft Freunde Gottes und Propheten;
denn Gott liebt nur den, / der mit der Weisheit zusammenwohnt.
Sie ist schöner als die Sonne / und übertrifft jedes Sternbild. / Sie ist strahlender als das Licht;
denn diesem folgt die Nacht, / doch über die Weisheit siegt keine Schlechtigkeit.
Machtvoll entfaltet sie ihre Kraft von einem Ende zum andern / und durchwaltet voll Güte das All.
(Weish 7,22–8,1)

Hier erscheint die Weisheit als eine Art Uridee der Schöpfung, gewissermaßen als „Weltseele" oder auch als Maß der geschaffenen Wirklichkeit, als ihre geheime Ordnung, ihr Sinn, ihre Vollgestalt, zugleich aber als geliebtes Gegenüber Gottes.

Nahe dem biblischen deuterokanonischen Buch der Weisheit stehen Aussagen und Reflexionen des Philo v. Alexandrien.[822]

Aufgrund des spezifisch philonischen, für seine Zeit nicht unbedingt typischen Verständnisses von Gott als einer absolut transzendenten Größe entwickelt der alexandrinische jüdische Theologe und Philosoph eine Konzeption von Mittelwesen, durch die Gott in und an der Welt wirkt (Logos, Sophia, Pneuma, Kräfte, Engelmächte ...). Das wichtigste dieser Wesen ist der von ihm wohl aus der zeitgenössischen hellenistischen Philosophie übernommene Logos, der, obwohl an der Erschaffung der Welt beteiligt und alles durchdringend und somit nahe an Gott heranreichend, ihm doch untergeordnet ist. Diese Aussagen über den Logos überschneiden sich bei Philo (wie auch schon in Weish 9,1) nicht selten mit denen über die Sophia, ohne dass jedoch die Zuschreibungen *völlig* identisch wären. Sophia tritt *dann* ins Gesichtsfeld, wenn es um weibliche Analogien geht. So wird sie bezeichnet als Gottes „Tochter" oder auch „Gattin", als „Mutter des Logos" (dessen „Vater" Gott selbst ist), als „Mutter" und „Amme" des Weltalls, da sie früher als die Welt erschaffen wurde.[823] Diese Sophia wiederum ist nicht selten bedeutungsgleich mit dem Pneuma, wie auch schon im biblischen Buch der Weisheit. Wie weit bei all dem auch Einflüsse eines – erst später fassbaren – gnostischen Mythos spürbar sind, ist umstritten.

(b) Probleme der „Personifizierung"

Nach dieser Übersicht ist noch einmal zurückzukommen auf die „ontologische" Bestimmung der Weisheit. Was bedeutet die in diesem Zusammenhang oft ver-

822 Siehe dazu Lang, Frau 161–164; Mack, Logos.
823 Die wichtigsten Texte finden sich zusammengestellt bei Pfeifer, Ursprung 51ff; Dochhorn, religionsgeschichtliche Voraussetzungen 51f.

wendete Nomenklatur „Personifizierung"? Für Bernhard Lang stellt sich hier kein sonderliches Problem: Personifizierungen sind in der Antike häufig, und gerade der hebräischen Sprachstruktur liegen solche Personifizierungen besonders nahe.[824] Doch Gerhard Pfeifer, der – anders als Gerhard von Rad – die Weisheit nicht als Schöpfungsordnung, sondern als „Eigenschaft" Gottes versteht, wendet sich gegen den Begriff der Personifizierung:

> „Denn diese Redeweise setzt den aus unseren Denktraditionen stammenden Personbegriff voraus, wonach eine Person … Eigenschaften hat, von denen zuweilen auch in dichterischer Sprache als selbständigen Wesen geredet werden kann. … Dieser Personbegriff ist der Antike völlig fremd. Für das altorientalische Denken ist eine Gottheit, und in abgewandelter Weise auch ein Mensch, keine abgegrenzte Person, sondern ein vielschichtiges Wesen, das sich in die Welt, auf die es mächtig wirkt, in mannigfacher Weise erstreckt. … Hier gibt es auch keine ruhenden Potenzen, … die man Eigenschaften nennen könnte. Auch dieser Begriff ist nicht in unserem Sinne zu gebrauchen. Sie sind Machtfaktoren, die nicht zum Wesen sekundär hinzutreten, sondern es mitkonstituieren. Deshalb ist es nicht ‚dichterische Personifikation', wenn sie zuweilen als selbständige Gestalten erscheinen, sondern Ausdruck ihrer Mächtigkeit".[825]

---

824 Siehe Lang, Frau 165f. – Lang steht damit auf der Linie vieler, wenn nicht der meisten Exegeten, die überdies noch darauf hinweisen, dass „Frau Weisheit" genau so eine literarische Personifikation sei wie „Frau Torheit" (Spr 9,13f). Dagegen wendet Stecher, Weisheit 414 ein: Die Personifikation der Torheit „ist ein einmaliger denkerischer Einfall und figuriert in Kap. 9 wohl nur als *formales* Gegenstück zur Weisheit" (mit Verweis auf J. Göttsberger, Die göttliche Weisheit als Persönlichkeit im AT, München 1919, 32). Für Stecher ist die personal vorgestellte Weisheit der Ausdruck für einen dynamischen Begriff, der eine „Funktion Gottes zur Welt" als eine konkrete Wesenheit erfasst. Jedenfalls lehnt auch er eine „reale Person" der Weisheit ab. Denn „im Bereich der griechisch-römischen Hypostasenforschung gilt die Tatsache des Kultes als der einzige verlässliche Beweis für die Annahme einer realen Persönlichkeit": 440 (mit Verweis auf Fr. Stößl, Personifikationen, in: PRE 37, 1042–1058). Einen Kult der Weisheit habe es aber nicht gegeben. Diese Auffassung wird jedoch von W. Pötscher, Personifikation, in KP 4, 661–663, hier: 662 korrigiert: „Die Forderung …, dass nur solche als persönliche Götter angesehen werden könnten, welche Kult haben, ist unberechtigt". Persönliche Götter sind, „die sich die Menschen als Bewusstseinswesen (Wissen, Wille) vorgestellt haben". Überdies ist auch die Beachtung einer „kultischen Verehrung" der Weisheit nicht so abwegig, wenn man auf Spr 1,28 blickt: „Sie werden nach mir [der Weisheit] rufen, doch ich höre nicht; / sie werden mich suchen, aber nicht finden", zumal wenn man die Parallele dazu bei Jer 11,11 (u. a.) beachtet.

825 Pfeifer, Ursprung 15.f

Diese gewiss zutreffende Beobachtung trifft aber das sich hier stellende Problem nicht, wenn die Weisheit – so mit guten Argumenten v. Rad – eine Eigenschaft der *Schöpfung* (Personifikation ihrer „Urordnung") und mithin gerade nicht Ausdruck der Mächtigkeit *Gottes* ist. Doch ist auch an v. Rad eine gewichtige Frage zu stellen: Kann die als „selbständiges Wesen" vorgestellte Weisheit einfachhin für eine bestimmte (unpersönliche) Dimension der Schöpfung stehen? Der Exeget sieht offenbar sehr deutlich das Problem, denn er schreibt: Man muss bedenken, dass die biblischen Texte, „eigentlich nicht von etwas Ideellem, etwa einem Prinzip, einer Weltvernunft reden, sondern von etwas Geschaffenem, das seine *Realität, wie andere Werke der Schöpfung* auch, hat". Die „Urordnung" ist nicht nur etwas „Vorhandenes" an und in der Schöpfung, sie engagiert sich auch für den Menschen, „ja, sie ruft ihn direkt an". Und diese „Stimme aus dem Geschaffenen … (die von Jahwe in dritter Person spricht, Prov 8,13), [hat] geradezu die Merkmale einer Gottesrede", die den Menschen ultimativ in die Entscheidung ruft. Und weiter v. Rad: „Auch die Güter, die sie verheißt, kann man nur als Heilsgüter bezeichnen, und hier liegt das Problem: ein Ich, das sicher nicht Jahwe selbst ist, das aber doch die Menschen ultimativ zu sich ruft! Welcher Prophet hätte es in Anspruch genommen, die Menschen zu sich zu rufen! Und wer, außer Jahwe, kann dem Menschen sagen: wer mich findet, findet das Leben (Prov 3,18, 8,35, 9,6, Sir 4,12)?" Es schaltet sich hier „ein Offenbarungsträger in das Gespräch zwischen Jahwe und Israel ein",[826] und zwar „ein von JHWH wie ein Mensch gestaltetes und hervorgebrachtes *Geschöpf*".[827]

Ist damit also eine reale *personale* Vermittlung zwischen Gott und Mensch gemeint? Genau das verneint v. Rad, indem er dezidiert den Charakter der (literarischen) Personifizierung herausstellt: „Die Personifizierung der Urordnung … war der genaueste zur Verfügung stehende Ausdruck [!] der Sache, die zu explizieren war. … [Es wird damit ein] Offenbarungsgeschehen entfaltet, das den Menschen nicht durch einen spezifischen irreversiblen Heilserweis in der Geschichte erreicht, das vielmehr von der für allgenugsam gehaltenen Ordnungsmacht [der Schöpfung] ausgeht. Sie, und also nicht Priester, Propheten oder aktualisierte heilsgeschichtliche Überlieferungen – sie ist die große Vermittlerin".[828]

826 v. Rad, Weisheit 212f (Hervorhebg. GG).

827 Baumann, Weisheitsgestalt 143. Und als zusammenfassendes Ergebnis ihrer Studie formuliert die Autorin noch genauer: „Dass die Weisheitsgestalt in Prov 1–9 als Personifikation anzusehen ist, sagt etwas über ihre poetische Entstehung aus, aber es sagt nicht, dass sie weniger wirklich ist als ein Mensch": ebd. 282. Ebd. 313 spricht die Autorin von einer „gottähnlichen Gestalt neben JHWH" bzw. von einem „transzendenten Geschöpf".

828 v. Rad. Weisheit 226f.

Hat man *damit* aber – Personifizierung als „angemessenster *Ausdruck*“ der Ordnungsmacht der Schöpfung – das „ganze“ Phänomen der Personhaftigkeit der Weisheit und auch das anderer analoger „Hypostasen“ (Logos, Pneuma …) erklärt? Muss es nicht doch zu denken geben, dass gegen Ende der alttestamentlichen Zeit solche Personifizierungen, „Hypostasen“, ziemlich verbreitet waren?[829] War das alles nur Sache eines „angemessenen Ausdrucks“ für Dimensionen der Schöpfung? Zudem: Wie vereinbart sich diese Interpretation (Ordnungsmacht der Schöpfung) mit der ausdrücklichen biblischen Aussage, dass die Weisheit schon *vor* Erschaffung dieser vorfindlichen Welt existiert und am Schöpfungsgeschehen „teilhat“? Sie besitzt also, obwohl sie aus Gott ist und selbst geschaffen wurde, eine die übrige Schöpfung „transzendierende Wirklichkeit“, die sich kaum damit vereinbaren lässt, dass sie nur „angemessenster Ausdruck“ für deren Urordnung sein soll. Kein Wunder, dass schon die frühe christliche Überlieferung hier einen entscheidenden Schritt weiterging.

3. Interpretationen in nach-alttestamentlicher Zeit

Im Neuen Testament (mutmaßlich vor allem aus *Q* stammend*)* wird Jesus selbst als die „Weisheit“ verstanden (das dürfte der Hintergrund von Mt 11,19; Lk 7,35 sowie Lk 11,49f sein).[830] Überdies legte auch 1 Kor 1,24.30 mit der Aussage von *Christus, den Gott für uns zur Weisheit gemacht hat* nahe, die alttestamentliche Weisheit mit Christus zu identifizieren. Von daher wird verständlich, dass man die schon im Alten Testament nicht selten anzutreffende Hypostatisierung des Wortes Gottes (dabar, Logos) in der beginnenden christlichen Theologie mit Blick auf Joh 1 als „inkarnierte Weisheit“[831] und später im Zusammenhang beginnender trinitätstheologischer Reflexionen als zweite göttliche Person interpretierte.

Daneben gab es eine andere Verstehensrichtung, die sich etwa im Epheserbrief zeigt. In Eph 3,10f wird die *vielfältige Weisheit Gottes offenbart durch die Kirche*, woraus Heinrich Schlier folgert, dass die Kirche „jetzt ihre [der Weisheit] Gestalt ist. … Kirche und Schöpfung sind Manifestationen derselben Weisheit Gottes“.[832]

---

829 Das leugnet Pfeifer, Ursprung. Demgegenüber betont korrigierend Markschies, Mittlergestalten 209: Sowohl das Wort Gottes wie auch die göttliche Weisheit waren „als personalisierte Gestalt neben Gott verbreiteter als man bisher angenommen hat, und jedenfalls nicht auf das gebildete städtische Judentum beschränkt“.

830 Vgl. zum Ganzen Christ, Jesus sowie Schimanowski, Weisheit, bes. 75ff; Vollenweider, Christus.

831 Vgl. dazu kurz Leuenburger, personifizierte Weisheit 382–385.

832 H. Schlier, Die Zeit der Kirche, Freiburg [2]1958, 160. Siehe auch L. Cerfaux, La Théologie d’Église suivant S. Paul, Paris 1948, 266f: „La sagesse de Dieu, qui a conçu le plan de salut

Wenn man in diese Perspektive auch Eph 5,23ff hineinnimmt, wo die Kirche als „Leib" und „Braut" Christi gezeichnet wird, so verwirklicht sich die Weisheit Gottes gewissermaßen in beidem: in Christus und in der (kosmisch verstandenen) Kirche gleich einer „himmlischen Syzygie".[833]

Diese Verstehensrichtung – die Weisheit nicht nur auf Christus, sondern auch auf die Ecclesia hin zu interpretieren – wird jedoch in der nachneutestamentlichen Zeit zunächst kaum weitergeführt. Vielmehr wird, wie schon bei Philo, der Logos mit der Sophia als bedeutungsgleich verstanden: Beide bezeichnen bei den meisten christlichen Theologen, von nur wenigen Ausnahmen abgesehen, Christus.[834] Das dürfte vor allem mit den arianischen Auseinandersetzungen zusammenhängen. Denn die Identifizierung der Weisheit mit Christus findet sich ebenso bei Arius. Indem er den Logos mit der geschaffenen (!) biblischen Weisheit gleichsetzte, hatte er ein gewichtiges Argument in der Hand, um *für* die Geschöpflichkeit des Logos und *gegen* dessen Homoousie zu argumentieren. Deshalb greifen in den nizänischen und nachnizänischen Auseinandersetzungen, um Arius zu widerlegen, fast alle Theologen (besonders Athanasius) diese christologische Deutung auf, bemühen sich aber gleichzeitig darum zu beweisen, dass die in den biblischen Texten erwähnte Weisheit *nicht geschaffen* sei. Aufgrund dieser Kontroversen kam eine eigenständige ekklesiale bzw. „sophianische" Interpretation der Weisheit nur selten in den Blick. In der Folge ging auch die byzantinische = griechische Theologie meist von der Gleichsetzung Sophia = Christus aus (im Unterschied zur später zu behandelnden russischen Orthodoxie). So ist die von Justinian in Konstantinopel erbaute Hagia Sophia eine Christus-Kirche (Weihefest an Weihnachten), während die spätere russische Liturgie und Frömmigkeit die Weisheit oft mit Maria identifizierte und Sophienkirchen in Russland deshalb fast immer Marienkirchen sind.[835]

---

et s'identifie à ce plan, arrive donc à son terme et à son épaunouissement, dans l'Église. En d'autre mots, l'Église est l'image de la sagesse, presque sa personification".

833 Schlier, Zeit 176, 300.

834 So identifizieren z. B. Justin, Dial. c. Tryphone 61,1 (PTS 47, 174f) sowie Origenes, In Joh. 38 (SC 120,232) Logos und Sophia miteinander (ausführlich dazu: Chr. Bruns, Trinität und Kosmos. Zur Gotteslehre des Origenes, Münster 2013, 65–73), während Irenäus, Adv.haer. IV, 20,3 (FC 8/4, 158) die biblische Weisheit als Heiligen Geist versteht. Für die nachpatristische Zeit vgl. F. v. Lilienfeld, Frau Weisheit – Typus, Symbol oder Allegorie in Byzanz und der karolingischen Dichtung des 9. bis 10. Jahrhunderts, in: M. Schmidt (Hrsg.), Typus, Symbol, Allegorese bei den östlichen Vätern und ihren Parallelen im Mittelalter, Regensburg 1982, 146–186.

835 In einem Brief an Feodor Dmitrijewitsch Samarin schreibt Pavel Aleksandrovič Florenskij (Leben und Denken, Bd. I, Ostfildern 1995, 231): „A. P. Golubzov, ein Professor unserer Akademie, hat mir erzählt, dass im Altertum alle heutigen Maria-Himmelfahrts- und Mariä-Verkündigungskirchen Sophienkirchen gewesen seien. … Die Ikone der Sophia ist

Dennoch waren andere Verstehensrichtungen als die (herrschende) christologische nicht ausgeschlossen. Im Gegenteil! Bernhard Lang vermerkt zu Recht: „Nur wenige Bibeltexte haben einen ähnlich tiefen Einfluss auf Theologie, Philosophie, Mystik und Poesie ausgeübt wie die Gedichte über Frau Weisheit“.[836] In der „Wirkungsgeschichte“ dieser Texte spielt sowohl in der Frühen wie in der mittelalterlichen Kirche auch eine marianische bzw. marianisch-ecclesiale Interpretation eine gewisse Rolle. Die ersterschaffene Weisheit Gottes wird hier, wie wir sehen werden, mit der Maria-Ecclesia identifiziert.

die älteste russische Ikone und vielleicht die erste russische Ikone überhaupt“. Vgl. auch S. 572f.

836 Lang, Frau 176.

§ 3 Maria – ersterschaffene Weisheit Gottes?

Für die Sicht Marias als ersterschaffener Weisheit Gottes liegt als Monographie das umfangreiche Werk von Thomas Schipflinger, „Sophia – Maria. Eine ganzheitliche Vision der Schöpfung“ vor.[837] Er versucht sowohl exegetisch und theologie- und geistesgeschichtlich wie auch in einer Durchsicht künstlerischer Zeugnisse darzulegen, dass die Sapientia bzw. Sophia *in Bezug auf die Schöpfung bzw. mit dem Gesicht der Schöpfung*

- „die Schöpfung selbst in ihrem personalen Anfang“ ist,
- „die Weltseele“,
- „die in Israel sich ein Volk schaffende Sophia = die Sophia als Mutter Sion, “
- „die in Maria Mensch gewordene Sophia = Sophia Maria, Sophia incarnata, …“
- „der aus der Mensch gewordenen Sophia = Maria werdende mystische Leib Christi, die Kirche, …“
- „die durch den mystischen Leib = die Kirche mit Christus verbundene Menschheit, ja die ganze Schöpfung in All-Einheit mit Gott“.[838]

---

837 München-Zürich 1988. Verschiedene fremdsprachliche Übersetzungen. Als weitere Monographie zum Thema, die in enger persönlicher Beziehung zu Schipflinger entstand, liegt vor: S. Schaup, Sophia. Das Weibliche in Gott, München 1964, die zwar durchaus seriös ist, aber eher journalistischen Charakter hat.

838 Schipflinger, Sophia 65f. – Die höchst problematische Rede von einer „Inkarnation“ der Weisheit in Maria interpretiert und differenziert Schipflinger, ebd. 324f. 328 folgendermaßen: „Zwischen Sophia und Maria [besteht] keine hypostatische Einheit, … denn in der Unio hypostatica sind die göttliche und menschliche Natur in der göttlichen Person des Logos vereint. … Bei der Einheit zwischen Sophia und Maria gibt es nicht zwei wesentlich verschiedene Naturen, sondern nur *eine* geschaffene Natur, wenngleich diese eine geschaffene Natur in zwei verschiedenen Formen auftritt, d. h. in der rein geistigen äonischen und in der inkarnierten, irdischen, menschlichen Form. Doch die Person der Sophia bleibt die gleiche. Die Person, der Geist, der personale Wesenskern der Sophia (um es in unseren gängigen Begriffen zu sagen) bleibt gleich, nur die phänomenale Form Ihres Seins, Ihres Ausdruckes und Ihrer Wirksamkeit ändert sich. Die rein geistige, Ihre wesenseigene Form in der vorweltlichen, äonischen Existenz hüllt sich in die menschliche inkarnierte … Form der menschlichen Existenz. … Die Sophia wurde durch Ihre Inkarnation in Maria ein echter Mensch. … So können wir die Einheit zwischen der geistmächtigen Person Sophias mit der menschlichen Natur als eine informative, … eine leibseelische oder körperlich-geistige *bezeichnen,* nach der Art wie Leib und Seele im Menschen vereint sind. … Der Leib Mariens, die menschliche Natur Mariens wird von der geistmächtigen Sophia beseelt. Sophia ist in diesem Sinne die Seele Marias. … Sophia inkarniert sich in Maria, inkorporiert und hominifiziert sich im Leib Mariens“. Von einer „Inkarnation“ der Weisheit in der Kirche spricht seltsamerweise auch Bouyer, Kirche II, 408.

Ein Nachteil der aufschlussreichen Studie Schipflingers besteht darin, dass der Autor mit diesem dezidierten Vorverständnis nicht nur die Quellen liest und interpretiert, sondern gelegentlich auch vergewaltigt. Gehen wir im Folgenden einigen der von ihm erörterten Quellen nach. Am ehesten treffen die von Schipflinger genannten Charakteristika noch für seine Interpretation Augustins zu, obwohl er für sein (dann doch überzogenes) Verständnis einen Text mit heranzieht, der mittelalterlicher Herkunft, also *pseudaugustinisch* ist und als solcher – in historisch-kritischer Sicht – einen unzutreffenden Akzent setzt.

1. Augustinus

Bei Augustinus finden sich nicht selten Ausführungen über die sapientia – Weisheit. Doch identifiziert er diese – ganz auf der Linie der griechischen Väter – fast immer mit dem Wort Gottes, dem Sohn. Aber an einigen Stellen kennt er auch eine sapientia creata, über die er Aussagen trifft, die mit dem bereits behandelten biblischen Phänomen der „Frau Weisheit" zu tun haben und zugleich auffällige Assoziationen zu Maria aufweisen. Zu nennen ist hier vor allem das 12. Kapitel seiner „Confessiones".

Zum Zusammenhang: Zeit seines Lebens hat Augustinus sich immer neu mit dem Thema Schöpfung und deswegen mit den ersten Versen der Heiligen Schrift befasst. Es geht dabei – so H. U. v. Balthasar – „um die Wiederfindung des Ursprungs, der kreatürlichen Ausgangssituation, des Schöpfungsaugenblicks in seiner Reinheit, um die Urstandsgnade und die erste Liebeseinheit mit Gott, von der weg alles nachfolgende irdische Dasein schuldvoll abgefallen ist".[839] Außerdem spielt Folgendes eine Rolle: Weil zur Zeit Augustins Reflexionen über den „Anfang" („Kosmologien") „eine Art Aushängeschild für jedwede philosophische oder auch religiöse Weltanschauung waren, mussten Kirchenschriftsteller vom Format Augustins an einer philosophisch-wissenschaftlichen Begründung auch der christlich-biblischen Kosmologie viel gelegen sein".[840] Und weil diese Begründung sich vor allem in der Auseinandersetzung mit damals aktuellen neuplatonischen Vorstellungen zu vollziehen hatte, bewegen sich die Ausführungen Augustins „im Spannungsfeld von Exegese, christlicher Theologie und neuplatonischer Ontologie". Auf diesem Hintergrund versteht Augustin die in Gen 1,1 genannten „Himmel" und „Erde" als die beiden Grundprinzipien der Schöpfung: als Geist und Materie, die noch vor dem sog. „Sechstage-Werk" erschaffen wurden.

---

839 H. U. v. Balthasar, Einleitung zu: Augustinus, Die Bekenntnisse, Einsiedeln 1985, 15–30, hier: 24.

840 C. Mayer, ‚Caelum caeli': Ziel und Bestimmung des Menschen nach der Auslegung von *Genesis* 1,1f., in: N. Fischer / C. Meyer (Hrsg.), Die Confessiones des Augustinus v. Hippo. Einführung und Interpretationen zu den dreizehn Büchern, Freiburg i. Br. 1998, 553–601, hier: 590. Dort auch das folgende obige Zitat.

In diesem Kontext bezeichnet Augustinus den „Himmel" von Gen 1 als „Himmel der Himmel" und erläutert ihn, Gott anredend, folgendermaßen:

> „Ist doch der Himmel des Himmels, den Du im Ursprung schufst, eine bestimmte geisthafte Kreatur (creatura aliqua intellectualis),[841] die aber Dir, dem Dreieinigen, keineswegs gleichwertig ist. Doch sie hat Anteil an Deiner Ewigkeit. Die selige Wonne, dich anzuschauen, hält ihr Wandelbares durchaus in Schranken; seit sie erschaffen ist, hängt sie Dir ohne jeglichen Abfall an und erhebt sich über allen flüchtigen Wechsel der Zeit".[842]

Von dieser Kreatur heißt es dann weiter: „O die Selige, … dass sie so Deiner Seligkeit anhangen kann, selig, Deine ewige Wohnstatt zu sein und Deine Erleuchtung zu empfangen". Sie wird bezeichnet als „lauterer Geist" (mens pura), der „mit den heiligen Geistern zusammenlebt" mit den „Bürgern Deiner Stadt in den Himmeln oberhalb dieses sichtbaren Himmels".[843] Diese Gestalt, von der Augustinus, an Gott gewendet, „Deine Wohnstatt" sagt, hat sich „nie von Dir entfernt, obschon sie Dir nicht gleichewig ist". Sie hat unverwandt nie „von Deiner Betrachtung abgelassen", obwohl sie von Natur wandelbar ist. Dann wendet sich Augustinus an theologische Gegner:

> „Leugnet ihr, dass es ein so erhabenes Geschöpf gibt, dem wahren und wahrhaft ewigen Gott in so keuscher Liebe anhangend, dass es, obschon ihm nicht gleichewig, sich in keine zeitliche, wechselnde Vielfalt von ihm weg auflöst und verfließt, sondern in der allerwahrhaftigsten Anschauung Gottes allein ruht? … Das ist die ‚Wohnstatt Gottes', die nicht auf Erden oder in einem körperlichen Himmel ist, sondern geistig (spiritualis) an Deiner Ewigkeit teilhat".[844]

---

841 Für die Interpretation der hier von Augustin angesprochenen „Creatura intellectualis" ist besonders wichtig der kompakte, über den Stand der Forschung Auskunft gebende sowie die verschiedenen Interpretationen analysierende Artikel von H. Feld, Was ist die intellectualis creatura des heiligen Augustinus?, in: http://oki-regensburg.de/k_feld.htm (abgerufen am 8. 12. 2011). Siehe ferner auch die allerdings über eine Paraphrase kaum hinwegkommende Studie U. Schulte-Klöcker, Das Verhältnis von Ewigkeit und Zeit als Widerspiegelung der Beziehung zwischen Schöpfer und Schöpfung. Eine textbegleitende Interpretation der Bücher XI-XIII der ‚Confessiones' des Augustinus, Bonn 2000, bes. 175–215. Weitere Lit. bei Feld.

842 Augustinus, Confessiones XII, IX, 9. Die dt. Ü. ist hier wie auch im Folgenden (mit gelegentlichen kleineren Modifikationen) entnommen dem von H. U. v. Balthasar herausgegebenen Text, hier: 322; das lat. Original wird zitiert nach der von J. Bernhart hrsg. Ausgabe: Augustinus, Confessiones, München ³1955, hier: 686.

843 Augustinus, Conf. XII, XI, 12 (dt. 324, lat. 690). Die folgenden Zitate finden sich ebd. XII, XII, 15 (dt. 326, lat. 692).

844 Ebd. XII, XV, 19 (dt. 328, lat. 698).

War bisher noch nicht die Rede von der Weisheit, so ändert sich dies, wenn Augustinus sogleich danach auf das Thema „Schöpfung und Zeit“ zu sprechen kommt.

> „Wenn wir auch keine Zeit vor ihr [der Wohnstatt Gottes] finden – ist doch ‚die Weisheit vor allem Geschöpf erschaffen worden‘ [Sir 1,4], – so ist diese Weisheit doch jener, deren Vater, Du, unser Gott, bist, nicht einfach gleichartig und gleichewig, jener Weisheit, durch die alle Dinge geschaffen sind und die ‚der Ursprung ist‘, in dem Du Himmel und Erde erschaffen hast [gemeint ist das „Wort Gottes“ – die ungeschaffene Weisheit]. Es geht vielmehr um eine geschaffene Weisheit, um jene Geistnatur, die durch Betrachtung Deines Lichtes selbst Licht ist. Sie wird, obschon geschaffen, selbst Weisheit genannt. … Es gibt somit eine Weisheit, die ‚vor aller Kreatur geschaffen‘ wurde, wirklich geschaffen, nämlich der vernunfthafte und einsichtige Geist Deiner keuschen Stadt [mens rationalis et intellectualis castae civitatis tuae], unserer Mutter, die ‚oben ist und frei und ewig im Himmel‘ [Gal 4,26]. … Sie stammt aus Dir, unserem Gott: sie ist etwas ganz anderes als Du und verschiedenen Wesens, obschon wir Zeit weder vor ihr noch in ihr finden, da sie Dein Antlitz immerfort zu schauen und sich nie davon abzuwenden vermag, weshalb sie keiner Veränderung unterliegt. Doch die Möglichkeit einer solchen liegt in ihr, so dass sie in Dunkel und Kälte abgleiten könnte, falls sie nicht in großer Liebe an Dir hängend wie ein ewiger Mittag aus Dir leuchtete und glühte“.

Dann ändert sich im Text urplötzlich der Adressat. Übergangslos wird jetzt die bisher behandelte Gestalt selbst angeredet, und zwar in Form eines Bittgebets:

> „O du schönes, helles Haus, ‚ich habe deine Pracht geliebt und die Wohnstatt der Herrlichkeit‘ meines Herrn, der dich erbaut und bewohnt. Zu dir hin seufzt meine Pilgerschaft; zu dem, der mich schuf, flehe ich, Er möge mich in dir besitzen, mich, den er gleichfalls schuf. ‚Ich irrte ab wie eine verlorenes Schaf‘, aber auf den Schultern meines Hirten, der dich erbaut hat, hoffe ich, dir zurückgebracht zu werden“.[845]

Wer ist dieser „Himmel des Himmels“, das reine Geschöpf, die geschaffene Weisheit? Die Forschung ist sehr geteilter Meinung. Auszuschließen dürfte die Auffassung sein, es handle sich um einen Engel bzw. um die Engelwelt. Auch ist es wohl kaum eine figurative Personifizierung der geistigen Schöpfung.[846] Ebenso ist

845 Ebd. XII, XV, 20f (dt. 329f, lat. 700f).

846 Denn ausdrücklich ist mehrmals die Rede von einer „mens/creatura spiritualis/intellectualis/rationalis“, die dazu noch in einer Art Gebet angesprochen wird. Im 13. Buch der Confessiones (III,4 [dt. 351, lat. 756) will Augustinus die Erschaffung des Lichtes „non incongruenter“ auf jenes „geistige Geschöpf“ (creatura spiritualis) beziehen, nämlich „auf

die Auffassung von Kurt Flasch, das gemeinte Geschöpf sei sowohl ein Einzel- wie auch ein Kollektivwesen, mindestens zu differenzieren.[847] Weiter dürfte ein Hinweis von Helmut Feld führen; nach ihm wird die intellectualis creatura „zum hermeneutischen Prinzip, zum Schlüssel des Verstehens für den Zusammenhang von Ewigkeit und Zeit, Gott und Mensch", zumal für die eschatologische Hoffnung, mit der wir, zeitliche Menschen, die Einmündung der Zeit in die Ewigkeit erwarten. Denn im 13. Buch der Confessiones kommt nach einem Ausblick auf die Vollendung „im Frieden Jerusalems" die „himmlische Gestalt" des 12. Buches nochmals ins Spiel:

> „Selig das Geschöpf, das nie etwas anderes kannte! Es wäre ein anderes gewesen, wenn Deine Gabe, die über allem Veränderlichen schwebt, es nicht, das kaum erschaffen unmittelbar dorthin gerufen und erhoben hätte, wo Du sprachst: ‚Es werde Licht', und es ward Licht. Bei uns andern gab es die Zeit, da wir ‚Finsternis' waren, und die, da wir ‚Licht' werden. Bei ihm kann nur gesagt werden, was es wäre, falls es unerleuchtet bliebe: es wäre, sagt man, flüchtig und dunkel gewesen, damit die Ursache deutlich würde, weshalb es anders zuging: dass es nämlich, dem unvergänglichen Licht zugekehrt, selber Licht wurde".[848]

Während also unsere Zeitlichkeit ganz von der Sünde geprägt ist, gibt es im Blick auf das „reine Geschöpf" eine andere Zeitlichkeit, die ganz dem Licht zugewandt ist und die „das Elend der Zeitlichkeit [unserer Zeitlichkeit] nie geteilt" hat. Sie gibt damit und darum uns armen Adamskindern, die wir uns vom Licht abgewandt haben, „ein Muster ab, wohin wir Menschen eilen sollen."[849]

---

ein wie auch immer geartetes Leben, das Du [Gott] dann zu erleuchten gedachtest. Aber sowenig es vor Dir verdient hätte, ein erleuchtbares Leben zu sein, sowenig verdiente es vor Dir, die Erleuchtung zu empfangen. Doch seine Formlosigkeit hätte Dir nicht gefallen, falls sie nicht Licht geworden wäre, nicht durch bloßes Dasein, sondern das erleuchtende Licht anblickend und ihm anhängend". Auch in diesem Text also gibt es vor der zeitlichen Welt ein Geschöpf, dass „personal" handelt, nämlich empfangend und reagierend.

847 Vgl. K. Flasch, Was ist Zeit? Augustinus v. Hippo. Das XI. Buch der Confessiones, Frankfurt 1993, 94f mit Verweis auf Conf. XII, XI, 12. Aber an der angeführten Stelle lebt der singuläre lautere Geist „in einem Friedensband mit den heiligen Geistern zusammen", ist also davon unterschieden.

848 Conf. XIII, X, XI (dt. 356, lat. 356).

849 Flasch, Zeit, 97. – Feld, creatura IV weist darauf hin, dass diese Grunderfahrung auch im Zentrum der sog. „Vision von Ostia" steht: „Dass die Mutter dabei eine vermittelnde, hermeneutische Funktion übernimmt, ist nicht nur für die äußere Biographie des Augustinus von Bedeutung, sondern muss in Parallele zu seinem Denken über die intellectualis creatura gesehen werden, so wie er es im 12. Buch der Confessiones entfaltet hat". Auch das „reine Geschöpf" des 12. Buches der Confessiones hat eine Mutterfunktion. Nicht umsonst assoziiert Augustinus damit Gal 4,26. Siehe oben.

Damit stellt sich aber nochmals die Frage: Wer ist dieses „reine Geschöpf"? Offenbar spricht Augustinus „von einem eigenen, singulären, hypostatischen Wesen …, das Gott zuerst geschaffen hat und an dem die später geschaffenen Kreaturen mit ihrem Geist partizipieren".[850] Dieses „Geschöpf" weist mit Sicherheit eine äußerste Nähe zur Kirche auf, insofern es von Augustinus assoziiert wird mit der „Gottesstadt", der „Wohnstatt Gottes" und der Mütterlichkeit Jerusalems („mater mea", „mater carissima"[851]). Auch kennt Augustinus eine „Kirche des Himmels" („ibi primitus ecclesia, quo post resurrectionem et ista ecclesia congreganda est"[852]). Aber auch die Beziehung zu Maria liegt diesem Assoziationsfeld nicht fern.[853] Vor allem: Wer sonst kann denn die persönlich im Gebet angesprochene „Person" anders sein als die persönlich verstandene Sophia, die er ja sogar ausdrücklich mit der „sapientia creata" identifiziert? Ist es also Maria?

Dem Bischof von Hippo eine direkte Bezugnahme auf Maria hin zu unterstellen, wäre absolut anachronistisch. Er selbst dürfte sehr viel eher an plotinische Vorstellungen über eine „Weltseele" und an die origenistische Sicht des Universums als eines durch den Logos geleiteten Lebewesens anknüpfen. Doch wohl nicht zu Unrecht vermerkt Hans Urs v. Balthasar: „Hätte er [Augustinus] ein Jahrtausend später gelebt, so wäre der Gedanke an die ‚Unbefleckte Empfängnis' nahegelegen".[854]

Die Monographie „Sophia – Maria" von Thomas Schipflinger führt in ihrem Kapitel über die Weisheit bei Augustinus noch eine Reihe mehr oder minder bedeutungsgleicher Texten an, die dem „Liber meditationum" entnommen sind. Dieser Liber, den Schipflinger ohne weiteres Augustinus zuschreibt, ist aber eine pseud-augustinische Schrift, die heute meistens dem Johannes Fiscamnensis (Jean de Fécamp, 995–1038) zugeschrieben wird. Dieser Autor hat – manchmal vereinfachend, manchmal verdeutlichend – die meisten der o.a. Augustinus-Texte übernommen, aber weiter ausgeprägt und konkretisiert. So erweitert er z. B. den gebetsförmigen Text folgendermaßen: „Bitte Du, dass er (Gott) mich würdig mache der Teilhabe an Deiner Herrlichkeit. … Deine Verdienste mögen mir helfen. … Aus dem Paradies der Freuden vertrieben, weine ich im Land meiner Verbannung, wenn ich Deiner gedenke, o Mutter Jerusalem, o heiliges und schönes Sion".[855] In diesen Modifikationen zeigt sich das

850 Feld, intellectualis III. – In die von Feld gezeichnete Richtung, dass nämlich die anderen Kreaturen an dieser einen partizipieren, weist Augustinus selbst in De gen.ad litt. III, 6 (BA 50, 402): „Ipsa enim creatura intellectualis potest dici principium iis quibus caput est, quae fecit Deus".

851 Conf. XII, XVI, 23 (dt. 331, lat. 704).

852 Augustinus, De gen.ad litt. V, 19, 38 (BA 49, 428).

853 Dies zeigt Augustinus, De civ. D. XVII, 16 (BA 36, 438): „Das Volk aus den Heiden, das hinzugefügt wurde…, ist die Stadt Gottes, welche auch Christus dem Fleische nach geboren hat [!], als sie noch allein in jenen Israeliten bestand. Von daher war ja auch die Jungfrau Maria, in welcher Christus, um Mensch zu sein, Fleisch angenommen hat".

854 v. Balthasar, Einleitung 324[3].

855 Ps.Augustinus, lib. med. XIX, (PL 40, 916).

Bestreben des Autors, eine eindeutige Bezugnahme auf Maria hin herzustellen. So wird Maria zu einer präexistenten Gestalt und mit der präexistenten biblischen Weisheit identifiziert.

Abgesehen von dieser mittelalterlichen marianischen Neu-Interpretation Augustins finden sich auch innerhalb der byzantinischen Theologie Hinweise auf ein vor- bzw. übergeschichtliches Dasein und Wirken Marias. Als Beispiel sei nur Gregorios Palamas angeführt. Er schreibt: „Maria ist die Ursache (αἰτία) all derer, die vor ihr waren, sie ist die Vorsteherin derer, die ihr folgten. … Sie ist der Beginn und die Wurzel der unaussprechlichen Güter, sie ist der Gipfel und die Vollendung der Teilhabe an Gott, durch sie erhalten die, die sie erhalten, sie“.[856] Formulierungen wie „Ursache derer, die vor ihr waren“ lassen sich wohl nur von einer *realen* Überzeitlichkeit Marias verstehen und nicht von einer bloßen „Existenz“ im ewigen Plan Gottes.

Der mainstream der nachfolgenden Theologiegeschichte hat weder die biblischen Weisheitstexte in ihrer Eigengestalt aufgegriffen (sondern auf den Logos hin uminterpretiert), noch die Väteraussagen über eine „Kirche von Anbeginn“, noch die augustinischen Ausführungen über eine erste „reine Schöpfung“ weitergeführt, sondern als Aussagen über den ewigen „Heilsplan Gottes“ entschärft. Doch gibt es Nebenströme der Theologie, welche die übersehene Weisheitstradition und „kosmologische Ekklesiologie bzw. Mariologie“ weiterführten. Dazu ist u. a. Hildegard v. Bingen zu rechnen.

2. Hildegard v. Bingen

Thomas Schipflinger sucht (im Gefolge anderer Theologen[857]) aufzuweisen, dass sich nach den Visionen Hildegards v. Bingen die (überzeitliche) Weisheit (Gottes) in Maria inkarniere. Demgegenüber ist – wie Hildegard Gosebrink im Detail zeigt – diese Interpretation weit überzogen. Hildegard vermeide es sogar bewusst, Weisheit und Maria eindeutig zu identifizieren, obwohl dies die damals übliche liturgische Verwendung der Weisheitstexte (Spr 8, Sir 24) an Marienfesten an sich nahegelegt hätte.[858] Schipflinger gewinne seine einseitige Interpretation allein aus den (sekundären) Illustrationen des Hildegard-Textes, nicht aus den Texten selbst.

---

856 Gregorius Palamas, hom. 37: In sanctissimam dorm. BMV (PG 151, 473).

857 Schipflinger, Sophia 78–91. Ähnlich auch G. Lautenschläger, Hildegard v. Bingen, Stuttgart-Bad Cannstadt 1993, 370 sowie G. Lerner, Die Entstehung des feministischen Bewusstseins. Vom Mittelalter bis zur Ersten Frauenbewegung, Frankfurt u. a. 1993, 83.

858 H. Gosebrink, Maria in der Theologie Hildegards v. Bingen = SSSTh 29, Würzburg 2004, 42: „Die Weisheit ist nicht Maria, wohl aber ‚eine geheimnisvolle Person, die Christus und Maria im vorhinein darstellt, aber doch von ihnen unterschieden ist; sie verkörpert Gottes Entscheidung, ein Universum zu schaffen, das er als Mensch betreten könne'“. Die Zitation ist entnommen dem Werk von B. Newman, Hildegard v. Bingen, Freiburg i. Br. 1995, 79.

In diesen aber zeige sich, dass die große deutsche Mystikerin und Theologin radikal christologisch denkt: Die (biblische Frau) Weisheit ist bei Hildegard Gottes präexistenter Liebes-Ratschluss zur Menschwerdung. *In dieser Perspektive* stehe *dann auch* Maria „als Zentralstück von Gottes ewigem Plan und als seine Geliebte von vor allen Zeiten".[859] Doch selbst in dieser Schipflinger-kritischen und sehr restriktiven Interpretation Gosebrinks spielt das Ternar Maria – Sophia – Caritas und dessen Beziehung zur überzeitlichen Weisheit Gottes eine überragende Rolle.

Maria ist für Hildegard die demütige „feminea forma", die „als Frau Weisheit im ewigen Ratschluss Gottes dazu bestimmt ist, den Schöpfer in der Schöpfung zu manifestieren".[860] Mehr noch: In ihrem Lied „O splendissima gemma" identifiziert Hildegard die „lucida materia", aus der alles geschaffen ist – diese ‚materia' ist bei ihr der geschaffene „Himmel" von Gen 1,1 bzw. der „Himmel der Himmel" Augustins – mit Maria, indem sie diese anredet: „Du bist die ‚lucida materia', aus dem das Wort [der Sohn Gottes] alle Kräfte verströmt; aus dieser ‚materia' führte er die ganze Schöpfung ins Sein".[861] Helmut Feld weist auf einen Bericht Hildegards über die Vision eines ungemein schönen Mädchens hin; von diesem sagt eine Stimme kommentierend:

> „Das Mädchen hier, das Du siehst, ist die Liebe, die in der Ewigkeit Gottes ihre Wohnung hat. Denn als Gott die Welt erschaffen wollte, da beugte er sich in überaus zärtlicher Liebe herab, und er sah alles Notwendige voraus, so wie ein Vater, der für seinen Sohn das Erbe vorbereitet. Und so ordnete er alle seine Werke in großer Liebesglut. Da erkannte das Geschöpf in diesen seinen Bildern und Gestalten den Schöpfer; denn die Liebe war am Anfang die Materie eben desselben Geschöpfes, sobald Gott sagte: ‚Es werde, und es ward'. Denn jegliches Geschöpf wurde gewissermaßen in einem Augenblick durch sie geschaffen".[862]

Auch wenn in diesem Text von Maria direkt keine Rede ist, ergibt sich doch durch die im Werk Hildegards gegebene Gleichsetzung sowohl des „ewigen Mädchens Liebe" als auch Marias mit der „lucida materia" eine äußerste Nähe, um nicht

859 Newman, Hildegard 190, zustimmend von Gosebrink, aaO. 39 zitiert. – Gosebrink macht in diesem Zusammenhang darauf aufmerksam, dass diese Konzeption mit der russischen Sophia-Ikone (der Nowgorod-Schule; siehe dazu S. 572f) übereinstimmt, insofern auch hier die Weisheit nicht einfach mit Maria identifiziert wird, sondern eher mit dem Ratschluss Gottes zur Menschwerdung.

860 Gosebrink, Hildegard 129.

861 Hildegard v. Bingen, Lieder, hrsg. v. P. Barth u. a., Salzburg 1969, 219. – Zu den hier sich stellenden Übersetzungsproblemen siehe Gosebrink, Hildegard 74[25].

862 Hildegard v. Bingen, ep.85 (CCCM 91, 203).

zu formulieren: Identität von beidem. Allerdings dürfte sich von daher die von Schipflinger favorisierte Rede von der „Inkarnation" der Weisheit in Maria nicht begründen lassen.

3. Darstellungen der Kunst

In einem ausführlichen Teil seiner Monographie (Sophia in der Schau begnadeter Seher und Künstler) zeigt Thomas Schipflinger die Präsenz der Maria-Sapientia-Ecclesia in vielen Werken der darstellenden Kunst auf. Am bekanntesten ist das Deckengemälde „Die Erschaffung des Menschen" von Michelangelo in der Sixtina in Rom. Im Mantel des Deus Creator und umschlungen von seinem Arm zeigt sich eine Frauengestalt, die eine Reihe von Interpreten als Eva, die Gott dem Adam zuführen will, versteht. Andere dagegen (wie auch Schipflinger) halten sie für die Sophia. Das ist insofern nicht abwegig, als Michelangelo in seinen florentinischen Lehrjahren Kontakt mit den dortigen humanistischen (Neu-)Platonikern hatte, welche die platonische Weltseele mit der alttestamentlichen Sophia identifizierten.[863]

Jedoch bleibt diese Interpretation Michelangelos umstritten. Mehr noch umstritten ist die Darstellung der Sapientia-Maria auf dem Weihnachtsbild des Isenheimer Altars von Matthias Grünewald (vgl. Abb. 1 im Bildteil nach S. 576). „Es gibt kein Bild im Isenheimer Altar, dem mehr Versuche einer Deutung gewidmet wurden".[864] Auf diesem Bild kommt gleich viermal eine Gestalt vor, die es nach einer Reihe von Interpreten – sehr vage formuliert – mit Maria „zu tun hat": Da ist (1) unübersehbar und unumstritten Maria mit dem neugeborenen Jesuskind; (2) die Lichtgestalt Marias, ganz rechts unter dem „Baldachin", der die linke Bildhälfte einnimmt; (3) gleich hinter den musizierenden Engeln eine hervorgehobene und deshalb wohl kaum unter die Engel zu zählende weibliche Gestalt mit Flügeln, die aus dem Bereich des Himmels gewissermaßen zum Flug auf die Erde ansetzt; (4) eine Frauengestalt im hinteren dunklen Bereich links oben unter dem Baldachin, gleichfalls geflügelt und mit einer Federkrone.

863 Die Beeinflussung Michelangelos durch die Academia Platonica in Florenz dürfte auch der Grund dafür sein, dass es auf dem Zentralgemälde der Sixtina (meist als „Jüngstes Gericht" bezeichnet) im Grunde gar keine (endgültige) Verdammnis gibt, sondern nur eine „Reinigung" der „verdammt" Scheinenden und damit so etwas wie eine Apokatastasis. Siehe dazu M.-E. Kemper, Das sogenannte „Jüngste Gericht". Die Neuentdeckung der Sixtina nach der Restaurierung, in: Zur Debatte, Heft 2, 2006.

864 H. Ziermann, Matthias Grünewald, München u. a. 2001, 122.

Die Gestalten (1) und (2) stellen unbestritten Maria dar. Dabei ist die Gestalt (2) der ungefähre geometrische Mittelpunkt des ganzen Weihnachtsbildes und nach einer Reihe namhafter Interpreten (z. B. Heinrich Feurstein) der Schlüssel der Deutung. Wenn man bedenkt, dass auch die damaligen „Ideengeber" für den Altar, die Leiter des Isenheimer Konventes der Antoniter, stark unter platonischem Einfluss standen,[865] ist es nicht verwunderlich, dass die hier dargestellte Maria vermutlich „die Maria als Idee, die Maria aeterna [ist]. ... Das ganze Erlösungsmysterium ist hier als der gedankliche und wirkliche Gang Marias durch die Jahrtausende der Heilsgeschichte dargestellt. Die Baldachinszene ist ihre (Marias) Auserwählung im Schoß des Vaters, ihre Begrüßung durch die Engel am Morgen der Schöpfung".[866] Hier ist Maria (vielleicht [!] zusammen mit der Gestalt [3]) die „Madonna des göttlichen Ratschlusses" gemäß Spr 8,22f. Als solche ist sie die „Kernidee der ganzen linken Seite des Mittelbildes". Oder mit den Worten von Helmut Feld: „Der Chor der Engel wird angeführt von der Himmelskönigin (Regina angelorum) oder ‚Unbefleckten Empfängnis', die sich, vom Glanz der Ewigkeit umstrahlt, aus ihrer vorzeitlichen Welt der geschichtlichen Menschwerdung und ihrem zeitlichen Abbild zuwendet".[867] In dieses Deutungskonzept könnte sich vielleicht (!) auch die am meisten Rätsel bereitende Figur (4) einfügen: Nach Schipflinger ist es die gleiche Sophia, die hier in der Gestalt der Urmutter der Schöpfung und Weltseele ihre Verbildlichung findet.[868]

Wie es auch immer mit der Deutung der linken Hälfte des Weihnachtsbildes bestellt sein mag, einigermaßen sicher dürfte sein, dass hier über die „historische Maria" hinaus eine „transhistorische" Dimension Marias zum Tragen kommt, welche engste Verbindungen zur biblischen Idee der Weisheit aufzeigt.

Thomas Schipflinger wie auch Susanne Schaup weisen auf eine Reihe weiterer ähnlicher künstlerischer Darstellung hin sowie auf Denker und Mystiker wie Jacob Böhme[869] und seinen Schülerkreis (besonders auf Gottfried Arnold) sowie auf

865 Siehe Schipflinger, Sophia 102.

866 So fasst G. Scheja, Der Isenheimer Altar des Matthias Grünewald, Köln 1969, 74f die Interpretation durch H. Feurstein, Matthias Grünewald, Bonn 1930, bes. 93f, der sich dafür auf Visionen der hl. Birgitta v. Schweden stützt, zusammen, hält sie aber selbst als ganze für eher „unwahrscheinlich". In gleicher Richtung wie Feurstein auch B. Casper, Der Isenheimer Altar – Grünewalds Einladung zum Glauben, in: Zur Debatte, Heft 2, 2008, 2–6, hier: 5 Weitere in die gleiche Richtung zielende Autoren bei Schipflinger, Sophia 105.

867 Feld, intellectualis V. Und Feld fährt fort: „Das extreme Gegenbild der reinen Schöpfung hat der Maler auf der rechten Seite des vollständig geöffneten Retabels in der Versuchung des hl. Antonius dargestellt".

868 Schipflinger, Sophia 104.109[8].

869 Bei Böhme findet sich auch die nicht unproblematische Formulierung von der Menschwerdung der Weisheit in Maria. Vgl. z.B. J. Böhme, De tribus principiis, in: Sämtliche

Heinrich Seuse und Nikolaus v. Kues, vor allem aber auf die russischen Sophiologen, auf die wir im Folgenden noch einen Blick werfen werden.

4. Russische Sophiologen

Lit.:

W. Goerdt, Sophiologie, in: HWP 9, 1063–1069 (Lit.); B. Schultze, Maria und Kirche in der russischen Sophia-Theologie, in: Maria et Ecclesia. Acta congressus mariologici-mariani in civitate Lourdes anno 1958 celebrati, vol. X, Rom 1960, 51–141; H. U. v. Balthasar, Herrlichkeit, Bd. II/2, Einsiedeln 1969, 645–716 (Lit.); F. v. Lilienfeld, Sophia – Die Weisheit Gottes. Gesammelte Aufsätze, hrsg. v. K. Chr. Felmy u. a., Erlangen 1997; Lilienfeld, F. v., Frau Weisheit in byzantinischen und karolingischen Quellen des 9. Jhs. Allegorische Personifikation, Hypostase oder Typos, in: M. Schmidt (Hrsg.), Typus, Symbol, Allegorie bei östlichen Vätern und ihren Parallelen im Mittelalter, Regensburg 1982 146–186; H. Reißner, Maria – Sophia. Ein Versuch über P. A. Florenskij's Sophiologie, in IkaZ 31 (2002) 290–300; ders., Sophia – Maria. Erwägungen zur Sophiologie von P. A. Florenskij, in: Hermeneia 18 (2002) 25–40; A. Rauch, In Weisheit hast du alles geschaffen = Internationales Symposium in Alba Julia (2.5.2007) in: www.nikowy.hompage.t-online .de/07_ai. pdf (abgerufen 7.11.2012); T. Ŝpidlík, Die Aktualität der russischen Spiritualität 3, in: www.borisogleb.de/spiri3.html (abgerufen 8.11.2012); K. Chr. Felmy, Einführung in die orthodoxe Theologie der Gegenwart, Berlin 2011; ders., Sophia – die Weisheit Gottes, in: Rev.Teologica (Siebenbürgen) 3 (2012) 151–164.

Es waren vor allem die sog. russischen Sophiologen des 19. und 20. Jahrhunderts, welche die alttestamentlichen bzw. frühjüdischen Weisheitstexte neu zum Leuchten gebracht haben. Beeinflusst von westlichen Denkern wie z. B. Böhme, Spinoza, Baader und Schelling, greifen sie sowohl auf die ur-russische Verehrung der „Mutter Erde" (die in enger Beziehung zur Mütterlichkeit Marias steht)[870] wie auf die seit jeher in der russischen Kirche lebendige Tradition der Sophia zurück, von der P. A. Florenskij sogar sagt: „Die russische Orthodoxie ist in ihrem Wesen ein Geschenk der Sophia".[871] Tatsächlich sind die Marienkirchen Russlands ursprünglich Sophienkirchen, und die Ikone der Heiligen Weisheit eine spezifisch russische Darstellungsart der zentralen Heilsmysterien. Indem die Sophiologen

---

Schriften, hrsg. v. W.-E. Peukert, Stuttgart-Bad Canstatt 1988, 380: „Ehe Himmel und Erde geschaffen worden sind, war sie eine Jungfrau, und darzu gantz rein ohne einigen Mackel. Und dieselbe reine züchtige Jungfrau hat sich eingelassen in Mariam in ihrer Menschwerdung". C. G. Jung greift später die Rede von der Inkarnation der Sophia als der Prototyps Marias in Maria auf. Siehe ders., Antwort 60.

870 Vgl. Ŝpidlík, Aktualität, der dafür auf eine Passage aus Dostojewskijs „Besessenen" hinweist: „Die Gottesmutter ist die große Mutter, die feuchte Erde, und diese Wahrheit birgt für die Menschen eine große Freude".

871 P. A. Florenskij, Brief an Feodor Samarin, in: Fr. und S. Mierau (Hrsg.), Pawel Florenski (sic!), Leben und Denken, Bd. I, Ostfildern 1995, 230–233, hier: 231.

diese russische Tradition mit neuzeitlich westlichem Denken verbinden, fragen sie *nicht* nach dem, *was* „die Welt im Innersten zusammenhält" (J. W. v. Goethe), sondern *wer* die innerste Seele des Ganzen ist. Dafür knüpfen sie an jene biblischen Texte an, in denen die Weisheit als Geliebte Gottes und Werkmeisterin des Kosmos alles durchdringt und belebt.

(a) Wladimir Sergejewitsch Solowjew (1853–1900)

Stimuliert durch persönliche visionäre Erfahrungen[872] und mit ausdrücklichem Bezug auf die biblischen Weisheitstexte, die er interpretieren will, versteht Solowjew unter Weisheit ein Doppeltes: (1) die göttliche Wesenheit, also *Gott selbst*, die „Ewige Weisheit", und damit die „Einheit des Alls"; (2) das geschaffene „All in der Einheit", die „personhafte Verkörperung des Urgrundes der Welt,"[873] „die Fülle oder die absolute Ganzheit des Seins, die jeder Einzelexistenz vorausgeht".[874] Anders formuliert: Die (geschaffene) Weisheit meint *die Schöpfung als Ganzes, insofern sie dem ewigen Plan Gottes entspricht*, da Gott sie ins Werk gesetzt hat, um darin die Herrlichkeit seiner Liebe aufleuchten zu lassen und dazu bestimmt hat, *vergöttlicht*, d. h. ganz und gar Gott ähnlich zu werden und an seinem göttlichen Leben teilzuhaben. Mit vergöttlichter Menschheit sind besonders Christus, Maria, Kirche gemeint, die Solowjew als herausragende Verleiblichungen bzw. Verwirklichungen der Ewigen Weisheit ansieht: „Die in der Heiligen Jungfrau, in Christus, in der Kirche mit Gott vereinte Menschheit ist die Verwirklichung der wesenhaften Weisheit oder der absoluten Substanz Gottes, ihre geschaffene Form, ihre Inkarnation".[875] Damit erscheint die vergöttlichte bzw. die in einem Werdeprozess zu vergöttlichende Kreatur als – wie Bernhard Schultze erläutert – „Abglanz der Ewigen Weisheit, … als ein einziges großes kollektives Wesen, dem nach Lehre der russischen Sophia-Theologen in Russland seit alters im Sophia-Kult

872 Siehe v. Lilienfeld, Sophia 151–174.

873 W. S. Solowjew, Solowjews Leben in Briefen und Gedichten, hrsg. v. L. Müller, Erg.-bd. der WW, München 1977, 23. So gesehen ist die Weisheit mit dem in Gen 1,1 genannten „Anfang" identisch, der keineswegs eine simple „Zeitangabe" ist. Denn „wenn der Hebräer ein Substantiv benutzte, so nahm er es ernst, d. h. er dachte wirklich an ein Wesen oder ein reales Objekt, das durch dieses Substantiv bezeichnet wurde". Deshalb ist nach Solowjew Spr 8,22 zu übersetzen mit: „Jahwe besaß mich *als* Anfang (weiblich) seines Weges": ebd. 81. Dieses Verständnis von Gen 1 findet sich schon bei Augustinus, Conf. XXVIII, 39 und wird – wie wir noch sehen werden – von Wilhelm Klein wieder aufgegriffen. Siehe S. 495.

874 W. S. Solowjew, Russland und die universale Kirche, in: WW III, Freiburg-München 1954, 145–419, hier: 339f.

875 W. S. Solowjew, Sophia und Weltseele, Weltschöpfung und Weltprozess, in: Schriften zur Philosophie, Theologie und Politik, hrsg. v. L. Müller, Darmstadt 1991, 92.

Verehrung entgegengebracht wird".[876] Auf der gleichen Linie interpretiert auch Ludwig Wenzel: „Man kann sie [die Weisheit] verstehen als den persongewordenen Ausdruck all dessen, was zwischen Gott und den Menschen geschieht".[877]

Diese komplexe Gestalt der Weisheit findet nach Solowjew (und ebenso nach den übrigen russischen Sophiologen) in einigen Ikonen ihre spezifische Darstellung, so z. B. in der Sophia-Ikone der alten Novgoroder Kathedrale (siehe S. 572f). Diese hat, davon ist Solowjew überzeugt, kein byzantinisches Vorbild, sondern ist ein Produkt „unseres eigenen religiösen Schaffens". Zu sehen ist hier ein königliches, weibliches Wesen, das nicht Gott ist, nicht der Gottessohn, nicht Maria, nicht ein Engel, sondern die „reinste und vollste Menschheit, die höchste und allumfassendste Form und die lebendige Seele der Natur und des Alls, ewig vereint mit der Gottheit und im zeitlichen Prozess sich mit ihr vereinigend und alles mit ihr vereinigend, was ist".[878] Und diese „Menschheit, vereint mit Gott in der Heiligen Jungfrau, in Christus, in der Kirche, ist die Realisierung der wesentlichen Allweisheit oder der absoluten Substanz Gottes, ihre bewusste Form, ihre Inkarnation".[879]

Hintergrund solcher Aussagen ist eine Art von theosophischer Spekulation, mit der sich Solowjew eng an Schelling anschließt. Solowjew will – so Hermann-Josef Röhrig – „begreiflich machen, wie Gott den wesentlichen Abstand zur Welt und zum Menschen überwinden kann. Denn die Sophia vermittelt das göttliche Prinzip und das kreatürliche Sein, ohne von einem der beiden in exklusiver Weise bestimmt zu werden. Daher verhilft sie ‚dem göttlichen Prinzip zur vollen tatsächlichen Verwirklichung in allem; durch ihre Vermittlung kommt Gott als lebendig wirkende Kraft oder als Heiliger Geist in der ganzen Schöpfung zum Durchbruch' [Zitat Solowjew]".[880] Damit kann die Schöpfung, die von Ewigkeit her in Gott und „Teil der unendlichen Fülle der Gottheit" war, sich aber in Freiheit „aus ihrer seligen Einheit mit Gott herausbegeben" hatte, sich nun „zurück auf den Weg zur All-Einheit" machen, zu jener Ewigen Weisheit, die in Gott verblieben ist".[881]

---

876 Schultze, Maria 51.

877 L. Wenzel, Mystik und Gnosis bei W. S. Solowjew, in: P. Koslowski (Hrsg.), Mystik und Gnosis in der Geschichte der Philosophie, Darmstadt 1988, 296–313, hier: 298.

878 Zit. nach der Ü. von Rauch, Weisheit, der seinerseits den Text den russischen GesWW entnimmt: Соловьев В. С. Собрание сочинений в десяти томах. Под редакцией и с примечаниями С.М. Соловьева и Э. Л. Радлова, St. Petersburg 1911–1914 = Photoprint Brüssel 1966–1970, hier: Bd. IX, 188.

879 Ebd., IX, 309.

880 H.-J. Röhrig, Kenosis. Die Versuchungen Christi im Denken von M. M. Tareev, Leipzig 2000, 223.

881 So: L. Müller, Solov'evs Leben und Werk, in: W. Solowjew, Schriften zur Philosophie, Theologie und Politik, hrsg. v. L. Müller, Darmstadt 1991, 13–27, hier: 14, 17.

Auch wenn es gerade hinsichtlich solcher und ähnlicher theosophischer Spekulationen erhebliche Unterschiede zwischen den drei großen, je eigenständigen russischen Sophiologen gibt, denkt ähnlich wie Solowjew auch Pavel Aleksandrovič Florenskij.

(b) Pavel Aleksandrovič Florenskij (1882–1937)

Auch für Florenskij, dem „Genie“ unter den Sophiologen, der als der „russische Pascal“ gilt, ist die Sophia Grund und Zentrum der zu vergöttlichenden Schöpfung. Diese ist von Jesus Christus in seiner Inkarnation ganz und gar angenommen, dann in Kirche und Welt ausgeweitet und auf vollendete Weise in Maria personalisiert bzw. „hypostatisiert“ worden. So ist Sophia für Florenskij

> „die Große Wurzel der ganz-vereinten Schöpfung …, durch die die Schöpfung ins inner-Dreifaltige Leben eingeht und durch die sie für sich das Ewige Leben erhält von der Einzigen Quelle des Lebens; die Sophia ist das zuerst erschaffene Wesen der Schöpfung, die schöpferische Göttliche Liebe …; gerade deshalb erweist sie sich als wahres Ich des Vergotteten, als sein Herz, eben die Göttliche Liebe, ähnlich wie auch die Wesenheit der Gottheit die innere-Dreifaltige Liebe ist“.[882]

Damit hebt Florenskij (ähnlich auch Bulgakow) – deutlicher als Solowjew – die Geschöpflichkeit der Sophia hervor. Sie ist „gewissermaßen die Schöpfung an ihrer Urquelle“.[883] Sie ist die „praeexistierende Menschheit des göttlichen Erlösers und damit die Kirche in ihrer Praeexistenz“[884] und folglich auch Maria in ihrer Praeexistenz, jene Maria, welche die „ewige Braut des Göttlichen Wortes“ ist und als höchstmögliche Verdichtung der Kirche auch die besondere Trägerin und Erscheinung der Sophia. Mit den (vielzitierten) Worten von Florenskij:

> „Wenn Sophia die ganze Schöpfung ist, dann ist Seele und Gewissen der Schöpfung die Menschheit – die Sophia par excellence.
> Wenn Sophia die ganze Menschheit ist, dann ist Seele und Gewissen der Menschheit die Kirche – die Sophia par excellence.
> Wenn Sophia die Kirche ist, dann ist Seele und Gewissen der Kirche die Kirche der Heiligen – die Sophia par excellence.
> Wenn Sophia die Kirche der Heiligen ist, dann ist Seele und Gewissen dieser Kirche die Fürsprecherin und Zuflucht für die Schöpfung vor dem Göttlichen

882 P. A. Florenskij, Der Pfeiler und Grundfeste der Wahrheit. Versuch einer orthodoxen Theodizee in 12 Briefen (1914), deutsch abrufbar vom Kontextverlag, Berlin unter www.kontextverlag.de/florenskij.zehnter.html.

883 So interpretiert Reißner, Sophia 66.

884 M. Silberer, Die Trinitätsidee im Werk von P. A. Florenskij, Würzburg 1984, 218.

Wort, das die Schöpfung richtet ..., die Mutter Gottes ... – die Sophia par excellence".[885]

(c) Sergej Nikolaijewitsch Bulgakow (1871–1944)

Er ist der dritte der drei großen russischen Sophiologen (dessen Auffassungen 1935 unter starkem politischen Druck vom Moskauer Patriarchat als „der Lehre der Orthodoxen Kirche fremd" zurückgewiesen wurden). Auch für Bulgakow ist Sophia „die Ewige Kirche, der Anfang, das himmlische, vom Himmel herabsteigende Jerusalem. Sie ist jene unsichtbare Kirche, die in der sichtbaren Kirche wirksam ist".[886] Dabei richtet sich sein Blick vor allem auf die besondere Stellung Marias in Bezug auf ihr Erfülltsein mit dem Pneuma Gottes:

> „Obschon nur die Zweite Hypostase, der Sohn, Fleisch werden sollte ..., so ist doch mit dieser Fleischwerdung Gottes unzertrennbar das persönliche Einwohnen des Hl. Geistes in einem menschlichen Wesen, in der Immerwährenden Jungfrau, verbunden. Dadurch wird in diesem Wesen nicht seine menschliche Hypostase und Natur aufgehoben, sondern mit göttlichem Leben erfüllt. Dieses menschliche Wesen wird geisttragend, ohne Gottmensch zu sein, und ist so *göttlich,* als vollkommene Wohnung des Hl. Geistes. ... Maria ist deshalb vollkommene Erscheinung der Dritten Hypostase. ... Die hypostatische Offenbarung des Sohnes vollzog sich in der Fleischwerdung Gottes, in Christus Jesus. Die hypostatische Offenbarung des Vaters ist nur möglich und existiert nur im Sohne und durch den Sohn im Hl. Geiste. Die hypostatische Offenbarung des Hl. Geistes vollzog sich, vollzieht sich und wird sich in Fülle vollziehen im zukünftigen Äon, im Reich des Hl. Geistes, durch Maria, die Himmelskönigin, die Mutter Gottes".[887]

Maria ist damit die im und durch den Heiligen Geist bewirkte „hypostatisierte Sophia im kreatürlichen Bereich". Sie ist nicht die einzige Verwirklichung der Sophia, denn die Kirche als der eine Leib mit den vielen Gliedern existiert in einer Mehrheit von solchen Hypostasen der himmlischen Weisheit. Aber unter ih-

---

885 P. A. Florenskij, An den Wasserscheiden des Denkens, Berlin 1991, 84 (Interpunktion geändert).

886 S. Bulgakow, Kosmodizee, in: N. v. Bubnoff/H. Ehrenberg, Östliches Christentum – Dokumente, II. Philosophie, München 1925, 195–245, hier: 245, zit. nach Moga, Kirche 338. Hier findet sich auch 337–341 eine kurze Skizze der Sophiologie Bulgakows.

887 S. Bulgakow, Der unverbrennbare Dornbusch. Versuch einer dogmatischen Deutung einiger Züge in der orthodoxen Verehrung der Gottesmutter, Paris 1927, dt. zit. nach Schultze, Maria 108. An anderer Stelle kann Bulgakow Maria als 4. Hypostase neben den trinitarischen Personen bezeichnen, diese aber von den göttlichen Hypostasen unterscheiden, da sie nicht zum innergöttlichen Leben gehört.

nen ist die „erste Hypostase“ Maria. Sie ist „als persönliche Offenbarung des Hl. Geistes“ zugleich das Zentrum der ganzen Schöpfung, das „Herz der Welt“ und „das Herz der Kirche, ihr gleichsam persönlicher Ausdruck“.[888] Mehr noch: „In ihr ist die geschaffene Weisheit mit der göttlichen vereinigt. Daher ist sie der Mittelpunkt der Kirche“.[889] Die hier gemeinte Kirche ist „das vorewige Ziel und die Grundlage der Schöpfung. ... Der Kirche wegen hat Gott die Welt erschaffen“.[890] Das heißt: Sie ist einerseits mit der himmlischen Sophia identisch, andererseits ist sie auf Erden unterwegs, um vergöttlicht zu werden.

Viele Fragen bleiben bei den russischen Sophiologen ungeklärt. Ihr Verständnis von der Sophia oszilliert oft zwischen verschiedensten Bedeutungen hin und her. Vor allem sind das *genaue* Verhältnis der ungeschaffenen göttlichen Weisheit zur geschaffenen Weisheit (Maria-Ecclesia) und das genaue Verständnis von deren Präexistenz offen. Sie hinterlassen uns aber zwei Problemkreise, deren Lösung sie in ihren Überlegungen zur Sophia angestrebt und wohl auch gesehen haben:

(1) die nach der Vermittlung von unendlichem Gott und endlicher Kreatur, einer Frage, der wir im zweiten Teil der Studie bei Überlegungen von Wilhelm Klein wieder begegnen werden;

(2) die nach der inneren Einheit der Welt, die mehr ist als nur die Einheit eines mehr oder minder mechanistisch verstandenen evolutionären Prozesses. Es geht um die Frage, ob die Welt nur ein „kalter, gott-loser Existenzraum“ für den Menschen ist, oder ihm „Heimat“ sein kann, ein „Netzwerk“ von untereinander verbundenen und verwandten Größen, die zur Einheit zusammengeschlossen sind.[891]

---

888 Bulgakow, Dornbusch, zit. nach Schultze, Maria 113.

889 S. Bulgakow, Zur Frage nach der Weisheit Gottes, in: Kyrios 2 (1936) 93–101, hier: 95. Diese Aussage war Bulgakow offenbar so wichtig, dass er 1927 auf der Faith-and-Order-Versammlung in Lausanne die Teilnehmer mit der Aussage schockierte, die gemeinsame Verehrung der Gottesmutter müsse einer Annäherung der Kirchen vorausgehen. Siehe Felmy, Sophia (mit Beleg).

890 S. Bulgakow, Die Orthodoxie. Die Lehre der orthodoxen Kirche, dt. Trier 1996, 23.

891 Diese Frage wird auch von einer ganzen Reihe heutiger Naturwissenschaftler aufgeworfen. Näheres bei A. Ganoczy, Suche nach Gott auf den Wegen der Natur. Theologie, Mystik, Naturwissenschaften. Ein kritischer Versuch, Düsseldorf 1992, 33–206. Ganoczy legt im Einzelnen dar, „dass die relativ junge Geschichte der modernen Physik durchzogen ist von einer starken Neigung zum *Immanentismus*. Die ‚überlegene Vernunft‘ [A.] Einsteins, die ‚zentrale Ordnung‘ [W.] Heisenbergs, ‚der Geist der Welt‘ bei [E.] Jantsch, der ‚natürliche Gott‘ bei [P.] Davies und Gott als ‚der kosmische Prozess‘ oder als ‚das Prinzip‘ der Selbstorganisation der Materie bei [F.] Capra verlegen alle das Göttliche in die Immanenz. ... Die Art und Weise, wie dies geschieht, zeichnet sich hier durch ‚kosmische Religiosität‘, dort durch logische Argumentation, anderswo durch Mystizismus aus, der sich auf geschichtlich gewachsene Formen der Mystik beruft und diese gelegentlich zur Untermauerung der eigenen Thesen dienstbar macht“: ebd. 200. Gerade dieser von Ganoczy

Die Antwort der russischen Sophiologen lautete: „Insofern sich die Weisheit in der Welt offenbart, hat sich in ihr der Himmel auf die Erde gesenkt. Die Welt ist nicht nur Welt in sich, sondern Welt in Gott, und Gott ist nicht nur im Himmel, sondern auch auf Erden, und auf der Welt, in den Menschen",[892] alles verbunden durch das Band der Weisheit. Genau in diesem Problemkontext sieht auch Pierre Teilhard de Chardin, den wir im Zweiten Teil behandeln werden, in seinem spezifischen Entwurf das „Innerste" der Welt ausdrücklich mit der biblischen Idee der „geschaffenen Weisheit", mit der Kirche und mit Maria, zusammen.

5. Vorläufiges Fazit

Nicht nur bei den russischen Sophiologen, sondern bei all denen, die Maria-Kirche in der Rolle der biblischen überzeitlichen, aber „geschaffenen Weisheit" sehen, bleiben Fragen offen. Etwa: Wie verhalten sich ungeschaffene Weisheit Gottes und geschaffene Weisheit zueinander? Was bedeutet die überzeitliche Präexistenz der letzteren? Warum überhaupt eine solche Konzeption? Dennoch dürfte es zunächst einmal anregend und fruchtbar sein, die Gestalt Marias „auszuweiten" über ihre historische Existenz und Funktion hinaus auf das Gesamt der Schöpfung und Heilsgeschichte. Dadurch wird – so Thomas Schipflinger – „die Mariologie auf eine tiefere kosmische Grundlage gestellt und um die kosmische Dimension erweitert." Und er fügt an: „Das Ganze ist ein noch zu wenig artikuliertes Anliegen der heutigen Menschheit, die nach einer Erhebung des Weiblichen und wahrer Gleichwertigkeit der Frau mehr oder weniger bewusst Ausschau hält".[893] Dem stimmt der Exeget Viktor Warnach zu, wenn er schreibt: „Es dürfte überhaupt nicht so ganz abwegig sein, wenn die ostkirchliche Theologie von der Väterzeit bis zur heutigen Sophiologie in Maria die Personifikation der urtümlichen Empfänglichkeit der Schöpfung vermutet, die mit der geschaffenen Weisheit (Sophia) als dem weiblichen Grundprinzip geheimnisvoll zusammenhängt".[894]

---

herausgearbeitete *und problematisierte* „Immanentismus" könnte in der Idee der sapientia creata, die eine „Vermittlungsfigur" zwischen Immanenz und Transzendenz darstellt, eine neue Einordnung und Vertiefung finden.

892 Bulgakow, Frage 98.

893 Schipflinger, Sophia 233.

894 V. Warnach, Agape. Die Liebe als Grundmotiv der neutestamentlichen Theologie, Düsseldorf 1951, 447, wobei Vf. freilich anfügt: „Nur darf durch solche Spekulationen die historische Gestalt Mariens nicht verwischt werden".

Schließen wir dieses Kapitel zunächst mit einer ganz offenen Perspektive, ja mit einer gewissen Aporie ab. Wir sahen: Auf der einen Seite wird die biblische Weisheit mit Jesus Christus identifiziert und Maria allenfalls als „im Plan Gottes prädestiniert" gedacht. Auf der andern Seite gibt es Traditionen, welche die vor- bzw. überzeitliche Weisheit mit Maria-Ecclesia identifizieren oder sie wenigstens in deren Nähe rücken, nicht nur in der Theologie (Augustinus, Hildegard v. Bingen …), sondern vor allem auch in Liturgie und Kunst und schließlich in der Philosophie. Maria-Ecclesia erscheint hier überall als ersterschaffenes Geschöpf, mehr noch: als „Schöpfung im Urgrund" und als geschaffene „ἀρχή" alles Seienden. Was das besagen kann und wie sich eine solche Konzeption zur heilsgeschichtlichen Funktion Marias verhält, lässt sich im Kontext dieses eher referierenden Ersten Teils unserer Studie nicht weiter behandeln. Das „Material" ist hier nur vorgestellt, das Thema nur „problematisiert". Wir werden darauf im Zweiten Teil ausführlich zurückkommen. Festzuhalten ist in jedem Fall, dass auch im Rahmen der Thematik dieses Kapitels nicht nur (das „Individuum") Maria, sondern die ganze Ecclesia als Sapientia bzw. Sophia zu zeichnen und zu verstehen ist.

Als Abschluss dieses Ersten Teils wenden wir uns der Stellung Marias in den nicht-katholischen Kirchen zu.

SIEBTES KAPITEL

Maria in nicht-römischen Kirchen

Sind wir bisher der Lehrentwicklung der Mariologie in der katholischen Kirche gefolgt, so wenden wir uns nun in einer kurzen Skizze – einem Exkurs gleich – der Stellung und Bedeutung Marias in den Kirchen der Reformation und in der Orthodoxie zu. Mehr als eine Skizze ist es freilich nicht! Aber sie wird entworfen, um den Blick dafür zu schärfen, auf welche Faktoren im systematischen Teil unserer Studie besonders zu achten ist und welche Anregungen aufzugreifen sind.

§ 1 Maria in den Kirchen der Reformation

Lit.:

Delius, Geschichte 195–229; G. Ebeling, Zur Frage nach dem Sinn des mariologischen Dogmas, in: ZThK 47 (1950) 383–391; W. Tapolet/A. Ebneter, Das Marienlob der Reformatoren, Tübingen 1962; H. Düfel, Luthers Stellung zur Marienverehrung, Göttingen 1968; Heymel, jüdische Mutter; G. Maron, Maria in der protestantischen Theologie, in: Conc. 19 (1983) 626–632; H. Gorski, Die Niedrigkeit seiner Magd. Darstellung und theologische Analyse der Mariologie Martin Luthers als Beitrag zum gegenwärtigen lutherisch/römisch-katholischen Gespräch, Frankfurt u. a. 1987; H. Grass, Traktat über Mariologie, Marburg 1991, bes. 42–62; Dittrich, Mariologie-Kritik 15–45 (mit detaillierter Besprechung weiterer einschlägiger Lit.); E. Campi, Zwingli und Maria. Eine reformationsgeschichtliche Studie, Zürich 1997; E. Koch, „… von Glauben eine Jungfrau, von Liebe eine Mutter“. Beobachtungen zur Marienverehrung im Bereich der Wittenberger Reformation im 16. und 17. Jahrhundert, in: W. Beinert/K. Feiereis/H.-J. Röhrig (Hrsg.), Unterwegs zum einen Glauben, FS L. Ullrich, Leipzig 1997, 477–488; Chr. Burger, Marias Lied in Luthers Deutung. Der Kommentar zum Magnifikat (Lk 1,46b–55) aus den Jahren 1520/21 = Spätmittelalter und Reformation 34, Tübingen 2007; Eilrich, Gott; Th. A. Seidel/U. Schacht (Hrsg.), Maria, evangelisch, Leipzig-Paderborn 2011.

1. Reformatorische Grundpositionen

„Im Bereich evangelischen Kirchentums gibt es seit Jahrhunderten schlicht keinerlei Marienfrömmigkeit mehr",[895] vermerkt bedauernd der frühere evangelische Landesbischof Ulrich Wilckens. Wie ist es dazu gekommen?

Die Stellung der Reformatoren[896] zu Maria war (und ist in den Kirchen der Reformation bis heute) von drei Gesichtspunkten bestimmt:

(1) von der Stellung Marias in den altkirchlichen Symbola und in der liturgischen Tradition,

(2) vom Prinzip des „sola scriptura",

(3) von der spezifisch reformatorischen Rechtfertigungslehre.

Ad (1): Die von der altkirchlichen Tradition herkommenden und biblisch begründeten marianischen Aussagen über die Gottesmutterschaft und immerwährende Jungfräulichkeit Marias stellte Martin Luther (wie auch die andern Reformatoren) nicht in Frage.[897] Mindestens bis 1529 konnte er Maria als „unser aller Mutter" bezeichnen und die patristische Überzeugung von der Ecclesia-Maria wiederholen.[898] Ja, Horst Gorski kommt in seiner Untersuchung über die Mariologie Luthers (wie sie in dessen Magnificat-Auslegung entfaltet wird) zum Ergebnis: „Wer Maria im Sinne des Evangeliums verehrt, nimmt die von Gott angebotene Gnade, uns von ihr zu ihrem Sohn führen zu lassen, an".[899]

895 Wilckens, Empfangen 50.

896 Wir sehen im Folgenden von den Unterschieden zwischen den Reformatoren ab. Insgesamt zeigt sich dabei Huldrych Zwingli einer gewissen Marienverehrung eher zugewandt, während Johannes Calvin ein sehr nüchternes, von der ethischen Vorbildlichkeit Marias bestimmtes Marienbild hat, was ihn nicht daran hinderte, alle Marienfeste und -bildnisse abzuschaffen. Martin Luther nimmt hier eher eine Mittelposition ein. Siehe dazu auch die Bemerkungen von Müller/Sattler, Maria 172f.

897 Siehe dazu die Texte, die Kl. Berger, Glaubensspaltung ist Gottesverrat. Wege aus der zerrissenen Christenheit, München 2006, 280ff zusammengestellt hat. Für Luther war vor allem die jungfräuliche Empfängnis Jesu in Maria – gutaugustinisch! – die Voraussetzung dafür, dass Jesus nicht vom Fluch der Adams-Sünde betroffen werden konnte. Aber auch bezüglich der „Unbefleckten Empfängnis" Marias gehörte Luther – so jedenfalls Tapolet/Ebneter, Marienlob 27 – „in seiner früheren Zeit eher zu den Verteidigern, später lässt er die Frage offen".

898 Nur zwei Beispiele. Luther schreibt zu Lk 2,35: „Es bedeut …, das die Christliche kirch die geystliche iunpfraw Maria bleybt auff erden": Kirchenpostille, in: WA 10/1, 1, 405. Ferner in der Weihnachtspredigt von 1529: „Also ist nun Maria seine und unser aller Mutter. … Alles, was er hat, soll unser sein, und seine Mutter ist auch unsere": Predigten des Jahres 1929, in: WA 29/3, 655f. Weitere Textbelege bei Dittrich, Mater 282f sowie Heymel, jüdische Mutter 18f. Die Gleichsetzung Maria = Kirche wurde auch noch lange nach Luther weitergeführt. Einzelheiten dazu bei Koch, Glauben, bes. 480.

899 Gorski, Niedrigkeit 178f.

Die Entdeckung der „Gerechtigkeit Gottes“ im einzigen Mittler Jesus Christus als bedingungslose Gabe der Erlösung befreite Luther aber immer mehr von dem ihm überkommenen Marienbild, das die Muttergottes als barmherzige Mittlerin und Fürsprecherein beim zürnenden Richtergott zeichnete.[900] Überdies nahmen nach der sog. „reformatorischen Entdeckung“ seine Bedenken gegen die damals noch offenen und in der Theologie frei diskutierten Lehren von der Erbsündenfreiheit Marias und ihrer leiblichen Aufnahme in den Himmel wegen fehlender Schriftbegründung zu, ohne dass er sich allerdings endgültig festlegte. Entscheidend war für ihn und in der Folgezeit dann auch für die reformatorischen Kirchen, dass alle Marienverehrung an Christus orientiert blieb und Maria vornehmlich als nachzuahmendes Vorbild des Glaubens in den Blick genommen wurde.

Aufs Ganze gesehen kann man Luther bis an sein Lebensende als einen durchaus innigen Marienverehrer bezeichnen. Insgesamt sind 60 Predigten erhalten, die er zu Marienfesten gehalten hat. Aus ihrer Gottesmutterschaft „folgt alle Ehre, alle Seligkeit, und dass sie im ganzen menschlichen Geschlecht eine einzigartige Person ist über alle, der niemand gleich ist, dass sie mit dem himmlischen Vater ein Kind, und ein solches Kind, hat.“[901] Ja, weil Maria die Mutter Kirche repräsentiert, kann jeder sagen, „das Maria seyn rechte Mutter“ ist.[902] In seinem berühmten Lied „Sie ist mir lieb, die werte Magd“ deutet er sogar Offb 12 auf Maria hin. Kurz: Ein Wort, wie das aus den Tischgesprächen von 1533: „Creatura Maria non potest satis laudari“,[903] steht nicht isoliert da. Freilich steht dies alles unter der großen „Klammer“, dass das, was Maria an Großem zuzuschreiben ist, seinen Grund im „respexit humilitatem“ hat, d. h. darin, dass Gott sie „gnädig angesehen hat“.[904] So lässt sich Luthers theologische Einstellung zu Maria nicht auf einen einfachen Nenner bringen, sie ist und bleibt uneinheitlich. Und eben dies dürfte einer der wesentlichen Faktoren dafür sein, dass Maria spätestens ab dem

---

900 Dabei ist eine merkwürdige Differenzierung zu beachten. Luther schreibt: „Für eine Fürsprecherin wollen wir sie nicht haben, für eine Fürbitterin wollen wir sie haben wie die anderen Heiligen“: Kirchenpostille, in: WA 10, III, 325. Offenbar verbindet Luther mit dem Gedanken der Fürsprache den Verweis auf die eigenen Werke und damit einen Widerspruch zur Rechtfertigungslehre, während er eine Fürbitte Marias (und der Heiligen) keineswegs ablehnt und zwar im Sinne einer Bemerkung, die sich in seiner Magnificat-Auslegung findet: „Anrufen soll man sie, dass Gott durch ihren Willen gebe und tue, was wir bitten; wie auch alle anderen Heiligen so anzurufen sind, dass das Werk immer ganz allein Gottes bleibe“: M. Luther, Das Magnificat verdeutscht und ausgelegt = Studienausgabe, hrsg. v. H.-U. Delius, Bd. I, Berlin 1979, 312–364, hier: 342, siehe auch 333f.

901 Luther, Magnificat 339.

902 Kirchenpostille, in: WA 10/1 1,73. Auch Melanchthon stimmt damit überein: „Maria semper repraesentat Ecclesiam“: zit. nach Reitz, Maria 295.

903 M. Luther, Tischgespräche vom 25. 3. 1533, in: WA TR 2, 219.

904 Vgl. Luther, Magnificat 330.

17. Jahrhundert in der evangelischen Theologie und Frömmigkeitspraxis keinen anerkannten Platz mehr hatte.

Ad (2): Es erübrigen sich in diesem Punkt nähere Ausführungen: Es ist ja bekannt genug, dass nach reformatorischem Verständnis das, was nicht *ausdrücklich* in der Schrift bezeugt ist, auch nicht Gegenstand des Glaubens sein kann und darf.[905]

Ad (3): Gegen jede Art von autonomer Selbstbestimmung, auch gegen alle Formen eines irgendwie gearteten Synergismus, der die absolute Souveränität und Freiheit der göttlichen Gnade verdunkeln könnte, setzt Luther die These von der Alleinwirksamkeit Gottes und der absoluten Passivität des Menschen.[906] Das göttliche Gnadenwirken richtet sich auf ein geradezu „subjektloses", quasi-dinghaftes Gegenüber: Der Mensch ist wie ein willenloses Reittier, um das sich die Reiter, Gott und Satan, streiten,[907] er ist „wie eine Salzsäule, wie Lots Weib, ja wie Klotz und Stein, wie ein tot Bild".[908] Oder – theologischer gesagt – „wie Christus vom Hl. Geist empfangen worden ist, so wird jeder Gläubige allein durch die Gnade Gottes und die Wirkung des Hl. Geistes ohne das geringste menschliche Werk (nullopere humano) gerechtfertigt und wiedergeboren".[909]

Aber trifft das zu? Christus ist doch eben nicht vom Heiligen Geist allein empfangen worden, sondern auch von Maria, so wie auch der Glaubende nicht nur aus dem Geist, sondern ebenso aus dem „Wasser" wiedergeboren wird, d.h. aus der Taufe (und den übrigen Sakramenten) der *Kirche*, welche von alters her mit einem Mutterschoß verglichen wird. Ganz abgesehen davon, dass die schon im Alten Testament gegebene „Bundes"-Theologie immer auch das Mittun des Menschen voraussetzt und einschließt. Demgegenüber will Luther – so fasst Yves Congar

905 Dabei darf zugleich bezweifelt werden, ob z.B. die frühen christologischen konziliaren Glaubenssaussagen, an denen die Reformatoren unbedingt festhalten und die bis heute Teil der „Bekenntnisschriften" sind, tatsächlich in allem eine ausdrückliche Schriftbasis haben, ob – anders gesagt – das „sola Scriptura" nicht ein hermeneutischer Unbegriff ist, weil schlicht und einfach gilt: „Sola scriptura numquam sola".

906 Näheres siehe G. Greshake, Freiheit oder Gnade?, in: ders., Gottes Heil – Glück des Menschen, Freiburg i.Br. 1983, 114–123; ders., Gnade – Geschenk der Freiheit, Kevelaer 2004, 100–116. Aus der unüberblickbaren Lit. sei dazu aus neuerer Zeit nur hingewiesen auf J. Schwanke, Freier oder unfreier Wille? Die Kontroverse zwischen M. Luther und Erasmus v. Rotterdam, in: W. Zager (Hrsg.), Martin Luther und die Freiheit, Darmstadt 2010, 41–58.

907 Vgl. M. Luther, De servo arbitrio (Studienausgabe, Delius III) Berlin 1983, 208.

908 Zit. nach Formula concordiae, in: Die symbolischen Bücher der evangelisch-lutherischen Kirche, hrsg. v. I. P. Möller, Gütersloh [9]1900, 593.

909 M. Luther, Dictata super Psalterium, in Ps. 71 [72] (Studienausgabe, Delius I) Berlin 1979, 76.

zusammen –, dass *alles* „Gottes Werk sei und dass es deshalb nur einen Gabenstrom, der von Gott ausgeht, und keine vom Menschen bewirkte Rückwendung zu Gott, keinen Gegenstrom gebe, in dem die von Gott ermöglichte und durch eine göttliche Gabe in Gang gesetzte Mitwirkung des Menschen ebenfalls etwas bewirke".[910] Damit ist aber a priori jede Form der Mitwirkung Marias (wie jedes Menschen und der gesamten Kirche) ausgeschlossen.[911]

Gegen eine solche sowohl marianische wie ekklesiale „Mitwirkung" setzt Luther (wie auch die andern Reformatoren) die Alleinwirksamkeit Gottes durch den alleinigen Mittler Jesus Christus, der als solcher in der Schrift allein bezeugt wird (solus Deus, sola gratia, solus Christus, sola scriptura). Das Einzige, was auf Seiten des Menschen dem Tun Gottes entsprechen kann (und muss), ist der Glaube, das passive Geschehenlassen des vor Gott ganz und gar nichtigen Geschöpfes. Dafür kann nun freilich Maria als Vorbild und Typus gelten. Und so wird der Satz aus dem Magnificat *Er hat geschaut auf die Niedrigkeit seiner Magd* geradezu die Veranschaulichung des Rechtfertigungsgeschehens, so sehr, dass Horst Gorski schreiben kann: „*In diesem Sinn* kann man mit Recht sagen: Luther bringt die Marienverehrung zu ihrem Gipfel".[912] Aber dies ist mindestens eine sehr „dialektische Formulierung". Denn der „Gipfel" besteht nach Luthers Magnificat-Kommentar gerade darin, dass Maria und ihr Mitwirken „niedrig" *gemacht werden*, um Gottes Handeln pointiert herauszustellen.[913] Deswegen ist ihm die rechte Übersetzung von ταπείνωσις in Lk 1,48 mit „Nichtigkeit" so wichtig. Gott ist für Luther wesenhaft der, der „aus dem Nichts" schafft und der aus Nichts etwas macht. So ist er in allem der allein Wirkende, Maria ist nur die „Werkstatt", in der Gott allein

---

910 Congar, Maria 27f. – Dass man allerdings Luther auch völlig anders interpretieren kann, zeigt vor allem die skandinavische und speziell finnische Luther-Forschung. Siehe dazu z. B. B. K. Holm, Gabe und Geben bei Luther. Das Verhältnis zwischen Reziprozität und reformatorischer Rechtfertigungslehre, Berlin 2006. Hiernach macht gerade die Gabe Gottes die Empfänger selbst zu Gebern, zu Teilhabern am göttlichen Selbst-Geben.

911 Congar, ebd. 28f. zeigt darüber hinaus, wie auch die menschliche Natur Jesu selbst bei Luther keine wirksame Rolle spielt. Für Congar ist es die monophysitismusnahe Christologie Luthers, aus der dessen Unterbewertung Marias und die allen menschlichen Mittuns folgt. Siehe ebd. 59.

912 Gorski, Niedrigkeit 181. Der Sache nach findet sich diese Auffassung, wonach die „Größe" Marias gerade in ihrer „Niedrigkeit", ja „Nichtigkeit" besteht, in der evangelischen Theologie bis heute. Vgl. z. B. K. Barth, KD I/2, 153.

913 Eben hierin unterscheidet sich Luther von Zwingli. Letzterer kann z. B. schreiben: „Je mehr die Ehre und die Liebe zu Christus Jesus unter den Menschen wachsen, desto mehr wachsen auch die Wertschätzung und Ehre Marias, eben weil sie uns den erhabenen und dennoch barmherzigen Herrn und Erlöser geboren hat": H. Zwingli, Eine Predigt über die ewigreine Jungfrau Maria, hochdt. in: Campi, Zwingli 99–146 (= Zwingli, Sämtl. WW, Bd. I [CR 88], Berlin u. a. 1905, 407).

sein Werk tut.[914] Deswegen wird von Luther auch nicht die „Zustimmung“ Marias zur Botschaft des Engels herausgestellt (wie zur damaligen Zeit üblich), sondern das Faktum, dass Gott sie aus Gnaden „angesehen hat“ (Lk 1,48). So ist Maria gerade ein Beispiel für Gottes Gnade und kann als solche nicht selbst Gegenstand der Verehrung, sondern allenfalls nur eine Wegweiserin zu Gott sein.[915]

In diesem Horizont der lutherischen Rechtfertigungslehre scheint manchen Zügen der katholischen Mariologie von vornherein der Boden entzogen zu sein. Was von Maria bleibt, ist im Grunde nur ihr passiver Glaube. Wird aber auf diese Weise Maria umfassend genug gesehen? Ist sie wirklich – wie manche evangelische Theologen sagen – das radikalste Beispiel für die Geltung der „sola-Formeln“? Gewiss, Maria ist die Glaubende schlechthin *(Selig bist Du, die Du geglaubt hast ...)*, und sie verdankt alles, was sie als niedrige Magd ist und hat, allein der Gnade *(Sei gegrüßt, Du Begnadete ...)*, doch ist sie zugleich ganz in das Wirken der Gnade hineingenommen *(Siehe, ich bin die Magd des Herrn ...)*. Zwar ist ihr innerstes Wesen von Christus allein geprägt, ihm allein dient sie, doch ist sie zugleich ein notwendiges Instrument für seine Menschwerdung und für sein Heilswerk. Als ganz empfänglich für Gott allein, wird sie von ihm „gebraucht“ und als Tochter des Vaters, Mutter des Sohnes und Tempel des Geistes in das trinitarische Gnadenwirken einbezogen. Zeigen sich nicht gerade an Maria exklusive Alternativen wie: Gott *oder* Mensch, Gnade *oder* Freiheit usw. als unangemessen?[916]

Während für die Reformatoren selbst Maria noch eine – wenn auch gegenüber der kirchlichen Tradition reduzierte – Bedeutsamkeit behielt, trat diese in der Folgezeit im Zuge der jahrhundertelangen polemischen konfessionellen Auseinandersetzungen immer mehr zurück. Denn gerade in diesen Auseinandersetzungen kam es zu einer Haltung, die man auf den Nenner bringen kann: Evangelisch ist das, was nicht katholisch ist, und katholisch ist das, was nicht evangelisch ist. Und eben weil Maria im katholischen Bereich eine immense Rolle spielte, entglitt sie dem evangelischen fast völlig und wurde – nicht immer ohne Grund – bis noch um die Mitte des vorigen Jahrhunderts zum Gegenstand heftigster Polemik und schlimmer Vorurteile.[917] Sie wurde geradezu „zum Zeichen der konfessionellen

---

914 Es kommt hinzu, dass Luther entsprechend den medizinischen Kenntnissen seiner Zeit meint, „Maria brüte sozusagen den kleinen Menschen nur aus, den das verheißene Wort des Engels in sie gesät habe“: Burger, Marias Lied 6.

915 Vgl. Burger, Marias Lied 89.

916 Im Folgenden soll nicht der gegenwärtige Stand des ökumenischen Gesprächs in Sachen Rechtfertigungslehre (samt ihren sola-Formeln) weiter verfolgt werden – siehe dazu kurz Greshake, Gnade 106f –, sondern es wird nur von Maria selbst die Rede sein.

917 Um nur ein Beispiel aus nicht allzu ferner Zeit anzuführen: Rudolf Bultmann berichtet in einem Brief an seine Schwester über seinen Lehrer Karl Müller (Tübingen): „Neulich brachte er auch Rosenkränze, Medaillen und Scapuliere mit und gab sie herum. – Ich

Trennung",[918] zumal im Zusammenhang der Dogmatisierungen von 1854 und 1950.

Einen letzten „Höhepunkt" der evangelischen Kritik an der katholischen Mariologie bildete Karl Barth. Nach ihm ist gerade das Lehrkapitel über Maria eine „Wucherung, d. h. eine krankhafte Bildung des theologischen Denkens. Wucherungen müssen abgeschnitten werden. ... Jedes Wort, mit dem ihre Person zum Gegenstand besonderer Aufmerksamkeit gemacht, mit dem ihr eine auch nur relativ selbständige Rolle in der Heilsgeschichte zugeschrieben wird, [ist] ein Angriff auf das Wunder der Offenbarung."[919] Ja, Barth kommt in diesem Zusammenhang zur These: „Das Mariendogma ist nicht mehr und nicht weniger als das kritische Zentraldogma der römisch-katholischen Kirche, von dem alle ihre entscheidenden Positionen einzusehen sind und mit dem sie stehen und fallen".[920] Dem stimmen nicht wenige katholische Theologen zu, wenn sie betonen, dass mit der Auffassung von Maria nicht *einer* der konfessionellen Unterschiede unter vielen anderen gegeben ist, sondern dass sie „nahezu als der exemplarische Fall, in dem die Gesamtheit der typisch kontroversen Fragen und des abweichenden Grundverständnisses sich zur Ausdrücklichkeit konkretisiert, zu betrachten ist".[921] Diese Aussage stammt von Klaus Riesenhuber im Anschluss an Karl Rahner, der seinerseits „das Ganze der Lehrdifferenzen" insofern in Maria begründet sieht, als an ihr „der radikalste Fall des Gegensatzes in der theologischen Lehre vom Menschen und seinem Verhältnis zu Gott" erscheint.[922] Diese Einstellung wird auch von evangelischen Theologen geteilt. So liest man bei Per Eric Persson: „Die Mariologie ist kein Zufallsprodukt der römischen Theologie, sondern eine klare Konsequenz ihres Kirchen- und Amtsverständnisses und damit des Verständnis-

---

hatte mir nicht im entferntesten einen Begriff davon gemacht, welches Heidentum in der katholischen Kirche existiert, welcher Götzendienst, welcher Aberglaube, welche alberne Zauberei ... Das nennt sich Christentum! ... Es ist einfach haarsträubend!": zit. nach K. Hammann, Rudolf Bultmann. Eine Biographie, Tübingen ^{2}2010, 21.

918 So: Bilaterale Arbeitsgruppe der Deutschen Bischofskonferenz und der Kirchenleitung der Evangelisch-Lutherischen Kirche Deutschlands, Communio Sanctorum. Die Kirche als Gemeinschaft der Heiligen, Paderborn-Frankfurt 2000, Nr. 256 (auch im Folgenden jeweils nach den Abschnittsnummern zitiert).

919 KD I,2, 153f. – Monographisch zur Position Barths siehe K. Riesenhuber, Maria im theologischen Verständnis von Karl Barth und Karl Rahner = QD 60, Freiburg i. Br. 1973. Vgl. ferner Heymel, jüdische Mutter 48–61.

920 KD I/2, 157.

921 Riesenhuber, Maria 10.

922 K. Rahner, Zur konziliaren Mariologie, in: StdZ 174 (1964) 87–101, hier: 88f. Siehe auch Greshake, Gnade – Geschenk 110–116.

ses der Erlösung. Die Mariendogmen stellen letztlich eine Dogmatisierung des der römischen Kirche eigenen Selbstverständnisses dar."[923]

In der Tat: Wenn – schon in der Frühen Kirche – Maria die personale Gestalt der Kirche ist, entsprechen sich die Strukturen beider Größen aufs Genaueste, dann ist auch das, was über die Mitwirkung der Kirche am Heil des Menschen und ihre Vermittlungsaufgabe, über ihre Heiligkeit und Vollendung zu sagen ist, strukturell identisch mit dem, was über die Heilsmitwirkung und -mittlerschaft Marias, über ihre Heiligkeit und Vollendungsgestalt gilt. So zeigte sich in den letzten Jahrzehnten immer mehr, dass die Mariologie kein Randthema im ökumenischen Dialog sein kann, dass sie eher sogar die „Probe aufs Exempel" dafür ist, dass das, was in andern Themenbereichen als Übereinkunft namhaft gemacht werden konnte, wirklich mehr ist als nur ein Formelkompromiss, eine theologische Abstraktion.[924]

Es kommt hinzu, dass man sich seit ungefähr 20 Jahren auch innerhalb der Kirchen der Reformation mehr und mehr bewusst wird, dass Maria gleichfalls in der evangelischen Liturgie, Kunst, Musik und Theologie grundsätzlich einen Platz hat, besser: haben sollte.[925] Denn schließlich – so der evangelische Pfarrer Manfred Gerland – ist es eine „geistliche Armut", dass Maria jahrhundertelang in den evangelischen Kirchen „noch nicht einmal die Anerkennung und Würdigung

923 P. E. Persson, Evangelisch und Römisch-katholisch, Göttingen 1961, 61. – Ähnlich und von dort auch wohl inspiriert Ebeling, Zur Frage 391: „Es lässt sich kein anderes Dogma denken, in welchem die katholische Kirche prägnanter zum Ausdruck brächte, was sie glaubt. Das mariologische Dogma bedeutet die Dogmatisierung der Grundstruktur des Katholizismus", gerade auch von dessen Ekklesiologie, weil Maria „die mythische Personifikation der Kirche" ist. Beide Äußerungen gehen letztlich auf K. Barth zurück: „Die ‚Mutter Gottes' des römisch-katholischen Mariendogmas ist nämlich sehr schlicht das Prinzip, das Urbild und der Inbegriff des bei seiner Erlösung auf Grund der zuvorkommenden Gnade dienend (ministerialiter) mitwirkenden menschlichen Geschöpfs und eben als das auch das Prinzip, das Urbild und der Inbegriff der Kirche": KD I/2, 157.

924 So heißt es im Dokument der Gruppe von Dombes, Maria Nr. 119 (hier wie auch im Folgenden nach den Abschnittsnummern zitiert): „Die um Maria entstandene Debatte zeigt eindeutig, dass sie heute vielleicht der empfindlichste Kristallisationspunkt aller unterschwelligen konfessionellen Auseinandersetzungen ist, insbesondere hinsichtlich der Soteriologie, der Anthropologie, der Ekklesiologie, der Hermeneutik, also in allen grundlegenden Fragen. Damit ist der ökumenische Dialog über die Jungfrau Maria letztendlich ein geeigneter Ort, um die Meinungsverschiedenheiten bezüglich der Lehraussagen zu überprüfen …". Ähnlich auch Fr. Courth, Kontroverspunkte im ökumenischen Gespräch über die Mutter Jesu und Ansätze ihrer Überwindung, in: H. Petri (Hrsg.), Divergenzen in der Mariologie, Regensburg 1989, 9–33.

925 Dies zeigt in einem sehr guten Durchblick Eilrich, Gott. Siehe ferner G. Maron, Maria in der protestantischen Theologie, in: Conc. 19 (1983) 626–632; Heymel, jüdische Mutter 45ff, 66ff. Weitere neuere evangelische Arbeiten über Maria werden genannt bei Hartmann, Magd 14[26].

bekommen" hat, die ihr selbst „die Evangelien zukommen" ließen.[926] Was ist eigentlich das „sola scriptura" wert, wenn man selbst eindeutigen Aussagen wie *Siehe, von nun an preisen mich selig alle Geschlechter* die kalte Schulter zeigt?

Müssen sich darum die evangelischen Christen nicht nach wie vor die Worte des Erasmus v. Rotterdam vorhalten lassen, die dieser Maria in den Mund legt:

> Mich Maria „wirst Du nicht herauswerfen,
> außer Du müsstest zugleich auch meinen Sohn herauswerfen, den ich im Schoß halte.
> Von ihm lasse ich mich nicht wegreißen.
> Entweder wirst Du also ihn mit mir austreiben,
> oder Du musst beide behalten,
> Du müsstest denn eine Kirche ohne Christus haben wollen".[927]

2. Der ökumenische Gesprächsstand[928]

Nachdem bereits der „Evangelische Erwachsenenkatechismus" von 1975 schreiben konnte: „Maria gehört in das Evangelium. Maria ist nicht nur ‚katholisch'; sie ist auch ‚evangelisch'"[929], verwundert es nicht, dass ab dem Ende des vorigen Jahrhunderts Maria zunehmend zum Thema ökumenischer Gespräche und Arbeitsprojekte wurde.[930] Die beiden wichtigsten sind das der Gruppe von Dombes „Maria in Gottes Heilsplan und in der Gemeinschaft der Heiligen" und das der Bilateralen Arbeitsgruppe der Deutschen Bischofskonferenz und der Kirchenleitung der Evangelisch-Lutherischen Kirche Deutschlands „Communio Sanctorum. Die Kirche als Gemeinschaft der Heiligen". Das Anliegen beider Dokumente wird im Vorwort der Gruppe von Dombes zusammengefasst:

> „Es wurde … ganz klar herausgestellt und bejaht, dass alles, was Maria geschah oder was Maria bewirkte, unter der absoluten Gnade Gottes stand: *sola gratia*. Und gerade deshalb ist ihre Antwort auf die Gnadengabe und die Be-

---

926 M. Gerland, Mein Seele erhebt den Herrn. Eine evangelische Pilgerreise zu Maria, Leipzig 2007, 10.

927 Erasmus v. Rotterdam, Peregrinatio religionis. Darin ein fingierter Brief Marias an den lutherischen Bilderstürmer Glaucoplutus, zit. nach Dittrich, Mater 280.

928 Über den Stand des ökumenischen Gesprächs informiert detailliert und kritisch Dittrich, Mariologie-Kritik. Für die vorangehende Geschichte der Marienverehrung in den Kirchen der Reformation vgl. R. Schimmelpfennig, Die Geschichte der Marienverehrung im deutschen Protestantismus, Paderborn 1952; Koch, Glauben.

929 EEK 416.

930 Einige wichtige sind angeführt bei J. Freitag, Maria in Gottes Heilsplan und in der Gemeinschaft der Heiligen, in: Cath 55 (2001) 35[14].

rufung allein durch ein nur im Glauben gegebenes Ja möglich, also: *sola fide*. Das ist genau der Punkt, an dem sich die Reformation damals behauptete und den *status confessionis* ausrief. … Der lutherisch-katholische Dialog über die Rechtfertigung hat hier neue Wege gebahnt. … Auf diesem Hintergrund können dann verschiedene Positionen auftreten, ohne im Eigentlichen Trennung zu verursachen oder zu rechtfertigen. Spricht man von der immerwährenden Jungfräulichkeit Marias, so nicht unter der vermeintlichen Eigenschaft eigener Tugend und Gerechtigkeit, sondern nur als Aufgeben jeder eigenen Lebensentscheidung, die nicht unter der Gnade stünde und von dem Glauben allein gelenkt würde. Genauso geht es mit den beiden katholischen Dogmen. Was will man mit der Unbefleckten Empfängnis aussagen? … Dass Gottes Gnade sie von Anfang an leitete, bevor sie überhaupt zu eigenen Entscheidungen über ihr Leben kommen konnte" (Vorwort zur deutschen Ausgabe).

Dieser letzte Gedanke wird im Bilateralen Dokument „Communio Sanctorum" folgendermaßen weiterentfaltet:

„Auch evangelische Christen können glauben, dass Gott Maria schon am Anfang ihrer irdischen Existenz wie einst Jeremia (Jer 1,5) und den Täufer Johannes (Lk 1,13–17) zum Werkzeug seiner Gnade bestimmt hat. Sie müssen freilich dem Dogma von der Unbefleckten Empfängnis dann widersprechen, wenn Maria damit aus der schuldverhafteten Menschheit herausgelöst und auf eine Stufe mit dem sündenlosen Christus gestellt werden würde. … Das gilt auch für die leibliche Aufnahme in den Himmel. Evangelische Christen brauchen dem Dogma von 1950 nicht zu widersprechen, wenn damit für Maria die von Paulus ausgesprochene Hoffnung ausgedrückt wird (Phil 1,23), dass sie nach ihrem Tod heimgehen durfte zu ihrem Erlöser. … Die evangelisch-lutherische Kirche sähe freilich ihren Glauben an den einzigen Mittler Jesus Christus gefährdet, sollte Maria damit aus der Gemeinschaft der Glaubenden herausgehoben und ihrem Sohn – etwa als Mittlerin – an die Seite gestellt werden" (Nr. 261).

Trotz dieser positiven Sicht des in den beiden letzten Dogmen Gemeinten bleibt es allerdings dabei, dass „alle protestantischen Konfessionen diese beiden katholischen Dogmen qua Dogmen inakzeptabel finden und dass die Orthodoxie der Meinung ist, dass sie auf unrechtmäßige Weise im Rahmen der lehramtlichen Optionen des Abendlandes definiert und präzisiert worden sind" (Dombes, Nr. 234). Gerade bei diesen beiden Dogmen stelle sich die „klassische" protestantische Anfrage: Wird hier nicht anstelle des expliziten Zeugnisses der Heiligen Schrift die lebendige Tradition der Kirche, der sensus fidelium und die Intervention des Lehramtes gesetzt? (Dombes, Nr. 241). Doch könne eine gewisse Relativierung die Akzeptanz dieser Dogmen erleichtern, wenn auch katholische Theologen sagen, dass diese Glaubenssätze „nicht in erster Linie der Verteidigung des Glaubens, sondern dem Lob Gottes dienen sollen. Das bedeutet nicht, dass in ihnen keine Sachaussagen festgehalten sind, wohl aber, dass diese eine zutiefst doxologische Richtung haben: Sie sind Lobpreis der reinen Gnade Gottes" (Bilaterale Arbeitsgruppe, Nr. 265). Von da aus fragen die Lutheraner dann aber auch weiter, „ob es zur Einheit im Glauben notwendig ist, dass reformatorische Theologie sich diese Mariendogmen zu eigen macht, wenn sie andererseits bereit ist anzuerkennen, dass es sich bei ihnen um Sätze handelt, die grundsätzlich im Einklang mit der Offenbarung stehen" (ebd.).[931] Diese Anfrage stellt sich umso dringender, als diese Dogmen ja erst spät zum Allgemeingut der Kirche wurden. „Was neunzehn Jahrhunderte lang in der Kirche kein Problem des Glaubens, sondern ein Problem der theologischen Meinung war, kann im 20. Jh. nicht als trennender Punkt angesehen werden," zumal etwa Bernhard v. Clairvaux und Thomas v. Aquin trotz Leugnung dieser Dogmen „ihre volle Autorität in der Kirche bewahren und immer noch als Zeugen eines vollständigen Glaubens angesehen werden" (ebd. Nr. 297).

Über diese Dogmen hinaus stellt vor allem die Frage der Mitwirkung, ja Mittlerschaft Marias ein Problem dar. Der Hinweis auf eine mögliche Gefährdung der absoluten Einzigartigkeit Jesu Christi durchzieht beide Dokumente.[932] Die Gruppe von Dombes bemüht sich darum, dem Mitwirken Marias einen positiven Sinn zu geben, indem sie dieses – erstens – einbindet in das Mitwirken *jedes* Erlösten und – zweitens – einzig und allein als Antwort und Konsequenz der empfangenen Heilsgabe betrachtet.

Konkret wird das Problem der Mitwirkung im Zusammenhang mit der Anrufung Marias (und der Heiligen insgesamt). Dabei ist die Frage nicht, ob man die Heiligen ehren soll, indem man Gottes Gnadenwirken an ihnen preist, sondern ob man sie um ihre Fürsprache anrufen darf. Luther bezeichnete dies als „der end-

931 Die Gruppe von Dombes, Nr. 298 formuliert in der gleichen Richtung, dass es darum geht, „den Inhalt der Dogmen zu respektieren, sie nicht als widersprüchlich zum Evangelium und zum Glauben anzusehen, sondern sie als freie und legitime Konsequenz einer Reflexion des katholischen Bewusstseins über die Kohärenz des Glaubens zu sehen".

932 Vgl. z. B. Bilaterale Arbeitsgruppe, Nr. 264; Gruppe v. Dombes, Nr. 210: „Der Begriff der ‚Mit-Erlösung' ist objektiv gesehen falsch, denn er legt nahe, dass die Rolle Marias mit der Rolle Christi gleichrangig ist. Das Zweite Vaticanum hat den Begriff absichtlich fallen gelassen und er ist seitdem in den offiziellen Texten nicht wieder aufgetaucht. Er muss bewusst beiseite gelassen werden" (210). „Die ökumenische Bewegung bittet daher die Katholiken, dieses Wort zu vermeiden, und die Protestanten, sich – wenn sie es in einem offiziellen katholischen Text finden – daran zu erinnern, dass ihre Brüder die alleinige Vermittlung Christi nicht in Frage stellen" (211).

christlichen Missbräuche einer". Die beiden angeführten Dokumente versuchen hier eine neue gemeinsame Perspektive zu eröffnen. So heißt es im Papier der Gruppe von Dombes: „In der Gemeinschaft der Heiligen kennt das Gebet, vor allem das fürbittende Gebet, keine Distanz zwischen denen, die beten, denen, für die sie beten, und dem, an den sich dieses Gebet wendet. Die Fürbitte ist Ausdruck der Gemeinschaft. Sie ist ihr unbegrenztes Miteinandersprechen" (Nr. 281).[933]

Doch bleiben trotz weitgehender Übereinstimmungen Fragen offen, so wenn die Gruppe von Dombes ausdrücklich bemerkt, dass man jede Bitte um Fürsprache Marias ablehnen würde, „die in ihr die Rolle eines in der Heilsgeschichte wirksamen Instruments oder ein Mitwirken ihrerseits voraussetzen würde" (Nr. 282). Deshalb hatte auch 1982 der Catholica-Arbeitskreis der VELKD in einem Diskussionspapier „Maria – Evangelische Fragen und Gesichtspunkte. Eine Einladung zum Gespräch" formuliert, dass es evangelischerseits kein Gebet gäbe, „in dem Maria angerufen wird. … Das ist ein Grenzpfahl, welchen die Reformatoren ein für allemal aufgerichtet haben."[934]

Obwohl also viele schon lange Zeit bestehende Frontlinien „aufgeweicht" wurden, bleiben essentielle Unterschiede bestehen, die nicht unbedingt direkt an Gestalt und Bedeutung Marias festgemacht werden müssen, die sich aber an ihr illustrieren und konkretisieren und deswegen auch an ihr weiter behandeln lassen. Vor allem stellt sich dabei die grundsätzliche Frage nach der „Mitwirkung" des Menschen im Heilswerk Gottes. Hier wäre vielleicht nachdrücklicher an einen sehr eindringlichen Text Luthers anzuknüpfen; er ist eine Antwort auf die Frage, ob Gott nicht allein handelt und handeln kann:

> „Ja er kans wol, ehr will es aber nit allein thun, er will, das wir mit yhm wircken, unnd thut uns die ehre, das er mit uns und durch uns sein werck will wircken. Unnd ob wir uns der ehre nit wollen gebrauchen, szo wirt ersz doch allein auszrichten. … Gleich wie er allein selig ist, er wil aber uns die ehre thun, und nit allein selig sein, sondern uns mit yhm selig haben".[935]

Also: Nicht wir ehren Gott durch unser Tun, sondern er ehrt uns, indem er uns ein Mitwirken an seinem Tun schenkt. Wenn wir diese Ehre annehmen, wirkt Gott

933 Ähnlich auch die Bilaterale Arbeitsgemeinschaft Nr. 240 zum Thema Fürsprache der Heiligen: Der Heilige „ist dergestalt Zeuge Christi geworden, dass uns der Herr in ihm begegnet; denn die Kirche ist sein Leib: So gehen von Christus zum einen alle Lebensströme aus auf die Glieder, so werden zum andern durch ihn alle geistlichen Verbindungen der Glieder vermittelt. … So bleiben die Christen für immer einander verbunden, auch über die Trennlinie des Todes hinaus". Was Maria angeht, so „gelten hierfür keine anderen Regeln und Maßstäbe, als sie im Hinblick auf alle Heiligen beschrieben worden sind" (Nr. 267).

934 US 37 (1982) 184–201, hier: 197.

935 M. Luther, Von den guten Werken (Studienausgabe, Delius II), Berlin 1982, 40f.

nicht nur mit uns, sondern durch uns.[936] Wenn dies deutlich genug herausgestellt wird, sollte es – so Michael Heymel – jedenfalls nicht so sein, dass „wer sich [als evangelischer Theologe] mit Maria beschäftigt, ... sich zumindest in den Augen überzeugter Protestanten katholischer Tendenzen verdächtig" macht.[937] Vielmehr hat zu gelten: „Kraft des Heiligen Geistes ist ... jede Konfessionskirche dazu berufen, in den vielstimmigen Lobpreis des Gottes Israels und Vaters Jesu Christi einzustimmen, der an Maria Großes getan hat".

Dieses „Großes-Tun-Gottes", das in all dem die unbedingte Initiative hat, ist nun aber – in trinitätstheologisch differenzierter Sicht – das Werk des Heiligen Geistes. In dieser Perspektive könnte dann auch die Frage von Walter v. Loewenich ein Antwort finden: „Steht Maria in diesem heilsökonomischen System [scil. als Anwältin, Helferin, Beistand] nicht weithin an der Stelle, wo nach biblischem Denken der Hl. Geist stehen müsste?"[938] Die Antwort kann nur lauten: Sie steht nicht „an der Stelle" des Heiligen Geistes, sondern sie (und mit ihr die ganze Kirche) *ist* die Stelle, an der und durch die der Geist Gottes wirkt, und zwar so, dass er dabei den Menschen nicht zu einem bloß passiven Werkzeug degradiert, sondern befähigt, ermächtigt und werbend dazu einlädt, an seinem Handeln mitzuwirken. Könnte diese pneumatologische Perspektive nicht die entscheidende Antwort auf den permanenten reformatorischen Verdacht sein, dem Menschen werde nach katholischem Glaubensverständnis zu viel „Ehre" erwiesen? Auf dieser Linie hatte schon Karl Barth vermutet: „Könnte es nicht sein, dass eigentlich die Wirklichkeit, das Kommen, das Werk des Heiligen Geistes gemeint sein möchte in so Vielem, was im westlichen und östlichen Katholizismus von der Kirche – und von Maria für uns in unannehmbarer Weise gesagt und geltend gemacht wird, dass sich also dies von da aus in ein positiv-kritisches Licht treten könnte?"[939]

Dennoch: Martin Leiner dürfte schon Recht haben, wenn er meint: „Die Mariologie scheint geradezu der riesige Stein des Anstoßes zu sein, der hinter den bereits ausreichend schweren Dissensen über Amt, Ekklesiologie und Eucharistie noch wartet, um weitere ökumenische Fortschritte endgültig zum Scheitern zu bringen".[940]

---

936 Vgl. auch M. Seils, Der Gedanke vom Zusammenwirken Gottes und des Menschen in der Theologie Luthers, Berlin 1962.

937 Heymel, jüdische Mutter 13; das folgende Zitat ebd. 9f.

938 W. v. Loewenich, Der Moderne Katholizismus vor und nach dem Konzil, Witten 1970, 270.

939 K. Barth, Nachwort zur Schleiermacher-Auswahl, hrsg. v. H. Bolli, München 1968, 311f. – Zur pneumatologischen Perspektive der Mariologie im ökumenischen Gespräch der Gegenwart siehe Dittrich, Mariologie-Kritik 296–299 sowie S. 474ff unserer Studie.

940 M. Leiner, Solus Christus – Christus allein. Ein evangelischer Kommentar zur katholischen Marienfrömmigkeit, in: Th. A. Seidel/U. Schacht (Hrsg.), Maria. Evangelisch, Leipzig-Paderborn 2011, 59–81, hier: 70f.

§ 2 Maria in den orthodoxen Kirchen

Lit.:

P. Gherman, Le parallélisme entre Marie et l'église selon la doctrine de l'Orient Chrétien séparé et des protestants, in: Maria et Ecclesia. Acta congressus mariologici-mariani in civitate Lourdes anno 1958 celebrati, vol. X, Rom 1960, 1–50; E. Jungclaussen, Maria im liturgischen Kult der orthodoxen Kirche, in: US 30 (1975) 127–145; P. Planck, Gottesgebärerin und Immerjungfrau. Altchristliche Quellen ostkirchlicher Marienverehrung, in: H. Petri (Hrsg.), Christsein und marianische Spiritualität, Regensburg 1984, 59–76; N. Nissiotis, Maria in der orthodoxen Theologie der Ostkirche, in: E. Moltmann-Wendel u. a. (Hrsg.), Was geht uns Maria an?, Gütersloh 1988, 88–112; A. Kniazeff, La mère de Dieu dans l'Église orthodoxe, Paris 1990; A. Kallis, Die Gottesgebärerin in der orthodoxen Theologie und Frömmigkeit, in: Hmar I, 364–381; T. Nikolaou, Mittlerin der Gnade II, in: MarLex 6, 491–492; R. Preda, Die heilsgeschichtliche Bedeutung der Gottesmutter in der orthodoxen Theologie, in: P. L. Hofrichter (Hrsg.), Auf der Suche nach der Seele Europas: Marienfrömmigkeit in Ost und West, Innsbruck-Wien 2007, 157–166 (Lit.); I. Moga, Kirche als Braut Christi zwischen Kreuz und Parusie. Die Ekklesiologie Hans Urs von Balthasars aus orthodoxer Sicht, Berlin 2010.

In den orthodoxen Kirchen spielt Maria eine ganz und gar zentrale Rolle. So schreibt der prominente orthodoxe Theologe und Philosoph Sergej Bulgakov:

> „Die Liebe und Verehrung der Gottesmutter ist die Seele der orthodoxen Frömmigkeit, ihr Herz, das den ganzen Körper erwärmt und belebt. Das orthodoxe Christentum ist das Leben in Christus und in Gemeinschaft mit seiner allerreinsten Mutter, … die Liebe zu Christus, die von der Liebe der Gottesmutter nicht zu trennen ist. … Wer Maria nicht verehrt, der kennt auch Jesus nicht, und ein Glaube an Christus, der die Verehrung der Gottesmutter nicht einschließt, ist ein anderer Glaube, ein anderes Christentum als das der Kirche“.[941]

Besteht in all dem zur Kirche des Westens nicht volle Übereinstimmung? Ja und Nein! Denn es gibt es im Einzelnen bemerkenswerte und nicht unwichtige Unterschiede.[942] Diese haben u. a. ihren Grund darin, dass es nach orthodoxem Verständnis über die Väterzeit hinaus keine *wesentliche* Entwicklung der Theologie mehr gab und geben darf. Das hat zur Folge, dass die westkirchlichen Umformungen und Neupointierungen der marianischen Glaubensaussagen von den östlichen Schwesterkirchen nicht mitvollzogen wurden und werden, mehr noch: dass man

941 S. Bulgakov, Die Orthodoxie. Die Lehre der orthodoxen Kirche, dt. Trier 1996, 179.

942 Im Folgenden orientieren wir uns zwar nicht ausschließlich, aber doch vorrangig am orthodoxen Theologen Ioan Moga, Kirche, der sich in diesem Werk mit der westkirchlichen Mariologie in ihrer – zugegebenermaßen radikalen – balthasarschen Gestalt auseinandersetzt.

sich „gegen den ‚Überhang' späterer westlicher Dogmen über Maria" wehrt[943] und einer theologischen Weiterentwicklung, wie sie in der Mariologie der römischen Kirche stattfand, sehr skeptisch gegenübersteht.

Maria wird in den Kirchen des Ostens vor allem unter zwei Namen gefeiert und angerufen: Theotokos und Panhagia, was Peter Planck folgendermaßen kommentiert: „‚Gottesgebärerin und Immerjungfrau': Über diese Aussage ist die östlich-orthodoxe Glaubenslehre streng genommen nie hinausgekommen und hat offenbar auch nie ein Bedürfnis danach verspürt".[944] Der erste Titel thematisiert ihr besonderes Hineingenommensein in das Geschehen der (die Menschheit vergöttlichenden) Menschwerdung Gottes, der zweite hebt ihr Verwobensein mit der ganzen geheiligten Menschheit hervor, in der sie zwar eine singuläre Heiligkeit besitzt, darin aber dennoch mit allen anderen ganz und gar solidarisch ist und bleibt. In diesem Rahmen kann Maria auch als Vor- und Urbild der Kirche gesehen werden, weil sie von Gott als heilige Mutter seines Sohnes erwählt wurde und die Kirche ihr insofern ähnlich ist, als auch sie auf geistig-geistliche Weise Kinder Gottes gebiert. Aber – so fasst Hans Urs v. Balthasar zusammen –: Über eine bloße „Parallele zwischen leiblichem Gebären Marias und geistigem Gebären der Kirche" kommt die Orthodoxie nicht hinaus.[945] Die Ostkirchen belassen es stattdessen bei einer „perichoretischen Sicht" Marias und der Kirche, d. h. Maria wird im Bild der Kirche, die Kirche im Bild Marias gesehen und Maria als Urbild der Kirche verehrt. Aber sie kennen den Titel „Maria – Mutter der Kirche" nicht und weisen ihn zurück, weil er die Mutterschaft der Kirche selbst in den Hintergrund treten lässt.

Ebenso wenig kennt die orthodoxe Tradition die „bräutliche Dimension" Marias und zwar in jener westlichen Form, nach der sie unter dem Kreuz durch ihr mit-leidendes Ja-Wort die „kirchengründende Vermählung" mit ihrem Sohn (mit) vollzieht. Gerade dieser sowohl bräutliche wie kreuzestheologische Aspekt wurde aber ab dem Mittelalter in der westkirchlichen Theologie als zentral herausgestellt. Er fand seine „klassische" Gestalt in der Mariologie der École française, bei Matthias Joseph Scheeben und Hans Urs v. Balthasar.

Zwar weiß auch die orthodoxe Theologie um eine bräutliche Dimension der *Kirche*. Aber diese wird gerade nicht an Maria exemplifiziert, symbolisiert oder zusammengefasst, sondern vor allem an den biblischen „Sünderinnen" (Rahab,

---

943 So: Balthasar, Kirche im Ursprung 126f.

944 Planck, Gottesgebärerin 66.

945 H. U. v. Balthasar, Sponsa Verbi, Einsiedeln 1961, 173. – Siehe auch ders., marianische Prägung: 277. Anders sieht es Ghermann, parallélisme bes. 18f.

Thamar, Ehebrecherin bei Joh 8) abgelesen, die durch Gottes Gnade gereinigt und geheiligt wurden. Diese Sünderinnen werden allegorisch als Bild der gefallenen Menschheit interpretiert, welche aus Gnade in die Gemeinschaft des drei-einen Gottes aufgenommen und so zur „bräutlichen Kirche" wird. Zu Maria werden diese „ekklesiotypischen Gestalten" aber niemals in Beziehung gesetzt. Ja, nach Ioan Moga gibt es eine klare „Abwesenheit der Gestalt Marias im Zusammenhang mit diesen allegorisch-typologischen Deutungen".[946] Diese Feststellung steht in klarem Gegensatz zu Hans Urs v. Balthasar, der nach Moga in diesem Punkt eine Über-Interpretation der patristischen Quellen vornimmt, wenn er glaubt, auf diese Weise auch Maria selbst (und nicht allein die Kirche) als Braut Christi erweisen zu können. Tatsächlich gibt v. Balthasar, der sich in seiner Mariologie immer wieder auf die Väter beruft, sogar zu, dass man „bis zum Ende der Patristik keine Stelle finden [wird], in der Maria (welche als Braut Gottes oder Braut des Heiligen Geistes oder auch als Braut Josefs auftreten kann) als die Braut Christi bezeichnet würde".[947]

Noch viel weniger kennt die Orthodoxie und die Patristik in ihrem mainstream eine Mitwirkung Marias am Erlösungsgeschehen,[948] eine Sicht, wie sie sich seit dem Mittelalter in der Westkirche herausgebildet hatte und immer mehr steigerte: von der mediatrix bis hin zur corredemptrix. Für die Schwesternkirchen des Ostens bekommt die Teilnahme Marias am Kreuzesgeschehen dadurch „eine soteriologische und ekklesiologische Zentralität, die weit über das biblische Zeugnis bzw. das in der altkirchlichen Tradition Überlieferte hinausgeht".[949] Mehr noch: Der Gedanke einer Mitwirkung Marias im Kreuzesgeschehen tendiert dahin, „die Rolle der hypostatischen Union Christi in den Hintergrund zu stellen, ... [und] den bräutlichen Akt zwischen Christus und der Maria-Kirche an die Stelle des christologischen Mysteriums der hypostatischen Union der zwei Naturen zu setzen". Maria als bräutlicher Personifizierung der Kirche werden dann „die Attribute und das heilsgeschichtliche Gewicht [zuerkannt], welches in der patristischen

946 Moga, Kirche 259.

947 TD II/2, 277.

948 Dabei ist ohnehin zu beachten, dass für die ostkirchliche Theologie und Frömmigkeit das Heilsgeschehen seinen Fokus in der Menschwerdung Gottes (und in der daraus resultierenden Berufung zur Vergöttlichung des Menschen) hat und nicht auf dem Kreuzesgeschehen. Weil umgekehrt in der westkirchlichen Theologie und Frömmigkeit die Kirche wesentlich Frucht der Erlösung am Kreuz ist, bleibt hier Marias Ja nicht auf die Menschwerdung beschränkt, sondern „erfordert" (nach einer Reihe von Theologen) gewissermaßen eine Mitwirkung unter dem Kreuz. Erst da, wo Maria sich als „socia Christi" ganz in das Kreuz hinein „enteignet", ist ihre Rolle abgeschlossen. So: TD III, 336f: „Hier erst, wo das Wort, endgültig verstummend, aus seinem ganzen Leib den Samen Gottes zu machen vermochte, ist das Wort endgültig Fleisch geworden – in der Jungfrau-Mutter-Maria-Kirche".

949 Moga, Kirche 112 (in Bezug auf v. Balthasar gesagt).

Tradition der menschlichen Natur Christi zugeordnet wird".[950] Damit werden nicht nur christologische Attribute auf Maria übertragen, damit verliert auch das Ja-Wort Marias den unmittelbaren Bezug zur Menschwerdung und wird auf das Kreuzesgeschehen hin konzentriert und gewissermaßen „kurzgeschlossen". Kurz: „Die orthodoxe Theologie [denkt] die altkirchliche Bezeichnung der Gottesmutter als Typus (Vorausbild) der Kirche immer von ihrem Gottesmutterstatus her. ... Darüber hinaus ist die ekklesiologische Relevanz Marias mit dem Pfingstereignis und weniger mit einer Dramatik des Kreuzesgeschehens, in Verbindung zu bringen".[951] Deshalb lehnen die orthodoxen Kirchen auch jede miterlösende oder kirchenmitbegründende Mittlerschaft Marias ab. Ihre Rolle steht – so Theodor Nikolaou[952] – „im Rahmen der Mitwirkung aller Menschen bei der Aneignung des Heils in Christus". Die Mitwirkung Marias konkretisiert sich also vor allem in ihrem fürbittenden Eintreten für die Menschheit, aber dies kommt auch der ganzen *communio sanctorum ausnahmslos* zu.

Auch der Gedanke einer Vor-Erlösung Marias („Unbefleckte Empfängnis") begegnet in der Orthodoxie ernsthaften Bedenken. Obwohl die Westkirche von den Kirchen des Ostens im 12. Jahrhundert das in seinem Gehalt offene „Fest der Empfängnis Marias", das dort bereits seit dem 7./8. Jahrhundert begangen wurde, übernahm, sind die Kirchen des Ostens durch das Dogma von einer Vor-Erlösung Marias „irritiert".[953] Denn dadurch wird nach ihrer Ansicht Maria über die Kirche erhoben und an die Seite Christi gestellt, anstatt dass sie Urbild der Kirche „von innen her, als Mitglied der Kirche" ist.[954] Zwar verehren die Ostkirchen Maria als „Allheilige", „geehrter als die Cherubim und unvergleichlicher als die Seraphim" (Chrysostomus-Liturgie), aber sie bleibt Glied der *communio sanctorum*, und ihre Heiligkeit gründet wie die jedes Menschen in der Gnade Gottes *und* (!) in der Freiheit des Geschöpfs (und nicht allein in einer vorzeitlichen Bestimmung durch Gott). Zu dieser durch und durch menschlichen Freiheit gehört auch „das persönliche, heilige Heranreifen zu einem Ja-Wort der Allreinheit, das in sich die ganze

950 Ebd. 120. – Ähnlich heißt es ebd. 362: „Die hypostatische, unvermischte ‚Vermählung' der zwei Naturen wird zugunsten der Vermählung zwischen der göttlichen Person des Sohnes und der menschlichen Person der mütterlichen Braut unterbetont. Damit erlangt Maria-Kirche eine ontologische Dimension im Heilsprozess, der mit der altkirchlichen Soteriologie bzw. dem christologischen Dogma nicht vereinbar wäre". Auch wenn diese Invektive sich konkret gegen v. Balthasar richtet, bedeutet sie auch eine kritische Anfrage an die westkirchliche Entwicklung und eine Herausforderung, besser zu klären, wie sich die menschliche Natur Christi zur bräutlichen Mitwirkung Marias verhält.

951 Ebd. 351.

952 T. Nikolaou, Mittlerin der Gnade II, in: Mar Lex 4, 491.

953 So die Charakterisierung durch Laurentin, Maria als Urbild 317.

954 Moga, Kirche 124. – Eine ausführliche orthodoxe Auseinandersetzung mit dem Dogma von der Immaculata conceptio findet sich bei Kniazeff, mère 111–127.

Schöpfung und die ganze menschliche Natur darstellt".[955] So gesehen vollzieht sich die Heiligkeit Marias nicht nur als eine persönliche und sich geschichtlich realisierende Umsetzung des göttlichen Willens, ja sogar als „das äußerste Maß dessen, was der Mensch bei der Umsetzung dieses Willens zu leisten vermag".[956] Demgegenüber koppelt aus orthodoxer Sicht „das Privileg der unbefleckten Empfängnis Maria vom menschlichen Geschlecht ab",[957] da es in einer übergeschichtlichen Entscheidung Gottes gründet und so Maria von einer „normalen" Entwicklung ihres Wesens dispensiert. Ähnliches gilt auch für das römisch-katholische Dogma von der leiblichen Aufnahme Marias in den Himmel, das zwar der Sache nach in der orthodoxen Tradition enthalten ist, „doch der theologische Kontext ist ein anderer".[958] Die Orthodoxie will damit über kein besonderes Wissen hinsichtlich der eschatologischen Zukunft Marias verfügen. Vielmehr betont sie – und das gilt für *alle* Glaubensaussagen – den apophatischen Aspekt des Glaubens, angesichts dessen *beide* römische Mariendogmen das Beispiel einer „dogmatischen Willkür und Übereilung" darstellen. Ganz abgesehen davon, dass im Akt der Dogmatisierung eine unangemessene Stellung des Bischofs von Rom zum Ausdruck kommt.

Summa summarum: Maria ist für die Schwesternkirchen des Ostens „eine Ikone der Kirche, ohne dadurch über der Kirche zu stehen".[959] Wenn dagegen Maria als „Herzstück der Ekklesiologie" proklamiert wird (etwa bei H. U. v. Balthasar), so wird nach ihrer Auffassung dadurch die Zentralität des Wirkens Christi und des Heiligen Geistes gemindert. Die besondere Stellung Marias müsste nach orthodoxer Überzeugung vor allem pneumatologisch vertieft werden. Denn „nur von der Peumatologie (d. h. vom Pfingstereignis) her lässt sich die Rolle Marias in der Kirche … entfalten", schreibt Ioan Moga.[960] Und er fügt dann noch ein Wort von Anastasios Kallis an: „Ohne die pneumatologische Sicht verfehlt die Theologie das Zentrum des Mysteriums der Gottesgebärerin und konzentriert sich auf periphere Fragen".[961] Damit reißt auch die orthodoxe Theologie (ebenso wie die reformatorische) die Frage nach dem Zusammenhang von Maria und Heiligem Geist auf. Dem werden wir uns später noch ausführlich zuzuwenden haben.

955 Ebd. 359.
956 T. Nikolau, Sündenlosigkeit II, in: MarLex 6, 333.
957 Moga, Kirche 358. – Abgesehen davon, dass der Osten nie eine Erbsündenlehre entwickelt hat. Von daher war auch kein Anlass gegeben, Maria von der Erbsünde auszunehmen.
958 Ebd. 360.
959 Moga, Kirche 364. Vgl. auch für das Folgende.
960 Moga, Kirche 365.
961 Das Zitat findet sich bei A. Kallis, Brennender, nicht verbrennender Dornbusch. Reflexionen orthodoxer Theologie, Münster 1999, 226.

Rückblick und Vorblick

Der erste Teil dieser Studie hatte als „Prolegomenon" das Ziel, die in der katholischen Kirche überkommenen Lehraussagen über Maria darzustellen und in der Sicht gegenwärtiger Theologie zu interpretieren. Dabei galt es vor allem, aus der Vielfalt, Fülle und Komplexität des biblischen, glaubensgeschichtlichen und theologischen Materials die wichtigsten Strukturlinien herauszuarbeiten. Einige dieser Linien sollen nun im Zweiten Teil weiter reflektiert und erörtert werden. Methodisch wird das so geschehen, dass weder *allein* vom Ganzen des Glaubens aus Maria genauer in den Blick genommen, noch dass umgekehrt *allein* von Maria her Licht auf das Ganze des Glaubens geworfen wird. Vielmehr soll versucht werden, in einem gewissen Hin und Her der Blickrichtungen das Wesen beider Größen, die ja ohnehin – wie dies schon in verschiedenen Zusammenhängen herausgestellt wurde – in einem strikten Zusammenhang stehen, tiefer zu erfassen.

Die erste zu betrachtende Strukturlinie hat den *Glauben* Marias zum Gegenstand. Das prophetische Wort der Elisabet: *Selig ist die, die geglaubt hat ...* (Lk 1,45), das sich auf die Zustimmung des Mädchens von Nazaret: *Ich bin die Magd des Herrn; mir geschehe ...* (1,38) zurückbezieht, greift – wie gezeigt – die bisherige alttestamentliche Heilsgeschichte auf und umgreift sie. Maria ist diejenige, die in zugespitztem Sinn *das Wort Gottes gehört und befolgt hat* (Lk 8,21). So erscheint in ihr die personale Zusammenfassung der Glaubensgeschichte Israels, aber auch der Glaube der mit ihr beginnenden neutestamentlichen Kirche. Für beide ist ihr Glaube der Prototyp. Darum hat Glaube auch das Schlüsselwort für jede mariologische Besinnung und Reflexion zu sein.[962] Diese wird sich um drei Faktoren zu bewegen haben:

(1) Der Glaube Marias ist wesentlich *Gnade*, *Gabe*, da er in der Unableitbarkeit des sie ansprechenden Wortes Gottes gründet: *Du Begnadete.*

962 So zu Recht G. L. Müller, Geboren 122: „Inneres Prinzip der Mariologie in der Begründung wie in der dogmengeschichtlichen Entfaltung ist der Glaube Marias". Ebenso J. Ratzinger, Gottes Ja zum Menschen, Freiburg i. Br. 1987, 116: Der Glaube Marias ist das „Schlüsselwort der Mariologie" und Kl. Hemmerle, Communio als Schlüsselwort für das Verständnis Mariens, in: J. Schreiner/Kl. Wittstadt (Hrsg.), Communio Sanctorum, FS P.-W. Scheele, Würzburg 1988, 303–309, hier: 304: Marias Gestalt „kann nur von ihrem Glauben her gelesen werden". So auch schon R. Guardini, Die Mutter des Herrn, Würzburg [2]1956, 33: „Außer dem Glauben ist sie [Maria] fortan nichts mehr, und alles, was sie ist, ist Glaubensvollzug". „Das war ihre Größe, dass sie geglaubt hat und eine Glaubende geblieben ist bis ans Ende ihres Lebens": R. Guardini, Der Rosenkranz unserer Lieben Frau, Würzburg 1940, 44.

(2) Der Glaube ist aber auch Antwort des freien Geschöpfs, des freien „Geschehenlassens".

(3) Der Glaube hat nicht nur eine „individuelle", sondern auch eine „soziale", ja, wie zu zeigen sein wird, eine geradezu „kosmische" Dimension, da sich im anrufenden Wort Gottes und in der respondierenden Antwort Marias „loco totius naturae humanae" (Thomas v. Aquin), d. h. in der Zuwendung Gottes zu ihr wie in ihrem antwortenden Fiat der Sinn des ganzen Schöpfungswerkes ereignet.

Diese enge Beziehung zwischen Schöpfer und Geschöpf heißt im Alten Testament „Bund" und ist schon dort, wie dann auch später im Neuen Testament im Bild der *Vermählung* gezeichnet. Dieses „Stichwort" wiederum ruft die Frage nach der geschöpflichen Freiheit wach, die damit unabdingbar verbunden ist, insofern Vermählen schon rein sprachlich mit dem „Freien" zu tun hat und ohne die Freiheit der Liebe nicht möglich ist.

Wenn Glaube das ist, was auch die Kirche im Innersten zusammenhält, so ist zu fragen, welche Konsequenzen es für den Glaubensvollzug des Einzelnen und der Kirche hat, wenn Maria der Prototyp des Glaubens ist und in ihrem Glaubensvollzug die genannten drei Faktoren zur Geltung kommen.

Mindestens ebenso bedeutend wie der Glaube ist für ein tieferes Verstehen Marias eine zweite Strukturlinie: ihre Gottesmutterschaft. Wie aber verhält sich beides, Glaube und Mutterschaft, zueinander? Ist das eine die Bedingung oder Konsequenz des anderen? Laufen beide Linien parallel, oder gibt es einen tieferen Zusammenhang?

Eine dritte Strukturlinie eröffnet sich vom Faktum her, dass in nahezu allen bisher behandelten Aspekten die Mariengestalt immer in eigenartigen Spannungen steht:

Erster Spannungsbogen: Maria ist auf der einen Seite eine individuelle Figur dieser unserer Raum-Zeit-verfassten Welt, *zugleich aber* ist sie eine geschichtsübergreifende Größe („corporate personality", „Typos"), die für die alt- und neutestamentliche Kirche, ja – wie wir in der alttestamentlichen Weisheitsliteratur und ihrer Wirkungsgeschichte bereits gesehen haben und noch weiter sehen werden – für die ganze Schöpfung steht. Sie ist „Glied" der Kirche (also ihr „Teil") *und zugleich* „Urbild der Kirche" (also ihr „Ganzes", „die konkret gewordene Heilsökonomie selbst"[963]); sie ist die „Frau aus dem Volk" (GL_{neu} 521,3), unsere „Schwester im Glauben", die mit uns „den Pilgerweg des Glaubens" ging (LG 65); *zugleich aber* wird sie als uns überragende „Königin des Himmels und der

963 Semmelroth, Urbild 20. Ähnlich A. Müller, Ecclesia 235f.

Erde" hochgepriesen und als einzigartige Fürsprecherin, ja Mittlerin angerufen. Da aber, wo sie dezidiert für die Kirche steht, bleibt nicht selten (bis hin zum II. Vaticanum und darüber hinaus) offen, ob dabei eher Maria die bestimmende Größe für die Kirche oder die Kirche es für Maria ist, ein Problem, das gewaltige Konsequenzen auch für praktische kirchenreformerische Fragen hat.

Zweiter Spannungsbogen: Zum einen wird die Gestalt Marias schon in die ersten größeren doktrinären Auseinandersetzungen der Kirche (Konzil von Ephesus, Streit um Doketismus und Gnosis) hineingezogen, und zwar im Hinblick auf ihre Bedeutung für die *menschliche Natur* Christi bzw. für den *Menschen* Jesus. Sie steht also in einer christologischen Perspektive, die auf unterschiedliche Weise auch in der Folgezeit immer wieder eine Rolle spielt. *Zum andern* aber wird Maria immer wieder in einer besonderen Beziehung zum Heiligen Geist gesehen, meist nicht ohne den ausdrücklichen Hinweis darauf, dass die pneumatische Dimension der Mariologie bisher unterbelichtet sei. Welcher Art ist diese Beziehung?

Dritter Spannungsbogen: Maria kann *auf der einen Seite* zu bestimmten Zeiten und in bestimmten Regionen der Kirche nahezu übersehen oder nur randständig beachtet werden (in den ersten beiden Jahrhunderten des Christentums, in den reformatorischen Kirchen, in weiten Gebieten der nachkonziliären römischen Kirche), *auf der andern Seite aber* spielt sie anderwärts und in bestimmten Epochen für den christlichen Glauben eine der Gestalt Christi geradezu analog zentrale Rolle. Ja, es darf in diesem Zusammenhang auch nicht außer Acht gelassen werden, dass sich das Bild einer „transzendenten Muttergestalt" durch die ganze Religionsgeschichte zieht. Was hat das zu bedeuten? Wie lässt sich dieser Sachverhalt klären? Hat er etwas mit dem zu tun, was die Heilige Schrift „sapientia creata" – „geschaffene Weisheit" nennt, die in einer durchgehenden liturgischen Tradition mit Maria identifiziert wird? Ergibt sich daraus eine „transgeschichtliche Bedeutung" Marias, die sich auch in den Stichworten „Prädestination", „Vor-Erlösung" bereits andeutete?

Wir gehen einmal davon aus, dass die drei genannten „Spannungsfelder" nicht einfach Gegensätze sind, sondern in der „Sache" gründen, ja diese selbst ausmachen. Trifft diese Voraussetzung (die sich im Folgenden erst noch zu bewähren hat) zu, so ist die Ausarbeitung des genannten Spannungsgefüges ein wichtiger *Weg* („met-hodos"), sich der Stellung und Bedeutung Marias im christlichen Glauben weiter zu nähern.

Damit sind eine Reihe von Perspektiven und Problemfeldern genannt, denen wir uns im folgenden Zweiten Teil zuzuwenden haben, allerdings nicht so, dass diese Probleme in der gerade gegebenen Reihenfolge und je separat behandelt werden. Da in Maria die genannten Strukturlinien mit ihren Spannungsmomenten eine

Einheit bilden, ist damit zu rechnen, dass jeder Teilaspekt die jeweils anderen aus sich „heraustreibt“ und mit ihnen zusammenhängt.

So beginnen wir im Folgenden mit dem Blick auf Maria als der *Glaubenden*. Da dies die zentrale biblische Perspektive ist, steht dieser Verstehensansatz auf festem Grund. Dann wenden wir uns vornehmlich der Beziehung Maria-Kirche zu, ein Problemfeld, das dann wie von selbst auch in die Beziehung Maria – Heiliger Geist einweist. Schließlich wird das Problemfeld Maria – Schöpfung erörtert und darin auch die Beziehung des christlichen Glaubens zur Welt der Religionen. Ein Kapitel über einige bildliche Darstellungen Marias, die auf ihre Weise nochmals die Wesensmomente Marias zusammenfassen und die Problemknoten aufleuchten lassen, soll unsere Untersuchung beschließen.

An das Ende dieses ersten Teils fügt sich treffend ein Wort von Christoph Kardinal Schönborn ein, der darin die Quintessenz zwar nicht der ganzen Mariologie, wohl aber ihrer wesentlichen Züge formuliert:

> Maria ist
> „der *Garant des christlichen Realismus*: in ihr wird ansichtig,
> dass Gottes Wort nicht nur gesprochen, sondern auch gehört wurde,
> dass Gott nicht nur gerufen, sondern der Mensch auch geantwortet hat,
> dass Heil nicht nur geschenkt, sondern auch empfangen ist.
> Christus ist Gottes Wort, Maria ist die Antwort:
> in Christus ist ‚Gott vom Himmel herabgestiegen‘,
> in Maria ist die Erde wieder fruchtbar geworden.
> Maria ist das Siegel der vollendeten Geschöpflichkeit:
> in ihr wird vorweg anschaulich, was Gott mit der Schöpfung gemeint hat“.[964]

---

964 Chr. Schönborn, Maria – Herz der Theologie – Theologie des Herzens, in: W. Baier u. a. (Hrsg.), Weisheit Gottes – Weisheit der Welt = FS J. Ratzinger, Bd. I, St. Ottilien 1987, 575–589, hier: 585.

ZWEITER TEIL

Maria-Ecclesia
Reflexionen und Impulse

„Auch in dir wird,
wenn du würdig bist,
das Wort Gottes geboren"
ORIGENES

„Ich muss Maria sein/
und Gott aus mir gebären,/
soll Er mir ewiglich/
die Seligkeit gewähren"
ANGELUS SILESIUS)

ERSTES KAPITEL

Maria – die Glaubende

Maria wird im Neuen Testament als „die Glaubende“ gezeichnet und bezeugt. Entsprechend nennt sie auch das Zweite Vatikanische Konzil „Typus“ und „Urbild“ im Glauben (LG 53). Bevor wir dies weiter bedenken, sind einige Wesenselemente des Glaubens zu erörtern.

§ 1 Dimensionen des Glaubens

Das Wort Glauben weist sowohl im alltäglichen Sprachgebrauch wie auch in phänomenologischer Betrachtung und wissenschaftlicher Reflexion (z. B. in Philosophie und Sozialpädagogik) die unterschiedlichsten Dimensionen auf.[1] Ebenso hat Glauben in der Theologie eine große Variationsbreite. Ein erster Hinweis auf die Bedeutungsmitte von „glauben“ kann die Wortgeschichte geben. Das deutsche Wort „Glauben“ geht auf die germanische Wurzel „galaubjan“ zurück, die so viel besagt wie „jemanden lieb haben“, „jemanden gutheißen“. Beides gehört zu einer Bedeutungsgruppe, die sich um den Begriff „Lieben“ rankt. Das Gleiche gilt auch vom lateinischen Wort „credere“, das ursprünglich wohl aus „cor“ und „dare“ zusammengesetzt ist und damit so viel meint wie „jemandem sein Herz schenken“. Glauben bezieht sich also in erster Linie nicht auf vermutete oder bezeugte *Sachverhalte*, sondern auf das existentielle Vertrauen zu einer *Person*.[2]

---

1 Vgl. dazu z. B. B. Welte, Was ist Glauben? Gedanken zur Religionsphilosophie, Freiburg i. Br. 1982, ferner die entsprechenden Artikel im HWPh sowie die bei H. Küng, Existiert Gott? Antwort auf die Gottesfrage der Neuzeit, München-Zürich 1978, 819f angeführte Lit.

2 Vgl. von der unübersehbaren Lit. aus letzter Zeit z. B. folgende Beiträge aus dem Sammelband I. U. Dalferth / S. Peng-Keller, Gottvertrauen = QD 250, Freiburg i. Br. 2012: K. Schmid, Was heißt Vertrauen?; Th. Söding, Heilsamer Glaube; H. Weder, Glaube – Hoffnung – Vertrauen.

So gesehen ist Glauben keineswegs eine spezifisch religiöse Größe. Er gehört vielmehr zu den Grundvollzügen menschlichen Lebens, und zwar in zwei verschiedenen Gestalten:

(1) *Daseinskonstituierender Glaube.* So nennt Bernhard Welte das Faktum, dass Leben nicht ohne „Vertrauensvorschuss" möglich ist, ohne ein grundsätzliches „Ja" zur Wirklichkeit, vor allem zum eigenen Leben. Denn zum Leben gehört die Zuversicht, dass es sinnvoll ist, den Tag zu beginnen, eine Arbeit anzufangen oder zu vollenden, ja überhaupt der Einladung zum Leben zu folgen und mit ihm weiterzumachen. Dieses oft völlig unreflektierte, unbewusste Vertrauen zum Leben kann man „Glauben" nennen.[3]

(2) *Interpersonaler Glaube.* Menschliches Leben ist auch insofern ohne Glauben nicht möglich, als man nicht existieren kann, ohne anderen Menschen Vertrauen zu schenken. Von Beginn unseres Daseins an sind wir „auf Treu und Glauben" aufeinander angewiesen und einander verbunden, ohne in vielen, ja in den meisten Fällen die Glaubwürdigkeit der andern überprüfen und beweisen zu können. Das trifft zum Beispiel auch für den großen Bereich des Lernens zu. Schon Aristoteles bemerkt, dass, wer lernen will, glauben muss, nämlich seinen Lehrern und den Zeugen der Geschichte und Tradition. Das wichtigste Element des interpersonalen Glaubens aber ist das Faktum, dass wir unsere eigene Identität nur finden, indem wir aus uns selbst heraus- und auf den andern vertrauensvoll zugehen, ihm „glauben", d. h. in letzter Höchstform und Konsequenz: uns ihm in Liebe übereignen.

Beide Formen des Glaubens, die zum glückenden Vollzug menschlichen Lebens gehören, werfen mindestens die *Frage* nach ihrem letzten Grund auf. Denn wieso kann ich Vertrauen zum Leben haben und aus einer grundsätzlichen Bejahung der Wirklichkeit leben? Wieso kann ich aus mir selbst herausgehen und mich trotz mancher Enttäuschungen immer wieder vertrauensvoll anderen Menschen öffnen? Angesichts solcher Fragen kann die religiöse Perspektive ins Spiel kommen. Denn bedarf das (auch vom Atheisten) praktizierte Grundvertrauen, wenn es rational sein soll, nicht einer Macht, welche die Wirklichkeit umgreift und ihren positiven Sinn verbürgt? Bedarf es also letztlich nicht der Anerkennung Gottes?[4] Ebenso lässt sich – bemerkt zurecht Jörg Splett – „ein unbedingtes Ja zu einem anerkannt bedingten Menschen … nur durch Berufung auf ein (unbedingtes) Ja zu ihm verantworten, das nicht von einem bedürftigen oder launischen Ich oder einer Gemeinschaft solcher Subjekte, sondern von einer absoluten Freiheits- und Personwirklichkeit gesagt worden ist".[5]

Das, was im religiösen Bereich „Glauben" heißt, fällt also nicht vom Himmel herunter, sondern ist in menschlichen Erfahrungen geerdet.

---

3 Was Welte als „daseinskonstituierenden Glauben" bezeichnet, wird von andern Autoren anders benannt, so spricht z. B. Erik Erikson vom „Ur-Vertrauen" zur Wirklichkeit, ohne das kein Leben gelingen kann. Siehe dazu sein Standardwerk „Kindheit und Gesellschaft", dt. Stuttgart 1969. Wieder anders reflektiert der Philosoph Helmut Kuhn, Begegnung mit dem Sein, München 1954 diese Gegebenheit als „ontologische Affirmation" und meint damit: Im Vollzug des menschlichen Daseins steckt unausrottbar eine Sinnaffirmation, ein ursprüngliches und fundamentales Ja zur Positivität der Wirklichkeit.

4 Dieser Argumentationsgang wird eingehend und differenziert durchgeführt von Küng, Existiert Gott? 664ff.

5 J. Splett, Gottesbeweis Mitmenschlichkeit. Zur rationalen Begründung von Religion, in: A. J. Buch/H. Fries (Hrsg.), Die Frage nach Gott als Frage nach dem Menschen, Düsseldorf 1981, 51–62, hier: 58f.

Wenn wir auf das spezifisch biblische Glaubensverständnis blicken, haben wir uns dem hebräischen Wort für Glauben אמן – aman zuzuwenden. Dem liegt die Wurzel מן zugrunde, die so viel bedeutet wie „fest“, „zuverlässig“, „sicher“.[6] Entsprechend ist der biblische Ur-Sinn des Wortes Glauben: Sich-festmachen (in Gott).

Was das konkret bedeutet, verdeutlicht eine Szene in Jes 7. Der junge, unerfahrene König Ahaz befindet sich politisch in einer schier aussichtslosen Situation, da die Könige von Israel und Syrien gegen Jerusalem heranrücken. Als man ihm dies meldete, *erzitterte das Herz des Königs und das Herz seines Volkes, wie die Bäume des Waldes im Wind zittern* (7,2). In dieser Situation wird Jesaja zum König gesandt und verkündet ihm im Namen Gottes: *Bewahre die Ruhe, fürchte dich nicht! Dein Herz soll nicht verzagen wegen dieser beiden Holzscheite [= Könige, die Jerusalem zu Fall bringen wollen]. ... So spricht Gott, der Herr: Das kommt nicht zustande, das wird nicht geschehen. ... Glaubt ihr nicht, so bleibt ihr nicht* (7,4–9).[7] Gemeint ist: Wenn ihr nicht Gott zum festen Grund eurer Existenz nehmt, dann werdet ihr in der Tat fortgefegt.

Selbst im politischen Bereich gewährt also der Glaube, d. h. das Sich-festmachen in Gott, letzten Halt. Denn er vermag die Angst zu vertreiben und so erst ein unaufgeregtes, gelassenes und vernünftiges Handeln zu ermöglichen.

Im Glauben öffnet sich der Mensch Gott, der sich selbst ihm als erster zuwendet, und erkennt ihn als den tragenden Grund seines Lebens und der ganzen Wirklichkeit an. Im Glauben antwortet er einem DU, dem er sich restlos anvertrauen kann, dem er sich aber auch bereitwillig zur Verfügung stellt. Kurz: Im „Gehorsam des Glaubens“ – so das II. Vaticanum (VD 5) – „überantwortet sich der Mensch Gott als ganzer in Freiheit“. Glauben im biblischen Sinn ist deshalb primär nicht ein Fürwahrhalten von Sachverhalten und Sätzen, sondern – so Karl Rahner – „das bedingungslose Sichöffnen für eine Wirklichkeit [der Gottes], damit diese Macht über uns gewinnt, uns bestimmt und ein Stück der eigenen Wirklichkeit wird“.[8] Deshalb ist der „Ur-Ort“, an dem sich der Glaube vollzieht, das Gebet: „Ich glaube an dich, mein Gott, ich setze auf dich, ich vertraue mich dir an!“ Und indem ich Gott glaube, übereigne ich mich ihm. Deshalb ist mit dem Akt des Glaubens die Liebe untrennbar verbunden, ja, Glauben ist selbst eine Form der Liebe.[9] Denn es

---

6 Davon ist nicht nur die in unsere Sprache eingedeutschte Bestätigungsformel Amen abgeleitet, sondern dem entstammen auch die hebräischen Derivate emet/emuna – Treue, Zuverlässigkeit, Wahrheit.

7 K. Koch, Geleitwort zu I. U. Dalferth/S. Peng-Keller, Gottvertrauen = QD 250, Freiburg i. Br. 2012, 11–17, hier: 15 legt diese Bibelstelle pointiert so aus: „Wenn ihr nicht glaubt und euch nicht an Jahwe fest-*haltet*, dann werdet ihr keinen *Halt* haben“.

8 Rahner, Assumptio 331.

9 Siehe dazu die wichtige, leider unvollendete, posthum publizierte und bisher kaum von der Theologie zur Kenntnis genommene Arbeit von H.-K. Rechmann, Die Liebe als Form des Glaubens. Studien zum Glaubensbegriff des Thomas v. Aquin, hrsg. v. A. Winter/G. Stitz, Neuried 2001.

gehört zum Wesen jedes Glaubens, „ex-zentrisch“ zu werden, eine „Verlagerung“ des Ich auf das/die „andere(n)“ hin vorzunehmen. Zum religiösen Glauben konzentriert sich diese Bewegung auf Gott hin: Das Ich überschreitet sich auf Gott ihn, übereignet sich ihm und findet in ihm den eigentlichen Grund und die wahre Sicherheit seines Lebens. Damit ist zugleich auch gegeben, dass der Glaube die Krisis falscher Sicherheiten bedeutet, nämlich jener Sicherheiten, die der Mensch in sich selbst gewinnen will. Der Glaubende weiß, dass er nur Sicherheit findet und Boden unter den Füßen bekommt, wenn er sich selbst loslässt und radikal auf Gott setzt, sich in ihm „fest macht“. Deswegen schließt Glaube auch Umkehr mit ein, nämlich die Kehre von sich weg auf Gott hin.

Der Glaube, der auf Gott setzt, ist nicht nur untrennbar mit der Dimension der Liebe, sondern auch mit der der Hoffnung verbunden, und dies in zweifacher Hinsicht: Es ist einmal die Hoffnung, dass sich der Gott, dem sich der Glaube anvertraut, nicht nur jetzt, sondern auch in Zukunft als unbedingt sicher, tragfähig und lebensfördernd erweist, und zum andern die Hoffnung, dass sich die Verheißungen, die Gott in seiner Hinwendung zum Menschen kundtut, erfüllen werden. Beide Aspekte bringt Heinrich Schlier, sie an der Abrahams-Gestalt illustrierend, folgendermaßen zusammen: „Die Eigenart des Glaubens Abrahams ist die, dass er ohne Grund zur Hoffnung und also ohne Hoffnung doch Hoffnung durch Gottes Hoffnungswort gewann. Sein Glaube ist Hoffnung und gründet in ihr, die Gotteszusage erweckte in aller Hoffnungslosigkeit seiner irdischen Situation“.[10]

Indes setzen die Zusagen Gottes, auf die der Glaube als Hoffnung setzt, nach biblischer Überzeugung voraus, dass der Glaubende sich auf sie hin auf den Weg macht, für ihre Verwirklichung Mitverantwortung trägt, an ihrem Eintreffen mitarbeitet. So ist es schon bei Abraham, dem *Vater unseres Glaubens* (Röm 4,12.17; Gal 3,7f.29; Hebr 11,8ff): Er muss glaubend und hoffend – *wider alle Hoffnung* (Röm 4,11) – aufbrechen, *ohne zu wissen, wohin* (Hebr 11,8) und auf den je neuen Ruf Gottes hin sein Leben führen. So hat er seinen Teil beizutragen, dass er für andere *zum Segen* werden kann (Gen 12,3). Und da er dazu berufen ist, ein Volk, das Volk Gottes, entstehen zu lassen, muss er wissen und akzeptieren: Gott beansprucht ihn, indem er ihn für sein Volk beansprucht, Gott braucht ihn, indem er ihn für sein Volk braucht. So kann aus dem Glauben an Gott Gemeinschaft entstehen, Gemeinschaft mit Gott, aber auch Gemeinschaft der Glaubenden untereinander.

Was hat nun aber der Glaube, der wesentlich Vertrauensglaube, gläubiges Setzen auf Gott als den Grund des eigenen Lebens ist, mit den vielen Glaubenswahrheiten zu tun, an die man – mindestens nach christlicher Tradition – „auch“ zu glauben hat? Für Martin Buber zeigen sich hier „zwei Glaubens-

10 H. Schlier, Der Römerbrief = HThKNT, Freiburg i. Br. 1977, 133.

weisen",[11] die gegensätzlich sind und in unvermittelbarer Spannung einander gegenüberstehen. Doch ist diese Charakterisierung mit Sicherheit überzogen. Gewiss, auch die kirchliche Tradition unterscheidet zwei Glaubensweisen: das „credere Deo" und das „credere (in) Deum". Gemeint ist damit der „Vertrauensglaube" – Ich glaube Dir („fides qua") auf der einen Seite und die sachhaltigen Inhalte des Glaubens – Ich glaube, dass („fides quae") auf der andern Seite. Aber beides steht nicht einfach im Gegensatz zueinander. Denn – um ein Wort Kants zu variieren – Glaube ohne Inhalt ist leer, Glaubensinhalte ohne Vollzug von Vertrauen und Liebe sind wertlos. Die Beziehungsbrücke zwischen diesen Glaubens-Modi kann durch folgende Überlegungen bestimmt werden: Auch wenn der Glaube vor allem anderen ein personales Sich-Gott-Anvertrauen und -zur-Verfügung-Stellen ist, bleibt in dieser Bestimmung doch gerade noch offen, wer denn dieser Gott ist, auf den man im Glauben sein Leben setzt. Ist er die „oberste Spitze der Seinspyramide", der „erste Beweger", das „höchste Wesen", das als Grund der Welt und/oder als Garant der Sittlichkeit zu postulieren ist? Ist er „oberster Weltbaumeister" in erhabenen Höhen über uns oder das Unbedingte in uns oder die „Weltseele", die alles von innen her durchdringt? Oder ist er die „utopische Chiffre" für eine künftige, von allem Bösen befreite Welt? So könnte man fortfahren mit Gottesvorstellungen aller nur erdenklichen Art. Angesichts dieser Vielfalt kann Glaube nicht darin bestehen, sich einfach einem „Gott", der ein radikal vieldeutiges X ist oder ein total unbestimmtes Y bleibt, zu überlassen. So würde der Glaube ins Unbestimmte und Leere gehen. Zum Glauben gehört vielmehr ein bestimmter Gehalt, der darüber Auskunft gibt,

- *wer* dieser Gott ist, dem man sich glaubend überlässt,
- auf welchem *Weg* er sich finden lässt,
- welche Erwartungen, *Weisungen*, ja Forderungen er an den Menschen richtet,
- welche *Verheißungen* er bereithält.

Antwort auf diese vier Fragen, die gewissermaßen in vier „Kategorien" verschiedene Inhaltsbereiche des Glaubens abstecken, kann nur Gott selbst in seiner Zuwendung zum Menschen geben in dem, was „Offenbarung" genannt wird, durch die er sich – so die biblische Überzeugung – auf dem Wege der Schöpfung und/oder seiner heilsgeschichtlichen Taten *selbst bestimmt und dem Menschen erschließt*. Auf diesem Hintergrund erweist sich die Zuordnung von „fides qua" und „fides quae" als etwas sehr Einfaches. Die Struktur des Glaubens tritt in folgender Formel hervor:

11 So auch der Titel seiner Schrift „Zwei Glaubensweisen" (1950), WW I, 651–782. Siehe zu dieser Problematik J. Werbick, Fides – Fiducia – Emuna, in: Dalferth/Peng-Keller (Hrsg.), Gottvertrauen 295–312.

Ich glaube an den Gott,(*im Sinn* einer vertrauensvollen Hingabe an ihn)
welcher *durch a, b, c* ... (durch Taten, Eigenschaften, Weisungen, Verheißungen) *bestimmt ist, da er sich als solcher dem Menschen in Welt und Geschichte kundgetan hat.*

Im formellen Sinn glaube ich also nicht an a, b, c ..., sondern an Gott, der sich selbst durch a, b, c, ... näher bestimmt hat und dadurch bestimmt ist. Diese Bestimmungen, die sich als explizierende Relativsätze formulieren lassen, dürfen nicht von ihrem Bezugswort „Ich glaube an *Gott, welcher* ...“ gelöst und als Sachverhalte in sich betrachtet werden, soll nicht das innere Gefüge des Glaubens Schaden leiden.

Wie aber hat dieser Gott, an den zu glauben der Mensch eingeladen ist, sich in Welt und Geschichte (gemäß den Schriften des Alten und Neuen Bundes) näher bestimmt und erwiesen? Um es in einer kurzen (in ihrer Kürze missverständlichen und auch durch andere Formulierungen variierbaren) Formel zu sagen: Gott hat sich gezeigt und zeigt sich als derjenige, der seine Schöpfung deshalb ins Werk gesetzt hat, um sie in die trinitarische Gemeinschaft seines seligen Lebens aufzunehmen (um sie zu „vergöttlichen“, wie es in der Tradition heißt). Da menschliche Freiheit sich diesem Ziel, an dem sie mitwirken darf und soll, verweigert und dabei in ausweglose Sackgassen verirrt, schenkt Gott immer neue „Anfänge“, die ihren endgültigen Höhepunkt in der unübersteigbaren Vereinigung des Gottessohnes Jesus Christus („Menschwerdung“) mit einer sich verweigernden Welt haben. Durch die Auferstehung Christi und die Gabe des Geistes zeigt sich die Vereinigung Gottes mit den Menschen als unrücknehmbar und der ursprüngliche Plan Gottes als unbedingt geltend. So manifestiert sich Gott – in einem Wort gesagt – als derjenige, der sich als „die Liebe“ schlechthin (1 Joh 4,16) dem Menschen ganz und vorbehaltlos zuwendet und mitteilt. Diese „Selbstbestimmungen“ Gottes sind im Wesentlichen auch im sog. „Apostolischen Glaubensbekenntnis“ (wie auch im Nizäno-konstantinopolitanischen Symbolon) zusammengefasst und machen damit den den christlichen Glauben identifizierenden „Inhalt“ dieses Glaubens aus. Diesem sich so bestimmt habenden Gott, der seine Schöpfung unermesslich liebt und ihr eine unausdenkbar herrliche Zukunft eröffnet, traut sich der Mensch im Glauben an und sucht ihm im Handeln zu entsprechen.

Das aber bedeutet hinsichtlich der Vielzahl der einzelnen, im christlichen Bereich tradierten Glaubensinhalte, dass sie, um überhaupt sinnvoll zu sein, auf die eigentlichen Knotenpunkte des Christentums bezogen werden müssen. So glaube ich zum Beispiel nicht an ein „Fegefeuer“ als einen postmortalen Zustand (oder gar Ort), sondern ich glaube an den Gott, der den Menschen trotz aller Verfehlungen, alles Misslungenen und Unfertigen dennoch für das ewige Leben bereitet, indem er ihn nach dem Tod „reinigt“ . – Ich glaube nicht an einen „Teufel" – es wäre geradezu pervers, darauf sein Leben zu setzen! –, sondern ich glaube an den Gott, der in seinem Sohn die Macht des Bösen (mag man sie „Teufel" nennen) gebrochen hat, so dass uns nichts mehr von seiner Liebe scheiden kann. – Ich glaube nicht an einen „Papst" und an „päpstliche Enzykliken", sondern an den Gott, der den Glaubenden in der Kirche und im kirchlichen Amt nahe ist und ihnen ggf. dadurch seine Weisungen zukommen lässt.

Ich glaube also nicht an Gott und darüber hinaus noch an 1000 andere Dinge, sondern ich glaube an Gott, der sich uns als *so und nicht anders Bestimmter* erschlossen hat. Von daher begründet sich auch die Idee der sog. „hierarchia veritatum", von der später noch die Rede sein wird. In dieser Perspektive schreibt Hans-Joachim Höhn über den Glauben sehr zutreffend: „Es handelt sich hier … nicht um die Proklamation von Lehrsätzen, Normen oder göttlichen Willensbekundungen. Vielmehr geht es um die Vergegenwärtigung von Gottes ‚Selbst' als jenes Verhältnisses unbedingter Zuwendung, in dem Gott zu sich selbst steht und das Gottes Selbstsein ausmacht".[12] Kurz: Gottes Offenbarung ist Gottes unbedingte, seiner Schöpfung in unrücknehmbarer Treue zugewandte liebende Selbstmitteilung an uns.

Dabei ist das „uns" von äußerster Wichtigkeit. Denn die Selbsterschließung Gottes und seine Selbstbestimmung in der Geschichte geschieht – jedenfalls nach biblischem Verständnis – nicht je individuell dem Einzelnen gegenüber, sondern für eine Gemeinschaft und durch sie für die ganze Welt, nicht nur weil das Ziel allen Handelns Gottes – wie noch zu erörtern sein wird – „Communio", Gemeinschaft, ist, sondern auch weil die „vertikale" Zuwendung Gottes zum Menschen „horizontal" ergeht, indem sie in und durch die Welt und auf geschichtliche Weise den Menschen erreicht und darum auch wieder in zwischenmenschliche Beziehungen unbedingter Anerkennung und Zuwendung umzusetzen ist. Glaube ist somit wesentlich eine communiale Größe.

Zurück zum Verhältnis der beiden Glaubensweisen. Festzuhalten ist auf jeden Fall, dass bei aller *unaufgebbaren* Bedeutsamkeit der Inhalte – es gibt keinen wirklichen Glauben ohne irgendeine Form von Inhaltlichkeit – diese doch gegenüber dem primären Sich-Festmachen-in-Gott den zweiten Rang einnehmen. Welche Konsequenzen dies hat, wird uns noch zu beschäftigen haben.

Haben wir in diesem Abschnitt die Dimensionen des Glaubens*aktes* erörtert, so gilt es nun, auf die innere Konstitution des Glaubens zu blicken. Das entscheidende Moment ist hier die Kennzeichnung des Glaubens als *Gabe.*

12 H.-J. Höhn, Gott – Offenbarung – Heilswege, Würzburg 2011, 179f.

§ 2 Der Glaube als Gabe und die Antwort der Freiheit

Lit.:

F. Ulrich, Gabe und Vergebung. Ein Beitrag zur biblischen Theologie, = Schriften V, hrsg. v. St. Oster, Freiburg 2006; R. Esterbauer, Zu einer Phänomenologie des Gebens, in: SJbPhil 37 (1992) 89–112; J.-L. Marion, La raison du don, in: Philosophie 78 (2003) 3–32; K. Busch, Geschicktes Geben. Aporien der Gabe bei Jacques Derrida, München 2004; St. Oster, Mit-Mensch-Sein. Phänomenologie und Ontologie der Gabe bei Ferdinand Ulrich, Freiburg-München 2004; ders., Person und Transsubstantiation. Mensch-Sein, Kirche-Sein und Eucharistie – eine ontologische Zusammenschau, Freiburg i. Br. 2010, 110–130; M. Gabel/H. Joas (Hrsg.), Von der Ursprünglichkeit der Gabe. J.-L. Marions Phänomenologie in der Diskussion, Freiburg i. Br. 2006, darin bes. I. U. Dalferth, Alles umsonst. Zur Kunst des Schenkens und den Grenzen der Gabe, 159–191; M. M. Lintner, Eine Ethik des Schenkens. Von einer anthropologischen zu einer theologisch-ethischen Deutung der Gabe und ihrer Aporien, Wien-Berlin 2006; K. Wolf, Philosophie der Gabe. Meditation über die Liebe in der französischen Gegenwartsphilosophie, Stuttgart 2006; M. Rosenberger u. a. (Hrsg.), Geschenkt – umsonst gegeben? Gabe und Tausch in Ethik, Gesellschaft und Religion, Frankfurt u. a. 2006; Alferi, Worüber; Büchner, Wie kann Gott; V. Hoffmann (Hrsg.), Die Gabe. Ein „Urwort" der Theologie?, Frankfurt 2009; dies., Skizzen zu einer Theologie der Gabe, Freiburg i. Br. 2013.

Mit dem Begriff „Gabe" stoßen wir auf eine Wirklichkeit, deren Idee in der neueren Theologie und Philosophie (Phänomenologie) eine äußerst bedeutende Rolle spielt.[13] Wichtige Grundzüge des hochkomplexen Phänomens der Gabe seien im Folgenden erörtert, nicht um daraus *einlinig* Konsequenzen für die Mariologie zu ziehen, auch nicht umgekehrt, um von Maria her das Gabe-Geschehen besser zu verstehen, sondern um in einer oftmals wechselnden Blickrichtung beide Größen: Maria und das Wesen der Gabe (Frei-Gabe; Auf-Gabe) besser in den Blick zu bekommen und gegenseitig zu erläutern.

---

13 Die neuere Diskussion setzt dabei als „Schlüsselwerk" die kulturgeschichtliche Arbeit von M. Mauss (1872–1950), Die Gabe. Form und Funktion des Austausches in archaischen Gesellschaften (1924), dt. Frankfurt 1990 voraus. Während in Frankreich die Diskussion zum Thema Gabe schon länger aktuell ist, wurde die deutschsprachige Theologie davon erst seit Beginn dieses Jahrtausends erfasst. Mittlerweile ist die Lit. zum Thema unübersehbar. Hingewiesen sei auf die oben angegebene Lit., die für unsere Darlegungen besonders hilfreich war. Weitere Lit. bei Hoffmann Skizzen 15[2,3], 26[1]. In fast allen Studien zum Wesen der Gabe findet sich auch eine Auseinandersetzung mit der „Destruktion" der Gabe bei Jaques Derrida und mit den phänomenologischen Untersuchungen Jean-Luc Marions, in denen der Begriff der „donation" = Gebung/Gabe eine entscheidende theologische und philosophische Rolle spielt, insofern es ihm darum geht, sich der Gebung der Wirklichkeit ganz hin-zu-geben. Siehe dazu die Arbeit von Alferi, Worüber.

1. Zur Phänomenologie der Gabe

Der Mensch lebt von der Gabe. Angefangen von der Gabe des Lebens, die er von den Eltern geschenkt erhält, über die Gaben des Lebensnotwendigen, der Erziehung und Ausbildung in Kindheit und Jugendzeit bis hin zu den vielfältigen Gaben der Begegnung und Beziehung, Liebe und Gemeinschaft. Darüber hinaus konstituiert gerade das gegenseitige Geben und Empfangen ein Geflecht von persönlichen und gesellschaftlichen Beziehungen. ABER:

(1) Nicht alles, was Gabe heißt oder zu sein vorgibt, ist auch in Wahrheit eine solche. Kulturgeschichtlich bzw. ethnologisch gesehen dürfte die Gabe ursprünglich die *Funktion* haben, den Beschenkten zu verpflichten, sei es zu einer Gegengabe, sei es zu besonderer Freundschaft und Unterstützung in den Unbilden des Lebens. Die so verstandene Gabe diente mithin dazu, soziale Verbindungen zu konstituieren und zu stabilisieren und insbesondere die sozialen Beziehungen zwischen Familien und Clans zu sichern. Damit war in gewisser Weise ursprünglich alles Geben vom Gesetz des „do ut des" beherrscht, von der „Logik der Ökonomie" (Elfie Miklautz); die Gabe verschwand – wie Jacques Derrida dies detailliert analysiert hat – im Tausch. Erst allmählich bildete sich in der Geschichte der Menschheit, wohl auch unter biblischen Impulsen,[14] die Idee einer Asymmetrie zwischen Gabe und Gegengabe heraus. Doch zu allen Zeiten und in einer vom Geist der Ökonomie beherrschten Gesellschaft heute sogar ganz besonders, herrscht beim Geben nicht selten die Haltung des „do ut des", die gelegentlich sehr subtil unter dem Schleier des Schenkens verborgen liegt.

Wo dies der Fall ist, machen Geschenke den Beschenkten abhängig, sie binden ihn „klebrig" an den Geber; sie erregen mindestens den Verdacht, die eigene Autonomie zu gefährden, führen also zur Unfreiheit oder halten ihn darin. In einem solchen Geben sucht der Geber sich selbst, seinen Vorteil und Einfluss, seine Ehre und Macht, sein „schönes Gefühl", er setzt sich schenkend selbst „in Szene". So aber gibt der Geber und gibt doch eigentlich nicht. Seine „Gabe" ist buchstäblich ein „gift" (so die englische Bezeichnung für Geschenk). Wirkliche Gabe kann ein Geschenk erst dann werden, wenn der Geber von seiner Gabe völlig loslässt, sich von ihr „trennt" und alle Selbstbezüglichkeit, also sich selbst, ganz zurücknimmt, so dass er als Geber völlig „verschwindet"[15] und, statt sein „Herrsein" über den

14 So jedenfalls – nach Angaben von Hoffmann, Skizzen 137 – John Milbank.

15 In diesem Sinn pointiert Marion, raison 14: „Si le donateur manque, … le don s'accomplit parfaitement". Das ist nicht weit entfernt von der Aussage S. Kierkegaards, Der Liebe Tun, Bd. II, TB Gütersloh 1983, 302: Die Liebe gibt „dergestalt, dass die Gabe aussieht, als sei sie des Empfängers Eigentum".

Beschenkten auszuüben, ihn allein anvisiert und ihm allein „dient". Man kann auch sagen: Eine Gabe ist nur dann wirkliche Gabe und kein „gift", wenn sie aus der Unergründlichkeit der Liebe stammt und dies auch so glaubhaft macht, dass der Empfänger sich dieser Liebe anvertrauen kann. Nur so enthält sie auch die Kraft in sich, den Empfänger zu einem Empfang zu bewegen, der nicht unfrei, sondern frei macht, so „als sei sie des Empfängers Eigentum" (Soeren Kierkegaard).

(2) Wo dies geschieht, wo der Geber von sich absieht und ganz den Adressaten und dessen Vorteil im Auge hat, wo er bedingungslos – ganz und gar „gratis" – für den anderen um dessen selbst willen gibt, geschieht im Schenken ein eigentümliches Ineinander von Geber, Gabe und Empfänger. Schon sprachgeschichtlich gesehen sind „Geben und Nehmen" (Empfangen) „in Wirklichkeit nur zwei verschiedene Seiten eines Thuns oder Geschehens", wie es schon im Grimmschen Wörterbuch heißt.[16] Wo der Geber sich wirklich von der Gabe trennt, schenkt er in der Gabe (mit je unterschiedlichem Gewicht) sich selbst:[17] *seine* Liebe, *seine* Aufmerksamkeit, *sein* Mitgefühl, *seine* Versöhnung, *seine* Bereitschaft, für den anderen auf etwas zu verzichten oder sich für ihn von etwas Eigenem zu trennen. Kurz: *Er schenkt sein Leben* (oder wenigstens ein „Stück" davon), das sich in der Gabe „materialisiert" oder besser: „symbolisiert". Und „je tiefer und ursprünglicher eine Gabe von Herzen kommt, der Innerlichkeit dessen, der sie schenkt entstammt, um so reiner zeichnet sich die Gestalt des Gebers in sie ein, um so gegenwärtiger ist der Ursprung seiner Gabe, desto inniger ist die ‚urbildliche Einheit' von Schenkendem und Gabe".[18] So ist in der wirklichen Gabe der Geber präsent, d.h. wirklich und wirksam gegenwärtig. Sie ist buchstäblich Teil-Gabe, Mit-Teilung, worin der Geber sich selbst gibt und sein Leben mit dem Beschenkten teilt, und so der Beschenkte neue Lebensmöglichkeiten empfängt, in denen er am Leben des Schenkenden teil-nehmen kann.

Damit ist aber auch klar: Es kommt nur dann zum wirklichen Geben, wenn der Empfänger die Gabe annimmt, sie sich „gefallen lässt", sich ihr öffnet. Daraus folgert Stefan Oster zu Recht: „Empfangen ist … nie bloß passive Rezeptivität, bloßes über sich Verfügen-lassen durch den Geber, sondern immer auch: Die Gabe *und* den Geber in der Gabe und mit ihr aktiv *tun,* weil der Empfangende

---

16 DWb IV, 1668.

17 Oster, Mit-Mensch-Sein 112 kommentiert dies zu Recht folgendermaßen: „Die Radikalität der Trennung des Gebers von der Gabe impliziert zugleich die Intensität seiner Gegenwart als Geber in der Gabe. Anders pointiert: Die Anwesenheit des Gebers als Geber in der Gabe ist seine Verschiedenheit (weil Trennung) von der Gabe".

18 M. Bieler, Einleitung zu: F. Ulrich, Homo abyssus, Einsiedeln ^{2}1998, XLVIII.

in der Gabe erkennend den Geber ver-*nimmt.* … Man kann sagen: Im Nehmen *gibt* der Nehmende dem Geber sein Geben und darin sich selbst und ihn selbst zurück".[19] Dies aber geschieht nur vermöge der empfangenen Gabe: Sie ist es, die ihren eigenen Empfang nicht nur ermöglicht, sondern auch aktualisiert, sofern der Empfangende in seiner Freiheit sich dem Wirken der Gabe nicht widersetzt oder sich ihr verweigert.

Weil sich im Schenken der Geber dem Beschenkten selbst gibt und der Beschenkte sich an ihn zurück-gibt, geschieht im wahren Schenken so etwas wie eine „*Vermählung*" zwischen beiden, deren ursprüngliche Polarität (der eine gibt, der andere empfängt) im Geschehen verflüssigt, ja geradezu umgekehrt wird. So wird der Beschenkte – aufgrund der Initiative des Schenkenden und der Mächtigkeit der empfangenen Gabe – selbst zum (Zurück-)Geber und zur Gabe. Der eine wie der andere gehen dabei ein Risiko ein: Der Gebende gibt sich in die Verfügungsmacht des Beschenkten, und der Beschenkte nimmt das Wagnis auf sich, sich im Beschenktwerden wirklich auf eine Gabe und nicht auf ein „gift", das unfrei macht, einzulassen.

(3) Indem der Beschenkte sich in Freiheit der Gabe öffnet und sie annimmt, macht er die Gabe erst zur Gabe, den Geber zum Geber und sich selbst zum Beschenkten und zum (Zurück-)Schenken Frei-gesetzten. Ohne freie Annahme der Gabe kann der Geber sein Leben nicht teilen und der Beschenkte nicht teilhaben am Leben des Schenkenden. Zwar liegt die Freiheit zur Annahme der Gabe in der *Möglichkeit* des Beschenkten, aber *aktualisiert* und damit „real" kann die Freiheit zur Annahme (oder Ablehnung) des Geschenkes erst durch den unersetzbaren, freien Akt des Schenkenden werden. Daraus folgt, dass mit und in der Gabe stets die Frei-Gabe des Beschenkten geschieht, und dies in mehrfacher Hinsicht: Frei-Gabe zur Annahme der Gabe, Frei-Gabe zur Bereitschaft, (ein Stück) Leben mit dem Schenkenden zu teilen und damit eo ipso – weil das Leben des Schenkenden

---

19 Oster, Mit-Mensch-Sein 120f in einer Interpretation der diesbezüglichen philosophischen Reflexionen Ferdinand Ulrichs. Ganz ähnlich – mit starker Unterstreichung der Passivität des Empfangens – auch Dalferth, Alles umsonst 173: „Eine Gabe ist … das, was jemand … *bekommt*, so dass ihm dadurch Lebensmöglichkeiten zufallen, die er von sich aus nicht gehabt hätte und zu denen er sich verhalten muss. … In der Aneignung agiert ja nicht das Subjekt, sondern man *wird* zum Subjekt, indem ein Anderer sich so zu einem verhält, dass man sich dazu nicht nicht verhalten kann. … Nicht wer gibt oder was oder wem gegeben wird, ist entscheidend, sondern der Modus des Bekommens, des Unterbrochenwerdens des Lebensablaufes durch etwas, was einem von anderswo her zugespielt wird, das Bestimmtwerden durch das, was man sich selbst nicht gibt, sondern bekommt". Dieses der Gabe korrespondierende Bekommen bzw. Annehmen oder Empfangen ist für ein gelingendes Schenken unabdingbar. Denn es gilt – so Mauss, Gabe 157 –: „Eine nicht erwiderte Gabe erniedrigt auch heute noch denjenigen, der sie angenommen hat".

durch die Schenkung ja zur Gabe wurde – zur Bereitschaft, durch Teilhabe an dessen Leben selbst Gabe zu werden. Kurz: Aus der Gabe resultieren Frei-Gabe und Auf-Gabe.

2. Religiöser Glaube als Gabe

(a) Glaube als „Vermählung"

Diese grundsätzlichen Überlegungen zum Wesen der Gabe und der darin involvierten Freiheit des Schenkenden und des Beschenkten gelten *auch*, ja geradezu katexochen für den religiösen Glauben, welcher, obwohl auf den ersten Blick Akt des Menschen, doch vor allem anderen Gnade, d. h. Gabe Gottes ist. Diese Identität von Glaube und Gabe ist ausdrücklich im wohl wichtigsten Kapitel des Neuen Testaments über den Glauben, im 4. Kapitel des Römerbriefs, thematisiert. Hier heißt es: *Es gilt: ‚aus Glauben', damit auch gilt: ‚aus Gnade'* (V. 16).[20] Der Glaube ist geradezu der Prototyp der Gabe. Denn er ist – so Ingolf U. Dalferth – „das unverfügbare Einbrechen und überraschende Zufallen ungeahnter Lebensmöglichkeiten, das Hineingenommenwerden in den Überfluss der Gnade".[21] Dass der Mensch vertrauensvoll aus sich herauszugehen und (im erläuterten Sinn) „exzentrisch" zu werden vermag, dabei seine ganze Zukunft auf Gott und dessen Lebensverheißung setzen kann und so Lebenssinn, Vertrauen, Hoffnung erhält, ist unmöglich ein „Werk" des Menschen (im Sinne Luthers), also kein autonomes, selbstmächtiges Tun. Es gründet notwendig in der vorausgehenden Gabe, in welcher Gott es ist, der, bevor der Mensch die Hin-Gabe an ihn zu vollziehen vermag, sich selbst dem Menschen gibt und mit-teilt als derjenige,

- dessen unendlicher Größe und Hoheit Vertrauen gebührt,
- dessen Macht die Fähigkeit hat, das auf ihn gesetzte Vertrauen einzulösen und
- dessen unrücknehmbare Liebe und Treue das Vertrauen des Glaubenden nicht und niemals enttäuschen wird.

20 So übersetzt die EÜ den grch. Text: Διὰ τοῦτο ἐκ πίστεως, ἵνα κατὰ χάριν. Ähnlich heißt es in Eph 2,8: *Aus Gnade seid ihr gerettet durch den Glauben – nicht aus eigener Kraft – es ist Geschenk Gottes.* D. h. der Glaube ist nicht Werk des Menschen, sondern Gnade. Diese schenkt den Glauben, durch den dann Rettung und Heil geschehen.

21 Dalferth, Alles umsonst 185. – Genauer gesagt, ist nicht eigentlich der Glaube die Ur-Gabe, sondern – jedenfalls nach katholischer Tradition – der Heilige Geist. Er ist – so Thomas v. Aquin, STh I, 38,2 c – das „primum donum, per quod omnia dona gratuita donantur". Aber diese personale Ur-Gabe des Geistes konkretisiert sich auf Seiten des empfangenden Geschöpfes als erstes in der Gabe des Glaubens.

Diese drei Faktoren dürften das Minimum an „Inhaltlichkeit", also an inhaltlich bestimmtem Glauben sein, welche auch die Strukturen der S. 372 angeführten „Kurzformel" des christlichen Glaubens bilden und die vom Glauben als Vertrauen (fides qua) vorauszusetzen sind, was zugleich auch heißt, dass alle anderen „Inhaltlichkeiten" (= dogmatische Bestimmungen des Glaubens) als Konkretisierungen dieser drei Faktoren zu verstehen und zu interpretieren sind und umgekehrt, dass alle anderen normativen Bestimmungen des Glaubens (fides quae), die von diesen drei Grundfaktoren weit entfernt sind, sich selbst mindestens relativieren.

Auf jeden Fall ist also der Glaube, obwohl Akt des Menschen, in seinem letzten Ursprung Geschenk Gottes. Das aber hat für Gott selbst Konsequenzen, und zwar analoge Konsequenzen, wie sie für jeden Geber und jede Gabe gelten. Indem Gott den Menschen mit der Gabe des Glaubens beschenkt, diese Gabe aber kein „gift" sein soll, welche den Beschenkten zum Spielball göttlicher Souveränität verkommen lässt, nimmt Gott sich selbst mit seiner Allmacht und Größe zurück, um seinem Geschöpf in Liebe und damit gewissermaßen „auf Augenhöhe" begegnen und sich ihm mitzuteilen zu können.

Hier treffen die wichtigen Darlegungen Soeren Kierkegaards zu: „Nur die Allmacht kann sich selber zurücknehmen, während sie hingibt, und dieses Verhältnis ist gerade die Unabhängigkeit des Empfängers. Gottes Allmacht ist darum seine Güte. Denn Güte ist, ganz hinzugeben, aber so, dass man dadurch, dass man allmählich sich zurücknimmt, den Empfänger unabhängig macht. Alle endliche Macht macht abhängig, nur die Allmacht kann unabhängig machen, aus nichts hervorbringen, was Bestand hat in sich dadurch, dass die Allmacht beständig sich selber zurücknimmt. ... Dieses ist das Unbegreifliche, dass die Allmacht nicht bloß das Imposanteste von allem hervorbringen kann: der Welt sichtbare Totalität, sondern das Gebrechlichste von allem hervorzubringen vermag: ein gegenüber der Allmacht unabhängiges Wesen. ... Nur die Allmacht vermag es in Wahrheit".[22] Darum kann eigentlich und letztlich auch nur der allmächtige Gott, der sich ganz und gar zurückzunehmen vermag, ohne seine Macht zu verlieren, Geber in lauterster Gesinnung sein, und seine Gabe das, was das Wesen der Gabe einschränkungslos verwirklicht.

Ein solches freies Sich-Zurücknehmen Gottes, ein Sich-Beschränken[23] oder – mit dem Begriffsmaterial von Th. Pröpper – ein solches Sich-selber-Bestimmen Gottes zu einem, der sich vom Geschöpf bestimmen lässt,[24] bestimmen lassen *will*, ist die unbedingte Voraussetzung dafür, dass menschliche Freiheit und eine ins Eigene freigesetzte Schöpfung überhaupt sein kann. Denn sonst unterliegt das Verhältnis Schöpfer-Schöpfung dem Verdikt Hegels, dass der Gott, dem eine Schöpfung als „das Andere" „gegenübersteht", nicht mehr das wahrhaft Absolute und Unendliche und *alles* Einbegreifende sein könne, sondern „selbst *endliches*

22 S. Kierkegaard, Die Tagebücher, München 1949, 216f.

23 Siehe dazu Greshake, Gott 278–283.

24 Vgl. Th. Pröpper, Evangelium und freie Vernunft. Konturen einer theologischen Hermeneutik, Freiburg i. Br. 2001, 19: Gott hat „sich selber dazu bestimmt, ... sich von der menschlichen Freiheit bestimmen zu lassen", eine Formulierung, die Pröpper in seinen Werken häufig wiederholt.

Unendliches" werde.[25] Nur die Freiheit Gottes, eine Schöpfung „neben" sich haben zu wollen, um sich ihr anzuvermählen, lässt Gott Gott und die Schöpfung Schöpfung sein.

Im Blick auf dieses liebende „Sich-selbst-Geben" Gottes, das seinerseits die Rück-Gabe des Beschenkten auslöst und das schon phänomenologisch gesehen die Struktur einer „Vermählung" aufweist (siehe S. 377), spricht die lebensvolle Sprache der Bibel tatsächlich von der „Vermählung Gottes" mit dem Geschöpf.

Es spricht vieles dafür, und davon wird später noch weiter die Rede sein, dass die „Hochzeitlichkeit" des Bundesverhältnisses Gott – Bundesvolk im hochzeitlichen Verhältnis Gott – Schöpfung beginnt und darin seinen tiefsten Grund hat (vgl. für diesen Zusammenhang besonders Jes 54,5: *Dein Schöpfer* [!] *ist dein Gemahl*). Dafür spricht auch Gen 1,26f: Wenn nämlich der Mensch als „Bild und Gleichnis" Gottes erschaffen ist, so ist zu fragen, ob sich diese Aussage auf den einzelnen „Adam" bezieht (und dann meist als Ausstattung des Menschen mit geistigen Fähigkeiten verstanden wird) oder auf den Menschen in seiner geschlechtlichen Differenzierung von Mann und Frau, die nur beide *zusammen* – voneinander unterschieden und dennoch einander gleich, miteinander eins und einander engstens zugeordnet – wahres Menschsein verwirklichen.

Es dürfte das Zweite zutreffen,[26] weil die ganze Klimax von Gen 1,26f auf das Mann- und Frausein des Menschen, also auf die Beziehung beider zuläuft. Diese spezifische Verbindung und Beziehung von Mann und Frau ist nun aber – so Giorgio Mazzanti – das „Paradigma jeder authentischen menschlichen Beziehung". Daraus folgert der italienische Theologe nicht zu Unrecht: „In certo senso l'antropologia conincide con la nuzialità. La nuzialità è la verità dell'antropologia – In gewissem Sinn fällt die Anthropologie mit der Hochzeitlichkeit des Menschen zusammen. Die Hochzeitlichkeit ist die Wahrheit der Anthropologie".[27] Zwar ist – so Angelo Scola, der in einer ähnlichen Perspektive denkt – die Kategorie des Andersseins des Anderen, die wesenhaft zu einer authentischen Beziehung gehört und als solche anerkannt und gelebt werden muss, „weiter als die des anderen Geschlechtes. Dennoch kann man nicht bestreiten, dass die ursprüngliche, grundlegende Erfahrung der Andersheit vom geschlechtlichen Anderssein ausgeht. Wir

25 Vgl. G. W. F. Hegel, Wissenschaft der Logik, WW III (WBG Darmstadt = Meiner) 149 u. ö. Siehe auch S. 517f dieser Studie.

26 So auch A. Scola, Das hochzeitliche Geheimnis, dt. Freiburg 2006, 44ff. Ferner: Kongregation für die Glaubenslehre, Schreiben an die Bischöfe der Kath. Kirche über die Zusammenarbeit von Mann und Frau in der Kirche und in der Welt, Nr. 5 = VApS 166.

27 G. Mazzanti, Persone nuziali. Communio nuptialis. Saggio teologico di antropologia, Bologna 2005, 27.

brauchen nicht die Tiefenpsychologie zu bemühen, um das zu verstehen".[28] Das bedeutet: *Als* „hochzeitliches Beziehungswesen" ist der Mensch Gott ähnlich und zwar dem Gott, von dem spätestens der neutestamentliche Glaube bekennt, dass er ein trinitarischer, also ein „beziehungsreicher" Gott ist, ein Gott, der als Communio unterschiedener Personen das Urbild geschöpflicher hochzeitlicher Liebe ist: Gott selbst ist Communio, geprägt von gegenseitigen Beziehungen, die sich in der Beziehung von Mann und Frau einen analogen (= ähnlichen, bei größerer Unähnlichkeit) Ausdruck schaffen. Indem das ganze Schöpfungswerk auf die Beziehung von Mann und Frau als dem eigentlichen „Bild und Gleichnis Gottes" hinausläuft, wird mindestens angedeutet, dass Gott die kreatürliche „Hochzeitlichkeit" als angemessenste „Sprache" für seine Selbstmitteilung an die Menschheit gewählt hat.[29]

Wenn dies zutrifft, so macht, von der andern Seite her betrachtet, die hochzeitliche Begegnung von Mann und Frau (und ihre Fruchtbarkeit im Kind) etwas vom Wesen Gottes offenbar.[30] Mehr noch: In der Hervorbringung geschöpflichen Seins weitet der communiale Gott seine innergöttlichen Beziehungen gewissermaßen ins Nichtgöttliche aus. Aus Liebe schafft er das Andere seiner selbst mit einer Liebe, die selbst „bräutlich" bzw. „hochzeitlich" ist, da sie unterscheidet, um zu vereinen, und eint, indem sie unterscheidet, weil sie den jeweils anderen um seiner selbst willen bejaht.[31]

Gott zeigt sich damit schon in der „Schöpfung-nach-seinem-Bild-und-Gleichnis" als Bräutigam gegenüber seiner Braut-Schöpfung. Das ist auch der tiefste Grund, warum der Mensch sich nicht *primär* vom Logos her definieren und von einer Reflexion auf das eigene Subjektsein her verstehen lässt. *Vor* aller Selbstreflexion und Selbstbestimmung steht vielmehr die Frage: Von wem werde ich

---

28 Scola, Geheimnis 130.

29 Vgl. G. Mazzanti, I sacramenti. Simbolo e teologia, Bologna 2010, 20. Wenn man wahre Freundschaft als eine Art Ausweitung oder auch Variante von Hochzeitlichkeit versteht, ist diese Idee nicht weit entfernt von der „Systematik" des Thomas v. Aquin, der – so M. Bieler, Freiheit als Gabe. Ein schöpfungstheologischer Entwurf, Freiburg i. Br. 1991, 369 – „Schöpfungslehre, Anthropologie, Gnadenlehre, Christologie, Pneumatologie, Ekklesiologie und Eschatologie … auf den Gedanken der Freundschaft mit Gott hin konvergieren lässt". Siehe dazu auch H. Dörnemann, Freundschaft als Paradigma der Erlösung, Würzburg 1997; ders., Freundschaft. Die Erlösungslehre des Thomas v. Aquin, Würzburg 2012.

30 Denn nach Balthasar, TL II, 56 ist die Familie „trotz aller klaren Verschiedenheiten die sprechendste, den Geschöpfen eingestiftete imago trinitatis".

31 Vgl. Mazzanti, Persone 303: „Amandola, Dio la distingue da sé. … Un tale modo di amare ha solo un nome: *nuziale*; quello proprio cioè di chi amando si dona, donando alla persona amata d'essere distinta da sé, e mantiene tale distinzione in vista della vera unione che vice della distinzione. L'amore nuziale distingue nel momento stesso che unisce".

geliebt bzw. wen kann/darf/muss ich als erster lieben.[32] „Sein bedeutet … für mich, entsprechend der Ankunft des Anderswo [= Gegenteil von: ‚aus mir selbst'] zu sein, dem gegenüber und für das zu sein, was ich nicht bin – was immer dies sein mag", formuliert Jean-Luc Marion in einer strikt philosophisch-phänomenologischen Untersuchung, und er fügt hinzu: „Wenn ich dies erkannt habe, muss ich „meine Autonomie abschreiben, diese fixe Idee, die ich [vor dieser Einsicht] nie in Frage gestellt habe".[33]

Zum Bild der Vermählung greift auch Soeren Kierkegaard, wenn er davon spricht, dass Gott durch sein Schenken dem „Menschen so viel einräumen kann, dass er, was ihn selbst betrifft, nahezu wie ein Freier [!] sagen kann (hier liegt das Wortspiel: frei zu machen, zu freien): willst du mich haben oder nicht? – und so eine einzige Sekunde auf die Antwort zu warten."[34] Gott macht sich selbst zum „Freier", zum Bräutigam, und den Menschen zu seiner Braut. Gottes Sein („Existieren") wird im Schenken buchstäblich konstituiert zum „Pro-Existieren", zum Dasein-für-den-Menschen. Sein Leben öffnet sich, teil-gebend, dem Beschenkten. Gott gibt *sich selbst* im Geschenk des Glaubens. In ihm spricht Gott sich jedem Menschen als Jahwe zu, d. h. als der, der für uns/mich da ist. Daraus folgert Raphael Schulte: „Wenn wir uns so mit allem Recht als DU-Jahwes erkennen, haben wir mit dem Wort ‚Gott' im Genitiv den wahren und einzigen Ursprung unseres ICH-Seins ins Wort gebracht".[35] Anders gesagt: Erst solcher Glaube macht in vollem Sinn zur Person.

(b) Glaube als Frei-Gabe

Indem der Beschenkte sich glaubend der Gabe des Glaubens, wie sie ihm von Gott her zukommt, in Freiheit öffnet, wird – wie bei allem wahren Schenken – die Gabe erst zur Gabe, der Geber zum Geber und der Mensch zum Beschenkten. Ohne dass dieser in Freiheit glaubt, kann Gott weder sich selbst mit-teilen, noch sich ihm „anvermählen", noch am Leben des Beschenkten teilhaben. Von da aus wird einsichtig: Wenn Gott in das Leben der Geschöpfe eingehen und an ihrem Leben teilhaben will, bedarf er der menschlichen gläubigen Antwort. Der Glaube ist gewissermaßen die Eingangspforte Gottes in die Welt. Indem der Mensch die Gabe des Glaubens annimmt und sich zu eigen macht, ermöglicht er, dass Gott – der als Schöpfer und Erhalter allen Seins natürlich immer in der Welt ist – als interpersonal Handelnder in die Welt eintreten kann. In diesem Sinn geschieht

32 Dies zeigt im Einzelnen sehr genau J.-L. Marion, Das Erotische. Ein Phänomen, dt. Freiburg-München 2011.

33 Ebd. 43, 46.

34 Ebd. 405.

35 Schulte, Herkunft 36. Siehe dazu auch ebd. 38–44.

durch den Glauben des Menschen so etwas wie ein „mütterliches Empfangen" und „mütterliches Gebären" Gottes in die Welt hinein. Wie also zum einen aus der Gabe Gottes ein neues, weil durch das Geschenk verwandeltes Geschöpf, eine Person im Vollsinn, geboren wird, so findet zum andern im Leben des Glaubenden auch Gott selbst eine neue Gestalt, er wird im und durch den Glaubenden neu „geboren", kommt durch ihn in neuer Weise zur Welt. So geschieht auf Seiten des Menschen mit der Ur-Gabe des Glaubens die Frei-Gabe, sich dem Geschenk zu öffnen und ihm im freien Akt des Glaubens zu entsprechen, eine Entsprechung, die auch verweigert werden kann.

Von dieser „Ortung" der Freiheit im Geschehen von Geben und Empfangen bestimmt sich auch erst das tiefste Wesen der menschlichen Freiheit. Im Geben und Nehmen zeigt sie sich als eine Größe, die wesentlich *aus, in und auf Beziehungen hin* ist. Wenn man dabei auf die Höchstform von Beziehungen blickt, auf die „Vermählung" (welche sich – wie aufgezeigt – im wahren Schenken immer in der einen oder anderen Form „abschattet") und welche die „Seinswurzel jeder Person betrifft, die sich nur als ‚hochzeitliche' den vielfachen anderen menschlichen Beziehungen öffnen kann",[36] so ist auch die Freiheit selbst als eine „hochzeitliche" zu charakterisieren, wie Giorgio Mazzanti es im Detail erörtert.

An der (menschlichen) Freiheit, die sich in der Korrelation von Empfangen und Geben realisiert, treten somit zwei Momente hervor: das Moment der Abhängigkeit wie auch das einer gewissen „Autonomie": Es ist jene *Abhängigkeit*, die darin erfahren wird, dass erst die Gabe Gottes zur Freiheit befreit, und es ist jene *„autonome"* (befreite) Freiheit, die sich herausgefordert sieht, Antwort geben zu müssen und es auch zu können, wobei freilich dieses Zurück-Geben-Können der menschlichen Freiheit unter der Prämisse steht: *Von Dir [Gott] kommt alles; was wir Dir geben, stammt aus Deiner Hand* (1 Chr 29,14). Die ganze Dynamik menschlicher Freiheit *ist* (!) die Dynamik der Vor-Gabe Gottes. Das bedeutet aber, dass menschliche Freiheit nicht schlechthin „autonom" ist oder – differenzierter gesagt – dass die „Autonomie" der Freiheit aus der (bejahten oder verneinten) „Heteronomie" des Beschenktwerdens *ab alio* hervorgeht und auch im Antwortgeben an dieses *ab alio* gebunden *bleibt*.[37]

---

36 Mazzanti, Persone 135.

37 Hier setze ich die Akzente etwas anders als Pröpper, Anthropologie I, 488–584. Zwar stimme ich mit Pröpper und anderen darin überein, dass als Voraussetzung für das Vernehmen eines Anrufs zur Freiheit und dessen Beantwortung Selbstbezüglichkeit und damit in einem gewissen Sinn „Autonomie" gehört. Doch wird m. E. erst durch den geschehenen Anruf die Dimension der Selbstbezüglichkeit eröffnet, die bis dahin in der Präreflexivität des Ich verborgen lag.

Phänomenologisch gesehen (!) kann es daher durchaus so scheinen, dass die Freiheit *eher* darin besteht, sich *nicht* dem Geschenk Gottes zu verschließen und *kein* Nein zu sagen.[38] Doch ist gerade dieses *Negativum* die Kehrseite des *Positivums*, sich von der Gabe bestimmen zu lassen und so *deren* Bewegung als Selbstbewegung mitzuvollziehen.[39] In diesem Nach- und Mitvollzug der Gabe besteht gerade die menschliche (endlich-rezeptive und nicht göttliche) Freiheit. Mag damit auch der Bereich, auf den sich solche Freiheit erstreckt, recht klein und eingeschränkt sein, so entscheidet sich doch im Akt des Empfangens der Gabe zugleich das Wesen der eigenen Freiheit (und damit das tiefste Wesen der eigenen Person).

Vielleicht könnte von dieser Perspektive her auch eine derzeit virulente theologische Diskussion etwas weniger konträr und dramatisch erscheinen. Es geht um die Frage, ob das Verhältnis des Menschen zu Gott im Freiheitsparadigma, d.h. als ein Verhältnis streng unterschiedlich agierender Freiheiten verstanden werden muss, oder ob dieses Verhältnis nochmals unterfangen ist von einer umso größeren Einheit göttlicher und geschöpflicher Freiheit, das sog. All-Einheits-Paradigma. (Lit. dazu auf S. 539).

Im Gedanken der All-Einheit (Gottes/des Göttlichen) ist – so Dieter Henrich, auf den sich fast alle Vertreter dieser Richtung berufen – „zwar die Letztheit von Differenz und Relation aufgehoben, ... aber in ihm, insofern von ‚allem' überhaupt die Rede ist, auch unbestimmt Vieles eingeschlossen". Das Viele ist im All-einen als vieles mitgesetzt, so dass gilt: „Insofern die Einzelnen in der All-Einheit hervorgehen, bestehen sie zwar in sich und sind zugleich doch gerade in dieser ihrer Selbständigkeit nicht durch sich selbst, sondern radikal von einem anderen her ermöglicht".[40] Auf die geschöpfliche Freiheit angewandt, heißt das: Auch und gerade in seiner Freiheit ist der Mensch nicht nur „seinsmäßig" vom all-einen Gott getragen, sondern auch im Vollzug von dessen (Frei-)Gabe abhängig. Hier gilt tatsächlich das Schriftwort: *Gott wirkt alles in allem* (1 Kor 12,6), aber er wirkt so, dass der Mensch zur Gabe auch Nein sagen, sich also dem Wirken Gottes entziehen und aus dem „All-einen" herausbegeben kann.

Das ist kein Widerspruch. Bereits die (spät)platonische Philosophie vertrat die Überzeugung, dass das Negativum nicht im Sein, sondern im (privativen) Nichts gründet, dass also das Nein der menschlichen Freiheit das „Alles" des All-einen nicht mindert, so dass dessen All-Einheit tangiert würde. Deshalb ist auf der einen Seite dadurch, dass der Mensch in tausend Facetten Nein sagen kann und faktisch Nein sagt, dessen

38 Denn es ist die „aktive Passivität" des Sich-Beschenken- und damit des Sich-Bestimmen-Lassens von Gott, „in der ein Menschen am Entstehen, Bestehen, Wachsen des Glaubens beteiligt ist. Er tut dabei – genaugenommen – *nichts*, sondern lässt etwas an sich und mit sich geschehen. Aber *dass* er nichts tut, sondern dies geschehen *lässt*, ist seine persönliche, verantwortliche Beteiligung an dem Geschehen des Glaubens": W. Härle, Dogmatik, Berlin ^{3}2007, 516.

39 In dieser Richtung denkt auch v. Balthasar. Vgl. TL I, 80: „Was von ihm [dem Menschen] verlangt wird, was ihm als Forderung ins innerste Wesen eingeschrieben ist, ist nur dies, dass er die Bewegung, in der er schon rollt, zu einer Selbstbewegung in Freiwilligkeit gestaltet".

40 D. Henrich, Die Philosophie im Prozeß der Kultur, Frankfurt 2006, 101f.

„Selbstbezüglichkeit" oder auch „das Moment der formellen Unbedingtheit menschlicher Freiheit", auf dem die Vertreter des Freiheits-Paradigmas (z. B. Th. Pröpper, M. Striet) entschieden bestehen, gewahrt, zugleich wird aber auf der andern Seite Gottes All-Einheit, kraft derer er *alles in allem wirkt* (1 Kor 12,6) und in alle Ewigkeit *alles in allem sein wird* (1 Kor 15,28), nicht ausgehöhlt.

Im Mitvollzug der Gabe (des Glaubens / der Freiheit) geschieht das, wovon bereits in einem anderen Zusammenhang die Rede war (S. 259ff): Da, wo der Mensch seine Freiheit in der Annahme einer (wahren) Gabe, die nicht „gift" ist, vollzieht, konstituiert sie sich als eine „Beziehungs-Wirklichkeit", die sich von der Teil-Gabe her begründet und deshalb auch anderen Teil-Gabe gewähren kann. Sie versteht sich damit als „dialogische Freiheit", d. h. als eine Freiheit, von der Hegel sagt: Sie findet im anderen „nichts Fremdes, keine Grenze und Schranke, sondern darin sich selber".[41] Wo sich hingegen Freiheit der Gabe gegenüber (grundsätzlich) verschließt und in sich selbst einschließt, konstituiert sie sich als „monologische Freiheit", die sich in letzter Konsequenz in einem Konkurrenz- und Machtkampf gegen alle anderen Freiheiten, einschließlich der Gottes, zu behaupten sucht. Daraus folgt: Freiheit ist mehr, viel mehr als Wahlfreiheit, mehr auch als die Freiheit, sich zwischen Gut und Böse zu entscheiden. Diese Modi der Freiheit sind eher Zeichen und dienen eher als Indikatoren dafür, dass der Mensch in seinem tiefsten Wesen nicht determiniert ist, sondern in Freiheit den Vollzug der Gabe mitvollziehen kann. Aber erst in diesem Vollzug findet die Sinngestalt der Freiheit ihr Ziel: das Sich-selber-Wählen, indem man sich angesichts einer wahren Gabe in eine „beziehentliche" (dialogische und kommunikative) oder in eine „monadische" Lebensperspektive setzt.

Ein solches Freiheitsverständnis bestimmt auch die ganze Geschichte der christlichen Spiritualität. Bei Ignatius v. Loyola wird es in besonderer Deutlichkeit greifbar, da sein wohl wichtigster Text über die Freiheit ein Gebetstext ist, der die eigene Freiheit in die Beziehung zu Gott hineinstellt. „Sume ac suscipe universam meam libertatem", betet er selbst und lässt er in den *Exercitia Spiritualia* (Nr. 234) den Exerzitanden beten. Dabei geht es nicht nur um das „suscipe", um das Geschenk, das der Mensch Gott macht und um dessen Annahme er bittet, sondern mehr noch um das „sume", um die Bitte, Gott möge die Freiheit nehmen (gelegentlich braucht Ignatius statt „sume" sogar das Wort „tolle" – „nimm weg"!), damit Gott die Freiheit gemäß seinem Willen einsetze. In dieser in Freiheit vollzogenen Bitte, Gott möge die eigene Freiheit „nehmen", steckt die ganze aktive „Autonomie" des Menschen, der sogar über seine Freiheit verfügen kann. Doch in der Bereitschaft, die Freiheit künftig von Gott „steuern" zu lassen („ad gubernandum", heißt es im weiteren Text), manifestiert sich seine passive Abhängigkeit. Aber auch die „Autonomie", über seine Freiheit verfügen zu können, steht nicht in sich, sie setzt voraus, dass der Mensch – wie es dann im weiteren Verlauf des Hingabe-Gebets heißt – weiß und akzeptiert: „quidquid habeo vel

41 G. W. F. Hegel, Ästhetik, Bd. I (Glockner), Stuttgart 1927, 142.

possideo mihi largitus es" – *Alles,* was er hat, auch seine Freiheit, ist Gabe, die sich in der Hin-Gabe des Empfangenen an Gott als den Geber zurückwendet („id tibi totum restituo").

(c) Glaube als Auf-Gabe

Im Glauben geschieht nicht nur Frei-Gabe des Menschen, sondern auch Begabung mit einer Auf-Gabe. Indem der Mensch als Frei-Gegebener antwortet, überlässt er sich der Dynamik der Gabe des Glaubens und realisiert so die in der Gabe mitgegebene doppelte Auf-Gabe, nämlich sowohl das Empfangene anzunehmen (und dabei in sich selbst fruchtbar werden zu lassen) als es auch an andere weiterzugeben. Nicht dass die Auf-Gabe als ein (korrespondierendes) Zurück-Geben *als Zweites* „nach" dem Geben des gebenden Gottes „daher"-kommt. Karl-Heinz Menke formuliert hier sehr zutreffend: „Die Empfänger des Heilshandelns Christi [sind] in eben dem Maße ihres Empfangens auch Geber dessen, was sie empfangen. Oder noch präziser ausgedrückt: Das Heilshandeln der Christen ist der Modus der Annahme des Heilshandelns Christi".[42] In der Antwort des Frei-Gegebenen, die sich in der Übernahme von Auf-Gaben und in der Weiter-Gabe des Empfangenen vollzieht, *vollzieht sich* die Annahme der göttlichen Gabe. Dabei ist die Auf-Gabe, die der Gabe entspringt, kein belastendes „Muss", sondern, wie die Gabe „umsonst", „gratis" geschenkt wurde, will sie auch vom Menschen getan werden: freiwillig, umsonst, gratis. Der wahre Gehorsam des Freien besteht gerade darin, die Gabe, durch die er frei *ist*, auch in Freiheit zu vollbringen.

Zu welcher Aufgabe genau wird der Glaubende gerufen? Worin präzise besteht der „Segen", den schon Abraham, der „Vater unseres Glaubens", empfangen hat, um ihn weiterzugeben und für andere zu erwirken? Was ist das „Heil", zu dessen Verwirklichung Gott den Glauben des angesprochenen Menschen evoziert? Hier gilt es, weiter auszuholen.[43]

Wenn man die „Logik" der Geschichte Gottes mit den Menschen, wie sie uns in der Heiligen Schrift aufgezeichnet ist, aufzuspüren sucht, stößt man auf eine unablässige Drift, auf ein immer erneutes Drängen auf *Einheit* hin: und zwar auf die Einheit Gottes mit den Menschen und auf die Einheit der Menschen untereinander. Im Alten Testament steht dafür als durchgehende „Chiffre" das Wort „Bund". Gott schließt mit den Menschen einen Bund: „Ich, Jahwe, will euer Gott sein": rettend, helfend, mit euch auf ein gutes Ziel zugehend; „und ihr sollt mein Volk sein!" In diesem Bund geht Gott engste Gemeinschaft mit seiner Schöpfung ein, so dass die

42 Menke, Sakramentalität 163.

43 Das Folgende findet seine letzte Begründung nur in einer ausgeführten Trinitätstheologie, wie sie sich z. B. bei Greshake, Gott bes. 283–339 findet. Etwas ausführlicher findet sich die obige Skizze bei G. Greshake, … wie man in der Welt leben soll. Grundfragen christlicher Spiritualität, Würzburg 2009, 37–44.

Schrift dafür das Bild vom Ehebund und von der Vermählung Gottes mit den Menschen gebraucht. Doch diese „vertikale" Richtung des Bundes (der Bund zwischen Gott und Mensch) ist nur dann wirklich, wenn dieser auch „horizontal", in der gelingenden Gemeinschaft mit den Mitmenschen, vollzogen wird.

Dies wird auf vielfache Weise in der Heiligen Schrift erzählerisch dargestellt: Von Anfang an beruft Gott nicht einzelne Menschen zur Gemeinschaft mit sich, sondern „die vielen", die sich zur Einheit zusammenfügen sollen: zur „Communio", zur Vereinigung des durch Vielheit bestimmten geschaffenen Seins, und dies in einem Prozess sich steigernder Ausweitung: vom Familienclan zum Volk Gottes. Wenn dabei Einzelne von Gott berufen werden, dann stets mit dem Auftrag, der Communio-Werdung aller zu dienen; sie haben eine Aufgabe für das Ganze des erwählten Volkes, das Gott aus den Völkern „herausruft". Doch dieses „herausgerufene Volk Gottes" ist noch nicht das letzte Ziel, noch nicht die vollendete Form der Gemeinschaft. Das Gottesvolk soll vielmehr *zum Segen werden für die ganze Erde* (Jes 19,24). Es soll auf alle Heidenvölker ausgreifen, die laut Jes 2,lf nach Jerusalem kommen, um teilzuhaben am Bund Israels mit Gott und an dessen gelingender Gemeinschaft untereinander. Allumfassende Communio, die nichts auslassende Ausweitung des Gottesvolkes oder – anders formuliert – die universale Kirche ist die Ur-Idee Gottes mit der von ihm ins Werk gesetzten Schöpfung.

Auch wenn der Mensch zu diesem Plan Gottes Nein sagt, bleibt das (Heils-) Werk Gottes darauf ausgerichtet, die Menschen immer wieder zum Bund mit sich und zur bundesgemäßen Gemeinschaft untereinander zu bewegen. In immer neuen „Anläufen", die uns im Alten Testament bezeugt werden, von denen analog aber auch die übrigen Menschheitsreligionen künden, schenkt Gott neue Communio und sucht, zu neuer Communio zu befähigen.

Diese göttlichen Initiativen finden in der Menschwerdung des Gottessohnes, in Jesus Christus, ihren Höhe- und Zielpunkt. Herzstück seines Handelns ist sein Einsatz für das „Reich Gottes", eine bildhafte Bezeichnung für die Communio Gottes mit den Menschen und der Menschen untereinander. Christus wurde vom Vater gesandt und ist in den Tod gegangen, *um die zerstreuten Kinder Gottes wieder zu sammeln* (Joh 11,52). Aber nicht erst sein Sterben, sondern sein gesamtes Leben steht unter dem Vorzeichen, Gemeinschaft zu stiften. „Inhaltlich … kann Communio all das decken, was das Ziel des Tuns Jesu selbst war. Denn es ist deutlich, dass das Heil, das Jesus verkündet und verwirklicht hat, völlig unter dem Zeichen der Einheit stand", fasst Alexandre Ganoczy trefflich zusammen.[44]

---

44 A. Ganoczy, Communio – ein Grundzug des göttlichen Heilswillens, in: Unsere Seelsorge (Münster) 22 (1972) 2.

Da aber die angesprochenen Menschen in ihrer – für die ganze Menschheit stehenden – repräsentativen Mehrheit weiter beim „Nein“ verbleiben, bietet Gott das Äußerste seiner Liebe auf: Gottes Sohn geht in Leiden und Kreuz dem Menschen bis zum Letzten nach, um ihn zur Gemeinschaft mit sich zu bewegen.

In den sog. Abschiedsreden des Johannesevangeliums wird in unüberbietbarer Deutlichkeit zum Ausdruck gebracht, was der letzte Grund der „Uridee“ Gottes mit seiner Schöpfung und das innerste Zentrum der auf Communio hin driftenden Geschichte ist: Es ist der drei-eine Gott selbst, der sein eigenes Wesen: Communio (Einheit in Vielheit [der Personen] – Vielheit in Einheit) in die Schöpfung hinein „auslegt“, damit die Schöpfung, ihm ähnlich geworden, für immer an seinem trinitarisch-communialem Leben teilhaben kann. Auf dieser Linie stellt Joh 17 heraus, dass die Einheit von Vater und Sohn (im – hier nicht eigens genannten – Heiligen Geist) auf die Jüngerschaft Jesu ausgreifen und von ihr aus die ganze Welt erfassen will. Und eben darin besteht das „Testament Jesu“, also sein letzter, alles einbegreifender Wille und die Pointe seines ganzen Redens, Tuns und Erleidens: *Alle sollen eins sein, wie du, Vater, in mir bist und ich in dir bin, so sollen auch sie in uns sein* (Joh 17,21). In der Einheit Jesu mit dem Vater, in ihrer beiderseitigen Liebe *schon vor Erschaffung der Welt* (17,24), besteht Jesu „Herrlichkeit“; und diese „Herrlichkeit“, also diese Einheit, schenkt er den Jüngern weiter: *Ich habe ihnen die Herrlichkeit gegeben, die du mir gegeben hast; denn (!) sie sollen eins sein, wie wir eins sind, ich in ihnen und du in mir. So sollen sie vollendet sein in der Einheit* (17,22f). Hiernach tritt also die Einheit der Menschen aus der Einheit des dreifaltigen Gottes hervor und soll als „vollendete Einheit“ darin wieder eingeborgen werden. Das bedeutet: Die Communio, in der der dreifaltige Gott existiert, soll in der Jüngerschaft Jesu ausgeprägt werden; als solche wird sie ausgesandt, um die ganze Welt aus ihrer Zerspaltung heraus- und in die eigene Gemeinschaft (mit Gott und untereinander) hineinzuführen, auf dass Gottes Heilsplan ans Ziel kommt: *Die Fülle der Zeiten heraufzuführen, in Christus alles zu vereinen, alles, was im Himmel und auf Erden ist* (Eph 1,10; vgl. auch Kol 1,20).

Das letzte Ziel der Schöpfung heißt also „Einheit“, „Vermählung“ aller Wirklichkeit mit Gott und untereinander, man könnte auch sagen: „Trinitarisierung“ alles Geschaffenen: Was Gott als trinitarischer Gott ist, sollen und dürfen wir werden, nämlich „Communio“, d. h. Einheit aus Vielheit, Vielheit in Einheit. In einem biblischen Bild gesagt: Es geht darum, „Leib Christi“ zu werden, so eng untereinander vernetzt wie die unterschiedlichen Glieder und Organe eines Leibes, einander verbunden in gegenseitigem Lebensaustausch, in Gerechtigkeit und Frieden, in Liebe und Hilfeleistung, um so mit Christus als „Haupt“ und dem Heiligen Geist als „Seele“ den einen Leib Christi zu bilden „zur Ehre Gottes des Vaters“. Aber dies alles nicht in folgenloser innerer „Frömmigkeit“, sondern in der ganzen

Konkretheit des eigenen Lebens und der Welt: Alles, Politik und Wirtschaft, Gesellschaft und internationale Beziehungen, aber natürlich auch die „kleine" Familien-, Berufs- und Freizeitwelt soll Einheit finden in der Liebe Christi.

Mit all dem ist auch das tiefste Wesen der Kirche umrissen, die vom Zweiten Vatikanischen Konzil (SC 26) kurz als „Sacramentum unitatis" – „als Sakrament (Zeichen und Werkzeug) der Einheit" definiert ist. Dafür *ist* Kirche, dass sie werkzeuglich mittätig ist am Ziel der „Trinitarisierung", der „Communialisierung" aller Wirklichkeit, bis alles eingemündet ist in das ewige, selige Leben des dreieinen Gottes. Bis dahin hat die Auf-Gabe, die der Glaube stellt, kein Ende. Leben aus dem Glauben ist keine statische Befindlichkeit, sondern setzt aufgrund der Zeitverfasstheit menschlichen Daseins auf einen unabschließbaren Weg (wie dies die Schrift etwa an Abraham verdeutlicht). Das Verhältnis zwischen endlichem Geschöpf und unendlichem Gott kann niemals in eine „befriedete" Statik einmünden. Denn der im Glauben Beschenkte nimmt am unendlichen Leben Gottes wirklich teil, ohne doch selbst unendlich zu werden. Damit ist eine unabschließbare Dynamik und Bewegung auf Gott hin gegeben, die in alle Ewigkeit, sogar in der himmlischen Vollendung, die Sehnsucht des menschlichen Herzens in Bewegung halten wird. Auch der Himmel ist ein ewig-neues Sich-Steigern, ein taumelnd-dynamisches Leben.[45] Kurz: Die Gabe Gottes an den Menschen und damit die Auf-Gabe, aus ihr zu leben, hat niemals ein Ende.

3. Exemplum Mariae

(a) Gabe Gottes und freie Antwort Marias

Über lange Seiten hinweg war von Maria nicht ausdrücklich die Rede, doch war sie heimlicher Bezugspunkt aller zuvor getroffenen Aussagen. Denn bei ihr kommen die gezeichneten Strukturlinien des Phänomens „Gabe des Glaubens/der Freiheit" zu ihrem Höhepunkt, da sie der (Abraham überbietende) Prototyp des Glaubens ist. Freilich fällt dieser ihr prototypischer Glaube nicht „vom Himmel". Maria steht mitten in der Glaubensgeschichte ihres Volkes und führt sie als „Israels heiliger Rest" weiter, mehr noch: bringt sie an ihren dezisiven Höhepunkt. Das Erreichen des Höhepunkts heißt jedoch nicht Eliminierung oder Mindereinschätzung aller anderen, weiter unten bzw. davor liegenden Punkte. Das Erreichen des

45 So schon Gregor. v. Nyssa, In Cant. 12 (FC 16/3,660). Siehe dazu J. Daniélou, Platonisme et théologie mystique. La doctrine spirituelle de S. Grégoire de Nysse, Paris ²1953; H. U. v. Balthasar, Présence et Pensée. Essai sur la philosophie religieuse de Grégoire de Nysse, Paris 1942.

Höhepunkts setzt vielmehr deren Passieren voraus; es ist ermöglicht und bedingt vom Durchschreiten vieler anderer Wegpunkte. Weniger bildhaft gesprochen: Der Glaube Marias steht im Netzwerk der glaubenden Menschheit, die aus der Gabe Gottes lebt und von dieser Gabe Frei-Gabe und Auf-Gabe erhält. Darin aber ist sie gewissermaßen der Zenit. Um ihres Glaubens willen wird sie in der Heiligen Schrift selig gepriesen, als Vollzug des Glaubens wird ihr Handeln beschrieben. Das Wort von Lk 1,38, *Ich bin die Magd des Herrn; mir geschehe, wie du es gesagt hast*, ist – so Heinz Schürmann – „Höhepunkt allen religiösen Verhaltens vor Gott …, da es in höchster Weise passive Verfügbarkeit und aktive Bereitschaft in einem bezeugt, tiefste Leere und höchste Fülle zugleich".[46]

Darum steht das, was im vorangehenden Paragraphen entwickelt wurde, nicht nur (das freilich *auch*!) im Rahmen einer allgemein nachvollzieh*baren* (wenn auch nicht faktisch von allen vollzogenen) anthropologischen Phänomenologie, sondern macht sich fest an der Gestalt Marias, an der sich die allgemein geltenden anthropologischen Strukturen konkretisieren, vereindeutigen und auf höchste Weise verwirklichen.

So beginnt (auch) der Glaube Marias mit der Initiative Gottes, mit dem Angesprochenwerden durch ihn: „Sei gegrüßt …!" Aber es bleibt nicht bei diesem initiierenden „Sprachereignis" (wie es in der neueren Hermeneutischen Theologie heißt). Das Angesprochenwerden weist vielmehr zurück auf eine dem Wort bereits vorausgegangene *Gabe*: „Du Begnadete!", Du, die Du bereits beschenkt bist! Womit beschenkt? Mit dem, *was* Du bist und *wer* Du bist, mit allem, was an Dir geschehen ist, geschieht und geschehen wird, vor allem mit dem, worin Du in der Schrift selig gepriesen wirst: mit dem Glauben selbst. Kurz: Du bist beschenkt mit Dir, der Du dieses ganz bestimmte Geschöpf in Gottes Huld bist, ein Wesen, dem Gott sich liebevoll zuneigt. „Sich" zuneigt! Das heißt: In der zuvorkommenden Gabe gibt sich Gott *selbst* als Geber. In der Gabe ist ER in der Empfängerin Maria präsent.

Gerade an Maria findet sich das bestätigt, was bereits – nicht ohne Blick auf sie! – auf S. 383f über das Wesen der Freiheit als „Hochzeitlichkeit" und Nach- bzw. Mitvollzug der Gabe sowie über die derzeitige theologische Diskussion (Freiheits- oder All-Einheits-Paradigma?) ausgeführt wurde. Marias freie Zustimmung ist ganz und gar initiiert und getragen von der zuvorkommenden Gabe. *Ihr freies „Fiat" ist die Bewegung der Gabe, vollzogen als Selbstbewegung Marias.* So bezeugt es – um noch einmal Heinz Schürmann aufzugreifen – „in höchster Weise passive Verfügbarkeit und aktive Bereitschaft in einem …, tiefste Leere und höchste Fülle zugleich". Ihre freie Antwort ist essentieller Teil des „Dia-

46 Schürmann, Lukasevangelium 58.

logs", der zum Wesen des Gabe-Geschehens gehört. Ein solcher Dialog „muss" der Menschwerdung Gottes vorausgehen, wenn diese nicht zu einem vor- bzw. unterpersonalen, „naturalen" Geschehen verkommen soll und wirklich „Gabe", sogar unübersteigbar höchste Gabe, ist. Die „Gabe" bedarf der Entgegennahme, um Gabe zu sein, sie braucht einen personalen „Ankunftsort", sie muss sich umsetzen in ein freies „Ja" des Empfängers.

Ein solcher unumgänglicher Dialog kann nicht zwischen dem „Verbum incarnandum" und dessen menschlicher „Natur" stattfinden, eben weil letztere keinen menschlichen personalen Träger hat. „Es wäre eine absurde Vorstellung, dass der Logos in seiner göttlichen Natur seine eigene menschliche Natur und dessen zugehörigen Willen befragt, ob diese von ihm angenommen werden will", vermerkt zu Recht Stefan Oster und wendet sich damit gegen entsprechende Tendenzen bei Karl Rahner.[47]

In dieser Problematik zeigt sich ein Fragekomplex, der in der bisherigen Theologie weithin unklar geblieben ist: Wer *genau* ist der „geschöpfliche Partner" der Vermählung Gottes mit der Menschheit? Ist es die *individuelle* menschliche Natur Jesu (und durch sie vermittelt dann auch wir alle)? So Augustinus (S. 159) und der Großteil der Patristik sowie die orthodoxe Theologie (S. 358f). Oder ist es die allen Menschen *gemeinsame* Natur und damit die ganze Menschheit? So Thomas v. Aquin, für den sich das „quoddam spirituale matrimonium inter Filium et humanam naturam" vollzieht, weshalb Maria „loco totius humanae naturae" konvenienterweise den für die Vermählung notwendigen Konsens gibt (STh III,30,1).[48] Noch einmal anders ist die Position Scheebens, der gleich drei verschiedene Weisen der Vermählung kennt:[49] (1) die des ewigen Gottessohnes mit seiner menschlichen Natur, (2) die des Gottessohnes mit Maria und (3) die mit dem ganzen Menschengeschlecht. – Zu diesen Fragen siehe weiter auch S. 526f dieser Studie.

Der Dialog des Glaubens, der dem Ereignis der Menschwerdung vorausliegt, also der Dialog zwischen Geber und Empfänger, kann sich nur zwischen *Personen* vollziehen. Mit anderen Worten: Die hypostatische Einheit (die Verbindung von göttlicher und menschlicher Natur in Jesus Christus) setzt die im Gabe-Gesche-

---

47 Oster, Person 459.

48 Anders dagegen verstand Thomas es noch in seinem Sentenzenkommentar III 3, 3, 1 1 (www.documentacatholicaomnia.eu/04z/z_1225–1274_Thomas_Aquinas_In_libros_Sententiarum_Petri_Lombardi_LT.pdf.html, 862. Hier heißt es: „In conceptione Christi factum est quoddam matrimonium per indivisibilem conjunctionem divinae et humanae naturae". Hier ist mit der natura humana offenbar die individuelle menschliche Natur Jesu gemeint; konsequenterweise ist dann auch keine Rede von einem „stellvertretenden Konsens" Marias, sondern nur von ihrer individuellen Zustimmung, „de qua [Filius Dei] humanam naturam assumeret in unitate personae". Siehe dazu M. D. Koster, Die Stellvertretung Mariens bei Thomas von Aquin, in: C. Feckes (Hrsg.), Die heilsgeschichtliche Stellvertretung der Menschheit durch Maria, Paderborn 1954, 181–185.

49 Scheeben, Handbuch, Nr. 759ff, 793, 806f (= S. 83ff, 92, 312f).

hen sich vollziehende „interpersonale Einheit“ von Gott und Mensch, konkret: von Gott und Maria (als Repräsentantin der Menschheit), voraus und zwar so unbedingt, dass ohne diese Zustimmung des Glaubens die Menschwerdung – als „Vermählung“ von Gott und Mensch ein eminent interpersonales Geschehen – nicht zustande kommen kann. Diese personale, im Gabe-Geschehen konstituierte Einheit ist nach Stefan Oster sogar diejenige Einheit, die – „ontologisch primär“ – „die konkrete, geschichtliche Erscheinungsweise Jesu als Mensch trägt, unterfängt und zugleich übersteigt. ... Die geschichtliche Annahme der menschlichen Natur wird von der personalen Liebeseinigung der beiden Personen umfangen“.[50]

Damit ist von Oster freilich nur *eine* Perspektive pointiert herausgestellt, die zu ergänzen ist. Denn umgekehrt setzt die höchstmögliche interpersonale Einheit von Gott und Mensch die Inkarnation, d. h. die hypostatische Einheit von Gott und Mensch voraus, und dies aus zwei Gründen: (1) Interpersonale Einheit kann, mindestens was die absolute Unauflösbarkeit und Unaufbrechbarkeit angeht, immer noch durch jene Einheit überboten werden, welche „hypostatische Union“, d. h. ontologische Einheit der göttlichen und menschlichen Natur in Jesus Christus, genannt wird. Insofern allein diese unüberbietbar ist, gibt sie die Grundlage und in gewisser Weise das „Maß“ für interpersonale Einheit vor. (2) Die in der Inkarnation durch den Sohn Gottes angenommene und durch ihn „hypostatisierte“ Menschennatur trägt nicht nur das Antlitz eines bestimmten Menschen, eben des Jesus v. Nazaret, sie wird vielmehr schon bei den Vätern nicht „reduktiv“, sondern „expansiv“ verstanden, d. h. nicht reduziert = beschränkt auf Jesus Christus allein, sondern dafür offen, alle Menschen in sich einzuschließen bzw. an sich anzuschließen, auf dass alle in der gläubigen Beziehung zu Christus, ebenso wie er, engstmögliche Einheit mit Gott finden, gemäß Röm 8,29, wonach Gott *alle* dazu bestimmt hat, *an Wesen und Gestalt seines Sohnes teilzuhaben, damit dieser der Erstgeborene von vielen Brüdern sei*. Diese Universalisierung der Einheit von Gott und Mensch, konkret: von Gottes Sohn und Maria, setzt aber voraus, dass die menschliche Natur Jesu in der Kraft des ewigen Gottessohnes so personalisiert ist, dass – wie das II. Vaticanum in GS 22 sagt – „der Sohn Gottes ... sich in seiner Menschwerdung gewissermaßen mit jedem Menschen vereinigt“, vereinigen *kann*. Das heißt: Die „hypostatische Union“, durch die Jesus Christus („ontologisch“) unser aller „Bruder“ geworden ist (vgl. Hebr 2,11), ist die Bedingung für die („personale“) Vereinigung des Gottessohnes mit *jedem* Menschen.

Beides: die hypostatische Union (die Einheit von göttlicher und menschlicher Natur) und die interpersonale Einheit (von Gott und Mensch) sind also einander strikt zugeordnet, sie konditionieren sich gegenseitig: Die erste setzt voraus, dass

50 Oster, Person 460

sie in der personalen Beziehung von Gott und Maria ihr bleibendes Fundament hat; die zweite kann nur dann universal sein bzw. werden, wenn sie in der grenzenlosen kommunikativen Kraft des inkarnierten, d.h. in der (ontologischen) Einheit von göttlicher und menschlicher Natur existierenden Gottessohnes gründet. Erst so bekommt auch die christologische und soteriologische Schlussfolgerung, die Oster aus dieser Themenbehandlung zieht, ihre ganze Konsistenz. Er schreibt:

> „Meines Erachtens ist auch erst aus dieser Sicht befriedigend denkbar, wie der einzelne, erlösungsbedürftige Mensch Teilhabe gewinnen kann an der hypostatischen Union Christi. Wenn die hypostatische Union nicht zuerst und primär die ‚bloße Menschennatur' Jesu isoliert betrachtet, sondern von der personalen Gestalt der Kirche in der Mutter des Herrn her verstanden wird, dann wird damit zugleich verstehbar, wie der Einzelne durch ihre Vermittlung in diese Union des Herrn mit der gesamten Menschennatur personal hineingenommen werden kann".[51]

So bestätigt der Glaube Marias und führt zum Zenit das, was über den Kern menschlicher Freiheit ausgeführt wurde: Freiheit ist wesentlich Frei-*Gabe* von Seiten Gottes her und Einladung, *zu der* und *in der* der Gabe eigenen Dynamik sein „Fiat" zu sprechen (was freilich auch verweigert werden kann). Freiheit ist damit zutiefst ein „Geschehen-Lassen", wobei im „Lassen" das entscheidend aktive Moment steckt und im Wunsch, es möge – von Gott her! – geschehen, das geschöpfliche Passiv betont wird. So vollzieht sich in dieser aktivisch-passiven Einheit der Glaube Marias als Freiheitsgeschehen. Von Gott gerufen und beschenkt, vertraut sie sich dem Gott an, den sie als „Gott Israels" kennt und dessen Größe, Macht und Treue sie im Magnificat besingt. Indem Gott in freiester Initiative, ganz „gratis", grundlos, auf Maria zugeht und allein dieser Ruf es ist, der sie zur freien Antwort befähigt, zeigt sich, dass Maria aus sich selbst heraus nur armseliges Geschöpf ist, „niedrige Magd", „abhängige Tochter". Als die Glaubende schlechthin ist sie die Beschenkte schlechthin, als „Virgo immaculata" stellt sie das reine Empfangen der Gabe Gottes in reinster Gestalt dar. Damit ist sie gewissermaßen – so Ferdinand Ulrich – die „Gottbezogenheit in Person", „die geschaffene ‚relatio subsistens'", „das geschaffene Sein als Liebe", „die reine geschaffene Relation des Geschöpfes zu Gott".[52] An ihr wird aber auch unüberbietbar deutlich, dass – wie Soeren Kierkegaard es in eingehenden Analysen zeigt – „die Liebe *voraus-setzt*, was sie im Geliebten erwirkt":[53] Die Liebe Gottes schafft in

51 Oster, Person 481.
52 Ulrich, Gabe 774.
53 Kierkegaard, Liebe 240. Siehe zum Ganzen auch ebd. 240–249.

Maria ein freies, mit Liebe immer schon begabtes Geschöpf, um von ihm die Antwort der Liebe zu erwarten, ja zu erhoffen. Wenn Gott in Jesus Christus gemäß 2 Kor 1,18 sein unbedingtes „Ja" zum Menschen spricht, so kann – wie es im Anglikanisch/Römisch-katholischen Dialog über Maria heißt – „Marias *fiat* als das treffendste Beispiel des ‚Amen' eines Gläubigen auf das ‚Ja' Gottes verstanden werden".[54] Gott schafft ein JA, damit dieses „im und zum ungeschaffenen JA" in Freiheit, d. h. in der Liebe, Antwort geben kann.[55] Und da Maria diese Antwort gibt, ist sie die „geschaffene Liebe" und wird aus einer von sich her Armen zur am meisten Reichen. Doch ist sie – so nochmals Ferdinand Ulrich – „nicht durch sich selbst arm, Gottes ‚ledig', sondern durch Den, der sie als die ‚gratia plena', als die wahre ‚sola gratia' in geschaffener Person, aus-räumt, ihr die Gnade der Armut schenkt, … ihr die überreiche Gnade der Liebe durch seinen Sohn einsenkt, sich in sie ein-wohnt, sie fruchtbar macht …"[56]

Damit setzt sich an Maria fort, was schon für das Alte Testament typisch war, dass Gott sich mit besonderer Vorliebe den Armen zuwendet, angefangen vom geknechteten Volk Israel bis hin zum leidenden „Gottesknecht". Immerfort ist die Heilige Schrift durchdrungen von dieser Präferenz Gottes für die Kleinen, Schwachen und Armen, für diejenigen, die wissen, dass sie aus sich selbst heraus nichts vermögen. In dieser Reihe steht auch Maria.

Kurz: Frei-Gabe Gottes und freie Antwort des Menschen stimmen bei Maria ineinander und sind sowohl Voraussetzung wie Antizipation der großen „Vermählung" Gottes mit der Menschheit.

(b) Die Auf-Gabe Marias

Was von jeder wahren Gabe gilt, dass sie nicht nur Frei-Gabe bedeutet, sondern auch Auf-Gabe, gilt auch für Maria. Auch und gerade für sie besteht die Antwort der Freiheit darin, an der Communio des Gottesvolkes mitzuwirken und damit an der Durchführung des großen Plans, den Gott mit seiner Schöpfung hat: *Alles, was im Himmel und auf Erden ist, in Christus zu vereinen* (Eph 1,10) oder im Bild gesprochen: die Hochzeit des Lammes mit seiner Braut zu feiern (Offb 21,9ff).

An diesem Plan Gottes nimmt Maria in herausragendem Maß teil. Denn ihr Ja zur Aufgabe, die Mutter des Gottessohnes zu werden, ist die Voraussetzung dafür, dass Gott in die Welt eintreten und sich mit ihr „vermählen" kann, um so jene Communio zu schaffen, auf die hin die Schöpfung ins Werk gesetzt wur-

54 Anglikanisch/Römisch-katholischer Dialog: Maria: Gnade und Hoffnung in Christus, in: DwÜ IV, 294–331, hier: 298.

55 Vgl. Ulrich, Gabe 83.

56 Ulrich, Gabe 771.

de. So wirkt Maria durch ihr Ja (und dessen Konsequenzen) an Gottes Ur-Plan „Communio" mit. Sie ist damit nach Klaus Hemmerle „die Gestalt gewordene, Wirklichkeit gewordene Communio und zugleich Gestaltwerdung, Geborenwerden der Communio".[57]

Bei all dem sind der Glaube Marias – eingebunden in den Dialog von Geber und Empfänger – und ihre leibhaftige Mutterschaft nicht zwei verschiedene „Phänomene". Der Glaube ist das Umfassendere, ihr Mutter-Gottes-Sein dagegen dessen unausdenkbar höchste Realisierung. Das „Selig!", das über Maria von Elisabet ausgerufen wird, gilt ihrem Glauben, noch „vor" ihrem Muttersein. Deswegen stellt schon Augustinus und zahlreiche andere Theologen vor ihm zusammenfassend, heraus, dass bei Maria „dasjenige, was im Geiste ist, mehr ist, als was im Schoß getragen wird".[58] Denn es ist ihr *Glaube*, der die Eingangspforte Gottes in die Welt bildet.

Den Vorrang des Glaubens zu betonen ist aus folgendem Grund wichtig: Es gibt nicht wenige Kirchenväter (vor allem auch Augustinus), die folgenden Gedanken entwickeln: Da es eine unausdenkbare Einheit zwischen Jesus Christus und seinem ekklesialen „Leib" gibt, gebiert Maria, indem sie den individuellen Leib Christi gebiert, damit und darin auch die *„Glieder"* dieses Leibes, also uns, die Glieder der Kirche. Maria ist also – mit Augustinus gesprochen – der Kirche deshalb „simillima" (S. 159), weil auch diese uns in den Glauben und damit in den Leib Christi hineingebiert. Beide verwirklichen die gleiche „Mutterschaft"; beide laufen miteinander, ineinander und zielen auf ein- und dasselbe hin; beide bilden den „Raum" („Schoß"), in dem der Glaube entsteht, gelebt wird und wirksam werden kann; beide bringen Gott zur Welt und sind an der Durchführung des Heilsplans Gottes, dass alles in Christus seine Einheit findet und zum „Leib Christi" wird, maßgeblich beteiligt.

Dieser Gedanke ist zwar in seinem Gehalt grundsätzlich richtig, aber in seiner Begründung kurzschlüssig, da er zum Verstehen der Mutterschaft Marias vom „physischen" Gebären des (individuellen) Leibes Christi ausgeht und daraus das „geistige" Gebären der Glieder des „Leibes Christi" folgert. Doch nur vom „geistig-geistlichen" Gebären her lässt sich eine Brücke schlagen vom Gebären des Christus solus zum Christus totus. Nur wer *im Glauben* Christus gebiert, kann auch andere in den Glauben und in die Kirche hinein „gebären". Deshalb ist Maria *als Prototyp des Glaubens* (und nicht in ihrer physischen Mutterschaft) die personale Gestalt der ekklesialen Mutterschaft.

Diese besondere Stellung Marias – als exemplarisch Glaubende und leibhaftige Mutter – setzt sie in ein besonderes Relationsgefüge zum trinitarischen Gott:

– Indem sie Mutter des Sohnes Gottes (in seiner menschlichen Natur) ist, repräsentiert sie das Mysterium der ewigen Zeugung des Sohnes (in seiner göttli-

57 Hemmerle, Communio 306.

58 Der ganze Text lautet: „Mehr hat sie [Maria] im Geist (mente) das Wort Gottes behütet als im Schoß das Fleisch. ... Mehr ist dasjenige, was im Geiste ist, als was im Schoß getragen wird": Augustinus, sermo Denis 25,7 (Morin 163).

chen Natur). So ist sie „die mütterliche Ikone der Väterlichkeit Gottes".[59] „Die Zärtlichkeit oder das Erbarmen des Vaters bekommen in Maria ein Gesicht, eine konkrete Gestalt".[60]

- Im Blick auf den Sohn stellt sie in ihrem Glauben auf geschöpfliche Weise die „Empfänglichkeit" des ewigen Sohnes dar, mit der dieser sich vom Vater entgegennimmt und in Liebe zurückbeugt.
- All das geschieht im Heiligen Geist, der nicht nur Vater und Sohn, sondern auch Schöpfer und Geschöpf auf unerhörte Weise miteinander verbindet.

(c) Maria als Leitbild

Der Geist ist es auch, der das, was in Maria geschieht, ausweitet auf alle, die die Gabe des Glaubens empfangen und ihr entsprechen. Es ist eine alte, durchgehende Tradition, die spätestens ab Origenes greifbar wird und die Meister Eckhart auf seine Weise formuliert, dass nämlich der Vater seinen Sohn aus jedem glaubenden Menschen gebiert:

> „Es gebiert der Vater seinen Sohn in der Seele [eines jeden Menschen] in derselben Weise, wie er ihn in der Ewigkeit gebiert und nicht anders. … Der Vater gebiert seinen Sohn ohne Unterlass und ich sage mehr noch: Er gebiert mich als seinen Sohn und als denselben Sohn. … Im innersten Quell, da quelle ich aus im Heiligen Geist".[61]

Eben dies kann und sollte auch marianisch konkretisiert werden: Gott ist so sehr mit seiner Schöpfung vereint, dass er aus ihr und in ihr seinen Sohn – sich selbst! – gebiert, nicht nur im vergangenen historischen „Einmal und nie wieder", sondern (bei aller Anerkennung der unabdingbaren und einmaligen Bedeutung des Menschwerdungsgeschehens in Maria, siehe dazu das Folgende) immer und überall, wo die Schöpfung im Heiligen Geist „Maria" ist. Die Menschwerdung geschieht also in jedem glaubenden Menschen im je neuen geschichtlichen „Heute". Sie qualifiziert die ganze Schöpfung und Geschichte und deren Sinn und Ziel als intimes Miteinander von Gott und Mensch, in welchem Gott sich mit dem Geschöpf „vermählt" und das Geschöpf sich in die Gestalt des Sohnes Gottes „formiert", formieren lässt und auf diese Weise Gott „neu gebiert". So sagt es schon der (mittlerweile wieder zeitlich früher eingeordnete) Diognet-Brief: „Im-

59 Forte, Maria 195 mit Bezug auf P. Evdokimov. Siehe auch für das Folgende.
60 L. Pinkus, Il mito di Maria. Un approccio simbolico, Rom 1986, 116f, zit. nach Forte, Maria 197.
61 Meister Eckhart, Pr. 6: Justi vivent in aeternum, in: WW I, hrsg. v. N. Largier, Frankfurt 1993, 83.

mer wird das Wort Gottes neu in den Herzen der Heiligen geboren".[62] Dies aber nicht allein in der verborgenen Innerlichkeit des Herzens, sondern in der ganzen „Weltlichkeit" der konkreten Welt. Gerade darin, dass diese sich phänomenologisch als „säkular" darbietet, ist die Bedingung der Möglichkeit gegeben, dass (1) der Mensch Gott und seinem Anruf *in Freiheit* antworten und ihr *in Freiheit* allererst das qualifizierende Vorzeichen geben kann und (2) dass er auf menschliche, d. h. konkrete Weise dem Wirken Gottes ent-spricht.

Es gehört also zum christlichen Glauben, in dieser unserer Welt und auf welthafte Weise die Überzeugung des Angelus Silesius, die als Motto dem Zweiten Teil dieser Studie vorangestellt ist, zu verwirklichen:

„Ich muss Maria sein /
und Gott aus mir gebären, /
soll er mich ewiglich /
der Seligkeit gewähren."

Deshalb ist in der ganzen Spiritualitätsgeschichte der Christenheit der Glaube Marias Orientierung und Leitbild für alles geistliche Leben, vor allem für das, was „Mystik" christlich besagt: Es gilt, wie Maria Christus in sich zu empfangen, im Herzen zu tragen, im eigenen Leben Gestalt werden zu lassen und „zur Welt zu bringen", um auf diese Weise auch „Mutter im Glauben" für andere zu werden. Diese Auffassung vertrat sogar noch Luther: „Wir müssen das Exempel der Jungfrau in unser Herz bilden und ihr nachfolgen; es gibt keine andere Weise, es muss in unseren Herzen also zugehen, wie es ihr geschehen ist. … Als werden auch wir schwanger vom Heiligen Geist und empfangen Christus geistlich".[63] In der letzten Zeit war es vor allem Chiara Lubich, die Gründerin der Focolar-Bewegung, die diesen Gedanken besonders hervorhob:

> Da, wo ein Mensch im Glauben Ja zu Gott sagt, „geschieht in ihm Ähnliches wie bei Maria. … In seinem Herzen beginnt geheimnisvoll, aber doch ganz wirklich Christus zu wachsen und sich zu entwickeln. … Jedesmal, wenn wir ein Wort Gottes in uns eindringen lassen, nehmen wir ein Wort auf, das sich nicht wie andere im Wind auflöst. Dieses Wort bedeutet Gegenwart Christi, ein Samenkorn, durch das der Herr in uns eindringt. Wenn dies fortgesetzt geschieht, wächst Christus in uns und erfüllt uns schließlich ganz. So werden

62 Ad Diogn. XI,4 (Bihlmeyer 148).
63 M. Luther, Sermo vom 25.12.1520 = WA 7, 187–193, hier: 189.

wir ihm gleichförmig, *ein anderer Christus*. In diesem Sinne sind wir Mutter für Christus in uns selbst".[64]

Dadurch aber, dass jeder gemäß seiner besonderen Berufung ein „alter Christus" wird, wirkt er, gleich Maria, an der Erfüllung des Schöpfungsplans „Communio" mit. Denn nur als solche, in denen Christus neu Gestalt angenommen hat, können *wir alle [zusammen] Christus in seiner vollendeten Gestalt darstellen* (Eph 4,13f) und so miteinander den einen Leib Christi bilden.

Gilt also die Auf-Gabe zur „Gottesgeburt" auch für jeden Glaubenden, so ist doch der Glaube Marias in seiner reinen, ungeteilten „jungfräulichen" Hingabe an Gott mehr, viel mehr als bei allen anderen ein „*mütterliches* Empfangen" und „*mütterliches* Gebären" Gottes in die Welt hinein. Die „leibhaftige" Gabe des verbum incarnandum ruft auch eine andere, „leibhaftigere" Weise des Mutterseins und des Gott-Gebärens hervor, als sie bei den übrigen Glaubenden sein kann. Das in der Menschwerdung geschehende endgültige Kommen Gottes in die Welt findet in ihrer Mutterschaft seinen unüberbietbaren Ausdruck: Maria lässt nicht nur in einem allgemeinen Sinn „Gott zur Welt kommen", sie ist als wahrhaft leibhaftige Mutter des Sohnes Gottes die Bedingung dafür, dass Gott, Gottes Sohn, selbst (ein Stück) Welt wird, dadurch die durch die Sünde verunstaltete Schöpfung wieder mit dem Schöpfer vereint und so das Ziel des Schöpfungsplanes, die Einheit aller in Christus und das Eingehen in das Leben des drei-einen Gottes, endgültig herbeiführt. Im Hymnos Akathistos wird Maria angesprochen als θεοῦ ἀχωρήτου χώρα – als „Fassung des nicht zu fassenden Gottes", als jener Raum der Welt, der den raumlosen Gott zu umgreifen und dann auch der Welt zu bringen vermag.[65] Gerade so ist sie der entscheidende Faktor dafür, dass sich der Plan Gottes mit seiner Schöpfung erfüllt, dass nämlich im Gottessohn aufgrund seiner Menschwerdung *und* seines erlösenden-einigenden Handelns alles „vereint wird".

Deshalb gilt das, was für jeden Glaubenden gilt, dass durch ihn Gott zur Welt kommt und in ihm Jesus Christus neu Gestalt findet (vgl. Gal 4,19), a fortiori für Maria. A fortiori aber nicht nur deshalb, weil sie „leibhaftig" den Sohn Gottes gebiert, sondern weil sie aufgrund ihres prototypischen Glaubens auch weit mehr als alle anderen „geistliche Mutter" ist, wie es vor allem Origenes, Ambrosius und Augustinus herausgestellt haben. Sie trägt Gottes Wort nicht nur bewahrend in ihrem Herzen, sondern *bewegt es hin und her* (Lk 2,19), d.h. das Wort ist und bleibt Leben und weckt Leben in ihr und in allen und allem.

64 Ch. Lubich, Maria – die erste Christin. Orientierung an einem Vorbild, dt. München ^{2}1979, 8.37.

65 Hymnos Akathistos, hrsg. v. G. G. Meersseman, Fribourg 1958, 60.

Damit sind auch schon die Eckpunkte gesetzt, um die *Mitwirkung* Marias wie auch die der übrigen Glaubenden am Heilswerk Gottes zu verstehen (von dieser Mitwirkung wird noch später ausführlicher im dritten Kapitel die Rede sein): Mitwirken gibt es hier in zweierlei Hinsicht: (1) Menschen können und müssen bereit sein, sich dem Schenken Gottes zu öffnen und Ja zu Seinem initiierenden Handeln zu sagen. Eben darin besteht das Wesen des biblischen Glaubens, wie er von Abraham an über Maria bis hin zu den unzähligen glaubenden Menschen aller Zeiten verwirklicht wurde. (2) Die Glaubenden werden aus Gnade von Gott einbezogen in die Verwirklichung seines Plans, „alles, was auf Erden ist, in Christus zu vereinen". Sie können und sollen in der Welt Gottes Herrschaft gegen alles Böse, Gemeine und Dunkle aufleuchten lassen in Friede und Gerechtigkeit, Einheit und Liebe, sie sind gehalten, das Evangelium weiterzugeben, und dazu gerufen, in stellvertretender Fürbitte für andere einzutreten sowie in Antizipationen und kleinen Zeichen das Ziel der allumfassenden Communio Gottes werbend vor aller Welt (vorweg) zu entwerfen.

In jedem Fall werden zwar je Einzelne berufen, aber diese haben eine Aufgabe des Vermittelns für andere (des Vorangehens, des werbenden Einstehens und Bezeugens sowie des fürbittenden Betens), sie stehen in einem Netzwerk gegenseitiger Abhängigkeit und wechselseitiger Fürsorglichkeit. In dieser allen geltenden Auf-Gabe, die der Gabe des Glaubens entspringt, nimmt Maria aufgrund ihres prototypischen Glaubens auch eine prototypische Auf-Gabe wahr, nicht allein, nicht isoliert, nicht getrennt, nicht abgehoben von anderen, sondern vernetzt mit der ganzen Kirche, ja mit der ganzen Menschheit.

Ist somit Maria – schriftgemäß – ganz vom Glauben her bestimmt, so stellt sich die Frage, was sich daraus für Konsequenzen ergeben …

§ 3 Konsequenzen

1. Anthropologische Grunddaten

(a) Primat der Gabe

Wer bin ich, wer will ich sein? Wer kann ich, wer muss ich sein? An solchen Fragen kommt letztlich niemand vorbei. Denn wir alle treffen immerfort Entscheidungen, große und kleine. Und bei jeder Entscheidung stellt sich immer auch die – oft gar nicht bewusst werdende – Frage: Woraufhin entscheide ich dies oder jenes, was will ich damit erreichen, auf was hin zielt das ab? Mag es bei vielen Entscheidungen auch vordergründig um Sachfragen gehen: Da, wo Wichtiges auf dem Spiel steht, stellt sich immer auch das Problem der eigenen Identität. Wenn ich mich für diesen oder jenen Beruf entscheide, für diese oder jene Partnerschaft, für diesen oder jenen Lebensstil: Bin ich da „ich selbst"? Bleibe ich mir da treu? Treffe ich damit das, was ich als Inhalt und Ziel meines Lebens angepeilt hatte oder anpeile? Kurz: Gelingt damit und darin mein Leben, finde ich auf diese Weise mein Glück? Das sind die Grundfragen des Menschen, auf die die theologische Anthropologie aus der Perspektive des Glaubens Antwort zu geben hat.

Diese Antworten des Glaubens, die in jedem Fall in Heiliger Schrift und spiritueller und theologischer Tradition gründen, können legitimerweise von sehr unterschiedlichen Ansätzen ausgehen. Im Rahmen dieser Studie bietet sich als Ansatz die Gestalt Marias an. Dabei geht es *im ersten Schritt* nicht so sehr um Reflexion und Spekulation (so wichtig diese sein können und im weiteren auch sind!), sondern um ein unverstelltes Wahrnehmen der Person und Rolle Marias im Ganzen der Heilsgeschichte. Im Blick auf sie zeigt sich der Mensch als Adressat der Erwählung Gottes und damit als Gegenüber („Braut", „Sohn / Tochter", „Freund" …) der unbegreiflichen Liebe seines Schöpfers, mit der dieser sich dem Menschen anvermählt, in sein Leben eingeht und am eigenen Leben Anteil gibt. Von ihm empfängt Maria alles, sie empfängt den Sohn Gottes und in ihm alle guten Gaben, aber nicht allein und in erster Linie für sich, sondern zur Weitergabe an die anderen, damit Er im Leben eines jeden neu Gestalt gewinnen, gewissermaßen neu „geboren" werden kann.

Diese „Gottesgeburt" (wie es in der mystischen Tradition heißt), besser aber noch: dieses „Gestaltnehmen Christi" im Glaubenden (Gal 4,19) führt dazu, dass wir, verschiedene Menschen, die wir sind, auch untereinander in Christus *zur Einheit gelangen*, da wir gerade in der *Einheit des Glaubens,* also miteinander (!), *Christus in seiner vollendeten Gestalt darstellen* (Eph 4,13f). In diesem Prozess gilt es, gegen *allen Trug der Menschen und alle Verschlagenheit, die den eigenen Lebensweg nur in die Irre führt, sich, von der Liebe geleitet, an die Wahrheit zu halten und in allem zu wachsen, bis wir IHN erreicht haben* und zum Leib Christi geworden sind (vgl. ebd. 15f). Durch die „Geburt des Sohnes Gottes" im eigenen Leben entsteht so zugleich das „Netzwerk" von einander verbundenen Menschen, deren communio das Geheimnis des drei-einen Gottes widerspiegelt und welche die Voraussetzung dafür ist, dass die Menschheit einmal endgültig am Leben des „communialen" Gottes teilnehmen (in der Sprache der griechischen Theologie: „vergöttlicht" werden) kann.

Maria bildet in diesem Prozess, in dem die Menschheit und jeder Einzelne zur wahren, gottgewollten „Identität" gelangen soll, die eigentliche „Identifikationsgestalt", insofern sie in einem absolut exemplarischen und zugespitzt leibhaftigen Sinn den Gottessohn zur Welt gebracht hat. Aber auch noch in einer zweiten Hinsicht gibt sie die Grundorientierung ab: In ihr als der Glaubenden schlechthin treten die Grundstrukturen des biblischen Menschenbildes in aller Deutlichkeit hervor: *Der Mensch ist das Gegenüber des Wortes* bzw. *des Rufes Gottes.*[66]

Gleich am Anfang der Heiligen Schrift, im sogenannten ersten Schöpfungsbericht (Gen 1), heißt es, dass Gott durch sein Wort alles ins Dasein gerufen hat. Alles Geschaffene verdankt also seine Existenz dem göttlichen Ruf, der aus dem Nichts geschöpfliches Sein hervorbringt. Dieser göttliche Grundgestus spiegelt sich auch in den Berufungsgeschichten der Heiligen Schrift wider. Sie erzählen davon, dass Gottes Ruf an Menschen ergeht und zwar so, dass diese zu etwas gerufen werden, was sie aus sich heraus nicht vermögen: Sie können weder diesen Ruf selbst „machen", noch ihm aus eigener Kraft folgen. Erst durch das Wort Gottes kommen sie in Bewegung, werden sie zu Neuem hin angetrieben. So verdankt sich alles dem rufenden Wort Gottes, die ganze Schöpfung! Der Mensch allein aber ist dazu befähigt, auf Gottes Wort in Freiheit Ant-Wort zu geben.

So wird es anschaulich in der sogenannten Paradiesesgeschichte dargestellt: Gott wendet sich Adam zu und ruft: „Wo bist du?" (Gen 3,8). Damit wird Adam vor Gottes Angesicht, in seine unmittelbare Gegenwart, gerufen, um Gottes Wort zu hören und ihm zu entsprechen. Menschsein vollzieht sich also wesentlich im Antwortgeben, im Dialog mit Gott. Dies ist geradezu das Urdatum des biblisch-christlichen Menschenbildes. Der Mensch steht nicht fertig in sich da, sondern ist ein Beziehungswesen, ein „Geschehen" von Konstitution durch das Wort Gottes und respondierender Antwort. Mein Ich *ist* dadurch, dass es von Gott als Du gerufen ist – „Du, mein Geschöpf!" –, und der Grundakt des Menschen besteht darin,

66 Siehe für das Folgende Greshake, … wie man 57ff.

dass das Ich sich zum Du zurückbiegt – „Du, mein Gott!“ Eben das ist Glauben, der Grundakt Marias, in seinem tiefsten biblischen Sinn

Martin Luther fasst diese tiefe Wahrheit über den Menschen in dem schönen Wort zusammen „Nos extra nos esse“ – frei übersetzt: „Unser Sein ist so beschaffen, dass es außerhalb von uns begründet ist“. Anders gesagt: Unser tiefstes und wahres Wesen ist ex-zentrisch. Wahres Leben, Identität und Glück finden wir nicht, indem wir bei uns im „Ego-Zentrum“ bleiben, sondern heraustreten in Beziehung, ja, dass wir *als Beziehung* leben, als Antwort auf das uns bestimmende Wort Gottes.

Eben dies wird am Ruf Gottes an Maria und ihrer Antwort des Glaubens über alle Maßen deutlich. In ihr kommt alles Berufungsgeschehen, von dem die vorangehende altbundliche Geschichte voll ist, zur Vollendung und Erfüllung. Das Wort Gottes kommt zur ihr als „reinste Gabe“ und wird von ihr in „reinster Respondenz“ beantwortet. An ihr zeigt sich somit etwas von der Urwahrheit des Wesens Mensch: Er ist zwar einzigartige und selbstzweckliche Person und besitzt die Würde der Freiheit und des Selbstandes. Aber er verwirklicht sein Personsein in vollem Ausmaß und glückendem Sinn nur, wenn er es als Relation-Sein versteht, das heißt: wenn er sein Leben in und als Beziehung lebt.

Das Beziehungsgegenüber kann dabei der/die/das Nächste und Fernste sein, die mitmenschliche Gemeinschaft oder auch sachliche Aufgaben in ihrem Dienst, so wie auch das Magdsein Marias sich nicht nur gegenüber Gott, sondern auch in ihrem Dienst an Elisabet vollzog. Von Gott her und auf Gott hin berufen sein heißt immer auch für andere, d.h. zum Segen anderer berufen sein. Die Antwort, die der Mensch auf den Ruf Gottes zu geben hat, ist untrennbar von der Antwort, die er seinem Mitmenschen gibt. Anders gesagt: Da, wo der Mensch erfasst hat, dass er seinem Wesen nach nicht autark in sich steht, sondern auf das Du hingeordnet ist, da nimmt das Du einen unlöslichen Zweiklang an: Im Du-Sagen gibt der Mensch sowohl Gott wie auch dem Nächsten Antwort.[67]

Dabei weisen die vielfältigen Möglichkeiten, zum andern in Beziehung zu treten, auf einen tiefsten Grund, auf Gott, hin. Denn wenn auch jede wahre menschliche Liebe mit der Verwirklichung des Relationseins zu tun hat, so kann doch kein Mensch und keine Aufgabe dessen letzter Bezugspunkt sein. Nichts Geschaffenes „verdient“ es und kann es „ertragen“, dass man ihm Leben, Existenz und Freiheit, Hoffnungen und Sehnsüchte, alles, was man ist und sein will, vorbehaltlos übergibt und von ihm her empfängt. Ganz Relation-Sein kann der Mensch nur in der Beziehung zu Gott. Er ist der, von dem her und auf den hin das Person-Sein definitiv zu gewinnen ist. Freiheit und Selbstand gibt es nur in dem Maß, wie das Geschöpf in Freiheit auf Gottes Ruf hört, sich ihm übereignet und sich an ihn bindet. Aber nochmals: Damit ist nicht ein trautes, unmittelbares tête-à-tête des Einzelnen mit seinem Gott gemeint. Denn Gott ist nicht ein abstraktes höchstes X, sondern der „Immanuel“, der „Gott der Menschen“. Das eigene Leben in die Beziehung zu ihm einbringen und sich an ihn binden heißt darum notwendig auch und mit gleichem Gewicht,

67 Vgl. Kl. Hemmerle, Berufungspastoral um die Jahrtausendwende, in: Berufung. Zur Pastoral der geistlichen Berufe, 24 (1986) 15. Siehe auch für das Folgende.

sein Leben in Beziehung zu den Menschenbrüdern und -schwestern führen, Proexistenz für sie sein, in ihrem Dienst stehen. Kurz: die Antwort auf den Ruf Gottes ist konkret vermittelt durch das Horchen auf die Anliegen und Nöte der anderen und die von sich selbst absehende Hinwendung zum Nächsten, auf dass *jeder dem andern dient als guter Verwalter der vielfältigen Gnade Gottes, jeder mit der Gabe, die er empfangen hat* (1 Petr 4,10).

Verwalter der guten Gaben Gottes ist man dann, wenn man wie Maria Christus im Glauben in sein Herz aufnimmt, damit er darin „wohne" (Gal 2,20; Eph 3,17; Joh 14,23), wenn man ihn im eigenen Leben „Gestalt annehmen" lässt (Gal 4,19) und unter Wehen „zur Welt bringt", wie es vom Gottesvolk als ganzem ausgesagt ist (Offb 12, 2–5). So kann und soll jeder selbst zur „Mutter" des Gottessohns zu werden, wie es die Patristik durchgehend formuliert hat, damit – noch einmal sei an diesen wichtigen Schriftvers erinnert – wir *zur Einheit des Leibes Christi gelangen* und miteinander *Christus in seiner vollendeten Gestalt darstellen* (Eph 4,13f).

Auf diesem Hintergrund enthüllt sich – wie wir sahen – auch das Wesen menschlicher Freiheit. Sie ist dafür gegeben und hat darin ihr Sinnziel, Gottes Ruf, Freundschaft und Liebe entgegenzunehmen und im Glauben zu beantworten. In der Gabe der Freiheit ist der Mensch frei-gesetzt zum freien Ja, d. h. zum willigen Einverständnis mit dem, was Gott tut und mit ihm zu tun beabsichtigt. Freiheit ist damit von ihrem Wesen her keine autonome, sich aus sich heraus bestimmen wollende Freiheit, sondern „hochzeitliche Freiheit", die dem „freienden" Gott entspricht. Da sich ihr mögliches Nein gegen die in ihr selbst gegebene innere Ausrichtung auf das Ja richtet, zeigt sich, dass der Mensch nicht in einer gleichgewichtigen und gleichwertigen „Dialektik" von Ja und Nein, von Gnade und Sünde steckt, sondern auf das Ja hin geschaffen ist und auf dieses hin ständig finalisiert bleibt. Indem er von Grund her auf den „Bund" mit Gott und damit auf das Hören und Empfangen, auf das Antworten und Weitergeben hin angelegt ist, ist er zugleich auch auf zwischenmenschliches Hören und Empfangen, Antworten und Weitergeben hin geschaffen.

Sich an Maria als Prototyp des Glaubens orientieren, bedeutet, den Vorrang der Gabe und damit den Primat des Beschenktwerdens vor aller Selbstsetzung und Selbstbestimmung durch Leistung zu betonen. Maria versteht sich – vor allem im Magnificat – ganz auf der Linie der Selbstaussage des hl. Paulus: *Durch die Gnade Gottes bin ich, was ich bin* (1 Kor 15,10) und seines Ausrufs: *Was hast du, was du nicht empfangen hättest? Wenn du es aber empfangen hast, warum rühmst du dich, als hättest du es nicht empfangen* (1 Kor 4,7). Maria ist nichts anderes und will nichts anderes sein als die „niedrige Magd", die Gottes Willen und Handeln an ihr und durch sie geschehen lässt. So erfüllt sie den „Schöpfungssinn", der in Eph 2,10 mit den Worten zum Ausdruck gebracht ist: *Geschöpfe sind wir, in Christus Jesus dazu geschaffen, in unserem Leben die guten Werke zu tun, die Gott für uns im voraus bereitet hat.* Und all das *zum Lob seiner Herrlichkeit* (Eph 1,12.14).

(b) Menschsein als „Existenz im Empfang“

Den Vorrang der Gnade, des Geschenks, der Gabe zu unterstreichen, wie dieser an der Gestalt Marias unübersehbar deutlich wird, ist auch in der Kirche alles andere als selbstverständlich, da nicht nur der einzelne Glaubende, sondern auch die ganze kirchliche Gemeinschaft ständig infiziert wird von einer seit der Neuzeit um sich greifenden „Bemächtigungstendenz“, d. h. von einer „Atmosphäre“, die dazu stimuliert, sich selbst jeweils als Mittelpunkt des Universums zu setzen und die Wirklichkeit durch Leistung und Anstrengung seinem eigenen Entwurf, den selbstgesetzten Zielvorstellungen zu unterwerfen. Indem sich der Mensch aber als „homo faber“ versteht, wird er, ob er will oder nicht, auf eine „totale Anstrengung“ hin reduziert. Und im Bestreben, alles „machen“ zu wollen und auch zu können, entzieht sich das Ziel „in ein radikales Jenseits, das nur eines nicht kennt: Lösung, zu sich selbst befreite Freiheit, Verdanken und Beschenktsein“.[68]

Längst spielen auch die meisten, die sich Christen nennen, in ihrem Lebensstil und ihrer Lebensordnung das Spiel von Leistung und Gegenleistung, von „do ut des“, von „Imput narkotisierenden Tuns (workaholic) und Output ebenso narkotisierender Wellness“ in Erlebnissen, Freizeit und Urlaub mit. Das wird sich in manchen Fällen auch nicht vermeiden lassen, da man, ob man will oder nicht, ungefragt ein Rädchen im Getriebe unserer heutigen Leistungs- und Erlebnisgesellschaft ist. Aber wie kommt es, dass das völlig andere Bild, das der Glaube vom Menschen zeichnet, „Menschsein als Existenz-im-Empfang“, gar keine oder allenfalls nur ganz randständige Konsequenzen für das gesellschaftliche Leben der Christen hat? Warum gibt es so wenige, die dieses Alternativmodell leben und in ihre Umgebung hinein vermitteln? Braucht es dafür vielleicht stärkerer Gegenbilder wie etwa das der glaubenden und empfangenden Maria?

Schlimm ist auch, dass Kirche und kirchliches Leben selbst gegen die Versuchung nicht gefeit ist, den Grundakt des Glaubens: *Empfangen* zu übersehen. Davon wird noch weiter im Einzelnen die Rede sein (S. 486ff). Jedenfalls hält Maria der Kirche den Spiegel vor, in welchem diese ihr eigenes Wesen entdecken kann und immer neu entdecken muss: Begnadet zu sein und aus Gnade zu handeln,[69] wie Maria „Existenz im Empfang“ zu sein.

68 Kl. Hemmerle, Der Begriff des Heils, in: IkaZ 3 (1972) 210–230, hier: 212.

69 In dieser Perspektive trägt das 1. Kapitel des Werkes von Cantalamessa, Maria19–48 den Untertitel „Maria geleitet die Kirche zur Neuentdeckung der Gnade Gottes“ mit manchen weiteren aufschlussreichen Anregungen.

Diese wenigen und keineswegs vollständigen, unter dem Programmwort „Maria – die Glaubende“ entwickelten fundamentalen Bestimmungen einer theologischen Anthropologie mögen *inhaltlich* den überkommenen, auch ohne Blick auf Maria möglichen anthropologischen Aussagen nichts hinzufügen. Aber sie geben ihnen ein konkretes Gesicht. Nicht mehr ist von einer übernatürlich qualifizierten Schöpfung und von einer „allgemein“-menschlichen und deshalb abstrakten Freiheit die Rede, sondern von einer konkreten Person und von personalen Beziehungen, die Gott mit Maria aufnimmt, Beziehungen, die sich auch für uns öffnen und dazu einladen, in sie einzutreten und sie zu verwirklichen, auf dass die communio Trinitatis sich in einer universalen communio sanctorum abbilde.

Wenn Maria in der Heiligen Schrift zum einen als die Glaubende schlechthin vorgestellt wird und sie zum andern der (im nächsten Kapitel noch weiter zu erörternde) Typos der Kirche ist, dann muss der Glaube Marias in seiner inneren Struktur auch der Typos des kirchlichen Glaubens sein. Ist er das? Hier stellen sich eine Reihe weiterer kritischer Fragen.

2. Marianischer und a-marianischer Glaube

(a) Zum Verhältnis von „objektivem Glaubensinhalt“ und „subjektiver Glaubenshingabe“

Im Zusammenhang der Erörterung des Verhältnisses von „fides qua“ und „fides quae“, vom Akt vertrauensvoller Hingabe an Gott und dem Für-wahr-Halten bestimmter Inhalte (siehe S. 371f), zeigte sich bereits, dass beides aufs engste miteinander verbunden ist und verbunden sein muss. Glaube ist weder das Vertrauen auf ein unbestimmtes göttliches X, noch einfach das Für-wahr-Halten einer Anzahl von durch Offenbarung ergangenen Wahrheiten und Weisungen. Beides gehört unauflösbar zusammen. Die Glaubensinhalte bringen zum Ausdruck, wer dieser Gott ist, dem sich der Glaubende anvertraut, was er vom Menschen erwartet und wohin er ihn führt. Deshalb ist im genuinen Glauben das vertrauensvolle Sich-Festmachen in Gott und das dienstbereite Sich-ihm-zur-Verfügung-Stellen nie ohne konkrete Inhalte. Jedoch kann im Zueinander der beiden Größen nicht nur das Gewicht der Einzelnen je unterschiedlich austariert werden, auch ihr Aufeinanderbezogen-Sein kann eine unterschiedliche Intensität aufweisen.

So hat im christlichen Glauben von Anfang an der konkrete, detaillierte Inhalt eine größere Rolle gespielt als beispielsweise im Judentum (dazu noch später, S. 413). Und dies aus guten Gründen. Denn Gott hat sich in Jesus Christus in unübersteigbarer Weise „definiert“, d. h. selbst bestimmt und definitiv dem Menschen erschlossen. Dem entspricht konsequenterweise ein Glaube, der sich an dieser neuen und endgültigen Selbstbestimmung Gottes orientiert, sie annimmt, bezeugt und zum Ausdruck bringt: Der christliche Glaubensakt vollzieht seine Hingabe an *den* Gott, der sich in Jesus Christus und in der Gabe seines Geistes als allen und allem geltende radikale und unüberbietbare Liebe mitgeteilt hat.

Diese unerhört neuen „Inhalte" waren es dann auch, die – wie schon die älteste christlichen Literatur, etwa die Paulusbriefe, zeigen – zu einer neuen Bekenntnisbildung führten, d. h. zu einem Glauben, bei dem der neue christliche Gehalt: die großen Taten Gottes in Jesus Christus, die entscheidende Rolle spielten und der auch in bestimmten Sprachformen seinen verbindlichen Ausdruck fand, angefangen von kurzen Glaubensformeln über umfassende Glaubensbekenntnisse bis hin zu einzelnen definierten Glaubenssätzen, die später Dogmen heißen.[70]

Von diesem (legitimen) Ansatz her steigerte sich im Lauf der Geschichte die Akzentuierung der Inhaltlichkeit des Glaubens (gegenüber dem subjektiven Glaubensvollzug) immer mehr. Dies hatte verschiedene Gründe:

(1) Der Glaube selbst drängte dazu, im Gotteslob die großen Taten Gottes zu nennen und zu bezeugen, zu feiern und zu preisen. Darüber hinaus diente das inhaltlich pointierte Bekenntnis dem einzelnen Glaubenden und der kirchlichen Gemeinschaft dazu, sich zu vergewissern, welchem Gott man sein Vertrauen schenkt, mit welchen Mitteln sich das Handeln des Glaubens zu realisieren hat und auf welche Hoffnung man sein Leben setzt. Diese „Vergewisserung" war man auch der Welt schuldig: Der Glaube hatte darüber Auskunft zu geben, „worin er sich von anderen Angeboten der Sinndeutung unterscheidet und worin das Positive dieser Unterscheidungsmerkmale liegt".[71]

(2) Intellektuelle Auseinandersetzungen über die rechte Auslegung zentraler Glaubensgehalte richteten gleichfalls alle Aufmerksamkeit auf die inhaltliche Seite des Glaubens.

Diese Auseinandersetzungen waren vor allem in der Frühzeit der Christenheit von allerhöchster Wichtigkeit, da sich in ihnen Tragweite und Bedeutung der in Christus geschehenen Selbstbestimmung Gottes als unbedingter Liebe entschied. Ist Jesus Christus wirklich Gottes ewiger Sohn, der Mensch geworden ist, um unser Elend zu teilen; nur dann wird in ihm jene Liebe Gottes, quae maior cogitari nequit, offenbar, nur dann kann er uns in das göttliche Leben führen (so die Fragestellung der christologischen Konzilien)? Ist die Welt wirklich Gottes gute Schöpfung und deshalb heilsfähig (entgegen dem gnostischen Grund-Satz: σὰρξ μὴ δεκτικὴ σωτηρίας – Das Fleisch ist heilsunfähig)? Gibt es eine kirchliche

70 Vgl. z. B. H. Schlier, Die Anfänge des christologischen Credos, in: B. Welte (Hrsg.), Zur Frühgeschichte der Christologie = QD 51, Freiburg i. Br. 1970, 13–58; J. N. D. Kelly, Early Christian Creeds, London ²1960; L. Karrer, Der Glaube in Kurzformeln, Mainz 1978, 46–69.

71 Karrer, Glaube 17.

Heilsvermittlung, in welcher Gott sich auch *armseliger* menschlicher Mittel bedient, um mit uns in Beziehung zu treten (entgegen dem Donatismus und donatistischen Trends)? In diesen und vielen anderen Auseinandersetzungen ging es letztlich nicht um Wahrheiten „in sich", sondern um die Frage, wie weit der Glaubende sich darauf verlassen kann, dass Gott sich in Christus und im Hl. Geist wirklich als unbedingte Liebe, der man sich anvertrauen und aus der heraus man leben kann, mitgeteilt hat.[72]

Diese „existentielle" Wurzel der Glaubenskonflikte geriet aber später ein gutes Stück weit in Vergessenheit oder zog nicht mehr die primäre Aufmerksamkeit auf sich. Denn im Laufe der Zeit fand vielfach eine Verschiebung sowohl der ursprünglichen Fragestellung der Glaubensauseinandersetzungen wie auch des Ausdrucksmaterials, in dem sich die damaligen Probleme formulierten, statt. So wurden ehemals vitale, mit der „fides qua" aufs engste verbundene Glaubensinhalte zu abstrakten, manchmal gar unverständlichen Wahrheiten. Wenn diese von Jugendlichen heute gelegentlich als „dogmatischer Müll" bezeichnet werden,[73] mag das zwar überzogen sein, weist aber in eine nicht ganz unzutreffende Richtung. Denn Konflikte um die Wahrheit haben immer einen Zeitindex. Zwar behalten auch in einer späteren Epoche die früheren, unter anderen Bedingungen gefundenen Lösungen einen hohen Wert. Doch kann dieser nur dann entdeckt und für die eigene Gegenwart fruchtbar gemacht werden, wenn er auf das „Kleine ABC" des Glaubens, d. h. auf das Zentrum des christlichen Glaubens re-duziert = zurück-geführt und von da aus interpretiert wird. Wo das unterbleibt (und es scheint heute meist zu unterbleiben), erscheinen die tradierten Wahrheiten tatsächlich oft als entbehrlicher Ballast.

Es kommt noch hinzu, dass nicht wenige der ab dem Mittelalter als „dogmatisch-verbindlich" und „unveränderlich-ewig" vorgelegten „Wahrheiten" kaum den Rang von binnentheologischen Reflexionsgrößen, kirchlichen Ordnungsfaktoren und liturgischen Disziplinarvorschriften übersteigen (z. B. analytische Aussagen über die Wirkungen von Gnade und Sakramenten, Determinierung kirchlicher Amtsstrukturen, Festlegung der Anzahl der Sakramente u. dgl.). Auch wenn solche Aussagen bis heute z. T. als verbindliche Glaubensinhalte vorgelegt werden, ist grundsätzlich in Rechnung zu stellen, dass „in kommunikationstheoretischer Sicht ... Texte nie eindeutig [sind], sondern ... stets in Akten der kontextabhängigen Interpretation verstanden [werden]. Deshalb verändern sich notwendigerweise das Verständnis und der Stellenwert kirchlicher Aussagen in Raum und Zeit je nach ihrem kulturellen und sozialen Kontext".[74] Weshalb sollte es deshalb in Zukunft nicht einen Konsens („consensus fidei") über die Nicht-Definitivität vieler tradierter „verbindlicher" Glaubensinhalte geben können?

(3) Auch die Implementierung des Glaubens in eine Bildungswelt, die das Ganze der Wirklichkeit zu erfassen und zu verstehen suchte, abstrahierte (= „zog weg")

72 Siehe dazu auch G. Greshake, Dogmatik und Spiritualität, in: E. Schockenhoff/P. Walter (Hrsg.), Dogma und Glaube, FS W. Kasper, Mainz 1993, 235–252.

73 So: R. Bleistein, Kurzformel des Glaubens, Würzburg 1971, 15.

74 So fasst F.-X. Kaufmann, Kirche in der ambivalenten Moderne, Freiburg i. Br. 2012, 178 einen locus communis heutiger Hermeneutik zusammen, die sich dabei auch auf Rahner, Dogmen- und Theologiegeschichte 43 berufen kann: Man wird „nicht daran zweifeln können, dass auch die Glaubens- und Dogmengeschichte der Kirche Veränderungen mit sich bringen wird, die wir uns heute noch kaum vorstellen können".

das Element der „fides quae“ vom Integral des Glaubens. Indem man die Glaubensinhalte als Wahrheiten auf die gleiche Ebene wie die von der Ratio erfassten Einsichten eintrug (dabei nur die unterschiedliche Herkunft und Begründung der Wahrheiten hervorhebend: *ex ratione* bzw. *ex revelatione*), wurde nicht nur das Band zwischen Glaubensvollzug und Glaubensinhalt geschwächt, auch die Glaubensinhalte selbst gerieten in eine verdunkelnde Perspektive: Sie wurden „neutralisiert“, „objektiviert“, als Wahrheiten „in sich“ wahrgenommen. Das Festhalten an einem fixen Depositum von (immer mehr anwachsenden) Wahrheiten führte überdies dazu, das Wort des Glaubens eher dem Bereich der „theoria“ als dem der „praxis“ zuzuordnen. Man übersah, dass schriftgemäß alle Priorität dem „Tun“ des Wortes und der Wahrheit zukommt (vgl. Joh 3,21; Jak 1,22).

(4) Während die subjektive Glaubenshaltung des Einzelnen allenfalls in Ansätzen beurteilbar ist, konnte der Glaubensinhalt Gegenstand öffentlichen Diskurses werden, aber auch kirchlicher Kontrolle, die sich aufgrund der gesellschaftlichen Machtposition der Kirche ab dem Mittelalter immer mehr und immer subtiler durchsetzte. Zudem war in den herrschenden volkskirchlichen Strukturen eine gewisse Reduktion des Glaubens auf dessen objektive Inhalte die einzige Möglichkeit, den Glauben als verbindendes Band von Kirche und Gesellschaft zu realisieren.

Auch wenn diese vier Gründe *im Prinzip* eine *gewisse* (!) Berechtigung aufweisen, darf doch die in ihnen steckende, sehr leicht fehlführende Dynamik nicht übersehen werden. Und tatsächlich geriet im Laufe der Zeit die integrale Gestalt des Glaubens aus dem Gleis: Statt Glauben vorrangig als Antwort auf die Gabe Gottes zu betrachten, die dazu bereit macht, sich seiner Gegenwart, Führung und Verheißung zu öffnen und zu überlassen, wird er immer mehr als Für-wahr-Halten vorgegebener (offenbarter) Inhalte verstanden, die das Wesen Gottes und seiner Heilsordnung betreffen und dem Menschen „Belehrung“ zukommen lassen. Damit tritt das Moment der Erfahrung immer mehr zurück. Es kam zu einer Verrechtlichung des Glaubens, der, gleich einem Gesetzbuch, auf das Einhalten seiner Vorschriften abgefragt, bestraft und belohnt werden kann. Im Glaubensakt wurde vorwiegend, wenn nicht gelegentlich sogar ausschließlich, der Gehorsam herausgestellt, nicht so sehr der Gehorsam gegenüber dem Anruf des lebendigen Gottes, als vielmehr die gehorsame Annahme sachhaltiger Wahrheiten *und* der Gehorsam gegenüber jener Instanz, der Kirche, die „im Namen Gottes“ deren Annahme einfordert, gleich einer „um Katechismustreue besorgten Sprachleitzentrale“ (Alex Stock). Kurz: Das Für-wahr-Halten von Glaubensinhalten überwucherte das (wichtigere) Moment der vertrauensvollen Hingabe an Gott, einer Hingabe, die das Hören auf den persönlichen Anruf und die Einlösung der mit dem Glauben verbundenen Praxis und Sendung einschließt.[75] Und nicht zuletzt verdeckte die Konzentration auf abfragbare Glaubensinhalte den essentiellen Geheimnischarakter des Glaubens. Mit den Worten Karl Rahners:

> „Wie sehr klingen unsere Aussagen von den Kathedern und auch von den Kanzeln und aus den geheiligten Dikasterien der Kirche so, dass man nicht gerade deutlich merkt, sie seien durchzittert von der letzten kreatürlichen Bescheidenheit, die weiß, wie man wirklich allein von Gott reden kann, die weiß, dass alles Reden nur der letzte Augenblick vor jenem seligen Verstummen sein kann, das auch noch die Himmel der klaren Schau Gottes von Angesicht zu Angesicht füllt".[76]

(b) Konziliare Erneuerung und nachkonziliare Reaktion

Diese Fehlentwicklung des Glaubens wurde auf dem II. Vaticanum durchaus empfunden. Nicht wenige Bischöfe und deren Theologen sahen die Gefahr, dass die Kirche sich hinter einem System von verbindlichen Glaubenssätzen und moralischen Normen verschanzte und der Welt den Glauben nicht mehr in seiner faszinierenden integralen Gestalt weitergab. Auf diesem Hintergrund eröffnete das Konzil in wenigstens dreierlei Hinsicht neue Perspektiven.

(1) Die dogmatische Konstitution über die göttliche Offenbarung nimmt Abschied von einem sog. „instruktionstheoretischen Offenbarungsverständnis".[77] Das heißt: Die Offenbarung Gottes besteht nicht darin, uns über dies und das und noch tausend andere Dinge zu „instruieren", zu belehren, sondern um, wie es in DV 2 heißt, „aus überströmender Liebe die Menschen wie Freunde anzureden und mit ihnen zu verkehren, um sie in seine Gemeinschaft einzuladen und aufzunehmen". Anders gesagt: Offenbarung ist wesentlich persönliche Selbstmitteilung Gottes, Mitteilung seiner Liebe. Damit ist nicht nur etwas ungemein Wichtiges, sondern auch etwas sehr „Einfaches" zum Ausdruck gebracht: Gott erschließt sich dem Mensch als unbedingte Liebe. An diesem schlichten, aber faszinierenden und entscheidenden Zentrum der Offenbarung ist alles andere zu messen und ggf. auch zu relativieren.[78] Die Offenbarung darf nicht ein Phänomen sein, bei dem man vor

---

75 Bezeichnend für diese Ver-kehrung ist es, dass kaum einmal jemand wegen abscheulicher evangeliumswidriger Praxis (z. B. himmelschreiende Ausbeutung und Ungerechtigkeit, Kriegstreiberei usw.) exkommuniziert wurde, wohl aber wegen nicht selten ridiküler Abweichungen von gesetzten Glaubensinhalten.

76 K. Rahner, Erfahrungen eines katholischen Theologen, in: K. Lehmann (Hrsg.), Vor dem Geheimnis Gottes den Menschen verstehen, K. Rahner zum 80. Geburtstag, Freiburg i. Br. 1984, 105–119, hier: 107.

77 Vgl. als Basisliteratur M. Seckler, Der Begriff der Offenbarung, in: HFTh II, 60–83 (Lit.).

78 Siehe dazu und auch zu den oben folgenden Erörterungen über die „Hierarchie der Wahrheiten": H. Mühlen, Die Lehre des Vaticanum II über die „Hierarchia veritatum" und ihre

lauter dogmatischen Bäumen den Wald des Glaubens nicht mehr sieht (Walter Kasper), sondern sie hat eine Mitte. Von dieser Mitte aus erhält der ganze Inhalt des Glaubens seine Konzentration, dem auch der subjektive Glaubensvollzug zu entsprechen hat: Weil Gott „aus überströmender Liebe" mit uns umgeht, ist der Mensch eingeladen, sich diesem Gott der Liebe in Liebe vertrauensvoll hinzugeben und zur Verfügung zu stellen.

(2) Diese „Konzentration" des Glaubensinhalts auf eine Mitte hin wurde in anderer Weise nochmals im Ökumenismus-Dekret aufgegriffen, und zwar mit der Idee der „Hierarchie der Wahrheiten". Damit wollte das Konzil diejenigen, die an ökumenischen Gesprächen teilnehmen, daran erinnern, „dass es eine Rangordnung oder ‚Hierarchie' der Wahrheiten innerhalb der katholischen Lehre gibt, je nach der verschiedenen Art ihres Zusammenhangs mit dem Fundament des christlichen Glaubens" (UR 11). Dieses „Fundament" ist zweifellos der Glaube an die persönliche, liebende Selbstmitteilung Gottes an den Menschen. Alles andere, was sonst noch im Glauben zu sagen oder zu tun ist, steht mit dieser fundamentalen Wahrheit in einem engen oder vielleicht auch nur sehr lockeren Zusammenhang, ist jedenfalls nur von diesem Zusammenhang her richtig zu verstehen. Deshalb genügt es nicht zu sagen: Das ist ein Dogma und jenes ist ein Dogma, und beides ist im Gehorsam des Glaubens anzunehmen!, sondern es ist zu fragen: Was bedeutet dieser oder jener Glaubensinhalt vom Zentrum bzw. Fundament des Glaubens her? Welches Licht wirft die „Mitte" auf die „Peripherie"? Aber auch umgekehrt: Welche detaillierteren Züge nimmt das „Relief" der Mitte an, wenn einzelne Inhalte des Glaubens auf sie bezogen werden? Beachtet man diese Idee der „Hierarchie der Wahrheiten", wird der Glaubensinhalt, die „fides quae", etwas sehr Einfaches, so „einfach" wie auch der subjektive Glaubensakt, die „fides qua", selbst, die sich im Glauben dem Anruf der Liebe Gottes anheimgibt.

An die genannten Konzilsaussagen knüpft in vielfacher Weise besonders Karl Rahner an. Ausgehend von der These: „Ein Charakteristikum der heutigen Gestalt des Glaubens ist seine radikale Einfachheit",[79] betont er, „dass es manchmal besser wäre, ein Christ wüsste von gewissen Details des katholischen Katechismus weniger und hätte die letzten entscheidenden Fragen: Gott, Jesus Christus, seine Gnade, Sünde, Liebe, Einheit von Gottes-

---

Bedeutung für den ökumenischen Dialog, in: ThGl 56 (1966) 303–335; U. Valeske, Hierarchia veritatum, München 1968; K. Lehmann, Zum Problem einer Konzentration der Glaubensaussagen, in: LebZeug, Heft 3/4, 1970, 19–20; K. Rahner, Der Glaube des Christen und die Lehre der Kirche, in: Schr. XII, 262–285, bes. 276ff; ders., Erfahrungen 109f; A. Kreiner, Hierarchia veritatum, in: Cath. 46 (1992) 1–30. – Darauf, dass sich mit der Idee der „hierarchia veritatum" das mittlerweile fast vergessene Unternehmen einer „Kurzformel des Glaubens" verband, sei nur kurz verwiesen. Siehe dazu die genannten Arbeiten von Bleistein, Kurzformel und Karrer, Glaube.

79 K. Rahner, Im Heute glauben, Einsiedeln 1965, 32.

und Nächstenliebe wirklich einmal in einer echten und ursprünglichen Weise realisiert".[80] Dazu ist notwendig, dass er sich nicht als „eine riesige, fast unübersehbare Summe von Sätzen" darbietet, die allein wegen der formalen Autorität eines sich offenbarenden Gottes angenommen werden müssen. „Der christliche Glaube wird heute nur dann echt, unbefangen und ohne gewaltsames Verdrängen von echten Fragen und legitimen Vorentscheidungen annehmbar sein, wenn er – ohne jede Verkürzung seines Charakters als echter übernatürlicher Offenbarung des freien, geschichtlichen Gottes – als die eine radikal einfache und totale Antwort Gottes auf die eine totale Frage erscheint, die der Mensch als Dasein selbst stellt und ist, so dass die Inhaltlichkeit der Offenbarung und die Phasen des Offenbarungsvorganges in der Geschichte in einer wahren, echten und *ganz einfachen Einheit* erscheinen. Welch ungeheure Aufgabe hat die Theologie in dieser Hinsicht noch zu erfüllen".[81]

(3) Noch in dritter Hinsicht bringt das Konzil bezüglich Offenbarung und Glaube eine neue, ja sogar eine *völlig* neue Perspektive. Es ist der Gedanke von den zu beachtenden „Zeichen der Zeit". Über sie heißt es in GS 4: Die Kirche hat die Pflicht, „nach den Zeichen der Zeit zu forschen und sie im Licht des Evangeliums zu deuten". Es geht darum zu unterscheiden, was „in den Ereignissen" der Zeit „wahre Zeichen der Gegenwart Gottes oder der Absicht Gottes sind" und was darin aufleuchtet bezüglich der „integralen Berufung des Menschen" (GS 11). Das heißt: Auch der Glaube an die Selbstmitteilung Gottes ist nicht einfach etwas Überzeitliches, eine „ewige Wahrheit", die man zur Kenntnis zu nehmen und/oder zu verwirklichen hat, vielmehr macht Gott sein freundschaftliches Zugehen auf die Menschen je neu konkret, erkennbar und erfahrbar in den „Zeichen der Zeit", d. h. in Ereignissen, Zuständen, gesellschaftlichen Bewegungen usw., von denen eine Epoche bestimmt wird. Ähnliches gilt auch für den Bereich des individuellen Lebens, wo es gleichfalls situationsgebundene „Zeichen" Gottes gibt. Deshalb gehört es *zum Wesen* des Glaubens, den jeweiligen Zeichen der Zeit zu entsprechen und nicht wie eine unveränderliche heilige Ikone betrachtet und weitergegeben zu werden. Glaube hat immer einen Zeitindex, ist etwas je Heutiges und damit zugleich auch etwas sehr Konkretes, das mit einer sich als „überzeitlich" verstehenden Lehre eines Systems von Glaubenswahrheiten überhaupt nicht erreicht wird, sondern nur im glaubenden Hören auf den Anruf der Stunde zu vernehmen ist.

Was ist aus diesen neuen Perspektiven zur Thematik „Offenbarung und Glaube" nachkonziliar geworden? Leider muss man kurz und bündig antworten: Nichts! Im Gegenteil: Nachkonziliar ist eher eine erneute „doktrinäre Rigidisierung" und damit wieder jene Engführung des Glaubens zu beobachten, von der bereits die

80 Rahner, Grundkurs 371.
81 Rahner, Heute 34 (Hervorhebg.: GG).

Rede war. Zeichen dafür war und ist die Herausgabe des sog. „Weltkatechismus", der zwar die genannten neuen Perspektiven des Konzils anführt, aber selbst nicht danach strukturiert ist. Stattdessen besteht er aus einer zwar systematisierten, aber im Grunde doch parataktisch verbleibenden Ansammlung von 2665 Glaubenswahrheiten, Glaubenskommentaren und Glaubenspraktiken, ohne dass diese ständig auf die vom Konzil herausgestellte Mitte verwiesen werden, ohne dass hier etwas von einer Rangordnung der Wahrheiten deutlich wird, ohne dass deren zeitlicher Index und Kontext erörtert wird. Warum?

Vielleicht suchte man seitens der Kirchenleitung einen „Ausweg aus der [gegenwärtigen] desorientierenden Situation in einer Verstärkung der traditionellen Formen der kirchlichen Bindung und inhaltlicher Glaubensverkündigung".[82] Vielleicht war es auch die vordringende postmoderne Relativierung aller Wahrheiten, die ihrerseits das Ergebnis der ungeheuren Pluralisierung des Lebens und der Individualisierungstrends der heutigen Gesellschaft ist, die zu einer neuen Akzentuierung „ewiger" Glaubensinhalte und ihrer „vollständigen" Darlegung geführt haben.[83] Vielleicht gibt es aber auch kirchliche Kreise, welche ihre bisherige herrschaftliche Interpretationsgewalt über einen hochkompliziert formulierten Glauben nicht aufgeben und weiterhin „doktrinale Herrschsucht" (Alex Stock) praktizieren wollen. Denn tatsächlich würde die Vereinfachung des Glaubens, die sich aus der Offenbarungskonstitution ergibt und die hinter der Idee der Wahrheitshierarchie des Konzils steht, die allgegenwärtige Lehrkompetenz des Lehramtes beschneiden oder sie mindestens relativieren.

Was auch immer im Einzelnen die Gründe für den faktischen nachkonziliaren Rückwärtsgang sind: Es stellt sich mit Nachdruck die Frage, was es für den Glauben der Kirche bedeutet, wenn Maria der Typos ihres Glaubens ist.

82 Kaufmann, Kirche 174.

83 In der im Wesentlichen von Benedikt XVI. verfassten Enzyklika Franziskus' I., Lumen fidei" vom 29.6.2013 = VApS 193 wird ganz entsprechend dem theologischen Grundkonzept von Ratzinger der Glaube „als Licht" in Beziehung zu den „Vernunftwahrheiten" gestellt. Erst der Glaube „sieht [die Wirklichkeit] in einem Licht, das die ganze Wegstrecke erleuchtet" (Nr. 1). So richtig dies natürlich ist, stellt sich doch die Frage: Reicht dazu nicht der „einfache Glaube" (Glaubensinhalt), wie er sich in der Hl. Schrift und in den frühen Symbola ausdrückt? Es ist nicht von ungefähr, dass in diesem Punkt die Enzyklika widersprüchliche Aussagen macht. Wird in Nr. 4 entsprechend der schon angeführten Nr. 1 gesagt, dass das Licht des Glaubens „das gesamte Sein des Menschen zu erleuchten vermag", heißt es in Nr. 57 (die von Papst Franziskus verfasst zu sein scheint) ungleich bescheidener: „Der Glaube ist nicht [!] ein Licht, das all unsere Finsternis vertreibt, sondern eine Leuchte, die unsere Schritte in der Nacht leitet und dies genügt [!] für den Weg".

(c) Der „Typos" des Glaubens Marias

Fragt man nach dem *„Gegenstand"* des Glaubens des Mädchens von Nazaret, so ist in der Perspektive des Lukasevangeliums zuerst und vor allem das konkrete Wort des Engels, Maria möge es „geschehen lassen" und sich als Mutter des Gottessohnes zur Verfügung stellen, zu nennen. Darin „unterwirft sich" Maria nicht einem inhaltsleeren transzendenten X, auch nicht einem subjektiv projizierten, erträumten, sondern einem objektiv bestimmten und sich selbst bestimmenden Gott. Denn der Gott, an den Maria glaubt und dem sie zustimmt, ist der „Gott der Väter", der Gott, dessen Handeln an seinem Volk in den Heiligen Schriften niedergelegt ist, in Lehre, Leben und Brauchtum Israels weitergegeben und im Lobgesang gepriesen wurde. Sie glaubt an den Gott Abrahams, der *die Toten lebendig macht und das, was nichts ist, ins Dasein ruft* (Röm 3,17). Aus diesem Glauben Israels, der sich auch in (einigen wenigen) geprägten Bekenntnisformeln (z.B. im „Sch'ma Israel", im „Kleinen geschichtlichen Credo" u.dgl.) äußern konnte,[84] hat sich jedoch nie, auch nicht in späterer Zeit, so etwas wie eine „Dogmatik" im christlichen Sinn entwickelt, ein Lehrsystem, das den ganzen Bereich des Religiösen detailliert umfasst und damit ein Ensemble von Glaubensreflexionen und -vorschriften bildet, das minutiös zu akzeptieren ist. Im Judentum damals wie heute hat vielmehr die Praxis des Glaubens und die „fides qua" den absoluten Vorrang. Natürlich kann diese nie – wie aufgezeigt – ohne Gehalt sein, aber dieser ist im altbundlichen Kontext auf den Gott konzentriert, der in den tradierten Erzählungen und Weisungen der Tora sein Antlitz enthüllt, Israel gerufen, es durch die Geschichte geführt und seine Verheißungen hinterlassen hat.

Wir sahen bereits, dass es gute Gründe dafür gab und gibt, im christlichen Bereich die inhaltliche – „christologische" – Bestimmtheit des Glaubens intensiver und extensiver herauszustellen, als dies im Judentum erforderlich war. Durch eine solche inhaltliche Akzentuierung allein steht die Grundstruktur des Glaubensaktes mit seinem unauflösbaren Zueinander von objektivem Gehalt und subjektivem Vollzug noch nicht in Gefahr, deformiert zu werden. Dies geschah – wie aufgezeigt – erst im Laufe einer längeren Entwicklung, in welcher aus dem Glauben nicht selten nur „die Proklamation von Lehrsätzen, Normen oder göttlichen Willensbekundungen" wurde, um diese schon zitierte Formulierung von Hans-Joachim Höhn nochmals anzuführen.

Marias Glaube ist demgegenüber reine Hingabe an den Gott der Väter und Mütter, wie er in zumeist narrativer und schlichter Weise in den Heiligen Schriften bezeugt und von Generation zu Generation weitergegeben wurde. Denn wenn im Lukasevangelium Maria in der Perspektive von Israels „heiligem Rest" steht,

84 Siehe die kurze Zusammenstellung und Übersicht bei Karrer, Glaube, 39–46.

so ist darin eingeschlossen, dass sie von Herzen „Ja“ sagt zur zentralen alttestamentlichen Glaubensformel: *Ich, Jahwe, euer Gott – ihr, mein Volk!* und vertrauensvoll darauf ihr Leben setzt. So steht sie in ihrem Glauben – stellvertretend für alle anderen – im Bundesverhältnis von Gott und Mensch und nimmt damit auch entscheidenden Anteil an dem seit Abraham eröffneten „Gemeinschaftsprojekt“ von Gott und Mensch: am Prozess der Einigung des Menschengeschlechts untereinander und mit Gott.

Weil Maria Israels „heiligen Rest“ verkörpert, ist ihr Glaube auch die positive Gegengestalt zum Unglauben Israels (und der ganzen Menschheit), der sich – so die Propheten – in ständiger Übertretung der Weisungen und Ordnungen Gottes sowie im Setzen auf andere Götter äußert, die doch nur projektive Personifikationen menschlicher Triebe sind: Gier nach Macht, Reichtum und Sex. Präzise gegen diese drei Grundtriebe und Vergötzungen der Welt steht in der glaubenden Maria: Niedrigkeit, Armut, Jungfräulichkeit.

Marias Glaube besteht aber nicht nur in der Übernahme des ihr vermittelten Glaubens Israels, er ist vor allem Antwort auf das ihr ganz persönlich durch den Engel zugesprochene, einmalige Wort, das von ihr die Bereitschaft fordert, sich in einzigartiger Weise dem Plan Gottes zur Verfügung zu stellen. Auch wenn es an dieser Stelle nicht notwendig ist, „aufklärerisch“ danach zu fragen, welchen empirischen Gehalt die Rede vom Engel Gabriel und seiner Botschaft hat, so liegt es doch nahe, ihn in der Reihe jener „Mächte und Gewalten“ zu sehen, die als „angeli interpretes“ bezeichnet werden, d. h. als Geschöpfe, die dazu bestimmt sind, Überbringer und Interpreten, Zeichen und Zeugen eines Gotteswortes zu sein. Da man in diesen „geschaffenen Mittlern“ nicht unbedingt eine eigene „Klasse“ von Wesen (die tradierten Engelsfiguren) sehen muss, lässt sich leicht eine Beziehung herstellen zur Lehre des II. Vaticanums über die „Zeichen der Zeit“. Danach gibt Gott sowohl in bestimmten epochalen wie individuellen Situationen, Umständen und Ereignissen Zeichen für das, was er zu tun beabsichtigt und wozu er das Mit-Tun des Menschen erwartet. Es gehört zum Glauben, mit solchen Zeichen zu rechnen, sie zu suchen, zu unterscheiden und ihnen zu folgen. Warum sollte die Vermittlung des Gotteswortes an Maria anders vor sich gegangen sein?

Damit sind die verschiedenen Dimensionen des Glaubens Marias abgeschritten, und es ist nach dessen ekklesiologischer Relevanz zu fragen.

Wenn der Glaube Marias Typos und Form des Glaubens der Kirche zu sein hat,[85] bedarf die derzeitige faktische kirchliche Glaubensverkündigung und -praxis

85 Dass dieser „marianische Glaube“ auch dem Glaubensverständnis Jesu ganz und gar entspricht, sei nur am Rande vermerkt. „Einen solchen Glauben habe ich in Israel noch bei

einer grundlegenden Erneuerung. Es kann und darf nicht das erste Anliegen des kirchlichen Lehramtes sein, – nochmals im bereits angeführten Bild gesagt – die vielen „dogmatischen Bäume" minutiös weiterzupflegen, so dass man „den Wald des Glaubens" nicht mehr erkennen kann. Im Klartext: Nicht das *„multa"* der unendlich vielen, für den Nicht-Spezialisten oft nur neben- und hintereinandergestellten *credenda* darf für den Glauben leitend sein, sondern, wie bei Maria, das *„multum"* der Lebenshingabe an den Gott der Liebe und die Bereitschaft, sich in seinen Dienst zu stellen. Dass der Glaube damit nicht etwa umrisslos und vage werden darf, ist selbstverständlich und bedarf eigentlich nicht der Erwähnung. Denn natürlich behält der Glaube seine Bestimmtheit, sowohl von den alttestamentlichen Schriften her wie von der im Neuen Testament niedergelegten und (vor allem!) in den ersten Jahrhunderten normativ interpretierten Offenbarung Gottes durch Jesus Christus im Heiligen Geist. Diese neue christliche Bestimmtheit muss aber durch ein Zweifaches ausgezeichnet sein:

(1) Es muss deutlich werden, dass es nicht primär um „Lehre", sondern um „Leben" geht, so wie es schon der große Theologe Johann Adam Möhler mit Nachdruck herausgestellt hat:

> „Das Christentum besteht nicht in Ausdrücken, Formeln und Redensarten, es ist ein inneres Leben, eine heilige Kraft, und alle Lehrbegriffe und Dogmen haben nur insofern Wert, als sie das Innere ausdrücken, welches mithin als vorhanden vorausgesetzt wird. Ja, als Begriff, der immer beschränkt ist, umfasst und erschöpft er das Leben, das unaussprechliche, nicht und ist immer mangelhaft".[86]

(2) Die neue christliche Bestimmtheit muss als etwas Einfaches und Schlichtes erkennbar und vollziehbar sein, gemäß den im II. Vaticanum eröffneten neuen Perspektiven (die aber noch nicht ausreichend sein dürften). Es müssten eigentlich

---

niemand gefunden", sagt Jesus in Mt 8,10 (par) von einem heidnischen Hauptmann, dessen ganzer Glaubensinhalt allein auf die heilende Kraft seiner Person konzentriert ist und nicht etwa auf eine Vielzahl von „Inhalten". Ähnliches findet sich der Sache nach unendlich oft in den ntl. Heilungsgeschichten.

86 J. A. Möhler, Die Einheit der Kirche oder das Prinzip des Katholizismus. Dargestellt im Geiste der Kirchenväter der drei ersten Jahrhunderte, hrsg. v. J. R. Geiselmann, Darmstadt 1957, 42f. Ähnlich auch R. Guardini, Das Wesen des Christentums, Mainz-Paderborn 1991: „Das Christliche ist letztlich keine Wahrheitslehre oder Deutung des Lebens. Es ist auch das; aber darin besteht nicht sein Wesenskern. Den bildet Jesus von Nazareth, dessen konkretes Dasein, Werk und Schicksal – das heißt also eine geschichtliche Person". So richtig der 1. Satz ist, so frag-würdig die beiden folgenden. M. E. fällt hier der Begriff der „Beziehung" aus. Wenn schon „Jesus" die Mitte ist, dann doch wohl genauer formuliert: die *Beziehung* zu ihm.

in der Christenheit die Alarmglocken läuten, wenn man hört, wie viele ernsthafte junge Leute sich dem Islam zuwenden, nicht selten (!) auch mit der Begründung, dessen Lehre und Glaubenspraxis sei einfach und nicht so kompliziert und undurchschaubar wie die christliche. Da helfen auch Publikationen wie der – an sich in vielem gut gemeinte und auch gut gemachte – *youcat* nicht weiter, weil hier die Masse der Glaubensaussagen zwar ein wenig vereinfacht, aber nicht auf eine erkennbare Mitte hin konzentriert wurde.[87]

Die Weitergabe des Glaubens hat nicht nur „einfach" zu sein, sie kann und darf auch in der Lehrverkündigung nicht als ein Bündel von Glaubensvorschriften und -gesetzen erscheinen. Gewiss ist die Zeit der mörderischen, lebensverachtenden Inquisition vorbei, nicht ganz so lange vorbei ist die Zeit, in der zahlreiche Philosophen und Theologen in ihren Veröffentlichungen zensuriert („Index"), gemaßregelt, als Lehrer des Glaubens eliminiert und damit aus ihrem ursprünglichen Lebensprojekt herausgerissen wurden. Gegenwart sind noch die Maßnahmen gegen Theologen, die sich in Asien um den Dialog mit dem asiatischen Denken bemühen, sowie gegen die, welche in Europa und Nordamerika das Gespräch mit der Moderne führen. All diese z. T. erschreckend bornierten Vorgehensweisen des kirchlichen Lehramtes sollen keineswegs überbewertet und im Generalangriff auf dieses ins Feld geführt werden. Wichtiger ist vielmehr die Einsicht, dass die abwegigen und völlig überzogenen Akte der lehramtlichen „Administration" des Glaubens nicht einfach in persönlichem Fehlverhalten einer Reihe von Kirchenmännern begründet sind, sondern aus einer Grundstruktur, ja „Grundoption", hervorgehen, die solches Fehlverhalten nicht nur ermöglichen, sondern geradezu heraufbeschwören. Und eben dies ist die anti- oder a-marianische Struktur eines Glaubens, der vor allem in seiner inhaltlichen Richtigkeit und Vollständigkeit vorgelegt wird und nicht so sehr als faszinierende Einladung zur persönlichen Hingabe an Gott, als Realisierung des Lebensentwurfs, wie er im Evangelium erscheint, oder gar als ein Sich-im-Glauben-mit-Gott-Vermählen und Christus in sich selbst „Gestalt" annehmen zu lassen.[88]

---

87 Siehe Österreichische Bischofskonferenz (Hrsg.), youcat. Jugendkatechismus der katholischen Kirche, München 2010. Fragwürdig ist hierin auch die Frage-Antwort-Methode, weil das, was als Frage formuliert ist, keinem wirklichen Fragen entspricht, sondern rein rhetorisch gemeint ist. Kann aber, darf aber *so*, d. h. in rhetorischen Formen, der Glaube weitergegeben werden? Schlimmer, weil noch ungleich steriler und abstrakter, ist die Durchführung dieser „Frage-Antwort-Methode" in dem von J. Ratzinger herausgegebenen „Kompendium" des Katechismus der Katholischen Kirche, dt. München 2005.

88 Entgegen diesem „marianischen Glauben" ist zu beklagen: „Wo das Evangelium die Option für die Armen, Unterdrückten und Rechtlosen einfordert, da zeigen sich Mutter Kirche und ihre Söhne zu oft furchtsam vor den Mächtigen und schweigen vor den Ausbeutern. Wo das Evangelium um die Bereitschaft zur Vergebung und um ein weites Herz wirbt, da

Übersehen wird meist auch die vom II. Vaticanum angepeilte Orientierung des Glaubens an den „Zeichen der Zeit“. Für eine solche Orientierung gibt es zwar insofern auch heute noch einen Anhaltspunkt, als man *auf der Ebene der Spiritualität* (!) *den Einzelnen* (!), der nach seiner persönlichen Berufung fragt, immer auch auf die „Zeichen Gottes“ in seinem Leben verwies und verweist. Aber dieser Anhaltspunkt hat nur eine sehr begrenzte Bedeutung, da der Verweis auf „Zeichen“ sich fast immer nur auf das *individuelle* Suchen nach dem Willen Gottes bezog und lediglich „Zeichen“ der persönlichen Lebensgeschichte im Blick hat. Außer Acht blieb und bleibt hier, dass es zum Glauben schlechthin, also zum Glauben *aller* und der Kirche als ganzer gehört, wie Maria auf den persönlichen Ruf Gottes zu hören und der eigenen Berufung zu entsprechen. Dabei ist heute, angesichts der neuen globalen Perspektive, nicht nur auf Zeichen der individuellen Lebensgeschichte, sondern auch auf die Vorgänge und Zustände der Welt zu blicken, um daraus Gottes Gegenwart und Willen zu ergründen. Es gilt, „Gott in allen Dingen zu finden“ und seinen Anruf im Heute zu vernehmen. Nur so kann von „marianischem Glauben“ die Rede sein.

---

zeigt sich die Kirche oft unbarmherzig mit den Sündern und unduldsam mit den Andersdenkenden. Größer kann der Kontrast nicht sein gegenüber dem, was die Kirche ihrem Namen und Anspruch nach sein könnte. Eigentlich sollte in ihr die Menschenfreundlichkeit Gottes jeweils neu Gestalt finden. Eigentlich sollte diese Menschenfreundlichkeit sie attraktiv für die Menschen machen. Stattdessen löst sie oft Enttäuschung, Wut, Befremden aus. … Gravierender [noch] sind Doppelmoral und Rigorismus, Legalismus und Skrupulanz, Dogmatismus und Unbarmherzigkeit, Vertrauensmissbrauch und Scheinheiligkeit“: Höhn, Gott 288, 292. Der letzte Satz ist formuliert mit Verweis auf Balthasar, Meretrix und Rahner, Kirche.

ZWEITES KAPITEL

„Maria quae est sancta Ecclesia“

(Cyrill v. Alexandrien)

§ 1 Maria und Kirche – Verstehenszugänge

1. Fragen

Wir sahen bereits: Angefangen im Neuen Testament und kontinuierlich weitergehend in der Glaubens- und Theologiegeschichte, ist Maria mehr als nur eine „Einzelperson“,[89] mehr als nur das Mädchen Maria von Nazaret, das Jesus zur Welt brachte. Sie wird gezeichnet als die „Jungfrau, Tochter Sion“, als „Sions heiliger Rest“, als „Mutter der Glaubenden“, „Symbol der Jüngerschaft“, kurz: als „Kirche“. Und nicht selten wird sie mit der Kirche identifiziert.

Dabei hat der Begriff Kirche – ganz abgesehen von seiner Bedeutung als Kirchenbau – vielfältige und höchst unterschiedliche Dimensionen und Konnotationen.[90] Es ist eben nicht (mehr?) so, wie Martin Luther noch formulierte: „Es weiß gottlob ein Kind von sieben Jahren, was die Kirche sei, nämlich die heiligen Gläubigen und die Schäflein, die ihres Hirten Stimme hören“.[91] Vielmehr ist die Kirche nicht zuletzt aufgrund ihres gottmenschlichen Charakters eine äußerst komplexe Wirklichkeit, die nur in einer Vielzahl von Bildern und Metaphern umschrieben werden kann.

---

89 Dieser schon bisher mehrfach gebrauchte Ausdruck ist in vieler Hinsicht unglücklich, ja falsch (ähnlich wie auf seine Weise auch der Begriff „Kollektivperson“). Denn erstens gehört zur Person Einmaligkeit und Einzigartigkeit und in dem Sinn unabdingbar auch Einzelheit. Zweitens übersteigt eine Person immer die eigene Partikularität, weil Personsein wesentlich auch Relationalität, also Bezug zu anderen Personen einschließt. Dennoch benutzen wir beide Ausdrücke, Einzel- und Kollektivperson, gewissermaßen als „Kürzel“ und „Ausrufezeichen“, die vor einer jeweils einseitigen Sicht von Person (und damit Marias) warnen wollen.

90 Siehe dazu etwa die systematisierende Zusammenstellung bei M. Kehl, Die Kirche. Eine katholische Ekklesiologie, Würzburg 1992, 23–38; G. M. Hoff, Ekklesiologie = Gegenwärtig Glauben denken, Bd. 6, Paderborn u. a. 2011. Besonders das letztgenannte Werk fächert die ganze Komplexität des Kirchenbegriffs auf.

91 M. Luther, Schmalkaldische Artikel III, 12 (WA 50, 250).

Das ntl. Verständnis von Kirche hat eine enge Beziehung zur Reich-Gottes-Botschaft Jesu sowie zu dessen Leben und Tod, Auferstehung und Geistsendung. Kirche versteht sich in diesem Zusammenhang als gläubige Empfängerin der im Christusgeschehen aufleuchtenden Liebe Gottes, als (fragmentarische) Realisierung der hier gegebenen Verheißungen sowie als Weiterbezeugung (Verkündigung) und (sakramentale) Vergegenwärtigung des schon geschenkten Heils. Vor allem aber wird Kirche – ganz auf atl. Linie – thematisiert als Volk Gottes: Gott ruft die Menschen zur Gemeinschaft (zu seinem „Volk", zum „Bund", zum „Leib Christi", zur „Weggemeinschaft" seiner Jünger, zur heilsvermittelnden „Institution", zur „communio" einer Menschheit, die nach dem Bild des trinitarischen Gottes geeint ist) zusammen. Deshalb definiert auch der sog. „Weltkatechismus" Kirche als „Volk, das Gott in der ganzen Welt versammelt".[92] Dabei kann dann einmal mehr das Moment der Gemeinschaft, ein andermal mehr das der Leitung, einmal mehr die Verkündigung, ein andermal mehr die gemeinsame Liturgie im Vordergrund stehen. In jedem Fall aber ist in diesem Kontext die Kirche eine *Zeichenwirklichkeit*, die in ihrer sichtbaren Gestalt auf Unsichtbares, auf Gott und sein Handeln, verweist, wobei diese Einheit von Sichtbarem und Unsichtbarem wieder durchaus unterschiedlich akzentuiert werden kann.

Daneben gibt es ganz anders akzentuierte Bestimmungen der Kirche, die eher deren in der Ewigkeit Gottes ruhendes „Binnengeheimnis" herausstellen, nämlich den ewigen, unsichtbaren Heilsratschluss Gottes (in Eph 3,9 μυστήριον genannt), die ganze Schöpfung in sein Leben hineinzuführen.[93] Und nicht zuletzt gibt es auch Vermittlungen dieser beider Bestimmungen. So hebt z.B. Erik Peterson hervor, dass die christliche ἐκκλησία von Anfang an nicht nur einen starken kultischen Bezug hat (vgl. z.B. Hebr 12,22), sondern vor allem im Zusammenhang mit der Idee der „Himmelsstadt", der göttlichen πόλις steht, die sich gemäß Offb 21 am Ende der Tage als Wohnstatt Gottes und der Heiligen *vom Himmel herniedersenkt, bereitet wie eine Braut.*[94] Gerade im Bild der „Braut" kommen die beiden unterschiedlichen Nuancen des Kirchenverständnisses („in dieser Welt" und „im Himmel und vom Himmel her") zusammen, insofern die „Braut" nicht nur für die himmlische *Gottesstadt* steht, sondern auch das Gottesvolk, also die *Gemeinschaft* derer bezeichnet, die Gott schon hier auf der Erde zusammenruft, um sich ihr in „hochzeitlicher Liebe" zuzuwenden.

An der Schnittstelle beider Sichten von Kirche steht Maria: Sie ist „Braut" Gottes in dieser Welt (so wie Israel und die neutestamentliche Kirche als Gottes „Braut" bezeichnet werden, dazu später Näheres), und zugleich ist sie „Stiftung" „von oben", von Gott her. In dieser doppelten Perspektive kann sie als „corporate personality" der Kirche verstanden werden.

Dabei ist freilich im Auge zu behalten, dass Maria nicht die erste und einzige kirchliche „corporate personality" ist. Zu allen Zeiten gab es Menschen, in denen sich das, was Kirche ist, „personalisiert". So sprechen schon die Kirchenväter von der „ecclesia ab

---

92 Katechismus der Katholischen Kirche, München u.a. 1993, 227 (Nr. 752).

93 In dieser Perspektive steht auch die (orthodoxe) Definition der Kirche durch D. Staniloae, Orthodoxe Dogmatik, Bd. II, Zürich u.a. 1990, 162: „Die Kirche ist die Vereinigung alles Seienden, dazu bestimmt, alles was da ist, Gott und die Schöpfung, in sich zusammenzuschließen. Sie ist die Erfüllung des ewigen Planes Gottes, die Alleinheit. In ihr ist Ewiges da und Zeitliches, letzteres dazu bestimmt, vom Ewigen völlig umschlungen und erfasst zu werden".

94 Siehe E. Peterson, Ekklesia. Studien zum altchristlichen Kirchenbegriff (1926), Würzburg 2010, 11–52.

Adamo", „ecclesia ab Abel" usw. Der Hebräerbrief (Kap.11) geht in der Aufzählung der Glaubenden bruchlos von Abel zu Henoch, Noach, Abraham und vielen anderen über. In all den Glaubenden wird das, was Kirche ist, exemplarisch deutlich: Sie verwirklichen ihr Kirche-Sein in dem ihnen geschenkten Glauben, sie leben ihr Leben als Beziehung auf Gott und die Mitmenschen hin und sind dazu berufen, der in Gottes Plan beabsichtigten Einheit des Menschengeschlechts bzw. kurz: dem Gottesvolk zu dienen.[95] So sind sie „Einfallstore" Gottes in die Welt. Auch wenn all dies für Maria katexochen gilt, so werden deswegen die vor ihr auftretenden, die Kirche repräsentierenden Personen nicht abgewertet. Auch sie sind – jede auf ihre Weise – Ecclesia-„Maria". Doch werden wir uns im Folgenden zunächst auf Maria, die Mutter Jesu, konzentrieren.

Nach dieser knappen Skizze ist zu fragen: Was bedeuten genau und wie sind präzise zu verstehen Aussagen wie die von Joseph Ratzinger: „Maria ist in dem Augenblick ihres Ja Israel in Person, die Kirche in Person und als Person"?[96] Wie kann eine Einzelperson „Maria" mit der Gemeinschaft „Kirche" identifiziert werden? Was ist der „Realitätsgehalt" solcher Personifizierungen? Geht es hier nur um symbolische oder allegorische Redeweisen, um vage Ähnlichkeiten und Analogien, oder geht es um mehr?

Man könnte sich das Problem einfach machen, wenn man sich der „Lösung" von Yves Congar, von der schon S. 152f die Rede war, anschließt. Danach ist Maria nur „Symbol" der „himmlischen Kirche" = der Kirche im Plan Gottes. Sie ist „das Zeichen, der Typos und die Ankündigung der geistlichen Mutterschaft der Kirche".[97] So stellt sie lediglich eine Erscheinung der himmlischen Kirche in der Zeit dar und ist deshalb nur ein – freilich hochbedeutsames und entscheidendes – Moment jener „größeren" Heilsökonomie, in der der Logos sich mit der Menschheit vereint: Sie „repräsentiert ... den Beginn dessen, was in der Kirche geschieht".[98] Doch diese „Lösung" Congars scheint mir das Wesen biblischer Personifizierungen zu übersehen (hier ist Typos mehr als nur „erste Verwirklichung"!) und jene Aussagen unterzubewerten, welche die Identität von Maria und Kirche mit großem Nachdruck betonen. Deshalb haben wir uns nach einer anderen Lösung umzusehen.

Die folgenden Ausführungen wollen zeigen: Dass Maria einzigartige Person ist *und zugleich* für die Kirche steht, ja, die Kirche *ist*, und zwar die alt- *und* neutestamentliche Kirche, bedeutet keinen Gegensatz und initiiert keine unverstehbaren Spannungen oder gar Paradoxien. Die (nicht „platte", sondern zu differenzierende) Identifizierung Maria = Kirche muss (darf) auch nicht auf speku-

95 Siehe dazu J. Daniélou, Die heiligen Heiden des Alten Testaments, dt. Stuttgart 1956.
96 Ratzinger, Erwägungen 24. – Zu diesen Grund-Sätzen der Mariologie Ratzingers siehe auch Birkhofer, Natus 20ff.
97 Congar, Marie 14.
98 Congar, Marie 36.

lative Analogien, poetische Symbolisierungen oder ein frömmelndes „Ungefähr“ reduziert oder relativiert werden, sie klärt sich vielmehr (1) vom Begriff der kulturgeschichtlich häufig auftauchenden und in der Heiligen Schrift anzutreffenden Größe einer „corporate personality“ her und (2) im Blick auf das spezifisch theologische, nämlich „trinitarische“ Personverständnis, wonach Einzelner-Sein und *In*-einer-Gemeinschaft-Stehen (oder auch: *Für*-eine-Gemeinschaft-Stehen) nicht gegensätzliche, sondern direkt proportionale Beziehungen ausdrücken.

2. Zum Begriff einer „corporate personality“

Hintergrund von Personifizierungen, wie wir sie aus dem Alten Testament kennen und neutestamentlich bereits an Maria ausgemacht und in einem allerersten Ansatz erörtert haben (siehe S. 66ff), ist die altorientalische Idee einer „corporate personality“, nach der ganze Völker, Städte, Familien und Gruppen *„personifiziert“*, d.h. im Bild einer einzigen Person zusammengefasst werden können, und dies nicht nur in einem metaphorisch-poetischen, sondern in einem höchst realen, wenn man so will, „ontologischen“ Sinn. Die Basis dafür dürfte ein in der Antike (und bis heute z.B. noch in Afrika anzutreffender) Erfahrungskomplex sein, der uns in der westlichen Hemisphäre nach Aufklärung und neuzeitlichem Individualismus fremd geworden ist. Es ist die Erfahrung, dass der Einzelne als „Teil“ ganz und gar in ein größeres organisches Ganzes (Familie, Stamm, Volk, Kultur …) eingefügt und von diesem innerlich und äußerlich zutiefst geprägt ist.[99] Damit erhält dieses „größere Ganze“ gegenüber dem Einzelnen nicht nur ein viel größeres Gewicht, es wird auch in seiner hervorstechenden Besonderheit und Handlungsmächtigkeit entweder wie eine einzige Person gezeichnet oder auch mit einer das jeweilige „größere Ganze“ bestimmenden realen Person (oder einer anderen realen Größe[100]) identifiziert. Diese Person repräsentiert dann das Ganze, sie steht stellvertretend für das Ganze und ist dazu ermächtigt, für das Ganze zu handeln.

---

99 W. Eichrodt, Heilserfahrung und Zeitverständnis im Alten Testament, in: ThZ 12 (1956) 103–125, hier: 118f spricht im Anschluss an S. Mowinckel in diesem Zusammenhang von einem „Groß-Ich, das die Einzelnen in dem größeren Ganzen des Volkes aufgehen lässt“.

100 So kann z.B. das Volk Israel nicht nur als „Jungfrau“ personifiziert, sondern auch als „Jerusalem“, „Sion“ u.dgl. bezeichnet werden. – Gegen Mühlen, Una mystica 85, der sich hier an J. de Fraine anschließt, ist darüber hinaus zu vermerken, dass die Basis für eine „corporate personality“ nicht nur und nicht in jedem Fall darin besteht, dass eine bestimmte Gemeinschaft aus diesem einen Einzelnen hervorgeht, sich also wie ein Lichtstrahl von einer einzigen Quelle her entfaltet. Das kann, muss aber nicht so sein. – Für das Folgende vgl. Greshake, Gott 289ff.

Dies ist nicht auf der Linie neuzeitlicher Gesellschaftsordnungen zu verstehen, wo eine bestimmte Gemeinschaft einem Einzelnen durch einen rechtlichen Akt (z. B. durch Wahl) Repräsentanz und Handlungsvollmacht delegiert, wie dies etwa im modernen Staat für die Parlaments-„Abgeordneten" gilt, auch nicht so, dass ein Einzelner durch Zustimmung der anderen zu einem (auswechselbaren) Repräsentations-„Symbol" der Gemeinschaft wird, wie es heute in einigen Staaten z. B. der Bundespräsident ist. In beiden Fällen wird die Gesellschaft zwar durch eine Person repräsentiert, aber so, dass die Einzelnen sie durch einen freien Akt (Wahl) zu solcher Repräsentanz ermächtigen. Damit ist die Repräsentanz der Gemeinschaft in diesem *einen* im Vergleich zur Freiheit und Autonomie der Einzelnen, die ihn gewählt haben, etwas höchst Sekundäres. Demgegenüber meint die alte Idee der „korporativen Persönlichkeit", dass eine bestimmte Sozietät in einer Person voll und ganz repräsentiert *ist*, so dass in ihr all das real anschaubar und handlungsmächtig wird, was die Gemeinschaft ausmacht. Diese eine Person ist die Personalisierung des Bandes, das alle miteinander verknüpft. Dies kann aber nur deshalb so sein, weil sie im organischen Lebenszusammenhang der Gemeinschaft der erfahrbare Kristallisationspunkt gemeinsamen Wollens, Handelns und Erleidens ist bzw. als solche erfahren wird.

Wir haben in unserer heutigen Erfahrungswelt und Gesellschaftsordnung kaum etwas, das der antiken Idee einer „korporativen Persönlichkeit" vergleichbar ist, weil – wie erwähnt – „Repräsentation" seit Beginn der Neuzeit ausschließlich im juridischen Sinne einer Vollmachtsübertragung seitens freier Subjekte verstanden wird. Dennoch ist die Idee einer Kollektivperson auch unserer heutigen Erfahrungswelt in zweierlei Hinsicht nicht ganz fremd. (1) In wenig institutionalisierten Kleingemeinschaften (Familie, Freundeskreis usw.) gibt es noch – oft unbewusst und unreflektiert – korporativpersönliche Vollzüge, so wenn sich in einem Vater oder einer Mutter die Familie repräsentiert „fühlt" oder wenn sich ein Freundes- oder Aktionskreis um ein Mitglied versammelt, das gewissermaßen als „Symbolfigur" für ihren Zusammenschluss steht. (2) Wir kennen in unserer Sprache und Lebenswelt Formulierungen, in denen wir etwa einen Menschen als „typisch deutsch", „typisch Professor" oder dgl. kennzeichnen. Wir meinen damit, dass sich in dieser Person bestimmte Züge eines Kollektivs („die Deutschen", „die Professorenschaft") erfahren, anschauen, greifen lassen. Der Betreffende, von dem wir sagen, dass er „typisch" für eine Gruppe steht, verwirklicht dabei real und in hervorstechender Weise und nicht nur figurativ und allegorisch charakteristische Züge dieser Gruppe. Er steht damit gewissermaßen „stellvertretend" für sie und muss sich ggf. auch Reaktionen gefallen lassen, die eigentlich nicht ihm individuell, sondern der ganzen Gruppe gelten. In solchen Zusammenhängen wird deutlich, dass eine Gemeinschaft bzw. eine Gruppierung mehr ist als eine anonyme Masse, ein namenloses Kollektiv oder eine abstrakte Größe, dass vielmehr eine konkrete Person ihr ein konkretes Gesicht gibt und sie selbst in diesem konkreten Gesicht anschaubar und erfahrbar wird. So symbolisiert eine „korporative Person" das Ganze, d.h. sie ist die reale Vergegenwärtigung der Gemeinschaft und das perfekte Zeichen für sie, da deren Lebensgestalt, -schicksal und -ziel in ihr buchstäblich „konkret" (concrescere = zusammengewachsen) sind.

Solche „konkrete Darstellung" einer sozialen Größe in einem Einzelnen kann auf vielfache Weise geschehen: durch herausragende Teilhabe dieses Einzelnen am gemeinsamen Schicksal, durch besonderes kreatives Wachhalten der gemeinsamen Tradition und des gemeinsamen Zieles, durch ungewöhnliche Sensibilität für die Anliegen und Intentionen der Gemeinschaft oder durch spezifische Fähigkeiten, das gemeinsame Wollen zu formulieren, zu realisieren und sichtbar zu machen. Aufgrund solcher organischer Beziehungen können „Korporativ-Person" und betreffende Gemeinschaft zu auswechselbaren Größen werden. Dabei zeigen viele historische Texte, dass es einen oft unbemerkten oder wenigstens nicht reflektierten Übergang „vom Einzelnen zur Gemeinschaft und umgekehrt" gibt, dass also „die Grenzen zwischen beidem als fließend erscheinen. … Die Wirklichkeit des Groß-Ich kann also nur in einem ständigen, dialektischen Hin und Her zwischen dem einzelnen und der Gemeinschaft erfasst werden. … Das Groß-Ich ist [auch] nicht eine Wirklichkeit *über* den vielen, sondern eine Wirklichkeit *in* ihnen, die nur als dynamisches Beziehungsgeflecht *zwischen* ihnen verstanden werden kann", vermerkt Heribert Mühlen.[101] Deshalb gibt die „Korporativ-Person" ihre eigene Individualität auch nicht zugunsten ihrer Repräsentationsfunktion auf. Im Gegenteil! Es herrscht hier – so Karl-Heinz Menke – die Paradoxie: „Je vollkommener ein Individuum eine bestimmte Gemeinschaft vertritt, desto mehr ist es beides zugleich: mit der vertretenen Gemeinschaft identisch und von ihr verschieden, … desto ausgeprägter ist seine Individualität bzw. Differenz".[102]

Diese nur scheinbare „Paradoxie" lässt sich in ihrer ganzen ontologischen Tiefe wohl nur von einem trinitarischen Personverständnis her begreifen. Darauf ist im Folgenden wenigstens kurz einzugehen.

101 Mühlen, Una mystica 76, 86.
102 Menke, Stellvertretung 31.

3. Trinitarisches Personverständnis

Der trinitarische Glaube der Christenheit besagt, dass Gott einer in drei Personen ist. Etwas ausführlicher: Die Einheit Gottes besteht gerade darin, dass sich im einen und einzigen göttlichen Wesen drei Personen – Vater, Sohn und Heiliger Geist – gegenseitig das eine göttliche Leben vermitteln. Personsein in Gott bedeutet also Beziehung, ist identisch mit gegenseitigen Relationen. Und umgekehrt: Das eine göttliche Wesen hat seinen Selbstand weder in sich selbst, noch über oder neben den drei Personen, sondern ist dasjenige, was zwischen den drei „geschieht", es existiert nur im Austausch von Vater, Sohn und Geist, in der gegenseitigen Mitteilung des einen göttlichen Seins. Als Grundprinzip der trinitarischen „Seinslogik" lässt sich formulieren: Im drei-einen Gott ist jede der Personen, indem sie bei den andern ist, bei sich selbst, oder kürzer: Personsein in Gott heißt: „Im andern bei sich sein".

Die theologische Fachsprache spricht in diesem Zusammenhang von der gegenseitigen „Perichorese" (dt. etwa: gegenseitiges Umfangen und Durchdringen) der drei Personen. Perichorese ist ein Wort, welches ursprünglich aus der Welt des Tanzens („Umtanzen") stammt: Einer umtanzt den anderen, der andere umtanzt den einen, so dass aus zweien der eine gemeinsame Tanz wird. Auf die Trinität gewendet heißt das in metaphorischer Sprache: Die drei göttlichen Personen stehen in solcher Gemeinschaft, dass sie nur als „gemeinsame Tänzer" eines einzigen gemeinsamen Tanzes vorgestellt werden können: Der Sohn ist ganz im Vater und mit dem Vater, der Vater ganz im Sohn und mit dem Sohn, und beide finden ihre Einheit durch das Band des Geistes. So tanzen sie den einen gemeinsamen Tanz des göttlichen Lebens. Was dem einen gehört, gehört auch dem andern, was der eine hat, besitzt auch der andere, was der eine vollbringt, vollzieht er zusammen mit den andern und in den andern. „Nur indem Vater, Sohn und Geist ineinander sind, ‚nichts anderes' sind als gegenseitige Beziehung und Ineinandersein, ist das eine und selbe und unteilbare göttliche Wesen in ihnen und sind sie in ihm".[103] So also sind – wie schon Johannes Damaszenus sagt – die drei Personen der Trinität „ganz geeint, aber nicht miteinander verwechselbar, die eine Person ist jeweils in den anderen, aber diese Perichorese geschieht ohne Verschmelzung und Vermischung".[104] Jede Person findet in den anderen ihre eigene Identität und Existenzfülle.[105]

---

103 Kl. Hemmerle, Gemeinschaft als Bild Gottes, WW 5, Freiburg i. Br. 1996, 91.

104 Johannes Damasz., De fide orth. I, 8 (Kotter II, 42).

105 Vgl. E. Cambón, Trinità modello sociale, Roma 2009, 31.

Das entspricht den Aussagen des Johannesevangeliums, das in seinem „Prolog" von einer überzeitlichen Beziehung engster Liebe des Sohnes zum Vater spricht: Er ist *der Einzige, der Gott ist und am Herzen des Vaters ruht* (Joh 1,18). Und weil die Liebe so „durchdringend" ist, kann der johanneische Christus sagen: *Was der Vater tut, das tut in gleicher Weise der Sohn* (5,19), und: Die Jünger sollen erkennen und anerkennen, *dass in mir der Vater ist und ich im Vater bin* (10,38). Entsprechend spricht der Sohn zum Vater: *Alles, was mein ist, ist dein, und was dein ist, ist mein* (17,10). So sind er und der Vater „perichoretisch" ganz eins und doch auch ganz unterschieden.

Ähnlich ist und wirkt auch der Geist das, was ihm eigentümlich ist und ihn von den andern Personen unterscheidet, nicht separat, für sich, sondern *er geht vom Vater aus* (Joh 15,26). Er wird – sagt Christus – *von dem nehmen, was mein ist, und es euch verkünden* (Joh 16,14), übernimmt dabei aber nicht die Identität Christi, sondern ist *der andere Tröster* (Joh 14,15). Kurz: Niemals ist nur *eine* der göttlichen Personen am Werk. *Trotz*, oder besser: *in* ihrem Anderssein sind sie aufgrund ihrer gegenseitigen Lebens- und Liebesbeziehung radikal geeint, durchdringen sie sich ganz und gar.

Dies alles sind zwar Glaubensaussagen. Diese können aber anfanghaft im Blick auf Erfahrungen, die wir in zwischenmenschlichen Beziehungen machen, plausibel und in diesem Sinne überprüfbar werden. So deckt Thomas von Aquin in einer phänomenologischen Betrachtung menschlicher Liebe auf: „Weil die Liebe den Liebenden in den Geliebten ‚transformiert', lässt sie den Liebenden in das Innerste des Geliebten (und umgekehrt) eintreten, so dass nichts vom Geliebten aus der Einigung mit dem Liebenden ausgeschlossen bleibt …".[106] Liebe fügt also die Liebenden, obzwar sie verschiedene Menschen sind, zu einer untrennbaren und nicht aufteilbaren Einheit zusammen. Auch hier stößt man also auf das Grundprinzip der trinitarischen „Seinslogik": Im andern bei sich sein.

Doch bleibt unter uns Menschen eine Differenz zwischen dem einigenden Akt bzw. Vollzug der Liebe und dem selbständig bleibenden Sein der Liebenden. Denn auch wenn die Liebenden im Vollzug der Liebe „ein Fleisch", d. h. ganz eins werden, so bleiben sie doch außerhalb des aktuellen Geschehens zwei separate, einander gegenüberstehende, gesonderte Subjekte.[107] Das „muss" in Gott anders sein, da es in ihm keine Differenz zwischen Akt und Sein gibt: In und durch die Liebe, die zwischen den göttlichen Personen herrscht, geschieht sowohl höchste

106 Thomas von Aquin, In III sent 27, 1,1 ad 4. Kürzer noch in STh III, 48,2 ad 1: „duo homines sunt unum in caritate".

107 Nicht nur die Differenz von Akt und Sein, sondern auch das nicht (voll) personalisierte Faktum des Leibes und dessen Ausgesetztsein an dinghafte Notwendigkeiten sind Phänomene der Endlichkeit menschlichen Personseins und seiner Differenz zum Personsein in Gott, so dass W. Pannenberg zu Recht vermerkt, „dass menschliches Personsein nicht so exklusiv durch die Beziehung zu einer oder zwei anderen Personen konstituiert ist, wie das im trinitarischen Leben Gottes der Fall ist. Das menschliche Ich ist als Individuum von seiner Beziehung zu jeder bestimmten anderen [menschlichen] Person immer auch noch unterschieden": Systematische Theologie, Bd. I, Göttingen 1988, 465.

Unterscheidung der Personen (weil Liebe die Unterschiedenheit der Liebenden fordert) wie auch höchste Einheit (gegenseitige Durchdringung). Kurz: Vollkommene Einheit und vollkommene Andersheit sind in Gott keine Widersprüche, eben weil die Personen in Gott durch ein derartiges In-Beziehung-Sein ausgezeichnet sind, dass dieses sie sowohl unterscheidet wie auch zur Einheit zusammenfügt. Das, was der einzelnen göttlichen Person je besonders zukommt, ihre „Eigentümlichkeit", das also, was sie als „Vater", „Sohn" oder „Heiligen Geist" kennzeichnet, kommt ihr aus dem gemeinsamen „Beziehungsgefüge" des einen göttlichen Lebens derart zu, dass die jeweilige Besonderheit nichts „Exklusives" ist, etwas, was sie von den andern unter-„scheidet", im Sinne von trennt, absondert, vereinzelt, vielmehr hat sie es in der Weise zu eigen, dass es durch sie zugleich auch den andern zukommt und mit dem Besonderen der andern sich zur Einheit des einen göttlichen Lebens zusammenfügt.

Dieser Sachverhalt lässt sich anschaulich am Beispiel organischen Lebens, etwa dem des menschlichen Leibes illustrieren: Jedes Organ, jedes Glied, hat eine bestimmte, ihm eigentümliche Funktion. Nehmen wir beispielsweise die Lunge: Sie ist für die Sauerstoffversorgung im Leib zuständig. Aber diese ihre „Besonderheit" *ist* nur, weil sie *für das Ganze des Leibes ist*; durch die Lunge wird *alles* mit dem lebenswichtigen Sauerstoff versorgt. Das „Besondere" wird im Organismus zum „Allgemeinen". Umgekehrt betrachtet würde aber auch die Eigentümlichkeit der Lunge nicht sein, wenn ihre „Besonderheit" nicht vom „Allgemeinen" des Leibes begründet und getragen wäre.

Das organische Leben eines Leibes ist ein schwaches Bild für (inter)personales Leben und Wirken: Was der eine an Besonderem hat, hat er für den/die andern, das hat er aber auch – jedenfalls zu einem guten Teil – von ihnen her (beim Menschen: von Eltern, Erziehung, Umwelt, Gesellschaft …). An einer Fülle von empirischem Material über das „gesellschaftliche Sein" des Menschen lässt sich zeigen, dass unser aller Ich vom Sein und Handeln anderer ganz wesentlich mitbestimmt, mitgeprägt und mitgeformt ist. Kurz: Das freie Tun des einen wird zum Schicksal der anderen, das freie Handeln der vielen zum Schicksal des je Einzelnen. So sind wir von Gott geschaffen und gewollt, nicht als isolierte, allein stehende Inseln, sondern zutiefst miteinander verbunden im Guten und im Bösen.

Was wir ansatzweise unserer geschöpflichen Wirklichkeit entnehmen können, wird vollends deutlich im glaubenden Blick auf den drei-einen Gott: Was „Sein", „Person", „Wirklichkeit" zutiefst ist, zeigt sich im drei-einen Gott als radikalstes Bezogen-Sein, In-Beziehung-Stehen, gegenseitige Seinsmitteilung. Einheit und Differenz sind in ihm keine Gegensätze, sondern Strukturmomente des einen großen „Rhythmus" der Liebe, die Gott selber ist.

Was bedeuten diese trinitätstheologischen Zwischenüberlegungen für unsere Frage nach einem tieferen Verständnis der „corporate personality"?

Wir waren im Anschluss an Karl-Heinz Menke von dem scheinbar paradoxen Prinzip ausgegangen: „Je vollkommener ein Individuum eine bestimmte Gemeinschaft vertritt, desto mehr ist es beides zugleich: mit der vertretenen Gemeinschaft identisch und von ihr verschieden, … desto ausgeprägter ist seine Individualität bzw. Differenz". Genau diese „Paradoxie" wird verständlich im Blick auf den drei-einen Gott: Gemäß trinitarischem Personverständnis wachsen Identität und Alterität, Individualität (Personalität) und Sozialität nicht in umgekehrtem Maß, sondern *direkt proportional*, weil die Liebe sowohl eint als auch unterscheidet. Dies hat Pierre Teilhard de Chardin – im Zuge seiner Interpretation der Evolution – kurz in die Formel gekleidet: „Einigung differenziert, Einigung personalisiert".[108] Soll nun das oben genannte „paradoxe Prinzip" keinen inneren Widerspruch zum Ausdruck bringen, so ist ein Personbegriff vorauszusetzen, der nicht einfach „individueller substantialer Selbstand" bedeutet, denn dann würde gelten: Je mehr personaler Selbstand, desto weniger Gemeinschaftsbezug; je mehr in Beziehungen „ausgegossen", umso weniger eigenständige Person. Vorauszusetzen ist vielmehr ein Personverständnis, welches – im Blick auf das, was Person im trinitarischen Gott ist[109] – wesentlich Beziehung vom andern her und auf den andern hin besagt, so dass Person als *Selbstand in und aus Beziehungen* zu charakterisieren ist bzw. als ein „Im-andern-bei-sich-selbst-Sein". Es ist also jemand umso mehr eigenständige Person (und damit in seinem Personsein dem drei-einen Gott ähnlich), als er in einem größeren und intensiveren Beziehungsnetz steht und umfassender und radikaler dieses Beziehungsnetz trägt und dafür einsteht. Kurz: Selbstand und Relation-Sein wachsen in gleichem, nicht in umgekehrten Maß.[110] Da, wo deshalb ein Mensch „ganz Beziehung" ist und lebt, kann er auch mit der entsprechenden Gemeinschaft identifiziert werden und die Gemeinschaft mit ihm.

Die bisherige Argumentation zur Bestimmung dessen, was Personsein ist, verlief theologisch, nämlich ausgehend von einer theologischen Interpretation der Glaubenswahrheit vom trinitarischen Gott.

Daneben gibt es auch philosophisch argumentierende Zugänge zu einem solchen relationalen Personverständnis, wie es sich etwa in der sog. personalistischen Philosophie des 20. Jahrhunderts darbietet und in einer streng philosophischen Argumentationsform

---

108 Zit. nach H. de Lubac, Kommentar zu P. Teilhard de Chardin, Hymne an das Ewig-Weibliche, dt. Einsiedeln 1968,17–160, hier: 24.

109 Dass dieses Personverständnis tatsächlich im Kontext des trinitarischen Glaubens entstanden ist, wird im Einzelnen bei Greshake, Gott 172–216 gezeigt. Dazu steht nicht im Widerspruch, dass sich bereits im AT, also noch „vor" der Offenbarung des drei-einen Gottes, ein relationales Personverständnis anbahnt. Denn auch im AT und selbst außerhalb der sog. „amtlichen" Offenbarungsgeschichte finden sich Hinweise auf einen „beziehungsreichen" Gott, Spuren dessen also, was dann im NT und in der daraus entstehenden nachfolgenden Glaubensgeschichte weiter entfaltet wird.

110 Siehe dazu auch H. Wipfler, Grundfragen der Trinitätsspekulation, Regensburg 1977, 151–154; Greshake, Gott 198f.

zuletzt von Heribert Mühlen unter dem Schlagwort „Im-Wir-Sein" entwickelt wurde.[111] Zu Recht bemerkt Heribert Mühlen: „Der Begriff ‚das Wir' gehört, anders als ‚das Sein' oder ‚das Ich', (noch) nicht zu den leitenden philosophischen Grundbegriffen. Von Platon bis Descartes kommt er überhaupt nicht vor; bei Fichte hat er innerhalb seines idealistischen Systems eine sekundäre, auf das Nicht-Ich bezogene Funktion. Erst im 20. Jahrhundert ist er als Weiterentwicklung der durch Descartes inaugurierten Ich-Philosophie bzw. Subjektphilosophie oder in Absetzung von ihr zu einem weiterausgreifenden Thema geworden".[112]

Entgegen der bisherigen abendländischen Seinsfrage, die das Seiende bzw. – in der Neuzeit – das Subjekt als primären Bezugspunkt hatte, stellt Mühlen in detaillierten Schritten heraus, dass das unhintergehbare Grunddatum jeglicher Reflexion auf die Wirklichkeit das *Wir-sein* ist. Damit ist nicht nur das empirische Faktum gemeint, dass jeder Mensch seinen Ursprung aus dem Wir zweier Menschen hat und die Prägung seines Seins aus einem vorgegebenen „sozialen uterus" empfängt, so dass mein Sein „*in sich selbst*, ob ich will oder nicht, ob ich dies anerkenne oder ablehne, bleibend und unaufhebbar Rückbezogen-sein auf mein Ursprungs-Wir [ist]. Mein Da-sein ist in sich selbst Im-Wir-sein".[113] Damit ist, grundsätzlicher noch, gemeint, dass das „In-sein eines jeden Einzelnen in einem Wir und jedes einzelnen Wir im globalen Wir … die *Grundkonstituente* und die *Grundbestimmung* des Mensch-seins" ist.[114]

Dies kann bestätigt werden durch ontologische Reflexionen nicht nur auf die „Dialogizität" des Sprechaktes,[115] sondern vor allem auch auf die Freiheit. Zwar ist Freiheit ihrem tiefsten Wesen nach „sich selbst bestimmende Selbstbestimmung". Doch kann diese nicht darin bestehen, die Faktizität „ihres Im-Wir-seins beseitigen und lediglich mit *sich selbst* übereinstimmen zu wollen", da jeder vorgängig zur je eigenen Selbstbestimmung im Wir-sein eingeschlossen ist und bleibt (selbst wenn ich mich aus der Prägung durch ein *bestimmtes* Wir in Freiheit herausbegebe, stelle ich mich eo ipso in ein anders qualifiziertes Wir hinein). Freiheit ist darum „umso wahrer, je mehr sie mit ihrem eigenen Im-Wir-sein übereinstimmt, dieses anerkennt und bejaht und sich in ihrem Selbstvollzug von ihm her bestimmen lässt". Deshalb ist Freiheit wesentlich „wirbestimmte Selbstbestimmung". Das bedeutet: Selbstbestimmung der Freiheit als Selbstbejahung und Selbstbestimmung zum Selbst-Einschluss in eine jeweilige Wir-Grenze sind … untrennbar und „bedingen und steigern sich einander in wechselbedingter Priorität". Deshalb ist das neuzeitliche Verständnis der Freiheit als „Autonomie", die sich keinem andern Gesetz unterwirft, das sie sich nicht selbst gegeben hat, von Grund auf zu korrigieren bzw. zu modifizieren.

So kommt Mühlen auf philosophischem Weg zu einem relationalen Personverständnis, das – wie wir im Blick auf den trinitarischen Gott zeigten – wesentlich Beziehung vom andern

---

111 Siehe dazu vor allem H. Mühlen, Im-Wir-sein. Grundlegung der Wir-Wissenschaft. Aus dem Nachlass hrsg. v. W. Maas, Paderborn u. a. 2008. Und vorher schon ders., Una mystica.

112 Mühlen, Im-Wir-Sein 49. Mühlen verweist dabei auf H. Hühn, Wir, in: HWP 12, 812–820. Eine Skizze des Werdens eines relationalen Personverständnisses im 20. Jh. findet sich auch bei Greshake, Gott 150–168.

113 Ebd. 59. Siehe auch ebd. 71: „Das Im-Wir-sein ist von da her die alles menschliche Leben ermöglichende, streng vorherige menschliche Grundbefindlichkeit schlechthin, der ganz offenbar keine andere Grundbefindlichkeit vorausgeht".

114 Ebd. 75.

115 Siehe dazu ebd. 108f. – Das Folgende ist eine gelegentlich wörtlich zitierende Zusammenfassung der Reflexionen Mühlens, ebd. 152–179.

her und auf den andern (vom „Ich" auf das „Wir") hin besagt. Auch nach Mühlen ist jemand umso mehr eigenständige Person, als er bewusst in einem größeren und intensiveren Beziehungsnetz des Wir steht (siehe oben das Zitat: Freiheit ist „umso wahrer …"). Auch bei ihm wachsen Selbstand und Relation-Sein in gleichem, nicht in umgekehrtem Maß.

Allerdings ist – nach Heribert Mühlen – das Wir kein handelndes und erst recht kein sprechendes Subjekt, kein „Groß-Ich" also, sondern die *transzendentale Voraussetzung* allen Subjekt-Seins. Es zeigt sich nur *als die* Selbstaussage und *in der* Selbstaussage einer sprechenden Person, „die in diesem Wort ihr In-sein in einer inneren Wir-Grenze verbalisiert und sich in sie einschließt",[116] auf diese Weise die apriorische Voraussetzung für jedes persönliche Sprechen (und Handeln) formuliert und sich so als strikt relational erweist.

Diese einschränkende Bestimmung des Wir als transzendentale Möglichkeitsbedingung des Subjekt- bzw. Personseins, wie sie Mühlen betont, kann aber problematisiert werden. Denn was ist, wenn das transzendentale Wir eine Person so bestimmt, dass sie *ganz und gar* vom Wir der andern geprägt und für dieses Wir durchlässig ist? Was ist, wenn die Selbstbestimmung eines Ich gerade darin besteht, in Freiheit (!) die eigene Selbstbestimmung hinzugeben, sich also gerade so zu bestimmen, dass es sich ganz vom andern her bestimmen lässt, um ganz „Für", „Proexistenz" zu sein? Erhält dann das Wir nicht eine Stimme, wird es dann nicht handlungsfähig? Auf dieser Linie kann und muss dann sinnvoll von einer collective personality, die sich in Christus und in Maria realisiert, die Rede sein.

Diese Überlegungen zum trinitarischen bzw. philosophisch-personalistischen Personverständnis können uns den Weg zum Verständnis des uns hier beschäftigenden Begriffspaars Maria-Ecclesia bzw. der Identifizierung von Maria und Kirche öffnen: Wenn in der Person Selbstand und Relation-Sein in gleichem, nicht in umgekehrtem Maß wachsen, kann da, wo ein Mensch „ganz Beziehung" ist, er auch mit der entsprechenden Gemeinschaft (mit dem „Wir" in der Terminologie Mühlens) identifiziert werden und die Gemeinschaft mit ihm. Wenn also die Heilige Schrift Maria mit dem Volk Gottes, ja mit „Israels heiligem Rest" mindestens implizit gleichsetzt und die frühe nachbiblische Glaubenstradition Maria mit der Kirche, ja sogar mit der Schöpfung identifiziert, so ist sie als jene entscheidende „Größe" charakterisiert, deren Wesen Beziehung (zum Volk Gottes, zur Kirche, zur Schöpfung und natürlich zu Gott selbst) *ist*, deren Sein also als Beziehung-Sein zu qualifizieren ist. Als eine solche ganz „relationale Person" steht Maria zugleich für die Kirche.

Bevor wir jedoch näher zu betrachten haben, inwiefern es zwischen Maria und Kirche Identität bei gleichzeitig bleibender Differenz gibt, müssen wir noch eine weitere Wegschleife durchschreiten. Es gilt, zuvor auf Jesus Christus zu blicken, der ja selbst auch das, was „corporate personality" meint, verwirklicht und zwar in einem zugespitzten Sinn, und auf den das, was vom trinitarischen Personverständnis ausgesagt wurde, natürlich voll und ganz zutrifft. Wieso ist die Kirche

116 Ebd. 101.

auf der einen Seite mit Christus identisch (Kirche *ist* „Leib Christi", ja sogar „der Christus": 1 Kor 1,13) und auf der anderen Seite mit Maria („quae est sancta ecclesia")? Wie verhalten sich beide „Kollektivpersonen" zueinander und zur Wirklichkeit Kirche?

4. Kirche als „Leib Christi"

Lit.:

Alle auf S. 25 angeführten ekklesiologischen Monographien. Sodann: E. Schweizer, σῶμα, in: ThWNT VII, 1024–1091; F. Malmberg, Ein Leib – ein Geist, Freiburg i. Br. 1960; E. Käsemann, Das theologische Problem des Motivs vom Leibe Christi, in: ders., Paulinische Perspektiven, Tübingen 1969, 178–210; Mühlen, Una mystica, bes. 115–136; J.-M.-R. Tillard, Chair de l'Église, chair du Christ, Paris 1992; H. Merklein, Entstehung und Gestalt des paulinischen Leib-Christi-Gedankens, in: A. Böhnke/H. Heinz (Hrsg.), Im Gespräch mit dem dreieinen Gott, FS W. Breuning, Düsseldorf 1985, 115–140; J. Hainz, Vom ‚Volk Gottes' zum ‚Leib Christi', in: JBTh 7 (1992) 145–165; Th. Söding, Leib Christi I, in: LThK 6, 769–771 (Lit). – In systematischer Sicht: H. Verweyen, Gottes letztes Wort. Grundriss der Fundamentaltheologie, Düsseldorf 1991, 515–531; J. Meyer zu Schlochtern, Sakrament Kirche, Freiburg i. Br. 1992 (Lit).

(a) Christus und sein Leib

Christus ist ein „Leib",[117] dessen viele Glieder die Glaubenden sind, so dass die Kirche wahrhaft „sein" Leib genannt werden kann. „Christi Leib ist der Leib seiner Gläubigen. Der Leib seiner Gläubigen ist Christi Leib", formuliert kurz und bündig Heinrich Schlier.[118] Was begründet diese unbedingte und deshalb geradezu austauschbare Einheit, ja Identität der σώματα? Zunächst aber: Was ist in diesem Zusammenhang überhaupt mit Leib genau gemeint?

117 Hinter dem paulinischen Bild vom Leib dürfte wohl der stoische Gedanke bzw. das stoische Bild von gesellschaftlichen Gebilden als Organismen stehen. Siehe die berühmte Fabel des Menenius Agrippa. Doch gehen die Ideen bis ins mythische Denken zurück. All diese Bezüge reichen jedoch zum Verständnis nicht aus. Hinter dem biblischen Bild stehen vermutlich auch der Gedanke einer „corporate personality" sowie die ntl. Adam-Christus-Parallele und nicht zuletzt der paulinische Gedanke vom „In-Christus-Sein" der Glaubenden, das johanneische Bild vom Weinstock und den Reben (Joh 15) sowie die Aussagen über das μένειν der Jünger in Christus. Nicht zuletzt spielt auch die Abendmahlstradition eine überragende Rolle (siehe weiter oben). Vgl. zu all den verschiedenen „Elementen" Tillard, Chair 26ff.

118 H. Schlier, Besinnung auf das Neue Testament, Freiburg i. Br. 1964, 303. Siehe auch Schweizer, σῶμα 1070: „Genau genommen kann man … den am Kreuz hingerichteten [und – so füge ich hinzu – den von Maria geborenen] Leib Jesu, den Leib des Erhöhten und den Leib Christi, den die Gemeinde bildet, gar nicht scheiden".

Der Begriff „Leib" oszilliert (übrigens ähnlich wie der der Person) zwischen einer eher äußerlich-funktionalen und einer eher innerlich-„ontologischen" Bedeutung, wobei jeweils mehr das eine oder andere im Vordergrund stehen kann. In funktionaler Perspektive kann „Leib" jedes soziale Gebilde bezeichnen, das in einer geordneten Beziehung und Zusammengehörigkeit verschiedener Einzelelemente besteht. In diesem Sinn bilden etwa die Professoren einer Universität oder die Mitglieder einer bestimmten Gewerkschaft oder die Angehörigen eines Parlamentes ein „corpus", eine „Körperschaft". Ja, selbst Bücher oder Gesetze, die miteinander verbunden sind, können als ein „corpus" (scriptorum resp. legum) gelten. Neben dieser funktionalen, oft stark juridisch gefärbten Sicht, in der „Leib" metaphorisch für äußere Verbundenheit und Zusammengehörigkeit steht, gibt es eine andere ontologische Bedeutung, wonach – z. B. in der Bibel – Leib synonym für die menschliche Person steht (also nicht etwa als Gegenbegriff zu anima thematisiert wird) und zum Ausdruck bringt, dass die Person (eben kraft ihres Leibes) von einer Vielzahl von Beziehungen zur Welt, besonders zur Menschenwelt, bestimmt ist, sei es dass die Person selbst von ihrem In-der-Welt-Sein geprägt ist, sei es dass sie ihrerseits dieses prägt. Leib ist damit gewissermaßen die Summe der (seinsmäßigen) Beziehungen, die mein Ich mit dem andern so verbindet, dass ich (nicht nur, aber auch) im andern und vom andern her meine Identität gewinne. In dieser „ontologischen" Richtung ist auch wohl die Aussage von der Kirche als „Leib Christi" zu verstehen. Die Redeweise meint, dass die kirchliche Gemeinschaft von Christus getragen, von ihm geprägt, von ihm repräsentiert, kurz: mit ihm unlösbar verbunden ist, so wie umgekehrt Christus selbst nicht ohne seine Kirche bestimmt sein und nicht ohne sie existieren will. So öffnet die Bezeichnung „Kirche – Leib Christi" einen Blick auf Christus, die zunächst einmal nicht weit von der einer „corporate personality" (im erörterten Sinn) entfernt ist: Christus steht zugleich für die, die zu ihm gehören; er repräsentiert sein Volk, er bestimmt es und lässt sich von ihm bestimmen.

Doch ist Christus als „Leib" mehr, viel mehr als nur eine der vielen Korporativpersönlichkeiten, die in Welt und Geschichte namhaft gemacht werden können. Denn wenn – wie vorher erörtert – die ontologische (und theologische) Basis einer corporate personality die Relationalität ist, und zwar sowohl ihre Relationalität zu denen, die sie repräsentiert, als auch umgekehrt die Relationalität der Personen zu jener, in der sie ihre Identität finden, so ist die Person Jesu Christi als des Sohnes Gottes dadurch bestimmt, dass sie sich durch eine *absolut grenzenlose* Relationalität auszeichnet. Als Sohn Gottes ist er *relatio subsistens*, *ist* sein ganzes Sein Beziehung. Auch wenn dies zunächst für die innertrinitarische Beziehung von Vater, Sohn und Heiligem Geist gilt, so ist doch diese seine Beziehungshaftigkeit, weil sie ja das Personsein betrifft, nicht auf die innertrinitarische Dimension beschränkt. Sie entbindet vielmehr die der menschlichen Natur Jesu eigene Relationalität ins Unermessliche hinein.[119] Darum kann er sich in einer Weise, wie sie schlechthin unübertreffbar einmalig ist, mit denen, die zu ihm gehören, vereinen und mit ihnen eins werden.

Dies wird besonders greifbar und anschaubar an der Abendmahlstradition. Hier gibt Jesus seinen Leib = sein konkretes Leben in rückhaltloser Liebe ganz und gar für uns, für jeden einzelnen von uns hin; alles, was er „in sich" ist und hat, wird gewissermaßen in einen Strom des Lebens „für euch" entäußert. Oder – ein anderes Bild! – das „In-sich" Jesu öffnet sich in seinem „Leibsein" so uneingeschränkt für die Menschen, dass alle darin aufgenommen werden. Christi Existenz wird buchstäblich zur uneingeschränkten, radikalen Proexistenz. Zum Zeichen dessen empfängt die Jüngerschaft das Brot, das „sein Leib" ist, damit sie an diesem Leib teilhat und selbst Leib Christi wird, eins mit dem Herrn und eins untereinander (vgl. 1 Kor 10,16f). Genau in diesem Zusammenhang der Abendmahlsüberlieferung kommt bei Paulus zum ersten Mal der Begriff „Leib Christi" für die Kirche vor, der damit die unfassbare, totale und restlose Einheit, die Christi Liebe und Beziehungsfähigkeit mit uns, „den vielen", eingeht, zum Ausdruck bringt.

Das Gleiche meint auch Gal 3,28: *Ihr alle seid* einer *in Christus.* Damit stellt Paulus sich Christus als eine Person vor, „die irgendwie in sich alle Christen umfasst und mit ihnen völlig eins wird".[120] Heribert Mühlen weist in diesem Zusammenhang auch auf 1 Kor 12,27 hin: *Ihr seid der Leib Christi und jeder Einzelne ist ein Glied an ihm* und interpretiert: „Der eine [Christus] verwirklicht sich in den vielen, und die vielen sind in dem einen zusammengefasst", [121] ein Kommentar, der sich gleichfalls auf Röm 12,5 beziehen lässt.

So verwirklicht Jesus Christus und nur ER das in vollkommener Weise, was schon Aristoteles als Freundschaftsideal beschreibt und ersehnt: ER ist gewissermaßen unser „anderes Ich", die „Hälfte unserer Seele" und das, was wir „durch ihn, den Freund, tun, geschieht gewissermaßen durch uns selbst".[122] Denn ER ist derjenige, von dem Paulus sagt: *Nicht mehr ich lebe, Christus lebt in mir* (Gal 2,20), ER ist der Weinstock, an dem jeder Rebe ist und von ihm mit Leben erfüllt wird (Joh 15). ER ist derjenige, mit dem die Jünger so eins sind, eins sein sollen und können, wie Vater und Sohn eins sind (vgl. Joh 17). ER ist der, der unser tiefstes

119 Nur so ist es ja auch überhaupt denkbar, dass – obwohl Paulus und Jesus Christus sich in Raum und Zeit nie begegnet sind – Pauls dennoch von ihm sagen kann, dass er *mich (!) geliebt und sich für mich hingegeben hat* (Gal 2,20).

120 de Fraine, Adam 210f.

121 Mühlen, Una mystica 122f. – Es sei nur kurz darauf verwiesen, dass zwischen der Leib-Christi-Konzeption der authentischen Paulus-Briefe und der der Deuteropaulinen Kol und Eph ein tiefgehender Unterschied besteht. In den letzteren ist Christus das „Haupt des Leibes" = der Kirche, jenes Haupt, von dem die Kirche geistliches Wachstum und Fülle des Lebens empfängt.

122 Aristoteles, Nikomachische Ethik IX,4, hrsg. v. F. Dirlmeier, Frankfurt-Hamburg 1957, 178ff. Vgl. dazu E. Peroli, Essere persona. Le origini di un'ideale tra grecità e cristianesimo, Brescia 2006.

Sein bestimmt. Er ist das eigentliche „Subjekt“ der Kirche, insofern ER es ist, der sein Wort in die Herzen der Mensch senkt, der seine Gnade verschenkt und in den Sakramenten wirkt; in IHM wird die Kirche *zur Fülle dessen, der alles erfüllt* (Eph 1,23). So ist die Kirche als der eine Leib Christi nach einem Wort Hans Urs v. Balthasars nichts anderes „als eine Ausdehnung, Mitteilung, Teilgabe der Personalität Christi“.[123]

Dieses Beziehungsnetz des Leibes Christi, das in seiner Ausweitung und Intensität unbegrenzt ist, ist so unübertreffbar eng und Gottes Sohn so zu eigen, dass er in Ewigkeit nicht von diesem seinem Leib mehr getrennt werden kann. Es gibt – um es in augustinischer Begrifflichkeit zu sagen – keinen „Christus solus“ (mehr), sondern nur einen „Christus totus“. Er *ist* in alle Ewigkeit so sehr sein Leib, dass Origenes über den zu Gott erhöhten Christus sagen kann, dass dieser selbst seine letzte Vollendung so lange noch nicht erreicht hat, „als ihm immer noch Glieder seines Leibes fehlen“.[124]

In dieser Perspektive spricht auch Augustinus unendlich oft von Christus und der Kirche als von *ein und derselben Person* (una eademque persona, oder auch: una quaedam persona),[125] die beide zusammen den *Christus totus* bilden. Nicht selten verweist er für die Einheit von Haupt und Glieder auf Apg 9,4: Der erhöhte Herr fragt Paulus: Warum verfolgst du *mich*?, und begreift in diesem „Mich“ auch die verfolgten Glieder seines Leibes mit ein. Gelegentlich kann Augustinus (im Anschluss an 1 Kor 1,13) sogar sagen, dass wir Christus, genauer: „der Christus“ *sind*![126]

Bevor wir von dieser Grundlegung aus auf die Ausgangsfrage zurückkommen, wieso „neben“ Christus auch noch Maria als „corporate personality“ für die Kirche ausgesagt wird, wieso also die Kirche nicht nur mit Christus, sondern auch mit Maria identifiziert werden kann, haben wir zu fragen: Wie kommt die Einheit von Christus und seinem Leib zustande? Vorhin wurde auf die unendliche Liebes- und Beziehungsfähigkeit Christi als des Sohnes Gottes hingewiesen. Diese gründet im Leben des drei-einen Gottes. Hier gibt es aber nicht nur (die Beziehung zwischen) Vater und Sohn, sondern auch den Heiligen Geist, der die beiderseitige Beziehung ermöglicht und trägt. Deshalb ist es auch in der Heilsgeschichte der Heilige Geist, der die Einheit des Leibes Christi allererst schafft und lebendig er-

123 H. U. v. Balthasar, Wer ist die Kirche ?, in: ders., Sponsa Christi, Einsiedeln ³1971, 151.
124 Origenes, Hom. in Lev. 7,2 (SC 286, 308f). Siehe S. 295f.
125 Vgl. z. B. Augustinus, De doctr.Chr. III,31 (BA 11/2, 296) ; ders., In Ps.142,3 (PL 37, 1847) u. ö.
126 Vgl. z. B. Augustinus, In Ps.26, II,2 (PL 36, 200). – Diese Ausdrucksweise wird von Thomas v. Aquin aufgegriffen, wobei er die Formulierung „una persona mystica“ bevorzugt.

hält. Darauf weist jedenfalls 1 Kor 12,13 hin: *Durch den einen Geist wurden wir in der Taufe alle in einen einzigen Leib aufgenommen …; und alle wurden wir mit dem einen Geist getränkt.* Damit erscheint das Pneuma als „Prinzip der Einheit des Leibes Christi".

(b) „Leib Christi" – Heiliger Geist – Maria

Die Aussage vom Heiligen Geist als „Prinzip des Leibes Christi" lässt sich noch vertiefen, wenn man auf die „Eigentümlichkeit" der Person des Heiligen Geistes im Leben des trinitarischen Gottes blickt.

Im drei-einen Leben Gottes stehen – anschaulich gesagt – Vater und Sohn in vollendeter gegenseitiger Liebe einander gegenüber. Aber dies kann nicht die höchste Form der Liebe sein, wie Richard v. St. Viktor im Einzelnen aufgezeigt hat. Liebe ist in ihrer Vollgestalt nicht „zweipolig", sondern setzt eine „dritte Größe" voraus, welche das wahre Einssein der beiden Liebenden bewirkt und garantiert, soll die Ich-Du-Beziehung nicht in einer projizierenden Selbstreproduktion des einen im anderen enden. Dieser „Dritte" ist nach alter theologischer Tradition der Heilige Geist, sei es dass er, wie durchgehend bei Augustinus, als das „vinculum caritatis" bezeichnet wird oder, wie bei Thomas v. Aquin, als „nexus Patris et Filii"[127] oder, wie in neuerer Zeit von Felix Malmberg und Heribert Mühlen, als das „Wir von Vater und Sohn in Person".[128] In jedem Fall gehört es zur Eigentümlichkeit des Heiligen Geistes, Personen zur Einheit der Liebe zu verbinden. In der Differenz von Vater und Sohn allein kann jedenfalls das göttliche Leben, der „Rhythmus" vollkommener Liebe, nicht vollzogen werden. Liebe setzt immer „den Einen, den Andern und ihre Einheit voraus".[129]

Aber der Geist ist nicht nur das Band der Einheit von Vater und Sohn, sondern auch der Garant ihrer Verschiedenheit.[130] Als „der Dritte" steht er dafür, dass Ich und Du in ihrer Liebe nicht miteinander verschmelzen, sondern als je Verschiedene im gemeinsamen WIR

---

127 Thomas v. Aquin, STh I, 37, 1 ad 3.

128 Siehe dazu Malmberg, Leib 142ff; Mühlen, Una mystica bes. 196ff; ders., Der Heilige Geist als Person. In der Trinität, bei der Inkarnation und im Gnadenbund. Ich – Du – Wir, Münster 51966, pass.

129 H. U. v. Balthasar, Versuch eines Durchblicks durch mein Denken, in: IKaZ 18 (1989) 289–293, hier: 292f. Sehr schön formuliert Adrienne v. Speyr: „Zwei sein bedeutet auf Dauer Tod. Um die Liebe zwischen zweien lebendig zu erhalten, braucht es immer ein Drittes, das über die Zwei, die sich lieben, hinausgeht": zit. nach H. U. v. Balthasar, „Kommt und seht", Freiburg i. Br. 1983, 36. – Das Ganze ist ausführlicher entwickelt bei Greshake, Gott 210–214.

130 Vgl. C. E. Gunton, The One, the Three, and the Many, Cambridge 1993, 190: „Not only we must say, with Augustine, that the Spirit is the unifying link between Father and Son; it is even more necessary to add he is the focus of distinctiveness of Father and Son – of their unique particularity". In den letzten Jahrzehnten hat vor allem E. Lévinas, Jenseits des Seins oder anders als Sein geschieht, dt. Freiburg-München ^{2}1993, bes. 342ff auf die Bedeutung des „Dritten" für die Beziehung des Einen zum Andern hingewiesen. Siehe auch G. Berthoud, Das Universum der Gabe, in: Rosenberger u. a. (Hrsg.), Geschenkt 25–50, hier: 35f.

aufeinander und auf ihn als den „Dritten“ bezogen bleiben und gerade so, als Verschiedene, in ihm ihre (differenzierte) Einheit finden.

Diese beiden spezifischen Eigenschaften, Garant und Erwirker sowohl von Einheit wie von Verschiedenheit zu sein, besitzt und realisiert der Heilige Geist nicht nur im innergöttlichen Leben, sondern auch in der Heilsgeschichte.

Verschiedenheit: Er ist nicht nur derjenige, der Jesus (bei dessen Taufe) seine unverwechselbare Sendung durch den Vater zukommen lässt, er ist es auch, welcher der Jüngerschaft die je ganz persönlichen, unterschiedlichen Charismen zur Sendung in die Welt schenkt.

Einheit: Der Geist verbindet Jesus mit seinem Vater und treibt ihn an, das Werk der Einheit und Versöhnung zu tun und die große Communio Gottes anbrechen zu lassen. Er bewirkt, dass Jesus sich nicht scheut, unser Bruder zu sein (vgl. Hebr 2,11), Er ist es auch, der in der Jüngerschaft Einheit, Frieden und Versöhnung schafft.

In diesen beiden unterschiedlichen „Funktionen“, Einheit wie Verschiedenheit zu schaffen,[131] erwirkt der Heilige Geist auch das Leben des Leibes Christi. Er schafft zunächst einmal eine *Einheit*, wie sie enger nicht gedacht werden kann. Denn durch ihn wird nicht nur das „in illo tempore“ des Christus-Geschehens je neues Präsenz und damit die Einheit von Vergangenheit und Gegenwart konstituiert, durch ihn wird auch das charakteristische Element der Sendung Christi zu uns: die dem Sohn vom Vater verliehene Vollmacht und Autorität, mit der er uns als Herr, Hirt und Bräutigam gegenübertritt, in die größere Einheit seines Leibes „aufgehoben“ (ohne dass deshalb das ständige Voraus und Gegenüber Christi zur Welt verschwindet): Christi Wort und Wirken werden durch den Geist so in unser Innerstes über-setzt, dass Christi Wort und die glaubende Antwort des Menschen, Christi heiligendes Wirken und das annehmende Geheiligtsein, Christi anordnende Weisung und die spontan-willige Fügsamkeit des Adressaten, Christi „Anderssein“ und „In-Sein“ sich zur vollen Einheit des ganzen Leibes Christi, aber auch zum persönlichen Einssein jedes Glaubenden mit Christus zusammenfügen. Es ist also dem Wirken des Heiligen Geistes zu verdanken, dass die vielen Glieder der Kirche zur Einheit des Leibes Christi zusammengefügt werden, aber auch, dass jeder einzelne Glaubende aufs engste mit Christus verbunden wird und mit Paulus sagen kann: *Nicht mehr ich lebe, sondern Christus lebt in mir* (Gal 2,20).

---

131 Diese Doppelfunktion des Hl. Geistes wird anschaulich in der Pfingstperikope (Apg 2) illustriert: Die Verschiedenheit der Sprachen wird zur Einheit (des Verstehens) gebracht, aber ohne Eliminierung dieser Verschiedenheit; die Jünger werden zur Sendung in die Welt, gewissermaßen in die differenzierte Zerstreuung getrieben, aber ohne dass sie ihre Einheit (Jerusalem, …) verlieren. Näheres dazu bei M. Welker, Kirche zwischen pluralistischer Kultur und Pluralismus des Geistes, in: J. Mehlhausen (Hrsg.), Pluralismus und Identität, Gütersloh 1995, 481.

Dennoch *ist* die Kirche nicht einfach gleich Christus, mit ihm hypostatisch vereint, so wie dessen menschliche Natur mit der göttlichen. Und auch der einzelne Glaubende wird bei aller Verbundenheit mit Christus nicht identisch mit ihm. Es ist ebenso strikt die Differenz zu beachten. Und eben diese wird gleichfalls garantiert durch den Heiligen Geist. Der Geist eint *und* diversifiziert (er diversifiziert, um zu einen – er eint, um zu diversifizieren). Indem er als einende Lebenskraft die Kirche durchdringt, macht er sie nicht nur zum *Leib* Christi, sie bleibt unter seinem Wirken auch die – von Christus unterschiedene – *Braut* Christi. Und auch *innerhalb* des einen Leibes der Kirche ist der Geist der Einheit zugleich das Prinzip der unterschiedlichen Begabungen und Berufungen der *verschiedenen* Glieder der Kirche, deren Einmaligkeit und personale Unmittelbarkeit zu Gott er verbürgt.[132]

Um das Wesen der Kirche zu verstehen, haben wir sie also unter verschiedenen Aspekten zu betrachten, die jeweils den trinitarischen Personen entsprechen: Die Kirche ist (1) das Volk Gottes, des Vaters als des Urgrunds und Urziels aller Wirklichkeit. Sodann ist sie als ganze und in all ihren Gliedern geprägt (2) sowohl von der „objektiven Gestalt" Christi (3) als auch vom „inneren Leben" des Geistes.[133] Das bedeutet: Sie ist christologisch, d. h. von Christus und seiner Sendung her gesehen, „Braut Christi", die sich von ihm her lieben und prägen lässt, pneumatologisch aber, d. h. im Blick auf das einheitswirkende Schaffen des Geistes, ist sie „Leib Christi", die seine Herrlichkeit von innen her aufstrahlt und Christus in seiner vollendeten Gestalt darstellt (vgl. Eph 4,13; 2 Kor 3,18). Die äußere objektive „christologische" Gestalt teilt mit und trägt die Präsenz des Geistes,

---

132 Genau in diesem Punkt sieht Vl. Lossky das Spezifikum des Geistwirkens. Er fragt: Wenn man die Kirche zu Recht als Leib Christi betrachtet, „läuft man da nicht Gefahr, die persönliche Freiheit zu verlieren und … in eine Art sakramentalen Determinismus zu verfallen, bei dem ein organhafter Heilsprozess, der sich im Kollektiv Kirche vollzieht, tendenziell die persönliche Gottesbegegnung unterdrückt? In welchem Sinne sind wir in Christus ein einziger Leib? In welch anderem Sinn sind wir es nicht und können es nie sein, ohne aufzuhören, als Personen … zu existieren, von denen jede berufen ist, in ihr selbst die Gemeinschaft mit Gott zu verwirklichen?" Und er antwortet: Damit die Person im „Kollektiv" des Leibes Christi nicht untergeordnet und gleichgeschaltet wird und so womöglich zur „Kopie" („Nachahmung") Christi verkommt, bedarf es des Geistwirkens, das gerade die personale Unterscheidung und damit die Vielfalt wahrt und zur Vollendung bringt. So: Vl. Lossky, À l'image et à la ressemblance de Dieu, Paris 1967, 103 (dt. zit. nach J. Freitag, Geist-Vergessen – Geist-Erinnern. Vl. Losskys Pneumatologie als Herausforderung westlicher Theologie, Würzburg 1995, 89). Siehe dazu ausführlich Freitag, ebd. 97f, 400.

133 Es ist ein Spezifikum des Kirchenverständnisses von J. A. Möhler, auf die untrennbare Zugehörigkeit der Aspekte hingewiesen zu haben. Vgl. ders., Einheit, bes. 170ff, 189. Bei Möhler findet sich auch für die Kennzeichnung der Zwei-Einheit des christologischen und pneumatologischen Aspekts die Analogie von Seele und Leib im Menschen (170f).

und der Geist drängt dazu, der Kirche die Gestalt Christi in ihrer ganzen Fülle und Variationsbreite so einzuprägen, dass sie mit Christus wahrhaft eins wird. Gestalt will Leben werden, Leben will Gestalt finden. Beides geschieht durch das perichoretisch-gemeinsame und doch zugleich differenzierte Wirken Christi und des Heiligen Geistes.

Dies zu betonen ist wichtig. Denn eine Reihe der sog. „griechischen" Väter sahen die Einheit des Leibes Christi vornehmlich in einer Art platonisch verstandener, hypostatisierten φύσις (die durch die Inkarnation des Logos neu qualifiziert wurde) begründet. In Wirklichkeit ist jedoch die Einheit des ekklesialen Leibes Christi erwirkt durch die unbegrenzte Kommunikationsfähigkeit der menschlichen Natur Christi *und* durch das vergegenwärtigende und universalisierende Wirken des Heiligen Geistes. Zugleich aber steht die Kirche trotz ihrer unzertrennbaren Einheit mit Christus diesem doch in geschöpflicher Abhängigkeit und Armut in einer Differenz gegenüber, die als Differenz zwischen Schöpfer und Geschöpf größer nicht gedacht werden kann und die durch den Differenz erwirkenden Geist nochmals bestätigt wird.

Mit diesen Darlegungen haben wir die Voraussetzung geschaffen zur Beantwortung der uns verbliebenen Frage nach dem Verhältnis der beiden „corporate personalities" Christus und Maria. Kurz formuliert: Neben der bestimmenden Perspektive, dass Christus *in* seinem „Leib", der Kirche, ist, ja, dass er die Kirche *ist*, darf ein anderer, immens wichtiger Gesichtspunkt nicht übersehen werden: Christus ist und bleibt immer auch der „Herr" seiner Kirche, also ihr Gegenüber, der „andere", und gerade als solcher ihr Freund und Gemahl. Wie also das Bild des „Leibes Christi" für die untrennbare Einheit von Christus und seiner Ecclesia steht, so steht das Bild von Hirt und Herde, Bräutigam und Braut für deren bleibende Differenz. Beide Aussagereihen (und die dementsprechenden Bilder) gehören unbedingt zusammen,[134] ähnlich wie es auch in der altorientalischen Idee einer „corporate personality" fließende Grenzen und ständige „dialektische Wechsel" vom Einzelnen zur Gemeinschaft und umgekehrt gibt, so dass einmal der Einzelne in seiner Eigenständigkeit und Differenz zur Gemeinschaft (und der Gemeinschaft zu ihm) im Vordergrund steht und einmal die fast deckungsgleiche Einheit beider.

Damit ist eine Antwort auf die Fragestellung gefunden, warum es „neben" Christus als ekklesialer Identifikationsgestalt auch Maria als corporate personality der Kirche gibt und wie sich beide zueinander verhalten: Für die enge und

---

134 So kann auch Augustinus, bei dem die Aussage von der „una quaedam persona" von Christus und Kirche bei weitem überwiegt, immer wieder, oft in engstem Anschluss daran, gewissermaßen in gleichem Atemzug, auch das Bild von Braut und Bräutigam bringen. Zum Beispiel in seinem Psalmenkommentar: In Ps. 74,4 (PL 36, 949).

unauflösliche, durch den Heiligen Geist erwirkte Einheit von Christus und seiner Kirche steht deren Kennzeichnung als „Leib Christi". Demgegenüber repräsentiert Maria die Kirche in ihrer geschöpflichen, zugleich aber auch geistgewirkten und -erfüllten „bräutlichen" *Differenz* zum „Bräutigam" Christus. Maria ist die Kirche, insofern diese von Gott erwählt und angenommen, zusammengeführt und erhalten und vor allem geliebt wird, insofern sie also ganz von der Gabe Gottes (samt den damit gegebenen Größen: Frei-Gabe und Auf-Gabe) lebt und somit in die radikale geschöpfliche Abhängigkeit und Unterschiedenheit vom Schöpfer gestellt ist.

Das aber gilt nicht nur von Maria als ekklesialem „universale concretum", sondern auch von ihr als besonderem, völlig einmaligem „Individuum". Der Heilige Geist ist es, der Maria ganz und gar erfüllt und sie so von Gott (und der übrigen Schöpfung) abhebt, spezifiziert und differenziert, aber auch mit Gott (und ihren Menschenbrüdern und -schwestern) eint (bis hin zu einer Art „Quasi-Identität"). An ihr wird sichtbar, was der Geist Gottes aus einem Menschen machen kann: Maria ist ganz und gar Geschöpf, niedrige Magd, völlige Armut, pointiert mit den Worten Ludwig-Marias Grignion de Montfort gesagt: „weniger als ein Staubkorn, ein Nichts", in radikalster Differenz zum Schöpfer stehend. Zugleich aber ist sie beschenkt mit dem Höchsten, was „es gibt": mit dem Sohn Gottes und seinem göttlichen Leben, das sie vollkommen erfüllt und in den Bereich Gottes aufnimmt.

Es gibt sogar Theologen – der bekannteste von ihnen ist Leonardo Boff[135] –, die wegen dieser Geisterfülltheit Marias und ihrer geistgewirkten Einheit mit Gott von einer „Inkarnation des Geistes" bzw. von dessen „Personifizierung" in Maria sprechen (Ähnliches müsste dann eigentlich auch von der Kirche und anderen geistbegabten Geschöpfen gesagt werden). Doch eine solche Rede- und Vorstellungsweise dürfte völlig überzogen und irreführend sein. Zwar gibt es einen weiten, unspezifischen Wortsinn von „Inkarnation", so wenn Jesus in Mt 11,14 und 17,12 zum Ausdruck bringt, dass „im" Täufer Johannes Elia wieder aufgetreten ist. Doch in formell christlichem Sinn meint Inkarnation so viel wie „hypostatische Union", d. h. Gott selbst (bzw. der ewige Gottessohn) macht sich ein geschöpfliches Wesen so zu eigen, dass er selbst *in Person* dieses Wesen, Jesus v. Nazaret, *ist.* So kann man aber vom Verhältnis Heiliger Geist – Maria nicht sprechen. Maria ist und bleibt eine geschaffene Person (wie auch die Kirche zur Dimension des Geschöpflichen gehört). Doch wird Maria (wie die Kirche) so mit der Präsenz des Heiligen Geistes beschenkt, dass sie, ganz von ihm erfüllt, in seiner Befähigung und seinem Auftrag handeln kann. Deshalb kann Maria-Ecclesia auch tatsächlich Funktionen des Hl. Geistes erfüllen und am Heilswerk Gottes mitwirken. Allerdings darf dabei nie die Differenz übersehen oder hintangestellt werden.

135 Vgl. L. Boff, Ave Maria, dt. Düsseldorf 1981; ders., Maria – das mütterliche Antlitz Gottes, dt. Düsseldorf 1985.

Auf der andern Seite freilich darf diese Differenz auch nicht „in sich" betrachtet werden. Denn sie steht zugleich immer schon in einer „dialektischen Dynamik" auf größere Einheit hin, insofern Maria-Ecclesia die „Braut des Lammes" ist und die hochzeitliche Vermählung beider ja gerade deren Einheit („una caro") zum Ziel hat.[136] Deshalb lässt sich mit Hans Urs v. Balthasar paradox formulieren: „Die Kirche ist so Braut [also „Maria"], dass sie Leib [Christi] ist",[137] oder anders formuliert: Maria steht in einem solchen Gegenüber zu Gott, dass sie zugleich mit ihm auf engste geeint ist. Diese Aussagen sind noch näher zu erläutern.

136 Vgl. auch die einheitsverstärkende Aussage von Eph 5,28: *Wer seine Frau liebt, liebt sich selbst (ἑαυτόν).* Dass beide Bestimmungen (Brautsein und Ein-Leib-Sein) keine sich ausschließenden Gegensätze sind, zeigt auch schon Eph 5,22ff, wo beide Bilder ineinander geschaut werden.

137 v. Balthasar, Sponsa 191. Ähnlich auch ebd. 194: Kirche ist „Einheit (mit dem Bräutigam Christus) in Gegenüberstellung zu ihm".

§ 2 Maria-Ecclesia: Einheit und Differenz

1. Kirche in unterschiedlicher Perspektive

(a) Maria-Kirche als „Braut"

Wir sahen bereits (S. 59ff, 380f), dass zur Kennzeichnung der Beziehung Jahwes zu seinem Volk das Vorstellungsbild von Israel als „Braut" (oder auch „Frau" und „Gemahlin") Jahwes eine nicht wegzudenkende Rolle spielt, deren Bedeutung kaum hoch genug einzuschätzen ist. Erinnert sei nur an Jes 62,4f: *Der Herr hat an dir seine Freude, und dein Land wird mit ihm vermählt. Wie der junge Mann sich mit der Jungfrau vermählt, so vermählt sich mit dir dein Schöpfer.* Und noch deutlicher in Jes 54,5: *Dein Schöpfer ist dein Gemahl* (vgl. auch Hos 2,18ff). Diese und zahlreiche ähnliche Worte über das Verhältnis Gottes zu seinem Volk gelten auch und erst recht von Maria, insofern sie als „Israels heiliger Rest" gekennzeichnet ist und als „Realsymbol für die Einheit von Synagoge und Kirche als der einen Braut Gottes" steht.[138] Beide also, Maria wie auch die alt- und neutestamentliche Kirche, sind „Braut" Gottes. Deshalb wurden schon früh alttestamentliche Texte, die von der Vermählung Gottes mit seinem Volk sprechen, sowohl auf die neutestamentliche Kirche wie auf Maria hin interpretiert. Wir sahen überdies bereits, dass die „Hochzeitlichkeit" des Verhältnisses Gott – Bundesvolk im hochzeitlichen Verhältnis Gott – Schöpfung seinen tiefsten Grund hat.

Im Blick auf die Urbilder „Brautschaft" und „Vermählung" für das Verhältnis von Gott und Mensch wird auch die theologische Aussage plausibel, dass Kirche nicht erst mit der Berufung der ersten Jünger Jesu und den österlichen Heilsgeheimnissen beginnt, auch nicht erst mit der alttestamentlichen Heilsgeschichte. Sie gründet vielmehr im Ur-Beschluss Gottes, eine Schöpfung ins Werk zu setzen, die zur engsten „bräutlichen" Lebensgemeinschaft mit dem dreifaltigen Gott berufen ist. Dieses schöpfungsmäßige „Apriori" verdichtet sich dann in der Erwählung Israels zum Bund mit Gott und verwirklicht sich schließlich in einmaliger Zuspitzung im Christus-Geschehen. Darum ist auch im Neuen Testament die Überzeugung von der Gemeinde / Kirche als „Braut Christi" durchaus geläufig, verbreitet, ja prägend. Wenn Paulus sich in 2 Kor 11,2 mit einer gewissen „Selbstverständlichkeit" der Gemeinde als „Brautführer" vorstellt, der sie Christus als dem Bräutigam entgegenführt, so zeigt dies, dass – so Martin Hengel – „ein derartiger Sprachgebrauch in den paulinischen Gemeinden wohl

138 Lohfink / Weimar, Maria 403.

bekannt war"[139] und sich deshalb auch in deuteropaulinischen Schriften fortsetzen konnte (vgl. Eph 5,25ff). Im corpus Johanneum wird diese Auffassung etwa in Joh 3,29f greifbar sowie in der Anrede der Gemeinde als „κυρία" (2 Joh 1), eine Formulierung, deren enge Parallele zum Hohenlied Martin Hengel herausstellt und die er im Anschluss an Theodor Zahn als „Braut" und „Gattin" des Kyrios versteht. In den Evangelien zeigt sich diese bildhafte Vorstellung in der Kennzeichnung Jesu Christi als „Bräutigam" (z. B. Mt 9,15par; Joh 3,29). Eben dies dürfte auch der Hintergrund des Gleichnisses vom Hochzeitsmahl und der Wundererzählung von der Hochzeit in Kana sein (siehe S. 85f). Umgekehrt, aber vom gleichen Bild her geprägt, wird im Alten wie im Neuen Testament formuliert, dass Ungehorsam gegen Gott „Ehebruch" ist.[140] Schließlich finden all diese neutestamentlichen Linien ihren Fluchtpunkt in der eschatologischen Rede von der „Hochzeit des Lammes" (Offb 19,7f), von der endgültigen Beheimatung des Menschen in der Gottesstadt, die bereit ist *wie eine Braut, die sich für ihren Bräutigam geschmückt hat* (Offb 21,2), und von der sehnsüchtigen Erwartung, mit der die Braut Kirche nach ihrem Bräutigam Ausschau hält (Offb 22,17). Dem entsprechend wird das Hohelied schon in früher christlicher Zeit – auf nachbiblischen jüdischen Spuren – seit den ersten großen Auslegungen durch Origenes und Hippolyt als Hochzeitslied der Vermählung von Christus und seiner Kirche ausgelegt. So nimmt es kein Wunder, dass schon in frühchristlicher Zeit sowohl die Kirche wie Maria nicht nur als „Mutter", sondern auch als „Braut" (und Jungfrau) charakterisiert werden.

Deshalb ist die Rede von der Kirche (und von Maria) als geliebter „Braut Gottes" (bei aller Berücksichtigung ihrer Bildhaftigkeit) *entscheidend wichtig*. Es darf – so Giorgio Mazzanti –

> „das Symbol der Vermählung nicht auf eine Metapher hin reduziert werden, auch nicht auf eines der vielen nützlichen Bilder, die das Mysterium zum Ausdruck bringen wollen; es ist auch kein Bild, welches das Mysterium nur begleitet. … Das Symbol der Vermählung bietet sich dar als Symbol der Sym-

139 M. Hengel, Die „auserwählte Herrin", die „Braut", die „Mutter" und die „Gottesstadt", in: M. Hengel u. a. (Hrsg.), La cité de Dieu, Tübingen 2000, 245–285, hier: 263. Zumal die entsprechenden Vorstellungen wohl schon im Judentum der Zeit wurzeln! Siehe R. Zimmermann, „Bräutigam" als frühjüdisches Messias-Prädikat? in: Biblische Notizen 103 (2000) 85–100. Siehe auch Th. Söding, Die Größe der Hoffnung, in: U. Swarat/Th. Söding (Hrsg.), Gemeinsame Hoffnung – über den Tod hinaus = QD 257, Freiburg i. Br. 2013, 252–292, hier: 275f.

140 Siehe dazu die angeführten Texte bei Schmid, Brautschaft 546.

bole und als Herz des Mysteriums, d. h. als Ausdruck der hochzeitlichen Liebe Gottes zur Menschheit".[141]

Bei aller Bedeutsamkeit des Bildes von der Ecclesia-Maria als Braut können freilich ebenso andere – ähnliche – Bilder ins Spiel kommen. Maria (wie die Kirche) können in der theologischen Tradition z. B. auch bezeichnet werden als Tochter des Vaters, Braut des Hl. Geistes, mütterliche Gefährtin des Sohnes (ein Ternar, das besonders die Verkündigungsszene von Lk 1 im Auge hat). Aber auch dieses Bild kann wechseln, so dass es heißt: Maria – Braut und Mutter des Sohnes, Braut des Vaters, Tempel des Hl. Geistes. Ja, Maria kann sogar als „Jungfrau Mutter, Tochter (!) deines Sohnes" angerufen werden.[142] Solche Variabilität der Bilder findet sich bereits im Alten Testament, in dem Israel nicht nur als „Tochter Sion", sondern auch als „Mutter Sion" bezeichnet werden kann (vgl. Ps 87,5). Diese scheinbare „Widersprüchlichkeit" der Bilder wurde offenbar gar nicht als solche empfunden, eben weil man in Bildern dachte und jedes Bild seine eigene Konnotation mit sich brachte. So konnten noch mittelalterliche Theologen den „Schoß" Marias (Urbild der Mütterlichkeit!) im gleichen Atemzug als „*Braut*gemach" bezeichnen.[143]

Anstelle von Bildern aus dem Bereich von Familie und Verwandtschaft kann auch das der *Freundschaft* treten, das in DV 2 sogar an entscheidender Stelle gebraucht wird, um die persönliche Liebesbeziehung Gottes zur Menschheit zum Ausdruck zu bringen. Auch dieses Bild hat eine lange biblische und philosophische Tradition, die sowohl in der systematischen Gotteslehre wie in der Spiritualitätsgeschichte das Zentrum der Gott-Mensch-Beziehung ins Wort und ins Bild fasst.[144] Dabei gehören die Metapher Ehe (Vermählung) und Freundschaft ja keineswegs verschiedenen Kategorien an. Denn die Ehe lässt sich gerade als die höchste und radikalste Form der Freundschaft verstehen.[145]

Trotz oder *gerade wegen* dieser Variabilität der Bilder geben diese von sich her zu erkennen, dass es sich um *Bilder* handelt und nicht um eindeutige, glasklare Begriffe. Es sind Bilder, die immer sowohl Differenz („Gegenüberstand") wie auch höchstmögliche Nähe und liebende Bezogenheit des Schöpfers zum Geschöpf ausdrücken und eine besondere Nähe zum Geheimnis des trinitarischen Gottes indizieren.

Kommen wir zurück zum „Symbol der Symbole", zu dem der Brautschaft und Vermählung. Wer ist die „bräutliche Kirche" in ihrem Gegenüber zum „Bräutigam Christus"? Antwort: Sie muss eine (individuelle) „Person" sein, denn nur eine solche vermag personale Liebe entgegenzunehmen und zu schenken und sich

141 Mazzanti, sacramenti 14.20. So auch L. Bouyer, Frau und Kirche, dt. Einsiedeln 1977, 33: Hochzeit erscheint „nicht nur als eines der möglichen Bilder …, sondern als das einzig hinreichende für eine ihrerseits überschwengliche Einigung".

142 A. Dante, La divina Commedia, paradiso 33,1, ed. L. Pietrobondo, Turin 1956, 737.

143 Vgl. Schreiner, Maria 71f.

144 Siehe dazu A. Schmidt, Jesus der Freund, Würzburg 2011; E. Moltmann-Wendel, Wach auf meine Freundin. Die Wiederkehr der Gottesfreundschaft, Stuttgart 2000; H. Dörnemann, Freundschaft. Die Erlösungslehre des Thomas v. Aquin, Würzburg 2012.

145 Vgl. H. Dörnemann, Eine Art Freundschaft. Die Ehe im Kontext der Pluralität heutiger Partnerschaftsformen, in: HK 66 (2012) 574–579.

mit der Person des Gottessohnes aufs engste zu vereinen.[146] Deshalb reicht es auch nicht aus, die Kirche zu einer abstrakten Größe zu „hypostatisieren" oder als „eine aus sich auflösenden Einzelpersonen resultierende Gesamtperson" in den Blick zu nehmen.[147] Ebenso wenig reicht ein kollektives bräutliches „Ja" vieler Personen (all derer, die in Wahrheit die Kirche bilden) aus.[148] Denn wenn die Vermählung des Bräutigams Christus mit seiner Braut, der Kirche, Ziel und Höhepunkt der Schöpfung ist, so muss das geschöpfliche Ja wenigstens einmal in ganzer Intensität und Radikalität gesprochen werden; es muss als ein dezidiert personaler Akt von einer Person kommen, die *zugleich für alle anderen* steht. Eben diese Person ist Maria. Damit treten sowohl Identität wie Differenz von Maria und Kirche deutlicher ans Licht.

Identität: Maria steht als die eine Person (das eine „Subjekt") und als „corporate personality" der Kirche für die mit Christus vermählte Menschheit. Die vielen Personen der einen Kirche sind durch das Wirken des Heiligen Geistes in ihrer Person und damit in ihrem Glauben (in dem auf S. 389ff exponierten Vollsinn) zusammengefügt und zusammengefasst, so dass sich in Maria „das eigentliche Wesen der Kirche enthüllt" und verwirklicht.[149] Ohne dass diese aufhört, „Leib Christi" zu sein, ist sie in Maria „Braut Christi". Als solche ist Maria Urbild und Realsymbol der Kirche. Das meint freilich viel, viel mehr, als nur „Exemplifikation" der Kirche (wie es gelegentlich der Typos-Gedanke der Patristik nahe legen könnte). In Maria wird vielmehr – so Joseph Ratzinger – Kirche „in ihrer persönlichen Form erkennbar. … Nicht die Person ist in der Theologie auf die Sache zurückzuführen, sondern die Sache auf die Person".[150] In diesem Sinne ist *Maria die Kirche in Person.*

---

146 Deshalb ist auch die Auffassung einiger Kirchenväter und älterer Theologen (siehe S. 159 und 391f), die eigentliche „Vermählung" sei die Inkarnation, die Verbindung des Gottessohnes mit einer menschlichen Natur, unzureichend, weil in der unio hypostatica zwischen beiden Naturen keine personale Liebe und keine Geschichte der Freiheit geschieht.

147 v. Balthasar, Sponsa 196. dort auch die folgenden Zitate und der gesamte Gedankengang.

148 Das ist die Auffassung von L. Bouyer, Die Kirche, Bd. II, dt. Einsiedeln 1977, 348, der betont, „dass die von der Schrift der Kirche so oft zugeschriebene Personalität nur in unseren menschlichen, zu ihrer Vollendung gelangten Personen existiert, ein wenig so, wie die Personalität Gottes selbst nur in den drei göttlichen Personen existiert".

149 H. Rahner, Maria 8. Ähnlich v. Balthasar, marianische Prägung 126, der von Maria als „verwirklichten Idee der Kirche" spricht.

150 Ratzinger, Erwägungen 25. – Vgl. auch ders., „Du bist voll der Gnade". Elemente biblischer Marienfrömmigkeit, in: J. Ratzinger/P. Henrici (Hrsg.), Credo. Ein theologisches Lesebuch, Köln 1992, 103–116, hier: 106: „Gott handelt nicht mit Abstrakta. Er ist Person, und die Kirche ist Person. Je mehr wir, jeder einzeln, Person werden, Person im Sinn der Bewohnbarkeit für Gott, Tochter Zion, desto mehr werden wir eins, und desto mehr sind wir Kirche …".

Differenz: Zwar gehört es zum Kirchesein aller und jedes Einzelnen, das „bräutliche Ja" zu Christus zu sprechen. Doch ist die Realisierung des Ja bei allen anderen nur asymptotisch, ja geradezu gebrochen, da sich aufgrund des Sünderseins der Mensch dem schenkenden und werbenden Gott nur allzu oft verweigert. Dagegen ist – aufgrund ihrer besonderen Erwählung und Begnadung – Maria so sehr Kirche, dass es, anders als bei uns, zur deckungsgleichen Entsprechung zwischen der bräutlichen Berufung der ganzen Schöpfung und ihrem glaubenden Ja kommt und sie „die adäquate Antwort" auf das initiierende werbende Wort Gottes ist.

Schließlich gehört zur Differenz von Maria und Kirche ganz wesentlich auch, dass Kirche sich unter den Bedingungen von Raum und Zeit in einer „institutionellen Gestalt", d.h. als verfasste menschliche Gesellschaft verwirklicht (dazu später Näheres).

Bei all dem sind zwei unumgängliche Voraussetzung bzw. Bedingungen zu berücksichtigen, welche von dieser „differenzierten Identität" von Maria und Kirche vorausgesetzt werden:

Erste Bedingung: Die Einheit von Maria und Kirche ist keine „natürliche", die sich aus der Verbundenheit beider wie von selbst ergibt, so wie sich kulturgeschichtlich die Einheit einer „corporate personality" jeweils aus der repräsentierten Gemeinschaft „von selbst" herausbildet. Die Einheit von Maria und Kirche kann nur in einem besonderen Handeln Gottes gründen, der Maria dazu erwählt und berufen hat, die übrige Menschheit in sich zusammenzufassen, ähnlich wie es schon bei den großen alttestamentlichen Erwählungen und Berufungen vorgezeichnet war: Abraham, Mose, der Gottesknecht … stehen *aufgrund göttlicher Erwählung* für ganz Israel. Der ihnen von Gott geschenkte *Glaube* macht sie „exzentrisch", d.h. befreit sie von aller falschen Selbstbezüglichkeit und macht sie dazu frei, sowohl „Braut", „Freund", „Geliebter" Gottes zu sein, als auch im Dienst ihrer Mitmenschen zu stehen, also im Für-Sein für Gott und für die ihnen anvertrauten Menschen zu leben und zu handeln mit dem Ziel, an der von Gott geplanten allumfassenden Einheit der Menschheit mitzuwirken. Zwar steht auch Maria innerhalb dieser weitgespannten Erwählungs- und Berufungsgeschichte, doch bringt die (im Dogma von der Unbefleckten Empfängnis formulierte) Überzeugung von ihrer besonderen apriorischen Erwählung und Erlösung zum Ausdruck, dass sie, *aller* sündhaften Selbstbezüglichkeit ledig, ganz „Jungfrau" ist (im Vollsinn der christlichen Tradition) und *ganz* frei, in *radikaler* „Bezüglichkeit" (= in höchstmöglicher Verwirklichung „trinitarischen Personseins") für Gott und ihre Menschenbrüder und -schwestern da zu sein. Diese Relationalität Marias stellt besonders Ludwig Maria Grignion heraus, wenn er schreibt:

> „Maria ist ganz und gar auf Gott bezogen, und ich nenne sie deshalb am besten: die ‚Beziehung auf Gott‘, da sie nur in der Beziehung zu Gott *ist*, oder auch: das ‚Echo Gottes‘, weil sie einzig und allein nichts anderes sagt und wiederholt als Gott. Wenn du ‚Maria‘ sagst, sagt sie ‚Gott‘. Elisabet lobte Maria und pries sie selig weil Maria geglaubt hat; Maria aber antwortete als getreues Echo Gottes: ‚Meine Seele preist den Herrn‘“.[151]

Maria führt wie Christus gewissermaßen eine „kenotische Existenz“, indem sie ihr Ich ganz in Gott und in die Menschheit hinein auf-gibt.[152] Aufgrund ihrer besonderen Begnadung zeigt sich ihr Glaube als eine sie voll und ganz erfassende Wirklichkeit, da dieser nicht nur Seele und Geist, sondern auch ihren Leib betrifft, den sie für Gottes Kommen in diese Welt zur Verfügung stellt. So vermag sie allein der bräutlichen Liebe des um die Menschheit werbenden, sie liebenden und zur Einheit führenden Gottes *voll und ganz* zu entsprechen.

Durch diese ihre Sonderstellung ist jedoch keine unüberbrückbare Spannung zwischen ihr und dem „Rest der Welt“ zum Ausdruck gebracht. Denn der besondere Glaube Marias fiel – wie schon zuvor mehrmals betont – weder vom Himmel herunter, noch war allein er getragen vom „Blitzstrahl“ einer apriorischen Begnadung, er steht vielmehr in der „Gnadengeschichte“ *inde ab initio mundi* und ist so auch Frucht der ganzen Glaubensgeschichte der Menschheit vor ihr.[153] In dieser geistgewirkten Kontinuität wird jedoch allein in Maria die Idee der Kirche „voll realisiert“ (v. Balthasar), in ihr begreift die Ecclesia als „una quaedam persona“ alle anderen Glieder der Kirche ein. In ihr findet die Kirche ihre „höchste, normative Subjektivität“, „ihr personales Zentrum und die Vollverwirklichung ihrer kirchlichen Idee“. Das mittelalterliche Bild von der Schutzmantel-Madonna kann dafür als anschauliches Bild stehen:[154] In deren allumfassenden Mantel ver-

151 Grignion, Buch 261 (Ü. modifiziert).

152 Deshalb weist L. Dies, Maria, Tochter Sion, Mainz 1961, 45 wohl zu Recht darauf hin: „Die Siegeshymne auf Christus [in Phil 2], der arm wurde (ἐταπείνωσεν, 2,8), indem er Knechtsgestalt annahm (δούλου, 2,7) und das Magnifikat, in dem die Jungfrau ihre Niedrigkeit (τὴν ταπείνωσιν) als Magd Gottes (τῆς δούλης αὐτοῦ, Lk 1,48) singt, entsprechen sich auf wunderbare Weise“.

153 Siehe dazu Lohfink/Weimar, Maria 385.

154 Allerdings ist der soziokulturelle Ort dieses Bildes ein anderer: Der umhüllende Mantel steht ursprünglich für das Schutz- und Patronatsverhältnis von Maria und Christenheit. Denn im Mittelalter wurden nichteheliche Kinder dadurch anerkannt, dass der Vater öffentlich seinen Mantel über sie breitete. Dadurch wurden sie „filii mantellati“ und standen nunmehr unter seinem Schutz. So verstanden sich auch die Christen als „filii mantellati Mariae“. Siehe dazu M.-E. Lüdde, Unter dem Mantel ihrer Barmherzigkeit. Maria aus volkskundlicher Sicht, in: Th. A. Seidel/U. Schacht (Hrsg.), Maria. Evangelisch, Leipzig-Paderborn 2011, 147–160.

sammelt sich und birgt sich ein die ganze Menschheit und gewinnt so sowohl Gemeinschaft und Teilhabe an Maria wie auch in ihr mit Christus, da durch sie Christus unser Bruder wird (vgl. Hebr 2,11f) und dadurch auch wir alle Brüder und Schwestern untereinander. Diese Einheit und Ganzheit von Maria und uns kann nur als göttliche Stiftung gedacht werden.

Zweite Bedingung: Die in und durch Maria vertretenen Menschen können nur dann in Maria und mit ihr „eine Person" werden und sein, wenn sie Anteil an ihrer „Form" gewinnen, d. h. wenn sie sich in Freiheit von ihrem Glauben, ihrem Leben für Gott und Dasein für andere prägen lassen. Geschieht das, werden nicht nur die Einzelnen mit ihren besonderen Gaben und Fähigkeiten zu „Maria", sondern dann fügt der Heilige Geist auch die vielen Einzelnen zur großen Maria-Ecclesia zusammen. Insofern es auch hier der Heilige Geist ist, der – wie aufgezeigt – Einheit und Differenz bewirkt, bezeichnet Heribert Mühlen in seiner spezifischen Pneumatologie ihn, der die Einheit der vielen im gemeinsamen Wir erwirkt, als

> „Wir-Akt der vielen zur Kirche gehörenden Personen, der … in Maria in einer einzigartigen und unüberholbaren Weise geschichtlich sichtbar in Erscheinung getreten ist. Insofern Maria dabei dann auch die zeitlich erste Person ist, die diesen Akt vollzogen hat, kann sie als die normative Subjektivität der bräutlich antwortenden Kirche angesehen werden. Alle Menschen die *nach* Maria die ekklesialen Akte des Glaubens, der Hoffnung und der Liebe vollziehen, haben in Maria ein unüberholbares Urbild und Vorbild, so dass diese Akte nur ein defizienter Nachvollzug des marianischen Grundaktes sind".[155]

(b) Maria-Ecclesia als „Mutter"

Der Heilige Geist bewirkt als der „Wir-Akt" der vielen aber nicht nur deren Einheit mit Maria, sondern auch die zum Grundvollzug des Glaubens gehörende, je unterschiedliche „Fruchtbarkeit": Jeder, der sich von der „Form" Marias, d. h. von ihrem Glauben her prägen lässt, gebiert Christus in sich neu (wird also neu zur „Mutter Christi"), lässt ihn neu in sich Gestalt annehmen und gibt ihn weiter an seine Brüder und Schwestern. Insofern auch dies im WIR der Kirche geschieht, kann sie – so ein alter Titel der Kirche – als fruchtbare „Mutter" bezeichnet werden, die in ihrer und durch ihre „forma Mariana" neue Kinder hervorbringt. In der Väterzeit wird die „Identität" von Kirche und Maria vor allem mit der Gleichheit der „Doppelfunktion" beider begründet: Beide sind Mutter und Jungfrau zugleich, wobei die Mütterlichkeit bei weitem im Vordergrund steht. Deswegen kann man

155 Mühlen, Una mystica 460.

auch – so Henri de Lubac[156] im Aufgreifen eines Wortes von Honorius v. Autun – „‚alles, was über die Kirche geschrieben ist, in Bezug auf Maria lesen'" und, so fügen wir hinzu, alles, was über Maria geschrieben ist, lässt sich im Wesentlichen auch in Bezug auf die Kirche lesen". Es gibt also zwischen beiden „eine gegenseitige Durchdringung, die eine gewisse ‚Idiomenkommunikation' rechtfertigt". Auch die Marienlitaneien können mit gleichem Recht im Blick auf die Kirche proklamiert werden (siehe S. 154).

Doch gibt es auch in diesem Punkt bei aller Identität von Maria und Kirche eine deutliche Differenz, die sich darin ausdrückt – so jedenfalls v. Balthasar –, „dass der aus christologischen Gründen Maria zugesprochene Titel ‚Gottesgebärerin' ihr allein zukam, niemals der Kirche, mochte diese noch so viele mystische Glieder des Leibes Christi gebären".[157] Denn Maria allein war und ist die *leibliche* Mutter des menschgewordenen Gottessohnes und konnte damit jene „Frucht" bringen, die für die ganze Menschheit von schlechthin entscheidender Bedeutung ist. In ihr allein ist Jesus Christus als der „Unigenitus", der einziggeborene Sohn des himmlischen Vaters, durch den Heiligen Geist zugleich der „Primogenitus" in vielen Brüdern und Schwestern geworden (vgl. Röm 8,29).[158] Dieses „Privileg" der leibhaftigen Mutterschaft kam ihr aber, wie schon erwähnt, aufgrund ihres „adäquaten Glaubens" zu (und nicht umgekehrt!).

(c) Fazit

Kirche und Maria sind *ihrem tiefsten Wesen nach* eins: Beide gründen in der absoluten Initiative Gottes. Seine Gabe ist es, Geschöpfe zu erwählen und zu berufen, an seinem herrlichen, göttlichen Leben teilzunehmen. Die erste Gabe der Erwählung ist der Ruf in den Glauben. Hierdurch wird die freie Antwort der Angesprochenen ermöglicht. In ihrem Ja bekunden beide, Maria und Kirche, dass sie sowohl ihrem Sein wie ihrer freien Entscheidung nach „reine Jungfrau", „niedrige Magd", „gehorsame Tochter" Gottes sind. Da die Erwählung Gottes ein „Geben" ist, zu dessen Struktur es gehört, eine Art Vermählung zu verwirklichen zwischen dem, der schenkt, und dem, der beschenkt wird, gebraucht die Heilige Schrift für beide, für Maria und die Kirche, das Bild von der Braut, mit der Gott sich vermählt. Leben also Maria wie die Kirche wesentlich von der Gabe Gottes her, so tritt auch bei beiden, indem sie die Gabe Gottes annehmen, der Geber, Gott, in das Leben des Beschenkten ein, er lässt sich darin aufnehmen, er *will* darin aufgenom-

156 Lubac, Méditation 280. Das oben im Text folgende Zitat: ebd. 285.
157 TD II/2, 278.
158 So: Ulrich, Gabe 215, der in diesem Zusammenhang auf Augustinus, Exp. ep. ad Gal. (PL 35, 2127) verweist, wo der Bischof von Hippo das „primogenitus in multis fratribus" in unmittelbare Beziehung zu Gal 4,4 setzt.

men werden, so dass im Akt des Glaubens Gott „Raum" in der Welt erhält, ja, gewissermaßen zur Welt gebracht, „geboren" wird. Auch das kann in *grundsätzlich* (!) gleicher Weise von Maria und der Kirche ausgesagt werden.

Maria hat den Gottessohn leibhaftig Gestalt werden und als Mensch unter Menschen in die Welt eintreten lassen. Sie hat ihn – wie jede Mutter es auf ihre Weise tut – wesenhaft für seine künftige messianische Aufgabe geprägt, auf dass er die mit dem „Thron Davids" (Lk 1,32) verbundenen Verheißungen für die Welt verwirkliche. Indem sie Christus als „Anführer und Vollender" des Glaubens gebiert, wird sie auch zur Vermittlerin und Mutter des Glaubens seiner Jüngerschaft.

Gleiches geschieht *in der Kirche*, der Gemeinschaft der Glaubenden: Hier ereignet sich ebenfalls ein „Zur-Welt-Bringen-Gottes", und zwar in dreifacher Weise: Erstens durch das, was die Mystik „Gottesgeburt" im eigenen Herzen nennt: Gott kommt in jedem Glaubenden „neu zur Welt" und nimmt im Leben jedes Glaubenden neu Gestalt an (vgl. Gal 4,19). Zweitens: Wer glaubt, wird zugleich zur „Mutter des Glaubens" anderer, für die er „Geburtswehen" leidet (Gal 4,19), auf dass – und das ist die dritte Weise – auch diese zum Glauben kommen und ihrerseits Gott „zur Welt bringen".

Wo ein Einzelner oder eine Gemeinschaft aus dem Glauben lebt und dadurch Gott zur Welt bringt, führt dies dazu, dass Menschen auch untereinander *zur Einheit gelangen,* miteinander *Christus in seiner vollendeten Gestalt darstellen* (Eph 4,13f) und *zum Leib Christi* heranwachsen. So erfüllt sich der Plan Gottes, die Schöpfung in Christus zu vereinen und sein Reich der Gerechtigkeit und des Friedens aufzurichten. Auf diese Weise sind die Kirche wie auch Maria an der Verwirklichung ein- und desselben Planes Gottes auf höchst ähnliche Weise beteiligt.

Meister Eckhart fasst diese marianisch-ekklesiale Prägung des Glaubens so zusammen: „Dass der Mensch Gott in sich empfängt, das ist gut, und in dieser Empfänglichkeit ist er Magd. Dass aber Gott fruchtbar in ihm werde, das ist besser; denn Fruchtbarwerden der Gabe, das allein ist Dankbarkeit für die Gabe, und da ist der Geist [des Menschen] Frau in der wiedergebärenden Dankbarkeit …".[159]

So gibt es eine „bis auf den Grund reichende Identifikation" von Kirche und Maria[160], die jedoch einer „doppelten Differenzierung" Raum lässt.

159 Meister Eckhart, Pr. 2, in: WW I, 26f.
160 Laurentin, Maria 324. Siehe auch für das Folgende.

Erstens vermag weder die Kirche als ganze noch ein Einzelner den besonderen Glauben Marias und erst recht ihre einmalige heilsgeschichtliche Aufgabe, *leibhaftige* Theotokos zu sein, je einzuholen.

Zweitens gehört zum Lebensvollzug der Kirche nicht nur, „Maria“ in einem spirituell-geistlichen Sinn zu werden, Kirche hat ihren Auftrag, als „sacramentum unitatis“ alles zur Einheit zu führen, *unter den Bedingungen von Raum und Zeit*, d. h. sie hat Einheit zu verwirklichen auch in einer von „Maria“ abgehobenen, aber keineswegs (!) von ihr getrennten „äußeren“, institutionell-sakramentalen Gestalt. Diese institutionelle Gestalt der Kirche ist zwar mit der Maria-Ecclesia nicht voll identisch, da sie nur ihre (vorläufige) raum-zeitliche Existenz betrifft, ist aber für sie absolut notwendig.

Diese kirchliche Institutionalität lässt sich theologisch auf zweifache Weise verstehen: (1) als Konsequenz der Menschwerdung des Gottessohnes, der sich in Zeit und Raum entäußert und „unter das Gesetz“ (Gal 4,4) gestellt hat; das Institutionelle ist gewissermaßen die Verlängerung des „Fleisches“ Christi, der seine eigene „fleischliche“ Gestalthaftigkeit in die „fleischlichen“ Institutionen der Kirche einschreibt;[161] (2) ist das Institutionelle in der Kirche auch von der Pneumatologie her zu begreifen, wie dies vor allem H.U. v. Balthasar gezeigt hat. Insofern nämlich für den Basler Theologen der Geist innertrinitarisch nicht nur das Ereignis der Liebe zwischen Vater und Sohn ist, sondern auch deren bleibende Frucht, wirkt er heilsgeschichtlich nicht nur als „Ereignis“, sondern auch als „objektiver“ Geist, der in den Institutionen der Kirche gewissermaßen „gerinnt“ und greifbar wird.[162] Deshalb kann und darf es auch zwischen dem Wirken des Geistes und dem Institutionellen keinen unaufhebbaren Kontrast geben (siehe dazu S. 455ff), und es gibt ihn auch nicht, wenn und unter der Bedingung dass sich die kirchliche Institutionalität als Frucht des Geistes und als in den Dienst des Geistes gestellt versteht, gemäß LG 8: „Wie die angenommene [menschliche] Natur dem göttlichen Wort als lebendiges, ihm unlöslich geeintes Heilsorgan dient, so dient auf eine ganz ähnliche Weise das gesellschaftliche Gefüge der Kirche dem Geist Christi, der es belebt, zum Wachstum seines Leibes“.[163]

---

161 Siehe dazu Kehl, Kirche, bes. 239ff.

162 H. U. v.. Balthasar, Pneuma und Institution, Einsiedeln 1974; TL III, 226f. Ähnlich auch J. Ratzinger, Kirche, in: LThK^2 6, 177: „Dass das Fundament der Institution in der Kirche der Geist ist und jede direkte und ausschließliche Herleitung der Institution aus der Inkarnation unbiblisch wäre, hat nun auch seine bedeutsamen Folgen für diese Institution: Sie schließt wesensnotwendig das Element des Geistes und der Freiheit ein, so dass es neben dem Amt das Charisma, neben der ‚Institution‘ das ‚Ereignis‘ nicht nur geben darf, sondern immer auch wieder geben muss“.

163 Diese pneumatologische Durchdringung des Institutionellen geschieht nach M. Böhnke, Kirche in der Glaubenskrise. Eine pneumatologische Ekklesiologie, Freiburg i. Br. 2013,

Die Differenzen zwischen Ecclesia und Maria wurden in der mittelalterlichen Theologie gelegentlich in Begriffe gefasst, die zwischen einer ecclesia universalis, specialis und particularis unterscheiden. Dabei ist gegenüber der Väterzeit (in der man gerade Maria mit der ecclesia universalis identifizierte) ein wichtiger Bedeutungswandel zu beobachten: Jetzt ist Maria der „Sonderfall" von Kirche, also das Besondere, nicht mehr „das Ganze". Als Beispiel für diese „neue" Differenzierung sei Isaak von Stella († 1167) angeführt:

> „Maria und die Kirche sind eine Mutter und viele Mütter, eine Jungfrau und viele Jungfrauen. Beide sind Mutter, beide sind Jungfrau. Die eine wie die andere empfängt vom Heiligen Geist ohne Begierde; die eine wie die andere schenkt Gott dem Vater Nachkommenschaft ohne Sünde. Jene hat ohne Sünde für den Leib das Haupt geboren; diese hat zur Vergebung aller Sünden für das Haupt den Leib hervorgebracht. Beide sind sie Mütter Christi, aber keine gebiert das Ganze ohne die Hilfe der anderen. Deswegen gilt das, was in den inspirierten Schriften von der jungfräulichen Mutter Kirche *im allgemeinen* gesagt wird, *im besonderen* für die jungfräuliche Mutter Maria; und das, was *im besonderen* von der jungfräulichen Mutter Maria gesagt wird, gilt auch *im allgemeinen* für die jungfräuliche Mutter Kirche. ... Schließlich wird auch jede gläubige Seele und Braut des Wortes Gottes als Mutter, Tochter und Schwester Christi, je auf ihre Weise jungfräulich und fruchtbar zugleich, betrachtet. Die Weisheit Gottes selbst, das Wort des Vaters, wendet also auf die Kirche *im allgemeinen* das an, was man *im besonderen* von Maria sagt und *im einzelnen* auch von jeder glaubenden Seele".[164]

2. Exkurs: „Mutter Kirche" und „Frau in der Kirche"

Immer wieder war in den vorherigen Ausführungen – ganz auf der Linie der Tradition – die Rede von der Maria-Ecclesia als „Braut", ebenso, ja noch häufiger wird sie als „Mutter" bezeichnet.[165] Dieser Ausdruck „Mutter Kirche" ist uns heute fremd geworden, ja er wird

---

pass. dadurch, dass sich die Kirche in ihrer Konstitution und ihrem Handeln als „epikletisch" versteht, d.h. als Frucht einer ständig von allen Gliedern der Kirche erbeteten Epiklese des Hl. Geistes. So wie dies auch der Orthodox/Römisch-katholische Dialog, Das Geheimnis der Kirche und der Eucharistie im Licht des Geheimnisses der Heiligen Dreifaltigkeit (1982), in: DwÜ II, 531–541, hier: 533 formuliert hat: „Die Kirche ist unablässig im Zustand der Epiklese, der Herabrufung des Heiligen Geistes".

164 Isaak von Stella, Serm. 51, 7f (FC 52/3, 806f).

165 Vgl. zu diesen Bezeichnungen der Kirche: Schmid, Brautschaft 554–556 (Lit); Lubac, Méditation 205–240 (Lit.); Y. Congar, Mutter Kirche, in: V. Schnurr/B. Häring (Hrsg.),

gelegentlich nur noch mit spöttischem Unterton gebraucht. Das dürfte mit zwei Faktoren zusammenhängen:

Erstens fehlt heute weithin die Erfahrung, aufgrund des von der Kirche vermittelten Glaubens wirklich „neu geboren“ zu sein und in der Gemeinschaft der Kirche ein „neues Leben“ erhalten zu haben. Erfahrungen von „neuer Geburt“ sind uns zwar durchaus geläufig, bis hin zu so banalen Erlebnissen, dass jemand nach einem erfrischenden Duschbad im Hochsommer ausruft: Ich fühle mich wie neu geboren! Demgegenüber hat aber angesichts der „Selbstverständlichkeit“ und „Oberflächlichkeit“, mit der man in unseren Regionen in den Glauben hineinwächst (hineinwuchs?), das Zum-Glauben-Kommen nicht einmal mehr die Bedeutung einer erfrischenden Duscherfahrung. So ist der Redeweise von der „Mutter Kirche“, die uns in den Glauben gebiert, jede existentielle Erfahrungsbasis abhanden gekommen; stattdessen wird Kirche weithin entweder nur in ihrer Wirklichkeit als konkrete Gemeinde, in der man sich „wohlfühlt“, oder als „Amtskirche“ wahrgenommen.[166]

Zweitens: Das Faktum, eine Mutter zu haben, ist etwa ab dem 11./12. Jh. nicht mehr *nur* und *primär* mit dem (objektiven) Bewusstsein verbunden, von ihr geboren zu sein und das Leben erhalten zu haben, sondern *vor allem* mit der (subjektiven) Erfahrung, von ihr betreut, versorgt und geliebt zu werden. Das heißt: Die mit dem Mutter-Sein bzw. mit dem Eine-Mutter-Haben verbundenen Erfahrungen beginnen in dieser Zeit *emotionalisiert* zu werden, so wie das auch für fast alle anderen Bereiche (auch für den der Jesus- und Maria-Verehrung) zu beobachten ist. Diese Emotionalisierung des Mutter-Kind-Verhältnisses gilt bis heute, ja ist heute noch mehr gesteigert. „Bemuttert-werden“ gründet in der Erfahrung, dass da jemand ist, der umsorgend und umhegend, aber auch bestimmend mein Leben umfängt. In diesem Kontext wird aber fast zwangsläufig die Redeweise von der „Mutter Kirche“ assoziiert mit einer mich überall begleiten wollenden, dabei aber auch mich bestimmenden, normierenden, sich in mein Privatleben drängenden Kirche, eine Assoziation, die für die ersten christlichen Jahrhunderte (im Grunde noch bis zum Beginn der Neuzeit) völlig absurd gewesen wäre. Aber wer will heute noch gern in einer solchen „Mutter“ Kirche leben, die dazu noch zunehmend – entgegen dem Wort- und Bildsinn – in der Gestalt eines „hierarchischen Vaters“ statt einer liebenden Mutter auftritt, d. h. wer will in ständiger Abhängigkeit leben!

Befremdet also heute eher die Redeweise von der „Mutter“ Kirche (und wird demgegenüber der Komplex „Mutter Maria“ bei einigen wenigen auch heute noch emotional übersteigert), so steht uns gegenwärtig wohl ein anderer Faktor näher, der gleichfalls Kirche und Maria miteinander verbindet. Es ist das „Prinzip Frau“, das in der Heilsgeschichte eine eminente Rolle spielt.

Sehen wir hier einmal von Eva, der „Mutter aller Lebendigen“, in ihrer sowohl positiven wie negativen Bedeutung und von ihrem Anti-Typos „Maria als neuer Eva“ ab und klammern wir an dieser Stelle die später noch weiter eigens zu behandelnde Figur der „Frau Weisheit“ aus, so wird – wie wir sahen – das Gottesvolk Israel an entscheidenden Stellen im Bild des Gott angetrauten Weibes zur Sprache gebracht. Indem die Figur der „Frau“ quer durch die Hl. Schrift geht, thematisiert sich an ihr gewissermaßen die Einheit der Heilsgeschichte. Dies wird besonders deutlich an der „Frau“ im letzten Buch der Heiligen Schrift, in Offb 12. In unzähligen Assoziationen und bildhaften Verweisen (vgl. S. 94f)

Kirche heute, Bergen-Enkheim 1965, 30–38; H. Schnackers, Kirche als Sakrament und Mutter. Zur Ekklesiologie von H. de Lubac, Frankfurt 1979; Ackermann, Kirche.

166 Siehe dazu M. Kehl, Mit der Kirche fühlen, Würzburg 2010, 10f.

wird hier die Geschichte des Gottesvolkes im Bild der Frau thematisiert. Aber auch schon lange davor ist sie – so zeigt Altfrid Th. Kassing – „das beständige Subjekt der ganzen Geschichte, … das Gesamtvolk in seiner alle Einzelnen und alle Generationen umfassenden Einheit". In allen Phasen der komplexen Geschichte Israels findet sich „ein Gesamtsinn der Bildgestalt des Weibes, der beständig das gesamte Volk meint als das eine und bleibende Subjekt seiner ganzen Geschichte. Und innerhalb des Gesamtsinnes ist jeweils ein Teilsinn enthalten, der diejenigen Glieder des Volkes meint, welche die jeweils besprochenen Handlungen und Phasen der Gesamtgeschichte für ihren Teil verwirklichen".[167]

Warum gerade Frau?

Mit dieser Frage stoßen wir auf eines der heute am meisten umstrittenen Probleme, dem der sog. „Gender-Thematik", bei der es um die Frage einer angemessenen Charakterisierung der Differenz von Mann und Frau geht. Wir können uns in dieser Studie dem Problem nur in allerersten Umrissen nähern und versuchen, einige Grundlinien zu entwerfen, die gewiss nicht von allen, aber doch wohl von einer Reihe von Zeitgenossen geteilt werden.[168]

Schon um die Mitte des vorigen Jahrhunderts formulierte Michael Schmaus: „Mann und Frau sind … die voneinander verschiedenen, aber einander ergänzenden, für sich allein je einseitigen Ausprägungen des Menschlichen. Dem Mann fehlt dabei ohne die Frau ein menschlicher Wert, der Frau fehlt ohne den Mann ein menschlicher Wert".[169] Selbst wenn dem viele zustimmen können, begegnet man in dem Augenblick, wo man diese differenzierenden Ausprägungen näher zu bestimmen und zu konkretisieren sucht, fast immer heftigem Widerspruch. Denn – erstens – seien alle unterschiedlichen Ausprägungen soziokulturell bedingt und darum radikal variabel[170] und – zweitens – gleite eine (nur scheinbar) neutrale und objektive Beschreibung unterschiedlicher Gender-Charakteristika doch immer wieder in subjektive Bewertungen nach der einen oder andern Seite ab. Dies treffe zumal für „männliche Ausprägungen" des Menschseins zu, deren Beschreibungen und Bestimmungen fast immer eine höhere „Bewertung" fänden und so jahrhundertelang faktisch zu einer Minderbewertung der Frau führten.

Tatsächlich werden auch in der gegenwärtigen Gesellschaft männliche Eigentümlichkeiten höher eingeschätzt als weibliche, so dass man nicht selten den Eindruck gewinnt, Emanzipation der Frau heiße: Frauen wollten sein wie die Männer. Mit dieser Einstellung entzieht aber die Frau der gegenwärtigen „Macho-Gesellschaft" gerade das Kostbarste, was sie ihr geben könnte: ihr spezifisches Frausein. Stattdessen werden Geschlechterdifferenzen oft auf den „kleinen (biologischen) Unterschied" reduziert.

167 Kassing, Ort 47f.

168 Für einen kurzen Durchblick durch die heutige Genderproblematik in der Theologie vgl. M.-Th. Wacker, Eine Frage der Gerechtigkeit. Gott suchen – feministisch, gendersensibel, geschlechterbewusst, in: HK.spezial 2 (2011) 47–51 Lit.

169 M. Schmaus, Katholische Dogmatik, Bd. II/1, München 31962, 362.

170 So lautet ein vielzitiertes Wort der Vorkämpferin in Sachen Frauenemanzipation Simone de Beauvoir, Das andere Geschlecht. Sitte und Sexus der Frau, dt. Reinbek 1951, 265: „Man kommt nicht als Frau zur Welt, man wird es. Kein biologisches, psychisches, wirtschaftliches Schicksal bestimmt die Gestalt, die das weibliche Menschenwesen im Schoß der Gesellschaft annimmt. Die Gesamtheit der Zivilisation gestaltet dieses Zwischenprodukt zwischen dem Mann und dem Kastraten, das man als Weib bezeichnet".

Angesichts dessen mehren sich in den letzten Jahren Stimmen, die wiederum auf die je spezifischen Eigenprägungen von Mannsein und Frausein hinweisen.[171] Es sind Eigenprägungen, die zwar in sehr vielen Punkten in gesellschaftlich zugewiesenen und vermittelten Rollen gründen, aber eben nicht in allen und unter jeder Hinsicht! Eigenprägungen, die – nachweisbar! – vom Biologischen (unterschiedlicher Körperbau und Stoffwechsel, Anfälligkeit für unterschiedliche Krankheiten, unterschiedliche Lebenserwartungen) bis hin ins Emotionale (Differenzen in Fantasien und Sehnsüchten, Hoffnungen und Wünschen) und schließlich ins – nicht mehr so eindeutig nachweisbare! – Geistig-Seelische ragen. Die seelischen Eigenprägungen fasst Karl Lehmann im Blick auf zahlreiche Autoren so zusammen: „Die Frau besitzt ein stärker sozial ausgeprägtes Wesen, ist mehr an Personen als an Sachen interessiert, hat eine bessere Anpassungsfähigkeit, eine geringere Aggressionsbereitschaft und eine größere Fähigkeit zur Bindung".[172] Und im ausdrücklichen Anschluss an Gertrud v. le Fort fährt er fort: „Die Frau ist die Empfangende, ihr eignet das Geheimnis der Hingabe. Passivität ist jedoch nicht – wie in der antiken Philosophie – etwas rein Negatives, sondern im Licht der christlichen Gnade das Positivste. Zur Frau gehören Anbetung, Barmherzigkeit, Opferbereitschaft und Dienenkönnen. Das Bild der Frau wird so zum Symbol der ‚ewigen Frau', die sich im Geheimnis Marias vollendet".[173] Vor allem letztere Bestimmungen werden bei vielen *mindestens* (!) ein Unbehagen auslösen. Doch ist zu bedenken: Bei all dem geht es nicht darum, dem einen Geschlecht etwas zuzusprechen, was das andere nicht besitzt – es gibt keinerlei Exklusivität in den Unterschieden! –, sondern gemeint ist, dass „normalerweise" (eine „Norm", die immer auch Ausnahmen zulässt!) die Integration von Erfahrungen, der Stil des Lebens und die Weise des Handelns bei Mann und Frau insgesamt anders „gestimmt" sind. Dabei dürfte tatsächlich der „Formalhorizont" fraulicher Erfahrungen von einer besonderen Teilhabe an der Weitergabe und Förderung des Lebens (durchaus nicht nur im biologischen Sinn) bestimmt sein.

Wenn nun – mit Altfrid Th. Kassing gesprochen – der „Gesamtsinn" des Gottesvolkes sich gerade im Bild der Frau darstellt, so meint dies, dass sich das erwählte Volk Gottes und darin jeder Einzelne verstehen darf und soll als „Existenz im Empfang", als Bereitschaft zu Glaube und Hingabe wie auch als Befähigung, das von Gott empfangene Leben weiterzugeben und so *Frucht zu bringen in Geduld* (Lk 8,15).

Für diese Charakteristika stehen sowohl „Frau" Israel und – in ihrer Folge – ebenso „Frau" und „Mutter" Kirche wie auch „Frau" und „Mutter" Maria. Sie ist es auch, welche sowohl für Männer wie für Frauen und für die Kirche als ganze das Leitbild des „Menschen vor Gott" aufrichtet. Und dieses ist nicht bestimmt vom „homo faber", sondern von der „niedrigen Magd", die weiß, dass sie ihren ganzen Reichtum von Gott her empfängt (vgl. S. 403f).

---

171 Es sind gerade auch Stimmen aus dem Bereich der empirischen Wissenschaften. Siehe etwa die ausgesprochen spannende Studie von D. Bischof-Köhler, Von Natur aus anders. Die Psychologie der Geschlechtsunterschiede, Stuttgart 2002.

172 K. Lehmann, Mann und Frau als Problem der theologischen Anthropologie. Systematische Erwägungen, in: Th. Schneider (Hrsg.), Mann und Frau – Grundproblem theologischer Anthropologie = QD 121, Freiburg i. Br. 1989, 53,–72, hier: 64

173 Ebd. 70. Und Lehmann fährt fort: „In ähnliche Richtung weisen auch Gedanken und Entwürfe der Theologen L. Bouyer, H. U. v. Balthasar, P. Teilhard de Chardin und H. de Lubac".

§ 3 Konsequenzen

Wenn – wie in diesem Kapitel erörtert – Maria Mitte und personale Gestalt der Ecclesia ist, hat dies für die konkrete Gestalt und das konkrete Leben der Kirche gewaltige, in gewisser Weise „umwälzende", jedenfalls ganz handfeste kritische Konsequenzen. Diese lauten, kurz und zunächst negativ formuliert: Wenn Maria das analogum princeps für alle Dimensionen der Kirche ist, kann und darf sich die äußere institutionelle Gestalt der Kirche nicht als das Wesentliche gebärden oder sich ungebührlich in den Vordergrund drängen und sich als das entscheidende Kriterium für Kirchlichkeit verstehen. Dies ist im Folgenden näher zu betrachten.

1. Ungebührlicher Vorrang des Institutionellen

(a) Theologischer Sinn des Institutionellen

Die kirchlichen Institutionen und äußeren Strukturen (z. B. Wort und Tradition, Amt und Recht, Sakramente und Liturgie sowie deren Konsequenzen, aber auch Verwaltung, Finanzierung u. dgl.) lassen sich – darauf wurde schon kurz verwiesen – theologisch verstehen sowohl als „objektiver Geist", der in den kirchlichen Strukturen gewissermaßen „gerinnt" wie auch als Konsequenz der Menschwerdung des Gottessohnes, der sich in Zeit und Raum entäußert und „unter das Gesetz" (Gal 4,4) gestellt hat. Dieses raum-zeitliche, in einem bestimmten „Gesetzt-sein" erfolgte Geschehen der „Fleisch"-Werdung wird durch die daran rückgebundenen „Gesetze" = institutionellen Formen der Kirche präsent gehalten und je neu präsent gesetzt. Gerade so wird die objektive Vorgegebenheit sowie die geschichtliche Einmaligkeit und Unwiederholbarkeit der Selbstentäußerung Gottes und des darin gründenden Heils als unauflösbarer Bezugspunkt allen kirchlichen Glaubens und seiner Weitergabe verbürgt.

Nehmen wir als Beispiel das kirchliche Amt, das man geradezu als Prototyp des Institutionellen (in) der Kirche ansehen kann. An ihm wird besonders deutlich, dass die institutionelle, von Christus „gesetzte" Vermittlung seines Heilswerks nicht an das subjekthafte Können bestimmter Personen gebunden ist, sondern an eine dauerhafte, eindeutig bestimmte, „institutionelle", d. h. überindividuelle Größe, die gerade als solche über sich selbst hinausweist auf den Ursprung und inneren Grund des Amtes: auf Jesus Christus selbst. Er verweist Menschen nicht an ihn verstellende „Stellvertreter" (im schlechten Sinn), er überlässt die Weitergabe seines Heilswerks nicht der Zufälligkeit und Willkür, der Zweideutigkeit und Gefährdetheit der je persönlichen Fähigkeit von heilsvermittelnden Personen, sondern er gibt sich und sein Heil weiter, indem er selbst durch Berufung, Weihe und Sendung ein „übersubjektives" Zeichen seiner Gegenwart schafft. So gesehen, bedeutet die „Amtlichkeit“ der Heilsvermittlung für die Gemeinschaft der Glaubenden etwas zutiefst Befreiendes. Die Unmittelbarkeit des Einzelnen zu Gott wird nicht verstellt und niedergehalten: weder durch die Bindung an die religiöse Großartigkeit und das subjektive religiöse Pathos einer Person, noch durch deren Grenzen und Misere. Nicht an die „Persönlichkeit“ des Amtsträgers wird der Glaubende verwiesen, um Christus zu begegnen, sondern an sein durch ihn gesetztes *Amt*, das sich in bestimmten, von der Kirche garantierten Amts*funktionen* realisiert, in denen Christus selbst seine Präsens zusagt. So ist das Institutionell-Überindividuelle des Amtes „nur“ die sichtbar-zeichenhafte Vermittlung der Unmittelbarkeit zu Gott, und nicht deren Zerstörung. Dies hat schon Augustinus herausgestellt, wenn er schreibt:

> „Es hätte der Herr Jesus Christus, wenn er gewollt hätte, irgendeinem seiner Diener die Macht verleihen können, seine Taufe gleichsam an seiner Statt zu spenden, indem er die Gewalt zu taufen von sich weggab und irgendeinem Diener übertrug und der auf den Diener übertragenen Taufe dieselbe Kraft gab, die die vom Herrn gespendete Taufe hätte. Das wollte er deshalb nicht, damit die Hoffnung der Getauften auf *dem* ruhte, von dem sie wussten, dass er sie getauft hat. Er wollte also nicht, dass der Diener seine Hoffnung auf den Diener setzte“.[174]

Der „Diener“, der Amtsträger, wie auch die anderen institutionellen Formen der Kirche (Wortverkündigung, Sakrament ...) sind „nur“ re-präsentierende Zeichen für das, was *der Herr selbst* im Heiligen Geist tut. Darum ist Amt, als Christus-Repräsentation verstanden, keine „Herrschaftsideologie, sondern Ausdruck der Glaubensüberzeugung der Kirche, dass Christus allein Herr der Kirche ist.“[175] Auch handelt es sich beim priesterlichen Amt nicht um die „Versachlichung“ einer ursprünglich in charismatischer Qualität gründenden Autorität, wie Max Weber meint,[176] sondern diese hat – wenn schon von „Versachlichung“ die Rede sein soll – selbst theologische Qualität: überpersönliches (und – nur! – in diesem Sinne „sachliches“) Zeichen für den Herrn zu sein.

So ist gerade das „Amtliche“ in der Kirche „Sakrament Christi“. Von ihm gilt das, was ebenso für alle Sakramente gilt: ein Stück sinnenhaft-fassbarer Wirklichkeit (Brot, Wein, Handauflegung, eheliches Jawort oder auch – die gleichen Zeichen im Lebenskontext –: gemeinsames Mahl, amtliche Tätigkeit, Lebensform der Ehe) wird durch das Wirken Christi und seines Geistes transparent für etwas weit Höheres; etwas Irdisches und darum so leicht Übersehbares, Gewöhnliches und Niedriges wird zum Zeichen, „sacramentum“, des Höchsten und Bedeutsamsten; in ihm gewährt Christus sich selbst und seine Gabe.

Das Institutionelle (in) der Kirche besitzt über die sakramentale Signifikanz, welche die vergangenen Heilsereignisse präsent setzt und erfahrbar macht, noch zwei weitere Bedeutungen:

(1) In den äußeren Einheits- und Gemeinschaftsformen entwirft sich das künftige Ziel der ganzen Schöpfung „Communio“ im Fragment und Vorschein voraus. Gottes Heil betrifft nun einmal nicht allein die je subjektive Innerlich-

---

174 Augustinus, In Joh.ev V,7 (= CC 36,44).

175 H.J. Pottmeyer, Der Papst Zeuge Jesu Christi in der Nachfolge Petri, in: K. Lehmann (Hrsg.), In der Nachfolge Jesu Christi, Freiburg i. Br. 1980, 58–91, hier: 60.

176 M. Weber, Wirtschaft und Gesellschaft, Hrsg. v. J. Winckelmann, Köln-Berlin 1964, Bd. I, 184; siehe auch Bd. II, 832ff.

keit des Einzelnen, sondern meint die ganze konkrete Wirklichkeit. Wenn also, wie bereits erwähnt, das Zweite Vatikanische Konzil die Kirche – ganz auf der Linie der altchristlicher Tradition – als „sacramentum unitatis" – als „Zeichen und Werkzeug der Einheit" definiert, meint es jene Einheit von Gott und Mensch sowie der Menschen untereinander, auf die die ganze Welt von Schöpfung her ausgerichtet ist, und das ist eine konkrete, sichtbare, alle Weltstrukturen (auch die äußeren Dimensionen) erfassende Einheit. Deshalb ist die (sichtbare) Kirche auch dazu berufen, in die Welt heilende Kräfte zu tragen, sich für eine größere Gerechtigkeit, umfassendere Brüderlichkeit und eine menschlichere Ordnung in den gesellschaftlichen Beziehungen einzusetzen (vgl. GS 35), „so die menschliche Gesellschaft zu erneuern" (GS 2) und „das ganze Menschengeschlecht in die Einheit der Familie Gottes zu führen" (GS 40). Von daher bekommt die sichtbare Kirche, ihr „äußeres" Handeln, ihre Strukturen und Institutionen (und damit das Amt als Kristallisationspunkt von sowohl Sichtbarkeit wie anschaulicher Einheit und effizienter Einheitsermöglichung) ein immens hohes Gewicht.[177]

(2) Die sichtbaren Formen und Strukturen garantieren die Identität der Kirche in Raum und Zeit, sie stehen – bei aller Variabilität im Einzelnen – für die sowohl diachronische wie synchronische Einheit der sichtbaren Kirche.

Es kann und darf also nicht darum gehen, das Institutionelle (in) der Kirche, vor allem Amt und Recht, Hierarchie und Ordnungsstrukturen zu schmälern oder schlecht zu machen und allein auf die Kirche als „Leib Christi" und auf ihr „Herz", auf Maria und den in ihr wirksamen Heiligen Geist, zu blicken. Beides, das Innere wie das Äußere, das Institutionelle wie das charismatische Wirken des Geistes gehören unzertrennbar zusammen. Auch das II. Vaticanum sieht beides weder als zwei neben- oder übereinander liegende, noch als zwei voneinander

177 Siehe zum Ganzen P. Hünermann, Die theologische Grundlegung der christlichen Sozialethik in Gaudium et spes, in: M. Vogt (Hrsg.), Theologie der Sozialethik = QD 255, Freiburg i. Br. 2013, 23–62. – In diesem Punkt gibt es wichtige Differenzen zum evangelischen Kirchenverständnis, welche Kirche einzig und allein von der Rechtfertigungslehre, d. h. vom (unsichtbaren) Glauben des Einzelnen her entwirft. Die ruinösen Konsequenzen zeigen sich selbst evangelischen Theologen wie z. B. Chr. Schwöbel, Gott in Beziehung. Studien zur Dogmatik, Tübingen 2002, 386. Er vermerkt, „dass die Ausarbeitung eines theologischen Verständnisses der Sozialgestalt der Kirche zu den Defiziten evangelischer Theologie gehört, die auf ihre Wurzeln in der Reformation zurückgeht. Die theologische Bestimmung einer Sozialgestalt der Kirche, die ihrer theologischen Wesensbestimmung entspricht und als Leitvorstellung der Gestaltung ihrer empirischen Wirklichkeit fungieren kann, scheint eine noch ungelöste Aufgabe reformatorischer Theologie zu sein". Deshalb – so weiter Schwöbel – ist zu kritisieren, dass der in der Rechtfertigungslehre basierende Kirchenbegriff „nicht prinzipiell zu einem Verständnis des Soziallebens der Kirche ausgearbeitet wurde, das es ermöglicht, die Kirche als Sozialgestalt des evangelischen Glaubens zu verstehen".

getrennte Wirklichkeiten, und spricht stattdessen von „einer einzigen komplexen Wirklichkeit".[178] Aber diese komplexe Wirklichkeit hat ausgeglichen zu sein! Und in diesem Punkt sind nun verschiedene geschichtliche Umbrüche zu beobachten.

(b) Umbrüche

Während das 1. Jahrtausend die Kirche noch vorrangig als eine „geistliche Wirklichkeit, als „mysterium", erfährt und am Sichtbar-Institutionellen den „sakramentalen", d. h. den „Verweis"- und Dienst-Charakter für die unsichtbare Wirklichkeit erschaut, stellt die dann, etwa ab dem 12. / 13. Jahrhundert einsetzende immer größere Hervorhebung des Amtlichen und die damit gegebene Verrechtlichung der äußeren Kirchenstrukturen – wie Yves Congar urteilt – „die größte Wende dar, die die katholische Ekklesiologie erfuhr".[179] Kirche wird mehr und mehr als sichtbare Körperschaft verstanden und in der Theologie reflektiert. Noch mehr geriet das Zueinander von „Außen" und „Innen" seit dem 18. / 19. Jahrhundert aus dem Ruder. Immer mehr verstand sich die Kirche nach Analogie gesellschaftlicher Institutionen, insbesondere nach Analogie des Staates. Und „ähnlich wie der Nationalstaat durch die Einheit von Staat und Recht sowie durch Bildungswesen und Militär erst ein gemeinsames Nationalbewusstsein zu schaffen und zu stabilisieren hatte, sah sich auch die katholische Kirche in ihrem staatsanalogen Selbstverständnis gefordert, die innere Einheit organisatorisch und überzeugungsmäßig herzustellen".[180] Und dies in einer Weise, welche die institutionelle Ordnung als durch unveränderliches göttliches Recht gesetzt (jure divino) proklamierte. Nicht mehr so sehr um Jüngerschaft, Leben nach dem Evangelium, Kommunikation des Glaubens und gemeinsames Gotteslob ging es, sondern vorrangig um die sakrale, sich selbst genügende kirchliche Körperschaft selbst (societas perfecta).

So geriet das ganze Gefüge dessen, was Kirche ist, aus dem Gleichgewicht. Nicht nur dass die institutionelle Dimension die charismatische und personal-communiale (die „Gemeinschaftserfahrung des Glaubens") überwucherte, es wur-

---

178 So in LG 8, wo es heißt: „Die mit hierarchischen Organen ausgestattete Gesellschaft aber und der geheimnisvolle Leib Christi, die sichtbare Versammlung und die geistige Gemeinschaft, die irdische Kirche und die mit himmlischen Gaben beschenkte Kirche sind nicht als zwei Dinge zu betrachten, sondern bilden eine einzige komplexe Wirklichkeit". Siehe dazu W. Kasper, Der Geheimnischarakter der Kirche hebt den Sozialcharakter nicht auf, in: HK 41 (1987) 232–236.

179 Y. Congar, Die Lehre von der Kirche, in: HDG III/3c, Freiburg i. Br. 1971, 62; ders., Ecclesia 92ff. Ähnlich auch Kaufmann, Kirche 34: Der theologische Begriff von Kirche „verband sich … erst in nachtridentinischer Zeit mit organisatorischen Vorstellungen, vorher herrschte ein ausschließlich symbolischer Wortgebrauch". Der Autor fügt an, dass der sichtbare Sozialzusammenhang dessen, was wir heute Kirche nennen, im Mittelalter als „christianitas" bezeichnet wurde. Siehe a. a. O. 13–39.

180 Kaufmann, Kirche 204.

de auch übersehen, dass es in der einen komplexen ekklesialen Wirklichkeit ein unterschiedliches „Gefälle“ hinsichtlich Priorität, Gewicht und Bedeutung beider Dimensionen gibt. Schließlich hat Jesus nicht eine Institution gestiftet, sondern eine „Bewegung“ in Gang gesetzt, er hat nicht die äußeren Strukturen des Volkes Gottes (die zur Zeit Jesu ohnehin nicht sehr ausgeprägt waren) geändert, reformiert oder neu aufgerichtet, sondern mit der Botschaft vom gekommenen und kommenden Reich Gottes neue Lebensperspektiven und Lebenskraft geschenkt, nämlich die Einladung (und Befähigung), als Volk Gottes und Jüngerschaft Jesu im Heiligen Geist „nach dem Evangelium“ zu leben – in der Erwartung der Endgestalt des „Reiches“. Nicht also macht das Institutionell-Amtliche die Essenz der Kirche Jesu Christi aus. Schließlich war die Maria-Ecclesia „schon da, ehe die Männer ins Amt eingesetzt wurden“, vermerkt Hans Urs v. Balthasar.[181] *Sie als die Glaubende und Gott Gebärende ist der Prototyp der Kirche, die umfassende Wirklichkeit, demgegenüber alles andere, wie das Institutionelle, nur heranführend-dienende oder explizierende Funktionen hat.* Deshalb hat sich z. B. auch das Papsttum (die „Spitze“ des kirchlichen, Christus repräsentierenden Amtes) zu realisieren *mitten „in* der Kirche; denn wo Petrus seine christushafte Gesinnung bekunden muss, muss er wie alle ein weibliches, marianisches Fiat aussprechen; sein Amt ist Funktion in der Braut“, betont der gleiche Basler Theologe:[182] Amt ist „nur“ Sakrament, das in äußeren Zeichen das weitergibt und in sichtbaren Fragmenten das antizipatorisch verwirklicht (und „transparent“ für dasjenige sein muss), um was es „wirklich“, „wahrhaftig“ und „letztlich“ geht: um die „Vermählung“ Gottes mit der Menschheit. Diese „findet statt zwischen dem persönlichen Gott und dem persönlichen Menschen; alles aber, was diese Begegnung zu einer kirchlichen stempelt, ist ihre Ermöglichung, nicht sie selbst“. Um dieser bräutlichen Begegnung von Gott und Geschöpf willen ist „das Gerüst der Strukturen jetzt aufgerichtet und [wird] später wieder abgebrochen. … Sie also muss der eigentliche Kern der Kirche sein“.[183] Auf Seiten des Menschen realisiert sich diese – wenn man so will – „mystische Begegnung“ von Gott und Mensch in Haltungen und konkreten Taten des Glaubens, der Hoffnung und der Liebe sowie im „handfesten“ Engagement, für das große Ziel der Schöpfung: für Einheit, Frieden, Versöhnung zu arbeiten. Für diese „Vermählung“ und die ihr korrespondierende

181 v. Balthasar, Klarstellungen 72. – In direktem Anschluss an ihn schreibt auch W. Kasper, Katholische Kirche. Wesen – Wirklichkeit – Sendung, Freiburg i. Br. 2011, 220: „Eine deutlichere Relativierung der Hierarchie kann man sich eigentlich nicht denken wie diejenige, welche durch die katholische Mariologie geschieht. In Maria war die Kirche schon da, bevor die Apostel als Männer in ihr Amt berufen und eingeführt wurden“.

182 v. Balthasar, Spiritus 217.

183 v. Balthasar, Sponsa 164f.

Haltung steht „Maria". In Bezug auf sie hat „das Institutionelle" buchstäblich die Funktion der „Struktur", genau so wie das Knochenskelett des Menschen die „Substruktur" für die eigentlichen Lebensprozesse ist (die ohne diese Struktur freilich nicht sein können!). Aber die bloße Struktur (das Knochengerüst allein) ist ohne Leben; sie allein aufzurichten und sich primär für sie zu engagieren ist eine „passion inutile" – „ein vergeblich-zweckloses Eifern" (Jean Paul Sartre); all das bleibt sinn- und bedeutungslos. Deshalb muss dem institutionellen, besonders dem amtlich-hierarchischen Moment der Kirche „von einer marianisch ausgerichteten Ekklesiologie her eine heilsame Relativierung zuteil werden".[184] Und dies nicht nur in theoretisch-theologischer Hinsicht! Dies hat auch und vor allem für die pastoralen Vollzüge der Kirche zu gelten. Mit den Worten von Bischof Joachim Wanke: „Die Kirche hat nichts zu ‚erfassen', zu verwalten, geschweige denn zu klassifizieren. Sie hat aus einer Haltung der Grundsolidarität und Empathie die Menschen auf ihren Wegen zu begleiten, ihnen das Evangelium als österliche Weitung des Lebenshorizontes anzubieten und sie in ihren Suchbewegungen auf Gott hin zu bestärken".[185] Kurz: Die Kirche muss wieder erkennbar werden als „Bewegung des Evangeliums", sie hat eine marianische Gestalt anzunehmen.

Aber noch einmal: Maria der real existierenden Kirche als kritischen Orientierungspunkt gegenüberstellen hat nichts, aber auch gar nichts mit einer unguten Spiritualisierung oder Individualisierung des Glaubens zu tun, mit „Frömmigkeit", die folgenlos bleibt und nur das eigene Herz erfasst. Die „mystische Begegnung" von Gott und Mensch hat ihren realen Ort allein in der Konkretheit von Situationen der Zeit und den oft mühseligen Herausforderungen des eigenen Lebens. *Diese* sind es, in denen das Kirche-Sein zu realisieren ist und nicht primär in einer institutionellen Sonderwelt Kirche.

(c) Verkehrungen

Dies herauszustellen ist umso notwendiger, als – wie schon vermerkt – erst in den letzten Jahrhunderten das Institutionell-Amtliche der Kirche so sehr in den Vordergrund getreten ist[186] und eine Konzentration des Glaubens auf die institutionellen kirchlichen Dimensionen stattfand. Selbst Papst Benedikt XVI. sagte am 24. 9. 2011 in Freiburg: „Ehrlicherweise müssen wir doch sagen, dass es bei uns einen Überhang an Strukturen gegenüber dem Geist gibt". Dies wieder von Grund auf zu relativieren, ist umso notwendiger, als gerade in den letzten Jahrzehnten

184 v. Balthasar, Klarstellungen 70.

185 J. Wanke, Auskunftsfähig für das Evangelium, in: Zur Debatte 5/2013, 6.

186 Dem steht heute in Kopf und Herz vieler Christen – durchaus zu Recht! – dialektisch eine „Deinstitutionalisierung" der Kirche gegenüber. Siehe dazu M. N. Ebertz, Erosion der Gnadenanstalt? Zum Wandel der Sozialgestalt von Kirche, Frankfurt 1998.

das Klerikal-Amtliche, besonders das amtliche römische Zentrum, den nahezu exklusiven Primat für alles kirchliche Geschehen beansprucht. Vermutlich war die Kirche in ihren äußeren Strukturen noch nie so zentralisiert und zentral organisiert wie gegenwärtig.[187] Zwar lag die „Theorie" für eine totale Zentralisierung der Kirche seit dem I. Vaticanum bereit, sie konnte sich aber in der Praxis nie völlig realisieren, schon allein aufgrund der zeitaufwendigen Kommunikations- und Verkehrswege nicht. Dies hat sich gründlich geändert. So können mithilfe heutiger Kommunikationsmittel und ortsansässiger Mittelsmänner einige wenige „Kader" vom römischen Zentrum aus die Weltkirche einheitlich administrieren oder wenigstens zu administrieren versuchen: durch zentrale Bischofsernennungen, die sehr oft an ortskirchlichen Erfordernissen vorbeigehen, durch allgemeingeltende liturgischen Vorschriften, die sich über regionale Wünsche und Anliegen hinwegsetzen, durch eine Moralisierung des Glaubens, die wichtige Züge des Evangeliums verdeckt, durch eine mikroskopische Glaubensadministration, die den Glauben – ähnlich dem „Fundamentalismus" – vornehmlich als ein System von vorgeschriebenen, „ewigen" Sätzen sieht, deren Einhalten vor allem bei der Nihil-obstat-Erteilung für Theologieprofessoren und ihrer Publikationstätigkeit peinlich und zugleich angsteinflößend von einer „Glaubensbehörde" (Glaubenskongregation) überwacht wird. Die gegen solchen Zentralismus vom II. Vaticanum her gegenläufig konzipierte „Kollegialität" der Bischöfe hat nachkonziliar zu keiner neuen kirchlichen Praxis geführt. Nach wie vor verhalten sich die Bischöfe – so der Jesuit, Politologe und Organisationsanalytiker Thomas J. Reese – „wie Filialleiter eines multinationalen Konzerns ..., von denen erwartet wird, Direktiven von oben unhinterfragt zu befolgen".[188] Die römischen Bischofssynoden sind Alibi-Veranstaltungen ohne wirkliches Gewicht. So kommt die Kirche in ihrer grundsätzlichen „marianischen Vielgestaltigkeit" (*circumdata varietate* heißt es in Ps 44,14*Vg* von der „Königstochter") nicht zu Wort und schon gar nicht ihre innere marianische Verfasstheit. Stattdessen bestimmen kuriale Zentralisierung des kirchlichen Lebens und Institutionalisierung des Glaubens das Bild sowie binnenkirchliche ideologische Selbstbespiegelungen und Machterhaltungskämp-

187 So auch der Philosoph Ch. Taylor, Formen religiösen Lebens, in: Zur Debatte 3, 2012, 17–18, hier: 18: „Es gibt jetzt eine Zentralisierung der Autorität in Rom, bis zu einem Punkt, den man in der Geschichte noch nicht gesehen hat. Das geht weit über die Situation im Mittelalter hinaus. Im Mittelalter gab es immer unabhängige Autoritäten, und es gab auch ein Gegengewicht zwischen der Zentrale und den Einzelnen. In der heutigen Situation bewegen wir uns nicht im Mittelalter, sondern eher im aufgeklärten Despotismus".

188 Th. J. Reese, Im Innern des Vatikan. Politik und Organisation der katholischen Kirche, dt. Frankfurt [5]2005, 9.

fe, Moralismus und Dogmatismus. So schreibt selbst ein Raniero Cantalamessa (immerhin seit 1981 „Päpstlicher Hausprediger“!):

> „Worauf sind denn die Diskussionen innerhalb der Kirche gerichtet? Etwa auf die Gnade Gottes? Nein, nur allzu oft zielen sie auf Unterstützung von außen, auf das Knüpfen von Kontakten, das Schließen von Bündnissen. Jeder sucht die Ereignisse nach dem Maßstab zu messen, ob sie ihm in irgendeiner Weise etwas bringen, Hilfeleistung für sich selbst und die eigene Ideologie. Und so wird die Gnade Gottes ein Opfer von Verirrungen und die Kirche Zielscheibe aller möglichen Kritiker, die es sich zu leicht machen“.[189]

Aber auch in den Ortskirchen und –gemeinden sieht es nicht viel besser aus. Immer noch wird Kirche nicht nur von vielen Menschen als „Behörde“ wahrgenommen, sie benimmt sich selbst auch so und ist entsprechend organisiert. „Das Muster pastoralen Dienstes ist hier die Verwaltung, die ein gesichertes Monopol für bestimmte Dienstleistungen besitzt, in diesem Fall Dienstleistungen im Bereich ‚Gewissheiten und Orientierungen‘“.[190] Kein Wunder, dass in dem Augenblick, da das „Dienstleistungsunternehmen Kirche“ feststellen muss, dass ihr Monopol ebenso gefallen ist wie das der Telekom und sie „sich plötzlich neben anderen auf dem Markt religiöser Angebote“ befindet, die große Krise einsetzt, die heute überall deutlich ist. Und doch versteht sich eine Reihe von kirchlichen Amtsträgern immer noch in Analogie zu anderen, weltlichen Institutionen. Und auch nicht wenige Gläubige schlagen in die gleiche Kerbe, wenn sie nach dem Amtsträger rufen: Der Pfarrer muss es machen, er muss alle Initiative setzen! Nur wo er ist, ist wirklich Kirche! Dieser „Überhang“ des klerikal-hierarchischen Elements hat Karl Rahner in seinen letzten Lebensjahren dazu veranlasst, ein Gebet „Für die Kirche“ zu verfassen, in dem es provozierend heißt:

> „Wie langweilig, greisenhaft, nur auf das Renommee des Apparats bedacht, wie kurzsichtig, wie herrschsüchtig kommen mir manchmal die ‚Amtsträger‘ in der Kirche vor, wie in einem schlechten Sinn konservativ und klerikal. Und wenn sie dann salbungsvoll dazu sind, wenn sie penetrant ihren guten Willen und ihre Selbstlosigkeit zur Schau tragen, dann wird es noch ärger, weil ich

---

189 Cantalamessa, Maria 37.

190 M. Herbst, Kirche wie eine Behörde verwalten oder wie ein Unternehmen führen? Zur Theologie des Spirituellen Gemeindemanagements, in: H.-J. Abromeits u. a. (Hrsg.), Spirituelles Gemeindemanagement, Göttingen 2001, 82–110, hier 82f. – Auch Weihbischof Paul Wehrle vermerkt in diesem Zusammenhang: „Unsere Pfarrbüros machen eher den Eindruck von Dienststellen mit geregelten Öffnungszeiten, gleichen Ämtern und Behörden“: City-Pastoral. Seelsorge an den Wegen der Menschen, in: ders. / T. Licht, City-Pastoral in der Erzdiözese Freiburg = Freiburger Texte 47, Freiburg 2002, 10.

> kaum einmal höre, dass sie auch öffentlich und deutlich ihre Fehler und Missgriffe bekennen und wünschen, dass wir heute an ihre Unfehlbarkeit glauben und vergessen, was sie gestern an kapitalen Schnitzern und Versäumnissen begangen haben. … Sie moralisieren viel, aber von der allen Geist und Herz zersprengenden Taumel der Freude über die Botschaft von deiner Gnade, in der du dich selbst schenkst, ist oft weit weniger zu spüren …“.[191]

Diese gegenwärtig über alle Maßen zu verspürende Spannung zwischen Institution, zentralisierender Administration, klerikalem Apparat und Moralismus auf der einen und dem Leben aus der Freudenbotschaft der Gnade auf der andern Seite lässt sich wohl nur abbauen, wenn die Kirche wieder ein marianisches Profil annimmt, ein Profil, in dem die äußeren Strukturen und Ordnungen, Glaubensgesetze und Paragraphen sich am „Herzen“ der Kirche orientieren.

Das Ganze ist freilich keineswegs nur ein Problem des klerikalen kirchlichen Apparats, es betrifft genau so die Laien. Von ihnen gelten die kritischen Äußerungen von Hans Urs v. Balthasar:

> „Die nachkonziliare Kirche hat ihre mystischen Züge weitgehend eingebüßt, sie ist eine Kirche der permanenten Gespräche, Organisationen, Beiräte, Kongresse, Synoden, Kommissionen, Akademien, Parteien, Pressionsgruppen, Funktionen, Strukturen und Umstrukturierungen, soziologischen Experimente, Statistiken: mehr als je eine Männer-Kirche, es sei denn ein geschlechtsloses Gebilde, in dem die Frau ihren Platz so weit erobern wird, als sie bereit ist, selber ein solches zu werden. … Was soll man gar von der ‚politischen Theologie‘ und vom ‚kritischen Katholizismus‘ sagen: sie sind Diskussionsmodelle für Theologieprofessoren und anti-repressive Studenten, schwerlich für eine immer auch aus Kindern, Frauen, Greisen, Kranken und nicht aus bloß saftigen jungen Männern bestehende Gemeinde. … Sollten diese typisch männlichen und abstrakten Erfindungen nicht deshalb das Feld beherrschen, weil die innerste Fraulichkeit, die Marianität der Kirche preisgegeben wurde? … Ohne Mariologie droht das Christentum unter der Hand unmenschlich zu werden. Die Kirche wird funktionalistisch, seelenlos, ein hektischer Betrieb ohne Ruhepunkt, in lauter Verplanung hinein verfremdet. Und weil in dieser mann-männlichen Welt nur immer neue Ideologien einander ablösen, wird alles polemisch, kritisch, bitter, humorlos und schließlich langweilig, und die Menschen laufen in Massen aus einer solchen Kirche davon“.[192]

---

191 K. Rahner, Gebete des Lebens, Freiburg i. Br. [4]1984, 142f.

192 v. Balthasar, Klarstellungen 70.72.

2. Orientierung an Maria-Ecclesia

Man mag an einigen Phänomeninterpretationen und polemischen Formulierungen dieser Studie und ihrer „Gewährsleute“ (Rahner, v. Balthasar) Anstoß nehmen, doch scheint mir die Analyse unabweisbar zu sein: Die nachkonziliare Kirche hat ihre „mystischen Züge“ oder sagen wir besser: den betonten Vorrang der geistlichen Vollzüge – Glaube (als vorrangige „fides qua“), Hoffnung, Liebe – verloren. Man kann auch sagen: Sie ist durch den weitgehenden Wegfall des Marianischen zu einer Institution mit einseitig männlich bestimmten Strukturen und Vollzügen verkommen. Das zeigt sich nicht zuletzt auch darin, dass sich seit Jahren fast die ganze innerkirchliche Diskussion um äußere Strukturreformen (die dazu noch mit höchst frag-würdigen Argumenten begründet werden) bewegt. Wird damit nicht das Pferd vom Schwanz her aufgezäumt?

Nochmals: Mit dieser rhetorischen Frage soll keineswegs ein Gegensatz zwischen Struktur und Geist artikuliert werden. Wegen der (bereits erörterten) „komplexen Einheit“ des „Inneren“ und „Äußeren“ in der Kirche, muss das „Geistliche“ sich im „Äußeren“ und damit in Strukturen, Institutionen und handfesten Aktionen ausdrücken. Und umgekehrt können diese sich, wo sie stimmig sind, auf das Leben des Geistes positiv auswirken oder eben auch negative Konsequenzen haben: falsch konstruierte und unsachgemäße Strukturen, pervertierte und überholte Institutionen sowie fehllaufende Aktionen können den Geist erlahmen und blockieren. Und doch, bei aller Anerkennung dieser Wechselwirkung bleibt der Vorrang jener Kirchengestalt, die in Maria in Erscheinung tritt. Wahre Erneuerung hat von Innen her auszugehen, und von Innen her tut sie auch unfehlbar ihre Wirkung im äußeren Bereich.

Dazu ein Beispiel aus der Frühen Christenheit: Als Paulus den entlaufenen Sklaven Onesimus, nachdem dieser Christ geworden war, seinem Herrn Philemon zurückgeschickt hatte mit dem nachdrücklichen Hinweis: *Nicht mehr als einen Sklaven, sondern als einen geliebten Bruder* (Phlm 16), war mit dieser neuen *inneren Einstellung* „Bruder“ etwas ganz und gar Neues gesetzt, zu dem sich „im Umfeld des Frühchristentums nichts Vergleichbares“ findet, nämlich „die neutestamentliche Bruderidee, die für das Urchristentum konstitutiv war und die auf Ignorierung aller sozialen, gesellschaftlichen und ethnischen Schranken für den Bereich der Gemeinde zielte“.[193] Zwar war für Paulus wie für die gesamte Frühe Christenheit und antike Welt das Institut der Sklaverei eine „selbstverständliche“ Vorgegebenheit der faktischen Gesellschaftsordnung, das grundsätzlich nicht in Frage gestellt wurde.[194] Doch wenn von der Herzmitte des Glaubens her – man ist einander Bruder und

193 F. Laub, Die Begegnung des frühen Christentums mit der antiken Sklaverei, Stuttgart 1982, 92f, 18.

194 Zum besseren Verständnis ist auch in Rechnung zu setzen, dass Sklaverei in der Antike nicht jene Assoziation von Unmenschlichkeit auslöste, die wir heute (seit der Kolonialzeit)

Schwester aufgrund des einen Vaters (und der einen Mutter!) – aus dem Sklaven der geliebte Bruder wird, dann ist damit die antike Institution der Sklaverei *von innen her* aufgebrochen und ausgehöhlt, so dass es nur eine Frage der Zeit sein konnte, dass diese – unter geänderten gesellschaftlichen und kulturellen Bedingungen – dann auch in andere gesellschaftliche Formen umgewandelt wurde. Strukturwandel also von Innen her!

Wo ein solcher Strukturwandel von Innen her nicht geschieht, erstickt die Kirche – was derzeit in einigen kirchlichen Regionen deutlich hervortritt – am ungenießbaren Brei einer nur an ihrer öffentlichen, sichtbaren, institutionellen Gestalt orientierten Administration, die sich nolens volens den Formen und Maßstäben der „Welt" anpasst. So mag einsichtig werden, was Joseph Ratzinger schon vor Jahren formulierte: Dass „die Kirche wiederum apersonal und rein institutionell gesehen worden ist, hat der Mariologie wie der Ekklesiologie gleichermaßen geschadet".[195] Was also der Kirche wohl am meisten Not tut, ist die Wiederentdeckung und -aktualisierung ihrer marianischen Gestalt. Kurz und bündig mit den Worten von Klaus Hemmerle: Die Kirche „hat mehr von Maria und dem marianischen als von Petrus und dem petrinischen Amt geprägt [zu] sein".[196] Wie man also auf dem II. Vaticanum zurecht Maria in die Kirche integriert hat, so gilt es heute, die Kirche in Maria zu integrieren, um damit eine sowohl mystische Konzentration des Glaubensvollzugs wie auch eine gesunde „Relativierung" kirchlicher Institutionalisierung zu erreichen.

Dies ist umso wichtiger, als in den letzten Jahrzehnten insgesamt der Charakter von „Religion" sich verändert hat. Sie „hat weitgehend ausgedient als Zulieferer von Erklärungen zur Herkunft der Welt, als Legitimationsbeschaffer politischer Machtausübung, als Kitt für den Zusammenhalt der Gesellschaft, als kollektives Depot für Lebenssinn und als Beglaubigungsinstanz moralischer Normen".[197] Damit ist keineswegs die Bedeutung von Religion erledigt. Im Gegenteil! Nur fokussiert sie sich – ganz im Zuge der neuzeitlichen Individualisierung aller Lebensformen (so: Thomas Luckmann; Ulrich Beck) – auf die religiöse Selbsterfahrung und deren Probleme. Von daher ist ein gewaltiger mainstream gegen-

---

damit meist verbinden. In Untersuchungen zur antiken Sozial- und Wirtschaftsgeschichte wird immer wieder darauf aufmerksam gemacht: „Der im antiken Sozialgefüge als Sache rangierende Sklave war im Prinzip besser gestellt als etwa der als Person geltende freie Lohnarbeiter": Laub, ebd. 40f.

195 J. Ratzinger, „Welchen Begriff hatte das Zweite Vatikanische Konzil von der Gesamtkirche?" Vortrag vom 27. 2. 2000 im Vatikan, in: Die Tagespost, Beilage März 2000, 8. – Ähnlich Balthasar, Klarstellungen 72.

196 Hemmerle, Trinität 173.

197 H.-J. Höhn, Soziologie in der Theologie – oder: Der Blick von außen auf den Blick nach außen, in: A. Kreutzer/Fr. Gruber (Hrsg.), Im Dialog. Systematische Theologie und Religionssoziologie = QD 258, Freiburg i.Br. 2013, 56–72, hier: 59.

wärtiger (und auch wohl mittelfristig abzusehender) Religiosität mit den Worten von Rainer Bucher so zu charakterisieren: „Religion wird zunehmend weniger in kirchlichen Formen vergesellschaftet, die Religion in Konzepten von exklusiver Mitgliedschaft, unbedingter Gefolgschaft und umfassender Biographiemacht organisierten. ... [Es] bilden sich völlig neue, nicht länger mitgliedschafts-, gemeinschafts- und gefolgschaftsorientierte Aktionsformen innerhalb und außerhalb der etablierten Kirche".[198] Auch die zunehmende Urbanisierung der Welt trägt zu dieser Entwicklung bei. Die Mega-Cities sind gewissermaßen die „Laboratorien für eine neue Konfiguration christlichen Glaubens".[199] Menschen in diesen gewaltigen Stadträumen, die gekennzeichnet sind durch Anonymität, Unübersichtlichkeit, fehlende orientierende Fixpunkte tendieren dahin, Kirche auf ganz neue Weise zu verwirklichen, nicht so sehr in der Weise einer geprägten, institutionalisieren Pfarrgemeinde, sondern als ein plural-pluralisiertes Zusammenkommen um die Mitte des Evangeliums. Kein Wunder, dass gerade in den südamerikanischen Mega-Cities Pfingstgemeinden boomen und Identität im Glauben sich nicht mehr in vorgegebenen Großgemeinden, sondern an solchen „Rast-Stätten" und „Gast-Häusern" vollzieht (Margit Eckholt). Das muss keineswegs zu einer auf Erlebnis und ghettohafte Abspaltung verkürzten Gestalt des Glaubens und kirchlichen Lebens führen – im Sinne der Schlagworte „Believing without Belonging" und/oder „Belonging without commitment" (Grace Davie; Winfried Gebhardt) –, kann doch gerade aus solchen neuen „freieren" Gemeinschaftsformen,[200] die im Übrigen immer eine wenn auch noch so geringe Form von institutionalisierter Substruktur voraussetzen, eine neue, durch freie Entschiedenheit gekennzeichnete Zuwendung zur Welt mit ihren konkreten Problemen erfolgen.

Könnten diese Entwicklungen, die wie alles in der Welt natürlich ambivalent und zweideutig sind, vom „Marianischen" her nicht sowohl eine gewisse Legitimation wie auch eine theologische Vertiefung erfahren? Die Kirche ist, von Maria her betrachtet, nun einmal kein staatsähnliches Gebilde und auch keine Variante einer Art von „religiöser Gewerkschaft", die primär „mitgliedschafts-, gemeinschafts- und gefolgschaftsorientiert" ist. Sie ist eher eine „Bewegung", die „Bewegung" des pilgernden Volkes Gottes durch diese Weltzeit. In dieser „Bewe-

---

198 R. Bucher, Stabilität in einer „Fluid Church", in: Zur Debatte 8 (2012) 28–30, hier: 28.

199 M. Eckholt, Christsein an den Crossroads der Städte, in: M. Siewernich/K. Wenzel (Hrsg.), Aufbruch in die Urbanität. Theologische Reflexion kirchlichen Handelns in der Stadt = QD 252, Freiburg i. Br. 2013, 27–65, hier: 47.

200 Von diesen neuen Gemeinschaftsformen sagt W. Gebhardt, Believing without Belonging? Religiöse Individualisierung und neue Formen religiöser Vergemeinschaftung, in: Kreutzer/Gruber (Hrsg.), Dialog 297–317, hier: 304: „Individualisierung führt ja nicht, wie es oftmals heißt, in Strukturlosigkeit, sondern zu neuen (mitunter fundamentalen) Umstrukturierungen des sozialen Lebens".

gung" geht es um ein Dreifaches: (1) dass der Einzelne, getragen von vielen Brüdern und Schwestern, auf seine je ganz persönliche Weise, „Maria" wird, d. h. eine Person, die vom Glauben her lebt, den Glauben bezeugt und im Glauben Christus in sich Gestalt annehmen lässt, so dass aus den vielen Einzelnen der „Christus totus", der vielgestaltige „Leib Christi" geboren wird; (2) dass jeder Einzelne und jede formelle und/oder informelle Gliederung des Gottesvolkes (Gruppe, Pfarrei, Diözese, Weltkirche) in der Kraft des Evangeliums und der Sakramente, besonders des eucharistischen Sakraments der Einheit, Zeichen der Einheit, der Versöhnung und des Friedens setzt und sich da, wo man steht, als Ferment der Einheit in einer zerstrittenen Welt wirksam wird, – als Vorzeichen jener Einheit, die das Ziel der ganzen Schöpfung ist: die „Vermählung" aller Wirklichkeit mit Gott und untereinander, die „Trinitarisierung" der Welt, d. h. ihre Angleichung an die Communio des trinitarischen Gottes. (3) Diese Kirche als „Bewegung" beruht – nimmt man noch das Ergebnis des Zweiten Kapitels (S. 413f) hinzu – auf einem „einfachen Glauben", wie es der Glaube Marias war. So entspricht eine „marianische „Grundierung" von Kirche und Glauben durchaus den „Zeichen der Zeit", den Herausforderungen des gegenwärtigen gesellschaftlichen Wandels.

DRITTES KAPITEL

Maria-Ecclesia als „Mitarbeiter Gottes"

(2 Kor 6,1)

Eins der „klassischen" Probleme der Mariologie ist die Frage nach Art und Weise sowie nach Umfang des Mitwirkens Marias im Heilsprozess. *Dass* es eine solche Mitwirkung gibt, lässt sich schlechterdings nicht leugnen angesichts dessen, dass die Menschwerdung des Gottessohnes nicht ohne das Mittun Marias möglich war und sie deshalb für immer in das *propter nostram salutem* involviert ist. Gilt das nur für den Anfang des Heils? Wir sahen bereits: Schon die früheste Theologie (Irenäus, Origenes) sehen die Mitwirkung Marias viel grundsätzlicher, weiterreichender und mit der kirchlichen Heilsvermittlung parallelisiert, ja identifiziert. Erst recht stellt ab dem Mittelalter die Theologie die Vermittlungsfunktion Marias immer mehr ins Licht. Wie ist diese heilsmittlerische Rolle Marias zu verstehen und zu vertiefen?

§ 1 Maria-Ecclesia – Mitwirken im Heilsprozess

1. Geschöpfliche Mitwirkung?

Schon im Zusammenhang der Erörterung über das „Gabe-Geschehen" des Glaubens (S. 375ff) stießen wir auf das Moment der geschöpflichen Mitwirkung: Ohne Einsatz der Freiheit des empfangenden Menschen kann es zu keiner heilvollen Begegnung von Gott und Geschöpf kommen, und ohne Weiter-Gabe der Gabe bleibt diese steril, unfruchtbar, sinnlos. Wir sahen auch bereits: Das Empfangen der Gabe und deren Weiter-Gabe sind nicht eigentlich zwei verschiedene „Aktionen". Vielmehr ist die Weitergabe des empfangenen Heils „der Modus der Annahme des Heilshandelns Christi" (K.-H. Menke). Die Antwort des Frei-Gegebenen, die sich in der Übernahme von Auf-Gaben und in der Weiter-Gabe des Empfangenen vollzieht, gehört zum *Wesen* der Annahme der göttlichen Gabe. In die gleiche Richtung blickt auch Karl Rahner: „Das Heil wird nicht von Menschen bewirkt, aber es wird von Menschen empfangen für diese selbst und für die Gemeinschaft der Menschheit. … Jeder [ist] berufen, auf je seine Weise an der Rettung der Brüder und Schwestern mitzuwirken. … Alle sind allen Mittler. Wir allen und alle uns“.[201] Zum Empfang des Glaubens gehört es also, Mittler zu sein für das Heil anderer, wobei – nochmals sei es ausdrücklich gesagt – die Befähigung zu solchem „empfangenden Weiter-Geben“ ganz und gar der Gabe selbst entstammt.

Das alles gilt sowohl für jeden Einzelnen wie für die Kirche als Ganze, aber erst recht für Maria als dem „Beginn des Heils“ und als personalem Zentrum der Kirche. Hier scheint sogar ein wesentlicher Faktor der Identifizierung von Maria und Ecclesia zu liegen: von Anfang an haben das „In-eins“ des Heilswirkens der Kirche und der Rolle Marias als „Mittlerin“ eine immense Bedeutung gespielt, bis dahin, dass man *beiden* den Titel „Heilsmittlerin“, gelegentlich sogar „Miterlöserin“ zusprach.

Es ist mehr als verständlich, dass, werden solche Prädikate auf Maria und/oder die Kirche angewandt, sich zunächst einmal harte Einwände, nicht nur von den Kirchen der Reformation her erheben: Erlösung im formalen Sinn kann doch nur von Gott selbst erwirkt werden.[202] ER allein kann Sünden vergeben, ER allein die Menschheit mit sich versöhnen und ihr einen neuen Anfang schenken. Nur Er selbst kann das herbeiführen, was in der Schrift bildhaft als „Vermählung“ Gottes mit der Menschheit angezeigt ist und – weniger bildhaft gesagt – als die Öffnung des eigenen göttlichen Lebens für die Schöpfung. Bei all dem scheint ein Mitwirken des Menschen (Marias oder/und der Kirche) ausgeschlossen zu sein.

Auch das Mittler-Sein zwischen Gott und den Menschen, im strengen Sinn des „Brückenbauens“ zwischen Schöpfer und Geschöpf, kommt allein Gott selbst,

---

201 So fasst D. Matuschek, Konkrete Dogmatik. Die Mariologie Karl Rahners, Innsbruck-Wien 2012, 204 die Position Rahners kurz zusammen.

202 Zur Begriffsklärung: Die Theologie pflegt zu unterscheiden zwischen „objektiver“ und „subjektiver Erlösung“. Erstere meint das allein Gott zukommende Handeln, das die Menschheit von Schuld, Schuldverflochtenheit und Tod befreit. Hier ist jedes menschliche Mitwirken ausgeschlossen. Anders dagegen ist es mit der „subjektiven Erlösung“. Sie wird definiert als das bei jedem Einzelnen – aufgrund der Freiheit der göttlichen Gnade wie auch aufgrund der unterschiedlichen Disposition menschlicher Freiheit – unterschiedliche „Ankommen“ des erlösenden Handelns Gottes, und hier ist nach katholischer Auffassung Mitwirkung möglich. Nun sind gewiss beide „Arten“ von Erlösung zu unterscheiden. Frag-würdig dürfte es aber sein, auch das subjektive Ankommen der Erlösung „Erlösung“ zu nennen und dann die Ecclesia-Maria – aufgrund ihrer Mitwirkung in diesem Prozess der je subjektiven Aneignung – „Miterlöserin“ zu nennen. Zur neueren Diskussion siehe Villafiorita, Mitwirkung.

dem Gottessohn, zu.[203] Auch da gibt es kein geschöpfliches Mittun. *Einer ist Mittler zwischen Gott und den Menschen* (1 Tim 2,5f). Deshalb bestätigt das II. Vaticanum (LG 60) im Anschluss an das Zitat „Ein einziger ist unser Mittler", auch ausdrücklich: „Marias mütterliche Aufgabe gegenüber den Menschen aber verdunkelt oder mindert diese einzige Mittlerschaft Jesu Christi in keiner Weise …". Ähnlich wird noch einmal in LG 62 betont: Wenn Maria unter dem Titel der Fürsprecherin, der Helferin, des Beistandes und der Mittlerin angerufen wird, ist das so zu verstehen, „dass es der Würde und Wirksamkeit Christi des einzigen Mittlers, nichts abträgt und nichts hinzufügt. Keine Kreatur kann nämlich mit dem menschgewordenen Wort und Erlöser jemals in einer Reihe aufgezählt werden". Dabei wird dieses „Nicht-in-einer-Reihe-aufgezählt-Werden" nicht schon dadurch verhindert, dass man sie zwar „nicht in einer Reihe aufzählt", aber gewissermaßen einen „Instanzenzug" (K. Rahner) von unten nach oben konstruiert: von Maria – zu Christus – zum Vater (und umgekehrt).

Wie also ist das Mitwirken der Ecclesia-Maria zu verstehen, wenn ihr damit nicht ein heilsrelevantes Wirken zugeschrieben werden soll, das allein Gott zukommt?

Als erstes ist hier – noch sehr generell – zu sagen, dass die Maria-Ecclesia so sehr mit Christus verbunden und von seinem Geist erfüllt ist, dass sie deswegen – und allein deswegen! – Werkzeug Gottes sein kann. Ähnlich (*nur* ähnlich!) wie Jesus ein Handeln in Anspruch nahm, das an sich allein Gott bzw. dem ewigen Gottessohn zukommt, eben weil in ihm Gott „inkarniert" war, so gibt es auch ein Wirken des Heiligen Geistes in und durch Geschöpfe, weil er in ihnen gegenwärtig und wirksam ist. Deshalb hat die Mitwirkung der Ecclesia-Maria nichts, aber auch gar nichts mit einer „Vereinnahmung" Gottes durch die Kirche zu tun, wie man gelegentlich bei evangelischen Theologen lesen kann, sondern ist ein Bekenntnis zur Größe der Erwählung Gottes, die das Geschöpf nicht passiv sein lässt, sondern zur höchsten Aktivität befähigt. Diese geschieht schon im (aktiven) Empfang der Gabe des Glaubens, ohne den die Gabe nicht Gabe und Gott nicht Geber sein kann. In diesem Sinn bemerkt Karl Rahner auf Maria bezogen: Sie „wirkt an der Erlösung der Welt mit, insofern sie zum Heil der ganzen Welt und nicht nur zu ihrem eigenen das tut, was ein Mensch in der Kraft der Gnade und für die Gnade tun kann und muss: sie empfangen."[204]

Doch es geht nicht allein um ein Mitwirken im Empfangen, sondern auch um ein Weitergeben des Empfangenen. Denn – wie aufgezeigt – gehört zur Gabe

---

203 Lit. zur Mittlerschaft Christi siehe bei Rahner, Mittler 219; Dittrich, Mater 934ff.
204 K. Rahner, Zum Sinn des Assumpta-Dogmas, SW 9, 502–511, hier: 504.

(des Heils), dass sie im Empfang zur Auf-Gabe wird, das Empfangene weiterzugeben und zu verwirklichen. Das gilt nicht nur in dem auch von der evangelischen Theologie akzeptierten Sinn, dass Gott es ist, der unter der äußeren „Maske" des Geschöpflichen (Wort und Sakrament) handelt und sich so der Kreatur „bedient", sondern dass das Geschöpf wirklich selbst – in der Kraft der Präsenz des göttlichen Wortes und Gottesgeistes – vermittelnde Ursache des Heils sein darf.[205]

Dem gegenüber steht in der evangelischen Theologie der „Solus Deus" – „Gott allein" im Mittelpunkt und damit die absolute Souveränität des göttlichen Handelns (vgl. S. 346ff). Diese zeigt sich gerade in der Nichtigkeit und Niedrigkeit des Geschöpfes. Pointiert formuliert: Je nichtiger und geringer das Geschöpf ist, in umso hellerem Glanz erscheint die herrliche Gnade Gottes. Man muss das Geschöpf „klein" machen (bzw. wie Luther sagt, „magnificare peccatum" – „die Sünde ‚groß' machen"), damit noch größer die Gnade Gottes in Erscheinung treten kann. Gottes Größe und Allmacht werden gerade an der Niedrigkeit und Ohnmacht des Geschöpfes offenbar.[206] Formal gesagt: Die Souveränität Gottes wird *dialektisch* ausgelegt: sie erscheint in ihrem vollen Wesen *in contrario*, im und am Gegenteiligen der Nichtigkeit des Geschöpfes.

Genau in diesem Punkt ist das „Gefälle" der katholischen Theologie anders. Man kann dies sehr schön an der Gestalt des hl. Ignatius v. Loyola aufzeigen, der in vielen Punkten durchaus mit Martin Luther vergleichbar ist. Karl-Heinz Menke führt dies so aus:

> „Vergleicht man Luther und Ignatius, dann fällt auf, dass Luther seine Befreiung von der skrupulösen Angst der Werkgerechtigkeit als ausschließliches Geschenk Gottes erfährt. ... Im Gebet ausgedrückt: Du, Herr, bist alles; ich selbst bin nichts. Ignatius erfährt sein Cardoner-Erlebnis [= seine Bekehrung] ebenfalls als Befreiung. Auch er vollzieht eine radikale Umkehr der Perspektive. *Aber* er erfährt das Geschenk der Rechtfertigung (die Erfahrung, unbedingt

205 Gelegentlich kann man den Eindruck gewinnen, dass die evangelische Theologie in diesem Problemfeld so etwas wie einen „ekklesiologischen Nestorianismus" vertritt. Das heißt: Das göttliche Handeln ist zwar, wie beim nestorianischen Christus, im geschöpflichen Bereich (im Menschen Jesus bzw. im Handeln der Kirche) anzutreffen, aber von diesem selbst wesenhaft unterschieden. Allerdings ist die „Gegenrechnung" der evangelischen Theologie auch nicht ohne eine gewisse Berechtigung: die katholische Theologie vertrete einen „ekklesiologischen Monophysitismus", d.h. alles, was die Kirche in ihrer sichtbaren, „institutionellen" Gestalt tue, sei mit dem Handeln Gottes identisch und darum heilsbedeutsam.

206 So interpretiert auch der evangelische Luther-Forscher Bernhard Lohse, Martin Luther, München 1981, 179: „Gott und das Nichtsein des Menschen [scheinen bei Luther] beinahe zu konvergieren. ... Das Nichts des Menschen wird mit dem Sein Gottes ... gleichgesetzt".

geliebt zu sein) als Zugesellung, als Sendung und Auftrag. Die Annahme der Rechtfertigung ist für ihn nicht *zuerst* ein bloßes Empfangen, das *dann* ein Geben zur Konsequenz hat, sondern die Annahme der Rechtfertigung ist nur dann ein *echter*, ein *wirklicher* Glaube, wenn sie sich einbeziehen … lässt in die Selbsttranszendenz des Erlösers. Die Liebe des trinitarischen Gottes … gipfelt gerade darin, dass er den Sünder nicht zum bloßen Empfänger eines einseitigen Geschenks bestimmt, sondern zum Geber dessen beruft, was er ihm schenkt. … Die Annahme der Gnade kann nur im Modus des Mitvollzugs der Inkarnation, der Verleiblichung und missionarischen Weitergabe erfolgen".[207]

Gemäß dieser katholischen, an Ignatius ablesbaren Glaubensauslegung wird der Souveränität Gottes kein Abbruch getan – sie wird nicht kleiner, sondern größer! –, wenn Gott das Geschöpf nicht nur mit der Würde eigenen Wirkens ausstattet, sondern diese Würde auch trotz und in der Sünde erhält und je neu belebt. Gott will und schafft das Eigenwirken des Geschöpfes, ja dessen Mit-Wirken an seinem Heilsplan. Das Geschöpf klein machen hieße eo ipso, Gottes Größe mindern, weil diese sich am größten darin erweist, dass er Eigenwirken und Mitwirken verleiht. Die Herrlichkeit Gottes besteht gerade darin, dass er das Geschöpf selbst sein und selbst handeln lässt, dass er es frei-setzt in Freiheit. Gott erscheint nach einem Wort von Johann Baptist Metz nicht „als ein konkurrierender Ursprung neben der menschlichen Freiheit, sondern als die konkret ermöglichende, seinlassende, befreiende Freiheit der menschlichen Freiheit", die so „in höchste Selbständigkeit" gesetzt wird.[208] Gottes Größe und des Menschen Freiheit und Macht wachsen in gleichem, nicht in umgekehrtem Maß. Mit andern Worten: Im katholischen Glaubensverständnis wird das Verhältnis Gott – Mensch nicht dialektisch, sondern – formal gesagt – analogisch ausgelegt, d. h. als Ähnlichkeit bei größerer Unähnlichkeit, Unähnlichkeit, weil die Grunddifferenz zwischen Schöpfer und Geschöpf unübersteigbar ist. Und dennoch: Gott ist umso größer, je mehr er den Menschen groß macht und groß sein lässt.

Wenn man nach dem letzten Grund für die Selbständigkeit und Größe der menschlichen Freiheit fragt, legt sich – einmal ganz abgesehen davon, dass interpersonale Beziehungen ohne Antwort der Freiheit gar nicht möglich sind – als Lösung dieses nahe: Deshalb schenkt Gott Freiheit und für den Vollzug der Freiheit Zeit, zeitlich-irdische Existenz, damit der Mensch den göttlichen Lebensvollzug:

---

207 K.-H. Menke, Das Kriterium des Christseins. Grundriss der Gnadenlehre, Regensburg 2003, 188.

208 J. B. Metz, Freiheit, in: HThG II, 30; ders., Zur Theologie der Welt, Mainz-München 1968, 30.

Communio, den Gott selbst aus der Ursprünglichkeit und Fülle seines eigenen Wesens heraus erwirkt, nicht nur passiv, das heißt durch bloßes Entgegennehmen und Geschehen-Lassen göttlichen Handelns empfängt und nachvollzieht, sondern gleichfalls aus der Ursprünglichkeit eigenen Wesens, nämlich in aktiver, kraft persönlicher Freiheit vollbrachter Tat. Wenn Gottes Heilsplan sein Ziel erreicht hat und wir am Ende der Zeit für immer im Leben des trinitarischen Gottes „mitspielen" dürfen, tun wir es nicht wie Marionetten, die gar nicht anders konnten, als der Vorgabe des Spielmeisters zu folgen, auch nicht wie Bettler, denen alles in den Schoß gefallen ist, sondern als solche, die sich dieses Leben in Freiheit, d. h. aus ihrer eigenen Ursprünglichkeit heraus „(mit-)erwirken" durften und dadurch noch einmal mehr dem Gott ähnlich sind, der aus seinem eigenen Wesen heraus Communio ist.

Nicht also, dass Gott uns die ewige Vollendung nicht bedingungslos aus reinster Güte schenken könnte, konkret: nicht dass er den Menschen nicht gleich in den Himmel, in sein göttliches Leben hinein hätte erschaffen können ohne den „Umweg" über eine zeitlich-irdische Existenz! Gottes Absicht ist offenbar anders: er möchte, dass sein eigener Lebensvollzug „Communio" von uns nicht rein passiv, d. h. durch seine souveräne Setzung nachgebildet wird, sondern aus der Freiheit unseres Wesens heraus. Durch die Be-Gabung des Geschöpfes mit zeitlich verfasster Freiheit (um Gottes Gabe entgegenzunehmen) und mit Vollmacht (an dieser Gabe mitzuwirken) tritt Gottes Herrlichkeit umso machtvoller hervor. Deshalb ist nicht allein Gott der Gebende, sondern – um es im Wortspiel zu formulieren – „er gibt: zu tun", um selbst vom Geschöpf die Antwort schöpferisch-freier Liebe empfangen zu können.

Diese – im Vergleich zur evangelischen Theologie – unterschiedliche Perspektive des Grundverhältnisses Gott-Mensch hat sofort seine gewaltige Auswirkung auf das Verständnis von Maria-Ecclesia. Ist sie, Gottes geliebtes Geschöpf, nur (!) passive Empfängerin der Heilsgnade Gottes, oder darf sie auch mitwirken an deren Weitergabe? Ist sie wirkliches Instrument, Werkzeug Gottes, so dass sie Gottes Gnade vermittelnd weitergeben darf und muss? Hier dürften wohl noch entscheidende Dimensionen konfessioneller Unterschiede liegen.

2. Sakramentales Handeln im Heiligen Geist

Natürlich gibt es eine bleibende, wesentliche Differenz zwischen dem kreatürlichen Handeln aus eigener Macht auf der einen und dem aus verliehener Macht auf der andern Seite. Diese Differenz kommt in der katholischen Theologie meist unter dem Stichwort „Sakramentalität" zur Sprache.[209] Das Heilshandeln der Maria-Ecclesia ist wesenhaft sacramentum, das heißt sowohl Zeichen wie auch Werkzeug. *Zeichen*: Es verweist über die Kreatur hinaus auf seinen göttlichen Ursprung hin, so wie der Mond, obgleich er selbst tatsächlich Licht spendet, auf die Sonne verweist. Zugleich ist es aber auch *Werkzeug*: Das Heil Gottes wird wirklich durch Geschöpfe weitergegeben und vermittelt, und zwar in leibhaftiger, sichtbarer, geschichtlich greifbarer Weise. Auf dieser Linie formuliert das II. Vaticanum: „Wie die angenommene Menschennatur dem göttlichen Wort als lebendiges, ihm unlöslich verbundenes Heilsorgan dient, so dient auf eine nicht unähnliche Weise das soziale Gefüge der Kirche dem Geist Christi, der es belebt, zum Wachstum seines Leibes" (LG 8).

In dieser Konzilsaussage wird argumentiert mit einer Ähnlichkeit bzw. Entsprechung, die sich in folgender Formel äußert:

Der ewige Gottessohn : menschliche Natur ~
Geist Christi : Kirche in ihrem sozialen Gefüge.

Damit ist gemeint: Wie der ewige Gottessohn sich mit der menschlichen Natur aufs engste verbindet und auf diese Weise der Mittler zwischen Gott und den Menschen ist, so verbindet sich der Geist (Christi) mit der Kirche, auf dass sie die im Gottessohn einmal für allemal geschehene Vermittlung in das jeweilige Präsens von Raum und Zeit, von Individuen und Gemeinschaften hineinvermittelt. Damit ist der Heilige Geist (und durch ihn der pneumatische = geisterfüllte, erhöhte Herr) das eigentliche Subjekt aller Heilsvermittlung. Er ist es, der das Wirken Christi insgesamt, sein Wort und Beispiel, sein befreiendes und erlösendes Handeln je neu gegenwärtig setzt („vermittelt") und zur Vollendung führt, „zum Wachstum des Leibes", und zwar durch das Sein und Wirken der Kirche. So ist die Kirche sowohl Sakrament Jesu Christi, insofern dieser sein Heilswerk durch die Kirche weiterführt, wie auch – auf andere Weise – Sakrament des Hei-

209 Siehe dazu die herausfordernde Studie von K.-H. Menke, Sakramentalität. Wesen und Wunde des Katholizismus, Regensburg 2012, sowie die wichtige Untersuchung von S. Pemsel-Maier, Rechtfertigung durch Kirche? Das Verhältnis von Kirche und Rechtfertigung in den Entwürfen der neueren katholischen und evangelischen Theologie, Würzburg 1991, bes. 39ff.

ligen Geistes, da dieser insofern die „Vermittlung“ des einen Mittlers Christus ist, als er dessen Handeln je neu präsent setzt. Mithin heißt die Kirche als Sakrament verstehen so viel wie „die geschichtliche Erscheinung des übergeschichtlichen Geistes Christi“[210] bekennen und die ekklesiale wie marianische Mitwirkung als „eine Mitwirkung mit der Mitwirkung des Heiligen Geistes beim Erlösungswerk des Sohnes“ sehen.[211]

Deshalb ist es auch nicht verwunderlich, dass zahlreiche Aussagen über Maria (sowie über die Kirche), z.B. Mittlerin, Fürsprecherin, gütige Herrin und Führerin, ja sogar Miterlöserin[212], ursprünglich, d.h. entweder in der Heiligen Schrift oder/und in der frühen christlichen Tradition Aussagen über das Wirken des Geistes sind;[213] und es braucht auch nicht zu wundern, dass vor allem evangelische Theologen fragen, ob Maria nicht *per nefas* in Konkurrenz zum Heiligen Geist steht.[214] René Laurentin greift diese Frage auf, indem er eine Reihe von marianischen „Zuschreibungen“ auflistet:

210 Mühlen, Una mystica 420 als Kapitelüberschrift, die dann im Folgenden entfaltet wird.

211 Ebd. 481. – Zutreffend formuliert G. Baraúna, Die heiligste Jungfrau im Dienste des Heilsplanes, in: ders. (Hrsg.), De Ecclesia. Beiträge zur Konstitution „Über die Kirche“ des Zweiten Vatikanischen Konzils, Bd. II, Freiburg i. Br.–Frankfurt 1966, 459–476, hier: 474: „Die Mittlerschaft Marias [wie natürlich auch der Kirche] ist nicht eine solche ‚cum Christo‘, sondern eine ‚in Christo‘“.

212 Die wichtigste Lit. zu diesem umstrittenen Epitheton Marias findet sich bis 1967 bei Rahner, Mittler 219, danach: Fr. Courth, Mittlerschaft, Miterlöserschaft Marias, in: LThK 7, 346–347; Villafiorita, Mitwirkung. Zur diesbezüglichen Einstellung des II. Vaticanum vgl. S. 184ff.

213 Vgl. Laurentin, Esprit-Saint et théologie mariale, in: NRTh 99 (1967) 26–42, welcher marianische Aussagen wie „Durch Maria zu Jesus“ oder „Maria als Mittlerin zwischen Christus und uns“ als ursprüngliche Aussagen über Funktionen des Hl. Geistes analysiert. Siehe auch Mühlen, Neuorientierung.

214 Vgl. z.B. H. Gorski, Im Widerstreit zum Heiligen Geist? Pneumatologische Anmerkungen zur katholischen Marienlehre aus evangelisch-lutherischer Sicht, in: A. Ziegenaus (Hrsg.), Maria und der Heilige Geist. Beiträge zur pneumatologischen Prägung der Mariologie, Regensburg 1991, 9–23. So bereits Karl Barth, siehe S. 355 und G. Ebeling, Zur Frage nach dem Sinn des mariologischen Dogmas, in. ders., Wort Gottes und Tradition, Göttingen 1964, 175–182. Letzterer stellt kurz und bündig fest, dass Maria in der katholischen Theologie „an die Stelle der Heiligen Geistes gerückt ist“. Auch eine Reihe von katholischen Theologen stimmen in den kritischen Chor mit ein. Siehe z.B. Mühlen, Una mystica 595, der eine Reihe weiterer Theologen nennt und im Anschluss an L. Marchand zu bedenken gibt, ob sich nicht durch die einseitige Bindung des Geistwirkens an die kirchliche Hierarchie über Jahrhunderte hinweg die an sich dem Hl. Geist zustehende Devotion Maria zugewandt habe. Angesichts dieser „Umschichtung“ von Maria zum Hl. Geist wird verständlich, warum Paul VI. in seiner Enzyklika „Marialis cultus“, Nr. 26–28 dazu auffordert, das Verhältnis Marias zum Heiligen Geist eingehender zu erforschen. Einen Lit.-Überblick darüber, wie diese Anregung aufgegriffen wurde, gibt Eggemann, Wende 2064. Danach ist zu nennen der materialreiche Sammelband S. M. Neo (Hrsg.), Maria e lo Spirito Santo. Atti del 4° Simposio Mariologico Internaz. (Rom, Oktober 1982), Rom-Bologna 1984.

„‚Zu Jesus durch Maria' – aber kommt man zu Jesus nicht vor allem und wesentlich durch das Wirken des Heiligen Geistes (Joh 14,26; 15,13f usw.)? ‚Die heilige Jungfrau formt Christus in uns' – aber ist das nicht zuerst und grundlegend die Rolle des Heiligen Geistes? Die Heilige Jungfrau ‚inspiriert' als ‚Mutter des Guten Rates' – ist dies nicht vorrangig eine Funktion des Geistes? Die Heilige Jungfrau ist ‚Bindeglied zwischen uns und Christus' – ist das nicht wiederum eine wesentliche Funktion des Geistes?"[215]

All diese Fragen sind mit einem nachdrücklichen Ja zu beantworten, aber es ist sogleich hinzuzufügen: Es ist der Heilige Geist in und durch seine Präsenz und Aktivität im Sein und Wirken des Geschöpfes, eben in der Maria-Ecclesia.

Zugleich freilich ist immer zu unterstreichen, dass zwischen geschöpflichem Handeln und Handeln Gottes trotz aller Entsprechung („Analogie") immer ein unübersteigbarer – durch das differenzerwirkende Handeln des Geistes (vgl. S. 434ff) noch einmal unterstrichener – Unterschied liegt: der zwischen Schöpfer und Geschöpf.

Bei all dem ist die geschöpfliche Mitwirkung keineswegs auf Maria und die neutestamentliche Kirche beschränkt. Schon Abraham wird – so Gerhard v. Rad – von Gott „die Rolle eines Segensvermittlers zugewiesen für ‚alle Geschlechter des Erdbodens'".[216] Denn so sehr der Ruf Gottes auch das „Persönlichste" betrifft, so ist es für den biblischen Glauben typisch, dass dieser Ruf – an Abraham ablesbar – nicht nur (und nicht einmal in erster Linie) auf die intime Beziehung zu Gott abzielt und darin verbleibt, sondern wesentlich eine davon unabtrennbare horizontale Dimension eröffnet. „Du sollst ein Segen sein!" (Gen 12,2), heißt es in der Berufung Abrahams. Die Auf-Gabe des Glaubens übernehmen heißt immer auch für andere, d.h. zum Segen anderer zu leben. Diese Überzeugung ist tief in die ganze alttestamentliche Heilsgeschichte eingeschrieben.[217] Denn es gehört mit zur Idee des Bundes zwischen Gott und seinem Volk, dass darin der Einzelne von Gott an eine bestimmte Stelle gerufen ist, an der er durch sein rechtes Handeln zum Segen oder durch böses Tun zum Unheil wird, und zwar eben nicht nur für sich selbst, sondern für alle, die auf seine Solidarität angewiesen sind. Das heißt: Gott macht das Heil, das er schenken will, mit abhängig vom Menschen, und

Weitere wichtige Lit. zum Thema Maria und Hl. Geist ist zusammengetragen bei A. M. Kothgasser, Maria und der Heilige Geist. Anregungen für eine christliche Spiritualität, in: Ziegenaus (Hrsg.), Maria 51–74, hier: 512; Cantalamessa, Maria 239–263.

215 Laurentin, Esprit 27.

216 G. v. Rad, Das erste Buch Mose. Genesis = ATD 2/4, Göttingen 1964, 133.

217 Vgl. dazu z.B. K.-H. Menke, Die Einzigkeit Jesu Christi im Horizont der Sinnfrage, Einsiedeln-Freiburg 1995, 129ff. Siehe auch für das Folgende.

zwar so, dass jeder auf seine Weise Verantwortung für andere, für das Ganze des Volkes Gottes, ja für die ganze Schöpfung trägt. Das Geschenk des Glaubens ist somit nichts, was zum eigenen Nutzen, zum persönlichen Vorteil, zur egoistischen Befriedigung gegeben wird. Sie ruft vielmehr in den Dienst, gleich wie der wahrhaft Schenkende im Schenken sein Herrsein aufgibt und sich zum Knecht konstituiert.

Was an Abraham exemplarisch verdeutlicht wird, geht in der Heiligen Schrift weiter: Israel wandte sich, mindestens gegen Ende der alttestamentlichen Zeit, bittend an Gott mit Verweis auf die Mittlerschaft Abrahams: *Versag uns nicht dein Erbarmen, deinem Freund Abraham zuliebe* (Dan 3,35). Das Gleiche gilt auch für Jeremia (siehe 2 Makk 15,14) und für die (jüdischen) Märtyrer, die als Fürsprecher angerufen wurden. Ja, Gott selbst hält nach Menschen Ausschau, die fürbittend bei IHM für andere *in die Bresche springen* (Ez 22,30). So ist der Gedanke der Mitwirkung am Heil ganz tief in die Strukturen der Heilsgeschichte eingeschrieben, und es ist keineswegs etwas „Neues", wenn die neutestamentliche Kirche sowohl als soziale Körperschaft wie als communio der Glaubenden wie auch in ihrem personalen Zentrum Maria sich nicht nur selbst mit der Gabe des Heils beschenkt, sondern auch mit der Auf-Gabe der Heilsvermittlung beauftragt weiß, bis dahin, dass Paulus sich und seine Mitarbeiter ausdrücklich als „Mitarbeiter Gottes" (2 Kor 6,1) bezeichnen. Alle zur Kirche Gehörigen und alle „Dimensionen" des kirchlichen Lebens nehmen teil an der Aufgabe der Mitwirkung, die – über das Alte Testament hinausgehend – als vermittelndes, vergegenwärtigendes Wirken des Heiligen Geistes, durch den die Heilsgaben Christi präsent gesetzt werden, verstanden wird.

Das sakramentale Mitwirken der Kirche verwirklicht und konkretisiert sich auf sehr unterschiedliche Weise: in Wort und Sakrament, in vorbildlichem Leben aus dem Glauben, in gegenseitigem diakonischen Dienst, in nicht nachlassendem Einsatz für Einheit, Versöhnung und Frieden und nicht zuletzt in fürbittendem Gebet und Opfer, in dem jeder jeden vor Gott stellen und vor Gott mittragen kann. All diese Formen, die das Heilswerk Christi vermitteln, erhalten ihre Mächtigkeit, ihren Sinn und Wert einzig und allein aus der Vermittlung des Heiligen Geistes, mittels dessen Jesus Christus in und durch kreatürliche *sacramenta* handelt.

Von dieser Basis aus ist auch die in der kirchlichen Tradition mit so großem Nachdruck herausgestellte und praktizierte Stellung Marias als „Mittlerin" zu verstehen. Auch sie ist „eine Mitwirkung mit der Mitwirkung des Heiligen Geistes". Ihr eigener Glaube und ihr fürbittendes Gebet für uns sind – so zu Recht Heribert Mühlen –

„nur möglich aufgrund der sich selbst vermittelnden Identität des Heiligen Geistes in allen Gliedern des Leibes Christi. Der Heilige Geist muss also schon in uns sein, *bevor* wir uns überhaupt an Maria wenden können, so dass also ... nicht Maria uns den Heiligen Geist vermittelt, sondern der Heilige Geist ... uns an Maria und die übrigen Glieder des Leibes Christi vermittelt. ... Sowohl unsere eigene Bitte an Maria (wie auch an die übrigen Heiligen) als auch die Fürbitte Mariens selbst ist nur verständlich von dem umgreifenden Horizont der alles vermittelnden Vermittlung, welche der Geist Christi als Person selbst ist“.[218]

Durch den Heiligen Geist im Leib Christi aufs engste verbunden, ist die ganze Kirche und jeder Einzelne dazu befähigt und aufgerufen, für andere heilsmittlerisch (im angegebenen Sinn) tätig zu sein. In der Communio sanctorum ist jeder mit jedem verbunden, kann jeder den anderen mittragen und für ihn vor Gott eintreten.[219] Was von Maria, der Mutter Jesu, als Mittlerin und Fürsprecherin in der Kirche prädiziert und praktiziert wird, geht weit über ihre (individuelle) Person hinaus und betrifft das ganze Netz der „Communio Sanctorum“ als gegenseitiger Vermittlung des Heils: Jeder und jede ist dem andern „Kirche“, jeder und jede ist dem andern „Maria“.

Diese geisterfüllte Mitwirkung der Ecclesia-Maria am Heil verwirklicht sich nicht nur in den uns „geläufigen“ ekklesiologischen Grundvollzügen, sondern auch in Dimensionen, die zwar nicht völlig vergessen, doch bei vielen Christen oft „randständig“ sind, die aber heute und vor allem in Zukunft wohl eine größere Bedeutung zu erlangen haben. Deshalb wenden wir uns im Folgenden diesen eher „unterbelichteten“ Momenten kirchlicher Mitwirkung eigens zu.

218 Mühlen, Neuorientierung 47.

219 Vgl. dazu die Monographie von G. L. Müller, Gemeinschaft und Verehrung der Heiligen. Geschichtlich-systematische Grundlegung der Hagiologie, Freiburg i. Br. 1986, bes. ab S. 236.

§ 2 Kirchliches Mitwirken durch „Präsenz“

1. Christus zu den Menschen bringen

Auf die Frage, wie heute in einer zunehmend glaubenslosen Gesellschaft Jesus Christus, das Heil der Welt, zu den Menschen kommt, gibt es eine klare und entschiedene Antwort: Durch glaubende Menschen, in denen Christus präsent ist gemäß dem Paulus-Wort *Nicht mehr ich lebe, Christus lebt in mir* (Gal 2,20), mehr noch: in denen Christus „neu geboren ist“ und „neue Gestalt angenommen hat“. Wer unter Nichtglaubenden aus dem Glauben lebt, bringt damit eo ipso Christus zu ihnen. Und Christus heiligt sie, gleich wie der gläubige Partner in einer Ehe den ungläubigen „heiligt“, wie Paulus ausdrücklich schreibt: *Der ungläubige Mann ist durch die Frau geheiligt, und die ungläubige Frau ist durch ihren gläubigen Mann geheiligt* (1 Kor 7,14). Um also Christus und sein Heil weiterzugeben, bedarf es keiner „zusätzlichen“ Akte der Evangelisierung und Missionierung, die heute angesichts einer weitverbreiteten Ablehnung seitens der Adressaten ohnehin eher kontraproduktiv sind. Ein entschiedenes Leben aus dem Glauben ist selbst „Evangelisation“.

Diese Überzeugung ist seit Beginn des 20. Jahrhunderts vor allem durch Charles de Foucauld, Bruder Karl, und seine „Jünger“ (vor allem durch Albert Peyriguere und die in der Nachfolge Foucaulds entstandenen Gemeinschaften der „Kleinen Brüder“ und „Kleinen Schwestern Jesu) vertreten und gelebt worden. So hat z. B. Bruder Karl „Laien“(-Christen) im Blick, wenn er schreibt:

> „Sie sollen durch ihr Beispiel, ihre Güte, ihre Kontaktfreudigkeit den Ungläubigen den christlichen Glauben anziehend machen“ und „durch ihr Beispiel eine lebendige Predigt sein: Der Unterschied zwischen ihrem Leben und dem der Nichtchristen muss Aufsehen erregen. … Sie sollen ein lebendiges Evangelium sein: *Die Menschen, die Jesus fern sind, vor allen Dingen die Ungläubigen, sollen ohne Bücher und ohne Worte durch den Anblick ihres Lebens das Evangelium kennen lernen*“.[220]

Für diese Weise der Mitwirkung am Heil der Menschen beruft Bruder Karl sich mehrmals ausdrücklich auf Maria, die das Haus Johannes‘ des Täufers geheiligt

---

220 Ch. de Foucauld, Brief an Abbé Caron von 11. 3. 1909, in: Ch. de Foucauld, XXV lettres inédites du Père de Foucauld. Correspondance avec le chanoine Caron, Paris 1946 (Hervorhebg.: GG); ders., Directoire, art. 28, in: Ch. de Foucauld, Règlements et Directoire, Montrouge 1995, 647.

hat, indem sie in verborgener Weise Jesus dorthin trug.[221] Das Meditationslied „Maria durch ein'n Dornwald ging" weitet diesen Gedanken noch aus: Indem Maria Jesus in den „Dornwald der Welt" hineinträgt und hindurchträgt, beginnen „die Dornen Rosen zu tragen", d. h. beginnt die Rettung und Heilung der verlorenen Welt.

Eine weitere Form der kirchlichen Mitwirkung am Heil der Welt ist die mit dem gerade Dargelegten ganz eng verbundene Idee der „Stellvertretung".

2. Stellvertretendes Mitwirken

(a) Grundsätzliches zur Stellvertretungsidee

Der Gedanke der Stellvertretung, d. h. die Überzeugung, dass einer für den andern vor Gott eintreten kann und Gott dieses Eintreten füreinander berücksichtigt, gelten lässt und akzeptiert, ist eng schon mit der alttestamentlichen Heilsgeschichte verbunden, weil es – wie bereits ausgeführt – mit zur Bundesidee gehört, dass jeder Einzelne gemäß seiner besonderen Begabung und Befähigung zur „Einbruchsstelle" des Heils (oder des Unheils) für die übrigen werden kann. Gott macht das Heil, das nur er schenken kann, mit abhängig von uns Menschen, so dass jeder auf seine Weise Verantwortung für andere, ja, für das Ganze des Volkes Gottes trägt. Einer kann und soll dem anderen als „Verwalter der Gnade" (1 Petr 4,10) dienen, bis dahin dass der eine den andern oder sogar das Ganze vor Gott zu vertreten gerufen und befähigt ist.

Hier stellt sich natürlich die grundsätzliche Frage: Wie ist es möglich, dass Menschen sich gegenseitig vor Gott vertreten können? Ist die Beziehung zu Gott nicht das Persönlichste und Intimste, was es gibt? Wie kann es da sein, dass jemand in seiner unverwechselbaren Einzigartigkeit und persönlichen Freiheit von anderen vor Gott vertreten werden kann bzw. umgekehrt dass jemand andere mit vor Gott zu bringen und in dessen Gemeinschaft zu führen vermag?

Zur Beantwortung dieser Frage ist zunächst einmal darauf hinzuweisen: Es ist ein Grundirrtum der Neuzeit, das eigene Ich als das Höchste und Größte und den letzten Bezugspunkt von allem anderen zu halten. Wo das oberste Prinzip lautet: Ich bin ich, und alles andere ist auf mich hin!, und wo die höchste (sprichwörtliche) Devise heißt: Selbst ist der Mann (oder die Frau)!, da ist von vornherein die Idee der Stellvertretung vor Gott ein Unsinn, da kann es keine Stellvertretung geben. Aber das Höchste ist nicht das eigene,

221 Vgl. z. B. Ch. de Foucauld, Tagebucheintragung vom 22. 7. 1905, in: ders., Correspondances Sahariennes, Paris 1998, 369. Im „Geistlichen Testament" von A. Peyriguère, in: ders., Le temps de Nazareth, Paris 1964, 176–202, hier: 189f ist das 7. Kapitel überschrieben mit „Comme la vierge dans le mystère de la visitation: Metteur en oeuvre des activités rédemptrices invisibles de l'église".

isolierte, für sich existierende Ich, sondern – wie aufgezeigt – das WIR, in dem und durch das ich dann auch mein eigenes Ich finde und zur Entfaltung bringen kann. Letzter Verstehenshintergrund für dieses Menschenbild ist – ähnlich wie für das Verständnis der „corporate personality“ – der drei-eine Gott und das sich an ihm messende, bereits behandelte Verständnis menschlichen Personseins (siehe S. 424ff).[222]

Stellvertretung vor Gott setzt genau dieses Menschenbild voraus: Gott hat uns nicht als isoliert einzelne, als sich selbst genügende autonome Menschen, als einsame Insel erschaffen, sondern so, dass wir miteinander aufs engste verknüpft sind und aus dieser engen Verbindung heraus füreinander eintreten können und sollen. Weil der Mensch nicht allein durch individuellen Selbstand, sondern durch ein vielgestaltiges Beziehungsnetz konstituiert ist, kann er auch andere, mit denen er in Beziehung steht, vor Gott vertreten und sich von ihnen vertreten lassen. Für K. Rahner hat sogar die stellvertretende Heilsmittlerschaft Christi *als Bedingung ihrer Möglichkeit*, also als unbedingte Voraussetzung, diese Interkommunikation aller Menschen „bis in die Tiefe ihrer Existenz, bis in ihr Heil hinein und die konkretexistentielle ‚Realisation‘ und Erfahrung dieser radikalen Interkommunikation“. Heilsvermittlungen wie die Marias, der Kirche und jedes ihrer Glieder sind darum „keine außergewöhnliche Sonderfunktion“,[223] sondern Vollzug ihres so von Gott gewollten Menschseins und Berufenseins zum Glauben. Und eben weil Gott uns so gewollt, gemacht und gerufen hat, nimmt er auch das Tun und Lassen Einzelner für andere an und lässt es gelten. Ja, indem Gott in der Heilsgeschichte, aufgipfelnd in Jesus Christus, immer wieder Personen ausdrücklich dazu bestellt hat, Stellvertreter zu sein, bestätigt er die Menschheit als ein Netzwerk gegenseitiger Stellvertretung. Das stellvertretende Tun füreinander hat vor Gott das gleiche Gewicht, wie das, was jemand selbst wirkt und für sich selbst tut oder erleidet.

Dies gilt besonders für die Menschen, die einen besonderen Auftrag zugewiesen bekommen haben, etwa für die Propheten. Sie müssen, wenn das Volk von Jahwe abgefallen ist, bereit sein, ihr „eigenes Leben in die Bresche zwischen Gott und Israel zu werfen“, auf dass wieder Gemeinschaft zwischen beiden entstehen kann. Und Gott selbst beklagt sich, wenn sich keiner findet, der „in die Bresche“ springt und ihm „entgegentritt“, damit Strafe und Übel verhindert werden (vgl. Jes 59,16; Ez 22,30). Deshalb werden Menschen zu Für-Bittern, ja zu „Für-Leidern“ (H. U. v. Balthasar). So steht zum Beispiel Mose stellvertretend für Israel vor Gott. Man sieht „Mose unter *der Last dieses ganzen Volkes* zusammenbrechen und über seinem *Elend* mit Jahwe hadern (*Bin ich etwa mit diesem Volk schwanger gegangen, habe ich es geboren, dass Du mir sagen könntest: trage es auf deinen*

222 Dennoch gründet dieses Menschenbild nicht in exklusiven Überzeugungen des biblisch-christlichen Glaubens. Wichtige Einsichten finden sich schon in der heidnischen vorchristlichen Philosophie, so etwa, wenn für Aristoteles, Nikomachische Ethik IX,4, 178ff der Freund gewissermaßen ein „anderes Ich“ ist und wenn das, was wir „durch Freunde tun, gewissermaßen durch uns selbst geschieht“.

223 Rahner, Mittler 223.

Armen? [Num 11,11–17 JD]).[224] Und dennoch fängt er den Zorn Jahwes gegen das Volk auf und erleidet stellvertretend für dieses den Tod außerhalb des verheißenen Landes. Von hier aus gehen die Linien weiter zur Rede Deuterojesajas vom leidenden Gottesknecht, der *die Sünden der vielen getragen hat und (fürbittend) eingetreten ist für die Empörer* (Jes 53,12). Den gleichen Gedanken finden wir in der späteren Überzeugung von der Wirkkraft des Martyriums der Gerechten, die stellvertretend für das sündige Volk fürbittendes Gebet und Versöhnung vor Gott leisten (2 Makk 7,37f). Ja, Israel selbst versteht sich im Bild des Gottesknechts stellvertretend dazu berufen, für die „Völker" einzutreten, um sie in die eigene Communio mit Gott (und untereinander) hineinzunehmen, bis sich in Jesus Christus alle Stellvertretung erfüllt. In all diesen Beispielen ist Stellvertretung alles andere als eine sachhafte „Ersatzleistung".[225]

Es ist hier auf der Linie von Dorothee Sölle genau zu unterscheiden zwischen Stellvertreter-Sein und Ersatzmann- (oder Ersatzfrau)-Sein. Ein Beispiel: In einem metallverarbeitenden Betrieb fehlt morgens wegen Krankheit ein Arbeiter, den man aber zur Montage dringend benötigt. Was muss geschehen? Jemand anderer muss her! Ist das nun ein Stellvertreter? Nein, das ist ein Ersatzmann, jemand, der jetzt die Arbeit tut, die sonst ein anderer verrichtet. Im Grunde ist es ganz egal, wer das ist, Hauptsache, der Job wird getan, das Band läuft, die Montage kann weiter gehen. Bei einem solchen Ersatzmann ist es völlig gleichgültig, für wen er einspringt oder weshalb er einspringen muss. Es geht nur um die sachhafte Leistung, die er zu erbringen hat: den Job.

Beim Stellvertreter ist das völlig anders. Ein Stellvertreter vertritt ganz persönlich einen anderen oder viele andere. Er will für sie eintreten, er möchte, dass sie in seinem Tun gegenwärtig sind und durch sein Tun Gutes und Förderliches erhalten. Dem Stellvertreter geht es um die Person, um *diesen* anderen (*diese* andere). Dabei betrachtet der Stellvertreter sein Tun buchstäblich als vor-läufig, vor-laufend. Er hat keinen größeren Wunsch, als dass der andere, für den er eintritt, selbst, persönlich und in Freiheit einmal seine ihm zugedachte Stelle übernehmen kann. Der Stell-Vertreter geht also voran in der Hoffnung, dass der andere an die Stelle nachkommt, an die er vorausgegangen ist. So ist er – im Unterschied zum Ersatzmann – der Vorangehende, der Vorlaufende, der gewissermaßen „provisorisch" für den oder die anderen einsteht und deren „Stelle" einnimmt (deshalb „*Stell*"-Vertreter), bis diese selbst ihren Platz einnehmen und ihren Auftrag erfüllen können.

So sehen wir: Wer in dem, was er sachhaft tut (z. B. in seinem „Job") ersetzt wird, fällt aus, fällt heraus, man rechnet nicht mehr mit ihm. Er ist „tot". Wer dagegen vertreten wird, gehört dazu, er nimmt entweder (zunächst) „passiv" am Tun des

---

224 G. v. Rad, Theologie des Alten Testaments, Bd. I, München 41962, 307; Bd. II, München 41965, 286f.

225 Vgl. dazu das Werk von D. Sölle, Stellvertretung, Stuttgart-Berlin 1965; ferner: Menke, Stellvertretung 17–90.

Stellvertreters Anteil, oder er kann an die „Stelle", an der er „vor-läufig" vertreten wird, selbst „aktiv" zu gelangen suchen. In jedem Fall ist Stellvertretung wesenhaft eine Größe im Netzwerk personaler Beziehungen.

(b) Maria und Kirche als Zentrum von Stellvertretung

Schon in ihrer Rolle als „Israels heiligem Rest" steht Maria stellvertretend für das ganze Gottesvolk, mehr noch: für die ganze Menschheit. Für sie nimmt sie in freier Bereitschaft das Kommen des Gottessohnes entgegen, der in ihr das Menschsein annimmt, um als unser Bruder auf „den letzten Platz" (Abbé Henri Huvelin, Charles de Foucauld) zu gehen und damit alles in der Welt zu umgreifen, zu unterfangen und zum Vater zu führen.

Von hier könnte auch noch einmal die Kontroverse Rahner – Köster (S. 176ff) einer Revision unterzogen werden. Natürlich hat Rahner recht, wenn er auf Christus verweist, der der einzige Mittler zwischen Gott und den Menschen (1 Tim 2,5) ist, der *als ewiger Gottessohn* das große Ja *Gottes* zu uns spricht (2 Kor 1,20) und als *unser Bruder unser menschliches* Ja zum Vater sagt. Aber – und darin hat Köster recht – Christus kann nicht selbst das Ja zum eigenen Kommen in die Welt sprechen. Dazu bedarf er eines offenen „Hohlraumes", um „bundesgemäß", d. h. unter Einbezug menschlicher Freiheit aufgenommen werden zu können; er bedarf der „Frau Maria". Christus ist – im biblischen Bild gesprochen – nicht selbst die „Braut", er ist auch nicht „Braut" und „Bräutigam" in einem, sondern er ist der „Bräutigam", welcher der „Braut", der „Jungfrau, Tochter Sion", die zur Vermählung bereit ist, bedarf.

In ihrem stellvertretenden Ja, das Maria zur Menschwerdung gesprochen und in all deren Folgen (bis hin zum Kreuzesgeschehen und zur Geistsendung [Apg 1,14]) durchgehalten hat, hat sie implizit zugleich Ja zum erlösenden und heiligenden Tun Christi gesagt. Sie ist nicht selbst die Erlösende und Heiligende, sondern diejenige, die sich als erste der in Christus geschehenden Erlösung und Heiligung öffnete, sie „an sich geschehen" und zur Auswirkung kommen ließ. Sie ist auch nicht die Mittlerin des Heils (selbst wenn sie mit vielen einschränkenden Erklärungen so genannt wurde und wird), sondern diejenige, die – in Bezug auf das „objektive" Heils- und Erlösungsgeschehen – das Ja zur einzigen Vermittlung des Heils in Jesus Christus gesagt hat, dadurch das Heil in der Welt hat ankommen lassen und *in diesem Sinn* der Welt vermittelt hat, und die – in Bezug auf das „subjektive" Heilsgeschehen – die Zusammenfassung und personale Gestalt der „Communio Sanctorum" und damit *aller* kirchlichen, „communialen" Heilsvermittlung ist. So steht Maria stellvertretend (im angegebenen Sinn) für uns alle, für die ganze Menschheit da: Sie ist als die Vor-Gabe Gottes erwählt und als die Voran-Gehende und Vor-Laufende von ihm gerufen, die für alle anderen einsteht und eintritt, bis alle selbst ihren Platz einnehmen und sich für die Gabe und Auf-Gabe des Heils öffnen.

Eine analoge Aufgabe der Stellvertretung für die Menschheit hat ebenso die Kirche. Auch sie ist die große Vor-Gabe Gottes an die Welt, durch die der Glaube und die Frucht der Erlösung weitergegeben werden, auf dass die Einzelnen sie aufgreifen und sich zu eigen machen. *Bis dahin* steht die Kirche als Stellvertreterin im Glauben, in der Hoffnung und in der Liebe und nicht zuletzt im Lob Gottes für alle, für die ganze Menschheit ein. In dieser Perspektive hat die frühe Christenheit ihr Dasein mit großem „Selbstbewusstsein" als eine Existenz im „Für-Sein-für-die-Welt" verstanden. Zum Beispiel kann Aristides und mit ihm eine ganze Reihe anderer frühchristlicher Apologeten in einer Zeit, da die Christen noch eine totale Minderheit waren, schreiben: „Ich hege keinen Zweifel, dass nur durch das inständige Gebet der Christen die Welt überhaupt noch fortbesteht".[226] Von einer ähnlichen Einstellung zeugt der – heute wieder um das Jahr 200 eingestufte – Diognet-Brief: „Was im Leib die Seele ist, das sind in der Welt die Christen. ... Die Seele ist zwar wie in einem Leib eingeschlossen, sie aber hält den Leib zusammen. Auch die Christen werden zwar in der Welt wie in einem Gefängnis festgehalten, *sie aber halten die Welt zusammen* (συν-έχουσιν)".[227] Nachdrücklicher lässt sich wohl kaum die Aufgabe der Kirche zur Stellvertretung zum Ausdruck bringen: Stellvertretung einer absoluten Minderheit für die ganze Welt!

Dass die Kirche dabei keine abstrakte Größe ist, dafür steht nicht nur Maria, sondern die Gemeinschaft glaubender Menschen, die diesen Stellvertretungsdienst getan haben und weiter tun. Aber sie tun dies nicht nur als jeweils Einzelne, sondern in jener „Communio", die mehr ist als nur die Summe aller lebenden Mitglieder einschließlich der schon zu Gott Vorausgegangenen. Kirche ist der „Leib Christi", in dem alle nicht nur untereinander, sondern auch mit Christus selbst aufs engste verbunden sind.

Aber natürlich soll und kann auch jeder einzelne Glaubende Stellvertreter sein, dazu befähigt besonders in jeder Eucharistiefeier, in deren Zentrum („Leib *für euch* hingegeben – Blut *für euch* vergossen") das große Stellvertretungsgeschehen Christi Gegenwart wird, damit jeder sich in diese Lebensform Jesu, in die Haltung des „Für", hineinnehmen lässt und Stellvertreter für andere wird in und durch den Stellvertreter Jesus Christus – in der Gewissheit, dass so wie der Vater das stellvertretende Tun Jesu hat gelten lassen, er auch das stellvertretendes Handeln der Glaubenden für die Brüder und Schwestern gutheißt, annimmt und wirksam werden lässt.

Diese Haltung der Stellvertretung nimmt in einer Zeit, in der die Kirche immer mehr zu einer Minderheit in einer ganz anders verfassten Welt wird, allerhöchste Dringlichkeit an. Denn die der Jüngerschaft Jesu übertragene universale Sendung (*Geht zu allen Völkern und macht alle Menschen zu meinen Jüngern ...:* Mt 28,19) wird sich, wenn die Christen zur Minderheit werden, vornehmlich als universale Stellvertretung zu verwirklichen haben.

---

226 Aristides, Apol. 16,6 (SC 470, 247).

227 Schrift an Diognet 6,1f (Wengst 320f). Hervorhbg.: GG.

Minderheit bedeutet nicht, sich in ein kuscheliges, selbstzufriedenes Ghetto zurückziehen, auch nicht zu resignieren oder innerlich zu protestieren! Die Frühe Christenheit hatte jedenfalls keine Furcht davor, eine Minderheit zu sein und dazu noch eine Minderheit, die anders ist und anders lebt als die „Welt", die sich Gott und seinem Christus widersetzt. Sie war von Anfang an zutiefst davon überzeugt, dass sie einen universalen Auftrag und eine universale Sendung hat. Aber sie hat diese Sendung gelebt als Stellvertretung.

Stellvertreter ist man im Übrigen immer in einer irgendwie gearteten Minderheitenposition: Einer für alle, die wenigen für die vielen. Christen haben, auch wenn sie zur Minderheit werden, durch ihre Lebensart und ihr Gebet alle anderen vor Gott mitzunehmen, vor Gott hinzustellen, vor Gott mitzutragen – in der Zuversicht, dass, wenn die Kirche ihren Dienst als Stellvertreterin wahrnimmt, Gott auch Wege und Mittel weiß, alle, die jetzt noch „vor–läufig" durch andere vertreten werden, schließlich und endlich auch persönlich zu sich zu führen.

Wie das konkret geschehen kann, hat sehr eindrücklich Albert Peyriguère entfaltet. Er lebte 30 Jahre lang unter islamischen Berbern im Mittleren Atlas in Marokko. Sein ständiges spirituelles Bemühen bestand darin, ganz und gar Christus in sich aufzunehmen und ganz und gar „Berber" zu werden, um auf diese Weise Christus und die Noch-nicht-an-ihn-Glaubenden zusammenzuführen. Denn wenn im Glaubenden Christus wohnt und der Glaubende Berber geworden ist, dann „macht sich Christus in ihm zum Berber. Die Stimme dieses zum Berber gewordenen Christus steigt … zum Vater auf und bittet ihn in jedem Augenblick um das Heil seiner Brüder".[228] So kann dann gelten: „In uns, die wir Christus und das Beste vom Berbertum in uns tragen, sind sich Christus und die Berber bereits begegnet."[229] Christus kann also, „nachdem wir selbst Berber geworden sind, in uns und durch uns selbst Berber sein, und der Vater, der allein zum Sohn führen kann, sieht, liebt und rettet die Berber in IHM".[230]

Schon Peyriguère selbst weitet diesen von ihm oft variierten Grundgedanken auf die Situation des Unglaubens in den europäischen Ländern hin aus. Das bedeutet dann: Indem und insoweit ein gläubiger Christ seine nichtgläubigen Mitmenschen mit ihren Nöten und Freuden, Größen und Abgründen in sich trägt und sich mit ihnen ganz und gar eins macht, begegnen sich in ihm Christus und der noch ungläubige Mensch, dann trägt er Christus zu ihm hin, macht er Christus in ihm „präsent", steht er für ihn bei Christus ein. M. E. hätten solche Überlegungen zu Schlüsselgedanken einer heutigen Stellvertretungstheologie und -praxis zu werden.

So ist nicht nur die ganze Kirche, sondern auch jedes einzelne Glied Stell-Vertreter und realisiert damit Mitwirkung am Heil aller. Die Kirche aber ist weit mehr als die vorfindliche „empirische" Gemeinschaft der Glaubenden, Gemeinden, Diözesen … Sie begreift auch die vor uns Lebenden ein. Sie ist die „communio Sanctorum", die Gemeinschaft der von Gott Geheiligten. Für sie steht Maria als personale Gestalt auch in ihrer Rolle als „Stellvertreterin" der ganzen Menschheit.

228 A. Peyriguère, Herr, weise mir den Weg, Luzern 1966, 138.
229 Ebd. 165.
230 A. Peyriguère, Une vie qui crie l'Evangile, Paris 1967, 217.

§ 3 Konsequenzen: „Sakramentalität“

Geschöpfliches Mitwirken am Heilshandeln Gottes kann nur sakramentales Handeln sein, d. h. ein Wirken, dessen Ermächtigung ganz und gar von Gottes Sohn und Gottes Geist herrührt, darauf ständig verwiesen bleibt und deshalb darauf zu verweisen hat. Diese Wesensstruktur kann und darf aber nicht nur im Verborgenen bleiben, sie muss sichtbar und erfahrbar werden, und zwar dadurch, dass sich alles Mitwirken auch als *Zeichen* darstellt, das klar und eindeutig auf seinen Urheber, auf Gott, verweist. Der Grundgestus geschöpflichen heilsmittlerischen Handelns ist deshalb der „Johannes-Gestus“. Gefragt, wer er sei, antwortet der Täufer als erstes mit einer Negation. *Ich bin es nicht!* (Joh 1,19f) und verweist – mit überlangem Zeigefinger, wie es der Isenheimer Altar darstellt – auf den „der es ist“, auf Christus.

Solches Zeichen-Sein ist deutlich an Maria abzulesen: Sie bekennt sich als die niedrige *Magd des Herrn*, die *Jungfrau*, die aus sich heraus nichts sein will und sein kann, die nur *geschehen lässt* und damit auf *den Mächtigen, der Großes tut,* verweist. An diesem Zeichen-Sein hat sich auch alles kirchliche Handeln zu orientieren.

Strukturell geschieht dies dadurch, dass in den konstitutiven kirchlichen Vollzügen das sakramental legitimierte kirchliche Amt eine unaufgebbare Rolle spielt. Es hält nämlich, wie bereits angedeutet, gerade als sakramental begründetes und geprägtes Amt den anderen Gläubigen unübersehbar vor Augen, dass nur *einer* Herr der Kirche ist und nur *einer* das Heil vermittelt, nämlich Jesus Christus und der von ihm gesandte Heilige Geist. Die Sakramentalität des Amtes hat also nur ein einziges Sinnziel: Verweiszeichen für das Heil Christi zu sein. An den identitätsgebenden Knotenpunkten ihres Lebens, wo ein geweihter Amtsträger zu handeln hat, sollen die Gläubigen ganz konkret erfahren, dass Jesus Christus selbst ihr Hirte, Lehrer, Priester ist. Nicht Menschen, mögen sie auch mit noch so großen und zahlreichen Gaben des Geistes ausgestattet sein, „machen“ Kirche, bauen Gemeinde auf, leiten sie und vermitteln ihr das Heil Gottes, sondern allein Christus, auf den das sakramentale Amt verweist, für den es steht, den es vergegenwärtigt. Dies aber ist nur möglich kraft spezifischer Sendung und vollmächtiger Bestellung. Denn wenn an den Knotenpunkten kirchlichen Lebens nicht ein Herr XYZ handelt, weil er besonders gut ist oder sich die Kompetenz dafür erworben hat, sondern weil er durch Weihe und sakramentale Sendung „legitimiert“ ist, so weist gerade die Weihe über die Person der Amtsträgers hinaus auf den ihn Weihenden und Sendenden, nämlich auf Christus hin. Es wird also im kirchlichen Amt nicht eine menschliche Autorität an die Stelle Christi gesetzt, sondern ER selbst sakramental, d.h. im wirksamen Zeichen, das auf ihn verweist und in dem Er selbst sein eigenes Handeln unverbrüchlich zusagt, zur Geltung gebracht.

Strukturell ist also die Zeichenhaftigkeit kirchlichen heilsmittlerischen Handelns durch das sakramentale Amt sichergestellt. Aber das bedeutet noch nicht, dass diese Zeichenhaftigkeit auch überzeugend, glaubhaft und *in realer Anschaulichkeit* erscheint. Kardinal Paul-Josef Cordes schrieb vor etlichen Jahren in seiner Dissertation, „dass auch nur ein einziger Zug ‚pascha‘-ähnlicher Selbstzweckhaftigkeit oder absolutistischer Herrschaftsmanieren eine Pervertierung der Amtlichkeit bedeutet“[231] und damit eine Entwertung und Entstellung der Zeichenhaftigkeit kirchlichen Handelns. Wie steht es damit? Und wie sieht es mit dem nicht an Amtlichkeit gebundenen sonstigen heilsmittlerischen Handeln der Kirche aus? Keine Frage, dass es auch heute nicht wenige Christen gibt, die in der marianischen Haltung des „Von-sich-weg-Verweises“ um das Heil anderer besorgt sind und sich dafür einsetzen.

Indes steht, was die Kirche als Ganze angeht, in den westlichen Industriestaaten kirchliches Handeln nicht selten, um nicht zu sagen: vorrangig, unter dem Primat von Leistung und Effizienz. Ein solches Handeln ist aber, weil auf das Ergebnis, auf das selbstentworfene und -gesetzte Resultat, ausgerichtet, sehr oft selbstzwecklich und nicht an der geforderten Zeichenhaftigkeit orientiert. Es ist jene Art der Praxis, die man wohl als „herstellende Praxis“ bezeichnet, d.h. jene Weise des Handelns, in der der Mensch selbst etwas macht, verändert, produziert... Das Tun richtet sich auf die effiziente Gestaltung und Herstellung von Objekten, Institutionen oder Prozessen. In einer solchen Praxis bemächtigt sich der Mensch als causa efficiens selbst der vorfindlichen Wirklichkeit und macht sie seinen Vorstellungen und Zielen „untertan“. In der Neuzeit steht alles Handeln fast exklusiv unter dem Vorzeichen solcher herstellender Praxis. Dies kann und darf aber unmöglich die Weise sein, wie der Mensch am Tun Gottes mitwirkt. Er kann sich weder aus eigener Kraft in die Beziehung zu Gott und zum Nächsten hineinkatapultieren, noch das Volk Gottes selbst zusammenführen und zusammenhalten, noch die verheißene Zukunft des Reiches Gottes erwirken.

Gleichwohl sind heute weite Segmente des kirchlichen Lebens und der seelsorglichen Praxis von der Art solchen „herstellenden Handelns“ bestimmt. Man „macht“ Kurse in Meditation und Geistlicher Begleitung und glaubt so, sich selbst „Kompetenzen“ im geistlichen Bereich aneignen zu können. Man entwickelt Seelsorgepläne, -konzepte und -strategien (alles Begriffe aus dem Bereich „effizienter Praxis“), um Seelsorge zum Gelingen zu führen. Die verantwortlichen Amtsträger verausgaben sich nicht selten in administrativem Betrieb und Sakraments-

231 P. J. Cordes, Sendung zum Dienst, Frankfurt 1972, 174.

„verwaltung“, in Weiterführung vergangenen Brauchtums und kirchlicher Usancen. Kurz: Man setzt alle Kräfte dafür ein, dass in den Gemeinden „etwas los ist“ und das Evangelium in der Welt „laut“ wird. Gottfried Bitter, selbst ehemaliger Professor für Praktische Theologie, schreibt angesichts eines solchen Handlungsstils eindringlich von einem „praktischen Deismus“, welcher derartiges kirchlich-pastorales Tun unter Effizienz-Vorzeichen prägt: „Wir leugnen Gott nicht, aber rechnen nicht sehr ernsthaft mit seinem Dabeisein in unserer Geschichte. ... Mit welcher Selbstverständlichkeit sprechen wir von pastoraler Planung ..., ohne mit dem Wirken des Christus praesens, des Spiritus creator, dessen Sakrament ja doch die Kirche ist, ernsthaft zu rechnen“.[232]

Demgegenüber ist mit Nachdruck zu betonen, dass sich kirchliche Praxis, Praxis des Glaubens, nicht in der Dimension herstellenden Handelns bewegen kann und darf; sie erfordert eine andere Weise, die kurz „darstellendes Handeln“ genannt wird. Hier ist unter Handeln etwas ganz anderes verstanden: Es geht darum, etwas, was uns vor-*gegeben* ist oder vor-*gegeben* wird, zu „vollbringen“, gemäß der Erläuterung von Martin Heidegger: „Das Wesen des Handelns ist das Vollbringen. Vollbringen heißt: etwas in die Fülle seines Wesens entfalten, in diese hervorgeleiten, producere. Vollbringbar ist eigentlich nur das, was schon ist“.[233] Das heißt: Es gilt ein Handeln zu praktizieren, worin sich etwas Vor-gegebenes „verleiblicht“, „ausdrückt“, „symbolisiert“ und dadurch „die Fülle seines Wesens“ entfaltet. Ein schlichtes Beispiel für eine solche Praxis ist etwa das Überreichen von Rosen zwischen Menschen, die sich lieben. Dabei geht es ja zweifellos um ein Tun, eine Praxis, aber es wird darin weder etwas hergestellt, noch aufgebaut, noch ein Objekt umgestaltet. Hier wird vielmehr die gegenseitige, *schon gegebene* Liebe dargestellt, die dadurch die Fülle ihres Wesens entfalten kann. Der Unterschied zwischen darstellender und herstellender Praxis liegt nicht etwa darin, dass in ersterer weniger „getan“ wird als in letzterer. Der Unterschied liegt darin, dass in der herstellenden Praxis der Akzent auf der Leistung und dem objektiven Ergebnis, auf dem sichtbaren und messbaren Erfolg, auf dem Resultat liegt, während darstellende Praxis Ausdruck des gegebenen Lebens selbst ist. Es ist nicht instrumentell auf etwas anderes ausgerichtet, „es ist, was es ist“ (Erich Fried), es stellt dar, was ihm vor-gegeben ist und verweist auf dieses Vorgegebene hin. In ihm verwirklicht sich in der Differenz von Sein und symbolischer Darstellung des Seins das Leben selbst in der „Fülle seines Wesens“.

---

232 G. Bitter, Evangelisation und Inkulturation, in: Presse- und Informationsstelle des Erzbistums Freiburg i. Br. (Hrsg.), Information – Berichte – Kommentare – Anregungen, Jan.-März 1987, Nr. 1–3, 5–31.

233 Vgl. M. Heidegger, Über den Humanismus, Frankfurt 1949, 5.

Alles Mitwirken des Einzelnen oder der Kirche mit Gott kann nur von der Art der darstellenden Praxis sein, in der sich das, was *Gott selbst* am Menschen, mit ihm und durch ihn tut: darstellt, ausdrückt, verleiblicht. Denn alles menschliche, kirchlich-seelsorgliche Handeln kann *von sich aus* „zum Heile" nichts bewirken – alle Wirkung ist hier, wie die Dogmatik zu Recht sagt, reine, unverfügbare Gnade –, und darum kann und darf es sich nicht unter dem Programmwort „Effizienz" konstituieren. Handeln aus dem Glauben ist nur dann authentisch, wenn es das Tun Gottes verleiblicht und zeichenhaft anschaulich macht, ganz schlicht und unaufgeregt, ohne Leistungs- und Erfolgsdruck. Von einem solchen Tun lässt sich dann mit Paulus sagen, dass *ich mich zwar abmühe, aber nicht ich, sondern die Gnade Gottes zusammen mit mir* (1 Kor 15,10) sowie, *dass Gott alles in allem bewirkt* (1 Kor 12,6; vgl. auch Hebr 13,21). In einer solchen darstellenden Praxis – ein Kriterium dafür ist der Verzicht auf großartige „Effizienz" und die liebende Hinwendung zum Armen, Kleinen und zu allem, was „nichts bringt" – in einer solchen Praxis kommt das Handeln Gottes selbst zur „Fülle seines Wesens", weil dadurch seine grundlose Liebe – sein Plan, alles in Christus zur Einheit zusammenzufassen und in sein Leben hineinzuführen – sichtbar und greifbar in den Strukturen der Welt erscheint und im Zeichen menschlichen Mitwirkens aufleuchtet.

Maria steht genau für diese Weise der „Praxis". Sie leistet nichts aus sich selbst heraus. Sie ist ganz offen für Gott und sein Tun. Sie „verleiblicht" das, was ihr geschenkt ist. Sie ist – um das eben genannte Bild aufzugreifen – ein „Rosenstrauß" in Person, durch den die vor-gegebene Gabe Gottes weitergereicht und zugleich auf deren Ursprung und Urheber verwiesen wird. Das Große, was durch sie geschieht, ist ihr allein Anlass und Motiv, Gott zu loben (Magnificat) und auf ihn hin zu zeigen. So hält sie der Kirche den Spiegel vor, in welchem diese ihr eigenes Wesen entdecken kann und immer neu entdecken muss: Begnadet zu sein und aus Gnade zu mithandeln zu dürfen. So ist Maria – um frühere Ausführungen noch einmal aufzugreifen – die „Existenz im Empfang" schlechthin und das große Zeichen für das Heil, das Gott selbst wirkt.

In den letzten drei Kapiteln haben wir versucht, einige der im ersten Teil dargelegten marianisch-ekklesiologischen Aussagen, wie sie uns aus Heiliger Schrift und kirchlicher Glaubenstradition entgegenkommen, in einen größeren systematischen Zusammenhang zu stellen und ausführlicher zu reflektieren.

Mit dem folgenden Kapitel greifen wir das Sechste Kapitel des Ersten Teils über „Sophia Maria Ecclesia" wieder auf. Hier haben wir den exegetischen und theologiegeschichtlichen Befund für ein Thema entfaltet, für das keine verbindliche kirchliche Lehre vorliegt und für deren Interpretation in der Theologie keinerlei Konsens gegeben ist. Indes kann, trotz dieser mehrfachen „Unverbindlichkeit" der zu behandelnden Thematik und der Widersprüchlichkeit der Antworten, wohl erst mit diesem Thema, das wir unter dem Titel „Geschaffen als Anfang seiner Wege“ behandeln werden, einem „Schluss-Stein“ gleich, ein gewisser Abschluss unserer Studie erreicht werden. Wie die Funktion eines Schluss-Steins nur verständlich wird, indem man ihn als die unaufgebbar wichtigste Stelle im Spiel der Gewölbe und Pfeiler, Streben, Rippen und Zwickel eines Baus betrachtet – wenn eine Kathedrale zerstört daliegt, ist der Schluss-Stein nur einer unter vielen anderen Steinen – so dürfte es sich auch mit der nun anzugehenden Thematik verhalten. In sich betrachtet, mag sie weniger wichtig sein, doch auf das Ganze gesehen, hält sie alles zusammen.

VIERTES KAPITEL

„Geschaffen als Anfang seiner Wege …“

Wir sahen bereits im 6. Kapitel des Ersten Teils, dass sich von der „Vorherbestimmung“ Christi zum „Haupt der Schöpfung“ her wie von selbst die Frage nach der „Vorherbestimmung“ Marias ergibt, die von früher Zeit an in Beziehung zur biblischen Weisheitstradition gesetzt wurde. Hand in Hand damit gibt es eine – wenn auch nicht vorherrschende, aber doch kontinuierlich durchgehende – liturgische und künstlerische, theologische und philosophische Tradition, wonach Maria-Ecclesia eine vor- bzw. überzeitliche Größe ist,[234] von Gott geschaffen als „sapientia creata“ und „ecclesia primigenia“. Dieser Befund bedarf dringend der Klärung. Wir gehen ihm im Folgenden dadurch weiter nach, dass wir zunächst neuere Vertreter dieser Auffassung vorstellen, deren Positionen analysieren und daraus weitere Fragen und eigene Vorstellungen entwickeln.

§ 1 „Ur-geschichtliche“ Maria-Ecclesia bei neueren Theologen

Wir sahen bereits im Ersten Teil, dass bei den russischen Sophiologen die Frage nach der inneren Einheit der Welt, die mehr ist als nur die Einheit eines mehr oder minder mechanistisch verstandenen evolutionären Prozesses eine große Rol-

234 Zur Begrifflichkeit: Alle in diesem Zusammenhang mehr oder minder synonym gebrauchten Begriffe wie vorzeitlich, überzeitlich, präexistent, urzeitlich, urgeschichtlich, primordial, ἐν ἀρχῇ-Sein u. dgl. haben ihre Probleme. Ein Wort wie „vorzeitlich“ ist insofern unsinnig, weil es „vor“ der Zeit keine Zeit und deshalb kein „vor“ geben kann; „überzeitlich“ sowie präexistent assoziieren allzu leicht die Ewigkeit Gottes; „urzeitlich“, „urgeschichtlich“ sowie „primordial“ und ἐν ἀρχή-Sein lassen an „mythische Vorzeiten“ denken. Ich sehe keinen anderen Ausweg, als gerade durch den ununterschiedenen und nicht klar determinierten Gebrauch der verschiedenen Begriffe die gemeinte Sache von verschiedenen Gesichtspunkten her anzupeilen.

le spielte. Ihre Antwort lautete: „Insofern sich die Weisheit in der Welt offenbart, hat sich in ihr der Himmel auf die Erde gesenkt. Die Welt ist nicht nur Welt in sich, sondern Welt in Gott, und Gott ist nicht nur im Himmel, sondern auch auf Erden, und auf der Welt, in den Menschen",[235] alles verbunden durch das Band der Weisheit. Genau in diesem Problemkontext sieht auch Pierre Teilhard de Chardin in seinem spezifischen Entwurf das „Innerste" der Welt ausdrücklich mit der biblischen Idee der „geschaffenen Weisheit", mit der Kirche und mit Maria zusammen.

1. P. Pierre Teilhard de Chardin SJ

In seiner „Hymne an das Ewig Weibliche" setzt Teilhard über den ersten Abschnitt die Überschrift „Ab initio creata sum ..." (Spr 8,22) und fährt dann fort:

> „Seit Weltbeginn bin ich erschienen. Vor den Ewen ging ich hervor aus Gottes Händen – umrisshaft, um im Gang der Zeit an Schönheit zu gewinnen, Mitwirkerin seines Werkes. ...
> Gott hat mich in das ursprüngliche Viele hinein ergossen als die Kraft, die verdichtet und den Dingen zu ihrer Mitte verhilft. ...
> Ich bin das Wesenhaft Weibliche".[236]

Dieses „Wesenhaft Weibliche" wird dann im Folgenden weiter beschrieben als die kosmische Kraft der Einigung und der Anziehung, d.h. als die Liebe, die in der ganzen Schöpfung, angefangen von der Anziehungskraft monadischer Atome bis hin zur Welt des Personalen, wirksam ist, bis das Ewig Weibliche, alle Stufen der Wirklichkeit durchwandernd, – so Henri de Lubac[237] – „unter der Vielfalt seiner sich ablösenden Gestalten ... als anziehendes und einigendes Prinzip" in Maria und der Kirche ihre höchste Gestalt und Verwirklichung findet. Mit den Worten Teilhards:

> „Zwischen Gott und die Welt gestellt, wie ein Feld gemeinsamer Anziehung, führe ich sie beide zusammen, leidenschaftlich.

235 Bulgakow, Frage 98.

236 P. Teilhard de Chardin, Hymne an das Ewig Weibliche. Mit dem Kommentar von Henri de Lubac (Ü.: H. U. v. Balthasar), dt. Einsiedeln 1968, 5. – Für eine kurze, aber substantielle Einführung in Werk und Denken Teilhards vgl. Th. Broch, Denken der Krise. Vermittler von Hoffnung. Pierre Teilhard de Chardin, Kevelaer 2000.

237 H. de Lubac, Kommentar zu P. Teilhard de Chardin, Hymne an das Ewig Weibliche, dt. Einsiedeln 1968, 17–160, hier: 33.

… Bis dass in mir die Begegnung stattfinde, worin sich das Geschlecht und die Fülle Christi ereignen, durch die Ewen hindurch.
Ich bin die Kirche, Jesu Braut.
Ich bin die Jungfrau Maria, aller Menschen Mutter“.[238]

Bei Teilhard ist also die „Weisheit“ eine ursprüngliche kosmische Macht, welche als Kraft der Einigung (die differenziert) und zugleich als Kraft der Differenz (die einigt) die Welt generiert und durch eine Fülle von aufsteigenden Metamorphosen hindurch in der Kirche und in Maria ihre Schleier enthüllt. Damit wird – so kommentiert Henri de Lubac – nicht etwa „ein universalisiertes Prinzip … in Maria personalisiert, sondern Maria, die in ihrer Einzelheit existiert, universalisiert sich in diesem Prinzip“.[239] Diese Aussage muss auf dem Hintergrund der Überzeugung Teilhards verstanden werden, dass Gott selbst „universale Personalität“ ist. Anders formuliert: „Das Personal-Universale ist das Höchst-Personale“.[240] Eben dies gilt auch von Christus als dem Gott-Menschen, der zugleich universal wie personal ist. Und weil Maria ihrem Sohn und seinem universalen Werk, der „Christifizierung“ der Wirklichkeit, aufs engste verbunden ist, muss auch sie in ihrer Einzigartigkeit nicht nur personal, sondern ebenso „universal“ verstanden werden. Sie ist diejenige, woraufhin die ganze Schöpfung hinausläuft, in ihr wird das Ewig Weibliche, die kosmogenetische Kraft der Liebe, entschleiert. Sie ist „das einigende Antlitz“ der Wirklichkeit, das uns ihrerseits Christus schenkt, zu Christus führt, mit Christus vereinigt und zusammen mit ihm die Fülle der Wirklichkeit, „Omega“, hervorbringt.

2. P. Wilhelm Klein SJ (1889–1996)

Dieser Theologe wird nur einem sehr kleinen Kreis von Insidern bekannt sein, da er selbst nichts veröffentlicht hat.[241] „Meine Bücher, das seid ihr!“, pflegte er

238 Ebd. 13. Die drei Punkte dieses Zitats sind keine Auslassungszeichen, sondern von Teilhard selbst gesetzt.

239 Lubac, Kommentar 149.

240 zit. nach Lubac, Kommentar 151.

241 Als erste Information kann dienen G. Greshake, Klein, Wilhelm, in: $LThK^3$ 6, 122, ferner: Chr. Schmitt, Klein, Wilhelm, in: BBKL 33, 746–749; W. Lentzen-Deis, Im Himmel fängt das Leben erst richtig an. Zum Gedenken an P. W. Klein, in: AnzSS 109 (2000) 517–518; H. Feld, Der bedeutendste katholische Theologe des 20. Jahrhunderts?, in: RoJKG 19 (2000) 263–273. – Den Versuch einer Zusammenfassung der Theologie Kleins bietet G. Trentin, In principio, Padua 2005, in deutscher Überarbeitung: G. Trentin, Im Anfang. Das „Mariengeheimnis“ in den Handschriften von Wilhelm Klein, Würzburg 2006 mit einem

den ihm als Spiritual im Collegium Germanicum-Hungaricum, Rom, anvertrauten Seminaristen zu sagen. Gelegentlich fügte er hinzu: „Schließlich gibt es auch kein Buch des Propheten Elija; und Jesus selbst hat nur einmal etwas geschrieben, und zwar in den Sand!" Doch hat Klein, der in Freiburg selbst Schüler von Edmund Husserl und Mitstudent von Martin Heidegger war, nicht wenige bekannte Theologen und Philosophen des 20./21. Jahrhunderts maßgeblich beeinflusst.[242] Karl Rahner hat verschiedentlich den Gedanken geäußert, Klein sei vielleicht der bedeutendste Theologe des 20. Jahrhunderts, und Kardinal Ratzinger soll über ihn gesagt haben: „Das ist der Sokrates von heute!"[243] Max Müller hielt ihn für einen „ausgezeichneten Hegel-Kenner".[244] Wie auch immer: Was von Klein erhalten blieb, ist nicht nur die Erinnerung von solchen, die er nachhaltig geprägt hat, sondern auch Manuskripte von Geistlichen Vorträgen – meist Schriftauslegungen –, die er im römischen Collegium Germanicum et Hungaricum gehalten hat und die unter abenteuerlichen Umständen vor der Vernichtung bewahrt blieben. Aus diesen dann später von Albert Rauch herausgegebenen Manuskripten sowie aus einigen Briefen und dokumentierten Gesprächen[245] sei kurz seine Position skizziert.

Zuvor ein Wort zu seiner spezifischen Schriftauslegung, in der er erstaunliche Aussagen und Zusammenhänge herausstellt, von denen er selbst sehr wohl weiß, dass sie längst nicht von allen, erst recht nicht von historisch-kritischen Exegeten geteilt werden. So sagt Wilhelm Klein ausdrücklich am Beginn seiner Römerbrief-Auslegung: „Ob der hl. Paulus selbst all die großen Glaubenswahrheiten, die die Kirche damals und dann im Lauf der Zeiten bis heute

Vorwort von G. Greshake, ebd. 7–10. Kritisch zur Theologie Kleins: B. Hallensleben, Pater Wilhelm Klein und die Theologie des 20. Jahrhunderts, in: KCGU 115 (2006) 5–17. Weitere Beiträge zur Theologie Kleins in: KCGU 116 (2007)

242 Feld, Theologe 269 führt dafür im Einzelnen eine Fülle von bekannten Namen an. Doch beziehen diese sich nur auf die Exalumnen des Collegium Germanicum Hungaricum. Daneben hatte Klein engen Kontakt z.B. mit dem Exegeten Heinrich Schlier (der bei ihm konvertierte), dem Philosophen Ferdinand Ulrich, den Moraltheologen Franz Böckle und Giuseppe Trentin, dem evangelischen Systematiker Fritz Buri (der ihn seinen „einzigartigen Freund" nennt) und vielen, vielen anderen.

243 Siehe Trentin, Anfang 19.

244 Zum Kontext, in dem Rahner diese Äußerung tat, siehe Greshake, Vorwort 8; zur Äußerung von Ratzinger siehe Trentin, Anfang 19; zu M. Müller vgl. ders., Auseinandersetzung und Versöhnung, Berlin 1994, 154f.

245 G. Trentin, „Der einzige Geist, der alles in allem wirkt". Zur Neuevangelisierung, in: W. Kleins „Gesprächen", in: www.oki-regensburg.de P. Wilhelm Klein. Forum (abgerufen 16. 5. 2013) sieht eine gewisse Spannung zwischen dem (früheren) Klein der „Handschriften" (= GW.Joh; GW.KiJa; GW.Röm; Vortr.) und dem Klein der „Gespräche" (verfügbar auf einer CD, hrsg. v. A. Rauch u. a.: P. Wilhelm Klein SJ, 1989–1996. Lehrer von Sophia Maria Kirche, Produktion: pagina, Tübingen 2001), da es in den ersteren eher um „Gott in Maria", in den letzteren eher um den Hl. Geist, den „Gott in uns", gehe. Das ist sicher richtig beobachtet. Dennoch bin ich aus verschiedenen Gründen dazu geneigt, die „Gespräche" eher als „Appendix" zu den „Handschriften" zu interpretieren.

in diesem Brief gelesen hat und lesen wird bis zum Ende der Zeiten, beim Schreiben ausdrücklich gesehen hat, meint der hl. Augustin, ist möglich, aber wir brauchen das nicht sicher anzunehmen. Die Kirche kann nach ihm einen Satz der Hl. Schrift unter Umständen umfassender verstehen als der menschliche Verfasser zu seiner Zeit, als auch Moses und Paulus. Sie kann im Hl. Geist diese Verfasser ausdrücklicher verstehen, als sie sich selbst verstanden". Sodann zitiert Klein aus den Confessiones XII, 30: „Wenn einer beim Lesen deiner Hl. Schrift sprechen wollte: das meinte Moses oder Paulus, was ich jetzt sage, und sonst nichts, und ein anderer: nein, das was ich sage und sonst nichts, dann scheint es mir, sagt Augustin, der Ehrfurcht vor dem unendlichen Verfasser entsprechender zu sagen: warum nicht beides, wenn beides wahr ist … !"[246]

Für Klein ist es – ganz auf der Linie frühkirchlicher und mittelalterlicher Schriftauslegung – ohne weiteres statthaft, dass eine (heilsgeschichtlich) spätere Zeit ihr im Hl. Geist gewachsenes Glaubensverständnis in Texte vorangehender Zeit einträgt. Denn so geht die Hl. Schrift selbst vor: „Moses nennt nicht ein einziges Mal den Namen ‚Jesus von Nazareth'. Trotzdem ist jeder Satz, den er schreibt, von ihm: de me enim ille scripsit, über mich hat jener geschrieben [Joh 5,46]. In späterer Zeit schreibt der Geist in der Kirche die Namen ein: Jesus, Gott in Maria".[247] So konnte Klein einen umfangreichen Vortrag zum Thema „Maria im Römerbrief" halten,[248] obwohl jeder weiß, dass hier der Name Maria nicht im Entferntesten vorkommt. Denn für Klein bleiben so zentrale paulinische Begriffe wie πίστις und χάρις (aber auch Gegenbegriffe wie ἁμαρτία u. dgl.) so lange abstrakt, als sie nicht konkret personal benannt werden: als Maria, reine Schöpfung … bzw. als Teufel, διάβολος usw. Nochmals: Klein weiß sehr wohl: „Exegeten, Meister der Grammatik und der anderen Wissenschaften und mit vollem Recht anerkannte Meister geraten in Entsetzen, wenn man sagt, dass in der Bibel mehr über Christus in Maria steht, als sie mit der Grammatik herauslesen können und dass χάρις und πνεῦμα und ἀγάπη und δικαιοσύνη genau so auf ein geschaffenes, persönliches Wesen hinweisen können, wie ἁμαρτία und σάρξ. Sinnlos hier Vorwürfe zu machen".[249]

Eine gewisse Kürzest-Zusammenfassung des Denkens von Wilhelm Klein (die zugleich auch einen Hinweis auf die keineswegs unkritische Reaktion seiner damaligen Zuhörer gibt) bietet folgender Text:

> „Es gibt die reine, nie gefallene, unversehrt und unbefleckt gebliebene Herrlichkeit Gottes im persönlichen Geschöpf seiner Liebe, in dem er *seine* Herrlichkeit geschaffen hat. Erschreckt sehen Sie gewöhnlich auf und wehren ab, wenn ich wieder darauf zu sprechen komme … und gehen allenfalls mit, wenn ich sage: diese geschaffene Herrlichkeit Gottes ist die Herrlichkeit Jesu Christi, des Einziggeborenen des Vaters. Wenn ich aber fortfahre und sage, diese Herrlichkeit der geschaffenen Menschheit Jesu Christi, die in der ewigen Schöpferperson Jesu Christi getragen wird, ist geschaffen in der geschaffenen Person der Gottesmutter, dann werden wir unruhig. … [Wir werden unruhig,]

246 GW.Röm. 12f.
247 GW.KiJa. 138.
248 GW.Röm. 504–512.
249 GW.Röm. 283.

wenn von Gottes geschaffener Herrlichkeit gesprochen wird, die … zu leuchten beginnt im Anfang, in principio, in dem das Wort war, ab initio et ante saecula, in der einen Schöpfung, die die Herrlichkeit ihres Dreieinigen Schöpfers makellos und unversehrt widerstrahlt in kindlicher, dankbarer Liebe, in mütterlichem Herzen, in bräutlicher Hingabe der Braut an den Bräutigam. Die gloria dei creatoris creata, Gott in Maria, der Menschensohn".[250]

In diesem kurzen Text finden sich zentrale Ideen Kleins. Für ihn ist Jesus Christus der „Gott in Maria", wofür er oft die Aussage Leos d. Gr. anführt: Der consubstantialis Patri secundum divinitatem ist consubstantialis Matri secundum humanitatem.[251] Weiter: Der Anfang, von dem Joh 1,1, spricht, ist nach Klein keine chronologische Bestimmung, gemeint ist vielmehr der „geschaffene Anfang", das erste Geschöpf der unendlichen Liebe Gottes.[252] In diesem „Anfang" hat das ewige Wort Gottes von Urbeginn an (!) „sein Zelt aufgeschlagen", so wie es „jetzt, in der finsteren Welt der Menschen des Fleisches, in uns" sein Zelt aufgeschlagen hat.[253] Wir „nennen diese Herrliche, die im Anfang aller Schöpfung ganz unserem Herrn gehörte und gehört und gehören wird in alle Ewigkeit, mit dem Namen, mit dem ihr ewiger Sohn, im Fleische seiner Sterblichkeit wandelnd in der Geschichte seiner Zeit, sie nannte, mit dem Namen des AT und NT: Maria".[254]

---

250 GW.Röm. 388f.

251 Vgl. z. B. GW.KiJa. 169 u. ö. Allerdings findet sich das „Mariae" bei Leo nicht, stattdessen heißt es bei ihm „nobis"!

252 Vgl. z. B. GW.Joh. 21; GW.KiJa.50f. – Natürlich weiß Klein, GW.Joh. 31: „Nach dem bloßen Wortlaut könnte das Wort [ἐν ἀρχῇ] ja allenfalls aufgefasst werden als *nicht* geschaffener Anfang. Ich glaube allerdings, dass ich beim besten Willen nicht fasse, was der Satz dann sagt, während mir, ich möchte fast sagen, alles sozusagen verständlich erscheint, wenn ich diesen Anfangssatz im Licht der Weisheitsbücher des AT lese: vom reinen *geschaffenen* Anfang, in dem der Evangelist schon das Geheimnis dessen vorwegnimmt, der in diesem geschaffenen Anfang sich selber sein geschaffenes Wesen erschafft". Ein ähnlicher Gedanke findet sich nicht nur schon bei Solowjew (siehe S. 336), sondern auch bei gegenwärtigen Exegeten (siehe S. 519[315]). Selbst bei Origenes findet sich schon als Kommentar zu Joh 1,1 die Formulierung: „In der Sophia war der Logos". Belege bei Bruns, Trinität 70f. Doch versteht Origenes hier die Sophia nicht als eine geschaffene Größe, sondern als eine mit dem göttlichen Logos identische und nur von ihm logisch unterschiedene Wirklichkeit, die den Logos als die „All-Einheit" aller Wirklichkeit, gewissermaßen als den „Bauplan der Schöpfung" thematisiert. Auf der andern Seite freilich ist der Logos gerade insofern σοφία, als er eine „geschaffene Seele" hat („Gott, der sozusagen eine beseelte (ἔμψυχον) σοφία geschaffen hat, hat ihr aufgetragen, … den Seienden und der Materie Gestalt und Urbilder zu schenken": Origenes, In Joh.comm. I,19 ([SC 120,122]). Mit dem Hinweis darauf, dass der Logos eine geschaffene Seele besitzt und gerade so die σοφία ist, sind wir nicht weit von einem Bezug zu „Maria" als „Ort" der geschaffenen Seele des Logos und damit von ihr als geschaffener Weisheit entfernt!

253 GW.KiJa. 52.

254 KiJa. 376.

Diese Aussagen Kleins stehen auf dem Hintergrund einer spezifischen Sicht der Schöpfung:

> „Die ursprüngliche Schöpfung … ist zum Ehebund mit ihrem liebenden Schöpfer geschaffen. … Der Vater schafft seinem Sohn durch den Hl. Geist in der Schöpfung seinen geschaffenen Ausdruck, seinen geschaffenen Leib. Logos und Logosbraut in der Schöpfung sind ein Leib. Zwei in einem Leib, vir und virgo, Christus und Maria. Das Jawort und Fiat des reinen Geschöpfes, in dem Maria sich empfängt und annimmt aus dem liebenden Vater im Wort des Fiat [gemeint ist das: fiat lux von Gen 1!] durch den Geist, verbindet zugleich das erste und allein eigentliche Brautpaar, den ewigen Logos mit dem nicht ewigen, geschaffenen, unbefleckten Geschöpf, in dem er sich sein eigenes geschaffenes Wesen schafft, so dass sie, die jungfräuliche Tochter des Vaters und seine Mutter, und sich ihm ganz sich angelobend, seine Braut wird, der agens purissimus mit der acta purissima, creata purissima“.[255]

Hier stoßen wir nochmals auf das schon angesprochene Schriftverständnis Kleins: Die Verfasser des Alten Testaments schreiben in einer Zeit, „wo die Wahrheit und Wirklichkeit, über die sie schreiben, und die in ihnen ist [!] und sich ausdrückt, noch keineswegs in ihrer Fülle und in der Fülle erschienen ist im Fleische“. Obwohl sie alle über Christus schreiben (vgl. Joh 5,46) als über den „Gott in Maria“, d. h. als über den mit der Schöpfung vermählten Gott, können sie es noch nicht „ausdrücklich ausdrücken“. Die Öffnung des Schriftsinnes geschieht erst im NT und geschieht dann „in der Kirche weiter“.[256]

In diesem „Mariengeheimnis“, das nach Klein die ganze Bibel unaufhörlich „vom ersten Wort der Genesis bis zum letzten Ruf der Apokalypse“ zum Ausdruck bringt und zwar „in geschichtlicher und symbolischer Gestalt in einer unendlichen Zahl von Worten, Figuren, Ereignissen und Bildern,“[257] – in diesem „Mariengeheimnis“, wie er es nennt, kommt die radikalste Mitte des Glaubens zum Ausdruck: Die Schöpfung (Maria, Menschheit, Kirche) lebt von Anfang an im liebenden Schöpfer, oder auch umgekehrt: Der liebende Schöpfer wohnt in seiner ihn liebenden Schöpfung. Im reinen Geschöpf des Anfangs, aus dem Gott sein geschaffenes Wesen schafft, so dass er selbst zum „Gott in Maria“ wird, sind auch wir geschaffen und werden durch *sie, die in uns wohnt,*[258] zu seinen Brüdern und Schwestern. Mit ihr aufs allerengste vereint und nie von ihr „entbunden“ und getrennt, „können wir in ihrer reinen, alle umfassenden Menschheit immer und

255 GW.Röm. 234; ähnlich auch KiJa. 50f.
256 GW.Röm. 235f.
257 Trentin, Anfang 45.
258 GW.Joh. 477.

überall den Weg zu Christus gehen, unserem und ihrem einzigen Schöpfer und Mittler und Erlöser".[259]

Mit der „reinen Schöpfung" des Anbeginns, die, „obwohl aus sich der Sünde fähig, von Anfang an dem liebenden Schöpfer so anhängt, dass sie in keinem Augenblick sich von ihm abwendet",[260] die also dem Schöpfer ständig zugewandt bleibt (wie Klein in deutlichem Anschluss an Augustinus sagt: vgl. S. 327f), ist jedoch die Möglichkeit des Abfalls, des „Wider-Wortes" gegen das schöpferische „Fiat lux" gegeben. Ohne eine solche Möglichkeit „wäre die Schöpfung der Schöpfer selbst, in dem kein Nein ist und sein kann".[261] Das aber besagt: „Das Geschöpf trägt notwendig beide Möglichkeiten in sich, Maria oder der Teufel zu werden".[262] Diese Möglichkeit ist Faktum geworden, und so entstand das, was die Schrift „Fleisch" nennt oder auch „Dia-bolos", den „Auseinanderbrecher" all dessen, was ursprünglich eins und geeint ist. Mit ausdrücklichem Bezug auf Augustinus vermerkt Klein, dass auch „die Zeit, in der wir jetzt … sind, mit der Sünde zu tun hat, [dass] Zeit und Raum, so wie wir gefallene Menschen darin stehen, mit unserem Fall zu tun hat".[263] Erst vom Sündenfall ab gibt es ein Nebeneinander und Nacheinander von Dingen und Menschen, von Vor-Zeiten und Nach-Zeiten, erst jetzt gibt es ein „*Gegen*-über" von Dingen und Menschen, das unter dem Einfluss der selbstverliebten, alles ana-lysierenden (auflösenden) Ratio zu einem ob-jektivierenden und damit verfälschenden Umgang miteinander führt und zu einem ob-jektivierenden, stets vieldeutig bleibenden Sprechen. Erst jetzt setzt das Auseinanderbrechen des Kosmos „in Erde und Himmelskörper, in die Zeiten und Räume" ein; erst jetzt gibt es „das spaltende Prinzip", das alles „trennt, auseinanderbricht und mit dem Schwert des ‚logos', des Sprechens, des Denkens, des Wortes und – natürlich auch – des Tuns zerschneidet, was die ‚pistis', der

---

259 GW.KiJa. 198.
260 GW.Röm. 96.
261 Vortr. 207. Siehe auch ebd. 276.
262 GW.Röm. 266.
263 GW.KiJa. 319. Siehe auch ebd. 280: „Was die Bibel Fleischesgestalt nennt, ist, was wir Geschichtlichkeitsgestalt nennen". An anderer Stelle spricht er von der „historia", „superficies historica" oder „historischen Tatsächlichkeit", die nur einen Ausschnitt aus dem Leben Jesu, Marias und unserer selbst betrifft. Vgl. z. B. GW.KiJa. 341, GW.Joh. 79. Noch deutlicher GW.Joh. 319: „Man meint, Sein erschöpft sich im geschichtlichen Sein. … Die allerwenigsten Menschen, und selbst auch Christen, machen sich Gedanken darüber, dass alles Geschichtlich-Sein, Geschichte, historisch usw. das meint, was die Hl. Schrift σάρξ, caro, Fleisch nennt, und was mit Sündenfall, mit Ursünde, Erbsünde, persönlicher Sünde zu tun hat". In einer Meditation zum „Fest Mariä Königin" am 31.5.1961, in: A. Rauch u. a. (Hrsg.), CD heißt es: „Der oberflächliche Mensch merkt nicht, wie er sein Verhaftet-Sein an das Geschöpf in das reine Geschöpf [Maria] hineinträgt, als gehöre Vor und Nach zum Geschaffen-Sein selbst. Aber das reine Geschöpf steht nicht im Vor und Nach alles sündhaft hinfälligen Vergehens".

Glaube sieht oder, besser gesagt, was der Glaube in der Einheit des ‚symbolos‘, des Symbols, nämlich Mariens, in der Tiefe schaut“.[264] Erst hier und jetzt, in der gefallenen Raumzeitlichkeit, steht auch der Sohn Jesus *neben* der Mutter Maria, jetzt gibt es das Früher und Später der sog. „Heilsgeschichte“ und damit ein geschichtliches Auftreten Marias, „obwohl diese gleiche, *eine* Mutter unseres einen Herrn mit ihm damals schon in der Geschichte ist, und in den Vorfahren schon in der Vorgeschichte war, seit überhaupt Geschichte ist, und sogar ab initio et ante saecula creata“.[265]

In diese gefallene Fleischesgestalt der Schöpfung geht Gottes Sohn ein. Er „geht in unendlicher barmherziger Liebe den ganzen unendlichen Weg der Sündenvermittlung mit, um daraus die Gnadenvermittlung wachsen zu lassen, die ganze Diabolik durch die Symbolik zu überwinden, den Teufel durch Maria, die am Anfang ist“[266] und in die hinein alles wieder integriert wird. Dabei kann dies allein mit dem „Geist“, der alle Spaltung überwindet, gelingen, „aber nicht mit dem Geist Hegels, sondern mit dem Geist Gottes, der in der Sprache der Bibel handelt als ‚agape‘, als ‚caritas‘, als Liebe (in der Bibel – vergessen wir das nicht – ist die ‚fides‘, der Glaube, immer ‚agape‘, ‚caritas‘, ‚fides, quae per caritatem operatur‘)“.[267]

Wilhelm Klein stellt sich selbst die Frage: „Ist das manichäischer Dualismus?“,[268] und er antwortete darauf mit einem entschiedenen Nein. Denn es gibt nur eine Schöpfung Gottes, die ursprünglich gut, sehr gut ist, durch die aber jetzt das mysterium iniquitatis geht. Ihr „Fall“ und damit die in ihr zum Negativen veränderten Strukturen und Dimensionen werden von Klein in radikaler Schärfe herausgestellt, nicht ohne dass er jedoch *noch radikaler* die bleibende Unversehrtheit der einen Schöpfung, Maria, herausstellt, die über alles Negative in und durch ihren Sohn, von dem sie nie zu trennen ist, triumphiert.

Um dieses eigenwillige Denken Kleins zu verstehen, ist es hilfreich, das Ganze unter der Leitidee der *Vermittlung* zu sehen. Klein ist zutiefst beeinflusst von Hegel und dem damit gestellten Problem der Vermittlung von Unendlichkeit und Endlichkeit. Wie kann – so Klein – der denkbar größte Gegensatz, den es in der

264 Gespräch mit Klein, in: Trentin, Anfang 14. Vgl. auch ebd. 80.
265 GW.Joh. 480.
266 GW.KiJa. 163.
267 Gespräch mit Klein, in: Trentin, Anfang 30. – Dieser „Geist“ ist gerade nicht identisch mit dem zerspaltenden logos. Allerdings stellt auch dieser sich vor als „Prinzip der Einheit, der Synthese, aber einer Einheit und Synthese, die sich dann auf ihre Weise wieder spaltet …“: Klein, Gespräche, in: Trentin, Anfang 33. Dieser logos ist erst dann befreit, wenn er zum „praeambulum fidei“ wird, zum Vorweg und Hinweg auf den Weg der Liebe.
268 GWJoh. 472.

Wirklichkeit gibt, der von Schöpfer und Geschöpf, überwunden werden? Wie können Gott und Welt, Gott und Mensch eins werden? Und seine Antwort ist: Die Vermittlung geschieht in und durch „Maria“, die Person der reinen Schöpfung, die sich ganz von Gott her empfängt und nichts aus sich selbst heraus sein will. Sie ist „reine Vermittlung“. Mit ihr „vermählt sich“ Gott, indem er sich aus ihr sein geschaffenes Wesen schafft, so dass er ganz in der Schöpfung und die Schöpfung ganz in ihm ist.[269] In diesem Sinn sprechen alle Verfasser der Heiligen Schrift von Maria, auch dann, wenn sie diese nicht nennen. Denn

> „wovon sollen wir denn sprechen, wenn nicht von der Schöpfung und deswegen implizit von Maria, der Grundgestalt und dem Typos der Schöpfung, in der Gott sich jene geschaffene Natur geschaffen hat, noch schafft und immer schaffen wird, die ihm ermöglicht, die Distanz zwischen dem Unendlichen und Endlichen so zu überwinden, dass er sich inkarnieren und Mensch werden kann? Die Bibel tut im Grunde nichts anderes als die einzigartige fundamentale Wahrheit immer wieder auszudrücken, indem sie diese in geschichtlicher und symbolischer Gestalt in einer unendlichen Anzahl von Worten, Figuren, Ereignissen und Bildern darstellt“.[270]

In dieser Perspektive liest Klein Hegel. Als bereits Hundertjähriger schreibt er in einem Brief: „So lese ich … das schwierigste philosophische Werk, das im deutschen Sprachraum existiert, Hegels ‚Phänomenologie des Geistes‘, als eine großartige Mario-Sophiologie. Was sagst Du, Hegel, dazu?“[271] Auf der gleichen Linie versteht er auch die Idee der „Seinsvergessenheit“ Heideggers, dessen Vorlesung „Augustinus und der Neuplatonismus“ er 1921 in Freiburg gehört hat und auf dessen Augustinus-Auslegung er sich stützt.[272] An Karl Barth schreibt er 1959: „Wenn anders die etwa von Heidegger (aber von ihm nicht allein) gelästerte Seinsvergessenheit … keine bloße Einbildung ist, sehen wir darin einen philosophischen Vor-Weg für das, was im Selbstverständnis christlichen Glaubens Marienvergessenheit ist, durch die unser Ausdruck der alles umfassenden und allein entscheidenden Christuswahrheit gehemmt wird“.[273] Und er erläutert dies in einem Vortrag folgendermaßen:

---

269 Deswegen gehört das, was die christliche Tradition Menschwerdung nennt, zum Apriori der Schöpfung. So formuliert Klein in einem von Trentin überlieferten Gespräch: „Das Wort ist Fleisch geworden? Wo? Im Schoß Mariens, in der Schöpfung, wo Gott die menschliche Natur angenommen hat, d.h. nicht das Antlitz dieses oder jenes Individuums, sondern das eines jeden menschlichen Seins“: G. Trentin, Wie soll man heute Wilhelm Klein lesen?, in: KCGH (Katalog) 116 (2007) 77–84, hier: 81.

270 Gespräche mit Klein, in: Trentin, Anfang 45.

271 Vortr. 411. – Ebenso berichtet G. Gruber, Zur Spiritualität von P. Wilhelm Klein. Erinnerungen, in: KCGH (Katalog) 116 (2007) 53–65, hier: 63 davon, Klein habe ihm die Lektüre der „Phänomenologie des Geistes“ empfohlen mit den Worten: „Es ist eine einzige [oder: einzigartige] Mariologie“.

272 Vgl. B. Casper, Wilhelm Klein in Freiburg (1919–1921), in: Vortr. 454–457, hier: 455.

273 GW.KiJa. 450. – Diese Parallelisierung von Seins- und Marienvergessenheit trägt Klein dem Basler Theologen im Rahmen eines christologischen Diskurses vor: „Wenn sein

„Maria, die Mittlerin und Mutter und Trägerin des geschaffenen Wesens Jesu unterscheidet sich von allen anderen Geschöpfen, um es einmal kühn und sehr missverständlich auszudrücken, wie das geschaffene Sein von den geschaffenen Seienden, auf die unser gewöhnlicher Blick gegenständlich [!] gerichtet ist, ja, wie das geschaffene Sein selbst von den geschaffenen Seienden, die am geschaffenen Sein partizipierend gedacht werden und dadurch und nur dadurch am Ungeschaffenen ewigen Sein des Schöpfers selbst".[274]

Aus all dem geht klar hervor, dass „Maria" (wie auch Christus) nach Wilhelm Klein nicht als „menschliche Individuen" vorgestellt werden dürfen (das wäre in seiner Diktion „Nestorianismus!), genauso wie die Vorzeitigkeit „Marias", der reinen Schöpfung und eigentlichen κυριακή (Kirche), nicht im chronologischen Sinn (der ja für ihn nur Resultat des „Falls" ist!) gedacht werden darf.[275] Vielmehr liegt die von Klein vorgestellte „Maria", die er auch Typos, Gleichnisgestalt, Grundgestalt der Schöpfung nennt, eher auf der Linie eines – freilich durchaus real gedachten – transzendentalen Aprioris: Weil Maria (in Christus, durch ihn, mit ihm und für ihn) das bleibende Apriori der Schöpfung ist, kann nach dem Sündenfall (mit seinen Konsequenzen für Raum und Zeit) so etwas wie Heilsgeschichte initiiert werden, in der die gefallene Schöpfung wieder in ihren reinen Anfang eingesetzt wird. Damit ist Klein im Grunde nicht sehr weit von der spezifischen Gnadenlehre Karl Rahners entfernt, wenn dieser vom Apriori der Gnade spricht. Allerdings gibt es zwei Unterschiede, von denen der zweite schlechthin entscheidend ist:

(1) Ist die apriorische Begnadung für Rahner eine von Gott her geschenkte („transzendentale") und damit abstrakte Bestimmung der Schöpfung (sei es im Sinne eines übernatürlichen „Existenzials", sei es im Sinne einer immer schon geschehenden faktischen Begabung mit dem göttlichen Leben), so ist für Wilhelm Klein dieses Apriori eine Person, „Maria", die „reine Schöpfung", oder besser

---

[Christi] geschaffenes Wesen nicht bloß eine vorgestellte Illusion, sondern Wirklichkeit sein soll, so nehmen wir nach der Schrift doch rechtens einen geschaffenen Träger dafür an. Dieser geschaffene Träger des geschaffenen Wesens unsres Erlösers ist nicht Gott selbst, nicht Christus. Denn er ist der Schöpfer und nicht Geschöpf. … Darum sehen wir jene geschaffene Vermittlung, die geschichtlich ausgesprochen in der Bibel im AT und NT, ja auch geahnt in sicher unsäglich zweideutigen Ausdrücken in der Mythologie usw., aber auch angegangen im Wissenssuchen der Philosophie, wenn sie betont, gegenüber der ‚Seinsvergessenheit', dem Verlorensein in die vielen Seienden, des vermittelnden (geschaffenen) Seins des (geschaffenen) Seienden hinweisen zu müssen, die nicht Gott selbst ist". Der letzte Satz ist sprachlich nicht klar. Vermutlich fehlt ein Wort, und es muss heißen: „ … wenn sie betont, gegenüber der ‚Seinsvergessenheit' … *auf die Bedeutung* des vermittelnden (geschaffenen) Seins … hinweisen zu müssen".

274 GW.KiJa. 549f.

275 So sagt Klein, Röm. 401, von der „reinen Schöpfung", dass wir sie „in unserer zeitlichen Vorstellung [!] an den Anfang der Zeit stellen".

noch: das Apriori ist eine personale Beziehung, nämlich die „Vermählung" des drei-einen Gottes mit der „sapientia creata", eine Vermählung, die sich von Anfang an vollzieht und seither bleibend verwirklicht.

(2) Hat die konkrete Geschichte trotz oder gerade wegen ihres apriorischen Vorzeichens „Gnade" für Rahner eine konstitutive Bedeutung, insofern sich in ihr und nirgendwo sonst dieses Apriori der Gnade konkret verwirklicht, so ist die erfahrbare Geschichte bei Klein Resultat des „Falls" und der „Dia-bolie", des Auseinanderbrechens aller Einheit. Zwar geht der Erlöser in diese dia-bolische Geschichte ein, um sie in die ursprüngliche (und immer bleibende) Einheit der reinen Schöpfung zurückzuführen, und ebenso hat der Glaubende den Auftrag, in dieser dia-bolischen Geschichte Liebe zu verwirklichen – insofern hat die konkrete Geschichte auch für Klein eine unaufhebbare, positive Bedeutung! –, doch weil deren erfahrbare Strukturen und Dimensionen Resultat der Sünde sind, vollzieht sich die „eigentliche" Erlösung (inklusive der Menschwerdung) jenseits alles Erfahrbaren, im Primordial-Übergeschichtlichen.[276] Damit ist eine ungeheure „Relativierung" der Geschichte und all dessen, was in ihr erfahrbar ist, gegeben.

Von dieser „Relativierung" der Geschichte sind weder die sog. „Heilsereignisse" noch die Hl. Schrift selbst ausgenommen. Auch von der Bibel gilt das, was von allem menschlichen Sprechen gilt, dass sie „in gefallenen und zerfallenen Stückwerken der Sprache" spricht.[277] „Als unsere Vorfahren das griechische Wort λέγειν, sprechen, verdeutschten, sagten sie λέγειν ist lügen, λόγος ist Lüge. Wer spricht, der lügt".[278] Ohne den erlösenden Geist ist auch die Hl. Schrift „tötender Buchstabe"; umgekehrt: Wo der Geist ist und wirkt, kann jedes Wort in das tiefste Geheimnis einführen.

Als Beleg dafür dient Klein eine der ihm wichtigsten, zentralsten und am meisten geliebten biblischen Aussagen: „In Ihm leben wir, bewegen wir uns und sind wir" (Apg 17,28), ein Wort, das seine Herkunft in einem *paganen* poetischen Text hat. Letztlich sind – wie Wilhelm Klein vor allem in Gesprächen der letzten Lebensjahre ausführte – das, was der christliche Glaube Heilsereignisse nennt (mit ihrem Höhepunkt in Kreuz und Auferstehung), sowie alle Texte der Bibel, *aber auch aller anderen Religionen und Mythen* nur Ausdruck (!) und damit „Sprachlehre" für die eine und einzige zentrale, immer geltende Wahrheit: Gott ist liebend in Maria = Schöpfung, und Schöpfung / Maria ist liebend in Gott,[279] eine Wahrheit, die

276 Deswegen kann Klein in Meditationspunkten zum Fest der Unbefleckten Empfängnis am 8.12.1959 (Nachschrift R. Kaczynski, in: Rauch u. a. [Hrsg.], CD) sagen: „In uns fleischlichen Menschen hat das ewige Wort jetzt erlösend sein Zelt aufgeschlagen, in der unbefleckten Schöpfung am Anfang, und jetzt im κόσμος τῆς σαρκός in nobis. … Da kommt in unsere Welt, der am Anfang war in der unbefleckten Empfängnis". Dieses „Bei-uns-Sein" bzw. „Zu-uns-Kommen" des Wortes aufgrund der (zeitlichen) Fleischwerdung aber ist nichts anderes als dessen (überzeitliches) „In-Maria-Sein".

277 GW.KiJa. 33.

278 GW.Röm. 391.

279 So heißt es ausdrücklich bei J. Mayer, Gespräch mit P. Dr. Wilhelm Klein SJ vom 27.3.1995 (abgerufen 27.10.2012: www.oki-regensburg.de Forum Pater Klein): „Der beste Ausdruck dafür [für die Schöpfung] ist das Geschöpf, das da ist und in dem alle anderen, alle ande-

nicht zu wissen, sondern zu tun ist. So schreibt er noch als Hundertjähriger in einem Brief: „Die creatura immaculata, das reine geschaffene Bild der Frau aller Frauen, ist in der Tiefe jedes Geschöpfes eingegraben, wo wir es mit den Augen des Glaubens und der Hoffnung alle sehen dürfen, auch jetzt schon. Wann kommt einmal ein Buch: Die Muttergottes in den Weltreligionen, in allen, in der Menschheitsliteratur, in einem Schöpfungsuniversum?"[280]

Diese Relativierung alles Geschichtlichen kann zu einer immensen inneren Befreiung und Entlastung führen, aber zumindest liegt dabei die Gefahr eines gnostischen Welt- und Erlösungsverständnisses nicht allzu fern.[281] „All das macht es nicht!", lautete eines der meistgebrauchten Worte Kleins. „Machen" – tut es allein die Liebe, die des liebenden Gottes und die des antwortenden Geschöpfes, beide vermählt in der Gestalt der reinen Schöpfung Maria.

3. Ferdinand Ulrich (*23.2.1931) und sein Freundeskreis

Nicht ohne eine ausdrücklich genannte Beeinflussung durch Wilhelm Klein legt der bekannte und prominente Philosoph[282] Ferdinand Ulrich in seinen religionsphilosophischen Schriften folgendes dar:

> Maria ist „der geschaffene *Anfang*, in dem der Schöpfer Himmel und Erde erschaffen hat". Sie ist die „reine Schöpfung, liebende Endlichkeit ...: die wahre Arme im Geist; die aus Nichts geschaffene Mutter ihres Schöpfers, des lebendigen Gottes und in Ihm und durch Ihn und für Ihn die Mutter nicht nur aller Menschen, aller Völker, der ganzen Menschheit, sondern *aller Geschöpfe* des Dreifaltig-EINZIGEN. Die theo-tokos ist daher ebenso *kosmo-tokos* und *anthropo-tokos*. ...

---

ren Geschöpfe mitgeschaffen sind, das ist, was wir in der frommen Sprache der religiösen Sprache nennen: die Muttergottes. An sich ist der Gedanke, dass der unendliche Geist eine Mutter hat, ein Unsinn! Ja – , aber er ist von Ewigkeit zu Ewigkeit M e n s c h geworden: ex Maria Virgine, aus einer Jungfrau. ...".

280 zit. bei Feld, Theologe 272.

281 Zu dieser Kritik an Klein vgl. Hallensleben, Pater 5–17. Klein selbst nimmt gegen den Vorwurf einer gewissen Entwertung der Geschichte Stellung in GW.Joh. 371. Siehe dazu Trentin, Anfang 84ff. Dennoch kann er dabei den Vorwurf nur schwerlich aus dem Weg räumen.

282 Das sei bewusst deswegen betont, weil Studien „in Sachen Maria", zumal wenn sie sich auf ein so heikles, weil heute bei weitem nicht von allen akzeptiertes Gelände begeben, oft im Verdacht stehen, unseriös, einfach nur „fromm" oder gar „frömmelnd" zu sein. – Die Primär- und Sekundärliteratur zu Ferdinand Ulrich ist im Wesentlichen aufgelistet in: de.Wikipedia.org/wiki/Ferdinand_Ulrich (abgerufen 27.9.2012).

> Sie ist das Nichts, aus dem der Schöpfer seine Schöpfung ins Dasein ruft, aber sie ist als ‚geschaffene Liebe' das ‚*allein Gott die Ehre*' gebende ‚Nichts' aus Liebe, dem Gott ‚pro nihilo' alles gibt".[283]

Ganz auf der gleichen Linie bezeichnet auch der evangelische – als solcher allerdings „randständige" – Theologe Ulrich Wickert (der freilich m.W. keine Beziehung zum Ulrich-Kreis hatte) Maria als „vorweltliche" (nicht, wie er ausdrücklich sagt: präexistente!) Theotokos, Ekklesiotokos und Kosmotokos.[284] In Bezug auf das Kosmotokos wird sodann ausdrücklich gesagt: Maria hat „als die kreatürlich-vorweltliche ‚pégé tôn ontôn' zu gelten". Und in der dazu gehörenden Anmerkung heißt es: „In Erinnerung an große Vorbilder möchte man formulieren: Maria sei die (Sein und Zeit in sich verfassende) *forma*, in welcher Gott die Welt geschaffen hat".[285]

Wie lassen sich solche Aussagen begründen? Blicken wir genauer auf Ferdinand Ulrich. Was die Argumentation angeht, so ist *insgesamt*, also im Blick auf dessen *ganzes* Werk, die Argumentationskraft und „Plausibilität" einzelner Aussagen, wie auch die der gerade angeführten, *vor allem* darin begründet, dass sie „stimmig" in einem Gesamtkontext des Seinsdenkens und der Weltauslegung stehen, der wiederum auf „stimmige" Weise Erfahrungen versprachlicht und zum „stimmigen" Tun evoziert. Darauf kann hier im Einzelnen nicht eingegangen werden. Doch bringt Stefan Oster aus dem Schüler- bzw. Freundeskreis Ulrichs (ganz aus dessen Geist) für die von ihm angeführte Hauptthese folgendes Argument:

> Wenn „im Sohn alles erschaffen ist, dann ist auch er selbst je schon in seinem heilen Geschöpf und das heile Geschöpf in ihm bleibend gegenwärtig und mit ihm verbunden. ... Gott ist der anfanglose Ewige. Aber wenn das göttliche Wort im Anfang ist, dann ist es notwendig in einem geschaffenen Anfang, den der Mariologe [Wilhelm] Klein als das heile, personale Geschöpf auslegt".[286]

---

283 Ulrich, Gabe 784, 772. – Ebd. 774 fügt der Autor als Epitheta Marias noch hinzu: Sie ist die „Gottbezogenheit in Person, die geschaffene ‚relatio subsistens', das geschaffene Sein als Liebe". Ferner ebd. 784: „Sie ist der geschaffene *Anfang*, in dem der Schöpfer Himmel und Erde erschaffen hat." Unverkennbar ist in all diesen Äußerungen die Nähe zu W. Klein, den der Herausgeber des Ulrichschen Werkes, St. Oster, hier auch ausdrücklich anführt mit den Worten: „Das Tiefste darüber hat Verf. [gemeint ist F. Ulrich] durch P. Wilhelm Klein S. J. (1889–1996) empfangen (der Hrsg.)": ebd. 215[86]. Neben Klein ist Ulrich auch von v. Balthasar beeinflusst. Über den wechselseitigen Einfluss beider informiert E. Tourpe, La positivité de l'être comme amour chez Ferdinand Ulrich à l'arrière plan de Theologik III. Sur un mot de H. U. v. Balthasar, in: Greg. 89 (2008) 86–117.

284 Vgl. U. Wickert, Die dreifaltige Mutterschaft Mariens, Vallendar 2007, bes. 149ff. – NB: Auch Wickert hat eine Zeitlang engen Kontakt mit Wilhelm Klein.

285 U. Wickert, Die Weltlichkeit des Glaubens, die historische Theologie und Maria Assumpta, in: H. Feld/J. Nolte (Hrsg.), Wort Gottes in der Zeit, FS K. H. Schelkle, Würzburg 1973, 378–409, hier: 400.

286 Oster, Person 442.

Damit scheint Oster – ganz auf der Linie von Wilhelm Klein – Folgendes sagen zu wollen: Wenn der Logos einen ihm angemessenen „Anfang“ bezüglich seiner von der Heiligen Schrift klar herausgestellten Beziehung als Schöpfer haben soll, dann kann dieser „Anfang“ weder „unheil“, noch „unterpersonal“ sein, sondern muss als „reiner personaler Anfang“, eben als Maria gedacht werden, in welcher der Logos immer schon „Fleisch“ ist, d. h. die Schöpfung angenommen hat. So ist die Fleischwerdung des Ewigen Wortes die „ewige Wahrheit des ewigen Gottes“, die freilich nur „im Fleisch der Geschichte wahr-nehmbar“ ist.[287] Von daher ergibt sich für Ulrich wie für Oster, ganz auf der Linie ihres großen „Gewährsmanns“ Klein, die Kurzdefinition Jesu Christi: Er ist „Gott in Maria“.[288] Die Schöpfung in Christus, durch ihn und auf ihn hin, geschah bereits in jenem Ur-Anfang (ἀρχή), der „Maria“, aber auch „Weisheit“, „Kirche“ genannt werden kann (man beachte die Anführungszeichen![289]), d. h. in jenem ersten Geschöpf, das als solches ein reines Ja zur Gabe seines Daseins und seiner Zielbestimmung spricht.
Die in diesem Paragraphen skizzierten neueren theologischen Positionen stehen in der Folge der im Ersten Teil, Kapitel 6 nachgezeichneten Stationen jener „subkutanen“ Geschichte, welche die biblische Weisheit strikt personal versteht und mit der Maria-Ecclesia identisch setzt. Dabei darf nicht außer Acht gelassen werden, dass diese Positionen (die sich noch vervielfältigen ließen) aufs Ganze gesehen *Ausnahmen* sind. Wir stehen hier gewissermaßen vor einer Neben- oder „Untergrund“-Geschichte („counterstory“) der Frömmigkeit und Theologie. Darüber lief als „mainstream“ die Einstellung, dass es sich bei der biblischen Weisheitsfigur um (allegorische) Personifizierungen handelt, die allenfalls metapho-

287 Ulrich, Gabe 639.

288 Ulrich, Gabe 55 u. ö. – Ulrich wie auch Oster gehen von da aus, gleichfalls in den Spuren Kleins, noch einen Schritt weiter, indem sie Maria als die geschaffene, menschliche „personale Trägerin“ der in Jesus Christus selbst ja nicht von einer *menschlichen* Person personalisierten Natur Jesu verstehen. Vgl. Ulrich, Gabe 55: Maria ist „die geschaffene Person der geschaffenen menschlichen Natur der ungeschaffenen göttlichen Person (des Verbum unigenitum Patris)“. Ebenso Oster, Person 439f: „Die menschliche Natur Christi hat ihren menschlichen Träger in Maria, die ihm diese Natur in ganzer Hingabe geschenkt hat“. Diese Idee einer Personalisierung der menschlichen Natur Jesu in und durch Maria ist nicht neu. Sie findet sich etwa schon bei Rupert v. Deutz. Siehe S. 167. Ich halte diese Identifizierung dennoch nicht für nicht akzeptabel. Denn wenn dem gegenüber das klassische Verständnis der „hypostatischen Union“ besagt, dass es gerade *die göttliche Person des Logos* ist, welche die menschliche Natur Christi personalisiert, so hat dies extrem wichtige und m. E. unverzichtbare soteriologische Konsequenzen: Gott selbst *in Person* ist es, der unser „armes Fleisch und Blut“ (Martin Luther) annimmt, sich *in Person* damit identifiziert und in sein eigenes Leben führt.

289 Mit den Anführungszeichen soll darauf hingewiesen werden, dass die hier gemeinten Größen nicht einfach und schlechthin mit den entsprechenden *geschichtlich-„historischen“* Größen identisch sind. Dazu später.

risch auf Maria angewendet und Gegenstand frommer Meditation sein können, aber für eine rational arbeitende Mariologie nichts hergeben.

Doch kann die Frage nicht ausgespart bleiben: Wie sind die Hinweise der Heiligen Schrift und der theologischen Tradition über die „Weisheit", die „am Anfang der Wege Gottes steht", zu interpretieren? Mehr noch: Was ist von den theologischen Positionen zu halten, welche die Weisheit mit der Maria-Ecclesia identifizieren?

Dabei darf der weite Rahmen, in dem diese Probleme stehen, nicht übersehen werden: Es ist die im sechsten Kapitel des 1. Teils bereits entfaltete Frage nach der „Prädestination" Marias, die sich wiederum im Problemkontext der „Prädestination" der Menschwerdung Christi stellt. Wie ist die mit der Prädestination gegebene Frage nach der „Vor- bzw. „Überzeitlichkeit" der eng miteinander verbundenen „Größen": Kirche, Maria, Weisheit, (ebenso auch des vorzeitliche Wirkens Christi) und deren genaue Beziehung zur Schöpfung zu beantworten? Wie lässt es sich vereinbaren, dass diese „Größen" auf der einen Seite als vor- bzw. übergeschichtlich gezeichnet werden, auf der anderen Seite aber als strikt geschichtliche Größen bestimmt sind? Sind sie zu verstehen als Elemente eines ewigen göttlichen Plans, der sich dann im Lauf der Geschichte (in sich steigernder Intensität: von Abraham zu Israel, zu Maria, zur Kirche …) verwirklicht? Oder sind sie – vom theologischen Konzept Rahners her gefragt – ein transzendentales Apriori, welches das Wesen der Schöpfung von Anfang an zwar real und zutiefst prägt, sich aber erst und nur im Lauf der Geschichte verwirklicht? Oder ist die Maria-Ecclesia schon am „ersten Schöpfungsmorgen" da, und ist sie dann das personale Gegenüber, mit dem sich Gott vermählt? Könnte hier tatsächlich die Rede von der „überzeitlichen" geschaffenen Weisheit, von der „Ecclesia primigenia", von „Maria" einsetzen? Oder ist das Ganze ein Pseudoproblem, das von einer illusionären Zeitauffassung her die Reflexion narrt (im Sinne des schon angeführten Klein-Wortes, dass wir die reine Schöpfung „in unserer zeitlichen Vorstellung [!] an den Anfang der Zeit stellen")? Vor allem aber bleibt für weitere Fragen offen das von Wilhelm Klein gestellte Problem der Vermittlung von endlichem und unendlichem Sein sowie das von den russischen Sophiologen vorgetragene Anliegen einer vom Göttlichen durchwirkten Schöpfung.

Angesichts dieser Fragenfülle haben wir im Folgenden zunächst eine Reihe von Interpretationsmöglichkeiten zu erörtern und offenen Problemen weiter nachzugehen. Als erstes stellt sich die Frage: Was ist mit der „Vor bzw. Überzeilichkeit" der Weisheit, der Kirche, Marias … gemeint?

§ 2 Maria-Kirche – „ersterschaffenes Geschöpf"?

1. Interpretationsmöglichkeiten

(a) Im-ewigen-Plan-Gottes-sein

Die geläufigste Interpretationsrichtung, die auf die aus der Tradition überkommene „Vorzeitlichkeit" (der Weisheit, Kirche, Marias …) eingeht und die auf den ersten Blick auch keine sonderlichen Schwierigkeiten zu bereiten scheint, ist diese: Wenn von der „Vor"- oder „Überzeitlichkeit" der genannten Größen die Rede ist, so bezieht sich diese Redeweise allein auf den ewigen Plan Gottes („Prädestination"), in welchem diese ihren „Ort" haben und allein deshalb „überzeitlich" genannt werden können.

Als prominentes Beispiel für dieses Verständnis kann Henri de Lubac stehen. Nachdem der große französische Theologe eine Fülle von Texten angeführt hat, die von einer „vorzeitigen Kirche" sprechen, stellt er im Anschluss an eine Oration des Sacramentarium Leonianum (heute meist Sacramentarium Veronense genannt) heraus, dass man die Kirche „vor Beginn der Welt' sehen muss. ‚Sie nimmt ihren Anfang und beginnt zu wachsen zusammen mit Christus aus dem Willen des Vaters, des Sohnes und des Geistes'. Man muss sie, auch sie, identifizieren mit der geheimnisvollen Weisheit, die mit dem Schöpfer das Werk der Schöpfung leitet".[290] Zustimmend führt er dann die einschlägigen Texte über die ecclesia primigenia aus dem „Hirten des Hermas" und Werken des Origenes an (vgl. S. 146ff). Doch mündet all dies schließlich in die Interpretation ein, dass die Kirche als die konstitutive Größe der endgültigen Wirklichkeit „das Erste *im Plan* Gottes ist"[291] und durch ihre übergeschichtliche Charakterisierung als eine „definitive Größe" gekennzeichnet wird.

Im Plan Gottes, das heißt: in der Ewigkeit Gottes. Darin ist aber alles gleichzeitig. Erst in ihrer geschichtlichen „Realisierung" treten die von Gott geplanten heilsgeschichtlichen Größen in die Differenz von Zeit und Raum ein und werden damit für uns, zeitlich verfasste Menschen, ungleichzeitig. So gesehen „unterläuft" diese Verstehensrichtung das Problem einer „vorzeitigen Kirche" bzw. Marias oder der Sapientia dadurch, dass sich deren Vor- bzw. Überzeitlichkeit nicht

---

290 Lubac, Méditation 51.

291 Ebd. 52: „Ce qui est premier dans le Dessein de Dieu, voilà ce qui constitue la réalité définitive". Auf dieser Linie kommentiert er dann auch P. Teilhard de Chardin (siehe S. 491f), indem er dem „Ewig-Weiblichen" den hypostatischen Charakter aberkennt, es (nur) als kosmische Macht in Gottes Plan interpretiert und als (nachträgliche) Universalisierung der Person Marias.

auf etwas schon real Verwirklichtes bezieht, sondern allein auf deren Konstitution und währende Präsenz im überzeitlichen Plan Gottes. Dieses Verständnis dürfte auch jüdischen Präexistenzvorstellungen entsprechen, welche zum Ausdruck bringen wollen, dass die als vor- oder überzeitlich bezeichneten Heilsgrößen mit Sicherheit eintreffen werden, dass also der Heilsplan Gottes sich unweigerlich durchsetzt.

So einleuchtend diese Interpretation auch zu sein scheint: sie hat Voraussetzungen, die nicht einfach selbstverständlich sind. Sie geht davon aus, dass Ewigkeit Gottes so viel wie Zeitenthobenheit bedeutet, d.h. dass der ewige Gott mit seinen ewigen Plänen, vom geschichtlichen Werden und Sich-verändern unbetroffen, „über" der Geschichte steht. Für ihn ist alles „gleichzeitig", aller Wechsel betrifft nur das geschöpflich-geschichtliche Sein.

Diese in der älteren theologischen Tradition einhellig vertretene Voraussetzung wird seit ungefähr einer Generation von nicht wenigen Theologen in Frage gestellt.[292] Zwar ist Gott seinem Wesen nach ewig; indem er aber in Freiheit eine zeitverfasste Schöpfung ins Werk setzt und mit dieser aufs engste personal kommuniziert, verzeitlicht sich Gott (in Freiheit) selbst, d.h. tritt er aus seiner Zeitenthobenheit heraus, bindet er sich an die Gesetze der Zeit und wird so selbst „veränderlich", ohne deswegen den „nichtenden Kräften" des Chronos unterworfen zu sein. Gott bleibt auch in der Zeit „Herr der Zeit".

Die bisherige theologische Tradition war maßgeblich geprägt von der (philosophischen) Idee Gottes als des „primus motor *immobilis*". Die Heilige Schrift zeigt dagegen ein weitaus dynamischeres Gottesbild: Schon im Alten Testament manifestiert sich Gott als der Weg-Gott, der mit den Menschen gemeinsam Geschichte macht. Er führt und geleitet sie, aber mit sehr beweglichen Plänen, die jeweils die freie Entscheidung des Menschen respektieren. Je nach dessen Reaktion kann Gott sich seiner Pläne „gereuen lassen", andere entwerfen und neue vor die Freiheit des Menschen stellen. Die Entscheidung zur Übernahme (oder Ablehnung) seiner dem Menschen geschenkten Gaben und Aufgaben hat offenbar für Gott selbst Bedeutung. Er übergeht und erzwingt sie nicht; er wirbt und bittet um sie. Da, wo sein Wort abgelehnt wird, spricht er andere Menschen an, eine andere Generation, eine neue Menschengruppe.

Dies alles als „Anthropomorphismus" abtun, hieße verkennen, dass eben dieses „geschichtliche Verhalten" Gottes in seinem tiefsten Wesen und seiner höchsten Vollendung in der Menschwerdung des Gottessohns offenbar wird. Darin unterwirft Gott sich dem Prozess der Geschichte, in welchem diese, zunächst dunkel vorher angekündigt, dann in Zeichen vorweggenommen und real antizipiert, an einem bestimmten Zeit- und Raumpunkt zu ihrem Höhepunkt gelangt. Indem Gott Mensch *wird*, zeigt sich unüberbietbar,

292 Es würde in unserem Zusammenhang viel zu weit führen, Gründe und Gegengründe dafür im Einzelnen zu nennen und zu erörtern. Näheres dazu bei Greshake, Gott 301–310 (Lit.). Von diesen Seiten werden im Folgenden einige Passagen zitiert.

dass Gott nicht zeitenthoben ist, sondern „werden" kann,[293] was er nicht „immer schon" ist. Im Menschgewordenen bindet er sich in unübersteigbarer Weise an die zeitverfasste Schöpfung, so sehr, dass daran auch in höchster Weise deutlich wird, dass Gott im *ganzen* Werk der Schöpfung nicht nur etwas Entspringendes, wovon er selbst nicht tangiert wird, „nach außen" setzt, sondern dass dieses Eingang findet in den personalen Bereich Gottes selbst. Zwar ist die Menschwerdung die höchste und darum absolut einmalige Zuspitzung des Verhältnisses Gott-Geschöpf. Doch wie „das Geringere immer in der Möglichkeit des Größeren gründet",[294] so nimmt es auch (als Geringeres) an der Wirklichkeit des Größeren teil, so dass gefolgert werden darf: Gegenüber der ganzen Schöpfung setzt sich Gott als ein sich mit Zeit und Geschichte Vernetzender, als ein „Werdender". Seine Ewigkeit ist nicht Zeitenthobenheit oder Zeitlosigkeit, sondern „Herrschaft über die Zeit". Nur in einer solchen Perspektive ist die Geschichte nicht ein „Spielen der Liebe mit sich selbst", ein „theatrum gloriae Dei" (Calvin), nur so kann sie etwas Neues bringen; etwas Neues für den Menschen, *was kein Auge gesehen und kein Ohr gehört und in keines Menschen Herz gedrungen ist* (1 Kor 2,9), etwas Neues aber auch für Gott: Wenn Christus dem Vater das Reich übergibt, das jener sich erworben hat und durch den Dienst seiner Gemeinde weiter erwirbt, so ist dieses Reich nicht immer schon da; es wird Gott *in der Geschichte* zugeführt, auf dass er es in Besitz nehme und herrscherlich alles in allem sei (1 Kor 15,28). Im Sitzen des Menschensohnes zur Rechten des Vaters tritt mithin nicht das – so Hegel –, was immer schon war, nämlich „die Identität der göttlichen und menschlichen Natur und die Ehre dieser aufs höchste vor das geistige Auge",[295] sondern es wird darin offenbar, dass etwas geschichtlich Gewordenes in Gott eingeborgen wird und Gott damit selbst in Ewigkeit der an und mit der Geschichte (und d.h. im Wechselspiel mit geschöpflicher Freiheit) Werdende und Gewordene ist.[296]

293 Vgl. K. Rahner, Probleme der Christologie von heute, in: Schr. I, 169–222, hier: 202. Siehe ferner: E. Jüngel, Gottes Sein ist im Werden, Tübingen 1965; H. Mühlen, Die Veränderlichkeit Gottes als Horizont einer künftigen Christologie, Münster 1969; H. Küng, Menschwerdung Gottes. Eine Einführung in Hegels theologisches Denken als Prolegomena zu einer künftigen Christologie, Freiburg i.Br. 1970, 637–646; W. Maas, Unveränderlichkeit Gottes, München 1974; F. Meessen, Unveränderlichkeit und Menschwerdung Gottes, München 1974; R. Faber, Der Selbsteinsatz Gottes, Würzburg 1995. – Demgegenüber proklamiert H. Pfeil, Die Frage nach der Veränderlichkeit und Geschichtlichkeit Gottes, in: MThZ 31 (1980) 1–23 die Preisgabe des „Dogmas" von der Unveränderlichkeit Gottes als Preisgabe des Glaubens selbst und verdeutlicht die Zeitenthobenheit und reale Beziehungslosigkeit Gottes zur geschichtlichen Schöpfung mit dem Bild von der Sonne, die nicht verändert oder berührt wird, ob man sich von ihr erwärmen lässt oder sich in den Schatten stellt. Ein wahrhaft „verräterisches" Bild! „Als ob es keine wirkliche Zuwendung des Gottes der Liebe zu seinen Geschöpfen gäbe!", bemerkt dazu L. Oeing-Hanhoff, Metaphysik und Freiheit, München 1988, 164[113].

294 K. Rahner, Zur Theologie der Menschwerdung, in: Schr. IV, 137–155, hier: 149.

295 G. W. F. Hegel, Vorlesungen über die Philosophie der Religion, Bd. II/2, Hamburg 1966, 163.

296 Vgl. L. Oeing-Hanhoff, Hegels Trinitätslehre, in: ThPh 52 (1977) 378–407, hier: 304: Durch Gottes Eintritt in die Geschichte geschieht „Geschichtlichwerden, somit auch Verendlichung und mit dem Sich-Öffnen für geschichtliche Partner das Eröffnen einer Zukunft auch für ihn".

Wenn Gott sich also in Freiheit selbst verzeitlicht und an Zeit und Geschichte bindet – dabei freilich der „Herr" von Zeit und Geschichte *bleibt* –, so lässt sich nicht mehr so ohne weiteres sein „ewiger Plan" von der „geschichtlichen Ausführung" absetzen. Der „ewige Plan" zeigt sich dann eher als die „erste Phase" der einen großen Geschichte Gottes mit seiner Schöpfung. Von daher stellen sich zwei Probleme, die in dieser Interpretationsrichtung m. E. keine voll befriedigende Lösung finden.

1. Problem

- Wenn es in 1 Kor 8,6 heißt, dass *alles durch IHN ist* und der hier Gemeinte mit dem Namen *Jesus Christus* bezeichnet wird,
- wenn in 1 Kor 10,4 der Fels, aus dem Israel in der Wüste trank, mit *Christus* identifiziert wird,
- wenn es in Eph 1,4ff heißt, dass wir in *Jesus Christus vor* der Erschaffung der Welt erwählt sind,
- wenn in Kol 1,15ff der „Sohn" nicht nur als *vor* der Schöpfung seiend, sondern auch als *„Erstgeborener der* (!) ganzen *Schöpfung"* prädiziert wird,

so stellt sich die Frage, warum hier von *Jesus Christus*, dem Namen des Menschgewordenen, die Rede ist und er dazu noch als „Erstgeborener der Schöpfung" bezeichnet wird, warum also hier nicht „korrekterweise" vom „ewigen Gottessohn", „Logos" bzw. „verbum incarnandum" gesprochen wird. Setzen die neutestamentlichen Redeweisen, beim Wort genommen, nicht voraus, dass der ewige Gottessohn schon am Beginn der Schöpfung und damit vor seiner geschichtlichen Menschwerdung mit der Schöpfung vereint ist?[297] Oder muss man die angeführten Texte als „uneigentliche Rede" ansehen bzw. als Benennung des einen Gottessohnes, der von der späteren geschichtlichen Erfahrung her Jesus Christus heißt und dessen Name daher ins „Primordiale" hinein rückprojiziert wird? Oder ist, was den Namen „Erstgeborener der Schöpfung" angeht, dieser lediglich – im jüdischen Sinn – als „Würdebezeichnung" des Sohnes ohne jede Zeitkonnotation zu verstehen? Das alles ist keineswegs auszuschließen.

Aber da ist auch noch Joh 1,9f: *Er* (der Logos) *war* (schon vor seiner Fleischwerdung) *in der Welt, und die Welt ist durch ihn geworden. ... Er kam* (mit der Menschwerdung) *in sein Eigentum*. Setzt die Überzeugung, dass der Logos schon

297 In diese Richtung scheint sogar Ratzinger, Jesus. Prolog 80 zu interpretieren: „Der Begriff der Erstgeburt erhält eine kosmische Dimension. *Christus der menschgewordene Sohn*, ist sozusagen die erste Idee Gottes und *geht aller Schöpfung voraus*". (Hervorhbg. GG). Meint Ratzinger das wirklich wortwörtlich: der *Menschgewordene* (!) geht aller Schöpfung voraus? Oder meint er nur: Im Plan Gottes geht er voraus?

vor der Menschwerdung in der Welt *war*,[298] nicht voraus, dass die Welt ihn in diesem Zuvor in Freiheit (!) aufgenommen (oder eben abgelehnt) hat? Oder sollte es zwei völlig differente Weisen der Gegenwart des Gottessohns in der Welt geben: zum einen die ohne geschöpfliche Zustimmung ergehende Gegenwart von Beginn der Schöpfung an und zum andern die in Freiheit (durch Maria) angenommene Gegenwart infolge seiner geschichtlichen Menschwerdung? Damit stehen wir schon vor dem

2. Problem

Vorausgesetzt, dass die Schöpfung von Gott aus Liebe zur Liebe erschaffen wurde, dass sie also unter dem Apriori der Zuwendung und Freundschaft Gottes steht, so ist zu fragen, wann, wo und wie denn die Entgegennahme dieser Liebe und die geschöpfliche Antwort geschieht. Musste Gott – anschaulich gesprochen – 15 Milliarden Jahre der Evolution „warten“, bis seit ca. 200 000 Jahren der Mensch auftrat, der als geistbegabtes Geschöpf ihm Antwort geben konnte? Oder gibt es eine „dialogische“ (sic!) Interaktion Gottes auch mit den „vormenschlichen Lebewesen und Kräften“?[299] Oder könnte hier das Ja-Wort der „Engelwelt“ substitutiv eingesprungen sein? Oder bleibt bis zum Ja des Menschen die Relation Gottes zur Schöpfung unvollkommen und fragil, da eine Relation erst „dann zu ihrer Vollgestalt als personale Relation [findet] …, wenn das Gegenüber selbst eine Person ist, in der Freiheit in ihrer Vollgestalt sichtbar wird“?[300] Auch das ist nicht auszuschließen. Doch könnte sich nicht eine andere Hypothese auch oder sogar eher anbieten, dass nämlich schon der grundlegende Schöpfungsbeginn im Wechselspiel von Wort und Ant-wort, von Gabe und Gegen-Gabe erfolgt, dass also die erste Schöpfungstat Gottes eine „persona immaculata“ hervorbringt, die das Geschenk des Seins als Gabe Gottes und als gottbestimmte Bestimmung ihres Daseins *in Freiheit* annimmt? Genau auf dieser Linie bewegen sich einige patristische Texte mit ihrer Rede von der „Ecclesia ab initio“.

Wir kommen darauf zurück, nachdem wir zuvor noch andere Interpretationsmöglichkeiten der „Überzeitlichkeit“ erörtert haben.

---

298 Dabei ist nicht auszuschließen, dass die Redeweise vom „In-der-Welt-Sein“ des Logos vor seiner Inkarnation sich der Rezeption eines (vorchristlichen) Logos-Liedes verdankt, das seinerseits von dessen Fleischwerdung nichts wusste. Doch indem dieses Lied so und nicht anders von einer kanonischen Schrift rezipiert und damit in einen neuen Zusammenhang gestellt wurde, sollte etwas zum Ausdruck gebracht werden. Und eben von dieser (neuen) Aussage her entsteht das o.g. Problem.

299 So: H. Kessler, Evolution und Schöpfung in neuer Sicht, Kevelaer 32010, 134.162.

300 Oster, Mit-Mensch-Sein 308.

(b) Andere Raum-Zeitlichkeit?

Eine zweite Interpretationsmöglichkeit erklärt die uns hier beschäftigende Frage nach einer evtl. Vor- oder Überzeitlichkeit der Maria-Ecclesia u. dgl. als ein Pseudoproblem. Denn – so sagt man – die Zeit- und Raumdifferenz, die wir heute erfahren, ist eine „uneigentliche". Sie bezieht sich allein auf die „superficies historica", hinter der bzw. unter der die „eigentliche" = „unzeitliche" Wirklichkeit verborgen präsent ist, sei es dass die erfahrbare Raum-Zeitlichkeit von vornherein als „mindere Wirklichkeit" von Gott erschaffen wurde, sei es dass sie als eine erst durch die Sünde hervorgerufene Gestalt der Geschichte (Leiblichkeit, Materialität, Historizität) konstituiert wurde,[301] eine Gestalt, welche dann überhaupt erst bewirkt, dass sich Personen in ihrem irdischen Dasein zu verschiedenen Zeiten an unterschiedlichen Orten befinden können. Demgegenüber – so die These – gibt es eine andere Gestalt der Geschichte, die sich ablesen lässt am auferstandenen Christus, welcher Leiblichkeit, Materialität und Historizität derart „verwandelt und in sein göttliches Dasein aufgenommen [hat], dass sie nicht mehr Manifestation geschichtlicher Trennung, sondern geradezu Ermöglichungsgrund von personaler Einigung" sind.[302] Eine solche ganz andere Weise von Raum und Zeit sei auch für die „reine Schöpfung" vorauszusetzen, so dass die Rede von einer Vor- bzw. Übergeschichtlichkeit Marias, der Kirche, des menschgewordenen Gottessohns … in der Perspektive der „reinen Schöpfung" obsolet sei. Nur für uns „arme Evaskinder" gelte sie, da aber gelte sie *wirklich.* Das heißt: Für uns gibt es Maria … nur jeweils „in illo tempore", in der Differenz der Zeit, an einem bestimmten Zeitpunkt.

Zu dieser Interpretationsweise ist Folgendes zu bemerken:

(1) Man kann gewiss, im Blick auf den Begriff der „superficies historica" (ein Begriff, den bereits Origenes verwendet) von Geschichte als einem „Geschichteten" (W. Klein) sprechen, insofern sich unter der Oberfläche äußeren Geschehens immer Tieferes abspielt, so z. B. innere seelische Zustände und Vorgänge. Und auch diese lassen sich in noch in tiefere Schichten verfolgen, letztlich bis hinein in die Grundauseinandersetzung zwischen Gott und dem Bösen, wie sie etwa in der Offb anschaulich geschildert wird. Aber wegen dieser „Schichtung" ist das äußere Geschehen nichts Minderes, Abzuwertendes oder gar Negatives. Im

301 Letztere Sicht (Geschichte als Resultat der Sünde) lässt sich m. E. gar nicht oder nur schwer vereinbaren mit der von der Hl. Schrift eingehämmerten Geschichtsmächtigkeit Gottes und der „Produktivität" der Geschichte im Zusammenspiel von Gott und Mensch. Spätestens hier wird man deshalb der Konzeption Wilhelm Kleins mit Nachdruck zu widersprechen haben.

302 Oster, Person 456 (hier in einem etwas anderen Zusammenhang).

Gegenteil: die „superficies historica“, die äußeren „Oberflächenereignisse“, sind gerade in ihrer absoluten Kontingenz, ihrer jeder Ordnung entbehrenden Chaotik und ihrer nicht und niemals in den Griff zu bekommenden Zufälligkeit (die Glück oder Unglück bedeuten kann) eines der gewaltigsten *Zeichen*, welche die abgrundtiefe Endlichkeit und unbedingte Verwiesenheit des Menschen auf das ihm von Gott her Zu-Fallende klarmachen (klarmachen können und sollen) und welche *von Gott* dazu benutzt werden, seinem Geschöpf das nicht Machbare und absolut Gnadenhafte, das buchstäblich als Glücksfall Zu-Fallende, zukommen zu lassen. Ganz abgesehen davon, dass sich in der historischen Raum-Zeitlichkeit die menschlichen Entscheidungen abspielen, die „auf Leben und Tod“ getroffen werden. Aus all dem resultiert die immense Bedeutung der „superficies historica“, die deshalb nicht auf „Uneigentlichkeit“ reduziert werden darf.

(2) Dennoch mag es durchaus sein, dass der Einbruch der Sünde auch eine neue Zeit- und Raumerfahrung mit sich gebracht hat, ein Gedanke, der uns heute insofern nahe liegt, als auch die modernen Naturwissenschaften (zwar in anderer Hinsicht, aber doch auch) von der Relativität, d. h. von einer vom Subjekt abhängigen Zeit- und Raumerfahrung sprechen. Auf dieser Linie nahm bereits Peter Lengsfeld an, dass aufgrund der Sünde eine neue Zeit- und Raumerfahrung entstand, nämlich die einer „*dis*soziierenden Geschichtlichkeit“.[303] Doch wie immer man diese von einer ursprünglichen „*con*soziierenden Geschichtlichkeit“ abhebt: Wenn beides wirklich „Geschichtlichkeit“ ist, kommt man um eine irgendwie geartete Differenz der Zeit (und des Raumes) nicht herum. Das heißt für unser Thema: Mag es auch „vor“ der Sünde eine andere Form der Zeitlichkeit gegeben haben: der Heilsplan Gottes vollzieht sich in der (wie auch immer gearteten) Geschichte und damit in der Differenz von Raum und Zeit. Daraus folgt, dass sich durch Verweis auf eine andere Weise der geschichtlichen Wirklichkeit die Frage, ob und wie es eine Vor- oder Überzeitlichkeit Marias, der Kirche … gibt und wie sie zu verstehen ist, nicht abweisen lässt. Sie stellt sich nur unter anderen Voraussetzungen neu.

Scheint die Interpretation einer durch die Sünde gebrochenen „anderen“ Raum-Zeitlichkeit für unser Problem nicht viel herzugeben, so ist die folgende Lösung umso gewichtiger: Maria, Kirche, die menschliche Natur des Gottessohnes u. dgl., die in Schrift und Tradition nicht selten als „übergeschichtlich“ gekennzeichnet werden, lassen sich als „transzendentale Größen“ verstehen.

303 Lengsfeld, Adam 242–249. Siehe S. 263 unserer Studie.

(c) „Transzendentale Größen"

Als „transzendental" wird seit Kant eine Fragestellung bezeichnet, die nach den apriorischen Bedingungen der Möglichkeit von Erkenntnis und/oder den apriorischen ontologischen Voraussetzungen für Gegebenes fragt. Es geht – so Hermann Krings – um die „begriffliche und logisch kontrollierte Zurückführung eines Gegebenen auf nicht Gegebenes, ...ohne welches das Gegebene nicht als möglich gedacht werden kann".[304] Transzendentale Größen lassen sich natürlich erst dann im Denken erweisen, wenn und in dem Maß als sich das, was transzendental zu fundieren ist, *faktisch ereignet* hat (oder immer schon ist) und damit überhaupt erst ein Gegebenes vorliegt, das auf seine (transzendentalen) Voraussetzungen hin befragt wird. Weil transzendentale Größen ausschließlich Denkbedingungen eines Gegebenen erschließen, sind sie nicht Objekte der Erkenntnis im strengen Sinn. Es können über sie „weder Aussagen über die Existenz noch über die Beschaffenheit der stets nur *gedachten* Bedingung getroffen werden. ... Der Grund des Erkennens wird *gedacht*, er wird nicht gegenständlich erkannt, nicht objektiv greifbar und deshalb nicht bewiesen".[305] Im ursprünglichen Sinn stellen darum transzendentale Größen kein Verfahren bereit, um aus ihnen Faktisches zu deduzieren oder eine Ontologie klassischen Zuschnitts zu entwerfen. Sie sind und bleiben *Möglichkeiten*, den inneren Grund eines Gegebenen, das ihm innewohnende Prius zu *denken*. Dennoch gibt es bereits im Deutschen Idealismus den Übergang von transzendentalphilosophischen Reflexionen zu einer Ontologie (oder auch ontologischen Phänomenologie), die nicht nur nach den *Denk*bedingungen eines Gegebenen fragt, sondern nach dessen *Seins*bedingungen und die damit nicht nur die Logik des Denkens befriedigt, sondern auch das Streben nach „sach"-haltiger Erkenntnis.

Auf dieser Linie verfährt auch Karl Rahner. Er bestimmt seine transzendentale Theologie als eine Anthropologie, die „bei jedem dogmatischen Gegenstand nach den notwendigen Bedingungen seiner Erkenntnis im theologischen Subjekt mitfragt".[306] Wird diese Fragestellung etwa auf die Christus- und Heilswirklichkeit gewendet, so zeigt sich, dass – soll der Gottmensch Jesus Christus und das von ihm vermittelte Heil nicht als eine „fremde", unvermittelte und unverstehbare Größe in dieser Welt ankommen – die ganze Schöpfung, zumal der Mensch, auf dieses Ereignis hin apriori ausgerichtet und in seinsmäßiger Tiefe und bewusstseinsmäßigem Erfahrungspotential davon *strukturell* geprägt sein *muss*. Nur so

---

304 H. Krings, Gott 3, in: HphG 3, 629–641.

305 So in einer kurzen, aber sehr treffenden Skizze der transzendentalphilosophischen Methode: M. Lerch, All-Einheit und Freiheit. Subjektphilosophische Klärungsversuche in der Monismus-Debatte zwischen Kl. Müller und M. Striet, Würzburg 2009, 134f.

306 K. Rahner, Theologie und Anthropologie, in: Schr. VIII, 43–65, hier: 44.

und nur dann kann Jesus Christus wirklich das innere Herz und Ziel der Schöpfung sein und die Maria-Ecclesia sich als deren Vollgestalt erweisen.

Aber Rahner fragt nicht nur nach den real-ontologischen und *in diesem Sinn* transzendentalen Bedingungen für das „Ankommen" des Heils im Menschen, sondern auch nach den transzendentalen Bedingungen (wiederum im real-ontologischen Sinn) für die faktische Struktur des Menschseins, das nach dem Unendlichen, nach grenzenloser Liebe und ewigem Leben, nach Versöhnung und Frieden Ausschau hält und in all dem letztlich (explizit oder implizit-„anonym") nach Gott und seiner Zuwendung zur Welt fragt und sucht. In einer solchen Perspektive können die apriorische Heilsverfasstheit der Welt und damit Kirche, Maria, Menschwerdung … als real-ontologische und in diesem Sinn transzendentale Größen betrachtet werden, die von vornherein die Gestalt der Welt und ihren geschichtlichen Verlauf *strukturell* prägen, die freilich erst dann voll erkannt werden, wenn und in dem Maße als sich der apriorische Heilsratschluss Gottes geschichtlich-konkret *realisiert* hat. Denn erst vom Faktum her lässt sich auf dessen apriorische Möglichkeitsbedingung zurückschließen. So bedeutet z. B. die Menschwerdung Gottes ein solches Höchstmaß an Verwirklichung der der Welt immanenten Transzendenz, dass sie nicht aus einer immanenten Phänomenologie der Welt erschlossen werden kann, sondern dass umgekehrt das Faktum der Menschwerdung allererst die Amplitude dieser Transzendenz erkennen lässt. Allerdings gibt es, weil es ja um die *reale* (ontologische) Prägung und Finalisierung der Schöpfung auf die Menschwerdung hin geht, von Anbeginn an in ihr Hinweise, Zeichen, Erfahrungsansätze, die sich in Sehnsüchten und Träumen, Ideen, Theorien und Lehrgebäuden ausformulieren und die Basis jeder Religion bilden. In diesem Sinn ist also auch die Maria-Ecclesia in der ganzen Geschichte gegenwärtig und „entdeckbar".

Aber als was genau? Handelt es sich allein um eine zwar ontologische, aber dennoch nur transzendentale „Struktur", ohne dass damit eine *reale* hypostatische „Vor- und Überzeitlichkeit" gemeint ist? Gibt es zwar eine „marianische Prägung" der Schöpfung (H. U. v. Balthasar) wie es auch deren „christologische Prägung" gibt, ohne dass aber damit notwendig so etwas wie eine „präexistente" Maria (im Sinne einer real existierenden „Weisheit von Anbeginn") oder ein präexistierender Gott*mensch* gegeben ist oder gegeben sein muss? Offen bleibt also abermals die Frage: Ist das transzendentale Apriori – nennen wir es konkret alttestamentlich: die „Vermählung Gottes mit der Welt" oder neutestamentlich: Jesus Christus, der „Gott in Maria" – bis zu seiner geschichtlichen Verwirklichung nur eine transzendentale Struktur (das ist es natürlich auch!) oder eine immer schon verwirklichte Wirklichkeit, die sich zwar im geschichtlichen Nacheinander auf verschiedene Weise realisiert, aber diesen Verwirklichungen als reale seinsmäßige Größe auch vorausgeht (und nachfolgt, insofern die ganze weitergehende Geschichte davon erreicht werden soll!)? Es bleibt also die sich schon im Anschluss an den „ewigen Plan Gottes“ stellende Frage, ob bereits der Schöpfungsbeginn im Wechselspiel von Wort und Ant-Wort, von Gabe und Gegen-Gabe erfolgt, ob also die erste Schöpfungstat Gottes eine „persona immaculata“ hervorbringt, die das Geschenk und die Bestimmung ihres Daseins in Freiheit annimmt.

Wichtige Zwischenbemerkung zum Problem der „Versprachlichung“
Im Folgenden unterscheiden wir, sofern es notwendig ist, zwischen Maria und „Maria“. Mit ersterer ist die historische Maria von Nazaret gemeint, die Mutter Jesu, mit „Maria“ dagegen jene primordiale Gestalt der Schöpfung, von der noch weiter die Rede sein wird. Diese trägt deshalb (und nur deshalb!) den Namen „Maria“, weil sie gewissermaßen die (transzendentale) Voraussetzung der historischen Mariengestalt ist und nur von ihr her voll erkannt wird.

(d) Erstgeschaffene ἀρχή?

Die offen bleibenden Fragen bzw. Aporien der ersten beiden Interpretationsrichtungen legen es nahe, diese dritte Richtung ernsthaft zu prüfen. Danach ist die apriorische marianische Verfasstheit der Schöpfung nicht nur eine strukturelle „Eigenschaft“ des Geschaffenen (im Sinne der balthasarschen Rede vom „marianischen Prinzip“[307]), auch nicht nur ein abstraktes transzendentales Gnaden-Apriori, das die Schöpfung von Anfang an konstituiert und zuinnerst prägt (Karl Rahner), sondern eine reale personale Größe „sui generis“, „Maria“, die ἀρχή aller Schöpfung, „Geliebte Gottes, ihm zur Seite“ (Spr 8,30), „geschaffene Weisheit“ und als solche „Ur-Design Gottes“ und Schöpfungssinn, jene geschaffene Person, die sich in Freiheit Gott ganz gibt, reinstes Empfangen und Gebären des Gottessohn von Urbeginn an (ἐν ἀρχῇ ἦν ὁ λόγος), geschaffener Anfang, dem die nachfolgende Welt und Geschichte entspringt und in denen die ἀρχή als die θεοῦ ἀχωρήτου χώρα, als die „Fassung des nicht zu fassenden Gottes“ (Hymnos Akathistos), sich als zugleich differenzierendes wie einendes Prinzip in Raum und Zeit manifestiert.[308]

307 Dabei sieht H. U. v. Balthasar, Prüfet alles – das Gute behaltet, Ostfildern 1986, 54 durchaus die Problematik, die der Rede von einem „marianischen Prinzip“ anhaftet; es besteht die Gefahr, „aus etwas Personhaftem, zum Beispiel dem Heiligen Geist oder Maria, etwas Abstraktes, Begriffliches zu machen“. Er versucht dadurch eine Vermittlung, dass er Maria „als die äußerste, personal-freie Konkretion dieses universalen Prinzips in den Blick“ nimmt: Steinbauer, Vorerlöst 385.

308 In dieses hochzeitliche Verhältnis Marias gehört auch der Heilige Geist, der als Urgabe die Freisetzung der geschöpflichen Freiheit erwirkt und ohne den deshalb ein interpersonales Verhältnis von Schöpfer und Schöpfung überhaupt nicht gedacht werden kann. Siehe dazu

Mit den schon auf S. 496 angeführten Äußerungen Wilhelm Kleins gesagt: „Die ursprüngliche Schöpfung … ist zum Ehebund mit ihrem liebenden Schöpfer geschaffen. … Der Vater schafft seinem Sohn durch den Hl. Geist in der Schöpfung seinen geschaffenen Ausdruck, seinen geschaffenen Leib. Logos und Logosbraut in der Schöpfung sind ein Leib. Zwei in einem Leib, vir und virgo, Christus und Maria. Das Jawort und Fiat des reinen Geschöpfes, in dem Maria sich empfängt und annimmt aus dem liebenden Vater im Wort des Fiat [gemeint ist das: fiat lux von Gen 1!] durch den Geist, verbindet zugleich das erste und allein eigentliche Brautpaar, den ewigen Logos mit dem nicht ewigen, geschaffenen, unbefleckten Geschöpf, in dem er sich sein eigenes geschaffenes Wesen schafft".

Nun sind und bleiben solche Bestimmungen einer „überzeitlichen Maria" sehr vage und unpräzise, wenn man nach deren genauerem „Wesen" fragt. Eine präzisere Antwort ist auch wohl kaum zu geben, zumal sich darüber die biblischen und theologiegeschichtlichen Aussagen über das Verhältnis der „Weisheit am Anbeginn" bzw. der „ecclesia primigenia" zur empirischen Welt und Geschichte weithin ausschweigen, wie im übrigen ebenso der ontologische Status einer Kollektivperson in einer gewissen Unschärfe verbleibt oder wie sich uns bei aller Anerkennung der Personalität Gottes und der Engel das Wesen solcher Personalität verbirgt. Vielleicht muss man sich hinsichtlich der geschaffenen ἀρχή mit Umschreibungen begnügen wie z. B.: Form, Prinzip, geschaffener Ursprung, δύναμις, „Herz der Welt", tragender und bergender „Raum", der die übrige Schöpfung durchwirkt und sich in ihr manifestiert.

Wichtig ist, dass sich der primordiale „Anfang" als ein Geschehen der Freiheit vollzieht, nämlich als freie Zustimmung, die Gabe des (geschaffenen) Seins *als Gabe* staunend und dankend anzunehmen und sich von Gott lieben zu lassen. Die reine ἀρχή hängt zwar – so W. Klein (siehe S. 497) – „von Anfang an dem liebenden Schöpfer so an, dass sie in keinem Augenblick sich von ihm abwendet", doch war in ihr die Möglichkeit des Abfalls, des „Wider-Wortes" gegen das schöpferische „Fiat lux" gegeben, und diese Möglichkeit wurde in der sie explizierenden und an ihr partizipierenden zeitlichen Schöpfung, bei uns Erdenkindern also, zur Wirklichkeit. Mithin hat also im Unterschied zu unserer (noch) labilen Freiheit das freie „immaculate Ja" der ἀρχή einen anderen Charakter: Ihre Freiheit hat, nachdem sie ihr Ursprungs-Ja gesprochen hat, den gleichen Status wie den der Seligen im Himmel. Auch die sind und bleiben ja frei, aber ihre Freiheit ist nicht gefährdet durch ein mögliches Nein zu Gott. Denn sie *sind* für immer frei, da sie im Ja zu Gott ihr Ganz-bei-sich-selbst-Sein gefunden haben. Wir dagegen müssen unser Selbstsein (im Hin-auf-Gott-Sein) im Prozess von Zeit und Geschichte erst noch suchen und finden. In diesem Status unserer noch labilen Freiheit gehört es aber auch zur Hoffnung und Zuversicht des Glaubens, auf die „apriorische Klammer" zu setzen, die als das unbedingte Ja Gottes und Echo-Ja der ἀρχή unsere noch labilen freien Entscheidungen umgreift.

Welche Argumente lassen sich für eine solche Konzeption anführen?

Das erste Argument knüpft bei der schon von Wilhelm Klein aufgeworfenen Frage nach der Vermittlung der ungeheuren Differenz von Schöpfer und Schöp-

---

B. Nitsche, Geist und Freiheit. Zu Status und Funktion der Pneumatologie in einer transzendentalen Theologie, in: Kl. Müller/M. Striet, (Hrsg.), Dogma und Denkform. Strittiges in der Grundlegung von Offenbarungsbegriff und Gottesgedanke, Regensburg 2005, 151–162.

fung an. Wie kann und muss Schöpfung gedacht werden, will man nicht in ausweglose Aporien geraten? Diese Aporien stellen sich etwa so dar:
Entweder gehört die Schöpfung zur Selbstidentität Gottes als ein Teil, Moment, Aspekt, notwendiger Ausfluss … des göttlichen Seins,
dann hat sie keinen Eigenstand,
oder der unendlichen Fülle göttlichen Seins und der alles bestimmenden göttlichen Allmacht steht in der Schöpfung ein wenn auch noch so subtiles „Etwas" gegenüber, das dann aber die absolute Fülle und unendliche Allmacht Gottes einschränkt,
dann ist Gott nicht mehr Gott.

Denn das Unendliche ist nur dann wahrhaft unendlich – so bereits Hegel –, wenn es nicht als Gegen-Größe zum Endlichen gedacht ist. Dann wäre das Unendliche ein Etwas gegenüber einem anderen Etwas und damit endlich.[309]

Schon in früheren Publikationen von mir wurde eingehend zu zeigen versucht,[310] dass nur ein dezidiert trinitarisches Gottesverständnis diese Aporien zu lösen vermag. Der dreifaltige Gott, dessen innergöttliches Leben sich im Austausch der Liebe vollzieht, ist kein in sich stehendes und in sich geschlossenen Absolutum, sondern ein Geschehen der Liebe, in dem jeweils eine göttliche Person ihr Gottsein von den beiden andern her empfängt und ihnen schenkt. Die Personen in Gott sind also von ihrer innersten Eigenart her – als vollkommene Liebe, zu deren Wesen es gehört, anderen Raum zu geben – dergestalt, dass sie Raum „neben" sich gewähren. Keine der göttlichen Personen nimmt gewissermaßen alles Sein „für sich" in Beschlag, alle empfangen und geben und erwirken so Raum für die anderen. Ein solcher zum Wesen des trinitarischen Gottes gehörende „eröffnende Raum" ist die Voraussetzung für die Existenz endlichen Seins, das durch eine dialektische Bestimmung ausgezeichnet ist: Es ist einerseits von Gott radikal unterschieden, andererseits zugleich auf ihn radikal bezogen, ja durch ein radikales In-Sein in Gott bestimmt. Hineingenommen in die „Differenz" von Gott Vater und Sohn (vereint im Geist der Liebe), ist auch die Differenz von Schöpfung und Schöpfer noch einmal in das innertrinitarische In-Sein in Gott aufgenommen.[311]

---

309 Siehe G. W. F. Hegel, Wissenschaft der Logik, WW III (WBG Darmstadt = Meiner), 131 u. ö.. Das Gleiche gilt auch von der Allmacht Gottes. Diese kann nicht Macht gegenüber einer anderen Macht oder über sie bedeuten, sonst wäre sie selbst partikulär. Vgl. Pannenberg, Systematische Theologie I, 456.

310 z. B. Greshake, Gott 219–243.

311 Rahner, Grundkurs 71 formuliert dieses dialektische Phänomen so: „Der Unterschied zwischen Gott und Mensch ist der Art, dass das eine den Unterschied des anderen zu sich selbst noch einmal setzt und darum gerade in der Unterscheidung die größte Einheit zu Stande bringt. Denn wenn der Unterschied selbst noch einmal von Gott herkommt [mehr noch – würde ich hinzufügen –: in der innertrinitarischen Differenz als Möglichkeitsbedin-

Wenn es also zur innertrinitarischen göttlichen Liebe gehört, dass eine Person sich selbst zugunsten der anderen zurücknimmt, dann – so Eberhard Jüngel –

> „wiederholt Gott im Akt der Schöpfung auf analoge Weise, was in Gott selbst von Ewigkeit her statt hat. Ist … die Gottheit Gottes definiert durch die trinitarische Gemeinschaft der Liebe, dann widerspricht es der Gottheit Gottes ganz und gar nicht, dann entspricht Gott sich vielmehr, wenn er im Akt der Schöpfung sich selber begrenzt … [und] im Akt des Schaffens selber zurücknimmt: wohlgemerkt, nicht als Gott zurücknimmt, sondern in dem Sinne, dass er einem anderen neben sich, neben seinem göttlichen Sein und Wesen Dasein und Wesen gewährt, Raum einräumt, Zeit gibt".[312]

So gesehen empfängt und besitzt die Schöpfung darin ihr Sein, dass sie aus reinster Liebe auf endliche Weise in das „Gegenüber" von Vater und Sohn gestellt ist und auf endliche Weise die „Verlängerung", „Ausweitung", „Entfaltung" des Sohnesverhältnisses ist. Sie ist – nach einem oft von Rahner geäußerten Gedanken – das, was wird, wenn Gott sich an „das andere" seiner selbst ganz und gar geben, ja entäußern will. Damit zeigt sich aber auch, dass die Menschwerdung Gottes von vornherein „inneres Moment des Kosmos" ist,[313] und damit hat auch Maria als eine der Bedingungen für die Inkarnation in einer noch zu klärenden Form an diesem „inneren Moment des Kosmos" teil.

Diese trinitätstheologische Voraussetzung führt, so entscheidend wichtig sie auch ist, noch nicht die *ganze* Lösung des Problems herbei. Denn es stellt sich notwendig die weitere Frage, welche Bedingungen *auf Seiten der Schöpfung* erfüllt sein müssen, wenn sie als die „endliche Ausweitung" der innertrinitarischen Sohnesrelation gedacht wird und nur so gedacht werden kann. *Wie* muss die endliche Schöpfung beschaffen sein, dass man nicht doch in eine der zuvor genannten Aporien gerät?

Als einzig mögliche Antwort scheint sich nahezulegen: Es ist eine geschaffene ἀρχή vorauszusetzen, eine Ursprungsgestalt der Schöpfung, die nicht eine geschlossene, „kompakte", zwar geschaffene, aber doch in sich stehende Größe ist, die als solche den unendlichen Schöpfer verendlichen würde, sondern welche die Adressatin einer Beziehung ist, die sowohl sich selbst wie alles, was in ihr geschieht, als reines Geschenk der Liebe Gottes empfängt und als Geschenk ständig bei sich hält. Die ἀρχή verwirklicht also, soweit es einem Geschöpf möglich

---

gung gründet], dann ist der Unterschied zwischen Gott und Welt ganz anders aufzufassen als derjenige zwischen kategorial verschiedenen Wirklichkeiten …".

312 E. Jüngel, Wertlose Wahrheit, München 1990, 154.

313 E.-M. Faber, Maria – Mensch im Brennpunkt der Erlösung. Die Mariologie Karl Rahners im Gesamtgefüge seiner Theologie, Dipl.-Arbeit, Freiburg i. Br. 1988, 32.

ist, das am trinitarischen Gott abzulesende Personsein: Ganz-Relation-Sein.[314] Sie muss sich deshalb verstehen als ein „Nichts" im Blick auf sich selbst, als „Hohlraum", der alles von der Freigebigkeit des Schöpfers erhält, als reine Transparenz für Wirklichkeit und Wirken des Schöpfers, als – noch einmal sei es wiederholt – θεοῦ ἀχωρήτου χώρα, als bloße „Fassung des nicht zu fassenden Gottes".

Damit ist nicht etwa radikale Passivität indiziert. Denn zum einen ist die Beziehung des Schöpfers zur Schöpfung personal und kann damit nicht ohne die antwortende Freiheit des Ja (oder die Verweigerung des Nein) sein, und zum andern gehört zum Geschenk des Schöpfers die Befähigung und Herausforderung zum Empfang und zur Mitwirkung am Werk der Schöpfung. Doch auch von diesem geschöpflichen Mittun gilt: Geschöpfe sind zwar dazu geschaffen, *in ihrem Leben die guten Werke zu tun*, aber nicht etwa Werke aus Eigenem, sondern solche, *die Gott im Voraus zu tun bereitet hat* (Eph 2,10).

Diese charakteristischen Merkmale der ἀρχή, der Ursprungsgestalt der Schöpfung,[315] nämlich „Sein im Empfang", „Nichts aus sich selbst sein", „Ganz-Relation-Sein", „reine Transparenz und bloße ‚Fassung' sein" – all das entspricht genau dem, was in den großen Strängen der Tradition mit „sapientia creata", „ecclesia primigenia" (Kirche seit Anbeginn der Schöpfung) oder eben „Maria-Ecclesia" gemeint ist. Der Name tut hier wenig zur Sache. Vielmehr geht es hier um die notwendige Vermittlung zwischen Schöpfer und Geschöpf und damit zugleich um die Urgestalt der Schöpfung, wie sie von Gott gewollt und ins Sein gesetzt ist. Nur in der skizzierten Form kann die Schöpfung als endliche Gestalt des (innertrinitarischen) Gottessohns Raum „in" Gott haben und Gott Raum „in" der Schöpfung. Nur so kann diese als endliche „neben" dem unendlichen Schöpfer existieren, nur so kann von ihr her sich der Sohn Gottes mit der Schöpfung aufs allerengste verbinden (unio hypostatica), dass er zugleich mit ihr eins wird und doch von ihr radikal unterschieden bleibt. Nur so kann die Schöpfung Gabe sein und zur „Vermählung" von Geber und Beschenktem führen und damit zum

---

314 Vgl. das auf S. 445 angeführte Wort von Grignion de Montfort: Maria ist „die ‚Beziehung auf Gott hin', da sie nur in der Beziehung zu Gott ist". Für das Folgende oben vgl. das zweite Motto dieser Studie, gleichfalls ein Wort Grignions, Buch 156: „Verglichen mit seiner unendlichen Majestät ist sie weniger als ein Staubkorn, ist sie ein Nichts, denn er allein ist der ‚Der-ist'". Doch ist sie auf der andern Seite „das Meisterwerk aus Gottes Handeln": ebd. 175.

315 Es ist bemerkenswert, dass auch Alttestamentler den „Anfang" von Gen 1 nicht als zeitlichen Anfang verstehen, sondern hervorheben, dass Gen 1 „nicht von dem Anfang [handelt], den die Welt hat, sondern von dem Anfang, der die ein für alle Mal erfolgte Schöpfung der Welt ist": O. H. Steck, Der Schöpfungsbericht der Priesterschrift, Göttingen 21981, 227930.

„Neugeborenwerden" und „Gestaltfinden" des Gebers in seiner Gabe. Nur so ist Vermittlung denkbar.

Warum aber soll eine solche Vermittlung „am Anfang" bzw. „urzeitlich" geschehen? Warum nicht innerhalb von Raum und Zeit dieser unserer Geschichte? Antwort: Weil sonst die vorhin genannten Aporien gelten würden. Denn wie kann die Schöpfung „Ort" Gottes sein und Gott „Ort" der Schöpfung, wenn es (noch) kein personales Verhältnis zwischen beidem gibt? Wie sonst soll die – bis zum Auftreten des Menschen – dinghafte bzw. animalische Welt ihren Selbststand haben, ohne Gott zu verendlichen? Wenn man also die „marianische" Lösung ablehnt, welche Alternative lässt sich dann finden?

Ein zweites Argument geht vom Offenbarungsbegriff aus. Was geschieht genau, wenn Gott sich dem Menschen offenbarend zuwendet? Spätestens die Ablösung eines instruktionstheoretischen Offenbarungsbegriffs auf dem II. Vaticanum hat die Konsequenz, Offenbarung nicht in einer Proklamation einzelner Wahrheiten zu sehen, welche „Informationen" über das Wesen Gottes und seines Willens beinhalten, sondern sie zu verstehen als – so Hans-Joachim Höhn – die „Vergegenwärtigung von Gottes ‚Selbst' als jenes Verhältnisses unbedingter Zuwendung, in dem Gott zu sich selbst steht und das Gottes Selbstsein ausmacht".[316] Wenn das innerste Wesen von Offenbarung aber die Kundmachung eines *Verhältnisses* ist, eben das der liebenden Zuwendung Gottes zur Schöpfung, so gehört zu einer so verstandenen „Offenbarung", soll sie nicht doch wieder in eine „instructio divina" über *künftige* Pläne und Absichten Gottes zurückfallen, die Kundmachung und Weitergabe eines immer schon geschehenen und weiter geschehenden *Vollzugs* dieses Verhältnisses. Und dieser Vollzug erfordert, da er eminent personal ist, – ein Verhältnis der „Freundschaft" wie DV 2 sagt –, auch ein personales Gegenüber. Deswegen reicht es nicht, wie Hans-Joachim Höhn zu sagen: „Die Welt ist von Anfang an Adressat von Gottes unbedingtem Heilshandeln, sie ist von Anfang an das geschöpfliche Gegenüber Gottes, dem er ‚ohne Wenn und Aber' zugewandt ist".[317] Denn von der „Welt" als Adressatin göttlichen Heilshandelns ohne Subjektangabe zu reden, markiert nur eine Leerstelle, besagt aber nichts. Eine nicht-personal verstandene Schöpfung von Anfang an kann nicht das Gegenüber eines personal zugewandten Gottes sein. Natürlich kann man einwenden, dieses Verhältnis realisiere sich erst später ab dem Auftreten des Menschen als eines der Liebe fähigen Wesens. Aber was ist dann mit dem „von Anfang an" und sogar „ohne Wenn und Aber"? Ist da nicht die Aussagerichtung der alttestament-

316 H.-J. Höhn, Gott – Offenbarung – Heilswege, Würzburg 2011, 179f.
317 Ebd. 182.

lichen Weisheitsliteratur, die von der Weisheit „am Anfang seiner Wege ...“, von deren kosmischer Bedeutung und ursprünglichem Von-Gott-Geliebt-Sein weiß, konsequenter? Und ist dies nicht auch der tiefste Sinn der uralten Idee einer „ecclesia primigenia“? Von ihr sagt Gottfried von Admont: „Nullum enim a constitutione mundi tempus erat in quo aliquem Deus non haberet qui ad Ecclesiam eius pertineret“.[318]

Auch die S. 491f skizzierten Überlegungen von Pierre Teilhard des Chardin können einen weiteren argumentativen Hinweis für eine „primordiale“ Interpretation der geschaffenen Sapientia geben.

Wir setzen voraus, dass sich die vorfindliche Welt als evolutiver Prozess vollzieht.[319] Evolution bedeutet, auf einen einfachen Nenner gebracht, dass es im Universum nichts gibt, was nicht aus einem Werdeprozess, in dem aus einem Weniger ein Mehr wurde, hervorgegangen ist und zwar so, dass das neue Mehr aus einer Synthese von zuvor liegenden einfacheren Elementen und Faktoren wurde. Diese neu entstehende Einheit ist nicht nur durch Einheit, sondern zugleich auch durch Differenz gekennzeichnet, d. h. sie besitzt eine eindeutigere, von anderen mehr abgesetzte und konturierte Gestalt. Mit diesen im Evolutionsprozess entstehenden je neuen, komplexeren Einheiten bilden sich zugleich neue Möglichkeitsspielräume für wiederum Neues. Aus ihnen können dann abermals neue Einheiten erwachsen, die an Differenzierung und individualisierter Gestalt zunehmen, zugleich aber auch an Kommunikations- und Anpassungsfähigkeit. Kurz: Die Evolution ist als ganze und auf allen ihren Stufen durch zwei gegenläufige Faktoren bestimmt: (a) aus einfacheren (allgemeineren) Formen entstehen immer komplexere und „individuellere“, also differenziertere Gestalten; (b) dem höheren Verschiedenheitsgrad der Formen entspricht ein höherer Grad an Einheit, d. h. an Vernetzung und Kommunikation. So stellt sich die Wirklichkeit als etwas dar, in dem alles mit allem zusammenhängt und ihr Werde-Ziel sich – wie Teilhard bemerkt – als wachsende „unification“ der zunehmend verschiedenen Formen darstellt. „Créer c‘est unir“, lautet eine oftmals von ihm angeführte Maxime. Der ganze Evolutionsprozess läuft auf eine zunehmende „Communialisierung“ der Wirklichkeit hinaus. Dies ist kein harmonisch-ungebrochenes Geschehen.

Der Werdeprozess geschieht nämlich in der Form der „Selbstorganisierung“ bzw. – im Bereich des Lebendigen – in der der „Selbstreproduktivierung“ und zwar so, dass das Sich-Evolvieren gewissermaßen in einem Prozess von „trial und error“ steht. Aus Unordnung bzw. aus einfacheren Ordnungseinheiten spielen sich neue Einheiten ein *oder* landen in Sackgassen und verschwinden wieder. Das evolutive Geschehen vollzieht sich

---

318 Gottfried v. Admont, hom.festiv. 87 (PL 174, 1014). Anders gewendet lautet dies in der Sprache des Thomas v. Aquin: „Gratia capitis operata est a constitutione mundi, ex quo homines membra eius coeperunt“: In sent. III, 13, 3, 2,2, 2.

319 Das Folgende ist ausführlicher bei Greshake, Gott 267–276 dargestellt. Jedoch findet im Folgenden eine gewisse Modifizierung des dort Entwickelten statt. – Aus der schier uferlosen Literatur zum Thema Evolution seien als für den Theologen besonders interessant folgende Beiträge genannt: S. N. Bosshard, Erschafft die Welt sich selbst? Die Selbstorganisation von Natur und Mensch aus naturwissenschaftlicher, philosophischer und theologischer Sicht = QD 103, Freiburg i. Br. 1985; A. Ganoczy, Chaos – Zufall – Schöpfungsglaube, Mainz 1995; K. Schmitz-Moormann (Hrsg.), Schöpfung und Evolution, Düsseldorf 1992, 115–130.

offenbar nicht nach einem apriori festliegenden, vorgezeichneten Plan, sondern eher als ein Versuch, auf dem Wege zum Höherwerden auszuprobieren, was geht.[320] Aber in diesem „Ausprobieren" steigt der Gesamtprozess dennoch zu differenzierteren Gestalten und zu komplexerer, höherer Einheit auf.

Bei aller Anerkennung eines solchen *sich selbst* organisierenden Prozesses erklärt dieser aber aus sich heraus weder das Dass und Wie der in ihm steckenden Dynamik noch die ihm immanente Tendenz, durch trial and error hindurch und trotz vieler Sackgassen und Fehlversuche zu höheren Formen bis hin zum Lebendigen und schließlich zum Menschen zu gelangen. Naturwissenschaftler sprechen hier von „Emergenzen", ein Zauberwort, das aber im Grunde nichts erklärt. Gewiss, man mag die Entstehung des Lebens und erst recht die des Menschen als statistischen Zufall erklären, als einen „Treffer" wie bei einem Lotteriespiel[321]. Ob diese Interpretation aber der Wirklichkeit, die aufs Ganze gesehen – trotz aller Rückschläge und Sackgassen – doch durch ein ständiges Über-Sich-Hinaus charakterisiert bleibt, gerecht wird, dürfte mindestens fraglich sein. Zwar kann eine solche Fragestellung *nicht von einer empirischen Betrachtung her*, etwa durch den objektiven Nachweis, dass die Evolution über sich selbst hinaus auf ein transzendentes Prinzip weist, beantwortet werden. Doch sobald man die empirische Ebene übersteigt und die ontologische betritt, und mehr noch, wenn man vom Glauben an den Schöpfergott her fragt, lässt sich die Frage nicht eliminieren, ob die evolutive Selbstüberbietung wirklich allein von immanent-geschöpflichen Ursachen her zureichend erklärt werden kann. Denn wie kann etwas an Sein zunehmen (und damit auch zum Seinszuwachs der Welt beitragen), ohne selbst zureichender Grund dieser Zunahme sein zu können?[322] Muss hier nicht das alte scholastische Axiom ins Spiel kommen: Nemo dat, quod non habet? Soll im Geschehen ständiger Selbsttranszendenz nicht das Gesetz der Kausalität verletzt werden, wonach etwas Geringeres nicht Ursache für etwas Höheres sein kann, ist in einer ontologischen Fragestellung ein wirklicher Selbstüberstieg nur denkbar, wenn – so Karl Rahner – „die unendliche Ursache, die als reiner Akt alle Wirklichkeit in sich vorausenthält, zur ‚Konstitution' der endlichen Ursache als solcher (‚in actu') gehört, ohne ein inneres Moment an ihr als Seiendem zu sein"[323].

In meinen trinitätstheologischen Studien habe ich diese „unendliche Ursache, die … zur ‚Konstitution' der endlichen Ursache als solcher … gehört, ohne eine inneres Moment an ihr … zu sein" mit dem Hl. Geist identifiziert, da er derjenige ist, der als innertrinitarisches Prinzip der Einheit und des „Über-Hinaus" auch das geschöpfliche „Über-Hinaus" zu neuen komplexen Formen und Gestalten gewährt und zu deren je größeren Einheit und Kommunikation drängt. Doch ist die Sachlage wohl differenzierter zu sehen. Rahner selbst unterscheidet im Begriff der (göttlichen) Ursache zwischen deren Wirksamwerden *in der aktuellen Konstitution* der endlichen Ursache auf der einen und deren Wirksamwerden *als innerem Moment* des Seienden selbst auf der andern Seite und betont – zu Recht! –, dass allein das erste distinctum für das Evolutionsgeschehen in Frage kommt. Denn es ist ja nicht Gott, sondern die Schöpfung bzw. Faktoren dieser Welt, die sich entwickeln, die also nicht durch göttliches Wirken ent-mächtigt, sondern er-mächtigt werden, *selbst* zu wirken. Der Geist ist also nicht *unmittelbar* in der Evolution tätig, sondern er handelt gewissermaßen „anonym"

320 Vgl. Schmitz-Moormann, a. a. O.. 137.

321 Vgl. J. Monod, Zufall und Notwendigkeit, dt. München 1971, 171.

322 Vgl. B. Weissmahr, Ontologie, Stuttgart u. a. 1985, 144.

323 K. Rahner, Die Hominisation als theologische Frage, in: P. Overhage / K. Rahner, Das Problem der Hominisation = QD 12/13, Freiburg i. Br. 1961, 69.

durch Initialzündungen, Anstöße, Energien, welche allein auf der Ebene und im Medium des Geschaffenen wirksam sind. Gerade weil Gott die Liebe ist und *als* und *in* Liebe schafft, unterdrückt er nicht den Eigenstand und das Eigenwirken des Geschaffenen, sondern ermöglicht es. Sehr schön führt Karl Schmitz-Moormann dazu aus:

> „Die Liebe als Schöpfungsprinzip lässt … erwarten, dass sie sich … den Dingen auf der Ebene zuwendet, auf der sie existieren. Gott ruft nichts, niemand direkt zu sich, sondern nur durch das benachbarte Element. Gott ist dem Atom gewissermaßen als Atom präsent, dem Molekül als Molekül, der Zelle als Zelle, dem Lebewesen als Lebewesen, dem Menschen als Menschen. In dieser Sicht erscheint Gott als der, von dem gesagt werden kann, er sei alles in allem, ohne je das einzelne in seiner mehr oder weniger großen Eigenständigkeit unter Zwang zu stellen. Der Prozess des Werdens stellt sich insgesamt, nicht im Detail, als eine Welt dar, die auf dem Weg zu Gott ist“[324].

Wenn also nicht Gottes Geist selbst unmittelbar und direkt das Werden erwirkt, so stellt sich die Frage nach einer geschöpflichen (vom Geist ständig ermöglichten) Ursächlichkeit, welche Selbstüberbietung, Differenzierung und Unifizierung des Prozesses gewährleistet.

Genau an dieser Stelle führt Teilhard (siehe S. 491) die „geschaffene Weisheit“ (das „Ewig-Weibliche“, Maria, Kirche …) ein, die von sich selbst sagt: „Gott hat mich in das ursprüngliche Viele hinein ergossen als die Kraft, die verdichtet und den Dingen zu ihrer Mitte verhilft“. Sie wird weiter beschrieben als die kosmische Kraft der Einigung und der Anziehung, d. h. als die Liebe, die in der ganzen Schöpfung, angefangen von der Anziehungskraft monadischer Atome bis hin zur Welt des Personalen, wirksam ist, bis sie, alle Stufen der Wirklichkeit durchwandert habend, als „anziehendes und einigendes Prinzip“ in Maria und der Kirche ihre höchste Gestalt und Verwirklichung findet. „Zwischen Gott und die Welt gestellt, wie ein Feld gemeinsamer Anziehung, führe ich sie beide zusammen, leidenschaftlich“.

Selbst wenn man dieser Lösung nicht zustimmt, bleibt die sowohl ontologische wie theologische Frage nach einer kreatürlichen Ursächlichkeit, welche von Beginn der Schöpfung an Bewegung und Dynamik, aber auch Einheit und Vernetzung der Welt erklärt. Als Antwort auf diese Frage steht „Maria“ als geschaffene „Sapientia“.

Die Formel „ohne Wenn und Aber“ der Zuwendung Gottes zur Welt, die Hans-Joachim Höhn benutzt, führt zu einer weiteren Perspektive: Wie ist das „ohne Wenn und Aber“ dieser Zuwendung angesichts menschlichen Unglaubens und Gottesverneinung zu denken? Es war schon davon die Rede, dass der Schöpfer es nur deshalb „wagen“ konnte, freie Wesen zu schaffen, die auch fähig sind, sich gegen ihn zu entscheiden, weil er von vornherein dazu entschlossen war, durch sein ei-

---

324 Schmitz-Moormann, Welt 138. – Dies sind keineswegs „esoterische“ Thesen. Von anderen, aber durchaus vergleichbaren Voraussetzungen her kommen eine Reihe prominenter Naturwissenschaftler der Gegenwart zu ähnlichen Ergebnissen, dass nämlich das evolutive Geschehen vom Geist geleitet ist: Gott selbst, ist das „immanente Prinzip der Evolution“ (P. Davis, Gott und die moderne Physik, München 1986, 271f). Er ist „die Selbstorganisations-Dynamik schlechthin“ (Ernst Jansch, Die Selbstorganisation des Universums, München 1979, 47, 227f). „In der Materie ist Geist“ (Jean E. Charon, Der Geist der Materie, Wien-Hamburg 1979, 86. Materie ist die „objektivierte Gestalt“ der „geistigen Wirklichkeit“ (Carl-Friedrich v. Weizäcker, Die Einheit der Natur, München 1971, 290). Ähnlich auch Hans-Peter Dürr, Geist, Kosmos, Physik. Gedanken über die Einheit des Lebens, Amerang 2010.

genes „Engagement" deren Selbstzerstörung und selbstverschuldete Todesverfallenheit zu heilen und ihnen seine unbedingte, nie erlöschende Liebe mitzuteilen. Wie und wo existiert aber dieser „Entschluss Gottes"? Allein in seinem „ewigen Plan"? Die These von einer primordialen Vermählung Gottes mit Maria-Ecclesia schlägt eine andere Lösung vor: Das (mögliche und dann auch faktische) innergeschichtliche menschliche Nein ist gewissermaßen a priori umschlossen von der Klammer bzw. steht unter dem Vorzeichen eines „ewigen Vor-Erlöstseins" der Schöpfung (welches das kirchliche Dogma mindestens von Maria aussagt), ein Vor-Erlöstsein, das seinerseits seinen Grund hat in der (vor-zeitlichen) „Vermählung" des Gottessohns mit dem „reinen Geschöpf", dessen „immaculates Ja" als getreues Echo auf das Ja Gottes alles (mögliche und faktisch geschehene) menschliche Nein noch einmal umgreift. Anders formuliert: Das mögliche und faktische Nein des Menschen steht von vornherein in einer Klammer, deren Vorzeichen das Ja Gottes und das antwortende Ja der Maria-Ecclesia ist.

Diese Interpretation, die überzeitliche ἀρχή der Schöpfung als eine überzeitlich-primordiale, personale Größe zu verstehen, gibt eine Reihe von schwerwiegenden Fragen auf, die im folgenden Abschnitt zu stellen und zu erörtern sind.

2. Probleme einer realen Überzeitlichkeit

(a) „Primordiale Vermählung" contra „historisches Christusgeschehen"?

Die erste und wohl grundlegendste Frage ist diese: Bekommt durch eine reale urzeitliche personale Gestalt („sapientia creata", „Maria-Kirche" …), „die dem wahren und wahrhaft ewigen Gott in so keuscher Liebe anhangend, dass sie, obschon ihm nicht gleichewig, sich in keine zeitliche, wechselnde Vielfalt von ihm weg auflöst und verfließt, sondern in der allerwahrhaftigsten Anschauung Gottes allein ruht" (so: Augustinus, siehe S. 327), diese im Vergleich zum dramatisch-geschichtlichen Erlösungsgeschehen in Jesus Christus nicht eine viel zu exponierte und damit zu hohe Bedeutung? Zieht ein solches Wesen und dessen bleibende, „übergeschichtliche" Beziehung zu Gott nicht alle Aufmerksamkeit auf sich statt schriftgemäß auf Jesus Christus? Ist nicht ER es, in dem, durch den und auf den hin alles geschaffen ist und der uns in einem geschichtlich-„dramatischen" Prozess von der Sünde erlöst hat und zu Gott führt. Steht deshalb nicht ER im Zentrum des christlichen Glaubens und nicht etwa ein „Christus und …".

Diese entscheidende Frage fordert zu einer Besinnung und (dann auch) Grundoption hinsichtlich der Mitte des christlichen Glaubens heraus. Hinter der

Konzeption einer realen *personalen* Überzeitlichkeit der geschaffenen ἀρχή steht die Überzeugung: Weder Christus „in sich", noch eine reines Geschöpf „in sich" bilden Spitze und Summe des christlichen Glaubens, sondern deren heilvolle Begegnung und Verbindung, im Bild: die „Vermählung", die innigste Beziehung von Gott (vom ewigen Gottessohn) und der Schöpfung. Diese Beziehung macht die Mitte des christlichen Glaubens aus; es ist eine Beziehung, in der natürlich Gott, Gottes Sohn, die absolute Initiative und uneingeschränkte Priorität hat. Denn durch IHN und auf IHN hin ist alles geschaffen, ER ist die Mitte, „medium tenens in omnibus" (Bonaventura). Aber ER ist gerade insofern die Mitte, als er sich dem anderen seiner selbst, der Schöpfung, anvermählt und mit ihr allerengste, intimste Gemeinschaft eingeht.

Dabei sei ausdrücklich nochmals auf den zwar biblischen, aber metaphorischen Charakter von „Vermählung" hingewiesen. Was darin zum Ausdruck gebracht wird, ist die engstmögliche personale Beziehung zwischen Gott und Geschöpf, die natürlich auch in Worten und Bildern wie Freundschaft, Gemeinschaft, Einheit usw. formuliert werden kann.

Wenn man gleichwohl gegen die Betonung von „Vermählung" Einspruch erheben möchte und zwar mit dem Argument, dass sich doch gerade das Alte Testament mit Nachdruck gegen Fruchtbarkeitskulte und Tempelprostitution – alles Institutionen, die mit dem Gedanken und mit der rituellen Welt einer „Heiligen Hochzeit" eng verbunden waren – stellt und wehrt, so ist interpretierend dagegen zu halten, dass in der kulturellen Umwelt Israels Sexualität und Erotik nicht selten als *direkte* Wege zum Göttlichen verstanden und diese noch als ekstatisch-rauschhafte Vereinigung gefeiert wurden. Von einem solchen Konzept musste sich das Gottesvolk, „in dem Würde und Identität jedes Einzelnen von Gott geschenkt sind und der Weg zu Gott über das Doppelgebot der Gottes- und Nächstenliebe führt", distanzieren.[325]

Umso erstaunlicher ist aber, dass deshalb das AT gerade nicht auf das Bild und den Gedanken der Vermählung von Gott und Mensch verzichtet hat, sondern gewissermaßen in ein und demselben Atemzug Kritik an der Vermählung des Menschen mit Baal übt und sich gleichzeitig der Vermählung mit Jahwe anvertraut. So spricht Gott bei Hos 2: *An jenem Tag wirst du ... zu mir sagen: Mein Mann!, und nicht mehr: Mein Baal!* (2,18f). Ein Indiz für die Bedeutung dieser Idee!

Im Übrigen ist auch das Konzept Rahners, nach welchem in der Mitte des christlichen Glaubens die Selbstmitteilung Gottes steht, vom Gedanken der „Vermählung" nicht eigentlich unterschieden, wenn man bedenkt, dass die Mitteilung Gottes ja an jemandem bzw. an viele / alle geschieht. Da, wo jemand sich selbst ganz und gar mit-teilt, geht er mit dem Gegenüber engste Lebensgemeinschaft ein.

---

325 U. Dickmann, Der Geliebte bleibt der Andere. Meditation über den Eros, in: A. Brenninkmeijer-Werhahn / Kl. Demmer (Hrsg.), Das Herz spricht zum Herzen, Freiburg i. Br. 2012, 88–97, hier: 89.

Diese Idee der Selbstmitteilung Gottes ist für Rahner die umfassendste Charakterisierung und die eigentliche Pointe des christlichen Glaubens:

> „Die eigentliche und einzige Mitte des Christentums und seiner Botschaft ist darum für mich die wirkliche Selbstmitteilung Gottes in seiner eigensten Wirklichkeit und Herrlichkeit an die Kreatur, ist das Bekenntnis zu der unwahrscheinlichsten Wahrheit, dass Gott selbst mit seiner unendlichen Wirklichkeit und Herrlichkeit, Heiligkeit, Freiheit und Liebe wirklich ohne Abstrich bei uns selbst in der Kreatürlichkeit unserer Existenz ankommen kann und alles andere, was das Christentum anbietet oder von uns fordert, demgegenüber nur Vorläufigkeit oder sekundäre Konsequenz ist“.[326]

Diese Selbstmitteilung Gottes an die Kreatur oder – biblischer formuliert – die „Vermählung“ von Gott und Mensch, kann nun aber nicht *in jeder Hinsicht* erst im Ereignis der Inkarnation, in der höchstmöglichen Vereinigung von göttlicher und menschlicher *Natur* in der einen Person des Gottessohns erfolgen. Denn so sehr eine solche Einheit auch den Charakter des schlechthin Unüberbietbaren hat („unio hypostatica“), bleibt sie doch – wie bereits S. 391f aufgezeigt wurde – *in sich gesehen* (!) als Vereinigung von *Naturen* hinter der Vereinigung von Personen, also hinter der *personalen* Einheit von Gott und Mensch, die sich in gegenseitiger Liebe verwirklicht, zurück. Schließlich kann das personale Gegenüber des Gottessohnes nicht seine menschliche *Natur* sein. Allerdings ist das „in sich gesehen“ zu beachten. Das eine darf – wie schon ausgeführt – nicht gegen das andere ausgespielt werden, vielmehr handelt es sich um komplementäre Aspekte ein und desselben, Aspekte, die sich wechselseitig bedingen und voraussetzen.

Die Vereinigung der beiden Naturen setzt voraus, dass seitens der menschlichen Natur (wenigstens) von einer Person, Maria, der personale Akt des Einverständnisses und der Bereitschaft, den Sohn Gottes „im Fleisch“ zu empfangen, gegeben wird. Umgekehrt setzt die radikale, uns in allem solidarische Liebe des Sohnes voraus, dass dieser aufgrund der durch Maria (mit)vermittelten unio hy-

---

326 Rahner, Erfahrungen 109f. – Wegen der Zentralität der Wirklichkeit „Selbstmitteilung Gottes“ tritt bei Rahner das Thema Sünde und Vergebung (beides Größen, die unmittelbar mit dem Kreuzesgeschehen verbunden sind) zurück, da es – so Rahner – nicht verboten ist, diese Themen „in einem gewissen Sinn etwas sekundärer zu empfinden. Nicht als ob wir nicht in unserem Egoismus immer neu verrannte Sünder seien. Nicht als ob wir nicht der vergebenden Gnade Gottes bedürfen. … Nicht als ob es nicht selbstverständlich sei, dass die Selbstmitteilung Gottes faktisch sich immer als vergebende ereigne“. Doch wenn Gott und die Zusage seiner selbst „schon im voraus zur Sünde reine Gnade ist, reines unerwartetes Wunder Gottes, der sich wegverschwendet und das Abenteuer seiner Liebe zu seiner eigenen Geschichte macht, dann, meine ich, darf man ruhig die Selbstmitteilung Gottes an die Kreatur als zentraleres Thema denn Sünde und Sündenvergebung empfinden“: ebd. 11f.

postica wirklich unser Menschenbruder geworden ist, der unser Geschick in allem teilt. Wenn auch die beiden komplementären Aspekte in ihrer strikten Zuordnung erst in der geschichtlichen Menschwerdung („in illo tempore") vollends manifest werden, so hebt doch das Konzept einer überzeitlichen Vermählung Gottes mit der Maria-Ecclesia hervor, dass sich von Beginn der Schöpfung an der „Schöpfungssinn" erfüllt: die Vereinigung von Gott und Welt und damit auch die „Weltwerdung" Gottes und „Gottwerdung" des Menschen. Beides geschieht in *Unüberbietbarkeit* wie unableitbarer *Radikalität* (Kreuzeshingabe!) in der geschichtlichen Inkarnation. Hier wird der „Schöpfungssinn", d. h. das Apriori aller geschaffenen Wirklichkeit, der „Gott in Maria", buchstäblich Fleisch. Erst von ihm aus und an ihm lässt sich der Sinn vollends ablesen. Das heißt aber: Das Christusgeschehen mit seinem Höhepunkt in Kreuz und Auferstehung steht nicht gegen das Konzept einer „primordialen Vermählung", sondern ist deren äußerste Zuspitzung, wird hier anschaubare Wirklichkeit und findet unrücknehmbare Bestätigung.

Die in Christus geschehene radikale Vereinigung von Gott und Mensch ist also nicht erst ab der geschichtlichen Menschwerdung anzusetzen, sie bildet vielmehr – so schon auf weiten Strecken die Vätertheologie mit ihrer Idee einer „Kirche von Anbeginn" – das Apriori der Schöpfung: Gott, der Gottessohn, ist immer schon im geschaffenen Anfang, er ist der „λόγος-ἐν-ἀρχῇ", der „Gott-in-Maria". Diese Urvermählung legt sich dann gewissermaßen in Welt und Geschichte hinein bis in das Leben jedes Einzelnen aus. Denn Gott hat ja nicht nur das eine „erste Geschöpf" geschaffen, sondern ein Werk in Gang gesetzt, das – durch dieses „erste Geschöpf" „formiert" – im Lauf der Zeit zu einer unendlich pluriformen Schöpfung evolviert, in dem sich der ganze Reichtum göttlicher Vielfalt aussagt. Die Welt ist der „marianische Raum", in den hinein Gott die unendliche Fülle seines göttlichen Lebens hineinströmen lässt, und die Geschichte ist der Prozess, in welchem das marianische Ur-Ja zur Vermählung weitergesprochen wird und Gottes Sohn je neu „Gestalt" findet (und in diesem Sinn neu geboren wird). Welt und Geschichte sind somit Ausdruck, Zeichen, Realsymbol der Urvermählung und zugleich deren überströmende „Fortsetzung", sich überbietende „Wiederholung", währende Weiter-Gabe mit ihrem Höhepunkt im geschichtlichen Christus-Ereignis. So gesehen ist das Offenbarungsgeschehen – ganz analog der Schöpfung als „creatio continua" – wahrhaft eine „revelatio continua", ganz im Sinne Schellings: „Die Geschichte als Ganzes ist eine fortgehende, sich allmählich enthüllende Offenbarung des Absoluten",[327] und zwar – das sei hinzugefügt – jenes

327 Schelling, System 301. Siehe dazu auch R. Bernhardt, Evolution der Offenbarung – Offenbarung der Evolution, in: U. Lüke/G. Souvignier (Hrsg.), Evolution der Offenbarung – Offenbarung der Evolution = QD 249, Freiburg i. Br. 2012 17–26.

Absoluten, das sich in Freiheit unvordenklich in der ἀρχή mit seiner Schöpfung verbunden hat. In diesem Prozess soll jeder Einzelne und alle insgesamt Maria werden, Braut, Freund, Bruder, ja, Mutter Jesu Christi, in der und aus der heraus der Sohn Gottes neu zur Welt kommt, neu Mensch wird.

In diesem Prozess der Einigung Gottes mit einer vielfältig-„farbenprächtigen“ Welt ist „Maria“ die ἀρχή: Prinzip, Ursprung Ur-Form. Mehr noch: sie ist, mit dem Begriffs- und Vorstellungsmaterial von Pierre Teilhard de Chardin gesagt, in den Prozess hineingegeben als „die Kraft, die verdichtet und den Dingen zu ihrer Mitte verhilft“, als „die kosmische Kraft der Einigung und der Anziehung“, bis sie durch eine Fülle von aufsteigenden Metamorphosen hindurch ihre Schleier enthüllt und „in Maria und der Kirche ihre höchste Gestalt und Verwirklichung findet“ (siehe S. 491). Dabei ist es letztlich natürlich nicht das Geschöpf, auch nicht „Allerreinste“, das diesen Prozess der universalen Interkommunikation erwirkt, sondern der Schöpfer, dessen Gabe im Geschöpf zur Weiter-Gabe befähigt und drängt. Doch aufgrund ihrer universalen Bedeutung ist „Maria“ – wie Jean-Jaques Olier es formuliert hat – „la creature universelle, qui porte dans son sein tout le monde“[328] die „forma“, in der und nach der alle ihr Dasein und ihr Kirchesein empfangen und zu vollziehen haben, indem sie – wie Maria – Christus in sich Gestalt annehmen lassen und ihn liebend an die Welt weitergeben.

Das bedeutet indes nicht, dass sich „Maria“, das erste und reine Geschöpf, in jedem Menschen und besonders dann in Maria „inkarniert“, wohl aber dass es der Schöpfung Anteil an ihrem Sein und ihrer „Form“ gibt und – wie es in der alttestamentlichen Weisheitsliteratur heißt – bei jedem „Wohnung sucht“ und „Wohnung findet“ (siehe S. 317), also aufs engste anwesend ist und das Innerste eines jeden erfüllt.

Im Blick auf die geschaffene ἀρχή wird der absolute Vorrang des Ja Gottes (das Christus in Person ist: 2 Kor 1,19), der Gnade und der Liebe in einer Weise unterstrichen, wie es deutlicher kaum möglich ist. Christus ist nicht erst in und seit der Zeit der Menschwerdung („in illo tempore“) am Werk – davon war bereits Paulus überzeugt („Der Fels aber ist Christus“: 1 Kor 10,4) und davon waren die Theologen der Vorzeit durchdrungen –, sondern von Anfang der Schöpfung

328 J. J. Olier, Traité de Saints Ordres, Hrsg. v. G. Chaillot u. a.), Paris 1984, 223. Die Idee von Maria als „creature universelle“ findet sich auch bei H. U. v. Balthasar, TD II/ 2, 267, wenn er betont, dass Maria „von vornherein durch die *status* der Menschennatur hindurch[geht]: sie muss teilhaben am ‚Urstand‘, aber auch am Stand der Gefallenheit, da sie mit der realen Menschheit solidarisch zu sein hat, und schließlich am ‚Endstand‘, der von ihrem Sohn begründet und in seiner Auferstehung endgültig eingenommen wird“. Allerdings meint der Basler Theologe hier die „historische“ Maria.

an bis in alle Ewigkeit. Schon indem jeder Mensch in einer mit Gott vermählten Schöpfung steht (eine Verbindung, die sich dann in den großen heilsgeschichtlichen Taten Gottes bis hin zur Inkarnation konkretisiert), kann ihn *nichts mehr scheiden von der Liebe Gottes, die in Christus Jesus ist, unserem Herrn* (Röm 8,39). Das also, was Karl Rahner „übernatürliches Existential" nennt oder „transzendentale Begnadung" wird durch die Konzeption einer primordialen „sapientia" bzw. „Ecclesia-Maria" aus einer begrifflichen Abstraktion in ein primordiales Ereignis übergeführt,[329] das sich – wie es bei Rahner mit dem „übernatürlichen Existential" geschieht – in der kategorialen Geschichte des Heils auslegt und nur von ihr aus auch voll erkannt und benannt werden kann. Dabei ergibt die gerade verwendete Formulierung „primordiales Ereignis" nur mit vielen Vorbehalten einen theologisch-legitimen Sinn. Gemeint ist hiermit nicht ein *abgeschlossenes* Ereignis „vor" der Zeit, sondern das immer schon *Vor-Gegebene* und *Währende* „der" Zeit. Das heißt: Der letzte Hintergrund und tiefste Sinn *allen* Geschehens ist getragen vom radikalen Ja Gottes zu seiner Schöpfung und vom ebenso radikalen „Echo-Ja" „Marias", das sich in allem geschöpflichen Geschehen (die Sünde ausgenommen) re-präsentiert, auslegt, „wieder-holt" und Gegenwart wird.

(b) Mythos?

Ein weiterer Einwand stellt die Frage: Ist die Idee einer „ur"-zeitlichen reinen Schöpfung, an der die innergeschichtliche Schöpfung partizipiert, nicht ein gnosisnaher und/oder mythologischer Gedanke, insofern es zum Wesen des Mythos gehört, dass er, wie es Sallust kurz und bündig formuliert, das zum Ausdruck bringt, „was niemals war und immer ist"?

Wie immer es mit solchen schlagwortartigen Charakterisierungen wie „gnostisch" und „mythologisch" bestellt sein mag: Tatsache ist, dass in puncto „Ur- bzw.

329 Dabei gibt es bei Rahner selbst schon Ansätze, eine solche „Personalisierung" der Gnade in Maria zu sehen. Vgl. K. Rahner, Mut zur Marienverehrung, in: Schr. XVI, 321–335, hier: 334f: „Die Kirche ist trotz aller bleibenden Bedrohtheit und Sündigkeit in ihrer noch andauernden Geschichte eben doch die heilige Gemeinschaft derer, die nicht nur an eine abstrakte Heils*möglichkeit* glauben, sondern in Hoffnung davon überzeugt sind, dass die Macht der Gnade Gottes diese Möglichkeit an ihnen auch tatsächlich in Wirklichkeit umsetzt. Daher gehört die Anerkennung der siegreichen Ankunft der Macht Gottes in der Gefährdung zum Selbstverständnis der Kirche. Wie aber sollte sie deutlicher und konkreter dieses ihr Selbstverständnis, das Gottes Gnade preist, realisieren als dadurch, dass sie einen Menschen nennt, in dem dieses Wunder siegreicher Gnade Gottes … sich ereignet hat. … Indem die Kirche Maria preist und ehrt, nimmt sie konkret … das entgegen, was Gott an ihr, der Kirche, getan hat und tut bis zum Ende der Zeiten." Auch die prägnante Formel Rahners „Theologie wird notwendig Anthropologie und darin Mariologie", weist auf das Gleiche hin, wenn man bedenkt, dass bei ihm Anthropologie und Gnadenlehre praktisch identisch sind.

Vorzeitlichkeit“ eine verbindliche kirchliche Lehräußerung mindestens berührt wird: *Wenigstens* in Maria ist die Schöpfung tatsächlich vor-erlöst = vor aller Zeit erlöst, damit der ursprüngliche Plan Gottes (das „Apriori“ alles Geschaffenen), nämlich die Vollendung der *ganzen* Schöpfung im Leben des dreieinigen Gottes, eingelöst werden kann. So gesehen ist auch die Rede von der Vor-Erlösung der *ganzen* Schöpfung sinnvoll, ein Gedanke, der im Übrigen auf den nicht neuerungsverdächtigen Hans Urs v. Balthasar zurückgeht.[330]

Freilich stellt sich damit eine Frage neu, die uns bereits in einem etwas anderen Zusammenhang (S. 274f) beschäftigt hat: Kann auf dem Hintergrund eines „ewigen Vor-erlöstseins“ der Schöpfung Erlösung durch Jesus Christus dann noch *mehr* bedeuten als nur die *Mitteilung* dieses ewigen Erlöstseins, die *Kundmachung* der ewigen Liebe Gottes, die ja in der Vor-Erlösung ἐν ἀρχῇ ihr Werk immer bereits getan hat? Ist dann aber Erlösung letztlich nicht doch ein – um nicht wieder das Schlagwort gnostisch und mythologisch zu bemühen – nur „gnoseologisches Geschehen“? Wird damit nicht das Kreuz Christi in seiner leibhaftigen Dramatik entleert?

Bei Thomas Pröpper findet sich auf dieses Problem eine m. E. überzeugende Antwort:

> „Jede Liebe kann für den, der sie meint, zur eigenen Gewissheit und bestimmten Wahrheit nur werden, indem sie aus Freiheit *geschieht*; und dies heißt nun zugleich … indem sie *auf reale Weise sich äußert*. Also konnte auch Gottes für uns Menschen entschiedene Liebe zur Wahrheit für uns nur werden, indem sie in unsere irdische Wirklichkeit eintrat“.[331] Ohne das *Geschehen* des Erlösungstodes Jesu wäre darum „nicht der Ernst und die unwiderrufliche Entschiedenheit dieser [=göttlichen] Liebe und ohne seine Auferstehung nicht ihre verlässliche Treue und todüberwindende Macht und somit auch nicht Gott selbst als ihr wahrer Ursprung offenbar geworden“.[332]

Erlösung besteht also nicht nur in einem „Mitteilen“ und „Kundmachen“ der apriorischen Liebe Gottes. Liebe *ist* nur, wenn sie nicht allein gesagt und kundgetan wird, sondern leibhaftige Verwirklichung erfährt.

---

330 Siehe dazu Steinhauer, Vorerlöst 379–392; Steinhauer, Maria 120–127. Auch Rahner, Schr. I, 231 kommt dem Gedanken eines Vor-Erlöstseins der ganzen Schöpfung dadurch nahe, dass er das mit der Immaculata Conceptio Gemeinte nicht mit einem „Zustand der Gnade in Maria“, sondern mit dem universalen „Gnadenwillen Gottes von Anfang an“ interpretiert. Siehe zum Ganzen auch S. 270ff.

331 Pröpper, Anthropologie II, 1311. Diese wie auch die folgenden Ausführungen stehen bei Pröpper in einem anderen als dem von uns hier thematisierten Zusammenhang.

332 Th. Pröpper, Freiheit als philosophisches Prinzip der Dogmatik, in: E. Schockenhoff/P. Walter (Hrsg.), Dogma und Glaube, FS W. Kasper, Mainz 1993, 165–192, hier: 180.

Etwas anders akzentuiert gibt Karl Rahner Antwort auf das gleiche Problem. Er vermerkt: Die apriorische „transzendentale Begnadung“ des Menschen, die wir in dieser Studie als in „Maria“ personalisiert verstehen, hat ihren Grund im (zeitlich späteren) Christusereignis, weil „eine geschichtliche Bewegung auch in ihrem Anlauf schon von ihrem Ende lebt“. Weil also die Dynamik der Geschichte das Ziel, nämlich die ἀνακεφαλαίωσις der ganzen Schöpfung in Christus, will, „ist es durchaus berechtigt, die ganze Bewegung der Selbstmitteilung Gottes an die Menschheit auch dort, wo sie zeitlich vor diesem Ereignis ihres unwiderruflichen Werdens im Heilbringer geschieht, als vom Heilbringer [Jesus Christus] getragen zu denken“ [333] und damit IHN als Ursache und Quelle des Heils zu bekennen.

Dies wird nochmals bestätigt durch den seitens v. Balthasars vorgebrachten Gesichtspunkt: Gott konnte eine sich zwar im immaculaten „marianischen Raum“ entfaltende, aber daraus auch immer wieder abfallenden Schöpfung nur „riskieren“, weil er von vornherein dazu entschlossen war, sich selber ins Wagnis hineinzuwerfen, und „einen Weg durch das Weglose öffnete“ (v. Balthasar, siehe S. 271) und zwar durch das – das Böse „durch“-leidende – Leiden des eigenen Sohnes.

Deshalb konnte erst die im Kreuzestod *real verwirklichte* Unüberbietbarkeit der leibhaftigen Liebe des Gottessohnes und seine im Bild des Abstiegs in die Scheol ausgedrückte unbedingte Solidarität mit allen Menschen die durch ständigen Treubruch und Gleichgültigkeit gekennzeichnete Geschichte der Menschheit „unterfassen“ (H. U. v. Balthasar) und die Liebe Gottes glaubhaft aufrichten. In seiner κένωσις definiert sich Gottes Sohn als der unbedingt Liebende und verlässlich Treue, dessen Liebe buchstäblich ἀπ‘ἀρχῆς bis zum τέλος reicht. Allein eine solche Liebe vermochte der im Lauf der Geschichte sich zu einer Übermacht steigernden Dynamik des Bösen Paroli zu bieten und sie in der Schöpfung und für die ganze Schöpfung endgültig zu überwinden. Erst so konnte der sich immer mehr beschleunigende Kreislauf des Bösen endgültig gebrochen werden.

Noch einmal anders angesetzt: Erlösung des sündigen und der Sünde verfallenen Menschen, d. h. Lösung *von* allem, das ihn von sich selbst und seiner gottgewollten Bestimmung entfremdet und Lösung *zu* allem, das die Verwirklichung der in ihm von Gott eingestifteten Potentialitäten ermöglicht, setzt voraus, dass Gott sich dem Menschen ganz und gar *gibt*, sich ihm – wie es in der gegenwärtigen Theologie oft heißt – selbst mitteilt. Zwar liegt der unbedingte Wille Gottes dazu,

---

333 Rahner, Grundkurs 195. – In diesem Zusammenhang ist auch noch einmal an ein bereits S. 272f angeführtes Wort Rahners zu erinnern: „Wenn und weil die Gnade Christi schon vor Christus in der Welt anwesend und wirksam war, treiben die von solcher vorchristlichen Gnade Christi getragenen Ereignisse aus ihrer eigenen inneren (wenn auch verborgenen) Teleologie den ‚immanenten‘ Lauf der Geschichte auf das Christusereignis selbst hin, sodass man auch ebenso mit Recht sagen kann: dieses kommt, weil jene waren, wie man sagen muss: jene waren schon so, weil dieses in Zukunft kommen sollte“. Ähnliche Überlegungen finden sich auch bei J. Dupuis. Vgl. zu ihm und zu Rahner J. Disse, Jesus und die Religionen. Zur Religionstheologie von J. Dupuis, in: J. Arnold (Hrsg.), Sind Religionen austauschbar?, Münster 2012, 151–195, hier: 170–179.

nämlich seine radikale Liebe zum Menschen, im apriorischen Schöpfungs- und in eins damit: im Heilsratschluss Gottes begründet. Aber dieser *realisiert sich* vom (geschaffenen) Anfang (der immaculata ἀρχή) der Schöpfung an bis hin in die verschiedenen Etappen der Menschheitsgeschichte hinein in verschiedener Ausdrücklichkeit *in der Geschichte* und hat ihren geschichtlichen Höhepunkt im Christusgeschehen. Und gerade weil es um geschichtliche Realisierung geht, kann von Mythos keine Rede sein.

Aber auch der Gnosisvorwurf geht insofern ins Leere, als die Idee einer vor- bzw. überzeitlichen Schöpfung die Geschichte nicht negiert oder relativiert, sondern in ihrem eigentlichen Gewicht und Stellenwert erst recht eigentlich hervorhebt. Denn

(1) Dass die „Vermählung“ Gottes mit seiner Schöpfung immer schon gegeben ist und endgültigen Charakter hat, wissen wir nicht anders als aus geschichtlichen Ereignissen, die sich in Welt und Geschichte *real*, von Gott her gewirkt und vom Menschen aus beantwortet, begeben haben.[334] Und *nur von solchen historischen Geschehen her ist der Schluss auf deren transzendentale Möglichkeitsbedingungen möglich und zulässig*. Nur das faktische geschichtliche Geschehen erlaubt den Rückschluss von jetzigen Heilserfahrungen und –zusagen zu deren transzendentaler Bedingung: auf die „Geliebte zur Seite Gottes“ (Spr 8,30), auf die „sapientia creata“, auf Maria-Ecclesia.

(2) Die Geschichte hat auch insofern eine unumgängliche und deshalb antignostische Bedeutung, weil das, was „Maria“ *ist*, wir Menschen (und dazu gehört auch Maria von Nazaret [ohne Anführungszeichen!]) in der Geschichte *werden* müssen, d.h. wir haben es allererst auf eine höchst einmalige, individuelle Weise einzuholen und selbst zu verwirklichen, und auch hier wieder: *in der Geschichte* und nicht more gnostico *aus der Geschichte heraus*.

(c) Gewicht der Argumente

Ein letztes Problem betrifft Gewicht und Amplitude der vorgetragenen Argumente. Ist mit der Vorstellungs- und Redeweise von einer primordialen personalen Schöpfung „Maria“ nicht letztlich doch eine *grundlose* Verdoppelung der einen und einzigen realen Geschichte durch deren transzendentale („imaginative“) Pro-

334 Dabei können diese Ereignisse sowohl in einem Wortgeschehen wie in einem Faktenzusammenhang gründen. Dass z.B. ein Prophet einen bestimmten Gedanken erstmals entwickelt oder in Kontinuität zu anderen vorträgt, ist genau so ein geschichtliches Ereignis wie das Auftreten und Handeln Jesu Christi. Im Einzelfall mag es sogar schwierig zu entscheiden sein, ob ein bestimmtes Heilsereignis nun im prophetischen Wort oder im geschichtlichen Faktum gründet. In jedem Fall ist es ein geschichtliches Ereignis.

jektion in eine vorgestellte Ur- bzw. Überzeitlichkeit gegeben? Dazu sei Folgendes angeführt.

Ein Grund für die Konzeption einer vorzeitlichen Maria-Ecclesia liegt – einmal ganz abgesehen von den vorgegebenen biblischen Weisheitstexten, deren Interpretation allerdings exegetisch umstritten ist – darin, dass eine bestimmte Form von Ur- bzw. Übergeschichtlichkeit im Neuen Testament thematisiert wird, und zwar in Bezug auf Jesus Christus und die apriorische, also überzeitliche christologische Bestimmmtheit der Schöpfung (siehe S. 301ff). Diese *ausdrückliche* biblische Basis wird durch die marianische bzw./und ekklesiale Bestimmtheit der Schöpfung nurmehr *konkretisiert*: „Am Anfang" steht der *Gottessohn in „Maria"*. Denn ER, in dem, durch den und auf den hin alles erschaffen ist, steht schon von Anfang an in allerengster Verbindung zu seiner Schöpfung. Sie ist in IHM, ER ist in ihr. Dabei gründet diese protologische „marianische Konkretisierung" nicht etwa in einem „apokalyptischen Blick in eine Überwelt", sondern – nochmals! – in einer „Extrapolation", wenn man so will: in einer „Transzendentalisierung" dessen, was in der Heilsgeschichte faktisch geschehen ist. Mit den Worten Henri de Lubacs: Wenn man den Gedanken einer primordialen „Maria" fasst, wird nicht etwa „ein universalisiertes Prinzip [„Maria", „Weisheit", „Kirche"] … in Maria personalisiert, sondern Maria, die in ihrer Einzelheit existiert, universalisiert sich in diesem Prinzip" (S. 492). Das ist, ganz kurz formuliert, die biblische Basis dieser Position.

Aber auch denkerisch haben solche Überlegungen eine gewisse Plausibilität: Einmal findet das Problem der Vermittlung von Unendlichem und Endlichem eine plausible Lösung (siehe S. 515ff). Zum anderen erhält das die Geschichte von Gott und Mensch ausmachende „Wechselspiel" von Gabe und Empfang, Wort und Antwort im Blick auf den „apriorischen Rahmen", also auf die „Urvermählung" von Gott und „Maria", sowohl eine exemplarische Orientierung wie auch die Garantie seines Gelingens. Nicht nur hat Gott sich endgültig mit dem Menschen „vermählt", auch das geschöpfliche Ja zu Gott wurde immer schon (vor-)gesprochen und macht seither unverbrüchlich das tiefste Wesen von Schöpfung und Geschichte aus. Damit ist endgültige Hoffnung aufgerichtet.

Zwar mag man einwenden, dass durch den Blick auf ein transgeschichtliches Geschehen die sich phänomenologisch als absolut offen darbietende Geschichte gewissermaßen „domestiziert" wird. Aber das gilt wirklich nur „in gewisser Weise". Offen bleibt die Geschichte sowohl in dem, was das immanente Weltgeschehen, als auch in dem, was die eschatologische Zukunft des Einzelnen betrifft. Entschieden ist „nur" – aber dies ist das Allerbedeutsamste! – ihre apriorische Erwählung und Bestimmung zu einem Leben mit Gott und in Gott. Das aber ist genau das Zentrum von Offenbarung und Glaube, welches das II. Vaticanum so zum Ausdruck bringt: „Der unsichtbare Gott redet aus überströmender Liebe die Menschen wie Freunde an und verkehrt mit ihnen, um sie in seine Gemeinschaft einzuladen und aufzunehmen“ (DV 2). Von diesem Zentrum her erhalten nicht wenige der in der biblischen Heilsgeschichte überlieferten „zufälligen Geschichtswahrheiten“ (die für viele Zeitgenossen Anstoß und Ärgernis sind), eine heilsame Relativierung (nicht unbedingt: Eliminierung!). Auf vieles (nicht: auf alles!), was an „Heilstatsachen“ tradiert und zu glauben vorgelegt wird, „kommt es nicht an“ (Wilhelm Klein). Entscheidend ist die im Blick auf Christus, dem „Gott in Maria“, gegebene Entschiedenheit Gottes zur Gemeinschaft mit den Menschen.

Reichen aber diese tradierten und/oder aktualisierten Argumente für die Annahme einer transgeschichtlichen „Maria/Kirche“ aus, um diese als legitime Glaubensauslegung zu erklären? Welche Relevanz haben die diesbezüglichen Aussagen letztlich für den christlichen Glauben? Hier ist nochmals zu betonen: Es geht bei all dem – wenn man nicht (was ja durchaus offen ist) die biblischen Weisheitsaussagen in Richtung unserer Darlegungen interpretieren will – um eine *marianische Konkretisierung* neutestamentlich-christologischer Aussagen und deren anthropologischen und ekklesiologischen Konsequenzen. Χάρις, ἀγάπη, πνεῦμα, von denen z.B. Paulus ständig spricht, „die ausgegossen sind in unsere Herzen“ (vgl. z.B. Röm 5,5), bezeichnen nicht dinghafte Kräfte, auch nicht (allein) die Person des Heiligen Geistes, sondern sind die im ersten reinen Geschöpf verwirklichte geschaffene Liebe, geschaffener Geist, geschaffenes Pneuma, „Größen“, die sich in jedem von uns Raum schaffen möchten. Und die ἐκκλησία ist nicht allein die „Versammlung“ oder „Gemeinschaft“ der Glaubenden, sondern zu allererst die „Braut Christi“, die das Band ihrer Vermählung auf alle Glaubenden hin „auswirft“.

Diese Form der Vorstellung und Versprachlichung anzunehmen, ist jedoch gewiss nicht notwendig. Meister Eckhart würde dazu das sagen, was er nach der schwierigsten Passage einer seiner Predigten einfügt: „Diz ze wizzene des enist niht nôt“ – „Das zu wissen ist nicht vonnöten“.[335] Aber es kann hilfreich sein! Denn es thematisiert die Einheit der Geschichte und versteht diese (gemäß Röm 8,28ff) als unbedingte Vor-Erlösung, Vor-Erwählung, Vor-Verherrlichung. In „Maria“ und ihrer Vermählung mit Gott werden solche und andere Glaubensaussagen anschaulich und erreichen damit nicht nur den Verstand, sondern auch das Herz und die Vorstellungskraft des Menschen. Ferner ist damit ein hermeneutischer Schlüssel gegeben, der die marianischen Aussagen der kirchlichen Verkündigung und manche Phänomene marianischer Frömmigkeit besser verstehen lässt. Schon in Vorwort (S. 28f) wurde darauf hingewiesen, dass die Aussagen über Maria in

335 Meister Eckhart, Predigten 52,WW I, 562.

einer gewissen dialektischen Spannung zwischen *„Gewöhnlichkeit"* („Schwester im Glauben", „Frau aus dem Volke") und *„Erhabenheit"* („Himmelskönigin", „Alleinige Zuflucht") stehen. Gerade wenn man das im Vorangehenden über die ἀρχή einer Sophia-Maria Entwickelte akzeptiert, lässt sich besser einordnen, dass es Aussagen über Maria gibt, die sich weniger auf die (historische) Maria von Nazaret, auch nicht auf deren verherrlichte Gestalt, beziehen, als vielmehr auf diejenige „Maria", von der sie ganz erfüllt ist, nämlich auf die erstgeschaffene Weisheit Gottes, die in ihr wohnt und sie erfüllt, mit der sie aber (wie auch alle anderen Geschöpfe) immer nur partial identisch sein kann (siehe dazu die Differenz auf der russischen Sophia-Ikone zwischen Maria und „Maria": S. 573).

Darüber hinaus spielt für die Annahme einer marianischen ἀρχή auch die „Leistungsfähigkeit" oder besser „Integrationsfähigkeit" dieser Position für die Lösung einer Reihe von theologischen Fragen eine Rolle, vor allem bezüglich einer Schöpfungstheologie und eines Dialogs der Religionen, wie im nächsten Paragraphen zu zeigen sein wird. Und natürlich gilt auch von dieser „Marienwahrheit" (Wilhelm Klein), was Dieter Henrich so formuliert hat: Es wird „jede Antwort, die als begründet gelten kann, … im Lichte der weiteren Frage stehen, wie diese Antwort wohl in das Leben eingriffe und wie abzusehen ist, ob sie sich in ihm und für es bewährt".[336]

Summa Summarum neige ich deshalb persönlich dem Ergebnis der im Vorangehenden entwickelten Überlegungen zu, ohne mir allerdings ganz sicher zu sein und sie als sichere Überzeugungen zu vertreten und kategorisch weiterzugeben. Überdies ist die „transzendentale Auslegung" (S. 513ff) der behandelten primordialen Größen nicht *sehr* (!) weit von einer real-ontologischen entfernt. Wer sich also für letztere nicht erwärmen kann, ist eingeladen, sich der transzendentaltheologischen Interpretation zuzuwenden und das heißt: die faktisch geschehene und geschehende Heilsgeschichte als „Realisierung" eines transzendentalen Apriori zu verstehen, das aus guten Gründen „Maria" genannt und von ihr her näher ausgelegt werden kann.

Um es also nochmals mit aller Deutlichkeit zu sagen: Mit der hier in aller Vorsicht – eher in Richtung von so etwas wie πειρατέον (versuchsweise) als θετικῶς – vertretenen These von der real-primordialen marianischen ἀρχή der Schöpfung stehen und fallen weder die Konsequenzen dieses Kapitels, noch die der andern, noch überhaupt das Gerüst dieser Arbeit. Doch scheint mir hierin eine fruchtbare Perspektive nicht nur fürs Weiterdenken, sondern auch für den Vollzug einer ma-

336 D. Henrich, Versuch über Kunst und Leben. Subjektivität-Weltverstehen-Kunst, München 2001, 54.

rianischen Spiritualität zu liegen, die mit dem schon angeführten Wort des Angelus Silesius ganz ernst macht: „Ich muss Maria sein / und Gott aus mir gebären".

3. Exkurs: Kleines ontologisches Postludium

Wenn – wie wir sahen – die „Liebesgeschichte" Gottes mit dem Menschen bis an den Anfang der Schöpfung zurückreicht, ja wenn die Schöpfung um dieser (in der Menschwerdung des Gottessohnes aufgipfelnden) Liebesgeschichte, die in die Vergöttlichung des Menschen einmündet, geschah, so dass Schöpfung und allerengste Beziehung von Gott und Mensch (Bund, Menschwerdung, Erlösung …) faktisch in eins laufen, so muss auch die Schöpfung bereits Gabe sein, ganz so wie auch die Erwählung Marias und ihr Glaube. Denn wie immer man auch zu einer vorzeitlichen *personalen* „Ecclesia-Maria" steht: de facto ist die Schöpfung von Anfang an ganz vom Plan Gottes geprägt, alles in Christus, dem „Gott in Maria", zusammenzufassen. Daraus folgt, dass auch schon das „Sein" der Schöpfung, wie es sich einer philosophischen, vor allem ontologischen Betrachtung darbietet, von ihrem apriorischen Gabe-Charakter bestimmt ist.

Dies stellen in einer Neuinterpretation der thomanischen Ontologie besonders Ferdinand Ulrich und sein Schüler- bzw. Freundeskreis heraus. Dem sei kurz nachgegangen und dessen mariologische Pointe diskutiert.

Für Ferdinand Ulrich spielt das Thomas-Wort „Creare autem est dare esse" – „Erschaffen ist Sein schenken"[337] eine entscheidende Rolle. Von dieser Ur-Gabe der Schöpfung gelten a fortiori alle Grundzüge, die das Gabesein ausmachen und die bereits entwickelt wurden. Vor allem weist Ulrich auf jenes Wesensmerkmal hin, wonach es zur Gabe gehört, dass der Geber sich von ihr „trennt", damit sie ganz dem Empfänger anheimgestellt werden kann. Daraus folgt: Das geschöpfliche Sein kann nicht mit dem Sein Gottes, auch nicht in radikaler Abstufung, identisch sein. Denn dann hätte sich der Geber nicht von der Gabe losgesagt und folglich würde das von Gott mit Sein beschenkte Geschöpf über keinen wirklichen Selbstand verfügen.

Dennoch kann das geschaffene Sein auch kein hypostatisiertes „substantiiertes Drittes" zwischen Gott und den einzelnen Geschöpfen sein, an dem letztere in je unterschiedlichem Maß Anteil hätten, dann würden sie nämlich zwar am „Sein", nicht aber an Gott selbst partizipieren (was wiederum der zum Gabesein gehörenden Präsenz des Gebers in der Gabe widersprechen würde).[338] Deshalb ist für Ulrich (und in seinem Gefolge Oster und Bieler u. a.) die Aussage des Thomas: „Esse significat aliquid completum et simplex, *sed non subistens*"[339] von entscheidender Wichtigkeit. Dieser Satz besagt: *Das* geschaffene Sein selbst *ist nicht*, sondern *es sind* „nur die das Sein empfangenden und aufnehmenden Seienden". Nur in ihnen *ist* es. Und weil das Sein nicht zwischen Gott und den Geschöpfen

---

337 Thomas v. Aquin, In I sent. 37,1,1c (In libros Sententiarum = www.documentacatho licaom nia.eu/04z/z_1225–1274,_Thomas_Aquinas,_In_libros_Sententiarum _Petri_Lombardi,_LT. pdf.html (abgerufen 22.5.2013).

338 Ulrich, Homo 57 drückt das so aus: Ein hypostatisiertes Sein „fordert einen geizigen Gott als Ursprung, der ein Sein wirkt, das ebenso an sich hält. Damit ist Gott an das von ihm Verursachte gefesselt". Er kann nicht mehr „reiner Geber" sein.

339 Thomas v. Aquin, De Pot. 1, 1c.

subsistiert, ist es *nichts* „zwischen" Schöpfer und Geschöpf. Gerade so bezeugt die Nichtsubsistenz des geschaffenen Seins „sein radikales Verschenktsein an die geschöpfliche Vielfalt",[340] die nur *als* und *in* Vielfalt Gleichnis der göttlichen Güte sein kann.[341]

Was aber ist das (geschaffene) Sein „in sich", wenn es nicht das Sein Gottes und nichts Drittes zwischen Gott und den Geschöpfen ist? Antwort: Es ist *Liebe*,[342] die Entäußerung Gottes, genauer: die Entäußerung des göttlichen Reichtums in die Armut der Geschöpfe hinein. Damit ist es – wie Ulrich sagt – „Gleichnis der göttlichen Güte", „reine Vermittlung" zwischen Gott und Schöpfung, „unendliche Liebesgegenwart Gottes".[343] Mit den Worten Bielers (der damit in Kurzform die Position Ulrichs wiedergibt): Das Sein ist jene Gabe, „*durch die* – als reine Vermittlung und als ein Verströmen – das Geschaffene mit dem Schöpfer geeint und zugleich von ihm unterschieden wird".[344] Gerade so als die „Erscheinungsform" der überströmenden Liebe Gottes ist das Sein „reine Gabe". Mit den Worten Osters (ganz auf der Linie Ulrichs): „Sein ist Liebe umsonst, geschaffenes Sein ist im tiefsten Sinne Gabe eines sich selbst darin mitteilenden unendlichen Gebers – und deshalb reinste Aktualität und Fülle (Reichtum), die aber nie für sich selbst subsistiert, sondern immer schon vollständig an das Andere seiner selbst verschenkt (Armut) ist".[345]

So weit, so gut.

Dennoch bleibt die Frage, wie sich diese Konzeption in einem „marianischen Kontext", den die gerade zitierten Philosophen bzw. Theologen ansonsten mit Nachdruck herausstellen, ausnimmt. Erinnert sei beispielsweise an das Wort Ulrichs: Maria ist „der geschaffene *Anfang*, in dem der Schöpfer Himmel und Erde erschaffen hat". Sie ist die „reine Schöpfung, liebende Endlichkeit". Sie ist „die Mutter nicht nur aller Menschen, aller Völker, der ganzen Menschheit, sondern *aller Geschöpfe* des Dreifaltig-EINZIGEN. Die theo-tokos ist daher ebenso *kosmo-tokos* und *anthropotokos*. … Sie ist das Nichts, aus dem der Schöpfer seine Schöpfung ins Dasein ruft, aber sie ist als ‚geschaffene Liebe' das ‚*allein Gott die Ehre*' gebende ‚Nichts' aus Liebe, dem Gott ‚pro nihilo' alles gibt".

Ist diese „Maria", die Ulrich als „Kosmotokos" bezeichnet und als „das Nichts, aus dem der Schöpfer seine Schöpfung ins Dasein ruft", ein Seiendes unter anderen Seienden? Das dürfte wohl kaum gelten können, auch angesichts der Aussage Wilhelm Kleins, dem Ulrich und sein Kreis in so umfassender Hinsicht folgen: „Maria … unterscheidet sich von allen anderen Geschöpfen … wie das geschaffene Sein von den geschaffenen Seienden, … die am geschaffenen Sein partizipierend gedacht werden und dadurch und nur dadurch am Ungeschaffenen ewigen Sein des Schöpfers selbst" (vgl. S. 500). Ist dann aber nicht die einzig schlüssige Folgerung aus den Voraussetzungen Ulrichs, dass Maria, das geschaffene

340 Oster, Mit-Mensch-Sein 146, 65; Ulrich, Homo26; F. Ulrich, Gabe und Vergebung . Ein Beitrag zur biblischen Ontologie, Hrsg. v. St. Oster, Einsiedeln o. J., 37f.

341 Vgl. Ulrich, Homo 278.

342 E. Tourpe, La positivité de l'être comme amour chez Ferdinand Ulrich à l'arrière plan de Theologik III. Sur un mot de H. U. v. Balthasar, in: Greg. 89 (2008) 86–117.

343 Ulrich, Homo 20, 301, 127.

344 M. Bieler, Einleitung zu: F. Ulrich, Homo abyssus, Einsiedeln ^{2}1998, XIII-LIV, hier: XXVI. Diese Zusammenfassung bezieht sich vor allem auf Ulrich, Homo 80. Ganz ähnlich formuliert H. U. v. Balthasar, Herrlichkeit, Bd. III/1, Einsiedeln 1965, 961: Sein ist „die strömende Fülle des Seins Gottes im Zustand ihres Gegebenseins an die endlichen Empfänger".

345 Oster, Mit-Mensch-Sein 522.

Sein *ist*, ein Sein, das jedoch *entgegen* der thomanischen These „aliquid completum et simplex, *atque subsistens" ist*?

Freilich steht dieser Aussage von der Subsistenz des esse creatum um des radikalen Gabe-Charakters des Seins willen die These gegenüber, dass das geschaffene Sein nicht als etwas Drittes zwischen Gott und Einzelseienden subsistiert, sondern nur in den Einzelseienden *ist,* wohinein es sich in radikalem Verschenktsein gewissermaßen entäußert hat. Dieser Widerspruch lässt sich jedoch auflösen, wenn man das subsistierende geschaffene Sein „Maria" als *reine Vermittlung* versteht. Sie ist nicht nur das „Nichts", aus dem Gott alles geschaffen hat, sie bleibt auch insofern das „Nichts", als sie nichts aus sich selbst ist und sein will, sondern als medium purum die von Gott empfangene Fülle des Seins an die Seienden weiter-gibt und darin erst den ganzen Reichtum und die ungeheuer variable Vielfalt dieser Fülle realisiert, verwirklicht = Wirklichkeit werden lässt.

So gesehen könnte „Maria" als eine ontologische Größe betrachtet werden, deren Vergessenheit, ohne sie beim Namen nennen zu können, Heidegger beklagt (siehe S. 499f), deren Bewusstwerdung aber dazu führt, sich selbst und alles, was ist, eingewebt zu wissen in eine Schöpfung, die aus Liebe ins Werk gesetzt ist und trotz aller Negativitäten und Abscheulichkeiten von Liebe begleitet wird und in universale Liebe einmündet.

Diese zum Teil spekulativen Überlegungen haben bedeutsame Konsequenzen (oder können sie wenigstens haben) für die Schöpfungstheologie und die Theologie der Religionen. Das wird im Folgenden zu erörtern sein.

§ 3 Konsequenzen

1. Für eine erneuerte Sicht der Schöpfung

(a) Die Situation der Schöpfungstheologie

In den letzten Jahrzehnten wurde im Rahmen des seit etwa 2004 unter der Ägide von Klaus Müller geführten neuen „Pantheismustreits“[346], der sich zugleich auch mit der Kritik Jan Assmanns am biblisch-christlichen Gottesverständnis auseinandersetzt, der Schöpfungsbegriff neu problematisiert. Denn Assmann hatte in seiner Kritik am monotheistischen Gottesbild gegen das Differenzdenken des Monotheismus den (ägyptischen) Kosmotheismus, gemäß dem sich der Gott/das Göttliche in der von ihm durchseelten Welt als seinem „Leib“ zeigt, mit großem Nachdruck positiv herausgestellt. Der Monotheismus der Bibel (wie auch des Koran) macht für ihn die Welt gottleer, er „zerreißt das Band zwischen Himmel und Erde, Kosmos und Gesellschaft, vertreibt die Götter aus der Welt und zerstört alle zivilen Ordnungen. Krieg, Raub, Betrug und Gewalt sind die Folge“.[347] Der Begriff der „Schöpfung aus dem Nichts“ unterstreicht diese Differenz zum Göttlichen noch einmal mehr, insofern er gerade das Nichtgöttliche der Schöpfung hervorhebt. Muss also nicht ein Stück „Spinoza“ wieder in das westliche Denken, zumal in die Theologie heimgeholt werden? So die Frage, ja bereits die *These* von Klaus Müller. Haben wir uns heute eines Gottes zu erinnern, der alles durchdringt und mit allem eins ist, sowie einer Schöpfung, die inneres Moment des Unendlichen ist, und einer Freiheit, die sich als Teilhabe an der Freiheit des ἐν καὶ πᾶν zu verstehen sucht?

Nicht erst und nicht allein der neuere „Pantheismusstreit“ stellt solche und ähnliche Fragen. Es ist die neuzeitliche Grundeinstellung zur „Welt“, die im Be-

---

346 Vgl. dazu Kl. Müller, Über die monistische Tiefendimension der christlichen Gottrede, in: ders./M. Striet (Hrsg.), Dogma und Denkform, Regensburg 2005, 47–85; ders., Streit um Gott. Politik, Poetik und Philosophie im Ringen um das wahre Gottesbild, Regensburg 2006; ders./F. Meier-Hamidi (Hrsg.), Persönlich und alles zugleich, Regensburg 2010; Lerch, All-Einheit; R. Litz, Abgrund Alleinheit. Anmerkungen zu einer dunklen Dimension der „monistischen Denkform“ in: R. Langthaler/M. Hofer (Hrsg.), Selbstbewusstsein und Gottesgedanke, Wien 2010, 251–274. – Näheres über die Initiative von Assmann vgl. J. Assmann, Die Mosaische Unterscheidung oder der Preis des Monotheismus, München-Wien 2003; ders., Monotheismus und die Sprache der Gewalt, in: P. Walter (Hrsg.), Das Gewaltpotential des Monotheismus und der dreieine Gott = QD 216, Freiburg i. Br. 2005, 18–38. Zur Auseinandersetzung mit Assmann siehe z. B. E. Zenger, Was ist der Preis des Monotheismus, in: HK 55 (2001) 186–191; J. Manemann (Hrsg.), Monotheismus = Jb.f.Polit.Theologie 4 (2002), Münster u. a. 2003.

347 Assmann, Unterscheidung 104.

reich der theologischen Schöpfungslehre in Aporien geführt hat.[348] Die Neuzeit ist u. a. dadurch charakterisiert, dass sich der Mensch, soweit wie irgend möglich, von allen entfremdenden Bindungen zu emanzipieren sucht, er will durch sein Tun sich selbst bestimmen und Grund und Sicherheit in sich selbst finden. Auf dieser Linie stellt sich – bei Descartes erstmals voll durchreflektiert – der Mensch als res cogitans, als durch Geist ausgezeichnetes Subjekt, der Welt als res extensa, als bloßem, durch mathematische Strukturen gekennzeichnetem Objekt gegenüber, um sich ihrer als „maitres et possesseurs" – als „Meister und Eigentümer" zu bemächtigen,[349] ja, um sie – nach einem von Francis Bacon angeführten und seither durchgehend tradierten Bildwort – „in den Sklavendienst zu nehmen".[350] So „zwingt der ‚Geist' die Wirklichkeit der ‚Natur' unter seine Füße, um jenseits des Reiches der Natur in einem Reich der Freiheit sich als Geist zu behaupten", bemerkt Wilhelm Kamlah zutreffend.[351] Konsequenz dieser geistigen Haltung ist, dass die so betrachtete Welt von sich her keine vernehmbare geistige Gestalt mehr hat. Sie wird gewissermaßen zu einem Steinbruch, zu einem durch kausalmechanische Zusammenhänge charakterisierten Potential, aus dem sich der Mensch durch Analyse und Neukonstruktion allererst *seine* Welt schafft, die folgerichtig dann auch keinen anderen Rückverweis mehr besitzt als den auf den homo faber. Der Subjektwerdung des Menschen entspricht so die Verdinglichung der natürlichen Welt, deren integrale Gestalt zerlegt, auseinandergeschnitten oder abgeblendet wird zugunsten von Konstrukten, deren sich der Mensch kraft seiner analysierenden und entwerfenden Vernunft weiter bemächtigen kann. Allerdings schlagen diese Konstrukte paradoxerweise wieder in eine Art „Zweite Natur" um, durch die das Subjekt auf neue Weise versklavt und verdinglicht wird. „Aufklärung hebt Natur durch Rationalität und Subjektivität auf, aber sie schlägt wiederum in *bloße* Natur um",[352] vermerkt Walter Schulz.

Auch wenn die Bemächtigung der Welt seitens des Menschen keineswegs nur negativ zu sehen ist – ohne sie besäßen wir nicht den Lebensstandard, dessen wir uns alle erfreuen, und nicht jene Möglichkeiten des Überlebens, deren die Menschheit als Ganze bedarf –, so ergab sich doch als Folge dieses eindimensionalen Umgangs mit der Welt, dass die so begriffene und ergriffene Wirklichkeit nicht mehr Medium für Gottesbegegnung und Gotteserfahrung sein konnte. Ent-

348 Siehe dazu und zum Folgenden G. Greshake, Gott in allen Dingen finden. Schöpfung und Gotteserfahrung, Freiburg i. Br. 1986, aus dem einige Passagen wörtlich zitiert werden.
349 R. Descartes, Discours de la Méthode VI (PhB 261), Hamburg 1960, 100.
350 Siehe dazu W. Leiss, The domination of Nature, New York 1972, 55.
351 W. Kamlah, Der Mensch in der Profanität, Stuttgart 1949, 66.
352 W. Schulz, Metaphysik des Schwebens. Untersuchungen zur Geschichte der Ästhetik, Pfullingen 1985, 83.

sprechend wurde im weiteren Verlauf der Neuzeit die theologische Schöpfungslehre immer belangloser.[353] Im letzten Jahrhundert reduzierte sich der Schöpfungsglaube entweder auf die „dünne" transzendentale Aussage, dass alles, was ist, sich göttlicher Ursächlichkeit zu verdanken hat, oder/und er verflüchtigte sich in das Gefühl radikaler Abhängigkeit, unbedingter Geborgenheit und der Erfahrung des Absoluten in der Welt des Bedingten. Während so der erste Artikel des Glaubensbekenntnisses auf ein Minimum an objektivem Gehalt und subjektivem Vollzug reduziert wurde, suchte sich das vitale Leben des christlichen Glaubens emphatisch, wenn nicht exklusiv, als Antwort auf das *geschichtlich* ergangene und *geschichtlich* bezeugte Heil zu realisieren. Die Schöpfungswelt war nur noch äußerer „Raum" für das darin sich abspielende Heils*geschehen* zwischen Gott und Mensch. Ein vielzitierter Satz von Karl Barth: „Die Schöpfung ist die Erstellung des Raumes für die Geschichte des Gnadenbundes"[354] ist auf diesem Hintergrund zu lesen: Entscheidend ist hiernach der Gnadenbund, dafür ist die Welt „nur" äußerer Raum.

Durch diese einseitige Sicht gerieten entscheidende Aussagen der Heiligen Schrift aus dem Auge und verloren ihre Relevanz. So z.B. die Überzeugung, dass nicht erst die Heilsgeschichte, sondern bereits die Schöpfung ein Wort- und Ereigniszusammenhang ist, in dem Gott sich ausspricht und auf den Menschen zugeht, und dass deshalb schon für Israel „die Erfahrungen von der Welt ... immer auch Gotteserfahrungen und die Erfahrungen mit Gott ... Welterfahrungen" waren.[355] Und für das Neue Testament war es nicht anders. Eben dies ist im Laufe der Neuzeit mehr und mehr der theologischen Aufmerksamkeit entglitten. Damit aber bahnten sich schlimme Konsequenzen an: Einer Welt, die nicht mehr als „gottvoll" erfahren wird, die also im wahrsten Sinne des Wortes gott-los ist, entspricht auf der anderen Seite ein welt-loser Gott. Ein solcher aber erwies sich im Fortgang der neuzeitlichen Geschichte immer mehr und erweist sich heute vollends als ein unwirklicher, illusionärer Gott. Wo der Geist weltlos und die Welt geistlos wird, ist – so hatten es schon vor mehr als 150 Jahren Philosophen wie Hegel,[356] Schelling[357] und v. Baader prophezeit – die „gottlose Auffassung

---

353 Siehe dazu A. M. K. Müller, Geschöpflichkeitsdefizite in Naturwissenschaft und Theologie, in: ders., u.a., Schöpfungsglaube heute, Neukirchen-Vluyn 1985, 9–89, hier: 13ff.

354 KD III/1, 36.

355 v. Rad, Weisheit 87.

356 Siehe dazu Chr. Link, Hegels Wort „Gott selbst ist tot", Zürich 1974.

357 Vgl. z.B. F. W. J. Schelling, Schriften zur Religionsphilosophie 1841–1854 (WW VI) München 1959, 360f: „Liegt es nicht am Tage, dass zugleich und in demselben Verhältnis, in welchem die Natur immer mehr jeder Göttlichkeit entledigt, zum bloßen, toten Aggregat herabsank, auch der lebendige Monotheismus sich immer mehr in einen leeren, unbestimmten, inhaltslosen Theismus verflüchtigte?"

beider"[358] die logische Konsequenz. Auf diesem Hintergrund ist eine Neuausrichtung der theologischen Schöpfungslehre und der kirchlichen Verkündigung bezüglich des 1 Artikels des Glaubensbekenntnisses „Ich glaube an Gott, *den Schöpfer …*" dringend vonnöten.

(b) Schöpfung als „Ort" Gottes

Blicken wir dazu auf die Heilige Schrift. Hier ist zunächst einmal festzustellen, dass die von Jan Assmann pointiert herausgestellte „monotheistische Differenz", welche das Band zwischen Himmel und Erde, Gott und Mensch zerreißt, eher Folge des aufklärerischen Deismus ist denn Konsequenz der biblischen Schöpfungsaussagen. Gewiss, die Heilige Schrift und die ihr folgende Theologie betonen die Differenz zwischen Gott und Mensch, sprechen aber im gleichen Atemzug von der Immanenz Gottes in seiner Welt, die als geschaffene zwar ins Eigene gesetzt ist, dabei aber immer auch *Seine* Selbstaussage und Ort *Seiner* Gegenwart ist und bleibt. Die Schöpfung ist gleichsam die „Fortsetzung" der innertrinitarischen Selbstaussage des Vaters im „Logos". Auf dieser Linie wird in der Theologiegeschichte in unzähligen Variationen das Wort Anselms v. Canterbury wiederholt: „Uno eodemque Verbo dicit seipsum et quaecumque fecit" – „In ein und demselben Wort sagt Gott sich selbst und, was er gemacht hat, aus".[359] Deshalb ist die Schöpfung ein „verbum Verbi",[360] und die geschaffenen Dinge sind demzufolge Worte im göttlichen Wort. Kurz: Auch die Schöpfung ist *Selbstaussage Gottes*. Damit ist sie aber durch höchst dialektische Bestimmungen gekennzeichnet.

Auf der einen Seite ist sie das „Andere Gottes", ja, in ihrer Endlichkeit sogar das radikal Andere. Diesen Abstand der Schöpfung von Gott artikuliert die Heilige Schrift auf unzählige Weisen, so dass wir darauf nicht weiter eigens einzugehen brauchen.

Auf der anderen Seite aber ist die Schöpfung wirklich Ausdruck Gottes, Er selbst zeigt sich in ihr, Er selbst gibt sich in ihr, Er selbst und nicht etwas von ihm Unterschiedenes. Denn gemäß der Heiligen Schrift bergen Himmel und Erde, Tag und Nacht ein lautloses Wort Gottes in sich, das nach Ps 19 auf der gleichen Ebene liegt wie das verlautete Wort des göttlichen Gesetzes. In den Ereignissen der Natur wird die Stimme Gottes vernehmbar und seine Macht und Lebensfülle, sein Innerstes, offenbar (siehe besonders die Psalmen 29, 50, 97). Kurz: „Die ganze

358 Fr. v. Baader, Gesammelte Schriften zur Philosophischen Anthropologie (WW IV) Aalen 1963 = Leipzig 1853, 297: „Die besonders durch Cartesius in Schwung gekommene geistlose Auffassung der Natur musste die naturlose Auffassung des Geistes und die gottlose Auffassung beider zur Folge haben".

359 Anselm v. Canterbury, Monologion 33, WW I (ed. Schmitt) 53.

360 Thomas v. Aquin, ScG IV, 13.

Erde ist wahrhaft voll der Herrlichkeit Jahwes“, die alle zu erkennen vermögen (Num 14,21). „Sie ist erfüllt von der Huld des Herrn“ (Ps 33,5), ein Vers, von dem der Alttestamentler Rolf Knierim schreibt, er müsse verstanden werden als „die Wesensqualifikation der Schöpfung“.[361] Die in ihr verwirklichte Weisheit ist „ein Hauch der Kraft Gottes und reiner Ausfluss der Herrlichkeit des Allherrschers. … Sie ist der Widerschein des ewigen Lichts, der ungetrübte Spiegel von Gottes Kraft, das Bild seiner Vollkommenheit“ (Weish 7,25f).

Es geht aber nicht nur um Selbstoffenbarung, sondern auch um Selbstgabe Gottes. Denn Er selbst ist es, der nach dem Zeugnis der Schrift allen das Leben gibt, Speise und Trank austeilt, regnen und die Sonne scheinen lässt über Gerechte und Ungerechte, um seine Liebe, Sorge und Zuwendung den Menschen zu erweisen. In seinen Gaben gibt Gott sich also selbst, so wie der Mensch in einem freundlich überreichten Rosenstrauß dem andern nicht nur eine materielle Gabe, sondern seine Liebe, sich selbst schenkt.

So also ist Gott durch den Leben schaffenden Geist in seiner Schöpfung gegenwärtig, indem er durch eben diesen Geist das „Andere“ der Schöpfung mit sich selbst ständig vereint. Bezüglich dieser „Vereinigung“ braucht man nicht einmal im Blick auf ein mögliches pantheistisches Missverständnis vor der Aussage von der Schöpfung als dem „Leib Gottes“ zurückschrecken. Sagen doch selbst viele Scholastiker – auch Thomas v. Aquin – in einem vorsichtigen Vergleich, dass Gott der Welt innewohnt wie die Seele dem Leib, und zwar „praesentia, potentia, substantia“ – durch seine Gegenwart, seine Macht und sein Wesen“.[362] Freilich ist immer mitzubedenken, dass die Schöpfung eine endliche Ausdrucksgestalt und Vergegenwärtigung des unendlichen Gottes ist und bleibt, dass sie also nicht selbst göttlich ist, sondern in grundsätzlicher Differenz zu Gott steht. Dennoch ist sie nicht nur das von Gott Verursachte und ins Eigene Gesetzte, sondern das in der Differenz des Freigesetztseins als Ausdrucks- und Gegenwartsgestalt auch bei sich Behaltene. Darum ist – so Hans Urs v. Balthasar –

> „die Welt als Ganzes und jedes einzelne Sein und jede einzelne Wahrheit in ihr ein echtes Hervortreten Gottes“. Die Endlichkeit der Welt „ist für ihn keinerlei Hindernis, das zu sagen, was er sagen will. Zwischen Inhalt und Ausdruck besteht kein Zwischenraum, weil der Ausdruck ganz vom Offenbarenden herkommt und vom Inhalt, den er ausdrücken soll, bestimmt ist. … Darum kann in der Schöpfung Gottes Wesen unbehindert transparent werden, so sehr, dass

361 R. Knierim, Cosmos and History in Israel’s Theology, in: U. Mauser (Hrsg.), Horizons in Biblical Theology, Pittsburg u. a. 1961, 96. Für die diesbezüglichen Aussagen des NT vgl. Greshake, Gott in allen 37f.

362 Thomas v. Aquin, STh I, 8,2 ad 3.

> der Betrachter der weltlichen Dinge durch das Bild hindurch auf das Urbild schauen und dabei vergessen kann, dass er dieses nicht unmittelbar, sondern im Spiegel der Kreatur erblickt". Deshalb gilt von den geschaffenen Dingen: „Gott spricht aus ihnen, Gott zieht den Betrachtenden durch sie zu sich, Gott lehnt sich gleichsam aus diesen Augen der Welt heraus, um den von der Schönheit der Dinge Verzückten unmittelbar anzuschauen".[363]

Somit ist die Rede von der radikalen Differenz zwischen Gott und Schöpfung ergänzungsbedürftig. Gott ist nicht einfach nur das „aliud" im Vergleich zur Schöpfung, sondern – wie der Cusaner zu Recht sagt – das „Non aliud"[364]. Wäre nämlich Gott als der ganz andere von seiner Schöpfung geschieden, so würde Gott nicht mehr Gott, der alles Umgreifende und Allseiende sein. Die Rede vom radikalen Unterschied zwischen Gott und seiner Schöpfung hat, auf Gott gewendet, nur einen einzigen Sinn, auf den schon Meister Eckhart hinweist: Gott unterscheidet sich von der Kreatur gerade dadurch unendlich, dass er – anders als die durch Unterscheidungen charakterisierte geschöpfliche Welt – „sich von nichts unterscheidet".[365] Für das Geschöpf dagegen hat die Rede vom unendlichen Abstand zu Gott die Intention, es „in die eigene radikale Nur-Endlichkeit" zu verweisen.[366] So ist die Schöpfung einerseits von Gott radikal unterschieden, andererseits zugleich auf ihn radikal bezogen, ja durch ein radikales In-Sein in Gott bestimmt. Dies wird – wie schon skizziert (S. 523) – letztlich nur verständlich auf einem trinitätstheologischen und marianischen Hintergrund: Als „verbum in Verbo" ist die Schöpfung hineingenommen in die „Differenz" von Gott Vater und Sohn (vereint im Geist der Liebe), so dass auch die Differenz von Schöpfung und Schöpfer noch einmal in das In-Sein in Gott aufgenommen ist und hier in einem reinen, durch radikale Relationalität und Transparenz ausgezeichneten Sein, d. h. konkret: in „Maria" subsistiert .

Dabei sehen wir an dieser Stelle davon ab, auf die de facto vom Bösen erfasste und durchdrungene Schöpfung einzugehen, die *bis zum heutigen Tag seufzt und in Geburtswehen*

---

363 TL I, 266 mit Verweis auf Thomas v. Aquin, De ver. 8, 3 ad 18.

364 Vgl. Nikolaus v. Kues, De non-aliud, in: Philosophisch-theologische Schriften, Hrsg. v. L. Gabriel, Bd. II, Wien 1966, 443–565. Siehe dazu J. Splett, Gottes Freiheit und die Kontingenz der Schöpfung. Zur religionsphilosophischen Begründung menschlichen Weltverständnisses, in: Ph. Schmitz (Hrsg.), Macht euch die Erde untertan? Schöpfungsglaube und Umweltkrise, Würzburg 1981, 39–64, hier: 51, 63[30].

365 Meister Eckhart, Exp. in Joh nr. 99 (Lat.WW III, 85).

366 L. Dümpelmann, Kreation als ontisch-ontologisches Verhältnis. Zur Metaphysik der Schöpfungstheologie des Thomas von Aquin, Freiburg-München 1969, 13.

liegt (Röm 8,22).[367] Auch die in ihren Schmerzen und Leiden, Bosheiten und Abgründen stöhnende Welt, die für viele Menschen kaum noch durchsichtig ist auf ihre gottgewollte Schönheit, ist von Gott umgriffen und von Gott „erfüllt". Dafür steht das Kreuz Jesu Christi und die „mater dolorosa".

Jedenfalls ist die Schöpfung nicht einfach ein „neutraler Raum", in dem sich *dann*, gewissermaßen in einem zweiten Schritt, die heilsgeschichtliche Zuwendung Gottes, die in der Menschwerdung und den ihr folgenden Heilsereignissen aufgipfelt, ereignet, sondern sie ist von vornherein Adressatin der Selbstmitteilung Gottes. Diese nimmt zwar verschiedene Grade der Intensität an, wie es das schöne Cusanus-Wort sagt: Es ist die „eine große Stimme" Gottes, die sich „jahrhundertelang ununterbrochen gesteigert hatte" und „am Ende einer lange Reihe von Modulationen", „endlich Menschengestalt angenommen hat",[368] aber es ist immer dieselbe „eine große Stimme", die in Welt und Geschichte Gegenwart wird und Gestalt annimmt, ja, die schon lange „vor" der Geschichte von der primordialen ἀρχή, die sich dann pluralisierend in die Vielfalt der Schöpfung auslegte, empfangen und aufgenommen wurde. Da diese Aufnahme des Wortes Gottes, der Empfang seiner Selbstmitteilung, bereits die ἀρχή in ihrem tiefsten Wesen prägt, wird das folgende Wort Rahners erst vollends verständlich:

> „Diese Selbstmitteilung Gottes, in der Gott gerade *als* der absolut Transzendente sich mitteilt, ist das Immanenteste an der Kreatur. Das Übereignetsein ihres Wesens an sie selbst, die ‚Wesensimmanenz' in diesem Sinne ist die Voraussetzung und Folge zugleich der noch radikaleren Immanenz der Transzendenz Gottes im geistigen Geschöpf. ... Die Vorstellungsmodelle, die auf den Unterschied ‚innen-außen' gebaut sind, versagen hier: Die Verwiesenheit auf die Selbstmitteilung des radikal verschiedenen Gottes ist das Innerste, und eben dieses ist die Möglichkeit der Immanenz des Äußersten".[369]

Immanenz Gottes in seiner Schöpfung: das ist gewissermaßen die Quintessenz einer biblisch fundierten, an der großen theologischen Tradition orientierten und marianisch grundierten Schöpfungslehre. Diese wurde in der großen patristischen und mittelalterlichen Theologie entwickelt auf dem Hintergrund und mit den Mitteln einer *Ontologie der Partizipation* des endlichen am unendlichen Sein, in der neueren Zeit dagegen im Rahmen einer *transzendentalphilosophisch* gestimmten Theologie. Das Gleiche lässt sich aber auch – vielleicht besser noch – in einer von

---

367 Siehe dazu im Einzelnen G. Greshake, Warum lässt uns Gottes Liebe leiden? Freiburg i. Br. 2007.

368 Nikolaus v. Kues, aus den: Excitationes 3, Basel 1565, 411f, zit. nach H. de Lubac, Glauben aus der Liebe. „Catholicisme", dt. Einsiedeln 1970, 405.

369 Rahner, Vollendung, in: Schr. VII, 601.

uns skizzierten *Phänomenologie und Ontologie der Gabe* (S. 374ff) aufzeigen, die in unmittelbarem Zusammenhang mit dem steht, was über „Maria–Kirche" in diesem Kapitel erörtert wurde: Die Schöpfung steht apriori in „Maria" im Dialog mit Gott, im Wechselspiel von Wort und Antwort. Erst diese marianische Pointe gibt dem Schöpfungsglauben und der Schöpfungslehre ihre eigentliche Tiefe. Dies ist noch näher zu erörtern.

(c) Schöpfung als Ur-Gabe an „Maria"

„Creare autem est dare esse" – „Erschaffen ist Sein schenken" (oder auch: „Mit Sein beschenken"), vermerkt schon Thomas v. Aquin (siehe S. 536). „Sein" ist die Ur-Gabe Gottes an seine Geschöpfe. Von dieser Ur-Gabe gelten darum auch alle Grundzüge, die das Gabesein ausmachen und die bereits entwickelt wurden, katexochen. Der einzige, allerdings radikale Unterschied besteht darin, dass bezüglich der Schöpfungs-Gabe der Empfänger nicht vorausgesetzt ist, sondern allererst buchstäblich ge-setzt und ge-geben sein muss, freilich so, dass er im Akt des Gegeben- = Geschaffenseins diese Ur-Gabe des eigenen Seins *als Gabe Gottes in Freiheit* zu empfangen (oder abzulehnen) hat. Alle übrigen Charakteristika des Gabe-Empfangs-Geschehens treffen auch für die Schöpfung als Ur-Akt des Gebens zu.

Sie treffen *für Gott* zu: Wenn es der Gabe wesentlich ist, dass der Geber sich von ihr „trennt", damit sie ganz in das Eigentum des Beschenkten überzugehen vermag, so „trennt sich" auch Gottes *Sein* (nicht etwa: Gottes personale Zuwendung) vom geschöpflichen Sein; es kann also nicht mit dem Sein Gottes in irgendeiner Weise identisch sein und wäre es auch in radikaler Abstufung. Dann hätte sich der Geber nicht von der Gabe losgesagt und folglich würde das mit dem Sein Gottes beschenkte Geschöpf über keinen wirklichen Selbstand verfügen und – im Blick auf den Menschen – nicht in die Freiheit freigegeben. Schöpfung als Gabe verstanden besagt dagegen, dass Gott in der Setzung der Schöpfung das Geschöpf wirklich frei *gibt*, so dass dieses hinsichtlich der empfangenen Seinsgabe den Eindruck haben kann und darf, „als sei sie des Empfängers Eigentum" (Soeren Kierkegaard).

Sie treffen *für das Geschöpf* zu. Wo Gott sich diesem schenkt, geschieht das, was sich in jedem wahren Gabe-Geschehen ereignet: Das Ineinander und die Einheit von Geber, Gabe und Empfänger. *Erstens* zeigt sich die Einheit von Geber und Gabe: Der Geber schenkt in der Gabe sich selbst, sein Leben. Für die Gabe der Schöpfung gilt dabei a fortiori, was Martin Bieler in einem schon zitierten Wort zum Ausdruck bringt: „Je tiefer und ursprünglicher eine Gabe von Herzen kommt, der Innerlichkeit dessen, der sie schenkt, entstammt, um so reiner zeichnet sich die Gestalt des Gebers in sie ein, um so gegenwärtiger ist der Ursprung seiner Gabe, desto inniger ist die ‚urbildliche Einheit' von Schenkendem und Gabe" (S. 376). So ist in der Schöpfung – wie die Schrift sagt – der Schöpfer wirklich präsent, wirksam gegenwärtig. Schöpfung ist wesentlich Teil-Gabe, Mit-Teilung, worin der Geber sich selbst gibt und sein Leben mit dem Beschenkten teilt. *Zweitens* zeigt sich die Einheit von Geber und Empfänger: Der Empfänger nimmt via Gabe (in welcher der Gebende präsent ist) am Leben des Schenkenden teil. Er erhält durch ihn neue Lebensmöglichkeiten, Möglichkeiten, die ihn, weil ursprünglich dem Geber zu eigen, aufs engste mit dem Geber verbinden. Und weil sich im Geschenk der Schöpfung der Schöpfer selbst dem Geschöpf gibt und der Beschenkte sich im Empfang mit ihm vereinigt und an ihn zurück-gibt, geschieht bereits im Akt der Schöpfung die wahre *„Ur-Vermählung"* von Schöpfer und Geschöpf, von Gott und geschaffener, primordialer ἀρχή, mag man sie nun „Maria", „ecclesia primigenia" oder „Weisheit als Anfang seiner Wege" nennen.

Diese „Ur-Vermählung mit „Maria" garantiert ein Dreifaches:

Erstens: Die „Vermählung" von Gott und Mensch, auf die Welt und Geschichte hinauslaufen, ist immer schon vollzogen: Das unrücknehmbare Ja Gottes wurde ‚Maria' und damit uns allen zugesprochen, und das Ja des Geschöpfes zu Gott ist durch sie für alle Zeiten aufgerichtet. Damit ist die ganze Welt „aufgeschlossen" und alle Geschichte „erschlossen" als ein „Raum" unbedingter Gottesgegenwart und Gottesliebe. So wie sich in und aus der Liebe zwischen Mann und Frau ein „Raum" öffnet (vorab für die Kinder, dann aber auch für Freunde, Nachbarn, Arbeitskollegen …), in dem Leben als glückend und wohltuend empfangen und erfahren wird, so bildet durch die Ursprungsbeziehung „Gott – „Maria" die geschaffene Wirklichkeit einen Raum des Lebens und der Liebe, der alles umgreift, auch das Misslungene, Abgründige, Leidvolle und Dunkle. *Nichts kann uns scheiden von der Liebe Gottes* (Röm 8,39). Dafür steht Jesus Christus, der „Gott in Maria". Dafür steht aber auch „Maria", das „Geschöpf in Gott", das ganz Gott gemäße Geschöpf, an dem jeder Anteil hat.

Zweitens ist mit der „Ur-Vermählung" jene Frage beantwortet, die schon die russischen Sophiologen umgetrieben hat und für die sie ihre „Weisheitslehre" entwickelt haben. Sie haben gefragt nach der inneren Einheit der Welt, die mehr ist als nur die Einheit eines mehr oder minder mechanistisch verstandenen evolutionären Prozesses. Beim Nachdenken über „die Weisheit" ging ihnen auf: „Insofern sich die Weisheit in der Welt offenbart, hat sich in ihr der Himmel auf die Erde gesenkt. Die Welt ist nicht nur Welt in sich, sondern Welt in Gott, und Gott ist nicht nur im Himmel, sondern auch auf Erden, und auf der Welt, in den Menschen", alles verbunden durch das Band der Weisheit, die als Theotokos alles erfüllt. So fasst Sergei N. Bulgakow zusammen (S. 341). Im gleichen Problemkontext sieht auch Pierre Teilhard de Chardin die innerste Einheit der Welt in der biblischen

Idee der „geschaffenen Weisheit“, in der Maria-Ecclesia, zum Ausdruck gebracht. Auch der Evolutionsprozess als solcher gibt Probleme auf, für deren Lösung die Idee der ἀρχή, der „geschaffenen Weisheit als Anfang der Wege Gottes“, hilfreich sein kann.

Natürlich kann diese Sicht der Schöpfung *nicht aus einer empirischen Betrachtung*, etwa durch den Nachweis, dass die Evolution über sich selbst hinaus auf ein transzendentes Prinzip weist, erschlossen werden. Die entfaltete Sicht ist vielmehr Frucht des Glaubens, der als eine spezifische Erfahrungsweise dazu anleitet, andere Erfahrungen, z. B. alltägliche oder wissenschaftliche, in neuem Licht zu sehen, ganz im Sinn des vielzitierten Jüngelschen Wortes, dass es gilt, „Erfahrung mit der Erfahrung zu machen“.[370] Zu einer solchen Erfahrung erschließenden Erfahrung leitet auch die Idee der primordialen Maria-Ecclesia an. Von ihr her kann sich dem Glaubenden die Schöpfung neu erschließen als „Raum“ des „Dialogs mit Gott“ und seiner intimsten Gegenwart sowie als „Vorraum“ der himmlischen Welt.

Drittens: Weil in der Ur-Vermählung Gott den Menschen „freit“ und das heißt auch: zur Freiheit frei-gibt, bedeutet die Rede von Schöpfung und Geschichte als Raum der Gottesgegenwart keine Überhöhung oder gar „Sakralisierung“ der Welt. Das ist ja umso weniger möglich, als durch das Nein des Menschen die vorfindliche Welt immer schon vom Bösen erfasst ist und sich deshalb schon rein phänomenologisch nicht als ein „sacrum“ zu erfahren gibt. Das muss auch nicht, ja darf nicht einmal sein! Denn nur wenn die geschaffene Wirklichkeit sich dem Menschen als ein „in sich“ gesehen „autonomer“ Raum mit „autonomer“ Präsentation und Aufgabenstellung darbietet, kann das Verhältnis Gott-Mensch frei sein und frei bleiben und dazu stimulieren, dass das Geschöpf in dieser von Gott durchdrungenen, aber dennoch von ihm freigegebenen und in diesem Sinn „säkularisierten“ = „weltlichen Welt“ (die dazu noch unter der Macht des Leidens und Bösen stöhnt und seufzt) Gott zu suchen und zu finden vermag.

Bei all dem mag – wie schon einmal in einem anderen Zusammenhang gesagt wurde –, die nachdrückliche marianische Pointierung dieses Weltverständnisses *inhaltlich* den überkommenen Aussagen nichts hinzufügen. Aber sie gibt ihnen ein konkretes Gesicht, weit mehr als dies etwa die Begrifflichkeit einer Partizipationsmetaphysik oder die Rede vom „Gnadenapriori“ der Schöpfung oder von ihrer „übernatürlichen Berufung“ tun könnte. Marianische Redeweise ist dezidiert personal und konkret.

370 E. Jüngel, Gott als Geheimnis der Welt. Zur Begründung der Theologie des Gekreuzigten im Streit zwischen Theismus und Atheismus, Tübingen 1977, 40 u. ö.

2. Folgerungen für die Religionentheologie

Aus den Erörterungen dieses Kapitels lassen sich außer schöpfungstheologische auch wichtige religionstheologische Konsequenzen ziehen. Und dies aus verschiedenen Gründen: Einmal wird Maria aufgrund ihres Hörens und Antwortens (Glaubens), also aufgrund des „Dialogs", der ihr tiefstes Wesen auszeichnet, im interreligiösen Dialog der letzten Jahren häufig als „Ikone des Dialogs" bezeichnet;[371] zum andern steht sie – so Michael Fuß – „für das menschlich Verbindende aller Religionen – die gläubige Verfügbarkeit"; sie „hält die unverzichtbare menschliche Grundhaltung des Empfangens/Gebärens als Grundlage des Religiösen demütig dem heilswirkenden Gott entgegen".[372] Vor allem aber hat die in diesem Kapitel entwickelte Idee einer primordialen Ur-Vermählung Gottes mit seiner Schöpfung Auswirkungen für das Verständnis der Weltreligionen. Um diese letztere Konsequenz darzulegen, soll zunächst kurz der gegenwärtige Stand der christlichen Religionstheologie skizziert werden.[373]

(a) Zum gegenwärtigen Stand der Religionentheologie

Lit.:

K. Rahner, Das Christentum und die nichtchristlichen Religionen, in: Schr. V, 136–158; W. Kern, Außerhalb der Kirche kein Heil?, Freiburg i. Br. 1979; P. Rossano, Lo Spirito Santo nelle religioni e nelle culture non cristiane, in: Credo in Spiritum Sanctum – Atti del Congr. teol. internaz. di Pneumatologia (22.–26.3.1982), Bd. II, Rom 1983, 1193–1403; ders., Christliche Theologie und Religionen. Ein Problem unserer Zeit, in: R. Latourelle/G. O'Collins (Hrsg.), Probleme und Aspekte der Fundamentaltheologie, dt. Innsbruck-Wien 1985; R. Bernhardt, Der Absolutheitsanspruch des Christentums. Von der Aufklärung bis zur Pluralistischen Religionstheologie, Gütersloh 1990; P. Schmidt-Leukel, Zur Klassifikation religionstheologischer Modelle, in: Cath 47 (1993) 163–183; B. Stubenrauch, Dialogisches Dogma. Der christliche Auftrag zur interreligiösen Begegnung = QD 158, Freiburg i. Br. 1995 (Lit.); B. Sesboüé, Hors de l'Eglise pas du salut, Paris 2004; J. Dupuis, Unterwegs zu einer christlichen Theologie des religiösen Pluralismus, dt., Innsbruck-Wien 2010; J. Arnold (Hrsg.), Sind Religionen austauschbar? Philosophisch-theologische Positionen aus christlicher Sicht, Münster 2012.

---

371 Vgl. z. B. M. Fuß, Maria – vincolo dell'unità nell'ecumenismo tra le religioni e di fronte ai nuovi movimenti, in: SetRel 3 (1993), Heft 9, 114–132, hier: 115 u. ö.; ders., Buddha und Maria: Dynamische Leere als Ikone des Dialogs, in: StMiss 43 (1994) 211–244.

372 Fuß, Buddha 215f. – Siehe dazu auch B. Uhde, „Fiat mihi secundum verbum tuum". Die Zurücknahme des menschlichen Willens als ein Prinzip der Weltreligionen, in: Jb. f. Religionsphilosophie I, Frankfurt 2002, 87–98.

373 Größere Passagen des folgenden Abschnitts finden sich schon in Greshake, Gott 499ff. Ähnliches auch in ders., Das Verhältnis von Christentum und Weltreligionen in der neueren katholischen Theologie, in: Pastoralamt der Erzdiözese Wien (Hrsg.), Wie von Christus reden im Angesicht der pluralen religiösen Wirklichkeit? Wien 1997, 4–23; ders., Jesus Christus und der Dialog der Weltreligionen, in: StMiss 51 (2002) 219–213.

Speziell zur Pluralistischen Religionstheorie:

G. D'Costa, Das Pluralismus-Paradigma in der christlichen Sicht der Religionen, dt., in: ThGw 30 (1987) 221–231; P. F. Knitter, Ein Gott – viele Religionen. Gegen den Absolutheitsanspruch des Christentums, dt. München 1988; ders., Nochmals die Absolutheitsfrage, in: EvTh 49 (1989) 505–516; R. Panikkar, Der neue religiöse Weg, München 1990; P. Schmidt-Leukel, Das Pluralistische Modell in der Theologie der Religionen. Ein Literaturbericht, in: ThRv 89 (1993) 353–370; R. Schwager, Kontraproduktive Folgen? Gefahren beim Streben nach einem schnellen Konsens, in: ThPQ 142 (1994) 23–31; G. Greshake, Christentum und Weltreligionen. Anmerkungen zum „Pluralismus-Paradigma", in: F.X. D'Sa/R. Mesquita (Hrsg.), Hermeneutics of Encounter, FS G. Oberhammer, Wien 1994, 109–122; M. v. Brück/J. Werbick (Hrsg.), Der einzige Weg zum Heil? Die Herausforderung des christlichen Absolutheitsanspruchs durch pluralistische Religionstheologien = QD 143, Freiburg i. Br. 1993; R. Schwager (Hrsg.), Christus allein? Der Streit um die pluralistische Religionstheologie = QD 160, Freiburg i. Br. 1996; M. Hüttenhoff, Der religiöse Pluralismus als Orientierungsproblem, Leipzig 2001; G. L. Müller/M. Serretti (Hrsg.), Einzigkeit und Universalität Jesu Christi, dt., Einsiedeln-Freiburg 2001.

Das Verhältnis des christlichen Glaubens zu den übrigen Religionen war schon seit urkirchlicher Zeit vielschichtig, ohne einhelligen Konsens. Zwar bestand von Anfang an darin Übereinstimmung, dass Christus als „der Weg, die Wahrheit und das Leben" (Joh 14,6) das letzte, unüberbietbare Wort Gottes und die endgültige, vorbehaltlose Selbstmitteilung Gottes an die Menschen ist. Doch konnte man von dieser gemeinsamen Basis aus *entweder* die übrigen Religionen in Bausch und Bogen als satanische Mächte und Räume der Heillosigkeit verdammen, *oder* man schätzte sie als *zu ihrer Zeit* legitime Orte vorläufigen göttlichen Wirkens und damit als Hinwege zum christlichen Glauben positiv ein.[374]

So waren z. B. viele Theologen der frühen Kirche davon überzeugt, dass die Geschichte Gottes mit der Menschheit die Grenzen der biblischen Heilsökonomie weit überschreitet. Zur Erklärung dafür übernahmen sie Vorstellungen der damals verbreiteten stoischen Logosphilosophie, in deren Zentrum die – philosophische! – Überzeugung stand, Gott wirke mit seinem und in seinem Logos überall in Welt und Geschichte und mache auf diese Weise sich und seine Macht manifest. Dieser göttliche Logos ist nun – so betonten die christlichen Theologen – kein anderer, als der, der in Jesus Christus sichtbare Gestalt angenommen hat und Mensch wurde. Vor diesem gedanklichen Hintergrund konnte z. B. Justin schreiben:

374 Ähnlich ambivalent war schon das Verhältnis des altbundlichen Israels zu den übrigen Religionen; es reichte von radikaler Ablehnung (z. B. Jes 44,6–20) bis hin zum Wissen um den Noachbund, zur Anerkennung heidnischer Heiliger und Propheten (Melchisedech, Bileam …) und vorbildlicher heidnischer Religiosität (Ninive im Jona-Buch) sowie zur Einladung an die „Völker", zum gemeinsamen Gotteslob nach Jerusalem zu wallfahren. Siehe dazu Daniélou, Heiden.

„Christus ist das Wort, an dem alle Menschen teilhaben. … Diejenigen, die dem Wort gemäß gelebt haben, sind Christen, selbst wenn sie für Atheisten gehalten wurden, wie z. B. bei den Griechen Sokrates, Heraklit und ähnliche; und bei den Nichtgriechen Abraham, … Elia und so viele andere, deren Taten und Namen anzuführen die Zeit nicht reicht. … Alle, die gemäß dem Logos gelebt haben oder noch leben, sind Christen“.[375]

Was bedeutet aber dann noch das ausdrückliche Christsein? Justin schreibt:

„Unsere Lehre überragt all menschliche Lehre, denn wir besitzen das ganze Wort (τὸ λογικὸν τὸ ὅλον) in Christus, der uns erschienen ist im Leib, im Wort und in der Seele. Alles Richtige, das die Philosophen und Gesetzgeber entdeckt und zum Ausdruck gebracht haben, sind der Tatsache zu verdanken, dass sie Fragmente des Logos (κατὰ Λόγου μέρος) gefunden und geschaut haben. … Alles was sie Gutes gesagt haben, gehört uns Christen. … Die Literaten haben dunkel die Wahrheit zu sehen vermocht auf Grund eines Samenkorns vom Logos, das in sie gelegt wurde. Aber es ist etwas anderes, ein Samenkorn zu besitzen …, etwas anderes die Teilhabe an der Wirklichkeit selbst“.[376]

Kurz: Die Christen besitzen in Fülle das, was anfänglich durch den universal wirkenden Logos-Christus überall hin getragen wurde, und sie besitzen es ohne Durchmischung mit Irrtum und Sünde.

Ähnliche Ideen vertreten auch Klemens v. Alexandrien und Irenäus v. Lyon. Für sie gibt es eine durchgehende Heilsökonomie angefangen von der Schöpfung über das Alte bis hin zum Neuen Testament, worin in jeder Phase der Logos sich manifestiert, bis er in Christus Fleisch annimmt. Deshalb sind die Theophanien im Alten Bund selbstverständlich *Logo*phanien. Immer und überall, auch in anderen religiösen Gestalten, offenbart sich der eine und selbe Logos-Christus. Ebenso findet sich bei ihnen die Vorstellung einer „ecclesia primigenia“, in der sich von Anfang der Schöpfung an der eine Glaube und das eine Heil im einen Mittler Jesus Christus verwirklicht.

In Anknüpfung an diese uralte Idee einer ecclesia primigenia konnte auch Augustinus und eine große ihm folgende Tradition sagen: „Der Sache nach gab es das, was heute christlicher Glaube (christiana religio) heißt, auch schon in alter Zeit und fehlte nicht von Beginn des Menschengeschlechtes an, bis Christus

375 Justin, apol. I, 46,3. 10. 13 (Girgenti 224f).
376 Justin, apol. II, 10,1 (Girgenti 198f).

selbst im Fleisch kam; seitdem begann man, den wahren Glauben, den es bereits gab, als christlichen zu bezeichnen".[377]

Gegenüber dieser daraus resultierenden recht offenen Haltung gegenüber anderen Religionen nahm man ab dem Hohen Mittelalter aufgrund der unrichtigen Annahme, die Welt sei (abgesehen vom „Sonderfall" Judentum und vom „Randphänomen" Islam) mehr oder minder vom christlichen Glauben erreicht, sowie aufgrund des überkommenen, aber total einseitig, ja völlig falsch verstandenen Prinzips „Extra ecclesiam nulla salus" zumeist eine *eher* negative Einstellung zu den nichtchristlichen Religionen ein.[378] Diese Position trägt die Bezeichnung *Exklusivismus*. Der christliche Glaube versteht sich als exklusiver, alle anderen Religionen ausschließender Heilsweg. Diese Einstellung war für den Beginn der neuzeitlichen Missionsbewegung angesichts der im 15. / 16. Jahrhundert entdeckten unendlich weiten Räume ungeheuer wirkmächtig. Man sah sich zur Mission angetrieben, weil die Menschen der neuentdeckten Gebiete ohne christlichen Glaube und Taufe des Heils verlustig gehen und gemäß Mk 16,16 auf ewig verdammt würden. Dieser Auffassung war z. B. der hl. Franz Xaver, einer der ganz großen ersten Jesuitenmissionare: er taufte -zigtausende von Menschen, um sie dem Feuer der Hölle zu entreißen.

Im weiteren Verlauf der Geschichte setzte sich dann aber gerade auf Grund dessen, dass sich so ungeheuer weite, nicht vom christlichen Glauben erreichte Regionen erschlossen, mehr und mehr und vollends auf dem II. Vaticanum eine andere Sicht durch. Dazu trug auch die zunehmende Erfahrung bei, dass die außerchristlichen Religionen sich nicht einfach als perverse oder / und dem Untergang entgegengehende Gebilde darstellten, sondern als z. T. höchst lebendige Glaubensgemeinschaften, die ihre Mitglieder zu einem tiefen Gottesverhältnis führten.

In der daraus erwachsenden neuen Sicht ist Christus nicht einfach das Gegenteil bzw. „das radikal andere" zu den nichtchristlichen Religionen, sondern der Zielpunkt aller religiösen Wege der Menschheit: Er und Gottes Heiliger Geist

---

377 Augustinus, retr. 1, 13,3 (BA 12, 342). Weitere Texte bei Congar, Ecclesia 81ff. Siehe auch S. 147f unserer Studie. Die augustinische Position wurde in der Folgezeit in breiter Front übernommen. Siehe Congar, ebd. 87ff, der auch auf die in der Scholastik entwickelte Idee des „Christus caput humanitatis" und der „gratia capitis" verweist, wobei Christus sein „caput-Sein" von Anfang an (!) nicht nur „au titre de sa divinité", sondern auch „au titre de l'humanité" ausübt (ebd. 91). Zu Thomas v. Aquin siehe besonders auch A. M. Hoffmann, die Gnade der Gerechten des Alten Bundes nach Thomas v. Aquin, in: DT 29 (1951) 167–187.

378 Vgl. Kern, Außerhalb; Sesboüé, Hors de l'Eglise. – Neben der negativen Einstellung gab es *durchgehend* auch eine andere, für die nichtchristlichen Religionen offene Haltung. Siehe dazu Dupuis, Unterwegs 165–190.

sind in allen Religionen am Werk und erwirken eine *religiöse Grunderfahrung*, welche die Matrix aller im Einzelnen so verschiedenen, weil in unterschiedlichen soziokulturellen Kontexten, Traditionen und charismatischen Persönlichkeiten gründenden Religionen ist.

Diese religiöse Grunderfahrung wird dabei unterschiedlich verstanden. Für die einen Theologen – zu ihnen gehören etwa Jean Daniélou, Hans Urs v. Balthasar, Henri de Lubac –, drückt sich in dieser Erfahrung nur das religiöse Sehnen des Menschen aus, das nach einer Antwort *sucht,* eine Antwort, die nur und erst im ausdrücklichen Glauben an Jesus Christus gegeben wird.

Andere Theologen dagegen (wie z.B. Karl Rahner, Hans Küng, Gustave Thils, Heinz Robert Schlette) gehen einen Schritt weiter. Für sie beginnt in der von Gott überall gewirkten religiösen Grunderfahrung – mit den Worten von Eph 1,9 –, sich auch unter den Heiden, das Mysterium Gottes zu enthüllen. Es gibt bei ihnen also bereits eine gottgewirkte Offenbarung. Weil aber in den nichtchristlichen Religionen sowohl die religiöse Grunderfahrung als auch deren jeweilige soziokulturelle Auslegung wegen der noch nicht eindeutig und letztgültig ergangenen Offenbarung mit Verkehrungen, Verwirrungen und Defiziten vermischt ist, bedürfen diese in der Begegnung mit Christus der rechten Verbalisierung, Reinigung und Revision und zugleich der Weiterführung und Überhöhung.

Wie auch immer: Beiden Varianten gemeinsam ist die Überzeugung: In der Begegnung der Religionen mit Christus geschieht das, was die paulinische Predigt auf dem Areopag nach Apg 17,22 so formuliert: *Das, was ihr verehrt* (also was ihr schon glaubt), *ohne es zu kennen* (präzise, genau, umfassend), *das verkünde ich euch.* So hat Christus als Zielpunkt in allen Religionen seinen Platz. Ja, die religiösen Einsichten und Erfahrungen, Werte und Praxen kommen in ihm erst ganz zu sich selbst, in IHM, in dem alles und auf den alles hin erschaffen ist (Kol 1,16).

Dies ist die Position des sog. Inklusivismus: Christus und – an ihm orientiert – das Christentum vermag alle anderen Religionen in sich zu inkludieren, zu integrieren und zur Erfüllung zu führen.

Auf dieser Linie bewegt sich auch die Lehre des Zweiten Vatikanischen Konzils.

Schon eines der ersten Konzilsdokumente spricht von einer Hinordnung der Nichtchristen auf das in Christus versammelte Gottesvolk und betont: „Was sich … an Gutem und Wahrem bei ihnen findet, wird von der Kirche als Vorbereitung für die Frohbotschaft und als Gabe dessen geschätzt, der jeden Menschen erleuchtet …“ (LG 16, ähnlich AG 3). Die Verkündigung des Evangeliums bewirkt, „dass aller Samen des Guten, der sich in Herz und Geist der Menschen oder in den eigenen Riten und Kulturen der Völker findet, nicht nur nicht untergehe, sondern geheilt, erhoben und vollendet werde [sanetur, elevetur, consummetur]“ (LG 17). In NA 2 wird von den „Grundwerten“ der großen Menschheitsreligionen gesagt: „Die katholische Kirche lehnt nichts von alledem ab, was in den Religionen wahr und heilig ist. Mit aufrichtigem Ernst betrachtet sie jene Handlungs- und Lebensweisen, jene Vorschriften und Lehren, die … nicht selten einen Strahl jener Wahrheit erkennen lassen, die alle Menschen erleuchtet“. Darum gilt es, die Werte der Weltreligionen „anzuerkennen, zu wahren und zu fördern [agnoscant, servent, promoveant]“ (AG 2), die in den anderen religiösen Traditionen verborgen sind und in einem aufrichtigen Dialog zu lernen, „was für Reichtümer der freigebige Gott unter den Völkern verteilt hat" (AG 11).

Ganz ähnlich wird auch im Dokument „Dialog und Verkündigung" des Päpstlichen Rates für den Interreligiösen Dialog von 19. 5. 1991 herausgestellt, „dass das Konzil ganz offensichtlich nicht nur im religiösen Leben einzelner Gläubiger dieser Religionen positive Werte anerkennt, sondern auch in den religiösen Traditionen selbst, denen sie angehören. Es leitet diese Werte aus der tätigen Gegenwart Gottes in seinem Wort ab, nicht ohne auf das universale Handeln des Geistes hinzuweisen. … Daraus wird ersichtlich, dass jene Elemente, indem sie gleichsam auf das Evangelium vorbereiten, eine providentielle Rolle innerhalb der göttlichen Heilsökonomie spielten und noch spielen" (Nr. 17).

Man hat aufgrund all dieser positiven Äußerungen zu den Weltreligionen gefragt, ob demnach die Weltreligionen nicht allesamt in authentischer göttlicher Offenbarung gründen und somit von Gott gewollte und von ihm erwirkte und ständig begleitete Heilswege sind. Über diese Frage gibt es gegenwärtig in der katholischen Theologie keinen Konsens. Eine „mittlere" Position vertritt Pietro Rossano, wenn er schreibt: „Obwohl das Konzil wie auch spätere Kirchendokumente … es vermeiden, zu diesem Problem klare Stellung zu beziehen, führen sie den Leser doch bis zu einer Schwelle, von der zurückzufallen unmöglich erscheint. … Dennoch tut eine streng theologische Sprache gut daran, den Begriff Offenbarung auf die ‚Offenbarung Jesu Christi' (Offb 1,1) zu beschränken. Es handelt sich in der Tat um einen Terminus, der historisch und spezifisch mit dem eschatologischen Kontext des Neuen Testaments verbunden ist. Bezüglich der Religionen wäre die Terminologie der ‚Erleuchtung' oder auch der ‚Kundgabe' … angebrachter".[379] Ist demnach die Anwendung oder Nichtanwendung des Begriffs „Offenbarung" auf die Weltreligionen eine Frage der theologischen „Sprachregelung"?

Das zuvor schon erwähnte Dokument „Dialog und Verkündigung" geht einen Schritt weiter als Rossano, wenn es in Bezug auf die Kirchenväter sagt, „dass sich ihrer Meinung nach Gott schon vor und unabhängig vom christlichen Zeugnis geoffenbart hat [!], wenngleich auch in unvollständiger Weise. Diese Offenbarung des Logos ist ein schemenhafter Hinweis auf die volle Offenbarung in Jesus Christus, auf die sie hinzielt". Und auch wenn nicht alles in den nichtchristlichen Religionen „Ergebnis der Gnade" ist, so gibt es doch eine „fortschreitende Offenbarung", die darin gründet, dass „in einem Jahrhunderte währenden Dialog Gott der Menschheit sein Heil schenkte und schenkt" (Nr. 24; vgl. auch Nr. 48).

Das II. Vaticanum und die nachkonziliare lehramtliche Theologie[380] sind somit ein „Paradebeispiel" für ein inklusivistisches Verhältnis des Christentums zu den Weltreligionen: Diese sind Heils-, ja Offenbarungswege Gottes, die in der Begegnung mit Christus innerlich an ihr eigenes Ziel kommen. In der inklusivistischen Position bleibt die christliche Grundeinstellung erhalten, die Karl Rahner, einer der großen Promotoren des Inklusivismus, so formuliert: „Das Christentum

379 Rossano, Christliche Theologie 353.

380 Die wichtigsten konziliaren und nachkonziliaren Dokumente sind zusammengestellt bei E. Fürlinger (Hrsg.), Der Dialog muss weitergehen. Ausgew. vatikanische Dokumente zum interreligiösen Dialog, Freiburg i. Br. 2009.

versteht sich als die für alle Menschen bestimmte, absolute Religion, die keine andere als gleichberechtigt neben sich anerkennen kann. Dieser Satz ist für das Selbstverständnis des Christentums selbstverständlich und grundlegend".[381]

Kleiner Exkurs zur Pluralistischen Religionstheorie

Nur in Form eines kleinen Exkurses sei auf die neuere, neben Exklusivismus und Inklusivismus vertretene Position der pluralistischen Religionstheologie (auch Pluralismus-Paradigma genannt) hingewiesen,[382] die in den siebziger Jahren des vorigen Jahrhunderts entstand. Damals wurde auch im katholischen Raum eine These aufgegriffen, die bis dahin als eine spezifisch aufklärerische Position galt: Theologen wie z. B. Paul F. Knitter forderten „die Anerkennung der Tatsache, dass keine Religion und keine Offenbarung das einzige, letzte, exklusive oder inklusive Wort Gottes sein kann. Solch ein letztes Wort würde Gott begrenzen und ihm sein Geheimnis nehmen. Das aber wäre Idolatrie. ... So gewiss Jesus *ein* Fenster ist, durch das wir auf das Universum des göttlichen Mysterium schauen können und müssen, so kann es auch noch *andere* Fenster geben".[383] Daraus folgt: „Alle Religionen sind gleichermaßen gültig oder können es sein. Das heißt, dass ihre Stifter, die religiösen Gründergestalten, ebenso für gleich gelten. Dies wiederum würde die Möglichkeit eröffnen, dass Jesus Christus ‚einer unter vielen' in der Welt der Heilsbringer und Offenbarer ist".[384]

Es würde hier zu weit führen, das Pluralismus-Paradigma, das gegenwärtig in der Theologie auf breiter Front diskutiert wird, eingehender zu erörtern, genau so wenig, wie es möglich ist, den hier implizierten hochkomplexen Religionsbegriff zu erörtern sowie weitere Entwürfe gegenwärtiger Religionentheologie zu diskutieren Es sei nur auf zwei Faktoren hingewiesen:

(1) Es lässt sich vermuten, dass das Pluralismus-Paradigma vielleicht nicht bei dessen ursprünglichen Promotoren, wohl aber bei vielen, die es begeistert aufgriffen, nicht etwa wegen der Hochachtung des Mysteriums Gottes und/oder wegen der unabschließbaren Offenheit der Wahrheitssuche entwickelt wurde. Es liegt vielmehr – wie Hansjürgen Verweyen bemerkt – „der Verdacht nahe, dass hier ein Ich im Spiel mit der Fülle geistlicher Sinngehalte (oder: im andächtigen Horchen auf den Abgrund des Seins) auf immer unbehelligt bleiben möchte von dem möglicherweise durch ein

381 Rahner, Christentum 139.

382 Außer der Klassifizierung: Exklusivismus, Inklusivismus, Pluralismus gibt es noch andere. Vgl. z. B. J. H. Wong, Anonymous Christians: Karl Rahners Pneuma-Christocentrism and an East-West dialogue, in: TheolSt 55 (1994) 609–637.

383 Knitter, Nochmals 509.

384 Knitter, Ein Gott 42. Ähnlich auch Panikkar, Weg 37. Mit der pluralistischen Position verbindet sich meist auch die Zurückweisung der Inkarnation in vollem Sinn einer „unio hypostica", einer personalen Einigung Gottes mit der menschlichen Natur, da man bestreitet, das „Absolute" könne sich unüberbietbar und definitiv mit dem „Nichtabsoluten" der Schöpfung verbinden. Dagegen argumentiert zu Recht M. Schulz, Die Gretchenfrage der pluralistischen Religionstheologie: Einer ist Gott, nur einer auch Mittler?, in: Müller/Serretti (Hrsg.), Einzigkeit 113–153, hier: 140: „Wer meint, mit dem demütigen Verweis auf die Endlichkeit des menschlichen Geistes, Gott nicht erkennen zu können, verabsolutiert eben in hybrider Selbstgenügsamkeit diese Endlichkeit gegen ihren Grund".

begegnendes Wort ergehenden Anspruch, sich ernsthaft engagieren zu müssen".[385] Anders gesagt: Im Pluralismus-Paradigma drückt sich die „postmoderne" Attitude mit ihrem Verzicht auf *verbindliche*, den Menschen in Anspruch nehmende Wahrheit aus.

(2) Im geschichtlichen Vergleich zeigt sich die pluralistische Religionstheologie im Grunde als eine Variation des altchristlichen Modalismus, wonach Gott sich zwar in verschiedenen Erscheinungsweisen („modi") dem Menschen zeigt, aber hinter diesen grundsätzlich entzogen bleibt, also niemals so aus sich heraustritt, wie er wirklich ist. Ganz ähnlich vertritt die Pluralismusthese die Überzeugung, dass sich zwar in jeder Form von Religion Gott unter bestimmten kulturellen Bedingungen zeigt, aber niemals so, wie er realiter in Wahrheit ist. Gerade so aber kann *die* Selbstmitteilung Gottes, die der christliche Glaube bekennt, nicht gedacht werden. Denn dieser setzt voraus, dass Gott sich so zeigt, wie er ist,[386] und zwar in Jesus Christus, der von sich sagt: *Wer mich sieht, sieht den Vater* (Joh 14,9). In ihm *zeigt* er nicht nur sein „Herz", nämlich sein Wesen als unüberbietbare Liebe, sondern *handelt* er auch so, indem er diese Liebe in eine „Praxis" umsetzt, die der christlichen Glaube als Menschwerdung und Erlösungsgeschehen bezeichnet.

Von da aus gesehen fordert die pluralistische Religionstheorie zu einer grundsätzlichen Entscheidung heraus. Diese heißt nicht eigentlich: Christus oder Krishna oder Buddha oder …?, sondern es geht um die Entscheidung zwischen einem Gott, der als Menschgewordener unser Menschenschicksal bis zum Letzten teilt, und einem anderen Religionsverständnis, in dem die Gottheit in verschiedenen Bildern und Gestalten erscheint, deren keine endgültig ist und in denen nirgendwo Gott wirklich „bis in den letzten Dreck" der Welt eingegangen ist.[387]

Kommen wir nochmals auf das vor dem Exkurs angeführte Wort Karl Rahners, in dem sich wohl das Gros gegenwärtiger katholischer Theologie wiedererkennt, zurück: „Das Christentum versteht sich als die für alle Menschen bestimmte, absolute Religion, die keine andere als gleichberechtigt neben sich anerkennen kann. Dieser Satz ist für das Selbstverständnis des Christentums selbstverständlich und grundlegend". Von daher versteht sich auch die Begründung eines interreligiösen Dialogs aus inklusivistischer Sicht: *An sich* bedarf das Christentum nicht der Bereicherung durch den Dialog mit anderen, es besitzt ja die „Fülle der Wahrheit". Aber da es diese Fülle dem subjektiven Vollzug nach nicht immer gelebt hat und lebt, bedarf es ständiger Erneuerungen, Reformen, Neuaufbrüche. Und dabei können dann auch die übrigen Religionen, die ggf. „ihren" Strahl der Wahrheit besser verwirklichen, dem Wiederentdecken der eigenen verschütteten Wahrheit dienen.

---

385 H. Verweyen, Gottes letztes Wort, Düsseldorf 1991, 99f.

386 Das heißt natürlich nicht, dass wir in Christus Gott erschöpfend sehen und sein Geheimnis durchdringen. Die Gottheit Gottes bleibt immer, selbst in der visio beatifica, ein magis, das vom Geschöpf in alle Ewigkeit nicht auszuloten ist; und erst recht ist die Gottheit im menschgewordenen Gottessohn verborgen. Dennoch bleibt wahr, dass Gott sich in Christus nichts vorbehalten und sich unter Raum-Zeitbedingungen unüberbietbar erschlossen hat.

387 Vgl. dazu J. Ratzinger, Salz der Erde, Stuttgart 1996, 275.

In jedem Fall bleibt aber in der inklusivistischen Position die These vom Christentum als „absoluter Religion“ unangefochten. Diese sei auch keineswegs in jeder Hinsicht in Abrede gestellt. Aber sie wirft Probleme auf und trägt da, wo sie in aller Schärfe vorgetragen wird, dazu bei, den Offenbarungscharakter der anderen Religionen in Frage zu stellen (und sie womöglich auf menschliche Projektionen oder gar dämonische Mächte zu reduzieren). Sie weckt – so auch der Vorwurf der Pluralistischen Religionstheologie – mindestens den Zweifel, ob eine solche, sich selbst als absolut setzende Religion überhaupt dialogfähig ist. Überdies hat sie durch die Negation der Gleichberechtigung der anderen Religionen einen zutiefst „kolonialistischen Beigeschmack“. Deswegen sollen sowohl die These Rahners als auch einige Darlegungen des II. Vaticanums von dem in diesem Kapitel entwickelten Überlegungen über „Maria“ als „sapientia creata“, als personaler Gestalt der mit Gott vermählten Schöpfung, her problematisiert und modifiziert werden – in Richtung auf das hin, was Jacques Dupuis einmal zustimmend als einen „inklusivistischen Pluralismus“ bezeichnet hat, weil auch für ihn der „klassische“ Inklusivismus nicht ausreicht.

(b) Einheit der Religionen in der „sapientia creata“

Ob man nun einer primordialen *personal* verstandenen Schöpfung („Maria“) zustimmt oder nicht: man wird *in jedem Fall* festzuhalten haben, dass die Schöpfung in, durch und auf Christus hin „prädestiniert“ ist. Damit ist untrennbar ihre Urbestimmung, „Maria“ zu sein bzw. zu werden, mitgegeben, insofern sich *in ihr* der Gottessohn mit der Schöpfung für immer verbindet und in unübersteigbarer Liebe vereint. Natürlich tritt diese christozentrische und ekklesiale Urbestimmung der Schöpfung *deutlicher* hervor, wenn man, wie aufgezeigt, in Maria nicht allein das historische Individuum, das Mädchen von Nazaret, betrachtet, in dem und durch das erst im Lauf der Geschichte die definitive Vereinigung von Gott und Welt geschieht, sondern wenn man in „Maria“ die „sapientia creata“, die reine Gestalt der Schöpfung sieht, mit der sich der Schöpfer von Anfang an auf ewig in Liebe „vermählt“, so dass er von Anbeginn bis in alle Ewigkeit der „Gott in Maria“ ist.

Wenn dies, die höchstmögliche Vereinigung von Gott und Geschöpf, nicht nur das „Wasserzeichen“ ist, das die ganze Schöpfung von Anfang prägt, sondern wenn dies ihre „ratio constitutiva“, ihr Wesensgrund und Wesenssinn, ist, kann es keinen Menschen, keine Gesellschaft, keine Kultur, kurz: gar nichts geben, was nicht davon erfasst und zutiefst geprägt ist und was nicht, ob bewusst oder unbewusst, je auf seine Weise darauf Antwort gibt. Antwort geben vor allem die Religionen. Denn jedes religiöse Verhältnis ist als solches die Spiegelung der Urverbindung Gott – „Maria-Ecclesia“. Und wie es nur einen Gott gibt, so gibt es auch nur die eine Urbeziehung Gottes zur „Maria-Ecclesia“, die in allen Religionen geahnt, abgebildet und nachvollzogen wird. Zwar sind die Antworten der Religionen verschieden und in ihrer Verschiedenheit durchaus auch widersprüchlich gemäß den unzähligen Variationen soziokultureller Kontexte und unterschiedlicher Charismen der sog. Religionsstifter.[388] Aber die in Intuition, emotionaler Befindlichkeit, Reflexion und/oder „transzendentaler Erfahrung"[389] gegebene Grunderfahrung des Menschen, sich vom „Absoluten" her „gratis", ohne jedes Verdienst, angesprochen zu erfahren und zugleich gedrängt zu sehen, entsprechende Antwort geben zu müssen und zu können, dürfte überall auf das Gleiche hinauslaufen und sich nur in verschiedenen Sprach- und Ausdrucksformen und mittels unterschiedlicher „mythologischer" Systeme und Kulturen ausformulieren. Diese „Grunderfahrung" ist aber nicht „Selbstentwurf" des Menschen, sondern sie basiert darauf, dass Gottes Sohn und Gottes Heiliger Geist *von Anfang an* „Maria" und damit die ganze Schöpfung durchwalten.[390]

Deshalb wird sich als „Kern" des Religiösen überall das Gleiche ausmachen lassen: es geht um die empfangene Zuwendung von Liebe und die ihr korrespondierende geschöpfliche Antwort der Liebe.

---

388 Um Missverständnissen vorzubeugen: Die hier vertretene Auffassung ist zwar nur wenig, aber an einem entscheidenden Punkt verschieden von der seitens G. L. Müller, Erkenntnistheologische Grundprobleme einer Theologie der Religionen, in: ders./Serretti (Hrsg.), Einzigkeit 17–48, hier: 33 zu Recht *abgelehnten* Position, wonach „alle im Mythos wurzelnden Riten, alle sogenannten Weltreligionen, die auf historische Stiftergestalten zurückgehen, und das Glaubensbekenntnis des Gottesvolkes, das sich der Initiative Jahwes … verdankt weiß, aus dem gleichen Grundakt des Geistes auf das Absolute hin, hervorgehen". Religionen gehen nach meiner Überzeugung nicht aus dem „Grundakt des Geistes" hervor, sondern sind wiederholende Konkretisierungen *des von Gott geschenkten und sich weiter schenkenden Wesensgrundes der Schöpfung:* der von Gottes Sohn und Hl. Geist durchwirkten *Maria-Ecclesia.*

389 Siehe zu Letzterer Rahner, Grundkurs 31f, 61f, 157ff. – Rahner ist es auch, der zwar ohne Blick auf „Maria", aber von seiner Gnadentheologie her zu einem ganz ähnlichen Ergebnis kommt. Vgl. ders., Weltgeschichte und Heilsgeschichte, in: Schriften V, 115–135.

390 Dies ist keineswegs eine neue Theorie! Schon bei Irenäus, Adv.haer. IV, 6, 7 (FC 8/4, 55) findet sich: „Die Aussage, dass ‚der Sohn offenbaren wird', ist nicht nur von der Zukunft gemacht, als ob der Logos erst dann begonnen hätte, den Vater zu offenbaren, als er von Maria geboren war, sondern hat ihre Bedeutung für die ganze Zeit insgesamt. Denn seit Beginn steht der Sohn seinem Geschöpf bei und offenbart allen den Vater…". Daraus folgert C. Geffré, La singularitè du christianisme à l'âge du pluralisme religieux, in: J. Doré/Chr. Theobald (Hrsg.), Penser la foi, FS J. Moingt, Paris 1993, 351–369, hier: 365f: „In Übereinstimmung mit der Kirchenvätertradition ist es möglich, die Ökonomie des inkarnierten Sohnes als das Sakrament einer umfassenderen Ökonomie zu sehen, nämlich der des ewigen Wortes, das mit der Religionsgeschichte der Menschheit korreliert". Diese Position übernimmt J. Dupuis, Die Universalität des Wortes und die Partikularität Jesu Christi, in: SThZ 10 (2006) 81–100, hier: 98. Wenn man jedoch die „marianische" Grundlegung dieser Studie akzeptiert, muss man nicht zur Idee einer doppelten Ökonomie greifen!

Dabei ist mit dem äußerst vieldeutigen Begriff Liebe weder die heute übliche Allerweltsbedeutung noch ein ethischer Höchstwert noch die christliche Caritas gemeint. Vielmehr soll „Liebe“ hier das Streben und die Sehnsucht des Menschen nach etwas, das die Gebrochenheit und Fragmentarität seines Lebens aufhebt, bezeichnen. Sie thematisiert die innere Bewegung des Menschen auf ein ihn anziehendes und Erfüllung verheißendes „Absolutes“ hin, sei dieses nun (gemäß den jeweiligen kulturellen Voraussetzungen und Versprachlichungen) personal oder apersonal verstanden, sei es ein transzendentes oder immanentes „Anderes“ oder gar ein unfassbares, aber attrahierendes „Nichts“. In jedem Fall zieht es an, und der Mensch bewegt sich auf es zu. Deswegen der Begriff „Liebe“! In dieser Liebe sucht der Mensch das Unheile, Unerlöste oder der Vollendung Bedürftige seines Daseins zu überwinden und „heil“ zu werden.[391]

Mit der Kennzeichnung „Liebe“ als Herz aller Religionen tritt keineswegs an die Stelle der „Wahrheit“ das Tun der Liebe. Denn (1) dieses gründet ja in der Wahrheit, nämlich in der Wahrheit über die „sapientia creata“, d. h. in der bewussten Überzeugung oder unbewussten Ahnung, dass die Liebe das „Herz“ der Welt ist und dass diese Liebe getan werden muss. (2) Dies wird bestätigt vom spezifisch biblischen Wahrheitsbegriff, wonach die Wahrheit letztlich eine *Person* (Joh 14,6) ist und getan werden muss, damit „das Wort unsere und wir seine ‚Bleibe‘ werden“.[392] (3) Die bloße Forderung, es müsse auch in der Welt der Religionen um die Wahrheit, die reine Wahrheit, nichts als die Wahrheit gehen[393] (und darum sei die Rede von der Liebe als „Herz“ der Welt zu wenig), übersieht, dass schon in der klassischen Metaphysik das verum sich nur dann als verum erweist, wenn es unlösbar mit dem bonum und pulchrum verbunden ist. (4) Noch einmal mehr wird dies bestätigt durch neuere Forschungen über das Glaubensverständnis der großen katholischen

---

391 Mit dieser Klarstellung des mit Liebe hier Gemeinten glaube ich, mögliche Einwände, vor allem was die asiatische Religiosität angeht, berücksichtigt zu haben. Da Asien – pauschal gesagt – das im Abendland zur Spitze geführte Personverständnis so nicht kennt und deshalb den Dialog der Liebe auch nicht als Summe religiösen Verhaltens ansehen kann, sind Vollzug und Ziel von Religion in der östlichen Hemisphäre scheinbar völlig anders konzipiert. Die Aufgabe seiner selbst angesichts des „Absoluten“, Verschmelzung und Einswerden mit dem Urgrund, Verzicht auf alle Vorstellungen vom „Geheimnis“ u. dgl. treten hier offenbar an die Stelle eines eng gefassten Liebesbegriffs. Dennoch scheinen mir trotz großer Spannungen keine kontradiktorischen Gegensätze zwischen dieser und anderen Formen von „Religion“ zu herrschen. Siehe dazu auch meinen Diskussionsvorschlag in Greshake, Gott 506–516.

392 H. Schlier, Meditationen über den Johanneischen Begriff der Wahrheit, in: ders., Besinnung auf das Neue Testament, Freiburg i. Br. 1964, 272–278, hier: 277. Zum spezifisch biblischen Wahrheitsbegriff siehe ferner: W. Kasper, Dogma unter dem Wort Gottes, Mainz 1965, 58–84; O. Loretz, Galilei und der Irrtum der Inquisition, Kevelaer 1966, 41–71 (Lit.); D. Berdesinski, Die Praxis – Kriterium für die Wahrheit des Glaubens?, München 1973; Schnackenburg, Johannesevangelium II, 265–281; Chr. Landmesser, Wahrheit als Grundbegriff neutestamentlicher Wissenschaft, Tübingen 1999.

393 So empfinde ich das Pathos des Artikels von M. Bordoni, Jesus Christus – die Wahrheit in Person, in: Müller/Serretti (Hrsg.), Einzigkeit 173–227.

Tradition (Thomas v. Aquin), wonach gegen alles scheinbare Übergewicht der Wahrheit über die Liebe auch bei Thomas gilt: „‚Ubi caritas, ibi fides' – ‚Wo Liebe (im weiten Sinne von caritas), da ist auch Glaube'".[394]

Daraus ergeben sich entscheidende Folgerungen: Wenn jede Religion die „Spiegelung" bzw. sich „wiederholende" geschichtliche Konkretisierung des Ur-Verhältnisses „Gott in Maria" ist oder – anders formuliert – wenn Liebe (im skizzierten Sinn) der entscheidende Kern des religiösen Verhältnisses ist, kann es nicht in *erster* Linie auf Begriff und Inhalt der von den verschiedenen Religionen vertretenen „Offenbarungen" ankommen, deren „Schnittmenge" man dann vergleichen und danach befragen kann, wie diese sich aus der Sicht der eigenen Religion darstellen (z. B. als primitiv, entwickelt, zur Vollendung gekommen, ob sie sich als mit Depravationen und Defizienzen vermischt vorstellen u. dgl.). Es kommt vielmehr auf die Erfahrung der Liebe und das Tun der Liebe an (das beides freilich nie ohne ein Minimum von wie auch immer gearteten „Offenbarungsinhalten" ist (siehe S. 371ff). Wo aber Liebe von Gott her erfahren und vom Menschen beantwortet wird, da laufen Beurteilungen wie die auch von Karl Rahner beschworene „Nicht-Gleichwertigkeit" der anderen Religionen an der Sache vorbei, da entfällt auch die Möglichkeit zwischen (eigentlicher) Offenbarung *hie* und (nur) Erleuchtung bzw. Kundgabe oder gar nur menschliche Projektion, ja dämonisches Gemächte *dort* zu differenzieren. Auch die Formulierung des II. Vaticanums, in den anderen Religionen fände sich „nur" ein „Strahl" jener Wahrheit, die in Christus ihre Fülle besitzt, ist mindestens zu modifizieren: Wo die Liebe Gottes erfahren und beantwortet wird, da ist die Wahrheit – und zwar in ihrer unteilbaren Ganzheit – eingetroffen und zum Leuchten gekommen, da geschieht Heilung und Erlösung, da ist Hoffnung auf Auferstehung aufgerichtet. Denn wer liebt, ist „aus dem Tod ins Leben hinübergegangen" (1 Joh 3,14). Die „sapientia creata", die urgeschaffene Ecclesia-Maria umfängt alle und alles.

Ist damit jede Form einer „Sonderstellung" des christlichen Glaubens eliminiert? Nein! Schon deshalb nicht, weil *jede* Religion für sich mit gutem Recht eine Sonderstellung reklamiert und reklamieren darf. Jede gründet in einer eigenständigen Erfahrung des „Absoluten" und gibt ihre je spezifische Antwort darauf. Jede Religion ist etwas Besonderes im Vergleich zum „allgemeinen", weil alles umfassenden Geschehen der Zuwendung Gottes zur Maria-Ecclesia des Urbeginns.

394 Rechmann, Liebe 1. Vgl. S. 369 die Bemerkungen über diese höchst wichtige Studie.

(c) Das „Besondere" des christlichen Glaubens

Dies vorausgesetzt ist zu fragen, worin denn „das Besondere" des christlichen Glaubens liegt. Die Antwort sei zunächst in einer kurzen, sehr dialektischen These gegeben: Das specificum Christianum hat darin seine Besonderheit, dass es sich nicht – wie es an sich zum Wesen von Besonderheiten gehört – von den Besonderheiten der andern abhebt und abgrenzt (wie ein aliud zu einem anderen aliud)), sondern dass es sich jeder anderen Religion gegenüber als ein non-aliud darstellen kann und darzustellen hat. Um dies zu erläutern, muss im Folgenden ein wenig weiter ausgegriffen werden.

Weil, in äußerst missverständlicher Kürze gesagt, das Wesen jeder Religion in der „Wiederholung" des Urverhältnisses „Gott-,Maria'" und d.h. in der Liebe besteht – gleich ob in der Selbst-, Nächsten- und/oder Gottesliebe, wenn es sich nur um wirkliche Liebe (im vorhin erläuterten Sinn) handelt –, weil also Empfang, Weitergabe und Sehnsucht nach größerer Liebe den homo religiosus bestimmen, so dürften es „eigentlich" zwischen den Religionen zwar Unterschiede in Formenreichtum und Ausdrucksvarianz geben, aber nicht Mauern und Abgrenzungen, abschirmende Selbstbezüglichkeit und eigenen Identitätsgewinn durch Distanzierung vom Anderssein des andern. Es gibt sie aber! Offensichtlich ist der Begriff Liebe noch zu allgemein und vage und deswegen auslegungsbedürftig, sinnoffen und labil. Zwar ist der im marianischen Apriori der Schöpfung gegebene und in den Religionen auf unterschiedliche Weise ausgedrückte Sinngrund der Liebe jedem Menschen guten Willens zugänglich. Doch bleibt darin noch offen, wie weit und wie tief das Engagement Gottes in seiner „Vermählung" mit der Maria-Ecclesia reicht. Schließt seine Liebe wirklich nichts und niemanden aus? Geht sie auch in die Tiefen und Abgründe, in Tod und Untergang des Menschen ein? Hält sie noch eine Hoffnung bereit für die, denen jede Hoffnung genommen ist? Überwindet sie auch das Nein des Menschen, seine Bosheit und Niedertracht und seine ausweglose Verwicklung in das Böse? Hält sie auch einer ihr selbst ins Antlitz widerstehenden Ablehnung und Verweigerung stand? Kurz: Was ist die Gestalt einer Liebe, über die hinaus nichts Größeres gedacht, ja nicht einmal „fantasiert" werden kann, weil sie extensiv und intensiv schlechthin universal ist? Wenn es auf diese Fragen keine Antwort gibt, bleibt es nicht nur bei der „allgemeinen" Antwort der Religionen, dass Gott bzw. „das Absolute" die Menschen liebt, christlich formuliert, dass „Gott in ‚Maria' und ‚Maria' in Gott ist", sondern dann werden auch *zwangsläufig* sich gegenseitig voneinander absondernde und abgrenzende Religionsgestalten entstehen, die *so oder so, unter diesem oder unter jenem Blickwinkel, in kleinerem oder größerem Maß* Antwort auf die Zuwendung des Absoluten geben. Das aliud und aliud der unterschiedlichen Religionen entspricht so der ihnen jeweils zugänglichen, aber wohl immer eingeschränkten Perspektive der Liebesintensität und -extensität.

Demgegenüber bekennt der christliche Glaube, dass in Jesus Christus (in IHM, nicht etwa in den Glaubenden!) die Liebe schlechthin erschienen und verwirklicht ist, eine Liebe, die größer nicht gedacht werden kann. In Jesus Christus wird Gott nicht nur unser Bruder, Freund und Gemahl, der uns in Liebe zugetan ist, in IHM geschieht weit mehr: Gott geht durch die Inkarnation in unser armseliges Menschengeschick ein und erfährt am eigenen Leib menschliche Freuden und Leiden bis hin zu Folter, Tod und Gottesverlassenheit. Er begibt sich buchstäblich „auf den letzten Platz“ (Abbé Henri Huvelin), um auch dem Allerletzten noch nahe und solidarisch zu sein. Er lässt sich vom Nein der Menschen umbringen und hält doch sein Ja aufrecht. Seine Liebe ist so verbindlich, konkret und intensiv, dass sich sein Menschwerden („Inkarnation“) in der einen und einzigen Lebensgeschichte des Jesus von Nazaret verwirklicht, denn eine „übergeschichtliche“ oder sich wiederholende Menschwerdung *eiusdem generis (!)* in vielen oder gar in allen Menschen würde wahres Menschsein, das unabdingbar an Raum und Zeit gebunden ist, aufheben und einem (doketistischen) Schein-Menschsein gleich kommen.[395] Dadurch dass Gott aber in der *Intensität* seiner Liebe in der historisch einmaligen Menschwerdung eine menschliche *Natur* (nicht Person!) annimmt, ist – wie dies bereits entwickelt wurde (S. 391ff, 531f) – das Geschehen der Menschwerdung *auf der Ebene des Nachvollzugs* in grenzenloser *Extensität* offen für jeden, der zur menschlichen Natur gehört. Gott verbindet sich mit jedem so eng, dass dieser befähigt ist, im Glauben wie Maria den Gottessohn zu gebären, „neu“ zu gebären und ihn in sich eine neue Gestalt finden zu lassen. Aus den vielen Einzelnen fügt sich dann der „Leib Christi“ zusammen: Sie können dann, eins mit Christus und eins untereinander, Abglanz des einen Gottes in drei Personen werden und sein.

Die in Christus offenbar gewordene Liebe ist nach christlicher Überzeugung die denkbar höchste Gestalt der Liebe. Wer das in Frage stellen möchte, müsste Dimensionen der Liebe nennen, die noch darüber hinausgehen. Und das dürfte schwerlich möglich sein. Dagegen ist ein anderer Einwand gewichtiger: Woher weiß man, dass diese intensiv und extensiv universale Liebe, quae maior cogitari nequit, Wirklichkeit ist und man sich auf sie zu Recht einlassen kann? Hier gibt es letztlich keine andere Antwort als den Hinweis auf die absolute

395 Hegel und in seinem Gefolge W. Jaeschke (Die Religionsphilosophie Hegels, Darmstadt 1983, 99) und M. Schulz (Sein 402–406) zeigen im Einzelnen, dass die Ausweitung der Inkarnation vom einen Jesus von Nazaret auf viele oder alle anderen „abstrakt“ ist und „die Logik der ‚Verallgemeinerung‘ des Gottmenschen die Wahrheit des Menschen vereitelt“: Schulz, Sein 400.

Kontingenz ihres Offenbarwerdens in der Geschichte Jesu und deren ebenso kontingente Weitergabe durch Zeugen. Die kontingente Bezeugung stößt aber auf „etwas" im Menschen, dass die Wahrheit dieser Liebe plausibel erscheinen lässt: sie entspricht sowohl seinem tiefsten Sehnen wie auch einer rationalen Intelligibilität. Denn gerade ihre radikale Geschichtlichkeit ist das kongeniale Zeichen für ihren unbedingten Gabe-Charakter, der für menschliche Vernunft und Fantasie unerwartbar und unerreichbar ist. Von diesem geschichtlich-kontingenten Ereignis radikaler Liebe in Jesus Christus her zeigt sich erst, was die „Urvermählung" des Schöpfers mit seiner Schöpfung in letzter Tiefe und Konsequenz bedeutet und woraufhin sie zielt. Eben darum ist es auch erst und nur von der geschichtlichen Menschwerdung her möglich, von einer primordialen Maria-Ecclesia zu sprechen und sich ihrer voll bewusst zu werden.

Kommen wir nach dieser Erörterung zum auf S. 561 genannten „dialektischen Prinzip" der Beziehung „Christentum und Weltreligionen" zurück. Alle Religionen – so wurde betont – stehen als je besondere Ausprägungen des religiösen Verhältnisses im Modus des voneinander abgegrenzten und sich abgrenzenden aliud et aliud zueinander. Allein Christus selbst, in dem die Liebe schlechthin erschienen und verwirklicht ist, und „Maria", von der sie vorbehaltlos beantwortet wird, stellen das non-aliud zu allen anderen (partikulären) Verhältnissen dar. Auch das Christentum selbst ist zunächst einmal eine partikuläre religiöse Vollzugsgestalt neben anderen. Es hat aber darin *seine Eigenart und sein es von allen anderen Religionen unterscheidendes Spezifikum*, dass es von der in Jesus Christus offenbar gewordenen radikalen Liebe weiß, sie anerkennt, sie zu beantworten sucht und zu bezeugen sich beauftragt sieht. Damit ist das Christentum in die unbegrenzte Gestalt der Liebe Christi „hineinverwickelt", ohne sie auch nur im Ansatz selbst verwirklichen oder ihr gebührend entsprechen zu können. Doch empfangend, anerkennend, bezeugend nimmt der christliche Glaube am non-aliud Christi und an der ihm respondierenden „sapientia creata" teil.

Zu dieser „Teilhabe" gehört auch die Einsicht, dass die Wahrheit keine, auf der Linie eines instruktionstheoretischen Offenbarungsmodells liegende abstrakt richtige Satzwahrheit ist (so sehr sie zu ihrem eigenen Verständnis und zu ihrem Schutz inhaltlicher Formulierungen bedarf), sie will nicht einfach nur Wirklichkeit *ab*bilden, sondern sich dem Herzen des Menschen *ein*bilden. Deshalb ist sie kompatibel mit einer Vielfalt kreatürlicher Bild- und Sprachmöglichkeiten, zum anderen aber appelliert sie an das je Größere und Uneinholbare Gottes selbst. Indem sie auf plurale Weise in die Welt gesagt und von ihr aufgenommen wird, wächst Christus selbst seiner Vollgestalt entgegen (vgl. Eph 4,13).

Aus diesen Überlegungen ergeben sich ungemein wichtige praktische Konsequenzen: Als Teilhabe am non-aliud Christi ist das Christentum gehalten, zu den andern Religionsgestalten keine Mauern und Grenzen zu errichten, Grenzpfähle einzuschlagen und abschätzige Urteile zu verhängen. Es ist vielmehr eingeladen, in ihnen die gleiche Liebe wirksam zu sehen, die in ihm selbst von Christus her wirksam und verwirklicht ist. So wie das Judentum auf der einen Seite zwar eine Größe außerhalb der Kirche ist, muss diese doch – so Gregor Maria Hoff – „Israel theologisch Raum *in ihr* geben – im Respekt vor Israels eigenständigem Weg mit Gott. … Für die andern Religionen wird dieser Heilszugang mit *Nostra aetate* nicht ausgeschlossen“.[396] Das heißt: Trotz aller Sonderstellung Israels im „Konzert der Religionen“ ist damit doch ein gewisses (ggf. abzustufendes) Modell dafür gegeben, auch die übrigen Weltreligionen zu verstehen. Sie müssen wie Israel einen „Raum in der Kirche“ haben, insofern die Kirche im scheinbaren „Außerhalb“ der anderen das Eigene erkennt: die universale, nichts ausschließende Liebeszuwendung Gottes. Deshalb gilt es, in den anderen Religionen nach jenen Elementen und Spuren zu suchen, in denen sich Gemeinsames, Ähnliches und Verbindendes ausdrückt (so tut es ansatzweise auch das II. Vaticanum in NA), und dieses Gemeinsame auch zum Ausdruck zu bringen (wie dies ganz, ganz ansatzweise beim Assisi-Gebet geschah). Mehr noch: die anderen Religionen sind auf neue und andere „Sprach- und Ausdrucksmöglichkeiten“ für das Mysterium der Liebe Christi hin abzuhorchen, um sich mit ihrer Hilfe in eine größere Weite hineinzustellen. Kurz: Der Inklusivismus hat mehr zu sein als die Feststellung, dass alle Religionen auf Christus hin unterwegs sind und („erst“) in ihm ihre Fülle finden. Er ist vielmehr eine Einladung dazu, sich selbst als das non-aliud der anderen Religionen zu verstehen und als solches mit ihnen umzugehen.[397]

Eben das setzt entschiedenen Dialog voraus. Denn weil das Christentum das nicht verwirklicht, was es bezeugt: die radikale Liebe Christi, und weil Christus selbst noch nicht das Haupt des ganzen „Leibes“ ist, da die Wege der vielen Religionen mit ihren Werten, Vollzugsformen und Einsichten noch nicht ausdrücklich bei ihm angelangt sind, haben auch Christentum und Kirche

396 Hoff, Ekklesiologie 50f.

397 Die hier vertretene Position scheint mir nicht weit von der des Nikolaus v. Kues, De pace fidei, in: Philos.-theologische Schriften, hrsg. v. L. Gabriel, Bd. III, Wien 1967, 705–797 entfernt zu sein. Denn auch er denkt den „Frieden“ zwischen den verschiedenen Religionen nicht aufgrund einer relativistischen Absehung von der Wahrheit, sondern aufgrund dessen, dass er bei allen Verkleidungen und Verdunklungen und Widersprüchen auf deren einen einfachen wahren „Kern“ blickt, der alle vereint. Siehe dazu auch H.-B. Gerl-Falkovitz, Wahrheit und Toleranz. Zum Verhältnis der Religionen, in: K.-J. Wallner (Hrsg.), Auditorium Spiritus Sancti, FS Heiligenkreuz, Langwaden 2004, 296–317.

„erst dann ihre endgültige Fülle und geschichtliche Vollendung erlangt, wenn die gesamte Heils- und Offenbarungsgeschichte sich ausdrücklich in die Geschichte des Christentums und der Kirche hinein verwandelt hat. … [So ist] verständlich, dass auch das Christentum und die Kirche noch immer die Vollendung ihres eigenen Wesens suchen und in dem religiös Positiven, aber noch nicht ausdrücklich Christlichen innerhalb der geistigen und religiösen Geschichte der Menschheit dasjenige anerkennen können, was Christentum und Kirche sich selbst anverwandeln müssen, um das ganz zu werden, was sie schon sind: die geschichtliche Erscheinung der Gnade Gottes“.[398]

Der dazu notwendige Dialog ist, wie das Dokument „Dialog und Verkündigung“ sagt, „ein nicht endender Prozess. Ohne ihre Identität zu verlieren, müssen Christen dazu bereit sein, von und durch andere Menschen die positiven Werte ihrer Traditionen kennenzulernen und zu empfangen“ (Nr. 49). Erst so können die Religionen auch ihre volle Einheit finden. Diese ist zwar vorweggenommen in der Urbeziehung zwischen dem Gottessohn als „Bräutigam“ und seiner „Geliebten, ihm zur Seite“ (Spr 8,30), in jenem Verhältnis, das alle Religionen und einzelnen Glaubenden „wiederholend“ abbilden. Doch wird die Einheit erst dann ihre Vollendung erreicht haben, wenn Gott alles in allem ist. Bis dahin bleibt dem Christentum, und natürlich nicht nur ihm, der Auftrag, diese Einheit zu suchen und in kleinen Fragmenten zu verwirklichen.

So bekommt das Verhältnis zu den Weltreligionen und ihre Wertschätzung im Blick auf „Maria Ecclesia primigenia“ bzw. auf die „sapientia creata“ eine neue und andere „Qualität“. Sie sind als „Spiegelungen“ des Verhältnisses „Gott in Maria“ eingeborgen in die Maria-Ecclesia, in ein Geschehen der Liebe, das allen angeboten wird und niemals aufhört. Damit stehen sie alle – wie auch jeder Einzelne[399] – unter einer Verheißung, die sie trägt und niemals enttäuschen wird.

Von solchen Überlegungen her wird auch verständlich, dass „Maria“, sogar in den christlichen Kirchen, eine so unterschiedliche Rolle spielen kann, angefangen von einer scheinbar totalen „Abwesenheit“ bis hin zu einer an Christus heranragenden Bedeutsamkeit (siehe die Fragestellung auf S. 363). Was sich bei allem durchhält (auch in den nichtchristlichen Religionen), ist das „religiöse Verhältnis“, das je unterschiedlich verbalisiert wird, das verborgen bleiben und sich mehr oder weniger offenbaren kann. Die Rede von „Maria“ als von Gott bestelltem Gegenüber

398 K. Rahner, Kirche, Kirchen und Religionen, in: Schr. VIII, 355–373, hier: 364.

399 Aus dieser Ecclesia primigenia als dem für jeden geltenden Apriori kann es keinen Kirchenaustritt geben. Von daher zeigen sich derzeit geführte Debatten als zutiefst drittrangig!

seiner Liebe und ihre daraus resultierende ausdrückliche kultische Stellung ist *eine*, freilich sehr anschauliche und m. E. äußerst einsichtige Ausformulierung des religiösen Urgrundes.

(d) Exkurs: Maria und die Muttergottheiten der Weltreligionen

Die Konzeption einer primordialen „sapientia creata" weist nicht nur in eine anders perspektivierte Sicht der Weltreligionen ein, sie kann auch ein in fast allen Religionen anzutreffendes Phänomen klären helfen: das Phänomen der Verehrung einer Mutter-Gottheit, die als Urmutterkult seit der Altsteinzeit in nahezu allen Kulturen greifbar ist.[400] In diesem Kult lassen sich viele unterschiedliche Dimensionen erkennen: die Fruchtbarkeit der Frau und der Erde, verbunden damit das „Geheimnis des Lebens", das stärker ist als der Tod, aber auch die kindliche Erfahrung, bei der Mutter Geborgenheit zu finden. Nicht selten ist die Mutter-Göttin von einem männlichen Pendant begleitet, mit dem zusammen sie das Geheimnis des „hieros gamos", der heiligen Vermählung, darstellt. Gewiss lässt sich dieses religiöse Urphänomen, wie auch alle anderen religiösen Phänomene, als Projektion menschlicher Erfahrungen (in diesem Fall sogar: universaler menschlicher Erfahrungen) in eine transzendente göttliche Welt hinein verstehen. Die Frage ist nur, ob es sich in Wirklichkeit nicht genau umgekehrt verhält: Eben weil Gott „in Maria" immer schon auf die Menschheit zugegangen ist, vermag der Mensch seine Erfahrungen im Licht der göttlichen Zuwendung zu verstehen und zu deuten. So gesehen kann man das universalreligiöse Phänomen der Verehrung einer „Magna Mater" als die Abschattung einer authentischen, sich im biblischen Bereich um die Vermählung Gottes mit „Frau Sion" bzw. mit der „geliebten Throngenossin, Frau Weisheit" rankenden göttlichen Offenbarung verstehen. Deshalb kann sie auch Gegenstand des interreligiösen Dialogs sein, zu dem das Christentum seine Marienverehrung und darüber hinaus die Konzeption einer schöpfungsbegründenden urzeitlichen „Vermählung" Gottes mit dem reinen Geschöpf der Maria-Ecclesia beitragen kann.

Ein solcher „Dialog" hat schon, wie wir sahen (S. 127ff), im 4. Jh. in der Ablösung des Artemis- durch den Marienkult stattgefunden. Damit hat man nicht etwa Synkretismus getrieben, sondern unterstrichen, dass es in der Mythologie der Religionen so etwas wie „Vorentwürfe" der Wahrheit, die in Jesus Christus ihre Erfüllung finden, gibt. Auf dieser Linie schrieb bereits Klemens v. Alexandrien: „Komm, ich will dir den Logos zeigen und die Mysterien des Logos, und ich will sie dir erklären in Bildern, die dir vertraut sind",[401] d. h. in Bildern der griechischen Mythologie. Diesen Satz des Klemens stellt Hugo Rahner in seinem Werk „Griechische Mythen in christlicher Deutung"

---

400 Vgl. dazu z. B. E. Neumann, Die große Mutter. Eine Phänomenologie der weiblichen Gestaltungen des Universums, Olten [10]1994; M. Stone, Als Gott eine Frau war. Die Geschichte der Ur-Religionen unserer Kulturen, dt. München 1989; M. Eliade, Geschichte der religiösen Ideen, Bd. I, dt. Freiburg i. Br. 1978, 30ff, 47ff; Sh. Husain, Die Göttin. Das Matriarchat. Mythen und Archetypen, Schöpfung, Fruchtbarkeit und Überfluss, dt. Köln 2001; K.-H. Ohlig, Religion in der Geschichte der Menschheit. Die Entwicklung des religiösen Bewusstseins, Darmstadt 2002, 55ff, 85ff, 147ff; G. Hierzenberger, Maria – Die weibliche Dimension Gottes, Kevelaer 2004, bes. 22ff. – Eng verbunden mit der Vorstellung von Muttergottheiten ist die Idee des „hieros gamos". Das wichtigste antike Material dazu bei Schmid, Brautschaft.

401 Klemens v. Alexandrien, Protrept. 12 (GCS o.Bd-Angabe, 84).

als Motto vor das Kapitel „Das christliche Mysterium und die heidnischen Mysterien" und vermerkt dann: „Es geht ein gottgewirkter Sinn durch die religionsgeschichtliche Entwicklung der Menschheit, insonderheit der spätantiken Völker, und sie ist nicht nur Krisis im Sinne des Römerbriefs, sondern auch Pädagogie auf Christus hin",[402] und – so wird man hinzufügen müssen – auch auf Maria hin. In diese Richtung ging schon 1939 Karl Prümm, wenn er den Mutterkult als eine „Menschheitsanlage" bezeichnet und aus diesem Grund die Verehrung Marias als eine „moralische Notwendigkeit … zur tatsächlichen Überwindung dieser gewaltigen Teilmacht des Weltheidentums" qualifiziert.[403]

Dass bei dieser pädagogischen „Integration des Außerchristlichen" nicht nur ein relativistischer Synkretismus vermieden wurde, sondern auch eine Reinigung der menschlichen Psyche vonstatten ging, illustriert der evangelische Arzt und Psychotherapeut Theodor Bovet folgendermaßen:

> „Früher bestand zwischen Jahwe und Astarte ein unversöhnlicher Gegensatz; diese sollte völlig vernichtet werden. In Wirklichkeit vollzog sich dieser Kampf indessen meistens anders: Jahwe siegte wohl über das Denken und Wollen des Menschen und beherrschte sein bewusstes Leben; die Große Mutter zog sich indessen in sein Unbewusstes zurück und übte von dort aus eine noch größere Macht auf sein praktisches Verhalten aus. Daher haftet bis auf den heutigen Tag der ‚Welt der Seele', ganz besonders aber dem Unbewussten, für denjenigen Christen etwas Unheimliches an, der seinen Glauben vor allem im Denken und Wollen erlebt. … Durch Ihn [Jesus aber] tritt Maria, und mit ihr die große Mutter, aus dem Unbewussten heraus, sie hört auf, die dämonische Königin der Nacht zu sein, vielmehr tritt sie klar und bewusst und doch demütig vor Gott und spricht: ‚Mir geschehe nach deinem Wort.' Maria ist die christliche Botschaft aus dem Unbewussten. Die Gefahr liegt nahe, dass man sie als selbsttätige Gestalt, als selbstleuchtende Sonne anschaut, als ‚Göttin' neben Gott. Dann sind wir in der Gnostik und im Heidentum. Wenn wir aber ihrer eigenen Gestalt treu sind, wenn wir wissen, dass sie mondhaft ist, das heißt nur das Licht Christi widerstrahlt, dann wird sie ganz im Gegenteil das Unbewusste entdämonisieren, und es wird für uns fruchtbar werden".[404]

---

402 H. Rahner, Griechische Mythen in christlicher Deutung, Basel ^{4}1984, 28f. Auf dieser Linie vermerkt K. Delahaye, Maria Typus Ecclesiae, in: Alma Socia Christi. Acta Congressus mariologici-mariani Romae 1950, vol. V/1, Rom 1952, 25–45, hier: 29 mit Verweis auf Karl Prümm, „dass alle Mysterien von ihrer Urzeit her Kulte einer Mutterreligion geblieben sind. … Im Bilde des Weibes, das vielfach zugleich jungfräulich und mütterlich gesehen wird, drückt sich so die metaphysische Bedeutung der Erde als Inbegriff des Weltganzen aus. … Die Väter haben alle Frauengestalten der heiligen Schriften von Eva an als Symbole der geschaffenen Welt gesehen".

403 K. Prümm, Christentum als Neuheitserlebnis. Durchblick durch die christlich-antike Begegnung, Freiburg i. Br. 1939, 147

404 Th. Bovet, Die Liebe ist unsere Mitte, Tübingen 21959, 54f. Eine positive Sicht findet sich auch bei Drewermann, Frage 114: „Eine Welt wie die unsre bedarf seelisch ganz offenkundig der ergänzenden Wahrheit der Großen Mutter, und diese als eine ewige, göttliche Wahrheit (wieder-)zuentdecken und zu bestätigen, ist eine unausweichliche, lebensnotwendige Reaktion des katholischen Glaubens auf das an sich selbst erkrankte Lebensgefühl der Zeit." Dieser Text steht ganz in der Folge der Einstellung von C. G. Jung, der schon 1953 die Gleichberechtigung der Frau damit kommentierte, dass diese Gleichberechtigung „ihre metaphysische Verankerung in der Gestalt einer ‚göttlichen' Frau, der Braut Christi [ver-

Was in frühchristlicher Zeit mit Maria und der Großen Mutter geschah, wiederholt sich auf ähnliche Weise bis heute in unzähligen Vaiationen, so z. B. im Assimilierungsprozess von Maria und andinischer *Pachamama*. Bis heute wird diese Muttergottheit, die nicht nur für die „Mutter Erde", sondern für die Totalität der ganzen Wirklichkeit, besonders für die des Lebens steht, von den Indios in vielen Gegenden Lateinamerikas (insbesondere in Peru, Bolivien, Kolumbien und Ecuador[405]) verehrt.

Nach der Entdeckung der „Neuen Welt" versuchten christliche Missionare, die Pachamama durch Maria zu „ersetzen", mit der klaren Einsicht, dass ohne eine starke Mutterfigur eine Inkulturation des Christentums nicht möglich war. Diese Ersetzung gelang aber nur ansatzweise. Zum Teil wird Pachamama bis heute *tout court* mit Maria identifiziert[406] (oder auch Maria als deren konkretes Abbild gesehen), zum Teil aber ist Maria eher deren „Ergänzung", so dass man sowohl Pachamama wie auch die Gottesmutter anruft und kultisch verehrt. Vor allem da, wo beide Größen miteinander identifiziert werden, kommen Maria gewissermaßen Schöpfungsfunktionen zu. In jedem Fall aber übertrifft Maria in ihrer Güte die unnachsichtig auf das Einhalten von Opfern und rituellen Vorschriften drängende Pachamama. Damit tritt in Maria das Prinzip der Gnade an die Stelle des strengen „do ut des" der heidnischen Göttin.

Was in einer Reihe von lateinamerikanischen Ländern die Pachamama ist, ist für Mexiko die alte aztekische Mutter-Erde-Göttin Tonantzin. Auch ihr Kult wurde abgelöst durch die Verehrung Marias, aber gleichfalls so, dass wesentliche Züge der alten auf die neue Mutter übergingen. So lässt sich zeigen, wie die in Mexiko (und auch bei den Latinos in den USA) hochverehrte Muttergottes von Guadalupe, die Papst Johannes Paul II. als „Mutter beider Amerika" bezeichnete, ganz von Tonantzin, der „Schlangenzertreterin", und ihren spezifischen Funktionen geprägt ist.[407] Schon der Indio-Junge Juan Diego stellt nach seiner Muttergotteserscheinung diese u. a. vor als „Mutter des Lebensspenders"; als „Mutter des Schöpfers", als „Mutter des Einen, der Sonne und Erde erschafft" – alles Namen der alten Azetekengötter. Mit ihnen präsentiert sich Maria als die „Mutter des wahren Gottes, durch den man lebt", und „identifiziert sich so mit der höchsten Schöpfungsmacht".[408] Auch hier kommentieren sich die Vorstellungen von Tonantzin und Maria gegenseitig.

---

lange]. … Das Weibliche verlangt eine ebenso personhafte Vertretung wie das Männliche": Jung, Antwort 498f[48]. – Weitere Lit. dazu bei Courth, Mariologie 323ff.

405 In Ecuador wird die „Pachamama" in der Bedeutung von „Natur" bzw. „Natürlichkeit" sogar offiziell als „Grundprinzip" in der Staatsverfassung genannt. In deren Preámbulo heißt es: „celebrando a la naturaleza, la Pacha Mama, de la que somos parte y que es vital para la nuestra existencia". In art. 71 wird sie sogar zur „Rechtspersönlichkeit", indem dekretiert wird: „Pacha Mama … tiene derecho [!] a que se respete integralmente su existencia y el mantenimiento y regeneración de sus ciclos, estructura, funciones y procesos evolutivos".

406 So hörte ich Mitte der 80er-Jahre in einem kleinen abgelegenen Andendorf in Peru am 15. August die Predigt eines international bekannten Religionswissenschaftlers (!). In ihr hieß es wörtlich: „Heute feiern wir das Fest Marias, unserer Pachamama, die uns quinua [andinische Getreidesorte] und coca schenkt …". Damals war ich auch einige Zeit mit Seminaristen eines peruanischen Priesterseminars zusammen, die u. a. darüber diskutierten (also sich nicht einig waren), ob die Pachamama identisch sei mit der im Alten Testament auftretenden „sapientia creata" oder nicht, und ob sie „urzeitlich" als reale Person existiere oder eben nicht.

407 Vgl. dazu Gebara / Lucchetti, Maria 142f, 156–167; J. Rodriguez, Tonantzin Guadalupe: Von Leid und Tod zur Auferstehung, in: Conc. 44 (2008) 474–482.

408 Ebd. 480.

Eine nochmals andere Perspektive der Beziehung zu Maria bzw. zu einer weiblichen ἀρχή, die dazu noch „sapientiale Züge" trägt, lässt sich im Buddhismus ausmachen. Angesichts der ungemein großen Verschiedenheit der religiösen „Welten" von Christentum und Buddhismus, können hier die Vergleichsgrößen – wenn überhaupt – nicht Christus und Buddha,[409] sondern nur Maria und Buddha heißen.[410] Denn das, was Buddha an Lehre und Leben weitergibt: das Dharma = das „Ewige-Universale", welches – wie immer man es im Einzelnen versteht – so etwas wie die letzte unhinterfragbare Wirklichkeit ist, – dieses Dharma hat Buddha durch „Erleuchtung", durch die Gabe des Dharma selbst, empfangen. Es ist eine Erleuchtung, die in buddhistischen Texten mit der Geburt seitens einer Frau verglichen wird, da sie „das Dharma zur Welt bringt". Für Buddha hat also gerade, wie für Maria, der „mütterliche Schoß" eine überragende Bedeutung.[411] Beide sind auch darin vergleichbar, dass in ihnen und durch sie das ewige Wort Fleisch bzw. das Dharma verständliches heiliges Wort wird. Beide leben ganz vom „Empfang" her, sie sind ganz und gar „passiv" bzw. „kenotisch", d. h. frei von aller selbstischen Bindung. So können beide zu „Kanälen", werden, durch die das Empfangene weitergegeben wird. Damit kommt beiden eine „universale Mutterschaft" zu.[412] Kurz: „Die Entäußerung des eigenen Wesens, die [im Buddhismus] als höchste Weisheit (prajña) und Barmherzigkeit (mahakarunâ) mit femininen Zügen identifiziert wird, stellt den eigentlichen Lebensvollzug des Buddha und Marias dar. … Beide Figuren stehen ganz im antwortenden Vollzug einer dynamischen Leere … durch ihr offenes Empfangen und schöpferisches Gebären".[413]

Mit diesen „Parallelen" sollen keineswegs die großen Unterschiede geleugnet werden, die zwischen diesen und anderen Religionen herrschen.[414] Aber trotz aller Differenzen gibt es eine durchgehende Struktur, die – so meine These – in der ἀρχή der Schöpfung ihren Grund hat und die in den verschiedenen Religionen, da sie das Ur-Verhältnis wiederspiegeln und wiederholen, ihren unterschiedlichen Ausdruck findet. Gerade so kann Maria eine bedeutsame Rolle im künftigen Dialog der Weltreligionen spielen.

---

409 Natürlich lässt sich unter *eingeschränkten* Gesichtspunkten, wie z. B. unter dem der „Religionsstifter" auch die Parallele Christus – Buddha rechtfertigen.

410 Siehe dazu die bereits angeführten Artikel von M. Fuß mit weiterer Lit. sowie D. Mitchell, Compassionate Endurance. Mary and the Buddha, in: BSNC 21 (1986) 296–300. Die obigen Ausführungen beruhen auf dieser Sekundärliteratur.

411 Vgl. Fuß, Buddha 212ff und die dort angegebene buddhistische Lit. Fuß weist vor allem darauf hin, dass sich die Mütterlichkeit Buddhas in der reichen Ikonographie des weiblichen Bodhisattvas Guanyin zeigt. Aber auch abgesehen davon, wird in der Volksfrömmigkeit des Theravâda-Buddhismus Buddha als Mutter dargestellt.

412 Die buddhistischen Texte dazu bei Fuß, Buddha 238ff.

413 Fuß, Buddha 214, 242. Siehe auch P. Gäng, Die Bedeutung von Göttinnen und weiblichen Buddhas, in: Zur Debatte 2 (2013) 37–38.

414 Mehr noch als im Buddhismus stehen im Hinduismus weibliche „Prinzipien" im Vordergrund, und dies so sehr, dass etwa in Indien die christlichen Marienwallfahrtsorte weit mehr von Hindus als von Christen besucht werden. Doch davon soll hier nicht weiter die Rede sein, auch nicht von „marianischen Strukturen" im Judentum und von moslemischer Marienverehrung. Siehe dazu z. B. E. Peretto (Hrsg.), Maria nell'Ebraismo e nell'Islam oggi., Roma-Bologna 1987; D. Kinsley, Indische Göttinnen, Frankfurt 1990; L. Hagemann/E. Pulsfort, Maria die Mutter Jesu in Bibel und Koran, Würzburg-Altenberge 1992.

FÜNFTES KAPITEL

Aus-„Blick"

§ 1 Maria in Darstellungen der bildenden Kunst

1. Grundsätzliches zur künstlerischen Darstellung des „Heiligen"

„Ich sehe dich in tausend Bildern,
Maria, lieblich ausgedrückt,
Doch keins von allen kann dich schildern,
Wie meine Seele dich erblickt".

Bei diesen Versen von Novalis (Friedrich Leopold von Hardenberg) kommt mir immer ein Erinnerungsbild in den Sinn: In der Nähe meiner ersten Kaplansstelle am Niederrhein wohnte ein alter, hochverdienter, damals bereits emeritierter Pfarrer, der an jeden freien Platz der Wände seines Arbeitszimmers vom Fußboden hinauf bis an die Decke Marienbilder aufgehängt hatte, so dass weit mehr als hundert Bilder, große und kleine, schöne und kitschige den Raum füllten, ja beherrschten. Als Begründung für diese seltsame Installation führte der Priester die oben zitierte Gedichtstrophe von Novalis an.

Wenn nun am Schluss dieser Studie einige Marienbilder stehen und betrachtet werden sollen, so geschieht dies nicht, um einen Querschnitt durch „liebliche Ausdrücke" der Mariengestalt zu geben (an einem Beispielen wird geradezu das Gegenteil von „lieblich" zum Ausdruck kommen), sondern um nochmals einen anderen Zugang zu jener (komplexen) Wirklichkeit „Maria" zu finden, die wir bisher strikt theologisch behandelt haben.

Es war schon davon die Rede (S. 107ff), dass die Erfahrung des „Heiligen" nicht allein im Glauben und im gläubigen Denken geschieht. Ebenso, ja noch in viel höherem Maß eröffnen symbolische und künstlerische Darstellungen den Zugang zur Welt des Religiösen. Auch in der Kunst geschieht ein „Begreifen" und erst recht ein „Vorstellen" des Heiligen, aber so, dass *von vornherein* klar ist, dass das Dargestellte von sich weg auf etwas verweist, was letztlich nicht greifbar, vorstellbar, aussagbar ist. Genau in diesem Punkt dürfte ein wichtiger Unterschied zum begrifflichen Erfassen der Wirklichkeit liegen, wie sie etwa in der Theologie geschieht: Der theologische Begriff muss sozusagen erst *in einem zweiten Schritt* von dem – allem begrifflichen Erfassen eigenen – Anspruch, die erfasste Wirklichkeit mit deren „In-Sich" zu identifizieren, „aufgebrochen" werden. Alles begriffliche Erfassen der göttlichen Wirklichkeit, alles Analysieren und Reflektieren muss sich unter das Gesetz der „Analogie" stellen. Dies besagt, dass in allen menschlichen Versuchen, das Heilige zu erkennen und zu begreifen, die Unähnlichkeit des Erkannten und Begriffenen zu dem, was es in Wirklichkeit ist, größer ist als die Ähnlichkeit. Und dieser Grund-Satz hat sich gewissermaßen in einem eigenen Schritt, der auf die Stufe des Erkennens folgt, Geltung zu verschaffen.[415] Dagegen hat die Kunst mit dem Glauben gemeinsam, dass sie *von vornherein*, also nicht erst auf einer eigenen „zweiten Stufe", von sich weg auf eine von ihr nicht zu erfassende Wirklichkeit verweist. Man könnte geradezu entsprechend der thomanischen These: „Articulus [fidei] est perceptio divinae veritatis *tendens in ipsam*" – „Der Glaubenssatz erfasst die göttliche Wahrheit, indem er *[nur] darauf hin ‚tendiert'*,"[416] auch von der Kunst sagen: „Repraesentationes artis sunt perceptiones divinae veritatis tendentes in ipsam" – „Kunstwerke erfassen die göttliche Wahrheit, indem sie darauf verweisen". Das gilt nicht nur von den künstlerischen Darstellungen, die Gott selbst zum Gegenstand haben, sondern auch von jeder Darstellung der „transzendenten Welt" göttlichen Lebens und Handelns. Die Kunstwerke sind von vornherein dergestalt, dass sie die „göttlichen Mysterien" nicht selbst wiedergeben können und wollen, sondern lediglich eine aufzeigende und erinnernde Repräsentation schaffen, die gerade im (Von-sich-weg-)Verweis das Mysterium aufleuchten lassen.

Im Folgenden sind Beispiele von Mariendarstellungen ausgewählt, die unter dem einen oder anderen Gesichtspunkt „außergewöhnlich" sind und gerade deswegen Anstöße dafür geben können und sollen, die Gestalt Marias außerhalb der gewohnten Gleise in den Blick zu nehmen, so wie dies auch manche Passagen der

415 Das geschieht traditionell auf der 2. Stufe des klassischen „Dreischritts": von der (1) via affirmationis (Hier gilt es, die Wirklichkeit zu begreifen, wie sie ist) über die (2) via negationis (Sich-Bewusstwerden, dass die Wirklichkeit des Göttlichen völlig anders ist als alle Erkenntnisversuche) zur (3) via eminentiae (Zwar sind unsere Erkenntnisfragmente nicht total unsinnig, aber sie sind angesichts der göttlichen Erhabenheit „paleae" – „Stroh", wie Thomas v. Aquin gegen Ende seines Leben sagte) .

416 Thomas v. Aquin, STh II, 1,6

Studie versuchten. Damit ist ganz und gar nichts gegen die hier nicht aufgegriffene Unmenge anderer Marienbilder und Typen von Marienbildern gesagt.[417] Denn „keins von allen kann dich schildern …“.

2. Ausgewählte Beispiele

(a) „Ikone der Göttlichen Sophia (Weisheit)“ (Nowgorod, 15./16.Jh.)

Das erste hier vorzustellende Bild (s. Abb. 2) steht in engster Entsprechung zum Duktus und inneren Ziel, auf das unsere ganze Studie hinauslief: Es ist die „Ikone der Göttlichen Sophia“, auf die sich bereits die russischen Sophiologen für ihre Reflexionen über die göttliche Weisheit und deren Beziehung zu Maria ausdrücklich bezogen (siehe S. 335f).[418] Während das älteste Beispiel dieses Bildtyps (in der Verkündigungs-Kathedrale des Moskauer Kreml) mit der Darstellung der göttlichen Weisheit *Christus* als göttliche Weisheit (gemäß 1 Kor 1,24) meint,[419] verhält es sich mit dem Ikonen-Typ der Novgoroder Sophia anders.

Im Mittelpunkt des Bildes befindet sich hier die *geschaffene* göttliche Weisheit als eine eigentümliche weibliche Figur, die in königlichem Gewand auf einem von sieben Säulen getragenen Thron sitzt gemäß Spr 9,1: *Die (*göttliche) *Weisheit hat sich ein Haus gebaut auf sieben Säulen.* Rechts und links davon sind zwei Gestalten, die sich ihr in ehrfürchtiger Haltung zuwenden. Vom Betrachter aus gesehen links steht Maria in Form der „Muttergottes des Zeichens“, d. h. vor ihrer Brust bzw. in ihrem Herzen trägt sie in einer Aureole Christus. Vom Betrachter aus rechts befindet sich Johannes der Täufer. Maria und Johannes stehen offenbar für die alt- und neutestamentliche Heilsgeschichte. Über der auf dem Thron sitzenden weiblichen Gestalt erhebt sich der Kyrios-Christus mit ausgestreckten Armen. Und über Christus, durch den symbolisierten Sternenhimmel von ihm abgesetzt, befindet sich die himmlische Welt Gottes, angedeutet durch einen leeren Thron und anbetende Engel.

---

417 Eine Übersicht bieten: G. M. Lechner, Marienverehrung und Bildende Kunst, in Hmar 559–621; K. Kolb, Typologie der Gnadenbilder, in: Hmar 849–882.

418 Zum größeren Hintergrund siehe M. Osterrieder, Das Land der Heiligen Sophia: Das Auftauchen des Sophia-Motivs in der Kultur der Ostslaven, in: Wiener Slawistischer Almanach 50 (2002) 5–62.

419 Siehe dazu K. Chr. Felmy, Das Buch der Christus-Ikonen, Freiburg i. Br. 2004, 138–142. Vgl. dieses Werk auch für das Folgende. Siehe ferner I. Bentchev, Engelikonen, Luzern 1999, 173–175.

Die hier dargestellte „Weisheit" ist weder mit Christus noch mit Maria noch erst recht mit Johannes dem Täufer einfach identisch ist. Vielmehr sind sowohl der Gottmensch Jesus Christus wie Maria wie auch die Heilsgestalten der altbundlichen Geschichte geschöpfliche „Manifestationen" bzw. Konkretionen und geschichtliche Realisierungen des einen göttlichen Ratschlusses, die Schöpfung zu vergöttlichen und in das Leben des drei-einen Gottes einzubeziehen. Anders gesagt: Die hier gemeinte Weisheit ist die „sapientia creata", „Tempel", d.h. Ort und sichtbare Verkörperung der Ewigen Weisheit Gottes. Sie ist, um nochmals das schon zitierte Wort von Ludwig Wenzel anzuführen, der „Ausdruck all dessen, was zwischen Gott und den Menschen geschieht". Zu diesem „Geschehen" gehört in zugespitzter, ja in unüberbietbarer Weise die Gott anvermählte alt- und neutestamentliche Maria-Ecclesia, in der Gott Mensch wird, um als unser Bruder in Ewigkeit mit uns Gemeinschaft zu haben. Deshalb ist u. a. schon für Kosmas v. Jerusalem (8. Jh.) und für die ihm folgende byzantinische liturgische Tradition mit dem „Tempel der Weisheit" von Spr 9,1 Maria gemeint.[420] Und doch ist Maria-Ecclesia in ihrer geschichtlichen Gestalt (besser: in ihren verschiedenen geschichtlichen Gestalten) nicht einfach mit „dem Ganzen" der geschaffenen Weisheit, also mit der – von uns auf S. 519ff ausführlich erörterten – ἀρχή identisch.

Eine der ältesten uns bekannten Varianten dieser Ikone, worin Weisheit, Maria und Christus nicht identisch, aber einander engstens zugeordnet sind, findet sich im Codex Syriacus aus dem 7./8. Jh.[421] Eine vergleichbare Darstellung gibt es auch als Miniatur in einem Hildesheimer Missale aus dem 12. Jh.: Frau Weisheit (als solche ausdrücklich bezeichnet), versehen mit einer Mauerkrone (siehe dazu S. 576f), ursprünglich Symbol der Stadtgöttinnen, aber auch der Mutter Erde, trägt auf ihrem Skapulier die Inschrift: „Mit ihm habe ich die Welt erschaffen" (vgl. Spr 8,22ff). In ihren Händen hält sie das Brustbild Jesu Christi empor und blickt zu ihm auf. Th. Schipflinger, bemerkt dazu: „Man kann es auch anders sehen. Sie holt den Logos herunter, empfängt ihn, zeigt ihn und trägt ihn zu den Menschen. Sie ist diejenige, die die Welt, die Menschen mit Gott verbindet". Und er fragt sodann: Warum ist hier nicht Maria, sondern die Sophia dargestellt? Die Antwort: Weil Maria „ihren Grund in der Sophia hat, weil sie die Sophia in Menschengestalt, die menschgewordene Sophia ist".[422]

Jedoch gibt es Varianten dieses Ikonentyps (die meist als Kiewer Fassung bezeichnet werden), auf denen, bei sonst völlig gleicher Bildstruktur, die zentrale Figur der Weisheit selbst als „Muttergottes des Zeichens" dargestellt ist und folgerichtig die Gestalten zur Rechten und zur Linken nicht als Maria bzw. Johannes, sondern als unidentifizierbare Heiligengestalten erscheinen. Auf solchen Ikonen wird also

420 Näheres siehe bei Bentchev, Engelikonen 173.
421 Siehe dazu v. Lilienfeld, Frau Weisheit 156ff; weiteres bei Schipflinger, Sophia 71f.
422 Schipflinger, Sophia 71f, 76.

die geschaffene Weisheit mit ihrem Höhepunkt in Maria differenzlos identifiziert. Diese beiden künstlerischen Fassungen entsprechen perfekt dem Oszillieren des Weisheitskonzepts bei den russischen Sophiologen: Sophia *ist* (die geschichtliche Gestalt der) Maria-Ecclesia – Sophia ist als reine ἀρχή der ganzen Schöpfung *umfassender* als Maria-Ecclesia.

(b) Gnadenbild der „Mater Boni Consilii"

Genazzano (Latium, Italien)

Der Form nach handelt es sich bei dieser Mariendarstellung (s. Abb. 3) um eine Ikone des Typs der „Eleusa" – „der sich erbarmenden Gottesmutter". Ikonen dieses Typs gibt es unendlich viele. Die jetzt zu besprechende wurde nicht wegen ihrer besonderen künstlerischen Qualität oder ihrer legendären wundersamen Herkunft ausgewählt, sondern wegen ihres „Titels", der engste Beziehungen zur gerade besprochenen Sophia-Ikone aufweist.

Der Titel „Mater Boni Consilii" wurde dem Bild von der gleichnamigen Kirche her gegeben. Während diese erstmals zur Zeit des Papstes Sixtus III. (432–440) erwähnt wird, gehört die Herkunft des Bildes in eine spätere Zeit, sie ist durch und durch legendär: Danach soll am Markusfest (25.4.) des Jahres 1467 nach einer vorangehenden Restaurierung des Gotteshauses an einer der Kirchenwände ein Marienbild „erschienen" sein. Dieses fand bald lebhafte Verehrung seitens der Gläubigen, die von weither hierhin zusammenströmten. Es entstand sehr bald die Legende, das Bild habe seinen ursprünglichen Ort in Scutari (Albanien) gehabt und dort schon besondere Verehrung genossen. Wegen der akuten Türkengefahr sei es dann von „Engeln" nach Genazzano transferiert worden (siehe zu dieser Translationsform durch Engel S. 576). Hintergrund dieser albanischen Zuschreibung dürfte wohl das Faktum sein, dass es tatsächlich in Scutari ein Gnadenbild des gleichen Typs „Eleusa" gegeben hatte, das dann in den Wirren der Zeit verschwunden war.

Neuere Untersuchungen haben auf der Borte am Halsausschnitt des Jesuskindes eine Inschrift entdeckt: *A. Viva ... fecit*. Damit liegt es nahe, das Bild dem Veroneser Meister Antonio Vivarini zuzuschreiben. Dieser hat es offenbar ursprünglich als Fresco an die Kirchenwand gemalt, bis es dann später in einen Rahmen gefasst wurde.

Wie auch immer: Das Gnadenbild machte nicht zuletzt deshalb „Karriere", weil Leo XIII., der aus Carpineto Romano stammte, einem Ort, von dem aus alljährlich Fußwallfahrten über eine Distanz von ca. 50 km Länge nach Genazzano stattfanden und weiterhin stattfinden, den Titel „Mutter vom Guten Rat" in die Lauretanische Litanei einfügte. Im diesbezüglichen Dekret „Ex quo beatissima Virgine" vom 22. 4. 1903 heißt es: „Vom Augenblick an, da die Heilige Jungfrau Maria den Ewigen Plan Gottes (aeternum Dei consilium) sowie das Geheimnis des Verbum incarnandum annahm, verdiente sie es auch Mutter vom Guten Rat zu heißen. Darüber hinaus wurde sie von der lebendigen Stimme der Göttlichen Weisheit belehrt ...". In diesen beiden Sätzen tritt die eigentliche Bedeutung von „guter

Rat" hervor. Es geht hier nicht um „Beratung", und Maria wird hier nicht ins Auge gefasst als „Beraterin",[423] sondern es geht um die „Weisheit Gottes", um Gottes ewigen „guten Ratschluss", die Welt für immer in seine Liebe einzubergen. Maria ist die Mutter dieses guten Ratschlusses Gottes, der sich in der Person Jesu Christi voll und ganz verwirklicht, und als solche ist sie selbst von der Göttlichen Weisheit erwählt und erfüllt. So ist dieses Gnadenbild mit seinem spezifischen Titel gewissermaßen die westliche Variante der Nowgoroder Weisheits-Ikone.

Ein weiteres ist hier von großer Bedeutung: In unmittelbarer Nähe von Genazzano befand sich im damaligen Praeneste, heute: Palestrina, das Heiligtum der Fortuna primigenia. Dieser Fortuna-Tempel war eines der größten und bedeutendsten Heiligtümer der westlichen Antike, wie es noch die bis heute erhaltenen riesigen Ruinenanlagen erahnen lassen. Hierhin gingen Kaiser und Heerführer, um sich bei Fortuna die Zukunft erschließen zu lassen und „günstige Orakel" zu holen. Auch wenn der Tempel zur Zeit der erstmaligen Erwähnung der Kirche „Maria – Mater Boni Consilii" schon seine ehemalige Bedeutung verloren hatte, hielt man in Praeneste doch noch sehr lange an heidnischen Traditionen fest und wandte sich bis ins 6. Jahrhundert an „Fortuna" mit der Bitte um „Orakel", um Auskunft über das, was die Zukunft bringen wird.[424] Von daher gesehen scheint es äußerst naheliegend zu sein, dass der Titel „Mater Boni Consilii" in Bezug auf den Fortuna-Tempel entstand. Wie sonst wäre man darauf gekommen, ganz in der Nähe dieses Fortuna-Heiligtums eine Kirche mit dem damals (spätestens zu Anfang des 5. Jahrhunderts!) völlig ungewohnten und analogielosen Titel „Mater Boni Consilii" zu bauen? Offenbar wollte man damit zum Ausdruck bringen: Das wahrhafte „Orakel", das endgültige Offenbarwerden dessen, was die Zukunft bringen wird, ist in Maria gegeben; sie trägt den „guten Ratschluss" Gottes für uns Menschen auf ihrem Arm und in ihrem Herzen und bezeugt die endgültige und wahrhaftige „bona fortuna" der ganzen Welt: das selige, ewige Leben in Gottes Herrlichkeit. Sie, die „Ecclesia primigenia", ist also auch die wahre „Fortuna primigenia". Hier (*auch* hier!) zieht also Maria – wie in so vielen anderen Fällen – Funktion, Gestalt und Bedeutung heidnischer Göttinnen an sich.

---

423 Eine solche Bedeutung hatte ich mir selbst lange zu eigen gemacht, indem ich vom Messias-Titel „wunderbarer Ratgeber" in Jes 9,5 ausging und auf Maria als „erste Hörerin" des göttlichen Rates, den sie uns weitergibt, schloss. Vgl. G. Greshake, Sie ist ganz Ohr für ihr Kind. Muttergottes vom guten Rat, in: Entschluss 43 (1988) 22–23. Doch hat mich zunächst mein lieber Freund, Albert Rauch, Direktor des Ostkirchlichen Instituts, Regensburg, eines besseren belehrt sowie dann auch das oben angeführte Dekret Leos XIII.

424 Vgl. dazu J. M. Merz, Das Heiligtum der Fortuna in Palestrina und die Architektur der Neuzeit, München 2001, bes. 34.

(c) Gnadenbild der „Madonna dei Bisognosi"
(Pereto, Abruzzen, Italien)

Diese Beziehung Marias zu heidnischen Göttinnen besser: deren „Ablösung" durch Maria und zugleich die wohl älteste Typisierung ihres Bildes finden wir in der nun zu besprechenden uralten Marienfigur der „Madonna dei Bisognosi" in der Nähe der Ortschaft Pereto (s. Abb.4).

Der Überlieferung nach wurde das Gnadenbild, eine aus Olivenholz geschnitzte Madonna, zwischen 606 und 610 von Sevilla in das damals wilde Grenzgebiet zwischen den beiden Ortschaften Pereto und Oricola auf dem langgestreckten Bergkamm der Serrasecca übertragen. Seither wurde die Statue im Laufe der Jahre mehrfach restauriert und ihr dabei auch ein rechter Arm mit einer entsprechenden Hand eingefügt, der mit seiner einladenden und grüßenden Gebärde aus der „Kompaktheit" des Bildes schon rein künstlerisch gesehen total herausfällt und der eigentlich beabsichtigten Aussage des Bildes *völlig* konträr ist.[425] Deshalb wurde er auch in der hier gegebenen Wiedergabe wegretouchiert.

Die detaillierte Geschichte der Translokation des Bildes von Sevilla in die Abruzzen ist mit Sicherheit legendär,[426] schon allein deshalb weil sie in ganz ähnlicher bis hin zu identischer Weise auch für andere Gnadenbilder mehrfach tradiert wird.[427] Dokumentiert ist die Übertragung in einem Dokument aus dem 17. Jh., das sich aber ausdrücklich als getreuliche Abschrift eines schon damals schlecht lesbaren Pergaments vermutlich aus dem 12. Jh. bezeichnet. Die älteste Erwähnung einer Kirche auf der Serrasecca stammt aus dem 11. Jh. und ist mit Überlieferungen von Papst Bonifaz IV. (608–615), also aus der tradierten Zeit der Translokation verbunden.

Während einige kritische Historiker die Ansicht vertreten, das Gnadenbild sei die mediokre Arbeit eines mediokren mittelalterlichen Schnitzers aus den Abruzzen, möchte ich mit Nachdruck an seiner sehr viel älteren Herkunft aus Spanien festhalten, einmal wegen dessen großer Ähnlichkeit mit visigotischen Plastiken und zum andern – und vor allem! – wegen der Darstellungsart, die keinem mediokren Künstler aus den Abruzzen im Mittelalter mehr bekannt gewesen sein dürfte.

Typisch für das Gnadenbild der Madonna dei Bisognosi ist zweierlei: (1) Die Madonna trägt die sog. *Mauerkrone*. Diese war das Epitheton heidnischer Stadtgöttinnen, besonders der Kybele, die sich dadurch als Beschützerin einer ihr geweihten

425 Noch auf Stichen aus dem 18. Jh. fehlen Arm und Hand. Stattdessen ist der rechte Arm wie der linke völlig an den Körper geschmiegt und dient nur dazu, das Kind zu halten.

426 Das gesamte Archivmaterial des Gnadenbildes und des Santuario ist vorbildlich aufgearbeitet von M. Basilici, S. Maria dei Bisognosi, Roma 1984; M. Basilici, Santa Maria dei Bisognosi. Le Fonti, Pietrasecca di Carsoli 2005; M. Basilici / F. Amici (Hrsg.), XIV° Centenario del Santuario di Santa Maria dei Bisognosi (am 11. 6. 2010), in: www.de.scribd.com/doc/87301098/Santuario-Madonna-Dei-Bisognosi (abgerufen am 9. 11. 2012).

427 Immer sind es im übrigen „Engel", die solche Translozierung von Bildern vornehmen, d. h. es sind *Mönche*, nämlich solche, die eine „vita angelica" – ein „engelgleiches Leben" führen und deshalb selbst „Engel" genannt werden. Vgl. dazu K. S. Frank, Angelikos Bios. Begriffsanalytische und begriffsgeschichtliche Untersuchung zum „engelgleichen Leben" im frühen Mönchtum, Münster 1964.

Farbtafeln

Abb. 1: Matthias Grünewald, Isenheimer Altar, 1506–1515

Engelkonzert (links) und Menschwerdung Christi (rechts)

Abb. 2: Ikone der Göttlichen Sophia, Nowgorod, 15./16. Jh.

Abb. 3: Madonna del Buon Consiglio /
Mutter des Guten Rates,
Genazzano (Latium), 15. Jh.
Titulus: Mater Boni Consilii, Anfang 5. Jh.

Abb. 4: Madonna dei Bisognosi /
Madonna der Bedürftigen,
Pereto (Abruzzen) 7. Jh.

Abb. 5: „Die Jungfrau züchtigt das Jesuskind vor drei Zeugen"
Max Ernst, 1926

Abb. 6: Krönung Marias, Hans Baldung gen. Grien, 1512–1516, Münster Unserer Lieben Frau, Freiburg i. Br.

Bildnachweis

Abb. 1: Matthias Grünewald, Isenheimer Altar. Foto: akg-images / Erich Lessing
Abb. 2: Ikone der Göttlichen Sophia. Foto: privat
Abb. 3: Madonna del Buon Consiglio. Foto: privat
Abb. 4: Madonna dei Bisognosi. Foto: privat
Abb. 5: Max Ernst, La vierge corrigeant l'enfant Jésus devant trois témoins; Museum Ludwig, ML 10056. Foto: Rheinisches Bildarchiv Köln, rba_c003490
Abb. 6: Hans Baldung, Krönung Marias. Foto: akg-images / Erich Lessing © VG-Bild Kunst, Bonn 2014

Stadt und ihrer Befestigungsmauern vorstellte. So wurde z. B. auch die Artemis von Ephesus als Patronin ihrer Stadt mit einer solchen Mauerkrone dargestellt. Am Bild dieser Madonna zeigt sich somit „handgreiflich" der Übergang von Artemis zu Maria (vgl. S. 127ff), aber auch der bleibende Bezug zwischen beiden: Maria übernimmt mit einer gewissen „Selbstverständlichkeit" die Rolle paganer Göttinnen und steht damit auch für die Kontinuität der Menschheitsreligionen. (2) Maria tritt *völlig* hinter ihren Sohn zurück. Ihre ganze Person ist nur Thronsitz für ihn. Sie ist einzig und allein „Fassung des nicht zu fassenden Gottes" (Hymnos Akathistos), und nichts mehr. Deswegen zerstört auch der später hinzugefügte Arm mit seinem „extravertierten" Gestus die Aussagekraft des Bildes total. Gerade darin ist Maria groß, dass sie *nur* Thronsitz, „Fassung" und „Hintergrund" für Den ist, der „es ist": für Jesus Christus. Man kann es auch von der anderen Seite her sehen: Gerade weil sie nur „Fassung" ist, verwächst das Gefasste ganz mit ihr, so wie sich hier auf dem Gnadenbild beides kaum voneinander abhebt. Maria ist ganz eins mit ihrem Kinde, das Kind ganz eins mit seiner Mutter.

Die drei bisher angeführten und erörterten Bilder können den Eindruck entstehen lassen, dass Maria eine Größe ist, die, fern unserer konkreten Welt, ganz dem „Goldgrund" der Ewigkeit angehört. Dass dies in keiner Weise zutrifft, kann uns die nun zu besprechende Mariendarstellung in ihrer für manch einen wohl anstößigen Weise verdeutlichen.

(d) „Die Jungfrau züchtigt das Jesuskind vor drei Zeugen"
Max Ernst (1926)

Diese Darstellung (s. Abb. 5) ist alles andere als „lieblich" im Sinne der anfänglich zitierten Verse von Novalis, im Gegenteil: Hier ist eine „Anti-Madonna" dargestellt. Kein Wunder, dass das Bild, als es erstmals in Paris gezeigt wurde, einen veritablen Skandal auslöste, der bei seiner zweiten Ausstellung in Köln noch größer und folgenreicher wurde: Der Erzbischof von Köln erreichte, dass noch am ersten Tag die Ausstellung geschlossen wurde, und exkommunizierte den damals in Brühl, also in der Erzdiözese Köln, lebenden Künstler wegen Gotteslästerung.

Weshalb Gotteslästerung? Der Künstler bricht hier viele überkommene Tabus. Das beginnt schon mit der Darstellung Jesu selbst. Er, der „fromme Jesusknabe", das brave Vorbild für alle brav sein sollenden Kinder, wird verprügelt, und zwar deshalb – so darf man voraussetzen –, weil er es verdient hat. Ein Skandal? Wohl nur für denjenigen und nur so lange, als man an einem monophysitisch gefärbten Christusbild festhält. Nimmt man dagegen wirklich ernst, dass der Gottessohn uns *in allem gleich* wurde, (nur [!] die Sünde ausgenommen), so sieht die Sachlage anders aus. Zum Menschsein gehört es auch, als Kind die verschiedenen Phasen des Trotz- und Flegelalters zu durchlaufen. Ohne sie würde man nicht wirklich zu einem selbständigen, zur Selbstentscheidung fähigen Menschen heranreifen. Folglich ist dies auch für Jesus vorauszusetzen, der schon als Kind – wie es Lk 2,41ff zeigt – eine die Eltern überspielende, nicht gerade von Gehorsam geprägte Selbständigkeit an den Tag legt. Das lässt sich auch nicht dadurch fromm übertünchen, dass man den Gehorsam Jesu seinem himmlischen Vater gegenüber als das ihn zutiefst Prägende herausstellt, welches den Gehorsam seinen Eltern gegenüber ganz in den Schatten stellt. Denn warum sagt Jesus das den Eltern nicht und lässt sie drei Tage voll Angst nach ihm suchen? Nein, der Jesus der Evangelien zeigt von Anfang an (und dann auch im weiteren Lebensverlauf) „Ecken und Kanten", wie es auch sonst einem reifenden und reifen Menschen zukommt. Mit Sünde hat das alles zunächst einmal gar nichts zu tun. Und deshalb fällt diesem Jesus doch nur dann die „Krone" vom Haupt (wie der Künstler es hier darstellt), wenn man sie ihm in einer monophysitischen Engführung und Fehleinschätzung zuvor selbst fälschlicherweise aufgesetzt hat.

Wenn Jesus wirklicher Mensch (samt Durchlaufen aller kindlichen und jugendlichen Entwicklungsphasen) war, hat das natürlich auch Konsequenzen für seine nächste Umwelt. Es gibt nun mal schwierige Altersphasen, wo die Kinder zwangsläufig „nerven". Sollte das bei Jesus anders gewesen, und sollten seiner Mutter Maria dabei nicht auch einmal die Nerven durchgegangen sein? Ist das nicht das Natürlichste von der Welt? Gewiss, dass Kinder geprügelt werden, ist bei uns mittlerweile ein absolutes Tabu. Doch war dies in Tausenden von Jahren der Menschheitsgeschichte durchaus üblich und normal. Auch ich selbst habe zwar selten, aber doch gelegentlich meinen Teil „abbekommen". Und durchaus zur passenden Gelegenheit, wofür ich bis heute äußerst dankbar bin! Traumatisierungen, wie uns das heute Psychologen wahrmachen wollen, habe ich dadurch mit Sicherheit nicht erhalten, im Gegenteil!

Maria ist auf dem uns hier beschäftigenden Bild entsprechend der abendländischen Kunsttradition in blau und rot gekleidet und trägt eine Krone, ansonsten aber ist sie „aller überirdischen Attribute entkleidet", wie Joachim Kahl bemerkt:

> „Die Mutter Gottes, jahrhundertelang verehrt und verklärt als Inbild weiblicher Sanftmut, Milde und Duldsamkeit – hier entzaubert sie sich selbst. … Auf klassischen Marienbildern schauen die Mutter und ihr nacktes Kind in der Regel den Betrachter frontal an. … Hier dagegen sind Marias weit geöffneten Augen starr auf das Hinterteil ihres Sohnes gerichtet, das seinerseits – anstelle des Gesichts dem Betrachter zugewandt ist. Die große abendländische Tradition des Marienbildes findet einen provokativ blasphemischen Endpunkt".[428]

428 J. Kahl, Die Jungfrau züchtigt den Jesusknaben vor drei Zeugen. Eine philosophische

Man kann das gewiss so sehen. Auf der andern Seite aber bedeutet diese Mariendarstellung (wie auch schon die des Jesuskinds) gegenüber der Tradition eine heilsame Ernüchterung. Das Bild nimmt das geschichtliche Wirken Gottes aus imaginären und „wundersamen" Himmelshöhen heraus, gibt ihm Bodenhaftung und stellt es mitten in den grauen Alltag des Menschlichen und oft allzu Menschlichen hinein. Im Grunde ist es eine Veranschaulichung der Frage, die auf S. 281f näher ausgeführt wurde: Gehört nicht zum infra-lapsarischen Menschsein, dem auch Maria angehörte, Unaufmerksamkeit gegen Gott und den Anruf des Nächsten, Unverständnis, „aggressives Verhalten", Mutlosigkeit und Müdigkeit, ohne dass dies alles gleich als Sünde charakterisiert werden muss? Wenn „Frau Weisheit" sich *unter den Bedingungen der konkreten Geschichte* verwirklicht hat, kann sie, muss sie dann nicht auch solche Formen annehmen, wie Max Ernst sie (vielleicht aus ganz anderen Motiven heraus[429]) dargestellt hat? Zwar wird die göttliche Weisheit nicht „Mensch", wie einige Theologen (z. B. Theodor Schipflinger) es meinen, aber sie „entleert sich" ganz in menschliche Formen hinein, sie wird konkret, alltäglich, drückt sich in unserer Welt aus. Kurz: Frau Weisheit wird ganz und gar Maria als eine „Frau aus dem Volke" (GL_{neu} 521,3). Für diese Wahrheit kann das provozierende Bild stehen.

(e) „Krönung Marias"

Hans Baldung gen. Grien (1512–1516)

Freiburg i. Br., Münster Unserer Lieben Frau

Das Motiv der „Krönung" oder des „Triumphes" Marias ist herausgewachsen aus dem ihrer Aufnahme in den Himmel und bleibt mit diesem Motiv auf manchen

---

Bildmeditation zu Max Ernst, in: http://kahl-marburg.privat.t-online. de/kahl_MaxErnst.pdf (abgerufen 11. 3. 2012). – Ein Großteil dieser Meditation wurde (ohne Quellenangabe!) übernommen von J. Rother, Die Jungfrau züchtigt den Jesusknaben vor drei Zeugen in: http://bs.cyty.com/kirche-von-unten/archiv/kvul24/zuechtigung.htm (abgerufen 11.3.2012). Der Autor erweitert aber die philosophisch-atheistische Meditation Kahls aufs positiv Theologische hin. So macht er hinsichtlich Jesus darauf aufmerksam: „Wenn er … ganz Mensch, einer von uns, also ein Alltagsmensch geworden ist, dann heißt das in der Zeit, zu der er auf die Welt kam, ganz sicher auch, dass er von seinen Eltern gezüchtigt wurde". Rother fragt dann mit einigem Recht, warum sich die meisten über die drastisch-abstoßende Kreuzesdarstellung des Isenheimer Altars nicht empören, wohl aber über das vorliegende Bild irritiert sind.

429 Kahl, ebd. macht z. B. auf den autobiographischen Hintergrund aufmerksam: Der Künstler wuchs in einer streng katholischen Lehrerfamilie auf. „Sein Vater hat ihn wiederholt geschlagen, zugleich aber auch – zu Festtagen ganz in Weiß gekleidet und als süßlichen Jesusknaben gemalt". Vor allem aber interpretiert Kahl das Bild (auch im Blick auf viele, hier nicht genannte Details) als den „Emanzipationsprozess" des Künstlers von der elterlich überkommenen christlichen Religion römisch-katholischer Prägung.

Darstellungen oft noch in engster Beziehung. Um 1250 entsteht die Darstellungsart: „Christus, Maria krönend“, wobei letztere meist mit jenem auf gleichem Thron sitzt. Erst im 15. Jahrhundert wird die Szene erweitert: Alle drei göttlichen Personen nehmen an der Krönung teil, mehr noch: die Szene wird durch die künstlerische Komposition tiefgreifend umgestaltet zu einer Darstellung, in der sowohl die Trinität wie auch Maria (und – durch sie repräsentiert – die ganze Schöpfung) ihre Verbildlichung finden.

Dieser Typus, der im südwestdeutschen Raum verbreitet ist, sei im Folgenden am Beispiel des Hauptbildes am Hochaltar des Freiburger Münsters (s. Abb. 6) näher besprochen.[430] Von 1512 bis 1516 malte der aus Straßburg gerufene Hans Baldung gen. Grien an diesem seinem Hauptwerk, einem der großartigsten Monumente der deutschen Malerei zur Dürer-Zeit. Zur Interpretation seien zwei wichtige Elemente herausgestellt:

Im Zentrum dieses Bildtypos steht das uralte Dreifaltigkeitssymbol: das Dreieck als jene geometrische Figur die Einheit und Vielheit (Dreiheit) unaufbrechbar miteinander verbindet: Die Häupter von Vater und Sohn sowie die Geisttaube bilden auf allen Darstellungen dieses Typos ein deutliches, offenbar vom Künstler so intendiertes Dreieck, welches den optischen Mittelpunkt des gesamtes Bildes ausmacht. Dann aber bildet zusätzlich noch, gewissermaßen als viertes Element, Maria zusammen mit Vater und Sohn gleichfalls ein Dreieck, so dass aus beiden Dreiecken ein Viereck entsteht: ein Rhombus (eine Raute).

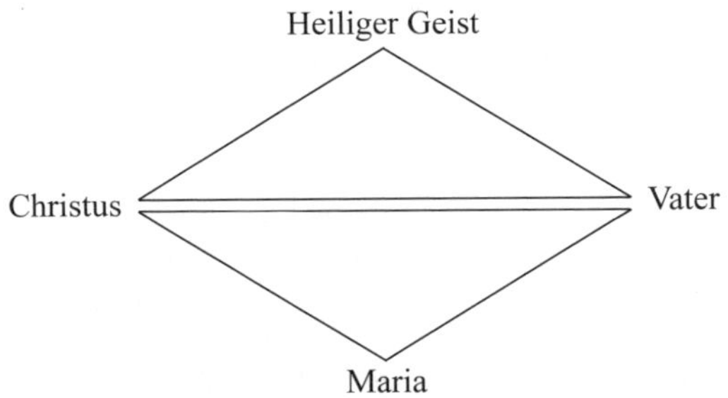

Während sich auf den meisten Bildern dieses Typos die beiden Dreiecke bzw. der Rhombus aus der Verbindung der Häupter ergibt und dies auf unserem Freiburger Beispiel auch für Vater, Sohn und Geist zutrifft, wird hier das untere Dreieck durch die Häupter von Vater und Sohn einerseits und durch die spitz nach unten gerichteten Finger Marias, die auf ihrem Schoß ruhen, andererseits gebildet. Aber auch so entsteht durch Maria, auf deren Mütterlichkeit hier besonders verwiesen wird, die neue Figur des Rhombus.

430 So schon in Greshake, Gott 551ff.

Bedeutet dies, dass solchermaßen C. G. Jung ins Recht gesetzt ist, wenn er im Blick auf solche Darstellungen „die Aufhebung der Trinitätsformel und ihre Ersetzung durch eine Quaternität" konstatiert: „Die Ikonologie des Mittelalters hat sich … durch die Darstellungen der Krönung Mariens ein quaternäres Symbol zurechtgemacht und es sozusagen sachte an die Stelle der Trinität geschoben". Dabei ist die Quaternität für Jung ein „Archetypus, der sozusagen universal vorkommt" und der die göttliche Trinität „ergänzt" durch den erdhaften Faktor der Materie, die dadurch „in den metaphysischen Bereich gerückt" wird und die zugleich, ja sogar primär das „korrumpierende Prinzip der Welt, das Böse" darstellt. „Das Quaternitätsschema anerkennt dieses Vorhandensein als eine unleugbare Gegebenheit, indem es dem trinitarischen Denken die Fessel der Wirklichkeit dieser Welt anlegt".[431]

Da es hier nicht nur um eine Auseinandersetzung mit Jung gehen kann, sei nur so viel dazu vermerkt: Während die von Jung vorgenommene Identifizierung des Stofflich-Irdischen mit dem Bösen kaum vom christlichen Glauben mitvollzogen werden kann, dürfte er vermutlich darin Recht haben, das vierte Moment des Quaternitätssymbols dem „Erdhaften" zuzuordnen, so wie dies auch bereits im vorangehenden Abschnitt „*d*" unter dem Stichwort der „Entleerung" der göttlichen Weisheit in die so oft banale und schreckliche, aber auch schöne und faszinierende Welt ausgesagt wurde. Durch die assumptio Mariae wird somit die „Welt" in all ihren Dimensionen in das Leben Gottes aufs allerengste hineingenommen und damit das Sein der Trinität – wie dies auch die künstlerische Darstellung zeigt – in einem natürlich sehr analog zu nehmenden Sinn „ergänzt". Doch bedeutet dies keine Verabschiedung oder Relativierung des Trinitarischen:

Wenn man genauer hinschaut, kann man das durch die Häupter von Vater, Sohn und Maria gebildete Dreieck nicht nur als Teil eines Vierecks, sondern auch als die Projizierung des oberen „trinitarischen Dreiecks" in einen imaginären Raum hinein verstehen, wodurch die Spitze des oberen Dreiecks (der Geist) sich in Maria – pointiert sogar: in ihrer geistgewirkten Fruchtbarkeit – spiegelt. Das heißt: Genau der „Stelle" in der Trinität, die man als „Heiligen Geist", als das Über-Hinaus Gottes (in die Schöpfung hinein) bezeichnen kann,[432] entspricht spiegelbildlich die verherrlichte „Maria". Nicht also entsteht im strengen Sinn ein Viertes, sondern „Maria" (als Inbegriff der Schöpfung) ist als geschöpflich-gespiegelte Verwirklichung des Heiligen Geistes in das trinitarische Leben Gottes hineingenommen.

Damit ist schon das zweite Element angesprochen: Die hier dargestellte Maria ist nicht einfach nur eine „Privatperson". Von alters her wird sie ja, wie wir an unzähligen Beispielen sahen, als Realsymbol der Kirche und darüber hinaus der ganzen Schöpfung verstanden. In der Darstellung des Freiburger Münsters wird dies dadurch thematisiert, dass sich in der von Christus in der rechten Hand gehaltenen *Welt*(!)-Kugel Maria spiegelt. Maria ist also als Spiegel der Welt ge-

431 C. G. Jung, Symbolik des Geistes, in: Psychologische Abhandlungen VI, Zürich 1948, 403f., 399, 414.
432 Siehe dazu Greshake, Gott 212.

meint. Im Blick auf die Darstellung der assumptio Mariae und ihrer coronatio sieht darum der Glaubende die Zukunft der ganzen Schöpfung: ihr endgültiges Eingehen in das Leben des dreifaltigen Gottes. Diese Vollendung der Schöpfung ist zugleich die (frei gewählte) „Vollendung“ des trinitarischen Lebens: der dreieine Gott für immer vereint mit „Maria“, der Mutter Jesu, mit ihren Kindern, die seine vielen Schwestern und Brüder sind.

§ 2 Statt eines Resümees

Ein Resümee dieser recht umfangreichen und komplexen Studie kann sinnvollerweise nicht darin bestehen, in Kurzfassung das Vorangehende noch einmal Revue passieren zu lassen, und auf diese Weise das, was man eine „Zusammenfassung" nennt, zu produzieren. Auch scheint es mir nicht sonderlich hilfreich zu sein, die Studie mit allgemeinen Erwägungen zu beschließen, etwa von der Art, wie Klaus Schreiner es in seinem Werk mit den Sätzen tut: „Auch in der Gegenwart bleibt Maria, was sie immer war: ein Spiegelbild zeitgebundener Interessen, Sehnsüchte und Herausforderungen. Was Jacob Burckhardt über die Religion im Allgemeinen sagte, gilt im Besonderen auch für die Verehrung Marias: Sie ist ein ‚Reflex ganzer Völker und Epochen in ein großes Anderes hinein'",[433] – so richtig solche und ähnliche „Schlussworte" auch sein mögen.

Stattdessen seien zwei „Kategorien" von *praktischen* Konsequenzen, die sich aus unseren Erörterungen ergeben, sehr (!) holzschnittartig nochmals hervorgehoben.

1. Theologische und kirchen-„politische" Konsequenzen

(1) Wenn Maria der Prototyp des glaubenden Menschen ist und ihr Glaube – an „Inhaltlichkeit" einfach, bescheiden und „arm" – seine Mitte darin hat, auf Gott zu hören, sich ihm anzuvertrauen und zur Verfügung zu stellen,

- dann wird dem Glaubenden, der so wie Maria Gott als unbegreifliches Geheimnis der Nähe und Liebe erfährt, gerade die „Armut" seines Wissens kostbar sein,
- dann kann der Theologe (wie auch jeder andere Glaubende) sich nicht wie ein „Geheimrat Gottes" gerieren (Walter Kasper), der über die göttliche Wirklichkeit wie über einen „Sack von Wahrheiten" (Sebastian Tromp) verfügt,
- dann darf kirchlicher Glaube vom Lehramt nicht wie ein abfragbares und administrierbares Gesetzbuch gehandhabt werden,
- dann kommt es in der Kirche sehr viel mehr, als bisher üblich, darauf an, die „mystische Dimension" des Glaubens herauszustellen und im Leben zu verwirklichen.

---

433 Schreiner, Maria 508 mit Verweis auf J. Burckhardt, Weltgeschichtliche Betrachtungen, hrsg. v. P. Ganz, Oxford 1982.

(2) Wenn Maria die Kirche *ist*,

– dann muss sich alles in der Kirche darauf konzentrieren, das tiefste Geheimnis der Wirklichkeit zur Sprache zu bringen und dessen Realisierung hilfreich zu begleiten, dass nämlich Menschen auf ihre je ganz persönliche Weise den Sohn Gottes „zur Welt bringen" und *Gestalt annehmen* lassen (Gal 4,19), auf dass alle zusammen ihn *in seiner vollendeten Gestalt darstellen* (Eph 4,13) und – in ihm eins – „Communio" untereinander, Volk Gottes, werden,
– dann kann und darf Kirche sich nicht vorrangig als Institution gleich anderen weltlichen Institutionen oder gar als klerikal-hierarchischer Machtapparat mit dem Monopol „Kontingenzbewältigung, Transzendenzwissen und Rituale" präsentieren, sondern muss erfahrbar sein als „Sakrament" – Zeichen für das unendliche Geheimnis Gottes; sie hat sich darum zu bemühen, wie Maria die „Fassung des unfassbaren Gottes" zu sein.

(3) Wenn kirchliches Handeln sich an Maria und ihrem Mitwirken am Heilswerk Gottes zu orientieren hat,

– dann darf pastorales Tun sich nicht (wenigstens nicht vorrangig) am Gesichtspunkt der Effizienz ausrichten, sondern muss Verweis-von-sich-weg auf den sein, der allein „es macht".

(4) Wenn die Schöpfung von vornherein als „Maria", als Gegenüber der Vermählung Gottes, geschaffen ist und als „Raum", in dem Gott als „Gott in Maria" er selbst ist, und wenn in dieser Ur-Beziehung alles Grund und Bestand, Sinn und Ziel hat,

– dann fordert die ganze Schöpfung, Welt und Geschichte, dazu heraus, „Gott in allen Dingen zu finden",
– dann gehört es zum Glauben, sich zu „ver-weltlichen" (anstatt Ver-Weltlichung zu verweigern), weil Gott „au coeur des masses" – „mitten in der Welt" ist (René Voillaume),
– dann laden auch die anderen Religionen dazu ein, das gleiche Grundverhältnis Gott-„Maria" in ihnen zu entdecken, das auch im Christentum (dort nach eigenem Selbstverständnis in größerer Klarheit, Ausdrücklichkeit und Sicherheit) gelebt wird.

2. Geistliche Konsequenzen

Schließlich seien drei „geistliche Maximen" (Leitsätze, Prinzipien) aufgestellt und kurz erläutert. Denn wenn eine Abhandlung, die sich um das Thema „Maria-Kirche" bewegt, nicht auch spirituelle Konsequenzen nach sich zieht oder wenigstens nach sich ziehen kann, hat sie sicher ihr Ziel verfehlt.

Erste geistliche Maxime:
Was Maria ist, müssen wir werden.
Maria ist als exemplarisch Glaubende ganz und gar empfänglich für Gott, sie nimmt das an sie ergehende Wort Gottes auf und stellt ihm ihr Leben zur Disposition. Und dies auf jungfräuliche Weise, nämlich in unbedingter Verfügbarkeit und ungeteilter Hingabe. Dabei ist sie nicht nur Individuum, sondern Kristallisation des Ganzen. Das heißt zum einen: sie glaubt nicht als isoliert Einzelne, sondern eingebettet im Volk Gottes, für das sie steht. Und das bedeutet zum anderen: als Gottesgebärerin ist ihr Tun darauf ausgerichtet, Gott in die Welt, zu den Menschen zu bringen, auf dass in *allen* Christus *Gestalt annimmt* (Gal 4,19). So hat ihr Glaube eine communiale Form und ist auf das *Einswerden aller in Christus* ausgerichtet (vgl. Eph 1,10).

Im Blick auf diese Wesenszüge Marias gilt: Was sie ist, muss jeder von uns werden: ein Hörender und Glaubender, jemand, in dem Gottes Sohn neu geboren wird, eine „anima ecclesiastica" (Origenes): jemand, der sein Leben von der Communio (Gottes und der Menschen) her bestimmen lässt und auf diese ausgerichtet ist.

Zweite geistliche Maxime:
Wir dürfen im „Ja" Gottes und korrespondierenden „Echo-Ja" Marias leben und sind damit auch zum „Ja-Sagen" berufen und befähigt.
Indem Gott eine Schöpfung ins Werk setzt, spricht er ein unbedingtes JA zu ihr und vereinigt sich mit ihr in Liebe aufs Allerengste, bis dahin, dass er in der Menschwerdung seines Sohne selbst „ein Stück Welt" wird und, als unser Bruder das ganze Elend der Welt auf sich nehmend, das JA Gottes wiederholt und endgültig bestätigt. Maria ist diejenige, die zum JA des Schöpfers das korrespondierende freie geschöpfliche JA spricht. ER: das Wort – sie: das Echo.

In diesem Ur-Dialog des JA steht alles, die ganze Schöpfung und Geschichte, die Menschheit und jeder Einzelne, die Kirche und jeder Glaubende, das Christentum und jede Religion. Alles kann und darf sich als in diesen Dialog: Gott – Maria eingespannt und *eingeborgen* verstehen und zugleich dazu gerufen, das JA Marias in Wort und Tat nachzusprechen, im glaubenden und hoffenden Wissen, dass alles – was auch immer geschehen mag, so grauenvoll und schrecklich es sich auch immer darbieten mag – *trotz allem* „vor-erlöst" und zum ewigen Leben gerufen ist. Nichts kann aus diesem JA herausfallen; *nichts kann uns scheiden von der Liebe Gottes, die in Christus Jesus ist, unserem Herrn* (Röm 8,39).

Dritte geistliche Maxime:
Alles Handeln der Kirche und jedes Einzelnen empfängt darin seinen Sinn, „Mutter im Glauben" für andere zu sein, in diesem Tun aber von sich weg zu verweisen auf den, der „es macht", zum Lob seiner herrlichen Gnade (Eph 1,6).
Schon die frühen Theologen haben den Ehrentitel Marias, „Mutter im Glauben" zu sein (Augustinus), auf die Kirche *und jeden Einzelnen* ausgeweitet. An Maria wird aber auch exemplarisch deutlich, dass sich solches (wie auch alles andere) Tun des Menschen allein der Gabe Gottes verdankt, der in und durch geschöpfliche Armut, in und durch seine *niedrige Magd* wirken will. Alles menschliche Wirken ist deshalb als „Bewegung" der Gabe zu verstehen, die sich in die „Selbstbewegung" des Ausführenden umsetzen will *ad majorem Dei gloriam*. In *diesem* Sinn und *nur* so initiiert und provoziert die Gabe des Glaubens zu höchster eigener Aktivität.

3. Ausklang

Ganz am Ende sollen jedoch weder theologische und kirchenpolitische noch spirituelle Konsequenzen stehen. Vielmehr soll die Studie ausklingen mit Worten zweier Theologen, die – so verschieden sie sind – beide ihre (wiederum ganz unterschiedlichen) Erwägungen über Maria mit dem Thema *„Gebet"* abschließen:

Dorothee Sölle:

> „Die kleine subversive Madonna, die einmal das Lied von der Befreiung gesungen hat, ist nicht aus Gips und Plastik. … Worin liegt ihr Geheimnis? Sie sagt uns, dass die Welt nicht nur die unheilvolle Bühne einer absurden Tragödie ist, in der Sieger und Besiegte immer die Gleichen sind, sondern ein Ort der Hoffnung, die das Leben beschützt und das Unwahrscheinliche, das wir Barmherzigkeit nennen, wahr werden lässt. In Russland gibt es eine ‚Maria von der Heimholung Adams'; und was wäre notwendiger in der Gegenwart, als Adam, der sich in einer Obsession mit dem Tod in der Maschinenwelt ver-

irrt hat, nach Hause in diese begrenzte und einmalige Schöpfung zu holen? Heilige Mutter Gottes, bitte für uns!"[434]

Karl Rahner:

„So kann man am Ende allen Marienlobes und aller marianischen Theologie den Hörer nur ganz leise und schlicht bitten, er möge um die Gnade beten, Maria lieben zu können".[435]

Der Geist aber und die Braut sagen: Komm!
Wer hört, der rufe: Komm!
(Offb 22,17).

434 D. Sölle, Meine Seele sucht das Land der Freiheit, in: H. Haag u. a. (Hrsg.), Maria, Brauchtum und Religion in Bild und Text, Freiburg u. a. 1997, 122–144, hier: 144.
435 Rahner, Dogma 157.

Abkürzungen und Zitationsweisen

Die Abkürzungen richten sich durchweg nach S. M. Schwertner, Abkürzungsverzeichnis, Berlin-New York ²1994.

Antike, patristische und mittelalterliche Quellen werden in üblicher Weise bzw. derart abgekürzt, dass die Siglen aus sich heraus verständlich sind.

In der Theologie übliche Abbreviaturen (z.B. für Bücher der Hl. Schrift, Lehramtliche Quellen, Dokumente des II. Vaticanums, Standardwerke u.dgl.) werden nicht eigens angeführt.

Zusätzlich zum bzw. abweichend vom Schwertnerschen Abkürzungsverzeichnis werden folgende Siglen verwendet:

ALG	Sankt Augustinus – Der Lehrer der Gnade. Lat.-dt. Gesamtausgabe seiner antipelagianischen Schriften, Würzburg 1955f.
BA	Bibliothèque Augustinienne.
EEK	Evangelischer Erwachsenenkatechismus, hrsg. von der Vereinigten Evangelisch-Lutherischen Kirche Deutschlands, Gütersloh 1975; ⁵1989.
DwÜ I-IV	Dokumente wachsender Übereinstimmung, Paderborn u. a. 1983–2013.
EÜ	Einheitsübersetzung der Hl. Schrift (1980).
GL_{alt}	Gotteslob. Kath. Gebet- und Gesangbuch, hrsg. von den Bischöfen Deutschlands u. a., Stuttgart 1975.
GL_{neu}	Gotteslob. Kath. Gebet- und Gesangbuch, hrsg. von den (Erz-)Bi- schöfen Deutschlands u. a., Neuherausgabe Stuttgart 2013.
GW.Joh.	W. Klein, Gottes Wort bei Johannes. Kapitel 1–12. Vorträge im Kolleg 1959–1960, Tübingen 2000 = Sonderheft KCGH 109 (2000).
GW.KiJa.	W. Klein, Gottes Wort im Kirchenjahr. Vorträge im Kolleg 1957–1961, Tübingen 1999 = Sonderheft des KCGH 108 (1999).
GW.Röm.	W. Klein, Gottes Wort im Römerbrief. Vorträge im Kolleg 1958–1961, Tübingen 1998 = Sonderheft des KCGH 107 (1998).
HthKVatII	P. Hünermann / J. Hilberath (Hrsg.), Herders Theologischer Kommentar zum Zweiten Vatikanischen Konzil, Bd. I-V, Freiburg i. Br. 2005.
KCGH	Korrespondenzblatt des Collegium Germanicum Hungaricum, Rom.
LACL	S. Döpp / W. Geerlings (Hrsg.), Lexikon der antiken christlichen Literatur, Freiburg i. Br. 1998.
Schr. I-XVI	K. Rahner, Schriften zur Theologie, Bd. I-XVI, Zürich u. a.1954–1984.
TD I-IV	H. U. v. Balthasar, Theodramatik, Bd. I-IV, Einsiedeln 1973–1983.
TL I-III	H. U. v. Balthasar, Theologik, Bd. I-III, Einsiedeln 1985–1987.
Ü.	Übersetzung
Vortr.	Wilhelm Klein in Rom, Bonn und Münster. Vorträge, Aufzeichnungen, Hildesheim 2001 = Sonderheft KCGH 110 (2001).

Bei der ersten Literaturangabe bzw. Zitation wird das entsprechende Werk vollständig angeführt; bei weiteren Angaben werden nur Verfasser und das erste Stichwort genannt.

Bibliographie

1. Offizielle und offiziöse lehramtliche Verlautbarungen sowie ökumenische Konsensdokumente

Anglikanisch / Römisch-Katholische Internationale Kommission (ARCIC), Maria: Gnade und Hoffnung in Christus, in: DwÜ IV, 294–331 (Ursprüngliche englische Fassung: Mary: Grace and Hope in Christ 2004 [The Seattle Statement].

Bilaterale Arbeitsgruppe der DBK und der Kirchenleitung der ELKD, Communio Sanctorum. Die Kirche als Gemeinschaft der Heiligen, Paderborn-Frankfurt 2000.

Catholica-Arbeitskreis der VEKD, „Maria – Evangelische Fragen und Gesichtspunkte. Eine Einladung zum Gespräch“, in: US 37 (1982) 184–201.

Deutsche Bischofskonferenz (Hrsg.), Katholischer Erwachsenen-Katechismus, Kevelaer u. a. 1985.

Ergänzung zur: Glaubensverkündigung für Erwachsene, dt. Freiburg i. Br. 1969.

(Erz-)Bischöfe Deutschlands u. a. (Hrsg.), Gotteslob, Kath. Gebet- und Gesangbuch, Neuherausgabe Stuttgart 2013.

Evangelischer Erwachsenenkatechismus, hrsg. von der Vereinigten Evangelisch-Lutherischen Kirche Deutschlands, Gütersloh 1975; [5]1989.

Franziskus I., Enzyklika „Lumen fidei“ v. 29.6.2013 in: VApS 193.

Fürlinger, E. (Hrsg.), Der Dialog muss weitergehen. Ausgew. vatikanische Dokumente zum interreligiösen Dialog, Freiburg i.Br. 2009.

Glaubensverkündigung für Erwachsene. Dt. Ausgabe des Holländischen Katechismus, Nijmegen-Utrecht 1968.

Gruppe von Dombes, Maria in Gottes Heilsplan und in der Gemeinschaft der Heiligen, dt. Frankfurt-Paderborn 1999.

Johannes Paul I., Angelus-Ansprache vom 10.9.1978, in: L’Osservatore Romano v. 21.9.1978, 5.

Johannes Paul II., Angelus-Ansprache vom 3.7.1983, in: www.vatican.va/holy_father/john_paul_II/angelus/1983/documents/hf_jp_ang_19830703_it.html (abgerufen 5.12.2012).

—, Ansprache auf der Audienz vom 10.7.1996, in: www.vatican.va/holy_father/john_paul_II/audiences/1996/documents/hf_jp-II_aud_19960710_it.html (abgerufen 7.12.2012).

Katechismus der Katholischen Kirche, dt. München u. a. 1993.

Katechismus der Katholischen Kirche. *Kompendium,* dt. München 2005.

Kongregation für die Glaubenslehre, Schreiben an die Bischöfe der Katholischen Kirche über die Zusammenarbeit von Mann und Frau in der Kirche und in der Welt = VApS 166.

Lutherisch / Römisch-katholische Kommission für die Einheit, Die Apostolizität der Kirche. Studiendokument, Paderborn-Frankfurt 2009.

Österreichische Bischofskonferenz (Hrsg.), Youcat. Jugendkatechismus der katholischen Kirche, München 2010.

Orthodox / Römisch-katholischer Dialog, Das Geheimnis der Kirche und der Eucharistie im Licht des Geheimnisses der Heiligen Dreifaltigkeit (1982), in: DwÜ II, 531–541.

Päpstlicher Rat für den Interreligiösen Dialog, Dialog und Verkündigung (19.5.1991) = VApS 102.

Paul VI., Apost. Schreiben „Marialis cultus“ über die Marienverehrung (2.2.1974), dt. in: Nachkonziliare Dokumentation 45, Trier 1975.

Pius IX., Bulle „Ineffabilis Deus“ (8.12.1854), dt. in: R. Graber, Die marianischen Weltrundschreiben der Päpste in den letzten hundert Jahren, Würzburg [2]1954.

Pius XII., Enzyklika „Mystici corporis“ (29.6.1943), in: AAS 35 (143), dt. Luzern [6]1956.

2. Quellen (bis ca. 1920)

Alexander v. Alexandrien, Epist. ad Alexandrum Const., in: Theodoret, Hist. Eccl. I,3 (GCS 82).
Altjüdisches Schrifttum außerhalb der Bibel, übers. u. erläutert v. Paul Riessler, Darmstadt 1966.
Ambrosius, De institutione virginis (PL 16, 316–334).
—, Epistulae et Acta III (CSEL 82/83).
—, Epistulae extra collationem traditae (CSEL 72, 141–311).
—, Expositio evangelii secundum Lucam (CSEL 32/4).
Anselm v. Canterbury, Monologion (WW I, ed. Schmitt).
Apokryphe Kindheitsevangelien (FC 18).
Aristides, Apologie (SC 470).
Aristoteles, Nikomachische Ethik, hrsg. v. F. Dirlmeier, Frankfurt-Hamburg 1957.
Athanasius, De incarnatione (SC 18, 207–317).
Augustinus, Confessiones, hrsg. v. J. Bernhart, München [3]1966; Die Bekenntnisse, hrsg. v. H. U. v. Balthasar = Christliche Meister 25, Einsiedeln 1985.
—, Contra adversarium legis et prophetarum (PL 42, 603–666).
—, De civitate Dei (BA 33–37).
—, De diversis quaestionibus ad Simplicianum (CC 44).
—, De dono perseverantiae (ALG VII, 328–438).
—, De Genesi ad litteram (BA 48–50).
—, De gestis Pelagii (ALG II, 198–318).
—, De gratia Christi et peccato originali (ALG II, 320–466).
—, De natura et gratia (ALG I).
—, De peccatorum meritis et remissione (ALG I, 54–300).
—, De perfectione iustitiae hominis (ALG II, 128–196).
—, De praedestinatione sanctorum (ALG VII, 240–326).
—, De sancta virginitate (BA 3, 103–227).
—, De trinitate (CC 50).
—, Enchiridion (BA 9, 102–327).
—, Ennarrationes in Psalmos (CC 38–40).
—, Epistula ad Catholicos de secta Donatistarum (BA 28, 502–706).
—, Expositio epistulae ad Galatas (PL 35, 2105–2148).
—, In primam epistula Joannis tractatus (SC 75).
—, Opus imperfectum contra Julianum (PL 45, 1050–1607).
—, Retractationes (BA 12).
—, Sermones (CC 41–42Ba).
—, Sermones (PL 38).
—, Sermones Denis, hrsg. v. G. Morin, Rom 1930.
—, Sermones Guelferbytania, hrsg. v. G. Morin, Rom 1930.
—, Tractatus in Johannis Evangelium (BA 71ff; CC 36).
Baader, F. v., Gesammelte Schriften zur Philosophischen Anthropologie (WW IV) Aalen 1963 = Leipzig 1853.
Basilius d. Gr., Epistulae (PG 32, 219ff).
Basilius v. Seleucia, Oratio 39 (PG 85, 425–452).
Beda Ven., In Lucae evangelium (CC 120, 1–425).
Bernhard v. Clairvaux, Sermo in Dom. infra Octavam Assumpt. B.M.V (Sämtl. WW [hrsg. v. G. B. Winkler] 8, 594–618).
—, Sermo 3 in vigilia nativitatis Domini (Sämtl. WW [hrsg. v. G. B. Winkler] 7, 158–174).
Böhme, J., De tribus principiis, in: Sämtliche Schriften, Nachdruck, hrsg. v. W.-E. Peukert, Stuttgart-Bad Canstatt 1988.

Bonaventura, Commentaria in IV libros sententiarum (Opera Omnia III, Quaracchi).
Brief an Diognet, in: Die Apostolischen Väter, hrsg. v. K. Bihlmeyer, Tübingen 1956,141–149; deutsch: Schriften des Urchristentums, hrsg. v. Kl. Wengst, Darmstadt 1984, 281–348.
Cyprian v. Carthago, De ecclesiae catholicae unitate (SC 500).
Cyrill v. Alexandrien, Homiliae diversae (PG 77, 981–1116).
—, In Joannis Evangelium (PG 74).
Dante, A., La divina Commedia, ed. L. Pietrobondo, Turin 1956.
Descartes, R., Discours de la Méthode (PhB 261), Hamburg 1960.
Didache, (KAV 1).
Epiphanius v. Salamis, Panarion omnium haeresium, Bd. III (GCS 37).
Eusebius, Historia Ecclesiastica (SC 31).
Foucauld, Ch. de, XXV lettres inédites du Père de Foucauld. Correspondance avec le chanoine Caron, Paris 1946.
—, Correspondances Sahariennes, Paris 1998.
—, Directoire, in: Règlements et Directoire, Montrouge 1995, 603–679.
Franz v. Assisi, Lettera a tutti i fedeli, in: Fonti Francescane, Padua ^{4}1990, 151–160.
Fulgentius v. Ruspe, Epistula 17 ad Petrum diaconum (CC 91A, 563–615).
Gottfried v. Admont, Homiliae festivales 87 (PL 174, 1012–1028).
Gregor d. Gr., Homiliae in evangelia (CC 141).
Gregor v. Nazianz, Orationes (PG 35f).
Gregor v. Nyssa, In Canticum Canticorum homiliae (FC 16/1–3).
Gregorios Palamas, Homilia 37 (In sanctissimam dorm. BMV) (PG 151, 459–473).
Grignion von Montfort, L. M., Das Goldene Buch der Hingabe an Jesus durch Maria, dt. Maria Roggendorf ^{26}2007.
Hegel, G. W. F., Ästhetik, Bd. I (Glockner).
—, Grundlinien der Philosophie des Rechts (Studienausgabe, Fischer-Bücherei).
—, Vorlesungen über die Philosophie der Religion, Bd. I-II (Meiner).
—, Wissenschaft der Logik, WW III (WBG Darmstadt = Meiner).
Hieronymus, Adversus Helvidium 19 (PL 23, 183–216).
—, Epistulae (CSEL 54).
Hildegard v. Bingen, Epistolarium (CCCM 91).
—, Lieder, hrsg. v. P. Barth u. a., Salzburg 1969.
Hirt des Hermas, (KAV 7).
Hymnos Akathistos, hrsg. v. G. G. Meersseman, Fribourg 1958.
Ignatius v. Antiochien, Briefe, in: Die Apostolischen Väter, hrsg. v. K. Bihlmeyer, Tübingen ^{2}1956.
Ignatius v. Loyola, Exercitia Spiritualia, Rom 1953.
Irenäus v. Lyon, Demonstratio apostolica (FC 8/1).
—, Adversus haereses (FC 8/1–5).
Isaak v. Stella, Sermones (FC 52/1–3).
Johannes Damaszenus, De fide orthodoxa (Kotter II).
Johannes Dun Scotus, Ordinatio (Opera Omnia, Paris 1891f).
Johannes v. Salisbury, Metalogicon, hrsg. v. J. B. Hall, Turnhout 1991.
Justin, Apologia prima et secunda, in: Giustino, Apologie, hrsg. v. G. Girgenti [griechisch und italienisch], Milano 1995.
—, Dialogus cum Tryphone (PTS 47), deutsch: Dialog mit dem Juden Tryphon (BKV, neu hrsg. v. K. Greschat / M. Tilly), Wiesbaden 2005.
Kant, I., Reflexionen , WW 25 (Ak.Ausgabe).
—, Kritik der ästhetischen Urteilskraft = WW (Weischedel) 8, Darmstadt ^{3}1968.
Kierkegaard, S., Der Liebe Tun, Bd. I-II, Gütersloh 1983.

—, Die Tagebücher, 1834–1855, hrsg. v. Th. Haecker, München 1949.
—, Furcht und Zittern, Gütersloh o. J.
Klemens v. Alexandrien, Pädagogus (GCS 12).
—, Protreptikos (GCS o. A.).
Leo d. Gr., Sermones, tract. 1–38 (CC 138).
Liturgia SS. Apostolorum Addei et Maris, in: F. E. Brigtman, Liturgies Eastern and Western, Oxford 1896.
Luther, M., Das Magnificat verdeutscht und ausgelegt = Studienausgabe, Delius I), Berlin 1979, 312–364.
—, De servo arbitrio (Studienausgabe, Delius III), Berlin 1983, 170–356.
—, Dictata super Psalterium (Studienausgabe, Delius I) Berlin 1979, 29–96.
—, Kirchenpostille (WA 10/1).
—, Predigten des Jahres 1529 (WA 29/3).
—, Schmalkaldische Artikel (WA 50).
—, Sermo vom 25.12.1520 (WA 7, 187–193).
—, Von den guten Werken (Studienausgabe, Delius II), Berlin 1982, 15–88.
Meister Eckhart, Expositio s. Ev. sec. Johannem (Lat.WW III).
—, Predigten, in: WW I, hrsg. v. N. Largier, Frankfurt 1993.
Möhler, J. A., Die Einheit der Kirche oder das Prinzip des Katholizismus. Dargestellt im Geistes der Kirchenväter der drei ersten Jahrhunderte, hrsg. v. J. R. Geiselmann, Darmstadt 1957.
Newman, J. H., Maria im Heilsplan, hrsg. v. Brigitta zu Münster, Freiburg i. Br. 1953.
—, Über die Entwicklung der Glaubenslehre = Ausgew. WW VIII, Mainz 1969.
—, Zur Philosophie und Theologie des Glaubens = Ausgew. WW VI, Mainz 1964.
Nikolaus v. Kues, De non-aliud, in: Philosophisch-theologische Schriften, hrsg. v. L. Gabriel, Bd. II, Wien 1966, 443–565.
—, De pace fidei, in: Philosophisch-theologische Schriften, hrsg. v. L. Gabriel, Bd. III, Wien 1967, 705–797.
Olier, J. J., Traité des Saint Ordres, comparè aux écrits authentiques, hrsg. v. G. Chaillot u. a., Paris 1984.
Origenes, In Canticum hom. (SC 37).
—, In Matthäum, Fragmente (GCS 41/1).
—, In Johannem homiliae (SC 120), deutsch: Das Evangelium nach Johannes, hrsg. v. R. Gögler, Einsiedeln u. a. 1959.
—, In Leviticum homiliae (SC 286).
—, In Lucam homiliae (FC 4/1+2).
—, In Matthaeum, III: Fragmente (GCS 41).
—, In Romanos (FC 36).
—, Selecta in Genesim (PG 12, 91–146).
Paschasius Radbert, De partu virginis (PL 120, 1366–1386).
Polycarp, Briefe (KAV 5).
Ps.-Augustinus, De assumptione B. Mariae Virginis (PL 40, 1142–1148).
—, Liber meditationum (PL 40, 901–912).
Ps.-Dionysios, De divinis nominibus (PG 3, 586–984).
Ps.-Melito v. Sardes, Transitus Mariae, in: M. Haibach-Reinisch, Ein neuer „Transitus Mariae" des Ps.-Melito, Rom 1962, verfügbar in: www.tdx.cat/bitstream/handle/10803/2028/03.LBR_Presencia.pdf.txt;jsessionid=55F95774F7E4139CECE089286D5EE7BC (abgerufen: 25.2.2013).
Ps.-Modestus v. Jerusalem, Encomium in B. Virginem (PG 86/2, 3378–3311).
Rousselot, P., Pour l'histoire du problème de l'amour au Moyen Age, Münster 1908.
Rupert v. Deutz, De Sancta Trinitate et operibus eius. – De operibus Spiritus Sancti (CCM 24).

Scheeben, M. J., Handbuch der katholischen Dogmatik, Bd. III, Freiburg i. Br. 1925 (= 1882).
Schelling, F. W. J., Schriften zur Religionsphilosophie 1841–1854 (WW VI) München 1959.
—, System des transzendentalen Idealismus (1800) = WW IX/1 (Hist.-krit. Ausgabe), Stuttgart 2005.
Schneemelcher, W. (Hrsg.), Neutestamentliche Apokryphen in dt. Übersetzung, Bd. I: Evangelien, Tübingen [3]1959.
Strack, H. L. / Billerbeck, P., Das Evangelium nach Matthäus, erläutert aus Talmud und Midrasch, München 1922.
Tertullian, Contra Valentinianos (CC 2, 751–778).
—, De carne Christi (CC 2, 871–917).
—, De oratione (CC 1, 257–274).
Theodoret v. Cyrus, Historia ecclesiastica (GCS 82).
Thomas v. Aquin, De veritate (Marietti).
—, In libros Sententiarum (www.documentacatholicaomnia.eu/04z/z_1225–1274,_Thomas Aquinas,_In_libros_Sententiarum_Petri_Lombardi,_LT. pdf.html (abgerufen 21.5.2013).
—, Summa contra gentiles, hrsg. v. K. Albert u. a., Bd. I-IV, Darmstadt [3]2009.
—, Summa theologica (BAC).
Zweiter Klemensbrief, in: Schriften des Urchristentums, hrsg. v. Kl. Wengst, Darmstadt 1984.
Zwingli, H., Eine Predigt über die ewigreine Jungfrau Maria, in: WW I (CR 88), Berlin u. a. 1905, 392–428; hochdt. in: E. Campi, Zwingli und Maria. Eine reformationsgeschichtliche Studie, Zürich 1997, 99–146.

3. Sekundärliteratur

Ackermann, St., Kirche als Person, Würzburg 2000.
Agterberg, M., Ecclesia-Virgo. Étude sur la virginité de l'Église et des fidèles chez saint Augustin, Louvain 1960.
Ahlbrecht, A., Tod und Unsterblichkeit, Paderborn 1964.
Alfaro, J., Significatio Mariae in Mysterio salutis, in: Greg. 40 (1959) 9–37.
Alferi, Th., „Worüber hinaus Größeres nicht gegeben werden kann …". Phänomenologie und Offenbarung nach J.-L. Marion, Freiburg – München 2007.
Arnold, J. (Hrsg.), Sind Religionen austauschbar. Philosophisch-theologische Positionen aus christlicher Sicht, Münster 2012.
Assmann, J., Die Mosaische Unterscheidung oder der Preis des Monotheismus, München-Wien 2003.
—, Monotheismus und die Sprache der Gewalt, in: P. Walter (Hrsg.), Das Gewaltpotential des Monotheismus und der dreieine Gott = QD 216, Freiburg i. Br. 2005, 18–38.
Auer, J., Unter deinen Schutz und Schirm. Das älteste Mariengebet der Kirche, Leutersdorf [7]1987.
Baeck, L., Paulus, die Pharisäer und das Neue Testament, Frankfurt 1961.
Balič, K., Testimonia de Assumptione B. V. Mariae ex omnibus saeculis, vol. I-II, Rom 1948–1950.
Balme, D. M., Zeugungslehre, in: Lexikon der Alten Welt III, 3331–3333.
Balthasar, H. U. v., Casta meretrix, in: Sponsa Verbi, Einsiedeln 1961, 203–305.
—, Der antirömische Affekt, Freiburg i. Br. 1974.
—, Der dreifache Kranz, Einsiedeln [3]1979.
—, Der Zugang zur Wirklichkeit Gottes, in: MySal II, 15–43.
—, Die marianische Prägung der Kirche, in: W. Beinert (Hrsg.), Maria heute ehren, Freiburg i. Br. 1977, 263–279.
—, „Du krönst das Jahr mit deiner Huld". Radiopredigten, Einsiedeln 1982.
—, Einleitung zu: Augustinus, Die Bekenntnisse, Einsiedeln 1985, 15–30.
—, Empfangen durch den Heiligen Geist, geboren von der Jungfrau Maria, in: W. Sandfuchs (Hrsg.), Ich glaube, Würzburg 1975, 39–49.
—, Herrlichkeit, Bd. I, II/2, III/1, Einsiedeln 1961, [2]1969, 1965.
—, Karl Barth. Darstellung und Deutung seiner Theologie, Köln
—, Klarstellungen, Freiburg i. Br. 1971.
—, „Kommt und seht", Freiburg i. Br. 1983.
—, Pneuma und Institution, Einsiedeln 1974.
—, Présence et Pensée. Essai sur la philosophie religieuse de Grégoire de Nysse, Paris 1942.
—, Prüfet alles – das Gute behaltet, Ostfildern 1986.
—, Spiritus Creator, Einsiedeln 1967.
—, Sponsa Verbi, Einsiedeln [3]1971.
—, Theodramatik I-IV, Einsiedeln 1973–1983.
—, Theologik, Bd. II-III, Einsiedeln 1985/1987.
—, Versuch eines Durchblicks durch mein Denken, in: IKaZ 18 (1989) 289–293.
—, Vorwort; sowie: Maria in der kirchlichen Lehre und Frömmigkeit, in: J. Ratzinger / H. U. v. Balthasar (Hrsg.), Maria, Kirche im Ursprung, Freiburg 1980, 5–6; 41–79.
—, Zu meinem Werk, Einsiedeln [2]2000.
— (Hrsg.), Origenes, Geist und Feuer. Ein Aufbau aus seinen Schriften, Einsiedeln-Freiburg [3]1991.

Baraúna, G., Die heiligste Jungfrau im Dienste des Heilsplanes, in: ders. (Hrsg.), De Ecclesia. Beiträge zur Konstitution „Über die Kirche" des Zweiten Vatikanischen Konzils, Bd. II, Freiburg i. Br. – Frankfurt 1966, 459–476.
Bardenhewer, O., Geschichte der altkirchlichen Literatur, Bd. I, Freiburg i. Br. 1902.
Barré, H., Marie et l'Eglise du vénérable Bède à saint Albert le Grand, in: Marie et l'Eglise, vol. I. = BSFEM 16 (1951) 59–143.
Barré, H., Prières anciennes de l'Occident à la Mère du Sauveur, Paris 1962.
Barth, K., Ad Limina Apostolorum, Zürich 1967.
—, Kirchliche Dogmatik, Bd I/2, Zollikon-Zürich [5]1960.
—, Nachwort zur Schleiermacher-Auswahl, hrsg. v. H. Bolli, München 1968.
Basilici, M., S. Maria dei Bisognosi, Roma 1984.
—, Santa Maria dei Bisognosi. Le Fonti, Pietrasecca di Carsoli 2005.
Basilici, M. / Amici, F. (Hrsg.), XIV[o] Centenario del Santuario di S. Maria dei Bisognosi (11.6.2010), in: www.de.scribd.com/doc/87301098/Santuario-Madonna-dei-Bisognosi (abgerufen 9.11.2012).
Baudler, G. Einführung in symbolisch-erzählende Theologie. Der Messias Jesus als Zentrum der christlichen Glaubenssymbole, Paderborn 1982.
Baumann, G., Die Weisheitsgestalt in Proverbien 1–9. Traditionsgeschichtliche und theologische Studien, Tübingen 1996.
—, Liebe und Gewalt. Die Ehe als Metapher für das Verhältnis JHWH-Israel in den Prophetenbüchern = SBS 185, Stuttgart 2000.
Beauvoir, S. de, Das andere Geschlecht. Sitte und Sexus der Frau, dt. Reinbek 1951.
Beinert, W., Die Kirche – Gottes Heil in der Welt. Die Lehre von der Kirche nach den Schriften des Rupert v. Deutz, Honorius Augustodunensis und Gerhoch v. Reichersberg, Münster 1973.
—, Heute von Maria reden? Kleine Einführung in die Mariologie, Freiburg i. Br. 1973.
—, Himmelskönigin – Urbild der Kirche – neue Frau. Die Wandlungen des katholischen Marienbildes von der Gegenreformation bis zum Ende des 20. Jh., in: W. Beinert u. a. (Hrsg.), Maria – eine ökumenische Herausforderung, Regensburg 1984, 75–116.
—, Maria. Spiegel der Erwartungen Gottes und der Menschen, Regensburg 2001.
Below, I., Die Verehrung der Gottesmutter und der Heilsplan Gottes, in: Geistliche Akademie Sagorsk / Ostkirchliches Institut, Regensburg (Hrsg.), Tausend Jahre Marienverehrung in Russland und Bayern, München 1988, 12–25.
Bemile, P., The Magnificat within the Context and Framework of Lukan Theology, Frankfurt u. a. 1986.
Ben-Chorin, Sch., Mutter Mirjam. Maria in jüdischer Sicht, TB München 1971.
Benkö, St., Mariologie in protestantischer und römisch-katholischer Sicht, in: ThZ 24 (1968) 29–39.
Benoit, P., „Résurrection à la fin des temps ou de la mort?", in: Conc. 60 (1970) 91–100.
Bentchev, I., Engelikonen, Luzern 1999.
Berger, Kl., Darf man an Wunder glauben? Stuttgart 1996.
—, Die Bibelfälscher. Wie wir um die Wahrheit betrogen werden, München 2013.
—, Glaubensspaltung ist Gottesverrat. Wege aus der zerrissenen Christenheit, München 2006.
Berger, P. L., Einladung zur Soziologie, dt. München 1971.
Berges, U., Das Buch Jesaja. Komposition und Endgestalt, Freiburg i. Br. 1998.
Bernhardt, R., Der Absolutheitsanspruch des Christentums. Von der Aufklärung bis zur Pluralistischen Religionstheologie, Gütersloh 1990.
—, Evolution der Offenbarung – Offenbarung der Evolution, in: U. Lüke / G. Souvignier (Hrsg.), Evolution der Offenbarung – Offenbarung der Evolution = QD 249, Freiburg i. Br. 2012, 17–26.

Berdesinski, D., Die Praxis – Kriterium für die Wahrheit des Glaubens?, München 1973.
Berrouard, M. F., L'Église Vierge et la virginité de l'esprit, in: BA 71, 935–937.
Berthoud, G., Das Universum der Gabe, in: M. Rosenberger / F. Reisinger / A. Kreutzer (Hrsg.), Geschenkt – umsonst gegeben?, Frankfurt/M. u. a. 2006, 25–50.
Bessuti, G. M., Bibliografia Mariana, Bd. I-IX, Rom 1950–1989.
Beumer, J., Die altchristliche Idee einer präexistierenden Kirche, in: WuW 9 (1942) 13–22.
—, Die Idee einer vorchristlichen Kirche bei Augustinus, in: MThZ 3 (1952) 161–175.
Bieler, M., Einleitung zu: F. Ulrich, Homo Abyssus, Einsiedeln ²1998, XIII – LIV.
—, Freiheit als Gabe. Ein schöpfungstheologischer Entwurf, Freiburg i. Br. 1991.
Birkhofer, P., Natus ex Maria virgine. Darstellung der Aussagen von J. Ratzinger über die Jungfräulichkeit Mariens und seiner Auseinandersetzung mit möglichen Schwierigkeiten bei diesem Bekenntnis, Dipl.-Arbeit Freiburg i. Br. 1989.
Bischof-Köhler, D., Von Natur aus anders. Die Psychologie der Geschlechtsunterschiede, Stuttgart 2002.
Bitter, G., Evangelisation und Inkulturation, in: Presse- und Informationsstelle des Erzbistums Freiburg i. Br. (Hrsg.), Information – Berichte – Kommentare – Anregungen, Jan.-März 1987, Nr. 1–3, 5–31.
Bleistein, R., Kurzformel des Glaubens, Würzburg 1971.
Blinzler, J., Die Brüder und Schwestern Jesu = SBS 21, Stuttgart 1967.
Böhler, D., Maria – Tochter Zion. Die Bedeutung der Mutter Jesu nach der Hl. Schrift, in: GuL 78 (2005) 401–412.
Böhnke, M., Kirche in der Glaubenskrise. Eine pneumatologische Ekklesiologie, Freiburg i. Br. 2013.
Boff, L., Ave Maria, dt. Düsseldorf 1981.
—, Maria – das mütterliche Antlitz Gottes, dt. Düsseldorf 1985.
Boismard, M. E., Du baptême à Cana, Paris 1956.
Bolewski, J., Der reine Anfang. Dialektik der Erbsünde in marianischer Perspektive nach Karl Rahner, Frankfurt 1991.
Bordoni, M., Jesus Christus – die Wahrheit in Person, in: G. L. Müller / M. Serretti, M. (Hrsg.), Einzigkeit und Universalität Jesu Christi, dt., Einsiedeln-Freiburg 2001,173–227.
Böttigheimer, Chr., Heiligkeit und Sündigkeit der Kirche, in: K. Hilpert (Hrsg.), Zukunftshorizonte katholischer Sexualethik = QD 241, Freiburg i. Br. 2011, 146–161.
—, Wie handelt Gott in der Welt? Reflexionen im Spannungsfeld von Theologie und Naturwissenschaft, Freiburg i. Br. 2013.
Bosshard, S. N., Erschafft die Welt sich selbst? Die Selbstorganisation von Natur und Mensch aus naturwissenschaftlicher, philosophischer und theologischer Sicht = QD 103, Freiburg i. Br. 1985.
Bouyer, L., Die Kirche, Bd.I/ II, dt. Einsiedeln 1977.
—, Frau und Kirche, dt. Einsiedeln 1977.
Bover, J. M., „Quod nascetur (ex te) sanctum vocabitur Filius Dei" (Lc 1,35), in: Bib. 1 (1920) 92–94.
Bovet, Th., Die Liebe ist unsere Mitte, Tübingen 1959.
Bovon, Fr., Das Evangelium nach Lukas, 1. Teilband = EKK III/1, Neukirchen-Vluyn 1989.
Boyarin, D., Sehnsucht nach dem Christentum? oder: Zurück ins Mittelalter, in: A. Bedenbender (Hrsg.), Judaeo-Christentum. Die gemeinsame Wurzel von rabbinischem Judentum und früher Kirche, Paderborn – Leipzig 2012, 121–158.
Breuning, W., Systematische Entfaltung der eschatologischen Aussagen, in: MySal V, 779–890.
Broch, Th., Denken der Krise. Vermittler von Hoffnung. Pierre Teilhard de Chardin, Topos^{plus} 2000.

Brodmann, B., Mariens Jungfräulichkeit nach Lk 1,34 in der Auseinandersetzung von heute, in: Anton. 30 (1955) 27–44.
Broglie, G. de, Pour une meilleure intelligence du „Correptione et Gratia“, in: Augustinus Magister. Congrès international Augustinien, Bd. I, Paris 1954, 317–337.
Brosch, H. J. / Hasenfuß, J. (Hrsg.), Jungfrauengeburt gestern und heute, Essen 1969.
Brown, R. E., The Birth of the Messiah. A commentary in the infancy narrations in the Gospels of Matthew and Luke, New York u. a. ²1993.
Brown, R. E. u. a. (Hrsg.), Maria im Neuen Testament. Eine ökumenische Untersuchung, dt. Stuttgart 1981 (= Mary in the New Testament, Philadelphia 1978).
Brox, N., Einleitung, Übersetzung und Kommentar zu: Der Hirt des Hermas = KAV 7, 13–74.
—, Einleitung, Übersetzung und Kommentar zu: Irenäus v. Lyon, Adversus haereses = FC 8/1, 101–117.
Brück, M. v. / Werbick, J. (Hrsg.), Der einzige Weg zum Heil? Die Herausforderung des christlichen Absolutheitsanspruchs durch pluralistische Religionstheologien = QD 143, Freiburg i. Br. 1993.
Brunner-Traut, E., Die Geburtsgeschichte der Evangelien im Lichte der ägyptologischen Forschungen, in: ZRGG 12 (1960) 97–111.
Buber, M., Schriften zur Bibel = WW II, Heidelberg-München 1963.
—, Zwei Glaubensweisen (1950), in: WW I, München-Heidelberg 1962, 651–782.
Bucher, R., Stabilität in einer „Fluid Church“, in: Zur Debatte 8 (2012) 28–30.
Büchner, Chr., Wie kann Gott in der Welt wirken? Überlegungen zu einer theologischen Hermeneutik des Sich-Gebens, Freiburg i. Br. 2010.
Buckenmaier, A., Universale Kirche vor Ort, Regensburg 2009.
Bulgakow, S., Die Orthodoxie. Die Lehre der orthodoxen Kirche, dt. Trier 1996.
—, Kosmodizee, in: N. v. Bubnoff / H. Ehrenberg, Östliches Christentum – Dokumente, II. Philosophie, München 1925, 195–245.
—, Zur Frage nach der Weisheit Gottes, in: Kyrios 2 (1936) 93–101.
Bultmann, R., Evangelium des Johannes, Göttingen ¹⁶1959.
Burger, Chr., Marias Lied in Luthers Deutung. Der Kommentar zum Magnifikat (Lk 1, 46b–55) aus den Jahren 1520/21 = Spätmittelalter und Reformation 34, Tübingen 2007.
Busch, E., Karl Barths Lebenslauf, München 1975.
Busch, K., Geschicktes Geben. Aporien der Gabe bei Jacques Derrida, München 2004.
Cambón, E., Trinità modello sociale, Roma 2009.
Camelot, P.-Th., Die Lehre von der Kirche. Väterzeit bis ausschließlich Augustinus = HDG III, 3b, Freiburg i. Br. 1970.
Campenhausen, H. v., Die Jungfrauengeburt in der Theologie der alten Kirche, Heidelberg 1962.
Cantalamessa, R., Maria. Ein Spiegel für die Kirche, dt. Köln 1994.
Capra, F., Wendezeit – Bausteine für ein neues Weltbild, München 1983.
Casey, J., Atheist for God. Spiritual desire in Bernard of Clairvaux's Sermons on the Song of Songs, Kalamazoo 1988.
Casper, B., Der Isenheimer Altar – Grünewalds Einladung zum Glauben, in: Zur Debatte, Heft 2, 2008, 2–6.
—, Wilhelm Klein in Freiburg (1919–1921), in: Klein, Vortr. 454–457.
Cassirer, E., Philosophie der symbolischen Formen, Bd. III, Darmstadt ²1954 (=1929).
Cerfaux, L., La théologie d'Église suivant S. Paul, Paris 1948.
Charon, J. E., Der Geist der Materie, Wien-Hamburg 1979.
Christ, F., Jesus Sophia. Die Sophia-Christologie bei den Synoptikern, Zürich 1970.
Coathelem, H., Le parallélisme entre la sainte Vierge et l'Eglise dans la tradition latine jusqu'à la fin du XIIe siècle = AnGr 74, Rom 1954.

Congar, Y., Christus – Maria – Kirche, dt. Mainz 1959.
—, Die Lehre von der Kirche = HDG III/3c, Freiburg i. Br. 1971.
—, Die Wesenseigenschaften der Kirche, in: MySal IV/1, 357–502.
—, Ecclesia ab Abel, in: M. Reding (Hrsg.), Abhandlungen über Theologie und Kirche, FS K. Adam, Düsseldorf 1952, 79–108.
—, Marie et l'église dans la pensée patristique, in : RSESC 38 (1954) 3–38 ; 408–412.
—, Mutter Kirche, in: V. Schnurr / B. Häring (Hrsg.), Kirche heute, Bergen-Enkheim 1965, 30–38.
Conybeare, C., Die jungfräuliche Kirche und die jungfräuliche Mutter, in: ARW 9 (1906) 73–86.
Cordes, P. J., Sendung zum Dienst, Frankfurt 1972.
Cothenet, E., Le Protévangile de Jacques, in: ANRW II, 25,6 (1988) 4252–4269.
—, Marie dans les apocryphes, in: Maria, vol. 6, hrsg. v. H. du Manoir, Paris 1961, 71–156.
Courth, Fr., Aufnahme Marias in den Himmel, in: LThK 1, 1216–1220.
—, Der mariologische Beitrag von H. M. Köster, in: Mar. 48 (1986) 170–178.
—, Kontroverspunkte im ökumenischen Gespräch über die Mutter Jesu und Ansätze ihrer Überwindung, in: H. Petri (Hrsg.), Divergenzen in der Mariologie, Regensburg 1989, 9–33.
—, Mariologie. Maria, die Mutter des Christus, in: W. Beinert (Hrsg.), Glaubenszugänge. Lehrbuch der Katholischen Dogmatik, Bd. II, Paderborn u. a. 1995, 299–398.
—, Mittlerschaft, Miterlöserschaft Marias, in: LThK 7, 346–347.
—, Zur Situation der deutschsprachigen Mariologie, in: Mar 43 (1981) 152–174.
Cousins, E., A Theology of interpersonal Relations, in: Thought 45 (1970).
Cox, H., Verführung des Geistes, dt. Stuttgart-Berlin 1974.
Cullmann, O., Kindheitsevangelien (Einleitung) in: W. Schneemelcher, (Hrsg.), Neutestamentliche Apokryphen in deutscher Übersetzung, Bd. I: Evangelien, Tübingen [3]1959, 272–279.
Cuvillier, E., Qui donc es-tu, Marie? Les différents visages de la mère de Jésus dans le Nouveau Testament, Paris 1994.
Dalferth, I. U., Alles umsonst. Zur Kunst des Schenkens und den Grenzen der Gabe, in: M. Gabel, / H. Joas, (Hrsg.), Von der Ursprünglichkeit der Gabe. J.-L. Marions Phänomenologie in der Diskussion, Freiburg i. Br. 2006, 159–191.
Dalferth, I. U. / Peng-Keller, S. (Hrsg.), Gottvertrauen. Die ökumenische Diskussion um die fiducia = QD 250, Freiburg i. Br. 2012.
Daniélou, J., Die heiligen Heiden des Alten Testaments, dt. Stuttgart 1956.
—, Platonisme et théologie mystique. La doctrine spirituelle de S. Grégoire de Nysse, Paris [2]1953.
Darlap, A., Fundamentale Theologie der Heilsgeschichte, in: MySal I, 3–156.
Davis, P., Gott und die moderne Physik, München 1986.
D'Costa, G., Das Pluralismus-Paradigma in der christlichen Sicht der Religionen, dt., in: ThGw 30 (1987) 221–231.
De Fiores, St., Maria in der Geschichte von Theologie und Frömmigkeit, in: W. Beinert, Handbuch der Marienkunde, Bd. I, Regensburg 1996, 99–266.
Deiss, L., Maria, Tochter Sion, dt. Mainz 1961.
Delahaye, K., Erneuerung der Seelsorgsformen aus der Sicht der frühen Patristik, Freiburg i. Br. 1958.
—, Maria Typus Ecclesiae, in: Alma Socia Christi. Acta Congressus mariologici-mariani Romae 1950, vol. V/1, Rom 1952, 25–45.
—, Maria, Typus der Kirche, in: WuW 12 (1949) 79–92.
Delius, W., Geschichte der Marienverehrung, München-Basel 1963.
Dettloff, W., Virgo – Mater. Kirchenväter und die moderne Biologie zur jungfräulichen Mutterschaft Marias, in: WiWei 20 (1957) 221–226.
Dibelius, M., Jungfrauensohn und Krippenkind, Heidelberg 1933.

Dickmann, U., Der Geliebte bleibt der Andere. Meditation über den Eros, in: A. Brenninkmeijer-Werhahn / Kl. Demmer (Hrsg.), Das Herz spricht zum Herzen, Freiburg i. Br. 2012, 88–97.

Dies, L., Maria, Tochter Sion, Mainz 1961.

Dietschy, H., „Gott ist Vater und Mutter". War Johannes Paul I. ein Ketzer?, in: Ref. 30 (1981) 425–432.

Dietz, I. M., Ist die Heilige Jungfrau nach Augustinus ‚Immaculata ab initio'?, in Aug. 4 (1954) 362–411.

—, Maria und die Kirche nach dem hl. Augustinus, in: Maria et Ecclesia. Acta Congressus mariologici-mariani in civitate Lourdes anno 1958 celebrati, vol. III, Rom 1959, 201–239.

Dillenschneider, Cl., Le Mystère de la corédemption mariale. Théories nouvelles, Paris 1951.

—, Le sens de foi et le progrès du mystère marial, Rom 1954.

Dinzelbacher, P., Sexualität/Liebe. – Mittelalter, in: ders. (Hrsg.), Europäische Mentalitätsgeschichte, Stuttgart 1993, 70–89.

Disse, J., Jesus und die Religionen. Zur Religionstheologie von J. Dupuis, in: J. Arnold (Hrsg.), Sind Religionen austauschbar?, Münster 2012, 151–195.

Dittrich, A., Mater Ecclesiae. Geschichte und Bedeutung eines umstrittenen Marientitels = BDS 44, Würzburg 2009.

—, Protestantische Mariologie-Kritik. Historische Entwicklung bis 1997 und dogmatische Analyse = MSt 11, Regensburg 1998.

Dochhorn, J., Zu den religionsgeschichtlichen Voraussetzungen trinitarischer Gottesvorstellungen im Frühen Christentum und in der Religion Israels, in: V. H. Drecoll (Hrsg.), Trinität, Tübingen 2011, 11–79.

Dohmen, Chr. / Dirscherl, E., Typologie, in: LThK ^{3}10, 321–323.

Dörnemann, H., Eine Art Freundschaft. Die Ehe im Kontext der Pluralität heutiger Partnerschaftsformen, in: HK 66 (2012) 574–579.

—, Freundschaft als Paradigma der Erlösung, Würzburg 1997.

—, Freundschaft. Die Erlösungslehre des Thomas v. Aquin, Würzburg 2012.

Drehsen, V., Synkretismus ist nicht gleich Synkretismus. Zum Kriterienproblem bei der Anverwandlung des Fremden, in: A. Lienkamp / Chr. Lienkamp (Hrsg.), Die „Identität" des Glaubens in den Kulturen. Das Inkulturationsparadigma auf dem Prüfstand, Würzburg 1997, 39–53.

Drewermann, E., Die Frage nach Maria im religionswissenschaftlichen Horizont. Die scheinbare „Grundlosigkeit" der Mariologie, in: ZMR 66 (1982) 96–117.

—, Strukturen des Bösen, Bd. III, Paderborn u. a. ^{5}1986.

Düfel, H., Luthers Stellung zur Marienverehrung, Göttingen 1968.

Dürr, H.-P., Es gibt keine Materie!, Amerang ^{2}2012.

—, Geist, Kosmos, Physik. Gedanken über die Einheit des Lebens, Amerang 2010.

Dumais, M., Resurrection au moment de la mort? in: L. Audet u. a., Resurrection. Esperance humaine et don de Dieu, Paris u. a. 1971.

Dümpelmann, L., Kreation als ontisch-ontologisches Verhältnis. Zur Metaphysik der Schöpfungstheologie des Thomas von Aquin, Freiburg-München 1969.

Dupuis, J., Unterwegs zu einer christlichen Theologie des religiösen Pluralismus, dt. Innsbruck-Wien 2010.

—, Die Universalität des Wortes und die Partikularität Jesu Christi, in: SThZ 10 (2006) 81–100.

Duque, J. M., Die Kunst als Ort immanenter Transzendenz. Zu einer fundamental-theologischen Rezeption der Kunstphilosophie H.-G. Gadamers, Frankfurt 1997.

Duquesne, J., Maria. Die Mutter Jesu, dt. Darmstadt 2004.

Durst, M., Justin der Märtyrer, in: MarLex 3, 489–491.

Durwell, F.-X., Regard chrétiens sur l'au-delá, Paris 1994.
Ebeling, G., Zur Frage nach dem Sinn des mariologischen Dogmas, in: ZThK 47 (1950) 383–391, wieder abgedruckt in: ders., Wort Gottes und Tradition, Göttingen 1964, 175–182.
Ebertz, M. N., Erosion der Gnadenanstalt? Zum Wandel der Sozialgestalt von Kirche. Frankfurt 1998.
Eckholt, M., Christsein an den Crossroads der Städte, in: M. Siewernich / K. Wenzel (Hrsg.), Aufbruch in die Urbanität. Theologische Reflexion kirchlichen Handelns in der Stadt = QD 252, Freiburg i. Br. 2013, 27–65.
Eggemann, I., Die ‚ekklesiologische Wende' in der Mariologie des II. Vatikanums und ‚Konziliare Perspektiven' als neue Horizonte für das Verständnis der Mittlerschaft Marias, Altenberge 1993.
Eichrodt, W., Heilserfahrung und Zeitverständnis im Alten Testament, in: ThZ 12 (1956) 103–125.
Eilrich, Chr., Gott zur Welt bringen: Maria. Von den Möglichkeiten und Grenzen einer protestantischen Verehrung der Mutter Gottes, Regensburg 2011.
Eliade, M., Geschichte der religiösen Ideen, Bd. I, dt. Freiburg i. Br. 1978.
—, Methodologische Anmerkung zur Erforschung der Symbole in den Religionen, in: ders. / J. M. Kitagawa (Hrsg.), Grundfragen der Religionswissenschaft, Salzburg 1959, 106–135.
Erikson, E., Kindheit und Gesellschaft, dt. Stuttgart 1969.
Ernst, J., Das Evangelium nach Lukas, Regensburg 1977.
Essen, G., „Da ist keiner, der nicht sündigt, nicht einer …", in: Th. Pröpper, Theologische Anthropologie, Bd. II, Freiburg i. Br. 2011, 1092–1156.
Esterbauer, R., Zu einer Phänomenologie des Gebens, in: SJbPhil 37 (1992) 89–112.
Faber, E.-M., Maria – Mensch im Brennpunkt der Erlösung. Die Mariologie Karl Rahners im Gesamtgefüge seiner Theologie, Dipl.-Arbeit, Freiburg i. Br. 1988.
—, Universale concretum bei Hans Urs von Balthasar, in: IkaZ 29 (2000) 258–273.
Faber, R., Der Selbsteinsatz Gottes, Würzburg 1995.
Feiter, R., Zur Freiheit befreit. Apologie des Christlichen bei Ferdinand Ulrich, Würzburg 1994.
Feld, H., Der bedeutendste katholische Theologe des 20. Jahrhunderts?, in: RoJKG 19 (2000) 263–273.
—, Was ist die intellectualis creatura des heiligen Augustinus?, in: http://oki-regensburg.de/k_feld.htm (abgerufen am 8. 12. 2011).
Felmy, K. Chr., Das Buch der Christus-Ikonen, Freiburg i. Br. 2004.
—, Einführung in die orthodoxe Theologie der Gegenwart, Berlin 2011.
—, Sophia – die Weisheit Gottes, in: Rev.teologica (Siebenbürgen) 3 (2012) 151–164.
Feuillet, A., Le Messie et sa mère d'après le chapître 12 de l'Apocalypse, in: RB 66 (1959) 55–85.
Feurstein, H., Matthias Grünewald, Bonn 1930.
Flanagan, D., Eschatologie und Aufnahme in den Himmel, in: Conc. 5 (1969) 60–65.
Flasch, K., Was ist Zeit ? Augustinus v. Hippo. Das XI. Buch der Confessiones, Frankfurt 1993.
Flick, M. / Alszeghy, Z., Il peccato originale, Brescia 1972.
—, Teologia della Storia, in: Greg. 35 (1964) 256–298.
Florenskij, P. A., An den Wasserscheiden des Denkens, Berlin 1991.
—, Der Pfeiler und Grundfeste der Wahrheit. Versuch einer orthodoxen Theodizee in 12 Briefen (1914), deutsch abrufbar unter: www.kontextverlag.de/florenskij.zehnter.html.
—, Brief an Feodor Samarin, in: Fr. und S. Mierau (Hrsg.), Pawel Florenski (sic!), Leben und Denken, Bd. I, Ostfildern 1995, 230–233.
Förster, H., Früheste Zeugnisse der Marienfrömmigkeit in Ägypten, in: P. L. Hofrichter (Hrsg.), Auf der Suche nach der Seele Europas: Marienfrömmigkeit in Ost und West, Innsbruck-Wien 2007, 25–41.

Forster, K., Idiomenkommunikation, in LThK [2]5, 607–609.
Forte, B., Maria – Mutter und Schwester des Glaubens, dt. Zürich 1990.
Fraine, J. de, Adam und seine Nachkommen, Köln 1962.
Frank, A., Studien zur Ekklesiologie des Hirten, II Klemens, der Didache und der Ignatiusbriefe unter besonderer Berücksichtigung der Idee einer präexistenten Kirche, München 1975.
Frank, K. S., „Geboren aus der Jungfrau Maria". Das Zeugnis der Alten Kirche, in: K. S. Frank u. a. (Hrsg.), Zum Thema Jungfrauengeburt, Stuttgart 1970, 91–120.
—, Angelikos Bios. Begriffsanalytische und begriffsgeschichtliche Untersuchung zum „engelgleichen Leben" im frühen Mönchtum, Münster 1964.
Freitag, J., Geist-Vergessen – Geist-Erinnern. Vl. Losskys Pneumatologie als Herausforderung westlicher Theologie, Würzburg 1995.
—, Maria in Gottes Heilsplan und in der Gemeinschaft der Heiligen, in: Cath 55 (2001) 29–51.
Frieling, R., Maria/Marienfrömmigkeit III/1, in TRE 22, 137–143.
Führlinger, E., (Hrsg.), Der Dialog muss weitergehen. Ausgew. vatikan. Dokumente zum interreligiösen Dialog, Freiburg i. Br. 2009.
Fürst, W., Was veranlasst die Praktische Theologie heute, Pastoralästhetik zu betreiben?, in: ders. (Hrsg.), Pastoralästhetik = QD 199, Freiburg i. Br. 2002, 31–54.
Fuß, M., Buddha und Maria: Dynamische Leere als Ikone des Dialogs, in: StMiss 43 (1994) 211–244.
—, Maria – vincolo dell'unità nell'ecumenismo tra le religioni e di fronte ai nuovi movimenti, in: SetRel 3 (1993), Heft 9, 114–132.
Gabel, M. / Joas, H. (Hrsg.), Von der Ursprünglichkeit der Gabe. J.-L. Marions Phänomenologie in der Diskussion, Freiburg i. Br. 2006.
Gadamer, H.-G., Wahrheit und Methode. Grundzüge einer philosophischen Hermeneutik, Tübingen [2]1965.
Galling, K., Beschneidung I, in: RGG [3]1, 1090–1091.
Galot, J., Être né de Dieu. Jean 1,13 = AnBib 37, Rom 1969.
—, Maria, Typus und Urbild der Kirche, in: G. Baraúna (Hrsg.), De Ecclesia. Beiträge zur Konstitution „Über die Kirche" des Zweiten Vatikanischen Konzils, Bd. II, Freiburg i. Br. – Frankfurt 1966, 477–492.
—, Maria. La donna nell'opera della salvezza, Rom [3]2005.
Gäng, P., Die Bedeutung von Göttinnen und weiblichen Buddhas, in: Zur Debatte 2 (2013) 37–38.
Ganoczy, A., Chaos – Zufall – Schöpfungsglaube, Mainz 1995.
—, Communio – ein Grundzug des göttlichen Heilswillens, in: Unsere Seelsorge (Münster) 22 (1972) 1–8.
Garijo-Guembe, M. M., Gemeinschaft der Heiligen. Grund, Wesen und Struktur der Kirche, Düsseldorf 1988.
Gasecki, K., Das Profil des Geistes in den Sakramenten. Pneumatologische Grundlagen der Sakramentenlehre, Münster 2009.
Gay-Canton, R., Entre dévotion et théologie scolastique. Réceptions de la controverse médiévale autour de l'Immaculée Conception en pays germaniques, Turnhout 2011.
Gebara, I. / Lucchetti Bingener, M. C., Maria, Mutter Gottes und Mutter der Armen, dt. Düsseldorf 1988.
Gebhardt, W., Believing without Belonging? Religiöse Individualisierung und neue Formen religiöser Vergemeinschaftung, in: in: A. Kreutzer / Fr. Gruber (Hrsg.), Im Dialog. Systematische Theologie und Religionssoziologie = QD 258, Freiburg i. Br. 2013, 297–317.
Geerlings, W., Inkarnation und Kirche. Zur Corpus-Christi-Vorstellung des hl. Augustinus, in : G. Röwekamp (Hrsg.)., Fußnoten zu Augustinus. Ges. Schriften Wilhelm Geerlings, Turnhout 2010, 47–70

Geffré, C., La singularitè du christianisme à l'âge du pluralisme religieux, in: J. Doré / Chr. Theobald (Hrsg.), Penser la foi, FS J. Moingt, Paris 1993, 351–369.
Gerhards, M., Das Hohelied. Studien zu seiner literarischen Gestalt und theologischen Bedeutung, Leipzig 2010.
Gerland, M., Meine Seele erhebt den Herrn. Eine evangelische Pilgerreise zu Maria, Leipzig 2007.
Gerl-Falkovitz, H.-B., Wahrheit und Toleranz. Zum Verhältnis der Religionen, in: K.-J. Wallner (Hrsg.), Auditorium Spiritus Sancti, FS Heiligenkreuz, Langwaden 2004, 296–317.
Gerlitz, P., Symbol II, in: TRE 32, 481–487.
Gese, H., Die Weisheit, der Menschensohn und die Ursprünge der Christologie als konsequente Entfaltung der biblischen Theologie, in: SEÅ 44 (1979) 77–114.
—, Lehre und Wirklichkeit in der alten Weisheit, Tübingen 1958.
—, Natus ex virgine, in: ders., Vom Sinai zum Zion, München 1984, 130–146.
—, Weisheit, in: RGG ³6, 1574–1577.
Gewieß, J., Die Marienfrage Lk 1,34, im Anhang der dt. Ausgabe von R. Laurentin, Kurzer Traktat, 184–217.
Gherman, P., Le parallélisme entre Marie et l'église selon la doctrine de l'Orient Chrétien séparé et des protestants, in : Maria et Ecclesia. Acta congressus mariologici-mariani in civitate Lourdes anno 1958 celebrati, vol. X, Rom 1960, 1–50.
Giesen, H., Die Offenbarung des Johannes = RNT, Regensburg 1997.
Gnilka, J., Das Evangelium nach Markus, Bd. I = EEK II/1, Zürich 1978.
—, Das Matthäusevangelium = HThKNT, Bd. I, Freiburg i. Br. 1986.
—, Der Philipperbrief = HThKNT, Freiburg i. Br. 1968.
Goerdt, W., Sophiologie, in: HWP 9, 1063–1069.
Goettsberger, J., Die göttliche Weisheit als Persönlichkeit im AT, München 1919.
Gollinger, H., Das „große Zeichen" von Apk 12, Würzburg-Stuttgart 1971.
Goppelt, L., Typos. Die typologische Deutung des Alten Testaments im Neuen, Darmstadt ²1981.
Görg, M., Die Göttin Isis und die Heilige Maria – Gottesmütter im Vergleich, in: US 59 (2004) 371–380.
—, Mythos, Glaube und Geschichte, Die Bilder des christlichen Credo und ihre Wurzeln im alten Ägypten, Düsseldorf 1992.
Görres, A. / Kasper, W. (Hrsg.),Tiefenpsychologische Deutung des Glaubens? Anfragen an E. Drewermann = QD 113, Freiburg i. Br. 1988.
Görres, A. / Rahner, K., Das Böse, Freiburg i. Br. 1982.
Göttsberger, J., Die göttliche Weisheit als Persönlichkeit im Alten Testament, München 1919.
Gorski, H., Die Niedrigkeit seiner Magd. Darstellung und theologische Analyse der Mariologie Martin Luthers als Beitrag zum gegenwärtigen lutherisch / römisch-katholischen Gespräch, Frankfurt u. a. 1987.
—, Im Widerstreit zum Heiligen Geist? Pneumatologische Anmerkungen zur katholischen Marienlehre aus evangelisch-lutherischer Sicht, in: A. Ziegenaus (Hrsg.), Maria und der Heilige Geist. Beiträge zur pneumatologischen Prägung der Mariologie, Regensburg 1991, 9–23.
Gossebrink, H., Maria in der Theologie Hildegards v. Bingen = SSSTh 29, Würzburg 2004.
Graber, R., Die marianischen Weltrundschreiben der Päpste in den letzten hundert Jahren, Würzburg ²1954.
—, Maria im Gottgeheimnis der Schöpfung, Regensburg 1949.
Gräb-Schmidt, E. / Preul, R. (Hrsg.) Ästhetik = MJTh XXII, Leipzig 2010.
Graef, H., Maria. Eine Geschichte der Lehre und Verehrung, Freiburg i. Br. 1964.
Grass, H., Traktat über Mariologie, Marburg 1991.

Greeley, A., Maria. Über die weibliche Dimension Gottes, dt. Graz 1979.
Greshake, G., Auferstehung der Toten, Essen 1969.
—, Auferstehung im Tod. Ein „parteiischer" Rückblick, in: TheolPhil 73 (1998)538–557.
—, Christentum und Weltreligionen. Anmerkungen zum „Pluralismus-Paradigma", in: F.X. D'Sa / R. Mesquita (Hrsg.), Hermeneutics of Encounter, FS G. Oberhammer, Wien 1994, 109–122.
—, Das Verhältnis von Christentum und Weltreligionen in der neueren katholischen Theologie, in: Pastoralamt der Erzdiözese Wien (Hrsg.), Wie von Christus reden im Angesicht der pluralen religiösen Wirklichkeit? Wien 1997, 4–23.
—, Der dreieine Gott, Freiburg i. Br. 1997, erweitert [5]2007.
—, Die Freiheit und das Böse, Gott und der Teufel. Ein Plakat, in: B. J. Claret (Hrsg.), Theodizee. Das Böse in der Welt, Darmstadt 2007, [2]2008, 15–35.
—, Dogmatik und Spiritualität, in: E. Schockenhoff / P. Walter (Hrsg.), Dogma und Glaube, FS W. Kasper, Mainz 1993, 235–252.
—, Erlöst in einer unerlösten Welt, Mainz 1987.
—, Freiheit oder Gnade?, in: ders., Gottes Heil – Glück des Menschen, Freiburg i. Br. 1983, 105–135.
—, Gnade – Geschenk der Freiheit, Topos[plus], Kevelaer 2004.
—, Gnade als konkrete Freiheit. Eine Untersuchung zur Gnadenlehre des Pelagius, Mainz 1972.
—, Hinführung zum Glauben an den drei-einen Gott, Freiburg i. Br. 1998, (erweitert) [5]2008.
—, Jesus Christus und der Dialog der Weltreligionen, in: StMiss 51 (2002) 219–213.
—, Klein, Wilhelm, in: LThK [3]6, 122.
—, „Seele" in der Geschichte der christlichen Eschatologie, in: W. Breuning (Hrsg.), Seele. Problembegriff christlicher Eschatologie = QD 106, Freiburg i. Br. 1986, 107–157.
—, Sie ist ganz Ohr für ihr Kind. Muttergottes vom guten Rat, in: Entschluss 43 (1988) 22–23.
—, Vorwort zu: G. Trentin, Im Anfang. Das „Mariengeheimnis" in den Handschriften von Wilhelm Klein, dt. Würzburg 2006, 7–10.
—, Warum lässt uns Gottes Liebe leiden? Freiburg i. Br. 2007.
—, … wie man in der Welt leben soll. Grundfragen christlicher Spiritualität, Würzburg 2009.
Greshake, G. / Kremer, J., Resurrectio mortuorum, Darmstadt [2]1992.
Greshake, G. / Lohfink, G., Naherwartung – Auferstehung – Unsterblichkeit = QD 71, Freiburg i. Br. [4]1982.
Grillmeier, A., Jesus der Christus im Glauben der Kirche, Bd. I, Freiburg i. Br. 1979.
—, Maria Prophetin, in: ders., Mit Ihm und in Ihm, Freiburg i. Br. 1975, 198–216.
Gross, J., Die Entwicklungsgeschichte des Erbsündendogmas, Bd. I-IV, München-Basel 1963–1972.
Grote, H., Maria/Marienfrömmigkeit II, in: TRE 22, 119–137.
Gruber, G., Zur Spiritualität von P. Wilhelm Klein. Erinnerungen, in: KCGH (Katalog) 2007, 53–65.
Guardini, R., Das Wesen des Christentums, Mainz-Paderborn 1991.
—, Der Rosenkranz unserer Lieben Frau, Würzburg 1940.
—, Die Mutter des Herrn, Würzburg [2]1956.
Gunton, C. E., The One, the Three, and the Many, Cambridge 1993.
Haag, E., Das Immanuelzeichen in Jesaja 7, in: TrThZ 100 (1991) 3–22.
Hagemann, L. / Pulsfort, E., Maria die Mutter Jesu in Bibel und Koran, Würzburg-Altenberge 1992.
Hainz, J., Vom ‚Volk Gottes' zum ‚Leib Christi', in: JBTh 7 (1992) 145–165.
Halkes, C. J.M., Eine ‚andere' Maria, in: US 32 (1977) 323–337.

Hall, St. G., Typologie, in: TRE 34, 208–224.
Hallensleben, B., Pater Wilhelm Klein SJ und die Theologie des 20. Jahrhunderts, in: KCGH (Katalog) 115 (2006) 5–17.
Hammann, K., Rudolf Bultmann. Eine Biographie, Tübingen ^{2}2010.
Hänggi, Ä. / Pahl, I., Prex eucharistica, Fribourg 1968.
Harbecke, H., Maria und die Frau(en). Mariologische Linien bei Joseph Ratzinger/Benedikt XVI. im Gespräch mit differenzfeministischen Ideen, in: Conc. 44 (2008) 492–501.
Härle, W., Dogmatik, Berlin ^{3}2007.
Harnack, A. v., Beiträge zur Einleitung in das Neue Testament, Leipzig 1911.
Hartmann, St., Die Magd des Herrn. Zur heilsgeschichtlichen Mariologie Heinrich M. Kösters, Regensburg 2009.
Hasenfuss, J., Die Jungfrauengeburt in der Religionsgeschichte, in: H. J. Brosch / J. Hasenfuss (Hrsg.) Jungfrauengeburt gestern und heute, Essen 1969, 11–23.
Hauke, M., Anthropologie und Mariologie in der zeitgenössischen theologischen Diskussion: gemeinsame Perspektiven und Probleme, in: FKTh 29 (2013) 1–21.
—, Die Unbefleckte Empfängnis Mariens und die Neuformulierung der Erbsündenlehre. Ein Beispiel für die kritische Funktion der Mariologie, in: M. Hauke u. a. (Hrsg.), Sedes Sapientiae = MarJ 9 (2005) Bd. 1, 5–37.
—, Die „virginitas in partu". Akzentsetzungen in der Dogmengeschichte, in: A. Ziegenaus (Hrsg.), „Geboren aus der Jungfrau Maria", Regensburg 2007, 88–131.
—, Gott oder Göttin? Feministische Theologie auf dem Prüfstand, Aachen 1993.
Hausamann, S., Maria-Gottesgebärerin. Die Mariologie bei den griechischen Vätern und ihre Bedeutung für die orthodoxe Marienverehrung heute, in: ders., Wege und Irrwege zur kirchlichen Einheit im Licht der orthodoxen Tradition, Göttingen 2005, 133–171.
Hausmann, J., Israels Rest. Studien zum Selbstverständnis der exilischen Gemeinde, Stuttgart 1987.
Heidegger, M., Über den Humanismus, Frankfurt 1949.
Heine, S., Maria, die Mutter Jesu in der feministischen Theologie, in: M. Kießing (Hrsg.), Maria, die Mutter unseres Herrn, Lahr 1991, 121–135.
Heinz, A., Maria in Liturgie und Frömmigkeit des Marianischen Jahrhunderts, in: B. Schneider (Hrsg.), Maria und Lourdes, Münster 2008, 56–85.
Hemmerle, Kl., Berufungspastoral um die Jahrtausendwende, in: Berufung. Zur Pastoral der geistlichen Berufe 24 (1986).
—, Communio als Schlüsselwort für das Verständnis Mariens. Skizze zur Phänomenalität christlicher Persongestalt, in: J. Schreiner / Kl. Wittstadt (Hrsg.), Communio Sanctorum, FS P.-W. Schelle, Würzburg 1988, 303–309.
—, Der Begriff des Heils, in: IkaZ 3 (1972) 210–230.
—, Gemeinschaft als Bild Gottes, WW 5, Freiburg i. Br. 1996.
—, Trinität und Maria, in: ders., Leben aus der Einheit, Freiburg i. Br. 1995, 156–176.
Hengel, M., Die „auserwählte Herrin", die „Braut", die „Mutter" und die „Gottesstadt", in: M. Hengel u. a. (Hrsg.), La cité de Dieu, Tübingen 2000, 245–285.
Henrich, D., Die Philosophie im Prozeß der Kultur, Frankfurt 2006.
—, Versuch über Kunst und Leben. Subjektivität-Weltverstehen-Kunst, München 2001.
Herbst, M., Kirche wie eine Behörde verwalten oder wie ein Unternehmen führen? Zur Theologie des Spirituellen Gemeindemanagements, in: H.-J. Abromeits u. a. (Hrsg.), Spirituelles Gemeindemanagement, Göttingen 2001, 82–110.
Hernández Martínez, J. M., La asunción de Maria como paradigma de escatologia cristiana, in: EphMar 50 (2000) 249–271.
Heymel, M., Die jüdische Mutter Jesu und wir Heidenchristen. Ein dogmatischer Beitrag zur evangelischen Predigt und Lehre über Maria, Habil.-schrift Heidelberg 1987.

Hierzenberger, G., Maria – Die weibliche Dimension Gottes, Kevelaer 2004.
Hilberath, B. J., Pneumatologie, Düsseldorf 1994.
Hoeps, R., Jenseits der Nostalgie. Was ist Bildtheologie, in: HK Spezial 2012, 29–33.
Hoff, G.M., Ekklesiologie = Gegenwärtig Glauben denken Bd. 6, Paderborn u. a. 2011.
Höffken, P., Das Buch Jesaja, Kapitel 1–39, Stuttgart 1993.
Höhn, H.-J., Gott – Offenbarung – Heilswege, Würzburg 2011.
—, Soziologie in der Theologie – oder: Der Blick von außen auf den Blick nach außen, in: A. Kreutzer / Fr. Gruber (Hrsg.), Im Dialog. Systematische Theologie und Religionssoziologie = QD 258, Freiburg i. Br. 2013, 56–72.
Hoffmann, A. M., Die Gnade der Gerechten des Alten Bundes nach Thomas v. Aquin, in: DT 29 (1951) 167–187.
Hoffmann, V., Skizzen zu einer Theologie der Gabe, Freiburg i. Br. 2013.
— (Hrsg.), Die Gabe. Ein „Urwort" der Theologie?, Frankfurt 2009.
Hofmann, Fr., Marias Stellung in der Erlösungsordnung nach dem hl. Augustinus, in: C. Feckes (Hrsg.), Die heilsgeschichtliche Stellvertretung der Menschheit durch Maria, Paderborn 1954, 131–143.
—, Mariens Stellung in der Erlösungsordnung nach dem hl. Augustinus, in: Alma Socia Christi. Acta Congressus mariologici-mariani Romae 1950, vol. V/1, Rom 1952, 87–100.
Hofmann, M., Maria, die neue Eva. Geschichtlicher Ursprung einer Typologie mit theologischem Potential, Regensburg 2011.
Hofrichter, P. L. (Hrsg.), Auf der Suche nach der Seele Europas. Marienfrömmigkeit in Ost und West, Innsbruck-Wien 2007.
Hofrichter, P., Nicht aus Blut, sondern monogen aus Gott geboren. Textkritische, dogmengeschichtliche und exegetische Untersuchung zu Joh 1,13–14, Würzburg 1978.
Holm, B. K., Gabe und Geben bei Luther. Das Verhältnis zwischen Reziprozität und reformatorischer Rechtfertigungslehre, Berlin 2006.
Hoping, H., Freiheit im Widerspruch. Eine Untersuchung zur Erbsündenlehre im Ausgang von I. Kant, Innsbruck –Wien 1990.
Hossfeld, F.-L. / Zenger, E., Die Psalmen 1–50 = NEB, Würzburg 1993.
—, Psalmen 51–100 = HThKAT, Freiburg u. a. 2000.
Huber, K., Perspektiven auf das Gottesvolk in Offb 12–14, in: Th. Schmeller u. a. (Hrsg.), Die Offenbarung des Johannes, Kommunikation im Konflikt = QD 253, Freiburg i. Br. 2013, 165–185.
Hühn, W., Wir, in: HWP 12, 812–820.
Huhn, J., Ambrosius v. Mailand, in: MarLex I, 126–129.
—, Das Geheimnis der Jungfrau-Mutter Maria nach dem Kirchenvater Ambrosius, Würzburg 1954.
Hulsbosch, A., Schöpfung, Sünde und Erlösung im evolutionistischen Weltbild, Wien 1965.
Hünermann, P., Die theologische Grundlegung der christlichen Sozialethik in *Gaudium et spes*, in: M. Vogt (Hrsg.), Theologie der Sozialethik = QD 255, Freiburg i. Br. 2013, 23–62.
—, Ekklesiologie im Präsens. Perspektiven, Münster 1995.
—, Juden auf dem Weg des Heils. Eine theologische Reflexion auf die Frage von Offenbarung und Geschichte im Ausgang von *Dei Verbum*, in: H. Frankemölle / J. Wohlmuth (Hrsg.), Das Heil der Anderen = QD 238, Freiburg i. Br. 2010, 420–459.
—, Kommentar zu Lumen Gentium, in: HThKVatII, Bd. II, 263–582.
Hurlbut, St.A., The picture of the heavenly Jerusalem in the writings of Johannes Fecamp, Washington 1943.
Husain, Sh., Die Göttin. Das Matriarchat. Mythen und Archetypen, Schöpfung, Fruchtbarkeit und Überfluss, dt. Köln 2001.
Hüttenhoff, M., Der religiöse Pluralismus als Orientierungsproblem, Leipzig 2001.

Iacoangeli, R., „Sub tuum praesidium“. La più antica preghiera mariana, in: S. Felici (ed.), La mariologia nella catechesi dei Padri, Roma 1989, 207–240.
Instinsky-Anrich, M., Deutschsprachige Marianische Literatur 1945–1987, Kevelaer 1987.
Jaeschke, W., Die Religionsphilosophie Hegels, Darmstadt 1983.
Jansch, E., Die Selbstorganisation des Universums, München 1979.
Johnson, E. A., Wahrlich unsere Schwester. Ein feministisch-hermeneutischer Zugang, in: Conc. 44 (2008) 387–394.
Jugie, M., La mort et l’assomption de la Sainte Vierge, Città del Vaticano 1944.
Jung, C. G., Antwort auf Hiob = WW XI, Zürich [3]1973.
—, Symbolik des Geistes, in: Psychologische Abhandlungen VI, Zürich 1948.
Jungclaussen, E.,Maria im liturgischen Kult der orthodoxen Kirche, in: US 30 (1975) 127–145.
Jüngel, E., Gott als Geheimnis der Welt. Zur Begründung der Theologie des Gekreuzigten im Streit zwischen Theismus und Atheismus, Tübingen 1977.
—, Gottes Sein ist im Werden, Tübingen 1965.
—, Wertlose Wahrheit, München 1990.
Kahl, J., Die Jungfrau züchtigt den Jesusknaben vor drei Zeugen. Eine philosophische Bildmeditation zu Max Ernst, in: http://kahl-marburg.privat.t-online.de/kahl_MaxErnst.pdf (abgerufen 11 .3. 2012).
Kallis, A., Brennender, nicht verbrennender Dornbusch. Reflexionen orthodoxer Theologie, Münster 1999.
—, Die Gottesgebärerin in der orthodoxen Theologie und Frömmigkeit, in: Hmar I, 364–381.
Kamlah, W., Der Mensch in der Profanität, Stuttgart 1949.
Kanberg, J. A., Maria – Ersterbin des in Christus neu geschaffenen Lebens, St. Ottilien 2006.
Karrer, L., Der Glaube in Kurzformeln, Mainz 1978.
Karrer, M., Ein alter Text neu gelesen. Die Johannesapokalypse, in: Zur Debatte 5 (2010) 1–4.
—, Hellenistische und frühkaiserzeitliche Motive in der Johannesapokalypse, in: Th. Schmeller u. a. (Hrsg.), Die Offenbarung des Johannes, Kommunikation im Konflikt = QD 253, Freiburg i. Br. 2013, 32–73.
Karrer, O. (Hrsg.), Maria in Dichtung und Deutung. Eine Auswahl, Zürich 1962.
Käsemann, E., Das theologische Problem des Motivs vom Leibe Christi, in: ders., Paulinische Perspektiven, Tübingen 1969, 178–210.
Kasper, W., Brief zum Thema „Jungfrauengeburt“, in: IKaZ 16 (1987) 531–535.
—, Der Geheimnischarakter der Kirche hebt den Sozialcharakter nicht auf, in: HK 41 (1987) 232–236.
—, Dogma unter dem Wort Gottes, Mainz 1965.
—, Katholische Kirche. Wesen – Wirklichkeit – Sendung, Freiburg i. Br. 2011.
Kasselouri-Hatzivassiladi, E., „Verehrungswürdiger als die Cherubim“. Marias orthodoxes Gesicht, in: Conc. 44 (2008) 430–437.
Kassing, A., Der heilsgeschichtliche Ort Mariens in der Kirche nach Apk 12, in: Maria et Ecclesia. Acta Congressus mariologici-mariani in civitate Lourdes anno 1958 celebrati, vol. III, Rom 1959, 39–60.
—, Die Kirche und Maria. Ihr Verhältnis im 12. Kapitel der Apokalypse, Düsseldorf 1959.
Kaufmann, F.-X., Kirche in der ambivalenten Moderne, Freiburg i. Br. 2012.
Kaut, Th., Befreier und befreites Volk. Traditions- und redaktionsgeschichtliche Untersuchung zu Magnifikat und Benediktus im Kontext der vorlukanischen Kindheitsgeschichte, Frankfurt 1990.
Kehl, M., Die Kirche. Eine katholische Ekklesiologie, Würzburg 1992.
—, Kirche als Institution, Frankfurt 1976.
—, Mit der Kirche fühlen, Würzburg 2010.

Kelly, J. N. D., Early Christian Doctrines, London [5]1977.

Kemper, M.-E., Das sogenannte „Jüngste Gericht“. Die Neuentdeckung der Sixtina nach der Restaurierung, in: Zur Debatte, Heft 2, 2006.

Kerkloh, M., ‚…die in vollkommenster Weise Erlöste‘. Die Frage nach einem mariologischen Grundprinzip bei Rahner, München-Ravensburg 2005.

Kern, W., Außerhalb der Kirche kein Heil?, Freiburg i. Br. 1979.

Kessler, H., Der Begriff des Handelns Gottes. Überlegungen zu einer unverzichtbaren theologischen Kategorie, in: H. U. v. Brachel / N. Mette (Hrsg.), Kommunikation und Solidarität, Freiburg (Schweiz) – Münster 1985, 117–130.

—, Evolution und Schöpfung in neuer Sicht, Kevelaer [3]2010.

—, Was heißt: Gott handelt? Über Gottes Wirken in der Welt und an der Welt, in: ders., Den verborgenen Gott suchen, Paderborn 2006, 90–103.

Kilian, R., Die Verheißung Immanuels Jes 7,14 = SBS 35, Stuttgart 1968.

—, Jes 1–12 = NEB 17, Würzburg 1986.

Kinsley, D., Indische Göttinnen, Frankfurt 1990.

Kittel, G., ἀκούω ecc, in: ThWNT I, 216–225.

Klauser, Th., Gottesgebärerin, in: RAC 11, 1071–1103.

Klein, W., Gottes Wort bei Johannes. Kapitel 1–12. Vorträge im Kolleg 1959–1960, Tübingen 2000 = Sonderheft KCGH 109 (2000).

—, Gottes Wort im Kirchenjahr. Vorträge im Kolleg 1957–1961, Tübingen 1999 = Sonderheft des KCGH 108 (1999).

—, Gottes Wort im Römerbrief. Vorträge im Kolleg 1958–1961, Tübingen 1998 = Sonderheft des KCGH 107 (1998).

—, Wilhelm Klein in Rom, Bonn und Münster. Vorträge, Aufzeichnungen, Hildesheim 2001 = Sonderheft KCGH 110 (2001).

Kniazeff, A., La mère de Dieu dans l’Église Orthodoxe, Paris 1990.

Knierim, R., Cosmos and History in Israel’s Theology, in: U. Mauser (Hrsg.), Horizons in Biblical Theology, Pittsburg u. a. 1961.

Knitter, P. F., Ein Gott – viele Religionen. Gegen den Absolutheitsanspruch des Christentums, dt. München 1988.

—, Nochmals die Absolutheitsfrage, in: EvTh 49 (1989) 505–516.

Knoch, O., Maria in der Heiligen Schrift, in: Hmar 15–92.

Knopf, R., Der zweite Clemensbrief, in: Die Apostolischen Väter = HNT, Tübingen 1923, 151–184.

—, Die Anagnose zum zweiten Clemensbrief, in: ZNW 3 (1902) 266–279.

Koch, E., „…von Glauben eine Jungfrau, von Liebe eine Mutter“. Beobachtungen zur Marienverehrung im Bereich der Wittenberger Reformation im 16. und 17. Jahrhundert, in: W. Beinert / K. Feiereis / H..-J. Röhrig (Hrsg.), Unterwegs zum einen Glauben, FS L. Ullrich, Leipzig 1997, 477–488; wieder abgedruckt in: Th. A. Seidel / U. Schacht (Hrsg.), Maria, evangelisch, Leipzig-Paderborn 2011, 43–57.

Koch, K. Geleitwort zu I. U. Dalferth / S. Peng-Keller, Gottvertrauen. Die ökumenische Diskussion um die fiducia = QD 250, Freiburg i. Br. 2012, 11–17.

Koehler, Th., Les principales interprétations traditionelles de Jean 19,25–27 pendant les douze premiers siècles, in : EtMar 16 (1959) 5–22.

Köhlmoos, M., Weisheit/Weisheitsliteratur II, in: TRE 35, 486–497.

Kolb, K., Typologie der Gnadenbilder, In: Hmar 849–882.

Komonchak, J. A., Der Kampf für das Konzil, in: G. Alberigo / Kl. Wittstadt (Hrsg.), Geschichte des Zweiten Vatikanischen Konzils, Bd. I, dt. Mainz–Leuven 1997, 189–401.

Köster, H. M., Der geschichtliche Weg von marianischen Einzelaussagen zum geschlossenen Traktat einer systematischen Mariologie, in: ThGl 68 (1978) 368–384.

—, Die Jungfrauengeburt als theologisches Problem seit D. Fr. Strauß, in: Jungfrauengeburt gestern und heute, Essen 1969, 35–87.
—, Die Magd des Herrn. Theologische Versuche und Überlegungen, Limburg 1947; ^{2}1954.
—, Die Mariologie im 20. Jahrhundert, in: H. Vorgrimler / R. Vander Gucht, Bilanz der Theologie im 20. Jahrhundert, Bd. III, Freiburg i. Br. 1970, 126–147.
—, Unus Mediator. Gedanken zur marianischen Frage, Limburg 1950.
Koster, M. D., Die Stellvertretung Mariens bei Thomas von Aquin, in: C. Feckes (Hrsg.), Die heilsgeschichtliche Stellvertretung der Menschheit durch Maria, Paderborn 1954, 181–185.
Kothgasser, A. M., Maria und der Heilige Geist. Anregungen für eine christliche Spiritualität, in: A. Ziegenaus (Hrsg.), Maria und der Heilige Geist. Beiträge zur pneumatologischen Prägung der Mariologie, Regensburg 1991, 51–74.
Kraus, G., Prädestination II, III, in: LThK 8, 468–474.
Kreiml, J., Die virginitas post partum. Zum Verständnis der „Brüder und Schwestern" Jesu, in: A. Ziegenaus (Hrsg.), „Geboren aus der Jungfrau Maria", Regensburg 2007,132–147.
Kreiner, A., Hierarchia veritatum, in: Cath. 46 (1992) 1–30.
Kremer, J., Auferstehung der Toten in bibeltheologischer Sicht, in: G. Greshake / J. Kremer, Resurrectio Mortuorum, Darmstadt ^{2}1992, 5–161.
—, Das Erfassen der bildsprachlichen Dimension als Hilfe für das rechte Verstehen der biblischen „Kindheitsevangelien" und ihre Vermittlung als lebendiges Wort Gottes, in: K. Kertelge (Hrsg.), Metaphorik und Mythos im Neuen Testament = QD 126, Freiburg i. Br. 1990, 78–109.
Kreuzer, M., „Empfangen durch den Heiligen Geist". Die Wirkweise des Heiligen Geistes bei der Menschwerdung des Sohnes Gottes, in: A. Ziegenaus (Hrsg.), „Geboren aus der Jungfrau Maria", Regensburg 2007, 74–87.
Krings, H., Gott, in: HphG 3, 629–641.
Krüger, K., Maria-Kirche in der älteren syrischen Väterliteratur, in: Maria et Ecclesia. Acta Congressus mariologici-mariani in civitate Lourdes anno 1958 celebrati, vol. III, Rom 1959, 109–136.
Kruse, H., Alma Redemptoris Mater. Eine Auslegung der Immanuel-Weissagung in Is 7,14, in: TrThZ 74 (1965) 15–36.
Kuhn, H., Begegnung mit dem Sein, München 1954.
Küng, H., Christsein, München-Zürich 1974.
—, Credo, München-Zürich 1992.
—, Die Kirche, Freiburg i. Br. 1967.
—, Existiert Gott? Antwort auf die Gottesfrage der Neuzeit, München-Zürich 1978.
—, Menschwerdung Gottes. Eine Einführung in Hegels theologisches Denken als Prolegomena zu einer künftigen Christologie, Freiburg i. Br. 1970.
—, Rechtfertigung, Einsiedeln 1957.
Lafaye, J., Quetzalcóatl et Guadalupe, Paris 1974.
Lanczkowski, G., Symbol I, in: RGG ^{3}6, 541–543.
Landmesser, Chr., Wahrheit als Grundbegriff neutestamentlicher Wissenschaft, Tübingen 1999.
Lang, B., Frau Weisheit. Deutung einer biblischen Gestalt, Düsseldorf 1975.
Langemeyer, B., Konziliare Mariologie und biblische Typologie, in: Cath 21 (1967) 295–316.
Larcher, C., Études sur le livre de la Sagesse, Paris 1969.
Lattke, G., Lukas 1 und die Jungfrauengeburt, in: K. S. Frank (Hrsg.), Zum Thema Jungfrauengeburt, Stuttgart 1970, 61–89.
Laub, F., Die Begegnung des frühen Christentums mit der antiken Sklaverei, Stuttgart 1982.
Laurentin, R., Die marianische Frage, dt. Freiburg i. Br. 1965 (Paris 1963).

—, Esprit-Saint et théologie mariale, in : NRT 99 (1967) 26–42.
—, Kurzer Traktat der marianischen Theologie, Regensburg 1959.
—, L'interpretation de la Genèse 3,15 dans la tradition jusqu'au début du XIIIe siècle, in: BuEt-Mar 12 (1954) 77–156.
—, Maria als Urbild und Vorbild der Kirche, in MySal IV/2, 316–336.
—, Mutter Jesu – Mutter der Menschen. Zum Verständnis der marianischen Lehre nach dem Konzil, dt. Limburg 1967.
Lautenschläger, G., Hildegard v. Bingen, Stuttgart-Bad Cannstadt 1993.
Lechner, G. M., Marienverehrung und Bildende Kunst, in Hmar 559–621.
Lehmann, K., Mann und Frau als Problem der theologischen Anthropologie. Systematische Erwägungen, in: Th. Schneider (Hrsg.), Mann und Frau – Grundproblem theologischer Anthropologie = QD 121, Freiburg i. Br. 1989, 53–72.
—, Zum Problem einer Konzentration der Glaubensaussagen, in: LebZeug, Heft 3/4, 1970, 19–20.
Leiner, M., Solus Christus – Christus allein. Ein evangelischer Kommentar zur katholischen Marienfrömmigkeit, in: Th. A. Seidel / U. Schacht (Hrsg.), Maria. Evangelisch, Leipzig-Paderborn 2011, 59–81.
Leiss, W., The domination of Nature, New York 1972.
Leist, E., Biblische und gnostische Seinserfahrung, in: H. Rombach (Hrsg.), Die Frage nach dem Menschen, FS M. Müller, Freiburg-München 1966, 326–351.
Lemmo, N., Maria „Figlia di Sion", a partire da Lc 1,26–38. Bilancio esegetico dal 1939–1982, in: Mar. 45 (1983) 175–258.
Lengsfeld, P., Adam und Christus. Die Adam-Christus-Typologie im Neuen Testament und ihre dogmatische Verwendung bei M. J. Scheeben und K. Barth, Essen 1965.
Lennerz, H., De beata virgine. Tractatus dogmaticus, Rom 1957.
Lentzen-Deis, W., Im Himmel fängt das Leben erst richtig an. Zum Gedenken an P. W. Klein, in: AnzSS 109 (2000) 517–518.
Léon-Dufour, X., Un bibliste cherche Dieu, Paris 2002.
Lerch, M., All-Einheit und Freiheit. Subjektphilosophische Klärungsversuche in der Monismus-Debatte zwischen Kl. Müller und M. Striet, Würzburg 2009.
Lerner, G., Die Entstehung des feministischen Bewusstseins. Vom Mittelalter bis zur Ersten Frauenbewegung, Frankfurt u. a. 1993.
Leuenberger, M., Die Personifizierte Weisheit vorweltlichen Ursprungs von Hi 28 bis Joh 1. Ein traditionsgeschichtlicher Strang zwischen den Testamenten, in: ZAW 120 (2008) 366–386.
Levinas, E., Jenseits des Seins oder anders als Sein geschieht, dt. Freiburg-München [2]1998.
Lilienfeld, F. v., Die Weisheit Gottes. Die Schau der Sophia bei Wl. Solowjew, in: dies., Sophia – Die Weisheit Gottes. Ges. Aufsätze 1983–1995, Erlangen 1997, 192–211.
—, Frau Weisheit in byzantinischen und karolingischen Quellen des 9. Jhs. Allegorische Personifikation, Hypostase oder Typos, in: M. Schmidt (Hrsg.), Typus, Symbol, Allegorie bei östlichen Vätern und ihren Parallelen im Mittelalter, Regensburg 1982, 146–186
Link, Chr., Hegels Wort „Gott selbst ist tot", Zürich 1974.
Lintner, M. M., Eine Ethik des Schenkens. Von einer anthropologischen zu einer theologisch-ethischen Deutung der Gabe und ihrer Aporien, Wien-Berlin 2006.
Litz, R., Abgrund Alleinheit. Anmerkungen zu einer dunklen Dimension der „monistischen" Denkform, in: R. Langthaler / M. Hofer (Hrg), Selbstbewusstsein und Gottesgedanke, Wien 2010, 251–274.
Loewenich, W. v., Der Moderne Katholizismus vor und nach dem Konzil, Witten 1970.
Lohfink, G., Das Weinwunder zu Kana. Eine Auslegung von Joh 1,1–12, in: GuL 57 (1984) 169–182.
—, Gehört die Jungfrauengeburt zur biblischen Heilsbotschaft?, in: ThQ 159 (1979) 304–306.

Lohfink, G. / Weimer, L., Maria – nicht ohne Israel, Freiburg i. Br. 2008.
Lohfink, N., Lobgesänge der Armen, Stuttgart 1990.
Lohse, B., Martin Luther, München 1981.
Looff, H., Der Symbolbegriff in der neueren Religionsphilosophie und Theologie, Köln 1955.
Loretz, O., Galilei und der Irrtum der Inquisition, Kevelaer 1966.
Löser, W., Maria, die Tochter Zion, in: A. Raffelt (Hrsg.), Weg und Weite = FS K. Lehmann, Freiburg i. Br. 2001, 535–547.
—. „Universale concretum" als Grundgesetz der oeconomia revelationis, in: HFTh II, 108–121.
— u. a. (Hrsg.), Dogmengeschichte und katholische Theologie, Würzburg 1995.
Lossky, Vl., Die mystische Theologie der morgenländischen Kirche, dt. Graz 1961.
Lubac, H. de, Histoire et Esprit. L'intelligence de l'Ecriture d'après Origène, Paris 1950.
—, Die Kirche. Eine Betrachtung, dt. Einsiedeln 1968.
—, Glauben aus der Liebe, „Catholicisme", dt. Einsiedeln 1970.
—, Kommentar zu Teilhard de Chardin, Hymne an das Ewig Weibliche, Einsiedeln 1968, 15–160.
—, Méditation sur l'église, Paris 1954.
Lubich, Ch., Maria – die erste Christin. Orientierung an einem Vorbild, dt. München ^{2}1979.
Lüdde, M.-E., Unter dem Mantel ihrer Barmherzigkeit. Maria aus volkskundlicher Sicht, in: Th. A. Seidel / U. Schacht (Hrsg.), Maria. Evangelisch, Leipzig-Paderborn 2011, 147–160.
Lyonnet, St., Le récit de l'annonciation et la maternité divine de la Sainte Vierge, in : Amie du Clergé, Rom 1956, 33–48.
Maas, W., Unveränderlichkeit Gottes, München 1974.
Maas-Ewerd, Th. / Madey, J., Sub tuum praesidium, in: MarLex 6, 327–328.
Mack, B. L., Logos und Sophia. Untersuchungen zur Weisheitstheologie im hellenistischen Judentum, Göttingen 1975.
Madec, G., Marie, vierge et mère selon S. Ambroise et S. Augustin, in: ders., Lectures Augustin = EAug 168, Paris 2001, 281–293.
Mahé, J., Cyrille d'Alexandrie, in: DThC III, 2476–2527.
Mahoney, R., Die Mutter Jesu im Neuen Testament, in: G. Dautzenberg (Hrsg.), Die Frau im Urchristentum = QD 95, Freiburg i. Br. 1983, 92–116.
Maier, J., Jesus von Nazareth in der talmudischen Überlieferung, Darmstadt 1978.
Maier, M., Jeremia. Die Geschichte eines Berufenen, Bad Tölz 2004.
Malmberg, F., Ein Leib – ein Geist, Freiburg i. Br. 1960.
Manemann, J. (Hrsg.), Monotheismus = Jb.f.Polit. Theologie 4 (2002), Münster u. a. 2003.
Marcel, M., Die Gabe, Frankfurt 1989.
Maria et Ecclesia. Acta Congressus Mariologici Mariani in civitate Lourdes, 1958, 16 Bände, Rom 1959–1962.
Marie dans le mystère de l'alliance, Paris 1988.
Marion, J.-L., Das Erotische. Ein Phänomen, dt. Freiburg-München 2011.
—, Die Öffnung des Sichtbaren, dt. Paderborn u. a. 2005.
—, Idol und Bild, in: B. Casper (Hrsg.), Phänomenologie des Idols, Freiburg-München 1981, 107–132.
—, La raison du don, in: Philosophie 78 (2003) 3–32.
Markschies, Chr., Irdisches und himmlisches Jerusalem im antiken Christentum, in: M. Hengel u. a. (Hrsg.), La cité de Dieu, Tübingen 2000, 303–350.
—, Jüdische Mittlergestalten und die christliche Trinitätstheologie, in: M. Welker / M. Volf (Hrsg.), Der lebendige Gott als Trinität, FS J. Moltmann, Gütersloh 2006, 199–214.
Maron, G., Maria in der protestantischen Theologie, in: Conc. 19 (1983) 626–632.
Marschler, Th., „Ich erwarte die Auferstehung der Toten", in: Zur Debatte 3 (2010) 45–47.

Matuschek, D., Konkrete Dogmatik. Die Mariologie Karl Rahners, Innsbruck-Wien 2012.
Mauser, U., Gottesbild und Menschwerdung. Eine Untersuchung zur Einheit des Alten und Neuen Testaments, Tübingen 1971.
Mayer, C., ‚Caelum caeli': Ziel und Bestimmung des Menschen nach der Auslegung von *Genesis* 1,1f., in: N. Fischer / C. Meyer (Hrsg.), Die Confessiones des Augustinus v. Hippo. Einführung und Interpretationen zu den dreizehn Büchern, Freiburg i. Br. 1998, 553–601.
— u. a. (Hrsg.), Das Schöne in Theologie, Philosophie und Musik, Würzburg 2013.
Mayer, J., Gespräch mit P. Dr. Wilhelm Klein SJ vom 27.3.1995, in: www.oki-regensburg.de Forum Pater Klein (abgerufen 27. 10. 2012).
Mazzanti, G., I sacramenti. Simbolo e teologia, Bologna 2010.
—, Persone nuziali. Communio nuptialis. Saggio teologico di antropologia, Bologna 2005.
McHugh, J., The Mother of Jesus in the New Testament, London 1975.
Meersseman, G., Der Hymnus Akathistos im Abendland, Bd. I-II, Freiburg/Schweiz 1958, 1960.
Mees, M., Der Hirte des Hermas und seine Aussagen über den Heiligen Geist, in: Lat. 47 (1981) 343–355.
Meessen, F., Unveränderlichkeit und Menschwerdung Gottes, München 1974.
Meier-Oeser, S. / Scholz, O. R. / Seils, M., Symbol, in: HWP 10, 710–739.
Menke, K.-H., Das Kriterium des Christseins, Regensburg 2003.
—, Die Annahme der Gnade als Mitvollzug der Erlösung, in: Cath 47 (1993) 1–19.
—, Die Einzigkeit Jesu Christi im Horizont der Sinnfrage, Einsiedeln-Freiburg 1995.
—, Ein Spielball heftiger Kontroversen. Das mariologische Schlusskapitel der Kirchenkonstitution, in: IkaZ 41 (2012) 652–668.
—, Fleisch geworden aus Maria. Die Geschichte Israels und der Marienglaube der Kirche, Regensburg 1999.
—, Jesus ist Gott der Herr. Denkformen und Brennpunkte der Christologie, Regensburg 2008.
—, Sakramentalität. Wesen und Wunde des Katholizismus, Regensburg 2012.
—, Stellvertretung. Schlüsselbegriff christlichen Lebens und eine theologische Grundkategorie, Einsiedeln-Freiburg 1991.
—, Symbol V, in: LThK 9, 1158–1160.
Merklein, H., Die Jesusgeschichte – synoptisch gelesen, Stuttgart 1994.
—, Entstehung und Gestalt des paulinischen Leib-Christi-Gedankens, in: A. Böhnke / H. Heinz (Hrsg.), Im Gespräch mit dem dreieinen Gott, FS W. Breuning, Düsseldorf 1985, 115–140.
Merz, J. M., Das Heiligtum der Fortuna in Palestrina und die Architektur der Neuzeit, München 2001.
Metz, J. B., Caro cardo salutis, in: Hochland 55 (1962) 97–107.
—, Freiheit, III: Theologisch, in: HThG II, 28–39.
—, Seele, in: LThK ^{2}9, 570–573.
—, Zur Theologie der Welt, Mainz-München 1968.
Meuffels, H. O., Mariologie und Anthropologie, in: ThG(B) 43 (2000) 198–211.
Meyer zu Schlochtern, J., Sakrament Kirche, Freiburg i. Br. 1992.
Michl, J., Kann im Lichte der Hl. Schrift Maria Stellvertreterin der Menschheit genannt werden?, in: C. Feckes (Hrsg.), Die heilsgeschichtliche Stellvertretung der Menschheit durch Maria, Paderborn 1954, 26–41.
Mieth, D. / Müller-Schauenburg, B. (Hrsg.), Mystik, Recht und Freiheit. Religiöse Erfahrung und kirchliche Institutionen im Spätmittelalter, Stuttgart 2012.
Mitchell, D., Compassionate Endurance. Mary and the Buddha, in: BSNC 21 (1986) 296–300.
Mitterer, A., Dogma und Biologie der Heiligen Familie, Wien 1952.

Moga, I., Kirche als Braut Christi zwischen Kreuz und Parusie. Die Ekklesiologie Hans Urs von Balthasars aus orthodoxer Sicht = Forum Orthodoxe Theologie 9, Berlin 2010.
Möhler, J. A., Die Einheit in der Kirche, hrsg. v. J. R. Geiselmann, Darmstadt 1957.
Moingt, J., L'homme qui venait de dieu, Paris 1993.
Moltmann-Wendel, E., Wach auf meine Freundin. Die Wiederkehr der Gottesfreundschaft, Stuttgart 2000.
Monod, J., Zufall und Notwendigkeit, dt. München 1971.
Mückshoff, M., Die heilsgeschichtliche Stellvertretung der Menschheit durch Maria nach dem hl. Laurentius von Brindisi, in: C. Feckes (Hrsg.), Die heilsgeschichtliche Stellvertretung der Menschheit durch Maria, Paderborn 1954, 198–259.
—, Die mariologische Prädestination im Denken der franziskanischen Theologie, in: FS 39 (1957) 288–502.
Mühlen, H., Christus als Urbild der Kirche und der methodische Ansatz für die Frage nach der Stellung Mariens in der Kirche, in: Maria et Ecclesia. Acta Congressus mariologici-mariani in civitate Lourdes anno 1958 celebrati, vol. III, Rom 1959, 569–610.
—, Das Christusereignis als Tat des Heiligen Geistes, in: MySal III/2, 513–545.
—, Der Aufbruch einer neuen Verehrung Maria, in: Maria im Geheimnis der Kirche = Sonderheft Cath. 29 (1975) 145–163.
—, Die Lehre des Vaticanum II über die „Hierarchia veritatum" und ihre Bedeutung für den ökumenischen Dialog, in: ThGl 56 (1966) 303–335.
—, Die Veränderlichkeit Gottes als Horizont einer künftigen Christologie, Münster 1969.
—, Im-Wir-Sein. Grundlegung der Wir-Wissenschaft. Aus dem Nachlass hrsg. v. W. Maas, Paderborn u. a. 2008.
—, Neuorientierung und Krise der Mariologie in den Aussagen des II. Vatikanums, in: Cath 20 (1966) 19–53.
—, Una mystica Persona. Die Kirche als Mysterium der Identität des Heiligen Geistes in Christus und den Christen: Eine Person in vielen Personen, München u. a. [2]1967.
Mulack, Chr., Maria. Die geheime Göttin im Christentum, Stuttgart 1985.
Müller, A., Ecclesia-Maria. Die Einheit Marias und der Kirche, Fribourg [2]1955.
—, Fragen und Aussichten der heutigen Mariologie, in: J. Feiner / J. Trütsch / Fr. Böckle (Hrsg.), Fragen der Theologie heute, Einsiedeln u. a. [3]1960, 301–318.
—, Glaubensrede über die Mutter Jesu, Mainz 1980.
—, L'unité de l'église et de Marie chez les pères des IVe et Ve siècle, in: Marie et l'Eglise, vol. I. = BSFEM 16 (1951) 27–38.
—, Marias Stellung und Mitwirkung im Christusereignis, in: MySal III/2, 393–510.
Müller, A. / Sattler, D., Mariologie, in: Th. Schneider (Hrsg.), Handbuch der Dogmatik, Bd. II, Düsseldorf 1992, 155–187.
Müller, A. M. K., Geschöpflichkeitsdefizite in Naturwissenschaft und Theologie, in: ders. u. a., Schöpfungsglaube heute, Neukirchen-Vluyn 1985, 9–89.
Müller, G. L. Erkenntnistheologische Grundprobleme einer Theologie der Religionen, in: ders. / M. Serretti, M. (Hrsg.), Einzigkeit und Universalität Jesu Christi, dt., Einsiedeln-Freiburg 2001, 17–48.
—, Gemeinschaft und Verehrung der Heiligen. Geschichtlich-systematische Grundlegung der Hagiologie, Freiburg i. Br. 1986.
—, Maria – die Frau im Heilsplan Gottes, Regensburg 2002.
—, Was heißt: Geboren von der Jungfrau Maria? = QD 119, Freiburg i. Br. 1989.
Müller, G. L. / Wallner, K. J., Was bedeutet Maria uns Christen? Die Antwort des Konzils, Wien 1994.
Müller, Kl., Streit um Gott. Politik, Poetik und Philosophie im Ringen um das wahre Gottesbild, Regensburg 2006.

—, Über die monistische Tiefendimension der christlichen Gottrede, in: ders. / M. Striet (Hrsg.), Dogma und Denkform, Regensburg 2005, 47–85.
—, / F. Meier-Hamidi (Hrsg.), Persönlich und alles zugleich, Regensburg 2010.
Müller, M., Auseinandersetzung und Versöhnung, Berlin 1994.
Münch-Labacher, G., Cyrill v. Alexandrien, in: LacL 148–152.
Munoz Iglesias, S., Lo historico en los Evangelios de la Infancia, in: EstMarianos 64 (1998) 3–26.
Mußner, Fr., Der Galaterbrief = HThKNT, Freiburg i. Br. 1974.
—, Der Glaube Mariens im Lichte des Römerbriefs, in: ders., Praesentia Salutis. Ges. Studien zu Fragen und Themen des Neuen Testaments, Düsseldorf 1967, 284–292.
—, Die Mutter Jesu im Neuen Testament, in: W. Beinert u. a., Maria – eine ökumenische Herausforderung, Regensburg 1984.
—, Lk 1,48f; 11,27f und die Anfänge der Marienverehrung in der Urkirche, in: Cath 21 (1967) 287–294.
—, Maria, die Mutter Jesu im Neuen Testament, St. Ottilien 1993.
—, Ursprünge und Entfaltung der neutestamentlichen Sohneschristologie, in L. Scheffczyk (Hrsg.), Grundfragen der Christologie heute = QD 72, Freiburg i. Br. 1975, 77–113.
Musurillo, H.A., Acts of the Pagan and Christian Martyrs, vol. II, Oxford 1999.
Nebel, J., Der Preis der Jungfrau in der aktuellen römischen Liturgie, in: A. Ziegenaus (Hrsg.), „Geboren aus der Jungfrau Maria", Regensburg 2007, 191–251.
Negel, J., Weil die Welt nicht ganz dicht ist … Eine philosophisch-theologische Erörterung der Frage nach dem Wirken Gottes in der Welt, in: W. Eisele (Hrsg.), Gott bitten? Theologische Zugänge zum Bittgebet = QD 256, Freiburg i. Br. 2013, 102–185.
Nellessen, E., Das Kind und seine Mutter = SBS 39, Stuttgart 1969.
—, Die Verkündigung der Menschwerdung, in: Jungfrauengeburt gestern und heute, Essen 1969.
Neo, S. M. (Hrsg.), Maria e lo Spirito Santo. Atti del 4° Simposio Mariologico Internaz. (Rom, Oktober 1982), Rom-Bologna 1984.
Neumann, E., Die Grosse Mutter. Eine Phänomenologie der weiblichen Gestaltungen des Unbewussten, Olten 1974.
Newman, B., Hildegard v. Bingen. Schwester der Weisheit, Freiburg i. Br. 1995.
Niederwimmer, K., Kommentar zur Didache (KAV 1).
Nikolaou, T., Mittlerin der Gnade II, in: MarLex 6, 491–492.
—, Sündenlosigkeit II, in: MarLex 6, 332–333.
Nissiotis, N., Maria in der orthodoxen Theologie der Ostkirche, in: E. Moltmann-Wendel (Hrsg.), Was geht uns Maria an?, Gütersloh 1988, 88–112.
Nitsche, B., Geist und Freiheit. Zu Status und Funktion der Pneumatologie in einer transzendentalen Theologie, in: Kl. Müller / M. Striet, (Hrsg.), Dogma und Denkform. Strittiges in der Grundlegung von Offenbarungsbegriff und Gottesgedanke, Regensburg 2005, 151–162.
Norden, E., Die Geburt des Kindes. Geschichte einer religiösen Idee, Darmstadt [3]1958 = Berlin 1924.
Oberlinner, L., Historische Überlieferung und christologische Aussage. Zur Frage der „Brüder Jesu" in der Synopse, Stuttgart 1975.
Oeing-Hanhoff, L., Hegels Trinitätslehre, in: ThPh 52 (1977) 378–407.
—, Metaphysik und Freiheit, München 1988.
Ohlig, K.-H., Religion in der Geschichte der Menschheit. Die Entwicklung des religiösen Bewusstseins, Darmstadt 2002.
Oster, St., Mit-Mensch-Sein. Phänomenologie und Ontologie der Gabe bei Ferdinand Ulrich, Freiburg-München 2004.
—, Person und Transsubstantiation. Mensch-Sein, Kirche-Sein und Eucharistie – eine ontologische Zusammenschau, Freiburg i. Br. 2010.

Osterrieder, M., Das Land der Heiligen Sophia: Das Auftauchen des Sophia-Motivs in der Kultur der Ostslaven, in: Wiener Slawistischer Almanach 50 (2002) 5–62.
Panikkar, R., Der neue religiöse Weg, München 1990.
Pannenberg, W., Anthropologie in theologischer Perspektive, Göttingen 1983.
—, Grundzüge der Christologie, Gütersloh [4]1972.
—, Systematische Theologie, Bd. I, Göttingen 1988.
—, Wie wahr ist das Reden von Gott?, in: W. Pannenberg / G. Sauter u. a. (Hrsg.), Grundlagen der Theologie, Stuttgart u. a. 1974, 29–41.
Pellegrini, S., Babylon – Die Strategie der Verteufelung (Offb 17,1–19,10), in: Th. Schmeller u. a. (Hrsg.), Die Offenbarung des Johannes, Kommunikation im Konflikt = QD 253, Freiburg i. Br. 2013, 186–230.
Peltomaa, L. M., The Image of the Virgin Mary in the Akathistos Hymn, Leiden u. a. 2001.
Pemsel-Maier, S., Rechtfertigung durch Kirche? Das Verhältnis von Kirche und Rechtfertigung in den Entwürfen der neueren katholischen und evangelischen Theologie, Würzburg 1991.
Perella, S. M., Il parto verginale di Maria nel dibatttito teologico contemporaneo (1962–1994), in: Mar. 56 (1994) 95–213.
Peretto, E. (Hrsg.), Maria nell'Ebraismo e nell'Islam oggi. Atti del VI Simposio Internaz. Mariologico, Roma-Bologna 1987.
Peroli, E., Essere persona. Le origini di un'idea tra grecità e cristianesimo, Brescia 2006.
Perrot, Ch., Les récits d'enfance dans la Haggada, in: RechScRel 55 (1967) 467–518.
Persson, P. E., Evangelisch und Römisch-katholisch, Göttingen 1961.
Pesch, O. H., Katholische Dogmatik aus ökumenischer Erfahrung, Bd. I–II, Ostfildern 2008–2010.
Pesch, R., Der Gottessohn im matthäischen Evangelienprolog (Mt 1–2), in: Bib 48 (1967) 395–420.
—, Eine alttestamentliche Ausführungsformel im Matthäus-Evangelium, in BZ NF 10 (1966) 220–245.
—, Gegen eine doppelte Wahrheit. Karl Rahner und die Bibelwissenschaft, in: K. Lehmann (Hrsg.), Vor dem Geheimnis Gottes den Menschen verstehen, FS K. Rahner, München-Zürich 1984, 10–36.
—, Über das Wunder der Jungfrauengeburt, Bad Tölz 2002.
— (Hrsg.), Zur Theologie der Kindheitsgeschichten. Der heutige Stand der Exegese, München-Zürich 1981.
Peterson, E., Ekklesia, Studien zum altchristlichen Kirchenbegriff (1926), Würzburg 2010.
—, Lukasevangelium und Synoptica, Würzburg 2005.
Peterson, E. H., Jesus und seine Nieten. Von unmöglichen Christen und katastrophalen Gemeinden, publiziert durch das Ordinariat der Erzdiözese Wien, Juni 2012.
Peyriguère, A., Geistliches Testament, in: ders., Le temps de Nazareth, Paris 1964, 176–202.
—, Herr, weise mir den Weg, dt. Luzern 1966.
—, Une vie qui crie l'Evangile, Paris 1967.
Petri, H., Zu Problemen der sprachlichen Vermittlung in der Mariologie, in: ders. (Hrsg.), Divergenzen in der Mariologie, Regensburg 1989, 81–102.
Pfeifer, G., Ursprung und Wesen der Hypostasenvorstellungen im Judentum, Stuttgart 1967.
Pfeil, H., Die Frage nach der Veränderlichkeit und Geschichtlichkeit Gottes, in: MThZ 31 (1980) 1–23.
Philips, G., La grâce des justes de l'Ancien Testament, in: EthL 23 (1947) 521–556.
Piastra, C. M. (Hrsg.), Gli studi di Mariologia medievale. Bilancio storiografico. Atti del I Convegno Mariologico della Fondazione E. Franceschini (7–8 novembre 1997), Florenz 2001.
Pikaza, X., Maria y el Espíritu Santo, Salamanca 1981.
Pinkus, L., Il mito di Maria. Un approccio simbolico, Rom 1986.

Pintard, J., Le principe «Prius mente quam corpore» dans la Patristique et la Théologie latines in: Etudes Mariales 27 (1970) 25–58.
Planck, P., Gottesgebärerin und Immerjungfrau. Altchristliche Quellen ostkirchlicher Marienverehrung, in: H. Petri (Hrsg.), Christsein und marianische Spiritualität, Regensburg 1984, 59–76.
Plumpe, J. C., Mater Ecclesia. An Inquiry into the Conception of the Church as Mother in Early Christianity, Washington 1943.
Pöltner, G., Schönheit. Eine Untersuchung zum Ursprung des Denkens bei Thomas v. Aquin, Wien-Freiburg-Basel 1978.
Poschmann, B., Rezension von H. M. Köster, Die Magd des Herrn, in: ThR 44 (1948) 44–46.
Posener, A., Tochter Zion? Maria als jüdische Mutter, in: Th. A. Seidel / U. Schacht (Hrsg.), Maria. Evangelisch, Leipzig-Paderborn 2011, 137–144.
Pötscher, W., Personifikation, in: KP 4, 661–663.
Potterie, I. de la, Das Wort Jesu „Siehe deine Mutter" und die Annahme der Mutter durch den Jünger, in: J. Gnilka (Hrsg.), Neues Testament und Kirche, FS R. Schnackenburg, Freiburg i. Br. 1974, 191–219.
—, La Mère de Jésus et la conception virginale du Fils de Dieu. Étude de théologie johannique, in: Mar. 40 (1978) 41–90.
—, Le symbolisme de sang et de l'eau en Jn 19,34, in: Did(L) 14 (1984) 201–230.
—, Il parto verginale del Verbo incarnato: 'Non ex sanguinibus …, sed ex Deo natus ist' (Gv 1,13), in: Mar. 45 (1983) 127–174.
—, Maternità di Maria e maternità della Chiesa secondo la tradizione giovannea, in: Atti del 3° Simposio Mariologocio Internat., Rom u. a. 1981, 273–302.
Pottmeyer, H. J., Der Papst Zeuge Jesu Christi in der Nachfolge Petri, in: K. Lehmann (Hrsg.), In der Nachfolge Jesu Christi, Freiburg i. Br. 1980, 58–91.
Preda, R., Die heilsgeschichtliche Bedeutung der Gottesmutter in der orthodoxen Theologie, in: P. L. Hofrichter (Hrsg.), Auf der Suche nach der Seele Europas: Marienfrömmigkeit in Ost und West, Innsbruck-Wien 2007, 157–166
Prigent, P., Apocalypse 12. Histoire de l'exégèse, Tübingen 1959.
Pröpper, Th., Erlösungsglaube und Freiheitsgeschichte. Eine Skizze zur Soteriologie, München ³1991.
—, Evangelium und freie Vernunft. Konturen einer theologischen Hermeneutik, Freiburg i. Br. 2001.
—, Freiheit als philosophisches Prinzip der Dogmatik, in: E. Schockenhoff / P. Walter /Hrsg.), Dogma und Glaube, FS W. Kasper, Mainz 1993, 165–192.
—, Theologische Anthropologie, Bd. I-II, Freiburg i. Br. 2011.
Prümm, K., Christentum als Neuheitserlebnis. Durchblick durch die christlich-antike Begegnung, Freiburg i. Br. 1939.
Rad, G. v., Das erste Buch Mose. Genesis = ATD 2/4, Göttingen 1964.
—, Theologie des Alten Testaments, Bd. I-II, München ⁴1962, ⁴1965.
—, Weisheit in Israel, Neukirchen-Vluyn 1970.
Radkiewicz, J., Auf der Suche nach einem mariologischen Fundamentalprinzip. Eine historisch-systematische Untersuchung über die letzten hundert Jahre, Konstanz 1990.
Rahner, H., Die Gottesgeburt, in: ZkTh 59 (1935) 333–418.
—, Geburt aus dem Herzen, in: Gloria dei 4 (1949) 89–99.
—, Griechische Mythen in christlicher Deutung, Basel ⁴1984.
—, Maria und die Kirche. Zehn Kapitel über das geistliche Leben, Innsbruck u. a. ²1962.
Rahner, J., Einführung in die christliche Eschatologie, Freiburg i. Br. 2010.
Rahner, K., Assumptio Beatae Mariae Virginis, in: K. Rahner, SW 9, 3–392.
—, Das Christentum und die nichtchristlichen Religionen, in: Schr. V, 136–158.

—, Das Dogma von der Unbefleckten Empfängnis Mariens und unsere Frömmigkeit, in: Schr. III, 155–167.
—, Das Dogma von der Unbefleckten Empfängnis Mariens, in: SW 9, 580–589.
—, Das marianische Jahr, in: SW 9, 571–579.
—, Das neue Dogma und wir, in: SW 9, 496–501.
—, Das „neue“ Dogma. Zur Definition der Himmelfahrt der hl. Jungfrau und Gottesmutter, in: SW 9, 475–495 (WuW 5 [1950] 805–820).
—, Der eine Mittler und die Vielfalt der Vermittlungen, in: Schr. VIII, 218–235.
—, Der Glaube des Christen und die Lehre der Kirche, in: Schr. XII, 262–285.
—, Die Hominisation als theologische Frage, in: P. Overhage / K. Rahner, Das Problem der Hominisation. Über den biologischen Ursprung des Menschen = QD 12/13, Freiburg i. Br. 1961, 13–90.
—, Die Unbefleckte Empfängnis, in: Schr. I, 223–237.
—, Dogmatische Bemerkungen zur Jungfrauengeburt, in: K. S. Frank u. a., Zum Thema Jungfrauengeburt, Stuttgart 1970, 121–158.
—, Dogmen- und Theologiegeschichte von gestern für morgen, in: Schr. XIII, 11–47.
—, Erbsünde, in: HTTL 2, 155–164.
—, Erfahrungen eines katholischen Theologen, in: K. Lehmann (Hrsg.), Vor dem Geheimnis Gottes den Menschen verstehen, K. Rahner zum 80. Geburtstag, Freiburg i. Br. 1984, 105–119.
—, Gebete des Lebens, Freiburg i. Br. ^{4}1984.
—, Gespräch (1974), in: P. Imhof / H.Biallowons, Karl Rahner im Gespräch, Bd. I, München 1982.
—, Gnade als Freiheit, Freiburg i. Br. 1968.
—, Grundkurs des Glaubens. Einführung in den Begriff des Christentums, Freiburg i. Br. ^{3}1976.
—, Im Heute glauben, Einsiedeln 1965.
—, Immanente und transzendente Vollendung der Welt, in: Schr. VIII, 593–609.
—, Kirche der Sünder, in: Schr. VI, 301–320.
—, Kirche, Kirchen und Religionen, in: Schr. VIII, 355–373.
—, Maria, Mutter des Herrn, in: SW 9, 515–568.
—, Mariologie, in: LThK^{2} 7, 84–87.
—, Münsteraner Mariologievorlesung = Tonbandnachschrift der von Rahner zur Veröffentlichung freigegebenen Mariologie-Vorlesungen in Münster im WS 1967–1968.
—, Mut zur Marienverehrung, in: Für eine neue Liebe zu Maria, Freiburg i. Br. 1984.
—, Mut zur Marienverehrung, in: Schr. XVI, 321–335.
—, Probleme der Christologie von heute, in: Schr. I, 169–222.
—, Probleme heutiger Mariologie, in: SW 9, 681–703.
—, Rezension von H. M. Köster, Unus Mediator, in: SW 9, 733–745.
—, Sündige Kirche nach den Dekreten des Zweiten Vatikanischen Konzils, in: Schr. VI, 321–347.
—, Theologie und Anthropologie, in: Schr. VIII, 43–65.
—, Theologisches zum Monogenismus, in: Schr. I, 253–322.
—, Über die theoretische Ausbildung künftiger Priester heute, in: Schr. VI, 139–167.
—, Vorwort zu: S. Zucal, La teologia della morte in Karl Rahner, Bologna 1982.
—, Weltgeschichte und Heilsgeschichte, in: Schriften V, 115–135.
—, Zum Sinn des Assumpta-Dogmas, in: SW 9, 502–511.
—, Zur konziliaren Mariologie, in: StdZ 174 (1964) 87–101.
—, Zur Theologie der Menschwerdung, in: Schr. IV, 137–155.
—, Zur Theologie des Todes = QD 2, Freiburg i. Br. 1958.

— / K. Lehmann, Geschichtlichkeit der Vermittlung, in: MySal I, 727–787.
— / K. Weger, Was sollen wir noch glauben, Freiburg i. Br. 1979.
Räisänen, H., Die Mutter Jesu im Neuen Testament, Helsinki ²1989.
—, Maria/Marienfrömmigkeit I, in: TRE 22, 115–119.
Raiser, K., Identität und Sozialität. G.H.M. Meads Theorie der Interaktion und ihre Bedeutung für die theologische Anthropologie, München-Mainz 1971.
Ratzinger, J., Auferstehung, in: SM 1, 390–402.
—, Das Problem der Mariologie, in: ThRv 61 (1965) 73–82.
—, Die Ekklesiologie des Zweiten Vatikanums, in: IkaZ 15 (1986) 40–52.
—, Die Tochter Zion, Einsiedeln 1977.
—, „Du bist voll der Gnade". Elemente biblischer Marienfrömmigkeit, in: J. Ratzinger / P. Henrici (Hrsg.), Credo. Ein theologisches Lesebuch, Köln 1992, 103–116.
—, Einführung in das Christentum, München ²1968.
—, Einleitung zu: Konstitution über die Kirche, Münster 1965.
—, Erwägungen zur Stellung von Mariologie und Kirchenfrömmigkeit im Ganzen von Glaube und Theologie, in: ders. / H. U. v. Balthasar (Hrsg.), Maria – Kirche im Ursprung, Freiburg i. Br. 1980, 15–40.
—, Eschatologie – Tod und ewiges Leben, Regensburg 1977; erweiterte Ausgabe ⁶1990; Neuausgabe 2007.
—, Geleitwort zu Fr. Mußner, Maria, die Mutter Jesu im Neuen Testament, St. Ottilien 1993.
—, Gottes Ja zum Menschen, Freiburg i. Br. 1987.
—, Jesus von Nazareth, Teil I, Freiburg i. Br. 2006.
—, Jesus von Nazareth. Prolog – Die Kindheitsgeschichten, Freiburg i. Br. 2012.
—, Kirche, in: LThK ²6, 172–183.
—, Salz der Erde, Stuttgart 1996.
—, Volk und Haus Gottes in Augustins Lehre von der Kirche, St. Ottilien ²1992.
—, „Welchen Begriff hatte das Zweite Vatikanische Konzil von der Gesamtkirche?" Vortrag vom 27.2.2000 im Vatikan, in: Die Tagespost, Beilage März 2000.
—, Zwischen Tod und Auferstehung, in: IkaZ 9 (1980) 209–223.
— (Hrsg.), „Kompendium" des Katechismus der Katholischen Kirche, dt. München 2005.
—, / Balthasar, H. U. v (Hrsg.), Maria – Kirche im Ursprung, Freiburg i. Br. 1980.
Rauch, A., In Weisheit hast du alles geschaffen = Internat. Symposium in Alba Julia (2. 5. 2007), in: www.nikowy.hompage.t-online.de/07_ai.pdf (abgerufen 7. 11. 2012).
— u. a. (Hrsg.), CD: P. Wilhelm Klein SJ, 1989–1996. Lehrer von Sophia Maria Kirche, Produktion: pagina, Tübingen 2001.
Rechmann, H.-K., Die Liebe als Form des Glaubens. Studien zum Glaubensbegriff des Thomas v. Aquin, hrsg. v. A. Winter / G. Stitz, Neuried 2001.
Reese, Th.J., Im Innern des Vatikan. Politik und Organisation der katholischen Kirche, dt. Frankfurt ⁵2005.
Refoulé, Fr., Les frères et soeurs de Jésus, Paris 1995.
Reiprich, Th., Das Mariageheimnis. Maria von Nazareth und die Bedeutung familiärer Beziehungen im Markusevangelium, Göttingen 2008.
Reißner, H., Maria – Sophia. Ein Versuch über P. A. Florenskij's Sophiologie, in IkaZ 32 (2002) 290–300.
—, Sophia – Maria. Erwägungen zur Sophiologie von P. A. Florenskij, in: Hermeneia 18 (2002) 25–40; 65–86.
Reitz, P., Maria als von Gott gebetener Mensch. Maria bei Luther und den Lutheranern, in: P. L. Hofrichter (Hrsg.), Auf der Suche nach der Seele Europas: Marienfrömmigkeit in Ost und West, Innsbruck-Wien 2007, 281–313.

Rickes, A., Deconstructing the Linearity of Grace. The Risk and Reflexive Paradox of Mary's Immaculate ‚Fiat', in: IJSTh 10 (2008) 179–194.
Riebl, M., Auferstehung Jesu in der Stunde seines Todes? Zur Botschaft von Mt 27,51b–53, Stuttgart 1978.
Riedl, J., Die Vorgeschichte Jesu, Stuttgart 1968.
Riedlinger, H., Maria und die Kirche in den marianischen Hoheliedkommentaren des Mittelalters, in: Maria et Ecclesia. Acta Congressus mariologici-mariani in civitate Lourdes anno 1958 celebrati, vol. III, Rom 1959, 241–289.
—, Mariens Jungfräulichkeit und Gottesmutterschaft, in: M. Seybold (Hrsg.), Maria im Glauben der Kirche, Eichstätt-Wien 1985, 27–58.
Riesenhuber, K., Maria im theologischen Verständnis von Karl Barth und Karl Rahner = QD 60, Freiburg i. Br. 1973.
Rodriguez, J., Tonantzin Guadalupe: Von Leid und Tod zur Auferstehung, in: Con. 44 (2008) 474–482.
Roellenbleck, E., Magna Mater im Alten Testament, Darmstadt 1949.
Rogerson, J. W., The Hebrew Conception of Corporate Personality, in: B. Lang (Hrsg.), Anthropological Approaches to the Old Testament, Philadelphia-London 1985, 43–59.
Röhrig, H.-J., Kenosis. Die Versuchungen Christi im Denken von M. M. Tareev, Leipzig 2000.
Rösel, M., Die Jungfrauengeburt des endzeitlichen Immanuel. Jesaja 7 in der Übersetzung der Septuaginta, in: JBTh 6 (1991) 131–151.
Rosenberg, A., Geleit- und Schlüsselwort zu: H. Rahner, Griechische Mythen in christlicher Deutung, Basel ^{4}1984, IX-XXI.
Rosenberger, M. / Reisinger, F. / Kreutzer, A. (Hrsg.), Geschenkt – umsonst gegeben? Gabe und Tausch in Ethik, Gesellschaft und Religion, Frankfurt u. a. 2006.
Rossano, P., Christliche Theologie und Religionen. Ein Problem unserer Zeit, in: R. Latourelle / G. O'Collins (Hrsg.), Probleme und Aspekte der Fundamentaltheologie, dt. Innsbruck-Wien 1985.
—, Lo Spirito Santo nelle religioni e nelle culture non cristiane, in: Credo in Spiritum Sanctum – Atti del Congr. teol. intern. di Pneumatologia (22.–26.3.1982), Bd. II, Rom 1983, 1193–1403.
Rossetti di Valdalbero, C. L., Novissimus Adam. Saggi di antropologia ed escatolologia biblica., Città del Vaticano 2010.
Rother, J., Die Jungfrau züchtigt den Jesusknaben vor drei Zeugen in: http://bs.cyty.com/kirche-von-unten/archiv/kvul24/zuechtigung.htm (abgerufen 11. 3. 2012).
Ruether, R. R., Maria. Kirche in weiblicher Gestalt = Kaiser Traktate 48, München 1980.
Saliba, J. A., The Virginal-Birth Debate in Anthropological Literature. A Critical Assessment, in: ThSt 36 (1975) 428–454.
Salvadori, I., L'autocoscienza di Gesù. „In tutto simile a noi eccetto il peccato", Rom 2011.
Samerski, St., Neuer Wein in alten Schläuchen? – Marienverehrung und Josephskult in der Neuzeit, in: Zur Debatte, Heft 5 (2009) 31–33.
Sattler, D., Ökumenische Annäherungen an die *Ecclesia ab Abel* vor dem Hintergrund von *Dominus Jesus*, in: A. Franz (Hrsg.), Was ist heute noch katholisch?= QD 192, 8 Freiburg i. Br. 2001, 87–113.
Schaeffler, R., Glaubensreflexion und Wissenschaftslehre, Freiburg i. Br. 1980.
Scharbert, J., Solidarität in Segen und Fluch im Alten Testament und in seiner Umwelt, Bonn 1958.
Schaup, S., Sophia. Das Weibliche in Gott, München 1964.
Scheele, P.-W., Maria in der Gemeinschaft und Geschichte Israels, in: Maria im Geheimnis der Kirche = Sonderheft Cath. 29 (1975) 92–113.

Scheffczyk, L., Die Mariengestalt im Gefüge der Theologie. Mariologische Beiträge, Regensburg 2000.
—, Die Mittlerschaft Marias, in: ders., Glaube in der Bewährung. Ges. Schriften zur Theologie III, St. Ottilien 1991, 300–320.
—, Exegese und Dogmatik zur virginitas post partum, in: MthZ 28 (1977) 291–301.
—, Maria im Glauben der Kirche, II: Maria in der Heilsgeschichte, Wien 1980.
—, Maria. Mutter und Gefährtin Christi, Augsburg 2003.
—, Mariologie und Anthropologie, in: D. Berger (Hrsg.), Karl Rahner: Kritische Annäherungen, Siegburg 2004, 299–313.
—, Theotokos, in: MarLex 6, 390–391.
Scheja, G., Der Isenheimer Altar des Matthias Grünewald, Köln 1969.
Schelkle, K.H., Geleitwort zu R. Laurentin, Struktur und Theologie der lukanischen Kindheitsgeschichte, dt. Stuttgart 1967.
—, Maria, in: HthG III, 115–119.
—, Paulus, Lehrer der Väter. Die altkirchliche Auslegung von Röm 1–11, Düsseldorf ^{2}1959.
Schenk, R., Thomas v. Aquin, in: MarLex, 399–405.
Schilling, O., Geist und Materie in biblischer Sicht, Stuttgart 1967.
Schimanowski, G., Die frühjüdischen Voraussetzungen der urchristlichen Präexistenzchristologie, in: J. Laufen (Hrsg.), Gottes ewiger Sohn, Paderborn 1997, 31–55.
—, Weisheit und Messias. Die jüdischen Voraussetzungen der urchristlichen Präexistenzchristologie, Tübingen 1985.
Schimmelpfennig, R., Die Geschichte der Marienverehrung im deutschen Protestantismus, Paderborn 1952.
Schipflinger, Th., Sophia – Maria. Eine ganzheitliche Vision der Schöpfung, München-Zürich 1988.
Schlichting, W., Maria. Die Mutter Jesu in Bibel, Tradition und Feminismus, Wuppertal u. a. 1989.
Schlier, H., Der Römerbrief = HThKNT, Freiburg i. Br. 1977.
—, Die Zeit der Kirche, Freiburg ^{2}1958.
—, Meditationen über den Johanneischen Begriff der Wahrheit, in: ders., Besinnung auf das Neue Testament, Freiburg i. Br. 1964, 272–278.
Schmaus, M., Katholische Dogmatik, Bd. II/1, München ^{3}1962.
—, Katholische Dogmatik, Bd. V, München ^{2}1961.
—, Unsterblichkeit der Geistseele oder Auferstehung der Toten?, in: H. Schlink / H. Volk (Hrsg.), Pro Veritate = FS L. Jäger u. W. Stählin, Münster-Kassel 1963, 311–337.
Schmeller, Th. u. a. (Hrsg.), Die Offenbarung des Johannes, Kommunikation im Konflikt = QD 253, Freiburg i. Br. 2013.
Schmid, J., Brautschaft, heilige, in: RAC 2, 528–564.
—, Das Evangelium nach Lukas, Regensburg ^{3}1955.
Schmid, K., Was heißt Vertrauen?, Biblische Erkundungen anhand von Ps 13 und der Abrahamsüberlieferung der Genesis, in: I. U. Dalferth / S. Peng-Keller, Gottvertrauen. Die ökumenische Diskussion um die fiducia = QD 250, Freiburg i. Br. 2012, 31–47.
Schmidbaur, H. Chr., Gottes Handeln in Welt und Geschichte. Eine trinitarische Theologie der Vorsehung. St. Ottilien 2003.
Schmidt, A., Jesus der Freund, Würzburg 2011.
Schmidt-Leukel, P., Das Pluralistische Modell in der Theologie der Religionen. Ein Literaturbericht, in: ThRv 89 (1993) 353–370.
—, Zur Klassifikation religionstheologischer Modelle, in: Cath 47 (1993) 163–183.
Schmitt, Chr., Klein, Wilhelm, in: BBKL 33, 746–749.
Schmitz-Moormann, K. (Hrsg.), Schöpfung und Evolution, Düsseldorf 1992.

Schnackenburg, R., Das Johannesevangelium = HThKNT, Bd. I-III, Freiburg i. Br. 1965–1975.
Schnackers, H., Kirche als Sakrament und Mutter. Zur Ekklesiologie von H. de Lubac, Frankfurt 1979.
Schneider, B. (Hrsg.), Maria und Lourdes, Münster 2008.
Schneider, G., Einleitung zu: Apokryphe Kindheitsevangelien (FC 18, 7–93).
—, Jesu geistgewirkte Empfängnis (Lk 1,34f). Zur Interpretation einer christologischen Aussage, in: ThPQ 199 1971 105–116.
Schneider, M., Das Marienlob der Frühen Kirche, in: www.kath.de/zentrum/archiv_texte/vortrag_radio_2011/13_2011.pdf (abgerufen 31.1.2013).
Schneider, R., Die heilige Frau, in: O. Karrer (Hrsg.), Maria in Dichtung und Deutung. Eine Auswahl, Zürich 1962.
Schneider, Th., Was wir glauben. Eine Auslegung des Apostolischen Glaubensbekenntnisses, Düsseldorf 1985.
Schneider, Th. / Ullrich, L., (Hrsg.),Vorsehung und Handeln Gottes = QD 115, Freiburg i. Br. 1986.
Scholz, O. R., Symbol II, in: HWP 10, 723–738.
Schönborn, Chr., Maria – Herz der Theologie – Theologie des Herzens, in: W. Baier u. a. (Hrsg.), Weisheit Gottes – Weisheit der Welt = FS J. Ratzinger, Bd. I, St. Ottilien 1987, 575–589.
Schoonenberg, P., Der Mensch in der Sünde, in: MySal II, 845–941.
—, Der neue Katechismus und die Dogmatik, in: Dokumentation des Holländischen Katechismus, Freiburg i. Br. 1967.
—, Gottes werdende Welt, Limburg 1963.
Schreiber, St., Die Sternenfrau und ihre Kinder (Offb 12). Zur Wiederentdeckung eines Mythos, in: NTS 53 (2007) 436–457.
Schreiner, Kl., Maria. Jungfrau, Mutter, Herrscherin, München-Wien 1994.
Schubert, K., Die Jungfrauengeburt im Lichte frühjüdischer Quellen, in: ThG(B) 16 (1973) 193–199.
Schulte, R., Die Herkunft Jesu Christi. Verständnis und Missverständnis des biblischen Zeugnisses. Eine theologie-kritische Besinnung, Münster 2012.
—, Ökumenische Besinnung über die Stellung Mariens in der christlichen Theologie, in: Ordinariat der Erzdiözese Wien (Hrsg.), Ökumenische Besinnung, Wien 1981.
Schulte-Klöcker, U., Das Verhältnis von Ewigkeit und Zeit als Wiederspiegelung der Beziehung zwischen Schöpfer und Schöpfung. Eine textbegleitende Interpretation der Bücher XI-XIII der ‚Confessiones' des Augustinus, Bonn 2000.
Schultze, B., Maria und Kirche in der russischen Sophia-Theologie, in: Maria et Ecclesia. Acta congressus mariologici-mariani in civitate Lourdes anno 1958 celebrati, vol. X, Rom 1960, 51–141.
Schulz, M., Die Gretchenfrage der pluralistischen Religionstheologie: Einer ist Gott, nur einer auch Mittler?, in: G. L. Müller / M. Serretti (Hrsg.), Einzigkeit und Universalität Jesu Christi, dt., Einsiedeln-Freiburg 2001, 113–153.
—, Sein und Trinität. Systematische Erörterungen zur Religionsphilosophie G. W. F. Hegels im ontologiegeschichtlichen Rückblick auf J. Dun Scotus und I. Kant und die Hegel-Rezeption in der Seinsauslegung und Trinitätstheologie bei W. Pannenberg, E. Jüngel, K. Rahner und H. U. v. Balthasar, St. Ottilien 1997.
Schulz, W., Metaphysik des Schwebens. Untersuchungen zur Geschichte der Ästhetik, Pfullingen 1985.
Schulze, W. A., Die Himmelfahrt Mariens bei C. G. Jung, in: ThZ 25 (1969) 215–218.
Schüngel-Strautmann, H., Alttestamentliche Weisheitstexte als marianische Liturgie. Sprüche 8 und Jesus Sirach 24 in den Lesungen an den Marienfesten, in: E. Gössmann / D. R. Bauer (Hrsg.), Maria für alle Frauen oder über allen Frauen?, Freiburg i. Br. 1989, 12–35.

Schürmann, H., Das Lukasevangelium = HThKNT, Bd. I, Freiburg i. Br. 1969.
—, Die geistgewirkte Lebensentstehung Jesu, in: W. Ernst / K. Feiereis (Hrsg.), Einheit in Vielfalt, FS H. Aufderbeck, Leipzig 1974, 156–169.
Schwager, R., Kontraproduktive Folgen? Gefahren beim Streben nach einem schnellen Konsens, in: ThPQ 142 (1994) bes. 23–31.
—, (Hrsg.), Christus allein? Der Streit um die pluralistische Religionstheologie = QD 160, Freiburg i. Br. 1996.
Schwanke, J., Freier oder unfreier Wille? Die Kontroverse zwischen M. Luther und Erasmus v. Rotterdam, in: W. Zager (Hrsg.), Martin Luther und die Freiheit, Darmstadt 2010, 41–58.
Schweizer, E., σῶμα, in: ThWNT VII, 1024–1091.
Schwöbel, Chr., Gott in Beziehung. Studien zur Dogmatik, Tübingen 2002.
Scipioni, L. I., Nestorio e il concilio di Efeso, Mailand 1974.
Scola, A., Das hochzeitliche Geheimnis, dt. Freiburg 2006.
Seckler, M., Der Begriff der Offenbarung, in: HFTh II, 60–83.
Sedlmeier, Fr., Jes 7,14 – Überlegungen zu einem umstrittenen Vers und zu seiner Auslegungsgeschichte, in: A. Ziegenaus (Hrsg.), „Geboren aus der Jungfrau Maria", Regensburg 2007, 13–43.
Seethaler, P., Die Weisheitstexte in der Marienliturgie, in: BenM 34 (1958) 111–120.
Seidel, Th. A. / Schacht, U. (Hrsg.), Maria. Evangelisch, Leipzig-Paderborn 2011.
Seiler, H., Corredemptrix. Theologische Studie zur Lehre der letzten Päpste über die Miterlöserschaft Mariens, Rom 1939.
Seils, M., Der Gedanke vom Zusammenwirken Gottes und des Menschen in der Theologie Luthers, Berlin 1962.
Semmelroth, O., Kommentar zum 8. Kapitel von LG, in: LThK, Erg.-Bd. I, 326–347.
—, Urbild der Kirche. Organischer Aufbau des Mariengeheimnisses, Würzburg [2]1954.
Sequeri, P., Nur einer ist der „Gute". Theologie der Affektion als Umkehr der Ontologie, in: E. Arens (Hrsg.), Gegenwart. Ästhetik trifft Theologie = QD 246, Freiburg i. Br. 2012, 46–72.
Serra, A., Contributi dell'antica letteratura giudaica per l'esegesi di Giovanni 2,1–12 e 19, 25–27, Rom 1977.
—, „... e lo avvolse in fasce..." (Lc 2,7b), in: ders., C'era la madre di Gesù ... (Gv. 2,1). Saggi di esegesi biblico-mariana (1978–1988), Milano-Roma 1989, 225–284.
—, L'Annunciazione a Maria (Lc 1,26–38). Un formulario di Alleanza?, in: PaVi 25 (1980) 4–11.
—, Vergine, in: S. de Fiores / S. Meo (Hrsg.), Nuovo dizionario di Mariologia, Cinisello Balsamo 1985, 1424–1454.
Sesboüé, B., Hors de l'Eglise pas du salut, Paris 2004.
Seybold, M. (Hrsg.), Maria im Glauben der Kirche, Eichstätt-Wien 1985.
Sickenberger, J., Die Messiasmutter im 12. Kapitel der Apokalypse, in: ThQ 126 (1946) 357–427.
Siegert, F., Die Mutter Jesu und der Lieblingsjünger, in : J. C. de Vos / F. Siegert (Hrsg.), Interesse am Judentum, Münster 2008, 411–417.
Silberer, M., Die Trinitätsidee im Werk von P. A. Florenskij, Würzburg 1984.
Simon, J. u. a., Symbol, in: TRE 32, 479–496.
Smitmans, A., Das Weinwunder von Kana. Die Auslegung von Jo 2,1–11 bei den Vätern und heute, Tübingen 1966.
Soden, W. v., Muttergottheiten, in: RGG [3]4, 1227–1229.
Söding, Th., Die Größe der Hoffnung, in: U. Swarat / Th. Söding (Hrsg.), Gemeinsame Hoffnung – über den Tod hinaus = QD 257, Freiburg i. Br. 2013, 252–292.
—, Heilsamer Glaube. Die synoptische Tradition, in: I. U. Dalferth / S. Peng-Keller, Gottvertrauen. Die ökumenische Diskussion um die fiducia = QD 250, Freiburg i. Br. 2012, 48–79.

—, Leib Christi I, in: LThK 6, 769–771.
Söll, G., Abschied von Maria?, Donauwörth 1974.
—, Mariologie = HDG III/4, Freiburg i. Br. 1978.
—, Maria in der Geschichte von Theologie und Frömmigkeit, in: Hmar 92–231.
Sölle, D., Meine Seele sucht das Land der Freiheit, in: H. Haag u. a. (Hrsg.), Maria, Brauchtum und Religion in Bild und Text, Freiburg u. a. 1997, 122–144.
—, Stellvertretung, Stuttgart-Berlin 1965.
Solowjew, W. S., Russland und die universale Kirche, in: WW III, Freiburg-München 1954, 145–419.
—, Solowjews Leben in Briefen und Gedichten, hrsg. v. L. Müller, Erg.-bd. der WW, München 1977.
—, Solov'evs Leben und Werk. Schriften zur Philosophie, Theologie und Politik, hrsg. v. L. Müller, Darmstadt 1991, 13–27.
Sonnemans, H., Seele. Unsterblichkeit – Auferstehung, Freiburg i. Br. 1984.
Spaemann, R., Über einige Schwierigkeiten mit der Erbsündenlehre, in: Chr. Schönborn / A. Görres / R. Spaemann (Hrsg.), Zur kirchlichen Erbsündenlehre, Fribourg ^{2}1994, 37–66.
Speyer, W., Der Verfall des Marienbildes in der westlichen Kunst der Neuzeit, in: P. L. Hofrichter (Hrsg.), Auf der Suche nach der Seele Europas. Marienfrömmigkeit in Ost und West, Innsbruck-Wien 2007, 219–237.
Spindeler, A., Cur Verbum caro factum? Das Motiv der Menschwerdung und das Verhältnis der Erlösung zur Menschwerdung in den christologischen Glaubenskämpfen des 4. und 5. Jh., Paderborn 1938.
Splett, J., Gottesbeweis Mitmenschlichkeit. Zur rationalen Begründung von Religion, in: A. J. Buch / H. Fries (Hrsg.), Die Frage nach Gott als Frage nach dem Menschen, Düsseldorf 1981, 51–62.
—, Gottes Freiheit und die Kontingenz der Schöpfung. Zur religionsphilosophischen Begründung menschlichen Weltverständnisses, in: Ph. Schmitz (Hrsg.), Macht euch die Erde untertan? Schöpfungsglaube und Umweltkrise, Würzburg 1981, 39–64.
Staniloae, D., Orthodoxe Dogmatik, Bd. II, Zürich u. a. 1990.
Starowieyski, M., Le titre θεοτόκος avant le concile d'Ephèse, in: StudPatr 19 (1989) 236–242.
Stecher, R., Die persönliche Weisheit in den Proverbien, in: ZkTh 75 (1953)411–451.
Steck, O.H., Der Schöpfungsbericht der Priesterschrift, Göttingen ^{2}1981.
Stegmüller, O., Sub tuum praesidium. Bemerkungen zur ältesten Überlieferung, in: ZkTh 74 (1952) 76–82.
Steinhauer, H., Maria als dramatische Person bei Hans Urs von Balthasar. Zum marianischen Prinzip seines Denkens, Innsbruck-Wien 2001.
—, Vorerlöst zu uneingeschränkter Solidarität. Vom Privileg der Mutter Jesu zur Bestimmtheit der ganzen Schöpfung, in: K. J. Wallner (Hrsg.), Auditorium Spiritus Sancti = FS 200-Jahr-Jubiläum der Phil.-Theol. Hochschule Heiligenkreuz, Langwaden 2004, 379–392.
Stock, K., Die Berufung Marias (Lk 1,26–38), in: Bib. 61 (1980) 457–491.
Stößl, F., Personifikationen, in: PRE 37, 1042–1058.
Strack, H. L., Einleitung zu Talmud und Midrasch, München ^{6}1976.
Stubenrauch, B., Dialogisches Dogma. Der christliche Auftrag zur interreligiösen Begegnung = QD 158, Freiburg i. Br. 1995.
Studer, B., Dominus Salvator, Rom 1992.
Suenens, L.-J., Maria im Plan Gottes, Fribourg 1963.
Tapolet, W. / Ebneter, A., Das Marienlob der Reformatoren, Tübingen 1962.
Tavo, F., Woman, Mother and Bride. An exegetical Investigation into the „Ecclesial" Notions of the Apocalypse, Leuven u. a. 2007.

Taylor, Ch., Formen religiösen Lebens, in: Zur Debatte 3, 2012, 17–18.
Teilhard de Chardin, P., Der göttliche Bereich, dt. Olten-Freiburg [5]1965.
—, Hymne an das Ewig Weibliche. Mit dem Kommentar von Henri de Lubac, dt. Einsiedeln 1968.
Thurian, M., Maria, dt. Mainz-Kassel 1965.
Tillard, J.-M.-R., Chair de l'Église, chair du Christ, Paris 1992.
Tillich, P., Gesammelte Werke, Bd. V: Schriften zur Religionsphilosophie, Stuttgart 1964.
—, Systematische Theologie, Bd. I, dt. Stuttgart [3]1967.
—, Wesen und Wandel des Glaubens, Frankfurt 1961.
Toniolo, E. M., Maternità divina e verginità di Maria nel magistero della Chiesa dal 392 al 649, in: G. Liccaro u. a. (Hrsg.), Atti del Convegno Internazionale di studi Mariologici, Neapel 1993, 75–103.
Torres Queiruga, A., Die Wiederentdeckung der Schöpfung. dt. Darmstadt 2008.
Tourpe, E., La positivité de l'être comme amour chez Ferdinand Ulrich à l'arrière plan de Theologik III. Sur un mot de H. U. v. Balthasar, in : Greg. 89 (2008) 86–117.
Trentin, G., „Der einzige Geist, der alles in allem wirkt". Zur Neuevangelisierung" in W. Kleins „Gesprächen", in: www.oki-regensburg.de P. Wilhelm Klein. Forum (abgerufen 16. 5. 2013).
—, Im Anfang. Das „Mariengeheimnis" in den Handschriften von Wilhelm Klein, dt. Würzburg 2006.
—, Wie soll man heute Wilhelm Klein lesen?, in: KCGH (Katalog) 116 (2007) 77–84.
Turner, H. E. W., Nestorius reconsidered, in: StudPatr 13 (1975) 306–321.
Uhde, B., „Fiat mihi secundum verbum tuum". Die Zurücknahme des menschlichen Willens als ein Prinzip der Weltreligionen, in: Jb. f. Religionsphilosophie I, Frankfurt 2002, 87–98.
Ulrich, F., Der Mensch als Anfang. Zur philosophischen Anthropologie der Kindheit, Einsiedeln 1970.
—, Gabe und Vergebung. Ein Beitrag zur biblischen Theologie, = Schriften V, hrsg. v. St. Oster, Freiburg 2006.
—, Homo Abyssus. Das Wagnis der Seinsfrage. Neuausgabe, Freiburg [2]1998.
Unger, D., Christ's role in the universe according to St. Irenaeus, in: FS 5 (1945) 3–20, 114–137.
Valeske, U., Hierarchia veritatum, München 1968.
van der Kooij, A., Die Septuaginta Jesajas als Dokument jüdischer Exegese. Einige Notizen zu LXX-Jes. 7, in: Übersetzung und Deutung, FS A. R. Hulst, Nijkerk 1977, 91–102.
Vanhoye, A., Interrogation johannique et exégèse de Cana (Jn 2,4), in: Bibl. 55 (1974) 157–167.
Verweyen, H., Gottes letztes Wort. Grundriss der Fundamentaltheologie, Düsseldorf 1991.
—, Mariologie als Befreiung, Lk 1,16–45.46 im Kontext, in: ZkTh 105 (1983) 168–183.
Villafiorita Monteleone, A., Die Mitwirkung Marias an der Erlösung: status quaestionis der neueren Diskussion, in: FKTh 29 (2013) 22–36.
Vögtle, A., Die Genealogie Mt 1,2–16 und die matthäische Kindheitsgeschichte, in: ders., Das Evangelium und die Evangelien, Düsseldorf 1971, 57–136.
—, Mt 1,25 und die Virginitas B.M.Virginis post partum, in: ThQ 147 (1967) 28–39.
—, Offene Fragen zur lukanischen Geburts- und Kindheitsgeschichte, in: ders., Das Evangelium und die Evangelien, Düsseldorf 1971, 43–56.
Vollenweider, S., Christus als Weisheit, Gedanken zu einer bedeutsamen Weichenstellung in der frühchristlichen Theologiegeschichte, in: EvTh 53 (1993) 290–210.
Voss, G., Dich als Mutter zeige. Maria in der Feier des Kirchenjahres, Freiburg i. Br. 1991.
—, „Marianische Spiritualität". Intention und Abgrenzung, in: US 42 (1987) 231–238.
Wacker, M.-Th., Eine Frage der Gerechtigkeit. Gott suchen – feministisch, gendersensibel, geschlechterbewusst, in: HK.spezial 2 (2011) 47–51.

Wanke, J., Auskunftsfähig für das Evangelium, in: Zur Debatte 5/2013, 6–7.
Warnach, V., Agape. Die Liebe als Grundmotiv der neutestamentlichen Theologie, Düsseldorf 1951.
Weber, M., Wirtschaft und Gesellschaft, hrg.v. J. Winckelmann, Bd. I-II, Köln-Berlin 1964.
Weder, H., Glaube-Hoffnung-Vertrauen. Beobachtungen aus neutestamentlich-hermeneutischer Perspektive, in: I. U. Dalferth / S. Peng-Keller (Hrsg.), Gottvertrauen. Die ökumenische Diskussion um die fiducia = QD 250, Freiburg i. Br. 2012, 80–104.
Weger, K.-H., Theologie der Erbsünde = QD 44, Freiburg i. Br. 1970.
Wehrle, P., City-Pastoral. Seelsorge an den Wegen der Menschen, in: ders. / T. Licht, City-Pastoral in der Erzdiözese Freiburg = Freiburger Texte 47, Freiburg i. Br. 2002.
Weissmahr, B., Gibt es von Gott gewirkte Wunder? Grundsätzliche Überlegungen zu einer verdrängten Problematik, in: StdZ 191 (1973) 47–61.
—, Gottes Wirken in der Welt. Ein Diskussionsbeitrag zur Frage der Evolution und des Wunders, Frankfurt 1972.
—, Kann Gott die Auferstehung Jesu durch innerweltliche Kräfte bewirkt haben?, in: ZkTh 100 (1978) 441–469.
—, Ontologie, Stuttgart u. a. 1985.
Weizäcker, C.-F. v., Die Einheit der Natur, München 1971.
Welker, M., Kirche zwischen pluralistischer Kultur und Pluralismus des Geistes, in: J. Mehlhausen (Hrsg.), Pluralismus und Identität, Gütersloh 1995.
Welte, B., Vom Sinn der Marienverehrung, in: EuA 55 (1979) 407–413.
—, Zur Theorie der Marienverehrung, in: ders., Zwischen Zeit und Ewigkeit, Freiburg i. Br. 1982, 272–279.
Welte, P. H., Erlösung – wie und wovon? Was Christen unter Heil verstehen, Regensburg 2012.
—, Ins Böse verstrickt. Versuch einer Neuinterpretation der Erbsündenlehre, Münster 2009.
Wengst, Kl. (Hrsg.), Schriften des Urchristentums, Darmstadt 1984.
Wenzel, L., Mystik und Gnosis bei W. S. Solowjew, in: P. Koslowski (Hrsg.), Mystik und Gnosis in der Geschichte der Philosophie, Darmstadt 1988, 296–313.
Werbick, J., Fides – Fiducia – Emuna, in: I. U. Dalferth / S. Peng-Keller (Hrsg.), Gottvertrauen. Die ökumenische Diskussion um die fiducia = QD 250, Freiburg i. Br. 2012, 295–312.
—, Kirche. Ein ekklesiologischer Entwurf für Studium und Praxis, Freiburg i. Br. 1994.
Weyermann, M., Die Typologien von Adam-Christus und Eva-Maria und ihr Verhältnis zueinander, in : IkaZ 88 (1998) 213–218.
Wheeler Robinson, H., Corporate personality in ancient Israel, Edinburgh 1981.
—, The Hebrew conception of corporate Personality, in: ZAW, Bh. 66 (1936) 49–62.
Wickert, U., Die dreifaltige Mutterschaft Mariens, Vallendar 2007.
—, Die Weltlichkeit des Glaubens, die historische Theologie und Maria Assumpta, Manuskript eines Anfang 1972 in Tübingen vor der Arbeitsgemeinschaft der beiden theologischen Fachbereiche gehaltenen Vortrags.
—, Die Weltlichkeit des Glaubens, die historische Theologie und Maria Assumpta, in: H. Feld / J. Nolte (Hrsg.), Wort Gottes in der Zeit, FS K. H. Schelkle, Würzburg 1973, 378–409.
—, Ein evangelischer Theologe schreibt über Maria, Berlin 1979.
Wickham, L. R., Nestorius / Nestorianischer Streit, in: TRE 24 (276–286).
Wiedenhofer, S., Das katholische Kirchenverständnis. Ein Lehrbuch der Ekklesiologie, Graz u. a. 1992.
Wiederkehr, D., Maria und die „neue Frau“, in: MySal Erg.-Bd. 246–248.
—, Wie geschieht Tradition = QD 133, Freiburg i. Br. 1991.
— (Hrsg.), Der Glaubenssinn des Gottesvolkes – Konkurrent oder Partner des Lehramtes = QD 151, Freiburg i. Br. 1994.

Wilckens, U., „Empfangen vom Heiligen Geist, geboren aus der Jungfrau Maria – in Lk 1,26–38, in: R. Pesch (Hrsg.), Zur Theologie der Kindheitsgeschichten, München-Zürich 1981, 49–73.
—, Einführungsvotum zum ev.-kath. Glaubensgespräch über die Mutter des Herrn auf dem 88. Deutschen Katholikentag in München, in: Dokumentation, hrsg. v. Zentralkomitee der deutschen Katholiken, Paderborn 1984, 702–707.
Willi, R., Die marianische Deutung der alttestamentlichen „Weisheit" bei Joseph Ratzinger und Leo Scheffzcyk, in: FKTh 29 (2013) 110–125.
Winter, P., The Proto-source of Luke 2, in: NT 1 (1956) 184–199.
Wipfler, H., Grundfragen der Trinitätsspekulation, Regensburg 1977.
Wittgenstein, L., Philosophische Untersuchungen, Frankfurt 1967.
Wolf, K., Philosophie der Gabe. Meditationen über die Liebe in der französischen Gegenwartsphilosophie, Stuttgart 2006.
Wölfel, E., Erwägungen zu Struktur und Anliegen der Mariologie, in: W. Schöpsdau (Hrsg.), Mariologie und Feminismus = Bensheimer Hefte 64, Göttingen 1985, 71–102.
Wong, J. H., Anonymous Christians: Karl Rahners Pneuma-Christocentrism and an East-West dialogue, in: TheolSt 55 (1994) 609–637.
Wucherer-Huldenfeld, A.K., Geburtszustand und weltoffene Daseinsweise, in: S. Schindler (Hrsg.), Geburt. Eintritt in eine neue Welt, Göttingen u. a. 1986, 173–191.
Wulf, Fr., Unsere Marienfrömmigkeit, in: GuL 21 (1948) 295–301.
Zeller, H., Corpora Sanctorum, in: ZkTh 71 (1949) 385–465.
Zenger, E., Jahweh, Abraham und das Heil der Völker, in: W, Kasper (Hrsg.), des Christentums = QD 79, Freiburg i. Br. 1977.
—, Was ist der Preis des Monotheismus, in: HK 55 (2001) 186–191.
Zerwick, M., Der Brief an die Galater, Düsseldorf 1964.
Ziegenaus, A., Der christologische Gehalt der jungfräulichen Mutterschaft, in: ders. (Hrsg.), „Geboren aus der Jungfrau Maria", Regensburg 2007, 44–57.
—, Die Empfängnis durch den Heiligen Geist. Zur Wirkweise des Heiligen Geistes bei der Inkarnation, in: ders. (Hrsg.), Maria und der Heilige Geist. Beiträge zur pneumatologischen Prägung der Mariologie, Regensburg 1991, 75–91.
—, Erwägungen zum Rückgang marianischer Frömmigkeit, in: ders. (Hrsg.), Das marianische Zeitalter, Regensburg 2002, 209ff.
—, „Geboren aus der Jungfrau Maria", Regensburg 2007.
—, Jungfräulichkeit II, in: MarL 3, 469–481.
—, Maria in der Heilsgeschichte. in: ders., Mariologie = Katholische Dogmatik, Bd. V, Aachen 1998, 232–287.
—, Verantworteter Glaube, Bd. II, Buttenwiesen 2001.
— (Hrsg.), Das Marianische Zeitalter, Regensburg 2002.
Ziermann, H., Matthias Grünewald, München u. a. 2001.
Zimmermann, R., „Bräutigam" als frühjüdisches Messias-Prädikat? in: Biblische Notizen 103 (2000) 85–100.
Zmijewski, J., Die Mutter des Messias. Maria in der Verkündigung des Neuen Testaments, Kevelaer 1989.
Zucal, S., La teologia della morte in Karl Rahner, Bologna 1982.

Namenverzeichnis